民国时期浦东工商业档案选编

南汇篇

上海市浦东新区档案馆／编

上海社会科学院出版社
SHANGHAI ACADEMY OF SOCIAL SCIENCES PRESS

编委会名单

编辑说明

一 —— 本书所称“浦东”系为目前浦东新区行政管理范围，即 2009 年南汇区划入浦东后的新区域范围。

二 —— 本书所选档案主要为浦东新区档案馆馆藏，个别选自上海市档案馆馆藏，每份档案均标明来源出处。

三 —— 本书收录时上限起 1912 年中华民国成立，下迄 1949 年中华人民共和国成立。

四 —— 本书根据所选档案内容，分专题编排。同一专题的档案均按时间先后顺序排列。

五 —— 本书所选档案一般保留原标题。原文无标题，则根据内容拟写标题；原文标题不妥，则另拟标题。

六 —— 本书为保持所选档案的原貌，均原文照录。如果原文无标点、不分段，均加标点、分段。

七 —— 档案行文中有别字、错字及用词不规范者，为尊重历史、保持原貌，均原文照录；凡损坏、缺漏或字迹不清之处，用□代之；错字、别字后用[　]注出正字；增补显著漏字或校勘衍文以〔　〕标明；删节内容重复或与选题无关的段落字句，以〈　〉标明；对原文中需要说明的问题，以注释①、②……标明。

序 言

浦东，居东海之滨，扼长江要塞。特殊的地理环境，发展和孕育出浦东特有的临海经济和文化特色。在民国时期，乃至更早以前，我们现在所称呼的浦东，大部分地区属于江苏省管辖，但因其地理位置贴近上海，在社会和经济发展中又深受浦西经济社会发展的影响。随着上海的开埠，外商大量涌人，以及民族工商业在浦西的日渐兴起，世代煮盐务农而生的浦东人为谋求更好的生计，背着包裹，渡过黄浦江，进到上海的工厂、商铺以及沿江码头，学做工、学做生意……而又有不少有识之士和浦东乡绅，满怀对家乡的赤忱热爱，回到浦东创办教育，筹办实业，营造道路，努力改善浦东的社会营生环境，客观地推动了浦东近代工商业的发展。在此过程中，形成了一批反映浦东工商业组织和发展的珍贵历史档案。这些档案资料，由于一定的历史原因，有散存、有缺失，但通过它们，亦可窥见浦东在民国时期工商业发展的些许片段。

浦东新区档案馆于十年前编印出版过《民国时期浦东工商业档案选编》，内容为老浦东地区工商业及行业组织的发展情况，得到了学界和档案界专业人士的肯定，为浦东近代工商业发展研究提供了可靠、详实的档案资料。2009 年南汇区行政建制撤销并入浦东新区，使得浦东的地域范围进一步扩大。新浦东有了更广阔的发展天地，同时面临着更大的挑战。为更好地挖掘浦东近代工商业发展的脉络和痕迹，也为更加全面体现民国时期大浦东工商业行业的发展，浦东新区档案馆于 2019 年着手开展馆藏南汇民国时期工商业档案的挖掘和整理工作，为专家学者提供可信度高、系统全面的档案史料。希望此书的出版，不仅能弥补南汇地区在浦东、乃至在上海地区民国工商业发展中不可忽略的作用，也能成为社会大众发现一个更加立体、更加全面的新浦东的生动素材。

民国时期的浦东工商业，仅拉开了浦东现代经济发展的序幕，受时代背景的限制，其发展充满了艰难蹒跚。抚今追昔，我们庆幸正处于一个更加稳定、更加繁荣、更利于发展的时代。自 20 世纪 90 年代以来，浦东开发开放已经 30 余年。浦东在一片农田上建成一座功能集聚、要素齐全、设施先进的现代化新城，成为我国改革开放的象征和上海现代化建设的缩影，诞生了多个全国第一，比如第一个保税区、第一个金融贸易区、第一个自由贸易试验区、第一个综合性的国家科学中心等。浦东以全市 1/5 的土地、不到 1/4 的人口创造了超 1/3 的经济总量。而今的浦东，再不是偏居上海一隅的乡郊地区，正站在更高的起点上，以全球瞩目的影响力，追求着更高质量的开放和发展。作为浦东历史发展的见证者、记录者、保管者，浦东新区档案馆也将一如既往，秉承记录历史、传承文明的使命，着眼于浦东开发开放大局，积极开发档案信息资源，不断推出档案文化精品，为浦东档案文化事业发展，以及浦东城市文化建设贡献出最大的力量。

浦东新区档案馆

目 录

569　浦东地方建设、浦东长途汽车公司关于上南县道行驶长途汽车合约转由浦东地方建设有限公司履行一事致南汇县政府呈
（1946年7月29日）
571　江苏省建设厅核准上南县道行驶长途汽车合约转由浦东地方建设有限公司履行致南汇县政府指令
（1946年9月26日）
571　浦东地方建设股份有限公司为恳请仍照原约保持上南县道专营权三十年致南汇县政府呈
（1946年7月30日）
572　南汇县政府关于保持上南县道原约一案办理报府凭转致南汇地方建设公司指令
（1946年8月30日）
572　江苏省建设厅为上南县道专营权一案致南汇县政府的指令
（1946年8月21日）
573　江苏省公路局为上南县道专营权一案缺少案卷致南汇县政府的指令
（1946年8月22日）
573　浦东地方建设股份有限公司按令报送上南县道行驶长途汽车合约等文件材料致南汇县政府呈
（1946年9月16日）
574　浦东地方建设股份有限公司为上南县道周浦南汇间定期通车报请备案并请咨行上海市公用局准予在浦东大道周家渡至东昌路一段行驶长途汽车致南汇县政府呈
（1946年7月31日）
574　南汇县政府为浦东地方建设有限公司在浦东大道周家渡至东昌路段行驶长途汽车致上海市公用局公函
（1946年7月31日）
575　上海市公用局为浦东地方建设股份有限公司行驶浦东大道周家渡至东昌路长途汽车一案致南汇县政府复函
（1946年8月24日）
575　浦东地方建设股份有限公司、上南交通股份有限公司为签订联运合同致上海市公用局呈
（1946年8月1日）
575　浦东地方建设股份有限公司、浦东长途汽车公司关于归并和相关行驶汽车专营权事宜致上海市政府呈
（1946年7月）
576　南汇县上南段县道行驶长途汽车合约转由浦东地方建设公司承担履行草约
（1946年10月11日）
578　浦东地方建设公司为修建上南路请准转函上海市工务局予以技术协助致南汇县政府呈
（1946年10月）
578　上海市工务局为修建上南路给予技术协助一案致南汇县政府公函
（1946年10月22日）
579　浦东地方建设公司为便利上南县道周塘段工程进行拟请将组织纲要第一条条文修正致南汇县政府呈
（1946年11月16日）
579　南汇县政府为准予修正上南县道周塘段工程处组织纲要第一条条文致浦东地方建设公司指令
（1946年12月12日）
580　浦东地方建设公司为上南县道周塘段路基涵洞桥梁工程招标开标暨签订合同情形仰祈鉴核备查致南汇县政府呈
（1946年12月19日）
580　浦东地方建设公司为上南县道姚周段工程处工程因受天时影响未能如期完成转请延长一月致南汇县政府呈
（1947年1月13日）
581　浦东地方建设公司为核定上南公路塘周段占用民田应否赔补损失致南汇县政府呈
（1947年2月24日）

（1948年2月）
616　南汇电气股份有限公司章程
（1947年11月10日修正）
617　南汇电气股份有限公司股东名册
（1947年10月）
618　南汇电气股份有限公司为购售电气合同尚难正式签订致南汇县政府呈
（1946年6月5日）
618　南汇电气股份有限公司为请清偿积欠电费以后并准期给付及切勿私自接电应用致南汇县政府呈
（1947年4月）
619　南汇县政府为各机关团体清偿积欠电费等情的批
（1947年4月29日）
619　南汇电气股份有限公司对各机关团体电费优待办法并祈南汇县政府转饬各机关团体一次性缴付所欠电费的呈复
（1947年5月17日）
620　南汇县政府、南汇电气股份有限公司为各机关积欠电费事请予清偿办法的呈、批示、备考
（1947年10～11月）
620　南汇电气股份有限公司为上南路架设高压线路并请给予施工保护致南汇县政府呈
（1948年1月23日）
621　南汇电气股份有限公司为上南公路架设高压线路一案办理情形致南汇县政府呈复
（1948年2月7日）
621　南汇县政府为上南路架设高压线路一案办理情形致江苏省建设厅代电
（1948年3月17日）
622　南汇电气股份有限公司为值战乱期间请通饬所属各机关慎用电流并祈严密保护致南汇县政府呈
（1948年2月6日）
622　南汇县政府为值战乱期间通饬所属各机关慎用电流致各机关学校训令
（1948年2月9日）
622　南汇县周浦镇商会等各界代表吁请审查电气公司组织营业情况并重订八月份电价致南汇县政府呈
（1948年8月26日）
623　南汇电气股份有限公司为重订八月电价并公布以往所收电费保证金一案仰祈鉴赐公饬原具呈人不得阻碍公司收费的呈
（1948年8月31日）
625　南汇电气股份有限公司为南汇城垣变压器突遭焚请鉴察备查致南汇县政府呈
（1949年1月11日）
625　南汇电气股份有限公司为奉饬修复南汇城垣变压器并请转知各机关团队节约用电禁用电热致南汇县政府的呈复
（1949年2月4日）
625　大明电气公司为归并经营办法九项致南汇电气公司函
（1948年3月2日）
626　南汇、大明电气公司为归并经营检具股东会决议录等致南汇县政府呈
（1948年5月20日）
629　经济部为准南汇、大明公司合并经营并请重换执照另绘区图致南汇、大明电气公司的批复
（1948年6月23日）
629　南汇电气股份有限公司为遵令绘具新图换发新照致南汇县政府呈
（1948年7月3日）
630　江苏省建设厅为发还原呈南汇电气公司营业区域图仰转饬依照指示各点办理致南汇县政府训令
（1948年8月26日）
630　南汇电气股份有限公司遵令将原呈营业区域图依照指示各点办理蒇事并请工商部核发新营业区域图致南汇县政府呈

(1947 年 1 月 13 日)

653 浦东电气股份有限公司等五公司自民国三十六月二月调整电价致南汇县政府呈
(1947 年 2 月)

653 江苏省建设厅转发经济部核准浦东电气股份有限公司调整二月电价致南汇县政府训令
(1947 年 3 月 20 日)

654 江苏省建设厅转发经济部核准大明、汇北、南汇、横沔四电气股份有限公司调整二月电价致南汇县政府令
(1947 年 4 月 2 日)

656 江苏省建设厅转发经济部核准浦东电气股份有限公司等五公司自三十六年二月十五日起实施新电价致南汇县政府训令
(1947 年 4 月 21 日)

658 浦东电气股份有限公司等五公司为民国三十六年六月起调整电价致南汇县政府呈
(1947 年 6 月 16 日)

659 江苏省建设厅奉经济部令核准浦东电气公司等五公司自民国三十六年六月起调整电价比例致南汇县政府训令
(1947 年 7 月 15 日)

660 江苏省建设厅转发经济部核准浦东电气股份有限公司等五公司自三十六年六月起调整电价致南汇县政府令
(1947 年 7 月 26 日)

661 浦东电气股份有限公司等五公司为民国三十六年七月起调整电价致南汇县政府呈
(1947 年 7 月 12 日)

662 江苏省建设厅转发经济部核准浦东电气股份有限公司等五公司自三十六年七月起调整电价致南汇县政府训令
(1947 年 8 月 11 日)

662 浦东电气股份有限公司等五公司为民国三十六年十月起调整电价致南汇县政府呈
(1947 年 10 月 21 日)

663 江苏省建设厅转发经济部核准浦东电气股份有限公司等五公司自三十六年十月起调整电价致南汇县政府训令
(1947 年 11 月 18 日)

664 浦东电气股份有限公司等三公司为民国三十六年十一月起调整电价致南汇县政府呈
(1947 年 11 月 22 日)

665 江苏省建设厅转发经济部核准浦东电气股份有限公司等三公司自三十六年十一月起调整电价致南汇县政府训令
(1947 年 12 月 23 日)

665 浦东电气股份有限公司等三公司为民国三十七年一月起调整电价致南汇县政府呈
(1948 年 1 月 8 日)

666 江苏省建设厅转发经济部核准浦东电气股份有限公司等三公司自民国三十七年一月起调整电价致南汇县政府令
(1948 年 1 月 28 日)

667 浦东电气股份有限公司等三公司为民国三十七年二月起调整电价致南汇县政府呈
(1948 年 2 月 6 日)

667 江苏省建设厅转发经济部核准浦东电气股份有限公司等三公司自民国三十七年二月起调整电价致南汇县政府训令
(1948 年 2 月 25 日)

668 浦东电气股份有限公司等三公司为民国三十七年三月起调整电价致南汇县政府呈
(1948 年 3 月 11 日)

669 江苏省建设厅转发工商部核准浦东电气股份有限公司等二公司自三十七年七月起调整电价致南汇县政府训令

716 上川交通股份有限公司关于自民国三十七年四月六日起调整汽车票价的通告
（1948年4月6日）
716 上川交通股份有限公司自民国三十七年四月六日起调整汽车票价致南汇县政府代电
（1948年4月11日）
716 上川交通股份有限公司自民国三十七年四月十四日起调整铁路票价致南汇县政府代电
（1948年4月19日）
717 上川交通股份有限公司自民国三十七年五月十二日起调整铁路票价致南汇县政府代电
（1948年5月15日）
717 上川交通股份有限公司关于公司历次调整票价办理情形致南汇县政府代电
（1948年6月18日）
717 上川交通股份有限公司自民国三十七年六月十五日起调整火车票价致南汇县政府代电
（1948年6月21日）
718 上川交通股份有限公司自民国三十七年七月四日起调整汽车票价致南汇县政府代电
（1948年7月3日）
718 上川交通股份有限公司自民国三十七年七月九日起调整火车票价致南汇县政府代电
（1948年7月11日）
718 上川交通股份有限公司自民国三十七年八月四日、五日起分别调整汽车、火车票价致南汇县政府代电
（1948年8月9日）
719 上川交通股份有限公司自民国三十七年八月十九日起调整火车票价致南汇县政府代电
（1948年8月27日）
719 上川交通股份有限公司自民国三十七年十一月四日起调整汽车票价致南汇县政府代电
（1948年11月4日）
720 上川交通股份有限公司自民国三十七年十一月十日起调整火车票价致南汇县政府代电
（1948年11月12日）
720 上川交通股份有限公司自民国三十七年十一月十七日起调整汽车票价至南汇县政府的电报
（1948年11月16日）
721 上川交通股份有限公司自民国三十七年十一月二十一日起调整火车票价致南汇县政府代电
（1948年11月22日）
721 上川交通股份有限公司自民国三十七年十二月四日起调整汽车票价致南汇县政府代电
（1948年12月7日）
721 上川交通股份有限公司自民国三十七年十二月十二日起调整火车票价致南汇县政府代电
（1948年12月13日）
722 上川交通股份有限公司自民国三十七年十二月二十日起调整汽车票价致南汇县政府代电
（1948年12月23日）
722 上川交通股份有限公司自民国三十八年一月七日起比照浦建公司调整汽车票价致南汇县政府代电
（1949年1月7日）
722 上川交通股份有限公司自民国三十八年一月十一日起调整火车票价致南汇县政府代电
（1949年1月15日）
723 上川交通股份有限公司自民国三十八年一月十九日起比照浦建公司调整汽车票价致南汇县政府代电
（1949年1月19日）
723 上川交通股份有限公司自民国三十八年一月二十六日起比照浦建公司调整汽车票价致南汇县政府代电
（1949年2月1日）
723 上川交通股份有限公司自民国三十八年二月一日起调整火车票价致南汇县政府代电
（1949年2月1日）
724 上川交通股份有限公司自民国三十八年二月十三日起调整火车票价致南汇县政府代电
（1949年2月14日）

一

南汇县工商业组织管理

（一）南汇县政府

南汇县政府关于输送日电的布告

（1935 年 1 月 30 日）

南汇县政府布告第七号

案据南汇电气股份有限公司经理童传中呈称：

“为开始输送日电，请求布告周知事。窃前南沙电气公司仅于夜间发电，以供各户点用电灯，并不兼送日电，因而用户颇感不便。本公司改组成立后，即与上海浦东电气公司订约购电，自航头镇起迤东，敷设特别高压输电线路，横贯第七区，现已抵达县城，并于城内植立新杆，架设新线，日内即可加工赶竣，开始输送日电。因恐电线经过之处，一般居户或仍误为日间无电，任意攀触，致肇祸端。为特呈请，迅赐布告，使地方民众咸知，本公司所设线路现系日夜通电，俾免误触而生危险，实为公便。”等情，据此除批令将开始输送日电日期自行登载南汇民报外，合行布告地方民众，一体周知。此布。

中华民国二十四年一月三十日

县长 袁希洛

［Q576－1－15］

南汇县政府为调查工厂概况致各区署训令

（1946 年 3 月 6 日）

事由：为制订工厂概况调查表式令仰遵查填报由

南汇县政府训令社字第一三〇号

令（各）区署：

查本县工厂在抗战期间因受敌伪摧残多已停顿，以致无发展实业之机会。复原后各地工厂渐臻兴复，迩来复业情形以及职工待遇之标准亟待考查。兹为明瞭目前概况起见，特制订“工厂概况调查表”一种，随令附发，仰该区长遵照表式切实查填具报，以凭核夺为要。

此令。

附发工厂概况调查表式一份。（略）

县长徐

〔中华民国三十五年〕三月六日

［1194－1－606］

南汇县第一区署查填工厂概况调查表致南汇县政府呈

（1946年6月12日）

事由：为遵饬查填工厂概况调查表呈祈鉴核由

南汇县政府第一区署呈建字第四一四号

中华民国三十五年六月十二日

案奉钧府社字第一三〇号训令附发工厂概况调查表饬即查填具报等因，奉此，遵经饬属查填完竣，理合检表备文呈送，仰祈鉴核！

谨呈

南汇县县长徐

附呈：工厂概况调查表一份

第一区区长顾燕孙

〔附〕

南汇县第一区工厂概况调查表

三十五年六月十日查填

工厂名称	经理人姓名	营业性质	厂内设备	职工人数		每月工人待遇	每月出产数量	所在地	备注
				男	女				
泰隆袜厂	唐友梅	独资	厂房十一间 袜机五十部	7	56	二万至三万元	一千五百打	惠南镇西门大街	
同成袜厂	丁根涛	合股	厂房二间 袜机六部	1	7	一万五千至二万元	一百八十打	惠南镇西门大街	
锦华袜厂	潘锦荣	合股	厂房四间 袜机十二部	2	6	一万五千至二万元	一百八十打	惠南镇西门大街	现开大部
益大袜厂	唐逸民	代客	厂房一间 袜机十三部	2	14	一万五千至二万元	八百余打	西门63号	
至诚袜厂	王作新	代客	厂房一间半 袜机六部		7	一万五千至二万元	一百八十打	南门内	
裕民袜厂	程建新	代客	厂房一间 机壹打	2	12	一万五千至二万元	四百打	南门大街	
勤余袜厂	潘锦波	代客	厂房二间 袜机一打半					南门大街	尚未开工
潘永兴袜厂	潘铭寿	代客	厂房一间 袜机六部		6	一万至二万元	一百五十打	南门外大街	
大康袜厂	季金楼	代客	厂房一间 袜机半打	1	6	一万至二万元	六十打	南门外大街	
嘉纶袜厂	吴福生	代客	厂房二间 袜机三打	3	40	一万至二万元	八百打	东门外大街	
德建袜厂	倪替臣	代额	厂房一间 袜机半打	1	7	一万至二万元	一百打	东门外大街	
大沪袜厂	金炎鑫	代客	厂房一间 袜机半打	1	7	一万至二万元	一百打	东门外大街	
久大兴袜厂	丁竹青	代客	厂房三间 袜机四打	4	35	一万至二万元	一千打	东门外大街	
荣康袜厂	王永成	代客	厂房四间 补机四打		40	四万元	一千打	严路乡六灶湾	

续 表

工厂名称	经理人姓名	营业性质	厂内设备	职工人数		每月工人待遇	每月出产数量	所在地	备注
				男	女				
鸿兴袜厂	倪国卿	代客	厂房弍间 袜机弍打		20	四万元	六百打	严路乡六灶湾	
协盛袜厂	蒋根楼	独	房屋一间 袜机十部		10	每打贰百元	贰拾打	严路乡邬家店	
盈丰	潘禹伯	独	榨油器	6		每月俸米壹石		东门外三义庙东	
永丰	邢金生	独	碾米机	4		每月俸米壹石		东门外三义庙东	
顾德兴轧花厂	顾逸如	独	房屋拾余间 机器壹座				时轧时停	新墩乡黄路镇	内有轧米机念八座
华昌榨油轧米	沈连洲	独	房屋捌间 机器壹座				时轧时停	新墩乡黄路镇	轧米机壹座
合义兴榨油轧米	钟裕耕	独	房屋陆间 机器壹座				时轧时停	新墩乡黄路镇	轧米机壹座

[1194-1-606]

南汇县第二区署查填工厂概况调查表致南汇县政府呈

（1946年4月20日）

事由：为呈送工厂概况调查表仰祈鉴核汇转由

案奉钧府社字第一三〇号训令内开：

“查本县工厂在抗战期间因受敌伪摧残多已停顿，以致无发展实业之机会。复员后各地工厂渐臻兴复，迩来复业情形以及职工待遇之标准亟待考查。兹为明瞭目前概况起见，特制订工厂概况调查一种，随令附发，仰该区长遵照表式切实查填具报，以凭核夺为要。”等因，附发工厂概况调查表一份。奉此，遵经转发各乡镇调查，去后兹据先后呈复祇有竹桥、江镇、新东三乡镇有小型工厂，理合检附竹桥等三乡镇工厂概况调查表各一份，具文呈送。仰祈鉴收汇转，实为公便。

谨呈

县长徐

计呈送竹桥、江镇、新东三乡镇工厂概况调查表各一份

南汇县第二区区长闵仲驰

中华民国三十五年四月二十日

〔附1〕

南汇县第二区江镇工厂概况调查表

三十五年□月□日查填

工厂名称	经理人姓名	营业性质	厂内设备	职工人数		工人待遇	每月出产数量	所在地	备注
				男	女				
五洲	胡季珍	合资代织	楼房一座布机四〇只	10	40	每人每月万元		江镇北槽坊码头	
群益	黄正明	合资	瓦草房各一座机二〇只	8	20	每人每月万元		江镇北首	
鸿丰	朱辅臣	合资	瓦屋一座布机四〇只	4	40	每人每月万元		沙泥码头	

〔附 2〕

南汇县第二区竹桥镇工厂概况调查表

三十五年□月□日查填

工厂名称	经理人姓名	营业性质	厂内设备	职工人数		工人待遇	每月出产数量	所在地	备注
				男	女				
陈隆盛	陈　峯	独资	平房十五间大小引擎各一具	16	无	每人每月贰万元	麦粉五百担花衣六百担	祝桥	
民兴	唐九亲	独资	平房四间引擎一具	4	无	每人每月贰万元	代客轧花壳无统计	祝桥	
徐长兴	徐长根	独资	平房五间柴油引擎一具	4	无	每人每月贰万元	代客轧花壳无统计	祝桥	
胜机	徐日新	独资	平房五间有打浆机轧光机榨压机等	5	一	每人每月贰万元	约出纸卅件	祝桥	
王正泰	王耀宗	合股	平房六间柴油引擎一具	8	无	每人每月贰万元	打油约卅车	祝桥	
永盛	陆耀庚	独资	平房六间引擎一具	11	无	每人每月贰万元	打油约五十车	祝桥	
丁祥丰	丁鸣九	独资	平房五间引擎一具(柴油)	5	无	每人每月贰万元	麦粉乙百担花衣二十担	祝桥	

〔附 3〕

南汇县第二区新东乡工厂概况调查表

三十五年□月□日查填

工厂名称	经理人姓名	营业性质	厂内设备	职工人数		工人待遇	每月出产数量	所在地	备注
				男	女				
大东	薛增荣		木机	2	30	每人每月三万元	代客织造毛巾 700 打	新东乡	
永余	陶乾德		木机	2	22	每人每月三万元	代客织造毛巾 500 打	新东乡	
友利	徐伯泉		木机	7	102	每人每月三万元	代客织造毛巾 2 000 打	新东乡	
华丰	张　帆		木机	3	65	每人每月三万元	代客织造毛巾 800 打	新东乡	
友余	倪文祥		木机	2	50	每人每月三万元	代客织造毛巾 1 000 打	新东乡	
大新	郑诗濠		木机	3	50	每人每月三万元	代客织造毛巾 1 000 打	新东乡	
大兴	倪文瑞		马达米机	6	0	每人每月三万元	不计	新东乡	碾米
大兴	倪文瑞		马达米机	3	0	每人每月三万元	不计	新东乡	同上

［1194－1－606］

南汇县第三区署查填工厂概况调查表致南汇县政府呈

（1946 年 3 月 18 日）

事由：为呈送工厂概况调查表敬祈核夺由

案奉钧府社字第一三〇号训令："颁发工厂概况调查表式一件饬即遵照表式，切实查填具报凭核"等因，奉此，遵经查填蒇事，理合备文呈送，敬祈钧座俯赐核夺！

谨呈

南汇县县长徐

附呈：工厂概况调查表一件

第三区区长闵映囊

中华民国三十五年三月十八日

〔附〕

南汇县第三区工厂概况调查表

三十五年三月十八日查填

工厂名称	经理人姓名	营业性质	厂内设备	职工人数		每月工人待遇	每月出产数量	所在地	备注
				男	女				
华成	周鸣歧	手套	手套机五十部					陈桥	暂停营业
天华	张新官	袜	袜机六具		3	每打二百五十元每人每日一打	三十打	六灶	
永利	蒋火生	袜	袜机十具		6	每打二百五十元每人每日一打	壹百打	六灶	

说明：
营业性质：指独资、合资、代客经营等；
厂内设备：指房屋间数、机器件数等；
本表所调查之工厂以略具工厂规模者皆应列入。

［1194－1－606］

南汇县第四区署查填工厂概况调查表致南汇县政府呈

（1946年3月27日）

事由：为填报属区工厂概况调查表仰祈鉴核转报由

南汇县政府第四区署呈字第四七号

中华民国三五年三月二七日

案奉钧府社字第一三〇号训令内开：

“查本县工厂在抗战期间因受敌伪摧残多已停顿，以致无发展实业之机会。复员后各地工厂渐臻兴复，迩来复业情形以及职工待遇之标准亟待考查。兹为明瞭目前概况起见特制订工厂概况调查表一种，随令附发，仰该区长遵照表式，切实查填具报，以凭核夺为要”！等因，奉此理行依式填报，仰祈鉴核转报，无任公便。

谨呈

南汇县县长徐

附第四区工厂概况调查表一份

第四区长钱廷桢

〔附〕

南汇县第四区工厂概况调查表

三五年三月二七日查报

工厂名称	经理人姓名	营业性质	厂内设备	职工人数		工人待遇	每月出产数量	所在地	备注
				男	女				
鼎新染织公司第二厂	华根初	公司	布机□ 筒行车□ 花线车□ 浆纱车□ 经纱车□ 锅炉□ 引擎□ 房屋□	23	25	每月 最高□万元 最低□千	300疋	乐安镇	现在暂开布机十二台

调查者：周冶民

［1194－1－606］

南汇县第五区署查填工厂概况调查表致南汇县政府呈

（1946年3月23日）

南汇县第五区署别文呈政字第五十九号

中华民国三十五年三月二十三日

窃奉钧府社字第一三〇号训令内开“查本县工厂在抗战期间因受敌伪摧残多已停顿，以致无发展实业之机会。复员后各地工厂渐臻兴复，迩来复业情形以及职工待遇之标准亟待考查。兹为明瞭目前概况起见，特制订工厂概况调查表一种，随令附发，仰该区长遵照表式切实查填具报，以凭核夺为要”等因，奉此，遵将该项表式据实填报，仰祈鉴核，实为公便。

谨呈

南汇县县长徐

附呈工厂概况调查表一份

第五区署区长沈叔南

〔附〕

南汇县第五区工厂概况调查表

三十五年三月日查填

工厂名称	经理人姓名	营业性质	厂内设备	职工人数		每月工人待遇	每月出产数量	所在地	备注
				男	女				
大华袜厂	张菊秋	代客	房屋四间 袜机200座	0	200人	普通	2 500打	周浦杨家弄十一号	
大新袜厂	王全和	代客	房屋三间 袜机100座	0	100人	普通	2 000打	周浦城隍街一四九号	
中新袜厂	徐新根	代客	房屋三间 袜机50座	0	50人	普通	1 200打	同上	
义丰袜厂	戴志义	代客	房屋三间 袜机50座	0	50人	普通	1 200打	周浦河溪路三七号	
利兴袜厂	倪玉翘	代客	房屋三间 袜机50座	0	50人	普通	1 200打	同上	
恒兴袜厂	胡荣亭	代客	房屋四间 袜机60认	0	60人	普通	1 500打	周浦龚家弄	
汇丰油厂	陈端生	代客	房屋十六间 引擎1只	12人	0	普通	无定数	周浦南八灶河西	附碾米
浦东铁厂	陈惠庭	代客	房屋五间 马达1只	25人	0	普通	无定数	周浦南八灶	
公大翻砂厂	王艺忠	代客	房屋五间 马达1只	6人	0	普通	无定数	周浦南八灶	
立基面粉厂	蒋文鹤	代客	房屋十三间 引擎1只	14人	0	普通	无定数	周浦五福桥街四号	
茂新纱厂	黄竟成	合资	房屋十间 马达1只	17人	60人	普通	棉纱四十余件	周浦一九保三甲三户	
立丰纱厂	任建爵	合资	房屋四十间 引擎1只	56人	75人	普通	棉纱九十余件	周浦北市	
中华火柴厂	黄寄洲	合资	房屋二百间 马达4只 引擎二只	120人	200人	男工每日白米七升 女工每日白米约四升	1 000箱	周浦北市	

续　表

工厂名称	经理人姓名	营业性质	厂内设备	职工人数		每月工人待遇	每月出产数量	所在地	备注
				男	女				
源丰兴面粉厂	奚志梅	代客	房屋十五间 马达1只	30人	0	普通	无定数	周浦南八灶	附轧花磨粉
公兴铁工厂	金德隆	代客	房屋三间 马达1只	5人	0	普通	无定数	周浦东八灶	
南汇铁工厂	张海荣	代客	房屋五间 马达1只	18人	0	普通	无定数	周浦南八灶	
公和面粉厂	陆克脩	代客	房屋六间 马达1只	16人	0	普通	无定数	周浦南八灶	附轧花碾米

〔1194－1－606〕

南汇县第六区署查填工厂概况调查表致南汇县政府呈

（1946年7月2日）

事由：为呈送工厂概况调查表，祈鉴核由。

南汇县政府第六区署呈南汇县政府建字第五三九号

案奉钧府社字第一三〇号训令：为制订工厂概况调查表式饬即遵照切实查填具报以凭核夺等因，奉此，遵经分令各镇公所查填去后，兹已具报齐全，理合备文呈送，仰祈鉴核，实为公便！

谨呈

县长徐

附呈工厂概况调查表一份

第六区区长陈墨屏

中华民国三十五年七月二日

〔附〕

南汇县第六区工厂概况调查表

民国三十五年七月二日查填

工厂名称	经理人姓名	营业性质	厂内设备	职工人数		工人待遇		每月出产数量	所在地	备注
				男	女	最高	最低			
大中砖瓦砖	朱鸿圻	股份有限公司	轮窑贰座，土窑十七座，制坯车二部，制瓦车四部，房屋一五四间。	112人	45人	1 700.00	1 200.00	红砖八十万块红瓦十万张	下沙镇	
久丰花米厂	翁茂熊	合资轧花代碾米	厂屋五间，二十四匹柴油引擎一部，碾米机两部，花车十六部。						闸港乡第七保□赐庄	停顿已久
达丰花厂	姚金兰	合资轧花	厂屋五间，十二匹柴油引擎壹座，花车十二部。						闸港乡第八保南关帝庙	暂停
辛昌花厂	张雪翘	合资	房屋十九间，轧车二十具，马达一具。	18人		1石	5斗		航头镇第七保	
大盛油坊	施廷祥	合资	房屋五间，引擎一架	8人		1石	5斗		航头镇第六保	代客经营
永聚兴石灰窑	张琴伯	合资	房屋五间	7人		3斗			航头镇第五保	代客买卖
同顺油坊	冯树香	独资	房屋五间 引擎一架	4人		5斗			航头镇第五保	代客经营

续 表

工厂名称	经理人姓名	营业性质	厂内设备	职工人数		工人待遇		每月出产数量	所在地	备注
				男	女	最高	最低			
元泰花厂	吴一清	独资	房屋十一间,引擎一架,马达一具,轧车二十具	5人		5斗			航头镇第五保	
王裕源花厂	王永先	合资	房屋二十间引擎一架,马达一具,轧车二十具。	12人		1石	5斗		航头镇第七保	
嘉庆工业社	赵祈康	公司	马达四具,棉纱机九台	19人	24人	每天15乘生活指数	每天05	半件至一件	召楼镇第十保	

[1194-1-606]

南汇县第七区署查填工厂概况调查表致南汇县政府呈

(1946年5月18日)

事由:为检呈工厂概况调查表仰祈鉴核由

南汇县第七区区署呈史字第二三九号

中华民国三十五年五月十八日

案查接管卷内前奉钧府社字第一三〇号训令开:

"查本县工厂在抗战期间因受敌伪摧残,多已停顿,以致无发展实业之机会。复员后各地工厂渐臻兴复,迩来复业情形以及职工待遇之标准亟待考查。兹为明瞭目前概况起见,特订工厂概况调查表一种,随令附发,仰该区长遵照表式切实查填具报,以凭核夺为要"等因,附发工厂概况表式一份。奉此遵查本区境内计有永昌花厂等十四家,均经查填完竣,奉令前因,理合检附工厂概况表备文呈报,仰祈鉴核。

谨呈

县长徐

附呈工厂概况调查表一份

第七区区长张史丹

〔附〕

南汇县第七区工厂概况调查表

三十五年五月十八日查填

工厂名称	经理人姓名	营业性质	厂内设备	职工人数		每月工人待遇	每月出产数量	所在地	备 注
				男	女				
永昌花厂	陈荣冰	合资	花车四十二架 引擎一架 马达一架	32	20	平均每月每人壹万捌千元	平均每月出产花衣九百担	新场镇三保二甲九户	花厂
大茂	陆子川	独资	房四十间 引擎一架 花车二十三架	19		以货价涨落而发给	不一定	绵长乡十三保	花厂
裕新	李妙生	合资	房二三间 引擎一架 花车二四架	16		同上	同上	绵长乡十三保	花厂
鼎丰	严绍陵	合资	房二二间 引擎一架 油床六只	12		同上	同上	绵长乡十三保	榨油厂
同兴	朱桂芳	独资	茅屋四间	临时雇用		同上	同上	绵长乡十二保	砖瓦窑

续 表

工厂名称	经理人姓名	营业性质	厂内设备	职工人数		每月工人待遇	每月出产数量	所在地	备 注
				男	女				
永泰	宋林生	合资	茅屋五间 引擎一架 米车一架	8		同上	同上	绵长乡十二保	碾米厂
合兴	翁明生	独资	茅屋四间	5	2	每月一万五千元至二万元	砖二万五千箱瓦片六千张	绵长乡二保	砖瓦窑
福鑫	闵　傑	合资	茅屋三间 米车一架 油床四架 引擎一架	5		每月二万元		绵长乡五保	碾米榨油厂
公兴	马根生	合资	茅屋三间	5	1	每月一万五千元至二万元	砖二万五千箱瓦六千张	绵长乡七保	砖瓦窑
振兴	张振煌	合资	茅屋四间	6	2	同上	砖三万箱瓦六千张	绵长乡九保	砖瓦窑
协兴	张振泉	合资	茅屋二间	4	2	同上	砖二万五千箱瓦六千张	绵长乡九保	同上
龙兴	宋荣生	独资	茅屋四间	7	3	同上	同上	绵长乡十六保	同上
震兴	周正昌	同上	引擎一具 米车一架	5		每月一万元		三灶镇西市	碾米厂
精勤	周荫安	同上	袜机五十架 缝袜机三架	2	50	同上		三灶镇南市	袜厂

［1194－1－606］

南汇县大团区署查填工厂概况调查表致南汇县政府呈

（1946年5月15日）

事由：为呈送工厂概况调查表一份仰祈鉴核由

南汇县大团区署呈字第一一六号

中华民国三十五年五月十五日

案奉钧府社字第一三〇号训令，为附发工厂概况调查表式一份，令仰切实填报等因，奉此遵即查填完竣，理合备文呈送，仰祈鉴核，实为公便！

谨呈

南汇县县长徐

附呈工厂概况调查表一份

大团区区长沈梦卿

〔附〕

南汇县大团区工厂概况调查表

三十五年五月日

工 厂 名 称	经理人姓名	营业性质	厂 内 设 备	职工人数		工 人 待 遇	每月出产数量	所在地	备 注
				男	女				
祥盛益记花厂	吴群祥	轧花	轧花机三十只	22人		平均每人每月四万元	不定	大团南市	
大成和义记花厂	周士奎	轧花	轧花机三十只	20人		平均每人每月四万元	不定	大团南市	

续 表

工厂名称	经理人姓名	营业性质	厂内设备	职工人数		工人待遇	每月出产数量	所在地	备注
				男	女				
大新花厂	黄永熙	轧花	花车三十二部 引擎一部	30人		平均每人每月四万元	(花衣)四百五十担	大团南市	
懋新纱厂	黄永熙	纺纱	引擎三部 三千四百五十六锭	50人	180人	每月每人五万元	壹百五十件	大团南市	
利民盛记工业社	吴群祥	纺纱	纱锭三百八十四只	15人	40人	每月每人五万元	棉纱二十一件	大团南市	
来复袜厂	张际虞	制袜	袜机三打		40人	每月白米一石	壹仟打	大团南市	
大成袜厂	韩一飞	制袜	袜机四打		30人	每月白米一石余	九百打	大团南市	
华纶袜厂	王兰堂	制袜	袜机四打		40人	每月白米一石余	壹仟二百打	大团南市	
平生实业社	倪　端	制袜	袜机八打		80人	每月白米一石余	三仟打	大团苏家弄	
源兴袜厂	顾立青	制袜	袜机二打		24人	每月五斗	五十打	大团苏家弄	

[1194－1－606]

南汇县政府关于转发工厂调查表式两种致张江区署的训令

(1946年5月29日)

事由：为转发工厂调查表式两种令仰切实调查填报由

南汇县政府训令

建字第〇七七四号

中华民国三十五年五月廿九日

令第四区区署：

案奉江苏省建设厅建三字第一九七四号训令，略以抗战期间本省各民营工厂损失颇重，复员以还，亟应整理。兹为明瞭各厂情形起见，特制发民营工厂调查表式甲、乙两种，饬遵填报等因，奉此，除分令外，合行抄发原表式，令仰迅即派员切实调查，依式详填二份，呈凭汇转，毋延为要！

此令。

附发民营工厂调查表式甲乙两种。(略)

县长 徐泉

[1194－3－191]

张江区署奉令填报民营工厂调查表致南汇县政府呈

(1946年9月20日)

事由：为奉令填报民营工厂调查表仰祈鉴核由

中华民国三十五年九月二十日

案奉钧府建字第〇七七四号号训令内开："案奉江苏省建设厅建三字一九七四号训令开(除原文有案可稽邀免冗叙外)尾开：除分令外合行抄发原表式，令仰迅即派员切实调查，依式详填二份，呈凭汇转为要。"等因，附发民营工厂调查表式甲乙两种。奉此，业经派员分往属区各乡切实调查，将所有民营工厂依式详填完竣。奉令前因，理合检同该表备文呈送，仰祈鉴核备查，实为公便。

谨呈南汇县县长徐。

附呈民营工厂调查表甲乙种各二份。

张江区长 钱廷桢

〔附 1〕

民营工厂调查甲表

厂名及厂址		鼎新第二分厂浦东乐安镇		
厂长或经理姓名籍贯		厂长华根初　籍贯江苏南汇		
主任技师及重要技术人员姓名职务简历		马家声　吴明万		
公司商号资本金额		叁仟万元		
厂商组织		总务　工务		
公司登记商号注册执照号数		四八三号		
开工年月		民国二十三年六月份		
制　品	种　类		坯布　厂布	
	每年产量		一万二仟疋	
	每年价值			
原　料	种　类		十支至廿支	
	产　地		中国纺建公司	
	每年需用数量		三佰件	
	每年需用价值			
原动力	种　类		电力	
	产　地		上海	
	马　力		五十三匹	
	座　数		九座	
	价　值			
机械及重要工具	种　类	布机	筒子车 经子车	撚线车 浆缸车
	产　地		本国	
	产件数			
	价　值			
厂址及厂屋	厂　址	面积	十八亩	价值
	厂　屋	间数	七十三间	价值
装品销行区域及每年销售总额		装上海由事务所经销		
制造程序说明书				
或本会计或全厂预算决算				
有无分厂及分厂所在地				
沦陷期间经营情形		全部停工		
备　考				

调查者周冶民

调查者张江区长钱廷桢

〔附 2〕

民营工厂调查乙表

职员数目		十三人
工人数目	男	十二人
	女	七十人
	童	

续 表

最高最低工资	男	八万至十三万
	女	七万至十一万
	童	
工作时间及延长时间之规定		十小时
有无工作契约		无
工人奖惩方法		勤快赏
工人福利事业种类		尚在拟办
工人安全及卫生设备		略有
备　考		
呈请及核准登记公文号数		
核准登记之年月日		民国廿一年(上海第一厂)

调查者周治民

调查者张江区长钱廷桢

〔1194－3－191〕

南汇县政府为通饬督导轮船航船请领行驶证致各区署的训令

(1946年4月6日)

事由：为通饬督导轮船航船请领行驶证仰遵照由

南汇县政府训令建字第三九号

令各区署

案奉江苏省建设厅建一字第三三九号训令，附发轮船航船行驶证暂行办法各一份，即遵照并公告施行等因，奉此，自应遵办，除布告并颁令外，合行抄发原件，令仰该区长迅即督促境内各轮船航船一体遵办，毋任延误为要。再各种事项表，即由该区署依式翻印，以备各轮船航船就近领用资便。航船请领行驶证，应先依法申请船舶登记，并仰知照。此令。

计抄发轮船航船行驶证暂行办法各一份。

县长徐

〔中华民国三十五年四月六日①〕

〔1194－2－133〕

南汇县政府关于轮船航船行驶证暂行办法的布告

(1946年4月9日)

事由：为公布轮船航船行驶证暂行办法由

南汇县政府布告建字第三八号

案奉江苏省建设厅建一字第三三九号训令，并附发轮船航船行驶证暂行办法各一份，饬即遵照，并公告施行等因，奉此，自应遵办，除通饬各区署督导办理外，合行抄发原件布告周知，仰境内各轮船航船一体迳往各该管区署依法申请领证，勿得延误，切切。

---

① 原稿有签发“四月六日”字样，年份参考前文江苏省建设厅颁布轮船航船行驶证暂行办法，为民国三十五年。

此布

计抄录轮船航船行驶证暂行办法各一份。

县长徐

〔中华民国三十五年四月九日①〕

[1194－2－133]

南汇县政府为转饬查报度量衡制造修理或贩卖商情形致张江区署的训令

(1946年5月14日)

事由：为转饬查报度量衡制造修理或贩卖商情形仰遵照由

南汇县政府训令

建字第〇七七五号

中华民国三十五年五月十四日

令四区区署：

案奉江苏省建设厅建三字一九〇八号训令开：

“查度量衡器为他种制造品或贸易品之模范工具，成品固须准确，并当依照法定标本仿制，故凡制造、修理或贩卖该项器具者，应依照度量衡营业系例及其施行细则领取营业执照，方能营业，以便统制检□查诶。但此项营业执照应统由全国度量衡局印发。惟该局现尚未还都，此工作尚在统筹办理中，在未奉须以前，为工作推进起见，本厅亟须明了各市县度量衡器制造、修理或贩卖营业者之情形，兹拟定该项营业者调查表一种，仰即查照填报为要。”等因，附发调查表乙份，奉此除外，合行抄发原表，令仰遵照填报，凭转勿延为要！

此令。

附发调查表一纸。(从略)

县长 徐泉

[1194－3－191]

张江区署为奉令查报度量衡制造修理或贩卖商情形致南汇县政府呈

(1946年9月20日)

事由：为奉令查报度量衡制造修理或贩卖商情形仰祈鉴核由

中华民国三十五年九月二十日

案奉钧府建字第〇七七五号号训令内开：“案奉江苏省建设厅建三字一九〇八号训令开(除原文有案可稽邀免冗叙外)尾开：除分令外合行令仰遵照填报凭转为要。”等因，附发调查表一纸。奉此，查该项调查表业经转饬属区各乡查填完竣，奉令前因，理合备文随送该表，呈请鉴核赐转，实为公便。

谨呈南汇县县长徐。

附呈度量衡修理或贩卖商情形调查表二份。

张江区长 钱廷桢

① 原稿有签发“四月九日”字样，年份参考前文江苏省建设厅颁布轮船航船行驶证暂行办法，为民国三十五年。

〔附〕

南汇县度量衡器制造修理或贩卖营业者调查表

牌号名称	经理姓名	所在地	设立年月	资本		曾否注册	营业		制造方法	雇工人数	附注
				种类	数额		种类	数量			
沈万兴	沈德荣	张江栅镇西南街	民国二十六年	衡	二十万		衡	壹年六十万	手工	无	
范源昌	范林康	御桥镇	十二年		拾万		市秤		人工	无	

［1194－3－191］

南汇县政府关于不予受理不谙法令筹备之同业公会致南汇县商会指令

（1946年6月1日）

事由：为据呈请对于少数同业公会迳请组织未经该会核转祈不予受理等情指令遵照由

南汇县政府指令发文社字第二〇五一号

中华民国三十五年六月一日

令县商会

三十五年五月廿四日呈乙件，为呈请对于不谙法令于筹备时，迳请钧府之同业公会，仰祈不予受理，报由属会核转由。

呈悉。查人民团体之主管官署在中央为社会部，在省为社会处，在县为县政府，法有明文规定，其组织原则分“有系统”“有级数”及“无级数”三种，商会属“有级数”，但上级与下级无隶属关系，上级团体仅为下级团体之联合机构，该会指斥毛巾业公会迳请组织为不谙法令，实属误解，惟各同业公会既为商会组织之一份子，应予切取联系，以免隔阂，仰即知照！

此令。

县长徐泉

［1194－4－293］

南汇县政府关于南汇县典当针织国药木商四业筹组情形致南汇县商会整理委员会指令

（1946年8月15日）

事由：据呈复典当针织国药木商四业筹组情形指饬遵照由

南汇县政府指令发文社字第四五五五号

中华民国三十五年八月十五日

令县商会整理委员会

三十五年八月四日呈一件，为遵令查覆典当针织国药木商四业筹备情形由。

呈悉据查复典当等四业筹组情形兹分别核示如左：

一、典当业筹组公会事实上既感困难，饬将前发筹备员委令三纸吊销

二、针织业公会准另行策动组织

三、国药业由陈鑫初等另行发起组织，已准加委在案，仍仰将前发筹备员委令二纸吊销

以上三点仰即遵照！

此令。

县长徐泉

［1194－4－388］

南汇县政府关于加强同业公会组织致南汇县商会整理委员会训令

(1946年8月25日)

事由：为奉电转饬加强同业公会组织仰即遵照由

南汇县政府训令发文社字第五〇四九号

中华民国卅五年八月廿五日

令县商会整理委员会

案奉江苏省社会处苏社一字第四七六八号代电内开：

“据江苏全省商业联合会筹备会未冬代电开案，查本会筹备大会讨论事项第一类，特组提案第一案提议人松江县商会，拟请加强同业公会之组织，以巩固团结案。其办法呈主管机关转饬各县，严令未加入公会之公司行号遵章加入，意存规避者予以处分或限期停业，当经大会决议案照案通过等情纪录在卷，查有商业性之公司行号欲增强其力量发展其事业，自以团结组织为第一要义。现在各县地方商民□有不明斯义，意存规避者，若不加以整顿，无以集中力量维持公共利益。既据议决前因，理合电呈钧处鉴核赐予转饬各县严令地方未加入公会之公司行号迅即一体加入。倘有意存规避，即依据商业同业公会法第八章第四十二条之规定予以应得处分，俾健全同业公会之组织，实为商业之至便等情。据此，查所称自属切要。除电复并分电外，合行电仰督饬切实办理为要”等因。奉此，查本县各同业公会业经依法组织先后成立，凡未加入公会之公司行号自应遵章加入，以期加强公会组织，共谋发展。奉电前因，合行令仰督饬办理为要！

此令。

县长徐泉

[1194-4-388]

南汇县政府关于转知本县境内各生产工厂加入全国工业协会苏南区分会致南汇县商会训令

(1946年9月17日)

事由：为准中国全国工业协会苏南区分会函请转知本县境内各生产工厂入会由

南汇县政府训令发文社字第五五三二号

中华民国三十五年九月十七日

令县商会

接准中国全国工业协会苏南区分会锡字第一五七号公函内开：

“迳启者：本会奉令改组为中国全国工业协会江苏省分会，业经开始筹备，关于征求会员一节，经本会八月二十八日第九次理监会议（即第二次筹备会议）讨论事项第一案，本会改为江苏省分会业经上次会议决议筹备，惟如何着手进行请予讨论案，决议函各县县政府县商会请就境内各生产工厂转知入会记录在卷，除分函外相应录案函达即希查照见复为荷”等由，准此除函复外，合行令仰该会转知本县境内各生产工厂加入，以利工业共谋改进为要。

此令。

县长徐泉

[1194-4-27]

南汇县政府关于转知工商业贷款手续致南汇县商会训令

（1946 年 9 月 27 日）

事由：奉令转知工商业贷款手续仰即转饬各工厂知照由

南汇县政府训令发文社字第五八一七号

中华民国卅五年九月廿七日

令县商会

案奉江苏省政府府建字第二六〇三号训令内开：

“案查前准江苏省临时参议会本年六月廿九日参字第五七七号函开，查本会第一次大会，参议员陆容菴等提议经字第三号挽救本省工业危机增加生产一案，当经第十一次会议决议，送请省政府办理等语纪录在卷，相应录案，函请贵府查照办理，见复为荷等由，纪录一份。准此当将原纪录办法第一项转函四联总处查照办理在案。兹准该处八月廿六日京业字第三四四一号代电内开，准七月卅日（卅五）府建三字第一九一七号函略，以贵省临时参议会第一次大会参议员陆容菴等提议挽救本省工业危机增加生产一案原办法第一项：对于各地小型工厂贷款转嘱尽量协助等由，查各厂如需款贷助应请各别提出借款。具体计划迳向总处上海分处或当地中交两行申请核转办理，但如属地方小手工业贷款，仍应请由省地方银行尽先协助，相应复请查照，转知为荷，等由准此。除函临参会并分令外，合行抄发原纪录办法第一项一份，令仰该县长知照，并转饬辖境内各工厂知照”等因。附抄办法一份。奉此，合行抄发原办法，令仰该会转饬各工厂知照为要！

此令。附抄办法第一项。

县长徐泉

〔附〕

办法第一项

对于各地小型厂请省府函知中中交农四联总处准予工厂贷金充实资力。

［1194－4－27］

南汇县政府关于转知各生产工厂拟订管理规则致南汇县商会训令

（1946 年 10 月 17 日）

事由：奉令以各工厂应自行订定管理规则令仰转知遵办具报由

南汇县政府训令发文社字第六四八七号

中华民国卅五年十月十七日

令县商会

案奉江苏省建设厅、社会处苏社一字第五七二二号训令内开：

“案奉社会部京组二字六七一〇、经济部京工（卅五）字第一〇九九八号训令内开：查工矿建设之发展有赖生产效力之提高，而生产效率之提高端在管理之得法，举凡组织健全人事协调管理周密之厂矿无不日趋繁荣，反是则无不归于失败，故于工厂矿场管理规则之厘定，并予以严格执行，实为目前工矿业界之一般需要各厂矿为求本身之发展，亟应根据内部实际情形，依照有关法令自行拟订管理规则，呈送各该主管官署核定后严格执行，以期增进职工之工作效能。除分行外，合行令仰通饬遵照办理等因，奉此，除分行外合行令仰遵照并转饬该县市境内各工厂矿场切实遵照办理具报为要”等因。奉此，合行令仰该会转知本县境内各工厂拟订管理规则报府凭核为要！

此令。

县长徐泉

［1194－4－27］

南汇县政府关于转知中国全国工业协会苏南区分会章程草案入会表件等致南汇县商会训令

（1946年10月5日）

事由：为准中国全国工业协会苏南区分会函送章程草案暨办理入会表件等请，转知本县境内各工厂加入等由令仰转知由

南汇县政府训令发文社字第六二一九号

中华民国三十五年十月五日

令县商会

顷准中国全国工业协会苏南区分会锡字第一七三号公函内开：

“迳启者本会以奉令改组为江苏省分会，曾于八月三十一日函请就贵境内各生产工厂转知入会，业蒙社字第五五三二号公函复称已经转知在案，无任感荷。现在本会以对于各该工厂地址及负责人等尚未明悉为特检奉章程草案暨办理入会手续。再本会定于十月二十日举行成立大会。除呈报外相应函达即希查照检收，并请转知为荷”等由。附送章程草案登记调查表暨办理入会表件等各十三份，准此。查前准该会八月卅一日函经本府以社字第五五三二号令饬转知在案。兹准前由合行检同原附件，令仰该会转知境内各工厂加入，为要此令。

附发中国全国工业协会江苏省分会章程草案登记调查表入会志愿书委托书代表履历书各十三份。[①]

县长徐泉

［1194－4－27］

南汇县政府关于职业团体强制入会案致南汇县商会训令

（1946年10月16日）

事由：为关于职业团体强制入会一案转饬遵照由

南汇县政府训令发文社字第六四九四号

中华民国三十五年十月十六日

令县商会

案奉江苏省社会处苏社一字第五八七四号代电内开：

“案奉社会部京组一字第八二四号申胥代电内开，案据福建省社会处三十五年未齐电，以各职业团体单行法规关于会员入会规定似可强制，惟强制无效应采用何种处分请核示等情到部。除以查各职业团体会员入会条文内皆列有‘均应’二字，是各该业从业人员之入会应含有强制性，至强制无效之办法仍可参用。业经废止之‘非常时期职业团体会员强制入会及限制退会办法’之原则，并依照各单行法规，如工业同业公会法第四十一条、商业同业公会法第四十二条及输出业同业公会法第四十五条之规定分别办理，又下级农会如不加入上级农会，应依农会法第四十二条规定酌办等语电复并分电外，特电仰遵照等因。奉此，除分电外，特电仰遵照”等因。奉此，合行令仰该会遵照！

此令。

县长徐泉

［1194－4－388］

---

① 原文缺。

南汇县政府关于奉令组织重要工业同业公会致南汇县商会训令

（1946年10月17日）

事由：奉省令迅即组织重要工业同业公会，令仰转知境内各厂商依法发起组织，并将办理情形具报由

南汇县政府训令发文社字第六二一六号

中华民国卅五年十月十七日

令县商会

案奉江苏省政府府建社一字第一八〇六号代电节开，以准经济部本年八月卅一日公函开，现在抗战胜利，凡百设施亟应纳诸轨物，而重要工业同业公会何以谋工业之改良发展及矫正同业之弊害为宗旨，所负任务重大，于经济建设之推进关系至钜，亟应普遍设立该项工业同业公会。依照规定虽由本部直接监督指挥，然应受公会所在地地方主管官署之监督。工业同业公会法第四十六条原有明文规定：各省市主管官署对于公会设立事宜自应协助本部加以督促所有辖境内工厂。凡在本部已指定之廿七种重要工业中任何一种，所有同业工厂两家以上尚未设立公会者应依工业同业公会法施行细则第五第六两条之规定，由发起工厂拟定区域及事务所所在地检附出表说明迳呈（或呈由省市主管官署核转）本部，以凭核定区域指定名称、依法定程序组织并为便捷起见，可仅造送区域内同业工厂各册，分别厂名、厂址、负责人姓名、制品种类、有无机械动力、平时雇佣工人数额、已否领有本部工厂登记证（如已领有注明证号）各栏，其余出表准暂缓送。如有非依现行工业同业公会，法已成立之公会亦应迅即依照上项手续重行改组，以符法令。相应函达即希查照转行督促办理为荷等由。准此，合行电仰该县转知境内各厂商，依法发起组织同业公会呈由社会处核转为要等因。奉此，查本县关于指定之廿七种重要工业应予组织同业公会者，除毛巾织造业、碾米榨釉业已经成立有案外，据调查棉纺织业、面粉业、针织业各工厂均有相当家数亟应组织。奉令前因，合行令仰该会转知境内各该业厂商依法发起组织同业公会并将办理情形具报为要！

此令。

县长徐泉

〔1194-4-388〕

南汇县政府关于派员接收惠南镇商会公物并汇报具体情形致南汇县商会训令

（1946年10月29日）

事由：为令仰派员接收惠南镇商会公物并将遵办情形具报由

南汇县政府训令发文社字第六六四二号

中华民国三十五年十月廿九日

令县商会

案据惠南镇商民沈铨本年十月十五日呈称：

“窃属会自去年十月二十五日承各会员之盛意推举本人为主任，在此复员伊始一年之中勉力维持，幸赖各会员商店每遇因公派款等事诸多援助尚无陨越之处，现届一年已满，应宜征求各会员意见，对于本办事处应否继续请尽量发抒宏见以定进止。兹经十月十一日召开常年大会提付讨论，一致决议在未曾奉到县商会明令以前祇须调整会员继续办理等议各在案，为此理合检同会纪录及启用图记之印模，仰祈钧长鉴赐备查毋任公便”等情，附呈会议纪录乙份到府，查该镇商会成立并未依法组织呈报本府备案，竟冒称惠南镇商会，殊属非法，除批斥即日解散并将所有公物造具移交清册，听候接收外，合行令仰该会派员前往接收，并将遵办情形具报备查！

此令。

县长徐泉

〔1194-4-293〕

南汇县政府关于转知商会及各公会分事务所不得刊用图记致南汇县商会训令

（1946年11月18日）

事由：为商会及各公会分事务所不得刊用图记奉令饬知由

南汇县政府训令发文社字第七七六九号

中华民国卅五年十一月十八日

令县商会

案奉江苏省社会处苏社一字第六六一八号训令内开：

“案奉社会部本年十月十四日京组三字第一〇五〇四号酉寒代电内开，查商会或各同业公会分事务所不得对外行文，自不得刊用图记。如事实上有此需要，可由该商会或同业公会刊发木戳，使用形式亦无规定，仰即转知等因。奉此，除分令外合行，令仰知照为要”等因。奉此，合行令仰知照！

此令。

县长徐泉

［1194－4－293］

南汇县政府关于严加取缔典当业重利率致南汇县商会训令

（1946年12月11日）

事由：为奉令关于典当重利率亟应严加取缔，仰即遵照并转饬遵照由

南汇县政府训令财字第八六四三号

中华民国三十五年十二月十一日

令县商会

案奉省政府本年十一月卅日（卅五）府建字第三八九一号训令内开：“案准江苏省临时参议会参字第一六六三号公函内开，据公民朱敦义、李好公、姜耀先等呈称窃以营业当典，原系救济民生为主旨。如伪政权下开设当典尚姑其名，而资本典利率亦有限制，仅每当千元，按月生利六十元，回赎期间六个半月为满，贫民遭此重利痛苦已不堪言。讵查本市现在所设当典尤甚于过去，每当千元按月竟获利二百元，其外又加扣手续费一百元。计算每月获利连同当扣复息共计加三之多，最难平者不满一月回赎，即须给以月利；逾出一月零六天亦须给以两个月利。以致较之伪时代引起一般无耻商人昧良藐法，置民生于不顾，林立典业几无日止尤进言者，其主要原因有三：（1）不经部令许可；（2）祇照县令批准外又抎扣每元一角；（3）银根松懈仅以五百万元或一千万元寥寥资本先行开始营业，即可以轻微之利三四分息向银行借款，似此投机取巧，为害匪浅。若严令制止，天时将届隆冬瞬眼又际荒□贫民受害何堪。设想民等正拟具状，请求忽阅江苏省十月廿九日报载举办小本贷款，限制典业利率栏内当局已洞悉民瘼。在中国国民党江苏省会同志华新座谈会第三次委员大会决议通过案第四条：镇江典当业利息太高，贫民叫苦，函请省府于同会前筹设社会当典并限制普通典业利率，以利贫民等语，公民等捧读之下利社会利贫民何可言喻。诚恐仍蹈过去覆辙，议而不决，决而不行，俾人民失望。固敢详述利弊并建议由政府名义向中农两行依据规定利率三分六厘，愿借若干尽先举办以每元一角或八分利率。截至对六个月底计算所得赢余足敷，另建新典基之用，抑亦可作为永久救济民生基金。此举利公利民迫于眉睫，特联名公请钧会俯准函。请省府敦促早日成立，以拯民于冰火，实为公便等情，据此相应据情函达查照，即希核办见复为荷等由，准此关于典当业重利率亟应严加取缔。除分令并函复外，合行令仰遵照为要”等因。奉此，合行令仰转饬遵照为要！

此令。

县长徐泉

［1194－4－27］

南汇县政府关于民国三十五年度南汇县办理商业登记情形致江苏省建设厅呈

（1947年2月4日）

事由：为呈复本县三十五年度办理商业登记情形祈鉴核由

南汇县政府呈建字第九二六五号

案奉钧厅（卅五）建三亥巧代电饬，将本县办理商业登记情形详实具报等因。奉查，本县三十五年度各项商业登记初因地方治安未定，举办较迟，且事属创举，商民未明意义，观望因循，因此办理困难。是以现尚在解释法令，指导并督饬申请登记中。奉令前因，理合备文呈复，仰祈鉴核。

谨呈江苏省建设厅厅长董。

全衔县长徐

〔中华民国三十六年〕二月四日

［1194-2-562］

南汇县政府关于周知民国三十六年七月下旬米价致南汇县商会训令

（1947年7月28日）

事由：为令知三十六年七月下旬平均米价仰饬属一体知照并公布周知由

南汇县政府训令

财字第一三一号

中华民国三十六年七月廿八日

令县商会

查三十六年七月下旬平均米价，业据棉粮业公会查报，每石叁拾伍万伍仟伍百元，合行令仰该即便转饬所属一体知照并公布周知为要！

此令。

县长龚宗儒

［1194-4-317］

南汇县政府关于周知民国三十六年八月上旬米价致县商会的训令

（1947年8月9日）

事由：为令知三十六年八月上旬平均米价仰饬属一体知照并公布周知由

南汇县政府训令

财字第一七八号

中华民国三十六年八月九日

令县商会

查三十六年八月上旬平均米价，业据棉粮业公会查报，每石计叁拾玖万元，合行令仰该会即便转饬所属一体知照并公布周知为要！

此令。

县长龚宗儒

［1194-4-317］

南汇县政府关于周知民国三十六年九月中旬平均米价致南汇县商会训令

（1947年9月20日）

南汇县政府训令

财字第二九九号

中华民国三十六年九月二十日

事由：为令知三十六年九月中旬平均米价仰饬属一体知照并公布周知由

令县商会

查三十六年九月中旬平均米价，业据棉粮业公会查报每石肆仟玖万五千元，合行令仰该会即便转饬所属一体知照并公布周知为要！

此令

县长龚宗儒

［1194－4－319］

南汇县政府关于周知民国三十六年十月下旬平均米价致南汇县商会训令

（1947年11月3日）

事由：为令知三十六年十月下旬平均米价仰饬属一体知照并公布周知由

南汇县政府训令

财字第四〇〇号

中华民国三十六年十一月三日

令县商会

查三十六年十月下旬平均米价，业据棉粮业公会查报每石六拾四万贰千元，合行令仰该会即便转饬所属一体知照并公布周知为要！

此令。

县长龚宗儒

［1194－4－321］

南汇县政府关于预防物价波动并注意米源及存底致南汇县商会训令

（1947年7月29日）

事由：为令仰预防物价波动并注意米源及存底由

南汇县政府训令

建字第三五号

中华民国三十六年七月廿九日

令县商会

案准江苏省政府卅六年七月三日（卅六）府经午江代电内开：

“查近来各地物价又见回涨一成至二成，为防止剧动计，关于日用必需品价格应根据物价评议实施办法妥为核议，不得以黑市价格为准，仰切实注意办理，仍将遵办情形随时报核为要”等因，奉此除分令外合亟令仰切实注意办理为要！

此令。

县长龚宗儒

［1194－4－317］

南汇县政府转知棉粮业公会关于平稳小麦价格以抑涨风致南汇县商会训令

（1947年9月18日）

事由：为奉电转饬平稳小麦价格以抑涨风仰遵照由

南汇县政府训令建字第一八二号

中华民国卅六年九月十八日

令县商会

案奉江苏省政府本年九月十日府经字第六六四八号代电内开：

“查近数日来各地小麦价格日有增涨，影响米价波动，各该县系属产麦地区应切实注意平稳，防止竞购，以抑涨风，除分行外，仰即遵照”等因。奉此，除分令外，合行令仰转知棉粮公会，切实注意为要！

此令。

县长龚宗儒

[1194－4－319]

南汇县政府关于疏导粮源稳定市场办法三点致南汇县商会训令

（1947年10月24日）

事由：为疏导粮源稳定市场办法三点转饬遵照由

南汇县政府训令建字第二七〇号

中华民国卅六年十月廿四日

令县商会

案奉江苏省政府（卅六）府经酉寒代电开：查本省粮食来源向以安徽为运济大宗，近以皖省局势关系，粮源欠畅，江南各县晚稻尚未普遍登场，苏北徐海区域受水灾影响，所恃淮南各地粮源又以地方不靖，粮运阻梗。而沪锡各地间有不明大体之粮商囤粮居奇，一般囤户不仅意存观望且大量吸收，致欣起粮食涨风，波动甚剧。兹为切实疏导粮源，稳定市场起见，特拟定办法如次：（一）关于苏北各县，如江南正当粮商前往采购，应尽量予以便利，并仰各该县市政府鼓励粮商集资前往产区购运。关于镇江、无锡、吴县、武进等四县应利用前次呈准押款百亿元，积极迳向产区购办以充实当地存底。（二）各该县市政府应责令该县警察局严密调查粮食暴涨暴跌原因，及粮商逐日到货数量与交易情形，切实查究故意抬价收购及囤积大户，并一面严禁非正当粮商经营粮食业务。（三）各县市政府并转饬粮食业公会，于粮价议定后应责令各粮商将议价明白标签公平交易，并于报端公布以杜黑市，如有违反议价出售情事，应照违反议价条例办理并准许人民检举。以上三点，除分电外合亟令仰遵照办理具报等因，奉此，除分令外合行令仰该会转饬棉粮业公会一体遵照办理具报为要！

此令。

县长龚宗儒

[1194－4－320]

南汇县政府关于执行棉纱议价议决各事项致南汇县商会训令

（1947年7月31日）

事由：为奉电转饬关于执行棉纱议价议决各事项令仰转知遵照由

南汇县政府训令建字第七八号

中华民国卅六年七月卅一日

令县商会

案奉江苏省政府(卅六)府建三字第八〇七五号午篠代电开:“案准经济部纺织事业调节委员会文巳陷代电开,查本会奉令组织成立职司调节纱布供需,近以棉纱价格上涨奉中央电令切实继续执行议价,迭经提出本会委员会经讨论决定办法如次:(一)棉纱价格依据生产成本参酌市面行情采取机动方式随时合理议定以收平价之效;(二)由本会暂同国营民营各纱厂准备大量棉纱共同配销暂假中国纺织建设公司办理各项手续;(三)各支别棉纱价格业经本会议价小组委员会议定,十支纱每件为六百壹十贰万元,十六支纱每件为七百七十四万元,廿支纱每件为八百八十万元,卅二支纱每件为壹仟贰百九十四万元,四十二支纱每件为壹千七百廿四万元,所有以上议定价格均系厂盘最高售价,纱商售纱得照厂盘价格另加缴用利润,但最多以百分之五为限。至以上未列之各支别纱及各种商标牌号之棉纱,应概依商场习惯比照定价,总以同支别棉纱不超过以上议定最高售价为限;(四)棉纱价格议定公告后,国营民营各纱厂及纱商均应绝对依照实行,倘再有违反议价私售黑市情事一经查获定予依法严惩。除公告及分行并呈报备案外,相应电请查照并转饬遵照为荷等由,准此,除分电外合行电仰转饬遵照”等因,奉此,合行令仰该会转知棉纱业公会切实遵照为要!

此令。

县长龚宗儒

[1194-4-317]

南汇县政府转发经济部纺织事业调节委员会调整棉纱议价致南汇县商会训令

(1947年9月13日)

事由:为经济部纺织事业调节委员会重议棉纱议价令仰转知遵照由

南汇县政府训令建字第一七二号

中华民国三十六年九月十三日

令县商会

案奉江苏省政府本年九月五日府建三字第八八五八号训令内开:

案准经济部纺织事业调节委员会未寝代电开:

案查棉纱议价经由本会议价小组委员会复于本月二十五日议定,二十支纱价改为每件国币壹千零二十万元,其余各支棉纱比照酌定价格,并自八月二十六日起实行,计各支棉纱议价十支每件七百一十万元,十六支每件八百九十七万元,二十支每件一千零二十万元,卅二支每件一千三百五十万元,四十支纱每件一千五百万元。以上议定价格均系厂盘最高售价,纱商批售棉纱得照厂盘议价另加缴用利润,最多以百分之五为限,零售棉纱得照厂盘议价另加缴用利润最多以百分之十为限,零以上未列之各支别种商标牌号棉纱概依商场习惯比照定价,总以同支别各种商标牌号棉纱概依商场习惯此照定价,总以同支别棉纱不超过以上议定最高售价为限。除分电外,相应电请查照并转行知照为荷等由。准此,除分电外,合行电仰知照等转饬遵照。

等因,奉此,除分令外,合行令仰转知纱业公会遵照。

此令。

县长龚宗儒

[1194-4-319]

南汇县政府转发经济部纺织事业调节委员会调整棉纱议价致南汇县商会训令

(1947年9月20日)

事由:为经济部纺织事业调节委员会重议棉纱价格转饬遵照由

南汇县政府训令建字第一九二号

中华民国三十六年九月廿日

令县商会

案奉江苏省政府本年九月十二日(卅六)府建三字第五九五四、五九五五号训令内开:

略以准经济部纺织事业调节委员会"电以本会议价小组于本年廿八日议定,廿支纱价为每件国币乙千乙百五十万元,其余各棉纱比照酌定价格,并自八月二十九日起实行。计各棉纱议价十支每件八百万元,十六支每件乙千另十万元,廿支每件乙千乙百五十万元,卅二支每件乙千四百廿万元,四十支每件乙千六百廿万元。复于九月一日议定廿支纱价每件改为国币乙千乙百廿万元,其余各支纱价比照酌定价格,并自九月一日起实行。计各支棉纱议价十五万,每件七百捌十万元,十六支每件九百五十万元,廿支每件乙千乙百廿万元,卅二支每件乙千乙百四十二万元四十支每件乙千六百廿万元。以上议定价格均系厂盘最高售价,纱商批售棉纱,均照厂盘议价,另加缴用之利润,最多以百分之五为限。零售棉纱得照厂盘议价另加缴用利润,最多以百分之十为限,至以上未列之各支别各种商标牌号棉纱,概依商场习惯比照定价,总以同支别号棉纱不超过以上议定最高售价为限。除分电外相应电请查照,并转行知照,等由,准此,合行电仰知照,并转饬遵照"各等因,奉此,除分令外合行令仰转饬纱业公会遵照。

此令。

县长龚宗儒

[1194-4-319]

南汇县政府转发经济部纺织事业调节委员会调整棉纱议价致南汇县商会训令

(1947年10月21日)

南汇县政府训令

建字第二〇九号[①]

中华民国三十六年十月廿一日

事由:为关于经济部纺织事业调节委员会棉纱议价一案令仰转饬遵照由

令县商会

案奉江苏省政府(卅六)建三字第九〇七五号申皓代电开:

案准经济部纺织事业调节委员会申真代电开:"案查棉纱议价经由本会议价小组委员会议定后,迭经本会先后电达查照在案。兹查本会议价小组委员会复于本月十日议定,廿支纱价改为每件国币壹仟壹佰肆拾万元,其余各支棉纱比照酌定价格并自九月十日起实行,计各支棉纱议价十支每件七百九十四万元,十六支每件壹仟零零贰万元,廿支每件壹仟壹佰四十万元,卅二支每件壹仟肆佰万元,四十支每件壹仟陆佰万元。以上议定价格均系厂盘最高售价,纱商批售棉纱得照厂盘议价另加缴用利润,最多以百分之五为限,零售棉纱得照厂盘议价另加缴用利润,最多以百分之十为限,至以上未列之各支别各种商标牌号棉纱,概依商场习惯比照定价,总以同支别棉纱不超过以上议定最高售价为限。除分电外相应电请查照,并转行知照为荷"等由,准此除分电外合行电仰知照并转饬遵照。

等由,奉此合行令仰遵照并转饬棉纱业公会遵照为要!

此令。

县长龚宗儒

[1194-4-320]

南汇县政府转发经济部纺织事业调节委员会调整棉纱议价致南汇县商会训令

(1947年10月21日)

事由:为关于经济部纺织事业调节委员会棉纱议价一案令仰转饬遵照由

---

① 建字第二〇九训令共3篇,内容上略有差异,此处按原文照录。

南汇县政府训令

建字第二〇九号①

中华民国三十六年十月廿一日

令县商会

案奉江苏省政府(卅六)建三字第九〇七六号申皓代电开:

"案准经济部纺织事业调节委员会申佳代电开'案查棉纱议价由本会议价小组委员会议定后,迭经本会先后电达查照在案。兹查本会议价小组委员会复于本月八日议定,廿支纱价改为每件国币壹仟壹佰贰拾万元,其余各支棉纱比照酌定价格,并自九月八日起实行。计各支棉纱议价十支每件七百八十万元,十六支每件九百八十五万元,廿支每件一千一百二十万元,卅二支每件一千四百一十万元,四十支每件一千五百八十万元,以上议定价格,均系厂盘最高售价,纱商批售棉纱得照厂盘议价,另加缴用,利润最多以百分之五为限,零售棉纱得照厂盘议价,另加缴用,利润最多以百分之十为限,至以上未列之各支别各种商标牌号棉纱概依商场习惯比照定价,总以同支别棉纱不超过以上议定最高售价为限,除分电外相应电请查照并转行知照为荷'等由,准此除分电外合行电仰知照并转饬遵照"等由,奉此合行令仰遵照并转饬棉纱业公会遵照为要!

此令。

县长龚宗儒

[1194-4-320]

南汇县政府转发经济部纺织事业调节委员会调整棉纱议价致南汇县商会训令

(1947年10月21日)

事由:为关于经济部纺织事业调节委员会棉纱议价一案令仰转饬遵照由

南汇县政府训令

建字第二〇九号②

中华民国三十六年十月廿一日

令县商会

案奉江苏省政府(卅六)建三字第九一七三号申寝代电开:

案准经济部纺织事业调节委员会申铣代电开:"案查棉纱议价经由本会议价小组委员会议定后,迭经本会先后电达查照在案。兹查本会议价小组委员会复于本月十五日议定廿支纱价改为每件国币一千二百五十万元,其余各支棉纱比照酌定价格并自九月十五日起实行。计各支棉纱议价十支每件八百七十万元,十六支每件一千零九十八万元,廿支每件一千二百五十万元,卅二支每件一千五百四十万元,四十支每件一千六百九十万元,以上议定价格均系厂盘最高售价,纱商批售棉纱得照厂盘议价,另加缴用,利润最多以百分之五为限,零售棉纱得照厂盘议价,另加缴用,利润最多以百分之十为限。至以上未列之各支别各种商标牌号棉纱概依商场习惯比照定价,总以同支别棉纱不超过以上议定最高售价为限,除分电外相应电请查照并转行知照为荷"等由,准此,除分电外合行电仰知照并转饬遵照。

等由,奉此合行令仰遵照并转饬棉纱业公会遵照为要!

此令。

县长龚宗儒

[1194-4-320]

---

① 建字第二〇九训令共3篇,内容上略有差异,此处按原文照录。

② 同前。

南汇县政府转发经济部纺织事业调节委员会调整棉纱议价致南汇县商会训令

（1947年10月22日）

事由：为关于经济部纺织事业调节委员会棉纱议价一案令仰转饬遵照由

南汇县政府训令

建字第一九八号

中华民国三十六年十月廿二日

令县商会

案奉江苏省政府(卅六)建三字第九一〇九号申养代电开：

案准经济部纺织事业调节委员会申文代电开:"案查棉纱议价经由本会议价小组委员会议定后,迭经本会先后电达查照在案。兹查本会议价小组委员会复于本月十二日议定,廿支纱价改为每件国币一千一百八十万元,其余各支棉纱比照酌定价格并自九月十二日起实行,计各支棉纱议价十支每件八百二十二万元,十六支每件一仟〇三十七万元,廿支每件一千一百八十万元,卅二支每件一千四百五十万元,四十支每件一千六百一十万元。以上议定价格均系厂盘最高售价,纱商批售棉纱得照厂盘议价另加缴用,利润最多以百分之五为限,零售棉纱得照厂盘议价另加缴用,利润最多以百分之十为限,至以上未列之各支别各种商标牌号棉纱概依商场习惯比照定价总以同支别棉纱不超过以上议定最高售价为限,除分电外相应电请查照并转行知照为荷"等由,准此,除分电外,合行电仰知照,并转饬遵照。

等由,奉此合行令仰遵照并转饬棉纱业公会遵照为要!

此令。

县长龚宗儒

［1194－4－320］

南汇县政府转发经济部纺织事业调节委员会调整棉纱议价致南汇县商会训令

（1947年11月19日）

事由：为关于经济部纺织事业调节委员会棉纱议价一案令仰转饬遵照由

南汇县政府训令

建字第三三四号

中华民国三十六年十一月十九日

令县商会

案奉江苏省政府(卅六)建三字第九七九三号戍鱼代电开：

案准经济部纺织事业调节委员会酉感代电开:"案查棉纱议价经由本会议价小组委员会议定后,迭经本会先后电达查照在案。兹查本会议价小组委员会复于本月廿七日议定廿支纱价改为每件国币一八九〇万元,其余各支棉纱比照酌定价格,并自十月廿七日起实行。计各支棉纱议价十支每件一三二〇万元,十六支每件一六六五万元,廿支每件一八九〇万元,卅二支每件二三〇五万元,四十支每件二六一五万元,以上议定价格均系厂盘最高售价。纱商批售棉纱得照厂盘议价另加缴用利润最多以百分之五为限;零售棉纱得照厂盘议价另加缴用利润最多以百分之十为限。至以上未列之各支别各种商标牌号棉纱概依商场习惯比照定价,总以同支别棉纱不超过以上议定最高售价为限。除分电外,相应电请查照并转行知照为荷"等由。准此,除分电外,合行电仰知照并转饬遵照。

等由。奉此,合行令仰遵照并转饬棉纱业公会遵照为要!

此令。

县长龚宗儒

［1194－4－321］

南汇县政府转发经济部纺织事业调节委员会调整棉纱议价致南汇县商会训令

(1947年11月22日)

事由：为关于经济部纺织事业调节委员会棉纱议价一案令仰转饬遵照由

南汇县政府训令

建字第三四三号

中华民国三十六年十一月廿二日

令县商会

案奉江苏省政府(卅六)建三字第九八七七号戌元代电开：

案准经济部纺织事业调节委员会酉世代电开："案查棉纱议价经由本会议价小组委员会议定后迭经本会先后电达查照在案。兹查本会议价小组委员会复于本月卅一日议定廿支纱价改为每件国币一九八五万元，其余各支棉纱比照酌定价格，并自十月卅一日起实行。计各支棉纱议价十支每件一三九〇万元，十六支每件一七五〇万元，廿支每件一九八五万元，卅二支每件二四二〇万元，四十支每件二七四五万元以上议定价格均系厂盘最高售价。纱商批售棉纱得照厂盘议价另加缴用利润最多以百分之五为限；零售棉纱得照厂盘议价另加缴用利润最多以百分之十为限；至以上未列之各支别各种商标牌号棉纱概依商场习惯比照定价，总以同支别棉纱不超过以上议定最高售价为限。除分电外，相应电请查照并转行知照为荷"等由。准此，除分电外，合行电仰知照并转饬遵照。

等由。奉此，合行令仰遵照并转饬棉纱业公会遵照为要！

此令。

县长龚宗儒

［1194－4－321］

南汇县政府转发经济部纺织事业调节委员会调整棉纱议价致南汇县商会训令

(1947年12月13日)

事由：为关于经济部纺织事业调节委员会棉纱议价一案令仰转饬遵照由

南汇县政府训令

建字第三八六号

中华民国三十六年十二月十三日

令县商会

案奉江苏省政府(卅六)建三字第一〇一四五号亥东代电开：

案准经济部纺织事业调节委员会戌养代电开："案查棉纱议价，经由本会议价小组委员会议定后，迭经本会先后电达查照在案兹。查本会议价小组委员会复于本月廿一日议定廿支纱价改为每件国币2 550万元，其余各支棉纱比照酌定价格，并自十一月廿一日起实行。计各支棉纱议价十支每件1 790万元，十六支每件2 260万元，廿支每件2 550万元，卅二支每件3 115万元，四十支每件3 535万元，以上议定价格均系厂盘最高售价。纱商批售棉纱得照厂盘议价另加缴用利润最多以百分之五为限；零售棉纱得照厂盘议价另加缴用利润最多以百分之十为限；至以上未列之各支别各种商标牌号棉纱，概依商场习惯比照定价；总以同支别棉纱不超过以上议定最高售价为限。除分电外，相应电请查照并转行知照为荷"等由。准此，除分电外，合行电仰知照并转饬遵照。

等由，奉此，合行令仰遵照并转饬棉纱业公会遵照为要！

此令。

县长龚宗儒

［1194－4－322］

南汇县政府关于转知各业日用必需品价格下降以安民生致南汇县商会训令

（1947年11月28日）

事由：奉省令以粮价及日用必需品均见下降而各业之价格未见回跌应使其比例下降等因令仰转知各业遵办具报由

令南汇县商会

案奉江苏省政府（卅六）府经字第七四八七号戌鱼代电内开：

查各地粮价及日用必需品等自沪市策动经济检查团及各县（市）严格管制市场以来，涨风渐杀，近日颇见回稳。然在粮价波动激烈时，各业随之上升之价格并未随粮价回跌而下降，殊不合理。兹为稳定物价，遏止涨风起见，凡已上涨之有关日用必需品等应立即饬令，随之下跌，如酱业之酱品、药业之药材、菜场之蔬菜、豆腐业之豆腐、考虑灶之熟水、燃料之柴薪等统应按照最近下泻之物价作比例使其下降，以安民生。除分令外，合亟电仰该县切实遵照办理，并随时具报为要。

等因。奉此，合行令仰该会转知各业切实遵照办理具报为要！

此令。

中华民国三十六年十一月廿八日

县长龚宗儒

［1194－4－321］

南汇县政府关于转发棉纱登记办法等法规六种致南汇县商会训令

（1948年4月25日）

事由：为奉令转发棉纱登记办法等法规六种仰即知照由

南汇县政府训令

南四字第一〇二号

中华民国三十七年四月廿五日

令县商会

案奉江苏省政府（卅七）府建自三字第一四九三号卯微代电内开：

案准经济部本年三月二十日京管37字第七七八四号代电内开：查棉纱登记办法、统购棉花实施细则、代纺棉纱实施细则代、织棉布实施细则、配销纱布实施细则派驻各纺织染厂驻厂员办事规则等六种法规，业经呈奉行政院，本年三月四日六经字第一〇四九号指令准予修正备案，除以部令公布并转饬全国花纺布管理委员会遵照暨分行外相应抄附上开法规六种，电请查照并请转饬所属知照为荷等由，准此除分令外合行抄发棉纱登记办法等法规六种电仰知照，并转饬知照为要。

等因，附发棉纱登记办法等法规六种，奉此合行抄发棉纱登记办法等法规六种，令仰该乡镇公所知照，并转饬知照为要。

此令。

附发棉纱登记办法等法规六种

县长简涤初

〔**附1**〕

棉纱登记办法

三十七年三月十七日部令公布

第一条　全国花纱布管理委员会为明瞭棉纱产销存储状况，并有效防止囤积起见，特订定本办法。

第二条　凡纱厂棉纱复制业纱商以及其他任何机关团体商号私人在本办法实施前，所持有包装成件之棉纱一律限期派员携带足以证明其资格或身份之证件，前来本会领取存纱登记证，并在规定限期内自行依式分别填明附同统税单送会验明登记，但纱厂登记未出厂之棉纱得于出厂时补验统税单。

第三条　存纱登记证分为两联。一联由本会编号分类存案，一联由本会编号盖印后发还登记户持以为证。

第四条　棉纱登记证每件一张，(以大包为准，草包或筒子纱以数量比照计算)证上应填明户名、地址、支别、商标、包装统税单号码、统税单印花号码及存储地点等项目并加盖印鉴，其式样另定之。

前项统税单因分运而换领时，应由棉纱持有者将新税单及统税印花号码在证上补注。

第五条　棉纱登记证有效期限定为九十日。本办法实施前已出厂之纱自本会印发日期起算，未出厂之纱自出厂日期起算，逾期无效。棉纱持有者应在有效期限内将棉纱拆包分零销售或充作织造原料或转运至本办法实施地区以外各地销售，其因特殊情形或季节关系不及在期限内处理或为军用公有者得先期报经本会核准酌予展期换发新证。

第六条　棉纱持有者将棉纱出售时应在棉纱登记证上将买户名称、地址、出售日期、移存地点、背书证明并加盖印鉴，买户再将棉纱转售亦同，但不得因买卖之关系而延长原定有效期限。

第七条　凡代纺纱厂在本办法实施后所产棉纱出厂时，应由购纱客户向本会驻厂员或指定之负责人员领取棉纱登记证办理登记。

凡非代纺纱厂在本办法实施后所产棉纱出厂时，应由各该纱厂依其棉纱成包数量按周向本会或本会分支机构领取棉纱登记证办理登记，其证上应填之统税单号码、统税印花号码及出厂日期得由各该厂于棉纱出厂时自行补填。

无棉纱登记证之棉纱不得出厂。

第八条　凡棉纱持有者由本办法实施地区以外各地转运棉纱至本办法实施地区内，应于运到之次日，凭统税单向本会或本会分支机构领证登记。

第九条　棉纱报关转运时应由报关人向海关路站缴验棉纱登记证并由海关路站就原证加盖验讫日戳发还，凡无证棉纱或棉纱登记证已过期失效或所载不符之棉纱不得报关转运。

第十条　各营业性仓库堆栈或银行仓库代客之堆存棉纱，应于入仓时向客户索取棉纱登记证存仓备查，凡无证棉纱或登记证已过期失效或所载不符之棉纱以及登记在代存期间过期失效者，均应于堆存或过期之次日，报由本会处理。

本办法施行前各仓库已代客户堆存棉纱，应于本会依照本办法第二条所定限期届满前，向客户索取登记证，各客户过期未将登记证送交仓库者，应由仓库于过期之次日报请本会处理。

仓库堆栈不依前二项之规定办理者，一经查明属实依法惩处。

第十一条　凡棉纱不依本办法办理登记或登记不实或登记证过期失效而不补办，意图囤积牟利者，一经查获，依照非常时期取缔日用重要物品囤积居奇办法第十七条之规定没收其棉纱并予处罚。

前项没收棉纱所得货款，依非常时期取缔日用重要物品囤积居奇办法第二十一条之规定以五成充平价资金，其余五成照左列各款分配给奖。

一、藉密告或眼线人查获者，密告或眼线人给予三成，查获机关给予二成。

二、非藉密告或眼线人查获者，其奖金全部给予查获机关。

第十二条　各纱厂纱商或棉纱复制业各厂户，应于棉纱拆包应用或零销或运出本办法实施地区以外三日内，将该项棉纱登记证分别注明“已用作原料”“已零销”“已运出”等字样寄送本会注销。

第十三条　棉纱登记证不得伪造、假借套用或涂改，违者依法严惩。

第十四条　棉纱登记证遗失时，应由棉纱持有者即将原证号码、棉纱支别、商标、统税单号码、统税印花号码呈报本会挂失，并于补具保证后，再由本会补发。

第十五条　本办法实施地区由本会规定公告之。

第十六条　本办法公布日施行。

〔附 2〕

代织棉布实施细则

三十七年三月十七日部令公布

第一条　本细则依据全国花纱布管理办法第四条及第八条之规定订定之。

第二条　凡具有动力织布机三十台以上(或其他织机相当于动力织布机三十台之生产能力者),曾加入所在地同业公会及由主管官署登记合格,领有登记执照之棉织工厂,本会得指定为代织厂。

第三条　代织布疋及棉织品种类规格以适合军需民用及外销为准,各代织厂代织条件,于合约中详细规定之。

第四条　代织厂原有布疋或棉织品之规格及商标,原属合乎军需民用或外销者,非经核准不得变更。

第五条　代织布疋或棉织品所需之棉纱由本会核实换给其工徼利润,依照各厂生产成本参酌棉纱布疋或棉织品市价核定,以法币给付,均于合约中详细规定之。

第六条　代织厂应填具申请表,连同样品商标及规格说明等送会查明,合格后方准立约代织。

第七条　代织缴布疋或棉织品应送本会指定处所验收,如发现与原来规格品质色泽不符情事得拒绝收换。

第八条　代纺纱厂附设织厂所需之原纱随时报由驻厂员或指定之负责人员验明,由纱厂直接拨付,其所产之成品于进仓时随时报由驻厂员或指定之负责人员查明登记,候本会派员就厂验收并得利用该厂原有仓库存储。当验收时,如有规格品质不符情事应从严处罚,代缴办法仍照本细则第三条规定办理。

第九条　代织厂附有印染设备者,本会得以原纱或坏布交换其染织品,其工厂利润计算方法由本会随时酌定。

第十条　本会指定之代印代染厂以坏布交换其印染布,其工缴利润计算方法由本会随时酌定。

第十一条　代织代染厂成绩优良者,得继续订约并酌予优待,成绩欠佳或故意违反规定者,停止订约,其情节较重者,并得取消其配纱配布之资格。

第十二条　代织代染各厂得由本会派驻厂员或由本会指定该厂人员,受本会之指挥监督,负责办理本会指定事项。

第十三条　本细则就本会设有机构地点先行办理,其他各地斟酌情形推行。

第十四条　本细则自核准之日施行。

〔附 3〕

经济部全国花纱布管理委员会派驻各纺织染厂驻厂员办事细则

三十七年三月十七日公布

第一条　凡运转纱锭三千锭以上之国营省营民营或外资经营各代纺纱厂及本会指定之代织代染工厂,依代纺棉纱实施细则第十五条及代织棉布实施细则第十二条之规定,本会得各派驻厂员一人或指定各厂人员一人依本规则执行其职务。

第二条　代纺纱厂驻厂员或指定各厂人员职务如左:

一、产纱或其织成品数量品质之监查;

一、纱厂送儌本会棉纱棉布栈单之副署;

三、纱厂织布间每日收纱凭单之副署;

四、产纱或其织成品提运出厂时查验登记放行;

五、产纱或其织成品存储情形之查核;

六、原棉进厂存储消费情形之查核;

七、下脚废花数量品质之查核;

八、下脚废花提运出厂时验明登记;

九、纱厂应报本会表单之督催填报;

十、本会规定各项报表之填报;

十一、本会交办其他事项;

第三条　代织代染工厂驻厂员或指定各厂人员职务如左：

一、所产棉布或其他棉织品数量品质之监查；

二、染织厂送□本会棉布或其他棉织品栈单之副署；

三、所产棉布或其他棉织品提运出厂时查验登记放行；

四、所产成品存储情形之查核；

五、原纱坏布进厂存储消费情形之查核；

六、染织厂应报本会表单之督催填报；

七、本会规定各项报表之填报；

八、本会交办其他事项；

第四条　驻厂员除执行第二或第三两条各项职务外，对于厂方业务不得干涉。如有意见或临时发生问题并报请本会或本会办事处核示。

第五条　驻厂员或指定各厂人员因事务上之必要得呈由本会酌派或指定佐理人员一人或二人。

第六条　驻厂人员每月薪津及其办公费用由本会规定数目按月发给，不得向厂方借用。

第七条　驻厂人员办公处所及其膳宿应由厂方代办，其膳费由厂方按月备具收据，迳函本会或本会办事处请领。

第八条　驻厂人员非有特殊事项，经本会核准，不得擅自离厂。

第九条　驻厂人员除依第七条由厂方代办膳宿及借用办公必要之房屋桌椅等固定用具外，不得接受厂方任何供给，如有违背依法从严惩处。

第十条　驻厂员在本会所在地区由本会直接监督指挥，在本会设有办事处之地区并应受各该地办事处之监督指挥。

第十一条　本规则自公布之日施行。

〔**附 4**〕

配销纱布实施细则

三十七年三月十七日公布

第一条　本细则依据全国花纱布管理办法第三第四第八各条之规定订定之。

第二条　棉纱配销以本会登记合格之绵纱复制工厂或其同业团体及纱商为对象。

前项棉纱配户之登记调查尚未办理完竣以前，棉纱复制业暂以同业公会查报配户为对象，纱商暂以中国纺织建设公司(以下简称纺建公司)原已登记合格之配户为对象，纺建公司未在当地办理纱商登记者，暂以同业公会查报商号为对象。

第三条　棉布配销以本会登记合格之布商及染厂为对象，但染厂只准配售坏布。

前项棉布配户之登记调查尚未办理完竣以前，暂以纺建公司原已登记合格之棉布配户为对象，纺建公司未□□□办理棉布配户登记者，暂以同业公会查报厂商为对象。

第四条　纱布配户之登记应具备左列条件：

一、曾经加入当地同业公会领有会员证，并经呈准主管机关登记领有证件者；

二、曾经完纳税款或向税收机关申报取有证件者；

三、生产工厂具有厂房设备及生产工具原在开工中者；

四、纱布商号其有门市店面或营业机构设备原在营业中者；

前项登记应由各厂商依照规定格式填具申请登记并附具上项应备之证件，送由同业公会盖章证明汇转本会审核调查确实后准予登记发给登记证。

第五条　凡小型或手工织户合法团体及本会未设配销机构各地棉纱复制工厂及布商得以当地同业公会或合法团体名义造具会员厂号名册，分别注明生产设备、需纱数量及资本额营业额等向本会申请办理团体登记，经本会审核调查确实后准予登记发给登记证。

第六条　棉纱复制工厂或其同业团体应由本会各依其生产设备需纱数量酌定配纱限度，染厂由本会各依其染整设备情形酌定配布限度，纱商布商应由本地各参酌纱布供需情形酌定配纱配布限度。

前项生产设备需纱数量及染厂染整设备情形，应以本会登记调查之资料为准，在本会调查登记尚未办理完竣以前，得参酌同业公会查报资料及纺建公司原定配售标准，先行酌定限度。

第七条　纱布配销均采报价核售方式□□□，机构开售纱布时由各纱布配户自报愿出价格及愿购数量申请配售，再由本会或当地本会办事处参照所报愿出价格及市场供需情形核定一合理价格及数量，在前条规定限度内分别配售，但棉纱复制工厂或其同业团体有优先配购之权。

前条配销价格应由配销机构秉承本会或当地本会办事处依照本会预定范围及市场供需情形核定之，并应随时报请经济部备案。

第八条　本会于必要时得在各重要都市委托设有门市之殷实纱布商号代为承销纱布，其委托承销双方权责之关系于委托合约中规定之。

第九条　棉纱复制工厂或其同业团体及纱商请购之棉纱布商及染厂请购之布疋，经核准后不依限缴款提货者得斟酌情□□□定期间停止配售或撤销其登记。

第十条　棉纱复制工厂所配棉纱染厂所配坏布均限于本厂自行织造染整加工之用，不得以原货转售牟利。如有违背，一经查获，除依法严惩外并撤销其登记，不得再请配售。

第十一条　各厂商以及经办配销纱布之公会团体，如有囤积投机抬价虚报套购或其他舞弊行为，除撤销其有关厂商之登记外，并依法严惩其负责人。

第十二条　各厂商如有改组停业增减设备及迁移等情事，应即报请本会变更登记。

第十三条　配销机构配销纱布，应逐日作分户□登记，以备查考。

第十四条　本细则自核准之日施行。

〔附5〕

代纺棉纱实施细则

三十七年三月十七日部令公布

第一条　本细则依据全国花纱布管理办法第三条及第八条之规定订定之。

第二条　代纺棉纱先自苏浙皖区及天津青岛汉口各纱厂定期实施，再逐步推及于其他各地纱厂。

第三条　凡实施地区纱厂所有运转纱锭数目在三千锭以上者，无论国营省营民营或外资经营，统应遵照本会规定代纺棉纱。

第四条　代纺各厂应将截至代纺实施前一日止，厂中仓存及已购或已运在途原棉分别为：（一）本厂自备；（二）外汇配棉；（三）行总配棉；（四）其他非自备棉等四类，连同下脚废花等数量，详确盘存列表报会备查。

前项所称外汇棉花及行总配棉数量，应参照各该类棉花应缴未缴之换纺棉纱件数分别折合原定交换棉花磅数，在实施代纺日前各厂已缴换纺纱所得之工缴部份原棉得以各厂自备棉论。

第五条　代纺各厂应将截至代纺实施前一日止，所有纺织成品存货数量列表报会备查，各厂已缴予政府机关之棉纱栈单，其尚未出货者应以此项盘存之棉纱尽先抵兑不得短缺。

第六条　外汇配棉及行总配棉原为政府物资预存各厂用以代纺或交换棉纱，自实施代纺日起各厂应将原存之上项配棉加紧纺成棉纱缴予本会，一俟缴足再由本会配给棉花继续代纺。

第七条　各厂所有自备棉花应作为代纺周转之用，其存量以三个月之用量为度，如存量不足者得由各该厂自行申请补充。

第八条　外汇配棉及行总配棉原已定为花纱交换方式者，其未缴部份自实施代纺日起，所有交换应得工缴利润部份之棉花应归本会所有，参照本细则第十条之规定折合法币付给之其棉花仍配原厂代纺棉纱。

第九条　代纺各厂应将每日工作生产情形及原棉成品增减或移动数量，据实制表报会备查，其表式另定之。

第十条　各厂代纺棉纱，每件纱用棉量定为四百五十三磅，（以能和纺各纱支之标准原棉为准）代纺工缴利润（包括统税及花纱栈租保险费暨当地驳运费等）每件廿支机包纱以二百五十九磅半棉花（廿支原料）为计算之标准，按应缴棉纱栈单日之当地棉花价格折付法币，其他支别棉纱工缴利润比照此项标准，参酌实际情形另定之工价指数变动得呈报本会派员查实酌予调整。

前面所称标准原棉其水份以百分之十二以下，杂质以百分之二以下为准。如水杂份量超过或不足此标准者，得按照比例增减用棉数量。

第十一条　代纺各厂应于每月十日、二十日及月底或其他指定日期，将该期内所有生产之棉纱开具栈单，每件一张，缴交本会，换取下期代纺绵花之领棉证，每件棉纱得换领可纺同支数品质之原棉四百五十三磅及代纺工缴利润，再凭领棉证换取棉花栈单，自向仓库提运。

第十二条　代纺各厂棉纱直接供给本厂，照代织棉布实施细则用纱者以织厂每日收纱凭单副本，代替栈单，应于每月十日、廿日及月底或其他指定日期送交本会，换取领棉证及代纺工缴利润。

第十三条　代纺棉纱一律仍用各厂原有商票并暂维持各厂原纺支别，惟所有产品应符合本会所定标准制品之规格，由本会按期派员打样检验，其优于或劣于标准者，按照其品质等级，将代纺工缴利润规定每级差额百分数比例增减。

第十四条　代纺各厂每日每锭平均产量不少于该厂实施代纺前一个月中之平均产量，并由本会按月规定各厂每月最低总产量，责成各厂负责生产，产量超过或不足者由本会按其超过或不足程度分别以奖惩，其标准另定之。

第十五条　代纺各厂得由本会派驻厂员常川驻厂或由本会指定该厂人员，受本会之指挥监督，负责办理本会指定事项。

第十六条　代纺各厂所存原棉无论为厂有或为本会及其他政府机关所有，非经本会核准不得出厂。

第十七条　代纺各厂下脚废花归该厂所有，惟如何处置应由本会统筹。

第十八条　代纺各厂非经核准不得停工或减工，其因临时发生事故而停工或减工在半日以上者，应于当日会同驻厂员或指定之负责人员报告本会备查。

第十九条　本细则自核准日施行。

〔附 6〕

统购棉花实施细则

卅七年三月十七日部令公布

第一条　本细则依据全国花纱布管理办法第二条及第八条之规定订定之。

第二条　本会在全国各棉花集散市场及产棉地区设立机构收购棉花，必要时并得指定地区委托其他机构及纱厂棉商同业公会代办收购事宜。

第三条　收购棉花价格由本会依据各地棉花生产成本品质及运缴等核定一标准品公平价格以为各种棉花定价之标准，并得视当地一般生产运输及市面情形随时调整之。

第四条　棉花之含水量依据二十五年三月廿三日公布之修正取缔棉花搀水搀杂暂行条件之规定，以百分三十一为法定标准，以百分三十二为最高限度，其含杂质量依据同条例三规定以五分之〇五为法定标准，以百分之二为最高限度。

第五条　棉花三等级根据棉花色泽含杂物多寡及耗工良窳定为六级，一、上级，二、次上级，三、中级，四、次中级，五、下级，六、次下级，以上等级以中级为标准。

第六条　棉花纤维之长度以每批棉花平均之主体长度决定之，共分七级，名称如下(单位为英寸)

一、$1\frac{1''}{16}$（包括 $1\frac{1''}{16}$ 及 $1\frac{1''}{16}$ 以上）　二、$1''$（包括 $1''$ 至 $1\frac{1''}{32}$）

三、$\frac{15''}{16}$（包括 $\frac{15''}{16}$ 至 $\frac{31''}{32}$）　四、$\frac{7''}{8}$（包括 $\frac{7''}{8}$ 至 $\frac{29''}{32}$）

五、$\frac{13''}{16}$（包括 $\frac{13''}{16}$ 及 $\frac{27''}{32}$）　六、$\frac{3''}{4}$（包括 $\frac{3''}{4}$ 至 $\frac{25''}{32}$）

七、$\frac{11''}{16}$（包括 $\frac{11''}{16}$ 及 $\frac{11''}{16}$ 以下）

以上纤维等级以$\frac{7''}{8}$为标准。

第七条　凡经营棉花买卖业务之行号商贩应将购得棉花，依核定当地价格售予本会，收花机构或其他委托机构及受委托之纱厂棉商同业公会不得囤积或私售。

第八条　凡棉花之运输及转口须凭本会发给之运输证，其施行区域随时通知之。

第九条　凡设在产棉区未经本会指定代纺之纱厂，其所需之棉花得申请登记核准后，在当地凭本会所发之采购证，依照本会规定价格采购，以经常存储三个月之使用量为限。

第十条　凡设在非产棉区未经本会指定代纺之纱厂，其所需花得申请登记核准后，由本会依照规定价格随时配售或发给采购证，指定区域依照本会规定价格及数量自行采购。

第十一条　本细则自核准日施行。

［1194－4－8］

南汇县政府关于制止周浦镇商会另组各业同业公会案致南汇县商会训令

（1948年5月15日）

事由：奉电以转据该会电请制止周浦镇商会另组各业同业公会一案令仰知照由

南汇县政府训令南一社字第三七三号

中华民国卅七年五月十五日

令县商会

案奉江苏省社会处苏社一□东代电开：

案奉社会部社（卅七）组三字第七三九五号寅皓代电开：案据南汇县商会本年一月五日南字第四九三号代电，请切实制止周浦镇商会另组各业同业公会等情。查依商会法第五条及商业同业公会法第八条之规定，繁盛之区镇得设立商会及同业公会，该南汇县政府核准周浦镇成立之镇商会及同业公会于法并无不合该会所请制止一节未便照准，仰转饬知照等因，奉此，合亟电仰知照并转饬知照为要等因，奉此合行令仰知照！

此令。

县长简涤初

［1194－4－8］

南汇县政府关于转饬土酒酿造商业同业公会等十一单位办理改选致南汇县商会训令

（1948年7月14日）

事由：为令仰该会并转饬土酒酿造商业同业公会等十一单位办理改选具报凭核由

南汇县政府训令

中华民国卅七年七月十四日

发文鹏一社字第二六二四号

令南汇县商会

案查该会暨所属公会（计有土酒酿造业商业同业公会等十一单位）经核立案章程内规定理监事任期已将届满，依法应予召开会员大会举行改选以符规定。兹检列南汇县应行改选工商团体统计表乙份，令仰该会并转饬表列所属各公会遵照定期办理，并依法呈报派员监选及指导（又查绸布业同业公会卅七年四月十七日呈报改选理监事情形一案，当经本年五月八日以南一社字第二八六号指复核示五点着即具报去后迄未据报，殊属非是并），仰转饬该会迅既查遵前令办理具报，勿延为要！

此令。

附南汇县应行改选工商团体统计表乙份[①]

县长熊鹏

[1194－4－324]

南汇县商会关于改选各公会一案致各业公会的公函

（1948年7月27日）

事由：转知改选各公会一案函希查照由

南汇县商会公函南字第五八五号

案奉县府鹏一社字第四六二四号训令："案查该会暨所属公会经核立案章程……派员监选及指导仰转饬……办理具报"等因。奉查本案业已报据江苏全省商联会字第三九九号（卅七）巳江代电复请县府关于本会在新商会法未公布前暂缓改选各工商业同业公会与本会有连带之关系。除因其本身之需要自动改选者外，其不需要者亦暂缓举行在案。兹奉前因，除分知外相应函达即希查照为荷。

此致

各业公会（县府表列各会未改选者）

理事长潘

七月二十七日

[1194－4－38]

南汇县政府关于同业公会暂缓改选致南汇县商会指令

（1948年7月31日）

事由：据呈请该会暨同业公会等十一单位暂缓改选经转呈核示仰即知照由

南汇县政府指令鹏一社字第三〇七一号

中华民国三十七年七月卅一日

令县商会

本年七月廿三日呈乙件，为奉令改选商会及各工商同业公会一案祈准暂缓改选由。

呈悉仰□转呈核示复再行饬遵，又查绸布业公会此次产生理监事不合规定一案并仰转饬该会遵查前令，火速报核为要！

此令。

县长熊鹏

[1194－4－324]

南汇县政府关于转饬各业公会改选理监事致南汇县商会训令

（1948年8月24日）

事由：为奉令转饬各业公会理监事任期届满应予改选，仰即遵照并转知各该公会遵照办理由

南汇县政府训令

中华民国卅七年八月廿四日

发文鹏一社字第四六二二号

令县商会

---

① 原文缺。

查该会暨土酿造业公会等十一单位任期届满请缓改选一案，经呈奉江苏省社会处(37)苏社一字第六七一一号指令略开："查各业公会理监事任期届满应予改选，以符法定"等因。奉此，合行转仰遵照，除香商业及榨油碾米业公会经已分别遵限改选外，并仰转知各该公会尅日定期改选，勿延为要！

此令。

县长熊鹏

［1194－4－324］

南汇县政府关于解释商业及各同业公会理监事改选被淘汰之半数不得当选为候补理监事致南汇县商会的代电

（1948年8月25日）

事由：奉转释示商业及各同业公会理监事改选被淘汰之半数不得当选为候补理监事转饬知照由

南汇县政府代电

中华民国卅七年八月廿五日

发文鹏一社字第四七一〇号

县商会鉴案奉江苏省社会处(卅七)苏社一字第六七一六号代电开："案查前据无锡县政府呈以商会暨同业公会理监事任期届满二年依法改选，其规定不得连任之。半数理监事决定淘汰后是否仍可当选候补理监事请予释示等情。业经转奉社会部本年七月十七日社(37)组三字第二〇七九四号指令内开：'本候补理监事遇理监事有缺额时，应依次递补。故候补理监事之充任理监事可能性极大。倘被抽去职之理监事，当选为候补，遇有缺额递补为理监事时，即与不得连任之限制抵触，应不准行，仰即知照'等因。奉此，事属通案合行电仰知照"等因。奉此，合行电仰知照。

县长熊鹏一社字未(有)印

［1194－4－324］

南汇县政府关于催促土酒酿造商业同业公会等十一单位办理改选致南汇县商会训令

（1948年9月10日）

事由：为令饬该会速催土酒酿造商业同业公会等十一单位办理改选具报凭核由

南汇县政府训令

中华民国卅七年九月十日

发文鹏一社字第五六五八号

令县商会

查该会所属计有土酒酿造商业同业公会等十一单位均应办理改选手续，并经本府以鹏一社字第二六二四号训令饬办在案，迄未据报合，再令仰即速办理具报凭核为要。

此令。

县长熊鹏

［1194－4－324］

南汇县政府关于催促理发木商两同业公会从速依法改组致南汇县商会训令

（1948年10月13日）

事由：令催理发木商两同业公会从速依法改组由

南汇县政府训令

中华民国卅七年十月十三日

令县商会

案查该会所辖改组各同业公会业于本年七月十四日令饬办理去后，除先后据报土酒酿造公会等十单位已办改选外，尚有理发木商业两公会迄未举办改选，合行令催该会转知各该公会，从速定期召开会员大会举行改选，如再违延，定予依法解散以符规定。

此令。

县长熊鹏

［1194－4－325］

南汇县政府关于报核开放渔港一处致南汇县商会的公函

（1948年9月14日）

事由：奉电拟定开放渔港一处报核，兹拟请求开放施家路函征同意，希见复由

南汇县政府公函鹏军字第五七九〇号

三十七年九月十四日

查开放渔港一案前经请准开放老港一处，嗣后据渔业公会呈请，仍与渔民无切实利益，恳求开放洋叶港同施家路两处或仅开放渔业最扼要之施家路等情，并经电奉淞沪警备司令部参二勇字第二五五二号代电，以本县匪氛不靖，沿海港口不宜多开，为顾全渔民生计，决定衹准开放港口一处。究以何处为宜，希即会同县参议会各法团青六团参酌实际情形拟定报核等因。奉查施家路一带为渔民所麕集为适应渔民生计，自以开放该港为迫，需相应征求同意。除分函外，即请查照见复为荷。

此致

县商会

县长熊鹏

［1194－4－324］

南汇县政府关于核示各商营业困难建议四点致南汇县商会指令

（1948年9月28日）

事由：拟呈以本县经济紧急措施施行后各商营业困难建议四点请予救济等情，指复知照并饬属知照由

南汇县政府指令

中华民国卅七年九月廿八日

发文鹏四字第六六二四号

令县商会

本年九月廿三日呈一件各商困难情形录呈请议予救济祈赐准由。

呈悉：业经提交本县物价管制委员会第二次会议讨论当经决议："一、各项物资即日内各业公会办理登记以后，并应随时呈报经检队备查，其存量倘不超过五个月营业之需要不得视为囤积，其超过五个月以上者虽未拒绝出售仍视为囤积。二、各物限价以八一九本县境内某地之最高售价为标准，其低于最高售价之各地得以议价为标准。（议价方式由各市镇同业公会、警察机构、经检小组会同评议报县府核备施行）三、准许各同业公会推派代表列席，其它意见可委请商会代表陈述以供参考。四、已向上海经济督导员办公处洽请救济，本府并当尽力协助解除困难"等语纪录在卷。仰即知照并转饬各业公会暨各商号知照为要。

此令。

县长熊鹏

［1194－4－324］

南汇县政府关于统计各项物资数量致南汇县商会代电

（1948年10月19日）

事由：为奉电转饬迅即统计各项需要数量报凭核办由

南汇县政府代电

中华民国卅七年十月十九日

发文鹏四字第七九二二号

南汇县商会览案"奉江苏省政府（卅七）府介建三酉铣电开顷上海区经济管制督导员酉文电开，查上海区出境物资申请携运许可办法，业经公告施行，贵省地方需要棉布白糖等项物资，即请统计数量派员来沪参加本区物资疏导会议洽商配额，一面先由各当地同业公会按照规定申请，以便陆续拨运济急等由，准此，除分电外合亟电仰尅日召集当地同业公会统计上项物资需要数量，立时电复，并按照酉齐新闻报载上海区出境物资，申请携运许可办法先行申请拨运济急，毋延为要等因，奉此除分电外合亟电仰尅日会同周浦镇商会，召集各同业公会统计各项物资需要数量，于电到二日内报凭核办毋延"为要。

县长熊鹏酉皓印

［1194－4－325］

南汇县商会关于统计各项物资数量致各业公会函

（1948年10月23日）

事由：奉电催报各业商号物资需要数量以凭汇报由

案奉县府鹏四字第七九二二号代电："奉江苏省政府……全叙……报凭核办毋延"等因，奉查本案前经本会于本月十日以南字第六五二号公函，希将所属各会员需要数量统计表，陈报经济检查队在案。兹向经检队查询绝无报到者，按本案攸关商人利益，各该业会何忽视示□此，兹奉前因合亟函催着即尅日送至本会毋自延误为要。

此致

各业公会

理事长潘

〔中华民国卅七年〕十月廿三日发文六六七号

［1194－4－325］

南汇县政府关于收购棉花应遵照市秤致南汇县商会训令

（1948年7月21日）

事由：遵令以收购棉花应用市秤案令仰转饬遵照由

南汇县政府训令

中华民国卅七年七月廿一日发

发文鹏四字第二四八〇号

令县商会

案奉江苏省政府（卅七）府建三字第三三二六号训令内开："案准江苏省临时参议会参议字第一四五〇号代电开：'准宝山县参议会宝参字第二七五号已阳代电开，查本会于五月二十三日举行第一届第四次大会临时动议第三案，杨参议员迪等提吾国度量衡制已经改用市斛市尺市秤，何独于收买棉花依旧行用码秤，显系虐待农民，应由县参会建议，于省参会市参会申请政府令用市秤，以昭公允案"决议"照案通过等语纪录在卷，为特录案电请鉴核转请政府通令全国一律改用市秤，以昭公允等由。准此，查度量衡制早经实行，应请通饬遵照，以符法定，相应电请查照办理见复为荷’等由。准此，查该会所请确属需要自应照办，以资划一而昭公允。除转请经济部通饬办理并分令各县严加取缔外，合亟令仰遵照办理为要”等因。奉此，除分令外，合行令仰转饬各棉商一体遵照为要。

此令。

县长熊鹏

［1194－4－324］

南汇县政府关于小麦买卖遵照每市担为一百市斤办理致南汇县商会训令

（1948年7月28日）

事由：奉令以小麦买卖单位重量规定每担为一百市斤并严于取缔旧制度量衡一案令仰知照并转饬遵照由

南汇县政府训令

中华民国卅七年七月廿八日发

发文鹏四字第二八一七号

令县商会

案奉江苏省政府卅七年七月十五日(卅七)府建三字第三四一一号训令以转准农林部代电为嗣后，各地小麦买卖凡不以容量直接计数而用重量计数者，应遵照每市担为一百市斤办理，仰切实注意并转饬遵办等因。除分令外，合行令仰遵照并转饬各粮商一体遵照。

此令。

县长熊鹏

［1194－4－324］

南汇县政府关于转知各业公会报备各业各种物品议价表致南汇县商会代电

（1948年8月28日）

南汇县政府代电

中华民国卅七年八月廿八日

发文鹏一社字第四九七二号

南汇县商会特急查财政经济紧急处分令业已颁布。其第四项整理财政及加强管制经济办法第三条：“全国各地各种物品及劳务价格应照民国三十七年八月十九日各该地各种物品估价，依兑换率折合金圆出售，由当地主管官署严格监督执行”等因，特电该会转知各业公会，限文到三日内仰将八月十九日各业各种物品议价表具报备查，勿延为要。

县长熊鹏鹏一社未寝印

［1194－4－324］

南汇县政府关于抄发行政院颁发取缔违反限价议价条例实施办法致南汇县商会等训令

（1948年10月10日）

事由：为抄发行政院颁发取缔违反限价议价条例实施办法转仰遵照由

南汇县政府训令鹏四字第六八六五号

民国卅七年十月十日

令各乡公所、各公会、各商会、经检队

案奉江苏省政府府介社财建田五字第〇一三八号代电为抄发行政院颁发取缔违反限价议价条例实施办法，仰遵照并转饬所属遵照等因，奉此，自应遵办。除分行外合行抄发该项办法，令仰遵照为要！

此令。（附抄发行政院颁发取缔违反限价议价条例实施办法乙份）

县长熊鹏

〔附〕

取缔违反限价议价条例实施办法

一、全国各市县均定为实施限价议价之地区。

二、全国各地物品应由地方主管官署按民国卅七年八月十九日当地市场公开交易价格照兑换率折合金圆后之交易价格为准，各地方主管官署得视当地实际供需情形指定若干种物品加以严格管制。

三、关于与人民日常生活有关之营业如旅馆、饭店、浴室、理发、缝纫、洗染、运输、诊所、医院及电影戏院等类之价格适用前条规定加以管制。

四、依前二三二项规定之物品及营业价格如有特殊原因必须调整价格时，除法令别规定者外，得地方主管官署组织物价评议委员会依照评议物价实施办法有关之规定议定公平价格，报经当地主管机关核准并呈报该管上级机关备案。

其在卅七年八月十九日前调整之价格，如有过高者得由地方主管官署依照前项规定另行评议，予以核减。

五、自民国卅七年八月十九日起有左列情事之一者，即以违反限价论。

1. 各地物品之交易价格及与人民日常生活有关之营业价格未经地方上各级机关核准而超过民国卅七年八月十九日依兑换率折合金圆之价格者。

2. 自民国卅七年八月十九日起依兑换率折合金圆价格之物品有变名、变质、变量，改价出售及不遵规定标明折合金圆价格或秘密高价出售者。

3. 其他有违反限价议价之规定者。

六、取缔违反限价议价条件第六条第二款、第三款改以金圆五百圆为划分标准，凡超过议价情节重大或成交货品与收受工资运价在金圆五百以上者，依第二款处理；超过议价而成交货品或收受工资运费不满五百圆者依第三款处理。

七、依违反限价议价条例所处之罚锾除由司法机关依法办理者外以五成充奖余五成解缴地方政府公库。

八、执行取缔违反限价议价之地方主管官署在院辖市及省会所在地为社会局或社会处（会同治安及警察机关办理），在县市为县市政府。

〔1194－4－333〕

南汇县政府关于转请调整土酒售价案致南汇县商会训令

（1948年10月19日）

事由：为据转请调整土酒售价一案指复遵照由

南汇县政府训令

中华民国卅七年十月十九日

发文鹏四字第七二二五号

令县商会

卅七年十月五日呈乙件，据情转请为土酒税额剧涨准予调整售价由。

呈悉：仰迅即会同该业详议合理价格报府凭夺仰即遵照！

此令。

县长熊鹏

〔1194－4－325〕

南汇县政府关于疏通来源调整粮价等致南汇县商会指令

（1948年10月19日）

事由：据呈请予疏通来源调整粮价等情指复知照由

南汇县政府指令鹏四字第六九四三号

中华民国卅七年十月十九日

令县商会

卅七年十月二日呈乙件，关于本县粮价据情呈请鉴核示遵由。

呈悉：（一）关于疏通米粮来源一节仰即转饬棉粮公会通知各粮商集资迳向产地采购□遇困难，本府当尽力扶助予以解决。（二）至请规定西新售价一节，俟产地上市后，再予核定仰即转饬知照！

此令。

县长熊鹏

［1194-4-325］

南汇县政府关于香烟议价案致南汇县商会令

（1948年10月21日）

事由：为据转报香烟议价一案指复遵照由

南汇县政府指令

中华民国卅七年十月廿一日

发文鹏四字第七三一一号

令县商会

本年十月五日呈乙件，据情转报香烟议价呈祈核备由。

呈悉：业经物管会决议，零售价格照沪上市价每匣加壹分，其派货各商对于零售商之整批价值，本期派进各烟仍依原批价亦得增加仰即转饬知照！

此令。

县长熊鹏

主任秘书茹秉铨代行

［1194-4-325］

南汇县政府关于疏通粮商来源调剂民食致南汇县商会指令

（1948年10月23日）

事由：为据转呈疏通来源调剂民食等情指仰遵照由

南汇县政府指令鹏四字第七四六九号

中华民国卅七年十月廿三日

令县商会

本年十月十日呈乙件，关于粮价据情续请迅赐核示由。

呈悉，仰即转饬该处粮商迅即集资迳向邻县产米地区采购，如有购运上之困难，本府予以协助可也！

此令。

县长熊鹏

［1194-4-325］

南汇县政府关于议定各种物价报核致南汇县商会训令

(1948年11月2日)

事由:为令饬议定各种物价报核由

南汇县政府训令鹏一字第八六八七号

中华民国三十七年十一月二日

令南汇县商会

查财经改革补充方案已见报载,兹为疏通物资供应评议合理物价起见,合行令仰尅即召集各业代表议定各种物价报核施行,仰即遵照具报为要!

此令。

县长熊鹏

[1194-4-325]

南汇县政府关于议定民生日用品价格致南汇县商会训令

(1948年12月9日)

事由:奉令议定民生日用品价格具报转饬遵照由

南汇县政府训令

中华民国卅七年十二月九日

发文鹏一字第九八六九号

令县商会

案奉江苏省物价审议委员会(卅七)苏议字第九一四四号代电开:"查财政经济紧急处分令补充办法,业经中央公布并由省府转饬遵照在案。惟日来各地物价仍未稳定,亟应予以有效措置以安民生。兹指示如次:一、各县市对民生日用品及工业原料应依本定价之原则分别核定具报。二、纱、布、油、糖、盐在中央未核定价格,公布前可暂由各该业公会自行议定合理价格呈报该府或该县物价评议会核定后交易。三、农产品及本地土产一律不得以上海市价为标准,应以各该地供求情形为准。四、凡不遵守核定之价格或违反该业公会议定之价格,擅自抬高者均应依据取缔,违反限价议价条例予以惩处。五、各该县市之主要物品市场价□应迅即依照附发表格查明,于每周星期六填报备核为要"等因,附发调查表式一份,奉此□办理间又奉江苏省政府(卅七)府介社一字第二五〇二号□□开:"□准工商部□□□□□□□□□(37)字第八一八二二号□戌真代电以奉行政院本年十月卅一日六财字第四八五二一号□代□□□□□□□□□□□□会议依财政经济紧急处分令整理财政及加强管制经济办法第十四条及其□□□□□□□□之规定,并应目前需要决议补充办法甲乙丙丁四项,特电遵照,务须迅就有关事项妥切办理具报等因,查原电令甲项(三)所载纱、布、食油、糖、煤等五种物品均系本部主管,除有专管机构管理及法令另有规定者外。兹订定核价办法如次:(一)纱、布、食油、糖、煤等五种应由当地地方主管官署(在院辖市为社会局在县市为县市政府)会商有关机关及民□机构分别召集商会及有关工商业同业公会,依照核本定价之原则,先行拟定核价公式评议价格列表,呈经该管省市政府核转本部核办。在未经本部核定以前为适应当地市场供应不致停滞起见,得由省市政府核定后先行公布实施。(二)其他重要物品包括民生日用品及工业原料,应由当地地方主管官署遵照原电令授权管理之规定,并依核本定价之原则会商有关机关及民□机构分别召集商会及有关工商业同业公会评定价格公布实施,同时专案呈经该管□市政府汇转本部备查。(三)关于纱、布、食油、糖、煤等五种物品应由当地地方主管官署察酌当地供需实际□□,分别拟定统筹调节办法(例如试办定量配购或奖励增加生产,厉行节约消费加强取缔□□□□等事宜)呈经该管□市府核定后,先行公布实施并转报本部核办,奉电令前因,除分电暨电复行政院□□外,相应电请查照转饬所属遵照办理并希见复为荷等由,准此除分电外合行指仰遵照办理报凭核转为要”等因，合行令仰遵照并将议价报凭核转为要。

此令。

计抄发物价调查表式一份[①]

县长熊鹏

〔1194-4-325〕

南汇县政府关于核议盐价致南汇县商会训令

(1948年12月26日)

事由：为转饬核议盐价具报由

中华民国卅七年十二月廿六日

发文鹏八字第一〇八七八号

令县商会

层奉行政院本年十二月六财字第五四四八九号训令开：据财政部呈以查本部主管之食盐其场价仓价十余年来均系核本定价，夙具成规，并曾依据盐政条例授权各区盐务主管局处办理。最近于部拟调整各区仓价方案内复呈奉钧院本年十月廿五日六财字第四七五一一号指令准照上项定案办理在案。此次自前项议决补充办法公布后，本部复经决定。嗣后食盐场价仓价授权本部盐务总局按照定案办理在卷，至全国各地市场交易之商盐趸零售价。原系由地方官署参照本部规定核价标准评议管制，本部盐务机关居于协助地位，拟仍旧办理并请由院通饬各省市政府转行遵照。至关于盐之供销本部盐务机关向依产销供需情形、人口分布及社会经济、交通状况统筹调节令后自当加强办理等情，应准照办。除分行外，合行令仰转饬遵照等因。奉此，除分令外，合行令仰遵照核价具报。

此令。

县长熊鹏

〔1194-4-358〕

---

① 原文缺。

（二）（汪伪）上海特别市南汇区商会

上海特别市南汇区商会关于南汇区南货业等五个同业公会理事会议纪录的函

（1943年5月13日）

〔事由：（汪伪）上海特别市南汇区商会关于南汇区南货业等五个同业公会理事会议纪录的函〕

案查南货业等同业公会理事会议程，本月十二日下午二时在区公署会议室举行，所有决议各案，均经纪录在卷，除分别专案办理，并呈报暨公函外，相应检送事项纪录函，请查照为荷！

此致

区高会长（戳）

卅二、五、十三

〔附〕

南汇区南货业油酒业烟纸什货业豆米什粮业棉布业五个同业公会理事会议纪录

日期：民国三十二年五月十二日

时间：下午二时至四时

地点：南汇区公署会议室

出席：三十七人

主席：毕同雷

行礼如仪

报告事项（略）

提议事项：

（一）主席提奉令改组各同业公会案

决：南货业同业公会分组为二：（一）糖业同业公会。（一）南北货茶食罐头食品业同业公会。油酒业同业公会改为食油业同业公会。烟纸什货业同业公会改为烟纸烛皂火柴业同业公会。豆米什粮业同业公会及棉布业同业公会暂仍其旧。

（二）又提豆米什粮业同业公会理事长倪梦林，油酒业同业公会理事长吴尚炯先后辞职应请各该业理事再行互推以免久悬案

决：推定钱心陶先生为食油业同业公会理事长，戴企贤先生为豆米什粮业同业公会理事长。

（三）又提米谷业现应组织联营社宜如何办理案

决：请求上峰对于本区联营社须单独组织其进行计划请戴企贤先生办理。

（四）烟纸业同业公会理事沈蓉芳等提：周浦、大团各有香烟卸卖商二家，惟新场尚付阙如，应请设法添出，以资普遍案

决：请区公署暨连络部南汇出张所，向华中草配给商说明理由，添出新场镇卸卖商二家或一家，俾免向隅。

（五）各理事长提：本区各镇尚有未入公会之各商行店，应从速加入会员案。

决：由区商会令知各分办事处负责赶办。（不另行文）

纪录：叶时茂

［1194－4－369］

上海特别市南汇区商会关于依照奉颁条例改组同业公会致各同业公会函

（1943年5月）

上海特别市南汇区商会公函第一七八号

案奉南汇特别区公署训令民字第一三一二号内开：

案奉经济局经四字第五〇号训令内开，案奉实业部本年三月二十五日商字第六五二号训令内开，查工商团体应为纯粹经济机构，以便协助政府实施物资统治一案，前经最高国防会议第七次会议议决通过，并由部通饬遵照在案。为切合新体制及实施有所准据起见，经即由部另行拟具工商业同业公会暂行条例，提经三月二十五日第九次最高国防会议议决通过，所有现行之工商同业公会法一并废止。关于上项条例之施行细则，应俟拟订，另案饬之。又关于主要商品之品目依照同条例第四条第二项，应由行政院以命令规定之，应即遵照前三十一年七月四日行政院公布之主要商品品目表办理，除分令外，合行照录工商同业公会暂行条例全条文，并再抄录主要商品品目表，令仰遵照，此令。等因，即抄附工商同业公会暂行条例及主要商品品目表各一份，奉此，除分行外，合行抄发该项暂行条例及主要商品品目表各一份，令仰该署遵照，此令。等因，抄发原附件，奉此，合行抄件，令仰该会遵照，即将现有各同业公会依照奉颁条例分别改组具报为要，此令。等因，抄发原附件，奉此除分致外，相应备函，并检送原附件各乙份，即希查照，依照奉颁条例，改组具报，以凭核转，为荷！

此致

理事长

中华民国三十二年五月

〔附1〕

工商同业公会暂行条例

经第九次全国最高国防会议修正通过

第一条　凡在同一县市或特别市内经营各种正当之工业或商业者，均得依本条例设立同业公会。

第二条　工商同业公会以协助政府施行经济政策及增进同业之公共利益为宗旨。

第三条　工商同业公会之主管官署，在中央为实业部，在各省及特别市为经济局，在县市为县市政府，但所经营之业务，受其他机关主管者，除向实业部登记外，仍由各该机关主管之。

第四条　工商同业公会之设立，须有同业公司行号五家以上发起，但主要商品之同业公会，县市政府及特别市经济局、财政局，或粮食局得指定发起人，命令其组织，前项主要商品之品目，依行政院命令之规定，第一项发起人，于依第五条所规定订立章程后，应造具该同业公司行号及具营业主或经理人姓名、表册，连同章程，呈请特别市政府，或由地方主管官署转呈省政府核准设立。

第五条　工商同业公会章程，须有该地同业公司行号代表过半数以上之出席，方得议决，前项章程应载明左列各款项事项：（一）名称及所在地；（二）办理之事务；（三）组织及职员之选任；（四）关于会议之规定；（五）关于同业入会、出会，及会员除名之规定；（六）关于费用之筹措，及其收支方法；（七）关于违背会章者，除除名外，其他之处分方法；（八）公会之成立期间。

第六条　工商管理同业公会之种类，由中央主管官署以命令定之。

第七条　同一县市或特别市内之同业设立公会，以一会为限，具区域广大者，得设之分会。

第八条　工商业有特殊情形者，经中央主管官署之核准，或依其命令，得跨连二以上县市或省与特别市组织同一同业公会。

第九条　工商同业公会为法人。

第十条　工商同业公会应设置事务所。

第十一条　主要商品之同业公会，经主管官署之核准，得为左列各款事业：(一) 关于会员经营物资之共同收买、保管、运输、贩卖及其他必要事项；(二) 关于会员制造物资所需原材料及燃料之共同取得及分配事项；(三) 关于会员经营物资之生产数量及贩卖价格之审议事项；(四) 关于会员事业资金之调节及债务之担保事项；(五) 关于会员经营事业之调查统计设计指导及检查取缔事项；(六) 关于执行主管官署指定或委托之事项。

第十二条　工商同业公会会员，以确实经营各该业者为限。

第十三条　主管官署得命令经营主要商品之公司行号，加入各该业同业公会，经营主要商品之公司行号，非经加入同业公会不得营业。

第十四条　凡经主管官署核准营业之公司行号，均得为各该业同业公会会员，经营二种以上业务之公司行号，得分别为二种以上同业公会会员。

第十五条　工商同业公会会员，应派代表出席于公会，但有左列各款情事之一者，不得为同业公会会员之代表：(一) 业外人；(二) 褫夺公权者；(三) 受公会除名者；(四) 受破产之宣告尚未复权者；(五) 无行为能力者。

第十六条　工商同业公会设理事长一人，理事、监事各若干人，由会员大会选举之；必要时得设常务理事若干人，由理事互推之，均为名誉职，但因办理会务，得核实支给公费。

第十七条　工商同业公会之职员及会议，除本条例规定者外，准用商会法之规定。

第十八条　工商同业公会之职员，有违背法令、会章，或其他重大情节者，得由公会议决，令其退职。主要商品之同业公会职员，地方主管官署认为不称职时，得命其退职。

第十九条　工商同业公会有违背法令、逾越权限或妨害公益情事者，得由地方主管官署呈准特别市政府或省政府，命令解散，但均须呈报中央主管官署备案。

第二十条　工商同业公会之预算、决算及主要会务之办理情形，应于每会计年度终三个月以内，呈报所在地之主管官署备案。

第二十一条　各地同种类之工商同业公会，经中央主管官署之核准，或依其命令，得组织同业联合会。工商同业联合会，直接受中央主管官署之指导、监督。工商同业联合会，除前三项规定外，准用本条例关于同业公会之规定。

第二十二条　地方主管官署得派监理官监督工商同业公会之业务，并检查其簿据、财产及其他物件。中央主管官署得派监理官监督依第八条第一项特殊组织之工商同业公会，及工商同业联合会之业务，并检查其簿据、财产及其他物件。

第二十三条　本条例实施细则，由中央主管官署以命令定之。

第二十四条　本条例自公布之日施行。

〔附 2〕

主要商品类别品目表

类别	品目
食粮类	食米，面粉，大麦，小麦，高粱，玉蜀黍，大豆。
食用油类	花生油，菜子油，豆油。
调味类	食盐，赤砂糖，白砂糖。
服用类	棉花，棉纱，棉布。
燃料类	块煤，煤球。
杂项类	肥皂，火柴，火油，香烟，纸张。
备注	一、食米价格由各地粮食管理机关定之。 一、食盐价格由各地盐务管理机关定之。

[1194－4－368]

上海特别市南汇区商会关于准予添设新场镇烟草卸卖商二家致新场镇烟纸业代表通知

（1943年7月22日）

上海特别市南汇区商会通知第217号

案奉南汇特别区区署训令建字第二三七六号开：

案查，前据该会开单呈请添设新场镇烟草卸卖商二家一案，业经转函华中烟草配给组会添设在案，兹准函开：云云至此令。

等因，奉此，合行转饬执照。

右通知新场镇烟纸业代表沈蓉芳、谢叔永。

中华民国三十二年七月二十二日

〔1194－4－370〕

上海特别市南汇区商会关于加入皂烛业联合会致各商号公函

（1943年11月）

上海特别市南汇区商会公函第254号

案准皂烛业同业联合会函略开：

查敝会奉令组织，旨在实施皂烛统制，希烦转知所属会员中（一）皂烛厂业同业公会（二）工业油脂同业公会（三）卷烟火柴皂烛号业同业公会（四）化学工业原料号业同业公会，其中（二）（三）两项包括本烛业在内，倘无此项组织，亦得以烛业同业公会名义加入敝会为会员。以上各同业公会除已参加者外，均应申请登记，以便审查资格。方今厉行统制，各种原料与成品均有配给必要。事关各该业切身利害，特函奉达，即祈查照饬即一体参加。

等由，附发皂烛业联合会暂行章程一份，准此，经于本月三日乘本区糖业会员在大团源大祥号欢叙之便，并召本区本烛业代表到场谈话，除皂烛业联合会章程随函抄发外，并将当日谈话情形摘录于后，并希查照为荷。

此致

号

附皂烛业联合会暂行章程一份

本烛业代表谈话会纪录一份

理事长 毕同雷

中华民国三十二年十一月

〔附〕

本烛业代表谈话会纪录

卅二年十一月三日下午四时，假座大团恒隆典，召开本区本烛业代表谈话会，到会诸君请签。

全衔于后

王善甫（冯达明代） 周浦日章慎

沈然潮 新场裕大信

邹连如（陈朗声代） 新场义兴恒

徐楚善（范静秋代） 南汇震和祥

沈铣金 大团余记

毕同雷 区商会

报告：区商会毕理事长报告区会接奉皂烛业同业联合会通知，督促本区本烛业同业从速筹组事务所加入联合会为会员等语。

讨论：（一）毕理事长提应即派员赴沪接洽筹组本区事务所。案决，一致推王善甫、沈铣金二君赴沪接洽筹组之。（二）各代表提本区本烛批价及门市价参差不一，应否先予调整。案决，应予调整，并确定批价每市斤暂定壹百零捌元，门市价每市斤壹百贰拾元。（三）各代表提在本区事务所未经成立前，对于批发门售价格应如何依据，并通知同业以资一律。案决，由周浦日章慎确定价格呈报区商会，由区会分函知照而资统一。（四）各代表提下届开会日期应如何召集。案决，由王沈两君接洽后通知之。

召集人 毕同雷

纪录 顾视高

［1194－4－369］

（三）南汇县商会

南汇县商会整理委员会关于请求解释烛业工资突增原委致南汇县政府呈

（1946 年 7 月 4 日）

事由：为据呈请函上海市社会局解释烛业工资突增百分之百十之原委由

南汇县商会整理委员会呈总字第八九号

中华民国三十五年七月四日

案据南货业公会理事长夏虞弼本年七月三日呈称：

"案查本会六月二十八日第一次理监事联席会议决议案一件：际此国营事业减薪期间而烛业工资突增百分之百十，本业兼营制烛业者受连带影响应否呈请县政府转函市社会局解释案决议由商整会呈请县政府转呈市社会局请予解释等语纪录在卷，理合抄录原案，呈请钧会转呈县政府，函请上海市社会局予以解释，俾明原委，实为公便"等情。据此，合亟据情呈请鉴核转函解释，以便转知而明原委，实为公感。

谨呈

南汇县县长徐

南汇县商整会主任委员潘子平

[1194－1－850]

南汇县商会关于接收惠南镇商会致惠南镇商会函

（1946 年 11 月 30 日）

事由：为奉令接收惠南镇商会函请查照由

南商总字第一一九号

迳启者

案奉南汇县政府三十五年十月廿九日社字第六八四二号训令略，以城厢为县商会所在地惠南镇商会毋庸设立，着该会派员接收并将办理经过情形具报备核等因。奉此，经提交本会第四次理监事联席会议讨论，决议推定夏理事虞弼负责接收纪录在卷。除接收日期由夏理事面洽商定相应函达，即希查照为荷。此致

惠南镇商会沈主任

理事长潘

〔中华民国三十五年十一月三十日〕

[1194－4－293]

南汇县商会关于请求捐助基金致农民银行南汇支行的公函

（1946 年 12 月 24 日）

事由：拟请捐助本会基金函希赐准由

南汇县商会公函南字第四八二号

敬启者，本会因受物价刺激所定经费不堪维持为向各殷商劝募基金孳息弥补夙钦。贵行急公好义，拟请推爱解囊，慨予捐助基金贰百万元以资集腋，相应函恳即希查照，赐准为荷。

此致

江苏省农民银行南汇支行经理赵

理事长潘

〔中华民国三十五年〕十二月廿四日封发

［1194－4－363］

南汇县商会关于请求农民银行承贷本县工业贷款致南汇县政府呈

（1947 年 1 月 6 日）

事由：呈请转省请江苏省农民银行承贷本县工业贷款以度废历年关

南汇县商会呈南商总字第一六五号

由本县工业在战前以针织及毛巾两种最为著名。沦陷后摧毁无遗，复员以来，各厂商大都于烬余中从新建立，稍在萌芽。讵因受上海工资逐步高涨影响，成本陡增，原料价格高贵致均有被洪流席卷之势，维持无法倒闭。堪虞工商两业之性质有连带关系，是以本县商业亦已日趋崩溃之途，救济之方惟有请求银行贷款。本县祇有江苏省农民银行办事处，理合呈请钧府鉴核呈省府转饬省农行本县办事处承贷大量工业贷款以度废历年关，实为公便。

谨呈

县长徐

理事长

〔中华民国三十六年〕一月六日拟稿

［1194－4－27］

南汇县商会关于向浦东电气公司请免增加存电保证金情形致杨家镇分事务所函

（1947 年 4 月 23 日）

事由：准询向浦东电气公司请免增加存电保证金情形暨提早通告开会日期一案复请查照由

南汇县商会公函南字第二七九号

案准贵所杨字不列号公函：为“贵会第六次理监会议录有转陈浦东电气公司免增存电保证金一节，至今月余未接通知，本处汇北公司仍有续收情事，请将向浦东公司请免情形，并每次开会日期提前交邮，以便遵期出席请见复”等由，准此，按航头、召楼之呈请转陈浦东电气公司免增存电保证金一案，乃为局部事件，本会未接贵所报告，不知贵处亦有同样事件，故未通知准函前由：将本会与浦东公司折冲结果之该公司函复办法摘抄如下：“据敝公司顾主任回沪面称，日前与贵理事长会商结果，敝公司前提办法未吻合处改分三次收清，并约定第一次四月一日缴付二月份电费及补足最近四个月最高一月用电量，以一倍半之电费保证金之三分之一，第二次四月廿日缴付三月份电费及与第一次同额之保证金，第三次五月十日缴付四月份电费及与第一次同额保证金”，至本会开会通知书前准面请即已提前交邮，此次本月十七日理监事暨分事务所主任联席会议通知书亦系于十一日投邮计当不致愆期或为贵镇邮柜延投，希为咨照，以免有误为荷。

此致

杨家镇分事务所主任张

〔中华民国三十六年〕四月廿三日封发

［1194－4－362］

南汇县商会关于请求签发顺昌南行恒康泰记行向金山县境采购米粮执照致南汇县政府呈

（1947年4月30日）

事由：据情转呈请签发顺昌南行恒康泰记行向金山县境采购米粮执照由

南汇县商会字第二八八号

据本城南门外顺昌棉粮南行代表杨庆初呈称：“照叙来文”等情，正核办间，又据周浦南八灶恒康泰记米粮行代表顾本初，呈同前情拟向金山县境采购白粳贰百石运至本邑销售请转呈、签发、采购、搬运、执照等情，各据此查本县产米不敷民食全恃采运接济，当此米慌之际采运为难，理合具文转呈，恳请钧府准予分别签发采购搬运执照，以资办理，实为公便。

谨呈

南汇县长徐

（全衔）理事长潘子平

〔中华民国三十六年〕四月卅日封发

［1194－4－362］

南汇县商会第八次理监事联席会议记录

（1947年5月17日）

南汇县商会第八次理监事联席会议纪录

日期：三十六年五月十七日下午二时

地点：本会会议室内

出席者十一人　　列席者二人

主席潘子平　　纪录沈达权

行礼如仪

报告事项：

1. 本会函请税捐处对于营业税维持原额改善办法一案，据复本处依法查账课征并无法外增加；

2. 准省商联会电财政部规定卅六年短期库卷及美金公债得按照票面七折自由抵押；

3. 浦东棉花价低滞销请予设法救济一案，奉层电中纺公司已拟收购二、二万担，民营纱厂亦拟采购二万余担；

4. 层奉省电米价波动影响民生务以全力安定：（一）劝导粮商将存米尽量供市平售，（二）不可有价无市造成棼乱现象，（三）由商会粮食会向外省余粮产区采办大宗食米调剂市面，（四）切实注意避免米潮发生，（五）遵照主席蒋平启辰江府交电省境内粮食流通应绝对自由务期盈亏并济仰确切遵照；

5. 四行总处电南沪相距非遥，该地厂商凡属民生必需品及出口物资之增产运销贷款，可个别向上海或邻近县份国家行局申请地方小工业贷款，应协请省县地方银行协助；

6. 准税捐处函卅五年度秋冬两季应附增积谷一个月上峰，仍饬迅速带征，希予协助转饬各分事务所通知各商遵照。

讨论事项：

一件：税捐处增加房捐倍数一案，本会经商民之请一再交涉，但迄无圆满结果应如何办理案。

决议：函税捐处抄发征收细则，根据条文请其依法改善之。

一件：本会理监事关于开会之出席及一切公务之洽商往返频繁，拟请各交通机构发给乘车免费证，以利公务而节公帑，请公决案“提案人夏虞弼”。

决议：函请浦建、上川、南川三公司查照发给。

一件：乡镇级经费本会呈请县府减低总额及除去已被乡镇公所收去是项捐款，并分四季征收，以轻商民负担，均未奉准，并着尅日措缴应如何办理案。

决议：除各乡镇公所已收去之春季捐款，应再呈请县府务于总额内扣除四分之一外，拟照去年缴税百分比分配，各商号勉力措缴，惟兹事对于商民负担较大，在此工商业凋敝之时，各商民容有不明意义之处，为进行顺利起见，本会另再定期召集各镇分事务所主任举行会议研讨进行。

一件：税捐处对于各项税捐之增加蔓无限制，又不一律商民既不胜其繁重，更无所适从，揆诸法理两有未合应否加以纠正案。

决议：查征收地方税捐民意机关有斟酌损益之职权，应请税捐稽征处嗣浚。关于征收各项县税数字如有增加，必要时须先送经县参议会，通过函知本会转知各商民照缴，以符法理，除向层峰呈明并函县参议会外，在未经参议会通过前应不予承认。

主席潘子平

纪录沈达权

［1194－4－362］

南汇县商会关于转知账簿不依规定办理开发票应予处罚致各业公会商店的公函

（1947年6月3日）

事由：转知账簿不依规定办理开发票应予处罚希查照转知查照由

南汇县商会公函南字第三四二号

民国三十六年六月三日

准省商联会联字第一八〇号电开“准财政部江苏区直接税局苏直字第四六四四号代电开，奉国府本年五月一日公布施行并经本部转行在案。特种营业税法第十九条公司或商号不依规定设置账簿或不将账簿送请主管征收机关登记盖戳及出卖货品不开立发票者，除责令补办外，并处以五万元以上十万元以下之罚；镠又营业税法第二十二条公司或商号出售货品不开立发票者，除责令补办外，并处以五万元以上十万元以下之罚；镠对公司商号出卖货品必须开立发票已作硬性规定，嗣后各印花税抽检查员于执行职务时应报据被查商号进货簿追阅卖方发票，倘不能检出即应查明卖方住址并饬被查商号具切，并向各该地司法机关检举，函请依法办理，除分行外，令仰遵照并转饬遵照为要等因。奉查值兹税法公布之初容有少数商户对售出货品未开发票，为免违返税法规定，致干处罚电请查照转函各县市商会转知业会通告，业会会员出卖货品均应分别依规出具发票以符功令等由，准此电达查照”等由，准此，除分行外相应函请查照转知，查照（商店会员）为荷。

此致

各业公会、分事务所、商店会员

理事长潘子平

［1194－4－362］

南汇县商会关于查报存日资产及未完合同案致南汇县政府呈

(1947年7月30日)

事由：呈复查报存日资产及未完合同一案祈鉴核由

南汇县商会呈南字第三七八号

案奉钧府建字第五四号训令为奉令转饬，迅将存日资产及未完合同查明报府，以便汇转，俾便交涉赔偿等因。奉此，查本县厂商稀少，在战前并无向日本厂商直接订购器材之事。奉令前因，理合具文呈复，仰祈鉴核转报。

谨呈

南汇县长龚

南汇县商会理事长潘

〔中华民国三十六年〕七月卅日封发

[1194-4-363]

南汇县商会第十二次理监事暨分事务所联席会议纪录

(1947年12月17日)

南汇县商会第十二次理监事暨分事务所联席会议纪录

日期：卅六年十二月十七日下午一时

地点：本会会议室

出席者九人(其余多由出席者代)

主席潘子平

主席报告：

一、省商会电知奉财部电复查所利得税以所得为课征对象，行商贩卖“物货”如有所得自应照章课税，至营业税以营业行为为课征对象，凡行商货物一经发生交易行为，依法即应课税所请废止未便照准。

一、县府转知省电该县田赋附加一案，选经电饬在案至随营业税征收附加一节与法令不合所请应毋庸议。

一、直接税南汇查征所“知函”奉令查厂商发货票贴用印花税票办法经通饬各局遵办在案，该局应即通知辖区各厂商出售产品，务须依法开立发货票贴用印花税票并随时严密检查，如有抗不贴花情事应检同违章凭证抄送法院罚办，不得隐徇请转饬遵。

一、关于营业税现在省商联会决议请省转饬各县府嗣后不得任意增加；

一、省商联会会费每权增为三十万元，本会两权每月须缴六十万元；

一、会计报告经济收支账目(详单据表册略)。

讨论事项：

一件：本会经费际兹物价飞涨，对于员工生活及办公费用等等早告不敷，若不予以调整恐难继续维持，应如何办理提请公决。

决议：会员应纳本会会费自卅七年一月份起每权增加一倍即六万元，积欠部份限期清缴，员工月俸亦增加一倍，并为免受物价波动影响，计折为物质，除秘书月支白米六斗五升外，其余员工俱月支白米五斗稍资弥补。

一件：本会之困难原因由于业会欠缴会费，业会之困难由于会员轻视公会抗缴会费所致，溯其轻视原因鞭长莫及使然，若不改善收费办法难收成效，如何改善提请公决。

决议：由本会各分事务所就地切实协收，如遇强户该管公会可请本会转县严厉执行，否则不得藉词欠缴本会会费。

一件：直接税南汇查征所函知启征宗合所得税，请予转知等语，关于是项税收川沙、金山两县亦曾来函

咨询。微闻松江已经实施，惟本人出席省商联会会议得悉其他各县都未实行，本县应如何办理提请公决

决议：函询各县情形后再行办理。

一件：张江、盐仓、六灶三镇分事务所主任先后呈辞应如可办理案

决议：张江袁主任姑准给假两月，所务暂请胡小鹤君拟行代理。盐仓、六灶慰留。

主席潘子平

纪录沈达权

［1194－4－363］

南汇县商会对修正商会法草案第二章第七条之意见致江苏省商联会的公函

（1948年2月19日）

事由：陈述对于修正商会法草案第二章第七条之意见，希汇案转部采择由

南汇县商会公函南字第五一二号

案准贵会联字第三三六号代电转发修正商会法草案嘱发表意见以便汇转等由，准此，按草案第二章第七条"各院辖市各县各市均应设立商会，即以各该市县区域为其区域……"另载"商业繁盛之地区得另设商会，其地位与县市商会同"，兹将本会对于前条之意见略陈于后：

（一）各县县商会设立于县治所在地，因以各县区域为其区域，故不论所在地之商业是否繁盛，县商会当然能发挥效能。

（二）各县商业情形及商业荟萃地点各不相同，如商业繁盛地区得另设商会，若无锡苏州镇江等交通商大埠商业聚于县治，所在会员较多实力雄厚，各镇各单独设立区镇商会尚不致有碍县商会之基础，但县治商业不及各镇之县份，势必因各镇之另设商会而影响整个县商会之基础与业务，且一县中各业同业公会自亦不能统一组织，形成纷岐状态，精神涣散，力量脆弱，县商会之基层组织既不健全，则县商会之会费来源当然无着，欲求业务进展必不可能。

（三）县商会与镇商会地位相等，并无统属关系，而所谓商业繁盛之地区又无一定标准，则一县中之较大市镇自均得发起组织，镇商会如是，则县商会之区域虽名为以县区域为区域，实际上祇剩有县治所在地与乡僻而已，徒具县商会之名而无县商会之实，所设县商会者岂非形同虚设。

其上三点，本会对于上开草案第七条之另载部份，似以修改为"商业繁盛之地区得设商会分会，其地位与分事务所同"方属合理，盖组织统一，然后可以集中力量达成应有之任务，准电前由，相应提供蒭□复请汇案转部倘荷采择，无任企祷。

此致

全省商联会理事长陆

理事长潘

〔中华民国三十七年〕二月十九日封发

［1194－4－38］

南汇县商会关于转知各棉粮行号签出货票注明事项致棉粮业同业公会的公函

（1948年3月22日）

事由：录案函请转知各棉粮行号签出货票须注明石砠重量货体优劣，免启纠纷希查照由

南汇县商会公函南字第五二八号

查本会于三月十七日开第十三次理监事联席会议决议案一件，棉粮商号签出货票，如籽花米粮等类。其

石砠之重量，货体之优劣，每有不加注明致启纠纷，殊非社会之利，应如何办理案，经讨论决议“由本会函请棉粮业公会转饬所属，如有签出货票务须逐项注明”等语纪录在卷，相应录案，函达即希查照转知各棉粮行号照办为荷。

此致

棉粮业同业公会

理事长潘

〔中华民国三十七年〕三月廿二日封发

［1194－4－38］

南汇县商会关于兼营肉业办理办法致杨家镇商会函

（1948年3月26日）

顷据肉商业公会理事长声称：“据杨家镇肉商来会称，本镇有业外人乘我肉商停业之时，自宰猪只出售鲜肉，以向来不营此业之人似有扰乱同业之嫌，请求制止”等语，为特函达台端，就近调查，如有其他商号兼营肉业，应请顾全体团组织加入该业公会，以免分歧，至希见复为荷！

此致

杨家镇主任

张祖康先生

南汇县商会启

中华民国三十七年三月廿六日

［1194－4－38］

南汇县商会关于延迟城内停电致南汇电气公司函

（1948年6月17日）

事由：函请将城内停电时间延迟由

南汇县商会函南字第五六一号

本城鲜肉业及水作铺等以

贵公司每天早晨停电时间过早，对于该业等屠宰及制作上感受妨碍，请转改将城内停电时间延迟至上午七时，俾免影响工作等情前来为特函达即希，察照为荷。

此致

南汇电气公司

理事长潘

〔中华民国三十七年〕六月十七日

［1194－4－38］

南汇县商会请求刊登商会成立时间、职员人数、单位情况等致南汇县府函

（1948年7月27日）

事由：送登县府半月刊

一、南汇县商会

二、二十五年八月廿五日成立

三、秘书一人，助理秘书一人，事务员三人，书记三人

四、二十六单位

五、南汇城内东门大街

六、本会成立于前清末年，先为总理制后为会长制，至民国十八年遵章改组为委员制。抗战后地方沦陷，会务停顿，胜利复员，依照商会法着手整理于民国三十五年八月召开会员大会，选举理监事，正式成立。

七、本会正式成立以后，除继续督促各工商业组织同业公会，为谋本业之团结改进，并解除工商业方面之困难问题外，协助政府推行法令，调整税捐，筹募地方各种捐款以及调解商业上之纠纷。

八、除继续办理上述各种业务外，拟筹一商业会计夜校，招收商店青年子弟灌输商业道德，簿记□□使旧式商店得以使用新式记账，俾资适应现代潮流，其他方面则依据法令展开会务。

九、本会成立后以商会之立场展开全县工商业之业务，推行本为顺利，即各个同业公会亦以全县为范围□。然无间趟。因商会法有繁盛市镇得设镇商会，其地位及组织法与县商会并无二致，以致县商会之名实不符，不能统辖全县，窒碍丛生，每遇协助政府办理之各项业务转多故障，即各同业公会会务亦莫不大受影响，其健全组织反受破坏，希望立法机关于重订商会法时注意系统，解除纷歧因素藉收指臂相助之效。

理事长潘子平履历

性别：男，籍贯：江苏南汇，年岁：五十四

经历：南汇县商会主席，南汇第一区区团长，崇明县政府第一科长，通益公司抢运物资主任，现任南汇县商会理事长，县银行经理，江苏全省商会联合会理事，照片检出续奉。

封发：〔中华民国三十七年〕七月廿七日

［1194-4-38］

恒裕等三家关于转请警察局发给销鲜鱼通行证致南汇县商会呈

（1948年9月14日）

事祈转请警察局发给通行证以利业务由

窃恒裕等三家所营鲜船三艘，除不分鱼类尽先供应惠南镇市销外，余则轮流开往上海销售。值兹经济紧急处分全面盘查严密之时，对于鲜船事难例外，各镇盘查事必需时，鲜鱼死亡必多，损失自大，为敢呈请钧会转恳县警察局“念体”商艰，准赐每船给予通行证书，以免损失，实为德感。

谨呈

南汇县商会理事长潘

恒裕 恒裕鱼行（印）

刘野国（印）

季根生 南汇季根生船（印）

民国三十七年九月十四日

［1194-4-31］

万安乡公所关于转请警察局发给销鲜船通行证致南汇县商会呈

（1948年9月19日）

事由：为属乡三墩镇潘聚丰鱼行经营鱼类供售市销外余额雇船两艘轮流开往上海销售函，恳转请警察局发给该船通行证以利业务由

南汇县万安乡公所公函万字第七七号

中华民国三十七年九月十九日

窃属乡三墩镇潘聚丰鱼行经营鱼业确实不分鱼类，注重门销。惟销余之鱼亦须求售，爰特雇船两艘轮流开往上海销售。值兹经济紧急处分全面盘查严密，即于鲜船亦难例外。如经各镇盘查势必需时，鲜鱼死者必

多损失重大。为特备情函，恳仰祈钧长鉴核恳求转知县警察局体念商艰，准赐发给潘聚丰鱼船通行证明书两纸，使该行免受一切损失，至为公感。

谨上

南汇县商会

会长潘

万安乡乡长陈可人

[1194-4-31]

南汇县商会关于证明王永泰、沈金记鱼行合法贩鱼的证明书

(1948年9月19日)

证明书

民国卅七年九月十九日

兹有鱼商王永泰及沈金记鱼行于本镇经营鱼业多年，向为薄利图生。祇因乡中捕鱼颇多，所收众鱼无能全销本镇，故维有运销申，准此亦为社会生产以多补少之法，今政府有各货应照限价出售之令，鱼商遵命照章，若有违章规律私贪图利本会可负完全责任，特此具函证明并祈据情搬出证为荷。

谨呈

南汇县商会理事长潘

主任

[1194-4-31]

瓦屑乡关于转报久大兴记鱼行实际营业状况致南汇县商会函

(1948年9月19日)

迳启者，兹据敝镇久大兴记鱼行主李章兴、金荣兴面称商等向以设行买卖鲜鱼为业，每天向渔人收进之鱼，除供当地需用外，再有余剩即备有鲜鱼两艘每天轮流装赴上海销售。如当地销完，即不装申出卖，此种习惯由来已久。最近各地奉令限制物价，商等早亦遵照上海限价规定，以为买卖标准即乡间之物价，应依照上海为此例的减低，商等亦已实行。商等前日接到南汇城厢同业之通知，嘱至南汇成立鱼行业同业会公以便划一价格，维持同业利益。商等当即派定负责人前往南汇参加。虽同业公会之成立因各理事之推选当场未及举行，尚稍有待。惟在大会中最重要之决议应将各地鱼行实际营业状况先行各自呈报南汇商会以便随时考核而资联络，为此请求代为转报，俾符大会之决议等情。据此，相应代为函达，即希查照为荷。

此致

南汇县商会理事长潘

瓦屑乡乡长顾镜人

中华民国三十七年九月十九日

[1194-4-31]

鞠冠卿关于发给销鱼通行证致南汇县商会函

(1948年9月20日)

迳启者，兹有本乡盐仓镇王森记鱼行主王家林声请谓:“近以各地禁运鱼类贩卖以致营业停顿，一家生计恐虞。请求转请南汇县商会发给通行证，以维营业”等情。据此，相应函达，即希查照为荷。

此致

南汇县商会

乡长鞠冠卿
中华民国卅七年九月贰拾日
[1194－4－31]

祝桥分事务所关于签发运销鲜鱼出境证明书致南汇县商会呈

(1948年9月20日)

呈

(为据鲜鱼船主顾根生等呈请转函,经检大队准,将供应市销后剩余鲜鱼运沪销售,签发出境证明书一案据情转请由)

案据本镇鲜鱼船主顾根生、陆来生、乔根山三人呈称:

"窃船主等联合置有鲜船三艘均取名公兴,由本镇陈长顺、陈源盛、陈源茂三鱼行代秤鲜鱼,按日开驶一艘赴上海鱼市场销售,历有年。所近以政府改革币制,各项物价限止綦严,船主等自应遵照政府法令按限价秤鲜,惟以运沪销售亦奉令限止出境。兹船主等愿将所秤之鲜鱼以供应本地每日市销之后再将剩余之鲜鱼运销上海,庶可两面顾到,为敢呈请钧会请求转呈县商会,转商县警察局经检大队准予签发出境证明书,以恤商艰,实为公便"等情,据此,理合据情转呈,仰祈鉴核,实为公便!

谨呈

南汇县商会理事长潘

祝桥分事务所主任杨和钧
中华民国三十七年九月二十日
[1194－4－31]

南汇县商会关于配给烧柴制止抽取自买柴佣致经检队长的公函

(1948年10月7日)

南汇县商会公函南字第六五〇号

事由:函请配给烧柴并着柴牙尽量供应市销,制止其抽取自买柴佣,希察照见复由

敬启者,查本会日常需柴及各业公会开会叙餐所需每日约需柴薪壹担,而本城自配给以来零星已不易购得,将有断炊之虞,为特函达拟请将本会列入配给之例。每日准购壹担以资维持。再本城日来柴荒已极严重但四乡并未缺柴实,不应有此现象,推原其故柴牙之疏导不力大有关系。更闻各柴牙对于人民因市上无柴可购而自至乡间购运来城者亦须抽取佣金殊为不当,显有把持垄断□□冲破政府管制,达其抬价目的之嫌,应请贵队长严加戒斥,着其切实负责,尽量供应市销并制止其向自购者取佣见复,至察照见复为荷。

此致

经检队长郭

理事长潘
〔中华民国三十七年〕十月七日
[1194－4－38]

南汇县商会关于补救商人困难情况的公函

(1948年10月10日)

事由:函知拟为补救商人困难,两呈希查照办理,其勿自悮由

南汇县商会公函南字第六五二号

自物资实行管制以来，据称因措施技术尚不能骤臻□美以致各业商号□营业有感受困难□□。兹拟补救助点如下(一) 各业商号需向上海批运物资者，可先由各该业公会赶速填具需要各货数量统计表陈报经济检查队转请蒋督导员核发搬运证(商店会员如有上述需要者亦可填具统计表报由本会转请经检队)。(二) 各业公会如有其他困难情形希于本月十七日前申具理由于交由本会汇付江倬云先生，俾其于十七日二三两区国大代表会议时提供参考，向政府声说请求补救(商店会员可同样办理)，综上两点攸关商人切身利益，其勿延忽自误，即希查照办理为荷。

此致

各业公会、商店会员(如民船业会、银行等类不需要者可不发)

理事长潘

〔中华民国三十七年〕十月十日

〔**附**〕

急 办 事 项

1. 通电各镇事务的秋季营业普加百分之五十出面以查账征收。是故衹须通电话不用公文。

2. 需向上海搬运物货先由各业公会制备需要数量统计表呈报经检大队申请转请蒋督导员核发搬运证，赶紧通知各业公会迅办，切勿自误。

3. 各业如有困难情形申请理由迅交本会汇总提交汇国大。在十七日叙集二三区国代会议时以供参考并可代为声说。

［1194－4－38］

南汇县商会请求检发上海各业批发价目单致上海市同业公会的公函

(1948年10月14日)

南汇县商会公函南字第六五八号

事由：函请检赐贵业价目单俾资考证由

中华民国三十七年十月十四日

自物价管制以来政府硬性规定一律须以遵守“八一九”市价为准实行。迄今因当时各地物价颇有参差以致沪郊商民每月动辙□咎之困难。上海为通商大埠，各地物价自应一律向上海看齐最为合理。本会为免除商人困苦，疏导物资交流起见，用拟征集上海各业之批发价目单俾作考证，以备提供政府参酌施行用，特备函踵，请督照检赐贵业核定或议定之价目单一份，俾有考证，至纫公谊。

此致

上海市业同业公会

理事长

［1194－4－413］

南汇县商会关于函请上海面粉业公会发给竹桥镇义新酱园号面粉搬运证致南汇县政府呈

(1948年10月29日)

事由：据情证明呈祈转予证明俾向上海运回制酱原料由

南汇县商会呈南字第六八五号

案据本会会员酱园商业同业公会函：“兹据……全叙……而维民食”等情。据查，所称确属实情，理合备文证明呈祈准予证明，俾向上海面粉麸皮业公会请其设法援助运南制销，以维市面，实为公感！

谨呈

县长熊

理事长潘

〔中华民国三十七年〕十月廿九日

［1194－4－38］

南汇县政府关于函请上海面粉业公会发给竹桥镇义新酱园号面粉搬运证致南汇县商会指令

（1948年10月29日）

事由：为据转呈函请上海面粉业公会，发给竹桥镇义新酱园号面粉搬运证指仰知照由

南汇县政府指令

中华民国卅七年十月廿九日

发文鹏秘建字第八四四七号

令县商会理事长潘子平

本年十月廿九日呈一件：据情证明呈祈转予证明俾向上海运回制酱原料由。

呈悉。准如所请，已据情转请上海市面粉麸皮业公会核发搬运证矣仰即转饬知照。

此令。

县长熊鹏

［1194－4－325］

盐仓镇分事务所关于粮源缺乏食米无法应市致南汇县商会呈

（1948年10月8日）

南汇县商会盐仓镇分事务所呈经字第二五六号

中华民国三十七年十月八日

事由：为本镇粮源缺乏食米无法应市呈请核示由

窃查本乡人口众多食粮素以仰赖外地补给，自币制改革百物实施全面管制以来，因各地普遍禁止食米出境，本镇已感绝源之忧，兼近来乡客来镇采购，以致市上食米门市无形敛迹，而调查各米铺亦因以存粮稀少无法应市。尝言民以食为天，实不容间缺，以目前之趋势，未来更足为虑，究应如何补救，伏祈钧长核夺示遵。

谨呈

会长潘

盐仓分事务所主任鞠冠卿

［1194－4－38］

南汇县商会关于粮源缺乏食米无法应市致南汇县政府呈

（1948年10月10日）

事由：关于粮价据情续请迅赐核示由

案据本会盐仓分事务所主任鞠冠卿呈称："查本乡人口众多……全叙……核夺示遵"等情。据查，粮食之恐荒已不止盐仓一镇，前经本会于本月二日以南字第六三二号呈请予核示在案，未奉明示，然日来恐荒尤甚，若不急谋补救隐忧堪虞，据称前情，理合备文呈请。关于前请各点是否可行，仰祈迅赐核示为感。

谨呈
县长熊

理事长潘
〔中华民国三十七年〕十月十日发文六五四号
[1194－4－38]

南汇县政府关于江镇大华粮行等拟向周浦配购食米等情致南汇县商会指令

(1948年10月23日)

事由：为据转呈江镇大华粮行等拟向周浦配购食米等情指仰遵照由
南汇县政府指令
中华民国卅七年十月廿三日
发文鹏四字第七四七〇号
令县商会理事长潘子平
本年十月十日呈一件：据转请准向周浦批购以应市销由。
呈悉。查日来本县各市镇向周浦装运食米甚多，现在存米数量如何，尚未具报来府，除令饬周浦棉粮业公会及经检组准视存米数量先予配售外，并仰转饬该镇粮商迅速集资迳向邻邑产地采购，本府自当予协助。
此令。

县长熊鹏
[1194－4－325]

南汇县商会关于向周浦购米致江镇分事务所的公函

(1948年10月25日)

事由：据请准向周浦购米一案经已呈奉县府指复函希查照由
南汇县商会公函南字第六八一号
案查前据贵事务所呈以"江镇米粮存货减少，民食不敷请求核转准向周浦购运"等情。据经转呈县府去后，兹奉鹏四字第七四七〇号指令："呈悉查日来……照叙……当予协助"等因。奉此，相应函复即希查照为荷。
此致
江镇分事务所

理事长潘
〔中华民国三十七年〕十月廿五日
[1194－4－38]

南汇县商会关于周浦市场准每日购米案的公函

(1948年10月21日)

事由：前据转呈县府令饬周浦市场准每日购米一案，奉令转复查照办理由
南汇县商会公函南字第六六九号
中华民国三十七年十月廿一日
前据呈请本镇民食缺乏发生恐慌，转呈县府转令周浦棉粮公会每日配售白米十五石，以便公□出示等

情。经转呈去后，兹奉南汇县政府鹏四字第七六三六号指令开：“呈悉除……全叙……充裕”等因。奉此，相应函复，即希查照办理为荷！

此致

祝桥分事务所

理事长潘

［1194－4－413］

南汇县政府关于周浦市场准祝桥镇每日购米案致南汇县商会指令

（1948年10月29日）

事由：为据转请令饬周浦市场准祝桥镇每日购米一案除分令外仰即转饬知照由

南汇县政府指令鹏四字第七六三六号

中华民国卅七年十月廿九日

令县商会

本年十月十二日呈乙件，转请饬周浦棉粮市场准祝桥镇商每日购买食米由。

呈悉，除令饬周浦经检小组及棉粮公会准按配售，售食米拾石外仍仰转饬，该镇粮商迅即集资迳向产区采购，俾使民食得以长期充裕为要！

此令。

县长熊鹏

［1194－4－325］

南汇县商会关于粮商小麦被封原因致张江分事务所的公函

（1948年11月11日）

事由：据请转商撤封小麦一案，仰详报被封原因，以凭核办由

南汇县商会公函南字第六九三号

来呈阅悉，所云该镇粮商之麦早已遵令登记，于奉查封，请与经检处磋商迅予撤封一案。据查当经检工作未曾停顿之前，对于粮商存货登记后祇须逐日填报进销结存数量。兹该案暨由乡公所会同查封，其因何被封未据呈明，所请与经检队磋商撤封一节无从办理。据称前情，相应复请查照，仰将该案被封原因详确具报，以凭核办为荷。

此致

张江分事务所

理事长潘

〔中华民国三十七年〕十一月十一日

［1194－4－413］

张江栅分事务所关于粮商小麦被封原因致南汇县商会呈

（1948年11月15日）

〔事由：〕为呈复事案奉

中华民国民三十七年十一月十五日

钧会南字第六九三号公函内开：来呈阅悉，所云该镇粮商之麦早已遵令登记，旋奉查封，请与经检处磋商迅予撤封一案（原文邀免）尾开，仰将该案被封原因详确具报，以凭核办等因。奉此，查经检组到达张江镇

时，属所所辖粮商遵将售存之米麦花豆登记外，逐日进销数量亦均列表呈报，第五组有案可稽。查封之举原因有二，其一，内有一二商人谎报甲商囤米若干，乙商囤米若干，藏于某处其户，以致经检组连夜协同警局、乡公所查抄，一无所获，致将登记之麦一律封存，彼时本镇米粮确感缺乏，防止外运，藉此亦可暂补民食。其二确有二户不明登记规则，未将购存乡间之麦填入登记表内，实是一种误会。然该麦已由乡公所会同警局及米粮同业磨粉，平价出售，亦祗数日，而粮运已通，故亦停止出售矣。目下各地粮食流通早应启封发还，即有别情存在，亦当分别轻重指示办法方合公允，迄今时隔许久，据乡公所亦已呈请县府办法亦未奉到批示，甚为不解，遵奉前因，理合将查封原因具文呈覆，仰祈钧长察核前情，迅赐办法以舒商困，实为公感。谨呈

南汇县商会

理事长潘

张江栅分事务所主任袁大德

[1194－4－413]

南汇县商会转请启封张江粮商小麦致县警察局的公函

（1948年11月18日）

南汇县商会公函南字第六九九号

事由：据呈转请启封张江粮商小麦一案，函请查照见复由

案据本会张江分事务所主任袁大德呈称："案奉钧会函复……照叙……以舒商困"等情。据查本案情当可原，相应函请查照准予启封，见复为荷。

此致

南汇县警察局

兼经检队长郭

理事长潘

〔中华民国三十七年〕十一月十八日

[1194－4－413]

南汇县商会关于改选理监事等事宜致各商业同业公会函

（1949年2月5日）

事由：〔南汇县商会召开理监事改选大会致各商业同业公会函并请再为填报志愿书由〕

南汇县商会笺函南字第号

案查本会去年十二月七日理监事联席会议讨论事项一件"各同业公会都已改选完成，本会自应改选，请确定大会日期案"，决议"定于卅八年贰月念日为大会日期"等语纪录在卷，准议前由，定于是日上午十时在本会召开第二届会员大会改选理监事。除呈请党政机关派员监选暨分知外，相应函达即希查照准时出席，并希随带大会膳什费每人约计升米之代价及欠缴本会月份经常费元，以资应用而维会务。再本会曾恐会员间前推出席，本会代表容有更动为符实际而重选权计，经于去年十一月十三日重行印发志愿书函，请再为填报在案，迄今尚未齐全，希未报者务于大会三日前填送来会，以便列入被选名单为荷。

此致

商业同业公会（代表人名挨次填入）

行号厂社（代表人）

（条戳）启

〔中华民国〕卅八年二月五日

[1194－4－357]

南汇县商会关于召开第二届会员大会改选理监事请予派员监选指导致南汇县政府、县党部呈

（1949年2月5日）

事由：定期召开会员大会改选理监事呈祈派员监选指导由

案查本会去年十二月七日第六次理监事联席会议讨论事项一件“各同业公会……确定大会日期案”决议“定于……为大会日期”等语，记录在卷。准议前由，定于是日上午十时在本会召开第二届会员大会，改选理监事，除分知外，理合备文呈报，仰祈派员监选指导，实为公便。

谨呈

县政府

县党部

理事长潘

〔中华民国〕卅八年二月五日

［1194－4－357］

南汇县商会关于第二届大会选举情形致南汇县政府、县党部呈

（1949年2月21日）

事由：呈报第二届大会选举情形并定期召开理事会议推选理事长呈祈派员指导由

南汇县商会呈南字第七三三号

查本会第二届会员大会业于本月二十日举行，理监事业已改选，计抽去理事倪澄波、朱文轩、萧宝生、陈宝堃四人，选出沈彬、□□，确订林曾望、季根荣四人，抽去□□、申少山，选出□室生。惟以时间关系，当日未及接开理监会议，故新任常务理监事、理事长尚未选出。兹定于三月一日在本会召开理监事联系会议，举行推选。除分知外，理合备文呈报，仰祈准予派员监选。自本届大会纪录及修正章程等件，因一时不及刻印，究待推选常务理监事、理事长后，一并呈报，仰祈鉴核。

谨呈

县政府

县党部

理事长潘

〔中华民国卅八年〕二月廿一日封发

［1194－4－357］

南汇县商会关于改选理监事情形的公函

（1949年2月21日）

事由：准议函知改选理监事情形希查照由

南汇县商会公函南字第七三二号

准议函知改选理监事情形并定期召开理监事会议，希查照出席由。

查本会第二届会员大会会议业于本月二十日如期举行，依法改选完竣，原有理事九人，除倪澄波先生已坚请辞职外，计抽去朱文轩、萧宝生、陈宝堃先生等连倪共四人，选出者为沈彬儒、黄鹤汀、林曾望、季根荣先生等四人，候补者为郭守碑、王光汉、赵明德先生等三人，原有监事三人计抽去申少山先生一人，选出者为萧宝生先生一人，候补者为张帆先生一人，纪录在卷。惟以时间关系理监事会未及当日续开，故新理事长当未产生□再定

期改推，准议前由除分知外，相应函请查照（当选理监事及未抽去理监事在查照下接加“并定于三月一日上午十时在本会召开第二届第一次理监事联席会议，票选常务理监事，互推理事长，除呈请党政机关派员监选暨分行外，务请准时出席为荷”等一段，抽去理监事及候补理监事在查照下祇须加“为荷”两字，注意不要弄差）。

此致

未抽去理监事及选出之理监事补候理监事

理事长潘子平

〔中华民国卅八年〕二月廿一日

［1194－4－357］

南汇县商会理监事履历表、职员登记表、组织登记表

（1949年2月）

南汇县商会理监事履历表

中华民国三十八年二月

职别	姓名	年龄	籍贯	资历	通讯处	备考
理事长	潘子平	54	南汇		南汇县银行	
常务理事	陈慕韩	40	南汇		江苏省农民银行大团办事处	
常务理事	钱心陶	54	海盐	土酒酿造业理事长	周浦万新酱园	
理事	杨和钧	45	南汇	绸布业理事长	祝桥永昌祥绸布号	
理事	夏虞弼	38	南汇	南货业理事长	大团大丰南货号	
理事	沈彬儒	51	南汇	大中砖瓦厂厂长 南汇县参议员	下沙大中砖瓦厂	
理事	林曾望	35	南汇		横沔大新纱厂	
理事	黄鹤汀	41	崇明	高中毕业	周浦大中华火柴厂	
理事	季根荣	47	南汇	荣昌花厂厂长	新场荣昌花厂	
常务监事	倪文祥	42	南汇		十一墩友于毛巾厂	
监事	邵景圆	36	南汇		大团浦建木业部	
监事	萧宝生	66	南汇		本城东门勤康号	
候补理事	郭守碑	50	南汇	南汇县参议员	祝桥义兴酱园	
候补理事	王光汉	44	南汇		本城东门外久康行	
候补理事	赵明德	38	南汇	初中毕业	六灶湾禾丰碾米厂	
候补监事	张帆	35	南汇		十一墩合众毛巾厂	

南汇县商会职员登记表

职别	姓名	年龄	文化程度	家庭经济状况	到任年月日	个人简历
秘书	杨造时	46	省立第三中学毕业	田十六亩房屋十四间	民国35年12月	曾任县参议会秘书
会计	周安民	30	惠南小学毕业	田六亩	民国35年3月	曾任洋布店学徒乡镇公所职员等职
书记	王志方	26	惠南小学毕业	田三十余亩瓦平房四间（兄弟四人）	民国35年3月	曾任第一区公所职员等职
书记	沈达权	46	旺南初等小学毕业	田七亩五分三厘旧屋三间	民国35年12月20日	曾任木行职员乡镇公所文牍主任干事等职
勤工	陈木金	51	私塾一年	田三亩房屋三间	民国35年4月	曾任战前县商会勤工

南汇县商会组织登记表

职　别	姓名	年龄	通讯地址	个人经营什么行业及牌号地址	个　人　简　历	任职年月日
理事长	潘子平	54	南汇东门内	经营银行，前南汇县银行	曾任县银行经理	35年8月25日
常务理事	陈慕韩	40	大团北市	经营银行，前县银行大团办事处	曾任县银行大团办事处主任	35年8月25日
常务理事	钱心陶	54	周浦	经营酱园，周浦万新酱园	酱园土酒酿造业公会理事长	35年8月25日任理事 38年2月20日改选本职
理事	杨和钧	45	祝桥	经营绸布号，祝桥永昌祥号	绸布业公会理事长	35年8月25日
理事	夏虞弼	38	大团	经营南货业，大团大丰号	南货业公会理事工	35年8月25日
理事	沈彬儒	51	下沙	经营砖瓦业，下沙大中厂	大中厂经理	38年2月20日
理事	林曾望	35	横沔	经营纱厂，横沔大新厂	大新厂经理	38年2月20日
理事	黄鹤汀	41	周浦	经营火柴厂，周浦大中华厂	火柴厂经理	38年2月20日
理事	季根荣	47	新场	经营棉花，新场荣昌厂	荣昌厂经理	38年2月20日
常务监事	倪文祥	42	十一墩	经营毛巾厂，十一墩友于厂	友于厂经理	35年8月25日
监事	邵景圆	36	大团	经营木商，大团浦建木业部	木商业公会理事长	35年8月25日
监事	萧宝生	46	南汇东门内	经营烟纸文具，本城勤康号	曾任商会，公会，消防会，理事等	38年2月20日

［1194－4－382］

南汇县商会关于第二届会员大会事宜致省商联席及江南各县县商会等函

（1949年3月3日）

事由：本会第二届理监事业已改选函请查照由

南汇县商会公函南字第七四一号

查本会于二月二十日举行第二届会员大会抽签改选理监事，原有理事九人，计抽去理事倪澄波、朱文轩、萧宝生、陈宝堃四人，选出者计沈彬儒、林曾望、黄鹤汀、季根荣四人；原有监事三人，计抽去申少山，选出萧宝生。续经第一次理监事会议选出潘子平、陈慕韩、钱心陶为常务理事，互推潘子平为理事长，推定倪文祥为常务监事，纪录在卷。除呈报暨分行外相应函达即希查照为荷。

此致

省商联席及江南各县县商会、本县参议会、县农会、总工会、县警察局、税捐稽征处、救济院、保安团

理事长潘

〔中华民国卅八年〕三月三日缮校

［1194－4－357］

南汇县商会关于粮号签发米票一案致棉粮业公会的公函

（1949年3月3日）

事由：粮号签发米票一案准议函请查照办理见复由

南汇县商会公函南字第七四二号

查本会第二届第一次理监事联席会议讨论事项乙件，杨和钧理事提："粮号签发米票漫无限制，若不加以整饬，不但人民有受倒闭影响之虞，即其本身亦易误冒险而致失败之危，应如何纠正案"，决议"建议棉粮业公会拟具详慎整饬计划，切实执行"等语纪录在卷，准议前由，相应函达即希查照办理，见复为荷。

此致

棉粮业公会

〔中华民国卅八年〕理事长潘
三月三日缮校
[1194-4-357]

南汇县商会转知禁止粮商签发米票一案的公函

(1949年3月27日)

事由：奉令转知禁止粮商签发米票一案抄发原附件函请查照办理由

南汇县商会公函南字第七五〇号

案奉县府云一字第一八二七号训令："查本府为……毋得违延"等因附南汇县禁止粮商签发米票抛空买卖暂行办法暨栈单商业登记申请书式样各一份。奉此，相应抄同原附件函请查照办理为荷。

此致

棉粮业公会

附南汇县禁止粮商签发米票抛空买卖暂行办法暨栈单商业登记申请书式样各一份(原文缺)

理事长潘
〔中华民国卅八年〕三月廿七日拟稿
[1194-4-357]

南汇县商会关于粮价激涨处理情况致南汇县政府呈

(1949年4月15日)

事由：粮价激涨饬照前颁训令办理一案呈祈鉴核由

南汇县商会呈南字第七五五号

案奉钧府云一字第一九一五号代电："为粮价激涨，仰切实遵照本府前颁鹏四字七三〇九号训令办理，以安民生"等因。奉查前颁训令所附各省市县实施粮价管制工作注意事项，系在去年十月时适当改革币制、管制限价期间，溯自同年十一月撤销管制机构开放限价迄今，物价之增涨达数万倍，是项办法因时过境迁，似已未尽适用。奉电前因，理合备文呈复，仰祈鉴核。

全衔名
〔中华民国卅八年〕四月十五日封发
[1194-4-357]

南汇县商会理监事暨同业公会分事务所商店会员名册

(1949年修正)

本会理监事暨同业公会分事务所商店会员名册

中华民国三十六年四月
三十八年修正

本会理事

职别	姓名	年龄	籍贯	住址或通讯处
理事	潘子平	54	南汇	南汇东门大街
常务理事	陈慕韩	40	南汇	大团县银行办事处

续　表

职　别	姓　名	年　龄	籍　贯	住址或通讯处
常务理事	钱心陶	54	海盐	周浦万新酱园
理　事	杨和钧	45	南汇	祝桥永昌祥绸布号
理　事	沈彬儒	51	南汇	下沙大中砖瓦厂
理　事	夏虞弼	38	南汇	大团大丰南货号
理　事	林曾望	35	南汇	横沔大新纱厂
理　事	黄鹤汀	41	南汇	周浦大中华火柴厂
理　事	季根荣	47	南汇	新场荣昌花厂
常务监事	倪文祥	42	南汇	十一墩镇友于毛巾厂
监　事	邵景圆	36	南汇	大团浦建木业部
监　事	萧宝生	66	南汇	南汇东门勤康号

候补理监

职　别	姓　名	年　龄	籍　贯	住址或通讯处
候补理事	郭守碑	51	南汇	祝桥万新酱园
候补理事	王光汉	44	本	本城久康
候补理事	赵明德	41	南汇	六灶湾禾青厂
候补理事	张　帆	38		十一墩合众厂

土酒酿造业公会　五单位　会址周浦圈门街七号

职　别	姓　名	年　龄	籍　贯	住址或通讯处
理事长	钱心陶	54	浙江海盐	周浦万新酱园
	凤仁昌	41	南汇	横沔裕新公
	谈楚帆	61	南汇	盐仓谈祥兴
	施廷荣	40	南汇	周浦鼎泰兴
	黄锡硅	55	南汇	北蔡万和公

毛巾织造业公会

职　别	姓　名	年　龄	籍　贯	住址或通讯处
理事长	张俊彦	36	南汇	陈行乡惠民桥建中厂
	张　帆	38	南汇	十一墩镇合众厂
	倪文祥	44	南汇	十一墩友于厂
	饶鉴千	48	南汇	川东乡川南厂
	褚锦维	52	南汇	高桥新星厂

理发业公会　五单位　会址附设县党部

职　别	姓　名	年　龄	籍　贯	住址或通讯处
理事长	倪如明	35	南汇	南汇北门北洋理发店
	徐妙楼	52	南汇	大团
	唐金祥	50	南汇	大团

续 表

职 别	姓 名	年 龄	籍 贯	住址或通讯处
	邵国进		南汇	大团
	徐照红			祝桥

绸布业会

职 别	姓 名	年 龄	籍 贯	住址或通讯处
理事长	杨和钧	45	南汇	祝桥永昌祥绸布号
	王吉瑞	49	南汇	周浦晋源
	沈宏宽	53	南汇	大团益泰
	张祖庆	57	南汇	新场张信昌绸布号
	唐佐岳	35	南汇	南汇唐正和号

烟纸业公会　五单位　会址附设商会

职 别	姓 名	年 龄	籍 贯	住址或通讯处
理事长	萧宝生	67	南汇	惠南勤康
常务理事	康子京	43	南汇	大团南昌
常务理事	潘礼文	51	南汇	南汇万茂号
理 事	汤 武	27	南汇	祝桥新茂协号
理 事	陆廉夫	51	南汇	三墩廉记号

腌鲜业公会

职 别	姓 名	年 龄	籍 贯	住址或通讯处
	戚墨远	36	南汇	南汇源陞福记
	方幸根	25	南汇	大团祥源
	任陞堂	49	南汇	新场任陞记
	蒋镇国		南汇	下沙蒋洽昌
	黄锡坤		南汇	召楼黄福茂

南货业公会　五单位　会址附设商会

职 别	姓 名	年 龄	籍 贯	住址或通讯处
理事长	夏虞弼	38	南汇	大团大丰南货号
常务理事	陈继平	48	浙江海盐	南汇震泰祥南货号
理 事	许荣善	48	青浦	周浦大隆
理 事	高锡祺	42	南汇	祝桥新和祥南货号
理 事	夏秉甫	48	南汇	盐仓夏万昌南货号

酱园业公会

职 别	姓 名	年 龄	籍 贯	住址或通讯处
理事长	钱心陶	54	浙江海盐	周浦万新酱园
	吴伯鸿	44	南汇	张江栅钱万隆酱园

续 表

职 别	姓 名	年 龄	籍 贯	住址或通讯处
	黄锦伯	51	南汇	大团仁昌永酱园
	郭守碑	51	南汇	祝桥义新酱园
	许士铭	49	浙江海盐	南汇义生兰酱园

碾米榨油业公会　五单位　会址城内东门大街

职 别	姓 名	年 龄	籍 贯	住址或通讯处
理事长	王秉忠	46	南汇	蔡家宅王久昌厂
	陈宝堃	41	南汇	南汇东门外协鑫厂
	赵明德	41	南汇	六灶湾禾丰厂
	郁道绳	46	南汇	
	卫关泉	60	南汇	召楼益民兴厂

香商业公会　四单位　会址附设商会

职 别	姓 名	年 龄	籍 贯	住址或通讯处
理事长	杨颂尧	29	南汇	南汇杨永茂香号
	郭振有	32	浙江象山	大团郭正茂有记香号
	曹斌文	45	南汇	周浦三凤斋香号

棉粮业公会　五单位　会址附设

职 别	姓 名	年 龄	籍 贯	住址或通讯处
理事长	宋益之		南汇	大团海光
	陈　峰	44	南汇	祝桥陈隆盛行
	朱文轩		南汇	三墩利大
	唐传赓		南汇	黄路唐万丰
	黄若愚		南汇	本城大昌

木商业公会　三单位　会址大团浦建森业部

职 别	姓 名	年 龄	籍 贯	住址或通讯处
	邵景圆	36	南汇	大团浦建木业部
	王審之	44	南汇	大团协记木行
	冯顺兴	62	本	周浦同兴合记木行

国药业公会　四单位

职 别	姓 名	年 龄	籍 贯	住址或通讯处
理事长	倪人龙	48	南汇	六灶湾同寿堂
	张书文	37	南汇	祝桥大成裕
	陈鑫初	33	南汇	本城陈天寿
	奚昌荣	36	南汇	新场灵长生

竹商业公会　四单位　会址周浦南八灶仁康竹行转

职　别	姓　名	年　龄	籍　贯	住址或通讯处
	张守仁	41	南汇	周浦仁康
	刘明之	71	南汇	周浦晋昌竹行
	周根生	33	南汇	江镇周永泰

针织业公会　四单位

职　别	姓　名	年　龄	籍　贯	住址或通讯处
	唐汉鼎		南汇	南汇西门泰隆袜厂
常务理事	倪　端	41	南汇	平生实业社
常务理事	陈宝泉	42	南汇	本城中兴袜厂
理　事	盛镇陆	49	南汇	本城祥和

民船业公会　三单位

职　别	姓　名	年　龄	籍　贯	住址或通讯处
	李天成	47	安徽颖上	周浦
	赵志达	37	南汇	周浦
	李　瑛	29	南汇	周浦

木器业公会　四单位

职　别	姓　名	年　龄	籍　贯	住址或通讯处
	冯顺行	62	本	周浦冯顺兴
	邱炳奎	50	本	惠南邱顺兴
	邵秀峰	40	本	新场同茂
	陈国华	58	本	大团陈福兴

染商业同业公会　未报

粉豆水作业　五单位

职　别	姓　名	年　龄	籍　贯	住址或通讯处
	沈景清	52	本	本城天香斋
	易景岩	42	本	新场吴顺和
	季梅生	51	本	本城汉茂
	章木善	50	本	三灶烜甡
	朱雪光	35	本	大团朱合兴

菜馆商业公会　四单位

职　别	姓　名	年　龄	籍　贯	住址或通讯处
	欧阳亭	52	宁波	本城正洁
	吴寿卿	61	平湖	本城纯一斋
	王颂康	54	本	本城老正新
	唐新楼	38	本	本城顺兴

鱼商业公会　四单位

职　别	姓　名	年　龄	籍　贯	住址或通讯处
	瞿增良	30	本	本城德兴昌
	俞海泉	29	本	新场协顺
	王吉庆	40	本	大团永泰
	潘关德	38	本	三墩潘聚丰

蛋商业公会

职　别	姓　名	年　龄	籍　贯	住址或通讯处
	唐旭初	41	本	盐仓民兴
	黄雪楼	42	本	本城隆茂
	顾咸赓		本	江镇万茂
	沈善元	38	本	周浦成昌

百货业公会

职　别	姓　名	年　龄	籍　贯	住址或通讯处
	倪　端	43	本	大团万源
	朱致中	29	本	周浦中南
	施鸿藻	53	本	新场鸿源祥
	邵保清	40	本	大团华昶

商店会员

〔商店会员名称〕	〔主管人及地址〕	代表姓名	年龄	籍　贯	资　　力
浦东地方建设公司	王艮仲 周浦	顾秉之	44	本	
江苏省农民银行南汇支行		沈岑福	34	南汇	
江苏省农民银行大团办事处	未报				
大中华火柴公司周浦中华厂		黄鹤汀	41	江苏崇明	江苏省立上海中学高中师范科毕业
大中砖瓦厂	沈彬儒 下沙镇	沈彬儒	51	南汇	
南川长途汽车公司	南汇西门 已停业	王剑光	36	南汇	中学程度
南汇电气有限公司	童受民 南汇南门	童受民	48	江苏嘉定	浦东电气公司营业科副科长南汇办事处主任
惠南航社	周浦南八灶	王芹伯	60	南汇	润昌鸿米行经理卅余年
荣昌花厂	陈荣冰 新场	季根荣	48	南汇	历任永昌花厂协理及厂长
大新纱厂	林曾望 横沔	林曾望	35	南汇	
同新实业社	孙心宽 横沔	孙心奇	37	南汇	曾任大新银行出纳主任
懋新纺织公司	黄永熙 大团南市	王艮仲	44	南汇	中国建设服务社理事长

续 表

〔商店会员名称〕	〔主管人及地址〕	代表姓名	年龄	籍　贯	资　　力
利民盛记工业社	大团南市	吴群祥	40	南汇	兼任祥盛盖记花厂经理
鼎新染织公司	四区栾安镇	孙心宽			
茂新纱厂	周浦	谈瑞祥			
南汇县银行	潘子平 南汇东门大街	潘子平	54	南汇	
县银行周浦办事处		孙文彬	56	本地	
县银行大团办事处		陈慕韩	44	本城	
申久	黄路	穆家楔			
久康	东门外	王光汉	44	本地	

各镇分事务所

分事务所名称	职　别	姓　名
大　团	主　任	夏　虞
	副主任	康子京
新　场	主　任	倪澄波
祝　桥	主　任	杨和钧
	副主任	张锡田
六　灶	主　任	张匡一
张　江	主　任	吴伯鸣
北　蔡	主　任	杨禄基
	副主任	倪众山
召　楼	主　任	卫关泉
	副主任	俞玉成
陈　桥	主　任	傅靖德
	副主任	周关桥
下　沙	主　任	沈彬儒
	副主任	张杏荣
江　镇	主　任	蔡章生
	副主任	张文耀
杨家镇	主　任	张祖康
	副主任	樊云祥
航　头	主　任	王建中
	副主任	张勤伯
盐　仓	主　任	鞠冠卿
横　沔	主　任	钟心梅
	副主任	姚维泉
三　墩	主　任	傅顺悦
鲁　汇	主　任	张懿权
	副主任	徐福嘉

续 表

分事务所名称	职别	姓名
杜行	主任	李儒墨
	副主任	陈忠恕
坦直	主任	陆明昌
	副主任	康祥生
瓦屑村	主任	金迪雄
	副主任	张叙桃

［1194－4－68］

大新海记袜厂关于袜业城区分事务所主任分配自卫特捐不均并请重行合理分配致南汇县商会呈

（1949年4月13日）

事由：呈为袜业城区分事务所主任分配自卫特捐不均祈鉴赐重行合理分配由

查敝厂于三月二十八日接获税捐稽征处通知本业各厂自卫特捐数额单顷阅之间甚为惊奇。本厂袜机贰打又系代申厂包做派数为叁石，西门泰隆袜机拾打有余且系自营派数为伍石，东门外嘉伦袜机五六打系包做派数为贰斗，西门建丰厂袜机壹打系自营竟毫无不派（余不列入），照此分配实欠公允，如照最高泰隆比例则应摊本厂为壹石，当即询问税捐处征收员此捐系依何项根据摊派（照营业税或袜机数或配纱数做比例），谓系有袜业城区分事务所主任汪建明分配。查该所主任事前并未开会公摊，以致如此厚被薄此且以私人交谊关系而定配额，高低实有失公会之立场。除函知针织业公会暨城区分事务所外，理合备文呈请钧长詧核，赐予重行合理分配，俾便早日缴纳，以裕公库，实为公德两便。

谨呈

县商会理事长潘

大新海记袜厂吴志澄

批示请寄南汇南门大新海记袜厂

〔中华民国卅八年四月十三日[①]〕

［1194－4－358］

南汇县商会回复自卫特捐分配不公案处理办法致大新海记袜厂函

（1949年4月14日）

事由：据陈自卫特捐分配不公案可向经配人洽办函复知照由

南汇县商会公函南字第七五四号

来函阅悉：查各业应负自卫特捐系由各该业自行议配同业商号。贵业既由办事处主任分配，如有不公，可向该主任洽商办理，函复知照。

此致

大新海记袜厂

理事长潘

〔中华民国卅八年〕四月十四缮校

［1194－4－358］

① 原文缺日期，4月13日为南汇县商会收文日期，收文号一五二〇三。

（四）南汇县各镇商会

1. 大团镇商会

南汇县大团镇商会会员表

（1941 年 12 月）

民国三十年十二月

会员名（即店名）	主要营业	资本额	负责人	关系	所在地	备注
陆茂盛	香	五百元	陆申伯	店主	本镇南市	
马正元	香	肆百元	马文泉	店主	本镇中市	
奚晋昌	香	五百元	奚凤林	店主	本镇中市	
傅同裕	香	伍佰元	傅兆林	店主	本镇中市	
郭正茂	香	伍佰元	郭根民	店主	本镇中市	
华　伦	袜厂	四千元	王□□	厂主	二灶	
永　盛	袜厂	贰千元	俞耀川	厂主	大团	
大　成	袜厂	四千元	韩一飞	厂主	大团	
平　生	袜厂	贰千元	倪　端	厂主	苏家衖	
来　复	袜厂	叁千元	张际虞	厂主	大团南市	
源　兴	袜厂	壹千伍百元	顾立青	厂主	本镇北市	
协盛昌	袜厂	壹千元	叶汉生	厂主	大团	
裕　盛	袜厂	壹千元	盛昌儒	厂主	大团	
颖　川	袜厂	壹千元	陈颢川	厂主	大团	
同诚济	国药	壹万元	冯裕鑫		大团	
中和堂	国药	柒仟元	黄监秋		大团	
颂仁堂	国药	壹仟元	严裕山		大团	
良心堂	国药	壹仟元	朱凡忱		大团中市	
谈仁寿	国药	叁仟元	谈久甫		大团	
良同济	国药	壹仟元	张碧清		大团	
戴春和	国药	壹仟元	戴敦炎		大团	

续 表

会员名(即店名)	主要营业	资本额	负责人	关 系	所 在 地	备 注
洽和昇号	杂货	壹万伍仟元	方宏朝		大团中市	
义隆森	杂货	四仟元	毛宗钊		大团中市	
同 兴	杂货	壹仟元	唐书今		大团中市	
黄长新	茶食	伍佰元	黄伯金		大团中市	
万 丰	杂货	壹仟元	厉予良		北市	
宣长兴	杂货	贰仟元	宣佳麒		大团中市	
物 华	茶食	肆佰元	端锦芳		大团中市	
余 记	杂货	伍仟元	沈铣金		大团中市	
松盛祥	杂货	七千元	宣儒甫		大团中市	
久 记	杂货	壹仟元	张池凤		大团中市	
天 兴	茶食	伍佰元	蔡元本		大团中市	
源火祥	什货	壹万	吴雪生		大团南市	
大 昶	棉布	壹万圆	施翰卿	股东	大团镇南湾	
元 发	棉布	壹万圆	闵锡昌	股东	大团镇南湾	
昇大祥	棉布	壹万圆	吴梅祥	股东	大团南市	
义 泰	棉布	六千元	沈宏宽	股东	大团中市	
华 纶	棉布	叁仟元	唐 禅	股东	大团新街	
张舜记	棉布	贰仟元	舜 初	股东	大团中市	
马协记	棉布	壹千元	昌 龄	股东	大团北市	
天 昌	棉布	壹千五百元	沈义龙	股东	大团中市	
宏 昌	烟纸	壹仟元	吴桂柏		大团南市	
协 泰	同上	六百元	石洁臣		大团南市	
陆大盛	同上	五百元	陆鸿钧		大团南市	
隆 昌	同上	贰仟元	盛维石		本镇南湾	
南 昌	同上	五仟元	康子京		本镇南湾	
周万昌	同上	叁佰元	周文炳		本镇纸坊桥南	
周协泰	同上	壹仟元	张树德		本镇中市	
勤 康	同上	壹仟元	萧谈章		本镇中市	
洪 泰	同上	贰千元	赵虎生		本镇中市	
康正丰	同上	壹千元	康寄云		本镇中市	
昇 大	同上	壹千元	邱志炎		本镇牛桥东堍	
协 记	同上	壹千元	唐祖渊		本镇北市	
三和兴	同上	壹千元	方显章		本镇北市	
裘乾源	同上	叁千元	裘宗杰		本镇新街口	
益 泰	同上	壹千□元	朱南珊		本镇北市	
义 昌	同上	陆佰元	沈炳生		本镇北市	
同 康	同上	贰千元	徐虎林		本镇北市	
德 隆	估衣	叁仟元	沈六钧		大团中市大街	

续 表

会员名(即店名)	主要营业	资本额	负责人	关 系	所 在 地	备 注
义 盛	估衣	叁仟元	闵福元		大团北市大街	
大 隆	估衣	壹仟贰百元	王朗生		大团中市大街	
五 福	估衣	贰仟元	黄筹田		大团中市大街	
祥 泰	估衣	五百元	沈南林		大团中市大街	
胡义昌	磁器茶叶	贰仟元	胡臻之	店主	大团镇中市六十三号	
胡鼎字	同上	贰仟元	胡宝昌	店主	中市八十七号	
合丰号	同上	贰仟元	张赓庭	店主	中市九十七号	
曹忠明	同上	肆佰元	曹忠明	店主	中市一五九号	
协 兴	肉庄	壹千元	张□楼		大团南市	
祥 源	肉庄	叁千元	方生卿		大团南市	
祥 泰	肉庄	五百元	孙阿八		大团中市	
大 兴	肉庄	贰千元	叶□生	经理	大团中市	
协 源	肉庄	叁千元	叶晋生		大团中市	
永 泰	肉庄	壹千元	王阿奎		大团中市	
祥 顺	肉庄	壹千元	唐□六		大团中市	
恒 大	肉庄	叁千元	郑友新		大团中市	
昇 泰	肉庄	壹千元	胡静斋		大团中市	
大 德	肉庄	贰千元	叶□生	经理	大团中市	
长 泰	肉庄	壹千元	陆老二		大团北市	
曹永泰	百货			店主		入履业
苏永丰	百货	贰百元	苏益仁	店主	中市大街	
徐恒丰	百货	伍佰元	徐金生	店主	南市大街	
正 大	百货	壹仟元	顾天白	店主	中市大街	
祥 泰	百货	伍佰元	朱□祥	店主	中市大街	
永 丰	百货	贰佰元	毕□发	店主	南市大街	
陈万源	百货					
天 泰	百货					
石源昌	百货	贰百元	石若根	店主	南市大街	
大吉祥	百货	贰千元	朱福生	店主	大街中市	
同 昌	百货	贰千元	黄青杰	店主	大街中市	
永 新	百货	贰千元	严明章	店主	大街中市	
万 源	百货	贰千元	倪 端	店主	中市牛桥南首	
大 中	百货	贰千元	潘可光	店主	中市牛桥南首	
益 泰	百货	伍佰元	姚吉连	店主	南市大街	
良 友	百货	伍佰元	薛文秀	店主	中市大街	
张洪发	百货	壹仟元	张友根	店主	中市大街	
华 昶	百货	伍百元	邵光明	店主	中市大街	
孙振泰	百货	伍百元	孙举海	店主	中市大街	

续 表

会员名(即店名)	主要营业	资本额	负责人	关 系	所 在 地	备 注
宣隆顺	百货	壹千□元	宣殿鑫	店主	大街中市	
祥 盛	花、米	六万元	吴群祥	经理	大团	
大盛和	花	六万元	周士奎	经理	大团	
振 新	花	六万元	□荣良	经理	大团	
同 发	花	五万	顾海滨	经理	大团	
同 丰	花行	贰万五仟元	□□鑫	经理	大团	
义 兴	花厂	五万贰仟元	顺国璋	经理	大团	
德 大	银饰	五百元	程福祥		大团中市	
协盛昌			叶凤生			
严湧泰			严秀章			
新 义			张裕堂			
宝 兴			顾梦生			
盛耀新			盛老弍			
祥 大			严林生			
宝 大			翁颂庚			
公 兴	竹	柒仟元	陈文卿		大团中市	
吴顺兴	竹	四仟元	吴福根		大团南市	
协 泰	竹	陆仟元	王左英		大团贰灶	
朱顺兴	竹	壹仟元			大团壹灶	
永和馆			王关生			
大新馆			孙根梅			
民众馆			顾福生			
同兴馆			张水泉			
陈永兴			陈必发			
南雅馆			陆金祥			
得和馆			陈老弍			
祥和春			奚小妹			
永顺馆			钱根楼			
鸿兴馆			张和尚			
顺兴馆			张和尚		南市	
王义兴			王奎璧		南湾	
合兴馆			陈小荣			
朱合兴	豆腐业		朱秋祥			
又 新店	豆腐业		朱关根			
盛昇泰	豆腐业		盛树堂			
顺兴斋	豆腐业		徐阿福			
胡德泰	豆腐业		胡德章			
万一斋	豆腐业		王省三			

续 表

会员名(即店名)	主要营业	资本额	负责人	关 系	所 在 地	备 注
正 兴	豆腐业		王金□			
李晋昌	水作业		李阿堂			
顾森泰	水作业		顾树东			
陈复兴	水作业		陈国义			
徐顺兴	水作业		徐来根			
董大顺	水作业		董进初			
严永顺	水作业		严才宝			
大 生	染业		沈大钊			
恒丰□	染业		金维生			
祥 泰	染业		孙锦云			
懋 隆	染业		金佐虞			
徐公顺	染业		徐杏丹			
汉 记	水果		胡广明			
天 成	水果		林阿四			
德 □	水果		朱佩德			
陆顺兴	水果		陆阿三			
周长泰	水果		周三根			
方万兴	水果		方顺根			
虞长泰	水果		虞雪林			
高顺兴	水果		高 学			
王顺兴	水果		王阿六			
潘三泰	水果		潘福根			
严源兴	水果		严□□			
盛裕大祥	水果		盛兴三			
虞桂记	水果		虞桂祥			
立大庄	米业		马菊林	经		
谈昇泰庄	米业		谈云生	经		
同德庄	米业		王锦祥	经		
同泰祥庄	米业		唐祥林	经		
张永兴庄	米业		张得胜	东		
北聚源庄	米业		吴金祥	东		
同顺庄	米业		博兆林	东		
正大庄	米业		董祥生	经		
祥盛庄	米业		吴群祥	经		
聚源庄	米业		吴志仁	东		
镇昶庄	米业		张叙生	经		
施合泰	鱼行		周掌生			
王永泰	鱼行		王吉祥			

续 表

会员名(即店名)	主要营业	资本额	负责人	关 系	所 在 地	备 注
协 记	鱼行		唐阿□			
叶隆茂	鱼行		叶阿福			
王永兴	鱼行		王海林			
永 盛	鱼行		李雪楼			
吴长泰	鱼行		吴桂香			
穗 丰	面粉		方逢章			
徐泰顺			徐杏舟 忠 熙 淙 熹			

［1194－5－165］

大团镇分事务所请求县府核减自卫特捐并分期按月征收致南汇县商会呈

（1949年2月25日）

事由：为本镇派征自卫特捐为数甚钜，恳求钧长转呈县府，申请依照征收营业税办法按月征收，俾商民得以次第筹缴，聊苏重负由

案查本县参议会第八届大会中，通过修正三十八年度自卫特捐征收办法，其原则由县府统筹统配，自三月份起至八月份止，六个月内全县应征总额计白粳七千五百石，本镇各商业征全数百分之十八，计白粳壹千叁百五十石。兹于本月二十四日召开第三十四届本镇各业代表联席会议，商讨自卫特捐征收办法，各代表均认为数额甚钜，商民负担寄重，际此时艰民困，商业衰落之□，如欲一次征足，势难办理，当经决议：呈请县商会转呈县政府，申请依照征收营业税办法，按月征收，纪录在案。爰特恳祈钧长垂念商艰，迅即赐予转呈县府，请求依照营业税办法按月征集，俾商民得以次第筹缴，聊苏重负，实为德便！

谨呈

南汇县商会

理事长潘

大团镇分事务所主任夏虞弼

中华民国三十八年二月二十五日

［1194－4－358］

2. 惠南镇商会

南汇县惠南镇商会关于报送第一届常年大会会议纪录及印模致南汇县党部呈

（1946年10月15日）

事由：为呈报三十五年度第一届常年大会会议纪录及印模，仰祈鉴赐备查由

窃属会自去年十月二十五日承各会员之盛意推举本人为主任，在此复员伊始一年之中，勉力维持。幸赖各会员商店每遇因公派款等事诸多援助，尚无陨越之处。现届一年已满，应宜征求各会员意见。对于本办事处应否继续请尽量发抒宏见，以定进止。兹经十月十一月召开常年大会提付讨论一致表决，在未曾奉到县商会明令以前，祇须调整会员，继续办理等议各在案。为此，理合检同会议纪录及启用图记之印模，仰祈钧长鉴

赐备查,毋任公便。

谨呈

南汇县县党部书记长顾

附呈会议纪录一份

印模二纸(从略)

南汇县惠南镇商会主任沈铨

中华民国三十五年十月十五日

〔附〕

惠南镇商会三十五度第一届常年大会会议纪录

惠南镇商会办事处第一届常年大会会议纪录

时间:三十五年十月十一日下午二时

地点:本会办事处会议室

出席者:许士铭　缪直夫　杨冬福　张志耕　陈□初　闵菊生　戚墨远　胡子卿　蔡雨楼　唐佐岳　程耀笙　陈鑫初　陈云祥　陈根堂　曹子谊　沈根林　严友仁

缺席会员:姚祉赓　萧裕章　张进才　曹关祥　季大亭　季德顺　盛镇陆　王国安　傅金荣　谭邦兴　金祖培　张以谦　谈震泰　宗秉彝　马步金　沈景清

主席:沈　铨　纪录:缪直夫

行礼如仪后

主席报告:

本办事处自去年十月二十五日承各会员之盛意推举本人为主任,在此复员伊始一年之中,勉力维持,幸赖各会员商店每遇因会派款等事多多援助,尚无陨越之处,此可堪以告慰者也。现届一年已满应宜征求各会员意见,对于本办事处存否请尽量发抒宏见,以定进止。

讨论事项:

一件:本会应否继续改组案。

议决:在未曾奉到县商会明令以前,应须调整会员,继续办理,以冀取得商号之联络为旨。

一件:本会依照原案决定为一年一选,自十月二十五日,迄今年度已届。业经沈主任提出辞退应如何改选案。

议决:公推沈主任铨连任以维会务。

一件:本届大会缺席会员是否蝉联案。

议决:缺席会员待通知后征得本人同意再行递补。

一件:对于本会原有之图记以城厢镇商会等字样,业经改称惠南镇者为时数月,尚未奉领过有公文如何启用案。

议决:由本会自行刊刻文曰"江苏省南汇县惠南镇商会图记"附具印模呈报备查。

一件:本会此次庆祝双十节大会负费共六十五万元应如何筹措案。

议决:由会掣给印收向会员商号分别各业比例负担以资归价。

一件:报销账目中尚有赊欠犒赏等费三十余万元如何归还案。

议决:应照各业各商分别负担,以便归偿之。

一件:本会人事及经常费用案。

议决:由主任雇用书记一人,勤务一人,薪工及办公费由各业商酌出,月捐负担。

一件:确定会期案。

议决:常会仍以一年计,如有其他事故由主任临时召集之。

散会

主席:沈　铨　纪录:缪直夫

[1192-1-188]

南汇县司法处关于调查宝大纸号、源陞腌鲜庄资金担保充足致南汇县惠南镇镇商会公函

（1946 年 12 月 24 日）

事由：请查宝大纸号源陞腌鲜庄资金见复由

江苏南汇县司法处公函民字第八四号

三十五年十二月二十四日

查本处受理周浩山、胡水根诉钟连生、钱顺汀欠款请求假扣押一案，兹据提出宝大纸号（即宝大文具烟纸号负责人曹宝根）、源陞腌鲜庄（即源陞福记负责人戚墨远）为保证人，该宝大纸号、源陞腌鲜庄资金，究有若干，能否足供四百三十九万元之担保，无从揣测，相应函请查照见覆，以凭核办，为荷！

此致

惠南镇镇商会

主任审判官杨澂

［1194 - 4 - 322］

南汇县惠南镇镇商会查复宝大源陞两号足供担保数致南汇县司法处函

（1946 年 12 月 28 日）

摘由：请查宝大纸号源陞腌鲜庄资金见复由

公函

南商总字第一六〇号

卅五年十二月廿八日

为查复宝大源陞两号足供四百卅九万元之担保希查照由。

案准贵处民字第八四号公函：为周浩生等诉钟连生等欠款一案，保证人宝大源陞两号究有若干资金能否足供四百卅九万元之担保函，请查复等由：准此，查该两号足供该数之担保应相函复，即希查照为荷！

此致

南汇县司法处

理事长

［1194 - 4 - 322］

3. 新场镇商会

新场分事务所请求修改新场商业自卫特捐派数致南汇县商会呈

（1949 年 3 月 19 日）

事由：为呈请修改百分比减轻新场商业自卫特捐派数以昭公允而恤商艰由

南汇县商会新场分事务所别文呈

中华民国三十八年三月十九日

兹准南汇县税捐稽征处新场分处通知以奉令开征自卫特捐。新场区以营业税额比例应征白米九百石，希即分配以便开征等由。当经召集本镇各商号集议分配办法，佥认过去县商会所定百分比已失时效。因本镇虽为本县三大镇之一而商业衰落今非昔比，论财富不及周浦十分之一，较之大团等处犹相距远甚。

如果依照营业税率征收则事实上不胜负担，群请转呈迅予修正百分比，减轻派数，以昭公允而恤商艰等情，查各该商号所称各节委属实情，自有修改百分比及减轻派数之必要，理合备文呈请，仰祈鉴核，准如所请实为公便。

谨呈

南汇县商会理事长潘

新场分事务所主任倪澄波

［1194－4－358］

4. 周浦镇商会

周浦镇商会关于报送改组镇商会情形致南汇县政府呈

（1945 年 9 月 7 日）

事由：为呈报改组镇商会情形仰祈鉴核备案由

窃本会原名周浦镇商会，向以维护同业利益，排解业中纠纷为职志。军兴以后改隶南汇区商会为周浦分办事处，迩以全面和平已告实现，从前伪号应予废除，况各业代表亦有空膺名义，未能实干，殊与本会组织精神不无欠缺。爰于八月十六日由职另聘筹备委员重行改组，一面派员调查商号实际情形，力求整刷，除会员名册另文造报外，理合将各筹备委员名单备文呈报仰祈鉴核准予备案，实为公便。

谨呈

南汇县政府

附筹备委员名单一份

周浦镇商会筹备委员会主任陆以信

中华民国卅四年九月七日收到①

〔附〕

周浦镇商会筹备委员会委员名单

姓　名	年龄	籍　贯	职　业	住　址		
				保	甲	户
陆以信	31	南汇	银钱	二	七	三
顾载英	45	南汇	百货	十一	一	九
申少山	37	南汇	绸布	十一	二	五
沈士莲	36	南汇	花米	一	一	三
钱心陶	51	浙江	酱业	十四	四	一
姚中兴	34	南汇	银钱	十一	十	五
汪秉卿	50	南汇	杂粮	五	七	三
范彬玉	53	浙江海宁	纸业	四	六	七
陈凤珊	35	松江	南货	十一	二	七
许圭三	47	太仓	花业	一	一	七
唐志虞	47	川沙	机械	二	一	三
谈瑞祥	31	南汇	棉纱	十九	三	三

① 原文缺日期，“中华民国卅四年九月七日收到”为南汇县政府收文日期。

续 表

姓 名	年龄	籍 贯	职 业	住 址		
				保	甲	户
张立森	46	南汇	药材	十四	六	九
郑烈臣	47	安徽	瓷蘇	四	九	二
陈德铨	36	上海	杂粮	一	三	八

[1194-1-842]

南汇县党部关于接收整理具报伪周浦镇商会一切材料致周浦镇商会委员会令

(1945年10月3日)

事由：为令派该会尅日办理前伪周浦镇商会接收整理具报由

令周浦镇商会整理委员会

发文南组第二七号

兹着该会尅日前往来前伪周浦镇商会接收整理并将过去该会一切档卷、历任负责人员及职员名册、收支帐册以及目前会员名册等一并查照造册呈报，以凭查核为要。

此令。

衔名

〔中华民国三十四年〕十月三日书记长代

[1192-1-188]

周浦镇商会关于报送商会整理完毕改选成立致南汇县党部呈

(1945年12月29日)

事由；镇商会整理完毕改选成立

事由：为呈报周浦镇商会整理完毕改选成立由

南汇县周浦镇商会别文呈文商字拾六号

中华民国三十四年十二月二十九日

窃家禄等前奉

钧部组字第一五六号训令内开

“着令该员等前往周浦镇商会接收整理等因”。奉此，遵于十一月七日接钤视事呈报在案。兹于本月二十六日整理完毕。同日函请贵区党部派员指导，改选成立周浦镇商会，理合备文呈报，仰祈鉴核备案，实为公便。

谨呈

中国国民党南汇县党部

周浦镇商会整委会主任陆家禄

附送举各委员名单壹纸

〔附〕

周浦镇商会委员名单

主任委员：陆家禄

委员：陆家禄　姚南生　倪金奎　汪秉卿　许慎之　黄寄洲　沈士莲　陈惠庭　郑烈臣　王福宝　谈瑞祥

候补委员：金东生　顾味一　张江兴　计荣生
监察：钱心陶　许圭三　沈善元　曹仲贤　陈德铨
候补监察：陈应奎　申少山　王心翘

南汇县周浦镇商会
〔中华民国〕卅四年十二月二十六日
［1192－1－188］

南汇县政府关于周浦镇商会改为县商会分事务所致周浦镇商会训令

（1946年10月14日）

事由：为令饬该会改为县商会分事务所仰遵照由
南汇县政府训令社字第七二八九号
令周浦镇商会
查本县商会以县行政区域为范围，前经本府核准在案，在该区域内商业繁盛，各镇准依照商会发第八条第二项之规定设置分事务所，不得有同级商会之组织，关于旧有镇商会应一律调整改为县商会分事务所，以资划一。除令饬县商会分别予以调整外，合行令仰该会遵照！
此令。

县长徐
〔中华民国三十五年〕十月十四日
［1194－1－842］

南汇县政府关于周浦镇商会改为县商会分事务所致县商会训令

（1946年11月16日）

事由：为周浦镇商会业经令饬改为县商会分事务所仰遵照办理由
南汇县政府训令社字第八一七四号
令县商会
查周浦镇商会，在去年战事□平之初，即经具报成立。但组织松懈，未臻健全，衡诸该镇目前商业情况，实无单独设立商会之需要。除令饬改为县商会分事务所外，合行令仰该会遵照办理具报为要！
此令。

县长徐
〔中华民国三十五年〕十一月十六日
［1194－1－842］

周浦镇商会为修正章程选举职员召开全体会员大会并请派员指导致南汇县党部呈

（1946年12月1日）

事由：为修正章程选举职员依法召开全体会员大会，仰祈派员指导监督由
南汇县周浦镇商会别文呈镇字第十一号
中华民国三十五年十二月一日
窃属会前以整理组织迭奉赐令并经遵将所有办理情形分别备文呈报俱在案，兹谨定于本年十二月十七日下午一时于属会会所召开全体会员大会依法修正章程、选举职员。除分呈外理合呈请钧部鉴核，准予赐派

指导员莅会督导,实为公便。

谨呈

中国国民党江苏省南汇县党部

书记长顾

南汇县周浦镇商会副主任委员陈德铨

［1192－1－188］

周浦镇商会关于改期举行成立会并附筹备会记录等致南汇县党部呈

（1946年12月20日）

事由:为遵县座谕改期举行成立会检呈会议录及章程会员名册,仰祈鉴核派员督导由

南汇县周浦镇商会别文呈镇字第十四号

中华民国三十五年十二月二十日

窃属会原定十二月十七日举行成立会并经呈请钧部派员督导在案。后因接奉县座电谕嘱将成立会改迟一星期举行等因。奉此,遵经将成立会改为筹备会并改期于十二月二十四日下午一时举行。除分呈外,理合将筹备会纪录连同章程及会员名册各乙份,备文呈报,仰祈鉴核。届时准予派员莅临督导,实为公便。

谨呈

南汇县党部

书记长顾

附呈筹备会纪录及章程、会员名册各乙份

南汇县周浦镇商会副主任委员陈德铨

〔附1〕

南汇县周浦镇商会筹备会会议纪录

日期:中华民国三十五年十二月十七日

时间:下午一时

地点:本会会议室

出席:张守仁　葛克强　马全生　孙德富　赵德绪　张菊秋　陈惠庭　康鑫伯　谈菊初　奚志梅　谈瑞祥　叶仕生　许圭三　钱云章　汪振雍　孙瑞土　陈吟泉　金冬生　吴元发　诸才生　杨春荣　许荣善　陈凤珊　张江欣　张立森　顾向明　周穰吉　沈善元　张正浩代　郑烈臣　钱心陶代　王福保　王膺农　冯顺香　高耀清　吴粹存　陆仲笈　陈德铨　贾季达　沈士莲代　王才甫　吴源发　曹仲贤　计荣生　闾邱兆良

列席:周浦警察所所长张思义　县党部第七区分部唐大同　临参议员葛叔庄　周浦区署长沈叔南代　周浦镇副镇长程明甫　花米业市场主任汪秉卿　周浦稽征分处主任范祖栋　浦东报社苏甸夫

主席:陈德铨　纪录:贾振华

开会如仪

主席报告:

一、本日出席代表已足法定人数,宣布开会。

二、王艮仲先生因出席国大,今日在申,专差来函通知不克莅临指示特此报告。

一、本会原定今日成立且已依法于十五日前呈请主管官署派员督导在案,今晨突接县座电话中止派员,一切详情请葛叔庄先生报告。

葛叔庄先生报告要点:

一、本人承贵会招请列席,故于昨日回周,今日能与诸位共叙一堂,不胜欣幸。惟今晨接县座电话关于贵会呈请手续尚遗漏会员名册及章程各一份,主管科以县座公出未及批令指示,故须延期一星期,再由县府

派员指导等因,当时本人以该项呈请派员指导公文当于十五日前发出即有手续遗漏之处,县府既不指示于前,突于今日临时改期,明知诸位闻知定必警异不满,因即商请县座今日仍请派员指导,手续再行补正庶可两全,县座其时亦以为然,允予委派周浦区署代表出席,并以沈区长因公在城,允托沈区长电知区署办理。午后复由倪金奎先生接得傅菊人先生电话,及本人接得沈区长电话,均已在城与县座面晤,成立大会商定延期一星期举行,届时县府决当派员出席指导,今日可改为筹备会云云,余意、县座等既已如是电谕,应请诸位遵照办理。

二、营业税全县总额原拟全年六万万元,本年秋冬两季为三万万元,兹因本县商业凋弊,经王艮仲先生等与茅处长等一再商讨,已减为一万伍仟万元,惟吾五区方面除各个交通公司由税局直接征收外,原定为百分之二十二,现经潘子平先生及茅处长以全县百分比尚有不足,拟托本人转商诸位酌量加增,此事在沪已与贵会陈会长商讨勉力再加二成,计第五区为百分之二十四,应请诸位顾念征收困难勉力允从,并请贵会即日转请区署转知本区横沔雪村沈庄中河等各镇派员来周共同商讨分担比额,俾顾政府税收而利进行。

三、下星期二举行成立会如荷诸位通过,仍希各位踊跃参加,请勿为此次延期情形而有所出入。

唐大同先生致词略,谓今日为商会成立大会,余自接获通知后即发生下列感想:

(一)商会筹备已久,此次因手续欠周故改为筹备会,余意以为多开一次会议多一次连络,□无小补。凡人民团体之组织自发起至筹备成立均须有党政机关参加指示,近来高谈民主按实施民主之根本方针,亦须守法,此次县长谕令改迟一星期举行,自应遵照办理。

(二)各商业之黄金时代已属过去,迩来商业凋弊各处营业均一落千丈,加之各项税捐商业利润已非过去可比,补救之道唯有一致团结共策进行。

(三)本人不以党部立场而站在民众方面讲,基于上述各点,则本镇同业公会之组织已属急不容缓,本镇各项工商业均应一律参加组织,直接谋自身之福利,间接使商会本身基础巩固,此点尚希葛叔庄先生、陈德铨先生及出席诸代表共同努力。

讨论事项:

一件:本日成立会奉县长电谕改迟一星期举行提请讨论案。

决:一、通过。惟应请县府迅予指示,俾便遵补手续;二、今日会议改为筹备会;三、遵谕改期十二月二十四日举行成立会。

一件:奉谕改期举行成立会对于本会本届推选县参议员之资格及名额应如何办理案。

决:请求县府准予保留。

一件:关于启征秋冬季营业税及本年度所利得税应如何进行案。

决:在本会未成立前无从推行,应俟成立后咨请区署转邀本区各镇商讨进行。

散会。

主席:陈德铨

纪录:贾振华

〔附 2〕

南汇县周浦镇商会章程

第一章　总则

第一条　本章程依据修正商会法及修正商会法施行细则订定之。

第二条　本会定名为南汇县周浦镇商会。

第三条　本会以图谋工商业及对外贸易之发展增进工商业公共之福利为宗旨。

第四条　本会以南汇县周浦镇区域为区域,事务所设于周浦镇。

第二章　任务

第五条　本会之职务如左:

一、筹议工商业之改良及发展事项;

二、关于工商业之征询及通报事项;

三、关于国际贸易之介绍及指导事项;

四、关于工商业之调处及公断事项；

五、关于工商业之证明事项；

六、关于统计之调查编纂事项；

七、得设办商品陈列所、工商业补习学校或其他关于工商业之公共事业，但须经该管主管官署之核准；

八、遇有市面恐慌等事有维持及请求地方政府维持之责任；

九、办理合于第三条所揭宗旨之其他事业。

第六条　本会举办之事业应由执行委员会计划办理，但其重要者须经会员大会决定之。

第七条　本会得就有关工商业之事项建议于中央或地方行政官署。

第八条　本会应答复政府及自治机关之咨询并接受其委托。

第三章　会员

第九条　本会会员分左列两种：

一、公会会员。凡本区域内工业商业及输出业各同业公会依法加入本会为会员者属之；

二、非公会会员。凡本区域内无同业公会之工业商业输出业公司行号或他区域之工厂所设售卖场所单独加入本会者属之；

第十条　公会会员及非公会会员均得举派代表出席本会称为会员代表，会员代表以中华民国人民年在二十岁以上者为限。

第十一条　会员须遵守本会章程服从本会决议案并按时缴纳各种会费。

第十二条　会员非公会解散或公司行号迁移其他区域或废业或受永久停业之处分者不得退会。

第十三条　公会会员代表由各该业同业公会就委员□举派之，至多不得逾五人。非公会会员代表每公司行号一人，以主体人或经理人为限。

第十四条　有左列各款情事之一者不得充本会会员代表：

一、背叛国民政府，经判决确定或在通缉中者；

二、曾服公务而有贪污行为，经判决确定或在通缉中者；

三、褫夺公权者；

四、受破产之宣告尚未复权者；

五、无行为能力者；

六、吸食鸦片或其他代用品者；

第十五条　会员代表经会员举派后应给以委托书，并附具履历送经本会审查合格后方得出席，出席代表有表决权、选举权及被选举权。

第十六条　会员代表之表决权选举权比例于其缴纳会费单位额由其所派之代表单独或共同行使之，每一单位为一权。

公会会员代表之表决权选举权以其所缴会费比照单位计算权数。

会员代表因事不能出席会员大会时，得以书面委托他代表代理之。

第十七条　会员代表得由原举派之公会会员或非公会会员随时撤换，但经当选为本会职员者非依法应解任之事由不得为之。

第十八条　会员代表丧失国籍或发生第十四条所列各款情事之一者，原举派之会员应撤换之。

第十九条　会员代表有不正当之行为致妨害本会名誉信用者，得以会员大会之议决通知原推派之会员撤换之。

前项被撤换之代表自除名之日起三年以内不得充任会员代表。

第四章　组织及职权

第二十条　本会设理事九人，监事三人，由会员大会就代表中用无记名连举法选任之，以得票最多数为当选。

选举前项理监事时，应另选候补理事三人，候补监事一人，遇有缺额依次递补，以补足原任任期为限，但未递补前不得列席会议。

第二十一条　本会设常务理事三人，由理事会就理事中用无记名连举法互选之，以得票最多数者为当选。

第二十二条　本会设理事长一人，由理事会就当选之常务理事中用无记名单记法选出之，以得票满投票人之半数者为当选，若一次不能选出应就得票最多数之二人决选之。

第二十三条　理事及监事均为名誉职。

第二十四条　理监事之任期均为四年，每二年改选，半数不得连任。

前项第一次之改选以抽签定之，但理监事人数为奇数时留任者之人数得较改选者多一人。

第二十五条　理事长及常务理事缺额时，由理事会补选之，其任期以补足前任任期为限。

第二十六条　本会理监事有左列各款情事之一者应即解任：

一、会员代表资格丧失者；

二、因不得已事故经会员大会议决准其辞职者；

三、旷废业务经会员大会议决令其退职者；

四、于职务上违背法令营私舞弊或有其他重大之不正当行为，经会员大会议决令其退职或由经济部或由地方行政官署令其退职者；

第二十七条　本会事务所得酌设办事员，其办事细则另订之。

第二十八条　理事会依本章程之规定及会员大会之议决行使职权。

第二十九条　监事会之职权如左：

一、监察理事会执行会员大会之议决；

二、审查理事会处理会务；

三、稽核理事会之财政出入；

第五章　会议

第三十条　会员大会分定期会议及临时会议两种，均由理事会召集之，定期会议每年开会一次，临时会议于理事会认为必要或经会员代表十分之一以上之请求或监事会函请时召集之。

第三十一条　会员大会之决议以会员代表决议过半数之出席，出席权数过半数之同意行之，出席权数不满过半数者得行假决议，在三日内将其结果通告各代表，于一星期后二星期内重行召集会员大会，以出席权数过半数之决议行其决议。

第三十二条　左列各款事项之决议以会员代表表决权数三分二以上之出席，出席权数三分二以上之同意行之，出席权数不满三分二者，得以出席权数三分二以上之同意行假决议，在三日内将其结果通告各代表于一星期后二星期内重行召集会员大会，以出席权数三分二之同意对假决议行其决议。

一、变更章程；

二、会员或会员代表之处分；

三、委员之解职；

四、清算人之选任及关于清算事项之决议；

第三十三条　理事会每月至少开会一次，监事会每两月至少开会一次。

理监事开会时不得委托代表出席。

第三十四条　理事会开会时须有理事过半数之出席，理事过半数之同意方能决议可否，同数取决于主席。

第三十五条　监事会开会时须有监事过半数之出席，临时互推一人为主席，以出席委员过半数之同意决议一切事项。

第六章　经费及会计

第三十六条　本会经费分左列两种：

一、事务费

甲、公会会员以其公会所收入会费总额十分之二充之；

乙、非公会会员比例于其资本额缴纳之；

二、事务费由会员大会议决经地方主管官署核准筹集之。

第三十七条　会计年度以每年一月一日始至同年十二月三十一日止。

第三十八条　本会预算决算及其事业之成绩每年须编辑报告刊布之，并呈由地方主管官署转呈省政府转报经济部备案。

第七章　附则

第三十九条　本章程未规定事项悉依修正商会法及修正商会法施行细则之规定办理之。

第四十条　本章程如有未尽事宜经会员大会之决议呈准南汇县政府及南汇县党部修正之并逐级呈报备案。

第四十一条　本章程呈准南汇县政府及南汇县县党部备案施行，并逐级转报中央社会部及经济部备案。

〔附 3〕

南汇县周浦镇商会会员名册

中华民国三十五年十二月二十日填报

会员代表姓名	年　龄	籍　贯	现　任　职　务	住　　址
陈德铨	36	上海	本会副主任委员	南八灶
沈士莲	37	南汇	花米业公会理事长	南八灶
钱心陶	52	浙江	酱园业代表	中大街
顾向明	47	上海	煤油业代表	南八灶
陈凤珊	36	松江	南货业代表	衣庄街
张江欣	34	南汇	百货业代表	中大街
陆仲笈	39	南汇	周浦镇镇长	竹行街
谈瑞祥	32	南汇	纱厂业代表	网船浜
贾季达	40	南汇	烟纸烛皂业理事	竹行街
顾秉之	43	南汇	浦建公司	平安街
许圭三	44	太仓	花米业理事	南八灶
黄寄洲	39	崇明	火柴业代表	北大街
赵汉民	36	南汇	电气业代表	竹行街
高耀清	46	南翔	烟纸烛皂业理事长	竹行街
郑烈臣	48	安徽	磁□业代表	竹行街
王福保	52	安徽	绸布业代表	竹行街
陈吟泉	53	南汇	腌鲜业代表	中大街
计荣生	47	南汇	水果业代表	衣庄街
任廷爵	43	镇江	纱厂业代表	吴家行桥
计振生	63	南汇	鱼行业代表	椿樟街
丁奕松	26	南汇	装池业代表	油车街
王心翘	39	南汇	衣庄业代表	衣庄街
许荣善	44	青浦	南货业代表	中大街
陈惠庭	28	南汇	机器业代表	南八灶
顾味弌	44	南汇	粮食业公会理事长	衣庄街
钱云章	42	宁波	百货业代表	衣庄街
张立森	47	南汇	国药业代表	金龙街

续 表

会员代表姓名	年 龄	籍 贯	现 任 职 务	住 址
马全生	38	南汇	菜馆业代表	椿樟街
谈菊初	39	南汇	陶器业代表	城隍街
萧振南	45	南汇	旅馆业代表	金龙街
陆进生	27	南汇	自由车业代表	椿樟街
葛克强	38	南汇	砖灰业代表	椿樟街
汪振雍	55	安徽	茶叶业代表	衣庄街
周元昌	48	南汇	石铺业代表	东八灶
周让吉	48	宁波	席业代表	椿樟街
冯顺香	52	南汇	嫁妆业代表	城隍街
沈善元	35	南汇	蛋业代表	竹行街
孙瑞土	59	宁波	煤炭业代表	衣庄街
蔡洪江	48	南汇	水作业代表	中大街
张守仁	37	南汇	竹商业代表	船厂街
蔡德三	66	南汇	铁业代表	圈门街
诸才生	46	奉贤	糖果业代表	竹行街
严翰生	67	南汇	鞋帽业代表	金龙街
吴巧根	44	吴县	羊毛业代表	竹行街
孙德富	47	扬州	理发业代表	南八灶
孙喜祥	35	南汇	茶馆业代表	城隍街
王桂生	50	南汇	豆腐业代表	金龙街
杨春生	61	海宁	伞业代表	竹行街
鲁友堂	63	南汇	鸡行业代表	东八灶
吴应松	60	南汇	神模业代表	中大街
王静岑	56	南汇	钱业代表	中大街
张菊秋	33	南汇	袜厂业代表	杨家街
潘锐仪	22	南汇	染坊业代表	衣庄街
朱静斋	41	南汇	典当业代表	北大街
顾曾吉	37	南汇	木商业代表	南八灶
俞顺来	21	南汇	电料业代表	椿樟街
杨元生	32	南汇	磅秤业代表	竹行街
闾邱兆良	31	南汇	银楼业代表	中大街

南汇县周浦镇商会副主任委员陈德铨填报

［1192－1－188］

南汇县周浦镇商会关于成立会及理监事会经过情形致南汇县党部呈

（1946年12月30日）

事由：为呈报成立会及理监事会经过情形检呈各附件仰祈鉴核备案由

南汇县周浦镇商会呈镇字第十六号

中华民国三十五年十二月三十日

窃属会于十二月二十四日举行成立大会，计出席陈德铨等会员代表五拾五人，并承均部龚指导员暨县府邱指导员督导之下，分别循序进行，即席讨论修正章程事宜及票选理监事，并于十二月二十五日举行第一届理监事联席会议，出席陈德铨等理监事十一人，并请周浦区署沈区长莅席督导监誓，同时票选常务理事，结果陈德铨当选为理事长，贾季达、钱心陶当选为常务理事，即席共同宣誓就职。理合将成立经过情形连同成立会及第一届理监会议纪录及章程（修正本）、职员名册等各乙份，备文呈报，仰祈鉴核备案，实为公便。

谨呈

南汇县党部书记长顾

附呈成立会议纪录、理监事会议纪录、章程（修正本）、职员名册各乙份

南汇县周浦镇商会理事长陈德铨（印）

〔附1〕

南汇县周浦镇商会成立大会会议纪录

日期：中华民国三十五年十二月二十四日下午一时

地点：本会会场

出席：潘耀清　郑烈臣　陈惠庭代　吴□存　谈菊初　孙瑞土　陈凤珊　贾季达　任庭爵　钱心陶　汪振雍　葛克强　陆进生　赵汉民　许荣善　诸才生　金东生　马全生　俞顺来　范彬玉　张守仁　吴应松　张正浩　沈士莲　王福保　顾尚明　张江欣　奚志梅　康欣伯　叶仕生　许圭三　陈德铨　王膺农　蔡中立　张菊秋　王静岑　傅菊人　黄寄洲代　顾味弌　鲁友堂　陈吟泉　张立森　曹仲贤　谈瑞祥　金如海　吴源发　屠技梅　孙德富　沈善元　江文星　计荣生　陆仲笈　周让吉　杨根生　吴巧根

列席：县长徐　泉　县政府邱虛白　县党部龚品江　工整会陆全高　警察所张思义　税捐稽征处范祖栋　第七区分部唐大同　临参议员葛权庄　周浦区署沈叔南　周浦区镇自卫队张玉麟　周浦镇公所程明甫　浦东报社苏甸夫

主席：陈德铨　　　　纪录；贾振华

开会如仪

主席报告：本会今日举行成立会议，县政府县党部及各机关首长各位绅商莅临参加，不胜荣幸。查本会共五十八单位，出席代表为七十一权，截至现时为止共出席代表五十五权，宣布开会。

县政府代表邱指导员训词要点

（一）人民团体之组织法令已有变更，在以前是由党部指导，现在由县政府主持党部辅导。

（二）商会是职业团体性质，可分两种，一种是区域性质，其二是统计性质。

（三）查周浦镇商会战后复员最早，因当时和平伊始法令尚未完备，所以当时本会呈请时姑准备案，其后法令继续公布，各人民团体之筹备、组织，以至成立，均须由县政府派员指导，本会成立中途的曲折，是因为县商会章程是以县行政区域为区域，然法令规定繁盛区镇亦可单独设立商会，故以阶级而论，县商会与镇商会是不分彼此的。查商会组织有商家十家以上可以组织同业公会，三个同业公会即可以成立商会，但若无同业公会者，即以三十家商号，亦得组织商会，现在县商会既以行政区域为区域，周浦商业繁盛，店铺甚多，所以本会章程第九条就县府指令修改，亦不妨碍俾得避免与县商会章程抵触，同时县府根据法令尊重民意，本会得能邀准成立，希望今后与县商会共谋发展。

（四）县参议员名额问题，因已核定呈报，实□爱莫能助。

（五）其次是今日大会人选问题，希望各会员注意于选举时，务须顾到被选人之能力，是否能为大众谋福利，此点尚希考虑及之。

县党部代表龚指导训词要点

（一）商会组织一方面为沟通情感，一方面为谋取福利，上述二点为商会之基本工作，尚希努力。

（二）过去商人往往发现有同行嫉妒情事，此系封建余毒，务各尽力革除。

（三）设立运销合作社，以合群力量，谋取大众福利。

（四）周浦商会历史悠久，希望本过去光荣事迹，继续努力，共谋发展。

县长训词

（一）过去与本区各方面见面机会颇多，要以商界为最少，周浦为南汇首镇，商业繁盛，今日特由六区巡视赶来，假此机会能与诸位见面，极为欣慰。

（二）我们要明瞭政府与民众原是同气连枝，以纳税而论，纳税是人民天职，政府亦决不苛求，然民众往往有时误会。第二是征兵，兵役亦是人民天职，县府不过奉行命令，要知每一政令推行，必须经过许多人手，以征兵而论，本县共征名额为四百三十名，而动员乡镇保甲以及自卫队等共计约二千余人，如其中一人违法，就能使整个名誉扫地，民众不明事实，往往怨及县府，尚能政民合作，就能不至有所阻碍，换言之，民众不能明瞭则一切政令无法推行，过去一班执政者，每多以为政不在多言为口号，本人亦然，但到南一年之经验所得举凡政令之推行，如果不向民众预为宣导，民众就不能明瞭政府之苦心，每致隔膜，本人抱定宗旨，嗣后多与民众见面，多与民众说话，以收政民合作之效。

（三）所以民众为政府主干，必须有合法组织，促使组织健全，政与民务多连系，同时县商会镇商会相继成立，一切务须密切连系，方能谋得共同福利。

（四）战前周浦商团、周浦商会有悠久外贸之历史与光荣，现在周浦自卫队们本过去办理周浦商团之精神，健全组织，改能保持全县之魁首，希望周浦商会把过去的光荣保留起来，切不可单独留下了外表。

（五）百业萧条，已为不可掩之事实，敌伪时代，虽曾一度畸形发展，现在已逐渐回归原来地步，我以为一切商业均须谋对外发展，切勿自私自利，要使过去秘密尽量公开，方能达到繁荣目的，不要纯靠贩卖，须求增加生产，放弃消极，顾念抱定积极宗旨，迎头赶上，尽我们知识、能力、经济，来辅助农民及工业生产，而达到相互合作。

葛叔庄先生致词

（一）今日承各位邀请参加贵会成立大会，同时听到邱委员、龚委员，暨县座训话，不胜欣幸，尤其听到县座对于过去本镇商团商会及现在组织之自卫队，多所赞誉，使本人觉得愧感交并，所愧的战前本人服务地方，对于商团商会均曾参加服务徒以能力薄弱毫无贡献，实不足以当县座褒奖所感的，现在周浦自卫队经沈区长陆队长等各长官领导暨全体队员之努力，保卫治安成绩优越，不负政府当局及地方父老付托之重，深为安慰，同时贵会诸公亦必能领袖群商共凑繁荣。

（二）本镇商业大都系贩卖商，近来百业萧条，实已形成外强中乾之现象，今后务以脚踏实地做去保持巩固。

（三）今日县座暨各位训词，我们除感谢外，须绝对遵行。

宣读会章

选举理监事

公推：傅菊人检票　　贾季达唱票

监视人：邱虚白先生　龚品江先生

票选结果

贾季达 51 票　沈士莲 50 票　陆仲笈 49 票　陈德铨 49 票　顾向明 43 票　钱心陶 42 票　张江欣 41 票　谈瑞祥 38 票　陈凤珊 38 票

以上玖员当选为本会理事

黄寄洲 30 票　许圭三 28 票　顾秉之 26 票

以上叁员当选为本会监事

赵汉民 9 票　王福保 6 票　汪振雍 6 票　以上叁员当选为本会候补理事

高耀清 8 票　以上壹员当选为本会候补监事

讨论事项：

一件：奉县令本届县参议员名额业已依法分配所请保留未便照准。各会员有何意见请提出讨论案。

一件：奉县令本会章程第九条应改为“凡在本区域内经营工商业之公司行号均应为本会会员并从其业

别得加入本县各该业同业公会为会员”一点各会员有何异议，请提出讨论案。

以上两案合并讨论。

决：授权理监事会议依法办理。

散会　下午六时。

主席 陈德铨

纪录 贾振华

〔附2〕

南汇县周浦镇商会第一届理监事会会议纪录

日期：民国三十五年十二月二十五日上午九时

地点：本会会场

出席：许圭三　顾向明　钱心陶　贾季达　黄寄洲　张江欣　陈凤珊　陈德铨　沈士莲　陆仲笈　谈瑞祥

列席：临参议员葛叔庄　周浦区署长沈叔南　浦东报社苏甸夫

主席：陈德铨　　纪录：贾振华

开会如仪

主席报告：今日为本会第一届理监事会议，同时选举常务理事及理事长，本人过去谬长斯职，徒具虚名，况每月仅驻周三、四天，对诸会务实难兼顾，关于选举理事长一职务，请各位郑重考虑之。

举行选举

监选人：沈叔南先生　葛权庄先生

票选结果

陈德铨8票　贾季达8票　钱心陶4票　当选为本会常务理事

陈德铨5票当选为本会理事长

宣誓就职

监誓人：沈叔南先生

讨论事项：

一件：奉县令本会章程第九条应予改正提请讨论案

决：一、第九条拟改为：“本会会员分左列两种，一、公会会员　凡在本区域内工业商业及输出业各同业公会依法加入本会为会员者属之；二、非公会会员　凡在本区域内依据商业同业公会法不能单独成立同业公会而加入他区域各该业同业公会为会员之工业商业输出业及公司行号或依据商业同业公会法第十二条资本额微细限制加入同业公会为会员之各商号或他区域之工厂在本区域内所设售卖场所单独加入本会者均属之。”

二、第四、六、二十二、二十三、二十四等各条均酌加修正。

三、第三十五条不合本会规定应予取销。

四、修改部份呈准县政府县党部备案施行之。

一件：本会参加县参议员出席资格应如何处理案

决：缓议

一件：沈理事士莲提议：大明电气公司向各用户追缴保证金一个半月电费际兹急景凋年各用户实难负担提请讨论案

决：推派贾季达、陈德铨二位前往该公司商讨妥善办法

散会　　上午十二时

主席：陈德铨

纪录：贾振华

［1192－1－188］

〔附 3〕

南汇县周浦镇商会章程修正本[①]

第四条　本会以南汇县周浦镇区域为区域，会所设于周浦镇。

第二章　任务

第七条　本会得就有关工商业之事项，建议于中央或地方行政官署。

第十二条　会员非公会解散或迁移其他区域或废业或受永久停业之处分者不得退会。

第十三条　公会会员代表由各该业同业公会就理事中举派之，至多不得逾五人。非公会会员代表每公司行号一人，以主体人或经理人为限。

第十四条　有左列各款情事之一者，不得充本会会员代表：

一、背叛国民政府经判决确定或在通缉中者；

二、曾服公务而有贪污行为经判决确定或在通缉中者；

第十五条　会员代表经会员举派后，应给以委托书，并附具履历表送经本会审查，合格后方得出席。出席代表有表决权、选举权及被选举权。

第十六条　会员代表之表决权、选举权比例于其缴纳会费单位额由其所派之代表单独或共同行使之，每一单位为一权。

第十七条　会员代表得由原举派之公会会员或非公会会员随时撤换，但经当选为本会职员者非依法应解任之事由不得为之。

第十九条　会员代表有不正当之行为，致仿害本会名誉信用者，得以会员大会之议决通知原推派之会员撤换之。

第二十二条　本会设理事长一人，由理事会就当选之常务理事中用无记名单记法选出之，以得票满投票人之半数者为当选者。若一次不能选出，应就得票最多数之二人决选之。

第二十四条　理监事之任期均为四年，每二年改选半数不得连任，前项第一次之改选以抽签定之，但理监事人数为奇数时留任者之人数得较改选者多一人。

第三十一条　会员大会之决议以会员代表决议过半数之出席，出席权数过半数之同意行之。出席权数不满过半数者，得行假决议，在三日内将其结果通告各代表，于一星期后二星期内重行召集会员大会，以出席权数过半数之决议行其决议。

第三十二条　左列各款事项之决议以会员代表表决权数三分二以上之出席，出席权数三分二以上之同意行之。出席权数不满三分二者，得以出席权数三分二以上之同意行假决议，在三日内将其结果通知各代表，于一星期后二星期内重行召集会员大会，以出席权数三分二之同意对假决议行其决议。

第三十三条　理监事会每月至少开会一次。

第三十四条　理监事会开会时须有理监事过半数之出席，理事过半数之同意方能决议可否，同数取决于主席。

第三十七条　本会预算决算须经会员大会之议决。

第三十八条　本会预算决算及其事业之成绩，每年须编辑报告刊布之，并呈由地方主管官署转呈省政府转报经济部备案。

第四十条　本章程如有未尽事宜经会员大会之决议，呈准南汇县政府及南汇县党部修正之，并逐级呈报备案。

第四十一条　本章程呈准南汇县政府及南汇县党部备案施行并逐级转报中央社会部及经济部备案。

---

① 仅录修正部分。

〔附 4〕

南汇县周浦镇商会职员名册

三十五年十二月二十五日造报

职　别	姓　名	年　龄	籍　贯	现　任　职　务
理事长	陈德铨	36	上海	德丰米行经理
常务理事	贾季达	40	南汇	德泰烟纸号经理
常务理事	钱心陶	52	浙江	万新酱园经理
理　事	沈士莲	37	南汇	洽兴昌米行经理
理　事	陆仲笈	39	南汇	良利堂药号经理
理　事	顾向明	47	上海	大昌煤油行经理
理　事	张江欣	34	南汇	张万利百货号经理
理　事	谈瑞祥	32	南汇	茂新纱厂经理
理　事	陈凤珊	36	松江	三阳泰南货号经理
监　事	黄寄州	39	崇明	大中华火柴厂长
监　事	许圭三	44	太仓	正昌花米行经理
监　事	顾秉之	43	南汇	浦建公司
候补理事	赵汉民	36	南汇	大明电气公司经理
候补理事	王福保	52	安徽	有记绸布号经理
候补理事	汪振雍	55	安徽	仁恒源茶叶号经理
候补监事	高耀清	46	南翔	鼎源烟纸号经理

南汇县周浦镇商会理事长陈德铨(印)填呈

[1192-1-188]

周浦镇商会关于启用图记日期及印模致南汇县党部呈

(1947年2月4日)

事由:为呈报启用图记日期连同印模,仰祈鉴核备案由

南汇县周浦镇商会别文呈政字第三号

中华民国三十六年二月四日

案奉南汇县政府社字第九七一八号指令内开:

"呈件均悉准予立案随发商字第十七号立案证书一纸,仰即祗领至该会图记亦经刊刻并仰派员来府具领为要此令"等因。附商字第十七号立案证书一纸。奉此,遵经派员具领到图记壹颗文曰"南汇县周浦镇商会图记"即日起开始启用。除分呈外,理合拓具印模三份,备文呈报,仰祈鉴核备案,实为公便。

谨呈

南汇县县党部

书记长顾

附呈印模三份〈下略〉

南汇县周浦镇商会理事长陈德铨

[1192-1-188]

周浦镇商会关于各业呈请依法组织同业公会致南汇县政府呈

（1947年4月22日）

事由：为据各业呈请依法组织同业公会仰祈鉴核示遵由

南汇县周浦镇商会别文呈政字第四十一号

中华民国三十六年四月二十二日

案据属会会员花米业代表沈士莲、烟纸烛皂业代表高耀清、粮食业代表顾味式、碾米磨粉榨油业代表康鑫伯、水果地货业代表计荣生、理发业代表孙德富、南货糖果业代表许寿章、醃鲜肉业代表陈吟泉等联名函称：

迳启者，查本镇商号向以业为单位，而每业设业代表一人负责处理同业事务，核与现行商会法章程实属不符，据此而论，所有本镇可能组织公会之各同业自应依法成立同业公会，籍正名义而符法令。爰特造具发起人名单各乙份联合函，请贵会转呈县政府准予成立并派员督导至纫公谊等情。附发起人名单各乙份。据此查该会员等所称各节核与商业同业公会法第八条及属会章程第九条等相符，理合汇造发起人名单乙份，备文呈请，仰祈鉴核示遵。

谨呈

南汇县县长徐

附呈各业公会发起人名册乙份

南汇县周浦镇商会理事长陈德铨

〔附〕

南汇县周浦镇商会各业同业公会发起人名单

民国三十六年四月二十二日造报

业　别	发起人姓名	年　龄	籍　贯	现任职务	备　注
花米业	沈士莲	38	南汇	洽兴昌行经理	花米业代表
花米业	许圭三	45	南汇	正昌行经理	
花米业	陈德铨	37	上海	德丰行经理	周浦镇商会理事长
花米业	陈应奎	54	南汇	大昌行经理	
花米业	康鑫伯	37	南汇	正丰行经理	碾米磨粉榨油业代表队
花米业	倪沛璿	44	南汇	义昌德行经理	
花米业	奚志梅	35	南汇	源丰兴行经理	
花米业	董样生	39	南汇	正大行经理	
花米业	叶仕生	50	南汇	天生行经理	
花米业	钱秀卿	44	南汇	公兴行经理	
花米业	龚志荣	41	南汇	龚裕昌行经理	
花米业	盛志杰	40	南汇	鼎泰行经理	
花米业	杨尧圃	57	南汇	和昌行经理	
花米业	宋秋泉	54	南汇	合昌泰行经理	
花米业	孙文彬	53	南汇	孙义昌行经理	
花米业	姚仲华	41	南汇	协兴行经理	
花米业	王文光	31	南汇	永坚行经理	
花米业	奚颂英	44	南汇	天泰行经理	
花米业	顾本初	53	南汇	恒康行经理	

续 表

业　别	发起人姓名	年　龄	籍　贯	现任职务	备　注
烟纸烛皂业	高耀清	46	南翔	鼎源号经理	业代表
烟纸烛皂业	贾季达	41	南汇	德泰号经理	周浦商会常务理事
烟纸烛皂业	吴粹存	46	南汇	义隆号经理	
烟纸烛皂业	范彬玉	51	海宁	协昌福号经理	
烟纸烛皂业	冯巧生	33	南汇	勤昌号经理	
烟纸烛皂业	丁起凤	31	南汇	万顺号经理	
烟纸烛皂业	王才甫	53	浙江	日章号经理	
粮食业	顾味弌	45	南汇	元昌号经理	业代表
粮食业	王应农	41	南汇	恒鑫号经理	
粮食业	谢如馨	43	南汇	谢正昌经理	
粮食业	蔡仲立	46	南汇	蔡浩记经理	
粮食业	顾龙生	31	南汇	兴盛号经理	
粮食业	奚炳章	38	南汇	裕隆号经理	
粮食业	张载平	48	南汇	民生号经理	
粮食业	唐仁杰	43	南汇	合仁号经理	
粮食业	贾永祥	33	南汇	永和号经理	
粮食业	胡根奎	47	南汇	万昌号经理	
碾米榨油磨粉业	康鑫伯	37	南汇	正丰行经理	业代表
碾米榨油磨粉业	奚志梅	35	南汇	源丰兴经理	
碾米榨油磨粉业	陈端生	36	南汇	汇丰厂经理	
碾米榨油磨粉业	龚志荣	44	南汇	正大厂经理	
碾米榨油磨粉业	倪利邦	42	南汇	穗兴厂经理	
碾米榨油磨粉业	姚　毅	16	南汇	姚裕兴经理	
碾米榨油磨粉业	孙湘棠	44	南汇	兴昌义经理	
碾米榨油磨粉业	倪沛璿	41	南汇	普益厂经理	
碾米榨油磨粉业	沈士莲	38	南汇	洽兴昌经理	
水果地货业	计荣生	48	南汇	计万顺行经理	业代表
水果地货业	夏炳如	52	南汇	夏洽兴行经理	
水果地货业	马迎伯	43	南汇	协大行经理	
水果地货业	刘少陵	42	南汇	德泰行经理	
水果地货业	沈步瀛	51	南汇	万生行经理	
水果地货业	张佳祥	31	南汇	同顺和行经理	
水果地货业	夏荣汀	33	南汇	源昌行经理	
理发业	孙德富	48	江都	中原理发店	业务代表
理发业	赵德绪	56	江都	赵新记理发店	
理发业	居广田	34	江都	白玫瑰理发店	
理发业	陈新芳	41	江都	华新理发店	
理发业	屠枝梅	37	江都	大华理发店	

续 表

业 别	发起人姓名	年 龄	籍 贯	现 任 职 务	备 注
理发业	姚根林	37	南汇	姚德记理发店	
理发业	王永福	23	南汇	华兴理发店	
南货糖果业	许寿章	47	青浦	大隆号经理	业代表
南货糖果业	朱弢庵	58	青浦	恒昌号经理	
南货糖果业	张容安	30	南汇	鼎大号经理	
南货糖果业	邱信忠	37	南汇	万春号经理	
南货糖果业	许慎之	48	南汇	三阳泰经理	
南货糖果业	顾金铨	34	南汇	协昌盛号经理	
南货糖果业	诸才生	48	奉贤	昇昌号经理	
南货糖果业	瞿福根	47	南汇	福昌号经理	
南货糖果业	徐福根	35	南汇	恒丰号经理	
南货糖果业	瞿金发	29	南汇	新盛号经理	
南货糖果业	陈金山	42	南汇	莲发号经理	
腌鲜肉业	陈吟泉	54	南汇	洽大号经理	业代表
腌鲜肉业	吴源发	34	南汇	新泰号经理	
腌鲜肉业	金东生	49	南汇	德隆茂经理	
腌鲜肉业	朱永嘉	43	南汇	万和号经理	
腌鲜肉业	杭怡光	40	南汇	义大号经理	
腌鲜肉业	冯根福	36	南汇	合昌号经理	
腌鲜肉业	潘关根	28	南汇	源大号经理	
腌鲜肉业	奚得胜	38	南汇	森泰号经理	
腌鲜肉业	张兆根	40	南汇	万利号经理	

南汇县周浦镇商会理事长陈德铨填呈

[1194-1-1514]

周浦镇商会关于各业请求依法组织同业公会再致南汇县政府呈

(1947年5月19日)

事由：为据各业呈请依法组织同业公会一案究应如何办理再请鉴核示遵由

南汇县周浦镇商会别文呈政字第六〇号

中华民国三十六年五月十九日

案查前据属会会员花米业代表沈士莲、烟纸烛皂业代表高耀清、粮食业代表顾味弌、碾米磨粉榨籼业代表康鑫伯、水果地货业代表计荣生、理发业代表孙德富、南货糖果业代表许寿章、腌鲜肉业代表陈吟泉等联名呈请发起组织同业公会事宜，经由属会汇造发起人名册备文转呈鉴核在案，迄今未获示遵，各发起人纷至询问究应如何办理之处，理合再行备文呈请，仰祈鉴核迅予指示祇遵，实为公便。

谨呈

南汇县县长徐

南汇县周浦镇商会理事长陈德铨

[1194-1-1514]

南汇县政府关于核示组织同业公会事宜致周浦镇商会指令

（1947年5月29日）

事由：据呈请发起组织各同业公会指令照准由

南汇县政府指令社字第一四五二号

令周浦镇商会

卅六年四月廿三日呈乙件为据，各业呈请依法组织同业公会，仰祈鉴核示遵由。

呈件均悉，准予分别筹组同业公会，惟查各该业名称尚有未合应参照“工商团体分业标准”妥为规定。至棉花、粮食两业如不能分开，可合并组织，仍仰转知各该业推定筹备员三人至七人，呈府备查为要。

此令。件存。

县长徐

〔中华民国三十六年〕五月廿九日

［1194－1－1514］

周浦镇商会关于公会筹组经过并附名册及章程草案致南汇县政府呈

（1947年8月11日）

事由：为呈报各公会筹组经过检呈名册及章程草案仰祈鉴核备查并示遵由

南汇县周浦镇商会呈政字第九二号

中华民国三十六年八月十一日

案查，前奉钧府社字第一四五二号指令，属会呈乙件，为据各业呈请依法组织同业公会仰祈鉴核由内开，呈件均悉……此令，件存。（原文从略）

等因，奉此，遵经转饬各业在案，兹据各公会分别呈覆改正名称及筹组经过等情，所有筹备员名册、章程草案，亦均造具送会，理合将各公会筹备员姓名汇列总表，连同各公会章程草案各二份备文呈报，仰祈鉴核备查，并指令只遵。再碾米业公会系属棉粮加工业性质，与棉量商业类似，且均为兼营业，经该公会呈请，与棉粮业合并办理。又理发业因业代表离职他住，会务无法进行，合并陈明。

谨呈

南汇县县长龚

附呈各公会筹备员名册总表及章程草案[①]各二份

南汇县周浦镇商会理事长陈德铨（印）

［1194－1－1514］

〔附〕

南汇县周浦镇各业同业公会筹备员名册总表

民国三十六年八月十一日

原定名称	更正名称	筹备员姓名	年龄	籍贯	现任职务	备注
南汇县周浦镇花米业同业公会	南汇县周浦镇棉粮商业同业公会	沈士莲	38	南汇	洽兴昌行经理	该公会由花米及碾米业合并，办理会务包括棉粮及棉粮加工业
	同上	陈德铨	37	上海	德丰行经理	

① 章程草案从略。

续 表

原定名称	更正名称	筹备员姓名	年龄	籍贯	现任职务	备注
	同上	许圭三	45	南汇	正昌行经理	
	同上	康鑫伯	37	南汇	正丰行经理	
	同上	叶仕生	50	南汇	天生行经理	
	同上	龚志荣	41	南汇	龚裕昌行经理	
	同上	奚志梅	35	南汇	源丰兴行经理	
南汇县周浦镇粮食商业同业公会	同上	顾味贰	45	南汇	元昌号经理	
	同上	王应农	41	南汇	恒鑫号经理	
	同上	谢如馨	43	南汇	谢正昌经理	
	同上	蔡中立	46	南汇	蔡浩记经理	
	同上	唐仁杰	43	南汇	合仁号经理	
	同上	张占平	48	南汇	民生号经理	
	同上	顾龙生	31	南汇	兴盛号经理	
南汇县周浦镇烟纸烛皂业同业公会	南汇县周浦镇烟纸商业同业公会	高耀清	46	南翔	鼎源号经理	会务包括烟纸烛皂各业
	同上	贾季达	41	南汇	德泰号经理	
	同上	吴粹存	46	南汇	义隆号经理	
	同上	范彬玉	51	海宁	协昌福号经理	
	同上	冯巧生	33	南汇	勤昌号经理	
	同上	丁起凤	31	南汇	万顺号经理	
	同上	王才甫	53	浙江	日章号经理	
南汇县周浦镇南货糖果业同业公会	南汇县周浦镇南货商业同业公会	朱戬庵	58	青浦	垣昌号经理	会务包括南货糖果茶食业
	同上	陈凤珊	39	松江	三阳泰号副经理	
	同上	诸才生	48	奉贤	昇昌号经理	
	同上	徐福根	35	南汇	福昌号经理	
	同上	许荣善	47	青浦	大隆号经理	
南汇县周浦镇腌鲜肉业同业公会	南汇县周浦镇腌鲜肉商业同业公会	陈吟泉	54	南汇	洽大号经理	
	同上	吴元发	34	南汇	新泰号经理	
	同上	金东生	49	南汇	德隆茂经理	
	同上	朱永嘉	43	南汇	万和号经理	
	同上	杭怡光	40	南汇	义大号经理	
	同上	冯根福	36	南汇	合昌号经理	
	同上	潘关根	28	南汇	源大号经理	
南汇县周浦镇水果地货业同业公会	南汇县周浦镇水果商业同业公会	夏荣汀	33	南汇	源昌行经理	
		夏炳如	52	南汇	夏洽兴行经理	
		沈步瀛	51	南汇	万生行经理	

续 表

原定名称	更正名称	筹备员姓名	年龄	籍贯	现任职务	备注
		刘少陵	42	南汇	德泰行经理	
		计荣生	48	南汇	计万顺行经理	

南汇县周浦镇商会理事长陈德铨(印)填报

[1194-1-1514]

周浦镇商会为棉粮业等六同业公会成立会仰祈派员指导致南汇县党部呈

(1947年12月17日)

事由：为呈报各公会成立日期仰祈派员指导由

南汇县周浦镇商会呈政字第一三六号

中华民国三十六年十二月十七日

窃属会棉粮业、烟纸业、水果业、腌鲜肉业、碾米业、南货业等六同业公会筹组以来，为时已久，兹定于十二月二十一日起至二十三日止，分别举行成立会，除呈请县府派员指导外，理合检附成立会日期表一份，备文呈报，仰祈鉴核，赐予派员列席指导，实为公便。

谨呈

南汇县党部

书记长顾

附呈各公会成立日期表一份

南汇县周浦镇商会理事长陈德铨(印)

〔附〕

南汇县周浦镇商会各公会成立会日期表

(1947年12月)

公会名称	日期	时间	地址
碾米业	十二月二十一日	上午九时	南八灶法云公所
棉粮业	十二月二十一日	下午一时	南八灶法云公所
水果业	十二月二十二日	上午九时	中大街本会
烟纸业	十二月二十二日	下午一时	王家浜烟纸业公所
腌鲜肉业	十二月二十三日	上午九时	中大街本会
南货业	十二月二十三日	下午一时	中大街本会

[1192-1-372]

周浦镇商会关于理事及常务理事接收任事并请发方针致南汇县商会公函

(1949年2月16日)

南汇县周浦镇商会公函政字第四号

民国三十八年二月十六日

迳启者，敝会于二月十五日举行改选第二届理监事会员大会。辱蒙县府徐科长暨各机关首长莅临指导，殊深感谢。心陶等即于本月十六日接收任事，除呈报并分函外，相应函希查照，并请时赐南针，以匡不逮，至纫公谊。

此致

南汇县商会

理事长 钱心陶

常务理事 陈德铨

陈凤珊

[1194－4－358]

周浦镇商会钱心陶请求县府核减自卫特捐并分期按月征收致子平先生函

(1949年2月24日)

子平先生台鉴迳启者,此次县府启征自卫特捐为数极钜,际兹商业凋疲,实觉无力胜任,想台端亦深同此感。周浦商会特于二月二十三日召开会议讨论进行办法,经议决对数额方面拟协同县商会申请县府酌情核减,以轻商民负担,征收方法拟请县府分期按月征收。至比额方面经查卷以前第五区区域计占全县百分之二十四是项比额,后经议定,由横沔、瓦屑、沈庄、苏桥、中心河等五镇负担百分之四,周浦部份负担百分之二十。棉粮业部份亦一律在内,均有案卷可查外,传周浦负担百分之三十壹节因过去交通事业(浦建公司等部份)所负之百分之六归由本镇税捐分处征收,致有此误,惟此次沈庄既已加入本会,则沈庄应负百分之四内之一部份应另行计议,以昭公允耒。识本见以为何如倘荷,枉驾蒞周藉聆教益面商细则,尤所企盼。专布顺颂。

公绥

钱心陶□

中华民国三十八年二月二十四日

[1194－4－358]

周浦镇商会为启征自卫特捐一案拟联请县府核减并分期征收致南汇县商会函

(1949年3月23日)

事由:为启征自卫特捐一案拟联请县府核减并分期征收由

南汇县周浦镇商会函捐持字第一八号

中华民国三十八年三月二十三日

迳启者,顷奉县令,饬迅将自卫特捐应缴数参照以前百分比额分配各商户,克日饬缴等因,查本镇过去为第五辖区,其比额为全县百分之二十四,其后会同第五区各项镇议定,由横沔、瓦屑、沈庄、苏桥、中河等五镇负担百分之四,周浦镇负担百分之二十,刻正筹议进行办法,惟数额过巨,深感无力胜任,爰拟会同贵会联名向县府请求核减,并分期逐月启征,以轻商负,如何之处,仍希见复为企。

此致

南汇县商会

理事长 钱心陶

常务理事 陈德铨

陈凤珊

[1194－4－358]

卫关泉关于无力分配自卫特捐并请派棉粮业内人员接任致南汇县商会呈

（1949年3月24日）

谨呈者，兹为无力分配本镇自卫特捐，请速派棉粮业内贤能之辈继充，以利地方而卸子肩事。缘此次职奉令命分配自卫特捐款额一案，当层数次召集本镇各业代表莅会讨论，均被商业领袖棉粮业代表顾伯梅不到或早退，而留会后，为其他各业商讨支配，以总数比例分派□册捐税处拟即开征，则棉粮业又起反对，旋再重行召集各业开会讨论，终为棉粮配数下减，各业不能圆满而散，一无善后办法，故对自卫特捐一案，实难及尽本职，又恐遗误要公，为特奉呈恳辞本职希速派棉粮业内贤能者继充之，并可赶办诸事，一切进行亦可顺利，实为德便！谨呈

县商会理事长潘

分主任卫关泉

〔中华民国〕卅八年三月廿四日

［1194－4－358］

（五）纠纷案件处理

1. 关于五团乡轧花厂迁址一案

五团乡中心国民学校为校畔筹建花厂有碍儿童卫生陈请准予令饬迁让致南汇县政府呈

（1948年3月1日）

事由：为校畔筹建花厂有碍儿童卫生陈请准予令饬迁让由

查属校西毗有空地一方，近由本镇商人徐阿大已围竹篱筹建长兴花厂。按学校为儿童研习息养之所，应以静穆清洁为主，一有工厂畔邻则终日机声隆隆，扰乱听觉，且泄出秽气及花纤飞扬，在在有碍儿童卫生。环睹世界各大都市，对于学校与工厂必须分区设立者，其旨即在于此，吾五团中心校为本乡规模最大者，未来人才赖以培育，故学校之于地方社会其关系至大且钜，工厂之开设仅为私人牟利企图，揆诸情理绝对不能以私人之利益而妨害国家栽培儿童之场所，为敢据实，具呈仰祈鉴核，准予令五团乡公所转饬该长兴花厂主徐阿大迁地筹建，以保蒙童身心之健康，无任感祷。

谨呈

县长龚

五团乡中心国民学校校长严明

中华民国三十七年三月一日

［1194－1－890］

南汇县政府为校旁筹建花厂请予迁让一案致五团乡中心国民学校指令

（1948年3月3日）

事由：据呈校旁筹建花厂请予令饬迁让一案指仰知照由

南汇县政府指令（卅七）三教字第八一七号

令五团乡中心国民学校校长严明：

三十七年三月一日呈乙件，为校旁筹建花厂有碍儿童卫生，陈请准予令饬迁让由。

呈悉。准予转饬迁让，仰即知照。

此令。

县长龚宗儒

〔中华民国三十七年〕三月三日

［1194－1－890］

南汇县政府为五团中心校旁筹建花厂请予迁让一案致五团乡署训令

（1948年3月3日）

事由：为据五团乡中心校呈以校畔筹建花厂有碍儿童卫生请予转饬迁让一案令仰遵照具报由

南汇县政府训令（卅七）三教字第八一七号

令五团乡长陈峰：

按据五团乡中心校校长严明呈以该校西边有空地一方，近由本镇商人徐阿大围以竹篱筹建花厂，将来机声隆隆、花纤飞扬，不但妨碍教学，抑且有害儿童身心健康，请予转饬乡公所勒令徐阿大迁地筹建等情前来。查学校应与工厂分立，以免妨碍教育。据呈前情，除指令外，合行令仰该乡长转饬徐阿大另行觅地迁让，并将办理情形具报备查为要。

此令。

县长龚宗儒

〔中华民国三十七年〕三月三日

［1194－1－890］

南汇县长龚宗儒为五团中心校旁筹建花厂请予迁让一案致守碑参议员私函

（1948年3月3日）

县长私函第八一七号

守碑参议员惠□：五团乡中心校旁徐姓租用龚绅土地开厂事，据呈与学校颇有妨碍，自属不合。惟龚绅明于事理，对于地方事业素具热忱。为特函请执事会同乡长调处，设法谦让，以冀和平解决，事关教育，至希鼎力处理。见复为荷。专此并颂。

春祉

龚宗儒（私章）

〔中华民国三十七年〕三月三日

［1194－1－890］

五团中心校为续请将校畔轧花厂转饬警察局勒令封闭押迁致南汇县政府呈

（1948年3月31日）

事由：为续请将校畔轧花厂转饬警察局勒令封闭押迁祈核示由

窃属校西毗近有本镇商人徐阿大租地兴建轧花厂，若使任其开设，则终日机声震耳，扰乱听觉，且花纤飞扬，霉气弥漫，对于教师授课及儿童身心均有莫在损害。经于三月一日备文具陈钧府请求迁让等由，旋奉钧府三教字第八一七号指令准予转饬迁让在案，而该厂主徐阿大不仅不遵令从速迁让，且加工赶造，现已将抵于成，不日行将开工。如此行为非惟扰乱公共秩序，抑且藐视法令，实属不法已极，属校迫不获已为敢再行据理陈报，请求钧府转饬警察局，将该厂勒令封闭押迁，俾使平日教学得以静穆，学生身心赖以安全，仰祈鉴核，示遵为祷。

谨呈

县长简

南汇县五团乡中心国民学校校长严明

中华民国三十七年三月三十一日

［1194－1－890］

南汇县政府为五团中心校旁花厂勒令迁让一案致祝桥警察分驻所和五团乡署训令

(1948年4月15日)

事由：为该乡商人徐阿大未经呈请备案于五团乡中心校旁开设动力轧花厂有碍学童健康令饬勒令迁让并具报由

南汇县政府训令(卅七)南三四字第八三号

令祝桥警察分驻所巡官张钊

五团乡乡长陈锋：

案据五团乡中心国民学校校长严明呈以该校西毗有商人徐阿大租地兴建机器轧花厂，开工后机声震耳，花纤飞扬，有碍学童身心健康，再请本府转饬勒令迁让等情。据此查，工厂法第三条规定，凡使用发动机器之工厂，应呈报主管官署备案。该徐阿大事前既未申请备案，事后亦未遵令迁让，实属藐视法令，合亟令仰该巡官，会同该乡陈乡长前往勒令谦让，以维教育，并仰将办理情形具报为要。

此令

县长简

〔中华民国三十七年〕四月十五日

[1194-1-890]

南汇县警察局祝桥分驻所关于五团中心校旁长兴花厂勒令迁让情形致南汇县政府呈

(1948年4月29日)

事由：为呈复长兴花厂勒令迁让情形祈核示由

南汇县警察局直辖祝桥分驻所呈祝字第五十八号

中华民国三十七年四月二十九日

案奉钧府南三四字第八三号训令内开：

“案据五团乡中心国民学校校长严明呈，以该校西毗有商人徐阿大租地兴建机器轧花厂，开工后机声震耳，花纤飞扬，有碍学童身心健康，再请本府转饬勒令迁让等情，据此，查工厂法第三条规定，凡使用发动机器之工厂，应呈报主管官署备案。该徐阿大事前既未申请备案，后亦未遵令迁让，实属藐视法令，合亟令仰该巡官，会同该乡陈乡长前往勒令迁让，以维教育并仰将办理情形具报为要”等因，奉此，遵即会同乡长陈峰前往该长兴花厂勒令迁让，该厂遵经停工，正呈复间，复据该厂主徐长根呈称：“窃奉钧所派员传谕，以本厂机声震耳，花纤飞扬，有碍学童身心，勒令将民厂迁让等谕，奉谕之下，谨将本厂机声已无震动及花纤决无飞扬情形陈明如左(一)建厂经过：本厂原有厂房，于去年十一月间不幸焚毁，厂中货物机器损失不赀，基地经吴姓收回，为谋维持一门生活计，不得不另租别地，以谋复兴，乃向龚姓租到祝桥中心校西面空地一方外，围竹篱建筑楼房三上三下，平房三间，所有机器装置于靠西平房中，(机房与中心校前面厨房距离有十间左右远近，与该校后面校舍尚隔民房，东面一空地，一池塘，一大操场，校舍在机房东北方方约二百余步)在本年开学时业已构筑完竣，此乃建厂经过情形也。(二)关于改善机声及决无花纤飞扬情形：查教育为立国之本，学校为育材之地，民虽一介商人，亦颇知爱护学童身心健康，故在装置引擎时，将回气鬏装置于三尺深之地下隧道中，隧道用大时砖头砌起，另用水泥粉刷，上铺泥土，使砰砰之声窒塞，隧道之中无从外达，更以引擎系慢车头，绝非快车头可比，故在机器开动时，即贴邻人家亦不知有机器震动声及砰砰声，至花纤飞扬更决无其事，因此种花衣，轻如柳絮，稍有微风已不能工作，在轧花时非将花衣房紧闭不可，而在停轧时已收拾清楚，故决无花纤飞扬之虞，此乃改善机声及决无花纤飞扬之情形也。上述二点事实俱在，请复。按实已无碍于学童身心健康之处，为敢备情，请求转呈俯念商人艰困免予迁让，则不胜感德之至”等情，据此，除批示仍应遵令迁让，如仍开设，并应报请备案外，理合将遵办情节，暨该厂主原呈各节，一并备文呈复，仰祈鉴赐核示祇遵！

谨呈

县长简

直辖祝桥分驻所巡官张钊

［1194－1－890］

2. 久丰行遗失籽花票一案

久丰行关于报备遗失一〇五三号籽花票面致南汇县商会呈

（1949年3月6日）

事由：为遗失票面壹佰砠籽花之本票乙纸声明作废，祈准转呈县府备查由

三十八年三月六日

窃本行于昨日上午不幸为学徒陈二新遗失一〇五三号票面壹佰砠籽花之本票乙纸。除刊登浦东报广告并分函各同业声明作废外，理合备文呈报，祈鉴核转报县府准予备查，实为德便。

谨呈

县商会理事长潘

久丰行

［1194－4－358］

南汇县商会关于报送久丰行遗失花票一案致南汇县政府呈

（1949年3月8日）

事由：久丰行遗失花票一案据情转请备查祈赐准由

南汇县商会呈南字第七四四号

案据惠南镇久丰粮食行主王占兆呈称：“本行于昨日……全叙……准予备查”等情。据此，理合备文转呈，仰祈鉴准。

谨呈

县长孙

理事长潘

〔中华民国卅八年〕三月八日

［1194－4－358］

南汇县政府关于核备久丰行遗失花票给南汇县商会指令

（1949年3月16日）

事由：为据转呈久丰行遗失花票乙案指仰知照由

南汇县政府指令云一字第二六四七号

中华民国三十八年三月十六日

令县商会

卅八年三月八日呈乙件久丰行遗失花票一案据请转请备查，祈赐准由。

呈悉：准备查，仰转饬知照！

此令。

县长孙云□

［1194－4－358］

南汇县商会关于核备久丰行遗失花票一案致久丰的公函

（1949年3月19日）

南汇县商会公函南字第七四七号

事由：据报遗失籽花本票请转县备查一案业已奉准函复知照

案查前据该行呈为遗失壹百砠籽花本票乙纸声明作废，祈转县府备查一案当经奉会转呈去后。兹奉云一字第二六四七号指令“呈悉准备查，仰转饬知照”等因。奉此，相应函复知照！

此致

久丰行

理事长潘

〔中华民国卅八年〕三月十九日

［1194－4－358］

二

南汇县各同业公会组织

（一）南汇县烟纸业同业公会

南汇县烟纸业同业公会筹备会报送第一次筹备会议致南汇县政府呈

（1946 年 5 月 26 日）

事由：为召开第一次筹备会议经过情形祈鉴核存查由

案奉商整会总字第二十八号训令略开：

“案奉县府社字〇八二〇号指令准予核委本会所荐各同业公会筹备人选并随发筹备员委令五件到会，遵即转给，仰予祗领并行令知，务须根据章则表册先行准备一切应办手续，妥于规定地点日期如令召集筹备进行以凭据，请县府届时派员指导并由本会派员监同整理为要。”

等因，并附转发钧府委令五份暨各附件。奉此，遵于五月廿五日假商整会召开第一次筹备会议，当由钧府及商会党部各予派员莅临监督指导。所有会议情形除分呈外，理合备文录案具报，仰祈鉴核存查，实为公便。

谨呈

南汇县县长徐

附会议纪录一份

南汇县烟纸业同业公会筹备主任萧宝生

中华民国三十五年五月二十六日

〔附〕

南汇县烟纸业同业公会会议纪录

日期：三十五年五月二十五日下午三时

地点：假南汇县商整会

出席：萧宝生　康志京　沈蓉芳翁文祥代　姚南生潘礼文代　潘礼文

列席：陆济沧县党部　李长俊县政府　王雪禅商整会

行礼如仪

公推主席

公推萧宝生先生为主席

报告事项（略）

讨论事项：

一件：推定筹备主任担任会务案。

决议：公推萧宝生先生担任筹备主任。

一件：本会经费如何筹垫案。

决议：由五会员先垫每人贰万元为本会经费。

一件：推定本会会计员案。

决议：聘任鞠安之担任会计员。

一件：雇用本会书记案。

决议：雇用王志方担任书记。

一件：推定本会会址案。

决议：择定县商会为本会会址。

一件：本会应如何征求会员案。

决议：由各筹备员负责推进。

一件：推员起草章则案。

决议：由王志方担任。

一件：规定召开成立大会日期地点及召集人案。

决议：定六月廿五日下午二时在本城假中山堂开会，由主任召集之。

主席：萧宝生

纪录：王志芳

［1194－1－858］

南汇县商会整理委员会转报烟纸业同业公会理监事宣誓就职并第一次联席会议经过致南汇县政府呈

（1946年7月3日）

事由：为转呈烟纸业同业公会理监事宣誓就职并第一次联席会议经过检呈会议纪录祈鉴备并颁发图记由

南汇县商会整理委员会呈总字第八四号

中华民国三十五年七月三日

案据烟纸业同业公会理事长康子京呈称："本会于六月二十五日下午假萧宅举行理监事宣誓就职并第一次联席会议，蒙钧会及县政府派员指导。推定康子京为理事长，萧宝生潘礼文为常务理事，谢诵韦为常务监事，并推定出席商会代表等议案多件，合将会议纪录检附备文呈请转呈县政府备查并颁发图记"等情。据此，合亟检附该会呈送会议录乙份，呈请鉴备并迅赐颁发图记以利会务推进，实为公便。

谨呈

南汇县县长徐

附呈会议一份

南汇县商整会主任委员潘子平

〔**附**〕

南汇县烟纸业同业公会第一次理监事联席会议

日期：三十五年六月二十五日

地点：假座萧宅

时间：下午五时

出席：全体理监事

列席：县政府李长俊　商整会顾昌淦

行礼如仪

宣誓就职

公推萧理事宝生为主席

主席报告：略

讨论事项：

乙件：推选本会常务理事及理事长案。

决议：推定康子京、潘礼文、萧宝生三位为常务理事，互推康子京为理事长。

乙件：推定本会常务监事案。

决议：推定谢诵韦为常务监事。

乙件：推定本会出席商会代表案。

决议：推定萧宝生、康子京、汤武、潘礼文、陆廉夫五位为出席代表。

乙件：推定本会会计案。

决议：推定鞠安之先生担任。

乙件：雇用本会职员案。

决议：雇由顾庆云为干事，王志方为书记。

乙件：本会筹备费用应如何筹还案。

决议：俟结算后依下列比例筹还。

一、南汇叁股二、大团叁股三、新场两股四、祝桥壹股五、四团仓壹股。

乙件：会员每月经常费大会议定分四级征收。为体卹小商号起见应否增加戊等案。

决议：增加戊等为壹千元。

乙件：每月经常费等级如何规定案。

决议：由各理事斟酌后核定。

乙件：本会六月份经常费应否征收案。

决议：合并于七月份征收。

乙件：规定第二次理监事会日期案。

决议：每月逢二十日举行。

主席：萧宝生

纪录：王志方

［1194－1－858］

南汇县商会整理委员会转报南汇县烟纸业同业公会成立大会经过检送理监事履历表等致南汇县政府呈

（1946年7月3日）

事由：为据呈烟纸业同业公会成立大会经过检送理监事履历表、修正会章、业规、会员名册、会议纪录转请鉴备由

南汇县商会整理委员会呈总字第八三号

中华民国三十五年七月三日

案据烟纸业同业公会理事长康子京呈称：

“查本会业于六月二十五日假萧宅召开成立大会，蒙钧会及县政府县党部各派员出席监督指导，会议得顺利进行，当场修正会章选举理监事。合将大会经过情形并检同修正章程、会员名册、理监事履历表、会议纪录、业规各叁份备文具报，仰祈鉴核转呈县政府县党部备查，实为公便”等情。据此，查该公会业经正式成立，理合检齐附件各一份，备文转报，仰祈鉴核备查，实为公便。

谨呈

南汇县县长徐

附呈理监事履历表、会员名册、会章业规、会议纪录各一份

南汇县商整会主任委员潘子平

〔附 1〕

南汇县烟纸业同业公会成立大会会议纪录

日期：民国卅五年六月廿五日

地点：假府萧宅

时间：下午二时

出席：五十二人

列席：县政府李长俊　县党部周宝生　商整会顾昌淦

行礼如仪

公推萧宝生先生为临时主席，纪录王志芳

主席报告：略

县政府李科长致词：略

县商整会顾秘书致词：略

讨论事项：

一件：通过章程草案案。

决议：修正后通过。

一件：修正本业业规案。

决议：修正后通过。

一件：通过本会每月经常费预算案。

决议：修正后通过。

一件：规定会员每月缴纳经常费标准案。

决议：规定甲等八千元，乙等六千元，丙等四千元，丁等二千元。

一件：选举本会理监事案。

决议：理事当选人萧宝生、康志京、陆廉夫、潘礼文、汤武、萧裕章、萧谈章、翁文祥、唐亚文。

候补理事当选人张瑞林、方显章、鞠安之。

监事当选人谢诵章、王友仁、沈蓉芳。

候补监事当选人冯福泉。

主席：萧宝生

纪录：王志芳

南汇县烟纸业同业公会

〔附 2〕

南汇县烟纸业同业公会业规

第一条　本业规经本会会员代表大会订定之。

第二条　本业规以维持增进同业之公共福利及矫正弊害为宗旨。

第三条　凡在本县行政区域内之同业应得为本会会员。

第四条　凡在本区域内各同业有新设或添设分号应于七日前用书面正式报告本会登记，经本会许可后方可开始营业。

第五条　凡在本区域内同业如有召盘出租加记添股迁移及变更负责人等，应事先向本会更正或重行登记。

第六条　同业各种价目由本会理事会根据市面加以合法利润议定价目，印制价目表，分发同业不得紊乱。

第七条　同业因有特殊情形拟改减时，须于七日前将事实用书面报告本会。经本会正式书面许可后，方得举行新设之。同业亦如同样办法办理之。

第八条　凡同业如接到价目表后对于决议之价目私自减售或违反第三四五六七条者，经同业之检举报告本会由本会，理事会视其情节之轻重依法予以相当之处罚。

第九条　上项相当之处罚由理事会决议呈报主管官署核准施行。

第十条 同业雇用之职员或学徒不得私相挖用。

第十一条 本业规呈奉县政府核准后公布施行。

南汇县烟纸业同业公会

〔附 3〕

江苏省南汇县烟纸业同业公会章程①

第一章 总则

第一条 本章程依据商业同业公会法订定之。

第二条 本会定名为南汇县烟纸业同业公会。

第三条 本会以维持增进同业之公共利益及矫正弊害为宗旨。

第四条 本会之区域以南汇县之行政区域为范围，会所附设于南汇县商会。

第二章 任务

第五条 本会之任务如左：

一、关于会员商品之共同购入保管运输及其他必要之设施；

二、关于会员营业之指导研究调查及统计事项；

三、关于会员间营业纠纷之调处；

四、办理合于第三条所揭宗旨之其他事项；

五、陈述意见于主管机关及答复主管机关之咨询事项；

六、其他有关法令之协助事项。

第三章 会员

第六条 凡在本会区域内经营烟纸业者均应为本会会员。

第七条 本会会员均得派代表出席公会为会员代表。

第八条 会员代表均有表决权选举权及被选举权。

第九条 会员代表以有中华民国国籍年在二十岁以上者为限。

第十条 有左列各款情事之一者不得为本会会员代表。

一、背叛国民政府经判决确定或在通缉中者；

二、曾服公务而有贪污行为经判决确定或在通缉中者；

三、褫夺公权者；

四、受破产宣告尚未复权者；

五、无行为能力者；

六、吸食鸦片或其他代用品者。

第十一条 会员代表因事不能出席会员大会时得以书面委托其他会员代表代理之。

第十二条 会员非停业或迁出本会区域者不得退会，退会时须据情报告本会核定之。

第十三条 本会同业不依法加入本会或不缴纳会费或违反章程及决议者限期劝令加入及改过，逾期仍不遵办者应予以警告，自警告之日起十五日内仍不接受者，得由本会呈请县府予以左列之处分：

一、五万元以下之违约金；

二、有期间之停业；

三、永久停业。

第四章 组织及职权

第十四条 本会设理事九人，候补理事三人，监事三人，候补监事一人均由会员大会就会员代表中选任之。理事中互选三人为常务理事，互推一人为理事长，监事中互选一人为常务监事。

第十五条 本会得视事务之繁简设办事员一人或二人助理会务由理事长任用之。

---

① 此处收录章程全文，其他各同业公会章程则只摘录与此文本相异之处，不再注明。

第十六条　本会理事长之任务如左：
一、处理本会日常会务；
二、对外代表本会；
三、召集理事会及会员代表大会并执行其决议；
四、接受或采纳会员之建议。
第十七条　本会监事之职权如左：
一、稽核本会经费之收支盈亏；
二、审核本会会务之进行状况；
三、考核本会职员之勤惰。
第十八条　本会理监事之任期均为四年，每二年改选，半数不得连任。改选时以抽签定之。
第十九条　理监事因故中途缺席时由会员大会再行互选递补，以补足原任之任期为限。
第二十条　理监事有左列各款情事之一者应即解任：
一、会员代表资格丧失者；
二、因不得已事故经会员大会议决准其辞职者；
三、有第十条各款情事之一者；
四、违背法令章程营私舞弊或其他不正当行为者。
第廿一条　本会理监事均为名誉职。
第五章　会议
第廿二条　本会会员大会分定期会议及临时会议两种，均由理事长召集之。
第廿三条　本会定期会议每年开会一次，临时会议于理事会认为必要或经会员代表十分之三以上之请求或监事会函请召集时召集之。
第廿四条　本会会员大会之决议以会员代表过半数之出席，出席代表过半数之同意行之。
第廿五条　本会理事会每两月至少开会一次，监事会每三月至少开会一次。
第廿六条　理监事会开会时须有理监事过半数之出席，出席过半数之同意方能决议可否，同数取决于主席。
第廿七条　理监事会开会时不得委托代表出席。
第六章　经费
第廿八条　本会经费分入会费、经常费、临时费三种。
第廿九条　会员入会费比例于其资本额，其等级由理事会审查确定后收取之。
第三十条　前条入会费依资本额分甲等八千元，乙等五千元，丙等三千元。新会员于入会时缴纳之。
第卅一条　经常费每月由各会员依其等级由理事会审确后缴纳之。
第卅二条　如遇必需要临事费时得由理事会或经会员大会通过后征收之。
第卅三条　本会经费状况应每半年报告会员一次。
第七章　附则
第卅四条　本章程未规定事项悉依商业同业公会法办理之。
第卅五条　本章程如有未尽事宜经会员大会之决议修正之。
第卅六条　本章程呈准县政府备案后施行之。
〔附4〕

烟纸业同业公会理监事履历表

地址：南汇县商会　　　电话

姓　名	年龄	籍贯	职　务	学历	经　　历	住址或通讯处
康子京	40	南汇	理事长	普通	经商二十余年	大团南昌号
萧宝生	64	南汇	常务理事	普通	经商四十余年	南汇勒康号

续 表

姓　名	年龄	籍贯	职　务	学历	经　　历	住址或通讯处
潘礼文	46	南汇	常务理事	普通	经商二十余年	南汇万茂号
陆廉夫	48	南汇	理　事	普通	经商二十余年	三墩廉记号
汤　武	24	南汇	理　事	高小	经商五余年	祝桥新茂协号
萧裕章	35	南汇	理　事	高小	经商十余年	南汇康泰号
翁文祥	46	南汇	理　事	高小	经商二十余年	新场林昌号
萧谈章	46	南汇	理　事	高小	经商二十余年	大团勤康南号
唐亚文	35	南汇	理　事	补中	经商十余年	新场华丰号
张瑞林	42	南汇	候补理事	普通	经商二十余年	四团仓张顺兴号
方显章	62	南汇	候补理事	普通	经商三十余年	大团三和兴号
鞠安之	43	南汇	候补理事	普通	经商二十余年	南汇裕兴号
谢诵韦	59	南汇	常务监事	普通	经商四十余年	新场谢渭盛号
王友仁	50	南汇	监　事	普通	经商二十余年	四团仓王义隆号
沈蓉芳	35	南汇	监　事	师范	经商十余年	新场沈万茂号
冯福全	49	南汇	候补监事	普通	经商二十余年	南汇冯大昌号

南汇县烟纸业同业公会

〔附 5〕

南汇县烟纸业同业公会会员名册

团体公司行号或工厂名称	代表姓名	性别	年龄	籍贯	资本金额	开　设　地　址
勤　康	萧宝生	男	64	南汇	五拾万元	南汇东门大街
康　泰	萧裕章	男	34	南汇	五拾万元	南汇东门大街
万　茂	潘礼文	男	48	南汇	念万元	南汇东门大街
宝　大	曹子谊	男	31	南汇	拾万元	南汇东门大街
公　泰	顾志善	男	31	南汇	五万元	南汇南门大街
马长泰	马　□	男	46	南汇	拾万元	南汇东门大街
恒　盛	于宝泉	男	42	南汇	拾万元	南汇东门大街
裕　兴	鞠安之	男	43	南汇	拾万元	南汇东门外
冯大昌	冯福全	男	49	南汇	拾万元	南汇东门外
宣茂兴	宣时傑	男	38	南汇	五万元	南汇东门外
梓　康	倪轶九	男	34	南汇	拾万元	南汇东门外
赵福泰	赵介芳	男	34	南汇	拾万元	南汇东门外
洪　顺	张元洪	男	23	南汇	叁拾万元	南汇南门
慎　昌	施庆生	男	33	南汇	拾万元	南汇
缪裕泰	缪柏铨	男	24	南汇	八万元	南汇东门外
裕　隆	鞠宝兴	男	38	南汇	五万元	南汇东门外
南昌洽	沈旺根	男	25	南汇	拾万元	南汇南门外
东来兴	倪开顺	男	28	南汇	拾万元	南汇东门外
万　泰	叶鹤松	男	43	南汇	四万元	南汇东门大街

续 表

团体公司行号或工厂名称	代表姓名	性别	年龄	籍贯	资本金额	开设地址
正　昌	顾进财	男	41	南汇	念万元	南汇
宝　泰	朱正清	男	28	南汇	五万元	南汇东门外
顾永泰	顾毓石	男	45	南汇	五万元	南汇东门大街
祥　源	孙书楼	男	31	南汇	念万元	南汇南门外
永　昌	顾南宝	男	22	南汇	壹万元	南汇西门大街
周永昌	周友生	男	40	南汇	叁万元	南汇北门大街
周金记	周金桃	男	22	南汇	壹万元	南汇西门大街
袁隆盛	袁红宝	男		江北泰州	贰万元	南汇西门大街
张松记	张松年	男	40	南汇	五万元	南汇东门大街
沈泰和	沈士傑	男	32	南汇	叁万元	南汇东门大街
姚久昌	姚志明	男	30	南汇	六万元	南汇东门外
德　泰	马德生	男	51	南汇	四万元	南汇南门外
蔡源泰	蔡培生	男	35	南汇	五万元	南汇靖海桥堍
朱祥生	朱祥生	男	33	南汇	贰万元	南汇东门大街
恒　隆	张志棠	男	27	南汇	贰万元	南汇西门大街
文　记	蒋文源	男	23	南汇	壹万元	南汇东门外
李大昌	李有根	男	51	南汇	贰万元	南汇东门大街
万　昌	孙富腴	男	22	南汇	壹万元	南汇东门外
万　隆	钱燕伯	男	44	南汇	壹万元	南汇西门大街
义　昌	李晋昌	男	53	南汇	六千元	南汇南门
同　盛	宋志奎	男	52	南汇	贰万元	南汇东门外
新　昌	沈仁山	男	36	南汇	壹万元	南汇
袁松记	袁松泉	男	47	南汇	壹万元	南汇东门外
南　昌	康子京	男	40	南汇	壹万元	大团南湾
浙　东	黄静涛	男	45	宁波	五拾万元	大团北市
裘乾源	杨承熙	男	46	海宁	拾万元	大团
新　盛	周梦麟	男	48	奉贤	伍拾万元	大团
勤康南号	萧谈章	男	46	南汇	叁拾万元	大团
三和兴	方显章	男	62	宁波	叁拾万元	大团牛桥下塘
同泰祥	唐祥麟	男	48	南汇	叁拾万元	大团中市
建华永记	金志璋	男	35	绍兴	念万元	大团中市
恒　盛	陆云祥	男	39	南汇	拾万元	大团中市
协　泰	石良官	男	21	南汇	拾万元	大团
华　丰	唐亚文	男	35	南汇	五拾万元	新场镇北市
谢渭盛	谢诵韦	男	59	南汇	四拾万元	新场镇中市
益　昌	顾醴泉	男	52	南汇	四拾万元	新场镇中市
沈万茂	沈蓉芳	男	35	南汇	参拾万元	新场镇中市
杜永顺	杜蓉江	男	48	南汇	参拾万元	新场镇西街

续 表

团体公司行号或工厂名称	代表姓名	性别	年龄	籍贯	资本金额	开 设 地 址
天 盛	倪澄波	男	40	南汇	念万元	新场镇中市
勤 益	朱耀祥	男	49	南汇	念万元	新场镇中市
久 兴	唐泉江	男	28	南汇	拾五万元	新场包家桥北首
鸿 盛	唐大鸿	男	28	南汇	八万元	新场中大街
林 昌	翁文祥	男	46	南汇	四万元	新场中大街
大利商店	朱锦文	男	60	南汇	壹万元	新场南市
陈万昌	陈锦文	男	51	南汇	拾万元	祝桥
乔久昌	乔兆昌	男	35	南汇	五万元	祝桥
新茂协	汤 武	男	24	南汇	叁万元	祝桥东大街
振泰盛	张国森	男	44	南汇	贰万元	祝桥中市
华 昌	杨义庵	男	53	南汇	贰万元	祝桥西街
源 生	江志元	男	59	南汇	贰万元	祝桥南市
茂 记	刘祖尧	男	36	宁波	壹万元	祝桥西街
施正元政记	施政苍	男	40	南汇	壹万元	祝桥西街
张顺兴	张瑞麟	男	42	南汇	五万元	四团仓中市
王义兴	王根久	男	47	南汇	五万元	四团仓南市
义新祥	姚振国	男	32	南汇	五万元	四团仓北市
新 大	朱纯诅	男	33	南汇	五万元	四团仓中市
王义隆	王友仁	男	53	南汇	叁万元	四团仓中市
大 昌	方金昌	男	24	南汇	叁万元	四团仓
公 兴	周兆江	男	38	南汇	贰万元	四团仓
廉 新	陆廉夫	男	46	南汇	五拾万元	三墩镇
福 泰	瞿振海	男	25	南汇	五拾万元	三墩镇北市
荣 昌	李向荣	男	44	南汇	四拾万元	三墩镇
德康南号	朱 傑	男	25	南汇	念万元	三墩镇
其 昌	王振傑	男	25	南汇	念万元	三墩马路街
森 鑫	胡祥鑫	男	40	南汇	拾五万元	三墩马路街

[1194－1－858]

南汇县政府关于核备南汇县烟纸业同业公会成立大会等并发立案证书致南汇县商会整理委员会指令

(1946年7月13日)

事由：据呈烟纸业同业公会成立大会经过检送理监事履历表修正会章业规会员名册会议纪录等指令知照由

南汇县政府指令社字第三四四四号

令县商会整理委员会

卅五年七月三日呈二件，为据呈烟纸业同业公会成立大会经过检送理监事履历表、修正会章、业规、会员名册、会议纪录等转请鉴备并颁发图记由。

呈件均悉，准予立案，随发立案证书乙纸仰即转给祗领所有该会图记，并仰转知来府具领。

此令。件存。

附南汇县烟纸业公会立案证书乙纸[①]

县长徐

〔中华民国三十五年〕七月十日

［1194－1－858］

南汇县烟纸业同业公会请兼营烟纸之各商号入会致南汇县南货业公会函

（1946年7月23日）

事由：为函请贵会兼营烟纸之各商号劝令加入本会为会员由

函南货业公会烟字第七号

民国卅五年七月二十三日

案据商业同业公会法第十二条规定兼营两类以上商业者均应为各该业公会会员等情。经本会第二次理监事联席会议提出讨论，当经决议“函请南货业公会劝令兼营纸之各商号遵章加入本会为会员以符功令”等语相应函达，即希查照，迅即劝令加入本会以符功令而利本会会务为幸。

此致

南汇县南货业公会理事长夏

理事长康

［1194－4－308］

南汇县南货业公会关于兼营烟纸之会员极少无需入会致南汇县烟纸业同业公会函

（1946年8月18日）

事由：为本会兼营烟纸之会员极少且非主要营业依据实际情形似无再入会之必要函覆查照由

案奉贵会烟字第七号公函略开：“函请贵会兼营烟纸之各商号劝令加入本会为会员”等情。据此业经本会第二次理监事联席会议讨论，当经决议“查本会兼营烟纸业之会员极少且均非主要营业，依据实际情形似无再入烟纸业公会之必要”等语相应函覆，即希查照为荷。

此致

烟纸业公会

理事长康

理事长夏虞弼

中华民国三十五年八月十八日

［1194－4－308］

南汇县商会整理委员会转报南汇县烟纸商业同业公会启用图记日期检附印模致南汇县政府呈

（1946年7月27日）

事由：为转报烟纸商业同业公会启用图记日期黏呈印模祈鉴备由

① 原文缺。

南汇县商会整理委员会呈总字第一一二号

中华民国三十五年七月二十七日

案据烟纸商业同业公会理事长康子京呈略称："前奉钧会转给南汇县政府颁发立案证书一纸，当即祗领并派员前往县府领到图记一颗文曰：'南汇县烟纸商业同业公会图记'，业于七月二十二日谨敬启用，理合拓呈印模三份，祈鉴备转"等情。据此，合行检附印模一份，报请鉴核备查。

谨呈

南汇县长徐

附呈烟纸业同业公会图记印模一份（下略）

南汇县商会整理委员会主任委员潘子平

［1194－1－858］

三墩镇大隆号等关于照章缴纳会费决无抗违等情致南汇县烟纸同业公会函

（1946年9月5日）

迳启者：切奉钧令，据顾干事兰汀称，敝号抗缴会费，更煽动三墩全镇同业一体抗纳等情，不胜骇异，但敝号应缴义务会费诚未缴纳则有之，若云煽动同业抗纳，实无其事，绝不承认。试问各业之有公会，是否为会员者只尽义务而无权利可享，以大团、周浦等公会，凡遇各项物价增减，均有负责人通知，以服划一，独我三墩镇有名无实，从未有通知，只知收取会费，责令会员尽义务，而不使会员有权利，致使市面不统一，似若无公会者。然扪心自问可得误事，理之平乎。缘奉令责，为敢率直缕陈，以俟办理平衡，照章缴纳，决无抗违也。谨请南汇县烟纸同业公会。

三墩镇大隆号顾炳章

大隆号（印）

森鑫号（印）

其昌行（印）

荣昌号（印）

源新烟号（印）

〔中华民国三十五年〕九月五日

［1194－4－308］

南汇县烟纸业同业公会关于催缴会费并发价目表致三墩大隆号令

（1946年9月22日）

事由：为令仰将会费迅即缴会其价目单由大团分发仰即遵照由

令三墩大隆号烟字第一二号

中华民国卅五年九月廿二日

令大隆号

查该号来函叙明不缴会费因各项物价增减，无负责人通知，致使市面不统一之故。除由大团分发价目单仰一体遵照外，至否认煽动全镇之举略有不符，来函具名。除该号外，尚有森鑫等五家，可见领袖抗缴容或有之，仰即改过而应缴会费迅即缴会，并仰通知该镇同业一体遵章缴纳，毋再抗违以维会务而强组织为要。

此令。

理事长康

［1194－4－308］

南汇县烟纸业同业公会关于准予取缔周浦镇非法组织之烟纸烛皂业公会致南汇县政府呈

（1946年10月19日）

事由：为呈请准予取缔周浦镇非法组织之烟纸烛皂业公会由

呈县政府烟字第十七号

中华民国卅五年十月十九日

案查同业公会之组织须经法定人数之发起，呈经主管官署许可，核委始能组织筹备会以至于成立。本会遵照程序进行于本年六月廿五日依法组织成立，蒙钧府派员指导监选并颁发商字第五号立案证书及刊发图记在案。兹查本年十月十七日新浦东报刊载周浦通讯："周浦烟纸烛皂业同业公会已成立，高耀清当选理事长"一则不胜骇异，据此该公会显与本会发生抵触且该会之组织事先既未呈报钧府核准，而依法一县境内更无产生两个同一性质公会之可能，实属藐视法令，□不予以取缔，则此风嚣张非特影响本会会务之推行，亦且有损钧府政令之威信，仰祈鉴察迅予以取缔，以符法令而禁效尤。

谨呈

南汇县长徐

南汇县烟纸业同业公会理事长康

［1194－4－308］

南汇县政府关于取缔周浦镇烟纸烛皂业公会致南汇烟纸业同业公会指令

（1946年10月28日）

事由：据呈请取缔周浦镇烟纸烛皂业非法组织同业公会指复知照由

南汇县政府指令社六九七七号

中华民国三十五年十月廿八日

令烟纸业同业公会

三十五年十月十九日呈一件，为呈请准予取缔周浦镇非法组织之烟纸烛皂业公会由。

呈悉。已据新浦东报载消息令饬该管区署查报并饬警察所勒令解散，仰即知照！

此令。

县长徐泉

［1194－4－308］

南汇县烟纸业同业公会为调整纳费等级的公函

（1946年10月23日）

事由：为调整纳费等级由

公函烟字第十八号

中华民国卅五年十月廿三日

案据本会第四次理监事联席会议讨论事项一件"各会员纳费等级混乱不匀应如何办理案"，决议"依照实际营业状况调整其等级"等语纪录在卷。当兹经决议将贵号等级列为等相应函达，务希台端体念会务之需款殷切，勉为缴纳，以期推广会务而收事功之效，是为公便。

此致

南汇：宝大乙、公泰乙、万茂乙、於恒盛乙、宣茂兴乙、裕兴乙、梓康乙、顾永泰丙、康泰丁、缪裕泰丁、东来兴丁

四团仓：张顺兴丙、王义隆丙

大团：南昌甲、裘乾源甲、三和兴乙、同泰祥乙、恒盛丙、隆盛丙、勤康南号丙、协泰丙、昇大丙、益泰洽记丙、建□永记丙、虞祥泰丁、森昶丁、万昌丁、春源丁、长和丁、三进丁、德昌丁

新场：谢渭盛乙、益昌乙、华丰丙、沈义茂丙、久兴丙、勤益丙、□永顺丙、天盛丁、蔡裕泰丁、王良记丁、滕福泰丁、华盛丁、康源兴丁、鸿盛丁

［1194－4－308］

南汇县烟纸业同业公会报送第六次理监事联席会议纪录致南汇县政府呈

（1946年12月26日）

事由：为呈送本会第六次理监事联席会议纪录由

南汇县烟纸业同业公会呈烟字第二十九号

中华民国三十五年十二月廿六日

查本会第六次理监事联席会议业于十二月二十日假盐仓镇商会举行，出席理监事十人及祝桥盐仓同业会员六人讨论一切会务之推进，理合录案呈报，仰祈鉴核备查，实为公便。

谨呈

南汇县长徐

南汇县烟纸商业同业公会理事长康子京

〔**附**〕

南汇县烟纸业同业公会第六次理监事联席会议纪录

日期：民国三十五年十二月二十日上午十一时

地点：盐仓镇商会

出席：理监事十人　　　列席：祝桥盐仓同业会员六人

主席：康子京　　　纪录：王志方

行礼如仪

主席报告：略

讨论事项：

一件：县府为征求国语演说竞赛会奖品应如何办理案。

决议：送洋簿四打聊表奖励。

一件：县商会催报每本十五日市价应如何办理案。

决议：即将本月十五日市价填报。

一件：县商会请报本会经济收支状况应如何办理案。

决议：遵即造报。

一件：本会经费支绌时虞缺乏应如何设法弥补案。

决议：向各会员征收临时费一月以资弥补。

一件：本会会员证书业已印就对于工本费应否征收案。

决议：确定每证收成本费壹千元。

一件：本会各镇办事处主任下次开会时应否通知出席案。

决议：自应通知出席。

一件：本会下届常会适逢废历年底应否举行案。

决议：以不举行为原则，如有必要由理事长临时召集之。

一件：大团书店既不加入本会，反扰乱价格，私做廉价，影响同业匪浅应如何办理案。

决议：用书面勒令入会并警告以后应遵守本会定章不得扰乱价格，以利会务。

主席：康子京

纪录：王志方

[1194-1-858]

南汇县烟纸业同业公会理监事通讯处一览表[①]

(1946～1948年)

职别	姓名	通讯处
理事长	萧宝生	本城东门勤康号
常务理事	康子京	大团镇南昌号
常务理事	钱正一	新场镇正昌号
理事	潘礼文	本城东门仁茂号
理事	唐亚文	新场镇华丰号
理事	谢诵韦	新场镇谢渭盛号
理事	陆廉夫	三墩镇廉记号
理事	翁文祥	新场镇林昌号
理事	鞠安之	本城裕兴号
常务监事	於宝泉	本城於恒盛号
监事	萧裕章	本城康泰号
监事	顾醴泉	新场镇益昌号
候补理事	冯福泉	本城冯大昌号
候补理事	张瑞林	盐仓镇张瑞兴号
候补理事	杜蓉江	新场镇杜永顺号
候补监事	萧谈章	大团镇勤康南号

[1194-4-398]

南汇县烟纸商业同业公会各镇办事处主任一览表[②]

(1946～1948年)

镇别	姓名	通讯	备注
大团	康子京	南昌号	
新场	沈蓉芳	万茂号	
祝桥	施浩轩	正元昌号	
盐仓	张瑞林	张顺兴号	
三墩	陆廉夫	廉记号	

① 日期不详。该文件所在案卷1194-4-858起止日期为1946年5月11日至1948年10月17日。

② 日期不详。该文件所在案卷1194-4-858起止日期为1946年5月11日至1948年10月17日。

续 表

镇　别	姓　名	通　讯	备　注
江　镇	顾怡然	天源号	
六　灶	顾根桃	顾悦昌号	
黄　镇		蔡源生号	瞿路属
航　头	王祖贤	王聚丰号	
坦　直	翁颂高	翁万昌号	
施　镇	尹庆云	尹永兴号	
下　沙	方宗俊	永祥号	
邓　镇	钱梅根	钱信昌号	
杜　行	李东海	李永茂号	
鲁　汇	张志安	合泰号	
闸　港	袁耕达	袁源兴号	
北　蔡	陈渭卿	乾新康号	“张江栅”龙庙王属
张　江	徐石麟	懋泰新号	

[1194-4-398]

南汇县烟纸业同业公会报送第七次理监事会议纪录致南汇县政府呈

(1947年2月22日)

事由：为呈送第七次理监事会议纪录祈鉴备由

南汇县烟纸业同业公会呈烟字第三四号

中华民国三十六年二月廿二号

查本会第七次理监事联席会议业于二月二十日召开，出席理监事十人，列席会员二人，讨论要案七件，理合将经过情形并附同会议纪录备文具报，仰祈鉴核备查，实为公便。

谨呈

南汇县长徐

理事长康子京

〔附〕

南汇县烟纸商业同业公会第七次理监事联席会议纪录

时间：民国三十六年二月二十日下午一时

地点：南汇县商会

出席：康子京、萧宝生等七人，列席：于宝泉、朱纯祖二会员

主席：康子京，纪录：王志芳　　　行礼如仪　　　主席报告(略)

讨论事项：

一件：县商会转函为省商联会筹募基金，托本会代募拾万元应如何办理案。

决议：因本会会员营业清淡无法筹募，而本会经费亦感拮据，为略尽绵簿起见，于经常费项下拨付五万元呈缴商会汇转。

一件：欠缴会费之各会员虽经干事屡往催索仍置不理，显属有犯会章，本会应如何办理案。

决议：由本会开列名单呈县商会转县府饬令缴纳，以维会务。

一件：会员中有虽售香烟而类似设摊不成店面者不少而早已入会，然自本会成立以来至今未缴会费应

如何处理案。

决议：再行去函劝告以最低等级勉为缴纳，如仍故违依章办理。

一件：本会原有经费本感不够开支，日来物价飞张势必更难支持，应否调整纳费数字案。

决议：自三月份起以原定等级数字加百分之五十征收，以维会务。

一件：惠南镇各同业之售价尚未划一应如何办理案。

决议：公推鞠安之、于宝泉二先生负责探访价格涨落，集议标准印制价目表分发各同业遵守，如有故意扰乱价格者呈请县府依章办理。

一件：大团镇大团商店去函劝令入会以来迄今不理应如何办理案。

决议：由本会呈县商会转请县府依章办理。

一件：各会员请求本会备函上海香烟公司及火柴厂配购香烟火柴等物品应如何办理案

决议：由本会具函华成、南洋两公司及永泰和烟行暨周浦中华火柴厂请其尽量配购香烟火柴，以副同业厚望。

主席：康子京

纪录：王志方

［1194－1－858］

南汇县烟纸业同业公会请求继续经售捲烟并赐经售章程致华成南洋烟业公司函

（1947年2月24日）

事由：为函请继续经售贵公司捲烟并赐经售章程由

南汇县烟纸商业同业公会函烟字第三九号

查战前本会同业如大团南昌康子京、南汇万裕丰萧宝生等商号咸经售贵公司捲烟销量甚巨，彼此获益已非一日且深得吸户信仰。不幸战事发生遂告停顿，迺者天日重光，本业会亦早成立。兹循各会员之请求继续经售并拟以本会为本县总经售处转发各会员（各镇烟纸店）推销，在贵公司既免多方分发之烦，复获普遍行销之效，一举两得事半功倍。想贵公司亦□于採纳为专函达，希即惠赐经售章程俾将趋前接洽为荷。此致

华成南洋烟业公司

理事长康

〔中华民国三十六年〕二月廿四日拟稿

［1194－4－309］

南汇县烟纸业同业公会请求经售火柴并赐章程致中华火柴厂函

（1947年2月24日）

事由：为函请经售贵厂火柴并赐章程由

南汇县烟纸商业同业公会函烟字第四〇号

本贵厂仙鹤牌火柴久为社会人士所称许，素得用户信仰。本会为循各会员之请求拟以本会为贵厂仙鹤牌火柴总经售处转发各镇会员推销，在贵厂既免多方分发之烦，复获普遍行销之效，一举两得事半功倍。想贵厂亦□为採纳为专函达，希即惠赐经售章程俾将趋前洽接为荷。此致

中华火柴厂

理事长康

〔中华民国三十六年〕二月廿四日拟稿

［1194－4－309］

南汇县商会整理委员会关于转报南汇县烟纸业公会补报会员名册致南汇县政府呈

（1947 年 2 月 25 日）

事由：为转呈烟纸业公会补报会员名册仰祈鉴核分别备查注销由

南汇县商会呈南字第二三八号

中华民国三十六年二月二十五日

案据烟纸业公会理事长康子京呈乙件"查本会第一批会员名册早经送报备查在案。兹以先后加入本会之会员不少，为再造具会员名册。再惠南镇同盛、洪顺、周永昌、万昌、缪裕泰、大团镇建华永记、三墩镇德康南号等七会员业已停业，理合备文呈报，仰祈鉴核转呈县府分别备查注销，实为公便"等由，附会员名册一件。准此理合备文附同会员名册转呈，仰祈鉴核分别备查注销。

谨呈

南汇县长徐

南汇县商会理事长潘子平

〔附〕

南汇县烟纸商业同业公会会员名册

卅六年二月

行号名称	代表姓名	性　别	年　龄	籍　贯	资本金额	开设地址
馀　丰	王聲远	男	25	本		惠南镇
星　泰	张修甘	男	26	本	三十万元	惠南镇
东　泰	刘志远	男	29	本	十五万元	惠南镇
张志安	张志安	男	31	本	十万元	鲁汇镇
鲁汇兴	鲁鹤云	男	37	本	十万元	鲁汇镇
久　和	盛梅溪	男	40	本	三十万元	大团镇
昇　大	邱志炎	男	40	浙江	十万元	大团镇
森　昶	刘炳仁	男	25	本	二十万元	大团镇
万　昌	王润之	男	30	本	廿五万元	大团镇
盖泰洽记	陈伯根	男	31	本	十万元	大团镇
衡　泰	顾芝清	男	45	本	十万元	大团镇
盈　丰	俞洪林	男	22	本	十万元	大团镇
虞祥泰	虞锡林	男	39	本	十万元	大团镇
万一斋	王祥承	男	38	本	十万元	大团镇
大　南	吴于玉	男	27	奉贤	十万元	大团镇
春　源	丁长春	男	36	本	十万元	大团镇
德　昌	林志傑	男	25	本	十万元	大团镇
隆　盛	盛麟祥	男	35	本	十万元	大团镇
长　和	张子林	男	62	本	五万元	大团镇
甬顺丰	毛一平	男	40	本	二万元	大团镇
三　进	宋楚根	男	36	本	乙万元	大团镇
孙祥泰	孙进伯	男	31	奉贤		大团镇

续　表

行号名称	代表姓名	性　别	年　龄	籍　贯	资本金额	开设地址
沈协泰	沈龙祥	男	27	本	廿万元	黄路镇
杨晋昌	杨梅生	男	47	本	五万元	黄路镇
钟大和	钟凤声	男	34	本	十万元	黄路镇
蔡源生	蔡沈氏	女	56	本	五万元	黄路镇
华　盛	钱光亮	男	27	本	五万元	新场镇
唐聚兴	唐永熙	男	23	本	五万元	新场镇
同　康	朱财江	男	43	本	五万元	新场镇
方恒茂	方家格	男	23	本	五万元	新场镇
周益大	周善甫	男	32	本	五万元	新场镇
徐茂兴	徐福奎	男	44	本	五万元	新场镇
俞义泰	俞仁义	男	40	本	三万元	新场镇
滕福泰	滕栋祥	男	48	本	一万元	新场镇
泰山商店	周国栋	男	26	本	二万元	新场镇
蔡裕泰	蔡妙生	男	50	本	四万元	新场镇
复　新	沈根海	男	41	本	一万元	新场镇
王良记	王良才	男	27	本	二万元	新场镇
三　益	奚凤洲	男	40	本	二万元	新场镇
正　昌	钱正一	男	47	本	二十万元	新场镇
潘洪顺	潘展千	男	20	本	八十万元	新场镇
公泰久记	张文肇	男	42	本	二十万元	航头镇
王源隆	王志祥	男	34	本	廿万元	航头镇
王聚丰	王祖贤	男	33	本	廿万元	航头镇
樊洪泰	樊庆祥	男	32	本	十万元	祝桥镇
万盛昌	陈根全	男	56	本	五万元	祝桥镇
仁昌盛	徐汉祥	男	24	本	三万元	祝桥镇
源　盛	陈允宾	男	53	本	贰万元	祝桥镇
鸿　泰	桂雪根	男	26	本	贰万元	祝桥镇
恒　盛	张志兴	男	53	本	贰万元	祝桥镇
祥　盛	朱　明	男	26	本	乙万元	祝桥镇
陈大昌	陈善英	男	47	本	乙万元	祝桥镇
马德昌	马鸿飞	男	29	本	乙万元	祝桥镇
信大祥	郭振庭	男	34	本	五万元	祝桥镇
裕　丰	计新根	男	23	本	二万元	盐仓镇
鸿　泰	邱佳凤	男	24	本	三十万元	陈桥镇
万　兴	王顺兴	男	32	本	十万元	陈桥镇
顺　昌	刘双富	男	26	本		陈桥镇
大　隆	顾炳章	男	27	本	十五万元	三墩镇
天　和	陈纪生	男	34	本	十万元	三墩镇
源　新	沈林海	男	39	本	五万元	三墩镇

续 表

行号名称	代表姓名	性 别	年 龄	籍 贯	资本金额	开设地址
义 友	王志仁	男	25	本	十万元	施镇
协 昌	沈国生	男	23	本	三万元	三灶镇
兴 昌	王敬林	男	25	本	五万元	坦直镇
万 丰	陆才林	男	39	本	三万元	坦直镇
赵同泰	赵妙发	男	38	本	二万元	坦直镇
德 记	沈德修	男	49	本	乙万元	坦直镇
万 生	吴顺林	男	48	本	乙万元	坦直镇
天 来	祝永赓	男	52	本	五千元	坦直镇
翁万昌	翁颂高	男	46	本	廿万元	坦直镇
源 茂	陈士荣	男	32	本	十万元	坦直镇
福 泰	闵顺章	男	34	本	五万元	坦直镇
惠 中	张世林	男	23	本	十万元	坦直镇
阜 记	张阜民	男	51	本	廿万元	下沙镇
协 兴	陈友林	男	34	本	廿万元	下沙镇
义 生	张金生	男	31	本	廿万元	下沙镇
王正昌	王福千	男	34	本	十五万元	下沙镇
计顺兴	计生林	男	51	本	十万元	下沙镇
正 大	沈巧生	男	42	本	五万元	下沙镇
祥 盛	谈品生	男	47	本	八万元	下沙镇
信泰昌	陈生林	男	22	本	廿万元	下沙镇
孙鸿发	孙敬如	男	30	本	五万元	邓镇
天 福	金□兴	男	33	本	五万元	邓镇
永 盛	吴志二	男	39	本	三万元	邓镇
永 昶	杨保田	男	24	本	十万元	杜行镇
李永茂	李东海	男	25	本	十万元	杜行镇
孙桃生	孙桃生	男	36	本	五万元	杜行镇
义泰祥	陈伯均	男	43	本	三十万元	杜行镇
李永茂东号	李生才	男	35	本	二十万元	杜行镇
成 泰	石荣生	男	36	本	三十万元	杜行镇
裕昌同记	张维才	男	28	本	二十万元	召楼镇
茂 兴	沈根桃	男	26	本	十二万元	召楼镇
三 泰	钱啸山	男	43	本	五万元	召楼镇
顾悦昌	顾根桃	男	32	本	五十万元	六灶镇
金源盛	金嘉魁	男	56	本	三十万元	六灶镇
丁锦昌	丁鹤龄	男	52	本	二十万元	六灶镇
丁生大	丁贵堂	男	41	本	四十万元	六灶镇
杨鼎裕	杨鼎培	男	61	本	十五万元	六灶镇
明 昌	张鉴明	男	29	本	二十万元	六灶镇

[1194-1-858]

南汇县政府关于核备南汇县烟纸业公会新加入会员名册及注销停业会员致南汇县商会指令

（1947年3月8日）

事由：据呈报烟纸业公会新加入会员名册及停业会员准予分别备查注销令仰转行知照由

令县商会

南汇县政府指令社字第一一六八六号

卅六年二月廿五日呈乙件，为转呈烟纸业公会补报会员名册仰祈鉴核分别备查注销由。

呈件均悉，准予分别备查注销，仰转行知照！

此令。件存。

县长徐

〔中华民国三十六年〕三月八日

［1194-1-858］

南汇县政府关于抄发人民团体人员动态报告表致南汇县烟纸业公会训令

（1947年3月6日）

南汇县政府训令社字第一〇号

中华民国三十六年三月六日

事由：奉令抄发人民团体人员动态报告表仰文到五日内填报凭转由

令烟帋业公会

案奉江苏省社会处苏社统字第八七一〇号代电附发省政府公务统计方案报告表七种，饬于文到十日内切实查填具报，以凭汇编等因。奉此，查上项统计表内有人民团体人员动态报告表一种，应由各团体负责人根据实际动态填报。除分令外合行抄发是项报告表一份，仰于文到五日内填报二份，以凭存转，勿延为要！

此令。

附发人民团体人员动态报告表一份①

县长徐泉

［1194-4-309］

南汇县烟纸业同业公会动态报告表

（1947年3月20日）

县人民团体人员动态报告表

省社团统一17 18

团体名称		南汇县烟纸商业同业公会				团体地址		南汇东门大街			
个人会员动态											
共计				男				女			
原有	新增	减少	现有	原有	新增	减少	现有	原有	新增	减少	现有

① 原文缺。

续　表

<table>
<tr><td colspan="16">团体会员动态</td></tr>
<tr><td colspan="8">团 体 会 员</td><td colspan="8">会 员 代 表</td></tr>
<tr><td colspan="4">机关团体</td><td colspan="4">公司行号或工厂</td><td colspan="4">机关团体</td><td colspan="4">公司行号或工厂</td></tr>
<tr><td>原有</td><td>新增</td><td>减少</td><td>现有</td><td>原有</td><td>新增</td><td>减少</td><td>现有</td><td>原有</td><td>新增</td><td>减少</td><td>现有</td><td>原有</td><td>新增</td><td>减少</td><td>现有</td></tr>
<tr><td></td><td></td><td></td><td></td><td></td><td></td><td></td><td></td><td></td><td></td><td></td><td></td><td></td><td></td><td></td><td></td></tr>
<tr><td></td><td></td><td></td><td></td><td>184</td><td>4</td><td>7</td><td>181</td><td></td><td></td><td></td><td></td><td>184</td><td>4</td><td>7</td><td>191</td></tr>
<tr><td colspan="16">职　员　动　态</td></tr>
<tr><td colspan="2">原有</td><td colspan="2">14 人</td><td colspan="2">新增</td><td colspan="2">无</td><td colspan="2">减少</td><td colspan="2">无</td><td colspan="2">现有</td><td colspan="2">14 人</td></tr>
<tr><td colspan="16">新任或离职职员姓名及其略历</td></tr>
<tr><td>职别</td><td>姓名</td><td colspan="3">略　　历</td><td>职别</td><td>姓名</td><td colspan="3">略　　历</td><td>职别</td><td>姓名</td><td colspan="4">略　　历</td></tr>
<tr><td></td><td></td><td colspan="3"></td><td></td><td></td><td colspan="3"></td><td></td><td></td><td colspan="4"></td></tr>
<tr><td></td><td></td><td colspan="3"></td><td></td><td></td><td colspan="3"></td><td></td><td></td><td colspan="4"></td></tr>
<tr><td>备注</td><td colspan="15">理事九人，监事三人，书记一人，干事一人，共计 14 人</td></tr>
</table>

民国 36 年 3 月 20 日　　　　负责人：康子京 填报

［1194－4－309］

南汇县烟纸商业同业公会聘请翁文祥、谢诵韦协助议价致二人的公函

（1947 年 3 月 22 日）

南汇县烟纸商业同业公会聘、公函稿烟字第四五、四六号

事由：为聘请协助议价由、函请担任新场镇议价责任由

迳启者：查同业之划一售价旨在保障本身合法权益，增进同业全体之利益，早经县府令饬议订标准在案。本会以各镇情形不同，市面容或参差不能议订全县之统一售价及自使各镇同业自行集议价格之议。兹据本会第八次理监事会临时动议第二案"乙件□□□先生提关于新场镇售价仍未一致，希望派人负责并推翁文祥先生担任，请谢诵韦先生协助请公决案。经决议准请翁先生负责并聘谢先生协助"等语纪录在卷，准议前由，除分行外相应函达，即希台端予以协助进行为荷！

查照尅日集议价格，制发价目单分发同业以资划一售价共谋福利为荷！

此致

谢诵韦 翁文祥先生

理事长康

〔中华民国三十六年〕三月廿二日封发

［1194－4－310］

南汇县烟纸业同业公会请求出示业规通告致南汇县政府呈

（1947 年 3 月 22 日）

事由：为呈请出示通告本会业规以利会务由

南汇县烟纸业同业公会呈烟字第四三号

中华民国三十六年三月廿二日

案查本会业规早经呈准钧府备查在案。近以各镇同业大多未能遵照规定办理，本会以该同业等或有未

明之处。为求使同业普遍明瞭起见，除将业规送登浦联报刊载外，为专具呈，仰祈鉴核准予出示通知张贴各镇，俾使各同业遵守而利会务，实为公便。

谨呈

南汇县长徐

附业规一份

南汇县烟纸商业同业公会理事长康子京

〔附〕

南汇县烟纸业同业公会业规

第一条　本业规经本会会员代表大会订定之。

第二条　本业规以维持增进同业之公共福利及矫正弊害为宗旨。

第三条　凡在本县行政区域内之同业应得为本会会员。

第四条　凡在本区域内，如同业有新设或添设分号，应于七日前用书面正式报告本会登记，经本会许可后，方可开始营业。

第五条　凡在本区域内同业如有召盘、出租、加记、添股、迁移及变更负责人等，应事先向本会更正或重行登记。

第六条　同业各种价目由本会理事会根据市面加以合法利润议定价目，印制价目表，分发同业，不得紊乱。

第七条　同业因有特殊情形，拟改减时，须于七日前将事实用书面报告本会，经本会正式书面许可后方得举行，新设之同业亦如同样办法办理之。

第八条　凡同业如接到价目表后，对于决议之价目私自减售，或违反第三四五六七条者，经同业之检举报告本会，由本会理事会视其情节之轻重，依法予以相当之处罚。

第九条　上项相当之处罚，由理事会决议，呈报主管官署核准施行。

第十条　同业雇用之职员或学徒不得私相挖用。

第十一条　本业规呈奉县政府核准后公布施行。

[1194－1－858]

南汇县政府关于自行公告业规致南汇县烟纸业同业公会指令

(1947年4月19日)

事由：据呈请出示通告该会业规以利会务等情指令遵照由

南汇县政府指令社字第一六六九号

令烟纸业同业公会

三十六年三月廿二日呈乙件，为呈请出示通告本会业规以利会务由。

呈件均悉，查该会业规既经会员大会通过有案，自应遵守，如未周知，仰该会自行公告可也。

此令。附件存。

县长徐

〔中华民国三十六年〕四月十九日

[1194－1－858]

南汇县烟纸商业同业公会关于继售香烟致南洋兄弟烟草公司函

(1947年3月24日)

南汇县烟纸商业同业公会函稿烟字第四八号

事由：为前请经售香烟一节仍请交由本会经售由

迳启者案准三月四日函复"所推经售香烟一节请就正迳向周浦仁泰号接洽办理"等语。准查该仁泰号并非本会会员亦非烟纸同业，并查本会同业除周浦一镇同业间有少数向其交易外其他各镇同业并无向其交易，与贵公司普遍推销之宗旨适□相反，且本会为奉令组织之合法团体，断无向该号接洽之理。兹谋彼此利益计，仍请交由本会经售，俾达普遍行销之效用，再函达即希查照，见复为荷。

此致

南洋兄弟烟草公司

理事长康

〔中华民国三十六年〕三月廿四日封发

［1194－4－310］

萧宝生关于勤康号加入南汇县烟纸业同业公会一事转请施吉甫代向永泰和号陈明致南汇县烟纸业同业公会公函

（1947年8月）

迳启者，敝号战前原属百里同行已历有年，本人在民初时期担任南汇祥丰号经理，推销红锡包小仙女拾如年，嗣后担任万裕丰号经理。以上两家均系永泰和老同行，推销各种卷烟。胜利以还各同行复员，敝号亦即照常加入出货，讵料第三期派货时因小儿明章抱病甚剧继而去世，当时无人照顾随告停止。嗣经本人接手，当即一再函申与黄□邦先生接洽，数度未果拖延至今，未能如愿，复经县商会备函证明。缘当时缺货而不果，顷闻周浦恒昌号新近又经加入，为特□请贵会转请施吉甫先生代向永泰和号婉言奉商陈明事实经过，俾得照常加入不胜感祷。

勤康号店主萧宝生

〔中华民国三十六年八月[①]〕

［1194－4－310］

施吉甫关于勤康号加入南汇县烟纸业同业公会说明情形函

（1947年8月）

南汇勤康号战前原属百里同行已历有年，而该店主萧宝生先生在民初时期担任南汇祥丰号经理，推销红锡包小仙女拾数年，嗣后担任万裕丰号经理。以上两家亦系永泰和老同行推销各种卷烟，在当时颇负声誉，确属我浦东菸号先辈。但胜利以还各同行复员，该勤康号亦因照常加入出货□。知弟三□派货因□子顺章抱病甚因剧继而去世，当时无人照顾随造停止，嗣经萧先生接手，当时即一再函申与黄□邦先生接洽数度未果，继而拖延至今未能如愿。但闻周浦恒昌号新近又经加入此种商店尚可加入，况萧先生当时钦差牌哈德门两种推销，实有东奔西走之劳，故对于永泰和之情感实有相当历史。想先生当时德隆昌时□□俱是数十年同行交好，对于萧宝生先生此番奚落殊为惋惜。前闻县商会亦经备函证明，缘当时缺货所致，为此备情奉达拜托老先代函至永泰和□小开处婉言奉商□，陈明过去实在情形，俾得照常加入，仰见该永泰和优待之盛意□专此。

施吉甫先生

〔中华民国三十六年八月[②]〕

［1194－4－310］

---

① 原文无日期。据发文字号：《南汇县烟纸商业同业公会关于转饬兼营烟纸之各店入会并遵守售价致南汇县南货业公会函》南汇县烟纸商业同业公会函字第五七号，拟稿日期为"中华民国三十六年八月廿四日"，故推测《南汇县烟纸商业同业公会关于劝导勤康号入会致施吉甫函》南汇县烟纸商业同业公会函烟字第五六号拟稿日期为"中华民国三十六年八月"。

② 同上一条。

南汇县烟纸商业同业公会关于劝导勤康号入会致施吉甫函

（1947年8月）

事由：为据情函请向永泰和号磋商俾使勤康号加入经销同行由

南汇县烟纸商业同业公会函烟字第五六号

案据本城勤康号店主常务理事萧宝生来函称：

“迳启者……不胜感祷”等情。据此，查萧宝生先生战前担任祥丰号等经理时推销各种捲菸，颇负声誉，确为我浦东菸界先辈，且当时为钦差牌哈德门两种捲菸推销实有东奔西走之劳，故对于永泰和之情感实有相当历史。感台端在德隆昌时□□数十年同行交好，对于萧先生此番奚落发同表惋惜。用敢请台端代向永泰和号小开婉言磋商，俾得加入实为公感。此致

施吉甫先生

〔中华民国三十六年八月[①]〕

［1194－4－310］

南汇县烟纸商业同业公会关于转饬兼营烟纸之各店入会并遵守售价致南汇县南货业公会函

（1947年8月24日）

事由：录案函请转饬兼营烟纸之各店加入本会并遵守售价由

南汇县烟纸商业同业公会函字第五七号

案据本会第十一次理监事联席会议讨论事项第一件“王友仁提议盐仓镇南货店兼售烟纸者不少且扰乱售价，影响营业不浅应如何办理请公决案”，决议“依据商业同业公会法第十二条之规定凡兼营烟纸之各业商号均应加入本会为会员，分函有关公会转属知照并遵守售价以维营业”等语纪录在卷。除分行外，相应函达即希查照转属知照为荷！

此致

南货业公会

理事长康

〔中华民国三十六年〕八月廿四日拟稿

［1194－4－310］

南汇县南货商业同业公会回复已遵照贵会所议并希随发价目表致南汇县烟纸业公会的公函

（1947年9月17日）

事由：函复烟纸售价已饬属遵照贵会所议并希随发价目表以便遵守由

南汇县南货商业同业公会公函南字第一七一号

中华民国三十六年九月十七日

案准贵会烟字第五七号函略开“以盐仓镇南货店兼售烟纸者扰乱售价，函请加入本会为会员并遵守售价”等由。准经提交本会第十三次常会讨论，经决议“转饬本会兼售烟纸之会员遵守烟纸业所议价格售卖并函复烟纸业公会，请于价格涨落时随发价目表以便遵守”等语纪录在卷。除分别转饬各会员外，相应函复即

---

① 同上一条。

希查照为荷。

此致

烟纸业公会

理事长夏虞弼

[1194-4-310]

南汇县烟纸商业同业公会关于请大团万泰褀粮行遵章入会并遵守售价致南汇县棉粮业公会函

(1947年8月24日)

事由：录函请遵章加入本会为会员并遵守售价由

南汇县烟纸商业同业公会函字第六〇号

转饬大团万泰褀粮行遵章入会并遵守售价由

案据本会第十一次理监事联席会议讨论事项第七件"大团理事提议本镇万泰褀粮行虽贩卖烟纸批发并不遵守售价扰乱营业，近悉又有是项举动，应如何办理请公决案"，决议"该号既在经售烟纸批发应即令其加入本会为会员，遵守售价并函棉粮公会转饬遵照"等语纪录在卷相应录案，函达即希、函希查照遵章加入本会并遵守售价为要。饬饬遵照为荷。

此致

大团万泰褀粮行

棉粮业公会

附入会志愿书乙份[①]

理事长康

〔中华民国三十六年〕八月廿四日拟稿

[1194-4-310]

森鑫烟纸号关于重整货价团结业规致南汇县烟纸商业同业公会呈

(1947年9月8日)

敬启者，自去年烟纸业公会成立，三墩初时几个月售价整齐都遵守规章。今春以来有几家不守规章私自减售货价，刻下各货售价比前更为参差不一。但是一般像小号者无资力弄得者受其害，如售价中跟盘即要亏本，依照各团同业售价就无主顾，□□尤像□□仿勿兹特奉字恳求钧长仍祈劳力自行重整一次团结业规，万一嗣后仍有私自减售货价者得以检举嘱实，理□应照规章处分，不得以私人交情随之便。便此事观望非照章实难服众，是否请予大裁一次事关公众福利，伏祈核准举行为感之至，实属德便。谨呈

南汇县菸纸业公会

理事长康

诸理事

小号森鑫烟纸号谨具

民国三十六年九月八日

[1194-4-310]

---

① 原文缺。

南汇县烟纸商业同业公会报送第十二次理监事会经过致南汇县政府呈

（1947年12月11日）

事由：为呈报第十二次理监事会经过附同纪录乙份祈鉴备由

南汇县烟纸商业同业公会呈烟字第六五号

中华民国三十六年十二月十一日

查本会第十二次理监事会业于十二月十日举行，出席理监事暨会员等九人讨论要案三件，均经纪录在卷，除印发各会员外，理合将经过情形附同会议纪录乙份备文呈报，仰祈鉴核备查。

谨呈

县长龚

附会议纪录乙份

南汇县烟纸商业同业公会理事长康子京

〔附〕

南汇县烟纸商业同业公会第十二次理监事联席会议纪录

日期：三十六年十二月十日下午一时

地点：南汇县商会

出席：王友仁　张瑞林　朱耀实　潘礼文　朱纯祖　鞠安之　萧宝生　萧裕章　唐亚文

列席：顾笠汀

康理事长因故缺席，公推萧常务理事宝生为临时主席

主席报告：今天康理事长因故缺席，故由本人临时代表主席，查本会常会已有三月不召开，因为公会经费开支无着各项费用欠缺过巨致陷停顿状态，前已印发收支报告想各位均已经明悉今日的膳食。承潘常务理事体会会费之困难由其私人负责，本人谨代公会表示谢忱，忆抗战以前本会会务位居第三而胜利后整理成立日期亦较他业公会为早。然目下会务不振，经费欠缺，若不加以整饬前途不堪。设想希望各位建有效的办法。

讨论事项：

乙件：本会经费不敷开支过巨会务无法推展应如何办理请公决案。

决议：自卅七年一月份起照原收经费加倍征收。

乙件：周浦同业迄未征求入会应如何办理案。

决议：定期本月二十日下午二时由康子京、萧宝生、潘礼文、陆廉夫、王友仁、翁文祥、黄静涛等七人前往周浦征求入会。

乙件：欠缴会费各会员应如何亟谋办理案。

决议：迅即造具欠缴会费之会员名单呈请县府转饬警局协助征收。

主席：萧宝生

纪录：王志方

［1194-1-858］

南汇县政府关于核备第十二次理监事会致南汇县烟纸业同业公会指令

（1947年12月13日）

事由：据呈第十二次理监事会纪录暨收支报告表指饬知照由

南汇县政府指令（卅六）一社字第一一六二号

令烟纸业同业公会

卅六年十二月十一日呈两件，为呈报第十二次理监事会纪录暨三十五年六月份起至本年十月份止收支

报告表各一份祈核备由。

两呈暨附件均悉，准予备查。惟据呈会议纪录关于征求周浦同业入会一案查周浦镇商会，业经单独成立不属该会区域以内，应予停止征求并仰知照！

此令。件存。

县长龚

〔中华民国三十六年〕十二月十三日

［1194－1－858］

南汇县商会关于转请追缴烟纸业五镇会员会费致南汇县政府呈

（1948年1月25日）

事由：据情转请追缴会费并予惩处由

南汇县商会呈南字第五〇四号

中华民国三十七年一月二十五日

案据南汇县烟纸商业同业公会理事长康子京呈称："查本会惠南镇会员十二家，新场镇会员七家，三墩、祝桥两镇会员各一家，盐仓会员二家，以上五镇会员计二十三家积欠会费四至十一个月不等。迭经本会劝告警告并派员收取，非但无理可喻抗不缴纳，更闻有煽动破坏之嫌，若不加以惩处，则影响所及整个社团组织，恐有因兹解体之虞。为防微杜渐并谋本会暨社会福利计，不得已录附名章备文陈请，仰祈钧会准即转呈县府迅将该二十三家会员传案，饬缴会费并依本会章程第十三条第一款之规定基数罚锾，按照法定加成科以应罚之违约金充作县府事业费或按照该条第二款之规定执行有期停业一个月，以儆效尤而固社会组织"等情。正拟办间，续据南货商业同业公会理事长夏虞弼呈"以惠南镇大隆森、盐仓镇震泰、谈大兴、曹正兴、金合盛等抗缴会费，呈祈转请县府追缴惩处"等略同前情，并附名单各一份到会。查公会之推进会务首赖经费，若一任其抗缴会费，轻视公会，若不亟加整饬则影响所及公会组织，诚有全部解体之虞。据称前情，理合检同原附名单各乙份，备文呈请，仰祈钧长迅将该二公会抗缴会费之会员传案饬缴并依法严予处分，以儆效尤而固社会之整个组织，实为公便。

谨呈

南汇县长龚

附烟纸、南货商业同业公会抗缴会费会员名单各乙份[①]

南汇县商会理事长潘子平

〔附〕

南汇县烟纸商业同业公会欠缴会费会员名单

三十七年一月二十四

镇别	店号	欠缴月份	金额	镇别	店号	欠缴月份	金额
惠南	宝大	卅五年六月至卅七年一月止	九万六千元	惠南	恒隆	卅六年九月至卅七年一月止	乙万八千元
惠南	公泰	卅五年八月至卅七年一月止	八万四千元	惠南	义昌	卅六年七月至卅七年一月止	三万九千元
惠南	马长泰	同上	四万贰千元	惠南	万泰	卅六年六月至卅七年一月止	四万八千元
惠南	宣茂兴	卅六年四月至卅七年一月止	拾陆肆贰千元	惠南	祥源	卅六年五月至卅七年一月止	五万乙千元
惠南				新场	久兴	卅六年十月至卅七年一月止	四万五千元
惠南	永昌	卅六年七月至卅七年一月止	四万五千元	新场	徐茂兴	卅六年九月至卅七年一月止	三万六千元
惠南	马德泰	卅六年六月至卅七年一月止	四万八千元	新场	俞义太	同上	三万六千元
惠南	袁隆盛	卅六年九月至卅七年一月止	三万六千元	新场	滕复泰	卅六年五月至卅七年一月止	五万乙千元

① 南货业同业公会名单略。

续 表

镇别	店　号	欠缴月份	金　额	镇别	店　号	欠缴月份	金　额
新场	华　盛	卅六年四月至卅七年乙月止	五万四千元	祝桥	鸿　泰	卅六年七月至卅七年一月止	四万五千元
新场	唐聚兴	卅六年八月至卅七年一月止	四万贰千元	盐仓	公　兴	同上	四万五千元
新场	鸿　盛	卅六年十月至卅七年一月止	叁万元	盐仓	裕　丰	卅六年三月至卅七年一月止	五万七千元
三墩	大　隆	卅六年八月至卅七年一月止	四万贰千元	共计乙百贰十四万贰千元			

[1194－1－858]

南汇县政府转请追缴烟纸业五镇会员会费致南汇县警察局训令

（1948年1月30日）

事由：据本县商会据情转请追缴会费并予惩处一案令仰遵照由

南汇县政府训令一民字第一四六八号

令警察局

案据本县商会一月二十五日南字第五〇四号呈称：

“原文照叙”等情，附烟㡜、南货商业同业公会抗缴会费会员名单各乙份。据此，除指令外合行抄发名单，令仰该局派警协同该会追缴为要。

此令。

附烟业、南货商业同业公会抗缴会费会员名单各乙份（从略）

县长龚

〔中华民国三十七年〕元月卅日

[1194－1－858]

南汇县政府知照已饬警察局协同烟纸业追缴五镇会员会费致南汇县商会指令

（1948年1月30日）

事由：据呈请追缴会费并于惩处等情指仰知照由

南汇县政府指令一民字第一四六八号

令县商会

本年一月二十五日南字第五〇四号呈乙件：为据情转请追缴会费并予惩处由。

呈件均悉：请追缴会费已转饬警察派警协同该会追缴，仰即知照。

此令。件存。

县长龚

〔中华民国三十七年〕元月卅日

[1194－1－858]

南汇县烟纸商业同业公会请求县府迅饬警局加紧追缴五镇会员会费致南汇县政府呈

（1948年4月29日）

事由：为会员抗缴会费仍未缴纳呈请迅饬警局加紧追缴以维会务由

南汇县烟纸商业同业公会呈字第七〇号

中华民国三十七年四月廿九日

案查本会前如惠南、新场、三墩、祝桥、盐仓等五镇会员计二十二家抗缴会费甚巨，呈经县商会转请依章法办后，嗣奉商会转知。

钧府一民字第一四六八号指令“已饬警局派警追缴”等因在案，迄今二月有余仍未缴纳，致经费更感困难而会务亦难推进。若不急加处置，本会将陷于停顿状态，为敢沥情陈请钧府准予迅饬警局加紧追缴，以维会务，实为公便。

谨呈

南汇县长简

理事长康子京

［1194－1－858］

南汇县政府知照已转饬警局派警协助追缴五镇会员会费致南汇县烟纸业同业公会指令

（1948年5月7日）

事由：据呈为会员抗缴会费仍请饬警局加紧追缴等情指仰知照由

南汇县政府指令南一社字第号

令烟纸业同业公会

本年四月廿九日南字第七〇号呈一件，为会员抗缴会费仍未缴纳，呈请迅饬警局加紧追缴由。

呈悉。已转饬警局派警协助该会追缴矣！

此令。

县长简

〔中华民国三十七年〕五月七日

［1194－1－858］

南汇县政府关于派警协同烟纸商业同业公会追缴五镇会员会费并具报情形致南汇县警察局训令

（1948年5月7日）

事由：为令仰派警协同烟纸商业同业公会追缴会费由

南汇县政府训令南一社字第三〇三号

令警察局

案据本县烟纸业同业公会本年四月廿九日南字第七〇号呈称：

“原文照叙”等情。查本案前经县商会呈具抗缴会费会员名单，请求派警协同追缴前来。当经本府以一民字第一四六八号训令附同名单令饬遵办在案。兹为时已久，未据呈复。据呈前情，除指令外合再令仰该局遵照前令迅行派警协同该会追缴并将遵办情形具报为要！

此令。

县长简

〔中华民国三十七年〕五月七日

［1194－1－858］

南汇县警察局关于派分局追缴烟纸业五镇会员会费情形并请派员接洽致南汇县政府呈

(1948年5月15日)

事由：为呈报奉令追缴南货烟纸业公会会费情形仰祈鉴核祇遵由

南汇县警察局呈警法字第一〇二九号

中华民国三十七年五月十五日

案奉钧府南一社字第三〇三号训令内开：

"案据本县烟纸业同业公会本年四月二十九日南字第七四号呈称：'略'等情。查本案前经县商会呈具抗缴会费会员名单请求派警协同追缴前来，当经本府以一民字第一四六八号训令附同名单令饬遵办在案，兹为时已久，未据呈复。据呈前情除指令外合再令仰该局遵照前令，派警协同该会追缴并将遵办情形具报为要"等因。奉此，查"本案业经于本年二月七日转饬有关各分局所遵照协助追缴在案，但为时已久未见各该业公会派员征收以致无从协助追缴上项会费。兹奉前因，除再转饬有关各分局所遵照随时协助外，理合将办理情形备文呈报，仰祈钧长转饬各该烟纸业暨南货业公会尅日派员与本局有关各分局所接洽征收，以便随时派警协助追缴"是否有当，伏乞核示祇遵。

谨呈

县长简

南汇县警察局局长张秋白

[1194-1-858]

南汇县政府关于派员接洽警察分局追缴五镇会员会费致南汇县烟纸业同业公会训令

(1948年5月26日)

事由：为据警局呈复追缴惠南等镇会员欠缴会费情形令仰遵照由

南汇县政府训令南一社字第四九七号

令烟纸业同业公会

查该会前以惠南、新场、三墩、祝桥、盐仓五镇会员计二十二家抗缴会费请求派警追缴，当经本府以南一社字第三〇三号训令转饬警局遵办并指复在案。兹据该局呈复以本案经于本年二月七日转饬有关各分局所遵照协助追缴在案照叙，至以便随时派警协助追缴等情前来。据呈前情，合行令仰该会遵照，即便派员商请当地警察分局派警□催。

此令。

县长简

〔中华民国三十七年〕五月廿六日

[1194-1-858]

南汇县政府知照已转饬烟纸业公会接洽追缴五镇会员会费致南汇县警察局指令

(1948年5月26日)

事由：据呈报追缴南货烟纸业公会会员欠缴会费等情指复知照由

南汇县政府指令南一社字第四九七号

令县警察局

本年五月十五日警法字第一〇二九号呈一件，为呈报奉令追缴南货烟纸业公会会费情形，仰祈鉴核祗遵由。呈悉，已转饬烟纸业公会遵办矣！

此令。

县长简

〔中华民国三十七年〕五月廿六日

［1194－1－858］

南汇县烟纸商业同业公会报送第十三次理监事会经过致南汇县政府呈

（1948年2月3日）

事由：为呈报第十三次理监事会经过附同纪录祈鉴备由

南汇县烟纸商业同业公会呈烟字第六七号

中华民国三十七年二月三日

查本会于一月二十六日假大团南昌号举行第十三次理监事联席会议。出席十人，讨论要案六件均经纪录在卷。除分行各会员外，理合检同纪录备文呈报，仰祈鉴核备查。

谨呈

南汇县长龚

附纪录乙份

南汇县烟纸商业同业公会理事长康子京

〔附〕

南汇县烟纸商业同业公会第十三次理监事联席会议纪录

日期：三十七年一月廿八日下午二时

地点：大团南昌号

出席者十人

主席：康子京

报告事项：（一）县商会自本年一月份起调整会费为每权六万元，本会五权应缴叁拾万元，积欠部份限期缴纳。（二）县商会以各业公会会员轻视公会抗缴会务费，使会务进行困难，决议如遇强户可转请县府严厉处分。（三）惠南镇会员十二家新场镇会员七家，盐仓镇会员贰家，三墩祝桥两镇会员各一家，以上各镇共计会员廿三家积欠会费，抗不缴纳，本会已依章呈请商会转请县府追缴惩处。（四）本会经费不敷实巨商会费自去年九月份以来至今未付职员薪给，十月份尚未发清，应亟求妥善办法请各位讨论。（五）本人德簿□浅事繁责重所有理事长一职，请别推贤能接替。

讨论事项：

一件：本会经费际兹物价飞涨对于员工生活以及办公费用等等早告不敷，若不予以调整并定妥善方法，恐难继续维持应如何办理请公决案。

决议：为避免物价波动影响起见，自贰月份起会费一律以米为标准折收法币。每月甲等米八升，乙等米六升，丙等米四升，丁等米贰升，戊等米一升。职员薪给干事书记每月各支八斗，勤工贰斗。上项米价于每月十五日依照南汇市场售价折收法币，如有意外之必要开支临时议筹之。

一件：今后如遇欠缴会费时应如何严厉执行案。

决议：如本月欠缴者须照下月米价缴纳欠缴，逾二个月者除追缴外并依法呈县办理。

一件：会员纳费等级应否调整案。

决议：大团镇南昌、裘乾源、三和兴、勤康、昇大、浙东、盖泰、同泰祥、本城万茂、裕兴、公泰、三墩廉记、祝桥新茂协、新场勤益、沈万茂、□茂兴、谢渭盛以上十七家皆列甲等。大团久和、协泰、新场华丰、益昌、林永盛、久兴、祝桥久昌、万盛昌、南汇於恒盛、宣茂兴以上十家皆列乙等。其余丙、丁、戊三级会员暂仍其旧。

一件：卅六年度所欠商会费月薪等应如何办理案。

决议：除将追缴会费补充外，不足之数请由各镇有卡会员平均分担之。

一件：本县同业于永泰和号出烟者究属□若干家应亟求明瞭案。

决议：函请永泰和号查明见复。

一件：理事长因事繁责重，恳辞理事长职务应如何办理案。

决议：暂请勉为其难继续维持俟□，本年度大会期再行商讨。

主席：康子京

纪录：王志方

［1194－1－858］

南汇县烟纸商业同业公会报送第十四次常会致南汇县政府呈

（1948年7月5日）

事由：呈报第十四次常会检同纪录祈核备由

南汇县烟纸商业同业公会呈烟字第七四号

中华民国三十七年七月五日

查本会第十四次常会业于本月三日举行，出席理事八人，讨论要案四件均经纪录在卷。除分行外理合检同纪录乙份，备文呈报，仰祈鉴核备查。

谨呈

县长熊

附纪录乙份

理事长康子京

〔附〕

南汇县烟纸商业同业公会第十四次理监事联席会议纪录

日期：三十七年七月三日

地点：县商会

出席：理监事八人

理事长缺席，公推萧常务理事宝生为临时主席。

报告事项：

1. 部令修正印花税率，兹摘要如下：发货要按货价贴印花千分之三。资本帐簿银钱货物收据按金额贴印花千分之三。营业簿折每件每年贴印花贰万元。送金簿支票簿每本贴印花乙万元。

2. 省商会主办之中心商业函授学校已在招收第三期学员，如有志向学者商会可介绍。

3. 商会以本县各商号旧式帐册不合现代潮流，为培养会计人材正在筹备先行□城区试办商业会计夜校。

4. 县府本月份起开始先行办理城区商业登记，所有申请书已由本会分发本城各商号。

讨论事项：

乙件：本会成立将届二载，依照章程规定应于定期召开会员大会改选理监事应如何办理请公决案。

决议：查本会经常开支欠缺过巨，对于大会费用更无法筹措，故大会召开日期暂予保留。

乙件：为自动减少薪给惟请按月给付并以时价计算请公决案，请议人书记、干事。

理由：查职员薪给自二月份调整为白米八斗折法币后以名义而言待遇似乎已不菲□。然实则薪给常隔二三月后给一次而发薪时不依市价给付，仍照应发薪月十五日之米价发给，际此物价飞涨之时，其中相差之数实啻天让、如最近新发三四两月份之薪，给照公会规定应为米乙石六斗而实则祇折合法币五□四十四万元。若以时□计□米三斗而已盖发薪时之米价仍照三四月份之米价故。将乙万六斗之薪折而为三斗真使啼笑皆非，与其负月支八斗之虚名□莫差直截减少之为然，此所以愿减薪而请求按值发薪之理由也。

办法：月薪减为五斗按月发给并以市值折合法币。

决议：七月份起职薪（书记、干事）一律减为月支四斗，勤工二斗，余照原办法通过。

乙件：会员抗缴会费迭次议及并通饬有案，然仍有不明事理拒缴者应如何办理请公决案。

决议：欠缴会费而警告无效者即行依章呈县法办不得再事宽容。

乙件：大团黄静涛先生函萧常务理事提议各节，请本会共商解决办法请公决案（附原函□□）。

“萧理事宝生先生台鉴刻接公会来函敬悉，关于会费纠纷之事总□根本解决否则即由法律制裁不特无补于事，结果反增纠纷。吾人对于此点一方应察同业拒付之理由，一方应当检讨自己数年来之成绩。昨夜同业十余家召集开一致议决如下：(1) 会费不能照米计算；(2) 因物价波动每月收费须经会员公决；(3) 沉员立刻裁决以节开支；(4) 会费由各埠负责代表收取不必另派收费员；(5) 每镇所收会费扣除各镇开支外余款再解南汇；(6) 会中只准用兼职书记一人每月送车马费壹仟□元为限其余一根不得支薪，纸张笔墨等费照帐支付；(7) 每逢月底将一月开支收入须印清单报讫；(8) 商会补助费等按月须编预算倘款增加须经全体会员通过。以上八条意见均系大团全体同业多数之公意，务乞先生即日召集理监事会共商解决办法。一方对于法院救济之事立刻制止撤回，免生事端以增纠纷不胜幸甚”。

决议：来函提议八点，兹逐项议复如后：(1) 本会以物价动荡无已所定，会费月受贬值影响，故于第十三次常会议定自二月份起以白米为标准折合法币征收。一者免受物价影响而损及会务，二者若不改为实物折币征收则每月应开理监会调整会费更增消耗。况目下各业无论工人职员均以米价计算，即如政府亦有米贴之发给而本县各同业公会之收费大多以实物□收法币而本会之征收米值亦经呈县备查有案。如不能照米计算，有无更为妥善之办法请即明示。(2) 每月收费须经会员公决一节，试问所指会员系指大团镇会员？抑别镇会员？或指全体会员而言。若以一镇会员公决则别镇会员有否异议？若由全体会员公决，则该项每月开会经费应各何措置？(3) 本会只设兼职书记、干事、勤工各一人均职有专掌别无职员（会计尽义务）所谓沉员何所指而云然？(4) 各埠负责收费代表是否都有人实际负责，若无人肯负责则如何？可否请贵镇同业推举各镇实际负责收费代表。(5) 公会为全县组织与各镇应别为两途，各镇开支自应另由各镇负责。(6) 本会所设书记原系兼职薪给亦极微簿（见职员□□案），即如七月份起祇发四斗之薪，照市不值千万之数，贵镇能否介绍一肯多尽义务不计薪给之书记，纸张笔墨等费当然照帐支付。(7) 每月开支报告自七月份起即可逐月印发。(8) 商会费商会有定章，本会应缴底薪为七元五角（系照上海市职员指数计算）是固定之额，无须按月经全体会员通过待耗经费。

至于原函所称同业拒付会费理由，即希明白表示。而公会成绩尚可勉强，不是之处亦可明白。建议提出商讨，仿必固执己见而抗拒以上各点，即行函复黄静涛先生转知同业所有解答及疑问，均请再行于一星期内见复，以便办理。

主席：萧宝生

纪录：王志方

［1194－1－858］

南汇县烟纸业同业公会请求释放会员施正元昌记号被扣香烟致杨思桥警局函

（1948年9月16日）

事由：据情函请释放会员施正元昌记号被扣香烟

烟字七七号

三七、九、十六

兹据祝桥镇会员施正元昌记号店主施仁忠来会声称：“前日派小儿浩轩赴沪购买香烟运祝销售行至杨思桥为警局扣留请予备函证明释放”等情，据查该号确系正当商人所购香烟用作门售，据称前情相应函请

查照，准予释放为荷！

此致

杨思桥警局

理事长康

[1194－4－311]

勤康号关于请求出具添办教育用品证明书致南汇县烟纸业同业公会函

(1948年9月22日)

敬启者,敝号拟向上海添办各种教育用品文具等类以应门市另售,深恐沿途经检队发生误会,为特陈请贵会出具证明书一纸,以资证明为要。

此致

南汇烟纸业同业公会

理事长康

〔中华民国三十七年〕九、二二

南汇勤康号函□

[1194－4－311]

南汇县烟纸业同业公会证明添办物品致勤康号的证明书

(1948年9月23日)

事由:证明申添办物品由

南汇县商业同业公会证明书烟字第八〇号

兹据惠南镇勤康呈函称"拟向上海添办各种教育用品文具等类,以应门市另售,请出具证明书以资证明"等情。据查确属实情,相应出具证明书如上。

右给勤康号收执

理事长康

〔中华民国三十七年〕九月廿三日封发

[1194－4－311]

康泰号关于请求出具添购物品证明书致南汇县烟纸业同业公会函

(1948年9月22日)

敬启者,敝号门售所销纸张均由申地购办运入,近因当局禁止大量出境,深恐沿途经检队发生误会,为特呈请贵会出具证明以资证明而利运入为荷。此致

南汇烟纸业同业公会

添购数量约计白报纸五令,白有光五令,本毛边叁件,色有光六令,另张二三令。

康泰(印)

〔中华民国三十七年〕九、廿二日

[1194－4－311]

南汇县烟纸业同业公会关于添购物品致康泰号的证明书

(1948年9月23日)

南汇县烟纸业同业公会证明书稿烟字第八一号

兹据惠南镇康泰号函称:“拟赴申添购白报㡘五令,白有克五令,本毛边一件,色有光六令,另纸二三令以供门售请备函证明”等情。据查确属实情,相应出具证明书如上。

右给康泰号收执

理事长康

〔中华民国三十七年〕九月廿三日封发

[1194-4-311]

勤康号关于请求出具出货证明书致南汇县烟纸业公会函

(1948年9月26日)

敬启者,敝号原属上海永泰和烟行百里合行已历有年,胜利后照常继续按期出货,今次又要派出缴款出货装运来南,但值此改革币制禁止输出之期,深恐经检工作人员发生误会,为特函请贵会请即出具证明书一份,以资保证为荷。

此致

南汇烟纸业公会□

店主萧宝生(印)

南汇勤康号

〔中华民国三十七年〕九月廿六日

[1194-4-311]

仁茂纸号关于出具证明文件以符装运致南汇县烟纸业公会函

(1948年9月27日)

启者,敝店由永泰和烟公司派来十支大英牌壹大箱,即□支,老刀牌壹大箱即□支,廿支大英牌壹百条即□万支,廿支老刀牌贰百条即□万支,廿支五义牌四佰条即十二万支,现适经济督导之下恐有路途误会,为特申请贵会出具证明文件以符装运为荷,此致

南汇烟纸业公会台照

小号仁茂纸号

店主潘礼文□

中华民国三七年九月廿七日

[1194-4-311]

公泰烟纸号关于出具证明文件以利装运致烟纸业公会函

(1948年9月)

敬启者,敝号今承上海永泰和烟行派出大英牌壹箱,老刀牌壹箱,□廿支大英壹百条,廿支老刀一百条,廿支王化□条,现值戡乱时期深恐路途误会,为特申请贵会出具证明文件以利装运为荷。此致

南汇烟纸公会台照

公泰烟纸号

店主顾子善

〔中华民国三十七年九月[①]〕

[1194-4-311]

① 原文无日期。据烟纸商业同业公会证明书推测。

南汇县烟纸商业同业公会出具赴申配购香烟致勤康号等的证明书

（1948年9月27日）

事由：据情证明赴申配购香烟由

南汇县烟纸商业同业公会证明书烟字第八二号

兹据惠南镇会员勤康号（店主萧宝生）、仁茂号（店主潘礼文）、公泰号（顾志善）、裕兴号（店主鞠安之）等联名函称："小号等向属上海市永泰和烟行百里合行按期配购香烟运南销售，兹又逢配货之期值此经济紧急措施之时，深恐经检工作人员发生误会，为特函请出具证书俾得装运"等情，附货目单一份。据查确属实情，相应出具证明书如上。

右给勤康号、仁茂号、公泰号、裕兴号收执

〔中华民国三十七年〕九月廿七日封发

［1194－4－311］

南汇县烟纸商业同业公会证明冯大昌张顺兴等所运香烟确系供应门售的证明书

（1948年10月1日）

事由：证明冯大昌张顺兴等所运香烟确系供应门售希验证放行由

南汇县烟纸商业同业公会证明书烟字第八三号

兹据本会会员南汇冯大昌盐仓镇张顺兴等二十余家函称"会员等素向上海市永太和烟行按期配购各种香烟运回南汇盐仓两处，分发各同业以应门市销场。此次又有一批运南夫，当经济紧急措施时期，货物运移须有同业公会之证明方准搬运，为特抄附运物清单请予给示证明"等情。据查所称确属实情，合为给字证明，敬希沿途经检查人员团队军警予以验证，施行此证。

右给冯大昌张顺兴等收执。

粘附物品清单一纸。〈下略〉

理事长潘

〔中华民国三十七年〕十月一日封发

［1194－4－312］

竹桥镇会员勤康号等为转请永泰和烟行申领总卡致南汇烟纸商业同业公会呈

（1948年10月4日）

事由：为呈请转函申领总卡以维门售由

呈为呈请事，窃属竹桥镇所有登记入会烟纸业前，所有门售捲烟除本镇万昌新茂二家同业承有烟卡外，但因数量微少不敷当地销路。故其余同业均向上海烟行批进应销，惟业上由政府经济紧急措施令下，以致向上海各烟行无法批购，门销无货应售，迫不得已用敢备情呈请

钧会鉴核，迅赐公函向永泰和烟行申请领取总卡配烟，以维门售不胜迫切之至。谨呈

南汇县烟纸业同业公会

理事长萧

竹桥镇烟纸业同具

（各商号印，从略）

中华民国三十七年十月四日

［1194－4－312］

南汇县烟纸同业公会为会员勤康号等转请准予发给总卡按期配烟致上海永泰和烟行函

（1948年10月11日）

事由：据情转请准予发给总卡按期配烟由

南汇县烟纸商业同业公会函烟字第八九号

案据竹桥镇会员勤康号等十三家联名呈称"本镇各商号门售捲烟除万昌新茂二家同业承有烟卡外，但因数量微少不敷当地销路。故其余同业均向上海烟行批进应销。自经济紧急措施后上海禁止出口，无法批购供应门售，迫不得已用敢备情呈请钧会鉴核，迅赐函请上海永泰和烟行申请领取总卡配烟以维门售"等情。据查所陈确属实情，相应函情查照准予发给总卡按期配烟，实为公感！

此致

上海永泰和烟行

理事长萧

〔中华民国三十七年〕十月十一日拟稿

［1194-4-312］

江镇天源号等为转请上海永泰和烟行准予申请领取总卡配烟致南汇烟纸商业同业公会呈

（1948年10月5日）

事由：为请求转函上海永泰和烟行准予申请领取总卡配烟以维门销而利商业由

江镇天源号等呈南汇县烟纸业公会理事长萧

窃商天源等自以专售烟纸为业素系遵守会章为职责，因奉政府颁布经济紧急措施令下以致向上海各烟行批购捲烟供应门销。现以市县之分别，实属无法购得证之。吾县烟纸业存货业经经检队登记存货数量极少，对于当地供应门销势将间断无货应售，且吾业到申批购捲烟有乘上川火车、有用自由车者，交通称便，殊感苦心，迫不得已用敢备情上达呈请钧会鉴核，迅赐转函向上海永泰和烟行申请领取总卡配烟，以维门售而利商业，不胜迫切之至。

谨呈

南汇县烟纸商业同业公会

理事长萧

具呈人 江镇天源号等

（各商号印，从略）

中华民国三十七年十月五日

［1194-4-312］

南汇县烟纸同业公会为会员天源号等转请准予发给总卡按期配烟致上海永泰和烟行函

（1948年10月11日）

事由：据情转请准予发给总卡按期配烟由

南汇县烟纸商业同业公会函烟字第九〇号

案据江镇会员天源等十六家联名呈称："商等向以专售烟㤅为业，自经济紧急措施后上海禁止出口而商等存货有限，祇售无进势将间断，迫不得已用敢备情呈请鉴核迅赐转请上海永泰和烟行申请领取总卡配烟以维门售而利营业”等情。据查所请确属实情，相应函请

查照准予发给总卡按期配烟，实为公感。

此致

上海永泰和烟行

〔中华民国三十七年〕十月十一日拟稿

［1194-4-312］

南汇县烟纸商业同会关于调整香烟售价致南汇县商会呈

（1948年10月5日）

南汇县烟纸商业同会呈烟字第六四号

查本香烟来源全仰沪地，兹上海各种香烟售价都已调整实行，而本县除周浦镇或有较大烟FG店外其余各镇俱系小本经营，绝少存货，随批随售，若不报据来源加以调整，势至无货应市，各会员纷纷来会请求予以设法补救。据经面奉县府承示，着即议价报核，业经本会召集各会员公议按照上海市售价每条每匣统加运费一分，义务出售以经市面。准此，理合抄附香烟议价单备情呈请，仰祈准即转请县府备案施行，实为公便。

谨呈

南汇县商会

附议价单一纸[①]

理事长萧（印）

〔中华民国三十七年〕十月五日封发

［1194-4-312］

蔡章生关于请求证明会员江镇万丰烟纸号店主金土焦确是采办火柴等物致南汇县烟纸业公会函

（1948年10月5日）

宝生先生大鉴，敬启者，因有贵会员江镇万丰烟纸号店主金土焦于本月一日到申采办康克令□条、火柴一听、贡烛五斤带至浦东致被查扣，解交南码头斯盛分局，由本所出具证明去后已被转解上海市经济警察大队。当有金土焦自去询得应请贵会予以证明便可发还等语为特具函，即希查照为荷。此致

南汇县烟纸业公会

弟蔡章生□上

杜吉平代印

〔中华民国三十七年〕十、五

［1194-4-312］

正元昌号请求证明发还黄祥茂肥皂致南汇县烟纸业同业公会函

（1948年10月7日）

为请求证明发还黄祥茂肥皂以恤商艰由

窃属会员商有黄祥茂肥皂九箱于九月十五日由上海运至竹桥镇供应门售，中途被杨思桥警局扣留翌日即由。

① 原文缺。

钧会备函向上海福州路警察总局证明并附元丰发票壹纸，当蒙批准发放在案。附商屡向杨思桥警局讯问□无消息，为敢备情请求钧会转函上海福州路总局迅予批示。迳□正元昌店主直接向杨思桥警局具领，体恤商困藉维转运，不胜公感之函。

谨呈

南汇县烟纸业同业公会

理事长萧

商施正元谨具

〔中华民国三十七年〕十月七日

浦东竹桥正元昌烟纸号

［1194－4－312］

南汇县烟纸业同业公会转请准予正元昌号取货致上海市警察总局函

（1948年10月7日）

事由：据情函请、准予批示取货由

案据祝桥镇会员正元昌号函称："会员商有……全叙……警局具领"等情。据此相应函请查照，准予批交该号店主亲往杨思桥取货，实为公感。

此致

上海市警察总局

理事长萧

〔中华民国三十七年〕十月七日发文

［1194－4－312］

会员其昌烟号关于集中派货、印制搬入证明书等致南汇县烟纸商业同业公会的提案

（1948年）

提案

（一）本县大部分无派货之同业日前香烟肥皂来源恐慌，应否请公会将全县所有派货集中公会，普遍分配全体会员（自愿放弃权利者听）。至于派卡执有人之川资运费合法利润，均应照加于货价上，以免派卡执有人吃亏太大，此点为全县大多数会员一致愿望，绝无私见嫉妒意思，应请大会列入议案为何（以后如来源畅通时，可以仍由执卡人享受权利可也）。

（二）以后公会应印制香烟肥皂等物之搬入证明书，随时听由会员申请发给，并公函南汇经济督导机构备案。

（三）南汇烟纸定价，应否依照上海另售价格酌加旅运费合理调准，如司令牌、大联珠、□□等均应酌加，是否有当，请大会公决。

（四）火柴来源不畅，请公会备文请求厂方配给，由公会统筹。

（五）南洋及华成烟亦应接洽统筹派货。

提案人 会员其昌烟号（印）

负责人 王念慈（印）

〔中华民国三十七年[①]〕

［1194－4－312］

---

① 原文无日期。据文件所存案卷前后文日期为"中华民国三十七年"，故此处记为"中华民国三十七年"。

勤益号关于请赐证明发还交保货物致南汇县烟纸业公会函

（1948 年 10 月 8 日）

为迳"启者敝号所有店存各种货物均经遵照钧会通知已于十月二日向钱理事申报登记。讵料突于七日由新场经济督导组派警来店及宅内查抄，虽搜见之货确与登记之数相符而将查出之火油六桶及黄祥茂五箱着交第二保长王桢具结保管，即业经敝号报告新场镇长证明去后，迄今交保之货仍未见如何处置，为敢具函敬祈钧会赐准证明，迅予发还以解商艰而维营业"不胜德感。□请南汇县烟纸业理事长萧

勤益烟纸号经理朱耀祥谨启

三十七年十月八日

［1194－4－312］

南汇县烟纸业公会转请准予发还勤益号查抄货物致南汇县经济检查队函

（1948 年 10 月 9 日）

事由：为据情转请准予发还勤益号火油肥皂由

南汇县烟纸商业同业公会函烟字第八八号

案据新场镇会员勤益号经理朱耀祥呈称："启者敝号……全叙……而维营业"等情，查该号所报货物登记清册业已转送到会，核与查抄数目相符并注明存放地址在案。相应函请查照准予发还，实为公感。

此致

南汇县经济检查队长郭

理事长

〔中华民国三十七年〕十月九日拟稿

［1194－4－312］

新场勤益号为前遭经检组封存物资请求转县准予启附发还致南汇县烟纸业同业公会呈

（1948 年 11 月 22 日）

事由：为前遭新场经检组封存物资请求转县准予启附发还由

窃于限价期内，办理各业存货登记事宜，敝号曾将所有店存暨住宅所存各货，早经依限填表请当地烟纸同业公会办事处主任钱正一汇转经检队在案。讵于十月七日，驻新经检组，以住宅内所存火油四桶，涉有囤积嫌疑，尚有肥皂五箱，亦遭一并发封，听候总队核办，查是项物资，既经依限填表登记，何得谓为囤积，即经当地镇长及公会负责人钱正一等亦经证明无效，屡蒙经检组搪塞拖岩迄今，未见启封发还，兹已限价开放，准许自由买卖，报载已封物资，均准发还之例，为此依据法令，备呈请求钧会，俯念商艰，转请县政府启封发还，俾资应市，而振市容，实为由便，谨呈

南汇县烟纸业同业公会理事长萧

具呈 勤益烟纸号（新场）（印）

店主朱耀祥（印）

中华民国卅七年十一月廿二日

［1194－4－312］

南汇县烟纸业同业公会为转报新场勤益号货物被扣案据并请启封发还致南汇县政府呈

（1948 年 11 月 22 日）

事由：为新场勤益号火油涉嫌一案据情呈请启封发还并转复由

南汇县烟纸商业同业公会呈烟字第一〇一号

兹据本会新场镇会员勤益烟纸号店主朱耀祥呈称："窃于限价……照叙全文……转请县政府启封发还俾资应市"等情。据查本案曾于十月九日本会据经以烟字第八八号备函向经检队证明请予发还在案，且该号店铺面积甚小，不得不将火油等存放住宅。然予登记清册上注明存放地点，实无囤积之嫌。据称前情，理合备文呈请，仰祈鉴核准予启封发还，以维商艰并乞转示，实为公便。

谨呈

县长熊

理事长萧宝生

〔中华民国三十七年〕十一月廿二日拟稿

［1194－4－312］

南汇县烟纸业同业公会关于填报各货实销数量表并核发搬运证致各会员函

（1948 年 10 月 13 日）

兹准县商会函为物资管制以来据称因措施技术尚不能骤臻尽美致营业有感困难，兹各业需向上海批购物资者可由各业公会填报需要数量表转请蒋督导员核发搬运证。准此即希各会员遵照"上海区经济管制督导员办公处"公告所示，将本年上半年度所向上海批进各货实销数量一并报会（惟不得虚报查实惩处）。事关会员切身利益，幸勿自误并限于本月廿三日以前送会。逾期不报日后如遇配货作自愿放弃论。

此致

各会员

南汇县烟纸业同业公会启

〔中华民国三十七年〕十月十三日

［1194－4－312］

航头镇公泰号等关于疏通火柴来源致南汇县烟纸业公会呈

（1948 年）

敬声请为本镇各商号火柴存货已尽来源，又绝请求设法补救。查本镇商店均系小本经纪，向无存货。今受潮流所阻，来源已绝，而日用品中以火柴尤为重要，底货已尽势将继无米为炊为无火为炊，为敢请求

钧会鼎力设法疏通火柴来源，毋使农村民众黑夜无光，熟食有虞，实为德便。

谨声请

南汇县烟纸业公会

航头镇烟纸业商号　　公泰烟纸杂货号

王聚丰烟纸号杂货号

源隆烟纸号

源茂春记烟号

大源义
义泰号
李源昌号
鼎兴烟纸号
裕源号
邵万生烟行
等谨呈
〔中华民国三十七年[①]〕
[1194-4-312]

南汇县烟纸业公会回复疏通火柴来源致航头镇会员公泰号等函

(1948年)

来呈悉所称设法疏通火柴来源一节本会已据商会函知调查各业货物实销数量，报请上海督导员蒋准予配给等由，已分发限期填报在案。据称前情，相应函复即希查照为荷！

此致

公泰号等

〔中华民国三十七年[②]〕
[1194-4-312]

南汇县烟纸商业同业公会报送第二届会员大会及理监事会经过致南汇县政府呈

(1948年10月7日)

事由：为呈报大会及理监事会经过检同附件祈核备由

南汇县烟纸商业同业公会呈烟字第八六号

中华民国三十七年十月七日

案查本会第二届会员代表大会业于九月廿七日如期举行，当即修正章程，讨论提案并改选理监事。下午五时接开理监联席会议，推定理事长，均经决议纪录在卷。除分别函呈外，理合检同大会及理监会纪录、修正章程暨理监事略历表各一份，备文呈报，仰祈鉴核备查。

谨呈

县长熊

附呈大会及理监事会纪录、修正章程暨理监事略历表各一份
南汇县烟纸商业同业公会理事长萧宝生

〔附1〕

南汇县烟纸商业同业公会第二届会员代表大会纪录

日期：三十七年九月廿七日　　　　地点：县商会

出席：会员六十三人

列席：县府何维清　党部张志良　商会沈达权　周浦烟纸会公代表吴粹存

主席：康子京

---

① 原文无日期。据文件所在案卷前后文日期"中华民国三十七年"，此处记作"中华民国三十七年"。

② 同上一条。

报告事项(略)

县府党部商会代表致词(略)

讨论事项:

一件:本会章程应否加以修正请公决案。

决议:修正通过。

一件:本届理监事之改选应改选半数抑照修正条文全部改选请公决案。

决议:全部改选。

一件:同业者设铺已久平日因循观望不肯加入公会期遇需要公会而临时急于入会者应如何办理请公决案。

决议:补缴十元以上二十元以下之经常费授权理事会办理之。

一件:本会每月经费收入祇约□十七元之数而每月支出照目下预算应在七十元以上如何办理请公决案。

决议:按照所需支出授权理事会调整之。

一件:目下香烟来源短少,大部份同业均感恐慌而同业中有上海派货者可否请其将派货集中公会普遍分配。各会员至持有派货权之运费利润照加货物品上以免损失,如日后来源畅通时再行归还请公决案。提议人其昌号。

决议:(一)派货由各镇持卡会员统筹分配之。(二)无卡之各镇就近归有卡镇分配兹定如下:惠南—盐仓、黄路、老港、三灶等镇属之,大团—泥城、彭镇、外三灶、马厂等镇属之,三墩—六灶湾、万祥等镇属之,新场—航头、鲁汇等镇属之,祝桥—江镇、邓镇、施镇、六灶等镇属之。(三)会员申请配货时以本月份本会经常费收据为凭,以后购货时同。(四)会员配货数量按来货数目,由登记之会员照缴纳公会费等级比例分派之。(五)货品优劣平均搭配不得挑选。(六)配货时不论利润如何消路好坏,一经申请统限于三日内提取并付清款项。如有拒绝及逾限者即行永久停止配给。(七)配货为供应同业门售非会员一律不配货。

一件:请推定选举工作人员案。

决议:公推唐亚文写票,黄静济唱票,萧宝生、潘礼文监票。

开始选举 揭见:萧宝生 44 票、康子京 40 票、潘礼文 33 票、唐亚文 32 票、谢庸韦 28 票、钱正一 25 票、陆壶久 20 票、翁文祥 20 票、鞠安之 16 票,以上得票最多当选理事。

冯福泉 15 票、张瑞林 14 票、杜蓉江 12 票,以上次多数当选候补理事。

萧裕章 13 票、顾醴泉 11 票、於玉泉 10 票,以上当选监事。

萧谈章 10 票,当选候补监事。

主席:康子京

纪录:王志方

〔附 2〕

南汇县烟纸商业同业公会第二届第一次理监事会议纪录

日期:卅七年九月廿七日下午五时　地点:商会

出席:理监十一人　　公推萧宝生为临时主席

报告事项　略

讨论事项:

乙件:请推常务理事案。

决议:公推萧宝生、康子京、钱正一为常务理事,互推萧宝生为理事长。

乙件:请推常务监事案。

决议:公推於宝泉担任。

乙件:大会授权调整本会经费一案应如何办理请公决案。

决议:留交下届会议商讨。

乙件:三墩其昌号提议第一点已交大会讨论其他各点应如何办理请公决案。

决议：留交下届会议商讨。

乙件：下届会议日期应否规定案。

决议：定十月八日上午十时举行，天雨顺延（九日）不另通知。

主席：萧宝生

纪录：王志方

〔附3〕

南汇县烟纸商业同业公会章程

第五条增加：七、须经大会决议而有时间性之案件授权理事会办理，交下届大会追认。

第十三条　本会同业不依法加入本会或不缴纳会费或违反章程及决议者应予警告，警告无效时得由本会呈请县府予以左列之处分：

一、金圆十元以上二十元以下之违约金。

第十八条　本会理监事之任期均为贰年，连选得连任。

第三十条　前条入会费规定每会员贰元，会员于入会时一次缴纳之。

第卅二条　如遇必需要临事费时得由理事会或经会员大会通过，呈报主管官署核准后征收之。

〔附4〕

南汇县烟纸商业同业公会第二届理监事略历表

职　别	姓　名	性　别	年　龄	籍　贯	通　讯　处
理事长	萧宝生	男	65	本	惠南勤康
常务理事	康子京	男	41	本	大团南昌
常务理事	钱正一	男	48	本	新场正昌
理　事	潘礼文	男	49	本	惠南仁茂
理　事	唐亚文	男	36	本	新场华丰
理　事	谢诵韦	男	60	本	新场谢诵韦
理　事	陆廉夫	男	47	本	三墩廉记
理　事	翁文祥	男	47	本	新场林昌
理　事	鞠安之	男	44	本	惠南裕兴
常务监事	于宝泉	男	43	本	惠南于恒盛
监　事	萧裕章	男	35	本	惠南康泰
监　事	顾醴泉	男	53	本	新场益昌
候补理事	冯福泉	男	50	本	惠南冯大昌
候补理事	张瑞林	男	43	本	盐仓张顺兴
候补理事	杜容江	男	49	本	新场杜永顺
候补理事	萧德章	男	47	本	大团勤康南号

［1194－1－858］

南汇县烟纸商业同业公会报送第二届第二次理监事会纪录致南汇县政府呈

（1948年10月14日）

事由：为呈报第二届第二次理监事会纪录祈核备由

南汇县烟纸商业同业公会呈烟字第九二号

中华民国三十七年十月十四日

查本会第二届第二次理监事联席会议业于十月八日举行，所有应行事项均经决议纪录在卷。除分知外，理合检同纪录备文呈报，仰祈鉴核备查。

谨呈

县长熊

附呈纪录乙纸

理事长萧宝生

〔附〕

南汇县烟纸商业同业公会第二届第二次理监事联席会议纪录

日期：三十七年十月八日

地址：县商会

出席：十人

列席：会员拾五人

主席：萧宝生

报告事项：

1. 本县经检队为管制物价彻底明晰起见，限各业填报存货清册。本会已分发各会员查填在案，希尅日填报一式三份送会汇转。

2. 以后各会员欲公会证明书者须由该会员具函来会方可，若口头声明本会以缺少根据不予受理，希各注意。

讨论事项：

乙件：上次会议交议调整本会收支一案应如何办理请公决案。

决议：十月份起会费等级调整为甲等乙元九角贰分，乙等为乙元四角四分，丙等九角六分，丁等四角八分，戊等□角四分，职员津贴书记收费员各贰拾元，办事员七元五角，勤工七元五角，其他照常开支。

乙件：本会各镇办事处虽于卅五年设立数处，惟间负推诿不就间负各不符实，以致推展会务殊感困难。为谋健全组织起见，拟予各镇普遍设立对于主任人选提请公决案。

决议：前设各镇一律撤销，兹推定各镇主任人选如下：大团康子京，新场沈蓉芳，祝桥施浩轩，盐仓张瑞林，三墩陆廉夫，江镇顾怡然，六灶顾根桃，黄镇蔡源生，航头王祖贤，坦直翁颂高。

一件：本会会员日来骤增不少大多系老店，新入会者依照大会决议应补缴十元以上二十元以下之经常费应如何办理，提请公决案。

决议：推定理事长调查营业状况后依照大会决议规定数字，再交下届会议讨论。

一件：本会会员证应即制发如何办理请公决案。

决议：推定唐亚文先生负责，尅日接洽印制三百张。

一件：本业各货如烟昋日用品等均向上海采购，自经济管制后上海禁止出口，而本县同业存货有限，形将售罄，若不疏通来源营业无法维持应如何办理请公决案。

决议：呈请上海经济督导处请其怜念下情，准予按月配给。

主席：萧宝生

纪录：王志芳

［1194－1－858］

南汇县烟纸商业同业公会报送第三次常会纪录致南汇县政府呈

（1948 年 10 月 24 日）

事由：呈报第三次常会纪录祈核备由

南汇县烟纸商业同业公会呈烟字第九五号

中华民国三十七年十月廿四日

查本会第二届第三次常会业于十月廿三日举行，所有应行事项均经决议纪录在卷。除分知外，理合检同纪录乙份备文呈报，仰祈鉴核备查。

谨呈

县长熊

附纪录乙份

理事长萧宝生

〔附〕

南汇县烟纸商业同业公会第二届第三次理监事联席会议

日期：三十七年十月廿三日下午二时

地点：县商会

出席：十二人

列席：会员三人

主席：萧宝生

报告事项(略)

讨论事项：

一件：上月以来各处纷纷加入本会之商号畸形增加，竟有壹百数十家之巨。惟大多系兼营性而并非主要营业，似有投机取巧之嫌，应如何办理请公决案。

决议：凡新入会之商号除一部份即席审查外，其他各镇即日推员分头调查。其标准应具有香烟纸张完备者为限，仅售一种者暂不准入会。兹分配各镇调查负责人如下：下沙、航头、鲁汇、闸港、坦直、杜行，由钱正一负责。北蔡、龙王庙、张江栅，由康子京负责。施镇、邓镇、江镇、祝桥、汤家店，由冯福泉、张瑞林负责。六灶、陈桥由施浩轩负责。三灶由潘礼文负责。

各处审查如下：小洼港、凉亭乡、三灶码头、米家路、潘家行、吴埠等六处商号不合格退还志愿书。邬店、谈店、李家桥、老港等四处审查合格应准入会。

一件：如有各处急须入会之商号应如何应付请公决案。

决议：即日起凡须入会之商号。除应由老会员两家以上之介绍外，暂予登记，俟审查合格后再行通知正式来会办理手续。

一件：江镇分办事处私刊图记启用擅称分会已着其缴销并停止活动外，应如何办理请公决案。

决议：图记既已缴销姑念不谙法令，留任察看并通知不得称为分会。

乙件：本会各镇分办事处应否刊发条戳请公决案。

决议：由会刊发呈县备查惟对外不生效力。

主席：萧宝生

纪录：王志芳

[1194-1-858]

南汇县烟纸商业同业公会报送第四次常会纪录致南汇县政府呈

(1948年11月22日)

事由：呈报第四次常会纪录祈核备由

南汇县烟纸商业同业公会呈烟字第壹零叁号

中华民国三十七年十一月廿二日

查本会第二届第四次常会业于本月廿一日举行，所有应行事项均经决议纪录在卷。除分知各会员外，理合检同纪录壹份，备文呈报，仰祈鉴核备查。

谨呈

县长熊

附纪录壹份

南汇县烟纸商业同业公会理事长萧宝生

〔附〕

南汇县烟纸商业同业公会第二届第四次理监事联席会议纪录

日期：三十七年十一月廿一日下午二时

地点：县商会

出席：九人

主席：萧宝生

报告事项(略)

讨论事项

一件：自政府开放限价后各物飞涨，本会原定预算不敷支出甚巨应如何调整请公决案。

决议：十月份经常费照九月份规定加拾倍征收。十一月份起仍照本年一月份之规定以白米为标准折收金圆。兹调整如下：(一)收入方面：甲等五升，乙等四升，丙等三升，丁等贰升等，戊等一升，均照每月二十日惠南镇市场米价折算。(二)支出方面：文牍书记各一人每月支壹石贰斗，收费员月支五斗，勤工月支三斗，收费员川旅月支二斗均按发薪时米值计算，商会费、办公费、会议费及各项什费等均实支实销。

一件：本会章程第十三条第一款：违约金及第三十条之入会费已不符实际应如何修正案。

决议：第十三条第一款修正为“乙百元以上五百元以下之违约金”，第三十条之入会费修正为“白米一斗照市折收金圆”呈县备查并交下届会议追认。

一件：本会会员证业已印制完竣应否收取工本费请公决案。

决议：际此经费困难时期每份收取金圆五元。

一件：本会前议老店新入会者补缴十元至二十元之经常费应否予以调整请公决案。

决议：已入会而未补缴者一律收取二十元，嗣后新入会之老店追收三月以上一年以下之经常费

一件：本会各镇办事处惟有十处其余尚未设立，对于会务推行诸多不便应即普通设立，惟主任人选应如何聘任请公决案。

决议：施镇聘尹庆云为主任、下沙聘方宗俊为主任、邓镇聘钱梅根为主任、杜行聘李东海为主任、鲁汇聘张志安为主任、北蔡聘陈渭卿为主任，龙王庙、张江栅属北蔡。

一件：县府分饬各案议价本会应如何办理请公决案。

决议：各镇情形不同由各镇自行集议。

主席：萧宝生

纪录：王志芳

[1194－1－858]

（二）南汇县百货业同业公会

百货业商倪端、施鸿藻等关于组织南汇县百货商业同业公会致县商会呈

（1946年11月）

事由：为发起组织南汇县百货商业同业公会，仰祈鉴核转呈县府核许俾便依法筹备

窃商等向营百货业，自抗战胜利以还百废待举，人民团体之组织至为殷切，而我百货业同业商号仍无是项组织，商等为谋同业之福利暨矫正弊害起见，爰经磋商发起组织南汇县百货商业同业公会，以资连络，理合备文申请，仰祈鉴核转呈县府核许，俾便依法筹备组织成立，实为公便。

谨呈

南汇县商会

商　倪端

施鸿藻

严明章

常景声

邵保清

缪直夫

程耀生

中华民国三十五年十一月

［1194－4－333］

南汇县商会请求加委倪端等为南汇县百货商业同业公会筹备员致南汇县政府呈

（1946年11月18日）

事由：呈请加委倪端施鸿藻严明章常景声邵保清缪直夫程耀生等为百货商业同业公会筹备员由

南汇县商会呈南商总字第一〇六号

中华民国三十五年十一月十八日

案据百货业商倪端、施鸿藻等呈称："窃商等向营百货业，自抗战胜利以还百废待举，人民团体纷纷组织，而我百货业向无是项组织，商等为谋同业之福利，暨矫正弊害起见，爰经发起组织南汇县百货商业同业公会，经于前日召集发起人会议，出席同业代表二十余人，即席推定倪端、施鸿藻、严明章、常景声、邵保清、缪直夫、程耀生等七人为筹备会员负责进行，为谋合法起见，合行呈请钧会转请县府鉴核备案，并赐加委以利进行"等情，据此合亟据情报请鉴核备查，并予加委，实为公便。

谨呈

南汇县长徐

南汇县商会理事长潘子平

[1194-1-847]

南汇县政府关于核准倪端等为南汇县百货商业同业公会筹备员致南汇县商会指令

(1946年11月23日)

事由：据呈请委倪端等七人为本县百货商业同业公会筹备员应予照准随发委令七纸，仰转给只领由

南汇县政府指令社字第八一二五号

令县商会

卅五年十一月十八日呈一件，呈请加委倪端等七人为百货商业同业公会筹备员由。

呈悉。所请照准，随发委令七纸，仰查收转给祗领。并饬将筹备情形具报备查！

此令。

附发委令七纸。

县长徐

〔中华民国三十五年〕十一月廿三日

〔附〕

南汇县政府关于任命施鸿藻等为南汇县百货商业同业公会筹备员的委令

事由：为委该员为本县百货商业同业公会筹备员由

南汇县政府委令社字第八一二五号

令施鸿藻、缪直夫、倪端、常景声、邵保清、严明章、程耀生

兹委该员为本县百货商业同业公会筹备员。

此令。

县长徐

〔中华民国三十五年〕十一月廿五日

[1194-1-847]

南汇县商会转请准予组织南汇县百货商业同业公会致县政府呈

(1948年10月2日)

事由：据情转请准予组织南汇县百货商业同业公会呈祈示遵由

南汇县商会呈南字第六三三号

中华民国三十七年十月二日

案据季六亭等呈称："查本业因无业会之组织，致如一盘散沙，漫无统系，实非社会与同业之利，爰于九月二十八日在县商会大礼堂邀开发起人会议，组织南汇县百货商业同业公会，所有应行事项均经决议纪录在卷，准议前由理合检同会议录备文呈请仰祈鉴核转呈县府核准俾便组织"等情，附会议录，据此理合备文抄同附件转请仰祈，准予组织候示遵行！

谨呈

南汇县长熊

附呈会议录一份

理事长潘子平

〔附〕

南汇县百货商业同业公会发起人会议纪录

日期：九月二十八日下午一时

地点：南汇县商会大礼堂

出席者：季六亭、程耀生、张安新、苏金海、方文祥、朱文浩、邵宝汀

公推季六亭为临时主席

报告事项：

本业为协助政府宣扬政令谋同业福利改善业务起见，为特发起组织南汇县百货业同业公会，应如何办理，请各位从长讨论。

讨论事项：

一件：请确定筹备员案。

决：发起人为当然筹备员，并请宗秉彝、施鸿藻为筹备员。

一件：请确定筹备会议日期案。

决：定于十月五日下午一时举行。

一件：筹备经费如何筹措案。

决：由季六亭、程耀生、张安新、苏金海等四人垫支。

一件：请确定筹备会会址案。

决：暂设于南汇县商会。

主席：季六亭

纪录：顾庆云

[1194-1-847]

南汇县政府关于准予组织南汇县百货商业同业公会致县商会指令

（1948年10月4日）

事由：据呈为转请准予组织南汇县百货商业同业公会祈示遵等情指饬遵照由

南汇县政府指令鹏一社字第六九四四号

令南汇县商会

卅七年十月二日南字第六三三号呈乙件：（抄来文由）。

呈件均悉：准予组织，仰遵照商业同业公会法第十、十一两条分别办理具报。

此令。

县长熊

〔中华民国三十七年〕十月四日

[1194-1-847]

南汇县百货商业同业公会关于筹备会议情形及大会日期等致南汇县政府呈

（1948年10月8日）

事由：呈报筹备会议情形及大会日期附会议录略历表仰祈鉴赐派员指导由

查本业拟发起组织南汇县百货商业同业公会，前经报核在案。兹第一次筹备会议已于本月五日举行，所有应行事项均经决议纪录在案，并定于本月十三日上午十一时召开成立大会，准议前由，除分别函呈外，理合检同会议录筹备员略历表备文呈报仰祈鉴核并祈派员指导，实为公便。

谨呈

县政府

附会议纪录、筹备员略历表各一份
筹备主任邵保清
民国三十七年十月八日[1]

〔附1〕

南汇县百货业同业公会第一次筹备会议纪录

日期：三十七年十月五日下午二时

地点：假南汇县商会

出席：季六亭、苏金海、宗秉彝、缪直夫、邵保清、钱云章致中代、常景声、张安新、倪跃溪、曹金泉、施□苍、范水根、罗祥生、李德兴等十一人

列席：何维清县政府、宋富平县党部、沈达权县商会

行礼如仪

公推苏金海为主席

报告事项(略)

讨论事项：

一、件请推定筹备主任案。

决：邵保清为主任，苏金海为副主任。

一、件筹备期间经费应如何筹措案。

决：大团邵保清、新场施鸿藻、周浦钱云章、南汇苏金海、竹桥常景声。

一、件如何征求会员案。

决：派员分赴各镇征求。

一、件请确定成立大会日期案。

决：定于十月十三日上午十一时。

一、件请推员起草章程案。

决：请常景声先生为起草。

一、件请确定成立大会会址案。

决：暂设县商会。

一、件办公人员应如何确定案。

决：由筹备主任酌量雇用。

一、件请确成立大会时会员有特殊事务不克出席大会者可否请人代表案。

决：自可代表。

主席：苏金海

纪录：顾庆云

〔附2〕

南汇县百货商业同业公会筹备员略历表

姓名	年龄	性别	籍贯	学历	通讯处
苏金海	34	男	江苏	初小	南汇东门大街苏永兴百货号
季六亭	47	男	江苏	高小	南汇南门大街鸿茂百货号
张安新	29	男	江苏	高小	南荡西门大街金星百货号
程耀生	51	男	江苏		南汇南门大街中华百货号

① 原文无发文日期。此处“民国三十七年十月八日”为南汇县政府收文日期。

续 表

姓 名	年 龄	性 别	籍 贯	学 历	通 讯 处
邵保清	37	男	江苏		大团华昶百货号
钱云章		男	江苏		周浦协丰百货号
常景声		男	江苏		祝桥常兴泰百货
施鸿藻		男	江苏		新场鸿源祥百货号

［1194－1－847］

南汇县百货商业同业公会关于报送成立大会经过情形致南汇县政府呈

（1948年10月16日）

事由：呈报成立大会经过情形及附件祈准核备由

南汇县百货商业同业公会百字第号

民国三十七年十月十六日

查本会成立大会已于十月十三日举行并接开第一次理监会议，所有重要事项均经决议，并互推倪端为理事长，纪录在卷，准议前由，除分行外理合检同会议录、会员名册、理监事略历表、章程业规等件备文呈报仰祈鉴核，准予备案颁发立案证书及图记，实为公便。

谨呈

县政府

附呈　　理监事大会会议纪录一份

百货商业同业公会业规一份

成立大会会议纪录一份

百货商业同业会员名册一份

百货商业同业公会章程一份

第一届理监事略历表一份

理事长 倪端

〔附1〕

南汇县百货商业同业公会第一次理监事大会会议纪录

续开理监事联席会议纪录

出席者：

倪端、朱致中、邵保清、潘可光、严明璋、黄心渠、施鸿藻、钱本仁、苏金海。

列席：县商会沈达权。

公推倪端为临时主席。

一件：请公推常务理监事案。

决议：票选揭见如下：

倪端得捌票　邵保清得陆票　黄心渠得叁票

以上叁人当选为常务理事，并互推倪端为理事长，程耀生为常务监事。

一件：本会办事人员如何规定。

决：暂设秘书一人，书记兼会记一人，干事一人，勤工一人。

一件、职员待遇如何规定案。

决议：秘书每月津贴十三元，书记兼会计廿五元，干事十二元五角，勤工七元五角，每月应缴商会费理监事会膳什费办公费等实支实销。

一件：请定出席商会代表人数案。

决议：认定四权并推倪端、朱致中、施鸿藻、邵保清等四位为出席代表。

一件：廉价证书费应如何规定案。

决议：每张收贰元。

一件：会员月缴本会经常费应否分等及数字如何规定案。

决议：分甲、乙、丙、丁四等，规定甲、三元，乙、二元，丙、壹元，丁、五角。

一件：请确定各镇分办事处及主任人选案。

决议：先后设新场、周浦、大团、祝桥、黄家路、惠南镇等六处。推定朱致中周浦镇办事处主任，邵保清为大团办事处主任，施政苍竹桥镇办事处主任，施鸿藻为新场镇办事处主任，季六亭为惠南镇办事处主任，曹金泉为黄家路办事处主任，其余各镇待征求会员后再行议设。

一件：本业所售各货因沪地来源几濒断绝，为维特市面计，拟爰例凭国民身份证每人限购一件，俟来源通畅尽量供应是否可行请公决案。

决议：照案通过并报请经检队备案。

主席 倪端

纪录 李颂杰

〔附 2〕

南汇县百货商业同业公会业规

第一条　本业规经本会会员大会订定之。

第二条　凡在本区域内如同业有新设或添设分号，应于七日前用书面正式报告本会登记，经本会许可后方可开始营业。

第三条　凡在本区域内同业如有召盘出租加记添股迁移及变更负责人等，应向本会更正或重新登记。

第四条　同业各种价目由本会理事会根据市面加以合法利润议定后印制价目表，分发同业不得纹乱。

第五条　同业因有特殊情形拟举行廉价时，须于七日前报经本会许可后发给许可证后方得举行，新设之同业务须领证，惟廉价日期亦须呈报。

第六条　凡同业如接到价目表后，对于决议之价目私自减售或违反第三、四、五条者，经同业之检举报告本会，由本会理事会视其情节之轻重依法议处。

第七条　上项处分由理事会决议呈报主管官署核准施行。

第八条　同业雇用之职员或学徒不得私相挖用。

第九条　本业规呈准县府施行，修改时同。

〔附 3〕

南汇县百货商业同业公会第一次成立大会会议纪录

日期：三十七年十月十三日下午一时

地点：假南汇县商会

出席者七十二人

列席：何维清县政府沈达权县商会

主席：邵何清

报告事项略，

筹备主任报告筹备经过(略)

县政府何指导员致询(1) 团体组织的重要；(2) 具有恒心才能发挥会务；(3) 理监事健全与否与公会的关系；(4) 会员投票时的注意被选理监事问题；(5) 会员的权利与义务相等。

县商会沈先生致询(1) 组织的程序与要点；(2) 会员应认清公会的任务；(3) 商业与业会，业会与商会连系关系的重要性；(4) 黾勉将来的前途。

讨论事项：

一件：请修正通过本会章程草案。

决：修正通过。

一件：请通过本会业规案。

决：修正通过。

一件：请推完选举工作人员案。

决：公推施鸿藻、徐云章二位先生监票，倪端先生唱票，严勤舟先生写票。

一件：请选举理监事案。

选举揭见计：

倪端得五十七票　　邵保清得五十五票

苏金海得四十五票　　钱本仁得四十一票

严明章得三十五票　　施鸿藻得三十三票

潘可光得三十三票　　黄心渠得二十七票

朱致中得二十五票

以上九人当选为理事。

陈光川得二十三票　　季六亭得二十票

张安新得十七票

以上三人为候补理事。

程耀生得二十二票　　缪直夫得十三票

朱文浩得七票

以上三人当选为监事。

蔡金根得六票　　为候补监事。

主席 邵保清

纪录 季颂杰

〔附 4〕

会员名册

会员名册商号名称	代表姓名	性别	年龄	籍贯	学历	经　　历	开设地址
大团书店	黄邦贤	男	37	南汇	初小		大团中市
振兴百货号	卫林初	男	26	南汇	初小		大团中市
宣隆顺货号	宣殿鑫	男	34	南汇	初小		大团中市
万源国货号	倪　端	男	43	南汇	初中	现任本县针织业公会常务理事	大团中市
大吉祥百货号	陈光川	男	28	南汇	高等	开设三十年	大团中市
孙振泰货号	叶锦芳	女	43	南汇	初小		大团中市
同源货号	庄佑官	男	28	南汇	初小		大团北市蟠龙桥
和新货号	崔守甫	男	51	南汇	初小		大团北市典当桥
徐恒丰货号	徐金生	男	32	南汇	初小		大团南市
永丰货号	毕兆□	男	41	南汇	初小		大团南市
荣昌祥百货	沈镛昌	男	48	南汇	初小		新场镇南市
君慧药房附设百货	袁思仁	男	19	南通	初中		新场镇南市
鸿源祥百货号	施鸿藻	男	52	南汇	老学	开设十五年	新场北市
祥盛百货号	石士祥	男	45	南汇	初小		新场南市

续 表

会员名册商号名称	代表姓名	性别	年龄	籍贯	学历	经 历	开设地址
协新百货号	席秉金	男	29	南汇	高小		新场包家桥
荣丽百货号	胡洪江	男	34	南汇	高小		新场包家桥
森秦百货号	沈根林	男	23	南汇	初小		新场南市
丽华百货号	申炳铨	男	48		初中		周浦镇
协丰百货号	钱本仁	男	45		初中		周浦镇
丰泰百货号	朱惟义	男	32		初中		周浦镇
中南百货号	朱致中	男	28		初中		周浦镇
大华百货号	朱惟洪	男	35		初中		周浦镇
张万利百货号	蔡金根	男	37		初中		周浦镇
华昶百货号	邵保清	男	39	南汇	初中	开设拾壹年	大团中市
大昌百货号	王德垣	男	28	南汇	初小		大团中市
天兴百货号	崔银泉	男	31	南汇	初小		大团中市
庄锦记百货号	庄锦福	男	36	南汇	初小		大团南市
益泰百货号	姚伯荣	男	28	南汇	初中		大团南市
天泰百货号	王巨祺	男	49	南汇			大团南市
璋记百货号	顾兆璋	女	20	南汇	初小		大团南湾
唐万记百货号	唐木藩	男	54	南汇			大团南湾
祥泰百货号	朱关祥	男	49	南汇	初小		大团南湾
中美百货号	王才根	男	28	南汇	初小		大团中市
宏昌百货号	陶镇平	男	30	南汇	初小		大团中市
夏菊记百货号	夏菊初	男	30	南汇	初小		大团纸坊桥
顾正大百货号	顾天白	男	58	南汇	师范		大团中市
永昌百货号	姚鹏非	男	48	南汇	高小		大团纸坊桥
盛永记百货号	盛永舟	男	57	南汇	初小		大团纸坊桥
昇泰百货号	盛富祥	男	44	南汇	初小		大团中市
张洪发百货号	张友根	男	33	南汇			大团中市
大中百货号	潘可光	男	38	南汇	初小	开设九年	大团中市
同昌百货号	黄心渠	男	57	南汇	初小	开设二十年	大团中市
张永昌百货号	张莠广	男	39	南汇	高小		大团中市
永新百货号	严明章	男	36	南汇	高小	开设二十一年	大团中市
鹤鸿百货号	潘鹤鸣	男	48	南汇	高小		大团南市
良友百货号	薛麟正	男	46	无锡	高小		大团中市
东新百货号	苏大海	男	28	南汇	初小		黄家路
国泰百货号	沈国泰	男		南汇	高小		黄家路
益新百货号	李朱氏	女	38	南汇	初小		黄家路
曹永顺百货号	曹金泉	男	31	南汇	初小		黄家路
万兴百货号	王金伯	男	22	南汇	初小		黄家路
苏永兴百货号	苏金海	男	33	南汇	初小		南汇东门大街
中华药房百货	程耀生	男	51	南汇	初中		南汇东门大街

续 表

会员名册商号名称	代表姓名	性别	年龄	籍贯	学历	经 历	开 设 地 址
鸿泰百货号	缪直夫	男	51	南汇	高中		南汇东门大街
天盛祥百货号	倪耀溪	男	45	南汇	初小		南汇东门大街
朱永新百货号	朱文浩	男	53	南汇	初小		南汇东门大街
范永大百货号	范水根	男	34	南汇	初小		南汇东门外
新记百货号	刘心梅	男	30	南汇	初小		南汇东门外
恒源百货号	宗秉彝	男	53	山东			南汇东门外
祥记百货号	方文祥	男	39	宁波	初小		南汇东门外
罗祥泰百货号	罗祥生	男	55	南汇	初小		南汇东门外
协新百货号	朱守恒	男	30	南汇	初小		南汇东门外
永生百货号	邵永生	男	22	南汇			南汇东门大街
王正大百货号	王丽逵	男	49	南汇	高小		南汇东门大街
金星百货号	张安新	男	29	南汇	高小		南汇西门大街
九章百货号	樊承鋆	男	46	南汇	高小		南汇东门外
大成百货号	倪文虎	男	46	南汇	高小		南汇东门大街
生昌百货号	吕凤山	男	57	南汇			南汇东门城门口
茂记百货号	宣子均	男	19	南汇	初小		南汇东门外
协丰百货号	张文祥	男		南汇	初小		南汇东门外
鸿茂百货号	季六亭	男		南汇	高小		南汇南门大街
中兴百货号	李福新	男		南汇			南汇北门大街
永昌祥百货号	陆永岩	男	47	南汇	初小		四团苍中市
恒兴百货号	张邦彦	男	38	南汇			祝家桥中市
施正元百货号	施政苍	男	42	南汇	初中		南汇中大街
常兴泰百货号	常炳南	男	51	南汇	初中		南汇中大街
协盛新百货号	苏文伯	男	27	南汇	初中		南汇中大街
永丰百货号	高俊君	男	30	南汇	初中		南汇中大街
源大祥百货号	顾梅奎	男	37	南汇	初小		南汇中大街
程文华百货号	程龚氏	女	49	南汇			南汇中大街
益生泰百货号	宋梅郁	男	32	南汇	初中		闸港镇
许协昌百货号	许善祥	男	37	南汇	初中		江镇中市
履泰百货号	朱根全	男	36	南汇	私塾		陈家桥
恒丰百货号	孙忠祺	男	35	南汇	初小		张江栅

〔附 5〕

南汇县百货商业同业公会章程

第二条　本会定名为南汇县百货商业同业公会。

第五条　本会之任务如左：

七、须经大会决议事项而具有时间性者授权理事会办理交下届大会追认。

第六条　凡在本会区域内经营百货商业或兼营者均应为本会会员。

上项兼营百货业之会员对公会会费依据法令规定缴纳之。

第十三条　本会同业不依法加入本会或不缴纳会费或违反章程及决议者，限期劝令加入及改过逾期，仍不遵办者，应予警告，自警告之日起十日内仍不接受者，得由本会呈请县府予以左列之处分。

一、十元以上五十元以下之违约金。

第十四条　本会设理事九人，候补理事三人，监事三人，候补监事一人均由会员大会就会员代表中选任之理事中互选三人为常务理事，互推一人为理事长，监事中互选一人为监事。

第十五条　本会得视事务之繁简由理事长设办事员助理会务。

第十八条　本会理监事之任期均为贰年，每二年改选一次，连选得连任。

第十九条　理监事因故中途缺席时，由候补理监事递补，以补足原任之期为限。

第廿三条　本会定期会议每半年开会一次，临时会议于理事会认为必要或经会员代表十分之二以上之请求或监事会函请召集时召集之。

第廿五条　本会理事会每月开会一次，监事会每两月开会一次。

第廿九条　会员入会费规定　元，会员于入会时缴纳这。

第三十条　经常费每月由各会员依其等级由理事会审确后缴纳之。

第卅一条　如遇必需要临时费时，得经会员大会通过呈报主管官署核准后征收之（上项临时费如有紧急性者按照第五条第七项办理之）

第卅五条　本章程呈准县政府备案后施行之修改时间

〔附6〕

南汇县百商业同业公会第一届理监事略历表

职　别	姓　名	年　龄	籍　贯	学　历	经　　历	通讯处
理事长	倪　端	43	南汇	初中	现任本县针织业公会常务理事	大团镇中市
常务理事	邵保清	39	南汇	初中	开设十一年	大团镇中市
理　事	苏金海	33	南汇	初小	开设八年	南汇东门大街
理　事	钱本仁	45	南汇	初中	协丰号经理二十年	周浦镇
理　事	严明璋	36	南汇	高小	开设二十一年	大团中学
理　事	施鸿藻	52	南汇	老学	开设十五年	新场镇北市
理　事	潘可光	38	南汇	初小	开设九年	大团中学
理　事	黄心渠	57	南汇	初小	开设二十年	大团中学
理　事	朱致中	28	南汇	高中	士记工业社副理	周浦镇
常务监事	陈光川	28	南汇	高等	开设三十年	大团中市
监　事	季六亭	47	南汇	高小	开设十九年	南汇南门大街
监　事	张安新	29	南汇	高小	开设三年	南汇西门大街

［1194－1－847］

南汇县政府关于核示成立大会情形及附件并颁发立案证书及图记致南汇县百货商业同业公会指令

（1948年10月20日）

事由：为据呈报召开大会经过检件并祈颁发立案证书及图记等情指饬知照由

南汇县政府指令字第七八七一号

令南汇县百货商业同业公会

本年十月十六日呈一件，“抄来文由”。

呈件均悉，经核所附各件尚无不合准予立案，随令颁发字第号立案证书一纸及图记一颗文曰“南汇县百业商业同业公会图记”仰即祗领并将印模及启用日期呈报备查为要！

此令。

附立案证书一纸、图记一颗[①]

县长熊

〔中华民国三十七年〕十月二十日

[1194-1-847]

人民团体立案证书（南汇县百货业同业公会）

（1948年10月20日）

人民团体立案证书商字第二七号

南汇县百货商业同业公会业已依法组织完成应准立案，此证

计开：

团体名称：南汇县百货商业同业公会

设立地址：南汇城内

负责人姓名：倪端

县长 熊鹏

中华民国三十七年十月二十日

[1194-4-333]

南汇县百货商业同业公会关于启用图记日期拓送印模致南汇县政府呈

（1948年11月6日）

事由：遵报启用图记日期拓送印模呈祈核备由

南汇县百货商业同业公会百字第肆号

中华民国三十七年十一月六日

案奉钧府鹏一字第七八七一号指令：“呈件均悉尚无不合准予立案，随发立案证书图记仰将印模及启用日期呈报备查”等因附件，奉此业已遵于十月二十三日启用，奉令前因理合拓具印模备文呈报，仰祈鉴核备查。

谨呈

县长熊

附呈印模一份〈下略〉

南汇县百货商业同业公会理事长倪端

[1194-1-847]

南汇县百货商业同业公会关于会员大中号套鞋报数不符原因并请免传致南汇县商会函

（1948年11月19日）

事由：会员大中号套鞋报数不符一案函希转请免传由

南汇县百货商业同业公会公函百字第七号

---

① 原文缺，另1194-4-333有南汇县百货商业同业公会人民团体立案证书。

中华民国三十七年十一月十九日

案据本会大团镇会员大中商店经理潘可光呈称:“本号于十月三日奉政府颁布经济管制令呈报店存橡胶鞋数系贰佰肆拾双后,由本镇经济组王组长蒞店戳查发现橡胶鞋数连破碎脱胶不能出售者在内共有叁百柒拾双之谱,因此本号蒙有匿积之谦,兹本镇经济组谓经检队长仍须传问云云。惟查该超越之数系最近由上海永余号派货配给计有陆拾双有据可稽,尚余柒拾双实系破坏及不合时式难于出售者故本号未例入呈报之数内,绝非有竟隐匿。兹政府洞察商艰现已撤销管制,为特恳请钧会转请经检队体察实情,准免传问,实为德感”等情。据查所称俱属实情,理合转请钧会函请经检队予以免传,见复为荷。

此致

县商会

理事长倪端

〔1194-4-413〕

南汇县商会关于大中商店所报套鞋数字不符案致南汇县警察局公函

(1948年11月19日)

事由:据请所报套鞋数字不符原予免传一案,函请查照见复由

南汇县商会公函南字第七〇〇号

案据百货业公会函称:“据本会大团镇会员大中商店……全叙……予以免传见复”等情。据查本案其所报数字之不符揆其原因实出一、后进货物疎予补报,二、旧式及破坏者不予列入之故,乃属不明事理及手续上之差误,良非故意隐匿,情当可原。据称前情,相应函达即希

查照,姑念商人无知,准免传问至纫公谊,见复为荷。

此致

县警察局

经检队长郭

理事长潘

〔中华民国三十七年〕十一月十九日封发

〔1194-4-413〕

南汇县百货商业同业公会报送第二次理监会议录致南汇县政府呈

(1948年11月20日)

事由:呈报第二次理监会议录祈准核备由

南汇县百货商业同业公会呈百字第八号

中华民国三十七年十一月二十日

查本会第二次理监事联席会议业于十一月十七日举行,所有重要事项均经决议纪录在卷,除分行外理合检同会议纪录一份,备文呈报,仰祈鉴赐核备。

谨呈

县长熊

附会议纪录一份

南汇县百货商业同业公会理事长倪端

〔附〕

南汇县百货商业同业公会第二次理监事联席会议纪录

日期:卅七年十一月十七日上午十一时

地点：大团镇苏家弄壹号平生实业社

出席：八人

列席：县商会沈达权

主席：倪端

报告事项：略

讨论事项：

一件：本会前定经费收支因物价动荡已不敷用，应否依照其他公会先例予以改善案。

决议：会员纳费以米为标准，甲等五升，乙等三升半，丙等贰升半，丁等贰升，按每月二十日市价折收金圆，如逾期缴纳者依缴纳时市价折收。廉价征书费每张白米壹斗，入会费分甲乙丙等，甲等贰斗，乙等一斗，按缴纳时市价折收之，书记兼会计暨收费员月支壹石八斗，勤工贰斗，以上规定照领款时市价折支金圆，商会费四权酌定贰斗（待商会议定后实支实销），理监月会膳杂费八斗，办公杂支四斗，以上折付金圆实支实销。

一件：兼营本业商号依章亦须入会其应纳经费应否减低案。

决议：查组织法令并无减收之规定应一律办理，惟确有实际可原者，由理事会酌议收取。

一件：本业售价应如何议处案。

决议：本县边幅辽阔环境不同，应由各镇办事处考虑实际情形，以镇为单位量情议售。

一件：会员所雇职员及练习生薪给月规应否加以决定案。

决议：职员底薪拾元至四十元，月规壹元五角，按照上海生活指数计付，惟得视工作之勤怠技艺之优良量情升降及职位之擢升降免。

一件：营业纯余益□员得享花红之权利其盈亏应依何种为标准案。

决议：以物资为标准。

一件：查本会理监月会拟采流动制，本次已在大团举行，下次应在何地应否预定案。

决议：应采流动制，下次在周浦举行，日期由周浦办事处确定报由本会通知之。

一件：本会周浦新场大团南汇黄路祝桥等六镇办事处前已议设，其他各镇新入会员现已不少应如何议设案。

决议：添设召楼分办事处，公请王心翘为主任，鲁汇请马国康为主任，张江栅朱元芳为主任，盐仓陆永岩为主任。

主席 倪端

纪录 季颂杰

［1194－1－847］

南汇县百货商业同业公会报送第五次理监事会议纪录致南汇县政府呈

（1949年3月1日）

事由：呈报第五次理监事会议纪录仰祈核备由

南汇县百货商业同业公会呈百字第十一号

中华民国三十八年三月一日

查本会第五次理监事联席会议业于二月二十八日举行，所有重要事项均经决议纪录在卷，准议前由除分知外理合检同会议纪录备文呈报，仰祈核备。

谨呈

县政府

附呈第五次理监会议纪录一份

理事长倪端

〔附〕

南汇县百货商业同业公会第五次理监事联席会议纪录

日期：三十八年二月二十八日上午十一时

地点：假座南汇县商会

出席者：七人

列席：县商会沈达权先生　鸿茂百货号负责人季六亭先生　范永大百货号负责人范水根先生　协新百货号负责人朱守恒先生　金星百货号负责人张安新先生　中兴百货号负责人李福新先生

主席：倪端

报告事项：（略）

讨论事项：

一件：会员纳费虽已改以物资计算，照每月二十日市价折收金圆，惟以市价日日狂涨之时，仍属受损不资，为维持会务计，拟照水作鱼商南货烟纸等公会收费办法，按收取日当地米价折收金圆，由收费员托各该镇办事处主任或会员当日购存白粳应用时提取以免损失而维会务是否可行请公决案。

决议：照案通过。

一件：惠南镇办事处主任季六亭因不能兼顾，坚请辞职，应何办理请公决案。

决议：应准辞职，遗缺改聘会员金星号代表张安新继任。

一件：间有拒缴会费会员应何办理案。

决议：按照章程规定严厉执行。

一件：本会成立适在经济管制之时物价稳定故于违约金议订金圆十元以上五十元以下，现因物价动荡币值贬落已不适用，应如何改善案。

决议：按议订时米价每石十六元七角可购米六斗至三石之谱，兹为从宽计，调整为白粳五斗以上二石以下之违约金为原则，照市折处金圆。

一件：廉价证书费原定贰元已不适用，应何改善案。

决议：改为白米壹斗照市折收金圆。

主席 倪端

纪录 季颂杰

［1194－1－847］

（三）南汇县菜馆业同业公会

南汇县商会关于转报菜馆业发起人会议等致南汇县政府呈

（1948年10月18日）

事由：转报菜馆业发起人会议录及筹备会日期祈准组织派员指导由

南汇县商会呈南字第六八八号

中华民国三十七年十月十八日

案据菜馆业欧阳亭等九人呈称："为谋同业福利协助政府推行政令起见，拟发起组织南汇县菜馆商业同业公会，已于本月十六日召开发起人会议，应行事项均已决议纪录在卷，检附会议录，报请转呈备核续，据报称定于十月廿二日下午一时在县商会召开筹备会呈祈转请派员指导"各等情，据此理合检同原附件报请鉴准组织并于派员指导，实为公便。

谨呈

县政府

附呈发起人会议录一份。〈下略〉

理事长潘子平

［1194－1－865］

南汇县菜馆业同业筹备会关于筹备员履历书及筹备会经过情形等致南汇县政府呈

（1948年10月23日）

事由：为呈报筹备员履历书及筹备会经过情形抄附会议录祈鉴核备案由

查本会于十月二十二日假县商会召开第一次筹备会议当由钧府县党部派员莅临指导，现将筹备员履历单及抄附会议纪录呈请钧府备案，实为公便。

谨呈

南汇县县长熊

南汇县菜馆业同业筹备会主席欧阳亭

中华民国三十七年十月廿三日

〔附1〕

南汇县菜馆业同业公会筹备员履历书

姓　名	年　龄	籍　贯	学　历	店　名	开 设 年 月
欧阳亭	51	浙江宁波	初小毕业	南汇正洁馆	民十三年四朋
苏永生	35	江苏南汇	初小四年	南汇中央馆	民廿八年七月
顾伯斋	66	江苏南汇	私塾五年	南汇老正新	民卅七年二月
唐新楼	38	江苏南汇	初小四年	南汇顺兴馆	民十二年五月
张公浩	61	湖北大冶	初小四年	南汇永兴馆	民十五年一月
张水泉	36	江苏南汇	初小二年	大团同兴馆	民廿六年三月
夏根生	32	江苏南汇	初小三年	大团中央馆	民十四年八月
徐祥林	43	江苏南汇	私塾三年	新场袁合和	民廿九年三月
马泉生	28	江苏南汇	初小三年	周浦共和园	民卅二年六月

〔附2〕

南汇县菜馆业同业公会筹备会议纪录

日期：十月廿二日下午一时

地点：县商会会议室

出席者：欧阳亭　苏永生　顾伯斋　张公浩　唐新楼　夏根生　徐祥林　马泉生　张水泉

列席者：陆祖鹤

报告事项(略)

讨论事项：

一件：推定主席案。

决议：推举欧阳亭先生为主席。

一件：如何征求会员案。

决议：(一)由主席派员向各镇征求，(二)登报公告征求。

一件：推定起草人员案。

决议：由主席与朱君二人负责起草。

一件：决定本会会址案。

决议：附设县商会。

一件：如何决定成立大会日期。

决议：定十一月二日上午十时。

一件：如何垫付筹备费案。

决议：暂由主席负责筹垫。

主席：欧阳亭

纪录：朱钝农

[1194-1-865]

南汇县政府关于派员出席指导成立大会致南汇县菜馆业筹备委员会指令

(1948年11月3日)

事由：为据呈报成立大会日期请派员出席等情指饬知照由

南汇县政府指令鹏一社字第八四八四号

令菜馆业筹备委员会

本年十月廿二日呈一件抄来由。

呈件均悉，准派本府指导员何维清出席指导，仰即知照由。

此令。

县长熊

〔中华民国三十七年〕十一月三日

［1194－1－865］

南汇县商会关于菜馆业公会成立大会情形致南汇县政府呈

（1948年1月6日）

事由：为转报菜馆业公会成立大会情形检同原附件呈祈核备颁发图记证书由

南汇县商会呈南字第六九二号

中华民国三十七年十一月六日

案据菜馆商业同业公会呈称："查本会业于本月二日下午一时假县商会举行成立大会。到各镇会员代表三十二人，当由县府、县党部、钧会派员出席指导。通过会章，选举理监事，所有各项议案均经纪录在卷。理合抄具会议纪录、章程及理监事名单、会员名册各三份，呈请钧会鉴核转报县府、县党部备案。并请县府颁发图记及立案证书，以利会务进行。"等情，附件据此理合检同原附件，备文转报，仰祈鉴核，准予备案，颁发证书图记，俾便转给，实为公便。

谨呈

南汇县县长熊

附呈会议录、章程、理监事名单、会员名册各一份

理事长 潘子平（印）

〔附1〕

南汇县菜馆业同业公会成立大会会议纪录

日期：三十七年十一月二日

地点：县商会会议室

时间：下午一时

出席会员三十二人

列席县政府何维清　县党部陆祖鹤　县商会沈达权

公推主席

公推欧阳亭为主席

行礼如仪

主席报告（略）

县政府何指导致词（略）

县党部陆委员致词（略）

县商会沈先生致词（略）

讨论事项：

一件：本会经常费应如何筹措案。

决议：由各会员每月负责缴纳之。

一件：本会征收经常费应如何确定案。

决议：分甲乙丙三级，甲级五元，乙级三元，丙级二元，如有不敷有理监事会决议调整。

一件：本会应如何修正会章案。

决议：修正后通过。

一件：本会选举理监事案。

决议：当选理事欧阳亭、顾伯斋、夏根生、吴祥生、袁祥金、刘锡祥、孙九成、龚香涛、张公浩，当选候补理事徐祥生、马泉生、张水泉，当选监事苏永生、吴寿卿、唐新楼，当选候补监事为陈小云，由理事互推欧阳亭、顾伯斋、夏根生为常务理事，欧阳亭当选为理事长，苏永生为常务监事。

主席：欧阳亭

纪录：朱钝农

〔附2〕

南汇县菜馆业同业公会章程

第一章　总则

第二条　本会定名为南汇县菜馆业同业公会。

第三条　本会会址设南汇县。

第五条　本会之区域以南汇县之行政区域为范围会所暂设于南汇县商会。

第二章　任务

第六条　本会之任务如左：

一、关于会员间之原料来源及菜肴价格之订定并业务上必要之统筹办法；

六、须经大会决议事项而且有时间受权理监事会决议办理交下届大会追认；

第三章　会员

第七条　凡在本会区域内经营菜馆业者均应为本会会员。

第十四条　本会同业不依法加入本会或不缴纳会费或违反大会决议案及各项规定者，限期劝令加入及改过，逾期仍不遵办者应予以警告，自警告之日起十日内仍不接受者得由本会呈请县府予以左列之处分。

一、金元二百元以下之违约金；

二、有期间之停业；

三、永久停业；

第四章　组织及职权

第十九条　本会理监事之任期均为二年，连选得连任。

第五章　会议

第六章　经费

第廿九条　入会费规定一律金元十元。

第卅条　经常费每月由各会员分甲乙丙三级，甲级五元乙级三元丙级二元，如有不敷由理监事会决议调整。

第卅一条　如遇必需要临事费时，得由理事会或经会员大会通过呈报当地主管官署核准后施行之。

第卅二条　本会经费状况应每壹年报告会员一次。

第七章　附则

〔附3〕

南汇县菜馆业同业公会理监事名单

职别	姓名	年龄	籍贯	通讯处
理事长	欧阳亭	51	浙江宁波	南汇正洁馆
常务理事	顾伯斋	66	江苏南汇	南汇老正新
常务理事	夏根生	30	江苏南汇	大团中央馆
理　事	吴祥生	31	江苏南汇	祝桥德和馆

续 表

职 别	姓 名	年 龄	籍 贯	通 讯 处
理 事	袁祥金	60	江苏南汇	新场袁合和
理 事	刘锡祥	40	江苏南汇	南汇刘顺兴
理 事	孙九成	49	江苏南汇	三墩洪兴馆
理 事	龚香涛	52	江苏南汇	江镇品香馆
理 事	张公浩	61	湖北大冶	南汇永兴馆
候补理事	徐祥生	58	浙江	新场徐祥记
候补理事	马泉生	45	江苏南汇	周浦共和园
候补理事	张水泉	54	江苏南汇	大团同兴馆
常务监事	苏永生	35	江苏南汇	南汇中央馆
监 事	唐新楼	37	江苏南汇	南汇顺兴馆
监 事	吴寿卿	60	浙江平湖	南汇纯一斋
候补监事	陈小云	38	江苏南汇	大团陈长兴

〔附 4〕

南汇县菜馆业同业公会会员名册

卅七年十一月四日

姓 名	年 龄	籍 贯	地址商号
欧阳亭	51	浙江宁波	南汇正洁馆
顾伯斋	66	江苏南汇	南汇老正新
夏根生	30	江苏南汇	大团中央馆
吴祥生	31	江苏南汇	祝桥德和馆
袁祥金	60	江苏南汇	新场袁合和
刘锡祥	40	江苏南汇	南汇刘顺兴
孙九成	49	江苏南汇	三墩洪兴馆
龚香涛	52	江苏南汇	江镇品香馆
张公浩	61	湖北大冶	南汇永兴馆
徐祥生	58	浙江	新场徐祥记
马泉生	45	江苏南汇	周浦共和园
张水泉	54	江苏南汇	大团同兴馆
苏永生	35	江苏南汇	南汇中央馆
唐新楼	37	江苏南汇	南汇顺兴馆
吴寿卿	60	浙江平湖	南汇纯一斋
陈小云	38	江苏南汇	大团陈长兴
朱松桃	52	江苏南汇	鲁汇朱长兴
彭关生	43	江苏南汇	航头彭顺兴
庄顺林	35	江苏南汇	大团顺龙
徐根楼	41	江苏南汇	大团永顺馆
乔雅生	46	江苏南汇	三墩乔顺兴

续 表

姓　名	年　龄	籍　贯	地 址 商 号
吴松鳌	52	江苏南汇	三墩松记馆
邬梦雄	43	江苏奉贤	大团顺兴馆
施云江	23	江苏南汇	祝桥正兴馆
杨春发	47	江苏南汇	祝桥金顺兴
王纪生	55	江苏南汇	四团仓永兴馆
周三官	51	江苏南汇	四团仓聚兴馆
俞梅芳	49	江苏南汇	南汇春华馆
张阿大	53	江苏南汇	南汇大兴馆

[1194－1－865]

南汇县政府关于核示南汇县菜馆业同业公会成立情况致南汇县商会指令

(1948年11月10日)

事由：为据转报菜馆业成立经过指饬知照由

南汇县政府指令鹏一社字第八九七一号

令县商会

本年十一月六日呈一件抄来由。

呈件均悉，准予立案随令颁发商字第卅一号立案证书一份，仰即转知具领至该会图记应遵照规定尺度自行刊用，仍将启用日期并检同图模报府备查为要。

此令。件存。附发商字第卅一号立案证书一份①

县长熊

〔中华民国三十七年〕十一月十日

[1194－1－865]

南汇县菜馆商业同业公会关于图记启用日期拟附印模致南汇县商会呈

(1948年11月16日)

为呈报图记启用日期拟附印模一份，仰祈鉴核由

案奉南汇县政府鹏社字第八九七一号指令内开：(略)。

等因。奉此，阳亭遵于十一月十六日到会办公启用图记，理合填具印模一份，备文呈送，仰祈钧会俯赐鉴核，实为公便。

谨呈

南汇县商会理事长潘

计送印模一份。〈下略〉

南汇县菜馆商业同业公会理事长欧阳亭

中华民国三十七年十一月十六日

[1194－4－396]

---

① 原文缺。

（四） 南汇县绸布业同业公会

南汇县绸布业同业公会关于议定货价标准致南汇县商会呈

（1945年9月17日）

事由：为呈覆议定货价标准案仰祈核转由

南绸字第一一号

中华民国卅四年九月十七日

案奉钧会南商总字第四号训令以各业物价应由各业公会议定价格列表呈报等因。奉此，惟绸布一案花式繁多，价格时随商情而转移。若欲定议价格，殊感困难，切使一时估定亦不能作为日常固定之价格也有此情形。现应据实呈覆，仰祈鉴核转报，实为德便。

谨呈

县商会理事长潘

绸布业理事长杨

［1194－4－6］

南汇县绸布业同业公会筹备会关于召开第一次筹备会议经过情形致南汇县党部呈

（1946年5月28日）

事由：为召开第一次筹备会议经过情形祈鉴核存查由

案奉商整会总字第二十八号训令略开

“县府社字〇八二〇号指令准予核委本会所荐各同业公会筹备人选并随发委令五件，到会遵即转给仰予祗领并行令知务须根据章则表册先行准备一切应办手续，妥于规定之地点日期如令召集筹备进行，以凭据请县府届时派员指导并由本会派员监同整为要此令”等因，并附转发县府委令五份发暨各附件。奉此遵于五月二十六日假商整会召开第一次筹备会议当由钧部及县府商会各予派员莅临监督指导所有会议情形，除分呈外理合备文录案具报，仰祈鉴核存查，实为公便。

谨呈

南汇县党部书记长顾

附会议纪录一份

南汇县绸布业同业公会筹备主任顾翰屏

中华民国三十五年五月二十八日

〔附〕

南汇县绸布业同业公会会议纪录

日期：三十五年五月廿六日下午三时

地点：假南汇县商整会

出席：顾翰屏　施翰卿　申少山(杨和钧代)　杨和钧　叶时晖

列席：陆济沧县党部　潘子平商整会

行礼如仪

公推主席

推顾翰屏先生为主席

主席报告(略)

讨论事项：

一件：本会公推筹备主任案。

决议：公推顾翰屏先生为筹备主任。

一件：本会如何筹垫经费案。

决议：征求会员时每号先筹叁仟元不敷由筹备员筹垫之。

一件：本会如何征求会员案。

决议：一区由顾翰屏负责，二、二区由叶时晖、杨和钧负责，五区由申少山负责，六、七区由张祖庆负责，八区由施翰卿负责，四区由傅震家负责。

一件：推员起草章则案。

决议：由施翰卿、杨和钧两先生负担。

一件：本会应雇用书记案。

决议：暂由县商会书记兼理酌予津贴。

一件：推定本会会址案。

决议：附设县商整会。

一件：本会公推干事案。

决议：推顾庆云先生为干事。

一件：召开成立大会日期案。

决议：规定六月廿日召开成立大会。

主席 顾翰屏

纪录 王志方

［1192－1－191］

南汇县绸布业同业公会报送理监事宣誓就职举行第一次联席会议情形致南汇县商会整理委员会呈

(1946年6月27日)

事由：为呈报理监事宣誓就职举行第一次联席会议经过检呈誓词请转呈鉴备并颁发图记以昭信守由

南汇县绸布业同业公会呈南汇县商整会

查本会于六月二十一日假钧会会议室举行第一次理监事联席会议暨宣誓就职，蒙钧会派员监誓指导，谨将会议经过情形及誓词一份会议录二份备文呈报，仰祈鉴备转呈，并请县政府颁发图记以昭信守，实为公便。

谨呈

南汇县商整会主任委员潘

附件会议纪录三份
誓词一份〈下略〉

南汇县绸布业同业公会理事长杨和钧(印)
中华民国三十五年六月二十七日[①]

〔附〕

南汇县绸布业公会第一次理监事联席会议纪录

日期：六月二十一日
地点：县商整会
时间：上午八时
出席：理监事十人
列席：县商整会顾昌淦
主席：杨和钧
纪录：王志方
行礼如仪
主席报告　即席举行宣誓
讨论事项：
一件：推定常务理事三人并互推一人为理事长案。
决议：推定唐佐岳、杨和钧、张祖庆三位先生为常务理事，互推杨和钧先生为理事长。
一件：推定常务监事案。
决议：推定樊成鋆先生为常务监事。
一件：修正本会每月支出预算案。
决议：修正后通过。
一件：确定收费标准案。
决议：一、入会费照章程规定。
二、每月经常费分甲级会员缴纳捌千元，乙级六千元，丙级四千元。
一件：筹备费用应如何筹措案。
决议：将入会费抵用不足之费由第二次理监事会讨论筹补之。
一件：推定职员人选案。
决议：推唐常务理事佐岳负责保管经济记载账目等项。
一件：本会应否聘任职员案。
决议：本会书记暂请商会书记兼任，另聘任顾庆云先生为干事。
一件：应如何订立本会业规案。
决议：推申少山、施翰卿、张祖庆三先生负责起草提交第二次理监事会修正之。
一件：确定第二次理监事案。
决议：确定七月十五日召开第二次理监事会议。

主席 杨和钧
纪录 王志芳
南汇县绸布业同业公会
[1194－4－49]

---

① 原文无发文日期，此处“中华民国三十五年六月二十七日”为南汇县商会整理委员会收文日期。

南汇县商会整理委员会转报绸布业同业公会成立大会经过情形检送理监事履历表等致南汇县党部呈

(1946 年 6 月 28 日)

事由：为转报绸布业同业公会成立大会经过情形检送理监事履历表会员名册会章会议纪录各一份祈赐鉴备由

南汇县商会整理委员会呈总字第七三号

中华民国三十五年六月二八日

案据绸布业同业公会理事长杨和钧呈称："查本会业于六月二十日假钧会召开成立大会并蒙钧会及县政府县党部派员出席监督指导会议得顺利进行，当场修正会章选举理监事并推定出席商会代表，合将大会经过情形并检同修正会章会员名册理监事履历表各三份备文具报，仰祈鉴核转呈县政府县党部备查实为公便"等情，并附理监事履历表、会员名册、修正会章、会议纪录各三份，据此理合检同所送附件各一份备文转请鉴核备查。

谨呈

南汇县党部书记长顾

附呈理监事履历表、会员名册、会章、会议录各乙份

南汇县商整会主任委员潘子平

〔附 1〕

绸布业同业公会理监事履历表

江苏省南汇县绸布业同业公会　　地址：南汇东门县商会　　电话

姓　名	年　龄	籍　贯	职　务	学　历	经　历	住址或通讯处
杨和钧	43	江苏南汇	理事长	初中	费广昌永昌祥新大祥等号经理	祝桥永昌祥
张祖庆	54	江苏南汇	常务理事		张信昌号经理	新场张信昌
唐佐岳	25	江苏南汇	常务理事	高中		南汇唐正和
施翰卿	64	江苏南汇	理　事		天章南康大昶等号经理	大团大昶号
申少山	38	江苏南汇	理　事		天章天祥等号经理	周浦天祥号
顾翰屏	55	江苏南汇	理　事			南汇寅源号
刘绍基	33	江苏南汇	理　事	高中	天华号经理	新场天华号
陈斗寅	62	江苏南汇	候补理事		永康经理	祝桥永康号
倪光耀	45	江苏南汇	候补理事		启明纺织厂推销协丰纺织厂经理	南汇东门外
樊承鋆	40	江苏南汇	常务监事	高小	九章号经理	南汇九章号
倪文虎	40	江苏南汇	监　事	高小	大成号经理	黄家路大成号
张志耕	54	江苏南汇	监　事	初小	义昶号经理	南汇义昶号
谢九成	48	江苏南汇	候补监事		信盛号经理	邓镇信盛号

〔附 2〕

绸布业同业公会会员名册

江苏省南汇县绸布业同业公会　　会址：附设县商会　　电话

团体公司行号或工厂名称	代表姓名	性别	年龄	籍　贯	学　历	资本金额	开设地址
元发昌记号	闵锡昌	男	43	江苏南汇		肆百五拾万元	大团镇
中　原	顾宏君	男	27	江苏南汇		念万元	大团镇中市

续 表

团体公司行号或工厂名称	代表姓名	性别	年龄	籍 贯	学 历	资本金额	开设地址
同 记	闵世承	男	45	江苏南汇		叁拾万元	大团镇中市
天 昌	沈文龙	男	44	江苏南汇		壹百万元	大团镇
益昌号	沈志馨	男	32	江苏南汇		捌拾万元	大团镇中市
飞 龙	夏立德	男	53	江苏南汇		壹百万元	大团镇中市
大昶协记号	施翰卿	男	64	江苏南汇		柒百万元	大团镇中市
鼎大祥	吴梅祥	男	46	江苏南汇		捌百万元	大团镇
吴大昶	吴松涛	男	60	江苏南汇		壹百万元	大团镇南湾
张舜记	张舜初	男	61	江苏南汇		壹百万元	大团镇南湾
益 泰	沈宏宽	男	50	江苏南汇		壹百陆拾万元	大团镇中市
纶 昶	张锡林	男	29	江苏南汇		捌拾万元	大团镇中市
寅 源	顾翰屏	男	55	江苏南汇			南汇北门
同昌永	王仲林	男	36	江苏南汇		念万元	三灶镇中市
徐祥泰	徐贤才	男	48	江苏南汇			新场镇
张信昌	张祖庆	男	54	江苏南汇			新场镇
天华号	刘绍基	男	33	江苏南汇			新场镇
鼎和泰	陈德钧	男	45	江苏奉贤	前江苏省二师文专科毕业		新场镇中大街
德 大	沈慕安	男	33	江苏南汇			新场镇
新大昌	盛顺昌	男	39	江苏南汇			新场镇中大街
大 纶	将懋如	男	40	江苏昆山			新场镇
天祥洽记	申少山	男	38	江苏南汇		壹千柒百万元	周浦镇衣庄街
德大号	孙利康	男	26	江苏南汇		五百万元	周浦镇竹行街
晋 源	王吉瑞	男	46	江苏川沙		肆百万元	周浦镇衣庄街
有 记	唐傅莲	男	35	江苏南汇		陆百万元	周浦镇竹行街
谈大兴	谈志田	男	49	江苏南汇		肆拾万元	四团仓镇
叶荣昌	叶时晖	男	24	江苏南汇		叁拾万元	四团仓镇
同 昌	龚愉庵	男	48	江苏南汇		捌拾万元	祝桥镇
协大昌	陈乾生	男	30	江苏南汇		壹百万元	祝桥镇
永昌祥	高锡龄	男	48	江苏南汇		陆拾万元	祝桥镇
蒋永泰	蒋有余	男	55	江苏南汇			陈桥镇
信盛号	谢九仁	男	48	江苏南汇		五万元	邓镇
天 纶	顾 申	男	31	江苏南汇		叁拾万元	三墩镇
陶正顺	陶振铎	男	41	江苏南汇		玖拾肆元	召楼镇
元 盛	李震元	男	49	江苏南汇		念万元	谈家店
协 丰	张金源	男	27	江苏南汇		壹百万元	南汇东门外
成 章	朱养原	男	34	江苏南汇		五拾万元	南汇东门外
张义昶	张志耕	男	54	江苏川沙		肆拾万元	南汇东门外
唐正和	唐坚初	男	64	江苏南汇		陆拾万元	南汇东门外
九 章	樊承鋆	男	40	江苏南汇		壹百万元	南汇东门外

〔附 3〕

江苏省南汇县绸布业同业公会章程

民国三十五年六月十一日拟订

民国三十五年六月廿日修正

第二条　本会定名为南汇县绸布业同业公会。

第四条　本会之区域以南汇县之行政区域为范围，会所附设于南汇县商会。

第六条　凡在本会区域内经营绸布业者均应为本会会员。

第十三条　本会同业不依法加入本会或不缴纳会费或违反章程及决议者，限期劝令加入及改过，逾期仍不遵办者应予以警告，自警告之日起十五日内仍不接受者得由本会呈请县府予以左列之处分：

一、五万元以下之违约金。

第十四条　本会设理事七人，候补理事二人，监事三人，候补监事一人，均由会员大会就会员代表中选任之。理事中互选三人为常务理事，互推一人为理事长，监事中互选一人为常务监事。

第十八条　本会理监事之任期均为四年，每二年改选，半数不得连任，改选以抽签定之。

第廿三条　本会定期会议每年开会一次，临时会议于理事会认为必要或经会员代表十分之三以上之请求或监事会函请召集时召集之。

第廿四条　本会会员大会之决议以会员代表过半数之出席，出席代表过半数之同意行之。

第廿五条　本会理事会每两月至少召开一次，监事会每三月至少开会一次。

第廿九条　会员入会费比例于其资本额其等级由理事会审查确定后收取之。

第卅条　前条入会费规定甲等级八千元，乙等五千元，丙等三千元，会员于入会时缴纳之。

第卅三条　本会经费状况应每半年报告会员一次。

第卅六条　本章程呈准县政府、县党部、县商会备案后施行之。

〔附 4〕

南汇县绸布业同业公会成立大会会议录

日期：六月二十日

地点：县商整会

时间：下午二时

出席：会员二十五人

列席：县党部陆济沧　县政府邱虚白　商整会顾昌淦

行礼如仪

公推顾翰屏为主席　　纪录王志方

主席报告 略

县政府邱先生指导 略

县党部陆先生致词 略

商整会顾先生致词 略

讨论事项：

一件：通过章程草案案。

决议：修正后通过。

一件：选举理监事案。

决议：理事当选人：施翰卿　杨和钧　申少山　张祖庆　顾翰屏　唐佐岳　刘绍基；

候补理事当选人：陈斗寅　倪光耀；

监事当选人：倪文虎　张志耕　樊成鋆；

候补监事当选人：谢九成。

一件：出席商会代表案。

决议：推定施翰卿、杨和钧、申少山、张祖庆、顾翰屏五位为出席商会代表。

主席 顾翰屏
纪录 王志芳
［1192－1－191］

南汇县政府关于核备南汇县绸布业同业公会成立大会经过情形等并发立案证书致南汇县商会整理委员会指令

（1946年7月5日）

事由：据转报绸布业同业公会成立大会经过情形检送理监事履历表、会员名册会章会议纪录各一份指令知照由

南汇县政府指令发文社字第三二五七号

中华民国卅五年七月五日

令县商整会主任委员潘子平

卅五年六月廿八日呈一件：为转报绸布业同业公会成立大会经过情形检送理监事履历表、会员名册、会章、会议纪录各一份祈赐鉴备由。

呈件均悉。准予立案随发立案证书一纸，仰即转给祗领所有该会图记并仰转知派员来府具领。

此令。件存。

附南汇县绸布业同业公会立案证书一纸[①]

县长徐泉
［1194－4－49］

南汇县商会整理委员会转报南汇县绸布商业同业公会启用图记日期致南汇县党部呈

（1946年7月16日）

事由：为转报绸布商业同业公会启用图记日期由

南汇县商会整理委员会呈总字第九七号

中华民国三十五年七月十六日

案据绸布商业同业公会理事长杨和均呈称："前奉钧会转发县府颁发立案证书并饬即派员迳向县府具领图记等因，奉此遵即派员前往县府具领图记一颗文曰'南汇县绸布商业同业公会图记'，业于七月十二日启用理合拓附印模备文报请鉴备核转"等情，据此合行检附该会图记印模一份报请鉴核备查。

谨呈

南汇县党部书记长顾

附呈南汇县绸布商业同业公会图记印模一份〈下略〉
南汇县商整会主任委员潘子平
［1192－1－191］

---

① 原文缺。

南汇县政府关于核示绸布摊贩遵章入会并依照公会议定价格售卖等致南汇县绸布商业同业公会指令

(1946年11月7日)

南汇县政府指令发文社字第七三三号

中华民国三十五年十一月七日

事由：据呈请出示晓谕绸布摊贩遵章入会并依照公会议定价格售卖等情指令遵照由

令绸布商业同业公会

卅五年十月廿八日呈一件，为呈请出示晓谕绸布摊贩遵章入会并依照公会议定价格售卖，仰祈鉴准由。

呈悉。查商业同业公会法第十二条，关于资本短绌之商业，可以限制入会，所请出示晓谕摊贩，强制入会，未便照准。至取缔摊贩不得混乱物价，须依照同业公会议定价格售卖一节，尚属可行，仰该会先将价格议定，通知各摊贩，一律遵守可也。

此令。

县长徐泉

[1194-4-6]

南汇县绸布商业同业公会再请出示晓谕绸布摊贩必先遵章入会领取会员证致南汇县政府呈

(1946年12月27日)

事由：为再请出示晓谕绸布摊贩必先遵章入会领取会员证并依照当地同业议定价格售卖否则严予取缔由

三十五年十二月廿七日发文

南绸字第26号

查本会前以摊贩有碍市容混乱市价，同业蒙害非浅，呈请出示晓谕必先遵章入会，领取会员证书并依照当地同业议定价格售卖，否则严予禁止一案，奉钧府社字第七三一二号指令略以查商业同业公会法第十二条关于资本短绌之商业可以限制入会，所请出示晓谕摊贩强制入会未便照准等因。奉此，查商业同业公会法第十二条后段，但商业繁盛之市其资本未满三百元或五百元经会章订明限制入会者不在此限，同条附注第一项商业繁盛之市由实业部以命令定之，一县各镇是否已由实业部命令定为商业繁盛之市未奉明文公布，而本会章程未有限制入会条文之订列，则为事实且曾呈奉钧府核准备案即漏列条文仍公会法行之，其资本未满三百元或五百元者实含有资本短绌之意，际此通货膨胀，币值低落，究应加几倍计算，未蒙钧府明确指示无从遵循。而自浦东报载以大商与小商争标题刊载此项消息后，各会员均以资本短绌为词，纷纷要求减费或退会，会费收取致日益困难，维持不易，会务尤感无法开展，且有频于瓦解之虞，即少数热心会员，亦不免以毫无力量相责难而引为失望，处此情景使负责会务者实属进退维谷，惟按□现行营业税法即掮卖者亦不得免税，摊贩自更无论。盖每一摊贩之资本总在三五百万元以上，为再备文呈请鉴核准予出示晓谕，除少数掮卖者外，所有摊贩一律须先入会领取会员证书并依当地同业议定价格售卖，否则严厉取缔，实为公便。

谨呈

南汇县长徐

南汇县绸布商业同业公会理事长杨

[1194-4-313]

南汇县政府关于绸布摊贩遵章入会等情致南汇县绸布业同业公会令

（1947年1月16日）

事由：据呈请出示晓谕绸布摊贩遵章入会等情指饬遵照由

发文社字第九五八三号

中华民国三十六年一月十六日

令绸布业同业公会

三十五年十二月十七日[①]呈一件，为再请出示晓谕绸布摊贩必先遵章入会领取会员证书，并依照当地同业议定价格售卖，否则严予取缔由。

呈悉。关于资本短绌之商业，可以限制入会一节，按三十五年四月十六日国府公布营业税法一、二两款之规定，凡准予免征营业税者，自可不参加公会，否则应一律加入仰即遵照。

此令。

县长徐泉

［1194－4－313］

大昶翰记绸布号关于削码脱手存货一事致南汇县绸布业商业同业函

（1947年3月11日）

敬启者：敝店刻因改组换记，于是月十二日起改组就绪，正式营业，所有店中存货稍有花样已老，将此削码脱手换新，本□四周招贴，因恐本镇同业以为做廉价，为避免计，故不贴招纸，并不挂彩排场，为特先函告之。如果有人质问贵会，祈请将此解说为荷。此致

南汇县绸布业商业同业公会理事长杨。

中华民国三十六年三月十一日

大昶翰记绸布号启

［1194－4－313］

南汇县绸布业工会人员动态报告表

（1947年3月20日）

<table>
<tr><td colspan="3">团体名称</td><td colspan="4">绸布业工会</td><td colspan="2">团体地址</td><td colspan="3">南汇东门大街</td></tr>
<tr><td colspan="12">个人会员及动态</td></tr>
<tr><td colspan="4">共　计</td><td colspan="4">男</td><td colspan="4">女</td></tr>
<tr><td>原有</td><td>新增</td><td>减少</td><td>现有</td><td>原有</td><td>新增</td><td>减少</td><td>现有</td><td>原有</td><td>新增</td><td>减少</td><td>现有</td></tr>
<tr><td></td><td></td><td></td><td></td><td></td><td></td><td></td><td></td><td></td><td></td><td></td><td></td></tr>
</table>

<table>
<tr><td colspan="16">团体会员动态</td></tr>
<tr><td colspan="8">团 体 会 员</td><td colspan="8">会 员 代 表</td></tr>
<tr><td colspan="4">机关团体</td><td colspan="4">公司行号或工厂</td><td colspan="4">机关团体</td><td colspan="4">公司行号或工厂</td></tr>
<tr><td>原有</td><td>新增</td><td>减少</td><td>现有</td><td>原有</td><td>新增</td><td>减少</td><td>现有</td><td>原有</td><td>新增</td><td>减少</td><td>现有</td><td>原有</td><td>新增</td><td>减少</td><td>现有</td></tr>
<tr><td></td><td></td><td></td><td></td><td>81</td><td></td><td>5</td><td>76</td><td></td><td></td><td></td><td></td><td>81</td><td></td><td>5</td><td>76</td></tr>
<tr><td></td><td></td><td></td><td></td><td></td><td></td><td></td><td></td><td></td><td></td><td></td><td></td><td></td><td></td><td></td><td></td></tr>
</table>

① 南汇县绸布业同业公会《为再请出示晓谕绸布摊贩必先遵章入会领取会员证并依照当地同业议定价格售卖否则严予取缔由》一文发文日期记作“三十五年十二月廿七日”。此文中记作“三十五年十二月十七日”，此处照录。

续 表

职员动态									
原有		13人	新增		2人	减少	2人	现有	13人
新任或防职职员姓名及其略历									
职别	姓名	略　　历	职别	姓名	略　　历	职别	姓名	略　　历	
理事	申少山	天祥洽记绸布号经理	理事	王吉瑞	晋源绸布号经理				
监事	张志耕	张义昶绸布号经理	监事	谢九成	信盛绸布号经理				
备注	1. 理事原有七人，监事三人，书记一人，干事一人，勤务一人。 2. 申理事张监事商号因亏蚀已停业所遗理事缺因无候补人由理会决议暂请王吉瑞代摄待下届会员大会选举调整监事缺由候补谢九成递升。								

民国36年3月20日

［1194－4－49］

大成号关于与协丰号广告招贴矛盾至南汇县绸布业公会函

（1947年7月21日）

为报告事。窃敝号于六月十三日举行开幕，遍贴广告，用意以广告招来。同时会员协丰号举行夏季廉价，亦张贴广告。岂知敝号所贴广告被该协丰号经理张金元教唆学生及雇用竹匠司务，将敝号先贴之广告全部贴没及撕破，其用意欲使敝号之广告不能深入乡间，居心险恶，蓄意破坏，无微不至，使敝号蒙受重大影响及损失。查一镇同业理宜以友好之精神互相提携，不宜忘生嫉妒、损人利己，为旁人所窃笑。除当时将事实证据面告杨理事长外，当蒙理事长允，开理监会议提出讨论处分办法，以照炯戒等语。敝号认耐至今，现适开会在即，用特再将事实证件据实报告，仰祈提出讨论决议处分，无任感祷。此致

南汇县绸布业公会

理事长杨钧鉴

证件开会时面呈

会员 大成号（印）

倪文虎

谨启

卅六、七、廿一日

［1194－4－313］

晋源号关于举行廉价销售致南汇县绸布业同业公会函

（1947年9月19日）

敬启者，小号于国历九月廿六日（古历八月十二日）起举行廉价十四天，望请贵会准赐许可发给证书，以便举行，特此奉告，乞望即赐回示。呈上

绸布业同业公会

理事长杨

会员晋源号上

〔中华民国〕三六年九月十九日

［1194－4－313］

南汇县绸布业同业公会关于第八次理监事联席会议致各会员函

(1947年11月17日)

敬启者,本会第八次理监事联席会议已于本月十七日举行所有应行讨论事项均已决议纪录在卷,兹印发议录一份至希查照办理为荷。再不缴会费会员务即遵照决议案缴解来会(或交与收费员)免滋事端为要!(不另行文)

此致

各会员

附会议录一份

南汇县绸布业同业公会启

三十六年十一月十七日

〔附〕

第八次理监事联席会议纪录

时间:卅六年十一月十七日下午二时

地点:县商会

出席者八人

列席者:县府邱虚白　县商会潘子平代

报告事项(略)

讨论事项:

一、本会成立已逾期年未入会,会员虽属无几然屡经催告而拒绝不入会者仍不乏人应如何处理案。

决:再予最后警告,如仍顽梗呈请县府依法严厉执行。

一、抗缴会费会员应如何处理案。

决:限本月底前清缴,逾限照新规定收取,如仍抗纳呈县追缴。

一、会员举行廉价须先请领许可证章程早有规定,惟迩来举行廉价者各镇都有而依法请领者实属无几应如何处置案。

决:已举行而未申请者一律追缴证书费,稍资儆诫嗣后如再发现上项情事,制止其举行,如有顽抗请当地警察机关协助之。

一、会员入会费原定(甲)八千元;(乙)五千元;(丙)三千元。现在物价较之去年至少增加十余倍,是项入会费应否加以调整案。

决:调整为(甲)十二万元;(乙)八万元;(丙)五万元。

一、本会经费受物价高涨影响早告不敷应如何调整案。

决:自十一月份起调整为(甲)四万五千元;(乙)三万五千元;(丙)二万五千元,以资弥补。

一、会员售货原定放尺依足尺加三为标准,惟悉现在参差不一有违"规定"应如何办理案。

决:通知各会员限自十二月一日起一律遵照原规定办理否则交会议处。

主席:杨和均

纪录:沈达权

[1194-4-313]

南汇县绸布业同业公会关于责令入会一事致大隆号公函

(1947年12月2日)

事由:函仰如期入会否则依法办理由

南汇县绸布业同业公会公函绸字第四七号

民国三十六年十二月二日

查商业同业公会章程第十三条“同业不依法入会，限期劝令加入及改过逾限仍不遵办者，予以警告，自警告日起十五日内仍不接受者，由会呈县，以予左列处分。一、五万元以下违约金。二、有期停业。三、无期停业。”兹该号屡经本会干事顾笠汀登门劝告，据复抗不肯入。殊属□是合，自函仰该号如期入会，否则决予依法办理毋自延误为要。

此致

大隆号

［1194－4－313］

启东县绸布商业同业公会关于请示知店员待遇以资借鉴致南汇县绸布商业同业公会函

（1948年2月29日）

事由：为函请示知店员待遇以资借鉴由

启东县绸布商业同业公会公函启绸字第一〇一号

中华民国三十七年二月廿九日

案查值兹戡建正殷物价飞腾学验丰富为国家服务，终日埋头伏案之高级公教人员待遇，迭经层峰调整按底薪六万五千倍折算月入亦不过二百万元至三百万元，依本邑物价合食米六、七市斗之谱，并无丝毫分外收入，膳宿尚须自理且以环境恶劣，县库空虚迄未遵行。乃查本业店员待遇动辄以物资为准，月合食米一石三斗以上并供应膳宿、理发、洗衣，年终更须分润红利犒赏，重金相行之下超过公教人员之待遇，□止倍蓰颇觉不尽合理，用特函达即希将贵县服务本业之店员待遇标准，详为见告藉资借鉴为荷。此致

南汇县绸布商业同业公会

常务理事龚奎

［1194－4－314］

南汇县绸布商业同业公会回复关于本业店员待遇概况致启东县绸布业业同业公会函

（1948年3月15日）

事由：函复本县本业店员待遇概况希查照由

南汇县绸布商业同业公会公函绸字第五二号

中华民国三十七年三月十五日

案准贵会启绸字第一〇一号公函：（略）等由：准查本县本业店员待遇亦以食米计给，惟无一定标准，月给五斗至石二、二斗不等，除照旧例约给剃浴等目规费外至于红利犒赏等费，因营业不振资方无利可盈，绝少分红犒赏之家，间一、二亦凭资方量情酌酬，准函前由相应复请查照为荷。

此致

启东县本业同业公会

理事长杨

［1194－4－314］

(五) 南汇县蛋商业同业公会

南汇县蛋商业发起人唐旭初等关于筹备同业公会检附会议纪录致南汇县政府呈

(1948年10月5日)

事由：为筹备本县蛋商业同业公会检同发起人会议纪录祈核准由

查本县各业均已成立公会，惟本业尚未组织。发起人等为谋同业公共利益，矫正弊害起见，爰于十月四日假县商会举行发起人会议，拟组筹南汇县蛋商业同业公会，除分呈外，理合检同纪录备文呈报，仰祈鉴核，准予筹备，实为公便。

谨呈

县长熊

附呈纪录乙份。

发起人唐旭初(印)等十八人

中华民国三十七年十月五日

〔附〕

蛋业发起人会议纪录

日期：三十七年十月四日上午十时　地点：假县商会

出席：(周浦)王盛兴、朱六昌、洽顺；(大团)源泰；(南汇)永茂、恒裕；(三墩)沈隆兴；(盐仓)民兴；(江镇)勤余、斌记、生昌、公兴、万民、永泰、同昌、福泰；(川东乡)源记及沈善元等十八人。

列席：党部宋富年。

公推唐旭初先生为临时主席。

报告事项(略)。

讨论事项：

乙件：请推定筹备委员案。

决议：公推沈善元、郑泰英、顾咸赓、邱俊垣、黄雪楼、唐旭初、周□清、沈月清、丁芳团等九位为筹备委员。

乙件：请确定本会名称案。

决议：定名为南汇县蛋商业同业公会。

主席 唐旭初

纪录 王志方

[1194-1-866]

南汇县蛋商业筹备会检送第一次筹备会议纪录致南汇县政府呈

(1948年10月9日)

事由：为检送第一次筹备会议纪录祈核备由

呈蛋字第贰号

查本会第一次筹备会业于十月八日如期举行，所有应行事项均经纪录在卷，除分别函呈外，理合检同纪录一份，备文呈报，仰祈鉴核备查。

谨呈

县长熊

附纪录一份、筹备委员略历表一份

筹备主任唐旭初(印)

中华民国三十七年十月九日

〔附1〕

南汇县蛋商业同业公会第一次筹备会议纪录

日期：三十七年十月八日上午十一时

地点：县商会

出席者：全体筹备委员

主席：唐旭初

报告事项(略)

讨论事项：

乙件：请推筹备主任案。

决议：公推唐旭初先生为筹备主任。

乙件：请推筹备会会址案。

决议：暂设南汇县商。

乙件：如何征求会员案。

决议：由发起人负责征求并由筹备会登报通告普遍征求。

乙件：推员起草本会章程草案案。

决议：推唐旭初、顾成赓、黄雪楼三位起草。

乙件：筹备期经费应如何筹备案。

决议：由各筹备员暂行垫付留交大会通过归还之。

乙件：请定成立大会日期案。

决议：定十月廿五日上午十时假县商会举行。

主席 唐旭初

纪录 王志方

〔附2〕

南汇县蛋商业同业公会筹备委员略历表

姓名	性别	年龄	籍贯	通讯处
沈善元	男	37	本	周浦成昌蛋行
郑泰英	男	43	浙江	周浦源泰蛋行
顾成赓	男	28	本	江镇万茂蛋行

续 表

姓 名	性 别	年 龄	籍 贯	通 讯 处
邱俊垣	男	43	本	江镇永泰蛋行
黄雪楼	男	41	本	惠南永茂蛋行
唐旭初	男	40	本	盐仓民兴蛋行
周鉴清	男	45	本	川东乡源记蛋行
沈月清	男	65	本	三墩沈隆兴蛋行
丁芳园	男	37	本	周浦洽盛蛋行

［1194－1－866］

南汇县蛋商业同业公会关于成立大会情形致南汇县政府呈

（1948年11月2日）

事由：呈报成立大会情形检送附件祈准备案颁发立案证书及图记由

南汇县蛋商业同业公会呈蛋字第五号

中华民国三十七年十一月二日

查本会业已筹备竣事，经于十月廿五日召开成立大会，推选理监事，并互推唐旭初为理事长，接开第一次理监事联席会议，所有重要事项均经决议纪录在案，准议前由，除分别函呈外，理合检同会议录、会员名册、理监事略历表、章程等件备文呈报，仰祈鉴核，准予备案颁发立案证及图记，俾资应用而利会务，实为公便。

谨呈

县长熊

附呈会议录、理监事会议录、理监事略历表、会员名册、章程各一份

理事长唐旭初（印）

〔附1〕

南汇县蛋商业同业公会第一次成立大会会议纪录

日期：三十七年十月廿五日下午一时

地点：南汇县商会

出席者：二十四人

列席者：县政府刘剑峰　县党部张志良　县商会沈达权

主席：唐旭初

报告(1) 筹备经过，(2) 本业的困难

县政府刘科长致词：(一) 团体组织的重要，(二) 提高警觉认清并遵守政府政策，(三) 负起责任努力本位。

县党部张委员致词：(一) 人民心理上的差误、恶势力的阻挠、战局的失败形成了新经济政策的不利，(二) 共体事艰信仰政府使新经济政策成功，(三) 认清本位靠自己力量打算自己的出路。

县商会沈代表致词：(一) 公会的重要性，(二) 公员的权利与义务，(三) 理监事人选的慎重。

讨论事项

一件：请修正本会章程案。

决议：修正通过。

一件：请推定选举工作人员。

决议：公推丁芳园先生写票，顾咸根先生唱票，沈善元、唐旭初两先生监票。

开始选举。

揭见：沈善元 21　黄雪楼 20　丁芳园 20　唐旭初 14　顾咸根 14
郑泰英 11　周鉴清 11　以上当选理事
刘祖尧 8　邱俊垣 7　沈月庆 7　以上候补理事
徐天海 8　金祖培 8　王荣根 6　以上当选监事
沈生林 3　当选候补监事

主席 唐旭初
纪录 王志芳

〔附 2〕

南汇县蛋商业同业公会第一届第一次理监事联席会议纪录

日期：三十七年十月廿五日下午三时　地点：县商会

出席者：十人　列席者：县商会沈达权

公推唐旭初先生为临时主席。

报告事项(略)。

讨论事项：

一件：请推选常务理事及理事长案。

决议：票选结果唐旭初 6 票，黄雪楼 4 票，顾咸根 4 票当选常务理事；票选唐旭初为理事长。

一件：请推选常务监事案。

决议：票选金祖培为常务监事。

一件：请推定出席商会代表案。

决议：公推唐旭初、黄雪楼、顾咸赓、沈善元四位为出席代表。

一件：筹备时间、经费前议由筹备员垫用，现应如何设法筹还请公决案。

决议：在经常费项下交拨归还。

一件：请确定本会每月收支预算案。

决议：(支出)职员薪津，书记一人四十元，勤工一人十二元。商会费六元，办公费二十元，会议费三十元，必要应酬费念元，各项什支十四元五角。

以上支出除职员薪津、商会费估定外其余各项实支实销。

(收入)甲等会员六元五角，乙等会员五元五角，丙等会员四元五角。

一件：本会收费员及会计应如何设立案。

决议：会计由黄常务理事雪楼兼任，收费由各镇推定负责人负责收取后每月缴解。会计兹推定各镇收费员负责人如下：

周浦、新场：沈善元；江镇、十一墩：顾咸赓；大团、三墩：郑泰英；惠南、黄路：黄雪楼；祝桥、盐仓：唐旭初；鲁汇：鞠梦熊。

一件：各镇兼营蛋业而尚未入会之商号仍属不少，应如何办理请公决案。

决议：登报通告征求并由各会员就近劝导。

一件：本会会员证书应如何制发案。

决议：由理事长负责办理之。

一件：本会每月常会应否确定案。

决议：确定每月廿五日为常会日期，如遇要事时由理事长召开临时会议，如无重要事项时得并月召开之。

一件：查鸡蛋为换取外汇之重要物资，实为农民主要副产，尤为政府税入之一，故国府迭经奖励出口。惟迩来以限价不及蔬菜之值以致农民当为闲食之消耗，无形收购，若不再以补救则政府与民人两蒙其弊，应如何补救案。

决议：查鸡蛋之出口曾经输出入管理委员会出给正式证明文件声明奖励出口，即上海市蛋业公会亦正式出给证明文件，内容大要“在产地收购之价格并不受当地销费限价之拘束，劝导民众改食鸭蛋”等词，本会自应援照请求。

一、呈请县府出示劝导人民改食鸭蛋以增出口数量；

二、呈请县府对本县鸡蛋之收购准予援照“产地收购价格不受当地销费限价拘束”之例以利收购。

三、呈请县府出给搬运证明书。

主席 唐旭初

纪录 王志方

〔附3〕

南汇县蛋商业同业公会理监事略历表

职　别	姓　名	性　别	年　龄	籍　贯	通　讯　处
理事长	唐旭初	男	37	南汇	盐仓镇茂兴
常务理事	黄雪楼	男	41	南汇	惠南镇永茂
常务理事	顾咸赓	男	66	南汇	江镇万茂
理　事	沈善元	男	37	南汇	周浦镇成昌
理　事	丁芳园	男	37	南汇	周浦镇洽盛
理　事	郑泰英	男	43	浙江	大团镇源泰
理　事	周鉴清	男	45	南汇	十一墩源记
候补理事	邱俊垣	男	43	浙江	江镇永泰
候补理事	沈月庆	男	63	南汇	三墩镇沈隆兴
候补理事	刘祖尧	男	38	南汇	祝桥镇茂记
常务监事	金祖培	男	46	南汇	惠南镇烜裕
监　事	徐天海	男		南汇	江镇斌记
监　事	王荣根	男	50	南汇	周浦镇王盛兴
候补监事	沈生林	男	37	南汇	鲁汇镇沈永盛

〔附4〕

南汇县蛋商业同业公会会员名册

行号名称	代表姓名	性　别	年　龄	籍　贯	开设地址
茂　记	刘祖尧	男	38	本地	祝桥镇
民　兴	唐旭初	男	37	本地	盐仓镇
源　记	周鉴清	男	45	本地	十一墩
烜　裕	金祖培	男	46	本地	惠南镇
永　茂	黄雪楼	男	41	本地	惠南镇
朱大昌	朱耀仙	男	46	本地	周浦镇
洽　盛	丁芳园	男	37	本地	周浦镇
王盛兴	王荣根	男	50	本地	周浦镇
成　昌	沈善元	男	37	本地	周浦镇
洽　泰	顾振国	男	47	本地	新场镇
三　泰	潘福根	男	44	本地	大团镇
德　泰	康顺良	男	44	本地	大团镇

续 表

行号名称	代表姓名	性 别	年 龄	籍 贯	开 设 地 址
源 泰	郑泰英	男	43	浙江	大团镇
沈隆兴	沈月庆	男	63	本地	三墩镇
万 茂	顾咸赓	男	66	本地	江 镇
福 泰	尹天宝	男	23	本地	江 镇
勤 馀	徐志生	男	48	本地	江 镇
公 兴	马阿根	男	24	本地	江 镇
生 昌	乔林昌	男	29	本地	江 镇
同 昌	陈水根	男		本地	江 镇
永 泰	邱俊垣	男	43	本	江 镇
斌 记	徐天海	男		本	江 镇
金泰兴	金朝樑	男	39	浙江	北蔡镇
德 昌	瞿昔珍	男		本	黄路镇
沈永盛	沈生林	男	37	本	鲁汇镇
鞠熊记	鞠梦熊	男	27	本	鲁汇镇

〔附 5〕

南汇县蛋商业同业公会章程

第一章 总则

第一条 本章程依据商业同业公会法及商业同业公会法施行细则订定之。

第二条 本会定名为南汇县蛋商业同业公会。

第四条 本会以南汇县之行政区域为区域,事务所暂设于南汇城内县商会。

第二章 任务

第五条 本会之任务如左:

一、关于主管官署及商会委办事项;

二、关于同业之调查研究改良整顿指导统计事项;

三、关于会员间争议经会员请求之调解事项;

四、关于同业劳资间争执之调处事项;

五、关于会员营业上弊害之矫正事项;

六、关于会员营业之维护事项;

七、须经大会决议事项而具有时间性者授权理监事会办理交下届大会追认;

第三章 会员

第六条 凡在本县区域内经营蛋类商业之公司行号或兼营者均应为本会会员。

第七条 本会会员均得推派代表出席公会称为会员代表。

第十二条 会员非迁移其他区域或废业或受永久停业之处分者不得退会。

第十三条 公司行号等不依法加入本会或不缴纳会费或违背章程及决议者,得经理事会之议决予以警告,警告无效时得按其情节之轻重呈请县府予以左列之处分:

一、二十元以上壹百元以下之违约金;

二、有期间之停业;

三、永久停业。

第四章　组织及职权

第十四条　本会设置理事七人组织理事会，监事三人组织监事会，候补理事三人，候补监事一人，均由会员大会就代表中用无记名连举法选举之。

第十五条　当选理监事及候补理监事之名次依得票多寡为序，票数相同时以抽签定之。

第十六条　理事会设常务理事三人，由理事会就理事中用无记名连举法互选之，以得票最多数为当选。

第十七条　理事会就当选之常务理事中选任理事长一人，监事会就当选之监事中选任常务监事一人。

第十八条　理事会之职权如左：

一、执行会员大会决议案；

二、召集会员大会；

三、执行法令及本章程所规定之任务；

四、接受或采纳会员之建议。

第十九条　理事长之职权如左：

一、执行理事会议决案；

二、处理日常会务；

三、对外代表本会。

第二十条　监事会之职权如左：

一、监察理事会执行会员大会之决议；

二、审查理事会处理之会务；

三、稽查理事会之财政出入。

第廿一条　理监事之任期均为二年，每二年改选一次，连选得连任之。

第廿二条　理监事遇有缺额时由候补理监事依次递补，以补足前任之任期为限。

第廿三条　理监事有左列情事之一者应即解任：

一、会员代表资格丧失者；

二、因不得已事故经会员大会议决准其辞职者；

三、有第九条各款情事之一者。

第廿四条　本会理监事均为名誉职。

第廿五条　本会得视事务之繁简设办事员若干人，由理事长任用之。

第五章　会议

第廿六条　本会会员大会分定期会议及临时会议两种，均由理事长召集之。

第廿七条　定期会议每半年开会一次，临时会议于理事会认为必要或经会员代表十分之六以上之请求或监事会函请召集时召集之。

上项定期会议得视实际情形酌量伸缩之。

第廿八条　本会会员大会之决议以会员代表过半数之出席，出席代表过半数之同意行之。

第廿九条　本会理事会每月至少开会一次，监事会每两月至少开会一次。

第三十条　理监事会开会时须有理监事过半数之出席，出席过半数之同意方能决议可否，同数取决于主席。

第卅一条　理监事会开会时不得委托代表出席。

第六章　经费

第卅二条　本会经费分入会费、经常费、临时费三种。

第卅三条　会员入会费依照月费额加贰倍征收之。

第卅四条　经常费每月由各会员依其等级由理事会审确后缴纳之。

第卅五条　如遇必需要临时费时，得经会员大会通过后呈报主管官署核准后征收之。

上项临时费如有紧急性者按照第五条第七项办理之。

第卅六条　本会经费状况应每半年报告会员一次。

第七章　附则

第卅七条　本章程如有未尽事宜经会员大会决议呈准主管官署修改之。

第卅八条　本章程经会员大会决议呈准主管官署备施行。

〔1194-1-866〕

南汇县蛋商业同业公会关于启用图记拓及印模致南汇县政府呈

（1948 年 12 月 12 日）

事由：为呈报启用图记拓附印模祈核备由

南汇县蛋商业同业公会呈蛋字第七号

中华民国三十七年十二月十二日

查本会成立大会情形业经检同附件呈请备案，颁发立案证书及图记在案嗣奉钧府鹏一社字第八七四三号指令开："呈件均悉准予备案随令颁发商字第三〇号立案证书壹份，至该会图记仰即依照规定尺寸自行刊用并将启用日期检附印模一份报府备查"等因，附立案证书一份，奉此本会遵即依照规定刊制图记即日起开始启用，奉令前因理合拓附印模一份备文呈报，仰祈鉴核备查。

谨呈

县长熊

附印模一份〈下略〉

理事长唐旭初

〔1194-1-866〕

南汇县政府关于核示启用图记日期及印模致南汇县蛋商业同业公会指令

（1948 年 12 月 14 日）

事由：据报启用图记日期并附印模等情指饬知照由

南汇县政府指令鹏一社字第一〇五四二号

令蛋商业同业公会

本年十二月十二日呈一件抄来由。

呈件均悉，准予备查，仰即知照！

此令。件存。

县长熊

〔中华民国三十七年〕十二月十四日

〔1194-1-866〕

南汇县典押当业同业公会

南汇县政府转发修正典押当业管理规则致南汇县商会训令

（1947年3月22日）

事由：转发修正典押当业管理规则暨表式五种令仰遵办具报由

南汇县政府训令

建字第一二一三二号

中华民国卅六年三月廿二日

令县商会

案奉江苏省财政建设厅(36)建三字第一一七〇一号训令开："奉省政府□□内政、经济部本年一月四日礼字一三七号、京商三五字第二〇二九号公函一件内开，查典押当业管理规则，业经本两部酌加修正，呈奉行政院卅五年十二月九日节京三字第二二七〇三号指令准予备案在案。除公布并分行外，相应检同该项修正规则函请查照饬遵等因，附发修正典押当业管理规则一份。奉此，查依该规则第十三条前段规定。业经本两厅按照本省现实规定当满期限为三个足月上利延长一个月。至于月息一节，应由各县遵照该规则第十二条规定慎重拟订报核凭转，兹为简化典当登记手续，以期纳入正规轨起见，特制订应备表式五种。除分令外，合行抄发是项修正规则。既检发上项表式五种各一份，令仰转饬该县辖境内典当，限于文到一月内一体参照办理登记报凭核转，切勿有误为要"等因。附发管理规则表式。奉此，除分令外，合行检发是项规则暨表式五种，令仰该会迅即转饬各典押当业，遵限办理登记汇报来府以凭核转切勿延误为要！

此令。

附发修正典押当业管理规则一份暨检发表式五种各一份

县长徐泉

〔附〕

典押当业管理规则

廿九年十二月一日公布　　三十年月日修正

第一条　各地典押当之管理除法令别有规定外依本规则之规定。

第二条　典押当业分押当、典当两种。资本不满一百万元者称押当，一百万元以上者称典当，均应于牌号上标明之。

前项押当资本之最低额由各省市(院辖市)政府依各地经济情形定之，但不得少于卅万元。

第三条　设立典押当业应将左列各事项，连同切结及应缴执照费，呈由主管官署验明资本加具考语，转请发给营业执照方能开业，违者除勒令补领执照外，并处五百元以上一千元以下之罚锾。

(一) 名称(牌号)，(二) 资本总额，(三) 营业所在地，(四) 出资人姓名年龄籍贯住所，(五) 经理人姓名年龄籍贯住所。

前项切结及营业执照之式样另定之。

第四条　押当业之营业执照由该管省市政府发给，分报内政经济两部备案，典当业之营业执照由该管省市政府转请内政会同经济部发给。

第五条　营业执照费依左列之规定：

一、押当业二百五十元；二、典当业五百元。

第六条　营业执照应悬于营业处所，所有遗失应于十日内登报声明并叙明缘由，连同报纸及补领执照费一百元呈由主管官署转请补发。

第七条　凡典押当业均应于开业后一个月内向保险公司按资本总额保险，违者得由该管市政府停止其营业。但因交通梗塞，经呈由该管省市政府核准者不在此限。

第八条　典押营业如遇兵灾盗窃及水火患致典当物损失时，应于出事后廿四小时内报请主管官署及当地商会验明封存，剩余物品已向保险公司投报者，须通知保险公司派员跟同验封，其有号可认者，照旧放赎，无号可稽者，得估价变卖，除以半价按票额摊付原典押各户外，并应按票额六成赔偿，违背前项规定时，除处五百元以上一千元以下之罚锾外，有饬令依照前项规定办理。

第九条　典押当业不得设置分店接物转当，违者除勒令闭歇分店外并处三百元以下之罚锾。

第十条　典押当业有左列情形之一者，应于一个月内呈报主管官署请换发营业执照：

一、营业地点之变更；二、出资人之变更；三、资本之变更；四、经理人之更易。

不为前项之申请时，除处五百元以下之罚锊外，仍令补行声请。

第十一条　典押当业如因事故须停当候赎或歇业时，应于事前廿日内叙明缘由，呈报主管官署转请核准转报内政经济两部备案，并应由主管官署布告行之，违者依前条之规定处罚。

第十二条　典押当业收取月息由当地同业公会拟订利率，呈由主管官署转请核准报转内政经济两部备案，但得酌放栈租费二厘、保险费二厘，其余一切陋规概行禁革。

前项利率之拟订如当地无同业公会时由商会为之。

第十三条　满押满典期限由各省市政府依据地方实际情况拟定报经内政经济两部核定之，满典押五日之内仍准取赎或付清利息转票，逾期不取又不转票者得将典押物变卖。

第十四条　凡典押当户在典押后一个月内取赎者，无论日数多寡其利息概以一月计算，满月后五日内不计利息，超过五日以一月论。

第十五条　左列各物典押当业应拒绝收受：

一、违禁物及危险品；二、公物有疑识可办者。

典押当业依其情形对不适于收存之物仍得拒绝收受。

第十六条　典押当业收赃物，经官厅查明确实者，其物主得依典押原本取赎。

第十七条　典押当业所用当票纸张应质坚耐用，并于票面注明左列各事项：

一、典押当物名称及件数；二、典押金额；三、利率；四、满典押期限；五、营业时间；六、营业所在地；七、失票登记手续。

第十八条　典押当业每届年度终结，应将营业状况呈报主管官署递报内政经济两部备案。

第十九条　典押当业已呈准发给执照，如其资本额在典当不足一百万元，押当不足卅万元者，应责令补足声请换发营业执照，换发执照费为二百元。

第二十条　依本规则收入之罚锾，储作主管官署设立公营典押当之资本，每次罚锾收入并应递报内政经济两部备案。

第廿一条　本规则所称主管官署，各县市为县市政府，院辖市为社会局。院辖市政府如未成立社会局时，得指定其他各局为主管官署。

第廿二条　典押当业除民营外，并得由各地方政府酌量设立。

第廿三条　公营典押当业由市县设立者，应呈报该管省政府核转内政经济两部备案，由省市设立者迳报内政经济两部备案，并应于牌号上标明省市县立字样。

第廿四条　第三条第八条第九条第十条所定罚锾数额，在罚金罚锾提高标准条例有效时间从其规定。

第廿五条　人民经营典押当业有左列事迹之一者应予奖励：

一、出资二百万元以上，确遵本规则各项规定经营典当业者；

二、出资经营典押当业十年以上，收取月息在法定利率以下，从无违反法令及损害平民法益之情事者；

三、遭受不可抗力之重大损失仍继续营业维持地方公益者；

四、从事典押当业五年以上，态度和平，估价公正，为地方人民称道者。

第廿六条　合于前条各款式之一者，得由其所在地之乡镇长或县参议员三人以上署名盖章详列事实，报请县市政府查明加具考语，转呈省政府函由内政经济两部核予奖励。

县市政府查访有合于第廿五条各款之者，亦得详列事实呈由省政府函转内政经济两部核予奖励。

第廿七条　奖励之方法如左：

一、奖状；二、匾额。

给予匾额时并附发奖励证书。

奖状及奖励证书式样另定之。

第廿八条　本规则未规定事项得由省市政府另订补充办法咨报内政经济两部备案。

第廿九条　本规则自呈奉行政院核准后，由内政经济两部会同公布施行。

［1194-4-375］

南汇县政府关于切实具报管理典押当业案致南汇县商会训令

（1947年8月4日）

事由：为管理典押当业一案令仰切实办理具报由

南汇县政府训令建字第九〇号

中华民国卅六年八月四日

令县商会

案奉江苏省政府本年七月十六日(36)府建三字第八〇七〇号内开“案准经济、内政部本年六月廿六日京商(36)字第五三二七八号、□字第一四三八号函内开，查典当业管理规则前经本两部会同修正于卅六年一月四日公布施行，并分函贵省政府查照办理在案，依照规定凡设立典押当业，须声请发给营业执照并应将收取月息利率暨满典满押期限报部备查。现各省转请发给营业执照者为数甚多，间有若干典当业设立尚未能依照规定办理相应函请，查照转饬依据典押当业管理规则切实办理，并希见复为荷等由，准此，除分行外合行令仰该县切实办理具报勿误为要”等因，奉此查此案前经本府以建字第一二一三二及一四〇七二号训令附发修正典当业管理规则等件，令仰遵办并催报各在案，迄今已逾数月仍未见前来登记，殊属玩忽功令。兹奉前因除分令外合再令仰该会长转饬各典业，依据典业管理规则切实办理并具报毋延为要！

此令。

县长龚宗儒

［1194-4-317］

南汇县商会关于办理典当业登记案致大团元昌当陈慕韩、周浦仁发当朱良友函

（1947年8月22日）

事由：本会决议奉令办理典当业登记一案录案函请查照办理由

南汇县商会函字第四〇四号

查本会第十次理监事暨分事务所联席会议决议案一件“奉令饬办典当业登记一案应如何办理案”决议“函请

大团元昌当陈慕韩、周浦仁发当朱良友两先生发起组织公会，同时办理登记，并由本会函上海典当业公会询问利率，索阅章则，以资借镜”等语纪录在卷，除分函外相应录案函达即希查照办理至奉颁登记表式暂存本会备查。此致

陈慕韩先生

朱良友先生

理事长潘

〔中华民国三十六年〕八月廿二日封发

［1194－4－317］

南汇县政府关于典押当业月息案致南汇县商会指令

（1948年2月19日）

事由：关于典押当业月息一案令仰转饬知照由

南汇县政府训令

（卅七）四建字第五四四号

令南汇县商会

案奉江苏省政府建设厅三十七年一月廿六日（卅七）建自三字第一〇一五号训令内开：

案查前据各县呈请典当月息比照京沪两市核定经转核示去后，兹奉内政、经济部本年一月十四日礼字第三〇三四号、京商37字第一一四三号指令“以关于典当月息据呈拟将各县利息及手续费等一律由该厅规定不得超过三角，经核此项变通办法尚属可行”等因奉此，除分行外合行令仰知照并转饬知照等因，奉此除分令外合行令仰□□□□□饬遵照为要！

此令。

中华民国三十七年二月十九日[①]

县长龚宗儒

［1194－4－8］

南汇县政府关于典当业利息及当满期限之规定案致县商会的训令

（1948年11月10日）

事由：为奉令关于典当业之利息及当满期限究应如何规定一案转饬遵办具报凭转由

南汇县政府训令

中华民国卅七年十一月十日

发文鹏二字第八六九三号

令县商会

案奉江苏省建设厅（卅七）建三字第一二六七号训令，略以币制改革后关于典押当业之利息及满期限究应如何规定一案，经呈奉内政工商两部指令，典押当业之利息及满当期限仍应依照典押当业管理规则第十三条及第十三条之规定办理，饬遵照并将办理情形尅日具报等因。奉此，查典押当业管理规则业经本府建字第一二一三二号训令抄发在案，奉令前因合行令仰遵办报凭核转。

此令。

县长熊鹏

［1194－4－325］

---

① 原文落款年月日期不清，有“十九日”字样，据文号及南汇县商会收文日期“中华民国三十七年二月廿一日”，此处落款日期记作“中华民国三十七年二月十九日”。

（七）南汇县粉豆水作业同业公会

南汇县水作业同业公会整理委员会关于恢复同业公会致同业函

（1948 年 10 月 11 日）

水作业同业们：

我们现所处的正是一个非常时期；尤其自从新经济方案实施以来，买进卖出和运输，都要受到政府的管制，对于我们的营业影响很大。我们为了切身的利害，不可不团结起来，用群体的力量来争取共同的利益、祛除共同的障碍。

但是，我们应该怎样团结呢？第一，我们应该先行恢复同业公会。

本业同业公会，自从抗日战争后到今天还在停顿中。现在本会一方面由于县商会来函督促从事整理，一方面鉴于实际上的急需，所以经函请各镇领袖共同会商，并已推定人选负责各地登记会员事宜。希望我同业们踊跃参加，一致团结起来，共谋福利！

南汇县水作业同业公会整理委员会谨启

卅七年十月十一日

［1194－4－395］

南汇县商会专报南汇县水作业同业公会整理情形致南汇县政府呈

（1948 年 10 月 15 日）

事由：为转呈水作业同业公会整理情形仰祈鉴核备查由

南汇县商会呈南字第六六三号

中华民国三十七年十月十五日

查本县水作业于战前原有同业公会之组织，旋因战乱会务停顿，际此经济紧急措施时期，为贯彻政令，是项业会实有亟加恢复之必要，前经本会函知该业会常务理事沈锦清、季德润着手整理，兹准函复曾于十月九日召集本县各镇同业领袖十三人组织整理委员会共策恢复等整理情形前来请予转报等由，附该业会整理委员名单暨第一次会议记录三份准此，除存查外理合检同该业会整理委员名单暨第一次会议记录呈请鉴核备查。

谨呈

县长熊

附南汇县水作业同业公会整理委员名单暨第一次会议记录各一份

南汇县商会理事长潘子平

〔附 1〕

南汇县水作业同业公会整理委员名单

卅七年十月九日

姓 名	籍 贯	代表店号	店 址
沈锦清	南汇	天香斋	本城
季德润	同上	鸿茂斋	本城
季梅生	同上	鸿茂斋面坊	本城
石松桃	同上	石昌盛	祝桥
杨关根	同上	杨德盛	同上
朱义丰	同上	朱振丰	同上
顾阿二	同上	顾同兴	同上
傅佩飞	同上	德盛昌	腾镇
王祥承	同上	万一斋	大团
王金奎	同上	王正仁	大团
李阿堂	同上	李晋昌	大团
章木善	同上	恒 甡	三灶
易景岩	同上	吴顺和	新场
谈建夫	同上	谈祥源	同上
黄水根	同上	黄万生	四团仓

〔附 2〕

南汇县水作业同业公会整理委员会第一次会议纪录

时间：三十七年十月九日上午九时

地点：南汇东门民教馆

出席人：

石松桃祝桥石昌盛　杨关根祝桥杨德盛　朱义丰祝桥朱振丰

顾阿二祝桥顾同兴　傅佩飞邓镇德盛昌　王祥承大团万一斋

王金奎大团王正仁　章木材三灶恒甡(梅农)　季德润南汇鸿茂斋

季梅生南汇鸿茂面坊　易景岩新场吴顺和　谈建夫新场谈祥源

李阿堂大团李晋昌　沈锦清南汇天香斋

主席：沈锦清　纪录：朱才民

报告事项(略)

讨论事项：

一件：因本业会籍失散已久，兹推定下列诸人负责各该地区会员登记事宜：

盐仓镇—黄水根、叶鸿勳　江镇—盛久和(由傅佩飞转知)

施镇—石松桃　邓镇—傅佩飞　祝桥—顾同兴、石松桃

六灶、陈桥、三灶、坦直—章木善　周浦、沈庄—蔡洪江、陈小山

新场、航头、下沙、张家桥、宣桥—易景岩、谈建夫、戴世光

横沔—龚正昌　杜行、召楼—由沈锦清接洽　闸港—杨再兴

惠南镇、大灶湾—季德润、季梅生、沈锦清　黄镇—徐义兴

老港—孙永泰　大团、三墩—李阿堂、王祥承、朱云光

北蔡龙王庙—高克继

一件：通过入会志愿书格式，先行铅印壹千份，以供登记之用。

一件：定于本月十六日上午九时举行第二次整理委员会议，入会志愿书由各负责人于是日交到（地点：民教馆）。

一件：定于本月二十日举行会员大会。

主席 沈锦清

纪录 朱才民

［1194－1－864］

南汇县水作业同业公会整理委员会第二次会议记录

（1948年10月16日）

日期：十月十六日　　时间：上午九时

地点：南汇城内民众教育馆

出席者：

牌　号	代表人	牌　号	代表人	牌　号	代表人
盛久和	盛金堂	天香斋	沈景清	陆源兴	陆根生
张义兴	张汉民	吴明香	□□喜	张一品	张新生
恒　甡	章木善	王万兴	王桂生	陆顺泰	陆金根
朱合兴	朱云光	陈万兴	陈小山	吴泰源	吴雪林
李晋昌	李瑞堂	吴万兴	戴世光	永茂斋	王国安
谈福源	谈建甫	黄正泰	黄鹤楼	蔡洪恒	蔡万顺
黄利昌	黄金飞	叶永顺	叶雪卿	季洪茂	季梅生
朱义兴	朱老二	朱顺兴	朱顺且	庄德顺	庄国初
倪源大	倪仁初	傅佩飞	德盛昌	傅协隆	傅友生
倪泰隆	倪叶氏	倪德兴	倪来生	王义兴	王记生
吴万盛	吴品如	周永泰	周文奎	永盛斋	王邦安
万一斋	王祥承	朱永泰	朱炎生	复兴水作	朱人嘉
杨元泰	杨根生	初记面坊	胡梅初	朱顺兴	朱文□
杨德盛	林关根	施泰隆	施福根	黄万生	黄水根
震丰盛	朱义丰	施同兴	施克俭	鸿茂斋	季德润
徐义兴	徐洪林	孙永泰	孙良才	陶隆兴	陶志全
郭永兴	郭进初				

主席：沈景清　　记录：姚志刚

一、报告事项

主席：这次本人同季德润先生奉县商会函嘱整理水作业同业公会迅即恢复后即日邀请原理监事暨各镇同业领袖曾于九日召开第一次会，（起初因出席人数不足改开谈话会，后来会人超出半数以上，故改正为第一次会议）经决议业会之组织为谋同业共同福利及矫正同业弊害之必要，组织一致主张急谋恢复并由各整委负责整理各地入会籍，现大体均已整理完竣，除经函请县商会转呈县政府县党部备案外，拟请在场诸位共商推行办法。

季梅生：南汇水作业近状，因来源绝断，势将无法供应业市，请各镇同业指教令复业盼方针。

二、讨论事项

一件：请确定会员大会日期案。

决：定于本月二十日下午一时举行，是日通知各会员到会午膳，俾便准时开会。

二件：请确定大会地址案。

决：仍暂民教馆礼堂为大会会场。

三件：未整理完竣地区应如何整理案。

决：(1) 限本月十九日以前整理完竣；

(2) 由各负责整委将入会志愿书汇寄本会。

主席 沈景清

记录 □□□

［1194－4－395］

南汇县商会转报关于派员指导南汇县水作业同业公会会员大会致县政府呈

（1948年10月19日）

事由：为转报水作业同业公会整理就绪定期召开会员大会呈请派员指导由

南汇县商会呈南字第六六八号

中华民国三十七年十月十九日

兹准水作业同业公会整理委员会公函略以该会整理就绪，定于本月二十日下午一时假东门民教馆举行第一次会员大会请转呈县政府、县党部派员指导等由，准此理合备文转呈钧府届时派员莅席指导。

谨呈

县政府

南汇县商会理事长潘子平

［1194－1－864］

南汇县商会关于核备南汇县水作业同业公会第一次大会情形等致县政府呈

（1948年10月）

事由：转报水作业公会第一次大会情形及附件呈祈核备由

南汇县商会呈南字第六八六号

中华民国三十七年十月廿□日

案据粉豆水作商业同业公会函称；"本会业已整理完竣会员大会经于本月二十日举行，兹送上会议录、理监事名册、会员名册、章程等件至请转报县府党部备案"等情，附件据此理合检同原附件备文呈报，仰祈鉴核，准予备案。

谨呈

县政府

附呈会议录、理监事名册、会员名册、章程各一份

理事长潘子平

〔附1〕

南汇县粉豆水作商业同业公会第一次会员大会纪录

日期：中华民国三十七年十月二十日下午一时

地点：南汇城内民众教育馆

出席者：包木金等一百三十四人

列席者：县政府指导何维清　县商会代表王志方

主席：沈景清　记录：朱才民

行礼如仪

主席报告：

公会是同业团结的组织，在平时很需要，在目前经济管制时期，尤其需要。所以我们今天大家来开会恢复成立本业在战前原有的公会。

县政府代表何指导员致词：

一、慎选理监事；

二、详细讨论章程；

三、踊跃缴纳会费。

县商会代表王志方先生致词：

商会与公会有密切关系，希望贵会恢复后与商会加强联系。

讨论事项：

一、本会章程业已草就请公决案。

决议：（一）本会原名“南汇县水作商业同业公会”与泥水匠职业工会颇易混淆，应改名为“南汇县粉豆水作商业同业公会”。

（二）修正通过。

二、本会会员买卖行情应如何谋统一案。

议决：以后行情由本会理事会议定印发价目单令各会员遵照办理。

三、本会整理费用应如何归垫案。

议决：由已入会会员每单位缴纳整理临时费金圆六元俾资归垫。

四、请依照本会章程选举理监事案。

（一）票选；

（二）推易竟岩、朱云光担任唱票；

（三）推李瑞堂、季梅生担任监票；

（四）推戴世光、朱则金担任写票；

（五）结果：沈景清八九票，季梅生八二票，黄水根七八票，李瑞堂七七票，朱云光七五票，章木善六七票，蔡洪江六五票，易景岩六四票，石松桃五五票，张关国五三票，载世光五二票，米义丰四六票，陈雪山四五票，王有德四五票，杨关根四三票，以上十五人当选为理事。

王祥承三八票，盛金堂三七票，王国安三二票，陈杏根三〇票，吴应笙三〇票，以上五人当选为候补理事。

王桂生七二票，叶雪卿七〇票，曾定国六八票，谈建甫六五票，季德润六五票，以上五人当选为监事。

王邦要五六票，傅佩飞四九票，以上二人当选为候补监事。

主席 沈景清

纪录 朱才民

〔附2〕

南汇县粉豆水作商业同业公会理监事职员名册

卅七年十月二十日选出

职别	姓名	性别	年龄	籍贯	略历	代表店号	地址
理事长	沈景清	男	51	南汇	高小毕业前本会常委	天香斋	本城
常务理事	易景岩	男	41	同上	高小毕业前本会执委	吴顺和	新场
常务理事	季梅生	男	50	同上	高小毕业	洪茂面坊	本城
常务理事	李瑞堂	男	59	同上	同上	李晋昌	本团

续　表

职　别	姓　名	性别	年龄	籍贯	略　　历	代表店号	地　址
常务理事	黄水根	男	56	同上	同上	黄万生	四团仓
理　事	朱云光	男	34	同上	高小毕业前本会执委	朱合兴	大团南市 133 号
理　事	章木善	男	49	同上	小学	恒甡	三灶镇
理　事	蔡洪江	男	50	同上	同上	蔡万盛	周浦
理　事	石松桃	男	60	同上	同上	石昌盛	祝桥
理　事	张关谷	男	55	同上	同上	张聚兴	六灶镇
理　事	杨关根	男	48	同上	同上	杨德盛	祝桥
理　事	戴世光	男	47	同上	同上	吴万兴	新场
理　事	朱义丰	男	37	同上	同上	震丰盛	祝桥
理　事	陈雪山	男	48	同上	同上	陈万兴	周浦竹行街
理　事	王有德	男	40	同上	同上	王义昌	御桥
候补理事	王祥承	男	40	同上	同上	万一斋	大团一灶港
候补理事	盛金堂	男	46	同上	同上	盛久和	江镇
候补理事	王国安	男	45	同上	同上	永茂斋	本城
候补理事	陈杏根	男	50	同上	同上	陈洽兴	坦直
候补理事	吴应笙	男	44	同上	私塾三年	吴兴昌	瓦屑
常务监事	季德润	男	46	同上	高小毕业	鸿茂斋	本城
监　事	叶雪卿	男	37	同上	小学	叶永顺	四团仓
监　事	曾定国	男	43	同上	同上	曾恒盛	下沙
监　事	谈建夫	男	56	同上	同上	谈祥鼎	新场
监　事	王桂生	男	52	同上	同上	王万兴	周浦竹行街 38 号
候补监事	王邦安	男	51	同上	同上	永盛斋	本城
候补监事	傅佩飞	男	35	同上	同上	德盛昌	腾镇

〔附 3〕

南汇县粉豆水作业公会会员名册

三十七年十月二十日

会员牌号	代表姓名	资本额	开设年月	地　址
永盛斋	王邦安	二百元	民国　　年	惠南镇
黄正泰	王鹤楼	二百元	民国卅四年	惠南镇东门外
黄利昌	黄金桃	一百元	民国卅七年	惠南镇
胡初记	胡梅初	一百五十元	民国廿五年	惠南镇东门外
永茂斋	王国安	二百元	民国卅七年	惠南镇
复兴水作	朱人喜	五十元	民国卅四年	惠南镇靖海桥东首
朱永泰	朱炎生	一百五十元	民国卅三年	惠南镇
洪茂面坊	季梅生	四百元	民国十三年	惠南镇
瞿隆顺面坊	瞿龙标	二百元	民国卅三年	二团乡谈家店
严德顺	严林生	五十元	民国三年	惠南镇南门六八号

续 表

会员牌号	代表姓名	资本额	开设年月	地址
天香斋	沈锦清	一百元	民前十年	惠南镇北门大街
陈益生德记	陈德华	二百元	民国卅四年	二团乡谈家店
祥记水作	季顺祥	五十元	民国卅七一月	惠南镇南门一六号
顺兴斋	赵宗匡	五十元	民前六年	惠南镇西门三号
鸿茂斋	季德润	三百元	民国元年	惠南镇本店北门 分店西门
严合兴	严根海	二百元	民国元年	惠南镇南门四五号
义　兴	朱阿二	六十元	世业	本店袁家路 分店沈家路
陆永昌	陆炎铨	五十元	民国卅七年	城东乡三灶码头
杜永记	杜永根	一百元	民国卅三年	六灶湾
郭永兴	郭进初	一百元	民国元年	六灶湾
陶隆兴	陶忠全	一百元	民国元年	六灶湾
周盛懋	周秋棠	三百元	世业	李家桥
周森茂	周根福	一百元	民国卅四年	李家桥
陈同兴	陈金桃	一百元	民国廿七年	李家桥
陈福兴	陈孝庭	三百元	民国十年	大团镇中市上塘
徐顺兴	徐来根	二百元	民国十五年	大团镇中市下塘
穗　丰	方约翰	八百元	民国卅七年	大团镇本店新街内二号 分店新街口三四四号
李晋昌	李瑞棠	一千元	民前卅年	大团镇中市下塘
徐泰顺	徐宗熹	一千元	民国廿年	大团镇新街口
邱永兴	邱逸年	二百元	民国七年	大团镇南市街
朱金记	朱则金	四百元	民国廿二年	大团镇南市街 179 号
董盛大	董林章	二百元	民国卅年	大团镇南市上塘
王顺泰	王桂兴	一百元	民国卅七年	大团镇南市道院井
三兴斋	陈福根	三百六十元	民国卅七年	大团镇南市稍八号
陆顺泰	陆来弟	一百元	民国三年	大团镇下塘中市
王正仁	王金奎	一百元	民国卅四年	大团镇一灶港西市
善良斋	朱玉章	三百六十元	民国卅七年	大团镇南湾内 11 号
王振兴	王金根	一百五十元	民国卅五年	大团镇一灶港西市
潘顺兴	潘顺根	一百元	民国廿七年	大团镇西臭街
朱合兴	朱云光	四百元	世业	大团镇南市 133 号
万一斋	王祥承	三百元	民国卅六年	大团镇一灶港牛桥西首
万一斋龙记	王祥麒	三百元	民国卅二年	大团镇一灶港下塘□凤桥
胡德泰	胡木生	一百元	民国廿七年	大团镇北市
严永顺	严善宝	一百元	民国卅二年	大团镇中市施相公衖
顺　兴	朱顺千	六十元	世业	黄镇本店北市 分店中市

续 表

会员牌号	代表姓名	资本额	开设年月	地址
新　昌	瞿应昌	六十元	民国卅六年	黄镇
杨顺兴	杨泉生	一百元	民国廿七年	黄镇
徐义兴	徐凤林	一百元	民国卅三年	黄镇中市
元　大	倪仁初	一百元	世业	黄镇北市（本店） 中市（分店）
庄德顺	庄国初	一百五十元	民国卅六年	黄镇中市
缪长盛	缪阿根	一百元	民国卅一年	黄镇北市
杨源泰	杨根生	一百元	民国卅七年	黄镇
倪德兴	倪来生	一百元	民国卅六年	黄镇中市
王祥记	黄敬祥	五十元	民国卅三年	黄镇瞿家路
顾荣泰	顾木生	五十元	民国卅二年	三墩南市
祥　盛	严银楼	五百元	民国卅二年	三墩南市
严久泰	严镜冰	一百元	民国卅七年	三墩东市
顾永泰	顾才生	五十元	民国卅年	三墩马路街
严祥兴	严关宝	五十元	民国四年	三墩
马祥泰	马茂祥	一百元	民国三年	三墩东市
季永大	季如梅	一百元	民国廿七年	老港北市
振华	倪振华	一百元	民国卅七年	老港中市
姚永盛	姚洪生	一百元	民国十三年	老港南市
孙永泰	孙良才	一百元	民国二年	老港
瞿永记	瞿阿贵	五十元	民国卅五年	盐仓乡吴家码头
陆福全	陆福全	五十元	民国卅六年	盐仓乡吴家码头
吴万盛	吴品如	一百元	民国卅七年	盐仓镇北市
周永泰	周文奎	一百元	世业	盐仓镇南市
叶永顺	叶雪卿	二百元	世业	盐仓镇北市
王万兴	王纪生	五百元	民国廿二年	盐仓镇北市（本店） 中市（分店）
陆盛茂	陆德香	五十元	民国卅七年	盐仓镇吴家码头
华顺兴	华美林	五十元	民国卅二年	盐仓镇吴家码头
黄万生	黄水根	三百元	世业	盐仓镇
石昌盛	石松桃	三百元	民国二年	祝桥镇
震丰盛	朱义丰	三百元	民国卅五年	祝桥镇中市
陆楼记	陆召楼	三十元	民国卅四年	祝桥镇南市
杨德盛	杨关根	五百元	民国廿三年	祝桥镇中市
顾同兴	顾长根	五百元	民国廿一年	祝桥镇
吴森记	吴伯根	一百元	民国卅五年	祝桥镇
顾正大	顾炳生	一百元	民国卅五年	祝桥镇
谭隆兴	谭双林	二百元	民国元年	祝桥镇西大街

续 表

会员牌号	代表姓名	资本额	开设年月	地址
蒋锡记	陈万昌	三十元	民国十七年	祝桥镇西市
盛顺昌	盛泉发	一百五十元	民国六年	施镇北市
傅祥记	傅祥根	一百元	世业	邓镇南市
德盛昌	傅佩飞	二百元	民国廿四年	邓镇
傅治隆	傅阿友	一百元	民国十五年	邓镇中市
施泰隆	施福根	一百元	民国三年	邓镇中市
施同兴	施克俭	一百元	民国五年	邓镇中市
张义隆	张丙生	五十元	民国十五年	江镇东市
森　泰	江连生	五十元	民国五年	江镇中市
唐公顺	唐友根	五百元	民国廿三年	江镇南市
长　泰	唐长根	一百元	民国四年	江镇东市
唐合盛	唐丙根	一百元	民国十年	江镇
张义兴	张阿二	一百元	民国卅一年	江镇西市
倪泰隆	倪叶氏	一百元	民国十七年	江镇中市
盛久和	盛金堂	一百元	民国十二年	江镇中市
吴永泰	吴文华	一百元	民国二十年	新场镇
金隆兴中号	金秋四	二十元	民国廿二年	新场镇包家桥东首
宋品斋	宋伯铨	二十元	民国卅六年	新场镇包家桥
孙洪泰	孙关根	二十元	民国十六年	新场镇洪桥东街
金裕昌	金裕生	二十元	民国卅一年	新场镇闵家湾南街
祝顺兴	祝连生	四十元	民国十四年	新场镇中大街
金隆兴南号	金秋珊	二十元	民国廿五年	新场镇闵家湾南街
吴顺和	易景岩	三百元	世业	新场镇南大街
康宝泰	康进楼	五十元	世业	新场镇洪桥东街
金顺记	金顺祥	三十元	民国卅三年	新场镇北栅口
徐顺隆	徐荣生	四十元	民国十五年	新场镇洪桥东街
聚香斋	吴永祥	一百元	民国廿一年	新场镇闵家湾南首
潘聚盛	潘倪氏	二百元	民国三十年	新场镇中大街
金隆兴北号	金秋波	二十元	民国廿二年	新场镇洪桥北街
同　兴	钱林根	一百元	民国卅七年	新场镇包家桥东
钱兴斋	钱东根	四十元	民国卅四年	新场镇南市闵家湾六二号
乔裕兴	乔才生	四十元	民国卅年	新场镇
祥　泰	孙顺卿	一百元	民国十年	新场镇
祥　顺	李鉴生	五十元	民国二年	新场镇
谈祥源	谈建甫	一百二十元	世业	新场镇
吴万兴	戴世光	六十元	民国卅年	新场镇
谈祥兴	谈方氏	七十元	民国二十年	新场镇

续 表

会员牌号	代表姓名	资本额	开设年月	地址
王裕兴	王政根	一百元	民国十二年	航头镇东市
王正昌	王金发	四十元	世业	航头镇
俞品斋	俞友根	三十元	世业	航头镇东市
民　食	冯国祥	四十元	世业	航头镇西街
王顺兴	王顺昌	三十元	民国卅一年	航头镇十七号
宝　记	林宝根	三十元	民国卅五年	航头镇
洽　昌	严平生	五十元	世业	航头镇
恒　甡	章木善	四百元	世业	三灶镇中市
瞿丰祥	瞿叙生	二百五十元	民国廿七年	三灶镇西市
丁正泰	丁锦明	一百元	民国廿七所	三灶镇西市
黄顺兴	黄虎生	一百元	民国三年	三灶镇南市
金祥记	金祥生	一百元	民国四年	三灶镇东市
戴义兴	戴桂祥	一百元	民国六年	六灶镇
沈联盛	沈连山	一百元	民国十五年	六灶镇东市
沈联茂	沈福弟	一百元	民国二十年	六灶镇
傅义兴	傅仕鹤	二百元	民国十年	六灶镇
瞿长盛	瞿秋生	一百元	民国十五年	六灶镇
唐恒兴	唐玉林	一百元	民国四年	六灶镇
张聚兴	张关□	二百元	世业	六灶镇
陈洽兴	陈杏根	一百二十元	民国十四年	坦直桥中市
王义兴	王杏生	一百元	世业	坦直桥
张一品	张新生	二百元	世业	坦直桥
顺泰源	吴雪林	二百元	世业	坦直桥东市
沈洽兴	沈根生	一百元	民国卅三年	坦直桥
协　茂	吴书明	一百元	民国卅年	坦直桥
陆成泰	陆金根	一百五十元	民国廿八年	坦直桥中市
倪公记	倪顺隆	五十元	民国卅七年	召楼镇西街
一品斋	谈春生	五十元	民国三年	召楼镇南街二号
顺兴斋	顾秋根	五十元	民国十五年	召楼镇
恒　兴	张瑞昌	五十元	民国卅年	召楼镇南街
李隆昌	李学文	一百元	民国七年	召楼镇
秀香斋	邵金英	五十元	民国七年	召楼镇中街
福香斋	王沈氏	五十元	民国七年	召楼镇中街
骆协兴	骆陈氏	五十元	民国廿年	召楼镇西街
吴兴昌	吴应笙	一百元	民国十五年	瓦屑村
王同兴	王鉴坤	一百元	民国廿年	瓦屑村
顺　兴	尹福根	一百元	民国八年	瓦屑村

续 表

会员牌号	代表姓名	资本额	开设年月	地 址
凌隆昌	凌隆陞	一百元	民国十七年	瓦屑村
沈一品斋	沈锦章	五十元	世业	下沙镇
曾恒盛	曾定国	六十元	世业	下沙镇
冯永丰	冯仁宝	六十元	民国十五年	下沙镇
张一品斋	张杏德	四十元	世业	下沙镇
协 丰	王桐生	三十元	民国卅七年	下沙镇
大 顺	陆进兴	三十元	民国三年	下沙镇
周新成	周景福	四十元	世业	下沙镇
计顺兴	计隆祥	二十元	民国二年	下沙镇
唐长盛	唐木行	五十元	民国廿年	陈家桥西市
包隆顺	包木全	五十元	民国七年	陈家桥东市
施源盛	施惠生	五十元	民国卅五年	陈家桥中市
康永顺	康仲文	五十元	民国六年	陈家桥东市
潘隆顺	潘海林	五十元	民国卅年	陈家桥西市
乔万盛	乔绍金	五十元	民国八年	陈家桥中市
戴义兴	戴进才	五十元	民国八年	陈家桥
戴同兴	戴新才	五十元	民国二年	陈家桥
生一品	王容海	一百五十元	民国卅五年	沈庄大街九六号
王林记	王祥林	一百五十元	民国十七年	沈庄
潘顺兴	潘炎堂	一百元	民国十七年	沈庄
朱顺兴	朱荣祥	一百五十元	民国七年	沈庄大街九号
张同盛	张锦松	二百元	民国卅四年	周浦镇航厂街
邹顺兴	邹永林	二百元	民国卅六年	周浦镇航厂街
陆源兴	陆根生	二百元	民国卅七年	周浦镇椿樟街
永兴斋	陈阿妹	二百元	世业	周浦镇金龙街
同顺兴	周雪炎	二百元	民国十三年	周浦镇小云台街
毕正兴	毕周氏	二百元	民国二十年	周浦镇小云合街
潘永兴斋	潘宝禄	二百元	民国十七年	周浦镇衣庄街
清香斋	梅秋根	二百元	民国卅六年	周浦镇衣庄街 10 号
陈万兴	陈雪山	二百元	民国十六年	周浦镇竹行街
王万兴	王桂生	二百元	民国十七年	周浦镇竹行街 38 号
朱顺兴	朱文鑫	二百元	民国卅七年	周浦镇唑门街
张盛兴	张炳奎	一百元	民国卅六年	御桥镇
王义昌	王有德	二百元	民国七年	御桥镇
杨德顺	杨少卿	二百元	民国七年	御桥镇
盛德昇	盛小发	二百元	民国五年	御桥镇
赵顺兴	赵吉祥	一百元	民国五年	御桥镇一六庵
蔡万盛	蔡洪江	四百元	世业	周浦镇

〔附 4〕

南汇县粉豆水作商业同业公会章程

民国卅七年十月二十日
经第一次会员大会通过

第一章 总则

第二条 本会定名为南汇县粉豆水作商业同业公会。

第四条 本会之区域以南汇县之行政区域为范围,会所暂设于南汇城内民众教育馆。

第二章 任务

第五条 本会之任务如左:

七、须经大会决议事项而具有时间性者授权理事会办理交下次大会追认。

第三章 会员

第六条 凡在本会区域内专营或兼营粉豆水作商业者均应为本会会员。

第十三条 本会同业不依法加入本会或不缴纳会费或违反章程及决议者,限期劝令加入或改过,逾期仍不遵办者应予以警告。自警告之日起十日内仍不接受者,得由本会呈请县府予以左列之处分。

一、十元以上五十元以下之违约金;

二、有期间之停业;

三、永久停业。

第四章 组织及职权

第十四条 本会设理事十五人,候补理事五人组织理事会,监事五人,候补监事二人组织监事会,均由会员大会就会员代表中选任之。理事中互选五人为常务理事,由常务理事中互推一人为理事长,监事中互选一人为常务监事。

第十五条 本会得视事务之繁简由理事长设办事员若干人助理会务。

第十八条 本会监理事之任期均为二年,每二年改选一次,连选得连任。

第十九条 理监事因故中途缺席时,由候补理监事递补,以补足原任之任期为限。

第二十一条 本会理监事均为名誉职。

第五章 会议

第二十三条 本会定期会议每半年召集一次,临时会议于理事会认为必要或经会员代表十分之三以上之请求或监事会函请召集时召集之。

第二十五条 本会理事会每月开会一次,监事会每二月开会一次。

第二十六条 理监事会开会时须有理监事过半数之出席,其决议案须有出席过半数会员之同意方可行之。

第六章 经费

第二十八条 会员入会费规定十元,会员于入会时一次缴纳之。

第三十条 如因特别事故征收临时费时,须经会员大会通过呈报主管官署核准后征收之(上项临时费如有紧急性者按照第五条第七项办理之)。

第七章 附则

第三十四条 本章程呈准县政府备案后施行之修改时同。

[1194-1-864]

南汇县粉豆水作商业同业公会关于监事会议情况致南汇县政府呈

(1948 年 11 月 2 日)

事由:为呈报理监事会议记录仰祈鉴核备查由

南汇县粉豆水作商业同业公会呈水作字第五号

中华民国三十七年十一月二日

查本会理监事曾于十月二十日及本月一日先后举联席会议,决议事项多起,除分别办理外,理合检同原件备文呈奉鉴核备查!

谨呈

县长熊

附本会理监事会议记录二份

南汇县粉豆水作商业同业公会理事长沈景清(印)

〔附1〕

南汇县粉豆水作商业同业公会第一次理监事会议纪录

时间:卅七年十月二十日下午七时

地点:本会

出席者:黄水根　沈景清　章木善　易景岩　季梅生　陈雪山　朱云光　王有德

戴世光　石松涛　朱义丰　杨关根　李瑞丰　张关国　以上理事

王祥承　王国安　陈杏根　吴应笙　盛金堂　以上候补理事

季德润　叶雪卿　曾定国　谈建夫　王桂生　以上监事

王邦安　傅佩飞　以上候补监事

列席者:姚志刚　朱则金　徐宗熹　方约翰　孙润卿　王鉴坤

凌隆生　尹福根　朱玉章　胡梅初

主席:沈景清　纪录:朱才民

主席报告:诸位,现在时节迫切本会会务亟须进行,同人等受大会之付托,对于同业福利事业,必须尽力办理。

讨论事项:

一、请理事遵章互选常务理事案

决议:通过

理事互选结果以沈景清、易竟岩、季梅生、李瑞丰、黄水根五人为常务理事。

二、请常务理事遵章互推一人为理事长案

决议:通过

常务理事互推结果以沈景清为理事长。

三、请监事遵章互选一人为常务监事案

决议:通过

监事互选结果以季德润为常务监事。

四、如何劝导未入会同业入会案

议决:函各镇同业领袖劝导入会。

五、原料因受限价影响而告缺乏应如何疏畅来源案

议决:(一)呈请县府配给面粉;(二)由本会推派代表直接向面粉厂接洽;(三)呈请县府准许凡资盖运输须本会证明俾免出境。

六、目下同业售价不敷成本应如何调整案

议决:由常务理事议定呈请主管当局核准后通知各会员。

七、会员月费如何规定案

议决:分甲乙丙三等,甲等乙元,乙等八角,丙等六角。摊基每个照加五成。

八、本会职员薪给应如何支给案

议决:总务一人月支廿四元,文书乙人月支廿元,外勤一人月支廿元,工役乙人月支十二元。

九、请确定常会日期案

议决:每月十六日

十、请确定征收月费日期案

议决：每月二十日开始征收该月月费。

主席 沈景清

纪录 朱才良

〔附2〕

南汇县粉豆水作商业同业公会临时理监事会议纪录

南汇县粉豆水作商业同业公会临时理监事会议纪录

日期：三十七年十一月一日下午一时

地点：本地

出席者：理事：沈景清　季梅生　陈雪山　王国安　蔡鸿江　章木善　李瑞棠等十五人

监事：王桂生　谈建夫等三人

主席：沈景清　　纪录：朱才民

报告事项：略

讨论事项：

一、目前本业货品依照限价出售则补不进原料，营业势必停顿影响市面与本业生计，应请改为以物易物办法并议定交换比率一体实施请公决案。

议决：1. 通过(附议定比率表乙帋)；

2. 以后如限价开放，准依所定比率按市价折合金圆作为同业售价(黄豆等以周浦南汇两地市价折中为准)。

二、为发展会务请斟酌各镇情形推定干事案。

议决：推定下列诸人为本会各该镇干事：

金秋波(新场)　严才生(黄镇)　孙云才(老港)　潘□堂(沈庄)　潘梅林(陈桥)　张杏德(下沙)　王振根(航头)　杨少卿(御桥)

唐根梅(施镇)　郭进初(六灶湾)　周秋棠(李□桥)　陆阿三(鲁汇)　李学友(召楼)　唐丙根(江镇)　赵宗匡(惠南镇)

三、请推定商会出席代表案。

议决：推易景岩、朱云光、沈景清、蔡鸿江、朱义丰、章木善、季梅生七人为本会出席商会代表。

四、本月十六日理事会议是否仍须召开案。

议决：本月十六日理事会议停止召开。俟经济补充条例公布后召开常务会议商讨货品售价。

主席 沈景清

纪录 朱才良

［1194－1－864］

南汇县商会转请刊发粉豆水作商业同业公会图记致南汇县政府呈

(1948年11月2日)

事由：转请刊发粉豆水作商业同业公会图记祈赐准由

南汇县商会呈南字第六九一号

中华民国三十七年十一月二日

案据粉豆水作商业同业公会函称："查本会业经整理完成，曾于十月二十日召开会员大会，所有大会纪录、会员名册、理监事职员名册及章程均经函送查照转报县府党部备案在卷。兹为对内对外取信相应函请查照，转报县府刊发图记俾便行文"等情，据此理合备文转请仰祈鉴准刊发，实为公便。

谨呈

熊长熊

理事长潘子平(印)

[1194-1-864]

南汇县粉豆水作商业同业公会关于图记印模及启用日期致南汇县政府呈

(1948年11月10日)

事由:为呈报图记印模并启用日期由

南汇县粉豆水作商业同业公会别文呈水作字第八号

中华民国三十七年十一月十日

案准县商会南字第六九六号公函转奉

钧府鹏一社字第八七四四号指令略饬:本会应遵照规定自行刊刻图记并将启用日期检同印模一分报府备查又随令颁发商字第二十九号立案证书一份等因,附商字二十九号立案证书一份。奉此遵即刊刻本会图记一棵并自即日起启用除分函外理合检同印模一分,呈奉鉴核备查。

谨呈

县长熊

附本会图记印模乙份〈下略〉

南汇县粉豆水作商业同业公会理事长沈景清

[1194-1-864]

南汇县政府关于核示粉豆水作业商业同业公会图记刊发办法致南汇县商会指令

(1948年11月11日)

事由:据呈转水作业公会成立请求颁发图记等件指饬知照由

南汇县政府指令鹏一社字第八七四四号

中华民国卅七年十一月十一日

令县商会

本年十一月二日呈乙件,转请刊发粉豆水作商业同业公会图记祈赐准由。

呈悉:该会图记仰即遵照规定尺度自行刊刻,并将启用日期检同印模壹份报府备查,又随令颁发商字第廿九号立案证书一份,并仰转饬祗领为要。

此令。附商字第廿九号立案证书壹份[①]。

县长熊鹏

[1194-4-413]

南汇县商会关于附送立案证书致南汇县粉豆水作业公会函

(1948年11月13日)

事由:据报成立大会情形经过呈奉指复检附证书函希查照具报由

南汇县商会公函南字第六九六号

---

① 原文缺。

案查，据报贵会成立大会情形经本会检同附件转呈去后，兹奉县府鹏一社字第八七四四号指令："呈悉该会图记……全叙……仰转饬祗领"等因，附商字第廿九号立案证书乙份。奉此，相应检同原附件函送查照，具报为荷。

此致

粉豆水作业公会

附立案证书一纸。〈下略〉

理事长潘

〔中华民国三十七年〕十一月十三日封发

［1194－4－413］

南汇县粉豆水作商业同业公会关于核备水作业货品零售价目表致南汇县政府呈

（1948年11月3日）

事由：为呈报本同业货品零售价目表仰祈鉴核备查由

南汇县粉豆水作商业同业公会别文稿水作字第六号

中华民国卅七年十一月三日

查财经改革补充方案公布之后，本会同业所需原料价格骤然高涨，而市面混乱当无正式行情，本会负有供应本县业市职责，爰经本月一日临时理监事联席会议议定，于食粮当无正式行情以前为供应业市起见，除零星货品暂以金圆议价并先行订定原料□□数量办法制订同业货品零售价目表分发会员遵照外，理合检同原件呈奉鉴核备查。

谨呈

县长熊

全衔□

［1194－4－395］

南汇县粉豆水作商业同业公会关于报送理事会记录致南汇县政府呈

（1948年11月20日）

事由：为呈送理事会记录请予备查由

南汇县粉豆水作商业同业公会呈水作字第十号

中华民国三十七年十一月廿日

查本会曾于本月十六日举行第二次理事会决议事项多起，除经分别办理外理合检同会议记录呈送，鉴核备查。

谨呈

县长熊

附本会第二次理事会记录一分

南汇县粉豆水作同业公会理事长沈景清

〔附〕

南汇县粉豆水作商业同业公会第二次理事会议纪录

日期：三十七年十一月十六日上午十时

地点：本会

出席者：沈景清　章木善　季梅生　朱云光沈代　戴世光　易景岩　朱义丰　王国安　王祥承王祥全代　石松桃朱代

主席：沈景清　纪录：朱才民

行礼如仪

主席报告：一、立案证书已蒙颁发，二、图记开始记启用，三、有关证书徽章经费收支事宜。

讨论事项：

一、本会同业零售价目表内掉换原料数量核与实际或有未尽善处请再议案。

议决：（一）新场制大豆腐每埭以分切十块计算每块应掉黄豆贰两半；

（二）由面□每斤应掉换豆油壹斤半每只售价视用浆轻重自定；

（三）水□掉换小麦应照原定普加半斤。

二、币值贬降，前定入会费数字已不适用，应请另议案。

议决：新开设店号入会，全水作入会费白粳四斗，清豆腐店或面坊白粳三斗。老店入会，减半收取，由本会通知限于年内入会，逾期照新店论。

三、本会会员月费应如何规定案。

议决：分甲乙丙丁四等。以白米计算，甲等六斤，乙等五斤，丙等四斤，丁等三斤。于每月十六日照市折算现金征收之。

四、新场吴永泰面坊不遵守本会定价出售货品应如何惩处案。

议决：由本会通知该号恕其初犯登报道歉。

五、币值贬落，本会职员薪给请再行公议案。

议决：以实物计算，本月薪给，俟会员月费收取成数酌情暂支，俟下次会议再行决定。

主席 沈景清

纪录 朱才良

［1194－1－864］

南汇县粉豆水作商业同业公会关于入会费改以实物计算致南汇县政府呈

（1948年11月20日）

事由：为入会费改以实物计算呈请备查由

南汇县粉豆水作商业同业公会呈水作字第九号

中华民国三十七年十一月二十日

查本会原订入会费十元，兹因币值逊贬，经本会第二次理事会决议，改征实物为全水作新会员白粳四斗，清豆腐店或清面坊新会员白粳三斗。老店入会，依新会员减半收取，但以本年年底为限，逾期作新会员论，除登报公告并交下次大会追认外，理合呈奉鉴核备查。

谨呈

县长熊

南汇县粉豆水作商业同业公会理事长沈景清

［1194－1－864］

吴永泰号为呈明违反议价案情况并请免予处分致南汇县粉豆水作商业同业公会函

（1948年11月20日）

敬启者，昨奉贵公会水作字第七号公函内开“敝号出售货品不遵本会议价有违章程，兹经第二次理事会议议决姑念初次从宽议处，于文到三日内登报悔过致歉等情”阅之曷胜骇异。查敝号虽一介商人颇知守法，对于同业公会议价从来循章遵守，并无超越情事，不特有账有查抑且本镇各同业均敢证明，事无佐澄谅系传闻，先实相应函复即希查照，免予议处以维商艰而符法令。

此致

南汇县粉豆水作商业同业公会

理事长沈钧鉴

敝号吴永泰具

卅七年十一月廿日

[1194-4-395]

南汇县粉豆水作商业同业公会关于查明吴永泰案致易景岩函

(1948年11月27日)

事由：为函请查明吴永泰一案并具复由

查本月十六日本会第二次理事会议，戴理事世光提"新场吴永泰面坊有不遵议价情事，应如何议处案"，经决议"决议：念初次，从宽议处，由会函知该号登报悔过致歉"等语纪录在卷。本会遵照上次议案函知该号去后，于本月□日接准该号复函略开，并无不遵议价情事，本镇同业咸可证明等由，准此查该号所云是否属实，请台端于文到三日内查明函复，俾便秉公处理，希查照为荷。

此致

易理事景岩

理事长沈

〔中华民国三十七年〕十一月廿七日 水作第十二号

[1194-4-395]

易景岩关于吴永泰不遵议价情况致南汇县粉豆水作商业同业公会函

(1948年12月3日)

谨覆者，为敝镇吴永泰不遵议价事曾于十一月廿八日接奉钧谕命嘱查明，当遵前往调查。经该同业及戴理事世光先生等证明属实，本理应遵照十一月十六日决议案议处。后因有胡吉瑞先生、叶书樵先生及闵士达先生等参与调处并经该同业之同意，决议姑念初犯从宽议处，由该吴永泰店主吴纪生君特向钧会书面致歉并表示嗣后决不再有同样事件发生，云此次斗胆贸然处事未识当否，伏祈□裁指导之乃幸，专此敬覆即请。

沈理事长钧鉴

易景岩□

〔中华民国三十七年〕十二月三日

[1194-4-395]

吴永泰号店主为说明议价案详情并保证不再发生同样事件致南汇县粉豆水作商业同业公会函

(1948年12月4日)

谨呈者，本年十一月十四日纪生有事在乡，店务委托学徒主持时误将一条龙水笋混入下水笋出售，致被同业认为有违议价，迳向钧会检举在案。查此项事件发生后，纪生即将该徒严加训斥，一面谨将当时情形备文呈请钧会裁决，顷奉钧会易理事景岩莅店调查，尤为恩感，纪生谨将当时真相口头陈明外，合再据实呈报并表歉意，并保证嗣后决不再有同样事件发生。谨呈

南汇县豆粉水作业同业公会
理事长沈钧鉴

新场镇吴永泰号店主吴纪生上
卅七年十二月四日
吴永泰面坊(印)
[1194-4-395]

南汇县粉豆水作商业同业公会第三次理监事会议纪录

(1948年12月18日)

日期：三十七年十二月十八日上午十时
地点：本会
出席者：沈锦清、吴珍宝、傅佩飞、谈建夫、陈锡山、朱义丰、杨关根、易景岩、季梅生、章木善、王国安、季德润、戴世光代、黄水根代、朱云光代、蔡洪江代
主席：沈锦清　纪录：朱才民
报告事项：(略)
讨论事项：
一、推定下列诸位就其店号所在地附近征求会员,俾会务日渐发展：
(江镇邓镇)盛金堂、傅佩飞　　(盐仓镇)黄水根
(周浦)吴珍宝　　(祝桥)朱义丰
二、市镇摊贩须照本会各镇公议价目表摆设一定地点营业,不得擅自流动。但乡区暂不限制。
三、本月经常费之征收,米价定为每斤贰元。
四、各镇同业货品现金售价应根据本会实物交换价目表,按各该地市价折算,由本会定印空白价目表分发各镇领袖,负责召集同业公议后,填发该镇同业共同遵守,并呈报本会备查。
五、同业有不遵议价情事,依照章程议罚,其罚金应以生活指数调整,由会通告各会员知悉。
六、本会会址借姚志英宅西间,在经济可能后从事装修地板、电话、玻璃等。
七、会员证书内会员名称之填写,除有"斋""坊"字样者外,一律加"号"字。
八、明年会期第一次定在本城,第二次在周浦,第三次在新场。
九、下月例会停开,延至旧历新年正月初十日举行。约集理监事及各镇干事全体。经费以七百元为度。
十、祝桥江镇各会员所认月费太低应各升一级。
十一、新场吴永泰事件,业经易理事景岩调查属实,并已由该号具文悔过,应予照准。

主席 沈景清
纪录 朱才民
[1194-4-395]

南汇县商会关于各分事务所协助水作业入会事宜致南汇县水作业同业公会函

(1949年2月26日)

事由：水作业公会征求会员希本会各分事务所予以协助由
南汇县商会字第七三五号
兹据粉豆水作业公会理事长沈景清来会声称："本业同行间有尚未入会者拟即前往征求请予协助"等情。据查,商号须一律加入本业之公会按组织法令有硬性之规定。据称前情,如该业会在征求会员时倘有同业不

明大义而拒绝者，希本会各镇分事务所派员协助劝导其入会，以符规定为荷。

右给粉豆水作商业同业公会收执。

理事长潘

〔中华民国三十八年〕二月廿六日封发

［1194－4－357］

南汇县粉豆水作商业同业公会关于会员盛久和号蚕豆纠纷案并请调解致南汇县商会函

（1949年3月5日）

事由：为会员盛久和号蚕豆纠纷一案据情函请调解由

南汇县粉豆水作商业同业公会公函水字第十六号

中华民国三十八年三月五日

案据本会江镇会员盛久和号店主盛金堂来函称："窃敝号曾于去年拾月廿二日向本镇李晋昌䅬粮号现购蚕豆壹百担约十日内出货，执有该号签出存票一纸为凭。经屡促出货终以百般推诿，甚至强欲将原价款退还而作罢。敝号以损失钜大，无法接受，于同年十一月廿二日函请商会江镇分事务所主任杜菊人先生调解无效，拖延迄今仍置不理。该号如此行为非但有失商业道德且有诈欺之嫌，为特函希贵会转请县商会定期调解，以维权益，无任公感"等情。据此，相应函请查照，即希定期调解，以维权益为荷！

此致

南汇县商会

理事长潘

理事长沈景清

［1194－4－358］

南汇县商会关于调解盛久和与李晋昌号货物纠纷案致江镇分事务所的公函

（1949年3月6日）

事由：盛久和与李晋昌号货物纠纷一案函希就近先予调处见复由

南汇县商会公函南字第七四三号

案据粉豆水作业公会理事长沈景清函称："本会江镇会员……全叙……定期调解"等情。据此，为体恤双方当事人长途跋涉起见，函希贵主任于文到三日内就近先予调解并将调解经过详情即行见复为荷。

此致

江镇分事务所主任蔡

理事长潘

〔中华民国三十八年〕三月六日

［1194－4－358］

南汇县粉豆水作商业同业公会关于会员毕正斋违反议价殴打工作人员并请警局惩处致南汇县商会呈

（1949年4月9日）

事由：会员毕正斋违反议价加暴一案希转请警局惩处由

南汇县粉豆水作商业同业公会公函水字第二六号

中华民国三十八年四月九日

兹据本会周浦办事处正副主任陈锡山、黄桂生等来称：此次物价暴涨重议价格于本月九日晨由黄列彦之子森君骑自由车分发价单。讵至小云台街毕正斋号，非但该号主毕福根母子不肯接受，竟大肆辱骂并欲挥拳殴打。经四邻劝阻后，尚欲将自由车扣留，请予理处等情前来。据此查本会周浦镇会员共有廿余家，其余都能遵守会章及议价，毕正斋屡次违犯，几经本会□□该正副主任加以劝告及警告终不悔改，此次更欲行凶加暴，若不惩处，何以儆效尤而维会务。为希转请警局立传毕福根到案。除将加暴部份惩处外，并照本会章程第十三条之规定处以金圆五十元之基数依生活指数计算计金圆十七万〇一百卅元之违约金，以儆效尤，而维会务为荷。

此致

县商会理事长潘

理事长沈景清

[1194-4-358]

南汇县商会转请办理水作业会员毕正斋违价加暴案致县警察局的公函

(1949年4月9日)

事由：水作业会员毕正斋违价加暴一案转请查照办理由

南汇县商会公函南字第七五三号

案据粉豆水作业公会理事长沈景清函称："兹据……全叙……而维会务"等情。据此，相应函请查照，准予转令周浦分局依章办理为荷。

此致

县警察局

理事长潘

〔中华民国三十八年〕四月九日缮校

[1194-4-358]

（八）南汇县国药业同业公会

南汇县商整会请求加委陈鑫初等为南汇县国药业同业公会筹备员致县政府呈

（1946年8月4日）

事由：为报请加委陈鑫初等为国药业同业公会筹备员由

南汇县商会整理委员会呈总字第一一七号

中华民国三十五年八月四日

案据本县国药商业同业公会筹备发起人陈鑫初等呈称："发起人等为谋同业之福利及矫正弊害起见，爰发起组织同业公会，经于七月二十八日召开发起人会议，出席大团、三墩、祝桥、新场、四团仓各地及本城同业十余人，当经推定陈鑫初、屠炳文、张书文、冯裕兴、唐友麟、周海如、朱雪生等七人为筹备委员负责进行，除即日着手筹备外理合备文报请鉴核备转"等情。据此，查国药业同业公会前经本会选荐陆稼禄等为筹备员，经钧府核委在案，乃陆君等囿于地域观念竟将原件退回，前奉钧府社字第三八三三号训令饬即查覆，除另文申覆并缴销前颁委令外，据呈前情合行备文报请鉴核加委，以利进行。

谨呈

南汇县长徐

南汇县商整会主任委员潘子平

［1194－1－853］

南汇县政府关于准委陈鑫初等为南汇县国药业同业公会筹备员致商整会指令

（1946年8月9日）

事由：据报请加委陈鑫初等为国药业同业公会筹备员指令知照由

南汇县政府指令社字第四五五四号

卅五年八月四日呈乙件，为报请加委陈鑫初等为国药业同业公会筹备员由。

呈悉，准予加委，随发委令七纸仰即转给只领。

此令。

附委令七纸

县长徐

〔中华民国三十五年〕八月九日

〔附〕

南汇县政府关于委任陈鑫初等为南汇县国药业同业公会筹备员的委令

事由：为委该员为本县国药业同业公会筹备员由

南汇县政府委令社字第四五五四号

令陈鑫初、唐友麟、屠炳文、周海如、张书文、冯裕兴、朱雪生

兹委该员为本县国药业同业公会筹备员。

此令。

县长徐

四月九日

［1194－1－853］

南汇县商会转报南汇县国药商业同业公会定期举行第一次筹备会并请派员指导致南汇县政府呈

（1946年8月16日）

事由：为国药商业同业公会定期举行第一次筹备会转请派员指导

南汇县商会整理委员会呈总字第一三二号

中华民国三十五年八月十六日

案据国药商业同业公会筹备员本会指定第一次会议召集人陈鑫初报称："兹遵令定于本月十八日上午十时假座东门天寿堂药号召开第一次筹备会议，理合报请派员指导并转请党政机关派员指导以利进行"等情。据此，合行转报祈鉴赐届时派员指导，实为公感。

谨呈

南汇县长徐

南汇县商整会主任委员潘子平

［1194－1－853］

南汇县国药业同业公会筹备会关于召开成立大会并请派员指导致南汇县政府呈

（1946年9月11日）

事由：为呈报组织就绪定于九月二十九日召开成立大会并检呈章程草案仰祈鉴核备案并派员指导由

案查本会奉令组织以来业已筹备就绪，兹定于九月二十九日上午十时借座南汇县城内南门大街中心国民学校礼堂召开成立大会选举理监事，除分呈外理合备文呈报，再本会章程草案经第二次筹备会议修正一并呈祈鉴核准予备案，届时并赐派员出席指导，实为公便！

谨呈

南汇县政府

附呈章程草案一份。〈下略〉

南汇县国药业同业公会筹备主任陈鑫初

中华民国三十五年九月十一日

［1194－1－853］

南汇县国药商业同业公会关于报送首次理监事会情形检送章程会议录等致南汇县政府呈

（1946年10月11日）

事由：为呈报本会成立日期暨首次理监事会情形检送章程会议录等仰祈鉴核准予备案由

南汇县国药商业同业公会别文呈字第贰号

中华民国三十五年十月十一日

案查本会早经筹备就绪，于九月二十九成立依法选举理监事并蒙钧府派员指导监选在案，又于十月十日召开首次理监事会议互推鑫初为理事长，所有决议各案均经纪录在卷，理合检送章程、理监事名单、会议纪录各一份备文呈送，仰祈鉴核准予备案，并赐颁发图记以资信守，实为公便！

谨呈

南汇县政府县长徐

附呈章程、理监事名单、会议纪录各一份

南汇县国药商业同业公会理事长陈鑫初

〔附1〕

南汇县国药商业同业公会章程

第一章　总则

第二条　本会定名为南汇县国药商业同业公会。

第四条　本会之区域以南汇县之行政区域为范围，会所暂设于南汇城内。

第二章　任务

第五条　本会之任务如左：

三、关于药物之研究改良事项；

四、关于会员间营业纠纷之调处事项。

第三章　会员

第六条　凡在本会区域内经营国药业者均应为本会会员。

第四章　组织及职权

第五章　会议

第六章　经费

第廿九条　会员入会费其等级由理事会审查确定后收取之。

第三十条　前条入会费每会员定五千元，不分等级，新会员于入会时缴纳之。

第七章　附则

〔附2〕

南汇县国药商业同业公会理监事名单

职别	姓名	年龄	籍贯	住址
理事	陈鑫初	30	南汇	南汇城内大街
	张书文	36	南汇	祝家桥镇
	冯裕鑫	55	南汇	大团镇
	屠炳文	52	南汇	六灶湾镇
	奚昌荣	35	南汇	新场镇
	周海如	38	南汇	四团仓镇

续 表

职　别	姓　名	年　龄	籍　贯	住　　址
	郑黼云	67	南汇	新场镇
	朱雪生	39	南汇	三灶镇
	黄煜熹	49	南汇	大团镇
候补理事	金九如	29	南汇	新场镇
	倪人龙	36	南汇	六灶湾镇
	唐　和	32	南汇	惠南镇
监　事	陈悦初	36	南汇	惠南镇
	吴文英	50	南汇	施镇
	张志钧	28	南汇	江镇
候补监事	施梅生	35	南汇	召家楼

〔附 3〕

南汇县国药商业同业公会首次理监事会议纪录

日期：三十五年十月十日下午一时

地点：南汇城内天寿堂

出席者：冯裕鑫　屠炳文　奚昌荣　金九如　张书文　施梅生　朱雪生　唐和　陈悦初　陈鑫初　张志钧　倪人龙

主席：陈鑫初　纪录：何少昌

开会如仪：

甲、报告事项

主席报告（略）

乙、讨论事项：

一件：本会照章应推举理事长一人，常务理事三人，常务监事一人请推定案。

决议：推陈鑫初为理事长，冯裕鑫、张书文、奚昌荣为常务理事，陈悦初为常务监事。

一件：本会经常费各会员应如何缴纳请确定案。

决议：分甲乙丙三级。甲级每月缴五千元，乙级缴四千元，丙级缴三千元，自九月份起每二个月规定征收一次。

一件：本会印刷等费用现需款浩大经费未征收前应如何借垫请公决案。

决议：由理监事负责暂向农民银行透支壹百万分二期支用。

一件：近来物价步涨对于同业放账应如何规定加息案。

决议：欠账按月加收二成，现款交易一律照码不折不扣，由会印发通知，违者照章处罚。

一件：本会同业营业范围大小不一，定价应否分等案。

决议：分福禄寿三等，福字无折扣，禄字九五折，寿字九折。

一件：本会尚有少数未入会会员屡劝不遵，违反章程之处应如何处理案。

决议：由会先行警告，如警告期内仍不接受者应呈报县政府处分之。

一件：价目单应如何印发并拟推定评价人员负责起草付下次会议决定案。

决议：依照战前公会办法一律采用堂簿并推陈鑫初、陈悦初先生起草。

一件：第二次会议日期请决定案。

决议：定十一月十日上午十时。

［1194－1－853］

南汇县政府关于核备章程等及重新具报常务理事名额致南汇县国药商业同业公会指令

(1946年10月18日)

事由:据呈报召开成立大会检送章程等件经核常务理事名额不合规定指令遵照由

南汇县政府指令社字第六六八五号

令国药商业同业公会

卅五年十月十一日呈一件,为呈报本会成立大会经过检送章程首次理监事会议纪录仰祈鉴核准予备案由。

呈件均悉。查人民团体组织法之规定理事长应就常务理事中互推一人充任,其常务理事名额不得超过理事三分之一,该会召开理监事会议推选常务理事三人,复另推理事长一人,溢出名额,不合规定,仰下次召开理事会改选为三人,以符法令,重行具报,并补选会员名册、职员略历册各一份,以凭核发立案证书并仰遵照!

此令。附件存。

县长徐

〔中华民国三十五年〕十月十八日

[1194-1-853]

南汇县国药商业同业公会关于改正名额并造具会员名册等致南汇县政府呈

(1946年10月26日)

事由:为遵令改正名额并造具会员名册及职员略历册各一份呈祈鉴核准予备案由

案奉钧府社字第六六八五号指令本会呈一件为呈报本会成立大会经过检送章程,首次理监事会议纪录仰祈鉴准备案由内开:

"呈件均悉。(略)"等因:奉此,遵于本月(十月)二十五日召开临时理事会议重行推选陈鑫初、张书文、奚昌荣三人为常务理事互推鑫初为理事长,并议定本会会址暂设南汇城内东门大街天寿堂药号均已纪录在案,理合造具会员名册暨职员略历册各一份,备文补送仰祈鉴核,准予备案!

谨呈

南汇县县长徐

附呈会员名册、职员略历册各一份

南汇县国药商业同业公会理事长陈鑫初

中华民国三十五年十月二十六日

〔附1〕

南汇县国药商业同业公会会员名册

姓名	籍贯	性别	年龄	入会日期	备注
赵巽南	海门	男	46	三十五年八月廿六日	
王德贤	南汇	男	35	同上	
谈久甫	南汇	男	48	三十五年八月二十七日	
严志芳	南汇	男	40	三十五年八月二十七日	
方景祺	南汇	男	25	三十五年八月二十七日	

续 表

姓　名	籍　贯	性　别	年　龄	入会日期	备　　注
张碧清	奉贤	男	51	三十五年八月二十七日	
戴敦炎	奉贤	男	43	三十五年八月二十七日	
黄煜熺	南汇	男	49	三十五年八月二十七日	
张学明	南汇	男	36	三十五年八月二十七日	
沈谷平	南汇	男	32	三十五年八月二十七日	
黄艺新	南汇	男	24	三十五年八月二十七日	
苏明均	南汇	男	21	三十五年八月二十七日	
乔克昌	南汇	男	41	三十五年八月二十七日	
姚同兴	南汇	男	53	三十五年八月二十七日	
徐志舜	南汇	男	21	三十五年八月二十七日	
冯裕鑫	南汇	男	55	三十五年八月二十七日	
董耀香	南汇	男	40	三十五年八月卅日	
宋菊仙	南汇	男	53	三十五年八月卅日	
方如舟	南汇	男	31	三十五年八月卅日	
顾兆祥	南汇	男	45	三十五年八月卅日	
周海如	南汇	男	38	三十五年八月卅日	
严治安	南汇	男	33	三十五年八月卅日	
姚银楼	南汇	男	54	三十五年八月卅日	
倪人龙	南汇	男	36	三十五年八月廿二日	
顾秉之	南汇	男	43	三十五年八月廿二日	
翁蓉江	南汇	男	45	三十五年八月廿八日	
孙叙明	南汇	男	36	三十五年八月廿八日	
朱□森	南汇	男	39	三十五年八月廿八日	
王仲庭	南汇	男	23	三十五年八月廿八日	
唐林生	南汇	男	20	三十五年八月廿八日	
石云凤	南汇	男	59	三十五年八月廿五日	
康秉钧	南汇	男	57	三十五年八月廿五日	
吴金根	南汇	男	29	三十五年八月廿五日	
朱效生	南汇	男	50	三十五年八月廿五日	
孙道清	南汇	男	46	三十五年八月廿五日	
吴文行	南汇	男	50	三十五年八月廿五日	
张贵耕	南汇	男	47	三十五年八月廿五日	
郭兆祥	南汇	男	60	三十五年八月廿五日	
桂永祥	南汇	男	50	三十五年八月廿五日	
张书文	南汇	男	36	三十五年八月廿五日	
陈耀初	南汇	男	39	三十五年八月廿五日	
俞再兴	南汇	男	27	三十五年九月一日	
顾三星	南汇	男	39	三十五年九月一日	

续 表

姓 名	籍 贯	性 别	年 龄	入会日期	备 注
吴新垣	南汇	男	57	三十五年九月一日	
刘惟环	南汇	男	55	三十五年九月一日	
沈水祥	南汇	男	40	三十五年九月一日	
顾春生	川沙	男	45	三十五年九月一日	
陆炳麟	川沙	男	56	三十五年九月一日	
陆占祥	海门	男	46	三十五年九月一日	
龚采风	崇明	男	40	三十五年九月一日	
顾长生	南汇	男	57	三十五年九月一日	
沈时英	南汇	男	34	三十五年九月一日	
瞿增祥	崇明	男	41	三十五年九月一日	
徐言宾	南汇	男	24	三十五年九月一日	
沈文才	南汇	男	29	三十五年九月一日	
沈树庭	南汇	男	35	三十五年九月一日	
张慕良	南汇	男	48	三十五年九月一日	
奚慕德	南汇	男	40	三十五年九月一日	
赵志荣	南汇	男	30	三十五年九月一日	
丁洪桃	南汇	男	66	三十五年九月一日	
乔亮臣	南汇	男	33	三十五年九月一日	
庄荣嘉	南汇	男	57	三十五年九月一日	
张志方	南汇	男	46	三十五年九月一日	
徐菊生	南汇	男	55	三十五年九月一日	
吴静德	南汇	男	21	三十五年九月一日	
盛秀其	南汇	男	34	三十五年九月一日	
顾宝祥	南汇	男	20	三十五年九月一日	
费昌礽	南汇	男	50	三十五年九月一日	
施梅生	南汇	男	35	三十五年八月廿九日	
钟勳泉	南汇	男	69	三十五年八月廿九日	
瞿林奇	上海	男	30	三十五年八月廿九日	
俞赞文	南汇	男	33	三十五年八月廿九日	
顾书龙	南汇	男	51	三十五年八月廿九日	
李达鑫	南汇	男	23	三十五年八月廿九日	
孙柏年	南汇	男	51	三十五年八月廿九日	
金益麟	南汇	男	62	三十五年八月廿九日	
邢望春	南汇	男	66	三十五年八月廿九日	
金杏樵	南汇	男	38	三十五年八月廿九日	
金秀芳	南汇	男	56	三十五年八月廿九日	
富锦清	南汇	男	55	三十五年八月廿九日	
庄敬荣	南汇	男	40	三十五年八月廿九日	

续 表

姓　名	籍　贯	性　别	年　龄	入会日期	备　注
施志达	南汇	男	28	三十五年八月廿九日	
王无忌	南汇	男	23	三十五年八月廿九日	
瞿银海	南汇	男	32	三十五年九月二日	
杨季藩	南汇	男	35	三十五年九月二日	
顾耀楣	南汇	男	40	三十五年九月二日	
邱根生	南汇	男	48	三十五年九月二日	
陈锄生	南汇	男	38	三十五年九月二日	
沈胜祥	南汇	男	27	三十五年九月二日	
张怀仁	川沙	男	50	三十五年九月二日	
钱贵章	上海	男	34	三十五年九月二日	
陈文照	南汇	男	46	三十五年九月二日	
施学勤	南汇	男	52	三十五年九月二日	
沈金魁	南汇	男	44	三十五年九月二日	
翁萍江	南汇	男	50	三十五年九月二日	
徐顺生	南汇	男	30	三十五年九月二日	
汪林发	宁波	男	40	三十五年九月二日	
沈子才	南汇	男	32	三十五年九月二日	
严荣海	南汇	男	67	三十五年九月二日	
叶飞鹏	南汇	男	58	三十五年九月二日	
陈鑫初	南汇	男	30	三十五年八月二十二日	
唐　和	南汇	男	32	三十五年八月二十二日	
奚昌荣	南汇	男	35	三十五年八月三十日	
奚承儒	南汇	男	43	三十五年八月三十日	
沈士林	南汇	男	65	三十五年八月三十日	
陈　微	南汇	男	28	三十五年八月三十日	
李立人	南汇	男	56	三十五年八月三十日	
陈仲权	南汇	男	27	三十五年八月三十日	
唐有麟	南汇	男	38	三十五年八月三十日	
沈荫臣	南汇	男	73	三十五年八月三十日	
郑黼云	南汇	男	67	三十五年八月三十日	
金九如	南汇	男	29	三十五年八月三十日	
顾掌擎	南汇	男	32	三十五年九月一日	
倪文华	南汇	男	42	三十五年九月一日	
顾瑞文	南汇	男	49	三十五年九月一日	
顾经也	南汇	男	59	三十五年九月一日	
陈守根	南汇	男	39	三十五年九月一日	
蒋廷玑	江阴	男	51	三十五年九月一日	
赵玉堂	南汇	男	40	三十五年九月一日	

续 表

姓 名	籍 贯	性 别	年 龄	入会日期	备 注
顾仲贤	南汇	男	23	三十五年九月一日	
沈琴书	南汇	男	41	三十五年九月一日	
宋以德	南汇	男	49	三十五年九月一日	吴家店天和堂
宋以德	南汇	男	49	三十五年九月一日	六团湾太和堂
尹永宜	南汇	男	28	三十五年九月一日	
陆永昌	南汇	男	26	三十五年九月一日	
陈荣福	南汇	男	18	三十五年九月一日	
张锦梅	川沙	男	48	三十五年九月一日	
康慕严	南汇	男	29	三十五年九月一日	
傅振家	南汇	男	66	三十五年九月一日	
胡笋初	南汇	男	31	三十五年九月一日	
邵梅汀	南汇	男	62	三十五年九月一日	
胡镇江	南汇	男	43	三十五年九月一日	
潘梅初	南汇	男	57	三十五年九月一日	
奚士芳	南汇	男	44	三十五年九月一日	
戴小逵	南汇	男	48	三十五年九月一日	
陈天义	南汇	男	19	三十五年九月一日	
顾仁正	南汇	男	34	三十五年九月一日	
周桐荫	南汇	男	29	三十五年九月一日	
沈云山	南汇	男	52	三十五年九月三日	
杨谷生	南汇	男	35	三十五年九月三日	
陈悦初	南汇	男	36	三十五年九月三日	
瞿梦飞	南汇	男	46	三十五年九月三日	
张志钧	南汇	男	28	三十五年九月三日	
徐滨洲	南汇	男	53	三十五年九月三日	
顾天祥	南汇	男	48	三十五年八月廿七日	
茅炳荣	南汇	男	57	三十五年九月二日	里三灶介福堂
茅炳荣	南汇	男	57	三十五年九月二日	外三灶介福堂
沈三星	南汇	男	40	三十五年九月二日	

〔附 2〕

南汇县国药商业同业公会职员略历册

职 别	姓 名	籍 贯	年 龄	略 历
理事长	陈鑫初	南汇	30	现任惠南镇第五保保长
常务理事	张书文	南汇	36	中学毕业曾任祝桥梁小学教员
	奚昌荣	南汇	35	前国药业公会监察委员
理 事	冯裕鑫	南汇	55	前国药业公会执行委员

续 表

职 别	姓 名	籍 贯	年 龄	略 历
	屠炳文	南汇	52	前国药业公会常务委员
	周海如	南汇	38	南汇维勤中学毕业
	郑黼云	南汇	67	前国药业公会执行委员
	朱雪生	南汇	39	勤维中学毕业曾任甲长
	黄煜熹	南汇	49	私塾
候补理事	金九如	南汇	29	初中程度
	倪人龙	南汇	36	中学肄业
	唐 和	南汇	32	维勤中学毕业曾任
常务监事	陈悦初	南汇	36	初中毕业
监 事	吴文英	南汇	50	私塾
	张志钧	南汇	28	初中毕业
候补监事	施梅生	南汇	35	党部干事

[1194－1－853]

南汇县政府准予颁发立案证书致南汇县国药业同业公会指令

(1946年11月1日)

事由：据呈该会理事名额重行推选尚合规定准予颁发立案证书仰即祇领由

南汇县政府指令社第七二七六号

令国药业同业公会

卅五年十月廿六日呈乙件，为遵令改正名额并造具会员名册职员名册各一份呈祈鉴核准予备案由。

呈件均悉。经核该会重行推选理事名额尚合规定，准予立案，随发立案证书乙纸，仰即祇领至该会图记，亦经刊刻并仰于刊完后派员来府具领为要！

此令。

附发南汇县国药商业同业公会立案证书乙纸[①]。

县长徐

〔中华民国三十五年〕十一月一日

[1194－1－853]

南汇县国药业同业公会关于报送启用图记日期致南汇县商会呈

(1946年11月10日)

事由：为呈报启用图记日期仰祈鉴核备案由

南汇县国药业同业公会呈公字第一七号

中华民国三十五年十一月十日

查本会业已成立当经呈报在案，兹奉县政府社字第七二七六号指令准予立案，颁发商字第十四号立案证书并刊发图记一颗文曰“南汇县国药商业同业公会”等因，奉此遵于十一月六日敬谨启用，除呈报县府外理合

① 原文缺。

将启用日期备文呈报，仰祈鉴核备案！

谨呈

县商会

南汇县国药商业同业公会理事长陈鑫初

［1194－4－416］

南汇县国药业同业公会报送员略历表修正章程等致南汇县政府呈

（1948年9月29日）

事由：为呈送职员略历表及修正章程会议纪录仰祈鉴赐备案由

南汇县国药业同业公会呈龙字第元号

中华民国三十七年九月二十九日

查本会于九月二十六日召开第二届会员代表大会，改选理监事、修改会章。出席会员代表八十七人。并蒙钧府派何指导员列席监选。改选结果：倪人龙、张志钧、曹仲贤、陈鑫初、张书文、唐和、朱雪生、奚昌荣、施梅生等九人当选理事，张锦荣、陈悦初、屠炳文三人当选监事，互推倪人龙为理事长，曹仲贤、张志钧为常务理事，张锦荣为常务监事，并讨论各案均经决议纪录在卷。理合将召开大会情形并造具职员略历表及修正章程、会议纪录备文呈送，仰祈鉴核备案！

谨呈

县长熊

附呈职员略历表一份、修正章程一份、会议纪录二份

理事长倪人龙（印）

〔附1〕

南汇县国药商业同业公会职员略历表

职　别	姓　名	性　别	年　龄	籍　贯	住　址	略　　历
理　事	倪人龙	男	38	南汇	六灶湾镇	同寿经理
	张志钧	男	30	南汇	江镇	小学教员
	曹仲贤	男	37	南汇	周浦	曹谦六经理
	张书文	男	38	南汇	祝桥	曾任小学校长
	施梅生	男	37	南汇	召楼	存诚经理
	奚昌荣	男	37	南汇	新场	奚长生经理
	朱雪生	男	41	南汇	三灶	天和经理
	陈鑫初	男	32	南汇	南汇城内	曾任保甲长
	唐　和	男	34	南汇	南汇城中	天一经理
候补理事	瞿梦飞	男	48	南汇	大团	良心经理
	陆永昌	男	28	南汇	江镇	永和经理
	金九如	男	31	南汇	新场	卫生桂记经理
监　事	张锦荣	男	28	南汇	周浦	张成大经理
	陈悦初	男	38	南汇	南汇	天福经理
	屠炳文	男	54	南汇	六灶湾	鹤龄经理
候补监事	吴文行	男	52	南汇	施镇	大吉祥经理

〔附 2〕

南汇县国药商业同业公会修改章程

第五条

七、须经大会决议事项而具有时际性者授权理事会办理交下届大会认之。

八、其他有关法令之协助事项。

第十三条　本会同业不依法加入本会或不缴纳会费或违反章程及决议者，限期劝令加入及改过，逾期仍不遵办者应予以警告，自警告之日起十日内仍不接受者得由本会呈请县政府予以左列之处分。

一、金圆十元以上二十元以下之违约金：

第十八条　本会理监事之任期均为二年，连选得连任之。

第廿九条　会员经常费其等级由理事会审查确定后收取之。

第三十条　会员入会费每会员定金圆五元拾元分甲乙两等入会时一次缴纳之。

第卅一条　如遇必需要临时经费时，得由理事会或经会员大会通过后征收之。

第卅二条　本会经费状况应每半年报告会员一次。

第七章　附则

第卅三条　本章程未规定事项悉依商业同业公会法办理之。

第卅四条　本章程如有未尽事宜经会员大会之决议修正之。

第卅五条　本章程呈准县政府备案后施行之。

〔附 3〕

南汇县国药商业同业公会第二届会员代表大会纪录

日期：三十七年九月二十六日下午一时

地点：本会

列席者：县政府何维清　　县商会沈达权

出席者：会员代表倪人龙等八十七人

主席：陈鑫初

报告事项：

主席报告会务及经济收支情形

讨论事项

一件：本会理监事任期原定四年，每二年改选半数，但改选半数抽去的不能当选，那对于热心服务众望所归的抽去以后对于会务推行有极大关系，拟改为二年今日即全部改选是否有当提请公决。

决议：通过。

一件：本会入会费前定五千元现拟分甲乙两等，甲等金圆拾元，乙等五元是否有当提请公决案。

决议：通过。

一件：本会经常费前定白米每月甲等二升，乙等一升半，现在物价稳定应改收金圆仍分甲等陆角，乙等肆角，是否有当提请公决案。

决议：通过。

一件：本会各会员欠缴会费达白米五石一斗八升应如何设法追缴案。

决议：将所欠会费折合金圆先行通知各会员，劝告无效时得呈请县商会或县政府派警追缴并照章处罚之。

主席：陈鑫初

纪录：何少昌

〔附 4〕

南汇县国药商业同业公会第二届第一次理监事联席会议纪录

日期：三十七年九月二十六日下午五时

地点：本会

出席者：曹仲贤　施梅生　朱雪生　陈鑫初　奚昌荣　倪人龙　张志钧　张书文　唐　和　屠炳文　陈悦初　张锦荣

列席：县政府何维清　县商会沈达权

讨论事项

一件：本会照章理事中互选三人为常务理事，互推一人为理事长，监事中互选一人为常务监事，应请推定案。

决议：推倪人龙为理事长，曹仲贤、张志钧为常务理事，张锦荣为常务监事。

[1194－1－853]

南汇县政府关于核备代表大会经过修正章程等致南汇县国药业同业公会呈

（1948年10月4日）

事由：据呈报召开代表大会经过检同修正章程等件指饬知照由

南汇县政府指令鹏一社字第六八三八号

令国药业同业公会

本年九月廿七日呈一件抄来由。

呈暨附件均悉，经核章程卅一条应修改为"如遇必需要临时费时得经理事会或会员大会通过呈报县政府核准后征收之"，余无不合准予备查！

此令。件存。

县长熊

〔中华民国三十七年〕十月四日

[1194－1－853]

（九）南汇县酱园业同业公会

南汇县酱园业同业公会筹备会报送公会组织经过致南汇县政府呈

（1946 年 6 月 25 日）

事由：为呈报筹备组织酱园业公会经过情形及成立大会日期连同筹备员名册会议纪录等仰祈鉴核备案并派员指示由

南汇县酱园业同业公会筹备会呈文酱字第一号

中华民国三十五年六月二十五日

窃商等向营制造酱货业务，兹为矫正同业弊害及连络感情起见，爰特联合本县同业组织"江苏省南汇县酱园业同业公会"，业于六月二十三日召开筹备会议，当经推举钱心陶为筹备主任，择定周浦镇中大街三十四号为会址，函请县党部第七区分部唐书记列席指示，并决议定期七月七日召开成立大会，除分请县商会鉴核备查并派员莅会指导外，理合检同筹备员名册及会议纪录各乙份备文呈报，仰祈鉴核备案，并请于成立大会日期派员莅会指示，实为公便。

谨呈

南汇县政府

县长徐

附呈会议纪录及筹备员名单各乙份①

酱园业同业公会筹备主任钱心陶

［1194－1－852］

南汇县政府关于公会组织程序不合规定致南汇县酱园业同业公会筹备会批

（1946 年 7 月 2 日）

事由：据呈筹组酱园业同业公会并未经申请本府许可不合规定批仰遵照由

南汇县政府批社字第三一八七号

具呈人钱心陶

三十五年六月廿五呈乙件，为呈报酱园业筹组同业公会经过并订期成立，仰祈鉴核派员指导由。

呈件均悉，查非常时期人民团体组织法第十三条之规定"人民团体之组织应由发起人向主管官署申请许可，经许可后主管官署应即派员指导"。该具呈人等筹组酱园业同业公会并未经申请本府许可，即定期召开

① 原文缺。

成立会于法不合，仰即遵照，请定程序办理为要！

此批。附件发还。

县长徐

〔中华民国三十五年〕七月二日

［1194－1－852］

南汇县酱园业同业公会筹备会报送组织公会经过及成立会日期并请派员出席成立大会致南汇县政府呈

（1946年7月5日）

事由：为呈报筹备组织酱园业公会经过及成立会日期连同会议纪录筹备员名册组织章程草案仰祈鉴核备案并派员指示由

呈文酱字第四号

中华民国三十五年七月五日

窃商等向营酱园业务，兹为连络同业感情及矫正弊害起见，爰特发起组织“江苏省南汇县酱园业同业公会”，择定周浦镇中大街三十四号为会址，并于六月二十三日召开筹备会议，所有决议各项均经纪录在卷，复以各会员公意认为本会有迅速成立必要，当经决议于七月七日上午十一时举行成立会，除分呈县商会备案并派员指示外，理合检同会议纪录筹备员名册及组织章程草案各乙份备文呈报，仰祈鉴核备案并派员列席指示，实为公便。

谨呈

南汇县县长徐

附呈会议纪录、筹备员名册、组织章程草案各乙份

南汇县酱园业同业公会筹备主任钱心陶

〔附1〕

江苏省南汇县酱园业同业公会筹备会会议纪录

日期：三十五年六月二十三日下午一时

地址：周浦镇中大街三十四号

出席：徐纪庭　吴伯鸿　钱心陶　黄锦伯　许士铭　郭守碑　屈平章　仇舜伯　凤吉昌　何鉴甫　叶叔良代　蔡永龄

列席：第七区分部唐大同

主席：钱心陶

纪录：贾振华

行礼如仪

主席报告（略）

讨论事项：

一件：推选临时主席案。

决：公推钱心陶为临时主席。

一件：本同业如何组织案。

决：依据商业同业公会法组织之。

一件：决定本会名称案。

决：本会定名“江苏省南汇县酱园业同业公会”。

一件：推选筹备主任向主管官署申请备案案。

决：公推钱心陶为筹备主任。

一件：择定本会会址案。

决：择定周浦镇中大街三十四号为会址。
一件：推选起草委员拟订本会章程案。
决：推选郭守碑、徐纪庭、钱心陶起草委员。
一件：征求会员加入案。
决：由筹备委员介绍未加入各同业入会。
一件：决定成立大会日期案。
决：一、决定七月七日上午十一时举行成立大会典礼。
二、呈请县政府、县党部、县商会派员列席指导。
散会

主席 钱心陶
纪录 贾振华

〔附2〕

江苏省南汇县酱园业同业公会筹备员姓名册

三十五年六月二十五日造报

姓名	年龄	籍贯	现在职务	通讯处
钱心陶	52	浙江海盐	万新园经理	周浦万新园
吴伯鸿	41	南汇	钱万隆协理	张江栅钱万隆
郭守碑	48	南汇	义新经理	祝桥镇义新
徐纪庭	28	浙江海盐	新和园经理	新场新和园
许士铭	41	浙江海盐	义生兰经理	南汇义生兰
屈平章	59	南汇	正顺经理	新场正顺园
仇舜伯	53	浙江海盐	万源兴经理	杜行万源兴
叶叔良	57	浙江海盐	恒春新经理	六灶恒春新
黄锦伯	48	南汇	仁昌永经理	大团仁昌永
凤吉昌	34	南汇	裕新公经理	横沔裕新公

〔附3〕

江苏省南汇县酱园业同业公会章程

三十五年六月二十三日拟订
三十五年七月　日修正通过
第一章　总则
第二条　本会定名为江苏省南汇县酱园业同业公会。
第三条　本会以增进各同业之公共利益及矫正弊害为宗旨。
第四条　本会以南汇县全境为区域，会所设于周浦镇中大街三十四号。
第二章　任务
第五条　本会之任务如左：
一、关于会员业务上之指导事项；
二、关于会员营业之调查统计事项；
三、关于会员间及劳资间之福利事项；
四、关于会员间之合作事项；
七、各项有关改善工作状况，增进会员利益事业之举办事项。
第三章　会员

第六条　凡在本会区域内经营酱园业务、制造酱货者，均应为本会会员。

第八条　会员入员须经会员二人以上之介绍，填具志愿书，经监事会审查合格并缴纳入会费后方可为本会会员。

第十二条　会员须遵守本会章程及决议案，并按时缴纳会费。

第十四条　会员违反本会章程及决议或以本会名义为本章程所规定任务以外之营利事业，经本会会员检举属实者，经由会员大会议决，视其情节之轻重，处以适当之违约金。

第十五条　本会设理事七人，候补理事二人，监事三人，候补监事一人，均由会员大会就会员代表中选任之。

第十六条　前条理事中互选常务理事三人，由常务理事互选一人为理事长。

第十七条　本会理监事均为名誉职。

第十八条　本会分设下列三股，由理事中互推三人分别掌理各股事务。

第一股　总务　掌理本会一切文件收发报告及不属于其他各股事项；

第二股　财务　掌理本会会计庶务事项；

第三股　事务　掌理本会调查统计调解合作及劳资双方福利等事项。

第十九条　本会各股得视事务之繁简设办事员一人或二人助理会务，由理事会任用之。

第廿二条　本会监理事之任期为二年，连选得连任之。理监事因故中途出缺时，由会员大会再行互选递补，以补足原任之任期为限。

第五章　会议

第廿五条　前条之定期会议每月至少开会一次。

第廿六条　临时会议于理事会认为必要时或经会员代表十分之一以上之请求或监事会函请时召集之。

第廿七条　会员大会之决议以会员代表过半数之出席，出席代表过半数之同意行之。

第廿八条　本会各种会议规则悉照商业同业公会法办理之。

第六章　经费及会计

第卅条　会员入会费，每员缴纳国币五万元，于入会时缴纳之。

第卅一条　经常会费每月由各会员筹集之。

第卅二条　如遇需要临时费时，由理事长提请理事会或经会员大会通过后征收之。

第卅三条　会员纳费等级由理事会提请会员大会通过后收取之。

第卅四条　本会经费状况应每三个月报告会员一次，如有会员代表十分之一以上之联署得派代表查核之。

[1194-1-852]

南汇县酱园业同业公会报送成立大会经过等情形致县政府呈

（1946年7月10日）

事由：为呈报成立会经过情节检呈各附件仰祈鉴核备案由

南汇县酱园业同业公会呈文酱字第六号

中华民国三十五年七月十日

窃属会于七月七日下午一时举行成立会，计出席钱心陶等会员十人，即席修正组织章程草案并依法互选理监事，所有决议各项均经纪录在卷。除分呈外理合检同理监事名册、会员名册、组织章程、会议纪录各乙份备文呈报，仰祈鉴核备案，实为公便。

谨呈

南汇县县长徐

附呈理监事名册、会员名册、会议纪录、组织章程各乙份

南汇县酱园业同业公会理事长钱心陶

〔附 1〕

江苏省南汇县酱园业同业公会理监事名册

三十五年七月十日造报

职　别	姓　名	现任职务	备　注
理事长	钱心陶	万新酱园经理	兼常务理事及总务主任
理　事	郭守碑	义新酱园经理	
理　事	黄锦伯	仁昌永酱园经理	兼常务理事及事务主任
理　事	吴伯鸿	钱万隆酱园经理	兼常务理事及财务主行
理　事	屈平章	正顺酱园经理	
候补理事	仇舜伯	万源兴酱园经理	
候补理事	叶叔良	恒春新酱园经理	
监　事	徐纪庭	新和酱园经理	
监　事	许士铭	义生兰酱园经理	
监　事	凤吉昌	裕新公酱园经理	
候补监事	张文耀	新记酱园经理	

〔附 2〕

江苏省南汇县酱园业同业公会会员名册

三十五年七月十日造报

会员店号	会员代表姓名	年　龄	籍　贯	开设地址
万　新	钱心陶	52	浙江海盐	周浦
钱万隆	吴伯鸿	41	南汇	张江栅
义　新	郭守碑	48	南汇	祝桥镇
新　和	徐纪庭	28	浙江海盐	新场
义生兰	许士铭	41	浙江海盐	南汇
正　顺	屈平章	59	南汇	新场
万源兴	仇舜伯	53	浙江海盐	杜行
恒春新	叶叔良	57	浙江海盐	六灶
仁昌永	黄锦伯	48	南汇	大团
裕新公	凤吉昌	34	南汇	横沔
新　记	张文耀	35	南汇	江家路

〔附 3〕

江苏省南汇县酱园业同业公会成立大会会议纪录

日期：三十五年七月七日下午一时

地址：周浦镇中大街三十四号本会会议室

出席：钱心陶　吴伯鸿　叶叔良代　凤吉昌　黄锦伯　许士铭代　郭守碑代　徐纪庭　杨介寅　何鉴甫　屈平章

列席：县党部第七区分部唐大同

主席：钱心陶　纪录：贾振华

行礼如仪
主席报告（略）
讨论事项：
一件：推选临时主席案。
决：公举钱心陶先生为临时主席。
一件：通过组织章程草案案。
决：修正通过。
一件：互选本会职员案。
决：公推钱心陶、郭守碑、黄锦伯、吴伯鸿、屈平章五人为理事。
钱心陶、吴伯鸿、黄锦伯三人为常务理事。
仇舜伯、叶叔良二人为候补理事。
钱心陶为理事长。
徐纪庭、许士铭、凤吉昌三人为监事。
张文耀为候补监事。
总务主任：钱心陶。
财务主任：吴伯鸿。
事务主任：黄锦伯。
一件：筹备会决议会员入会费每会员伍万元一件请复决案。
决：原案通过。
一件：本会经常费应如何筹措案。
决：经常费每会员每月壹万元，其他费用依照会章办理之。
一件：择定嗣后会员大会日期案。
决：会员大会每二个月举行一次，日期另行通知。
一件：规定本会聘任书记薪津案。
决：书记一人每月津贴白更壹石。
散会：下午三时

主席 钱心陶
纪录 贾振华

〔附 4〕

南汇县酱园业同业公会章程

三十五年七月七日修正通过
第二条　本会定名为南汇县酱园业同业公会。
第四章　组织及职权
第十五条　本会设理事五人，候补理事二人，监事三人，候补监事一人，均由会员大会就会员代表中选任之。
第廿五条　前条之定期会议每二月举行一次，理事会每月一次。
第廿六条　临时会议于理事会认为必要时或经会员代表十分之三以上之请求或监事会函请时召集之。
第卅二条　如遇需要临时费时会员纳费等级，由理事长提请理事会或会员大会通过后征收之。
第卅三条　本会经费状况应每三个月报告会员一次，如有会员代表十分之三以上之联署，得派代表查核之。
第七章　附则
（完）

［1194－1－852］

南汇县政府关于核备成立大会经过并随发立案证书致南汇县酱园业同业公会指令

(1946年7月17日)

事由：据呈报该会召开成立会经过并检呈附件准予立案随发立案证书乙帋指令遵照由

南汇县政府指令社字第三七一八号

令酱园业同业公会

三十五年七月十日呈一件，为呈报成立会经过情形检呈各附件，仰祈鉴核备案由。

呈暨附件均悉，经核该会章程第二条应改为"本会定名为南汇县酱园业同业公会"其余大致尚无不合，准予立案，随发立案证书乙帋，仰即查收，至该会图记亦经刊刻希派员来府具领为要！

此令。附件存。

附发南汇县酱园业同业公会立案证书乙纸[①]。

县长徐

〔中华民国三十五年〕七月十七日

[1194-1-852]

南汇县酱园业同业公会报送启用图记日期连同印模致南汇县政府呈

(1946年8月1日)

事由：为呈报启用图记日期连同印模仰祈鉴核备案由

南汇县酱园业同业公会呈酱字第一〇号

中华民国三十五年八月一日

案奉钧府社字第三七一八号指令饬即派员到府具领图记等因，奉此，遵经具领到会并于八月一日起开始启用，除分呈县商会备案外，理合拓具印模乙份，备文呈报，仰祈鉴核备案，实为公便。

谨呈

南汇县县政府

县长徐

附呈印模乙份〈下略〉

酱园业同业公会理事长钱心陶

[1194-1-852]

南汇县酱园业同业公会报送调整酱货原料售价致南汇县政府呈

(1947年1月9日)

事由：为呈报酱货原料飞涨不得已调整售价仰祈鉴赐核转由

南汇县酱园业同业公会呈酱字第一六号

中华民国三十六年一月九日

窃查申市酱货价格已于去年十一月十四日起增价，当时属会各会员因鉴于酱货为民用必需，爰经决议暂缓办理在案。迩来因原料飞涨，现有售价已无法维持血本，迫不得已乃于一月五日召开临时会员大会，当经决议原案通过，惟照申市价目应酌予减低并定即日起实行等语纪录在卷，理合检同酱货价格单二份，备文呈

---

① 原文缺。

报，仰祈鉴赐转呈县府备核，实为公便。

谨呈

南汇县商会理事长潘

附呈酱货价目单二份〈下略〉

南汇县酱园业同业公会理事长钱心陶

［1194－4－33］

南汇县酱园业同业公会报送新图记印模及启用日期致南汇县政府呈

（1947年4月4日）

事由：为呈报换发新图记印模及启用日期仰祈鉴核备案由

南汇县酱园业同业公会呈酱字第十八号

中华民国三十六年四月四日

案奉钧府电谕属会旧颁图记应予调换，着即派员到府换领等因。奉此，遵经派员具领到会，并于四月四日起启用，理合拓具其印模三份。备文呈报。仰祈鉴核备案。

谨呈

南汇县县长徐

附呈印模三份〈下略〉

南汇县酱园商业同业公会理事长钱心陶

［1194－1－852］

南汇县酱园业同业公会为改选理监事并请派员指导致南汇县政府呈

（1948年9月29日）

事由：为定期改选理监事仰祈派员指导由

南汇县酱园商业同业公会别文呈酱字第三〇号

中华民国三十七年九月二十九日

层奉钧府令饬办理理监事改选事宜属会，谨定于十月六日上午十时于会所召开会员大会举行改选，除分呈外，理合备文呈请派员列席指导，实为公便。

谨呈

南汇县县长熊

南汇县酱园商业同业公会理事长钱心陶

［1194－1－852］

南汇县酱园商业同业公会报送第二届理监事改选经过情形等致南汇县政府呈

（1948年10月7日）

事由：为呈报第二届理监事改选经过情形检同章程纪录名册等仰祈鉴核备案由

南汇县酱园商业同业公会别文呈酱字第三十三号

中华民国三十七年十月七日

窃属会于十月六日召开会员大会举行改选事宜，荷蒙钧府派员列席指示并督导一切所有会议过程以及票选结果，均经纪录在卷，除分呈县商会备查外，理合检同会议纪录及修正会章职员名册会员名册各一份，备文呈请鉴核备案，实为公便。

谨呈

南汇县县长熊

附呈会议纪录、修正会章、职员名册、会员名册各一份

南汇县酱园商业同业公会理事长钱心陶

〔附1〕

南汇县酱园商业同业公会改选第二届理监事会员大会纪录

日期：民国三十七年十月六日下午一时

地点：本会会议室

出席：黄锦伯　屈平章　潘品仁　许士铭　许叔良　张文耀　谈关生　仇舜伯　蔡永龄　谈楚帆　郭守碑　徐纪庭代　严承勳代　凤仁昌　钱心陶　何鉴甫

列席：南汇县政府何维清　南汇县商会沈达权

主席：钱心陶　纪录：贾振华

行礼如仪

主席报告略以：本人谬任理事长一职瞬已二年，其间赖各会员群策群力会务得能顺利推进，值兹第二届开始之初，谨贡鄙见二点请予考虑。

一、查理事长一职□肩綦重攸关同业福利，本人谬长贰年深负众望，今日举行改选尚希诸位着重事实勿再因循权宜，想吾业人才济济不难另选贤能共谋福利。

二、或谓周浦地处中心，交通便利，处理会务最合理想，本人对此特加声明，在理事长一职卸任之后，本会会址在本人服务万新期内决无任何问题。以上两点希请注意。

何指导员训词略以：今日为酱园业第二届理监事改选日期，本人奉令列席参加，鉴于贵会组织健全殊深欣慰。

际兹勘乱时间，国府颁布经济紧急措施命令以来，商业问题占最多数，想各位亦深同此感，乘此机会，请尽量提供意见共同讨论，若干有关问题亦可代为转达，至改选手续经核均极妥善，兹不赘述。

沈秘书训词略以：本人代表县商会出席参加，殊深荣辛，酱园及土酒两业在本县各公会中组织与工作之推进均极健全，尚希今后参酌邻县情况对本身业务继续研究，庶业务日趋发达，本人对此深寄厚望。

报告事项：

一、县商会于九月二十二日举行第十五次联席会议，兹将决议各件摘要报告如下：

1. 县商会理监事改选事宜须俟各公会改选完竣后再行定期举行；

2. 县商会会费改为每权壹元五角；

3. 各业货物来源中断已呈请县府设法救济；

4. 各会员运输货物如需证明时须由同业公会转请；

5. 对经济紧急期间之决议各点：

甲、业务上囤积之货物在不拒售原则下不得视为囤积；

乙、限价应以县为单位，凭各镇八一九最高价格为标准，在上项原则下可自由升降。

丙、物价管制委员会应由各业公会理事长参加；

丁、各业困难可条陈管制会请求救济。

二、县商会函知准经检队函各业物品应标明售价。

三、本会经济部份因币制改革，故本期特提早于八月底报销，下期经决定于十二月底合并报销。

四、浦东报于九月九日误登酱货涨价新闻已致函更正并已刊出。

五、此次盐税剧涨本会曾具呈县商会层转县府请求准将酱货核定售价酌量提高，兹接县商会转奉县府指示业已呈省核办，在未奉指复前不得私自涨价，特此报告。

讨论事项：

一件：查本会过去为理事五人，监事三人，现为加强组织机构计，拟将理事名额增加为九人，监事三人，是否有当提请讨论案。

决：通过。

一件：提请修正会章案。

决：会章第十五、二十二、二十、二十二各条应予修正，其余全部通过。

一件：公推监票唱票写票人员案。

决：公推钱心陶、郭守碑监票，潘品仁唱票，贾振华写票。

一件：票选本会理事案。

票选结果：钱心陶14票、吴伯鸿14票、黄锦伯15票、郭守碑15票、屈平章11票、徐纪庭13票、许士铭13票、仇舜伯10票、蔡永龄9票，以上九人当选为理事。

谈楚帆、许叔良、叶叔良，当选候补理事。

一件：票选本会监事案。

票选结果：凤仁昌12票、何鉴甫10票、潘品仁9票，以上三人当选监事。

张文耀当选候补监事。

一件：票选常务理事案。

票选结果：钱心陶8票、郭守碑7票、黄锦伯7票，以上三人当选常务理事。

一件：互推理事长案。

决：互推钱心陶为理事长。

一件：互推常务监事案。

决：互推凤仁昌为常务监事。

散会：下午五时

主席 钱心陶

纪录 贾振华

〔附2〕

南汇县酱园商业同业公会章程

卅七年十月六日修正通过

第十五条　本会设理事九人，候补理事三人，监事三人，候补监事一人，均由会员大会就会员代表中选任之。

第廿二条　本会监理事之任期为二年，连选得连任之。理监事因故中途出缺时，由候补依次递补，其任期以补足原任之任期为限。

第卅条　会员入会费每员缴纳金元拾五元于入会时缴纳之。

第卅二条　如遇需要临时费时，由理事会或会员大会通过后报请县政府核准后施行之。

〔附3〕

南汇县酱园商业同业公会第二届职员名册

三十七年十月八日造报

职　别	姓　名	年　龄	籍　贯	略　　历
理事长	钱心陶	54	海盐	现任土酒酿造业公会理事长南汇县商会理事
常务理事	郭守碑	50	南汇	现任南汇县参议员
常务理事	黄锦伯	50	南汇	
理　事	吴伯鸿	43	南汇	
理　事	屈平章	61	嘉兴	

续 表

职 别	姓 名	年 龄	籍 贯	略 历
理 事	徐纪庭	30	海盐	
理 事	许士铭	48	海盐	
理 事	仇舜伯	55	海盐	
理 事	蔡永龄	48	吴县	
常务监事	凤仁昌	40	南汇	
监 事	何鉴甫	48	上海	
监 事	潘品仁	38	南汇	
候补理事	谈楚帆	60	南汇	
候补理事	许叔良	54	海盐	
候补理事	叶叔良	56	海盐	
候补监事	张文耀	47	南汇	

〔附 4〕

南汇县酱园商业同业公会会员名册

三十七年十月八日造报

会员名称	代表姓名	年 龄	籍 贯	开设地址
万 新	钱心陶	54	海盐	周浦镇
义 新	郭守碑	50	南汇	祝桥镇
仁昌永	黄锦伯	50	南汇	大团镇
钱万隆	吴伯鸿	43	南汇	张江栅
正 顺	屈平章	61	嘉兴	新场镇
新 和	徐纪庭	30	海盐	新场镇
义生兰	许士铭	48	海盐	惠南镇
万源兴	仇舜伯	55	海盐	杜行镇
叶永丰	蔡永龄	48	吴县	川沙县城厢
裕新公	凤仁昌	40	南汇	横沔镇
万 泰	何鉴甫	48	上海	上海县三林镇
鼎和茂	潘品仁	38	南汇	周浦镇
谈详兴	谈楚帆	60	南汇	四团仓
许义昌	许叔良	54	海盐	大团镇
恒春新	叶叔良	56	海盐	六灶镇
新 记	张文耀	47	南汇	江家路
万 盛	严众山	38	南汇	北蔡镇
协兴顺	谈关生	35	川沙	川沙县顾家路

[1194-1-852]

南汇县酱园商业同业公会报送第二届第一次会员大会纪录致南汇县政府呈

（1948年11月9日）

事由：为呈报第二届第一次会员大会纪录仰祈鉴核备案由

南汇县酱园商业同业公会别文呈酱字第三十八号

中华民国三十七年十一月九日

窃属会于十一月八日举行第二届第一次会员大会荷蒙钧府何指导员列席指导实深公感，所有会议过程以及讨论决议各案均经纪录在卷，除分函各会员一体遵办外，理合检同纪录乙份，备文呈报，仰祈鉴核备案，实为公便。

谨呈

南汇县县长熊

附呈第二届第一次会员大会纪录乙份

南汇县酱园商业同业公会理事长钱心陶

〔附〕

南汇县酱园商业同业公会第二届第一次会员大会纪录

日期：民国三十七年十一月八日下午一时

地点：本会会议室

出席：钱心陶　屈平章　徐纪庭　潘品仁　严众山　黄锦伯　何鉴甫　仇舜伯　蔡永龄　凤仁昌　许士铭　谈楚帆　谈关生　叶叔良代　沈志新代

列席：南汇县政府何指导员维清　　　总工会沈理事长公达

主席：钱心陶　纪录：贾振华

行礼如仪

主席报告：（上略）关于调整酱货价格问题，因盐税于八月二十六日剧涨无形中提高酱货成本，乃于九月八日由本会申述理由请求县府调整售价，后奉指复已呈省核示，其后于十月十一日复由本会造具成本计算表重申理由再行申请，均未得要领。十一月一日新经济补充方案实施，各货猛涨，致抢购之风无法抑止，不得已于十一月二日按照申市酌加调整并呈县府备案，至六日酱货原料继续狂涨，甚且有市无货，迫使成本售价不相平衡，万不得已于七日起再行按照沪市售价调整增加。迄目前为止各项原料仍猛涨不已乃，决定召开会员大会，妥谋补救之道，并请县府何指导员列席指示，尚希各抒意见提供参考。

何指导员训话略以：此次限价开放以后，各业对调整价格均极感困难，以站于同业公会立场而论，自应以法定程序为绳准，谋取合理办法。本人今日出席会议当尽量采纳各位意见共同商讨，在可能范围内并当予以协助。

讨论事项：

一件：自经济补充方案实施以来，各种物价均猛涨不已，酱货原料以黄豆而论，已较八一九市价高涨二十倍以上，食盐上涨四倍之，诸酱货售价前后计涨六倍左右，核诸成本不敷远甚。吾业自八一九以后对限价均能严格遵守以致物资方面平均亏蚀均在三分之一以上，损失奇重。往者姑置不论，今后善后问题亟应未雨绸缪，共图挽救，对酱货售价之调整及以后调整售价之程序，应如何办理提请讨论案。

决：一、现时售价之调整：自明（九）日起增加百分之二百。

二、以后调整售价之程序：

甲、视原料之上涨或下降参照原料市况，每满弍成时调整一次，惟不得一日两市；

乙、售价调整时由本会随时呈报县府备案并通知各会员照示。

三、本案决议各点授权理事长执行。

一件：职工会代表沈公达提请调整职工待遇及园司力金案。

决：一、职工工资十一月份薪给先照原发金圆券底额加五倍作为暂借(连底额六倍)，于本月十五日以前发给至决定性办法须视上海情形再地定夺。

二、月规部份依照前条同样办理。

三、园司上下力规定每坛八分，回仓每坛贰角。

四、食盐回金每担除国税外以支出实数提百分之五随时发给之。

一件：提请互推本会第二届出席县商会代表案。

决：互推钱心陶、吴伯鸿、黄锦伯、郭守碑、许士铭等五人为出席代表。

一件：酱货售价于十一月二日及七日两次调整请追认案。

决：通过。

一件：提请调整本会经常会费案。

决：十一月份暂按原底额加伍倍(连底额六倍)征收。

散会：下午三时

主席 钱心陶

纪录 贾振华

[1194－1－852]

（十）南汇县理发业职业公会

北洋理发馆等为恢复南汇县理发业职业公会致南汇县政府呈

（1946年4月17日）

事由：为呈请恢复理发业职业公会仰祈鉴准迅赐派员指导整理由

窃溯我理发一业曾于民国二十六年前本组有南汇县理发业职业公会，呈经政府核准立案，自抗战军兴政府西移，原有组织亦遂之而无形停顿，各项规章文卷又遭摧毁无稽刻。幸敌寇受命河山重光，政府为加强各级人民团体基层组织起见，将各业公会恢复整理用敢，备文呈请仰祈鉴核，迅赐派员指导整理，实为德便。

谨呈

南汇县县长徐

发起人　北洋理发馆

西安理发馆

东美理发馆

陆凤梅

瞿福楼

鹤鸣理发社

季叙生发社

徐小弟

楼记理发馆

刘新连

美容理发室

金祥林理发社

中华民国三十五年四月十七日

［1194－1－845］

南汇县政府关于准予恢复理发业职业公会致北洋理发馆等批复

（1946年4月20日）

事由：据呈组织本县理发业职业公会准予筹组批仰遵照由

南汇县政府批社字第〇九四五号

具呈人北洋理发馆等

三十五年四月十七日呈乙件，为呈请恢复理发业职业公会，仰祈鉴准迅赐派员指导整理由。

呈悉。准予筹组，并派本府科员邱虚白前往指导，仰即订期召开筹备会为要！

此批。

县长徐

〔中华民国三十五年〕四月廿日

［1194－1－845］

北洋理发馆代表倪如明为订定日期召开筹备会议并赐派员出席指导致南汇县政府呈

（1946年4月29日）

事由：为订定日期召开筹备会议仰祈鉴赐派员出席指导由

窃同业等发起整理恢复本县理发业职业公会一案呈奉钧府恩准派员指导整理在案，兹订于五月五日下午二时假座本城南门大街三官堂内召开筹备会议，理合备文呈报，仰祈鉴核，届时派员莅临指导以利进行，实为公便。

谨呈

南汇县县长徐

同业代表北洋理发馆（印）

店主倪如明（印）

中华民国三十五年四月二十九日

［1194－1－845］

南汇县政府关于派员出席指导筹备会致南汇县理发业代表北洋理发馆批

（1946年5月4日）

事由：据呈为筹组理发业同业公会订期召开筹备会准予派员出席指导仰即知照由

南汇县政府批社字第一二八九号

具呈人理发业代表北洋理发馆

三十五年四月廿九日呈乙件，为筹组理发业同业公会订期召开筹备会议仰祈鉴赐派员出席指导由。

呈悉，准派本府科员邱虚白届时前往出席指导，仍仰将开会经过呈报备查！

此批。

县长徐

〔中华民国三十五年〕五月四日

［1194－1－845］

南汇理发业同业公会筹备主任倪如明报送筹备会议等情形致南汇县政府呈

（1946年5月14日）

事由：为呈报五月五日召开筹备会议业经如期举行附呈筹备委员名单会议纪录仰祈鉴核备查由

查本会订于五月五日下午二时召开筹备委员会议一案，前曾呈请钧府届时派员莅临指导在案，兹经如期举行，并蒙邱指导员莅临指导，所有决议事项均经纪录在卷，除分呈总工会暨各同业知照外，理合缮具筹备委员名单连同会议纪录一并备文呈报，仰祈鉴核备查。

谨呈

南汇县政府

附呈筹备委员名单一纸、会议纪录一份

筹备主任倪如明

中华民国三十五年五月十四日

〔附 1〕

南汇县理发业职业工会筹备委员名单

职　别	姓　名	性　别	年　龄	籍　贯
筹备主任	倪如明	男	32	南汇
筹备员	沈金楼	男	32	南汇
筹备员	徐妙楼	男	49	南汇
筹备员	邵国进	男	30	南汇
筹备员	唐金祥	男	47	南汇
筹备员	朱根生	男	24	南汇
筹备员	施云飞	男	26	南汇
筹备员	周银香	男	32	南汇
筹备员	张根生	男	30	南汇

〔附 2〕

南汇县理发业职业工会筹备会议纪录

地点：南汇城内三官堂

时间：三十五年五月五日下午二时

出席者：乌鹤鸣　夏根莲　周银香　倪如明　刘金根
朱根楼　刘新连　陆凤梅　瞿福楼　张新官
金祥林　倪金桃　张茂竹　沈金楼　马秋福
唐文祥　朱志德　朱才根　唐根仝　陶顺福
朱根生　唐金祥　邵国进　徐妙梅　蔡关祥
周伯生　顾银海　施云飞　张振生　蔡云天
王炎根

列席者：县政府指导员邱虚白　　县党部指导员沈韫章

开会如仪

讨论事项：

一件、推定本会筹备员九名案。

决议：三灶推沈金楼一名，大团推徐妙楼、邵国进、唐金祥三名，
三墩推朱根生一名，黄家路推施云飞一名，南汇推周银香、倪如明二名，四团仓推张根生一名。

一件、公推筹备主任案。

决议：票选倪如明为筹备主任。

一件、征求会员应如何办理案。

决议：由各地筹备员负责征求(一) 入会者由本会发给志愿入会证(式样另订)；(一) 征求会员时期以一个月为限；(一) 凡属同业皆须入会不得拒绝。

一件、本会章程应如何草拟案。

决议：由筹备会办理。

一件、本会经费应如何筹措案。

决议：暂由筹备员九人垫出将来成立收入会费归还。

入会费分甲乙丙三等。

一件、同业规则应如何规定案。

决议：由筹备会拟订提交会员在会通过并呈报县政府备案执行。

一件、成立大会日期应如何确定案。

决议：由筹备会决定。

筹备主任 倪如明

纪录 陈少安

[1194－1－845]

南汇县理发业职业工会筹备主任倪如明关于召开成立大会并祈派员指导致南汇县政府呈

(1946年6月6日)

事由：为订期召开成立大会仰祈届期派员莅临指导由

窃属会业已筹备就绪并经筹备会议通过，订于六月十四日下午二时假座本城南门内大街三官堂召开成立大会，讨论一切会务进行事宜，除呈请县党部并县商会届时派员莅临指导，暨分函各会员知照外理合备文呈请仰祈鉴核，届时派员莅临指导。

谨呈

南汇县政府

筹备主任倪如明

中华民国三十五年六月六日

[1194－1－845]

南汇县政府关于更改公会名称致南汇县理发业职业工会筹备会训令

(1946年6月12日)

事由：为令饬将该会会名改为“南汇县理发业同业公会”仰即遵照由

南汇县政府训令社字第二七四四号

令理发业职业工会筹备会

查该会会员均为店主并非职工，应将会名改为“南汇县理发业同业公会”并迳向县商会整理委员会声请加入为公会会员仰即遵照！

此令。

县长徐

〔中华民国三十五年〕六月十二日

[1194－1－845]

南汇县政府关于派员出席成立大会并补报章程草案致南汇县理发业同业公会筹备会指令

(1946年6月13日)

事由：为据呈报订期召开成立大会姑准派员出席监选指令遵照由

令理发业同业公会筹备会

三十五年六月六日呈乙件，为订期召开成立大会仰祈届时派员莅临指导由。

呈悉，查非常时期人民团体组织法第十五条之规定“人民团体于召开成立大会前应将筹备经过连同章程草案呈报主管官署并请派员监选”，该会漏报章程草案手续未臻完备，兹姑准派员届时出席监选仍仰补报为要！

此令。

县长徐

〔中华民国三十五年〕六月十三日发出

[1194-1-845]

南汇县理发业同业公会报送理监事名单及会议纪录等致南汇县政府呈

(1946年6月25日)

事由：为呈送本会理监事名单及会议纪录等仰祈鉴核由

南汇县理发业同业公会别文呈

中华民国三十五年六月〔二十五日[①]〕

查本会筹备就绪订于六月十四日召开成立大会，业经如期举行并蒙党政各机关派员莅临监选指导在案，所有决议事项均经纪录在卷，除分呈县商会暨通知各会员知照外，理合缮具理监事姓名表及全体会员名单连同出席商会代表名单、修正章程、会议纪录一并备文呈报，仰祈

鉴核颁给立案证书并刊发公会钤记以资信守，实为公便。

谨呈

南汇县县政府

附呈理监事姓名表、会员名单、会章、会议纪录及本会出席商会代表人名单各一份

理事长倪如明(印)

〔附1〕

南汇县理发业同业公会理监事姓名录

姓　名	职　别	年　龄	籍　贯
倪如明	理事长	32	南汇
孙德甫	常务理事	51	南汇
徐妙楼	常务理事	49	南汇
沈炎金	理　事	36	南汇
蔡云天	理　事	45	南汇
沈根楼	理　事	32	南汇
朱根生	理　事	24	南汇
夏根连	理　事	36	南汇
邬金生	理　事	28	南汇
张根生	候补理事	30	南汇
张茂竹	候补理事	38	南汇
陶顺福	候补理事	42	南汇

① 原文发文日期记作“中华民国三十五年六月”，据《南汇县政府关于报送理监事名单及会议纪录等致南汇县理发业同业公会指令》(南汇县政府指令社字第三一四三号)“卅五年六月廿五日呈一件为……”，此处日期记作“中华民国三十五年六月二十五日”。

续 表

姓　名	职　别	年　龄	籍　贯
江文星	监事长	45	南汇
唐金祥	监　事	47	南汇
马汉良	监　事	39	南汇
周银香	候补监事	32	南汇

〔附2〕

南汇县理发业同业公会会员名单

会员姓名	籍　贯	营业所在地	会员姓名	籍　贯	营业所在地
孙炳荣	南汇	周浦	季金楼	南汇	四团仓
江文星	南汇	周浦	张荣生	南汇	六灶
赵德清	南汇	周浦	马汉良	南汇	六灶
孙德富	南汇	周浦	陆桂根	南汇	六灶
徐妙楼	南汇	大团	倪炳勳	南汇	六灶
唐金祥	南汇	大团	沈炎金	南汇	六灶
邵国进	南汇	大团	黄应生	南汇	六灶
沈顺楼	南汇	大团	施连桃	南汇	六灶
王根生	南汇	大团	黄荣德	南汇	六灶
王林根	南汇	大团	张茂竹	南汇	三灶
王阿三	南汇	大团	沈根楼	南汇	三灶
叶妙根	南汇	大团	金梅生	南汇	三灶
唐根泉	南汇	三墩	唐文祥	南汇	三灶
朱根生	南汇	三墩	王楚荣	南汇	三灶
陶顺福	南汇	三墩	张茂松	南汇	三灶
朱才根	南汇	六灶湾	王金根	南汇	三灶
倪如明	南汇	本城	马秋福	南汇	三灶
周根香	南汇	本城	朱坤生	南汇	二灶泓
□□鸣	南汇	本城	胡金根	南汇	大团镇
奚根莲	南汇	本城	李书林	南汇	大团镇
朱根楼	南汇	本城	黄永生	南汇	大团镇
瞿福楼	南汇	本城	耀　良	南汇	大团镇
刘金根	南汇	本城	王根新	南汇	大团镇
张新官	南汇	本城	培　振	南汇	大团镇
陆鸿梅	南汇	本城	陈志□	南汇	四团仓
徐下弟	南汇	本城	周加林	南汇	四团仓
刘新连	南汇	本城	马加生	南汇	四团仓
张根生	南汇	四团仓	张野团	南汇	四团仓
王炎根	南汇	四团仓	吴顺林	南汇	四团仓

续 表

会员姓名	籍 贯	营业所在地	会员姓名	籍 贯	营业所在地
周阿夫	南汇	四团仓	陈阿兴	南汇	三墩
蔡云天	南汇	四团仓	金阿梦	南汇	三墩
沈秋根	南汇	四团仓	金祥林	南汇	本城
倪金桃	南汇	本城	徐照红	南汇	祝桥
倪福根	南汇	老港	沈阿泉	南汇	祝桥
王德兴	南汇	老港	赵全行	南汇	祝桥
朱才根	南汇	老港	倪水明	南汇	祝桥
黄龙祺	南汇	老港	张桂生	南汇	祝桥
胡根生	南汇	老港	桂阿祥	南汇	祝桥
黄德奎	南汇	老港	施小弟	南汇	祝桥
蔡才狗	南汇	老港	沈阿坤	南汇	祝桥
王进生	南汇	老港	吴顺林	南汇	祝桥
顾银祥	南汇	陈桥	蔡关祥	南汇	黄路
杨木奎	南汇	陈桥	周伯堂	南汇	黄路
陆龙祥	南汇	陈桥	顾银海	南汇	黄路
顾云飞	南汇	黄路			

〔附 3〕

南汇县理发业同业公会章程

三十五年六月

第一章　总则

第二条　本会定名为南汇县理发业同业公会。

第三条　本会以改善合理之劳工生活防止工潮发生并扶植优秀职工举办工人福利事业与矫正弊害为宗旨。

第四条　本会由本县各区理发同业组织之。

第五条　本会会址暂设南汇城内南门大街三官堂。

第二章　任务

第六条　本会任务如左：

1. 确立民众基层组织表现参加建国工作事项。

2. 共谋增进职工技艺并矫正弊害。

3. 奉行法令处理主管官署委办或咨询事项。

4. 改善合理之劳工生活与保障事项。

5. 考察职工动态防止工潮发生事项。

6. 处理会员间之营业纠纷事项。

第三章　会员

第七条　凡本县理发同业均须加入本会为会员，但有左列情事之一者不得申请加入本会。

5. 行为不检者。

第八条　会员入会须经会员二人以上之介绍，经监事会审查合格并缴纳入会费后方可为本会员

第十一条　会员须遵守本会章程及决议事项并按时缴纳会费。

第十二条　会员违反本会章程及决议事项或以本会名义为本章程所规定任务以外之营利事业，经本会会员检举属实者交会员大会讨论视其情节之轻重处以适当之违约金。

第十三条　本会同业公订业规如左：

1. 凡同业新设店铺须与老店营业处所离开十三间以上门面方可设肆营业（老店不在此列），并由各地分会酙酌就地情形规定之。

2. 凡新设店铺须持入会证报经监事会核定许可。

3. 同业议订价目必须遵行不得任意破坏。

4. 同业夥友不得任意谋抗，学徒习业期间未满期者不得雇用。

5. 凡属同业店主均须依法加入本会，为会员须持入会证方得从业。

6. 夥友年冬不可自由停业，平时不得自由外出闲游赌赙。

7. 夥友分帐一律按四成支配。

第十四条　本会会员义务如左：

1. 执行本会指定之任务。

2. 经被选后担任本会理监事或分会干事共同处理一切会务。

3. 本会一切经临各费由会员筹措之。

第四章　组织及职权

第十五条　本会设理事九人，候补理事三人，由会员大会就会员中选举之并互选理事长一人，常务理事二人主持会务。

第十六条　本会设监事三人，候补监事一人，由会员大会就会员中推选并互选常务监事一人。

第十七条　本会于本县各区各设分会一所，互推分会干事一人负责办理分会一切会务。

第十八条　分会名称定名为南汇县理发业同业公会分会。

第十九条　分会干事由会员大会就会员中选举之。

第二十条　本会分设下列三股，由理事中互推股长三人分掌各股事务：

第一股　总务掌理本会一切文件收发报告及不属于其他各股事项。

第二股　财政掌理本会会计及庶务等事项。

第三股　事务掌理本会调查统计调解合作及劳资双方福利等事项。

第二十三条　本会各股得视事务之繁简设办事员一人或二人襄理会务。

前项职员由理事长任用之。

第二十四条　本会职员之任期为二年，期满应即依法改选，但连选得连任之。

第二十五条　本会职员因不得已之事由得书面申请大会议准辞职，但有违背法令营私舞弊者或其他不正当之行为者得由大会议决令其退职。

第五章　会议

第二十六条　本会会员大会每年举行一次，理监事会议每月举行一次，由理事长召集之，遇必要时得召开临时会议。

第二十七条　会员大会之决议事项经会员过半数之出席并经出席人数过半数之同意，但遇下列事项须经出席人数三分之二以上同意行之。

1. 修改会章，2. 会员除名，3. 职员退职。

第二十八条　本会各种会议规则悉依公会法办理之。

第六章　经费及会计

第三十条　经临各费每月由各会员筹集之，入会费由理事会提请大会议定等级收取之。

第三十一条　本会经费收支于年度终了时编造计算书，提交监事审核呈请主管官署核销并按月通告各会员查核之。

第七章　附则

〔附 4〕

南汇县理发业同业公会成立大会会议纪录

地点：本会会议室

时间：三十五年六月十四日下午二时

出席者：会员八十九人

列席者：县政府指导员李长俊　县党部指导员顾昌淦　县商会指导员顾昌淦代

主席：倪如明

纪录：陈少安

行礼如仪

报告事项

主席报告略

党政指导员训词略

讨论事项：

一件：本会草拟会章应否修正案。

决议：修正通过。

一件：请推定本会理事案。

决议：推孙德甫、徐妙楼、沈炎金、倪如明、蔡云天、沈根楼、朱根生、夏根莲、邬金生等九人为本会理事，并互推张根生、张茂竹、陶顺福等三人为候补理事。

一件：请推定本会常务理事案。

决议：推孙德甫、倪如明、徐妙楼等三人为常务理事并互推倪如明为理事长。

一件：请推定本会监事案。

决议：推江文星、唐金祥、马汉良等三人为监事，周银香为候补监事，并互推唐金祥为常务监事。

一件：本会出席县商会代表宜如何公推案。

决议：推孙德甫、徐妙楼、倪如明、陆桂根、蔡云天等五人为本会出席商会代表。

一件：本会同业等级应请规定以便按级缴纳会费案。

一件：全体会员提同业价目应请调整以安生活而资划一案。

以上两案合并讨论。

决议：由理事长定期召集理监事会议决定之。

主席：倪如明

纪录：陈少安

〔附 5〕

南汇县理发业同业公会出席商会代表人名单

姓　名	年　龄	籍　贯	住　址
孙德甫	51	南汇	周浦镇
徐妙楼	49	南汇	大团镇
倪如明	32	南汇	惠南镇
陆桂根	36	南汇	六灶镇
蔡云天	45	南汇	四团仓镇

［1194－1－845］

南汇县政府关于准予立案并发图记至南汇县理发业同业公会指令

(1946年6月29日)

事由:据报理监事名单及会议纪录等指令知照由

南汇县政府指令社字第三一四三号

令理发业同业公会

卅五年六月廿五日呈乙件,为呈送本会理监事名单及会议纪录等仰祈鉴核由。呈件均悉。准予立案。随发立案证书乙纸,所有该会图记仰即来府具领为要。

此令。件存。

附发南汇县理发业同业公会立案证书乙纸[①]

县长徐

〔中华民国三十五年〕六月廿九日

[1194-1-845]

南汇县理发业同业公会报送第一次理监事会议致南汇县政府呈

(1946年7月)

事由:为呈报举行第一次理监事会议附呈纪录祈备查由

中华民国三十五年七月[②]

南汇县理发业同业公会呈

查本会于七月十四日举行第一次理监事会议并补行宣誓就职,曾蒙县商会派员莅临监誓指导,所有决议事项均经纪录在案,除呈报县商会备查外,理合检同会议纪录备文呈报,仰祈检核备查。

谨呈

南汇县政府

附呈会议纪录一份

理事长倪如明(印)

〔附〕

南汇县理发业同业公会第一次理监事会议纪录

时间:三十五年七月十四日下午二时

地点:县商会会议室

出席者:倪如明 徐妙楼 沈炎金 蔡云天 沈金楼 夏根生 邬金生 张茂竹 唐金祥 马汉良 周根香

列席者:县商会代表顾昌淦

主席:倪如明 纪录:陈少安

行礼如仪

主席报告即席举行宣誓

讨论事项:

一、规定同业等级确定会员缴纳入会费标准案。

议决:分甲乙丙三等。一、甲级缴纳四千元,二、乙级缴纳三千元,三、丙级缴纳二千元,四、催缴办法

---

① 原文缺。

② 南汇县政府收文章日期为"中华民国三十五年七月二十四日"。

由本会派员就近会同各地理监事按同业营业情形分级催缴之。

二、筹备费用应如何筹措归垫案。

议决：将入会费抵用如有不足再行提会讨论筹补之。

三、主席交议本会已入会会员是否合格应请审查案。

决议：审查合格者由会发给登记证书否则令其退会。

主席 倪如明

纪录 陈少安

［1194－1－845］

南汇县理发业同业公会报送图记日期检同印模致南汇县政府呈

（1946年7月）

事由：为呈报启用本会图记日期检同印模祈备查由

南汇县理发业同业公会呈

中华民国三十五年七月①

案奉钧府社字第三一四三号指令本会呈一件，为呈送第一次会员大会会议纪录及理监事名单祈备查由内开：

“呈件均悉，准予立案，随发立案证书乙纸所有该会图记仰即来府具领”等因，附发立案证书一纸。奉此，经即派员□府将本会图记具领到会，遵于七月二十日启用，除通知各会员知照并分呈外，理合检同印模备文呈报，仰祈鉴核备查。

谨呈

南汇县政府

附呈印模一份〈下略〉

理事长倪如明（印）

［1194－1－845］

南汇县理发业同业公会为不遵同业规章沿街出乡兜揽生意妨碍正当商业致南汇县政府呈

（1946年8月）

事由：为不遵同业规章沿街出乡兜揽生意妨碍正当商业祈鉴准布告并饬属取缔由

南汇县理发业同业公会呈

中华民国三十五年八月②

窃查工商团体之组织旨在保障本身合法权益并促进社会群众之福利，对于同业工资视本地生活必需指数由各业代表议定价目以资划一，不得擅自增加更不得廉价争先兜揽业务，致使正当商人蒙受其害。溯理发业战前价格划一同业遵守，不见有沿街出乡兜揽生意任意廉价破坏同业价目之人。乃自抗战军兴以还市镇沦陷人民散居乡间兜揽业务于斯，始见及至目前变本加厉有增无减，正当同业营业为彼兜揽而日见清淡，生活因之日危宣告停业者有之，似此情形若不取缔同业前途势必危殆。为此具文呈请仰祈鉴准布告对于同业议订价目不得任意破坏并取缔不遵同业规章任意沿街出乡兜揽业务之人，以安商业，不胜迫切。

谨呈

---

① 南汇县政府收文章日期为“中华民国三十五年七月二十四日”。

② 南汇县政府收文章日期为“中华民国三十五年八月廿八日”。

南汇县政府

南汇县理发同业公会理事长倪如明(印)

[1194－1－845]

南汇县政府关于未准取缔挑担兜揽生意妨碍正当商业致南汇县理发业同业公会指令

(1946年9月14日)

据呈该会同业有挑担兜揽生意妨碍正当商业请予取缔未便照准由

南汇县政府指令社字第五二七八号

令理发业同业公会

三十五年八月日呈一件，为不遵同业规章沿街出乡兜揽生意妨碍正当营业祈鉴准布告并饬属取缔由。呈悉，查该会挑担理发之同业系属以技谋生，根据各地习惯均□不免，所请取缔一节未便照准！

此令。

县长徐

〔中华民国三十五年〕九月十四日

[1194－1－845]

南汇县商会转报南汇县理发业公会第四次理监事会议纪录致南汇县党部呈

(1947年1月17日)

事由：为转呈理发业公会第四次理监事会议纪录祈鉴备由

南汇县商会呈南商总字第一八六号

中华民国三十六年一月十七日

案据本县理发商业同业公会理事长倪如明呈一件，略以本会第四次理监事会于三十五年十二月廿九日假座县党部召开，理合将会议纪录备文呈报抑祈鉴赐核转等语附会议纪录三份到会，据此理合附同会议纪录一份备文转呈，仰祈鉴核备查。

谨呈

南汇县党部书记长顾

附理发业公会第四次理监事会议记录一份

南汇县商会理事长潘子平

〔附〕

南汇县理发业同业公会第四次理监事会议纪录

日期：三十五年十二月二十九日

地点：县党部会议室

出席者：徐妙楼　唐金祥　徐照红代　张茂竹代　夏根莲代　邬金生
周银香　朱根生　张根生　马汉良　沈炎金　倪如明

主席：倪如明　　纪录：孟公樸

行礼如仪

报告事项(略)

讨论事项：

一、有少数会员不缴会费应如何处置案。

决：先行劝导，劝导不从予以警告。
二、常年旧规应如何确定案。
决：自(古历)三十五年十二月廿四日起至三十六年一月十五日止一律照原有价目增加五成。
三、同业老店迁移择定地址应如何规定案。
决：以十间两头开。
四、学徒期满开创店业其地址应如何规定案。
决：距离师父店廿间，其他同业依照新店规定。

主席 倪如明
纪录 孟公樸
[1192-1-181]

南汇县理发业商业同业公会关于召开第二届会员大会并祈派员出席指导致南汇县党部呈

(1947年8月21日)

事由：为定期召开第二届会员大会祈派员出席指导由
南汇县理发业商业同业公会呈南理字第二二号
中华民国三十六年八月二十一日

案查本会第五次理监事暨各镇代表联席会议讨论事项第五件八月廿七日(阴历七月十二日)为本业祖师诞辰纪念应如何表示尊敬案决议，除分别通知各会员并分呈外，理合备文呈请，仰祈鉴核，派员出席指导，实为公便。

谨呈
南汇县党部书记长顾

南汇县理发商业同业公会理事长倪如明
[1192-1-181]

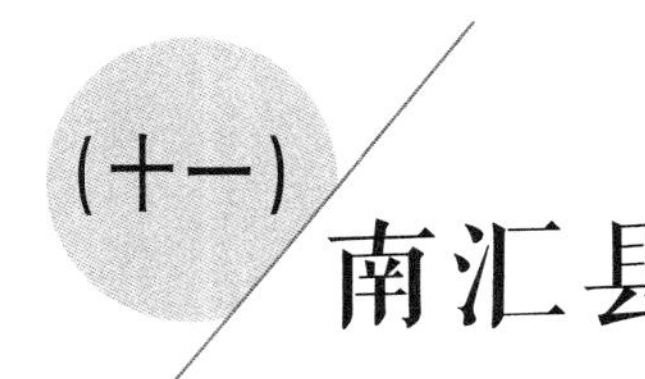

南汇县轮商同业公会

南汇县轮船商业同业公会筹备主任陶真悟关于筹组南汇县轮商同业公会致南汇县政府呈

（1947年8月25日）

事由：为筹组本县轮商同业公会定期举行成立大会检同纪录名册呈请核备并祈出席指导由

中华民国三十六年八月廿五日

查本邑轮商为维持增进同业之公共利益且资密切联系起见，特发起筹组同业公会，当经设立筹备会推定筹备委员，并推真悟为筹备主任各在案。兹已积极筹备就绪，定于九月二日下午二时假周浦镇惠南航社举行成立大会，除分别通知外，理合检同筹备会纪录及会员名册各壹份，一并备文报请钧长核备，并祈届时派员出席指导为祷。

谨呈

南汇县县长龚

附呈筹备会纪录一份，会员名册一份[①]

南汇县轮船商业同业公会筹备主任陶真悟（印）

［1194－1－754］

南汇县政府关于南汇县轮船商业同业公会未经法定程序组织致陶真悟批

（1947年9月3日）

事由：据呈筹组轮船商业同业公会定期成立请派员出席指导等情批仰知照由

南汇县政府批民字第五七六号

具呈人陶真悟等

卅六年八月廿九日呈乙件，为筹组轮船商业同业公会定期成立检送纪录名册呈请核备派员指导由。

呈件均悉，查人民团体组织法第十三、十四、十五条关于人民团体之组织应由发起人向主管官署申请许可，经许可后再推定筹备员组织筹备会，并于召开成立大会前将筹备经过连同章程草案呈报主管官署请求派员监选等均有规定。兹据来呈该会未经法定程序组织竟报召开成立大会，殊属未合，所请派员指导一节碍难照准，仍仰依法办理以符功令为要。

此批。附件发还。

县长龚宗儒

〔中华民国三十六年〕九月三日

［1194－1－754］

---

① 原文缺。

陶真悟等关于核示筹组南汇县轮船商业同业公会并报送章程草案致南汇县政府呈

（1947年9月30日）

事由：为拟筹组本县轮船商业同业公会呈请鉴核示遵由

中华民国三十六年九月卅日

查本邑航运事业自复员以还，经同业等积极整顿，略具粗规，唯尚无同业公会之组织，兹为增进同业公共利益并资联系起见，拟发起筹组本邑轮船商业同业公会，特拟定该会章程草案一种，理合备文呈请钧府鉴核示遵。

谨呈

南汇县县长龚

附呈章程草案一份

发起人 陶真悟

王芹伯

徐龙宝

〔附〕

南汇县轮船商业同业公会章程

第一章　总则

第一条　本章程依据商业同业公会法及商业同业公会法施行细则订定之。

第二条　本会定名为"南汇县轮船商业同业公会"。

第四条　本会会址暂设于周浦镇惠南航社内。

第二章　任务

第五条　本会之任务如左：

一、关于主管官署及商会委办事项；

二、关于会员物料之共同购入保管运输及其他必要之设施；

三、关于会员营业之指导研究调查及统计；

四、关于兴办劳工教育及公益事项；

五、关于会员营业上弊害之矫正及必要时之维持事项；

六、办理合于第三条所揭宗旨之其他事项。

第六条　本会主要会务之办理情形应于每年终了，一个月以内呈报主管官署备案。

第三章　会员

第七条　凡在南汇县区域内经营轮船商业均应加入本会为会员，但须经过下列入会手续：

一、本会会员二人以上介绍填具入会申请书，经过理事会过半数之通过；

二、提出确实经营轮船业务及经主管官署核准登记之证明文件；

三、填写入会志愿书；

四、缴纳入会费。

第八条　会员应享之权利如左：

一、选举权及被选举权；

二、提出议案及表决权；

三、本会章程所载各项应享之一切权益。

第九条　会员应尽之义务如左：

一、遵守本会章程及议决案并呈准备案之业规；

二、本会委托办理有关公共利益事项；

三、应本会之咨询及调查事项；

四、不侵害同业之营业；

五、不兼营不正当职业。

第十条　凡会员有不遵守第九条各项规定之一者，轻则予以警告，次则停止其应享之权利，重则开除会籍，但须呈请主管官署之核准方可实施。

第十一条　非迁移其他区域或废业或受永久停业之处分外，不得退会。

第十二条　退出会员或被开除之会员其所缴一切费用概不退还，如违反会章而致本会遭受损害时，并得依法追偿之。

第十三条　本会以轮船业为本位，每一轮船得派代表一人出席本会（以经理人或主体人为限）。

第十四条　会员委托代表时，应给以委托书并通知本会，撤换时亦同。但已当选为本会职员者，非有依法应解任之事由不得撤换。

第四章　组织及职权

第十五条　本会设理事五人（组织理事会），监事一人，均由会员大会就会员中无记名式投票选举之，同时并应另选候补理事一人，候补监事一人，遇有缺额依法递补，以补足前任之期为限。

第十六条　当选理事监事及候补理监事依得票多寡为序，票数相同时以抽签定之。

第十七条　理事会设理事长、常务理事各一人，由理事会就理事中用无记名式投票互选之，以得票最多者当选，有缺额时由理事补选之，其任期以补足前任之期为限。

第十八条　理事会之职权如左：

一、执行会员大会决议案；

二、召集会员大会；

三、执行法令及本章程所规定之任务。

第十九条　理事长之职权如左：

一、执行理事会议决事项；

二、处理日常事务。

第二十条　监事之职权如左：

一、监察理事会执行会员大会之决议；

二、审查理事会处理之会务；

三、稽查理事会之财政出纳。

第廿一条　理事之任期为二年，监事之任期为一年，连选得连任之。

第廿二条　理监事有左列情形之一者应即解任：

一、会员代表资格丧失者；

二、因不得已事故经会员大会决议准其辞职者；

三、依商业同业公会法第四十三条解职者。

第廿四条　本会会所设书记一人，办事员一人，由理事会聘任，其办事细则另订之。

第五章　会议

第廿五条　本会会议分左列二种：

一、会员大会每年开会一次，由理事会召集之，但理事会认为必要时或经会员半数以上之请求得召集临时会议；

二、理事会每月开会一次，由理事长召集之，但遇紧要事项得临时召集之。

第廿六条　本会会员大会之决议以会员代表过半数之同意行之，出席代表不满过半数者，得行假决议，在三日内将其结果通告各代表，于一星期后两星期内重行召集会员大会，以出席代表过半数之同意，对假决议行其决议。

第廿七条　左列各款事项之决议以会员代表三分之二以上之出席，出席代表三分之二以上之同意行之，出席代表不满三分之二者得以出席代表三分之二以上之同意行假决议，在三日内将其结果通告各代表于一星期后两星期内重行召开会员大会，以出席代表三分之二以上之同意对假决议行其决议。

一、变更章程；

二、会员或会员代表之除名；

三、职员之退职；

四、同业业规之审订。

第六章　经费及会计

第廿八条　本会以左列各款收入为经费：

一、会员入会费分甲、乙式级一次缴纳之：

甲级　　十二万元

乙级　　八万元

二、会员月费分甲、乙二级：

甲级　　十万元

乙级　　五万元；

三、特捐；

四、公会基金。

第廿九条　本会为办理公益事项得经会员大会之决议筹集基金及捐款，如筹募捐款因事实急需不及召集会员大会时，得经理事会出席人数三分之二以上之同意决议举行但须提交下届会员大会追认，并呈报主管官署备案。

第卅条　本会之预算决算应于每年年度终了一个月以内编制报告书提出会员大会通告后，呈报主管官署备案并刊布之。

第卅一条　本章程未规定事项悉依商业同业公会法及同法施行细则办理之。

第卅二条　本章程如有未尽事宜经会员代表大会决议修正并呈报主管官署备案。

第卅三条　本会办事细则另订之。

第卅四条　本章程经会员大会通过并呈准南汇县党部、县政府备案。

[1194－1－754]

南汇县政府关于准予组织南汇县轮船商业同业公会致王芹伯等批复

(1947年10月20日)

事由：据呈筹组本县轮船商业同业公会批仰知照由

南汇县政府批民字第八二〇号

具呈人王芹伯等

本年九月卅日呈乙件，为拟筹组本县轮船商业同业公会呈请鉴核示遵由。

呈件均悉，准予组织仰即推定筹备员组织筹备会并报府备查为要。

此批。件存。

县长龚宗儒

〔中华民国三十六年〕十月廿日

[1194－1－754]

南汇县轮船商业筹备会关于推定筹备员并附筹备会纪录致南汇县政府呈

（1947年11月28日）

事由：为奉令成立筹备会推定筹备员呈请鉴核备查由

中华民国三十六年十一月廿八日

案奉钧府本年十月卅日民字第八二〇号批示略以据呈请筹组本县轮船商业同业公会应于照准，仰即推定筹备员报查等因。奉此，遵即召开筹备会，推定王芹伯、陶真悟、钟心梅、徐龙宝、沈仲文、郜南安、杜德禧等七人为筹备委员，并推真悟为筹备主任等各纪录在卷。兹奉前因，理合检同上项纪录一份备文呈请鉴核备查，实为公便。

谨呈

南汇县县长龚

附呈筹备会纪录一份

南汇县轮船商业同业公会筹备主任陶真悟（印）

〔附〕

南汇县轮船商业同业公会筹备会纪录

地点：周浦镇惠南航社

日期：三十六年十一月十五日下午二时

出席者：大兴航运局钟心梅　利民协记轮局陶真悟　冠达轮船局沈文仲　华利航社严炳初　惠南航社王芹伯　晋福公司王福生　胜利轮局徐龙宝　申川利南轮船公司郜南安　三和公司杜德禧　鑫记航社陶风、庄严

主席：陶真悟

纪录：钟心梅

甲、行礼如仪

乙、主席报告（略）

丙、讨论事项：

1. 推举筹备委员：公推王芹伯、陶真悟、钟心梅、徐龙宝、沈文仲、郜南安、杜德禧等七人为筹备委员。

2. 确定名称及会址：定名为南汇县轮船商业同业公会筹备会，会址暂设周浦镇惠南航社内。

3. 拟具会章及呈报县府手续：由筹备会负责办理。

4. 征求会员办理入会手续：由筹备会负责办理。

5. 推举筹备会主任：公推陶真悟为筹备会主任。

丁、散会

主席 陶真悟

纪录 钟心梅

［1194-1-754］

南汇县政府关于核备筹备会纪录并补报筹备员略历表致陶真悟指令

（1947年12月4日）

事由：据呈报召开筹备会经过检送筹备会纪录指准备查由

南汇县政府指令一社字第一〇九八号

令轮船业同业公会筹备主任陶真悟

卅六年十一月廿八日呈乙件，为奉令成立筹备会推定筹备员呈请鉴核备查由。

呈件均悉，准予备查，仍仰缮具筹备员略历表补报为要！

此令。件存。

县长龚宗儒

〔中华民国三十六年〕十二月四日

［1194－1－754］

陶真悟关于补报筹备员略历表致南汇县政府呈

（1947年12月24日）

事由：为遵令补报筹备员略历祈鉴核备查由

中华民国三十六年十二月廿四日

案奉钧府本年十二月六日一社字第一〇九八号指令略以呈件准予备查，仍仰缮具筹备员略历表补报等因。奉此，自应遵办兹检同本会筹备员略历表乙帋，备文呈请鉴核备查。

谨呈

南汇县县长龚

附呈筹备员略历表一份

南汇县轮船商业同业公会筹备主任陶真悟（印）

〔**附**〕

南汇县轮船商业同业公会筹备员略历表

姓　名	姓　别	年　龄	籍　贯	略　　历
陶真悟	男	41	江苏南汇	历任公司主任经理 现任利民协轮局经理
王芹伯	男	60	江苏南汇	历任公司董事长主任 现任惠南航社主任
钟心梅	男	40	江苏南汇	上海美专毕业 现任大兴航运局经理
徐龙宝	男	46	江苏南汇	历任惠南航社总机司 现任胜利轮局协理
沈文仲	男	38	江苏南汇	现任冠达轮船局经理
邰南安	男	42	江苏南汇	现任中川利南轮船公司经理
杜德禧	男	28	江苏南汇	现任三和公司协理

［1194－1－754］

（十二）南汇县毛巾织造业同业公会

南汇县毛巾织造业同人为筹备组织南汇县毛巾织造业同业公会致南汇县政府呈

（1946年4月6日）

事由：为呈报筹备组织南汇县毛巾织造业同业公会仰祈鉴核赐准由

窃自抗战完成建国伊始，同人等对复员工作不甘后人，业经先后次第复业，唯吾同业中素无有系统之合法组织，平时每对业务工资之筹划生产效能之提高品质式样之改善以及劳工之福利事业之倡行等殊形忽视，在此科学昌明优胜劣败之生存竞争时期，不思改进则其不为淘汰落伍者难矣，同人等有鉴乎是爰特建议筹组南汇县毛巾织造业同业公会，定于本月二十日下午二时假座本县十一墩镇友于棉织厂召开筹备会议选举筹备委员进行筹组事宜，为特备文呈报，仰祈鉴核赐准备案，届时派员出席指导，实为公便。谨呈

南汇县政府县长徐

南汇县毛巾织造业同人谨呈

友利厂王志生 川南厂饶鉴千

友于厂倪文祥 大东厂薛增荣

福星厂孔星德 合众厂张帆

鸿丰棉织厂朱辅臣正 新星棉织厂

建中厂张俊彦 永余棉织厂

中华厂 德明棉织厂

江华棉织厂 华新钱记棉织厂

三星棉织厂 益泰厂

华益棉织厂 华南厂

中华民国三拾五年四月六日

［1194-1-841］

南汇县政府关于组织南汇县毛巾织造业同业公会并派员指导致发起人王志生等批

（1946年4月17日）

事由：据呈请组织毛巾织造业同业公会应予照准并派员指导批仰知照由

南汇县政府批社字第〇八三〇号

具呈人毛巾织造业同业公会发起人王志生等

卅五年四月六日呈乙件，为呈报筹备组织南汇县毛巾织造业同业公会仰祈鉴核赐准由。

呈悉，准派本府科员邱虚白届时出席指导，仍仰将筹备会成立经过具报备查！

此批。

县长徐

〔中华民国三十五年〕四月十七日

［1194－1－841］

南汇县毛巾织造业同业公会报送筹备会议经过及筹备员名表致南汇县政府呈

（1946年4月29日）

事由：为呈报筹备会议经过及筹备员名表仰祈鉴核备查由

案奉钧府社字第八三〇号批示内开“呈悉准派本府科员邱虚白届时出席指导，仍仰将筹备会成立经过具报备查”等因，奉此遵即召开各发起厂商代表人于四月二十日午后二时假座二区十一墩镇友于厂经钧府邱指导员指导下举行筹备会议，公举张帆、倪文祥、张俊彦、孔星德、徐伯泉、饶鉴千、褚锦维、唐锡根、黄正明九人为筹备员，由张帆为筹备主任，决议拟订会章及征求会员等案，除分行外，理合抄具会议录及筹备员名表，备文呈报，仰祈鉴核备案，实为公便。谨呈

南汇县政府县长徐

附呈会议录乙份、筹备员姓名表乙份

南汇县毛巾织造业同业公会筹备会筹备主任张帆谨呈

中华民国三十五年四月二十九日

〔附1〕

南汇县毛巾织造业同业公会筹备会纪录

时间：三十五年四月二十日午后二时

地点：二区十一墩镇友于厂

出席者：

友于厂倪文祥　合泉厂张帆　群益厂黄正明　大东厂朱仲贤　川南厂饶鉴千　友利厂徐伯泉　新星厂褚锦维　鸿丰厂朱辅臣　华新厂唐锡根　江华厂叶仲勳　大昌厂孙云鹤　福星厂孔星德　永余厂陶乾德　大纶厂宣金山　建中厂张俊彦　五洲厂胡李秀　同新厂朱素文　吉新厂罗政训　三星厂乔尚赓　德明厂瞿金奎　丰盛厂赵玉庭

列席者：

县政府指导员邱虚白

主席：张帆

纪录：张俊彦

行礼如仪

讨论事项：

一、推定筹备会员及主任案。

议决：公推倪文祥、张帆、张俊彦、饶鉴千、黄正明、徐伯泉、孔星德、褚锦维、唐锡根九人为筹备员并推张帆为筹备主任。

一、拟订本会章程草案案。

议决：由筹备会草拟。

一、征求本会会员案。

决议：登报公告征求之并由筹备会推定饶鉴千、徐伯泉、黄正明三员负责连络。

一、本会筹备经费应如何筹垫案。

决议：由筹备员每人暂垫法币贰万元，共计拾捌万元，交由倪文祥负责保管，一切用项俟大会成立时报销。

散会

主席 张帆

纪录 张俊彦

〔附 2〕

南汇县毛巾织造业同业公会筹备会筹备员姓名表

三十五年四月二十九日制

姓　名	年　龄	籍　贯	经　　历	备　注
张　帆	35	南汇	合泉棉织厂经理	筹备主任
倪文祥	37	南汇	友于棉织厂经理	筹备员
饶鉴千	40	南汇	川南棉织厂经理	同上
张俊彦	33	南汇	建中棉织厂经理	同上
褚锦维	42	南汇	新星棉织厂经理	同上
徐伯泉	45	南汇	友利棉织厂经理	同上
孔星德	35	南汇	福星棉织厂经理	同上
黄正明	31	南汇	群益棉织厂经理	同上
唐锡根	41	南汇	华新棉织厂经理	同上

［1194－1－841］

南汇县毛巾织造业同业公会关于召开成立大会日期地点及会员名册致南汇县政府呈

（1946 年 5 月 11 日）

事由：为呈报召开成立大会日期地点及会员名册仰祈鉴核查考赐准备案并派员出席指导由

窃属会业已筹备就绪，并经筹备会议决议，择于本月拾玖日上午九时假座二区沙泥码头道善堂陶才小学内召开成立大会，选举理监事，议订会章暨讨论会务进行事项，除登报公告另函通知外理合编造会员名册备文呈报，仰祈鉴核查考赐准备案，届时并派员莅临出席指导，实为公便。谨呈

南汇县政府县长徐

南汇县毛巾织造业同业公会筹备会

筹备主任张帆

附呈会员名册壹份

筹备会址 二区十一墩镇友于棉织厂内

中华民国三拾五年五月十一日

〔附〕

南汇县毛巾织造工业同业会会员一览

民国三五年五月

厂　　名	代表人姓名	性　别	年　龄	籍　贯	资　　历	地　　址
协兴公司管理大新	周裕如	男	36	无锡	杭州天章丝织厂 上海三阳棉织厂	二区潘家桥
友利合记	徐伯泉	男	48	南汇	小学　商	二区十一墩

续表

厂　　名	代表人姓名	性　别	年　龄	籍　贯	资　　历	地　　址
福星	孔星德	男	35	南汇	小学　商	潘家桥
纶康	茹一鸣	男	25	绍兴	初中	潘家桥
大东	薛增荣	男	38	南汇	小学	二区十一墩
永余	陶乾德	男	45	南汇	小学	二区十一墩
友于	倪文祥	男	41	南汇	初中毕业	二区十一墩
合众	张　帆	男	35	南汇	初中毕业	二区十一墩
建中	张俊彦	男	33	南汇	省立上海中学毕业大同大学肄业前实业部棉花检验监理处盐城区办事处主任	三区陈行乡
振兴	瞿文伯	男	41	南汇	中学	三区陈行乡
久华昶	张承彦	男	44	南汇	中学	二区川东乡
川南	饶鉴千	男	47	南汇	小学	二区川东乡
新星	褚锦维	男	49	南汇	初中	二区高桥乡
华新锡记	唐锡根	男	38	南汇	高小	江镇北
鸿丰	朱辅臣	男	45	镇江	初中	二区高桥乡
群益	黄正明	男	30	南汇	浦东中学	二区高桥乡
华新	唐长根	男	26	南汇	高小	二区高桥乡
东新	陶松廷	男	39	南汇	高小	川东乡
久丰	金根炎	男	25	南汇		二区
徐志耿家庭工业社	陈玉芳	女	35	南汇	初中	二区
万春林记	黄水林	男	31	南汇	初中	二区江镇
利民	吴火林	男	48	南汇		二区江镇
同新	朱素文	女	33	川沙	初中	二区江镇
伯生家庭厂	郑伯生	男	39	南汇		二区潘家桥
信初家庭厂	郑信初	男	25	南汇	高中	二区潘家桥
巧生家庭厂	郑巧生	男	29	南汇	初中	二区潘家桥
昌记	王应昌	男	17	南汇	小学	
徐水汀	徐水汀	男	24	南汇	初中	
华洋	王国才	男	45	南汇		二区高桥乡
华记	华仁信	男	26	南汇	小学	川东乡
丰顺	赵玉庭	男	62	南汇		川东乡
大纶	杨金山	男	50	南汇		川东乡
同兴	顾徐氏	女	35	南汇		川东乡
湘彬	臧增荣	男	36	南汇		川东乡
大华	蔡大妹	女	54	南汇		川东乡
恒丰	毛坤生	男	25	南汇	小学	川东乡
顺昌	蔡福涛	男	42	南汇	小学	川东乡
庄金贤	庄金贤	男	35	南汇	小学	川东乡
华南	王水润	男	29	南汇	高小	二区高桥乡

续 表

厂　名	代表人姓名	性　别	年　龄	籍　贯	资　历	地　址
中华	徐明烈	男	50	南汇	初中	二区高桥乡
江华	叶仲勳	男	41	南汇	高小	二区高桥乡
五洲川南	胡李秀	女	38	川沙	初中	二区高桥乡
张友才	张友才	男	38	南汇		
文记	蔡文才	男	42	南汇	小学	二区川东沙
黄金	黄金根	男	47	南汇	小学	二区高陈行乡
宏大昌	孙云鹤	男	28	南汇	小学	高桥乡
新丰	徐锡九	男	64	上海		
大华	褚耕梅	男	50	南汇		二区新华乡
华森	陆吉夫	男	42	南汇	小学	二区江镇北
福昌	闵连奎	男	49	南汇	小学	二区江镇北
华兴俞记	俞文祥	男	27	南汇	小学	二区江镇北
徐孟耕	徐孟耕	男	30	南汇	小学	二区江镇北
汪贵祥	汪贵祥	男	33	南汇	小学	二区江镇北
黄乡涛	黄乡涛	男	39	南汇	小学	二区江镇北

附注：以上共计会员五拾四名，嗣后如有加入另行呈报。

〔1194－1－841〕

南汇县政府关于召开成立大会并派员出席监选致南汇县毛巾织造业同业公会指令

（1946年5月17日）

事由：为据呈报订期召开成立大会姑准派员出席监选指令遵照由

南汇县政府指令社字第一七〇九号

令毛巾织造业同业公会筹备会

三十五年五月十一日呈乙件，为呈报召开成立大会日期地点及会员名册仰祈鉴核准予派员出席指导由。

呈件均悉，查该会既经筹备就绪订期成立，应连同章程草案一并呈报手续始臻完备，兹姑准派员届时出席监选仍仰将召开成立大会经过并章程具报为要！

此令。附件存。

县长徐

〔中华民国三十五年〕五月十七日

〔1194－1－841〕

南汇县毛巾织造业同业公会核备成立大会会议纪录、第一次理监事会议纪录等致南汇县政府呈

（1946年5月29日）

事由：为呈送成立大会会议纪录、第一次理监事会议纪录、理监事资历表、本会章程、会员名册各一份祈鉴核备查由

查本会自筹备以来业已遵章组织就绪，于本月十九日假座沙泥码头道善堂陶才小学经钧府邱指导员虚白先生指导下召开会员成立大会公选倪文祥等为理事，杨天一等为监事，继即召开第一次理监事会议，公推倪文祥为理事长，张帆、张俊彦为常务理事。兹将成立大会会议纪录，第一次理监事会议纪录，理监事资历表，本会章程，会员名册各一份备文呈送，仰祈鉴核备查，实为公便。

谨呈

县长徐

附呈成立大会会议纪录、第一次理监事会议纪录、理监事资历表、本会章程、会员名册各一份

南汇县毛巾织造工业同业公会理事长倪文祥

中华民国三十五年五月二十九日

〔附 1〕

南汇县毛巾织造业同业公会成立大会

日期：三十五年五月十九日上午九时

地点：南汇县沙泥码头道善堂

出席者：代表六十三人

列席者：南汇县政府指导员邱虚白

主席：张帆　纪录：戴锦章

行礼如仪

主席报告（略）

县政府邱指导员虚白训词

讨论事项：

一件：本会会章应如何确定案。

决议：照所拟会章草案修正通过。

一件：应如何推选理监事案。

决议：用记名票选法选举后由。

县政府邱指导员开票计：倪文祥、张帆、饶鉴千、张俊彦、孔星德、褚锦维、唐锡根等七人当选为理事，黄正明、张承彦、陶乾德为候补理事，杨天一、叶仲勳、徐伯泉为监事，乔尚质为候补监事。

主席 张帆

纪录 戴锦章

〔附 2〕

南汇县毛巾织造工业同业公会第一次理监事会议纪录

地点：沙泥码头道善堂陶才小学

日期：三十五年五月十九日下午四时

出席者：褚锦维　唐锡根　倪文祥　饶鉴千　张俊彦　孔星德　张帆　杨天一　叶仲勳　徐伯泉

列席者：乔尚质　陶乾德　黄正明　张承彦

主席：倪文祥　纪录：戴锦章

行礼如仪

报告事项（略）

讨论事项：

一件：应如何推定常务理事案。

议决：公推倪文祥、张帆、张俊彦为常务理事。

一件：由常务理事中推选理事长案。

决议：公推倪文祥为理事长。

一件：嗣后入会费应如何征收案。

决议：以机子为单位，分甲乙丙丁四种。

甲以机子三十只以上为甲种，乙以机子二十只以上为乙种，丙以机子十只以上为丙种，丁以机子十只以下为丁种。

一件：甲乙丙丁四种入会费应如何规定案。

决议：甲种规定贰万元，乙种规定壹万元，丙种规定五仟元，丁种规定壹千元。

一件：征收经常费以机子为单位应如何征收案。

议决：以每只机子收贰百元为标准，如不敷时得收临时费补充之。

一件：下次会议日期应如可规定案。

决议：每逢月之一、十六日下午二时召开会议。

主席 倪文祥

纪录 戴锦章

〔附 3〕

南汇县毛巾织造工业同业公会理监事资历表

职　别	姓　名	性　别	年　龄	籍　贯	学　历	经　历
理事长	倪文祥	男	41	南汇	初中毕业	大元号经理
常务理事	张　帆	男	35	南汇	立信会计学校毕业	新昌棉织厂经理
	张俊彦	男	33	南汇	省立上海中学毕业	建中厂经理
理　事	饶鉴千	男	45	南汇	私塾	川南厂经理
	孔星德	男	35	南汇	私塾	福星厂经理
	褚锦维	男	49	南汇	私塾	新星厂经理
	唐锡根	男	30	南汇	初小毕业	华新厂经理
候补理事	黄正明	男	30	南汇	中学毕业	群益厂经理
	张承彦	男	42	南汇	私塾	久华昶经理
	陶乾德	男	46	南汇	私塾	永裕厂经理
监　事	杨天一	男	36	上海	高中毕业	源康祥经理
	叶仲勳	男	41	南汇	私塾	江华厂经理
	徐伯泉	男	48	南汇	私塾	友利厂经理
候补监事	乔尚质	男	25	南汇	省立上海中学毕业	三星厂经理

〔附 4〕

南汇县毛巾织造工业同业公会章程

第一章　总则

第一条　本章程依据工业同业公会法及工业同业公会法施行细则之规定订定之。

第二条　本会定名为南汇县毛巾织造工业同业公会。

第三条　本会以谋增进同业之公共利益与发展及矫正同业之弊害为宗旨。

第四条　本会以南汇县行政区域为区域，设会所于十一墩孔姓房屋内。

第二章　会务

第五条　本会之任务如左：

1. 关于会员业务进展之指导事项；

2. 关于会员出品之研究及调查统计事项；

3. 关于会员与会员或非会员间争议之调解事项；

4. 关于会员劳资争议之调解事项；

5. 关于同业业规之订立及执行事项；

6. 关于谋会员间之福利事项；

7. 关于政府机关指定或委托事项。

第三章　会员

第六条　凡本县区域内经营织造毛巾之厂商均应加入本会为会员，会员厂商得推派代表出席本会称为会员代表。

第七条　会员入会须经同业两家之介绍填具入会志愿书，所派代表应填具履历表递送本会，经理事会审查合格后方得取得会员资格代表，变更时亦同。

第八条　会员代表以有中华民国国籍，年龄在二十岁以上，以该厂主体人经理人或重要职员充任之。

第十条　会员代表有不正当行为致妨碍本会名誉信用者，以理事会之议决通知原推派之会员撤换之。

第十一条　会员之权利如左：

1. 会员代表有选举权及被选举权；

2. 会员代表有表决权及建议权；

3. 会员有享受本会所办各项福利事业之权；

4. 会员有请求本会作各种核实签证之权。

第十二条　会员之义务如左：

1. 会员及其代表有遵守本会章程业规及决议之义务；

2. 会员有缴纳会费及大会议决各费之义务；

3. 会员及其代表有担任本会推举或指派职务之义务；

4. 会员及其代表有接受本会之咨询或调查之义务；

5. 会员代表有准时出席会议之义务。

第十四条　会员非迁移其他区域自动停业或受永久停业之处分者不得退会。

第十五条　会员不缴纳会费或违反本章程及议决者，经理事会之议决予以警告或按情节之轻重，呈经主管官署核准予以工业同业公会法第四十一条各项之处分。

第四章　组织及责权

第十六条　本会设理事七人，监事三人，均由会员代表大会就会员中用记名选举法选任之，以得票最多数者为当选。

第十七条　本会为备当选理监事之出缺，另选候补理事三人，候补监事一人，均以前条次多数者当选。遇有理监事出缺时依次递补，其任期以补足前任任期为限。

第十八条　理事中互选常务理事三人，□□长一人总理一切，为对外负责人。

第十九条　监事职权为监察理事执行会务及审核预算决算书等事项。

第二十条　理事监事任期均为二年，每两年改选一次，连选得连任之。

第二十一条　理事及监事均为名誉职。

第二十一条　理事监事有左列情事之一者应即解职：

1. 会员代表资格丧失者；

2. 经会员大会决议准予辞职者；

3. 依工业同业公会法第四十二条解职者。

第二十三条　本会得视需要分组办事并将雇用办事员。

第五章　会议

第二十四条　本会会议分定期会议、临时会议两种。

第二十五条　定期会议之规定如左：

1. 会员大会每年春秋两季各举行一次，其日期由理事会决定之；

2. 理事会每月举行二次，其日期由理事会决定之。

第二十六条　临时会议须经全体会员三分之二以上之同意，以书面请求理事会或全体理事三分之二以上之同意，以书面请求理事长得随时召开临时会员大会或临时理事会。

第二十七条　举行会员大会其出席会员未及法定人数时所有议案得为假决议于三日内书面通知未出席会员征求意见后决定之。

第二十八条　左列各款事件须有全体会员三分之二以上之出席并须出席会员三分之二以上之同意方得决议。

1. 变更会章；

2. 理监事之退职及会员之除名或停止被选举权；

3. 清算人之选任及关于清算事项之决议。

第六章　经费及会计

第二十九条　本会之经费如左：

1. 经常费；

2. 临时费。

第三十条　经常费由理事会编造预算送由会员大会决议通过以会费收入开支之，临时费由会员大会决议临时筹集之。

第三十一条　本会会费以会员设置之机器数量为标准征收，经会员大会决议后施行之。

第三十二条　本会之会计年度规定每年一月一日开始至十二月卅一日止。

第三十三条　□□□时应将经临各费编辑决算报告刊布之。

第七章　附则

第三十四条　本章程经会员大会通过并呈报县政府核准施行，修正时亦同。

第三十五条　本会办事细则另订之。

〔附5〕

南汇县毛巾织造工业同业公会会员名册

职别	厂名	经理姓名	性别	年龄	籍贯	资历	厂址	备注
理事长	友于	倪文祥	男	41	南汇	初中毕业大元号经理	十一墩	
常务理事	合泉	张帆	男	35	南汇	立信会计学校毕业 新昌棉织厂经理	十一墩	
常务理事	建中	张俊彦	男	33	南汇	省立上海中学毕业 建中厂经理	陈行乡惠民桥	
理事	川南	饶鉴千	男	45	南汇	私塾川南厂经理	川东乡	
	福星	孔星德	男	35	南汇	私塾福星厂经理	太平桥	
	新星	褚锦维	男	49	南汇	私塾新星厂经理	高桥乡	
	华新	唐锡根	男	30	南汇	初小毕业华新厂经理	新华乡	
候补理事	群益	黄正明	男	30	南汇	中学毕业群益厂经理	高桥乡江镇北首	
	久华昶	张承彦	男	42	南汇	私塾久华昶厂经理	川东乡第四保	
	永裕	陶乾德	男	46	南汇	私塾永裕厂经理	十一墩	
监事	源康祥	杨天一	男	36	上海	高中毕业源康祥厂经理	川东乡	
	江华	叶仲勳	男	41	南汇	私塾江华厂经理	高桥乡江镇西首	
	友利	徐伯泉	男	48	南汇	私塾友利厂经理	十一墩	
候补监事	三星	乔尚质	男	25	南汇	省立上海中学毕业三星厂经理	高桥乡	

续表

职别	厂名	经理姓名	性别	年龄	籍贯	资历	厂址	备注
会员	大纶	杨金山	男	50	南汇	私塾大纶经理	新东乡	
	新华	郑巧生	男	29	南汇	私塾新华经理	新东乡	
		郑性初	男	25	南汇	高小毕业	新东乡	
		郑伯生	男	39	南汇	高小毕业	新东乡	
	纶康	菇一民	男	25	南汇	中学毕业厂中经理	三区陈行乡	
	大东	朱仲贤	男	40	南汇	中学毕业厂中经理	三区新东乡	
	黄金	黄金根	男	47	南汇	私塾厂中经理	三区陈行乡	
	鸿益	薛野团	男	41	南汇	私塾厂中经理	三区陈行乡	
		汪贵祥	男	33	南汇	高小程度厂中经理		
	万春	黄水林	男	31	南汇	高小程度厂中经理		
	德明	瞿金奎	男	40	南汇	私塾厂中经理	三区新东乡	
	华森	陆吉夫	男	42	南汇	私塾厂中经理	江镇北首	
	祥丰	闵祥芳	男	40	南汇	私塾厂中经理	江镇东首	
		董虎根	男	28	南汇	中学程度厂中经理	江镇西首	
	振丰	邱关和	男	32	南汇	中学程度厂中经理	江镇北首	
	久丰	金根炎	男	45	南汇	中学程度厂中经理	江镇	
	鸿丰	朱辅臣	男	26	南汇	中学程度厂中经理	三区高桥乡	
	华新	唐长根	男	25	南汇	中学程度厂中经理	江镇北首	
	云鑫	陆新根	男	28	南汇	中学程度厂中经理	江镇	
	光华	王德海	男	35	南汇	中学程度厂中经理	江镇	
	蔡记	蔡大妹	男	54	南汇	中学程度厂中经理	三区新东乡	大华
	丰盛	赵玉庭	男	62	南汇	中学程度厂中经理	二区新东乡	
	复兴	朱生泉	男	35	南汇	中学程度厂中经理		
	大峯	褚根梅	男	50	南汇	私塾　厂中经理	新东乡	
	大新	周裕如	男	36	无锡	中学　厂中经理	新东乡	
	宏大昌	孙云鹤	男	28	南汇	中学　厂中经理	高桥乡	
	东新	陶松建	男	39	南汇	中学　厂中经理	高桥乡	
	顺昌	蔡福桃	男	42	南汇	私塾　厂中经理	新东乡	
		庄金贤	男	35	南汇	中学程度　厂中经理	新东乡	
	华康	康健甫	男	32	南汇	中学程度　厂中经理	新东乡	
	中华	徐明烈	男	30	南汇	高小程度　厂中经理	高桥乡	
	五洲	胡李秀	女	38	南汇	高小程度　厂中经理	高桥乡	
	同心	朱素文	女	31	南汇	中学程度　厂中经理	江镇东	
	振兴	瞿文伯	男	41	南汇	私塾　厂中经理	三区东行乡	
	家庭	瞿勳涛	男	38	南汇	私塾　厂中经理		
	文记	蔡文才	男	42	南汇	私塾　厂中经理	新东乡	
		张友才	男	28	南汇	私塾　厂中经理	新东乡	

续 表

职　别	厂　名	经理姓名	性别	年龄	籍贯	资　历	厂　址	备　注
	华　南	王水成	男	29	南汇	高小程度　厂中经理	高桥乡	
	福　昌	闵连奎	男	49	南汇	私塾　厂中经理	江镇东	
	家　庭	陈玉芳	女	31	南汇	中学程度　厂中经理	江镇南	
	吉　生	罗吉廷	男	35	南汇	中学程度　厂中经理	新东乡	
	朱长泰	朱瑞清	男	37	南汇	私塾　厂中经理	新东乡	
	振　华	梁纪生	男	36	南汇	中学程度　厂中经理		
	华　兴	俞文祥	男	27	南汇	高小程度　厂中经理	江镇东	
	华　扬	王国樑	男	40	南汇	私塾　厂中经理	新东乡	
		徐孟根	男	32	南汇	私塾　厂中经理		
	同　兴	顾徐氏	女	35	南汇	私塾　厂中经理	新东乡	
	诚　美	吴火才	男	37	南汇	私塾　厂中经理	新东乡	
	福　昌	金福桃	男	38	南汇	私塾　厂中经理	施镇	

[1194-1-841]

南汇县毛巾织造业同业公会报送属会印模致南汇县政府呈

(1946年6月12日)

事由：为呈报属会印模祈鉴核备查由

案奉钧府三十五年六月七日社字第二二四五号指令内开：

"三十五年五月二十九日呈乙件，为呈报毛巾织造业同业公会成立经过暨附送章程等件祈鉴核备查由""呈悉查核所呈各件尚无不合准予立案，附发立案证书乙帋，仰即祗领再该会图记兹已刊就，并仰派员来府具领，将启用日期及图模二份呈报备查"等因，附发南汇县毛巾织造业同业公会立案证书乙件，奉此，遵即于六月八日将图记具领到会文曰"南汇县毛巾织造业同业公会图记"即日启用，除分函外合行将印模两份备文呈报，仰祈鉴核备查，实为公便。

谨呈

县长徐

附印模二份〈下略〉

南汇县毛巾织造业同业公会理事长倪文祥(印)

中华民国三十五年六月十二日

[1194-1-841]

南汇县毛巾织造工业同业公会组织概况表

(1946年6月[①])

团体名称	南汇县毛巾织造工业同业公会
所在地	南汇县七团乡太平桥东首
组织概要	依工业同业公会法第一章第二条规定组织之选理事七人监事二人中推三人为常务理事一人为理事长

① 原文未填写日期，此处按照南汇县毛巾织造工业同业公会立案年月记作民国三十五年六月，即"1946年4月"。

续表

设立程序	筹备推定日期卅五年四月二十日许可发起组织日期卅五年四月十八日 呈报章程草案日期卅五年五月十一日成立日期卅五年五月十九日		
立案机关	南汇县政府颁发立案证书商字第贰号		
立案年月日	中华民国三十五年六月一日		
重要职员经历	职　别	姓　名	略　　历
	理事长	张俊彦	省立上海中学毕业建中厂经理
	常务理事	张　帆	立信会计校毕业新昌厂经理
	常务理事	倪文祥	初中毕业　大元花米行经理
	理　事	饶鉴千	川南厂经理
	理　事	孔星德	福星厂经理
	理　事	褚锦维	新星厂经理
	理　事	唐锡根	华新厂经理
	监　事	杨天一	源康祥厂经理
	监　事	徐柏泉	恒泰厂经理
	候补理事	张承彦	久华昶厂经理
	候补理事	陶乾德	永余厂经理
	候补监事	叶仲勳	江华棉织厂经理

［1194－4－44］

南汇县毛巾织造业同业公会为改订名称暨呈送理监事名册等致南汇县政府呈

（1947年2月9日）

事由：为改订名称暨呈送理监事名册及修正会章仰祈鉴核备查并将图记发下由

案奉钧府三十五年十二月十八日社字第四八三七训令"为转饬该会改订名称暨调整监事名额图记业经重行刊刻仰即来府具领"等因，奉此，遵即于二月八日召开大会改订名称为南汇县毛巾织造工业同业公会，调整监事名额及修改会章等均已遵照办理，奉令前因，为特造具理监事名册及修正之会章备文呈报，仰祈钧长鉴核，准予备查，并具领图记以资应用，实为公便。

谨呈

南汇县长徐

附呈理监事名册一份、会章一份

南汇县毛巾织造工业同业公会理事长倪文祥（印）

中华民国三十六年二月九日

〔附1〕

南汇县毛巾织造工业同业公会理监事名单

职　别	姓　名	性　别	年　龄	籍　贯	学　　历	经　　历
理事长	倪文祥	男	42	南汇	初中毕业	曾任大元花米号经理
常务理事	张　帆	男	36	南汇	立信会计校毕业	曾任新昌棉织厂经理
常务理事	张俊彦	男	34	南汇	省立上海中学毕业	现任建中厂经理
理　事	饶鉴千	男	46	南汇	私塾	现任川南厂经理

续 表

职 别	姓 名	性 别	年 龄	籍 贯	学 历	经 历
理 事	孔星德	男	36	南汇	私塾	现任福星厂经理
理 事	褚锦维	男	50	南汇	私塾	现任新星厂经理
理 事	唐锡根	男	31	南汇	初小毕业	现任华新厂经理
候补理事	黄正明	男	31	南汇	中学毕业	现任群益厂经理
候补理事	张承彦	男	43	南汇	私塾	现任久华昶经理
候补理事	陶乾德	男	47	南汇	私塾	现任永余厂经理
监 事	杨天一	男	37	上海	高中毕业	现任源康祥经理
监 事	徐伯泉	男	49	南汇	私塾	现任恒泰厂经理
候补监事	叶仲勳	男	42	南汇	私塾	现任江华厂经理

〔附 2〕

南汇县毛巾织造工业同业公会章程

第二条　本会定名为南汇县织造工业同业公会。

第四条　本会以南汇县行政区域为区域，设会所于南汇县十一墩太平桥。

第六条

1. 机子不满四十只者代表一人；

2. 机子四十只以上不满一百只者得推派代表二人；

3. 满一百人以上者得推派代表三人。

第十六条　本会设理事七人，监事二人，均由会员大会就会员代表中用记名选举法选任之，以得票最多数者为当选。

第十八条　理事中互选常务理事三人处理日常会务并由常务理事中互选理事长一人，总理一切，为对外负责人。

第二十四条　本会会议分定期会议与临时会议两种。

第二十五条

1. 会员大会每年举行二次，其日期由理事会决定之；

2. 理事会每月举行一次，其日期由理事会决定之。

第三十一条　本会之会费以机数为标准，每机按月收四百元。

1. 本会会费如有更改等情由理监事联席会议决定之。

第三十三条　每年会计年度终了时应将经临各费编辑决算报告刊布之。

［1194－1－841］

南汇县政府关于核备改正名称调整监事名额等致南汇县毛巾织造业同业公会指令

（1947 年 3 月 13 日）

事由：据呈该会改正名称调整监事名额附送会章等件准予备查指令遵照由

南汇县政府指令社字第一一四五六号

令毛巾织造业同业公会

卅六年二月九日呈乙件为改订名称暨呈送理监事名册及修正会章仰祈鉴核备查由。

呈件均悉，准予备查，仰即派员来府具领图记拓具图模呈报，并将旧图记截角缴销为要！

此令。附件存。

县长徐

〔中华民国三十六年〕三月十三日

[1194-1-841]

南汇县毛巾织造业同业公会报送图模启用图记及缴销旧图记致南汇县政府呈

（1947年3月19日）

事由：为报具图模启用图记及缴销旧图记由

呈字第一三号

呈为报具图模启用图记及缴销旧图记事窃属会奉

钧府社字第一一四五六号指令内开："略"等因，奉此特于三十六年三月十七日具领图记合亟报具图模呈报，即日启用并将旧图记截角缴销，祈准备查，实为公便。谨呈

南汇县政府

南汇县毛巾织造工业同业公会理事长倪文祥（印）

会址：七团乡十一墩镇

中华民国三十六年三月十九日

[1194-1-841]

南汇县毛巾织造工业同业公会关于报送第四届会员大会会议经过情形致南汇县政府呈

（1947年9月7日）

事由：为呈报第四届会员大会会议经过情形仰祈鉴核备案由

南汇县毛巾织造工业同业公会呈南字第五〇号

中华民国三十六年九月七日

为呈报第四届会员大会会议经过，仰祈鉴核备案事。窃属会前依会章第二十六条之规定及会务之需要，定于本年九月三日召开第四届会员大会，曾以南字第四十四号呈报钧府在案。经于九月三日下午一时，在七团乡太平桥东首会址召开会员大会，决议组织财务委员会工资管理委员会，通过三十六年下半年度预算，及工资管理委员会组织规程草案。兹将会议经过情形缮印会议纪录，暨三十六年下半年度收支预算表①，暨工资管理委员会组织规程草案各乙分呈请钧府备案，实为德便。谨呈

南汇县政府

理事长 倪文祥（印）

〔附1〕

南汇县毛巾织造工业同业公会第四届会员大会会议纪录

日期：三十六年九月三日下午一时

地点：本会会议室

出席人数：四十九人

主席：倪文祥　纪录：张伯逸

行礼如仪

① 三十六年下半年度收支预算表从略。

主席报告(略)

讨论事项:

一件:本年度十、十一、十二月份经常收支预算请公决案。

决议:通过自十月份起每月每机征收会费一千五百元,入会费自九月份每机一万元。

一件:嗣后对于摇织工资是否仍须管理案。

决议:加强管理组织工资管理委员会执行之。

一件:请票选工资管理委员会委员人选案。

决议:票选胡李秀二十七票,张赓甫二十六票,周裕如二十五票,邱林根廿五票,傅丰镛廿四票,毛坤生十八票,俞文祥十六票,薛增荣十四票,陶乾德十四票,九人为委员。推定胡李秀为召集人。

一件:工资管理委员会组织规程应如何拟订案。

决议:依据张常务理事帆所提书简草案修正施行之。

一件:违约金应如何规定案。

决议:法币五拾万元至伍百万元正。

一件:棉纱之转配应如何整理案。

决议:依照会员实际机数配售总额比例分配,按期轮派理监事各一人协同理事长义务办理之。

一件:会员如未经配期五日前书□□请停配而及期未缴款者,除因所受损失仍须该员负担外,并停止其转配权二月,第二次发现则永久停止,非经会员大会之决议时不得恢复请公决案。

决议:通过。

一件:近来工资参差不一应如何调整规定案。

决议:于本月八日前征集会员厂商之毛巾样品,注明该巾重量、名称、工资提交理事会会同产业工会代表讨论评定后通知会员遵行之。

一件:对于非常经济之保管核拨借垫等项应如何处置案。

决议:组织财务委员会执行之,除理事长为当然委员外另推定倪文祥、褚锦维、傅丰镛、张赓甫四人为委员。

一件:会员如不遵守会员大会或理事会或理监事联席会议所议决施行之决议案,经调查属实时得依照决议案征收违约金或停止棉纱转配权或取消其各项应得之利益请公决案。

议决:通过。

主席 倪文祥
纪录 张伯逸

〔附 2〕

工资管理委员会组织规程草案

三十六年九月

一、本委员会定名为南汇县毛巾织造工业同业公会工资管理委员会。

二、本委员会由会员大会票选会员九人组织之并互推一人为召集人。

三、本委员会系独立之执行机构不受规定以外之理监事会之节制而执行理监事会,对于工资之管理及调整之决议案及其违约惩戒事项暨违约金之征收事项。

四、本委员会如因执行职务不力或委员自身有违反有关工资决议案等举动,得由其他会员厂商或理监事之检举属实时,可提请理事会召开会员大会罢免改选或解散之。

五、本委员会委员为义务职,不得因职务上之便利而收受厂商之酬劳或宴会,惟因执行职务而所需川资食宿诸费可按实报请理事会核拨之。

六、本委员会委员任期壹年连选得连任。

七、本委员会除理事长应回避外,理监事之被选兼任者不得超过委员总数之半数。

八、本规程未尽事宜得随时提请会员大会修正之。

九、本规程经会员大会通过后施行之。

［1194－1－841］

南汇县毛巾织造工业同业公会报送交替日期办理移交经过并检送清册致南汇县政府呈

（1947年9月11日）

事由：为呈报交替日期办理移交经过并检送清册祈鉴核备查由

南汇县毛巾织造工业同业公会呈南字第五十三号

中华民国三十六年九月十一日

呈为呈报交替日期办理移交经过并检送清册祈鉴核备查事。

窃据属会第十五次理监事联席会议之决议："倪理事长函请辞职，挽留未获，准予辞职，留任常务理事。理事长一席改推常务理事张俊彦继任"等因，遵即整理卷宗，检点器具生财编造清册，已于九月十日上午十时经由饶鉴千理事监交举行移交，交替手续完竣。除分行外，理合会衔将经过情形检同移交清册一并备文报送，仰祈鉴核备查存案，实为公便。谨呈

南汇县长龚

附清册乙份（从略）

南汇县毛巾织造工业同业公会理事长 倪文祥（印）

张俊彦（印）

［1194－1－841］

南汇县毛巾织造工业同业公会关于报送南川两县毛巾同业公会职工会产业工会常务理监事联席会议致南汇县政府呈

（1947年9月24日）

事由：为会衔呈报南川两县毛巾同业公会职工会产业工会常务理监事联席会议会议纪录祈鉴准备查存案实施由

南汇县毛巾织造工业同业公会呈南字第六十三号

中华民国三十六年九月二十四日

窃查属会等所辖会员厂商蜂居蚁聚，贝编鳞比偪促类聚于一隅而地属两行政区，致对劳工工资每多参差时生误会劳资双方纠纷难免，属会等鉴乎是为谋双方福利杜绝纠葛而达一劳永逸起见，事前经各同意订定本年二十二日下午二时假座南汇公会会议室召开两县毛巾同业公会职工会产业工会常务理监事联席会议，商讨关于男工工资之调整事宜，当在劳资双方之融洽情绪中一致通过决议"自三十六年十月一日起依照上海市工人生活指数计算规定底薪按月自十五元至二十三元为止，视劳资双方情形个别酌量定之但原薪已超过最高底薪者不得减除"等由纪录在卷，除经分函所属知照外理合会衔备文分别呈报，仰祈鉴核赐准备案施行，实为公便。谨呈

南汇县长龚

附会议纪录乙份

南汇县毛巾织造工业同业公会理事长张俊彦（印）

川沙县毛巾织造工业同业公会理事长宋赞平（印）

南汇县毛巾业产业工会理事长刘济平（印）

川沙县毛巾业职业工会理事长姚鑫翔（印）

〔附〕

南汇、川沙县毛巾织造工业同业公会暨职工会产业公会常务理监事联席会议纪录

日期：三十六年九月二十二日下午二时

地点：假座南汇毛巾公会会议室

出席者：南汇毛巾公会常务理事三人　南汇产业工会常务理监事五人

川沙毛巾公会常务理监事三人　川沙职业工会常务理监事四人

列席者：南汇毛巾公会会员一人　南汇产业工会会员一人

主席：张俊彦　纪录：张伯逸

行礼如仪

主席报告(略)

川沙公会宋理事长报告(略)

讨论事项：

一件：对于两县同业之男工工资应如何调整案。

决议：自三十六年十月一日起依照上海市工人生活指数计算规定底薪按月自十五元至二十三元为止，视劳资双方情形个别酌量定之，但原薪已超过最高底薪者不得减除。

［1194－1－841］

南汇县毛巾织造业同业公会等报送川南两县毛巾业同业公会职业工会产业工会举行联席会议商讨摇织工资致南汇县政府呈

(1948年3月8日)

事由：为会衔呈报川南两县毛巾业同业公会职业工会产业工会举行联席会议，商讨摇织工资依照生活指数计算检同会议纪录及规定工资底数表各一份祈鉴准备查存案施行由

南汇县毛巾织造工业同业公会呈南字八十六号

中华民国三十七年三月八日

窃查属会等鉴于迩来物价时起波动为顾全工人生活计，对于摇织工资本已随时予以调整，惟每次调整时起争执颇多麻烦，兹为谋劳资双方杜绝纷争而达一劳永逸起见，爰于本年二月二十九日下午二时假座川沙同业公会会议室召开两县毛巾业同业公会职业工会产业工会联席会议，商讨关于摇织工资调整事宜，当在劳资双方之融洽情绪中一致通过议决"摇织工资依照上海市生活指数计算规定底薪依隔月生活指数发给"等语纪录在卷，除分函知照外理合检同会议纪录及规定工资底数表各一份会衔分别呈报，仰祈鉴核赐准备案施行，实为公便！

谨呈

南汇县县长龚

附呈：会议纪录及规定工资底数表各一份〈下略〉

南汇县毛巾织造工业同业公会理事长张俊彦

川沙县毛巾织造工业同业公会理事长宋赞平

南汇县毛巾织造业产业工会理事长张家奎

川沙县毛巾织造业职业工会理事长胡金度

〔附〕

川沙、南汇县毛巾织造工业同业公会暨职业工会产业工会联席会议纪录

日期：三十七年二月二十九日下午二时

地点：假座川沙县毛巾公会会议室

出席者：南汇毛巾公会理监事九人　南汇产业工会理监事三人

川沙毛巾公会理监事七人　川沙职业工会理监事六人

主席：宋赞平　张俊彦

纪录：蔡经绶

报告事项(略)

讨论事项：

一件：织工工资改为生活指数后其底数应如何决定案。

议决：以83号毛巾为标准，每条平织织工定为九厘二毫，其余类推。

一件：摇纱工资改为生活指数后其底数应如何决定案。

议决：规定如后：

脚车：浆纱每支一分七厘，行纱每支二分三厘；

马达：照脚车减半计算。

一件：每月摇织工资生活指数应依何种何月为标准案。

议决：依照上海市公布之隔月生活指数为计算标准(即二月份摇织工资依一月份上海市公布之生活指数计算之)。

［1194－1－841］

南汇县毛巾织造工业同业公会请示适当办法挽救毛巾织造业危机致南汇县政府呈

(1948年4月12日)

事由：为呈请指示适当办法挽救吾业历来未有危机以维护农村经济安定民生由

南汇县毛巾织造工业同业公会别文呈南字第八十九号

中华民国三十七年四月十二日

窃吾川南两县之毛巾织造工业自创设以来三十余年，历年生产供应上海，倾销全国各地及南洋一带，所获外汇数何止亿万，对两县农村经济社会民生裨益殊多。抗战胜利后，各方需要殷切，因更风起云涌绚烂一时，为吾业繁荣之全盛时代，及后共党称兵割据叛乱，交通阻塞，运输困难，销售之道日益短绌，营业因以日渐衰落，而各项日需物价昂贵炽烈、瞬息遽变，厂方负担有增无减，男女员工亦以生活日高，增俸加薪之请求频频，劳资双方因而纠纷时起。嗣经协议规定，底薪依照上海市生活指数核发工资，实施后劳资之纠纷固能祛除一部份，而厂方之开支因以更巨，生产成本更高，影响所及销路更形枯竭。销路枯竭，上海之承销商对厂方之成本估计非维不能依照指数核算工资，且以制成品充塞市上利用时机贬降工值，而厂方对员工之工资，则以指数逐月调整递增无减处，此收支不平衡之双重摧残下，欲求苟延而不可得，如改动底薪紧缩开支，则法所不许，或解散停业，则不胜负担费用，亦不愿为此下策以影响于地方经济民生及社会秩序也。际此无所适从进退维谷之时，苦无善策以解救吾业目前面临之历来未有之危机，迫不得已遵经属会四月九日第二十一次理监事联席会议之决议，备文呈请钧府赐示适当办法挽救颓势，维护工商，安定民生，则同业幸甚，地方幸甚，临呈迫切待命之至。谨呈

南汇县政府县长简

南汇县毛巾织造工业同业公会理事长张俊彦(印)

［1194－1－841］

大新棉织厂关于强迫女工入会阻碍厂方生产案致南汇县毛巾织造业公会函

(1948年4月12日)

迳启者，窃厂在四月十日，织工公会强迫女工入会，未经通知窃厂，私行强取女工梳子，制止继续工作，凶恶横暴之行为，阻碍厂方生产，酿成工潮之措施，幸经警局调解恢复原状，特此呈请贵会依法保护厂方之艰

难。此致

呈请

南汇县毛巾织造业公会台鉴

上海协兴公司管理

大新棉织厂

三七年四月十二日

[1194-1-841]

恒泰泉记厂关于张家奎等阻碍厂方生产等情形致南汇县毛巾织造工业同业公会函

(1948年4月15日)

迳启者,本月十三日上午,本县毛巾产业工会理事长张家奎、职员龚君二人迳入本厂工场,夺取织工梭子,协迫停止工作,阻碍厂方生产,侵犯工人自由,其越法干纪乖张之行为深属遗憾,本厂为免致酿成工潮影响地方治安起见,当时未出干预,听任作,但为以后厂方权益及同业福利起见,不得不据实函报贵会,转呈本县当局,速予制止为荷。此致

南汇县毛巾织造工业同业公会

理事长张先生

恒泰泉记厂徐伯泉(印)启

恒泰泉记棉织厂

中华民国卅七年四月十五日

[1194-1-841]

丰盛毛巾厂关于张家奎等阻碍厂方生产致南汇县毛巾织造工业同业公会函

(1948年4月16日)

迳启者:本厂于四月十五日上午十时左右,有自称本县毛巾业产业工会理事长之张家奎者,率同龚某来厂,以征求会员为由,擅入工场强迫女工暂停工作加入该工会并勒索会费。当有女工赵虎贞、童梅英、赵关龙妻三人以未至工资结算日期无钱缴纳会费作答,致于张、龚之怒,擅将三女工之梭子盖印封存迫令停工而去,如此违法悖理之举动侵犯个人之自由阻碍厂方之生产事小,而制造事件影响治安则事大也,为特函请贵会转呈县府速予惩戒,以儆来兹为荷。

此致

南汇县毛巾织造工业同业公会

丰盛毛巾厂赵玉庭(印)启

附陈封存梭子叁只

三十七年四月十六日

[1194-1-841]

永余厂关于张家奎等阻碍厂方生产发动工潮致南汇县毛巾织造工业同业公会函

(1948年4月25日)

迳启者,本厂于昨日午后四时许,有本业工会理事长张家奎率同龚君来厂擅入工场,强迫女工印盖螺纹,

强迫加入该会，唆使女工于本日上午六时起集体停止工作，阻碍厂方生产，显有煽动工潮制造事件之嫌疑，特此函请贵会呈报当局，注意设法制止，免滋事端。此致

南汇县毛巾织造工业同业公会

永余棉织厂
永余厂陶乾德(印)启
卅七、四、二五
[1194-1-841]

南汇县毛巾织造工业同业公会关于张家奎等制造事件阻碍生产致南汇县政府呈

(1948年5月1日)

事由：为呈报产业工会滥用图记封存器械阻碍生产制造事件发动工潮，祈鉴核备办维护工商以重法纪安定社会秩序由

南汇县毛巾织造工业同业公会呈南字第九十五号

中华民国三十七年五月一日

窃据属会会员厂商丰盛、永余、大新、恒泰泉记各厂先后来函声称"本县毛巾产业工会理事长张家奎、职员龚君于四月十日、十三日、十六日先后至各该厂，事先未经通知，擅入各厂工场强迫女工入会，勒索会费并擅自取厂方所有女工工作用梭子协迫女工停止工作。丰盛厂之赵虎贞、童梅英、赵关龙妻三女之梭子且被该工会加盖图记粘条封锁，阻止三女工永久停止工作后，于二十四日午后诱惑女工盖印螺纹，致永余厂之女工于二十五日晨六时起集体罢工，该工会显有指使煽动嫌疑……"等情，据此查，所陈各节，该工会竟将主管官署所领图记滥施运用，其轻率乖张，违法悖理，不言而喻。先后至各厂之经过行为，显属违反工会法第二十九条、三十四条第二、第六、第七各项之规定，阻碍厂方生产，妨害公共秩序之安宁，危害于雇主也，彰明昭着，函陈前来，理合将所陈各节原函及被封梭子一并备文呈送，仰祈鉴核，请依工会法第三十八条之规定从严查办，维护工商，以重法纪，实为德便。谨呈

南汇县县长简

附件

南汇县毛巾织造工业同业公会理事长张俊彦(印)
[1194-1-841]

南汇县政府关于彻查张家奎违法失职案致南汇县警察局训令

(1948年5月13日)

事由：据毛巾织造业同业公会呈诉该业产业工会理事长张家奎违法失职请予依法查办等情，令仰查照事实真相报凭核办由

南汇县政府训令南一社字第三六四号

令警察局

案据毛巾织造业同业公会本年五月一日呈称："照录原文"。

等情前来，是否属实合行令仰该局转饬江镇分驻所派员切查报凭核办为要！

此令。

县长简
〔中华民国三十七年〕五月十三日
[1194-1-841]

南汇县警察局关于查明毛巾业工会理事长张家奎违法失职案致南汇县政府呈

(1948年6月22日)

事由：为呈复查明毛巾业工会理事长张家奎违法失职情形祈鉴核由

南汇县警察局呈警法字第一二六一号

中华民国三十七年六月二十二日

案奉钧府南一社字第三六四号训令，除原文有案邀免全录外尾开："略"等因。奉此，遵经饬据本局江镇分驻所巡官李淘呈称该张家奎确有擅入工场强迫女工入会封锁女工梭子等情前来，理合备文转报，仰祈鉴核。

谨呈

县长熊

警察局局长张秋白(印)

[1194-1-841]

南汇县毛巾织造工业同业公会关于产业工会理事长张家奎捏造事件具衔登报恶意诋毁声请严惩致南汇县政府呈

(1948年5月17日)

事由：为呈报产业工会理事长张家奎捏造事件具衔登报恶意诋毁攻讦私人诽谤名誉致起同业公愤自动停业，声请主管当局依法究办从严惩处由

南汇县毛巾织造工业同业公会呈南字第九十八号

中华民国三十七年五月十七日

窃属会会员厂商永余毛巾厂厂主陶乾德又名阿毛，从业毛巾历有年数，向系安分守己和善，商民平日勤勤恳恳，与世无争。本月六日莅沪至素与往来之百灵机厂发行所领取工款以备返乡发给摇织女工工资，讵知该发行所既受货品充塞销路呆滞之影响无人问津，再遭迩来物价之剧烈波动，货更无从晚售一时无法筹付工款，陶君迫不得已居沪等待，于十二日携款返厂散发女工工资，虽依过往惯例已属延迟若干日，但摇织女工稔知吾业目前之困难事实以及陶君迟延之苦衷隐痛，非唯深表谅解雅愿和衷共济共渡未有危机，因而各女工接受之余安心工作如故平静无事。讵于十五日大汇报信箱类所载各情，属会会员读报后见该理事长张家奎居然捏造事件具衔登报公开诋毁恶意宣传诽谤名誉攻讦私人愤满填膺群起响应，纷纷自动停业联合公告揭发该理事长过去乖张举动，呼吁各界主持正义保障人权，力主声请主管当局依法究办从严惩处不达目的誓不复业等等，属会为求事态之免趋扩大影响社会安宁计，除已派员四出劝导停业各厂从速复业，未停业各厂继续生产，以免妨碍贫苦女工生计外，合将此事经过情形备文呈报。查该理事长张家奎现居川沙城厢镇二保五甲十户，素业电灯匠，遍查属会会员厂商之从业员工姓名竟无张家奎者，在本县有否户籍厂籍深置疑问，依照工会法第十二条之规定其职务之何由产生殊属非解，产生后舍本逐末不图劳资之真诚合作，竟累累制造事件，藐视法令，蓄意为难阻碍生产但求食卵不惜杀鸡，贸然以颁领图记盖印封条，封存属会会员丰盛厂之生产工具等等不法行动，前经属会南字第九十五号呈文呈报附送在案，未复适当解决前彼更变本加厉以为陶乾德君懦弱可欺，敢以一法团主持人之职衔为攻讦、诽谤、私人之工具意气跋扈行动乖张违法悖理，罄竹难书，实与属会会员谒诚期望之劳资合作背道而驰，属会为劳资双方前途计，会员权益福利计，社会安宁计，农村经济计，不得不沥陈始末备文呈报仰祈鉴核，俯恤商艰，依法究办撤调该理事长，从严惩处改组该工会，则劳资之真诚合作可期，民生经济之裨益非尠地方幸甚，同业幸甚，临呈迫切不胜待命之至。谨呈

南汇县长简

南汇县毛巾织工业同业公会理事长张俊彦(印)

附五月十五日大汇报乙份[①]

[1194－1－841]

南汇县政府关于产业工会理事长张家奎捏造事件具衔登报恶意诋毁案派员核办致南汇县毛巾织造业同业公会指令

(1948年5月26日)

事由：据呈该业产业工会理事长张家奎捏造事件具衔登报恶意诋毁私人致同业公愤自动停业□，请依法究办等情指复知照由

南汇县政府指令南一社字第四六七号

令毛巾织造业同业公会

卅七年五月十七日呈乙件(录原由)。

呈悉，兹派本府指导员邱虚白前往查明事实再行核办，至该会会员厂自动停业一节仍仰劝导即日开工，毋滋纷扰为要！

此令。

县长简

〔中华民国三十七年〕五月廿六日封发

[1194－1－841]

南汇县毛巾织造工业同业公会关于奉令劝导复业致南汇县政府呈

(1948年6月7日)

事由：为呈报奉令劝导复业由

南汇县毛巾织造工业同业公会呈南字第一〇一号

中华民国三十七年六月七日

案奉钧府三十七年五月二十六日南一社字第四六七号指令内开："呈悉，兹派本府指导员邱虚白前往查明事实，再行核办。至该会会员厂自动停业一节，仍仰劝导即日开工。"等因奉此，遵即派员四出劝导，业于六月一日起先后复业，除分函外，理合备文具报。仰祈鉴核备查，实为公便。谨呈

南汇县县长熊

南汇县毛巾织造工业同业公会理事长张俊彦(印)

[1194－1－841]

南汇县毛巾织造工业同业公会关于彻查理事唐锡耕违反劳资协定私减工资致南汇县政府呈

(1948年6月10日)

事由：为呈报奉令彻查理事唐锡耕违反劳资协定私减工资由

南汇县毛巾织造工业同业公会呈南一〇二号

中华民国三十七年六月十日

---

① 原文缺。

案奉钧府三十七年五月三十一日南一社字第五四六号训令内开"案据毛巾产业工会理事长张家奎本年五月十四日呈以多数厂方延发工资，不顾工人生活，并有同业公会理事唐锡根领导各厂不遵照五月三日协议案，私减工资为十五万一千倍，请予查究等情前来，除指复外合行令仰该会彻查具报以凭核办为要"等因，奉此遵于六月四日指派本会书记张伯逸君迳赴该厂调查真相后声称，据该厂女工陈述厂主唐锡根历来遵守劳资协议所定工资按期散发，从无私减尅克违约等事。盖自四月中产业工会理事长张家奎亲至该厂征求会员以征章二十枚，强使该厂主唐锡根承代缴纳入会证章经常各费，唐君以工人入会应由工会自向征求入会与否暨缴纳各费应由工人自行决定，厂方无须代庖，因加婉拒致起争执。该理事长以唐君未允所请怏怏于心，此次呈诉显系捏造事实，蒙敝上峰以求泄恨云云等由。据此合将彻查经过备文呈报，仰祈

鉴核，实为德便。谨呈

南汇县县长熊

南汇县毛巾织造工业同业公会理事长张俊彦(印)

［1194－1－841］

南汇县毛巾织造工业同业公会报送第二届第一、二两次理监事联席会议纪录致南汇县政府呈

(1948年7月8日)

事由：为呈送属会第二届第一、二两次理监事联席会议纪录一式二份祈鉴核由

南汇县毛巾织造工业同业公会呈南字第一〇五号

中华民国三十七年七月八日

案查属会于本年六月十五日假本会会议室举行第二届第一次理监事联席会议并于同月二十九日仍假本会会议室举行第二届第二次理监事联席会议，所有两次会议决议各案业经纪录在卷，除分别逐案办理外理合检附第二届第一、二两次会议纪录一式二份，具文呈报，仰祈

鉴核。

谨呈

南汇县县长熊

附呈会议纪录一式二份

南汇县毛巾织造工业同业公会理事长张俊彦(印)

〔附〕

南汇县毛巾织造工业同业工会第二届第一次理监事联席会议纪录

日期：三十七年六月十五日下午一时

地点：本会会议室

出席人数：理监事十四人

主席：张俊彦

纪录：张伯逸

提案

一、经常费收支不敷开支应如何筹措案。

决议：自六月份起依照五月份生活指数根据会费额征收事业费一月补充之。

议毕散会。

南汇县毛巾织造工业同业工会第二届第二次理监事联席会议纪录

日期：三十七年六月二十九日下午三时

地点：本会会议室

出席者：理监事九人

主席：张俊彦
纪录：金立庭
主席报告略
讨论事项：
一、为遵县令实施工业会法请如何确定本会所属各职等级案。
二、本会会费应依何项标准征收案。
决议：两案合并讨论如右表：

机　　数	列入等机	每月征收金额	备　　注
100只以上	甲等	十二元〇角	上项金额保底数按当月生活指数计算
70—99	乙等	八元〇角	
50—69	丙等	五元五角	
30—49	丁等	三元五角	
16—29	戊等	二元〇角	
1—15	己等	一元〇角	

三、本会申请中纺配纱以缴款时间限于规定应如何缴纳纱款得资便利迅捷案。
决议：与申请配纱各厂商洽每期确数及缴款方法。
议毕散会。

［1194－1－841］

南汇县毛巾织造工业同业公会报送第二届第三次理监事联席会议纪录致南汇县政府呈

（1948年7月24日）

事由：为呈送本会第二届第三次理监事联席会议纪录祈鉴核由
南汇县毛巾织造工业同业公会呈文南字第一一一号
中华民国三十七年七月二四日
案查属会于本年七月十八日上午九时假本会会议室举行第二届第三次理监事联席会议，所有决议各案业经纪录在卷，除逐案分别办理外理合检附会议纪录一式二份，具文呈报，仰祈鉴核。
谨呈
南汇县县长熊
附呈会议纪录一式二份

南汇县毛巾织造工业同业公会理事长张俊彦（印）

〔附〕

南汇县毛巾织造工业同业公会第二届第三次理监事联席会议纪录

日期：三十七年七月十八日上午九时
地点：本会会议室
出席者：理监事九人
主席：张俊彦
纪录：金立庭
主席报告：略
讨论事项：

1.本会经常会费前经调整等级依当月指数核收，现指数每半月发表一次，本会会费应如何征收案。

决议：依照每月上半月指数核收。

2.为准本县产业公会函请恢复男女工人工资，本会应如何办理请公决案。

决议：摇织女工及男工自本年七月份起暂除折扣依实数核发。

3.为准产业工会函请另加男工津贴应如何办理案。

决议：男工自七月份起暂依其技能及厂方营业情形每人酌量发生活补助金二至四元所有工资按每半月发薪。

议毕散会。

［1194－1－841］

南汇县县商会关于纶康、友于两厂提纱途中被扣转请南汇县府证明予以释放的公函

（1948年10月4日）

事由：为本会会员纶康、友于两厂提纱途中误被扣留函请转呈县府赐予证明由

南汇县毛巾织造工业同业公会公函

中华民国三十七年拾月肆日

迳启者"兹有本会会员纶康厂由上海发行所发下十六支飞机纱贰拾件，又会员友于厂由上海特约发行所恒大毛巾发行发下十六支飞机牌纱捌件，曾由本会发给一二三、一二四号证明书于上月三十日由杨思桥恒大新记纱厂提运来南，讵意逢经三林塘时被该处警局误加扣留解运上海县政府办理各在案，查该棉纱确系本会会员纶康、友于两厂复制毛巾之用，绝无经营黑市或囤积图利之行为，因特出请贵会转呈县府赐予证明并转咨上海县政府迅予释放并将十六支飞机牌纱贰拾八件全部发还以利生产"而维商艰，至纫云谊。

此致

南汇县商会

理事长潘

理事长张俊彦

［1194－4－326］

南汇县毛巾织造工业同业公会关于报送所属会员厂商需要物质数量统计表致南汇县商会的公函

（1948年10月31日）

事由：为准函具报所属会员厂商需要物质数量统计表由

南汇县毛巾织造工业同业公会公函南字第一六二号

中华民国卅七年十月卅一日

案准贵会南字第六七七号公函略开："县府鹏四字第七九二二号代电：'（卅七）府介建三酉铣电开，顷上海区经济管制督导员酉文电开，查上海区出境物资申请携运许可办法，业经公告施行，贵省地方需要棉白粮等项物资，即请统计数量，派员来沪，参加本区物资疏导会议，洽商配额。一面先由各当地同业公会统计上项。'按照规定申请，以便陆续拨运济急等由，准此，除分电外，合亟电仰尅日召集当地同业公会统计上项物资需要数量，立时电复，并按照酉齐新闻报载上海区出境物资申请携运许可办法先行申请，拨运济急，毋延为要等因，奉此，除分电外，合亟电仰尅日统计各项物资需要数量，于电到二日内报凭核办毋延"等因，奉查，本会于本月十日以南字第五二号公函，希将各会员需要数量统计表陈报经济检查队在案。兹向经检队查询，绝无报到者，按本案攸关商人利益，各该业会何勿视若此，兹奉前因合亟函催着即尅日送至本会，毋自延误为要等

因，准此当即通知所属各会员将所需原料数量填报来会，统计实际需要量，编造统计表格，汇送相应函达，即希查照转送，至纫公谊。

此致

南汇县商会理事长潘

南汇县毛巾织造工业同业公会理事长张俊彦（印）

附件：统计表壹份

〔附〕

南汇县毛巾织造工业同业公会会员厂商需用棉纱统计表

会员牌号	经理姓名	共有织机数	现开织机数	每月平均用纱数		厂　址
				十六支	念支	
新星	褚锦维	60	40	11	0	七团乡
华新	唐新根	14	14	4	0	七团乡
华新长记	唐长根	16	14	4	0	七团乡
云鑫	陆新根	10	10	3	0	七团乡
华新锡记	唐锡根	24	24	5	0	七团乡
华森	陆吉夫	34	34	11	0	七团乡
华祥	汪贵祥	15	15	4	0	七团乡
吉祥	朱培祥	10	10	3	0	七团乡
杨来记	杨来生	10	10	3	0	七团乡
公兴秋记	王秋林	20	18	4	0	七团乡
东新	陶松庭	25	25	4	0	七团乡
丰盛	赵玉庭	24	24	4	0	七团乡
潘龙记	潘龙根	10	10	2	0	七团乡
文记	蔡文才	20	20	4	1	七团乡
中国	陈芹生	24	18	3	0	七团乡
张友记	张友才	11	10	2	0	七团乡
吉星	罗吉庭	29	20	4	1	七团乡
友于祥记	倪文祥	40	40	13	2	七团乡十一墩
华星	罗吉庭	25	25	4	1	江镇南首
恒丰	毛坤生	24	13	6	0	七团乡大红墩
家庭	瞿勳涛	20	15	5	0	华家路口西
同心	朱素文	32	32	6	0	六团乡
中华	徐明烈	20	15	4	0	江镇北首
五州厂	王家杰	62	50	20	0	沙泥码头
大新	诸鉴清	62	46	20	8	七团乡潘家桥
大东	薛增荣	40	40	8	0	七团乡十一墩东
勤丰	薛增富	30	20	6	0	七团乡十一墩东
郑伯记	郑伯生	10	10	3	0	七团乡潘家桥
新华	郑巧生	11	10	3	0	七团乡潘家桥
黄金	黄金根	24	24	7	0	虹桥港徐家桥

续　表

会员牌号	经理姓名	共有织机数	现开织机数	每月平均用纱数		厂　址
				十六支	念支	
川南	饶鉴千	70	40	8	0	七团乡
源康祥	杨嘉曾	88	69	25	0	七团乡畅塘南
久大	邱林根	24	24	8	5	江镇东
益大	吴根炎	16	16	5	3	江镇东
华东	乔梅根	21	21	8	3	七团乡
董记	董火根	10	10	2	0	七团乡
江华	叶仲勳	43	41	9	0	七团乡
鸿丰	杜庚耀	20	18	7	0	七团乡
永余	陶乾德	36	36	9	0	七团乡十一墩
永利	王林根	12	12	3	0	七团乡
鸿益	薛野囡	14	14	3	0	七团乡十一墩
大源	林家望	26	24	12	2	横沔镇
光华合记	王德海	18	18	3	0	七团乡
青城	刘蜀屏	30	20	12	0	七灶乡潘家桥
顺昌	蔡福涛	18	16	3	0	华家路口西
文元祥	褚根梅	30	23	8	0	沙泥码头东
华记	华仁信	6	6	1	0	七团乡
百龄机	张久华	30	30	4	1	七团乡
久华昶	张承彦	20	17	2	1	七团乡
河东	范益民	12	11	3	0	七团乡
久华丰记	张秋园	6	6	2	0	七团乡
大同	张睿庚	24	20	6	0	华家路口
建中	张俊彦	35	35	12	0	七灶乡惠民桥
合众	张　帆	40	40	13	1	七团乡十一墩
华南	宋增麟	20	20	10	0	七团行西
华丰	孔三星	10	10	3	0	七团乡
力行	张颂达	11	11	3	0	沙泥码头东
华兴俞记	俞文祥	52	52	18	3	江镇东首
生昌	朱富生	10	10	3	0	华家路口
昌记	王应昌	18	18	6	0	七团乡
庄金记	庄金贤	12	12	3	0	华家路口
德明	瞿金奎	21	15	3	0	七团乡十一墩
乔顺记	乔顺根	12	12	3	0	七团行
华康	康允恺	20	14	3	0	沙泥码头
福新	童福涛	50	36	11	0	七灶乡高桥
福昌连记	闵连奎	35	35	10	0	江镇东首
恒泰泉记	徐柏泉	56	56	17	3	七团乡十一墩北

续 表

会员牌号	经理姓名	共有织机数	现开织机数	每月平均用纱数		厂　址
				十六支	念支	
恒泰泉记分厂	徐柏泉	54	54	15	0	华家路口
新都	吴月生	22	22	4	0	六团湾
纶康	张赓甫	40	40	20	10	潘家桥
纶康三厂	张赓甫	40	40	20	10	江镇西市
福星	孔星德	20	20	3	0	七团乡十一墩北
宏大昌	孙云鹤	40	32	10	0	六团乡
公兴	唐伯榕	25	23	5	0	七团乡
华洋	王国良	13	13	2	0	七团乡
同兴	高应祺	10	5	2	0	七团乡
经纶厂	傅丰镛	89	56	13	3	十一墩凌家宅
大华厂	蔡大妹	11	10	2	0	华家路口西
复兴	朱生泉	10	6	2	0	沙泥码头
建农	黄豫才	24	24	4	0	大团镇
祥丰	闵正心	15	15	3	0	江镇来
总计		2 145	1 879	546	58	

备注：货物名称栏内“棉纱原纱”有附注“原纱”二字者即原包纱，如无此二字者即机子上纱以及丝纱都在内的。

[1194－4－326]

南汇县毛巾织造工业同业公会会员清册

（1948年11月）

民国三十七年十一月

商　号		负责人姓名	半年销售或营业收入约计额工资部分	资本实额	商况计分	备　注
牌　名	地　址					
友于祥记	十一墩镇	倪文祥	6 120万元	7 500万元	60	卅七年十一月十六日第二届第七次理监事会议
合众	十一墩镇	张　帆	6 800万元	6 000万元	60	
建中	七灶乡惠民桥	张俊彦	4 080万元	3 000万元	55	
川南	沙泥码头西	饶鉴千	3 570万元	6 000万元	55	
福新	七灶乡高桥东首	童福涛	5 100万元	7 500万元	65	
福星	七团乡潘家桥南首	孔星德	3 060万元	3 000万元	55	
新星	沙泥码头	褚锦维	5 100万元	4 500万元	60	
华新锡记	沙泥码头东南	唐锡根	4 080万元	3 600万元	55	
久华昶	七团乡牛郎庙西	张承彦	2 890万元	3 000万元	55	
永余	十一墩镇	陶乾德	5 440万元	4 800万元	60	
源康祥	七团乡潘家桥东	杨天一	10 200万元	9 000万元	60	

续 表

商号		负责人姓名	半年销售或营业收入约计额工资部分	资本实额	商况计分	备注
牌名	地址					
江华	江镇西首	叶仲勳	5 440 万元	5 250 万元	60	
五州	沙泥码头南首	王家杰	8 840 万元	14 250 万元	65	
恒泰泉记	十一墩镇北首	徐伯泉	8 500 万元	7 500 万元	65	
恒泰第二厂	华家路口东	徐柏泉	8 500 万元	7 500 万元	65	
大新	七团乡潘家桥	诸鉴清	3 910 万元	7 500 万元	45	
纶康	潘家桥西浜	张赓甫	4 930 万元	6 000 万元	65	
纶康三厂	江镇西市	张赓甫	5 100 万元	4 500 万元	65	
大源	横沔镇	林家望	4 080 万元	3 900 万元	55	
大东	十一墩东首	薛增荣	3 740 万元	6 000 万元	60	
文元祥	沙泥码头东	瞿文伯	5 100 万元	4 500 万元	50	
福昌连记	江镇东首	闵连奎	5 950 万元	6 000 万元	60	
华森	江镇东首	陆吉夫	4 250 万元	3 750 万元	55	
中华	沙泥码头西	徐明烈	2 550 万元	3 000 万元	55	
顺昌	华家路口西	蔡福涛	3 060 万元	2 700 万元	60	
丰盛	牛郎庙西	赵玉庭	3 910 万元	4 050 万元	55	
宏大昌	六团乡	孙云鹤	4 080 万元	3 600 万元	60	
东新	七团乡陶家湾	陶松庭	3 400 万元	3 000 万元	60	
百龄机	七团乡	张久华	3 910 万元	4 500 万元	55	
华新长记	凉亭码头东	唐长根	2 380 万元	2 250 万元	55	
鸿丰	沙泥码头	杜庚耀	3 060 万元	4 500 万元	60	
华康	十一墩东	康允恺	2 210 万元	□400 万元	50	
吉星	华家路口西	罗吉庭	3 400 万元	4 500 万元	60	
同心	六团乡	朱素文	5 100 万元	4 500 万元	65	
华兴俞记	江镇东首	俞文祥	5 100 万元	4 500 万元	65	
祥丰	江镇东	闵正心	2 550 万元	2 250 万元	55	
恒丰	七团乡大红墩	毛坤生	4 080 万元	3 600 万元	60	
新华	七团乡潘家桥	郑巧生	1 700 万元	1 500 万元	50	
郑伯记	潘家桥	郑伯生	1 700 万元	1 500 万元	50	
黄金	虹桥港徐家桥	黄金根	3 740 万元	3 300 万元	60	
鸿益	十一墩西薛家宅	薛野囡	2 380 万元	2 100 万元	60	
华祥	江镇西首	汪贵祥	2 380 万元	2 250 万元	60	
德明	十一墩东	瞿金奎	2 380 万元	2 100 万元	60	
董记	江镇西首	董火根	1 700 万元	1 500 万元	50	
光华合记	七团乡营房圈	王德海	1 700 万元	1 500 万元	50	
云鑫	江镇西首	陆新根	1 700 万元	1 500 万元	50	
庄金记	华家路口	庄金贤	2 040 万元	2 400 万元	55	
家庭	华家路口西	瞿勳涛	2 550 万元	3 000 万元	55	

续表

商号		负责人姓名	半年销售或营业收入约计额工资部分	资本实额	商况计分	备注
牌名	地址					
张友记	七团乡畅塘南首	张友才	1 870 万元	1 650 万元	55	
华洋	七团乡柴场湾	王国良	2 210 万元	1 950 万元	55	
同兴	七团乡潘家桥东	高应祺	1 700 万元	1 500 万元	50	
潘龙记	沙泥码头西	潘龙根	1 700 万元	1 500 万元	55	
昌记	十一墩东首	王应昌	2 550 万元	2 250 万元	55	
乔顺记	七团行	乔顺根	2 040 万元	1 800 万元	55	
杨来记	七团乡大洪墩东	杨来生	1 700 万元	1 500 万元	55	
华东	江镇东首	乔梅根	2 550 万元	2 250 万元	60	
经纶	十一墩东凌家宅	傅丰镛	6 800 万元	16 800 万元	50	
勤丰	十一墩东	薛增富	5 100 万元	4 500 万元	60	
文记	七团乡张家码头	蔡文才	3 400 万元	3 000 万元	55	
益大	江镇东首	吴根咸	1 700 万元	1 500 万元	50	
青城	潘家桥西堍	刘蜀屏	3 400 万元	3 000 万元	60	
中国	华家路口东	陈芹生	3 060 万元	3 600 万元	55	
公兴秋记	江镇东	王秋林	2 380 万元	2 400 万元	50	
力行	沙泥码头东	张颂达	1 870 万元	1 650 万元	50	
华新	沙泥码头东南	唐新根	1 700 万元	1 500 万元	50	
新都	六团湾	吴月生	2 550 万元	3 750 万元	50	
永利	七团乡大洪墩东	王林根	1 190 万元	1 800 万元	50	
吉祥	七团乡大洪墩东	朱培祥	1 700 万元	1 500 万元	50	
华丰记	牛郎庙西	张秋园	1 020 万元	1 000 万元	45	
华星	六团乡姚家庙	罗吉庭	4 250 万元	3 750 万元	55	
生昌	华家路口东	朱富生	1 700 万元	1 500 万元	50	
大同	华家路口西北	张睿庚	2 550 万元	3 000 万元	50	
河东	牛郎庙西	范益民	1 700 万元	1 500 万元	45	
公兴	沙泥码头东	唐伯榕	3 910 万元	3 750 万元	55	
华丰	七团乡潘家桥东	孔三星	1 700 万元	1 500 万元	45	
建农	大团	黄豫才	4 080 万元	3 600 万元	45	
久大	江镇东	邱林根	2 550 万元	1 500 万元	50	
华南	七团行西	宋增麟	1 700 万元	3 000 万元	50	

造册人：南汇县毛巾织造工业同业公会理事长张俊彦。

[1194－4－44]

(十三) 南汇县棉花粮食商业同业公会

祥和杂粮行等关于恢复南汇县米业公会致南汇县政府呈

(1946 年 2 月 12 日)

事由：为请恢复公会仰祈鉴核由

祥和杂粮行经理盛镇陆呈南汇县政府

窃我米业于二十六年前本组有南汇县米业同业公会。抗战军兴，政府西迁，公会乃无形停顿，文卷亦散失无遗。现天日重光，同人等急谋恢复公会，用敢备文呈请，仰祈鉴核，迅赐派员整理，实深德便。

谨呈

县长徐

祥和杂粮行经理盛镇陆谨上(印)

批示送达地点南门外大街

盈昌杂粮行经理潘荣卿(印)

诚记杂粮行经理王承德(印)

王永茂杂粮行经理王士奇(印)

倪顺兴杂粮行经理倪世荣(印)

张秀记米号张秀根(印)

震丰行经理攀纪生(印)

中华民国三十五年二月十二日

[1194－2－813]

南汇县政府关于准予派员整理南汇县米业同业公会致盛镇陆等的批

(1946 年 2 月 21 日)

事由：为据该商呈请恢复米业同业公会准予派员整理批仰知照由

南汇县政府批社字第二二十号

具呈人盛镇陆等

三十五年二月十二日呈乙件，为呈请恢复本县米业同业公会，仰祈鉴核准予派员整理由。

呈悉。所请照准，并派本府社会科员邱虚白前往指导整理，仰即知照！

此批。

县长徐

〔中华民国三十五年〕二月廿一日

[1194－2－813]

江苏省南汇县党部关于顾晋甫等发起筹组航头花米杂粮业同业公会致南汇县商整会训令

（1946 年 3 月 22 日）

事由：为据顾晋甫等呈为发起筹组航头花米杂粮业同业公会请核发许可证俾资筹备一案转仰遵办具报由

中国国民党江苏省南汇县党部训令组字第三六八号

中华民国三十五年三月廿二日

令县商会整委会主委潘子平

案据顾晋甫、唐礼斌等呈称："窃以本镇毗邻周浦市价早晚不同，以致本镇市价因探访之时间不同，而各行商之价格各别商人以信义为重，有此情况未免贻人口舌。爰经磋商发起筹备组织航头镇花米杂粮业同业公会，以资联络而利商情，理合备文声请，仰祈钧部核发许可证，俾资依法筹备组织成立"等情；计附航头镇花米杂粮业同业公会发起人简历乙纸，据此，除指令外合行抄附原附件转仰该会遵照办理具报为要！

此令。

附航头镇花米杂粮业同业公会发起人简历乙纸

书记长 顾掌擎

〔附〕

航头镇花米杂粮业同业公会发起人简历表

三十五年三月

姓　名	年　岁	职　业	简　　历
顾晋甫	47	花	辛昌花行并杂粮经理
唐礼斌	49	花	守白收花处店主
王永先	41	花米杂粮	新裕花米杂粮行店主
焦甘霖	46	花	义盛花行经理
张琴伯	51	花	源信花行店主
金少谷	53	杂粮	大源义糟坊店主
宋来生	60	米	协顺米庄店主
谈尚武	49	花米杂粮	合利花米杂粮行店主
徐　凯	29	花米	汇大花米行经理
钟林根	26	花	汇通花行经理

［1194－4－292］

南汇县政府关于撤销组织南汇县粮食业同业公会前案的通知书

（1946 年 4 月 17 日）

事由：为据该商等呈请组织粮食业同业公会已逾筹备期限，应予撤销前案通知遵照由

南汇县政府通知书社字第一七二号

查前据该商等呈请组织本县粮食业同业公会。当经批示照准并派员指导在案。迄今未据筹备成立，已逾法定期限，应予撤销前案，特此通知。

右通知原具呈人盛镇陆等

县长徐

〔中华民国三十五年〕四月十七日

[1194-2-813]

南汇县商会整理委员会关于转请派员指导南汇县粮食业同业公会第二次筹备会致南汇县政府呈

(1946年7月1日)

事由:据呈粮食业同业筹备会举行第二次筹备会转请届时派员指导由

南汇县商会整理委员会呈总字第八〇号

中华民国三十五年七月一日

案据粮食业同业公会筹备主任朱文轩呈称:“本会定于七月四日下午一时假座大团棉粮公会举行第二次筹备会议,理合报请派员指导并转呈县政府派员指导”等情。据此,合亟据情呈请鉴赐,届时派员指导以利进行。

谨呈

南汇县长徐

南汇县商整会主任委员潘子平(印)

[1194-2-813]

南汇县棉粮商业同业公会关于召开第三届筹备会议并请派员出席指导致南汇县党部呈

(1946年7月29日)

事由:定八月二日下午一时召集第三届筹备会议恭请派员出席指导由

案查本公会奉县商整会令筹备组织迄今已两月,现在各区同业登记暨入会手续将告完竣。兹定于八月二日下午一时假座大团棉粮公会召集第三届筹备会议商讨选举理监事办法并规定成立大会日期等问题。届时恭请派员莅席指导,无任盼祷。谨呈

南汇县党部书记长顾

南汇县棉粮商业同业公会筹备主任朱文轩

中华民国三十五年七月二十九日

[1192-1-190]

南汇县商会整理委员会关于棉粮商业同业公会定期召开成立大会并送章程草案等致南汇县政府呈

(1946年8月8日)

事由:为棉粮商业同业公会定期召开成立大会检送章程草案仰祈鉴核,届时派员监选由

南汇县商会整理委员会呈总字第一二一号

中华民国三十五年八月八日

案据棉粮商业同业公会筹备主任朱文轩呈称:“窃文轩等依据商业同业公会法组织南汇县棉粮商业同业公会征求新场、周浦、南汇、祝桥、大团、三墩等各镇同业会员,现在入会者近二百人,已于本月二日在大团镇

召开第三届筹备会议，曾请钧会派员指导在案。本届筹备会中决议定于本月十日假座大团镇宝训大楼召开成立大会，上午十时选举理监事，下午一时理监事举行宣誓就职典礼。兹先附上‘南汇县棉粮商业同业公会章程草案’及‘筹备委员履历表’各三份，呈请钧鉴。尚有会员名册等拟待理监事选举后再行录呈。届时仰祈俯赐派员惠临指导并请转呈县政府社会科暨县党部派员监选指示，一切无任公感”

等情，并附章程草案及筹备员履历表各三份到会。据此合亟检同该项附件各一份，备文报请鉴核，届时派员监选以利进行，实为公感。

谨呈

南汇县长徐

附呈章程草案[①]、筹备员履历表各一份

南汇县商会整理委员会主任委员潘子平(印)

〔附〕

南汇县棉粮商业同业公会筹备委员履历表

三十五年

姓名	性别	籍贯	年龄	学历	经历	现任职务
朱文轩	男	江苏南汇	39	苏州中学毕业	教育界服务十有余年	利昌行经理
倪澄波	同上	同上	40	中学毕业	绸缎庄经理等职	福新杂粮行经理
王培良	同上	同上	21	惠南小学毕业	曾任久丰行经理	仁昌丰行经理
吴顺清	同上	同上	37	大团小学毕业后专习中医	在本乡行医十年	顺记农产行经理
陈峰	同上	同上	50	中学毕业	隆盛号经理	同上

[1194－1－855]

南汇县商会整理委员会关于棉粮商业同业公会成立大会情况致南汇县政府呈

(1946年8月25日)

事由：为转报棉粮商业同业公会成立大会暨第一次理监事联席会议经过检送会员名册理监事履历表修正会章成立大会及第一次理监事联席会议记录各一份祈鉴核颁发立案证书刊发图记由

南汇县商会整理委员会呈总字第一四三号

中华民国三十五年八月二十五日

案据棉粮商业同业公会理事长朱文轩呈称：“案查本会于八月十日下午一时假座大团棉量公会召开成立大会。入会会员共旧是旧人，到南汇大团新场祝桥等会员代表九十三人，并蒙县府特派社会科邱科员虚白，暨县党部特派顾代表昌淦惠临指导，监选理监事。又于十四日下午三时，假座钧会召开第一届理监事联席会议，并推选理事长、常务理事及常务监事等，兹录会员名册、修正本会之章程、成立大会纪录、第一届理监事联席会议纪录及理监事履历表各三份，理合备文呈请钧会鉴核，并乞呈县府暨县党部赐予立案，颁给图记及立案证书，实为公便。”等情，并附件各一式三份到会，据此合行检送附件五种各一份，备文报请鉴核，颁发立案证书，刊发图记，实为公便。

谨呈

南汇县长徐

附呈会员名册、理监事履历表、修正会章、成立大会纪录、第一次理监事联席会议纪录各一份。

南汇县商会整理委员会主任委员潘子平(印)

---

① 章程草案从略。

〔附 1〕

人民团体会员名册

南汇县棉粮商业同业公会　　会址南汇城内　　电话(未设)

商号名称	代表姓名	性别	年龄	籍贯	学历	经历	资本金额	开设地址
永昌	毛贵焖	男	33	江苏南汇				南汇东门外大街
大丰	乔木全	男	52	江苏南汇				南汇东门外水洞
正丰	吴其正	男	40	江苏南汇				同上
永和	胡　骏	男	39	江苏南汇				南汇东门外
利丰	黄炳荣	男	22	江苏南汇				南汇东门外水洞
正泰	赵才根	男	37	江苏南汇				南汇东门外三义庙
鸿兴	丁伯鸿	男	42	江苏南汇				同上
潘鼎兴	潘顺卿	男	44	江苏南汇				南汇东门外三角街
三兴	朱炳钧	男	25	江苏南汇				南汇东门外三角街
康震兴	康惠林	男	39	江苏南汇				同上
仁昌丰	王培根	男	21	江苏南汇				同上
王永茂	王士奇	男	50	江苏南汇				南汇东门外大街
唐协泰	唐尧章	男	45	江苏南汇				同上
盈盛	闵祖骞	男	51	江苏南汇				同上
祥鑫	朱祥初	男	35	江苏南汇				同上
恒大	宗炳彝	男	51	江苏南汇				同上
盈昌	潘世荣	男	46	江苏南汇				同上
顺兴	马根伯	男	28	江苏南汇				南汇城内
王诚记	王承德	男	44	江苏南汇				南汇东门城内
张长兴	张梦生	男	36	江苏南汇				南汇北门大街
顺昌	杨庆初	男	35	江苏南汇				南汇北门
同昌	顾　谊	男	33	江苏南汇				南汇北门大街
祥和	盛镇陆	男	49	江苏南汇				南汇南门外大街
复昌	张畊深	男	35	江苏南汇				同上
夏正泰	夏桂松	男	27	江苏南汇				南汇南门外
仁禾	沈益儒	男	34	江苏南汇	初中			新场西街
施祥泰	施根欣	男	27	江苏南汇			卅万元	新场包家桥东
方三鑫	方金生	男	48	江苏南汇	小学		六十万元	新场南市
福新同记	倪澄波	男	40	江苏南汇				新场中大街
大昌合记	胡守仁	男	33	江苏南汇				新场
慎余振记	王润林	男	38	江苏南汇	小学		四十万元	新场南市
协泰	蔡承邑	男	27	江苏南汇	初中		四十万元	新场包家桥东
永茂	徐如生	男	37	江苏南汇	高小		卅万元	新场东港
周聚丰	周柏山	男	62	江苏南汇			七十万元	新场包家桥东
恒康	雷顺根	男	38	江苏南汇	中学		卅万元	同上

续 表

商号名称	代表姓名	性别	年龄	籍 贯	学 历	经 历	资本金额	开 设 地 址
元昌	董云祥	男	47	江苏南汇	高小		卅万元	同上
久昌治记	龚鼎周	男	53	江苏南汇				新场东街
张义昌	张梅功	男	34	江苏南汇				同上
泰昌	季锡荣	男	46	江苏南汇				新场洪桥堍
永成	叶永安	男	35	江苏南汇				新场西街
同茂仁记	王秋帆	男	31	江苏南汇				新场东街
振丰	袁永根	男	33	江苏南汇				同上
汇达	庄仁庠	男	48	江苏南汇				下沙镇
沈云记	沈忠云	男	34	江苏南汇			五拾万元	同上
新盛昌	王明桥	男	28	江苏南汇			五拾万元	同上
周万昌	周文吉	男	37	上海			念万元	同上
鼎盛	闵保生	男	47	南汇			念万元	同上
陈隆盛	陈 峰	男	41	南汇	中学		四四万元	祝桥西街
长兴	徐长耕	男	42	江苏南汇			五万元	祝桥
久丰	丁鸣九	男	36	江苏南汇	小学		五万元	祝桥西南街
王正泰宗记	王耀宗	男	28	江苏南汇			七十万元	祝桥
永泰昌	王弌士	男	25	江苏南汇			□万元	同上
王祥泰	王义发	男	24	江苏南汇			六十万元	同上
源生	江志元	男	59	江苏南汇			□万元	同上
德泰	鲍友生	男	25	江苏南汇			六十万元	祝桥西市
合盛协记	陈仲文	男	44	江苏南汇			七十万元	祝桥百灵街
施正顺	施鸿藩	男	34	江苏南汇	初中		□万元	祝桥中市
施正元	施成德	男	53	江苏南汇	中学		□万元	祝桥南市
同顺泰	张廸卿	男	49	江苏南汇	小学		□万元	祝桥中市
公大协记	朱吟棣	男	41	江苏南汇	高小		八十万元	祝桥
顾成泰	顾□根	男	24	江苏南汇			□万元	祝桥曲当街
恒盛	张志欣	男	53	江苏南汇	小学		七十万元	祝桥百灵街
信泰	桂致平	男	41	江苏南汇			五万元	祝桥
信大祥	郭报庭	男	34	江苏南汇			四十万元	祝桥南市
政记	施政□	男	40	江苏南汇			□万元	祝桥
民兴	唐九亲	男	43	江苏南汇				祝桥南市
大新	黄永坚	男	42	江苏南汇		在商界服务廿余年	贰仟四四万元	大团南市
大盛和义记	周士奎	男	38	江苏南汇		同上	乙仟万元	同上
信盛	陆根生	男	46	江苏南汇			五万元	大团北市下塘
泰昌公记	李诗生	男	50	奉贤			五万元	大团南市
顺记	吴顺清	男	37	南汇			二五万元	大团南市下塘
祥盛	吴群祥	男	37	南汇		在商界服务二十年	贰仟四万元	大团南市

续 表

商号名称	代表姓名	性别	年龄	籍 贯	学 历	经 历	资本金额	开 设 地 址
东兴	陈全楼	男	52	江苏南汇			□万元	大团南市
万□恒记	宋时霖	男	46	奉贤		在商界服务三年	六五万元	大团一灶港
卫康	龚尚青	男	28	南汇			□四十万元	大团中市
万泰	唐关德	男	35	南汇			□七十万元	大团北市
同顺	傅国庆	男	32	南汇			□万元	大团中市
云记	唐云楼	男	48	南汇			□万元	大团北市
德丰	韩振modules	男	34	南汇	太仓师范毕业	现任四川建设银行上海分行副理	□□万元	大团中市
裕大	吴秉良	男	26	南汇			□万元	大团南市
和茂	张益臣	男	48	南汇			□万元	大团南市
东昌	俞来章	男	41	南汇			□廿万元	同上
谈鼎泰	谈荣生	男	39	南汇	大团第六校		□万元	大团北市
永源昌记	唐金华	男	32	南汇			□万元	大团南市
恒陞和	王根荣	男	51	南汇			□万元	大团中市
同泰	苏关金	男	43	南汇			九十万元	大团中市下塘
源茂	庄锦荣	男	55	南汇			九十万元	大团北市
源丰	陆寿荣	男	23	平湖			□七十万元	大团中市下塘
闵恒盛	闵福昌	男	40	南汇			□□万元	大团南市
正泰昌	庄秀祥	男	46	南汇			八十万元	大团中市下塘
天发	邵赓发	男	33	南汇			六十万元	大团一灶港
张永兴	张詠赓	男	26	南汇			□廿万元	同上
振源洽记	董月琴	男	34	南汇			□□万元	大团南市
昌记	郑泰英	男	42	浙江镇海			六十万元	大团北市
同泰祥	唐祥麟	男	46	南汇			□□万元	大团中市
利昌	朱文轩	男	39	南汇			□万元	三墩
德丰	潘梅祥	男	34	江苏南汇			六十万元	三墩
利达	陈可人	男	26	江苏南汇	初中毕业	利达经理		同上
大记	陆天成	男	30	江苏南汇	中学	服务商界有年		新场

〔附 2〕

南汇县棉粮商业同业公会理监事履历表

民国三十五年八月十日选

职 别	姓名	性别	籍贯	年龄	学 历	经 历	现任职务	通 讯 处
理事长	朱文轩	男	江苏南汇	39	苏州中学毕业	服务教育界十有余年	利昌行经理	三墩利昌行或大团棉粮公会转
常务理事	吴顺清	男	江苏南汇	37	大团小学毕业后专习中医	在本乡行医十年	顺记农产行经理	大团镇顺记农产行
	王培根	男	江苏南汇	21	惠南小学毕业	曾任久丰行经理	仁昌丰行经理	南汇东门外三角街西仁昌丰号

续 表

职 别	姓名	性别	籍贯	年龄	学 历	经 历	现任职务	通 讯 处
理 事	周士奎	男	江苏南汇	38	小学毕业	在商界服务凡二十年	大盛和花厂经理	大团南市
	唐祥麟	男	江苏南汇	46	同上	在商界服务二十余年	同泰祥米庄经理	大团中市
	吴群祥	男	江苏南汇	37	同上	在商界服务凡二十年	祥盛米庄经理	大团南市
	倪澄波	男	江苏南汇	40	同上	在商界服务凡二十余年	福新行经理	新场中大街
	沈益儒	男	江苏南汇	34	初中程度	在商界服务十余年	仁禾粮行经理	新场西街
	陈 峰	男	江苏南汇	41	中学程度	在商界任事有年	陈隆盛行经理	祝桥镇西街
候补理事	谈荣生	男	江苏南汇	39	大团第六校毕业	在商界任事廿余年	谈鼎泰号经理	大团北市
	董月琴	男	江苏南汇	34	同上	服务商界二十年	振源棉粮行经理	大团南市
	闵福昌	男	江苏南汇	40	同上	在商界服务二十余年	闵恒盛号经理	大团中市
常务监事	周柏山	男	江苏南汇	62	塾馆读书	服务商界五十余年	周聚丰行经理	新场南市包家桥东首
监 事	黄永熙	男	江苏南汇	42	小学毕业	在商界服务凡二十余年	大新经理	大团南市
	陆天成	男	江苏南汇	30	初中毕业	服务商界有年	大记棉粮行经理	新场南市
候补监事	陈可人	男	江苏南汇	26	同上	同上	利达经理	三墩利达

〔附 3〕

南汇县棉粮商业同业公会章程

第一章 总则

第二条 本会定名为南汇县棉粮商业同业公会。

第二章 任务

第三章 会员

第四章 组织及职权

第十四条 本会设理事九人，候补理事三人，监事三人，候补监事一人，均由会员大会就会员代表中选任之。理事中互选三人为常务理事又互推一人为理事长，监事中互推一人为常务监事，又为推进会务便利计得于各大市镇设立办事处。

第五章 会议

第六章 经费

第卅一条 经常费每月由各会员依其等级由理事会审确后缴纳之。

第卅三条 本会经费状况应每半年报告会员一次并呈报主管官署备案。

第七章 附则

中华民国三十五年八月十日经成立大会中修正通过。

〔附 4〕

南汇县棉粮商业同业公会成立大会纪录

日期：民国三十五年八月十日　　时间：下午一时

地点：大团棉粮公会（宝训大楼）出席会员代表九十二人

主席：朱文轩　　纪录：盛汉珍

行礼如仪

主席报告筹备组织本公会之经过情形：

县政府社会科邱科员虚白训话：（1）南汇县棉粮商业相当的发达，应组织公会之必要。（2）查全县棉粮商业约有二百家，今入会者仅九十二家，应督促令其全部参加。（3）选举理监事，要格外地郑重。

县党部代表顾指导员昌淦训话：（1）棉粮为本邑农产品之大宗，经此商者甚众，应有团结，以谋发展，所以要组织公会。(2) 组织方法第一要严密,要合法令所规定,然后能使团体健全稳固。(3) 选举要郑重公开,被选者要勇于任事,负责推进会务。

讨论事项

一件:通过本会章程案。

决议:修正通过(章程另录付印)。

一件:选举本公会理监事案。

决议:依据本公会章程第十四条之规定应票选理事九人,候补理事三人,监事三人,候补监事一人。

选举结果如次:

理事当选人:朱文轩 36 票　周士奎 30 票　王培根 28 票　吴顺清 27 票　唐祥麟 27 票　吴群祥 26 票　倪澄波 26 票　沈益儒 26 票　陈峰 25 票

候补理事:谈荣生 24 票　董月琴 23 票　闵福昌 19 票

监事:当选者黄永熙 26 票　陆天成 23 票　周伯山 22 票

候补者:陈可人 13 票

监选员:县政府邱科员　　县党部顾代表

一件:规定第一届理监事联席会议地点日期及时间案。

决议:定于八月十四日下午一时假座南汇县商会召集第一届理监事会议,仍由筹备主任召集之。

(完)

〔附 5〕

南汇县棉粮商业同业公会第一届理监事联席会议纪录

日期:民国三十五年八月十四日

时间:下午三时

地点:南汇县商整会

出席者:朱文轩　吴顺清　周士奎　唐祥麟　黄永熙　吴群祥　王培根

列席:顾昌淦　主席:朱文轩　纪录:顾□

行礼如仪

报告事项:(从略)

讨论事项:

乙件:推选常务理事三人案。

决议:经票选结果朱文轩、吴顺清、王培良三人当选。

乙件:公推理事长案。

决议:推定朱文轩为理事长。

乙件:推选常务监事案。

决议:推定周柏山为常务监事。

乙件:公推出席县商会代表案。

决议:推定朱文轩、陈峰、王培根、倪澄波、周士奎五人为出席县商会代表。

乙件:本会为便利推进会务根据会章第十四条之规定拟设立各镇分办事处,依目前需要应设几处请讨论案。

决议:暂设南汇、大团、新场、祝桥四处。

乙件:各镇分办事处负责人应如何支配案。

决议:南汇分办事处正主任王培良、副主任杨庆初;大团分办事处正主任黄永熙、副主任黄月琴;新场分办事处正主任倪澄波、副主任沈益儒;祝桥分办事处正主行陈峰、副主任王义发。

乙件:各地未入会同业应如何督促加入本会案。

决议:(1) 登报通告限期入会,(2) 由各理监事就近分别劝导加入,(3) 派员出发征求。

乙件：本会筹备费用应如何筹还案。

决议：依会章卅条之规定公三级征收入会费归垫之。

乙件：本会每月经常费应如何分等及征收案。

决议：等级依入会费八千、五千、三千元由各镇分办事处负责代收。

乙件：会员纳费等级应如何规定案。

决议：由各镇分办事处酌量办理之。

乙件：为推进会员间营业之发展，各镇有设立市场之必要，其规则应如何订定务求严格而免流弊案。

决议：以现款现货交易为原则，其详细规则推朱文轩、吴顺清负责起草交第二次理监事会修正之。

乙件：本业客佣应如何规定案

决议：花米什粮一律百分之二，同业往来减半计算。

乙件：规定第二次理监事联席会议日期案。

决议：规定九月二十日下午一时。

（完）

［1194－1－855］

南汇县政府关于核发南汇县棉粮商业同业公会立案证书致南汇县商会指令

（1946年9月4日）

事由：为据呈报棉粮业同业公会成立大会经过附送章程会员名册等件经核定准发立案证书指令遵照由

南汇县政府指令社字第五二二〇号

令县商会

三十五年八月廿四日呈一件，为转报棉粮业同业公会成立大会经过暨检送章程、会员名册等件，仰祈鉴准立案由。

呈件均悉，经核该棉粮业同业公会章程尚无不合，准予立案，随发立案证书乙帋仰查收转给祗领。至该会图记亦经刊刻，希转饬派员来府，具领为要！

此令。附件存。

附发棉粮商业同业公会立案证书一纸。①

县长徐

〔中华民国三十五年〕九月四日

［1194－1－855］

南汇县棉粮商业同业公会为吁请转呈国大代表王艮仲先生请求行政院劝导中纺公司暨国内各大纱厂尽量采用国棉一事致南汇县商会呈

（1947年1月28日）

事由：为吁请贵会转恳国大代表王艮仲先生请求行政院劝导中纺公司暨国内各大纱厂尽量采用国棉藉以救济农村而维民生由

查我国以农立国，藉农产以维民生；而农产方面以棉花为大宗收入，尤其我浦东西各县之农田，十之七八均植棉花，但自去年以来，中纺公司及国内各大纱厂大批美棉涌进，于是将国产籽花拒收不用，国产籽花之价

① 原文缺。

值因之一落千丈，几乎无人顾问；经营棉业者大半亏本倒闭，棉农收入不敷生产成本，视植棉为畏途；田主收租都收实物，亦大受打击；因此田主不欲有其田，农民不愿植其棉，棉商无法维其业，农村破产，商业凋零，国计民生，两蒙其害。若长此以往，不予以调整，势必酿成极大危机；且国家外汇基金，必将加速枯竭，瞻望前途，不堪设想！爰特吁请钧长转恳国大代表王艮仲先生请求行政院劝导中纺公司暨国内各大纱厂，应顾念农商艰困，幸勿以暴利为目的，争购美棉争纺细纱；须以民生为重，维护国棉，于可能范围内尽先尽量采用国棉，俾农村不致破产，功德无量！

谨呈

南汇县商会理事长潘

南汇县棉粮商业同业公会理事长朱文轩

中华民国三十六年一月二十八日

［1194－4－17］

南汇县商会为据情请转行政院劝导中纺公司暨各大纱厂尽量采购国棉一事致王艮仲的公函

（1947年1月29日）

公函

南字第一九五号

卅六年一月廿九日

据情请转行政院劝导中纺公司暨各大纱厂尽量采购国棉以救农村而维民生由

案据本县棉粮商业同业公会理事长朱文轩呈称：

"照叙全文"等情，据此查，本县农产物以棉花为大宗，近以外棉倾销都市，厂商尽为左右，以致国棉销售为难，价格低落，已趋被摈淘汰之途，农村频于绝境，本会以不特棉商生计告绝且与工商两业及社会整个治安殊有关系，前曾呈请县政府及电请省商联会转，请层峰通饬中纺公司及各大厂商尽先采用国棉，以资挽救各在案。据呈前情，相应函请台端允予将农商交困情形转请行政院迅筹救济对策，通饬尽先采用国棉，以资抢救。无任公感。

此致

国大代表王

理事长潘

［1194－4－17］

王艮仲关于采购国棉一事致南汇县商会复函

（1947年2月10日）

迳启者：

贵会南字第一九五号大函敬悉，承嘱一节，自当相机代为进行，即请察照为荷。

此致

南汇县商会

王艮仲启

〔中华民国三十六年〕二月十日

［1194－4－17］

江苏省社会处关于棉粮商业同业公会奉准备案并饬改订名称致南汇县政府代电

(1947年6月26日)

事由：为该县棉粮公会奉准备案并饬改订名称仰即遵照由

江苏省社会处代电

中华民国卅六年六月廿六日

发文社一字第一三六〇九号

南汇县政府：案查前据本年五月一日社字第一四二八三号呈，暨棉粮商业同业公会报表二份，经专案报部核示去后，兹奉社会部京组字第三三四九九号已元代电内开："呈暨附表均悉，准予备案，惟名称应改为南汇县棉花粮食商业同业公会，仰即转饬遵照。"等因奉此，合亟电仰遵照为要。江苏省社会处(卅六)苏社一已有。

[1194-1-855]

南汇县政府奉令核示改名致棉粮商业同业公会训令

(1947年7月9日)

事由：奉令核示该会名称应改称粮食棉花同业公会转饬遵照由

南汇县政府训令民字第五四号

令棉粮商业同业公会

案奉江苏省社会处卅六年六月廿六日社一字第一三六〇九号代电开："照录原文"。

等因，奉此，合行转仰该会遵照为要。

此令

县长龚

〔中华民国三十六年〕七月九日

[1194-1-855]

南汇县棉粮商业同业公会关于会员大会改选理监事等情况致南汇县政府呈

(1948年10月22日)

事由：呈为本会会员代表大会业经举行依法修改会章暨改选理监事理合将经过情形呈报，仰恳鉴核备案由

查本会会员代表大会业于十月十四日假县商会举行，蒙钧府派何指导员莅席指导。除讨论会务兴革事宜暨修改会章外并遵章改选理监事。结果朱文轩等十五人当选理事，王诚德等五人当选候补理事，吴载全等七人当选监事，谈荣生等三人当选候补监事。旋于十月十九日召开第二届第一次理监事暨各办事处主任联席会议，推定宋益三等五人为常务理事并互推宋益三为理事长，吴载全为监事长，理合将选举结果检同会员代表大会会议纪录一份、第二届第一次理监事暨各办事处主任联席会议纪录一份、本会章程一份、理监事名单二份及选举票一份呈报，仰祈鉴核备案，实为公便。

谨呈

南汇县政府

南汇县棉粮商业同业公会理事长宋益三

中华民国三十七年十月二十二日

〔附 1〕

南汇县棉粮商业同业公会会员代表大会会议纪录

时间：三十七年十月十四日

地点：南汇县商会

出席者：会员代表五十二人

列席者：熊县长　党部翁常委　县府何指导员　经检第一组李克舜　商会沈达权

主席报告 略

讨论事项：

一件：本会会章应予修正案。

决议：修正通过。

一件：本县粮食日见枯竭问题日见严重应如何谋补救案。

决议：呈请县政府发给采办证并派员陪往产地采购。在采购技术上呈请县府代为解决。至各会员行已存于周浦及产地之米粮呈请县府出给搬运证即日搬出，俾调节粮食而维市面。

一件：奉南汇县政府代电饬令代办江苏省保安司令部需用白色皮花二百担，限一周内办齐应如何办理案。

决议：由火机业会员负责代办。除由县府饬令周浦负责代办八十担外，余数由本会分配负担。其比例及负责人决定：大团 30%由黄永熙负责，惠南 25%由王光汉负责，新场 10%由季根荣负责，祝桥四团仓 5%由陈峰负责，鲁汇航头 20%由华兴花厂负责，张江 10%由中益花厂负责。

一件：老店新入会者其入会费应如何征收案。

决议：征收十元至二十元。

一件：改选本会理监事案。

决议：依据本会修正章程第十四条之规定应票选理事十五人、候补理事五人、监事七人、候补监事三人。选举结果如下：

1. 朱文轩　二百票　三墩
2. 陈峰　一百三十五票　祝桥
3. 叶鸿儒　一百二十票　四团仓
4. 宋明远　一百十五票　大团
5. 黄永熙　八十五票　大团
6. 唐傅赓　八十票　黄路
7. 黄若愚　七十五票　惠南
8. 季根荣　七十票　新场
9. 周士奎　七十票　大团
10. 杨庆初　六十五票　惠南
11. 金粟　六十五票　惠南
12. 宗秉彝　六十五票　惠南
13. 方椿庭　六十五票　惠南
14. 姚根圃　六十五票　惠南
15. 张匡一　六十五票　六灶

以上当选理事

1. 王诚德　六十票　惠南
2. 朱侠义　六十票　四团仓
3. 张金祥　五十五票　惠南
4. 吴顺清　五十票　大团
5. 翁茂熊　四十五票　杜行

以上当选候补理事

1. 吴载全　六十票　六灶
2. 傅琴圃　五十票　六灶
3. 包根全　三十五票　六灶
4. 顾关良　三十五票　六灶
5. 吴群祥　三十五票　大团
6. □顺初　三十五票
7. 张耀　三十五票　黄路

以上当选监事

1. 谈荣生　二十五票　大团
2. 朱进梅　二十五票　三灶
3. 张振华　二十五票　六灶

以上当选候补监事

主席：朱文轩

记录：顾桂秋

〔附 2〕

第二届第一次理监事及各分办事处主任联席会议

时间：卅七年十月十九日上午十时

地点：南汇县商会

出席者：黄永熙代　黄若愚　姚耕圃　杨庆初　宗秉彝　金粟　方椿庭　翁茂熊　潘顺卿　叶鸿儒　陈峰　季根荣　唐传赓　朱文轩　包全根　张正峰　傅琴圃□生代　吴载全代　张匡一　顾关□　朱进楼代　宋益三

主席：朱文轩　纪录：顾桂秋

主席报告(略)

讨论议案：

一件：票选常务理事及常务监事案。

决议：常务理事　宋益三十二票　朱文轩十一票　陈峰八票　黄若愚七票　唐传赓六票。

监事长：吴载全三票

一件：常务理事互推理事长案。

决议：票选宋益三为理事长。

一件：确定本会会址案。

决议：决定租借浦东报社楼下二间为本会会址。

一件：设立各办事处及推定负责人案。

决议：由理监事会议决定聘请各地负责人推定如下：

大团区：黄永熙、吴群祥

新场区：季根荣、顾良钧

惠南区：杨庆初、金粟

祝桥区：陈峰、桂福根

六灶区：张匡一

三墩区：唐守清

北蔡区：杨録基

鲁汇区：李豪南、马菊康

杜行区：翁茂熊、姚干城

张江区：孙梦环

黄路区：唐传赓、孙耀

杨家镇：张祖康

召楼区：奚叔平、顾伯梅

三灶区：朱进梅

四团仓：叶鸿儒、叶俊才

江镇区：尹永舟

下沙区：王明桥

航头区：宋良安

陈桥区：傅琴圃

坦直区：□祥生

一件：确定本会办事人员案。

决议：聘请顾桂秋为本会秘书兼会计，朱瑞琛为本会文书，朱赞书为办事同。

一件：本会经临两费业由秘书处造就预算提请公决案。

决议：经常费修正通过临时费提请理事长核准。

一件：各办事处章程应如何拟具案。

决议：由秘书处拟具提交下次会议讨论。

一件：确定下届会议日期案。

决议：决定十月二十九日上午十时举行（风雨无阻）并呈请党政当局派员指导。

一件：请求经检队发给所有有关改革币制及管制物价各项章则案。

决议：函请经检队发给并由本会转发各办事处遵办。

散会。

主席：朱文轩

纪录：顾桂秋

〔附 3〕

南汇县棉粮商业同业公会章程

第五条　本会之任务如左：

七、须经大会决议而具有时间性者授权理事会决议办理交下届大会追认。

第十三条　本会同业不依法加入本会或不缴纳会费或违反章程及决议者，限期劝令加入及改过，逾期仍不遵办者应予以警告，自警告之日起十日内仍不接受者得由本会呈请县府予以左列之处分：

一、金圆拾元以上五拾元以下之违约金；

二、有期间之停业；

三、永久停业。

第四章　组织及职权

第十四条　本会设理事十五人，候补理事五人，监事七人，候补监事三人，均由会员大会就会员代表中选任之，理事中互选五人为常务理事又互推一人为理事长。监事中互推一人为常务监事，又为推进会务便利计得于各大市镇设立办事处。

第十八条　本会理监事之任期均为二年，连选任得连。

第十九条　理监事因故中途缺席时，由候补理监事递补，其任期以补足原任之任期为限。

第卅条　前条入会费规定甲等八元，乙等四元，丙等三元，会员于入会时缴纳之。

中华民国三十七年十月十四日经会员代表大会中修正通过

〔附 4〕

南汇县棉粮商业同业公会理监事名单

中华民国三十七年十月十四日选

职　别	姓　名	现任职务	通　讯　处
理事长	宋益三	海光行经理	大团南市海光行
常务理事	朱文轩	利大行经理	三墩利大行
	陈　峰	陈隆盛经理	祝桥陈隆盛
	黄若愚	大昌行经理	惠南大昌行
	唐傅赓	唐万丰经理	黄路唐万丰行
理　事	叶鸿儒	大森号经理	盐仓大森号
	黄永熙	大新行经理	大团南市大新
	季根荣	荣昌花行经理	新场荣昌花行
	周士奎	大盛和行经理	大团南市大盛和行
	杨庆初	顺昌米行经理	惠南顺昌米行
	金　粟	大康号经理	惠南大康号
	宗秉彝	恒大行经理	惠南恒大行

续 表

职 别	姓 名	现任职务	通 讯 处
理 事	方椿庭	协大兴经理	惠南协大兴号
	姚根圃	仁昌丰经理	惠南仁昌丰
	张匡一	德丰行经理	六灶德丰行
候补理事	王诚德	王诚记经理	惠南王诚记
	朱侠义	朱顺兴经理	盐仓朱顺兴
	张锦祥	德盛行经理	惠南德盛行
	吴顺清	永顺行经理	大团永顺行
	翁茂熊	长丰厂经理	杜行长丰厂
监事长	吴载全	吴兴行经理	六灶吴兴行
监 事	傅琴圃	傅大昌经理	陈桥傅大昌
	包根全	包万昌经理	陈桥包万昌
	顾关良	东和泰经理	六灶东和泰
	吴群祥	祥盛行经理	大团南市祥盛行
	潘顺卿	潘鼎兴经理	惠南潘鼎兴
	张 耀	久昌行经理	黄路久昌行
候补监事	谈荣生	谈鼎泰经理	大团北市谈鼎泰
	朱进梅	永盛行经理	三灶永盛行
	张振华	协茂行经理	六灶协茂行

[1194-1-855]

南汇县棉粮商业同业公会关于核备会员名册等致南汇县政府呈

(1948年11月6日)

事由：为本会会员业经整理完竣，理合检同会员名册呈报，仰恳准予备案由

案奉钧府指令鹏一社字第八一二七号内开："呈一件为，本会会员代表大会业经举行依法修改会章暨改选理监事，理合将经过情形呈报，仰恳鉴核备案由，呈件均悉选举票发还，依法由该会自行保管。至下届大会改选后销毁并仰将该会会员名册呈报。余件尚无不合，准予备案"等因：奉此：选举票遵由本会保管，于下届大会改选后销毁。本会会员业经整理完竣，理合检同会员名册二份具文呈，报仰恳准予备案，实为公便！

谨呈

南汇县政府

南汇县棉粮商业同业公会理事长宋益三

中华民国三十七年十一月六日

〔附〕

南汇县棉粮商业同业公会会员名册

商 号	负责人	地 址
大 新	黄永熙	大团
祥 盛	吴群祥	大团
大盛和	周士奎	大团

续表

商号	负责人	地址
利大	朱文轩	三墩
振新	殷荣良	大团
恒茂	张益臣	大团
德丰	韩振樸	大团
恒源	周福天	大团
恒润	唐祥生	大团
闵恒盛	闵福昌	大团
张永兴	张汉英	大团
同泰祥	唐祥麟	大团
海光	宋朋远	大团
公大	张子璞	大团
大公	唐保金	大团
信盛	陆根生	大团
泰昌公记	李锡生	大团
洪茂	成锦章	大团
万泰	唐关德	大团
东兴	瞿福楼	大团
谈鼎泰	谈荣生	大团
同泰	苏关金	大团
鼎泰	周才生	大团
鸿大	姚培根	大团
正在	倪志良	大团
德大祥	唐生祥	大团
大昌祥	陈子佩	大团
丰盛	胡斌舟	大团
立大	马菊林	大团
徐泰顺	徐宗熹	大团
祥大	张玉书	大团
元昌	陈慕韩	大团
泰隆	陈文才	大团
正泰昌	庄秀祥	大团
天发	邵赓发	大团
万盛	潘万生	大团
源茂	庄锦荣	大团
永顺	吴顺清	大团
德兴	宋德章	大团
源丰	吴任农	大团

续 表

商　号	负责人	地　址
协　盛	黄金祥	大团
永　泰	朱关荣	大团
东　盛	朱关生	大团
钱顺兴	钱关铨	大团
森　泰	刘吉人	大团
和　盛	黄君明	大团
同泰嘉记	魏文嘉	大团
公利洽	沈咸全	大团
陈福泰	陈秀桃	大团
永　大	王安正	大团
协义公	王锦勳	三墩
傅大昌	傅琴圃	陈桥
新　盛	徐新根	陈桥
泰　昌	唐春翘	陈桥
天　昌	金惠民	陈桥
鼎　新	刘守南	陈桥
周晋盛	周友根	陈桥
兴　昌	张国平	陈桥
包万昌	包根全	陈桥
祝源大	祝桂清	七灶
祝元昇	祝秀偕	七灶
福　隆	陈贵龙	陈桥
郭顺记	郭叙生	七灶
陆锦记	陆庚全	七灶
协　茂	王新奎	六灶
久　昌	徐永增	六灶
东和泰	顾关良	六灶
鼎　泰	周雪江	六灶
利　民	石来生	六灶
永　丰	张洪梅	六灶
德　丰	张匡一	六灶
协　泰	杨振廷	六灶
洪　昌	徐洪生	六灶
倪长盛	倪菊生	六灶
吴　兴	吴载全	六灶
禾　丰	傅正国	六灶
新　昌	徐锡海	六灶

续 表

商　　号	负 责 人	地　　址
德　昌	徐慕偕	严桥
穗　丰	朱银初	严桥
协盛义	郭银奎	陈桥
兴　泰	陈树洲	七灶
陈永盛	陈传麟	七灶
信　昌	张学忠	龄楼
泰　昌	唐春翘	陈桥
倪顺兴	倪世荣	黄路
天　新	周永良	黄路
三　茂	庄坤初	黄路
沈永茂	沈云歧	黄路
张协懋祥	张鸿甫	黄路
久　昌	张　耀	黄路
德　隆	钟邱六	黄路
唐万丰	唐传赓	黄路
振　顺	倪关胜	六灶湾
振顺协	苏移珊	六灶湾
鸿昌号	王菊清	谈家店
施恒源	施定一	老港
久　丰	丁鸣九	祝桥
信　泰	桂致平	祝桥
王正泰	王耀宗	祝桥
陈合盛	陈仲文	祝桥
恒　盛	张子欣	祝桥
同顺泰	张迪卿	祝桥
公　大	朱吟棣	祝桥
大　来	朱进德	祝桥
瑞昌盛	顾宗周	祝桥
陈隆盛	陈　峰	祝桥
顾盛泰	顾金根	祝桥
源　生	江子源	祝桥
施正元	施成德	祝桥
施正顺	施鸿藩	祝桥
民　兴	唐九清	祝桥
恒　泰	苏金生	祝桥
徐长兴	徐长根	祝桥
永　大	张伯良	祝桥

续 表

商　　号	负 责 人	地　　址
周兴泰	张金根	祝桥
正　大	计阿大	祝桥
协　丰	桂一清	祝桥
朱源丰	朱莘谷	祝桥
协　泰	施关根	祝桥
万　利	徐根元	祝桥
永　丰	陈金桥	祝桥
福　昌	陶福德	祝桥
协　兴	金志林	祝桥
民　兴	孙义方	邓镇
信盛米庄	谢震梅	邓镇
协　大	储亚庄	邓镇
谢信盛柏记	谈新柏	邓镇
邱恒源	邱水涛	邓镇
万　兴	杨富林	邓镇
孙永盛	孙云生	邓镇
协　盛	丁家奎	邓镇
恒　发	孙咸斌	邓镇
吴永盛	吴志义	邓镇
尹协昌	尹永周	江镇
杜万昌	杜虎林	江镇
裕盛永记	李永坤	江镇
大　章	蔡章生	江镇
人寿记	陈金海	江镇
荣　昌	倪荣金	江镇
德丰盛	陈炳松	江镇
金万泰	金云发	江镇
震义泰	成叔芳	江镇
公　泰	陈秉和	江镇
义　兴	尹根清	江镇
新大祥	陆荣奎	江镇
倪鑫泰	倪金祥	江镇
饶协泰	饶杏溪	江镇
龚万兴	龚永生	江镇
协　慎	尹福明	江镇
震　兴	王应僖	江镇
源丰昌	尹根明	江镇

续 表

商　号	负责人	地　址
协丰昌	王顺昌	江镇
永　隆	马顺隆	江镇
久　康	许水清	江镇
安　华	鞠桂卿	四团仓
鞠恒兴	鞠秉钧	四团仓
聚　丰	李清和	四团仓
公　大	沈士林	四团仓
顾高源	顾文彪	四团仓
陆长春	陆秀荣	四团仓
宝　昌	顾宝根	四团仓
万　兴	万金生	四团仓
金源顺	金秋翘	施镇
永　丰	王桂复	施镇
宝　大	唐仁杰	施镇
尹永兴	尹炳生	施镇
盛协丰	盛依仁	施镇
元丰祥	朱栋材	施镇
宏　大	桂雪生	施镇
吴德泰	吴贵德	施镇
德兴昌公记	李永侯	十一墩
大陆成记	唐永根	十一墩
协丰顺行	施嘉禄	十一墩
合丰号	张志星	十一墩
奚长泰	奚治清	十一墩
冠　昶	庄振杰	十一墩
大　丰	陈林祥	十一墩
晋　丰	丁荣斌	十一墩
丰　泰	张鹤亭	十一墩
万昌祥	庄□祥	十一墩
协　顺	沈树金	十一墩
源　泰	吴仪鸣	十一墩
德　昌	乔仲修	西门塘
裕　丰	毛坤生	七团
和　泰	许鸿庆	七团
褚同盛	褚松涛	七团
同德盛	童德荣	江镇
潘源盛	潘进福	七团

续 表

商　号	负责人	地　址
浦南花厂	宋云峰	四团仓
大　森	叶鸿儒	四团仓
公大祥	谈梅要	四团仓
朱顺兴	朱侠义	四团仓
顺　利	沈顺林	四团仓
久　大	樊纪生	四团仓
大　禾	王叙兴	四团仓
李元龙	李正荣	四团仓
王振大	王校生	四团仓
茂　昌	瞿祥初	四团仓
丁鸿兴	丁伯鸿	四团仓
恒　源	傅金生	四团仓
公　记	郁根堃	盐仓
祝合兴	祝仁山	盐仓
源　记	计梅元	盐仓
新　农	储鉴松	盐仓
汤万森	汤连生	马家宅
合　泰	顾馨玉	四团仓
大　华	叶序镰	四团仓
长泰福记	奚澄清	十一墩
张德泰	张世骏	航头
宋协顺	宋良安	航头
源兴号	焦甘霖	航头
王裕源	王义生	航头
正　泰	谈尚武	航头
正　德	谈浩士	航头
长　兴	张德来	航头
云记新粮行	沈忠云	下沙
协丰花米行	王坤生	下沙
正昌花米行	汪国林	下沙
泰　昌	潘泰福	下沙
陆兴记	王明桥	下沙
鼎　盛	陶保生	下沙
方三鑫	方金生	新场
元　昌	董云祥	新场
泰　昌	季锡荣	新场
同　茂	王性初	新场

续 表

商　号	负责人	地　址
振　丰	袁永根	新场
王正泰	王明达	新场
施祥泰	施根欣	新场
永　茂	徐如生	新场
大昌合记	胡守仁	新场
周聚丰	周柏山	新场
久　昌	龚鼎周	新场
张义昌	张树功	新场
公　泰	陆新杰	新场
长源发	卫长海	新场
永　盛	朱进梅	三灶
三　泰	宋庆全	新场
隆　昌	朱金洲	三灶
盛　丰	袁顺龙	三灶
季永兴	季永生	三灶
庆　丰	黄承钧	三灶
公　泰	黄文良	三灶
永　昌	季连荣	三灶
正　茂	倪维章	三灶
万　盛	顾仲元	三灶
洽丰德记	任友权	杜行
久　昌	李根山	杜行
施振兴	施雪堂	杜行
李福盛	李福才	杜行
益　丰	姚干城	杜行
李万茂	李义新	杜行
陈聚兴	陈方生	杜行
盛　昌	丁荣妹	杜行
王金记	王龙生	杜行
协　盛	康锦荣	杜行
年　丰	陈金生	杜行
德　泰	张水祥	杜行
赵大顺	赵丽文	杜行
三　友	李鹤云	杜行
大　达	汤伯显	杜行
倪祥盛	倪葆青	杜行
宏　泰	杜仁桂	杜行

续 表

商　号	负责人	地　址
李永盛	李锦才	杜行
长丰厂	翁茂熊	杜行
协　生	陆新馀	杜行
宝　丰	计葆义	杜行
大　发	汤绥堂	杜行
仁　兴	汤永懋	杜行
生　泰	陆生桃	杜行
裕昌协记	张维峰	召楼
乾　泰	顾伯梅	召楼
协　记	沈彬泉	召楼
赵公大	赵叙兰	召楼
恒裕林记	朱林根	召楼
协昌永	华才伯	召楼
义顺行	顾申江	召楼
万诚号	顾仁杰	召楼
德　记	俞玉成	召楼
钱永大	钱纪平	召楼
协盛公	王中发	召楼
永生行	俞保兴	召楼
俞元发	俞和其	召楼
广丰花厂	乔志钧	鲁汇
掬熊记花米行	掬梦熊	鲁汇
元昌和记花米行	张怀孝	闸港
元大米行	徐玉麟	张江
福　大	陈福缘	北蔡
徐永兴	徐新根	北蔡
瑞　兴	何顺伯	北蔡
万丰泰	吴　群	北蔡
万豫新	费文影	龙王庙
协　和	高志继	北蔡
杨永丰	杨禄基	北蔡
正　昌	周沛林	北蔡
王根记	王林根	北蔡
协　茂	陈平生	北蔡
祥　利	叶祥馨	北蔡
义　泰	黄锡奎	北蔡
陈龙记	陈沧洲	北蔡

续 表

商　号	负责人	地　址
永顺泰	蒋桂生	北蔡
永　昶	季永生	北蔡
兴　昌	何求生	闸港
万　顺	叶金生	闸港
袁远大	袁荣根	闸港
协　丰	金善元	闸港
周恒大	周维荣	闸港
正　丰	吴其正	惠南
潘鼎兴	潘顺卿	惠南
王永茂	王士奇	惠南
唐协泰	唐尧章	惠南
恒　大	宗炳彝	惠南
张长兴	张梦生	惠南
顺昌行	杨庆初	惠南
李鼎顺	李金楼	惠南
钱年丰	钱砚华	惠南
利　丰	荣炳荣	惠南
赵正泰	赵喜根	惠南
王诚记	王诚德	惠南
祥　鑫	朱祥初	惠南
大　康	金　粟	惠南
泰　丰	郁成芳	惠南
源　昌	沈友才	惠南
元　丰	金凤祥	惠南
协大兴	方桂庭	惠南
安久大	姚祉赓	惠南
康正兴	康惠林	惠南
久　丰	王吕兆	惠南
德　盛	张铮祥	惠南
薛仁泰	薛林森	惠南
大　昌	黄若愚	惠南
城　东	王水生	惠南
正　泰	郁品花	惠南
王馀丰	王伯樑	惠南
协顺鑫	王芹初	惠南
王隆茂	王秉仁	惠南
康震兴	康惠林	惠南

续　表

商　　号	负 责 人	地　　址
源盛恒	闵祖骞	惠南
恒　裕	金祖培	惠南
森　昌	瞿士昌	惠南
于恒盛	于宝泉	惠南
三　泰	徐根福	惠南
成　泰	吴志根	惠南
王正大	王丽逵	惠南
永泰公	朱德荣	惠南
同　兴	许伯扬	惠南
星　泰	张星伯	惠南
福　泰	倪学礼	惠南
仁昌丰	姚耕圃	惠南
余丰新	陆福生	张江
祥丰协	黄麟祥	张江
陈福昌	陈建绪	张江
永昌公	杨景生	张江
周泰公燮记	顾燮江	张江
荣　兴	孙梦环	张江
恒丰泰记	朱元芳	张江
裕　昌	陈宝忠	张江
久　康	盛增荣	张江
洽　大	杨龙生	张江
源　昇	张叙生	张江
德　利	黄自强	杨家镇
大　康	张锡荣	杨家镇
荣　盛	徐　荣	杨家镇
徐信昌	徐士元	杨家镇
润大康记	张祖康	杨家镇
张永茂	张根元	杨家镇
同　兴	杨景生	杨家镇
茂　泰	梅国英	杨家镇
正　大	朱炳根	杨家镇
杨协顺	杨影魁	杨家镇
徐信昌	徐士游	杨家镇

[1194－1－855]

（十四）南汇县民船商业同业公会

赵志达等筹备组织南汇县运货民船业同业公会致南汇县政府呈

（1947年4月12日）

事由：为筹备组织本县运货民船业同业公会请求准予备案由

缘具呈人等均系经营民船运货业，兹为谋同业公共利益及矫正弊害并使政府易于统一管辖起见，拟组织本县运货民船业同业公会，由具呈人等发起，依法先行组织筹备处筹备一切事宜。俟召开筹备会议选举正副主委，通过组织章程，当再专案呈报，理合先将发起人名单呈送，仰祈核鉴，准予备案，俾便进行筹备事宜，实为公便。

谨呈

南汇县县长徐

附呈发起人名单壹纸

筹备处临时通讯处本城东门大街第壹百叁拾号

具呈人 赵志达（印）

范文杰（印）

瞿祥生（印）

林阿海（印）

李根全（印）

林炳松（印）

瞿祥官（印）

中华民国三十六年四月十二日

〔附〕

南汇县运货民船业同业公会发起人名单

姓　名	年　龄	籍　贯	住　址	通　讯　处	船只数
赵志达	35	南汇	城南乡	周浦镇天生米行	贰
范文杰	31	南汇	百曲乡	周浦镇正大米行	贰
瞿祥生	23	南汇	大团镇	周浦镇天生米行	壹
林阿海	37	南汇	新场镇	周浦镇三友米行	壹
李根全	35	南汇	宣桥乡	周浦镇三友米行	壹
林炳松	33	南汇	新场镇	周浦镇永记米行	壹
瞿祥官	32	南汇	大团镇	周浦镇天生米行	壹

［1194－1－857］

南汇县政府准予组织南汇县民船业同业公会致发起人赵志达等的批

（1947年4月19日）

事由：据呈发起组织本县民船业同业公会应予照准指令遵照由

南汇县政府批社字第一三九七七号

具呈人赵志达等

三十六年四月十二日呈乙件，为筹组本县运货民船业同业公会请求准予备案由。

呈件均悉，准予组织，仰将该会名称改为“南汇县民船商业同业公会”，推定筹备员三人至七人，先组织筹备会，自刊条戳应用，开始征求会员入会（须载重二十石以上船舶）再行拟定章程草案，订期成立，并报请本府派员指导为要！

此批。

县长徐

〔中华民国三十六年〕四月十九日

［1194－1－857］

南汇县民船商业同业公会筹备会主任委员赵志达关于报送筹备经过及召开成立大会日期并请派员出席指导致南汇县政府呈

（1947年4月29日）

事由：为呈报筹备经过及召开成立大会日期并请派员出席指导由

案奉钧府社字第一三九七七号批示准予组织本县民船业同业公会，并令先行推定筹备委员，组织筹备会自刊条戳，开始征求会员入会等因。奉此，遵即着手筹备，并于四月二十六日召开第一次筹备会议，推定筹备委员十一人，并推选具呈人等为正副主任委员，业经参加本会会员已达四十余人。兹议定于五月六日召开成立大会，除俟大会通过组织章程另案呈报外，理合将筹备经过及第一次会议纪录具文呈送，仰祈

鉴核，并赐派员莅临大会指导，实为公便。谨呈

南汇县县长徐

南汇县民船业同业公会筹备会　　主任委员 赵志达（印）

副主任委员 严长生（印）

谨呈

附呈会议纪录壹份

中华民国三十六年四月二十九日

〔附〕

南汇县民船商业同业公会第一次筹备会议

地点：周浦镇南八灶

时间：三十六年四月二十六日下午一时

出席者：林炳松　张荣堂　严长生　林阿海　冯文虎　尤阿义　范文杰　宋海泉　徐莲生　江阿大　沈贵宝　林阿贵　汪三宝　傅莲生　宓阿狗　王宝根　金阿新　冯金根　李根全　瞿祥官　冯石生　费关桃　唐伯生　范阿大　陆召四　蒋阿二　徐文才　甄四海　刘贵品　赵志达

主席：赵志达

纪录：张松陔

（一）报告（略）。

（二）讨论。

一、本会应否组织请公议决案。

决：一致通过迅应组织本会。

一、推选筹备委员人选案。

决：一致推选下列人为本会筹备委员：

赵志达　严长生　尤阿义　戴合松　林炳松　范文杰　张荣堂　王宝根　陈八妹　朱和尚　冯金根。

一、推选正副主任委员案。

决：一致推选赵志达为主任委员，严长生为副主任委员。

一、选定大会成立日期及地点案。

决：议定五月六日在周浦召开成立大会。

一、推定本会章程草案起草委员。

决：推定赵志达、范文杰为起草委员

一、筹备及开办时期经费应如何筹措案。

决：由各筹备委员设法筹垫。

主席 赵志达

纪录 张松陔

[1194－1－857]

南汇县政府关于补报章程草案并予以派员指导成立大会致南汇县民船商业同业公会筹备会指令

(1947年5月3日)

事由：据呈报定期召开成立大会姑准派员出席指导指令知照由

南汇县政府指令社字第一四七九七号

令民船业同业公会筹备会

卅六年四月廿九号呈乙件，为呈报筹备经过及召开成立大会日期并请派员出席指导由。

呈件均悉，查人民团体组织法第十四条之规定“人民团体于召开成立大会前，应将筹备经过连同章程草案呈报主管官署，并请派员监选”。兹据来呈未将章程草案具报审核，殊有未合，姑念该会会员系属流动，既经订期召集，准予届时派员出席指导，仍仰补报章程以凭审核为要！

此令。附件存。

县长徐

〔中华民国三十六年〕五月三日

[1194－1－857]

南汇县民船商业同业公会报送成立经过并送章程会议录等致南汇县政府呈

(1947年5月10日)

事由：为呈报成立经过并呈送章程会议录会员名册暨职员略历册仰祈鉴核准予立案由

案奉钧府社字一四七九七号指令略开据呈报定期召开成立大会，姑准派员出席指导仍仰补报章程以凭审核等因。遵经于本月六日下午一时假座周浦镇法云堂召开成立大会，修正通过全部会章选举理监事并同日召开第一次理监事联席会议推定常务理监事及理事长正式成立。本会除通告暨分呈外理合将成立经过检同会章、会议纪录、会员名册暨职员略历册备文呈送，仰祈鉴核，准予立案并赐颁发证书图记俾使扩展会务，实为公便。

谨呈

南汇县县长徐

附呈本会会章、会议纪录、会员名册、职员略历册各一份

南汇县民船商业同业公会理事长李天成

中华民国三十六年五月〔十[①]〕日

〔附 1〕

南汇县民船商业同业公会章程

第一章　总则

第一条　本章程依据商业同业公会暨商业同业公会法施行细则航商组织补充办法订定之。

第二条　本会定名为南汇县民船商业同业公会。

第四条　本会以南汇县行政区域为区域会所设于南汇县城并得于各重要市镇设分办事处。

第二章　任务

第五条　本会之任务如左：

一、关于会员联合营业暨共同管理及其他必要之设施事项；

二、关于会员营业之统制事项；

三、关于主管官署暨主管船舶官署及商会委派事项；

四、关于会员营业之研究指导调查及统计事项；

五、关于会员纠纷之调解事项；

六、关于兴办同业劳工教育及公益事项；

七、关于会员营业必要时之维持事项；

八、关于会员合于第三条所揭宗旨之其他事项。

兴办前项第一款事业时应拟定计划书经全体会员代表三分之二以上之同意并呈准主管署后施行，其变更时亦同前项第二款之统制，非经全体会员代表三分之二以上之同意呈由主管官署核准后或主管官署令其施行统制时不得施行。

第三章　会员

第六条　凡在本区域内经营民船商业之公司行号及曾正式向官厅登记之民船均应为本会会员，前项会员应推派代表出席本会称为会员代表。

第七条　会员以有中华民国国籍年在二十岁以上者为限。

第九条　会员代表丧失国籍或发生前条各款情事之一时，原派之会代表应撤换之。

第十条　会员均有发言权表决权及被选举权，会员因事不能出席会员大会时得以书面委托其他会员代理之。

第十一条　同业之公司行号及民船不照章加入本会或不缴纳会费或违反本会章则及决议案者得经理事会之决议予以警告无效时，得按其情节轻重处以应纳会费十倍以下违约金或经主管官署核准处以一定时间之停业或永久停业前项之处分，对于已加入本会之会员同样适用之。

第十二条　会员非迁移其他区域或废业或永久停业之处分者不得退会。

第十三条　会员推派代表应给以委托书并通知本会改派时亦同，但已当选为本会理监事者非有依法应解任之事由不能改派。

第十四条　会员有不正当行为致妨害本会名誉信用者得以会员代表大会之决议除照第十一条之规定处分外并得呈解主管官署惩办之。

第四章　组织及职权

第十五条　本会设理事九人监事三人，均由会员大会就会员中用不记名选举法选任之，以得票最多数者当选，选举前项理事及监事应另选候补理事三人，候补监事一人。

第十六条　本会设常务理事三人，由理事会就理事中互选之得票最多数者为当选并就常务理事中选任

---

① 原文落款日期为“中华民国三十六年五月”，据南汇县政府指令社字第一五三八二号“据呈报召开成立会经过检送章程名册等件经核准发立案证书仰即只领由”一文提到“卅六年五月十日呈乙件，为……”，故此处补充日期为“中华民国三十六年五月十日”。

一人为理事长。

第十七条　理事常务理事各组织理监事会以行使职权。

第十八条　理事会之职权如左

一、执行会员大会议决案；

二、召集会员大会；

三、决议第二章第五条第三款至第八款列举各项事务。

第十九条　常务理事处理会务职权如左：

一、执行理事会议决案；

二、处理日常事务。

第二十条　监事会之职权如左：

一、会员及会员代表违章之纠察检举；

二、会内一切事务之监督稽核。

第二十一条　理事及监事之任期均为二年连选得选任。

第二十二条　理事或监事有缺额时由候补理事或候补监事分别依次递补其任期均补足前任任期为限。

第二十三条　候补理事及候补监事未递补前均不得列席会议。

第二十四条　常务理事有缺额时由理事会就理事中补选之，其任期以补充前任期为限。

第二十五条　本会理监事有左列各款情事之一者应即解任：

一、会员资格丧失者；

二、因不得已事故经会员代表大会议决准其辞职者；

三、处理职务违背法令营私舞弊或有其他重大之不正当行为已照章处分者。

第二十六条　理监事均为名誉职但因办理会务得支给办公费。

第二十七条　本会得设干事若干人并得分股办事细则另订之。

第五章　会议

第二十八条　本会会员大会分定期会议及临时会议两种，均由理事会召集之。前项定期会议每半年至少召开一次临时会议，于理事会认为必要时经会员十分之三以上之请求或监事会函请召集时召集之。

第二十九条　召集会员大会时于十五日前通知之但有卅四条之情形或因紧急事项召集临时会议者不在此例。

第卅条　理事会每月至少召开一次。

第卅一条　常务理事会每半月至少召开一次。

第卅二条　监事会每三月至少召开会议一次。

第卅三条　会员大会决议以会员过半数之出席，出席代表过半数之同意，出席代表不满过半数时得行假决议在三日内将其结果通知各会员，于一星期后二星期内重行召集会员大会，以出席代表过半数之同意对假决议行使其决议。

第卅四条　左列各款事项之决议以会员三分之二以上之出席，出席代表三分之二以上之同意，行之出席代表不满三分之二者得以出席代表三分之二以上之同意行假决议，在三日内将其结果通告各代表，于一星期后二星期内重行召集会员代表大会以出席代表三分之二以上同意对假决议行使其决议。

一、变更章程；

二、会员或会员代表之除名；

三、理监事之解职；

四、清算人之选任及关于清算事项之决议。

第卅五条　理事会开会时须有常务理事过半数之出席，出席常务理事过半数之同意方得决议可否，同数时取决于主席。

第卅六条　理事开会时监事得列席参加但不得参预表决。

第卅七条　监事开会须有监事过半数之出席，临时互推一人为主席，以出席监事过半数之同意决议一切事项。

第卅八条　理事及监事开会时均不得委托代表参加。

第六章　经费及会计

第卅九条　本会经费分左列两种：

一、会费因执行第五条第一款至第八款任务之费用属之；

二、事业费用执行第五条第一款事业之出资用之。

第四十条　会员入会时应缴纳入会费每吨贰仟元，会员月费比例于船只之吨位计算，每吨每月月费贰仟元，余照吨位类推之。

第四十一条　事业费之分担每一会员得至少参加，一般会员分担事业费之最高额不得超过五十股，因必要时得经会员大会之决议，增加之事业费总额及每股数额由会员大会决议呈经主管官署核准。

第四十二条　会员之责任除会费外，对于第五条第一款之事业所担之股额为限，但得依兴办时之决议于担保收额外另负定额之保证责任。

第四十三条　会员出缴会费概不退回，事业费得于年度终了时请求退还，但会员所负之保证责任经过二年始得解除。

第四十四条　会计年度以每年一月一日起至十二月三十一日止。

第四十五条　本会之预算决算及财产目录资产负债表损益算书均须每年编辑报告书提出于会员代表大会，通过呈报主管官署备案并列布之。

第四十六条　兴办第五条第一款之事业应另立预算决算并依前条之程序为之。

第四十七条　本会解散或一部份事业停止应依商业同业公会法第七章清算之规定选任清算人办理之。

第七章　附则

第四十八条　本章程未规定事项悉依商业同业公会法及同法施行细则暨航商组织补充办法办理之。

第四十九条　本章程如有未尽事宜经会员大会决议呈由主管官署核准后修改之。

第五十条　本章程自呈奉主管官署核准后施行之。

〔附 2〕

南汇县民船商业同业公会成立大会会议录

地址：周浦镇法云堂

时间：三十六年五月六日下午一时

出席者：赵志达　尤阿大　尤阿弍　闵小八　严长生　沈贵宝　陈八妹　冯金根　周阿大　金杏生　冯文虎　戴合松　林炳松　张荣生　林阿海　范文杰　宋海泉　徐连生　江阿大　林阿贵　汪三宝　傅莲生　宓阿狗　徐福生　王宝根　金阿新　李根全　瞿祥官　冯石生　费关桃　唐伯生　范阿大　陆召四　蒋阿弍　徐文才　甄四海　刘贵品　庄宝林　陆新全　朱和尚　汪小林　马生泉　陆进发　陆进财　吴长兴　高顺林　姚荣生　王安林　李瑛

出席指导长官来宾：

邱虚白　李天成　顾德泽　县党部陆全高代　县商会代表钱心陶　镇公所沈时南　周浦警察分局陈焕文代

主席：李天成　　　　纪录：张松陔

行礼如仪

主席报告(略)

长官致辞(略)

来宾演说(略)

讨论：

一、本会章程草案提付讨论请公议决订定案。

决：依照章程草案逐条修正全部通过。

一、请推选本会理事案。
决：一致推选理事九人如左：
李天成　赵志达　严长生　尤阿式　戴合松　范文杰　朱和尚　尤阿大　许祥生。
一、请推选本会候补理事案：
决：一致推选候补理事三人如左：
林炳松　陈八妹　冯金根。
一、请推选本会监事案。
决：一致推选监事三人如左：
李瑛　冯石生　姚荣生。
一、请推选本会候补监事案。
决：一致推选候补监事一人如左：
闵小八。
一、请定期召开理监事联席会议以推定常务理监事及理事长案。
决：定本(六)日下午六时召开第一次理监事联席会议。
一、为便于周浦同业起见拟设周浦分办事处请公议决案。
决：一致通过设立周浦分办事处。

主席 李天成
纪录 张松陔
中华民国三十六年五月

〔附3〕

南汇县民船商业同业公会会员名册

姓　名	性　别	年　龄	籍　贯	登记船只		常泊地点
				只　数	总吨位	
李天成	男	45	安徽省颖上县	一	六	周浦南八灶
赵志达	男	35	江苏省南汇县	二	一二	周浦镇匙桥
严长生	男	38	江苏省南汇县	一	九	周浦东八灶
尤阿式	男	31	江苏省盐城县	一	一〇	周浦南八灶
戴合松	男	50	江苏省川沙县	一	一五	周浦南八灶
范文杰	男	31	江苏省南汇县	一	七	周浦南八灶
朱和尚	男	50	江苏省南汇县	一	一二	周浦南八灶
尤阿大	男	36	江苏省盐城县	一	一六	周浦南八灶
许祥生	男	36	浙江省绍兴县	一	五	周浦镇匙桥
李　瑛	女	24	江苏省南汇县	一	四	周浦南八灶
冯石生	男	35	江苏省南汇县	一	七	周浦南八灶
姚荣生	男	42	江苏省南汇县	一	五	周浦南八灶
林炳松	男	33	江苏省南汇县	一	四	周浦南八灶
陈八妹	男	42	江苏省宝山县	一	八	周浦南八灶
冯金根	男	59	江苏省南汇县	一	七	周浦北市
闵小八	男	28	江苏省南汇县	一	三	周浦东八灶
沈贵宝	男	40	江苏省宝山县	一	五	周浦南八灶
周阿大	男	38	江苏省南汇县	一	二	周浦南八灶

续 表

姓 名	性 别	年 龄	籍 贯	登记船只		常泊地点
				只 数	总吨位	
金杏生	男	40	江苏省川沙县	一	五	周浦东八灶
冯文虎	男	19	江苏省南汇县	二	五	周浦东八灶
张荣堂	男	53	江苏省南汇县	一	三	周浦南八灶
林阿海	男	37	江苏省南汇县	一	四	周浦南八灶
宋海泉	男	35	江苏省南汇县	一	三	周浦南八灶
徐连生	男	40	江苏省南汇县	一	四	周浦南八灶
江阿大	男	45	江苏省南汇县	一	二	周浦东八灶
林阿贵	男	45	江苏省宝山县	一	六	周浦南八灶
汪三宝	男	55	江苏省宝山县	一	四	周浦南八灶
傅连生	男	36	江苏省川沙县	一	六	周浦南八灶
宓阿狗	男	50	江苏省宝山县	一	一〇	周浦南八灶
徐福生	男	26	江苏省宝山县	一	七	周浦南八灶
王宝根	男	21	江苏省南汇县	一	五	周浦南八灶
金阿新	男	28	江苏省南汇县	一	五	周浦镇匙桥
李根金	男	35	江苏省南汇县	一	四	周浦南八灶
瞿祥官	男	32	江苏省南汇县		六	周浦南八灶
费关桃	男	35	江苏省宝山县	一	六	周浦南八灶
唐伯生	男	42	江苏省南汇县	一	四	周浦南八灶
范阿大	男	50	江苏省南汇县	一	二	周浦南八灶
陆召四	男	42	江苏省盐城县		八	周浦南八灶
蒋阿式	男	28	江苏省东台县	一	一三	周浦南八灶
徐文才	男	31	江苏省盐城县	二	六	周浦南八灶
曾四海	男	35	江苏省盐城县	一	八	周浦南八灶
刘贵品	男	42	江苏省盐城县	一	一二	周浦南八灶
庄宝林	男	32	江苏省宝山县	一	六	周浦南八灶
陆新全	男	38	江苏省南汇县	一	八	周浦南八灶
汪小林	男	40	江苏省宝山县	一	四	周浦南八灶
马生泉	男	35	江苏省南汇县	一	四	周浦南八灶
陆进发	男	33	江苏省南汇县	一	八	周浦南八灶
陆进财	男	31	江苏省南汇县	一	八	周浦南八灶
吴长兴	男	36	江苏省盐城县	一	一〇	周浦南八灶
高顺林	男	38	江苏省川沙县	一	六	周浦南八灶
王安林	男	40	江苏省宝山县	一	八	周浦南八灶
陈阿式	男	29	江苏省阜□县	一	六	周浦南八灶
张阿星	男	39	江苏省南汇县	一	四	周浦南八灶

理事长李天成

民国三十六年五月

〔附 4〕

南汇县民船商业同业公会职员略历册

职 别	姓 名	性 别	年 龄	籍 贯	略 历	住 址
理事长	李天成	男	45	安徽颖上	经营民船商业	南汇东门街一三四号
常务理事	李天成	男	45	安徽颖上	经营民船商业	南汇东门街一三四号
常务理事	赵志达	男	35	江苏南汇	营民船业	周浦镇匙桥船上
常务理事	严长生	男	38	江苏南汇	营民船业	周浦东八灶船上
理 事	李天成	男	45	安徽颖上	经营民船商业	南汇东门街一三四号
理 事	赵志达	男	35	江苏南汇	营民船业	周浦镇匙桥船上
理 事	严长生	男	38	江苏南汇	营民船业	周浦东八灶船上
理 事	尤阿式	男	31	江苏盐城	营民船业	周浦南八灶船上
理 事	戴合松	男	50	江苏川沙	营民船业	周浦南八灶船上
理 事	范文杰	男	31	江苏南汇	营民船业	周浦南八灶船上
理 事	朱和尚	男	50	江苏南汇	营民船业	周浦南八灶船上
理 事	尤阿大	男	36	江苏盐城	营民船业	周浦南八灶船上
理 事	许祥生	男	36	浙江绍兴	营民船业	周浦镇匙桥船上
常务监事	李 瑛	女	24	江苏南汇	营民船业	周浦南八灶船上
监 事	李 瑛	女	24	江苏南汇	营民船业	周浦南八灶船上
监 事	冯石生	男	35	江苏南汇	营民船业	周浦南八灶船上
监 事	姚荣生	男	42	江苏南汇	营民船业	周浦南八灶船上
候补理事	林炳松	男	33	江苏南汇	营民船业	周浦南八灶船上
候补理事	陈八妹	女	42	江苏宝山	营民船业	周浦南八灶船上
候补理事	冯金根	男	59	江苏南汇	营民船业	周浦北市船上
候补监事	闵小八	男	28	江苏南汇	营民船业	周浦东南八灶船上

理事长李天成

中华民国三十六年五月

［1194－1－857］

南汇县政府关于核备成立会经过等并发立案证书致南汇县民船商业同业公会指令

（1947 年 5 月 16 日）

南汇县政府指令稿社字第一五三八二号

事由：据呈报召开成立会经过检送章程名册等件经核准发立案证书仰即祇领由

令民船商业同业公会

卅六年五月十日呈乙件，为呈报成立经过并呈送章程、会议录、会员名册暨职员略历册，仰祈鉴核，准予立案由。

呈件均悉，经核该会章程名册等件尚无不合，准予立案随发商字第拾捌号立案证书乙帋，仰即祇领至该会图记亦经刊刻并仰派员来府具领为要！

此令。附件存。

附发民船业同业公会立案证书乙纸①。

县长徐

〔中华民国三十六年〕五月十六日

［1194－1－857］

南汇县民船商业同业公会关于报送杂粮船组调整运货水脚费表致南汇县政府呈

（1947年7月31日）

事由：为呈送本会装运杂粮船组调整运货水脚费表呈请核准备案由

兹据本会装运杂粮船组全体会员集议，以生活指数日高，开支日增，原定运货水脚费过低，不克维持开支，请求予以调整。经本会第三次理事会议决，以食粮工资木料及船上一切另件均已增涨式倍以上，确属不敷开支，但同时为顾及各行号雇主方面之利益起见，兹根据该组请求，增加百分之百酌减为照原价增加百分之七十，俾得勉维开支，理合检同该组运货水脚费原价目表及增加百分之七十之新价目表各壹份，备文呈请鉴核，俯赐核准备案，实为公便。谨呈

南汇县政府县长龚

南汇县民船商业同业公会理事长李天成（印）

附呈新旧价目表各壹份

中华民国三十六年七月三十一日

〔附1〕

南汇县民船商业同业公会装运杂粮船组水脚费价目表

增加百分之七十之新价目表

地 点	价 目			地 点	价 目		
	米每石	子花每组	豆麦每担		米每石	子花花衣 洋夹子太仓包	豆麦每包 二百斤
大 团	陆仟捌百元	肆仟贰百元	叁仟玖百元	丰记码头	捌仟伍百元	子花伍仟壹百元	壹万元
三 墩	陆仟捌百元	肆仟贰百元	叁仟玖百元	南码头	捌仟伍百元	伍仟壹百元	壹万元
六灶湾	陆仟捌百元	肆仟贰百元	叁仟玖百元	董家渡	捌仟伍百元	伍仟壹百元	壹万元
南 汇	陆仟捌百元	肆仟贰百元	叁仟玖百元	张家浜	捌仟伍百元	伍仟壹百元	壹万元
四团仓	陆仟捌百元	肆仟贰百元	叁仟玖百元	杨家渡	捌仟伍百元	伍仟壹百元	壹万元
祝家桥	伍仟玖百元	叁仟玖百元	叁仟捌百元	东昌路	捌仟伍百元	伍仟壹百元	壹万元
六 灶	伍仟壹百元	叁仟柒百元	叁仟壹百元	老(上海)港	玖仟叁百元	洋 一八七〇〇元 太 七六〇〇元	壹万壹仟玖百元
瓦雪村	肆仟贰百元	叁仟四百元	贰仟伍百元	关 桥	捌仟伍百元	一八七〇〇元 七六〇〇元	壹万元
陈家桥	伍仟壹万元	叁仟四百元	贰仟柒百元	其昌栈	玖仟叁百元	子花伍仟四百元	
林家牌楼	伍仟玖百元	参仟柒百元	叁仟壹百元	十八间	玖仟叁百元	伍仟四百元	
东坦日桥	伍仟壹百元	叁仟四万元	贰仟玖百元	七号桥	玖仟叁百元	伍仟四百元	
沈 庄	贰仟伍百元	壹仟柒百元	壹仟柒百元	杨 泾	壹万元	伍仟捌百元	
下 沙	叁仟四万元	贰仟伍百元	贰仟伍百元	诸家桥	壹万元	伍仟捌百元	
航 头	肆仟贰百元	叁仟四百元	贰仟伍百元	高 庙	壹万元	伍仟捌百元	

① 原文缺。

续 表

地 点	价 目			地 点	价 目		
	米每石	子花每组	豆麦每担		米每石	子花花衣 洋夹子太仓包	豆麦每包 二百斤
召家楼	肆仟贰百元	叁仟四百元	贰仟伍百元	东 沟	壹万元	伍仟捌百元	
鲁家汇	伍仟壹百元	叁仟柒百元	叁仟四百元	横 沔	肆仟贰百元	叁仟四百元	
新 场	伍仟壹百元	叁仟柒百元	叁仟四百元	桥 头	肆仟贰百元	叁仟四百元	
头 桥	陆仟捌百元	肆仟贰百元	叁仟柒百元	陈世关桥	伍仟壹百元	叁仟柒百元	
奉 贤	柒仟陆百元	伍仟壹百元	肆仟贰百元	张江栅	陆仟捌百元	肆仟贰百元	
青村港	柒仟陆百元	伍仟壹百元	肆仟贰百元	三王庙	伍仟玖百元	叁仟玖百元	
南高桥	柒仟陆百元	伍仟壹百元	肆仟贰百元	川 沙	陆仟捌百元	肆仟贰百元	
南坦日桥	柒仟陆百元	伍仟壹百元	肆仟贰百元	大 湾	柒仟陆百元	伍仟壹百元	
钱连桥	柒仟陆百元	伍仟壹百元	肆仟贰百元	小 湾	柒仟陆百元	伍仟壹百元	
北 蔡	伍仟四万元	叁仟四百元		月 庆	捌仟伍百元	伍仟壹百元	
龙王庙	陆仟壹百元	叁仟柒百元		龚家路口	捌仟伍百元	伍仟壹百元	
严家桥	陆仟伍百元	肆仟壹百元		曹家路口	捌仟伍百元	伍仟壹百元	
六里桥	陆仟捌百元	肆仟肆百元		顾家路口	捌仟伍百元	伍仟壹百元	
白里泾	捌仟伍百元	伍仟壹百元		北 行	壹万元	伍仟捌百元	
周家渡	捌仟伍百元	伍仟壹百元		商 行	壹万元	伍仟捌百元	
杨思桥	玖仟叁百元	伍仟壹百元		吴 淞	壹万元	伍仟捌百元	
石晖港	壹万元	伍仟四百元		老(上海)港	子花伍仟捌百元	麸皮伍仟壹百元	

中华民国三十六年八月份起

〔附 2〕

南汇县民船商业同业公会装运杂粮船组水脚费价目表

原 价 目 表

地 点	价 目			地 点	价 目		
	米每石	子花每组	豆麦每担		米每石	子花花衣 洋夹子太仓包	豆麦每包 二百斤
大 团	肆仟元	贰仟伍百元	贰仟叁百元	丰记码头	伍仟元	子花叁仟元	陆仟元
三 墩	肆仟元	贰仟伍百元	贰仟叁百元	南码头	伍仟元	叁仟元	陆仟元
六灶湾	肆仟元	贰仟伍百元	贰仟叁百元	董家渡	伍仟元	叁仟元	陆仟元
南 汇	肆仟元	贰仟伍百元	贰仟叁百元	张家浜	伍仟元	叁仟元	陆仟元
四团仓	肆仟元	贰仟伍百元	贰仟叁百元	杨家渡	伍仟元	叁仟元	陆仟元
祝家桥	叁仟伍百元	贰仟叁百元	贰仟壹百元	东昌路	伍仟元	叁仟元	陆仟元
六 灶	叁仟元	贰仟贰百元	壹仟捌百元	老(上海)港	伍仟伍百元	洋一一〇〇〇元 太 四五〇〇元	柒仟元
瓦雪村	贰仟伍百元	贰仟元	壹仟伍百元	关 桥	伍仟元	一一〇〇〇元 四五〇〇元	陆仟元
陈家桥	叁仟元	贰仟元	壹仟陆百元	其昌栈	伍仟伍百元	子花叁仟贰百元	
林家牌楼	叁仟伍百元	贰仟贰百元	壹仟捌百元	十八间	伍仟伍百元	叁仟贰百元	
东坦日桥	叁仟元	贰仟元	壹仟柒百元	七号桥	伍仟伍百元	叁仟贰百元	

续 表

地 点	价目			地 点	价目		
	米每石	子花每组	豆麦每担		米每石	子花花衣 洋夹子太仓包	豆麦每包 二百斤
沈 庄	壹仟伍百元	壹仟元	壹仟元	杨 泾	陆仟元	叁仟四百元	
下 沙	贰仟元	壹仟伍百元	壹仟伍百元	诸家桥	陆仟元	叁仟四百元	
航 头	贰仟伍百元	贰仟元	壹仟伍百元	高 庙	陆仟元	叁仟四百元	
召家楼	贰仟伍百元	贰仟元	壹仟伍百元	东 沟	陆仟元	叁仟四百元	
鲁家汇	叁仟元	贰仟贰百元	贰仟元	横 沔	贰仟伍百元	贰仟元	
新 场	叁仟元	贰仟贰百元	贰仟元	桥 头	贰仟伍百元	贰仟元	
头 桥	肆仟元	贰仟伍百元	贰仟贰百元	陈世关桥	叁仟元	贰仟贰百元	
奉 贤	肆仟伍百元	叁仟元	贰仟伍百元	张江栅	肆件元	贰仟伍百元	
青村港	肆仟伍百元	叁仟元	贰仟伍百元	三王庙	叁仟伍百元	贰仟叁百元	
南高桥	肆仟伍百元	叁仟元	贰仟伍百元	川 沙	肆仟元	贰任伍百元	
南坦日桥	肆仟伍百元	叁仟元	贰仟伍百元	大 湾	肆仟五百元	叁仟元	
钱连桥	肆仟伍百元	叁仟元	贰仟伍百元	小 湾	肆仟五百元	叁仟元	
北 蔡	叁仟贰百元	贰仟元		月 庆	伍仟元	叁仟元	
龙王庙	叁仟陆百元	贰仟贰百元		龚家路口	伍仟元	叁仟元	
严家桥	叁任捌百元	贰仟肆百元		曹家路口	伍仟元	叁仟元	
六里桥	肆仟元	贰仟六百元		顾家路口	伍仟元	叁仟元	
白里泾	伍仟元	叁仟元		北 行	陆仟元	叁仟四百元	
周家渡	伍仟元	叁仟元		商 行	陆仟元	叁仟四百元	
杨思桥	伍仟伍百元	叁仟元		吴 淞	陆仟元	叁仟四百元	
石晖港	陆仟元	叁仟贰百元		老(上海)港	子花叁仟四百元	麸皮叁仟元	

中华民国三十六年七月以前

[1194-1-857]

南汇县政府关于核备货运价目表致南汇县民船商业同业公会指令

(1947年10月1日)

事由：据呈送该会货运价目表指令知照由

南汇县政府指令民字第六九九号

令民船业同业公会

卅六年七月卅一日呈乙件，为呈送本会装运杂粮船组调整运货水脚费表呈请核准备案由。

呈件均悉，该会货运价目表经提交本县工资评议会第二次大会讨论通过在案，仰即知照！

此令。件存。

县长龚宗儒

〔中华民国三十六年〕十月一日

[1194-1-857]

周浦镇商会解释民船商业公会限令客籍船户加入公会及征收各费致南汇县政府呈

（1947年8月11日）

事由：为据呈民船业公会限令客籍船户加入公会及征收各费请求解释一案转请鉴赐核示由

南汇县周浦镇商会呈社字第九一号

中华民国三十六年八月十一日

案据属会会员水果商业同业公会筹备会及砖灰业代表等联名呈称：

查近来迭据敝业贩运客船户来称，本镇船业公会设立以来，专事限令已领政府船捐牌照之船只加入公会，征收会员证贰万元，并收月捐每吨贰千元，为之上述情形时生纠纷，似此客船到周，视若畏途，如是对本镇各号营业不无影响，为特陈明事实，恳请转呈县府请予解释是否合法为盼等情。据此，查属镇地临申江，各项货物大部均由外省市县输入，是以装运船户亦以客籍为主，况均已在所在地领有执照。现该民船业公会于各水道要隘派员设卡，强迫船员入会，并征收会费等情，实妨碍本县营业之发展，利害莫大，于理于法，实属不解。据呈前情，理合备文转呈，仰祈鉴赐核示，实为公便。

谨呈

南汇县县长龚

南汇县周浦镇商会理事长陈德铨（印）

［1194－1－857］

南汇县政府关于客籍船户已领官厅牌照应否加入民船商业公会一案致周浦镇商会指令

（1947年8月15日）

事由：据呈请解释客籍船户已领官厅牌照应否加入民船公会一案指饬知照由

南汇县政府指令民字第四七六号

令周浦镇商会

卅六年八月十一日呈乙件，为据呈民船业公会限令客籍户加入公会及征收各费请求解释一案，转请鉴赐核示由。

呈悉。查航商组织补充办法，关于民船曾向官厅登记者仍应以其牌号参加同业公会，但仅须加入所在地民船公会，如该地无公会之组织，须加入航线所经任何一县市之该业公会，不必以户籍另入会标准，并以参加一公会为限，仰即转饬知照！

此令。

县长龚宗儒

〔中华民国三十六年〕八月十五日

［1194－1－857］

南汇县政府关于查明民船商业公会收费情况致民政科的函

（1947年8月16日）

据报民船业公会近在周浦航头鲁汇一带增收费用每吨达四千元，行旅不便，应速即查明该公会理事长何人，其产生是否合法，收取是项费用根据何种法令，并饬警察局注意查禁，倘有如此类似增设关卡行为即拘县严办，以正风气。

民政科陈科长

龚宗儒
〔中华民国三十六年〕八、十六
［1194－1－857］

南汇县政府关于查禁非法勒捐情形致南汇县民船商业同业公会训令

（1947年8月19日）

事由：据报该会擅设卡于勒捐过往船只会费等请令饬查照制止由

南汇县政府训令民字第五〇〇号

令民船业同业公会理事长李天成

查民船公会征求同业入会，应依航商组织补充办法之规定办理，不得勒捐过往船只会费及强迫应差一案，前经奉电饬遵在卷。及据报该会近在周浦、航头、鲁汇一带地方擅设卡子阻拦过往船只，勒捐会费每吨计达四千元等情，似此行为有碍商旅，影响交通，殊属非法。合亟令仰查明制止，倘敢故违，定予严惩不贷！

此令。

县长龚宗儒
〔中华民国三十六年〕八月十九日
［1194－1－857］

江苏省政府关于填报各县轮船民船商业同业公会调查表致南汇县政府训令

（1948年12月）

事由：令饬各县轮船民船公会等遵照表式填报备查由

江苏省政府训令（卅七）府介建一字第〇〇一四号

令南汇县政府

兹为预谋各县船舶调动灵活得以配合戡乱起见，特制订表式一种，所有该县已成立轮船民船或机帆船公会者应照表列各栏详细填注，限在文到十日以内转报。其尚未组织成立者限在一个月内迅即分别转饬遵办具报勿延为要。

此令。

附发表式一纸（从略）

中华民国三十七年十二月
主席 丁治磐
［1194－1－857］

南汇县政府报送南汇县民船商业同业公会组织情形调查表致江苏省政府呈

（1949年1月25日）

事由：为遵令将各轮民船公会依式填报祈核备由

南汇县政府呈云一建字第六六七号

案奉钧府（卅七）府介建一字第（〇〇一四）号训令饬将轮船民船公会等依表式填报备查等因，奉此遵经

依式填就一份理合备文检同该表呈祈

鉴核。

谨呈

江苏省政府主席丁

县长孙

〔中华民国三十八年〕一月廿五日

〔附〕

南汇县轮民船或机帆船公会组织情形调查表

名　称	成立日期	办公地点	负责人姓名
南汇县民船商业同业公会	卅六年五月六日	南汇县周浦镇	李天成

[1194-1-857]

（十五）南汇县木器商业同业公会

南汇县商会整理委员会转请派员出席南汇县木商业公会成立大会致南汇县政府呈

（1946年8月3日）

事由：据报木商业公会定期召开成立大会报请鉴赐派员监选由

南汇县商会整理委员会总字第二五号

中华民国三十五年八月三日

案据木商业公会筹备主任邵景圆呈称"本会业经筹备就绪，兹定于八月十一日下午一时假座浦东地方建设公司木业部大团办事处举行成立大会，理合检附章案三份备文呈请，届时派员指导并转呈党政机关届时派员指导监选"等情。据此，理合检附章程草案一份备文报请钧府届时派员监选，以利进行，实为公感。

谨呈

南汇县长徐

附呈木商业公会章程草案乙份（从略）

南汇县商整会主任委员潘子平

［1194－1－854］

南汇县木商业公会关于报送成立大会情形致南汇县商会呈

（1946年9月1日）

事由：为报成立大会经过附送大会纪录理监联席会议纪录理监事履历表会员名会长各三份祈鉴核转呈县府立案颁发图记由

迳复者，惠函奉悉，承嘱填写大会纪录、理监事联席会议纪录，并各该应须表册，兹已遵照逐项填就，祈各三份送请贵会鉴核，并希转呈县府准予立案，俾便颁发立案证书及图记，以利会务，实为公便。此致

南汇县商会

附奉理监事履历表、会员名册①、成立大会纪录、理监事联席会议纪录②各三份

又会章三份

南汇县木商业公会

卅五年九月一日

---

① 会员名册缺。

② 理监事联席会议纪录缺。

〔附1〕

人民团体理监事履历表

团体名称：南汇县木商业同业公会　　　　地址：大团暂假浦东建设公司木业部

姓　名	年龄	籍贯	职　务	学　历	经　历	住址或通讯处	备　注
邵景圆	33	南汇	理　事	高中毕业	前任汇通贸易公司经理	大团浦建木业部	
王審之	41	南汇	理　事	私塾十年	前任祥大木号高级职员	大团协记木号	
康步先			理　事			新场同昇木号	现在该号停业中
冯顺兴			理　事			周浦同兴合记	
王益铨	58	南汇	理　事	私塾八年	原曾经营竹业	大团华大	
倪金龙	33	南汇	监　事		原曾经营竹业	三墩倪盛森	
苏贞祥	23	南汇	监　事		原曾经营杂粮	三墩鼎丰	
苏莲坤	36	南汇	候补理事			三墩大盛兴	
钱涵荪			候补监事			航头源森	

〔附2〕

木商业筹备成立大会记录

日期：八月十一日

地点：大团浦东地方建设公司木业部大团办事处

出席者：浦东木业部大团办事处邵景圆　　协记木号大团王審之

倪盛森号三墩倪金龙　　鼎丰木号三墩苏贞祥

大盛新三墩苏莲坤　　华大木号大团王益铨

昌泰木号大团刘嘉生　　同兴合记周浦冯顺兴

陈合顺南汇陈宝堃　　源森木号航头钱涵荪

同鼎木行新场康步先

列席者：县政府指导员邱虚白

县商会代表陈慕锦、夏虞弼

大团党部分部书记盛汉珍

临时主席：邵景圆　　记录：杨弄耕

下午一时开会

主席恭读总理遗嘱

甲　报告事项：

主席报告：报告本会筹备经过，其间因诸同业僻散各镇，一时未能充分明瞭成立本会意义，致使延迟甚多时间至于今日始克成立，对于县商会及县府方面，多蒙督导敦促，表示十二分感谢与歉意，希望本会各会员，自本会成立以后，共同努力来培□本会。

乙　来宾训词：

邱指导员训词：大意谓组织同业公会意义相当重大，举凡任何商业同业数在七家以上，依法即应组织同业公会，组织公会以后便能发出更多团结力，使大多数同业谋福利，反之可以矫正大多数同业之弊害，帮助推动同业之事业，使之前进，对于评定货价交换意见，以及其他同业间有关事项，其所得裨益，实非浅鲜。

夏虞弼：过去一般商业，等若一盘散沙，一无完善组织，无论对内对外毫无团结可言，影响事业之进取，所碍甚大，是以今日组织木业公会，其意义诚如邱指导员所言，非常重大，自以会成立以后，预卜木业前途，定多光明。

盛汉珍：战时木业，因受敌伪之种种阻碍，以及其他关系，木业一业衰落万分，幸遇胜利降临，使衰落万分达八九年之木业，渐获蓬勃，战后木业，因地方上建筑物破坏惨重，木材一项，需要恐殷，对于所负使命，实异常重大，总理以衣、食、住、行作为人生四大要素，木材为建筑中之最重要一项，而建筑中又以“住”之房屋占最重要一项，是以连想起来，今日组织这一个“木业公会”间接对于国家社会前途实多供献，木业界有很多人才，自此会成立以后，希望大家聚英才于一堂，群策辟力，发挥宏才，使战后吾国从残破悽凉中重获更生，是为预庆。

丙　讨论事项：

讨论本会会章之修改。

丁　选举事项：

一、选举理监事及候补理监事

当选理事：邵景圆　王審之　康步先　冯顺兴　王益铨

当选候补理事：苏莲坤

当选监事：倪金龙　苏贞祥

当选候补监事：钱函荪

二、接选常务理事理事长及常务监事

选举结果

当选常务理事：邵景圆　王審之　冯顺兴

公推邵景圆为理事长

公推倪金龙为常务监事

公推出席县商会代表三人：冯顺兴　邵景圆　王審之

接开理监事联席会议

提议

一、公员入会费应如何规定案：

议决：每一会员规定分担两万元

二、会员每月应出经常费应如何规定案

议决：分甲、乙、丙、丁四等确定，甲等每月壹万元，乙等八千元，丙等六仟元，丁等四仟元

三、会员出纳经常费其等级应如何规定案

议决：甲等，浦建木业部　协记木号　鼎丰木号　大盛新号　同兴合记

乙等，华大木号　昌泰木号

丙等，源森木号　倪顺森

下午五时半散会

〔附3〕

南汇县木商业同业公会章程

第一章　总则

第二条　本会定名为南汇县木商业同业公会。

第四条　本会之区域以南汇之行政区域为范围，会所暂设于大团。

第二章　任务

第三章　会员

第六条　凡在本会区域内经营木商业者均应为本会会员。

第十三条　本会同业不依法加入本会或不缴纳会费或违反章程及决议者，限期劝令加入及改过，逾期仍不遵办者应予以警告，自警告之日起十五日内仍不接受者得由本会呈请县府予以左列之处分。

一、拾万元以下之违约金；

二、有期间之停业；

三、永久停业。

第四章　组织及职权

第十四条　本会设理事五人，候补理事乙人，监事二人，候补监事乙人，均由会员大会就会员代表中选任之，理事中互选三人为常务理事，再由常务理事中互推乙人为理事长，监事中互选一人为常务监事。

第十五条　本会得视事务之繁简设办事员乙人或二人助理会务，由理事长任用之。

第五章　会议

第六章　经费

第廿八条　本会经费分入会费、经常费、临时费三种。

第三十条　前条入会费规定每一会员征收贰万元，于入会时一次缴清。

第卅三条　本会经费之收支状况应每一年报告会员一次。

第七章　附则

（卅五、八、十一、）

［1194－4－415］

南汇县木商业同业公会会员名册

（1946年9月）

〔中华民国三十五年九月①〕

团体名称：南汇县木商业同业公会会员名册　　会址：大团浦建木业部　　电话

团体公司行号或工厂名称	代表姓名	性别	年龄	籍贯	学历	经历	资本额	组织性质	开设地址
浦东建设公司木业部大团办事处	邵景圆	男	33	南汇	高中毕业	前任汇通贸易公司经理	贰千万	有限公司	大团镇
倪盛森	倪金龙	男	33	南汇		原曾经营竹业	乙百万		三墩镇
大盛兴	苏莲坤	男	36	南汇		原曾经营什粮	三百万		三墩镇
鼎丰木号	苏贞祥	男	23	南汇		原曾经营什粮	乙百万		三墩镇
昌泰	刘嘉生	男	57	南汇	私塾六年	同上	贰百万		大团镇
协记	王審之	男	41	南汇	私塾十年	前任祥大木号高级职员	三百万		大团镇
华大	王益铨	男	58	南汇	私塾八年	原任经营竹业	三百万		大团镇
同兴合记	冯顺兴	男		南汇					周浦镇
源森木号	钱涵荪	男		南汇					航头镇
同昇	康步先	男		南汇					新　场
陈合兴顺	陈宝坤	男		南汇					南　汇

［1194－1－854］

南汇县商会转请加委陈国华等七人为南汇县木作业同业公会筹备员致南汇县政府呈

（1947年4月25日）

事由：呈请加委陈国华潘正荣顾正梅张永芳庄连祥郑炎欣庄子文等七八为木作业同业公会筹备员由

① 据前呈文“南汇县商会呈南商总字第拾三号《为转报木商业公会成立经过检送会员名册修正会章理监事履历表成立大会纪录等件祈鉴备核发立案证书并刊发图记由》”发文时间“中华民国三十五年九月六日”，此处会员名册日期记作“中华民国三十五年九月”。呈文从略。

南汇县商会呈南字第二八〇号

中华民国三十六年四月廿五日

案据木作业商陈国华等呈称:"窃商等向营木作业,自抗战胜利以还,百废待举,人民团体纷纷组织,而我木作业向无是项组织。商等为谋工业之改良发展及矫正弊害起见,爰经发起组织南汇县木作业同业公会(包括嫁妆、圆作、寿器、造船、脚车及一切树木制造之器具等均属之)。经于前日召集发起人会议,出席大团、新场、南汇及各镇同业二十余人,即席推定陈国华、潘正荣、顾正梅、张永芳、庄连祥、郑炎欣、庄子文等七人为筹备委员负责进行。为谋合法起见,合行呈请钧会转请县府鉴核备案并赐加委以利进行"等情。据此,合亟据情报请鉴核备查,并予加委,实为公便。

谨呈

南汇县长徐

南汇县商会理事长潘子平(印)

[1194-1-1006]

南汇县政府准予加委陈国华等七人为南汇县木器商业同业公会筹备员并发委令致南汇县商会指令

(1947年4月30日)

事由:据呈请加委陈国华等七人为本县木器商业同业公会筹备员应予照准随发委令七纸仰转给祗领由

南汇县政府指令社字第一四六二二号

令南汇县商会

卅六年四月廿五日呈乙件,呈请加委陈国华、潘正荣、顾正梅、张永芳、庄连祥、郑炎欣、庄子文等七人为木作业同业公会筹备员由。

呈悉,查该会定名尚有未妥,应改为"南汇县木器商业同业公会",筹备员准予加委,随发委令七纸仰即转给祗领。

此令。

附发委令七纸

县长徐

〔中华民国三十六年〕四月三十日

[1194-1-1006]

南汇县木器商业同业公会筹备会报送第一次筹备会纪录等并请派员出席成立大会致南汇县党部呈

(1947年6月5日)

事由:为定期召开成立大会附呈第一次筹备会纪录及章程草案各一份祈鉴备届时派员出席指导由

南汇县木器商业同业公会呈

中华民国三十六年六月五日

案查本会于五月二十日召开第一次筹备会议,出席全体筹备员,即席推定筹备主任及定期六月十三日假县商会召开成立大会等要案,办件纪录在卷,除分呈外理合检同第一次筹备会纪录及章程草案各一份备文呈请,仰祈鉴核备查,届时派员出席莅临指导,实为公便。

谨呈

南汇县党部书记长顾

附第一次筹备会纪录、章程草案各一份[①]

南汇县木器商业同业公会筹备会主任张永芳(印)

〔附〕

南汇县木器商业同业公会第一次筹备会议纪录

日期：三十六年五月二十日

地点：南汇县商会

时间：上午十时

出席者：潘正荣　陈国华　张永芳　庄子文　庄连祥　顾正梅　郑延欣

公推陈国华为临时主席

行礼如仪

主席报告(略)

讨论事项：

乙件：请公推筹备主任案。

决议：公推张永芳先生为筹备主任。

乙件：筹备经费应如何筹措案。

决议：由各筹备员每人暂垫贰拾万元俟成立后于经费项下归还之。

乙件：本会应如何征求会员案。

决议：由各筹备员前往各镇征求同业入会。

乙件：请公决本会成立会日期地点案。

决议：确定六月十三日上午十时，地点：县商会。

乙件：请推员起草章程案。

决议：公推张永芳先生负责起草。

主席 陈国华

纪录 王一民

[1192-1-199]

南汇县木器商业同业公会报送成立大会经过情形致南汇县政府呈

(1947年6月29日)

事由：为呈报成立大会经过情形并呈送理监事履历表修正章程暨会员名册会议纪录各乙份祈鉴备由

南汇县木器商业同业公会呈器字第三号

中华民国三十六年六月廿九日

查本会业于六月十三日假县商会召开成立大会，出席会员七十七人。蒙钧府派员出席指导，会议得顺利进行。当场修正会章，选举理监事。除分呈外理合将经过情形并检同修正章程、会员名册、理监事履历表、会议纪录各乙份备文具报，仰祈鉴核备查，实为公便。

谨呈

南汇县长徐

附修正章程、会员名册、理监事履历表、会议纪录各乙分

南汇县木器商业同业公会理事长冯顺香(印)

---

① 章程草案略。

〔附 1〕

南汇县木器商业同业公会章程

第二条　本会定名为南汇县木器商业同业公会。

第三条　本会以维持增进同业之公共利益及矫正弊害为宗旨。

第四条　本会之区域以南汇县之行政区域为范围,会所附设于南汇。

第六条　凡在本会区域内经营木器商业者(包括嫁妆、圆作、寿器、造船、脚车及一切树木制造器具等均属之)均应为本会会员。

第十三条　本会同业不依法加入本会或不缴纳会费或违反章程及决议者,得经理事会之决议予以警告,警告无效时得由本会按其情节之轻重呈请县府予以左列之处分。

第十四条　本会设理事九人,候补理事三人,监事三人,候补监事一人,均由会员大会就会员代表中选任之,理事中互选三人为常务理事,互推一人为理事长,监事中互选一人为常务监事。

第三十条　前条入会费规定甲等　元,乙等　元,丙等　元,丁等　元,于入会时会员缴缴纳之。

〔附 2〕

南汇县木器商业同业公会会员名册

南汇县木器商业同业公会会员名册　　会址:附设南汇县商会　　电话

行号名称	代表姓名	性别	年龄	籍贯	开设地址
永顺兴木器号	刘文涛	男	40	南汇	南汇东门外三义庙西
徐江记木作	徐阿江	男	49	南汇	南汇南门大街
杨顺兴圆作	杨根生	男	41	南汇	南汇东门大街
陆顺兴圆木作	陆顺楼	男	40	南汇	南汇南门大街
邱顺兴漆木作	邱炳奎	男	48	南汇	南汇东门 142 号
振兴圆木作	陆培生	男	30	南汇	南汇城内大街
吴永顺兴树木嫁妆	吴树生	男	50	南汇	南汇南门外大街
徐福春树作	徐福春	男	46	南汇	南汇东门大街
协顺公记木作铺	严福祥	男	30	南汇	南汇东门外三角街南
丁桂新木作	丁桂兴	男	56	南汇	南汇东门外大街
聚兴圆木作	赵祥林	男	46	南汇	南汇东门大街
张根祥木作	张根祥	男	42	南汇	南汇西门大街
陈义兴棕棚号	陈志祥	男	44	南汇	南汇城内靖海桥东
唐云记	唐云楼	男	50	南汇	大团北市
陶福记木器号	陶炳生	男	36	奉贤	大团南市
刘森泰嫁妆号	刘家生	男	57	南汇	大团南市上塘
黄顺昌造船玫	黄玉霖	男	36	南汇	大团北市二墩上塘
唐鼎兴造船厂	唐进才	男	43	南汇	大团北市二墩下塘
沈森隆	沈秋林	男	58	南汇	大团北市上塘街
沈森茂	沈福如	男	55	南汇	大团祝项桥
王德兴	王宝生	男	41	南汇	大团南市上塘
唐树记	唐树彬	男	55	南汇	大团北市
洽大圆作店	姚根生	男	38	南汇	大团北市庙弄口
陈南记	陈南祥	男	34	奉贤	大团南湾

续 表

行号名称	代表姓名	性别	年龄	籍贯	开设地址
协记木作铺	王審之	男	46	南汇	大团北市下塘街
陈福兴木作铺	陈国华	男	56	南汇	大团祝项桥
达丰木作铺	郑炎欣	男	42	宁波	大团南市下塘
刘长记木作	刘长根	男	42	南汇	大团北市下塘街
杨源顺船厂	杨关生	男	69	南汇	大团南市上塘
沈顺兴木器号	沈来生	男	50	南汇	大团北市稍上塘街
胡德兴造船厂	胡炳全	男	26	南汇	大团北市上塘街
沈根记造船厂	沈根初	男	36	南汇	大团北市稍上塘街
洪茂木器号	张永芳	男	36	奉贤	大团北市稍上塘街
利丰造船厂	陈孝珍	男	55	南汇	大团福善浜下塘
王悦记造船厂	王银昌	男	32	南汇	大团南市上塘街
庄德顺嫁妆号	庄子文	男	38	南汇	大团北市下塘街
夏德记嫁妆号	夏德明	男	16	南汇	大团中市下塘街
马根青木作	马根青	男	26	南汇	大团中市
庄茂隆圆作	庄金兴	男	23	南汇	大团北市大街
田森茂	田林根	男	48	南汇	大团中市街
曹妙根木作	曹妙根	男	44	南汇	大团北市上塘街
潘文兴	潘文香	男	53	南汇	大团北市上塘街
娄兴昌木器号	娄福云	男	37	南汇	大团北市上塘街
陈永昌嫁妆号	陈关伯	男	48	南汇	大团中市下塘街
黄源顺	黄　大	男	50	南汇	大团中市
陈福兴庭记	陈孝庭	男	35	南汇	大团
李兴记	李关兴	男	35	南汇	大团兴口庙北首
刘根记	刘根生	男	45	南汇	大团兴口庙北首
谢金记	谢金龙	男	30	南汇	大团南市
德盛昌大记	沈荣铨	男	35	南汇	新场中大街
沈德盛	沈荣根	男	32	南汇	新场中大街
张松盛寿器号	张宗藩	男	45	南汇	新场洪桥东街
陈裕隆木作	黄来生	男	25	南汇	新场东街千秋桥
韩成泰嫁妆号	韩德祥	男	35	南汇	新场大街中市
朱林昌嫁妆号	朱炎生	男	48	南汇	新场东街南首
同茂寿器号	邵秀峰	男	38	南汇	新场东首地平街
宝记寿器号	邵炳章	男	26	南汇	新场包家桥西首
潘正记造船厂	潘正荣	男	46	南汇	新场东街千秋桥南首
凌妙记木作	凌妙林	男	53	南汇	新场东街
顾正记嫁妆号	顾正梅	男	51	南汇	新场东街

续 表

行号名称	代表姓名	性别	年龄	籍贯	开设地址
金协盛寿具号	金心田	男	77	南汇	新场南街
宝大寿器号	潘祥根	男	42	南汇	新场南市闵家湾
李源兴木作铺	李百进	男	51	南汇	李家桥镇
冯顺兴	冯顺香	男	61	南汇	周浦镇
严悦记志记嫁妆	严志祥	男	28	南汇	黄家路中街
蔡炎生木作	蔡炎生	男	56	南汇	黄家路
曹协兴	曹鉴堂	男	52	南汇	黄家路北市
龚炳香	龚炳香	男	48	南汇	黄家路北市
祥永泰木器	傅祥初	男	35	南汇	瞿家路口
严悦记荣记嫁妆	严荣祥	男	40	南汇	瞿家路口中街
严何四木作	严老四	男	45	南汇	老港
罗金祥木作	罗金祥	男	30	南汇	老港
朱隆兴嫁妆	朱根祥	男	40	南汇	三墩大街
胡洪大嫁妆	胡炳坤	男	38	南汇	三墩
朱协兴木器	朱隆初	男	28	南汇	三墩马路东街
邵顺兴	邵金根	男	46	南汇	三墩马路街
永顺木器	潘福生	男	65	南汇	三墩马路街
永盛木作	汪新官	男	45	南汇	三墩
大记木作	庄志大	男	50	南汇	三墩
长裕木作	方百根	男	38	南汇	三墩
顺森木器	张顺舟	男	42	南汇	六灶湾下塘
书记	张书臣	男	32	南汇	石家宅
国记木作	吴桂楼	男	46	南汇	朱家店
金记木作	张金记	男	49	南汇	朱家店
义兴协记作铺	顾根生	男	41	南汇	祝桥西市
永利船厂	杨水根	男	31	南汇	祝桥南市
祥丰久记木作	丁鸣九	男	40	南汇	祝桥南市
张木根木作	张木根	男	35	南汇	祝桥西市
陆长丰作铺	陆行如	男	46	南汇	祝桥东南市
倪成记	倪士达	男	49	南汇	祝桥
陆长春木作	陆锡茶	男	68	南汇	四团仓北市
合泰木作	顾鑿玉	男	27	南汇	马家宅
谢义盛号	谢开元	男	51	南汇	腾镇
协大	张进才	男	46	南汇	张家桥
天成	张岳夫	男	44	南汇	张家桥

〔附 3〕

南汇县木器商业同业公会理监事略历表

姓 名	年 龄	籍 贯	职 务	住址或通讯处
冯顺香	61	南汇	理事长	周浦冯顺兴号
陈国华	56	南汇	常务理事	大团陈福兴木作铺
黄 大	50	南汇	常务理事	大团黄源顺号
陈关伯	48	南汇	理 事	大团陈永昌嫁妆号
刘文涛	40	南汇	理 事	南汇东门外永顺兴木器号
邵秀峰	38	南汇	理 事	新场同茂寿器号
张永芳	36	奉贤	理 事	大团洪茂木器号
邱炳奎	48	南汇	理 事	南汇东门邱顺兴漆木作
顾正梅	51	南汇	理 事	新场顾正记嫁妆号
潘正荣	46	南汇	常务理事	新场潘正记造船厂
韩德祥	35	南汇	监 事	新场韩成泰嫁妆号
庄子文	38	南汇	监 事	大团庄德顺嫁妆号
胡炳坤	38	南汇	候补理事	三墩胡洪大嫁妆号
朱根祥	40	南汇	候补理事	三墩朱隆兴嫁妆号
朱炎生	48	南汇	候补理事	新场朱林昌嫁妆号
蔡炎生	56	南汇	候补监事	黄家路蔡炎生木作

〔附 4〕

南汇县木器商业同业公会成立大会会议纪录

日期：民国三十六年六月十三日

地点：南汇县商会

时间：下午一时

出席者：会员七十七人

列席：周之冕　周宾生　熊牧　沈达权

主席：张永芳　纪录：王一民

主席报告：1. 筹备经过。2. 会员人数。3. 公会的意义。4. 售价工资之须划一。5. 筹备期垫款数字。

周科长指导：1. 公会之重要在合作联系团结。2. 公会在谋公共的福利。3. 公会的任务。4. 职工的工资根据上海标准打八折。5. 希望负责诸位要有恒心。

周指导致词：1. 各会员须发挥我为人服务，人自在为我服务的精神。2. 公会须发生力量解决困难。3. 选举职员时须求合理，肯负责任，能达到理想的人。4. 当选的职员须怎样在同业的利益上求到合理的要求，以尽各会员付托之责。5. 各会员应尽的义务。

讨论事项：

乙件：请修正本会章程案。

决议：修正后通过。

乙件：请通过每月支出预算案。

决议：通过。

乙件：请选举本会理监事案。

决议：选举结果：

冯顺香 60 票　黄大 45 票　陈国华 44 票　陈关伯 39 票　刘文涛 36 票　邵秀峰 33 票　张永芳 29 票　邱炳奎 28 票　顾正梅 28 票　当选为理事。

胡炳刊 27 票　朱根祥 23 票　朱炎生 21 票　当选为候补理事。

韩德祥 15 票　庄子文 13 票　潘正荣 10 票　当选为监事。

蔡炎生 7 票当选为候补监事。

主席 张永芳

纪录 王一民

[1194－1－1006]

南汇县木器商业同业公会报送第一次理监事联席会议致南汇县党部呈

(1947 年 6 月 29 日)

事由：为呈报第一次理监事联席会议经过情形祈鉴备由

南汇县木器商业同业公会呈器字第四号

中华民国三十六年六月廿九日

查本会于六月十三日假县商会举行理监事宣誓就职并第一次联席会议推定冯顺香为理事长，黄大、陈国华为常务理事，潘正荣为常务监事，并推定出席商会代表等议案多件，合将会议纪录检附备文呈请仰祈鉴核备查，实为公便。

谨呈

南汇县党部书记长顾

附会议纪录乙份

南汇县木器商业同业公会理事长冯顺香

〔附〕

第一次理监事联席会议纪录

时间：卅六年六月十三日下午五时

地点：县商会

出席：冯顺香、刘文涛、陈国华、黄大、张永芳、邱炳奎、顾正梅、胡炳坤、朱炎生、庄子文、韩德祥、潘正荣。

主席：公推冯顺香为临时主席

主席报告(略)

讨论事项：

乙件：请公决常务理事三人及理事长案。

决议：公推冯顺香、黄大、陈国华为常务理事，并互推冯顺香为理事长。

乙件：请公推常务监事案。

决议：公推潘正荣为常务监事。

乙件：请公推本会出席商会代表案。

决议：公推冯顺香、张永芳、邵秀峰、丁鸣九四人为出席商会代表。

乙件：本业职工工资奇昂并参差不一致影响营业非浅，势将难以维持，应如何办理请公决案。

决议：根据战前每工工资为方作三角五分合米五斤，现为顾及劳方起见特予酌加并规定如下：

方作七斤　解匠七斤　雕匠七斤　圆作七斤　小作六斤半　漆匠六斤

并专函职工会知照。

主席 冯顺香

纪录 王一民

[1192－1－199]

南汇县木器商业同业公会关于启用图记日期拓附印模致南汇县政府呈

(1947年8月13日)

事由：为呈报启用图记日期拓附印模一份仰祈鉴备由

南汇县木器商业同业公会呈器字第六号

中华民国三十六年八月十三日

案奉钧府民字第七九号指令略开："据呈报第一次理监事联席会议经过，准予刊发图记。"等因奉此，遵即备条派员具领木质图记一颗，文曰："南汇县木器商业同业公会图记。"业于八月十二日开始启用，附分呈外，理合拓附印模一份，备文具报，仰祈鉴核备查，实为公便。

谨呈

南汇县长龚

附印模一份(从略)

南汇县木器商业同业公会理事长冯顺香(印)

[1194-1-1006]

南汇县政府关于启用图记日期准予备查致南汇县木器商业同业公会令

(1947年8月21日)

事由：据呈报启用图记日期附送印模一份指令准予备查由

令木器商业同业公会

卅六年八月十三日呈乙件，为呈报启用图记日期，拓附印模一份，仰祈鉴核备由。呈件均悉，准予备查，仰即知照。

此令。件存。

县长龚

〔中华民国三十六年〕八月廿一日

[1194-1-1006]

（十六）南汇县南货茶食商业同业公会

南汇县政府关于委任朱敬候为南汇县南货业同业公会筹备员的委令

（1946年4月23日）

事由：为委该员为本县南货业同业公会筹备员由

南汇县政府委令社字第〇八二〇号

中华民国三十五年四月廿三日

令朱敬候

兹委该员为本县南货业同业公会筹备员。

此令。

县长徐泉

［1194－1－850］

南汇县商会关于缴销南货业朱敬候筹备员委令改为许寿章致南汇县政府社会科便函

（1946年5月7日）

南汇县商会便函

发文总字第三十二号

民国三十五年五月七日

兹缴销南货业朱敬候筹备员委令壹纸，乞予改填许寿章名字补发。因其人卧病，难于主持会务，即祈鉴准赐办乃荷。此致社会科李科长勋鉴。

主任委员潘子平（印）

如用正式呈文兜转，恐日期较多，不能赶及开会，草率处乞谅之。

［1194－1－850］

南汇县政府关于委任许寿章为南汇县南货业同业公会筹备员的委令

（1946年5月8日）

事由：为委该员为本县南货业同业公会筹备员由

南汇县政府委令社字第〇八二〇号

令许寿章

兹委该员为本县南货业同业公会筹备员。

此令。

县长徐

〔中华民国三十五年〕五月八日

[1194-1-850]

南汇县南货业同业公会关于召开第一次筹备会议情况致南汇县政府呈

(1946年6月5日)

事由：为召开第一次筹备会议经过情形祈鉴核存查由

案奉商整会总字第廿八号训令内开：

"案奉县府社字第〇八二〇号指令准予核委各筹备人选随发各委令到会，遵即转给，仰予祗领并令知该筹备员等务须根据章则表册先行准备一切应办手续，妥于规定地点、日期、时间如令召开，以便据请县府届时派员指导并由本会监同整理"等因，并附转发钧府委令件暨各附件。奉此，遵于五月廿九日假商整会召开第一次筹备会议当由。

钧府及党部商会各予派员莅临监督指导，所有会议情形除发呈外，理合备文录案具报，仰祈鉴核存查，实为公便。

谨呈

南汇县县长徐

附会议纪录一份

南汇县南货业同业公会筹备主任潘子平

中华民国三十五年六月五日

〔附〕

南汇县南货业同业公会筹备会第一次会议纪录

日期：三十五年五月廿九日下午三时

地点：南汇县商整会会议室

出席：沈然潮　王芹初(王雪禅代)　潘子平

列席：县政府邱虚白　县党部陆济沧

公推主席

公推潘委员子平为主席

行礼如仪

报告事项(略)

指示事项(略)

讨论事项：

一件：本会经费应如何筹措案。

决议：于举行登记时向各业每户先收筹备费三千元至五千元暂以维持，俟大会决定每会员纳费标准后即于会费项下扣抵。

一件：推定本会筹备主任案。

决议：推定潘委员子平为本会主任。

一件：雇用本会书记案。

决议：雇由商整会书记兼理之。

一件：雇用本会会计案。

决议：雇由周安民担任之。

一件：决定本会会址案。

决议：暂行附设于县商会。

一件：本会应如何征求会员案。

决议：由本会派员请各镇热心会员协助办理之。

一件：推员起草章程案。

决议：由王芹初、沈然朝二委员负责办理之。

一件：规定召开成立大会日期地点案。

决议：日期定六月廿八日下午二时地点定县商会。

主席：潘子平

纪录：王芹初(雪代)

[1194－1－850]

南汇县商会整理委员会关于南货业同业公会成立大会经过等致南汇县政府呈

(1946年7月4日)

事由：为据南货业同业公会呈报成立大会经过并附理监事履历表会章业规会员名册会议录等件转呈鉴核备查由

南汇县商会整理委员会呈总字第八七号

中华民国三十五年七月四日

案据南货业同业公会理事长夏虞弼呈称：

“查本会业于六月廿八日在钧会召开成立大会，蒙钧会及县政府、党部各派员出席监督指导，会议得顺利进行，当场修正会章，选举理监事。合将大会经过情形并检同会章业规、理监事履历表、会员名册、会议录各三份，备文具报仰祈鉴核，转呈县政府县党部备查，实为公便。”等情，并附件到会。据此，查该会业经正式成立，所呈各件理合各检一份备文报请鉴核备查。

谨呈

南汇县长徐

附呈理监事履历表、会章、业规、会员名册、会议录各一份

南汇县商整会主任委员潘子平(印)

〔附1〕

南汇县南货业同业公会理监事履历表

姓　名	年　龄	籍　贯	职　务	学　历	经　历	住址及通讯处
夏虞弼	37	南汇	理事长	中等	经商三年	大团大丰号
丁佩恩	38	南汇	常务理事	初小	经商念五年	大团源大祥
陈继平	46	海盐	常务理事	初小	经商卅年	南汇震泰祥
高锡祺	40	南汇	理　事	初小	经商二十年	祝桥新和祥
沈然潮	41	慈溪	理　事	初小	经商廿五年	新场裕大信
夏秉甫	46	南汇	理　事	初小	经商廿二年	盐仓夏万昌
沈铣金	40	慈溪	理　事	初小	经商廿年	大团馀记
刘浩然	43	南汇	理　事	初小	经商廿四年	新场义兴恒
王芹初	45	南汇	理　事	初小	经商廿六年	南汇协顺鑫

续 表

姓 名	年 龄	籍 贯	职 务	学 历	经 历	住址及通讯处
周锦千	55	南汇	候补理事	初小	经商卅五年	三灶华昌
唐克勤	32	南汇	候补理事	初小	经商十五年	新场大生
宣维新	28	嘉定	候补理事	初小	经商十年	大团松盛祥
张玺楼	35	南汇	常务监事	初小	经商十五年	南汇张义昌
叶凤香	56	南汇	监 事	初小	经商卅五年	仓镇同昌
毛宗剑	62	宁波	监 事	初小	经商四十年	大团义隆森
鲍水根	44	南汇	候补监事	初小	经商二十年	仓镇公益

〔附 2〕

南汇县南货业同业公会章程

第一章　总则

第二条　本会定名为南汇县南货业同业公会。

第二章　任务

第三章　会员

第六条　凡在本会区域内经营南货业者均应为本会会员。

第四章　组织及职权

第五章　会议

第六章　经费

第三十条　前条入会费规定甲等八千元、乙等五千元、丙等三千元、丁等乙千元,会员于入会时缴纳之。

第七章　附则

〔附 3〕

南汇县南货业同业公会业规

第一条　本业规经本会会员代表大会订定之。

第二条　凡在本区域内如同业有新设或添设分号,应于七日前用书面正式报告本会登记,经本会许可后方可开始营业。

第三条　凡在本区域内同业如有召盘出租加记添股迁移及变更负责人等,应向本会更正或重行登记。

第四条　同业各种价目由本会理事会根据市面加以合法利润议定后印制价目表分发同业不得紊乱。

第五条　同业因有特殊情形拟减价时,须于七日前将事实用书面报告本会,经本会正式书面许可后方得举行,新设之同业亦如同样办法办理之。

第六条　凡同业如接到价目表后,对于决议之价目私自减售或违反第三、四、五条者,经同业之检举报告本会,由本会理事会视其情节之轻重依法予以相当处罚。

第七条　上项相当之处罚由理事会决议呈报主管官署核准后施行。

第八条　同业雇用之职员或学徒不得私自挖用。

第九条　本业规呈县政府核准后公布施行。

〔附 4〕

南汇县南货业同业公会会员名册

团体公司行号或工厂名称	代表姓名	性别	年龄	籍贯	资本金额	开 设 地 址
协顺鑫芹记	王芹初	男	45	南汇	卅五万元	南汇东门外
张义昌	张玺楼	男	35	南汇	壹百万元	南汇东门外

续 表

团体公司行号或工厂名称	代表姓名	性别	年龄	籍贯	资本金额	开设地址
震泰祥和记	陈继平	男	46	海盐	叁百万元	南汇东门外
夏鼎丰		男	48	南汇	陆拾万元	南汇东门外
大隆森	夏吉甫	男	40	南汇	叁拾万元	南汇东门外
万昌	孙富腴	男	22	闵行	念万元	南汇东门外
广福茂	周纪昌	男	45	南汇	五拾万元	南汇西门大街
茂兴	朱宝镛	男	24	南汇	五拾万元	南汇西门大街
立兴	邵连如	男	52	慈溪	念万元	新场镇
义兴恒	刘浩然	男	43	南汇	壹百万元	新场镇
大生	唐克勤	男	32	南汇	叁拾万元	新场镇
源丰	卫祖德	男	49	奉贤	伍拾万元	新场镇
裕大信	沈然潮	男	47	慈溪	壹百念万元	新场镇
黄同昌	黄宪文	男	45	南汇	拾万元	新场镇
德兴公记	薛仲坤	男	37	南汇	叁拾万元	新场镇
张松盛陞记	张宗嶽	男	50	南汇	叁拾万元	新场镇
徐福泰	徐如庭	男	37	南汇	壹百万元	新场镇
源大祥盛记	吴柏祥	男	49	南汇	肆百万元	大团镇
德懋	瞿德祥	男	30	奉贤	伍拾万元	大团镇
万丰	厉志良	男	49		壹百万元	大团镇
宣长兴	宣佳其	男	48	南汇	捌拾万元	大团镇
大丰	夏虞弼	男	37	南汇	壹百念万元	大团镇
松盛祥	宣维新	男	28	嘉定	壹百念万元	大团镇
义隆森	毛宗钊	男	63	宁波	壹百万元	大团镇
馀记	沈铣金	男	40	慈溪	肆百万元	大团镇
新宏泰	王雅根	男	27	南汇	陆拾万元	祝桥镇
祥盛	朱　明	男	26	南汇	念万元	祝桥镇
万兴	邱凤声	男	32	南汇	五拾万元	祝桥镇
同兴	祝东兴	男	33	南汇	念万元	祝桥镇
新和祥	高锡祺	男	40	南汇	壹百万元	祝桥镇
夏万昌	夏秉甫	男	46	南汇	陆拾万元	盐仓镇
永泰兴	计良德	男	40	南汇	拾万元	盐仓镇
公昌	樊琴南	男	32	南汇	拾万元	盐仓镇
震泰	陆广林	男	26	南汇	念万元	盐仓镇
谈大兴	谈锦田	男	44	南汇	念万元	盐仓镇
合盛	金林根	男	28	南汇	拾万元	盐仓镇
同昌	叶凤香	男	56	南汇	念万元	盐仓镇
裕茂	王铫明	男	28	南汇	拾万元	盐仓镇
公益	鲍水根	男	44	南汇	念万元	盐仓镇
薛仁泰	薛仁福	男	30	南汇	拾万元	盐仓镇

续 表

团体公司行号或工厂名称	代表姓名	性别	年龄	籍贯	资本金额	开设地址
春和祥	韦咸熙	男	39	南汇	拾万元	盐仓镇
永顺祥	金志财	男	21	南汇	拾万元	盐仓镇
盛馀	吕伯清	男	26	南汇	拾万元	盐仓镇
华昌	周锦千	男	55	南汇	壹百万元	三灶镇
钱福泰	钱小弟	男	33	南汇	念万元	三灶镇
周复兴	周梅根	男	47	南汇	叁拾万元	三灶镇
公盛	唐有声	男	46	南汇	拾五万元	三灶镇
周万昌	周茂芝	男	64	南汇	拾万元	三灶镇
永大新	蔡维新	男	24	南汇	拾万元	三灶镇
源昌	周锦堂	男	23	南汇	拾万元	三灶镇
松盛汶记	潘汶根	男	35	南汇	拾万元	三墩镇
朱德康	朱金祥	男	24	南汇	念万元	三墩镇
震丰	赵明德	男	45	南汇	叁拾万元	六灶湾
永懋恒记	瞿书祥	男	37	奉贤	五拾万元	六灶湾
德昌	沈滨海	男	27	南汇	念万元	坦直镇
宋公顺	宋应山	男	51	南汇	五拾万元	坦直镇
恒兴昌	吴进兴	男	33	南汇	叁拾万元	下沙镇
成泰	蒋宝珊	男	39	南汇	叁拾万元	下沙镇
仁记	苏裕杰	男	62	南汇	叁拾万元	下沙镇
成大昌	蒋宝林	男	43	南汇	叁拾万元	下沙镇

〔附5〕

南汇县南货业同业公会成立大会纪录

民国三十五年六月二十八日成立大会

日期：三十五年六月二十八日

地点：南汇县商整会

时间：下午二时

出席：夏虞弼　丁佩恩　宣维新(丁代)　周纪昌　康源森　沈铣金　毛宗钊　夏大利　陈继平　张玺楼　王芹初　黄同昌　大隆森(夏吉甫)　高锡祺(潘子平代)　刘浩然　邵连如　卫祖德　沈然潮　朱至余　王喜桥　周锦千　蔡维新　周梅根　唐有声　周锦堂　钱小弟　夏秉甫　鲍水根　叶凤香　谈锦田　薛颂坤　唐克勤　震泰　陆广林　裕茂　王铫明

列席：县政府李长俊　县党部顾昌淦　商整会潘子平

行礼如仪

公推主席

公推夏虞弼先生为主席

主席报告：今日南货业开成立大会，胜利后几月内尚未组织，故有事不能深体，每家都自扫门前雪，今组织后有了这团体可负起责来，对内价目可一律由会里相商，会务发展莫像以前的散漫，故对于会务□进(缺一行)莫担空名□□希望各位尽量把□意思提出讨论。

县政府李长俊致词：今天南货业开成立大会，本人代县政府出席参加，本人负社会科的事，人民团体的组织已同党部积极推进，已有许多团体成立，人民团体是一个法团，商号要保障须组织起来，抗战胜利一切恢复地方上人民团体的组织相当重要，政府方面努力复员为地方服务，使成立许多健全的团体。商人须认清当前环境，不要垄断，不要顾自己不顾他人，须把地方上需要的做去。

县党部顾昌淦先生致词：本人代表党部参加，政府为人民服务而团结，是政府与公民接触的桥梁，有许多不明瞭的人们大都是被动的，这一点是错误的。公会之成立是为谋本身福利及营业上之便利，党政在辅导的地位，故组织之需要须各位认清公会与自己有密切的关系，公会之事即本人之事，为自己本身而谋福利，当然需要组织公会非党政府的策动，这一点须有明白。

县商整会潘主任子平致词：

本人今天站在商会的立场，过去虽负南货业之责，没有建树很惭愧，一般商人须有团体的组织而产生力量不受人欺。看到今天下雨，各位踊跃出席，故想南货业之成绩一定不会落后，本人虽离南货业，尽可能范围仍当尽力量帮助。兄弟在商会徒负空名，以前由王雪祥先生帮助，因事辞去，现由党部顾先生负责，如各位有事请与顾先生接洽，今日会里请议业规章程及重要议案，各位不妨多多提出讨论。

乙件：请通过本会章程。

决议：修正后通过。

乙件：请通过本会业规案。

决议：修正后通过。

乙件：修正本会每月支出预算案。

决议：修正后通过。

乙件：确定每月经常费征收等级数字案。

决议：确定甲等八千元，乙等五千元，丙等三千元，丁等乙千元。

乙件：确定本会会址案。

决议：确定附设于县商会。

乙件：选举理监事案。

结果当选理事：

高锡祺 28 票　丁佩恩 27 票　沈然潮 24 票　夏虞弼 23 票　陈继平 21 票　夏秉甫 21 票　沈铣金 18 票　刘浩然 15 票　王芹初 14 票

候补理事：

周锦千 11 票　唐克勤 10 票　宣维新 9 票

当选监事：

毛宗钊 9 票　张玺楼 8 票　叶凤香 7 票

候补监事：

鲍水根 6 票

主席 夏虞弼

纪录 王志方

［1194－1－850］

南汇县南货业第一次理监事联席会议纪录

（1946 年 6 月 28 日）

南汇县南货业公会第一次理监事联席会议纪录

日期：三十五年六月二十八日

地点：南汇县商会

时间：下午六时

出席：全体理监事

列席：县政府李长俊　商整会顾昌淦

行礼如仪

主席：夏虞弼　纪录：王志方

主席报告 略

讨论事项

乙件：推选常务理事三人理事长一人请推举案

决议：推选夏虞弼、丁佩恩、陈继平三人为常务理事并互推夏虞弼为理事长

乙件：推选常务监事案

决议：推选张玺楼先生为常务监事

乙件：推定出席商会代表案

决议：推定夏虞弼、陈继平、沈然潮、高锡祺、夏秉甫五位为出席代表

乙件：确定入会费经常费征收法案

决议：每镇推定会员二人共同议定各商号等级于五日内报会以便征收推定会员如下

陈继平、张玺楼负责南汇六灶湾等处

夏虞弼、丁佩恩负责大团三墩等处

沈然潮、刘浩然负责新场等处

高锡祺、邱凤祥负责祝桥等处

夏秉甫、叶凤香负责盐仓等处

周锦千、王春桥负责三灶等处

乙件：确定第二次理监事会日期案

决议：理事会每月于十六日举行监事会每贰月举行一次日期同

乙件：际此国营事业减薪期间而烛业工资突增百分之百十本业兼营制烛者均受连带影响应否呈请县府转函市社会局解释案

决议：呈请县政府转函解释

主席 夏虞弼

纪录 王志方

［1194－1－850］

南货商业同业公会人民团体立案证书

（1946年7月15日）

人民团体立案证书

商字第六号

南汇县南货商业同业公会业已依法组织完成应准立案此证

计开

团体名称：南汇县南货业同业公会

设立地址：南汇城内

负责人姓名：夏虞弼

县长 徐泉

中华民国三十五年七月十五日

［1194－4－397］

南汇县南货商业同业公会为各镇主任联席会议情况致南汇县政府呈

（1948年10月30日）

事由：为呈报各镇主任联席会议记录及名单祈核备由

南汇县南货商业同业公会呈

南字第二三六号

中华民国三十七年十月三十日

查本会于十月廿九日召开各镇主任联席会议，所有应行事项均经决议纪录在卷，除分知外理合检同纪录及各镇主任名单各一份备文呈报，仰祈鉴核备查。

谨呈

县长熊

附纪录乙份、各镇主任名单乙份

理事长夏虞弼

〔附1〕

南汇县南货商业同业公会各镇主任联席临时会议纪录

日期：卅七年十月廿九日下午一时

地点：县商会

出席：各镇主任及会员计卅二人

理事长因公赴沪不克出席

公推丁常务理事为临时主席

报告事项（略）

讨论事项：

乙件：本会改选后对于会员证书自应予以掉换，兹已印就，应否收取工本费请公决案。

决议：际此本会经济困难之下，每一会员证书收取金元叁元以资弥补。

乙件：邓镇会员来呈请求设立办事处应为何办理请公决案（祥读来文）。

决议：既经公推张国权为代表，准予设立办事处。

乙件：未设立办事处之各镇应为何□并管辖以利会务案。

决议：万祥设立办事处聘茅祥祓担任，里三灶、外三灶属之。大团湾属江镇，彭镇、泥城属六团，横沔属陈桥，李家桥属新场，吴□属盐仓。御桥新王庙属北蔡。老港、□港、横路、邬店、谈店属黄路。

乙件：本会各镇办事处应否制发案戳以昭信守案。

决议：由会刊发案戳分发各镇并报名备查。

乙件：本会前向上海申请赔给食糖一案正在积极请求中，惟是否准许事难逆料。本会为免除临时措手不及起见，对于款项及各项手续问题应予事先准备，应为份办理请公决案。

决议：本会管辖各镇先分为五大处，推定负责人，每处先筹备金乙千贰百元，由各处集中款项暂行保管外将五大处所属各镇及负责人规定如下：

惠南——震泰祥负责，六灶湾、黄路、小洼港、老港、横路、谈店、邬店、三灶等镇属之。

大团——源大祥负责，三墩、外三灶、里三灶、万祥、泥城、彭镇等镇属之。

新场——徐福泰负责，航□、鲁汇、闸港、李家桥等镇属之。

祝桥——新和祥负责，盐仓、江镇、施镇、邓镇、陈桥、横沔、六灶、大团湾、吴□等镇属之。

周浦——三阳泰负责，坦直、召楼、下沙、北行、御界桥、北蔡、张江、新王庙等镇属之。

日后配糖时由理事长聘用专人负责，驻用专□办理，其他技术问题再行于下届会议讨论。

主席 丁佩恩

纪录 王志方
南汇县南货业同业公会

〔附 2〕

南汇县南货商业同业公会名镇办事处主任简明表

镇　别	主任姓名	年　龄	籍　贯	通 讯 处	备　　注
周　浦	陈凤珊			三阳泰号	
惠　南	陈继平	47	本	震泰祥号	
大　团	丁佩恩			源大祥号	彭镇泥城属管辖
新　场	徐如庭	38	本	徐福泰号	李家桥属管辖
祝　桥	高锡祺	41	本	新和祥号	
盐　仓	夏秉甫	47	本	夏万昌号	吴家码头属管辖
六　灶	嵇如江	57	本	稽义大号	
江　镇	陈春才	46	本	泰昌号	六团湾属管辖
六灶湾	赵明德	46	本	震丰号	
三　灶	周锦千	56	本	华昌号	
陈　桥	周关桥			协泰祥号	横沔属管辖
施　镇	吴贵德	37	本	吴德泰号	
坦　直	宋锡芝	30	本	宋公顺号	
下　沙	蒋宝珊	40	本	成泰号	
三　墩	严鹤鸣	61	本	同春和号	
黄　路	姚添孙	30	本	姚大德添记号	老港小洼港谈店邬店横路属管辖
邓　镇	张国权	34	本	张万森同记号	
杜　行	范桥生	47	本	鼎兴祐号	
鲁　汇	曹耀昌	54	本	泰昌号	
航　头	金庆源			大源义号	
召　楼	钱荣初	20	本	钱恒大号	
闸　港	袁耕莲	45	本	袁源兴号	
张　江	赵培卿	51	本	裕源泰号	
北　蔡	严文义	28	本	严恒丰号	御桥龙王庙属管辖区
万　祥	夏玉良			万祥裕号	里三灶外三灶属管辖区

[1194－1－850]

南汇县南货商业同业公会第二次理事会议纪录

（1946 年 7 月 16 日）

日期：三十五年七月十六日
地点：南汇县商整会
时间：下午二时
出席：夏虞弼　夏秉甫　丁佩恩　沈铣金　陆继平　王芹初　毛宗钊　刘浩然　沈然潮
列席

主席：夏虞弼

纪录：王志方

行礼如仪

主席报告 略

讨论事项：

一件：本会会员证书及会员证章应否制发案。

决议：交下次理监事会再行讨论。

一件：兹据会员报告，迩来市上专营银钱业务之申庄发现退票极多，各商号不特时生枝节且复遭受损失，应如可处理以利营业案。

决议：呈请县府取缔。

一件：未入会会员应如何征求入会案。

决议：由本会当地理监事负责就近各镇劝令加入。

一件：未规定等级之会员应如何从速确定以利征收案。

决议：由本会干事出发收取时酌予规定。

一件：本会会计应如何推定案。

决议：推选本会陈常务理事继平负责担任名誉。

主席 夏虞弼

纪录 王志方

[1194－4－68]

南汇县商会整理委员会关于南汇县南货商业同业公会启用图记日期致南汇县党部呈

（1946年8月4日）

事由：为转呈南货商业同业公会启用图记日期检呈印模祈鉴备由

南汇县商会整理委员会呈总字第一一八号

中华民国三十五年八月四日

案据南货商业同业公会理事长夏虞弼呈称："案奉钧会总字第一〇一号训令略开，兹奉南汇县政府颁发该会立案证书一帋到会，奉此合行随令转发，仰即祗领并派员迳赴县府具领图记为要等因，附发立案证书一帋，奉此遵即派员迳向县府具领木质图记一颗文曰'南汇县南货商业同业公会图记'业于七月三十日启用，理合拓附印模三份，备文具报仰祈鉴核转呈县府党部备查，实为公便"等情，并附印模三份到会据此理合检附印模一份备文转请鉴核备查。

谨呈

南汇县党部书记长顾

附呈南货商业同业公会图记印模一份（从略）

南汇县商整会主任委员潘子平

[1192－1－186]

南汇县南货商业公会请求市社会局准予申请配给食糖致南汇县商会整理委员会呈

（1946年8月14日）

事由：为呈祈转呈县府函市社会局准予申请配给食糖以维商艰而利民食由

呈县商整会
南字第一〇九号
民国卅五年八月十四日
案据本会会员义兴恒号刘浩然来函称："查……而利民食"等情前来，合备文呈请，仰祈鉴核转呈县府函市社会局准予申请同样配给，以维商艰而利民食，实为公感。
谨呈
县商整会
主任委员潘

全衔名
［1194－4－405］

南汇县商会整理委员会关于核示配给食糖申请致南汇县南货商业同业公会指令

（1946年8月18日）

事由：为据呈函请市社会局准予申请配给食糖指令知照由
南汇县商会整理委员会指令总字第一四二号
中华民国三十五年八月十八日
令南货商业同业公会理事长夏虞弼
本年八月十四日呈一件，为呈祈转函市社会局准予申请配给食糖，以维商艰而利民食由。
呈悉，业已据情转函上海市社会局准予同样配给，仰静候函复饬遵可也！
此令。

主任委员潘子平
［1194－4－405］

南汇县南货商业同业公会第二次理监事联席会议纪录

（1946年8月16日）

日期：三十五年八月十六日一时
地点：南汇县商会
出席：刘浩然　陈继平　张玺楼　王芹初　夏秉甫　叶凤香　高锡祺　沈然潮　丁佩恩　毛宗钊　夏虞弼　沈铣金
列席：顾昌淦
主席：夏虞弼
纪录：王志方
行礼如仪
主席报告：
1. 各位出席参加表示感谢并请各位群策群力推进会务；
2. 报告经济收支状况及各会员收费情形；
3. 请讨论各项议案。
讨论事项：
一件：烟纸业公会来函请本会兼营烟纸之各会员加入会员应如何办理案。
决议：查本业兼营烟纸业之会员极少且均非主要营业，依据实际情形似无再入烟纸业公会之必要，函覆查照办理。

一件：周浦同业迄未入会应如何办理案。

决议：通知即日入会。

一件：追认呈请县府转函呈上海市社会局申请配给食糖以利民食案。

决议：通过。

一件：三灶公盛来函声请退会应如何办理案。

决议：根据本会会章第十二条之规定所请确难照准。

一件：迩来物价时多波动，业中遇有欠账依照欠款归还损失太大，应如何补救案。

决议：以时价计算，通告各会员一律遵照。

一件：本会会员证书证章应否制发案。

决议：应即制发证书，由高锡祺先生负责办理，证章交下次会议讨论。

主席：夏虞弼

纪录：王志方

［1194－4－68］

南汇县南货商业同业公会关于第二次理监事联席会议决议以时价计算欠账的通知

（1946年8月19日）

南汇县南货商业同业公会通知

南字第一一三号

民国三十五年八月十九日

兹据本会八月十六日第二次理监事联席会议讨论事项

一件：查迩来物价时多波动，业中遇有欠账依照欠款归还，损失太大应如何补救案。

决议：应以时价计算，通告各会员一体遵照等语，相应录案通知，仰该会员遵照为要。

理事长夏

［1194－4－405］

南汇县商会整理委员会关于台糖源之配售以期平抑糖价致南汇县南货商业同业公会指令

（1946年9月7日）

事由：为层奉省令准上海市社会局函知台糖源之配售以期平抑糖价，请协照办理等因转饬注意由

南汇县商会令南商总字第十五号

中华民国三十五年九月七日

令南货商业同业公会

案奉南汇县政府社字第五一三九号训令内开：

案奉江苏省政府建社三字第二二五五号训令内开案准上海市公社局三十五年八月三日市社（三五）字第一五四一五号公函内开，案准行政院资源委员会台湾行政长官公署合办台湾糖业公司。台糖沪字第一二八号公函开：查本公司自奉命成立后即受行政院委托，陆续输运在台湾没收之敌产存糖来沪配售，以供需要。举办以来尚属顺利，惟上月内以市价为市场抬高本公司，为避免政府遭受不必要之损失并减少居间商之暴利起见，因亦将趸售价格略事提升，但每次售价始终低于市价，乃外界不明真相以为本公司意图牟利，实为遗憾。盖本公司售糖收入除少数运杂费用外余款悉数解缴国库，自无图利之可言，且平抑物价为政府固定之方

针，本公司无不遵照办理。日前荷蒙贵局明察，召集本公司代表暨本市糖业公会代表集议抑平糖价办法，具征关怀民生之至意，所议本期由本公司配售中砂一五〇〇〇包，售价每担暂定八〇〇〇〇元，嗣后并视运输情形将售价酌予递减一节，本公司自应遵办，故本月十六日配售第六期食糖即以每担八〇〇〇〇元之定价出售一五三三〇包，惟日来市价依然上涨（十七日市价与公司售价每担相差竟达贰万余元），按糖商承购配糖后，所有应得之合法利润集议时经决定每担不得超出六〇〇〇〇元，今配价与市价相距如此足徵，糖商尚不能遵守集议规定，有负贵局抑平物价之殷望，如不设法抑制糖价，前途实深隐忧，关于今后糖行售与另售商零售商售与市民之价格，本公司因无力管理，应请贵局随时派员调查密切注意，并责令本市糖业公会协助进行，以免囤积居奇而谋糖价稳定，至此后本公司配售数量与价格自当根据运输情形随时与贵局取得连系，商洽办理。相应函达敬希查照见覆等由。准此，查近来糖市涨风甚烈影响人民生活至钜，经与台湾糖业公司商订配售办法其配售糖量力求普遍公允，每星期配给一期，配给数量随时按照实际需要决定之。配售价格第六期为每担八万元，第七期为每担七万元四千元，嗣后将斟酌市情逐期审定以符抑平物价之宗旨，深恐各地不肖商贩仍有抬价居奇谋取暴利情事，除分函外相应函达即请查照，饬属共同防止上项情事发生为荷等因，准此除分令外合行令仰该县长知照，并饬属商会注意为要。此令等因奉此，合行令仰该会注意协助平抑糖价，防止居奇为要此令。等因，奉此合行令仰该业公会注意协助平抑糖价，防止居奇为要！

此令。

南汇县商会理事长潘子平

［1194－4－405］

南汇县香商业同业公会为客香价目须依双真出售并请通知兼营批发之商号加入本会致南货业同业公会函

（1946年9月22日）

事由：为客香价目须依双真出售并请通知兼营批发之商号加入本会为会员由

查近来香料来源大涨，本业各香售价不得略形提高而客香源源而来成本。既轻售价，随廉致影响本业整个经营。当经本会第三次理监事会议决“函请兼营香业之公会通知兼营香业之各会员，其客香售价须本业双真价格出售，不得私自增减。如有兼营批发者应加入本会为会员，否则依本会章则办理”等语纪录在卷，相应录案函达，念商业经营之困苦，强同业公会之组织，即希查照饬属遵照，以符劝令为荷。

此致

南汇县南货业同业公会

理事长夏

理事长杨□□

中华民国三十五年九月二十二日

［1194－4－405］

南汇县南货商业同业公会第三次理监事联席会议纪录

（1946年10月16日）

日期：民国卅五年十月十六日下午一时

地点：南汇县商会

出席者：夏虞弼　丁佩恩　沈铣金　毛宗钊　周景千　陈凤珊代　高锡祺　宣维新　张玺楼　王芹初　夏□□　叶同□　陈继平　刘浩然　沈然潮

列席：周宾生

主席：夏虞弼

纪录：王志方
行礼如仪
主席报告：
1. 说明上次会议延期之缘故；
2. 本人出席商会之情形及本人当选理事；
3. 请求配给户口糖经过；
4. 对于茶食制造业之观念。
县党部周先生致词：
1. 社团组织的重要；
2. 社团组织应由党部参加之缘故；
3. 本人代表党部协助南货业会进行；
4. 社会之对于自身福利及服务地方的重要；
5. 对于南货业前途的希望；
6. 如有工作本人愿尽力帮助。
讨论事项：
一件：本会各商号历来兼营茶食，对于本会名称可否加入茶食二字案。
决议：叙明本会历来兼营茶食不能分离之缘故呈请县府准予改为南货茶食商业同业公会。
一件：县商会训令为置办器具筹偿大会费用向各业公会加收二月会费本会应如何办理案。
决议：向各会员加收临时费一个月，等级依照经常费计算。
一件：会员证书及会员证之成本费请确定数目以便收取案。
决议：确定共收贰千元。
一件：各镇会员请求减低等级应如何处理案。
决议：坦直镇　大吉祥列入丙等；
陈桥　　公兴、广泰列入丙等；
江镇　　余丰请照缴丙等，
　泰昌函请加入乙等；
祝桥　　仍依八月份所缴等级征收并去函劝告；
盐仓　　薛仁泰、震泰依原等级缴纳；
大团　　振兴、德懋仍列丙等；
南汇　　夏万昌、广福茂仍列乙等；
一件：本会为推广业务加强连络应否设立各镇办事处案。
决议：各镇应设立办事处并将各镇主任姓名列后：
南汇　陈继平 正　王芹初 副；
周浦　陈凤山 正　许荣善 副；
大团　丁佩恩 正　沈铣金 副；
新场　刘浩然 正　沈然潮 副；
祝桥　高锡祺 正　邱凤祥 副；
盐仓　夏秉甫 正　叶凤香 副；
六灶　稽如仁；
江镇　陈□才 正　储永金 副；
六灶湾　赵明德；
三灶　周锦千；
陈桥　周关桥　协泰祥；

施镇　唐仁杰；
坦直　宋应山；
下沙　蒋宝珊；
三墩　严鹤鸣；
黄家路　姚佑生。
一件：未入会各商号应如何劝导入会案。
决议：北蔡、张汇、鲁汇、航头、召楼、杜行、横沔等镇，派顾干事前往接洽劝导入会。
一件：各镇商号售价应如何划一案。
决议：先由各办事处主任调查该镇价目列表报会后提交下次会议再行讨论。

主席 夏虞弼
纪录 王志方
[1194－4－68]

南汇县南货商业同业公会关于公会名称准予加入“茶食”二字致南汇县政府呈

（1946年10月19日）

事由：为呈请对于本会名称准予加入“茶食”二字以强机构由

案查本会各商号历来兼营茶食亦为门市主要营业之一，故经营南货业者必有茶食，而茶食乃经营南货同业兼营之一部门，势不能分离，若另行组织茶食业公会则本会之组织势必减小力量，而各商号亦多一笔负担。为加强本会机构便利会务进行以及减轻同业负担起见，爰于本年十月十六日本会第三次理监事联席会议时提付讨论，当经决议“呈请县府准予改为南货茶食商业同业公会”等语纪录在卷，理合录案备文呈请，仰祈鉴核准予加入“茶食”二字，以强机构而利进行，实为公便。

谨呈
南汇县长徐

南汇县南货商业同业公会理事长夏虞弼
中华民国三十五年十月十九日
[1194－1－850]

南汇县政府关于南货兼营茶食准予并入南货商业同业公会致南汇县南货商业公会指令

（1946年11月12日）

事由：据呈南货兼营茶食准予并入该会令仰遵照由
南汇县政府指令社字第六九七八号
令南货商业同业公会
卅五年十月十九日呈一件：为呈请对于本会名称准予加入“茶食”二字以强机构由。
呈悉。茶食业准予并入该会，不另组织，仰即遵照！
此令。

县长徐
〔中华民国三十五年〕十一月十二日封发
[1194－1－850]

南货商业同业公会第四次理监事联席会议纪录

（1946 年 11 月 16 日）

日期：三十五年十一月十六日下午一时

地点：南汇县商会大礼堂

出席者：丁佩恩　宣儒甫　周景千　夏秉甫　高锡祺　毛宗钊　沈铣金　陈继平　夏虞弼

主席：夏虞弼

纪录：王志方

行礼如仪

主席报告：

1. 各位出席踊跃本人代表公会表示感谢；

2. 改组名称的缘因及圆满的结果；

3. 应讨论各案请发抒意见。

讨论事项：

乙件：上次会议交议各镇商号售价如何划一，兹据周浦、三墩、六灶湾办事处主任报告本月八日售价前来应如何议订标准案。

决议：因各镇情形不同，由各镇分办事处主任自行召集该镇同业集议议订标准报会。

乙件：本会前因各商号均系兼营茶食对于本会名称可否加入茶食二字经呈本县府业经准予并入，拟请呈县另颁图记改为南货茶食商业同业公会请公决案。

决议：通过。

乙件：祝桥同兴函请减低等级应如何办理案。

决议：函请同兴顾全本会会务起见，勉为列入乙等并函请高主任就近劝导。

乙件：为属奉县商会函转知应将议定价格随时报县凭核应如何办理案。

决议：由各镇办事处主任随时报会以凭汇转。

乙件：召楼各会员均属兼营其他商品以致征求会员时殊感棘手应如何办理案。

决议：据丁常务报告，召楼朱恒裕、王恒和、赵源昌、张信和、秦□田、徐恒大均系南货业者，其他商品系属极少数之兼营品应请加入本会为会员。

乙件：各镇分办事处主任下次开应否通知出席案。

决议：应于下次开会时通知出席。

乙件：黄镇各会员迟延缴纳会费应如何办理案。

决议：函请黄镇江锦松先生协助劝导并函请该镇主任劝令缴纳以利会务。

主席 夏虞弼

纪录 王志方

［1194－4－68］

南汇县商会关于请求刊发南汇县南货茶食商业同业公会图记致南汇县政府呈

（1946 年 11 月 29 日）

事由：为转请另行刊发南货茶食商业同业公会图记由

南汇县商会呈南商字总字第一一六号

中华民国三十五年十一月廿九日

案据南货业同业公会理事长夏虞弼呈称:"案查本会因各商号历来兼营茶食不能分离而另立公会经呈请县府对于本会名称准予加'茶食'二字以强机构去后。奉南汇县政府社字第六九七八号指令内开:'呈悉茶食业准予并入该会不另组织,仰即遵照'等因.查本会既经加入'茶食'二字对于前颁图记于今显有未合,理合呈请仰祈鉴核转呈县府另行颁发本会图记,以昭信守而利会务"等情。据此,合行据情转请鉴核准予另行刊发南汇县南货茶食业同业公会图记,实为公便。

谨呈

南汇县长徐

南汇县商会理事长潘子平

[1194-1-850]

南汇县政府关于未准颁发南汇县南货商业同业公会图记致南汇县商会指令

(1946年12月11日)

事由:据呈请重颁南货商业同业公会图记指令知照由

南汇县政府指令社字第八五八一号

令县商会

卅五年十一月廿九日呈一件,为转请另行刊发南货茶食商业同业公会图记由。

呈悉。茶食业并入该会,即经本府指令备案,可于章程中载明,毋庸重颁图记,仰即知照!

此令。

县长徐

〔中华民国三十五年〕十二月十一日

[1194-1-850]

南货商业同业公会第五次理监事暨各镇分办事处主任联席会议纪录

(1946年12月16日)

日期:卅五年十二月十六日

地点:南汇县商会

时间:下午一时

出席者:陈继平　周景千　张玺楼　严鹤鸣　夏大利　王芹初　夏虞弼

周宾生

列席

主席:夏虞弼

纪录:王志方

行礼如仪

主席报告:

1. 本次会议出席人数之少,因天阴之故,以后希各位理监事踊跃出席;

2. 征收房捐及带征积谷情形;

3. 对于电灯公司之征收保证金情形;

4. 出席税捐处十二月二日召开会议讨论秋冬季营业税情形经过;

5. 关于卅五年度所利得税经过情形。

王书记报告出席县府召开之人民团体座谈会经过情形。

讨论事项:

乙件:据顾干事报告各镇会员讯问应有价目表,为何不发之故请讨论案。

决议:本会上次会议业已决定,因各地情形不同由各镇办事处自行召集全镇会员集议分发本会,应再函各主任遵照。

乙件:各办事处主任询问办事处之责任请公决案。

决议:由本会讨论后拟订各点另函通知各主任。

乙件:杜行、鲁汇、航头、召楼四镇分事处主任业由夏理事长指定产生请公决案。

决议:一致追认。

乙件:下届常会时届废历年底应否举行案。

决议:以不举行为原则,如有必要由理事长临时召集之。

主席 夏虞弼

纪录 王志方

[1194-4-68]

南汇县南货商业同业公会关于召集各镇同业商号集议价格标准的公函

(1946年12月17日)

事由:为函请召集贵镇同业商号集议价格标准报会由

公函南字第一四二号

中华民国卅五年十二月十七日

迳启者,查本会对于各镇商号出售各货价格如何划一案,经第四次理监事联席会议议决"因各镇情形不同,由各镇分办事处主任自行召集该镇同业集议议订标准报会"等语纪录在卷,并分发去后。兹据顾乾员报告"各镇会员讯问应有价目表为何不发"等语到会。经本会第三次会议议决"依据上次会议决议应函知各主任召集各商号集议价格后分发"等语纪录在卷,相应函达即希查照,并迅即召集贵镇同业商号集议价格标准分发并报会为荷。

此致

各分办事处主任

理事长夏

[1194-4-405]

南汇县南货商业同业公会第六次理监事暨各办事处主任联席会议纪录

(1947年2月16日)

日期:卅六年二月十六日

地点:南汇县商会

时间:下午二时

出席者:宣维新　丁佩恩　沈铣金　夏秉甫　高锡祺　毛宗钊　严鹤鸣　张玺楼　陈继平　王芹初　夏虞弼

列席:殷仲清　周君超(夏虞弼代)

主席:夏虞弼

纪录:

行礼如仪

主席报告略

讨论事项：

乙件：县商会为省联会筹募基金请本会代募拾万元应如何办理案。

决议：由本会于经常费项下拨付。

乙件：黄路分办事处姚主任来函呈辞应如何办理案。

决议：由本会备函并公推王理事芹初前往挽留。

乙件：日来物价飞涨本会经费不敷开支对于会费应否予以调整案。

决议：自三月份起会费乙千元者改收贰千元，三千元者改收五千元，五千元者改收八千元，八千元者收为壹万贰千元。

乙件：本会各分办事处简则请修正案。

决议：修正后通过并分发各办事处。

乙件：新场刘沈二理事商号因受高利贷之胁迫而停业应如何改选请公决案。

决议：交下届会议讨论。

临时动议：

乙件：夏理事长因身体衰弱，店务繁忙，不克兼顾，声请辞职请公决案。

决议：一致挽留。

主席 夏虞弼

纪录 王志方

［1194－4－68］

南汇县南货商业同业公会第七次理监事暨各镇分办事处主任联席会议纪录

（1947年3月16日）

时间：三十六年三月十六日下午一时

地点：南汇县商会

出席者：高锡祺　夏秉甫　严鹤鸣　陈继平　张玺楼　赵明德　丁佩恩　夏虞弼　宣维新　沈铣金　毛宗钊（丁代）　王芹初

主席：夏虞弼

纪录：王志方

行礼如仪

主席报告略

讨论事项：

乙件：上次会议交议改选理事二人应如何办理案。

决议：缓议。

乙件：商会函请劝募介寿堂捐款贰万元如何办理案。

决议：在经常费项下拨付。

临时动议：

乙件：新会员入会时对于入会费应否予以调整案。

决议：新会员入会费改为五千元及壹万元两种，由理事会确定之。

乙件：本业糖价仍未一律应如何办理请公决案。

决议：由各镇主任集议价格后填具价目表分发各会员，如有不遵守者依定章议罚。

乙件：新场分办事处正副主任另候任用遗缺应如何推选接充案。

决议：聘请徐福泰号徐如庭先生接充。

乙件：本会对配给食糖应否设法进行案。

决议：缓办。

主席 夏虞弼

纪录 王志方

［1194－4－68］

南汇县南货商业同业公会关于印发价目表并请集议及填具价格致各镇主任的公函

（1947年3月17日）

事由：为印发价目表希集议后填具价格分发遵照由

南汇县南货商业同业公会公函南字第一五二号

查本业各货议订价格标准，早经奉令转知各镇议订在案。兹以各镇或有尚未举行或有不遵守之商号用特再行提交第七次理监事会讨论，以糖及茶食为最普遍之品，自应尽先划一售价。经议决由各镇集议后制发价目表分发各会员，如有不遵守者依定章议罚等语纪录在卷，本会为划一起见用特印，就价目表随函附发即希查照速行集议填具价格分发同业遵照，并希随时以电话连络各镇以求统一同业，如有不遵守者希即报会以凭议罚而利会务为荷！

此致

各镇主任

附价目表份（从略）

理事长夏

〔中华民国三十六年〕三月十七日拟稿

［1194－4－406］

南汇县南货商业同业公会第八次理监事暨各主任联席会议纪录

（1947年4月16日）

时间：〔中华三十六年〕四月十六日下午一时

地点：县商会

出席者：徐如庭　新场徐福泰

□金林　新场□大信

稽如江　六灶稽如太

源大祥　丁佩恩

夏万昌　夏秉甫

余　记　沈铣金

义隆森　毛宗钊

关春和　严鹤鸣

三新泰　陈凤山

华　昌　周景千

新和祥　高锡祺

县党部　周宾生

震泰祥　陈云祥

大　丰　夏虞弼

主席：夏虞弼

纪录：王志方

行礼如仪

主席报告：

1. 此次会议各理监、各主任踊跃参加，足见热心公会非常欣慰。

2. 本会过去未有建树，本人非常抱愧，今后兴革事宜希各位尽力协助。

3. 以后仍希各位热心出席共策进行。

县党部周先生致词：

1. 南货业过去的成绩良好。2. 现实社会虽不景气须设法打破它。3. 公会须自助自治。4. 过去的良好成绩还是不够，今后更宜发展。

各镇主任报告各地办理价格情形——综合意见，因各地情形不同，全县价格势难一律，故仍采用各镇各样办法。

讨论事项：

乙件：施镇分办事处主任唐仁杰来函："因南货部份业经结束，主任一职已不合法令，加以他事纷繁无暇兼顾呈请辞职"等语，请公决案。

决议：准予辞职并另聘吴德泰号吴贵德先生担任主任。

乙件：本会附设商会向来未出房租，近以该房东自本年度起增加租米为每年拾石，商会因经费困难实无力负担，乃经过理监事会决议由附设商会之各业公会酌为补助，本会每年计派租米八斗请公决案。

决议：照案通过。

乙件：邓镇尚未设立分办事处，应否设立请公决案。

决议：应即设立并加聘张万林国记号张国权先生为主任。

乙件：各镇不缴会费者仍属不少应如何办理案。

决议：先行警告劝令缴纳，如仍不理呈请县府依法劝令缴纳。

乙件：黄镇同业未入会者不少，虽经劝令加入竟置不理，致影响其他会员之纳费，应如何办理请公决案。

决议：专案呈请县府转行警局派警会同本会前往劝导加入本会否则依法惩处。

乙件：据顾干事来称：各镇会员咸恳申请配给食糖并请组织合作社应如何办理请公决案。

决议：对于配给食糖部份因上海市社会局表示祇限于本埠，故事实无从着手，关于合作社部份以合作社组织不易，若成立后对食糖仍无法配给时则徒费财力，为两全计，先行函请县商会理事长前往社会局询问：对本会组织合作社后是否能有食糖配给，俟有确讯后于定行止。

主席 夏虞弼

纪录 王志方

[1194-4-68]

南汇县南货商业同业公会分办事处简则

(1947年)

南汇县南货商业同业公会分办事处简则

一、本业公会为谋推广业务加强组织起见设立各镇分办事处。

一、本办事处定名为南汇县南货商业同业公会镇分办事处。

一、本办事处秉承南货业公会办理一切会务及推行同业福利事宜。

一、本办事处负责本镇同业之指导统计及调处纠纷议定价格标准等事项。

一、本办事处设主任一人或副主任一人（均名誉职），综理经常事务。

一、本简则未尽事宜均遵照南货业公会章程办理之。

一、本简则呈报县商会备案核准后施行。

〔中华民国三十六年[①]〕

[1194－4－407]

南汇县茶食业职业工会要求改善职工待遇附奉条件函请转饬所属各号资方接受致南汇县南货茶食商业同业公会函

（1947年4月20日）

事由：为要求改善职工待遇附奉条件函请转饬所属各号资方接受希查照见复由

南汇县茶食业职业工会公函工字第一三号

中华民国三十六年四月二十日

迳启者，查本会业于四月六日召开成立大会，据各会员声称："近来物价频涨，原有薪金收入不敷维持生活，请要求店方迅即调整俾安心工作"等语；据此，查会员所陈各节确系实情，爰经提交首次理监事联席会讨论议定要求改善待遇条件十四条，随函附奉八拾份及资方店号清单一份，仰希贵会体念职工艰苦，迅赐转饬所属各号资方查照接受，克日履行并盼于文到十日内见复为荷。此致

南汇县南货茶食商业同业公会

附条件八十份、资方店号清单一份

理事长冯顺康

〔附1〕

南汇县茶食业职业工会要求改善待遇条件

一、无故不得开除职工。

二、月薪最低限度白米一石五斗，自三月份起按照原有薪水一律增加三成。

三、每月给予月规费国币贰万元正。

四、升工每月六天。

五、拆工每日八升至一斗。

六、每年十二月发给双薪（三阳泰十一、十二两月发给双俸）。

七、酒资、柴、煤、炭、炭结、木柴、煤球、洋面、猪油、每洋五分，净糖冬米每洋一角。

八、学徒津贴第一年白米一石贰斗，第二年贰石四斗，第三年三石六。斗，满业后每月八斗至一石贰斗。

九、职工每日工作规定十小时，逢节休假一天，年假五天，逢节无酒者拆酒费一万元。

十、职工非本会会员不得录用，职工如选任为本会职员经通知开会时薪津照给且不得留难。

十一、店方不得因职工组织工会及加薪之要求籍故开除。

十二、收徒规定五师三年可以收徒，五师之内五年收一徒，一师不能收徒十个之外，三年可以收二个学徒。

十三、本条件未规定事项悉照向例办理，如向例有优于本条件者仍从其优。

十四、本条件自三十六年四月履行。

〔附2〕

南汇县茶食业职工服务店号清单

牌　号	地　址	牌　号	地　址
源　丰	新场	大　昌	江镇
徐福泰	新场	品香春	江镇
天　和	新场	泰　昌	江镇

① 原文无日期。据文件所在案卷起止日期"1947年4月17日起至1947年8月25日"，此处记作1947年，即"中华民国三十六年"。

续 表

牌　号	地　址	牌　号	地　址
黄同昌	新场	德　顺	王家港
沈生泰	新场	天　成	张江栅
隆　昌	鲁汇	天　禄	张江栅
祥　泰	鲁汇	公顺和	张江栅
源大祥	大团	义　成	张江栅
森　记	大团	新　昌	施镇
振昌新	大团	钱信昌	邓镇
馀　记	大团	义云新	邓镇
松盛祥	大团	恒　昌	周浦
物　华	大团	福　昌	周浦
黄长新	大团	昇　昌	周浦
新　号	大团	莲　发	周浦
宣长兴	大团	三阳泰	周浦
大　丰	三墩	姚大德添记	黄家路
松　盛	三墩	新　昌	施家浜
新和祥	祝桥	夏万昌	四团仓
裕昌鑫	祝桥	曹正兴	四团仓
振　兴	祝桥	金合盛	四团仓
春阳泰	祝桥	宋公顺	北坦直桥
鼎丰祥	六灶	公顺祥	北坦直桥
嵇义泰	六灶	张久大	北坦直桥
新　昌	六灶	三阳新	七团行
宣聚源	陈家桥	王同昌	施家浜
德盛兴	马家宅	振新泰	北蔡
泰　昌	江家路	公盛昌	北蔡
夏鼎丰	南汇	储瑞兴	北蔡
泰　昌	南汇	康源森	南汇
新　昌	南汇	震泰祥	南汇

［1194－4－407］

南汇县南货商业同业公会第九次理监事联席会议纪录

（1947 年 5 月 16 日）

时间：卅六年五月十六日下午二时

地点：南汇县商会

出席者：叶凤香　王芹初　张金楼　陈继平　夏虞弼　夏秉甫　周景千　丁佩恩(代)　高锡祺(代)

列席：

陈振山　茶食业职工会监事长

冯顺康　茶食业职工会理事长

主席：夏虞弼

纪录：王志方

行礼如仪

主席报告：

一、本会依照上次会议之决案呈请县府派警会同本会前往黄镇劝导未入会同业入会一案，兹奉县府指令仰将黄镇未入会之商号及经理人具报再凭核办等情本会自应遵照。

二、本会对配给食糖一节，依议呈请商会派员询问配给事宜。兹悉县商会已专函请上海市社会局见复申请配给办法，本人并于前日晤潘理事长时曾恳请及早设法配给食糖事宜，承示，俟市社会局回复，若不可能则向南京物资供销处再行设法申请云云。

三、县府转知奉令恢复检定机构推行度量衡新制，抄发检查规程一案（详读来文），希各知照。

四、新场瑞大号来函，为去年所利得税延迟缴纳而被罚锾申叙理由，请本会呈县撤销罚锾，以维商艰等语到会，本会已据情转商会请呈县府撤销罚锾在案。

五、本会会员证已发者不少而未领者仍多，希各位知照各会员，请寄小二寸照片二张到会以便制发。

讨论事项：

乙件：茶食业职工会来函要求改善职工待遇附条件十四点应如何办理请公决案。

决议：留交下届会议商讨后函复。

乙件：迩来物价飞涨一、二倍不等，本会经费不敷开支，对会员会费及职员待遇应如何调整请公决案。

决议：俟县商会加成确定后本会亦依照增加之。

乙件：本会每届会议录应否分发各会员以便明瞭本会会务案。

决议：每届开会后应将会议录分发各会员。

主席 夏虞弼

纪录 王志方

［1194－4－68］

南汇县南货商业同业公会第十次理监事暨各镇主任联席会议纪录

（1947年6月16日）

时间：卅六年六月十六日

地点：县商会

出席者：沈铣金（大团）　王祖本（大团）　稽如江（六灶）　徐福嘉（鲁汇）　斐锦章（鲁汇）　曹耀昌（鲁汇）　丁佩恩（大团）　陈继平（南汇）　徐如庭（新场）　周景千（三灶）　吴贵德（施湾）　严鹤鸣（三墩）　毛宗钊（大团）　夏虞弼（大团）　王芹初（南汇）　夏秉甫（四团仓）　叶凤香（四团仓）

列席：周宾生　陆金高　冯顺康　方乾坤　罗坤天　宋岳生

主席：夏虞弼　　纪录：王志方

主席报告：

县商会最近于本月十一日召开理监事暨各分事务所主任联席会议，本人将有关各件报告如后：

1. 奉令知恢复度量衡检定机构推行新制一案，兹又奉县府先后令知已通饬度量衡制造商禁造，已制成者须送县加盖“同”“5□”两印，嗣后未经检定盖印者，各商勿予购用。六月九日起派检定员发往各地调查并调准各业所用旧器与新制比较折算，希各转知。

2. 商会经费因物价激增后，原收会费不敷开支，已予调整为每权叁万元，不敷之数并由各分事处所，各视本镇商情之荣枯酌量按月协贴，以资弥补。

3. 闻悉乡镇级经费，县府以物价陡增提交参议会，乡镇级经费计划委员会决议，为维持乡镇现状计，未缴纳者暂先改收白米壹升，按旬照平均市价折收法币。

周指导致词：今天贵会开会出席人数非常的多，是极好的现象。在质的方面讲，各公会中南货业会是最好的一个，各公会在组织之初，本人常以公会须注意，不要成为空虚形同躯壳，务须产生力量对付现实，打破困难。看到南货业会每次开会时出席的人非常踊跃，讨论的议案非常多而精密，可见南货业其得先天有优越性。今天茶食业职工会为了工资问题派员出席，并由总工会陆理事长列席参与，当有相当的讨论，须知劳资双方的纠纷能够把其中的隔膜打破，大家开诚布公拿出肺腑的话来讲，顾全到双方的利害，那这纠纷自不难解决了，希望劳资双方互谅互解，解决困难。

陆理事长致词：今天的机会非常巧，本人因事到南，途遇茶食业职工会开会，并悉贵会亦在召开常会，一定要邀兄弟参加，本人站在工会的立场上自不能发表任何意见。本人是一个火柴工人，毫无智识，也没有什么经验，不过凭我个人卅余的经历略抒一点意见。工人好比一只船上的乘客，而资方是把舵的人，这只船乘满之客人开出去若遇风平浪静当然能达到目的，相安无事，若一旦遇了风浪而把舵的人一有疏忽，那非但把一般的客人落水而自己也在不免。又好比工人是一只鸟，资方是一棵树，不很容易的这只鸟寻到了一棵树，当然希望这棵树根深蒂固能永久的住下去，若寻到了一棵无根底的树，一旦被风雨吹折，那这只鸟又要辛辛苦苦的再找一棵树为他的住处。故工人之与店方是息息相关的，不容有所芥蒂，诚如周先生所说，能各自谅解开诚布公，一切纠纷都易解决，一般工人大多缺少智识，更希望资方在平常不妨将营业的情形报告工人，怎样求利的方法共同商讨，使工人一面在明瞭资方困难，一面增加生产效能，而无形中解决了纠纷。

讨论事件：

乙件：茶食业职工会来函要求改善职工待，遇附条件十四点应如何办理请公决案。

决议：各镇商号荣枯不一，自难一律规定，依照总工会陆理事长提议“由各镇商号各视情况自行处理”之办法通过之。

乙件：本会前向市社局申请配给食糖一案，前奉复：应迳向台湾糖业公司洽办等由应如何办理案。

决议：缓办。

乙件：本会经费早经不敷开支应如何予以调整请公决案。

决议：本月份起依照原收等级之数字增加一倍收取以维会务。

乙件：物价陡增本会职员待遇似太菲簿应如何调整案。

决议：自六月份起各增加一倍发给。

主席 夏虞弼

纪录 王志方

[1194-4-68]

南汇县南货商业同业公会关于按月配售食糖致上海区经济管制督导员办公处公函

(1947年10月26日)

事由：函请准予按月配售食糖由

十月廿六日[①]发文二三二号

查本会同业食糖存货□每已告售罄，纷纷来会请求救济。兹奉上海区经济管制督导员办公处颁有上海区物资申请携运许可办法，深赖救济，谨将本会各督号上半年度平均每月实销食糖数量造具数量表，除分别呈请本县政府转请证明外，理合备文呈请仰祈，相应函请查照，准予按月配售，俾维营业，实为公感。

谨呈

---

① 原文缺年份，按文号及案卷起止年月推算，此处记作1947年。

此致

上海区经济管制督导员办公处

上海市糖□业同业公会

衔名

理事长

〔附 1〕

南汇县南货商业同业公会上半年度各镇食糖数量表

镇　别	上半年度重量	每月重量	镇　别	上半年度重量	每月重量
周　浦	384 366 斤	64 061 斤	江　镇	75 600 斤	12 600 斤
新　场	295 962 斤	49 327 斤	杜　行	54 450 斤	9 075 斤
大　团	223 218 斤	37 203 斤	邓　镇	24 174 斤	4 029 斤
惠　南	91 296 斤	15 216 斤	北　蔡	28 992 斤	4 832 斤
祝　桥	130 878 斤	21 813 斤	下　沙	31 632 斤	5 272 斤
盐　仓	111 450 斤	18 575 斤	施　镇	22 218 斤	3 703 斤
三　墩	74 598 斤	12 433 斤	坦　直	41 628 斤	6 938 斤
六　灶	62 646 斤	10 441 斤	航　头	29 574 斤	4 929 斤
鲁　汇	58 332 斤	9 722 斤	万祥　小洼港	32 100 斤	535 斤
陈　桥	16 890 斤	2 815 斤	彭镇　外三灶	18 378 斤	3 063 斤
泥　城	16 554 斤	2 759 斤	老　港	8 946 斤	1 491 斤
闸　港	19 260 斤	3 210 斤	谈　店	3 900 斤	650 斤
黄　路	18 900 斤	3 150 斤	李家桥	2 700 斤	450 斤
三　灶	11 574 斤	1 929 斤	六灶湾	3 420 斤	570 斤
召　楼	11 688 斤	1 948 斤			
张　江	45 270 斤	7 545 斤			
共计一月至六月份 1 950 600 斤 每月平均 325 100 斤					

〔附 2〕

南汇县周浦镇南货商业同业公会一至六月食糖调查表

商号名称	食糖	进货一月至六月	重　量	每月平均	重　量	备　考
三阳泰	食糖	1 164 件	173 429 斤	194 件	28 905 斤	凭账核实
恒　昌	食糖	423 件	54 529 斤	71 件	9 088 斤	凭账核实
大　隆	食糖	168 件	23 649 斤	28 件	2 942 斤	凭账核实
恒　丰	食糖	311 件	48 139 斤	52 件	8 023 斤	凭账核实
鼎　大	食糖	129 件	17 781 斤	22 年	2 964 斤	凭账核实
协昌盛	食糖	138 件	21 415 斤	23 件	3 569 斤	凭账核实
昇　昌	食糖	59 件	10 984 斤	10 件	1 831 斤	凭账核实
福　昌	食糖	80 件	12 685 斤	13 件	2 114 斤	凭账核实
莲　发	食糖	50 件	7 500 斤	8 件	1 250 斤	核实估计
新　盛	食糖	40 件	6 000 斤	7 件	1 000 斤	核实估计

续 表

商号名称	食糖	进货一月至六月	重 量	每月平均	重 量	备 考
同泰昇	食糖	25 件	3 750 斤	4 件	625 斤	核实估计
利 益	食糖	30 件	4 500 斤	5 件	750 斤	核实估计
总 计		2 617 件	38 366 斤	437 件	64 061 斤	

[1194－4－410]

南汇县南货商业同业公会第十一次理监事暨各镇主任联席会议纪录

（1947 年 7 月 16 日）

时间：卅六年七月十六日

地点：县商会

出席者：周景千　丁佩恩　陈继平　张玺楼　沈铣金　严鹤鸣　赵明德　高锡祺　夏秉甫　夏虞弼

列席：周宾生

主席：夏虞弼　　纪录：王志方

主席报告：

1. 县商会函转层奉财政部为使公用事业公司机关及规模较大会计组织健全之公私营利事业便于贴用印花税票起见，经制定印花税票简化贴用办法一种，呈奉行政院核定施行，希各位转知。（详读来文及办法）

2. 振昌新茶食职工停业经过详细情形。

讨论事项：

乙件：周浦莲发来函请照原有等级收取会费应如何办理请公决案。

决议：据夏理事长称：去年该号店主因事来团时，当蒙答应自愿服从公会照缴会费，对于数目之大小均所不计，在收取时当即缴纳决不拖欠等语，据此函请仍照调整等级缴纳。

乙件：县府训令订期十七日下午二时召开本县商用度量衡器检校会议，仰派员出席等因请推定出席代表案。

决议：推定陈常务理事继平出席。

乙件：据顾干事称六灶湾新茂会费已拖欠数月应如何办理请公决案

决议：推赵主任明德就近接洽劝令缴纳。

乙件：据顾干事称四团仓金合盛不肯缴纳丙等会费，然以营业而言确有丙等资格，又合盛、震泰公盖因会费太大不肯缴纳应如何办理请公决案。

决议：函请盐仓镇商会分事务所鞠主任冠卿协助劝令缴纳并由本会干事顾兰汀前往收费时面洽鞠主任协助征收。

乙件：据顾干事称江镇储永盛、储永茂绝对不肯缴纳会费并一味强词夺理言语侮辱公会，应如何办理请公决案。

决议：函请江镇之公所劝导缴纳并请周指导宾生先生协助接洽。

乙件：黄路镇各会员会费应如何征收请公决案。

决议：推定夏理事长虞弼、丁常务理事佩恩、赵主任明德定期赴黄镇劝导缴纳。

乙件：三墩新设同业元昌号，经顾干事征求入会时□拒绝应如何办理请公决案。

决议：推定沈理事铣金前往劝导入会。

主席 夏虞弼

纪录 王志方

[1194－4－68]

南汇县南货商业同业公会第十二次理监事暨各镇主任联席会议纪录

（1947年8月16日）

日期：卅六年八月十六日

地点：县商会

出席：夏虞弼　吴贵德　夏秉甫　严鹤鸣　王芹初　陈继平　叶凤香　沈铣金　丁佩恩

列席：周宾生

主席：夏虞弼

纪录：王志方

报告事项（略）

乙件：茶食业职工会函送同业行规公议单一份请答复等语到会应如何办理请公决案。

决议：各镇商店荣枯不一，环境各异，所议各项未便即予答复，函请向本会各镇分办事处主任接洽。

乙件：夏理事长因体衰多病精神疲惫来函提请辞职，应如何办理请公决案。

决议：一致挽留。

乙件：盐仓震泰来函因谈大兴号营业时廉叫货价乱叫主顾影响不浅，应如何办理请公决案。

决议：由该镇夏主任就近劝导，无效时由本会函该镇乡公所及商会分事务所协助。

乙件：顷接金多福先生来函所陈职工薪水粮价标准表希采纳等语来会，应如何办理请公决案。

决议：所陈标准表极为合理，可见对于本会热忱可嘉，本会除允许考虑外，特予登报谨誌谢意。

乙件：周浦茶食价格略有参差应否加以调整案。

决议：公推丁常务理事佩恩面请商会潘理事长同往周浦邀集同业调整之。

主席 夏虞弼

纪录 王志方

［1194－4－68］

南汇县南货商业同业公会关于请求前往周浦调整茶食价格致南汇县商会函

（1947年8月20日）

事由：为录案函请前往周浦调整茶食价格由

南汇县南货商业同业公会函南字第一六四号

查本会第十二次常会讨论事项一件“周浦茶食价格略有参差应否予以调整案决议，公推丁常务理事佩恩面请商会潘理事长同住周浦召集同业调整之”等语纪录在卷，相应录案函请台端迅即面请潘理事长同往周浦召集同业开会，加以调整，以求公允为荷。

此致

常务理事丁

理事长夏

〔中华民国三十六年〕八月廿日封发

［1194－4－407］

南汇县香商业关于请求转知兼营烟纸各店入会并遵守售价致南汇县南货商业同业公会函

(1947年8月25日)

事由：录案函请转饬兼营烟纸之各店加入本会并遵守售价由

南汇县烟纸商业同业同会公函烟字第五七号

中华民国三十六年八月廿五日

案据本会第十一次理监事联席会议讨论事项第一件“王友仁提议盐仓镇南货店兼售烟纸者不少且扰乱售价，影响营业不浅，应如何办理请公决案”决议“依据商业同业公会法第十二条之规定凡兼营烟纸之各业商号均应加入本会为会员。分函有关公会转属知照并遵守售价，以维营业”等语纪录在卷。除分行外，相应函达即希查照转属知照为荷！

此致

南货商业同业公会

理事长夏

理事长康子京

[1194－4－407]

南汇县南货商业同业公会第十三次理监事暨各镇主任联席会议纪录

(1947年9月16日)

日期：三十六年九月十六日

地点：南汇县商会

出席者：吴贵德　赵明德　严鹤鸣　高锡祺　夏秉甫　王芹初　叶凤香　夏虞弼

列席：周宾生　顾兰汀　沈铣金　徐如庭(锡祺代)　陈继平　张玺楼

主席：夏虞弼

报告事项：

1. 鲁汇祥泰、万隆二会员来函，因生意清淡申请减低会费，经顾干事调查报告，实有减低之必要，已函复准予稍为酌减。

2. 祝桥万兴申请减低会费等级，经调查该号营业尚佳，已函复仍请依照原有等级勉为缴纳。

3. 县商会转知财政部调整印花税率，兹摘要如下：(甲)各项发货票、账单、资本账簿、股票、债券、借贷质押及欠款契据等每件按照金额每千元贴印花三元，未满五千元者免贴。其税额零数不足十元者，以十元计贴印花税票。(乙)提取货物之单据簿折：单据每件贴印花二百元，簿折每件每年贴印花二千元。(丙)营业所用之账簿手折(如日流钱总等)每件每年贴印花二千元。

本人并补充报告：1. 关于资本账簿，各商号急应置备并写明现有实在资本及贴足印花，若不置备及不写足资本额者，于收取所利得税时大受影响。2. 各项日流钱总等账簿以前尚未贴足印花者，应即补足。3. 各会员希注意各项簿折单据应即贴用印花，否则若被税方查出，要处罚的。4. 奉令限期造报职团国大选举人名册，已根据本会现有会员数造报。5. 奉令国大立委候选人应经五百人以上选举□□本会各会员如有愿意参加者，应即依照规定在限期内迳向选举事务所登记。国大候选人登记期规定九月一日至三十日，立委候选人登记期规定十月廿二日至十一月二十日。

讨论事项：

乙件：烟纸业公会来函，因盐仓南货店兼售烟纸而售价混乱，已请加入该业公会并遵守售价应如何办理请公决案。

决议：转饬本会兼售烟纸之会员遵守烟纸业所议价格售卖并函复烟纸业公会，请于价格涨落时随发价目表，以便遵守。

乙件：周浦茶食售价前经丁常务理事调整妥，洽近悉复有参差应如何办理请公决案。

决议：专函高理事锡祺前往周浦接洽调整。

乙件：下期常会因会期适值另有用途应否予以延期举行案。

决议：延期一月举行。

乙件：据顾干事报告盐仓金合盛应列入丙等而绝对不肯，又合盛、震泰至今不肯缴纳会费应如何办理请公决案。

决议：函请高理事前往劝导缴纳。

主席 夏虞弼

纪录 王志方

［1194－4－68］

南汇县茶食业职业工会关于调整茶食业职工待遇致南汇县南货商业同业公会函

（1947年11月10日）

查本会会员待遇二次请求调整未蒙赐准，此次物价涨风更炽，实难维持。兹据各会员议送调整待遇条例，请转咨资方限文到三日内答复等情，前来相应录送条例，函请查照见复为荷。此致

南货业同业公会

南汇县茶食业职业工会启

〔中华民国三十六年〕十一月十日

附调整待遇条例于后

一、薪给：底薪廿四元内加四成、廿五元外加三成，白米一石五斗内加四成、外加三成。

一、月规：每月捌万元(周浦三阳泰月规三元、恒昌烟酒三元)。

一、柴煤炭炭结树柴煤球洋面猪油每洋七分。

一、客净糖每洋一角。

一、作用糖包糖糟糖籐糖货均归作内。

一、要求规定每月十六日发新俸。

一、各店司务倘有端永不入行。

一、各店用司均归作首为主。

一、徒弟三年满师再留新徒规定二司一徒，独师不能收徒。

一、做寸糖月饼打坯子偿肉贰斤。

一、学徒津贴第一年白米八斗，第二年壹石贰斗第三年贰石。

一、新摆作场津贴米五人内叁石。

一、做拆工每天白米拾斤。

一、升工每月六天。

一、十二月发给双俸(三阳泰十一、二月双俸，恒昌十二月双俸)。

一、逢节休假一天新年五天。

一、职工奉召开会时店方不得扣薪。

［1194－4－408］

南汇县南货商业同业公会第十四次理监事暨各镇主任联席会议纪录

（1947年11月16日）

时间：卅六年十一月十六日下午二时

地点：县商会

出席者：高锡祺 吴忠德 严鹤鸣 赵明德 夏秉甫 陈继平 夏虞弼 丁佩恩（虞弼代） 毛宗钊（沈铣金代） 徐叙廷（高代）

列席：周宾生 潘子平

主席：夏虞弼

主席报告：

1. 国大代表之选举前次会议已报告过，嗣以保甲户一时难于查填，故已呈请参加区域，放弃团体选举。

2. 商会通知关于本业售价应予评定，即进货价格以及合法利润应予呈报。

3. 三阳泰来信，过去资本因货币贬落不敷营运，已于九月二十二日增足五万贰千万元请转报上峰一案，自应照转，惟本件殊有研究价值，请各位注意。

讨论事项：

乙件：茶食业职工会函请提高工资增加津贴及休假日期应如何办理案。

决议：查本案已于第十次理监会讨论，当时总工会陆理事长亦曾参加列席，承其建议决议并函复在案毋庸重议，函复仍照前案办理。

乙件：本会丁常务理事佩恩函请辞去常务暨大团分办事处主任职务应如何办理案。

决议：慰留。

乙件：本会经费不敷开支甚巨应如何设法弥补案。

决议：向各镇募收特捐办法如后：

一、由会印发捐簿，每本二十张；

二、函请各镇主任就地募收；

三、募收日期：即日起至十二月十五日止；

四、募收结束后由会登报鸣谢。

主席 夏虞弼

纪录 王志方

［1194－4－68］

南汇县南货商业同业公会理监事暨各镇主任临时紧急会议纪录

（1947年12月9日）

日期：三十六年十二月九日下午一时

地点：县商会

出席者：许荣善 诸财生 顾金铨 严鹤鸣 王芹初 陈继平 夏秉甫 叶凤香 张玺楼 高锡祺 陈凤珊 徐叙廷 曹金林 夏虞弼 潘子平 蔡国铨 丁佩恩 吴贵德

列席者：县政府代表邱虚白 县党部周宾生

主席：夏虞弼 纪录：王志方

主席报告：1. 各位，本会常会，每月原定十六日举行，本次因为接到周浦同业“为三阳泰恒昌间，因故发生纠纷，不顾血本，廉售茶食，请求调解”的来信，故提早于今天召开临时会议，查三阳泰与恒昌，可说是本县同业中的大商号，范围比较大，营业比较好，售价向来一律，今为了细故而纠纷，廉售茶水，致影响到其他同业受害，那是非常抱憾的，要知廉售货价，当然是合法的，不过，为了意气，兼售而不顾血本，太觉失算，目下运输不易，营业不振，商业凋敝之秋，何必如此呢？今天周浦的同业大都出席，并承县府、党部、商会列席指导，是非常兴奋的，请周浦出席会员，将经过情形报告一下。

2. 本会因经费缺乏，于上次会议决议，由各镇主任筹募特捐，兹将募到各镇，报告一下，大团镇五万元、周浦镇□万元，盐仓镇□万元，祝桥镇□万元，南汇城□万元，三墩镇□万元，六灶湾□万元。

许荣善先生报告：敝镇同业发生无理数倾轧，各范围很小的敝号，影响不浅，并且其他各镇亦为波及请公会合法调停。

陈凤珊先生：本人代表三阳泰出席，承党政商会及各位出席，非常感谢，在最初三阳泰与恒昌间是很小的意见不应如此，丁常务来周谈话后，已有好转，后中途发生变化，直到现在，在敝号绝对毫无成见，而恒昌方面不知如何？

蔡国铨先生：本人代表恒昌出席，因为朱先生没有付托这件事情，故不能负此责任。

商会潘理事长子平致词：关于三阳泰恒昌的事情，起初闻丁常务理事已去调解，后高理事来说：尚未谈好，须知廉价果然好，使人民得到一点益处，不过须不□本。故云："千做万做，蚀本生意不做。"现在竟不顾血本而廉售，影响小资本的商号，以及各镇同业，那三阳泰和恒昌所□的罪过，似乎太大了，本人曾访许先生，表示同意调解，后晤朱先生，情形也很好，然而王先生辞意坚决无退步，致不能再谈下去，今日蔡先生暨□□□责任，那当然是无法调解的，本人有二点意思：一、在情方面讲，我同夏理事长到周浦去调解，两方面能退步而感动，当然最好。二、如谈不好，那只有依法，由公会议定售价，用电话通知各镇主任，分发价目单，如有违反，则处罚之，不过本人希望用情不用法，并对三阳泰方面，以后售价略予提高，手法当然不合，惟三阳泰牌子老，恒昌不及，这是本人希望于三阳泰的一点意思。

县府邱主任虚白致词：县府方面，因为没有知道这事经过，故不十分明瞭，这事由公会来处理，比较妥善一点。

党部周委员宾生致词：刚才听到主席及潘理事长暨各位的报告，已非常详尽，尤其是潘理事长所提的情与法两条路，以及末提的用权办法，本人非常赞同，人类服务社会，是应尽的责职，而利益也应得享受，这事用情而后用法，是最好的方法，而各同业间，尤须和衷共济，不可意气用事，我们要求合法的生存，一方面需要服务社会，一方面要求合法利润，希望各商号不当忽视，这最本人的几点感想及意见。

主席继续报告：潘理事长、邱主任、周委员给我们的指示及方针，非常感谢。不过本人想，这样纠纷须探求起源的缘故，来求一彻底的解决，现在请昇昌代表，把二方面纠纷的起因，赤裸裸的披露出来。

诸财生先生：本镇糖价，原有三阳泰报□恒昌与三阳泰间，为了□包□包的来价相差□售价两样，恒昌以为三阳泰之糖价，似有意降纸，遂亦将茶水廉售，后丁常务来调解，已有好转，复为味精的售价而决裂。原来味精售价，由大隆所定，因为横写而不清楚，致三阳泰漏抄，仍照原价出售，致引起恒昌的不满，而僵持到现在。

丁常务理事佩恩报告：(1) 在六月间的一天晚上，三阳泰有曾话问茶水售价，此时本人即觉得非常奇怪，后来知道起了纠纷，曾晤夏理事长谈此事，而使本人去周调解，是七月初，到周访朱许两先生，答覆圆满，决定由大隆负责报价，于七月半实行，后来又起变化，直到现在尚未解决。(2) 本会经费收取之时，非常困难，两不肯遵守会章，拒绝入会者，不在少数，如不加整饬，公会将停整而形成半身不遂的状态，故本人希望县府党部商会予以有力的协助。

高理事锡祺报告：本人奉公会函，去周调解，适恒昌内部之事未了，而不果，加以王先生个性坚强，一时难以挽回，遂无从谈起。

夏理事长继续报告：本人想三阳泰与恒昌间，为了细微而起纠纷，或者未必如此，是否另有别项意见，希再赤忱公布。

陈凤珊先生：记得在去年冬至节，三阳泰邀朱先生吃饭，看到芹菜有两种售价，以为非常奇怪。有"时代变化，而少年可畏"之语，不知三阳泰也有缘故，因为芹菜有新陈二种，故售价不得不两样，听了朱先生的话，致定价时，殊为困难，后决以酌中办法定价，斯时，适恒昌新进芹菜，以为三阳泰故意为难，而降售价，遂误会而成症结，在三阳泰其错处"芹菜售价上不标明上等或次等之分别"，不过实在是无意的。

潘理事长继续致词：本人的意思，与夏理事长略有出入，两方面的理由，大家有是处，大家也有错处，然过去者不谈，现在希望两方面放宽大度，顾全大众利益，以后定价务求详尽，不厌细微，本人与夏理事长定期去周作最后的一次调解，如其不果，则决定依法由公会议价，如有违反，呈县办理。对于丁常务所谈请求协助的各点因为团体根本没有权力，好在邱主任今天在座，希望政府方面，随时协助并指示。

邱主任致词：公会收费，如遇困难，可呈县府饬警局协助，而会员拒绝入会问题，亦可呈请取缔，政府对各个团体如有请求时，只要合法，□不协助，决无推诿的。

讨论事项：

乙件：周浦三阳泰与恒昌茶食纠纷应如何处理案。

决议：由夏理事长会同商会潘理事长定期本月十二日前往周浦作最后调解，否则由会依法办理。

乙件：欠缴会费各会员应如何办理案。

决议：造具欠缴会费之会员名单呈县饬警局协助收取。

乙件：江镇泰昌来函不能筹募特捐应如何办理案。

决议：由高理事锡祺前往江镇会同泰昌协助筹募之。

乙件：本会职员呈请调整待遇应如何办理请公决案。

决议：十二月份起照原薪加一倍半发给，以后如遇物价动荡时再行随时调整。

乙件：物价高涨支出不敷应如何办理案。

决议：十二月份起会费调整为甲等六万元、乙等四万元、丙等二万五千元、丁等乙万元，大团洽和昇列入甲等。

乙件：新设同业应如何使其依法入会案。

决议：即日登报公告凡南货茶食业，如有新设者必须申请入会请领证书否则依法呈县取缔。

主席 夏虞弼

纪录 王志方

［1194－4－68］

南汇县南货商业同业公会请求修改会章致南汇县政府呈

（1948年3月18日）

事由：为录案呈请准予修改会章由

南汇县南货商业同业公会呈南字第一八四号

案查本会第十五次常会讨论事项乙件“本会章第十三条第一款所定违约金揆诸目下似有修改之必要，应如何办理请公决案”，决议“修改为‘四百万元以下之违约金’并专案呈县备查及提请下届大会追认”等语纪录在卷。除提请下届大会追认外，理合专案呈请，仰祈鉴核准予备查，实为公便。

谨呈

县长龚

全衔名

〔中华民国三十七年〕三月十八日拟稿

［1194－4－410］

南汇县南货商业同业公会第十六次理监事暨各镇主任联席会议纪录

（1948年6月16日）

日期：民国三十七年六月十六日下午二时

地点：县商会

出席者：十人

列席：周宾生　沈达权

主席：夏虞弼

报告事项

一、本会因无重要事件故四、五两月例会延期今天举行。

二、商会转知所利得税法规定纳税人逾限处罚有关条文。1. 欠缴税额逾限十日内者处以百分之二十之罚锾；2. 逾限二十日内者处以百分五十之罚锾；3. 逾限三十日内者处以一倍之罚锾；4. 逾限四十日内者处以贰倍之罚锾；5. 逾限四十日未缴者处以三倍之罚锾，停止其营业并强制执行追缴，希各会会知照。

三、财政部修正印花税法，兹摘有关税率如后：1. 发货票—每件按货价每万元贴印花税票三十元。2. 银钱货物收据、账单、记载资本之簿折契据—每件按金额每万元贴印花税票三十元。3. 营业所用之间簿折—每件每年贴印花税票贰万元。4. 汇兑储蓄及存入或支取款项之单据、簿折—单据每件贴印花税票贰千元，簿折每件每年贴印花税票贰万元，送金簿支票簿每本贴印花税票乙万元。5. 提取货物之单据簿折—同上项规定（余略），希各知照注意贴用。

四、商会转知各商，营业税四月份起申请表展至本月十五日送核，逾期即照上季六倍课征，希各知照。

五、商会转知各公司行号，薪给报酬，所得税应从速报缴，税额计算公式如后：

1. 所得额满二百万元至一千万元者　应纳税额＝所得额×1％

2. 所得额超过一千万元至二千万元者　应纳税额＝所得额×3％－200 000

3. 所得额超过二千万元至四千万元者　应纳税额＝所得额×4％－400 000

4. 所得额超过四千万元至六千万元者　应纳税额＝所得额×5％－800 000

5. 所得额超过六千万元以上者　应纳税额＝所得额×6％－1 400 000

讨论事项：

一件：上次会议改推之出席商会代表经函知去后，据复歉难如命等情，应如何办理案。

决议：留交下届大会补推之。如县商会大会召开在本会之前时，由理事长指定会员一人出席之。

一件：本会章程规定二年应开大会改选理监半数之期不远，应否定期举行请公决案。

决议：1. 大会费用筹措困难，事难如期召开。2. 悉新商会法已将公布，拟于公布后再予召开以便□符新商会法之规定。

一件：盐仓金合盛函请调整会费为每月贰万元，应如何办理案。

决议：复请仍照原规定缴纳，否则依章处理之。

主席 夏虞弼

纪录 王志方

［1194－4－410］

南货商业同业公会第二届第一次理监事联席会议纪录

（1948 年 9 月 21 日）

日期：三十七年九月廿一日下午四时

地点：县商会

出席：全体理监事十二人

公推夏虞弼为临时主席

报告事项（略）

讨论事项：

一件：请推常务理事案。

决议：公推夏虞弼、丁佩恩、陈继平为常务理事互推夏虞弼为理事长。

一件：请推常务监事案。

决议：公推赵明德为常务监事。

一件：本业物品来源应如何设法采购以维营业案。

决议：呈请县政府指示办法。

一件：本业物价虽经县府核定然半有不敷成本无法维持者应如何办理请公决案。

决议：（一）由各镇于三日内报送八·一九当地物价表汇转物管会；（二）如进货与核定售价有参差之物品再行列表注明，一并函转商讨。

一件：本县物价管制委员会本会应否请求参加请公决案。

决议：暂缓，必要时函请列席。

一件：周浦三阳泰、恒昌、昇昌三会员以有抬高物价之嫌为检查队传讯，然该号等所售价目并未超过该镇八·一九市价，□于县府核定价目系根据惠南镇同业所报核减，并非全县一律者而县府核定价目公布在先（浦东报），通知公会转发会员在后，因此认为抬价未免失实。应如何办理请公决案。

决议：专案陈请县府及经检队鉴赐免究。

一件：三墩镇主任严鹤鸣提请辞职大团余记，声请减低会费应如何办理请公决案。

决议：交下次理监事会讨论。

主席 夏虞弼

纪录 王志方

［1194－1－850］

南汇县南货商业同业公会关于第二届大会经过并送纪录致南汇县商会呈

（1948年9月24日）

事由：为呈报第二届大会经过附同纪录等祈核备由

南汇县南货商业同业公会呈南字第二〇六号

中华民国三十七年九月廿四日

查本会第二届会员大会业于九月廿一日如期举行，出席各镇代表卅七人，当场修正会章改选理监事并于下午四时接开理监事联席会议，推定常务理事及常务监事，并互推理事长及讨论要案多件均经纪录在卷准议前由，除分别函呈外理合检同大会及理监事会纪录各一份，章程修正条文一份，备文呈报，仰祈鉴核备查。

谨呈

县商会

附大会及理监事会纪录各一份、章程修正条文一份

理事长夏虞弼

〔附〕

南汇县南货商业同业公会第二届会员代表大会纪录

南汇县南货商业同业公会第二届会员代表大会纪录

日期：三十七年九月廿一日下午一时

地点：县商会

出席：代表三十七人

列席：何维清　周宾生　杨和钧　潘子平

主席：夏虞弼

报告事项（略）

何指导员潘理事长相继致词（略）

讨论事项：

一件：本会章程应否修正请公决案。

决议：修正通过。

一件：本会理事刘浩然、沈然潮离职后未经递补拟于抽签时认为被抽之数请公决案。

决议：通过。

一件：请抽去理监半数以便改选案。

决议：请何指导员抽签，揭见被抽理事沈铣金、王芹初，监事叶凤香

一件：请推定选举工作人员案。

决议：推丁佩恩为唱票，赵明德为写票，请何指导员监票。

开始选举

揭见：徐如庭 31 票、陈凤珊 28 票、曹金林 28 票、许荣善 26 票，以上四人得票最多当选理事。邱凤祥 6 票、鲍水根 4 票、王祖本 3 票，以上三人得票次多数当选候补理事。赵明德 14 票当选为监事。嵇如江 5 票当选为候补监事。

主席 夏虞弼

纪录 王志方

章程修正条文：

第十三条　本会同业不依法加入本会或不缴纳会费或违反章程及决议者限期警告，逾期无效时得由本会呈请县政府予以左列之处分。一、拾元以上二十元以下之违约金。二、有期间之停业。三、永久停业。

第三十条　入会费规定金圆贰元，会员于入会时一次缴纳之。

[1194－4－406]

南汇县南货商业同业公会关于调整彩蛋桃林酱菜售价致南汇县商会呈

(1948 年 9 月 28 日)

事由：为呈祈转请县府准予调整彩蛋桃林酱菜售价由

南汇县南货商业同业公会呈南字第二〇九号

中华民国三十七年九月廿八日

查本会九月廿六日理监事临时联席会议讨论事项一件“查彩蛋有‘本制’(本地出品)‘松制’(松江出品)之别，批购之时有篓装甏装之分，故门市另售时只数短少蛋质损坏在所不免，致成本无形增加，现县府核定每只五分有亏血本，即如上海市彩蛋(本制)八一九亦售六分，拟请县府准予即日调整为本彩蛋每只六分，松彩蛋每只六分三厘，以符成本，免亏血请公决案”；一件“查桃林酱菜县府核定为每听贰角五分，然上海八一九批价每听已为三角，再加运费利润亏蚀更钜，实将无法应市，拟请县府准予调整为每听三角三分，以维营业请公决案”。以上两案合并讨论决议“照案通过”等语纪录在卷。据议前由，理合备文陈请，仰祈鉴核赐转县府准予调整，实为公感。

谨呈

县商会理事长潘

理事长夏虞弼

[1194－4－398]

南汇县南货商业同业公会关于援照上海市价目单及补报价目单核定售价致南汇县商会呈

(1948 年 9 月 28 日)

事由：为呈祈转请县府准予援照上海市价目单及补报价目单核定公布由

南汇县南货商业同业公会呈南字第二〇八号

中华民国三十七年九月廿八日

案查本会九月廿六日理监事临时联席会议讨论事项一件"本业售价自经县府核定公布后各会员均已遵守出售,惟间有货价不敷成本难以维持纷向本会诉苦者,本会兹已向上海市南货商业同业公会取得八·一九价目单一份,拟呈请县府准予援照上海市价目单(本业各货均向上海批来)并加运费损亏10%合法利益50%后核定公布,俾苏商困而安营业请公决案";一件"上海市同业公会价目单上货品间有未列入而本县有售者,及县府所定价目单中尚未完备者,拟照八一九市价补报县府核定公布,公利营业请公决案"。以上两案合并讨论决议"照案通过"等语纪录在卷。据议前由,理合检同上海市南货商业同业公会八一九价目单一份,补报八一九价目单一份,备文呈请,仰祈鉴核赐转县府准予援照,核定公布,实为公感。

谨呈

县商会理事长潘

附上海市南货商业同业公会八一九价目单补报价目单各一份①

理事长夏虞弼

[1194-4-398]

南汇县南货茶食商业同业公会关于准予按月配给食糖致上海经济督导处呈

(1948年10月6日)

事由:为呈请准予按月配给食糖由

南汇县南货茶食商业同业公会呈南字第二一六号

查食糖为人民日常必需品兼为本会会员制造茶食之重要原料,历来向沪市采购。自经济紧急措施食糖限制携带后,本业各商号大多小本经营,随购随售,绝无存货可言,日来已形成无货之苦,非但有关民生,抑且影响税源,素仰钧处对扶植正当商人惟恐不力,兹据调查本会全体会员月销食糖至少约在贰千包以上,仰祈怜念下情,准予按月配给以维营业而利民生,实为公感。

谨呈

上海经济督导处

专员蒋

南汇县南货茶食商业同业公会理事长夏虞弼

〔中华民国三十七年〕十月六日封发

[1194-4-409]

南汇县南货商业同业公会关于按月配给食糖致上海区经济管制督导员办公处呈

(1948年10月9日)

事由:为申请准予按月配给食糖呈转复由

南汇县南货商业同业公会呈南字第二一八号

查本会以本县食糖业已无货应市,虽以南字第二一六号呈请按月配给二千余包在案,兹据沪市各大报登载钧处公告,为维持正当工商业需要特订定上海区出境物资申请携运许可办法一则,阅读之下不胜兴奋,可知钧处爱护商民之至意,除分别有关机关申请并请本县县府转呈证明外,理合备文陈请,仰祈鉴核准予按月配给并乞转复,实为公感。

---

① 原文缺。

谨呈
上海区经济管制督导员办公处

全衔名
〔中华民国三十七年〕十月九日拟稿
［1194－4－409］

南汇县南货商业同业公会关于申请配给食糖致上海市社会局等呈

（1948年10月9日）

事由：为申请配给食糖祈核准转复由希准予配给并见复由
南汇县南货商业同业公会呈南字第二一九号、函南字第二二〇号
查食糖为人民日常必需品兼为本会同业制造茶食之重要原料，素向申地购进供应门市。自经济紧急措施后沪市食糖禁止出境，加以本业各商号大多小本经营随购随售绝无存货可言，故销售一日即短少一日之数量，日来各同业均已无货应市，实难支持营业。昨据申市各大报登载，行政院上海区经济管制督导员办公处公告，为维持正当工商业需要特订定上海区出境物资申请携运许可办法在案，兹调查本会全体会员每月实销食糖二千余包，除分别申请有关机关外理合备文呈请，仰祈相应函请鉴核，准予按月配给，并乞赐复，实为公感，查照准予按月配给，并希见复为荷。
谨呈
上海市社会局
上海市物资调节委员会
此致
上海市台糖公司
上海市糖业公会

全衔名
理事长夏
〔中华民国三十七年〕十月九日拟稿
［1194－4－409］

南汇县南货商业同业公会关于出具按月配给食糖证明致南汇县政府呈

（1948年10月9日）

事由：为呈祈证明转请按月配给食糖由
南汇县南货商业同业公会呈南字第二二一号
查本会同业食糖存货有限已将售□曾报请设法疏通来源在案，兹据昨日（八日）各大报登载行政院上海区经济管制督导员办公处公告，为维持正当工商业需要特订定上海区出境物资申请携运许可办法一则，可由同业公会调查数量报由当地地方政府，证明转送有关公会并□报督导员办公处备查等语。兹据本会调查，同业每月实销食糖二千余包，仰祈鉴核准即予以证明转请上海市社会局、上海市台糖公司、上海市物资调节委员会、上海市糖业公会暨上海市经济管制督导员办公处等五机关准予按月配给，实为公感。
谨呈
县长熊

全衔名
〔中华民国三十七年〕十月九日拟稿
［1194－4－409］

南汇县政府关于按月配给食糖致南汇县南货业同业公会指令

（1948年10月27日）

事由：据呈请予证明转请按月配给食糖由

中华民国卅七年十月廿七日

发文鹏秘建字第七七六三号号

令本县南货业公会理事长夏虞弼

本年十月九日呈一件：为呈祈证明转请按月配给食糖由。

呈件均悉。业经据情转请上海经济督导员办公处暨上海市糖业公会予以按月配货，仰即知照并转饬知照。

此令。件存转。

县长熊鹏

［1194－4－408］

南汇县南货商业同业公会会员简明表

（1948年10月17日）

“惠南镇”：协顺鑫　张义昌　震泰祥　夏鼎丰　大隆森　广福茂　康源森　金万兴　正太　新昌　有记　马德泰　丰盛祥

“大团镇”：源大祥　德懋　宣长兴　大丰　松盛祥　义隆森　余记　振昌新　黄长兴　振兴　物华森记　李三懋　洽和昇　振盛新　宋万昌　同兴利

“新场镇”：徐福泰　裕大信　张松盛　源丰　黄同昌　瑞大　黄义丰　沈甡泰　大生　义泰

“盐仓镇”：夏万昌　公昌　震泰　合盛　同昌　裕茂　公益　春和祥　公和　祝万兴　金合盛　曹正兴　王永茂　永昌

“祝桥镇”：新和祥　□宏泰　万兴　同兴　振兴　协泰　金鑫泰　新大祥　万利　春阳泰　仁□

“施镇”：黄万森　宏大　尹永兴　吴德泰　金源顺　元丰祥　张万森　张永泰　新昌

“坦直桥”：宋公顺　德昌　吴隆泰　懋源　公顺新　隆昌盛　张久大　施源顺　姚大生　万昌新　晋昌

“邓镇”：张万森　钱信昌　义丰新　张万森国记　元昌　吴万丰　朱万昌

“三墩镇”：松盛汶记　同春和　丰盛祥　宏茂　久大祥　振懋　源昌　同兴

“下沙镇”：恒与昌　成泰　仁记　成大昌

“三灶镇”：华昌　钱福泰　周复兴　周万昌　洽大　益康

“六灶湾”：震丰　永懋恒记　新茂　万昇

“六灶镇”：联记　仁太　义昌新记　嵇义太　乔江记　同兴　鼎丰祥　同兴新　振昌　盈瑞祥

“□镇”：德丰盛　荣昌　晋昌　储永盛　余丰　龚万兴　泰昌　许协昌　立昌　天源

“陈桥”：公兴　协泰祥　赵恒泰　聚源　大丰　信大　唐瑞盛　嵇广太

“黄路”：姚大德□记　姚大德佑记　吴隆茂　鼎大　倪正昌　曹震昌　永昌　顺大　张协茂

“召楼”：钱恒大　张信义文记　蒋恒盛　朱恒裕　张信和　赵元昌东号　西元昌　兴隆　大茂　大隆张信义　大隆昌　永源兴　叶成泰

“杜行”：鼎兴裕　顺昌　计源泰　计振泰　计振和　王□丰　乔协盛　屠三泰

“航头”：大源义　王裕源　李源昌　邵万生　王聚丰　王源洁　陈源茂

“周浦”：三阳泰　恒昌　大隆　莲发　昇昌　鼎大　协昌盛　福昌　恒丰

“彭镇”：吴义泰　祥顺森　施金兴
“鲁汇”：隆昌　唐永兴　合记　泰昌　源洁　万隆　郁祥泰　祥泰　唐永兴西号
“闸港”：谢永泰　袁源兴　宋益泰　华丽　施万顺　协新
“泥城”：合记　协兴泰　洽新　恒大祥　乾和祥　信和
“万祥”：万祥裕　德盛　闵祥丰
“北蔡”：严恒丰　陈裕顺　瑞兴　乾新康　永泰昌　振新泰
“张江”：宝祥　天禄　天成　荣康　永康　振丰　裕源泰　鼎泰昌
“小洼港”：丰盛泰
“邬店”：同顺祥
“六团湾”：仁昌泰
“横港”：福东
“谈店”：同万春

三十七年十月十七日抄

[1194－4－398]

(十七) 南汇县茶食业同业公会

南汇县茶食业许慎之关于发起组织茶食制造业同业公会致南汇县政府呈

（1946年9月2日）

事由：为发起筹组南汇县茶食制造业同业公会祈鉴核备案准予进行筹备由

窃发起人许慎之等鉴于目前环境之需要，并谋以后同业间福利之增进及矫正弊害起见，特发起组织南汇县茶食制造业同业公会，以期同业间之团结而利进行，合先依法呈请鉴核备案，准予进行筹备，实为公感。

谨呈

南汇县政府

县长徐

发起人　许慎之　住址南汇县周浦镇衣庄街

代表商号三阳泰

朱弢庵　住址南汇县周浦镇中大街

代表商号恒昌

诸才生　住址南汇县周镇竹行街

代表商号昇昌

瞿福根　住址南汇县周浦镇小云台街

代表商号福昌

陈金三　住址南汇县周浦镇竹行街

代表商号连发

吴伯祥　住址南汇县大团镇大街

代表商号源大祥盛记号

沈铣全　住南汇县大团镇大街

代表商号余记号

宣维新　住南汇县大团镇大街

代表商号松盛祥

中华民国三十五年九月二日

［1194－1－849］

南汇县政府关于核准筹组南汇县茶食业商业同业公会的批示

（1946 年 9 月 14 日）

事由：据呈请发起筹组茶食商业同业公会批示遵照由

南汇县政府批示社字第五四三七号

具呈人许慎之、朱弢庵等

卅五年九月二日呈乙件，为发起筹组南汇县茶食制造业同业公会祈鉴核备案，准予进行筹备由。

呈悉，准予组织。惟该会名称应改称“南汇县茶食业商业同业公会”，仰即召开筹备会推定筹备员三人至九人，并拟订章程草案具报凭核为要。

此批。

县长徐

〔中华民国三十五年〕九月十四日

［1194－1－849］

南汇县商会关于茶食商业同业公会发起人许慎之等停止筹组南汇县茶食业致南汇县政府呈

（1946 年 10 月 29 日）

事由：为茶食商业同业公会发起人许慎之等已停止筹组祈鉴核由

南汇县商会呈南商总字第七十四号

中华民国三十五年十月廿九日

案据茶食业同业公会筹组发起人许慎之等函略称：

“我南汇茶食业均为南货商店并营，并无单独经营者。兹南汇南货商业同业公会经全体理监事议决，于南货增加茶食二字合并组织较为完善，实已并无另行筹组茶食业公会，故已停止进行，为特函请转呈县政府鉴赐核准”等情。据此，合亟据情呈请鉴核。

谨呈

南汇县长徐

南汇县商会理事长潘子平

［1194－1－850］

南汇县政府关于核准茶食业并入南货业同业公会致南汇县商会指令

（1946 年 11 月 12 日）

事由：据呈茶食业无另组公会需要准予停止组织指令遵照由

南汇县政府指令社字第七三二九号

令县商会

卅五年十月廿九日呈一件为茶食商业同业公会发起人许慎之等已停止筹组祈鉴核由。

呈悉。所请照准，仰即转饬并入南货业同业公会可也。

此令。

县长徐

〔中华民国三十五年〕十一月十二日

［1194－1－850］

（十八）南汇县碾米业同业公会

南汇县碾米业同业公会筹备会报送第一次筹备会议经过情形致南汇县政府呈

（1946年5月29日）

事由：为召开第一次筹备会议经过情形祈鉴核存查由

商整会总字第二十八号训令略开：

"案奉县府社字〇八二〇号指令准予核委本会所荐各同业公会筹备人选并随发筹备员委令五件到会，遵即给仰予祇领并行令知务须根据章则表册先行准备，一切应办手续妥于规定之地点日期如令召集筹备进行以凭据。请县府届时派员指导并由本会派员监同整理为要"等因，并附转发钧府委令五件暨各附件。奉此，遵于五月二十六日[①]假商整会召开第一次筹备会议，当由钧府及党部商会各予派员莅临监督指导。所有会议情行除分呈外，理合备文录案具报，仰祈鉴核存查，实为公便。

谨呈

南汇县县长徐

附会议纪录一份

南汇县碾米业同业公会筹备主任陈宝堃（印）

中华民国三十五年五月二十九日

〔附〕

南汇县碾米业同业公会第一次筹备会议纪录

日期：三十五年五月二十七日

地点：南汇县商整会

出席：黄子卿　张廷奎　倪利邦　赵明德　谈银舟　陈宝堃　姚祉赓　陈可人（邬百昂代）　胡九皋（姚祉赓代）

列席：邱虚白县政府　陆济沧县党部　王志方县商会

公推主席

公推张廷奎为主席

行礼如仪

主席报告（略）

讨论事项：

一件：本会如何筹垫经费案。

---

① 与会议纪录所载日期有异，此处照录。

决议：由以上筹备会出席人数负担。

一件：本会如何征求会员案。

决议：南汇由姚祉赓、陈宝坤负责，周浦由倪利邦负责，新场由胡九皋负责，大团由唐德兴负责，三墩由陈可人负责，祝桥由唐九负责，四团由黄子卿负责。

一件：推员起草章则案。

决议：推姚祉赓、赵明德负责。

一件：推定本会会址案。

决议：附设县商整会为会址。

一件：本会应雇用书记案。

决议：由县商会潘裕章兼职。

一件：同业均兼营榨油可否合并组织公会请公决案。

决议：公决榨油业决定合并组织公会，定名碾米榨油业同业公会。主管机关是否准行由本筹备会专案呈请谨候核示办理。

一件：本会推定筹备主任案。

决议：公推陈宝堃为筹备主任。

主席 张廷奎

纪录 王志方

［1194－1－843］

南汇县碾米业同业公会筹备会为合并组织碾米榨油二业公会致南汇县政府呈

（1946 年 5 月 29 日）

事由：为碾米榨油二业请以事实关系准予合并组织同业公会由

案据本会第一次筹备会议第六案略称：

“同业均兼营榨油可否合并组织公会请公决案。公决榨油业决定合并组织公会，定名碾米榨油业同业公会，主管机关是否准行，由本筹备会专案呈请谨候核示办理”等语纪录在卷，理由以该业应用马达（即电发动机）或引擎（即油发动机）例以季节推移，盖农家豆熟菜熟，乘其精湛蓄油较多，每即榨取。致于积谷备食比存米备食储管不易耗损，故零星来碾。营业源流徐缓，碾米非带榨油不足资生，榨油不带碾米亦嫌紧张清淡，太缺调济。本业十之八九碾榨兼行职是之故，因营业实务上之关系举行同业组织亦非二者合一，难期权义之平衡而利业务之发展。除该案业已分呈党部县商会外，谨敢胪陈实状，专案呈祈鉴核，仰乞准予并合组织，实为德便。

谨呈

南汇县县长徐

南汇县碾米业同业公会筹备主任陈宝堃（印）

中华民国三十五年五月二十九日

［1194－1－843］

南汇县政府核准合并组织碾米榨油二业公会致南汇县碾米业同业公会筹备会指令

（1946 年 6 月 5 日）

据呈碾米榨油二业拟合并组织同业公会指令照准由

南汇县政府指令社字第二二四九号

令碾米业同业公会筹备会

三十五年五月廿九日呈乙件，为碾米榨油二业均属兼营拟合并组织同业公会祈鉴准由。

呈悉，准予合并组织定名为“南汇县碾米榨油业同业公会”，仰即遵照！

此令。

县长徐

〔中华民国三十五年〕六月五日

［1194－1－843］

南汇县商会整理委员会转报南汇县碾米榨油业筹备会召开第二次筹备会并请派员指导致南汇县政府呈

（1946 年 6 月 28 日）

事由：为据呈碾米榨油业筹备会召开第二次筹备会议转请届时派员指导由

南汇县商会整理委员会呈总字第七七号

中华民国三十五年六月二八日

案据碾米榨油业同业公会筹备主任陈宝堃呈称：“查本会第一次筹备会议业已具报在案。兹定于七月二日下午二时召开第二次筹备会议，理合备文呈报，仰祈鉴备转呈县党部县政府派员出席指导，实为公便。”

等情。据此，合亟转请鉴赐，届时派员指导，以利进行。

谨呈

南汇县长徐

南汇县商整会主任委员潘子平

［1194－1－843］

南汇县碾米榨油业同业公会第二次筹备会会议纪录

（1946 年 7 月 2 日）

南汇县碾米榨油业同业公会第二次筹备会会议纪录

日期：三十五年七月二日

地点：县商整会

时间：下午二时

出席：陈宝堃　赵明德　唐九亲　谈银舟　倪利邦　姚祉赓

列席：县党部顾昌淦　商整会顾昌淦

公推主席

公推陈宝堃先生为主席

行礼如仪

主席报告（略）

讨论事项：

一件：周浦正丰、姚裕兴等五厂籍周浦将划归上海为由，不肯参加应如何办理案。

决议：由商整会转呈县府请示。

一件：决定成立大会日期案。

决议：定于七月二十日下午二时举行成立大会。

一件：会员应如何招待案。

决议：招待膳宿地点借东门外陈合顺木行集中会员并午膳开会宿临时开旅馆。

一件：开大会时招待及餐费应如何筹措案

决议：每一会员暂收筹备费八千元将来得抵充入会费，即由干事崔预立出发收取备用。

一件：本会业规应如何起草案。

决议：推定赵明德先生负责拟订之。

主席 陈宝堃

纪录 潘裕章

［1194－4－328］

南汇县商会整理委员会转报南汇县碾米榨油同业公会成立大会经过检送理监事履历表等致南汇县政府呈

（1946年7月27日）

事由：为转报碾米榨油同业公会成立大会经过检呈理监事履历表会员名册、修正会章、业规会议纪录等件祈鉴赐颁发立案证书及图记由

南汇县商会整理委员会呈总字第一〇八号

中华民国三十五年七月二十七日

案据碾米榨油业同业公会理事长王秉忠呈称："本会业于七月二十日假南汇东门外第一保国民学校召开成立大会，蒙钧会及县政府县党部派员监选指导，会议得顺利进行。当场修正会章，通过业规并选举理监事。继即举行第一次理监事联席会议推选常务理监事及理事长并出席商会代表等，合将会议经过情形并理监事履历表、会员名册、修正会章、业规、会议纪录等件备文呈请鉴转颁发立案证书暨图记，以昭信守，实为公便"等情，并附件各三份到会。据此，理合检送该项附件各一份，备文呈请鉴备并赐颁发立案证书暨图记，实为公感。

谨呈

南汇县长徐

附呈理监事履历表、会员名册、修正会章、业规、大会纪录、理监事联席会议纪录各一份

南汇县商会整理委员会主任委员潘子平（印）

〔附1〕

南汇县碾米榨油业公会理监事履历表

南汇县碾米榨油业同业公会　地址暂定县商整会 □首一三七号　电话

姓名	年龄	籍贯	职务	学历	经历	住址或通讯处
王秉忠	40	南汇	理事长	高中程度	南汇第七区教委政本校校长	谈家店
陈宝堃	37	南汇	常务理事	初中程度	商界服务	南汇协鑫厂
赵明德	38	南汇	常务理事	初中程度	商界服务	六灶湾禾丰厂
姚祉赓	27	南汇	理事	初中程度	商界服务	南汇永大厂
倪利邦	41	南汇	理事	初中程度	商界服务	周浦穗兴厂
谈银舟	52	南汇	理事	私塾	商界服务	三墩协兴厂
卫关全	56	南汇	理事	私塾	商界服务	召家楼益民兴厂
陈可人	27	南汇	理事	中学程度	商界服务	三墩利达厂
朱祥初	35	南汇	理事	私塾	商界服务	南汇东门汇德厂
唐九亲	43	南汇	候补理事	中学程度	商界服务	祝桥民兴厂
赵妙福	51	南汇	候补理事	私塾	商界服务	倪家路赵万和厂
季鉴奎	24	南汇	候补理事	中学程度	商界服务	南汇季源昌厂

续 表

姓名	年龄	籍贯	职务	学历	经历	住址或通讯处
潘禹伯	32	南汇	常务监事	中学程度	商界服务	南汇东门盈丰厂
胡九皋	41	南汇	监事	私塾	商界服务	新场民丰厂
邢金生	40	南汇	监事	中学程度	商界服务	东门外永丰厂
钟裕耕	46	南汇	候补监事	私塾	商界服务	黄家路合义兴厂

〔附2〕

碾米榨油业同业公会会员名册

南汇县碾米榨油业同业公会　　会址：南汇城内东门大街八蜡庙西首一三七号　　电话：

团体公司行号或工厂名称	代表姓名	性别	年龄	籍贯	学历	经历	开设地址
民乐碾米厂	蒋林泉	男	56	南汇		商界服务	大团花园漾
协泰碾米厂	邵金松	男	62	南汇		商界服务	大团一灶港
鸿盛碾米厂	唐德兴	男	38	南汇		商界服务	大团
利达碾米榨油厂	陈可人	男	27	南汇	中学程度	商界服务	三墩镇
协盛碾米榨油厂	唐金初	男	29	南汇		商界服务	三墩镇
协兴碾米厂	谈银舟	男	52	南汇	私塾	商界服务	三墩镇
公和泰碾米厂	唐旭初	男	34	南汇		商界服务	三墩镇
同泰碾米厂	顾才冠	男	25	南汇		商界服务	三墩镇
大益碾米榨油厂	周益三	男	57	南汇		商界服务	万祥镇
振大碾米榨油厂	黄仲熙	男	58	南汇		商界服务	万祥镇
谈万昌碾米榨油厂	谈廷安	男	24	南汇		商界服务	邬店镇
久昌碾米榨油厂	王秉忠	男	40	南汇	高中程度	南汇第七区教委政本校校长	蔡家宅
禾丰碾米厂	赵明德	男	38	南汇	初中程度	商界服务	六灶湾
姚长记碾米厂	姚新如	男	24	南汇		商界服务	四墩营房
赵万和碾米榨油厂	赵妙福	男	51	南汇	私塾	商界服务	倪家路
合义兴碾米榨油厂	钟裕耕	男	46	南汇	私塾	商界服务	黄路镇
华昌碾米榨油厂	沈阿舟	男	57	南汇		商界服务	黄路镇
大丰碾米厂	唐关兴	男	44	南汇		商界服务	五灶港
盈丰碾米榨油厂	潘禹伯	男	32	南汇	中学程度	商界服务	南汇东门外
瑞丰碾米榨油厂	金伯庚	男	25	南汇		商界服务	南汇东门外
协鑫碾米厂	陈宝堃	男	37	南汇	初中程度	商界服务	南汇东门外
季源昌碾米榨油厂	季鉴奎	男	24	南汇	中学程度	商界服务	南汇东门外
永丰碾米厂	邢金生	男	40	南汇	中学程度	商界服务	南汇东门外
汇德碾米厂	朱祥初	男	35	南汇	私塾	商界服务	南汇东门外
永大碾米厂	姚祉赓	男	27	南汇	初中程度	商界服务	南汇南门外
元亨利碾米榨油厂	金文才	男	28	南汇		商界服务	四团仓镇
裕民碾米榨油厂	朱洪涛	男	68	南汇		商界服务	四团仓西市
黄正大碾米厂	黄林生	男	36	南汇		商界服务	三灶镇

续　表

团体公司行号或工厂名称	代表姓名	性别	年龄	籍　贯	学　历	经　历	开设地址
协新碾米榨油厂	彭祖荣	男	40	南汇		商界服务	三灶镇
王永顺碾米榨油厂	王伯林	男	48	南汇		商界服务	三灶镇
永源兴碾米厂	陆纪昌	男	38	南汇		商界服务	坦直桥
吴义泰碾米厂	吴奇仁	男	28	南汇		商界服务	坦直桥
永顺新碾米榨油厂	王新德	男	39	南汇		商界服务	坦直桥
合兴碾米榨油厂	王本初	男	36	南汇		商界服务	坦直桥
公兴碾米榨油厂	蔡俊才	男	39	南汇		商界服务	四团吴埠
顾复兴碾米厂	顾关舟	男	25	南汇		商界服务	倪家洪
农乐碟米厂	瞿富根	男	32	南汇		商界服务	吴家码头
祥泰碾米厂	孙瑞祥	男	42	南汇		商界服务	邓家码头
永利碾米榨油厂	金桂生	男	38	南汇		商界服务	大沙路
同发碾米厂	马木松	男	24	南汇		商界服务	大沙路
民兴碾米厂	唐九亲	男	43	南汇	中学程度	商界服务	祝桥镇
长兴碾米厂	徐长根	男	42	南汇		商界服务	祝桥镇
王正泰碾米榨油厂	王耀宗	男	28	南汇		商界服务	祝桥镇
缪震昌碾米厂	缪震川	男	31	南汇	县立师范毕业	前服务教育界	六灶镇
同益碾米榨油厂	金文生	男	38	南汇		商界服务	六灶镇
利和碾米厂	陈德秀	男	40	南汇		商界服务	陈桥镇
悦大碾米厂	邱才全	男	42	南汇		商界服务	陈桥镇
新泰碾米厂	顾金林	男	21	南汇		商界服务	严桥镇
穗兴碾米厂	倪利邦	男	41	南汇	初中程度	商界服务	周浦镇
卫源兴榨油厂	卫炳全	男	55	南汇		商界服务	沈庄镇
利昌榨油厂	张杏经	男	40	南汇		商界服务	下沙镇
大中碾米厂	沈彬儒	男	49	南汇		商界服务	下沙镇
谈万昌碾米榨油厂	谈廷安	男	24	南汇		商界服务	新场镇
永昌碾米榨油厂	王燮鋆	男	68	南汇		商界服务	新场镇
民丰碾米厂	胡九皋	男	41	南汇	私塾	商界服务	新场镇
益民兴榨油厂	卫关泉	男	56	南汇	私塾	商界服务	召楼镇
泰昶碾米厂	苏纪兴	男	41	南汇		商界服务	召楼镇
益泰碾米厂	王瑞冰	男	38	南汇		商界服务	召楼镇
泰和碾米厂	康关彬	男	55	南汇		商界服务	召楼镇
协盛碾米厂	王中美	男	52	南汇		商界服务	召楼镇
嘉丰碾米厂	徐锦生	男	48	上海		商界服务	召楼镇
鸿丰碾米厂	徐锦生	男	48	上海		商界服务	杜家行
顺兴碾米榨油厂	冯贤香	男	43	南汇		商界服务	航头镇
同昌碾米厂	俞友根	男	46	南汇		商界服务	航头镇
仁大碾米厂	唐礼斌	男	49	南汇		商界服务	航头镇

续 表

团体公司行号或工厂名称	代表姓名	性别	年龄	籍 贯	学 历	经 历	开设地址
大盛碾米榨油厂	施廷祥	男	31	南汇		商界服务	航头镇
立昌碾米厂	倪国恩	男	32	南汇		商界服务	鲁家汇
宝昌碾米榨油厂	金连桃	男	47	南汇		商界服务	施家浜
金福兴碾米榨油厂	金福桃	男	56	南汇		商界服务	李家典
振昌碾米榨油厂	徐书根	男	40	南汇		商界服务	小洼港

〔附 3〕

南汇县碾米榨油业同业公会章程

第一章　总则

第一条　本章程依据工业同业公会法订定之。

第二条　本会定名为南汇县碾米榨油业同业公会。

第四条　本会之区域以南汇县之行政区域会为范围，会所暂设于南汇城内东门大街八蜡庙西首一三七号。

第二章　任务

第五条　本会之任务如左：

一、关于会员间之碾米榨油价格之订定并业务上必要之统制。

第三章　会员

第六条　凡在本会区域内经营碾米榨油业者均应为本会会员。

第十三条　本会同业不依法加入本会或不缴纳会费或违反大会决议案及所规定碾米榨油价格不符者，限期劝令加入及改过，逾期仍不遵办者应予以警告，自警告之日起三日内仍不接受者，得由本会呈请县府予以左列之处分：

一、拾万元以下之违约金；

二、有期间之停业；

三、永久停业。

第四章　组织及职权

第五章　会议

第六章　经费

第卅条　前条入会费定一律捌千元，会员于入会时一次缴纳之。

第七章　附则

〔附 4〕

南汇县碾米榨油业同业公会业规

第一条　本业规经本会会员代表大会订定之。

第二条　凡在本区域内如同业有新设或添设分号应于七日前用书面正式报告本会登记，经本会许可后方可开始营业。

第三条　凡在本区域内同业如有召盘出租加记添股迁移及变更负责人等应向本会更正或重行登记。

第四条　同业各种价目由本会理事会根据市面加以合法利润议定价目印制价目表分发同业不得紊乱。

第五条　凡同业如接到价目表后，对于决议之价目私自减售或违反第三、四条者，经同业之检举报告本会，由本会理事会视其情节之轻重依法予以相当处罚。

第六条　上项相当之处罚由理事会决议呈报主管官署核准后施行。

第七条　同业雇用之职员或司务不得私相挖用，其司务工资应一律。

第八条　本业规呈县政府县党部县商会核准后公布施行。

〔附 5〕

南汇县碾米榨油业同业公会成立大会会议纪录

日期：三十五年七月二十日

地点：东门外第一保国民学校

时间：下午二时

出席：会员四十一人

列席：县政府邱虚白　县党部周宝生　县商整会潘裕章

公推主席：公推赵明德为主席

行礼如仪

主席报告(略)

县党部周先生致词(略)

县政府邱先生致词(略)

讨论事项：

一件：本会经常费确定每月四十五万元应如何筹措案。

决议：由各会员每月负责缴纳之。

一件：本会征收经常费应如何确定案。

决议：分甲乙两种，甲种为经营碾米榨油者每月缴纳柒仟元；乙种为单独经营碾米或榨油者每月缴纳五千元。

一件：本会碾米价格应如何统一案。

决议：每担光谷搧糠二斤半，捺粮加十二两，有甚加四两，取净加半开，捧砻加半斤，糙更每石三斤半。

一件：本会同业雇用佣工工资应如何划一案。

决议：佣工供给膳宿工资每担谷及糙米为白米四两，自膳工资为白米半斤。

一件：本会应如何修正会章案。

决议：修正后通过。

一件：本会业规应如何拟订案。

决议：拟订后呈报主管官署核准施行之。

一件：新设碾米榨油业事前是否先向本会登记后方可营业案。

决议：在一星期前先行登记入会得本会审查合格许可后方可营业。

一件：各同业因营业竞争发售红票应否取缔案。

决议：在本会未成立前各同业所发出之红票即日收回，及以后一律不准发售。

一件：本会选举理监事案。

决议：当选理事陈宝堃、赵明德、姚祉赓、王秉忠、倪利邦、谈银舟、卫关全、陈可人、朱祥初，当选候补理事唐九亲、赵妙福、季鋆奎，当选监事胡九皋、邢金生、潘禹伯，当选候补监事钟裕耕。

主席 赵明德

纪录 潘裕章

〔附 6〕

南汇县碾米榨油业同业公会第一次理监事会议纪录

日期：三十五年七月二十日

地点：东门外汇德厂

时间：下午七时

出席：赵明德、陈宝堃、王秉忠、卫关泉、谈银舟、姚祉赓、朱祥初、倪利邦、潘禹伯、邢金生、胡九皋

列席：唐九亲、赵妙福、季鋆奎、钟裕耕、县商整会潘裕章

公推主席：

公推王秉忠先生为主席

纪录：潘裕章

行礼如仪

主席报告(略)

讨论事项：

一件：推选常务理监事及理事长案。

决议：推定王秉忠、赵明德、陈宝堃三人为常务理事，互推王秉忠先生为理事长，并推潘禹伯先生为常务监事。

一件：推定出席商会代表案。

决议：推定王秉忠、赵明德、卫关全、姚祉赓、陈宝堃五位为出席代表

一件：为浦东电气公司电气时常间断，况底度限制甚严及最近附加电费保证金预缴两个月应如何办理案。

决议：由本会发公函向该公司请求取消底度限制，免缴电费保证金并请该公司于五日内答复。

一件：本会应否聘请会计案。

决议：聘请陈宝堃先生为本会会计。

一件：本会理监事会议应如何决定日期案。

决议：本会每两月开理监事会一次确定十二日为开会日期。

主席 王秉忠

纪录 潘裕章

[1194-1-843]

南汇县政府关于核备成立大会经过等并颁发立案证书致南汇县商会整理委员会指令

(1946年8月6日)

事由：据呈报碾米榨油业同业公会成立大会经过附送章程、理监事略历表、会员名册等件经核当无不合应准颁发立案证书仰即转给祗领由

南汇县政府指令社字第四二四三号

令县商会整理委员会

卅五年七月廿七日呈乙件，为转报碾米榨油业同业公会成立大会经过附送章程、理监事略历表、会员名册等件仰祈鉴赐颁发立案证书由。

呈件均悉。经核该碾米榨油业公会章程等件尚无不合，应准立案随发立案证书乙帋，仰查收转给祗领。至于该会图记亦经刊刻并仰转饬派员来府具领为要！

此令。附件存。

附发南汇县碾米榨油业同业公会立案证书乙纸[①]

县长徐

〔中华民国三十五年〕八月六日

[1194-1-843]

① 原文缺。

南汇县商会整理委员会转报南汇县碾米榨油工业同业公会启用图记日期附呈印模致南汇县党部呈

(1946年8月29日)

事由：为转报碾米榨油工业同业公会启用图记日期附呈印模祈鉴备由

南汇县商会整理委员会呈南商总字第七号

中华民国三十五年八月廿九日

案据碾米榨油工业同业公会理事长王秉忠呈称"案奉南汇县政府八月二十二日颁发本会木质图记一颗文曰'南汇县碾米榨油工业同业公会'，谨于今日启用。理合备文连同印模三份一并呈请鉴核，准予转呈县政府县党部备查实为公便"等情，并附印模三份，据此合行检同印模一份备文转呈，仰祈鉴核备查。

谨呈

南汇县党部书记长顾

附碾米榨油工业同业公会图记印模一份(从略)

南汇县商会理事长潘子平

[1192-1-192]

南汇县碾米榨油业同业公会为同业有不遵守会章者私行减价扰乱营业准予照章处罚致南汇县政府呈

(1946年8月29日)

事由：为呈请本会业经成立同业有不遵守会章者私行减价扰乱营业仰祈鉴核准予照章处罚由。

案据祝桥同业民兴禾兴等八厂联名呈称"窃查三区陈桥七灶吴家店五灶港等处碾米厂迄未遵守会章，每担收工价一斤或一斤半，二区与三区毗连影响甚钜。前日曾请唐主任核办不但无效反变本加厉，三区同业均不依规章于斯影响本区同业益形过钜，近来竟至生意毫无，为特联名请求钧会迅即予以处分，以昭惩戒而利同业营业"等情。据此，查所述三区陈桥达兴利和七灶悦大八区海潮寺得利等厂不守会章扰乱营业确系实情，若不予以惩处，同业大受影响，公会亦有解散之可能，理合备文呈请钧鉴准予照章处罚(有期之停业)，以儆将来，实为公便。

谨呈

南汇县政府

理事长王秉忠呈

中华民国三十五年八月廿九日

[1194-1-843]

南汇县碾米榨油业同业公会报送大会纪录章程草案等致南汇县政府呈

(1948年8月18日)

事由：为呈送大会纪录章程草案等件仰祈鉴核准予备案由

南汇县碾米榨油业同业公会呈 南碾字第三二六号

中华民国三十七年八月十八日

窃查属会于八月八日召开第二届会员大会依法改选，当蒙钧府刘科长莅临致训，何指导员出席指导。所有大会决议各项均经纪录在卷，除分知各会员厂切实均照外理合检同大会纪录、章程草案、会员名册、理监事履历表、碾米价目表及第一次理监事会会议纪录等一并备文呈送，仰祈鉴核，准予备案，实为公便。

谨呈

南汇县政府

附呈大会纪录、章程草案、会员名册、理监事履历表、碾米价目表、第一次理监事会会议纪录各一份

南汇县碾米榨油工业同业公会理事长王秉忠

〔附 1〕

南汇县碾米榨油工业同业公会第二届会员大会会议纪录

日期：卅七年八月八日

时间：下午二时

地点：本会

出席者：和丰 王三郎　华丰 倪佩仁　永大协 顾守之

联农 郁道绳　同丰 奚华章　同益 金文生　元亨利 金文奎代

久大 唐锦章　德泰 孙德茂　协盛公记 王中美　平安 秦之智

恒大 蔡林生　和丰 张思恬　益民兴 卫关泉　协鑫 陈宝堃

久昌 王秉忠　大益 周益三　禾丰 赵□德　瑞丰 金伯庚

永大 王安正　季□昌 季□奎　公兴 蔡春桃　祥鑫 朱祥初

振昌 徐书根　协兴 谈银舟　协盛 谈金初　振义 黄锡福

森盛 潘福根　南汇 李□培　大丰 唐□兴　利大 陈冠亚

谈万昌 谈仁安　农□ 瞿福根　三新 黄友利　大盛和 周士奎 吴□□代

王正泰 王耀宗　王协兴 王□□　永和 □俊傑　永丰 邢金生

华昌 沈何舟　万和 赵妙福　公盛 □顺丁　乔协盛厂

列席者

县政府 刘科长　何维清　　县党部 张志良

主席　王秉忠

纪录　齐鸿勳

主席报告(略)

刘科长致训(略)

讨论事项：

一件：本会理监事多半离职，会务无形停顿，致改选半数无法进行，应如何进行选举方式案。

决议：所有理监事全部改选任期为二年，连选得连任，当选理监事列下：

理事：王秉忠　赵明德　陈宝堃　唐九亲　郁道绳　王安正　卫关泉　金文生　周益三

候补：黄芳　陈冠亚　谈银舟

监事：金伯庚　□俊傑　赵妙福　　　候补：朱祥初

监票：何维清　　唱票：李先培　　写票：赵明德

一件：会章应否修正案。

决议：遵照工业会法参酌，原会章分别采择修订呈报县政府核准后施行之。

一件：早稻登场刻下电费徒涨三倍，柴油价格亦昂，加以人工开支浩大成本增高，应否将碾米工价合理调整以利营业而杜纷扰请公决案。

决议：一、碾米价目调整如下：光谷掮糠三斤，光谷捺糠三斤半，芒谷掮糠三斤四两，芒谷捺糠三斤十二两，取净(另加)八两，捧砻(另加)八两，糙粳每石四斤十二两。(二)榨油价目俟八月十一日理监事会再行决议公布。(三)同业如不依规章而□□□破坏决议价目者，经查□实据□报请县府予以下列惩处：甲、四十元以下罚金，乙、□期之停业，丙、永久之停业(上项罚金按照上海公布职工生活指数计算)。

一件：电力自八月一日起公司方面调整率增加三倍，殊不合理。以现价计算每度需合白米二斤半，应如

何向公司交涉提请公决案。

决议：推派代表进行交涉如无结果由公会呈请县府仲裁。

一件：新谷登场柴油需用正殷，公会前已函请分配委员会自八月份起恢复配给，可否再联名呈催以谋迅速而利生产。

决议：联名呈由公会转函公委会迅赐恢复。

一件：应重新订定会费收取标准以昭公允而利会务案。

决议：分甲、乙、丙三级。一、甲级碾米榨油兼营者按月缴纳基数二元，二、乙级清榨油或两部米机者一元五角，三、丙级清碾米一部米机者一元，前列各级基数概照上海按月公布之职工生活指数计算。

一件：本会成立已经二年，尚有多数同业未能依法加入。更查周浦以北及旧四区（张江）各地因距离较远鞭长莫及，人力不敷致未能推进，究应如何健全组织，力谋整顿以图推展之处提请公决。

决议：一、以便利推行会务为原则可依乡镇或地段分别设立办事处若干，冠以所在地名称。由会召集该地同业公推一人为主任，秉承本会负责该地区一切会务。其有未加入者负责劝告加入，拒绝者报会核办其主任人选如遇□□时本会得暂时选派之，其职权任务另定。二、由会选派理监事或干事数人组织巡回团（其办法另订之），不时至各地巡导，遇有同业纠纷设法解决。其有违犯会章者立即纠正，如不能解决时，报由理监事会处理。三、每月召开理监事会一次检讨会务审查收支，洽商兴革事宜，各理监事不得无故缺席。四、各厂按月会费由各该办事主任负责代收或协同本会收取，拒付者由会列单报请县府处理。五、推派理事前往周浦张江北蔡等地推进会务，由会函请当地机关商会及热心公正威望者协助并筹组办事处选聘主任，俾秉承本会经理该地区一切会务。

主席 王秉忠

纪录 齐鸿勳

〔附2〕

南汇县碾米榨油工业同业公会章程

第一章　总则

第一条　本章程依据工业会法订定之。

第二条　本会定名为南汇县碾米榨油工业同业公会。

第三条　本会以谋划工业之改良发展增进同业之公共利益及纠正弊害为宗旨。

第四条　本会之南汇县行政区域会为范围，会址设于南汇北门大街五十六号。

第二章　任务

第五条　本会之任务如左：

一、关于碾米榨油生产工业之研究改良与发展事项。

二、关于会员合法权益之保障事项。

三、关于技术原料器材之合作事项。

四、关于会员之设备制品及原料检查取缔事项。

五、关于碾米榨油工业有关之调查统计事项。

六、关于同业纠纷之调处公断事项。

七、关于会员公共事业之举办事项。

八、关于劳资合作之促进及纠纷之协助调处事项。

九、关于政府经济政策之协助推进事项。

十、关于参加各项社会运动事项。

第三章　会员及会员代表

第六条　凡在本县行政区域内经营碾米榨油业者均应为本会会员。

第九条　会员代表应以工厂之主体人、经理人或代表厂主行使管理权之职员年在二十岁以上者为限。

第十三条　本会同业不依法加入本会或不缴纳会费及违反大会决议案所公议碾米榨油价目者限期劝告

加入及改过，逾期仍不遵办者予以警告，自警告之日起三日内仍不接受者□由本会呈请县府予以左列之处分：(一) 四十元(或二石米)以下之违约金(按上海公布之职工生活指数计算)，(二) 有期间之停业，(三) 永久之停业。

第四章　会员之权利和义务

第十四条　本会会员得享受以下各项权利：

一、本会举办之各项福利公益及合作事项；

二、各项问题之咨询事项；

三、其他请求本会协助解决事项。

第十五条　凡本会会员应遵守以下各项义务：

一、本会会章业规及各项决议案；

二、缴纳会费；

三、其他应尽之义务。

第五章　组织及职权

第十七条　本会得视事务之繁简设干事若干人助理会务，并以便利推进会务为原则，得依乡镇或地段设立办事处若干，由当地同业公推一人为主任，秉承本会处理该地区一切会务，上述主任及干事由本会分别聘委之。

第二十条　本会理监事之任期均为二年，连选得连任。

第廿一条　理监事因故中途缺席时由会员大会再行互选递补以补足原任之任期为限。

第六章　会议

第七章　经费

第三十条　本会经费分左列三种：

一、入会费规定一律二元，于会员入会时缴纳之；

二、经常费由会员厂依其等级按月缴纳之；

三、临时费如遇必需要时得由理事会或经会员大会通过后征收之。

第卅一条　本会会员应行缴纳之入会费经常费，依其基数按上海市逐月公布之职工生活指数收取之，其有积欠者概按最后一次公布之指数计算。

第卅二条　会员因故退会时其已按本章程第卅条缴纳之各费不得请求退还。

第卅三条　本会之预算决算于每年度终了后一个月内由理事会编制报告书，送经临事会审核提出，会员大会通过刊布并呈报县府备案。

第卅四条　本会会计年度以每年七月一日始至翌年六月卅日止。

第八章　附则

第卅七条　本章程经会员大会决议通过后呈报县政府核准施行，修改时亦同。

〔附 3〕

人民团体会员名册

南汇县碾米榨油工业同业公会　　会址暂设南汇城内北门大街五十六号　　电话：

团体公司行号或工厂名称	代表姓名	性别	年龄	籍贯	经　历	开设地址
祥盛碾米榨油厂	殷介良	男	58	奉贤	商界服务	大团镇
永大碾米厂	王安正	男	38	南汇	同上	大团□灶港
大盛和碾米厂	周士奎	男	43	南汇	同上	大团中市
民华碾米厂	蒋林泉	男	42	南汇	同上	大团花园漾
协泰碾米厂	邵金松	男	64	南汇	同上	大团一灶港

续 表

团体公司行号或工厂名称	代表姓名	性别	年龄	籍贯	经　　历	开设地址
鸿盛碾米厂	唐德兴	男	42	南汇	同上	大团镇
利大碾米榨油厂	陈冠亚	男	32	南汇	同上	三墩镇
协兴碾米厂	谈银舟	男	54	南汇	同上	三墩镇
协盛碾米榨油厂	谈金初	男	31	南汇	同上	三墩镇
振义碾米厂	黄锡福	男	39	南汇	同上	三墩镇
森盛碾米厂	潘福根	男	32	南汇	同上	三墩镇
公和泰碾米厂	唐旭初	男	36	南汇	同上	三墩镇
同泰碾米厂	顾华冠	男	30	南汇	同上	三墩镇
大益碾米榨油厂	周益三	男	59	南汇	同上	万祥镇
振大碾米榨油厂	黄印泉	男	60	南汇	同上	万祥镇
禾丰碾米厂	赵明明	男	40	南汇	同上	六灶湾
姚长记碾米厂	姚新如	男	26	南汇	同上	四墩营房
赵万和碾米榨油厂	赵妙福	男	53	南汇	同上	南汇南门外
瑞丰碾米榨油厂	金伯庚	男	27	南汇	同上	南汇东门外
李源昌碾米榨油厂	季鉴奎	男	26	南汇	同上	南汇东门外
永和碾米榨油厂	于俊杰	男	35	南汇	同上	南汇东门外
协鑫碾米厂	陈宝堃	男	39	南汇	同上	南汇东门外
大丰碾米厂	唐关兴	男	46	南汇	同上	南汇东门外
南汇碾米厂	李先培	男	28	南汇	同上	南汇西门外
永丰碾米厂	邢金生	男	42	南汇	同上	南汇东门外
祥鑫碾米厂	朱祥初	男	37	南汇	商界服务	南汇东门外
永大协碾米厂	顾守之	男	31	南汇	同上	南汇南门外
华昌碾米榨油厂	沈阿舟	男	59	南汇	同上	黄家路
元亨利碾米榨油厂	金文才	男	30	南汇	同上	四团仓
裕民碾米榨油厂	朱洪涛	男	70	南汇	同上	四团仓
黄正大碾米厂	黄林生	男	38	南汇	同上	三灶镇
王永顺碾米榨油厂	王伯林	男	50	南汇	同上	三灶镇
华丰碾米厂	倪佩仁	男	32	南汇	同上	三灶镇
永源兴碾米厂	陆纪昌	男	40	南汇	同上	坦直桥
永盛新碾米榨油厂	王新德	男	41	南汇	同上	坦直桥
公兴碾米榨油厂	蔡春桃	男	41	南汇	同上	吴家码头
农乐碾米榨油厂	瞿富根	男	33	南汇	同上	吴家码头
民兴碾米厂	唐九亲	男	45	南汇	同上	祝桥
长兴碾米厂	徐长根	男	44	南汇	同上	祝桥
王正泰碾米榨油厂	王耀宗	男	30	南汇	同上	祝桥
同益碾米榨油厂	金文生	男	40	南汇	同上	六灶
怡昌碾米厂	顾企增	男	52	南汇	同上	六灶

续 表

团体公司行号或工厂名称	代表姓名	性别	年龄	籍贯	经　历	开设地址
久大碾米厂	唐锦章	男	32	南汇	同上	六灶
协盛碾米榨油厂	沈金才	男	36	南汇	同上	六灶
利和碾米厂	陈德修	男	42	南汇	同上	陈桥
悦大碾米厂	邱才金	男	44	南汇	同上	陈桥
新泰碾米厂	顾金林	男	25	南汇	同上	汤店
宝昌碾米榨油厂	金连桃	男	49	南汇	同上	施镇
金复兴碾米榨油厂	金福桃	男	58	南汇	同上	朱家典
利昌碾米榨油厂	张杏泾	男	42	南汇	同上	下沙
成大碾米厂	屈平章	男	60	南汇	商界服务	新场镇
泰隆碾米厂	朱迪生	男	48	南汇	同上	新场镇
恩大碾米厂	徐锡镛	男	53	南汇	同上	新场镇
民丰碾米厂	胡九皋	男	43	南汇	同上	新场镇
协昌碾米厂	季根荣	男	47	南汇	同上	新场镇
谈万昌碾米榨油厂	谈廷安	男	26	南汇	同上	新场镇
永昌碾米榨油厂	季根荣	男	47	南汇	同上	新场镇
联农碾米榨油厂	陆丕鸿	男	52	南汇	同上	新场镇
同丰碾米厂	奚华章	男	36	南汇	同上	新场镇
益民兴碾米榨油厂	卫关泉	男	58	南汇	同上	召楼
益泰碾米厂	王瑞□	男	40	南汇	同上	召楼
泰昶碾米厂	苏纪兴	男	43	南汇	同上	召楼
泰和碾米厂	康关彬	男	57	南汇	同上	召楼
协盛公碾米厂	王中美	男	54	南汇	同上	召楼
平安碾米厂	秦之智	男	35	南汇	同上	召楼
顺兴碾米榨油厂	冯贤香	男	45	南汇	同上	航头
同昌碾米厂	俞友根	男	48	南汇	同上	航头
仁大碾米厂	唐礼斌	男	43	南汇	同上	航头
立昌碾米厂	倪国恩	男	34	南汇	同上	鲁汇
久昌碾米榨油厂	王秉忠	男	42	南汇	曾任七区教委正本校长	蔡家□
振昌碾米榨油厂	徐书根	男	42	南汇	商界服务	小洼港
谈万昌碾米榨油厂	谈天海	男	60	南汇	同上	邬家店
悦大碾米厂	邱妙根	男	40	南汇	同上	七灶镇
义兴碾米榨油厂	陆新根	男	51	南汇	同上	瓦屑村
祝永大碾米厂	祝允偕	男	63	南汇	同上	龄公牌楼
利民协记碾米厂	顾伯祥	男	24	南汇	商界服务	晒盐陆家宅
乾泰碾米厂	顾左英	男	52	南汇	同上	吴家店
三德碾米榨油厂	赵安吉	男	35	南汇	同上	吴家店
祥泰碾米榨油厂	孙瑞祥	男	35	南汇	同上	邓镇

续 表

团体公司行号或工厂名称	代表姓名	性别	年龄	籍贯	经　历	开设地址
聚兴碾米厂	龚才林	男	26	南汇	同上	汤家店
协兴碾米厂	王金兰	男	63	南汇	同上	王家滩
三新碾米厂	黄友利	男	31	南汇	同上	马家宅
和丰碾米榨油厂	王三郎	男	38	南汇	同上	老港
德泰碾米厂	孙德茂	男	33	南汇	同上	老港
恒大碾米榨油厂	蔡小林	男	39	南汇	同上	董家村
和丰碾米榨油厂	张思恬	男	30	南汇	同上	彭镇
公盛碾米厂	□顺丁	男	32	南汇	同上	

〔附 4〕

南汇县碾米榨油工业同业公会理监事履历表

民国卅七年八月

职　别	姓名	年龄	籍贯	学　历	经　历	住　址
理事长	王秉忠	42	南汇	高中程度	曾任南汇第七区教委正本校校长等职现任参议员	蔡家宅
常务理事	赵明德	40	南汇	初中程度	商界服务	六灶湾
	陈宝堃	39	南汇	同上	同上	东门外
理　事	唐九亲	45	南汇	同上	同上	祝家桥
	郁道绳	35	南通	同上	同上	新场
	王安正	38	南汇	同上	同上	大团
	卫关泉	58	南汇	私塾	同上	召楼
	金文生	40	南汇	初中程度	同上	六灶
	周益三	59	南汇	私塾	同上	万祥
候补理事	黄　芳	39	南汇	初中程度	同上	三墩
	陈冠亚	32	南汇	高中程度	现任县参议员	三墩
	谈银舟	54	南汇	私塾	高界服务	三墩
常务监事	于俊杰	35	南汇	初中程度	同上	东门外
监　事	金伯庚	27	南汇	同上	同上	东门外
	赵妙福	53	南汇	私塾	同上	南门外
候补监事	朱祥初	37	南汇	初中程度	同上	东门外

南汇县碾米榨油工业同业公会

〔附 5〕

碾米价目表

种　类	工　价
光谷揙糠	每担叁斤
光谷捺糠	每担叁斤捌两
芒谷揙糠	每担叁斤四两

续 表

种 类	工 价
芒谷捺糠	每担叁斤拾贰两
取 净	每担(另加)捌两
捧 砻	每担(另加)捌两
糙 粳	每石肆斤拾贰两
附 注	一、本表经第二届会员大会决议通过。 二、同业如有不遵守私图破坏,经查有实据后报请县政府予以下列征处: 甲、肆拾元以下之罚金; 乙、有期之停业; 丙、永久之停业。 三、本表呈报县府备案。 四、榨油价目俟八月十一日理监事会决定后公布。 五、本表于公布日起实施。

中华民国卅七年八月九日

〔附6〕

南汇县碾米榨油业第二届第一次理监事会议纪录

日期:卅七年八月十一日下午二时

地点:本会

出席者:赵明德 唐九亲 赵妙福 金伯庚 陈宝堃 郁道绳 王秉忠

列席者:何维清

主席:王秉忠

纪录

主席报告(略)

何指导员致词(略)

讨论事项:

一件:查本会理监事业经大会选定应请公推常务理监事及理事长案。

决议:公推王秉忠、赵明德、陈宝堃连任为常务理事,互推理事长王秉忠连任,公推于俊杰为常务监事。

一件:查本会经费因多数会员积欠未缴致亏欠甚多,应依何种标准追缴案。

决议:自卅□年一月份起积欠各厂概按大会决议新标准追缴,拒付者报请县府处理。

一件:职员待遇应如何确定案。

决议:每员月支六十元,按上海每月公布之职工生活指数计算之。

主席 王秉忠

纪录 齐鸿勳

[1194-1-843]

南汇县政府关于核实大会纪录章程草案等件致南汇县碾米榨油工业同业公会指令

(1948年9月2日)

事由:为据呈送大会纪录章程草案等件指饬知照由

南汇县政府指令鹏一社字第四八九四号

令碾米榨油工业同业公会

本年八月十八日呈一件,为呈送大会纪录章程草案等件仰祈鉴核准予备案由。

呈件均悉，兹核示如下：（一）碾米价目不得以实物计算，应遵照新币制重行议订。（二）币制改革指数取销会费、罚金，职员待遇应重订。（三）改组前各会员积欠会费由该会按照实际情形妥为处理。（四）仰将修正会章报核为要。

此令。件存。

县长熊

〔中华民国三十七年〕九月二日

［1194－1－843］

南汇县碾米榨油工业同业公会为核示修订会章等因提付第二次理监事会致南汇县政府呈

（1948年9月15日）

事由：为奉令核示修订会章等因提付第二次理监事会分别议订理合检呈会议录修正会章等报请鉴准备案由

南汇县碾米榨油业同业公会呈南碾字第三三六号

中华民国三十七年九月十五日

案查前奉钧府鹏一社字第四八九四号指令核示会费、罚金、职员待遇、碾米价目均应以金圆重订，并饬将会章修正报核等因。奉此，遵于九月十三日召开第二届第二次理监事会议共商一切，所有修订兴革整肃各项均经决议纪录在卷。除分知外理合检呈会议纪录、重订碾米榨油价目表、修正会章各一份备文呈报，仰祈鉴核准予备案，实为公便。

谨呈

县长熊

附呈会议纪录、碾米榨油价目表、修正会章[①]各一份

南汇县碾米榨油工业同业公会理事长王秉忠

〔附1〕

南汇县碾米榨油工业同业公会第二届第二次理监事会议纪录

日期：卅七年九月十三日

时间：下午二时

地址：本会

出席者：郁道绳　金伯庚　金文生　于俊杰　唐九亲　卫关泉　朱祥初　陈宝堃　赵妙福　王安正　赵明德　谈银舟

列席者：县政府张敬失　胡木兴（永大厂）　邢金生（永□厂）

主席：公推赵明德　　纪录：齐鸿勳

主席报告（略）

张秘书致训（略）

讨论事项

一件：奉县府指令碾米价目不得以实物计算。会费、罚金、职员待遇均应依金圆重订，并饬将会章修正报核等因提付讨论案。

决议：一、碾米及榨油价目参酌前订实物标准，为符合各地实情响应政府抑平物价国策，于予减低，改订金圆其价目修订如下：（另附价目表）。

二、会费罚金职员待遇等均按原议基数改为金圆。

---

① 修正会章略。

三、改组前各会员积欠会费自本年元月起至七月份止照章原定实物折收金圆。

四、将原会章遵照指示修正报核。

五、各厂如以重订金圆碾价折收实物时,其标准价格规定白米每斤壹角二分不得紊乱。

一件:准县警察局函送八一九各种物价登记报告表提付讨论办理案。

决议:一、碾米价格照议填列。二、榨油价目每车(一二〇斤)豆油乙元六角,菜油乙元九角,生油乙元四角。三、本厂豆油价□批发每担五十二元,门市每斤五角五分。四、豆饼每担九元二角。五、菜饼每担八元二角八分。

一件:各厂积欠会费甚多,会务蒙受阻碍请讨论追收办法案。

决议:由会通告各厂限期缴清,拒付者报县追收,必要时□按章议处。

一件:据城区办事处呈报东门外永和厂不遵会章,破坏团体。本会一再劝阻无效提付讨论处理案。

决议:一、姑念初犯从轻处分责由该厂登报向同业道谦;

二、如该厂抗不遵办时由会报请县府按章议处。

主席 赵明德

纪录 齐鸿勳

〔附2〕

南汇县碾米榨油工业同业公会公议碾米榨油价目表

种类	工价	附注
揙糠	每担叁角	折米二斤八两
捺糠	每担肆角二分	折米三斤八两
取糠	每担(另加)六分	折米八两
牽砻	每担(另加)六分	折米八两
糙粳	每石肆角八分	折米四斤
豆油	每车壹元六角	每车一二〇斤
菜油	每车壹元九角	同上
生油	每车壹元四角	同上
说明	一、本表经第二届第二次理监事会决议修正通过。 二、本表呈报县府备案。 三、同业如不遵守意图破坏查有实据后由会报请县府按章处分。 四、本表所订价目折收实物时以一角二分合白米一斤计算。 五、本表自公布日起施行。	

中华民国卅七年九月十三日

[1194-1-843]

南汇县政府关于核备会议纪录碾米榨油价目表等致南汇县碾米榨油业同业公会指令

(1948年9月29日)

事由:据呈送会议纪录碾米榨油价目表修正会章各乙份指饬遵照由

南汇县政府指令鹏一社字第六一七三号

令南汇县碾米榨油业同业公会

卅七年九月十五日南碾字第三三六号呈乙件:(抄来文由……)。

呈悉,经核会章尚无不合。关于碾米榨油价格俟经济检查队查报后再行饬遵,仰即知照。

此令。

县长熊

〔中华民国三十七年〕九月廿九日

[1194-1-843]

南汇县碾米榨油业同业公会关于召开榨油业会议并请派员出席指导致南汇县政府呈

(1948年10月18日)

事由：为定于十月二十日上午十一时在本会召开榨油业会议仰祈鉴核派员出席指导由

南汇县碾米榨油业同业公会呈南碾字第三四七号

中华民国三十七年十月十八日

查新豆收获榨油工作加忙，惟据调查各处工价颇不一律，且因谣传至城镇碾米榨油时将被搜购，致城镇各厂营业蒙受影响。为特定于十月二十日上午十一时在本会召开全县榨油业会议共商一切。除呈县商会并分知外，理合备文呈报，仰祈鉴核派员出席指导，实为公便！

谨呈

县长熊

南汇县碾米榨油工业同业公会理事长王秉忠(印)

[1194-1-843]

南汇县碾米榨油业同业公会报送榨油业会议录并解释碾米榨油厂谣言及以工价折收食油两案致南汇县政府呈

(1948年10月22日)

事由：为检呈榨油业会议录并呈报第二第四两案事实仰祈鉴核指令祗遵由

南汇县碾米榨油业同业公会呈南碾字第三四九号

中华民国三十七年十月二十二日

查本会于十月二十日召开榨油业会议，所有议案均经决议纪录在卷。除讨论事项第一第三两案另行分别专案呈报外，其第二案"谣传乡民至城镇碾米榨油时将被搜购，致人存观望，物资冻结"决议由公会呈县出示安民以遏谣风。第四案"准五团陈乡长电请准许该地榨油厂以工价折收食油用以调济市面油荒"决议呈县核准后施行。综上二案确属实情，理合检呈会议录壹份并列陈事实一并备文呈报，仰祈鉴核，分别指令祗遵，实为公便！

谨呈

县长熊

附呈会议录壹份

南汇县碾米榨油工业同业公会理事长王秉忠(印)

〔附〕

南汇县碾米榨油业公会榨油业联席会议纪录

日期：卅七年十月廿日

时间：下午一时

地点：本会

出席者：联农 郁道绳　久昌 王秉忠　同益 金文生　协盛 沈经才

元亨利 金文才　公兴 蔡俊才　永昌 朱鸿宾　冯顺兴 冯顺香

利昌 季梅廷代　祥盛 殷仲侃　永盛 陆耀庚　协盛 谈银舟

瑞丰 金伯庚　王正泰 王耀宗　万和 赵妙福　孙祥泰 孙瑞祥

华昌 沈□舟　宝昌 金连桃　益民兴 卫关泉　诸万丰 诸荣根

列席者：县政府何维清　民兴 唐九亲　协鑫 陈宝堃　禾丰 赵明德

主席：王秉忠　　纪录：齐鸿勳

主席报告（略）

讨论事项：

一件：查柴油价格自十月一日起较前提高一倍，引擎厂成本增高，原议碾米榨油价目不敷甚钜，且榨油厂用柴恐荒应如何补救案。

决计：一、由公会列陈理由呈请县政府及物管会核准调整后再行饬遵。

二、在未奉核示前碾米榨油工价照前议价目计算。

三、代客榨油应由乡客自备燃柴每车卅斤以应需用。

一件：近日谣传乡民至城镇碾米榨油将被搜购致人心观望，物资冻结，城镇各厂陷于停顿应如何设法补救案。

决议：由公会速报县政府及物管会出示安民，以遏谣风而利生产。

一件：柴油配额锐减，多数工厂未获配给应如何设法申请增配，以利生产案。

决议：一、已有配给者由会报请增加配量，二、未有配给之厂应予携带厂戳及经理章来会办理申请手续，以便转请核配。

一件：目下物资奇缺，顷准五团乡陈乡长电请本会准许该地榨油厂依照议价工资折收食油用以调济市面油荒可否之处提请公决案。

决议：一、代客榨油厂不负供应之责仍照议价折收金圆。

二、附设门市各厂事属可行，惟本会无权决定，须呈准县政府及物管会核准后施行（未核准前不得折实）。

主席 王秉忠

纪录 齐鸿勳

［1194－1－843］

（十九）南汇县染商业同业公会

南汇县染商业第一次整理会纪录

（1947年10月30日）

日期：卅六年十月卅日

时间：下午一时

地址：东大街一三一号

出席者：蔡霖根　沈启安　周仲贤　施振国　邬海祥　陈骏发　杨友樵　杜兴炎

列席者：邱虚白县府　周宝生县党部　沈达权县商会

主席：临时公推周仲贤

主席报告整理经过（略）

讨论事项：

一件：公推整理主任请公决案。

决议：施振国得六票当选主任。

一件：会员登记应如何办理案。

决议：一、分区办理并推定负责人员，大团区各镇由周仲贤负责，周浦区各镇由杨友樵负责，新场区各镇由蔡林根负责，六灶区各镇由杜兴炎负责，祝桥区各镇由沈启安负责，张江区各镇由杜兴炎负责，城区各镇由施振国负责，召楼区各镇由黄关根负责。

二、登记期限至十一月十五日截止。

一件：本会整理费用如何筹措案。

决议：一、暂由各整理员每人垫付三十万元。

二、征收入会费每一会员五万元以备大会开支。

一件：推员拟草会章业规案。

决议：公推施振国、周仲贤担任拟草。

一件：会址设于何处请公决案。

决议：暂设东大街一三一号。

主席 周仲贤

纪录 崔预立

［1192－1－179］

南汇县染商业第二次整理会纪录

(1947年11月6日)

日期:卅六年十一月六日下午一时

地址:东大街一三一号

出席者:蔡霖松新场丰泰　周仲贤三墩永泰　邬海祥邬大昌邬家店

沈启安盐仓恒丰　杜菊人江镇广大祥　施振国黄家路泰康

列席者:县党部陆祖鹤

主席:施振国

报告事项(略)

讨论事项:

一件:如何确定大会日期请公决案。

决议:决定于十二月一日上午十时。

一件:大会地点如何决定案。

决议:暂假南汇县商会。

一件:大会及整理期间一切费用如所收入会费不敷应用如何筹措案。

决议:暂由各整理员负责筹垫。

一件:大会期一切招待膳宿应如何推定人员负责办理案。

决议:推定施振国负责办理。

纪录 崔预立

[1192-1-179]

南汇县染商业同业公会报送成立大会经过致南汇县商会呈

(1947年12月10日)

事由:为呈报成立大会暨第一次理监事会议经过仰祈鉴核转呈备案并颁发立案证书及图以资信守由

查本会业于十二月一日假座钧会召开成立大会,并蒙钧会及县府县党部派员监督指导会议顺利进行,当场修正会章拟订业规,选举理监事并于当日下午七时续开第一次理监事会,公推常务理监事,互推理事长,确定出席钧会代表,理合将大会暨理监事会议经过情形并检同修正会章、业规、大会暨理监事会议录、会员名册、理监事历履表、出席代表名册各三份备文呈请核转主管机关备查,并请县府颁发立案证书暨图记以资信守,实为公便。

谨呈

南汇县商会理事长潘

附呈修正会章、业规、大会暨理监事会议录、会员名册①理监事历履表、出席商会代表名册各三份

南汇县染商业同业公会理事长施振国(印)

中华民国三十六年十二月十日

〔附1〕

南汇县染商业同业公会章程

第一章　总则

第二条　本会定名为南汇县染商业同业公会。

---

① 原文缺。

第四条　本会之区域以南汇县之行政区域为范围，会址设于南汇城内东大街一三一号。

第二章　任务

第五条　本会之任务如左：

一、关于会员间各种染色价格之订定并业务上必要之统制。

第六条　凡在本会区域内经营染坊业者均应为本会会员。

第四章　组织及职权

第五章　会议

第六章　经费

第廿八条　前条入会费暂规定一律五万元，会员于入会时缴纳之。

第卅一条　本会经费状况应每三月用书面报告会员一次。

第七章　惩罚

第卅二条　本会同业不依法加入本会或不缴纳会费或违反大会决议案者，限期劝令加入及改过，逾期仍不遵办者应予以警告，自警告之日起十五日内仍不接受者得由本会呈请县府予以左列之处分。

一、壹百万元以下之违约金；

二、有期停业三日；

三、永久停业。俟能遵章办理而由本会调查后认为满意时方准开业。

第八章　附则

〔附2〕

南汇县染商业同业公会业规

一、本业规经本会会员代表大会订定之。

二、凡在本会区域内如同业有新设或添设分号者，应于一个月前用书面正式报告本会登记，暨殷实同业铺保三家以上经本会调查审核许可后，方得准予入会开始营业，以免有不肖者虚设店号实行诈欺逃避而保同业信誉。

三、凡新设或添设分号者于准予入会后，如欲申请廉价时，须于开始营业日前十五日用书面通知本会。

四、凡新设或添设分号者申请廉价日期惟以开始营业日起一日为限。

五、凡新设或添设分号者廉价标准以本会所订价目表之八折为最低廉售限度。

六、凡新设或添设分号者于廉价期截止后继续廉价者，得依本会会章第七章第卅三条之规定处罚之。

七、同业各项染价，由本会理事会根据市面行情加以合法利润议定后印制价目表分发同业不得紊乱。

八、价目表所定之价目各会员须予以遵守，不得私自增减。如有违反情事，经同业之检举，由本会调查属实者，按本会会章第七章第卅三条之规定处罚之。

九、凡在本会区域内如有同业出租召盘或添股加记迁移及变更负责人等应向本会通知更正或重行登记。

十、同业雇用之员工不得私相挖用，其员工工资各同业应一律按照决议案支给。

十一、本业规有不尽善后或因受币值变动或其他影响时，得依本会会章第五章第廿一、二条之规定召集大会予以修正或补充之。

十二、本业规呈各主管机关核准后施行。

〔附3〕

南汇县染商业同业公会成立大会会议录

日期：卅六年十二月一日

地址：县商会

出席会员：四十四人

列席者：陆祖鹤县党部　　邱虚白县政府　　王志方县商会

主席：公推施振国　　纪录：崔预立

行礼如仪

主席报告开会宗旨(略)

县政府邱代表致词(略)

县党部陆代表致词(略)

会员代表杜菊人先生致词(略)

整理主任报告整理经过(略)

讨论事项:

一件:本会经费每月预算六百五十万元应如何筹措请公决案。

决议:授权理监事会审核后向各会员征收经常费以充上项费用。

一件:上项经常费应凭等级抑按照号数计算征收请公决案。

决议:按号计算征收。

一件:上项决议每号应征收若干元请公决案。

决议:授权理监事会讨论后决定之。

一件:各色染价应如何议定案。

决议:因时间不敷授权理监事会讨论后决定之。

一件:本会所拟草案应如何修改案。

决议:修正通过。

一件:本会业规草案应否修改案。

决议:修正通过呈请主管官署核准施行之。

一件:本会选举理监事案。

决议:当选理事施振国、周仲贤、杜菊人、沈启安、蔡霖根、郭森明、杜慕唐、邬海祥、乔富楼,当选候补理事朱德兴、黄关根、申华庚,当选监事杨友樵、盛逸人、阮兆麟,当选候补监事张根梅。

主席 施振国

纪录 崔预立

〔附 4〕

南汇县染商业同业公会第一次理监事联席会议纪录

日期:卅六年十二月一日下午九时

地址:县商会

出席者:杜菊人 蔡霖根 盛逸人 周仲贤 乔火楼 邬森明 施振国 邬海祥 沈启安 杜慕唐 杨友樵

列席者:徐关林 孙俊云 杜志乾 倪厚江

主席:公推施振国 纪录:崔预立

行礼如仪

主席报告(略)

讨论事项:

一件:公推常务理事常务监事及理事长案。

决议:公推施振国、杜菊人、周仲贤三位为常务理事,互推施振国为理事长,公推杨友樵为常务监事。

一件:推选出席县商会代表案。

决议:推定施振国、杜菊人、周仲贤、蔡霖根、杜慕唐五位为出席代表。

一件:大会交议预算应如何审核案。

决议:本会以草创伊始经费拮据暂核减为三百九十五万元,俟将来经费宽裕时再增加之。

一件:大会交议经常费应规定每号征收若干元请公决案。

决议:参照预算支出每号征收四百元。

一件：整理期及大会招待所耗一切费用除以入会费收入抵充外尚不敷四百余万元应如何筹措请公决案。

决议：向每一会员征收临时费五万元补充之(在未征收前由各理监事暂垫)。

一件：本会会计职务应推何人担任案。

决议：公推理事长施振国兼任。

一件：大会交议各种染色价目应如何议定案。

决议：按照成本加以合法利润详细核算后暂定价目如表。

一件：成本如有增减新价应如何调整。

决议：成本增减程度至一成以上时，应召集临时理监事会调整之另发价目表，如在一成以内暂维原价。

一件：征收经常费应如何分区由各理事负责办理案。

决议：施振国负责征收南汇黄路六灶湾朱家路卫家码头，沈启安负责郁家宅薛家浜马家宅四团仓，杜菊人负责江镇邓镇施镇沙泥码头十一墩吴家店，郭森明负责祝桥三灶倪家桥黄楼，申华庚负责六灶瓦雪村陈桥坦家桥，杜慕唐负责横沔孙小桥张江栅，杨友樵负责周浦御家桥北蔡，蔡林根负责下沙航头新场张家桥方家法闵家祠沈庄，黄关根负责鲁汇闸港召楼杜行中心河俞北俞桥苏桥，邬海祥负责邬店谈店老港，盛逸人负责大团镇，乔火楼负责三墩李家桥沈家码头，周仲贤负责万祥外三灶，阮兆麟负责马厂彭镇泥城横港等地。

一件：请确定理监事开会日期案。

决议：本会理监事每月开会一次确定十日为开会日期。

主席 施振国

纪录 崔预立

〔附5〕

南汇县染商业同业公会理监事履历表

民国卅六年十二月

职别	姓名	年龄	籍贯	学历	经历	住址
理事长	施振国	61	南汇	私塾	服务商界前公会执委监事等职	黄家路
常务理事	周仲贤	52	南汇	私塾	服务商界	三墩镇
	杜菊人	36	南汇	中学毕业	服务商界	江镇
理事	沈启安	50	南汇	私塾	服务商界	四团仓
	蔡霖根	50	南汇	私塾	服务商界	新场镇
	郭森明	52	南汇	私塾	服务商界	祝桥镇
	杜慕唐	40	南汇	初中毕业	服务商界	十一墩
	邬海祥	44	南汇	私塾	服务商界	邬店
	乔富楼	49	南汇	私塾	服务商界	沈家码头
候补理事	朱德兴	72	南汇	私塾	服务商界	六灶镇
	黄关根	43	南汇	私塾	服务商界	杜行
	申华庚	43	南汇	私塾	服务商界	祝桥
常务监事	杨友樵	58	南汇	私塾	服务商界	周浦
监事	盛逸人	56	南汇	私塾	服务商界	大团
	阮兆麟	49	南汇	私塾	服务商界	彭镇
候补监事	张根梅	37	南汇	私塾	服务商界	周浦

〔附 6〕

南汇县染商业同业公会出席商会代表姓名表

姓　名	年　龄	籍　贯	学(经)历	住　　址
施振国	61	南汇	私塾，历任前公会执委、监委等职	黄家路泰康染坊
周仲贤	52	南汇	私塾，历任前公会执委、办事员等职	三墩镇永泰染坊
杜菊人	36	南汇	高中毕业，现任江镇商会办事处主任等职	江镇广大祥染坊
杜慕唐	40	南汇	初中程度，服务商界	十一墩裕兴染坊
蔡霖根	50	南汇	私塾，服务商界	新场丰泰染坊

［1194－4－330］

南汇县染商业同业公会为修改会章致南汇县商会呈

（1947 年 12 月 21 日）

事由：为修改会章呈请鉴核转呈县府备案由

南汇县染商业同业公会至县商会呈

查本会会章第七章第三十二条后节“自警告之日起十五日内仍不接爰者得由本会呈请县府予以左列之处分”近据各理事及会员称十五日之限期似过遥远应予修改等情到会，业经本月十三日临时理监事会决议修改为三日，理合将会议情形检同会议录三份呈请鉴核，转呈县府党部备案，实为公便。

谨呈

南汇县商会理事长潘

附呈会议录三份[①]

理事长施振国（印）

三十六年十二月廿一日

［1194－4－330］

南汇县染商业同业公会报送劳资联席会议纪录致南汇县党部呈

（1948 年 1 月 7 日）

事由：为呈送劳资联席会议纪录仰祈核备由

查本会与染业职工会于三十六年十二月二十八日举行劳资联席工资协议会，双方出席代表十四人并蒙钧部派员出席指导会议得顺利进行，即席议定各帮工资标准均经纪录在卷，除会呈县府备查外理合检同会议录一份具文呈报，仰祈鉴核备查。

谨呈

县党部书记长顾

附呈会议录一份

染业公会理事长施振国（印）

中华民国三十七年元月七日

① 原文缺。

〔附〕

南汇县染业劳资理事联席工资协议会议录

日期：卅六年拾二月廿八日下午一时

地址：南汇染业职工会

出席者：（资方）施振国　杜菊人　周仲贤　蔡霖根　沈启安　盛逸人　郭森明

（劳方）金荣根　乔富楼　黄振明　康新铨　鲍炎根　周老顺　潘来富

列席者：县党部代表陆祖鹤　县政府代表邱虚白　警察局长张秋白

农会代表沈韫章　总工会代表沈公达

公推临时主席：杜菊人　　　　纪录：潘忠

报告事项

主席报告开会宗旨(略)

县府邱主任致词(略)

县党部陆代表致词(略)

警察局张局长致词(略)

农会沈代表致词(略)

讨论事项：

一件：染业职工工资应如何协定案。

决议：一、帮作照管缸八折计算三帮照帮作九折计算学徒第一年照管缺工资一成，第二年二成，第三年三成。

二、规定管缺每月食米二石四斗(着染在内)；

帮作每月食米壹石九斗二升(同上)；

三帮每月食米壹石七半二升八合(同上)；

出庄每月食米二石四斗(同上)；

经理每月食米二石四斗(同上)；

职员每月食米壹石九斗二升(同上)；

学徒依照前项推算之。

三、前订工资自卅七年一月一日起实施试行三个月。

四、自本年九月十五日起至本年底止：工资如与所订标准相差应由资方补发。

五、工友膳宿仍照旧由资方供给。

六、前订实物工资系临时办法，如实物有陡起陡落不适宜时得由双方拟具生活指数计算标准呈县府提交劳资评断委员会决定之。

一件：资方提议染商业因营业状况不同，对于工友薪给应否分列等级案。

决议：得由发生问题之劳资双方单独协议之。

一件：劳方提议本会失业会员应如何介绍案。

决议：资方需用工友应由工会介绍经认可任用之。

主席 杜菊人

纪录 潘忠

［1192－1－179］

南汇县染商业同业公会会员名册

（1947年）

〔中华民国三十六年十二月①〕

南汇县染商业同业公会会员名册　会址：暂设县商会　电话

团体公司行号或工厂名称	代表姓名	性别	年龄	籍贯	学历	经历	开设地址
杨同兴染坊	杨友樵	男	56	南汇	私塾	商界服务	周浦镇
同发染坊	潘锐仪	男	23	南汇	初中程度	同上	周浦镇
万丰染坊	张根梅	男	37	南汇	私塾	同上	周浦镇
王信记染坊	王文福	男	25	南汇	高小毕业	同上	横沔镇
顺泰染坊	戴永新	男	24	南汇	高小毕业	同上	横沔镇
德鑫染坊	李家勇	男	32	南汇	高小毕业	同上	北蔡镇
祥发染坊	阮桂祥	男	24	南汇	初中程度	同上	御家桥
大盛染坊	曹秋才	男	35	南汇	初中程度	同上	孙小桥
鼎义染坊	瞿作新	男	46	南汇	私塾	同上	三灶镇
泰来染坊	乔炎生	男	50	南汇	私塾	同上	三灶镇
源丰染坊	陶学求	男	33	南汇	私塾	同上	六灶镇
朱洪泰染坊	朱镕陶	男	72	南汇	私塾	同上	六灶镇
协源昌染坊	黄增祥	男	52	南汇	私塾	同上	陈桥镇
恒昌良记染坊	张顺良	男	34	南汇	私塾	同上	瓦屑村
闵荣泰染坊	闵林祥	男	17	南汇	高小程度	同上	瓦屑村
精益染坊	顾家骏	男	24	绍兴	高小程度	同上	南汇
永兴染坊	傅锦镛	男	47	绍兴	私塾	同上	南汇
祥大染坊	周来生	男	46	南汇	私塾	同上	南汇
同发染坊	陈骏发	男	47	绍兴	私塾	同上	南汇
泰康染坊	施振国	男	61	南汇	私塾	同上	黄路镇
永顺染坊	王才良	男	41	南汇	私塾	同上	老港镇
协泰染坊	胡下团	男	50	南汇	私塾	同上	谈店
大生染坊	顾福成	男	36	南汇	私塾	同上	六灶湾
大昌染坊	邬海祥	男	44	南汇	私塾	同上	邬店
润德染坊	金德胜	男	47	南汇	私塾	同上	六灶湾
大生染坊	顾锦楼	男	41	南汇	私塾	同上	谈店
恒兴染坊	方友生	男	56	绍兴	私塾	商界服务	卫家码头
朱正兴染坊	朱文祥	男	25	南汇	私塾	商界服务	朱家码头
恒丰染坊	沈启安	男	50	南汇	私塾	商界服务	四团仓
华新染坊	范水泉	男	35	南汇	私塾	商界服务	四团仓

① 此名册为中华民国三十六年十二月十七日《南汇县商会为转报染商业公会成立经过祈核备并颁发立案证书暨图记由》公文附件，故此处日期记作“中华民国三十六年十二月”，公文略。

续 表

团体公司行号或工厂名称	代表姓名	性别	年龄	籍贯	学 历	经 历	开设地址
张万兴染坊	张锡田	男	42	南汇	私塾	商界服务	四团仓
泳源染坊	朱紫廷	男	41	南汇	私塾	商界服务	大团镇
大兴染坊	沈大渭	男	52	南汇	私塾	商界服务	大团镇
祥泰染坊	孙俊云	男	70	南汇	私塾	商界服务	大团镇
恒丰信染坊	盛逸人	男	56	南汇	私塾	商界服务	大团镇
协兴染坊	乔富楼	男	49	南汇	私塾	商界服务	沈家码头
胡万兴染坊	胡炳仁	男	63	南汇	私塾	商界服务	三墩镇
同盛染坊	马祥生	男	35	南汇	私塾	商界服务	三墩镇
永泰染坊	周仲贤	男	52	南汇	私塾	商界服务	三墩镇
永源祥染坊	朱友廷	男	29	南汇	初中程度	商界服务	李家桥
巧大祥染坊	徐关林	男	46	南汇	私塾	商界服务	万祥
瑞大染坊	徐家杰	男	60	南汇	私塾	商界服务	万祥
长泰染坊	周进楼	男	38	南汇	私塾	商界服务	马厂
永泰丰染坊	阮兆麟	男	49	南汇	私塾	商界服务	彭镇
张万隆染坊	张敬贤	男	26	南汇	高小程度	商界服务	外三灶
公大染坊	乔应根	男	63	南汇	私塾	商界服务	泥城
丰泰染坊	蔡霖根	男	50	南汇	私塾	商界服务	新场镇
裕昌染坊	盛克达	男	42	南汇	私塾	商界服务	新场镇
谢正大染坊	谢安国	男	45	南汇	私塾	商界服务	新场镇
姚进隆染坊	姚仁云	男	47	南汇	私塾	商界服务	张家桥
利源染坊	陆凤祥	男	26	南汇	私塾	商界服务	方家法
大利染坊	方凤楼	男	32	南汇	私塾	商界服务	方家法
三友染坊	金嘉祥	男	25	南汇	初中程度	商界服务	下沙镇
恒泰染坊	顾麟麒	男	48	南汇	私塾	商界服务	下沙镇
洽记染坊	陈顺馀	男	29	南汇	私塾	商界服务	航头镇
华昌染坊	薛庆祥	男	60	南汇	私塾	商界服务	沈庄
顾天福染坊	顾伯荣	男	27	南汇	高小毕业	商界服务	召楼
恒泰染坊	姚庆亮	男	38	南汇	高小毕业	商界服务	召楼
春盛协记染坊	朱堃永	男	22	南汇	高小毕业	商界服务	杜行
永安五彩染坊	沈顺卿	男	36	南汇	高小毕业	商界服务	杜行
昌记染坊	顾友冰	男	44	南汇	商业公学毕业	商界服务	杜行
夏正兴染坊	夏志林	男	30	南汇	补习中学毕业	商界服务	闸港
德和义记染坊	徐寿祺	男	41	南汇	初中程度	商界服务	鲁汇
洽源泰染坊	闵金坤	男	43	南汇	私塾	商界服务	坦直桥
永丰染坊	张金山	男	52	南汇	私塾	商界服务	六灶镇
泳源祥染坊	申华庚	男	43	南汇	私塾	商界服务	祝桥
郭同昌染坊	郭森明	男	52	南汇	私塾	商界服务	祝桥

续 表

团体公司行号或工厂名称	代表姓名	性别	年龄	籍贯	学 历	经 历	开设地址
万隆染坊	倪厚江	男	52	南汇	私塾	商界服务	祝桥
金永盛染坊	金伯章	男	19	南汇	私塾	商界服务	邓镇
协泰染坊	胡下团	男	50	南汇	私塾	商界服务	邬店
广大祥染坊	杜菊人	男	36	南汇	高中毕业	商界服务	江镇
裕兴染坊	杜慕唐	男	40	南汇	初中程度	商界服务	十一墩
五福染坊	周锡祺	男	38	南汇	私塾	商界服务	水泥码头
协兴染坊	阮阿炳	男	48	南汇	私塾	商界服务	江镇

[1194-1-861]

(二十) 南汇县周浦镇水果商业同业公会

南汇县周浦镇水果商业同业公会成立大会会议纪录

（1947 年 12 月 22 日）

日期：民国三十六年十二月二十二日上午十时

地点：假周浦镇中大街镇商会

出席者：会员代表十四单位

列席者：县府代表邱，党部代表唐，镇公所王代，镇商会陈理事长，刘分局长张代

临时主席：夏荣汀　纪录：贾振华

行礼如仪

主席报告（略）

各机关长官训话（略）

讨论事项：

一件、提请通过会章案。

决：修正通过。

一件、选举理监事案。

决：公推计荣生监票，马迎伯唱票，张三官写票。

监视人：邱虚白暨各机关长官

票选结果：

夏荣汀十一票　沈步瀛九票　张永奎八票　计荣生十票　马迎伯九票　以上五人为理事。

顾金生七票　夏炳如七票　以上二人为候补理事。

刘少林七票　当选为监事　张桂祥二票　为候补监事。

一件：互推常务理事。

决：互推计荣生为常务理事。

一件：互推镇商会出席代表。

决：互推计荣生、张三官、张永奎为出席代表。

一件：规定会员入会费案。

决：每会员入会费为法币壹拾万元。

散会：上午十二时

主席 计荣生

纪录 贾振华

［1194－1－859］

南汇县周浦镇水果商业同业公会理监事名册
（1947年12月30日）

民国三十六年十二月三十日

职别	姓名	年龄	籍贯	学历	现任职务
常务理事	计荣生	48	南汇	高小	计万顺店主
理事	夏荣汀	33	南汇	高小	源昌合店主
理事	沈步瀛	51	南汇	高小	万生行店主
理事	张永奎	48	南汇	高小	永兴店主
理事	马迎伯	43	南汇	高小	协大店主
监事	刘少林	42	南汇	高小	刘德泰店主
候补理事	顾全生	53	南汇	高小	裕昌店主
候补理事	夏炳如	56	南汇	高小	夏洽兴店主
候补监事	张桂祥	31	南汇	高小	同顺店主

［1194－1－859］

南汇县周浦镇水果商业同业公会会员名册
（1947年12月30日）

三十六年十二月三十日

会员名称	会员代表姓名	籍贯	年龄	营业年数	开设地址保甲户
计万顺	计荣生	南汇	48	三年	周浦衣庄街 四保十一甲七户
源昌合	夏荣汀	南汇	33	三年	周浦竹行街 二保七甲十五户
万生行	沈步瀛	南汇	51	十年	周浦竹行街 二保九甲十五户
永兴	张永奎	南汇	48	五年	周浦竹街街 二保九甲一户
协大	马迎伯	南汇	43	十四年	周浦衣庄街 四保四甲五户
刘德泰	刘少凌	南汇	42	五年	周浦衣庄街 四保十一甲三户
裕昌	顾泉生	南汇	53	五年	周浦衣庄街 四保五甲十六户
夏洽兴	夏炳如	南汇	56	五年	周浦竹行街 二保十甲廿一户
同顺	张桂祥	南汇	31	五年	周浦东八灶 二保七甲十三户
垣茂	张银和	南汇	39	三年	周浦竹行街 二保八甲十六户

续 表

会员名称	会员代表姓名	籍 贯	年 龄	营业年数	开设地址保甲户
公 顺	秦福卿	南汇	40	三年	周浦衣庄街 四保十二甲一户
森 盛	姚慕德	南汇	29	一年	周浦小云台街 六保六甲一户
协 记	凌阿来	南汇	40	三年	周浦小云台街 六保六甲七户
源 生	杨纪生	南汇	30	二年	周浦小云台街 六保六甲

[1194－1－859]

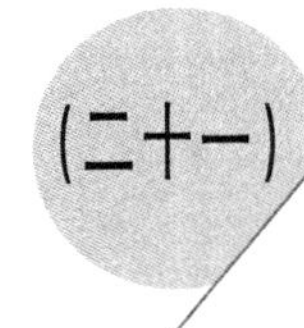

南汇县说书业联谊会

南汇县说书业联谊会关于成立大会会议纪录等致南汇县党部呈

（1948年7月7日）

事由：为呈送成立大会会议纪录及第一次理监事联席会议第一次常务理事会议纪录祈核备由

南汇县说书业联谊会呈总字第贰号

中华民国三十七年七月七日

查属会遵令于七月三日上午十时假鲁汇镇大江中学召开成立大会并蒙钧府派员出席指导会议于下午一时结束，兹将会议经过纪录在卷并将第一次理监事联席会议及第一次常务理事会议纪录一并备文送请鉴核逐项批示指遵。

谨呈

南汇县党部

附呈成立会纪录及第一次理□□□□□□□□□□□□□议纪录各一份

南汇县说书业联谊会理事长顾金生（印）

〔附1〕

南汇县说书业联谊会成立大会会议纪录

日期：三十七年七月三日上午十时

地点：假鲁汇镇大江中学

出席者：秦瑞江　顾金生　吴文照　陈纪新　顾生楼　萧金林　王海清　钱应章　朱秋堂　顾厚生　钱赞□　陈月□　宋月明　顾宝初　施全江　计伯连　沈永明　朱雨田　张昇卿　李宝根　周镛声　周鹤明　钱永昌　胡鉴舟　周志君　王福□　罗一飞　余南生　薛少飞　倪兰亭　马天生　顾虎林　金四泉　方鹤园　汪萃生　黄善君　□□□　吴杏□　秦□章　李云长　周乐群　顾叙生　胡熊皋　谢炳魁　顾生浦　施银□　黄品江　曹永义　康蓝田　范季芳　方金荣　方永昌　徐顺根　钱锦昌　陆锦祥　沈昜南　杨继成

列席者：张超□　王郁天　吴南屏　王桂舟

指导者：陆祖鹤　秦际才

主席：顾金生　　纪录：李文俊

一、行礼如仪

二、主席报告：今天各位冒了酷暑来参与这会议，兄弟感到非常荣幸和满意，尤其是几位指导长官和来宾也都不辞辛劳，从远处莅临，我们惟有报以无限的崇敬和感谢。吾业说书，由来已久，深入民间，为一般乡间民众所认为业余之正当娱乐，但惜乎过去大多同业，都很少联系，而对说书内容，也未加以改进，与现社会相起合，所以各发起人等有鉴于此，以联络同业感情，改进说书业务，并配合当前政府戡乱需要，从事宣扬国策为原则，今下，组织此说书业联谊会，来作我们的领导机构，现经筹备就绪，奉令在今日召开成立大会。不过我们相信一个团体事业的成就，决不是几个人的力量所能为力的，而还须外来的援助和自身的努力，兄弟今日十分诚意而□切的希望各位指导长官今后仍□□□给予□□□□□□□亦应为整个团体努力到底，使这个说书业联谊会能结成理想的花果。

党部陆指导员训词：各位，兄弟今天能代表县党部出席这盛大会议和各位见面，感到非常荣幸。各位都是从事说书业的，说书在今日显然已起了很大的宣传作用，因其对象都是广大的农工大众们，故深入民间，亦为一般民众所认为业余之正当娱乐，可是正如主席所说：过去你们一般同业很缺少联系，对所说之书也未加以改进，未能配合现社会之需要，正因为我们的国家教育落后，一般乡村民众未能普遍接受教育，所以政府的政令和当前国内外的局势都未能为他们所了解，而你们且日常地在接触他们，为他们所需要，故兄弟很希望你们有了这个机构后，将他作为准绳，使你们的事业，成为更有意义的，是为政府宣传政令的，是社教工作的，更为一群农工大众们所需要和欢迎的。

县府秦指导员训词：诸位，今天是南汇县说书业成立大会，兄弟代表县府出席指导，本来县府是派邱指导员出席指导，因邱指导员假期，故临时改派兄弟，对指导方面可以说完全门外汉，这里有点感想，稍谈几句话，南汇县说书业联谊会筹备□□□□□，在今日召开成立大会，他的宗旨是联络同业感情和改进业务为前提。我很有个希望，因说书对老百姓是经常接触的，也非常有深刻影像的，能在政府领导下，□贯彻政府的政令并□从事宣扬三民主义和民众教育。

来宾鲁汇警察分驻所张巡官惠词：诸位：兄弟今日能参加这盛大会议，感到非常荣幸，而各位能组织这个机构来作领导整个事业的改进，兄弟尤所寄予无限的希望。我国教育落后，对一般乡村民众的业余正当娱乐也无从建立，所以贵业说书，我觉得有很重大的任务加在诸位肩上，其中原因当然是各位□接近一般乡村民众，而你们各位所说的，也正是他们最要听。这里兄弟希望各位能在政府和团体的领导之下，□作政府政令的宣传工作，使一般乡村民众明了当前他们应尽的责任和义务。

三、讨论

本会会章提请通过案：

议决：通过。

四、选举：

推 陆祖鹤　秦际才为监选

吴南屏为开票

李文俊为唱票

吴文熙为记票

陈月生　顾金生　朱雨田　吴文熙　徐锦昌　康蓝田　吴杏桥　王德福　胡鉴舟

以上九人当选为理事

马天生　周永生　方金荣

以上三人当选为候补理事

余南生　秦瑞江　计伯连

以上三人当选为监事

顾虎林　当选候补监事

五、散会

主席 顾金生

纪录 李文俊

〔附 2〕

南汇县说书业联谊会第一次常务理事会会议纪录

日期：三十七年七月三日下午四时

地点：假大江中学会议室

出席者：顾金生　李文俊　胡鉴舟　陈月生

列席者：余南生

主席：顾金生　纪录：李文俊

一、行礼如仪

二、主席报告(略)

三、讨论

甲、推定本会理事长案：

议决：推顾金生为理事长

四、散会

主席 顾金生

纪录 李文俊

〔附3〕

南汇县说书业联谊会第一次理监事联席会议纪录

日期：三十七年七月三日下午三时

地点：假大江中学会议室

出席者：顾金生　李文俊　胡鉴舟　吴文熙　吴杏桥　王德福　康蓝田　计伯连　朱雨田　秦瑞江　徐锦昌　余南生　陈月生

列席者：冯天生　顾虎林　方金荣　周永生

指导者：陆祖鹤

主席：顾金生　纪录：李文俊

一、行礼如仪

二、主席报告(略)

三、讨论

甲、推定本会常务理事案：

议决：推顾金生、陈月生、胡鑑舟三人为常务理事。

乙、推定本会常务监事案：

议决：推余南生为常务监事。

四、散会

主席 顾金生

纪录 李文俊

[1194-1-1025]

（二十二）南汇县土酒酿造业同业公会

南汇县土酒酿造业同业公会为组织同业公会并附会员名册等致南汇县政府呈

（1946年4月26日）

事由：为呈报组织土酒酿造业同业公会检呈会员及职员名册连同会议纪录组织章程各乙份仰祈鉴赐备案由

窃商等向营土酒酿造业自抗战胜利以还，为谋增进同业之连络暨矫正弊害起见，爰特召集本县各同业组织"江苏省南汇县土酿造业同业公会"业于四月一日召开筹备会议，当经择定周浦镇十三保三甲七户为会址，复于四月十五日召开成立会并请县党部暨第七区分部派员指导。当经通过组织章程并互选钱心陶为理事长，理合造具会员名册职员名册连同会议纪录、组织章程各乙份，备文呈请，仰祈鉴赐备案，实为公便。

谨呈

南汇县县长徐

附呈会员名册、职员名册、会议纪录、组织章程各乙份

土酒酿造业同业公会理事长钱心陶（印）

中华民国三十五年四月二十六日

〔附1〕

江苏省南汇县土酒酿造业同业公会会员名册

三十五年四月造报

店　号	会员代表姓名	年　龄	籍　贯	开设地址
万　新	钱心陶	52	海盐	周　浦
万昌盛	赵良农	38	南汇	七　灶
万源盛	夏海根	35	南汇	七　灶
信　盛	张书翘	34	南汇	召　楼
同　兴	沈虎全	37	南汇	召　楼
公兴生记	谈祥生	26	南汇	北　蔡
义和公记	黄锡奎	50	南汇	北　蔡
义　新	郭守碑	43	南汇	祝　桥
德泰公	陈伯仁	29	南汇	横　沔
正　顺	屈平章	59	南汇	新　场

续 表

店 号	会员代表姓名	年 龄	籍 贯	开设地址
昇 记	屈平章	59	南汇	新 场
泰来洽记	滕菊生	41	南汇	新 场
泰来发记	滕庆生	33	南汇	新 场
元 昌	凤仁昌	36	南汇	孙小桥
森 昌	赵文启	57	南汇	六 灶
德盛久记	孙银德	35	南汇	六 灶
汇 中	孙银德	35	南汇	六 灶
协 昌	胡雪根	32	南汇	十一墩
益 大	傅颂三	46	南汇	严家桥
源盛协	胡金根	34	南汇	陈家行
恒 昌	乔行川	44	南汇	陈家行
启 新	朱永清	53	南汇	三 灶
谈祥兴	谈楚帆	52	南汇	四团仓
公 泰	孙世清	29	南汇	陈 桥
饶协泰	饶松涛	65	南汇	江 镇
万裕新	仇舜伯	53	南汇	杜 行
泳和洽	周何东	45	南汇	张江栅
王义兴	王学连	40	南汇	四团仓

〔附2〕

江苏省南汇县土酒酿造业同业公会职员名册

三十五年四月造报

职 别	姓 名	现任职务	备 注
理事长	钱心陶	万新酱园经理	
理 事	赵良农	万昌盛糟坊经理	兼本会总务股财务股主任
理 事	张书翘	信盛糟坊经理	兼本会事务股主任
理 事	谈祥生	公兴糟坊经理	
理 事	杨介寅	义新酱园经理	
理 事	陈伯仁	德泰糟坊经理	
理 事	凤仁昌	仁昌糟坊经理	
理 事	孙银德	德盛糟坊经理	
理 事	屈平章	正顺酱园经理	
候补理事	谈楚帆	谈祥兴糟坊经理	
候补理事	滕庆生	泰来发糟坊经理	
候补理事	仇舜伯	万裕新糟坊经理	
监事长	胡雪根	协昌糟坊经理	
监 事	傅颂三	益大糟坊经理	

续 表

职　别	姓　名	现任职务	备　　注
监　事	黄锡奎	义和糟坊经理	
监　事	滕菊生	泰来洽漕坊经理	
监　事	胡金根	源盛协糟坊经理	
候补监事	饶松涛	饶协泰糟坊经理	
候补监事	沈虎全	同兴糟坊经理	

〔附3〕

江苏省南汇县土酒酿造业同业公会成立大会会议纪录

日期：三十五年四月十五日下午一时

地址：周浦镇十三保三甲七户本会会址

出席：屈平章　王寿山　傅梦文　赵良农　傅颂三　胡雪根　严雪彬　仇舜伯　滕菊生　滕庆生　饶书根　黄锡奎　谈楚帆　谈祥生　孙世清　孙银德　沈虎全　赵文启　朱永清　张书翘　钱心陶等会员代表二十一人

列席：南汇县党部陆祖鹤　第七区分部唐大同　　货物税局钱宗绵

主席：钱心陶　　纪录：贾振华

行礼如仪

主席报告(略)

讨论事项：

一件：提请通过组织章程案。

决：一、通过；二、本章程未尽事宜待下次大会修正之。

一件：请互选本会职员案。

决：互选职员姓名如下：

理事长：钱心陶

理事：凤仁昌　屈平章　孙银德　杨介寅　谈祥生　陈伯仁　张书翘　赵良农

候补理事：谈楚帆　仇舜伯　滕庆生

监事长：胡雪根

监事：傅颂三　黄锡奎　胡金根　滕菊生

候补监事：饶松涛　沈虎全

总务股主任：赵良农

财务股主任：赵良农

事务股主任：张书翘

一件：为呈请备案案。

决：呈请南汇县政府、南汇县党部、南汇县商会申请备案。

一件：请规定会员入会费案。

决：已入会会员一律免缴入会费，新会员入会应缴入会费国币贰万元

一件：请规定本会月支经常费案。

决：每会员每月缴纳经常会费陆仟元，如有多余或短少随时增减之

散会。

主席 钱心陶

纪录 贾振华

〔附4〕

江苏省南汇县土酒酿造业同业公会章程

民国三十五年四月十日拟订

民国三十五年四月二十五日修正

第一章　总则

第二条　本会定名为江苏省南汇县土酒酿造业同业公会。

第四条　本会以南汇为区域，会所设于周浦镇油车衖。

第二章　会员

第五条　凡在本会区域内经营土酒酿造业者均应为本会会员。

第七条　会员入会须经会员二人以上之介绍填具志愿书经监事会审查合格并缴纳入会费后方可为本会会员。

第十一条　会员须遵守本会章程及决议案并按时缴纳会费。

第十三条　会员违反本会章程及决议或以本会名义为本章程所规定任务以外之营利事业，经本会会员检举属实者经由会员大会议决，视其情节之轻重处以适当之违约金。

第三章　组织及职权

第十四条　本会设理事九人，候补理事三人，监事五人，候补监事二人，均由会员大会就会员代表中选任之。

第十五条　前条理事中互选一人为理事长，监事中互选一人为监事长。

第十七条　本会分设下列三股，由理事中互推主任三人分别掌理各股事务。

第一股　总务　掌理本会一切文件收发报告及不属于其他各股事项；

第二股　财务　掌理本会会计及庶务等事项；

第三股　事务　掌理本会调查统计调解合作及劳资双方福利等事项；

第十八条　本会各股得视事务之繁简设办事员一人或二人助理会务由理事会任用之。

第二十条　本会监事长之职权如左：

一、稽核本会经费之收支盈亏；

二、审核会务之进行状况；

三、考核本会职员之勤惰。

第廿一条　本会监理事之任期均为二年，连选得连任之。理监事因故中途出缺时，由会员大会再行互选递补，以补足原任之任期为限。

第廿二条　理监事有左列各款情事之一者应即解任：

一、会员代表资格丧失者；

二、因不得已事故经会员大会议决准其辞职者；

三、有第十二条第一款至第六款情事之一者；

四、违背法令章程营私舞弊或其他不正当行为者。

第四章　会议

第廿四条　前条之定期会议每月至少开会一次。

第廿五条　临时会议于理事会认为必要时或经会员代表十分之一以上之请求或监事会函请时召集之。

第廿七条　本会各种会议规则悉照商业同业公会法办理之。

第五章　经费及会计

第廿九条　会员入会费每员缴纳国币贰万元于入会时缴纳之。

第三十条　经常会费每月由各会员筹集之。

第卅一条　会员纳费等级由理事会提请会员大会通过后收取之。

第卅三条　本会经费状况应每三个月报告会员一次，如有会员代表十分之一以上之联署得选派代表查核之。

第六章 任务

第卅四条 本会之任务如左：

一、关于会员业务上之指导事项；

二、关于会员营业之调查统计事项：

三、关于会员间及劳资间之福利事项；

四、关于会员间之合作事项；

五、陈述会员意见于主管机关及答复主管机关之咨询事项；

六、会员间营业纠纷之调处；

七、各项有关于改善工作状况增进会员利益事业之举办事项；

八、其他有关法令实施之协助事项。

第七章 附则

第卅七条 本章程呈准南汇县政府、南汇县党部、南汇县商会备案后施行之。

［1194－1－848］

南汇县土酒酿造业同业公会关于报送启用图记日期并附印模致南汇县党部呈

（1946年6月1日）

事由：为呈报启用图记日期并检呈印模乙份仰祈鉴赐备案由

所报印模是否合标准希再查对

南汇县土酒酿造业同业公会别文呈文呈字第五号

中华民国三十五年六月一日

案奉钧部组字第四二五号指令本会呈乙件，为呈报组织土酒酿造业同业公会检呈会员职员名册、会议纪录、组织章程各乙份仰祈鉴赐备案由内开："呈件均悉准予备查此令"等因。奉此，兹为便利行文并昭信守计，爰特发刊图记一方文曰"江苏南汇县土酒酿造业同业公会之印"，并于三十五年六月一日起开始启用，除分呈县政府暨县商会备案外，理合拓具印模乙份备文呈报，仰祈鉴赐备案，实为公便。

谨呈

南汇县党部

书记长顾

附呈印模乙份（从略）

土酒酿造业同业公会理事长钱心陶（印）

［1192－1－194］

南汇县土酒酿造业同业公会关于奉令成立即日起开始办公致第七区公署的公函

（1946年6月1日）

事由：为奉令成立即日起开始办公函请查照由

江苏省南汇县土酒酿造业同业公会公函函字第六号

中华民国三十五年六月一日

迳启者，敝会为维持增进各同业之会共利益及矫正弊害计，爰特组织江苏省南汇县土酒酿造业同业公会。经奉南汇县政府县党部暨县商会核准成立，即日起开始办公，启用图记并择定周浦镇油车衖十三保三甲七户为会址，除呈报并发函外，相应函请查照，并希时赐南针以匡不逮至级公谊。

此致
第七区公署

理事长 钱心陶
总务主任 赵良农
[1194－3－282]

南汇县党部关于印模不符规定致南汇县土酒酿造业同业公会指令

(1946年6月6日)

事由：为据呈报启用图记日期暨印模令饬知照由
南汇县党部指令组字第四八二号
令土酒酿造业同业公会理事长钱心陶
呈乙件，为呈报启用图记日期并检附印模乙份祈鉴赐备案由。

呈件均悉：查人民团体图记刊发规则第三条第三款之规定“由县(市)政府刊发□正面长六公分五厘，宽四公分，边缘宽三公厘，背面长五公分五厘，宽三公分，高三公分”。该会所报印模式样未合，所请备案应毋庸议以后来文，着由县商会转呈并仰知照！

此令。件姑存。

书记长顾掌擎
〔中华民国三十五年〕六月六日
[1192－1－194]

南汇县商会整理委员会转报土酒酿造业公会启用图记日期并附印模致南汇县党部呈

(1946年8月18日)

事由：为转报土酒酿造业公会启用图记日期检同印模祈鉴备由
南汇县商会整理委员会呈总字第一三八号
中华民国三十五年八月十八日

案据土酒酿造业同业公会理事长钱心陶呈称：“案奉南汇县政府社字第二五七四号指令，略以为呈报启用图记一案查与规定不符，仰即截角注销另行来府具领等因。奉此，遵经派员具领到会并于八月十日启用，除分呈外理合拓具印模贰份，备文呈报，仰祈鉴核备案并请转呈县党部备查实为公便”等情，并附印模一式两份到会据此，除指令外合行检同印模一份报请鉴核备查。

谨呈
南汇县党部书记长顾
附呈印模一份(从略)

南汇县商整会主任委员潘子平(印)
[1192－1－194]

南汇县商会转送土酒酿造业公会印模致南汇县党部呈

(1947年4月14日)

事由：为转送土酒酿造业公会印模祈准核备由
南汇县商会呈南字第二六七号

中华民国三十六年四月十四日

案据本县土酒酿造业公会呈称："奉县府电谕旧颁图记应予调换着即换领等因：奉经派员换领并于四月四日启用，除分呈外，理合拓具印模呈报核备，并请党部备案。"等情，附呈印模三份，据此，除准存查外，理合检同原附件备文转请鉴核备案。

谨呈

南汇县党部书记长顾

附呈土酒酿造业公会印模一份（从略）

理事长潘子平（印）

［1192－1－194］

南汇县党部关于核备土酒酿造业公会印模致南汇县商会指令

（1947年4月15日）

事由：据转报土酒酿造业公会印模指令知照由。

南汇县党部指令组字第八五〇号

令县商会理事长潘子平

呈乙件，为转送土酒酿造业公会印模祈准核备由。

呈件均悉；准予备查。

此令。件存。

书记长顾

〔中华民国三十六年〕四月十五日

［1192－1－194］

南汇县土酒酿造业同业公会报送会址迁移日期致南汇县政府呈

（1947年9月20日）

事由：为呈报会址迁移日期仰祈鉴核备查由

江苏省南汇县土酒酿造业同业公会呈字第二十一号

中华民国三十六年九月二十日

窃属会因原有会址不敷应用，业于九月二十日迁至本镇圈门街七号新址办公，理合备文呈报，仰祈鉴核备查。

谨呈

南汇县县长龚

南汇县土酒酿造商业同业公会理事长钱心陶（印）

［1194－1－848］

南汇县土酒酿造业同业公会改选第二届理监事会员大会纪录

（1948年10月15日）

日期：民国三十七年十月十五日上午十一时

地点：本会会场

出席：钱心陶　谈楚帆　郭守碑　张博文　王学礼　谈梅林　胡雪根　施赐泰　饶书耕　陈静之　刘守南　张文福　缪书园　傅梦文　黄锡奎　龚秋根　杨易青　王金魁　蔡永龄　顾安伯　顾荣如　李嘉吉　施廷荣　王木金　潘志成　孟雪林　孙银德　凤仁昌　马炎根

列席：县政府何维清　总工会沈公达　县商会孙达权　国税稽征所陈继周

主席：钱心陶　　纪录：贾振华

行礼如仪

主席报告：略以本会自三十五年四月十五日成立迄今瞬已二年有余，依据会章第二届理监事早应改选。因奉县商会函知须俟新商会法公布后再行□夺，以致延未举办，而新商会法至今未见颁布。兹奉县令督促办理，乃决定于本日举行改选并蒙县府委派何指导员列席指示，殊深荣幸。

本会初创时承各位嘱令担任理事长一职二年以来深愧能力不足，会务毫无建树，对会员福利及解除同业困难等等均感力不从心，今日改选各位务须为同业利害着想另选贤能，庶会务得能日趋进境。

何指导员训词：略以本人今日出席贵会改选第二届理监事大会殊深欣慰，余前曾说及本县各公会中要以土酒及酱园二公会最称健全，此种成绩绝非偶然，端赖领导者及各会员对公会之信仰力坚强方克臻，此今后尚希不以过去成绩为满足，仍须加强工作继续谋取同业发展，实深厚望。

总工会沈理事长训词(从略)

讨论事项：

一件：提请修正会章案。

决：会章第三十一、二十七两条删除，第十四、十五、二十九、二十二、二十六各条应予修正，其余全部通过。

一件：公推监票唱票写票人员案。

决：公推钱心陶、郭守碑监票，施廷荣唱票，贾振华写票。

一件：票选本会理事案。

票选结果：钱心陶 27 票　郭守碑 27 票　凤仁昌 27 票　屈平章 25 票　施廷荣 23 票　陈伯仁 23 票　谈楚帆 17 票　仇舜伯 15 票　蔡永龄 14 票　以上九人当选理事。

潘志成　饶松涛　黄锡奎　当选为候补理事。

一件：票选本会监事案。

票选结果：顾荣如 17 票　王金魁 15 票　胡雪根 10 票　以上三人当选为监事。

杨振家当选为候补监事。

一件：票选常务理事案。

票选结果：钱心陶 8 票　郭守碑 6 票　凤仁昌 5 票当选为常务理事。

一件：互推理事长案。

决：互推钱心陶为理事长。

一件：互推常务监事案。

决：互推顾荣如为常务监事。

散会

主席 钱心陶

纪录 贾振华

[1194－1－848]

(二十三) 南汇县香商业同业公会

南汇县政府关于香业售卖等情的布告

（1936年5月4日）

南汇县政府布告第一三六八号

为布告事，案据本县香业同业公会常务主席委员杨关松呈称“窃职会本月二十三日第一次执行委员会议讨论事项内一件：‘各地同业时有肩货兜售扰乱营业应如何办理案’，又一件：‘本业时有贪图渔利之人制造堆香混售欺骗顾客应如何办理案’，又一件‘插香染脚无关切要应否取销案’，以上三案合并讨论决议：（一）本会业规已有规定应照业规办理之。（二）查堆香系以木屑等制成货既恶劣且属有碍卫生，应即禁止不准制售。（三）应即禁止自六月一日起不准再行售卖。上项办法由会呈请县政府出示布告等语纪录在案，依议前由理合具文呈请，仰祈鉴核准予出示布告，禁止无任德便”等情到府，据此，除指令外合行出示布告周知，仰该公会各同业一体遵照，毋违此令。

中华民国二十五年五月四日

县长张崇基

［1194－4－402］

南汇县制香业同业公会筹备会为召开第一次筹备会议经过情形致南汇县政府呈

（1946年5月26日）

事由：为召开第一次筹备会议经过情形祈鉴核存查由

案奉商整会总字第廿八号训令略开：

“案奉县府社字〇八二〇号指令略遵令转发该业筹备员各委令暨附件，仰即祗领如期在指定地点召开筹备会，以利本会及转请县府各自派员指导”等因，并附转发钧府委令五份暨各附件。奉此，遵于五月二十五日假商整会召开第一次筹备会议当由。

钧府及党部商会各予派员莅临监督指导，所有会议情形除分呈外，理合备文录案具报，仰祈鉴核存查，实为公便。

谨呈

南汇县县长徐

附会议纪录一份

南汇县制香业同业公会筹备员杨颂尧（印）

中华民国三十五年五月二十六日

〔附〕

南汇县制香业同业公会会议纪录

日期：三十五年五月二十五日

地点：假南汇县商会

出席：杨颂尧　王祥林　唐福生

列席：陆济沧县党部　王雪禅商整会　李长俊县政府

行礼如仪

公推主席

公推杨颂尧先生为主席

报告事项（略）

讨论事项：

一件：本会经费如何筹垫案。

决议：归杨颂尧先生暂垫。

一件：本会如何分头接洽登记案。

决议：大团三墩由唐福生先生负责接洽，周浦新场竹桥四团仓由王祥林先生负责接洽，余俟可能情形再行接洽。

一件：本会奉令重行整理应如何进行案。

决议：先从登记（用公告巡回接洽）入手并即填具入会证书。

一件：规定召开成立大会日期地点及召集人由。

决议：定于六月十日下午二时在本城假县商会以筹备会条戳召集之。

一件：推员起草本会章则案。

决议：推定王志方先生担任。

主席 杨颂尧

纪录 王雪禅

［1194－1－844］

南汇县商会整理委员会转请派员监督指导制香业同业公会成立大会致南汇县政府呈

（1946年6月6日）

事由：为据呈转请派员监督指导制香业同业公会成立大会由

案据制香业同业公会筹备员杨颂尧呈略称“经筹备会决议定于六月十日下午二时假县商整会召开成立大会选举理监事，理合报请鉴赐派员指导并转呈请赐派员监督指导”等情。据此，除指令外合亟转请钧府鉴赐，准予届时派员监督指导，实为公感。

谨呈

南汇县县长徐

南汇县商整会主任委员潘子平

中华民国三十五年六月六日

［1194－1－844］

南汇县政府关于南汇县制香业同业公会筹备会订期召开成立大会并准派员出席监选致南汇县商会整理委员会指令

（1946年6月12日）

事由：为据转呈制香业同业公会筹备会订期召开成立大会姑准派员出席监选仰即转知由

南汇县政府指令社字第二五一八号

令县商会整理委员会

三十五年六月六日呈一件，为据呈转请派员监督指导制香业同业公会成立大会由

呈悉。查非常时期人民团体组织法第十五条之规定“人民团体于召开成立大会前应将筹备经过连同章程草案呈报主管官署并请派员监选”，该公会未报章程草案，手续尚欠完备。兹姑准派本府科员邱虚白届时出席监选，仍仰转知，将筹备经过暨章程草案补报备查为要！

此令。

县长徐

〔中华民国三十五年〕六月十二日

［1194-1-844］

南汇县商会整理委员会关于报送南汇县香商业同业公会成立大会经过并附理监事履历表等致南汇县党部呈

（1946年8月3日）

事由：为呈报香商业同业公会成立大会经过暨第一次理监事联席会议情形附送理监事履历表修正会章业规会员名册会议纪录等件祈鉴核备由

南汇县商会整理委员会呈总字第一一四号

中华民国三十五年八月三日

案据香商业同业公会理事长杨颂尧呈称“查本会于七月二十六日假钧会召开成立大会，蒙钧会及党政机关各派员指导监选，会议得顺利进行。当经修正会章，通过业规并选举理监事。继即举行理监事第一次联席会议，推选常务理事理事长及常务监事并讨论其他要案数件。合将会议经过情形检同理监事履历表、修正会章业规、会员名册、大会纪录、第一次理监事联席会纪录各三份，备文呈请鉴核备转，并请县府颁发立案证书及图记以昭信守”等情，并附件六种各三份到会。据此理合检同所送附件各一份，备文呈请鉴核备查。

谨呈

南汇县党部书记长顾

附呈理监事履历表、会章、业规、会员名册、大会纪录、第一次理监事会纪录各一份

南汇县商整会主任委员潘子平（印）

〔附1〕

南汇县香商业同业公会理监事履历表

姓　名	年　龄	籍　贯	职　务	学　历	经　历	住址或通讯处
杨颂尧	26	南汇	理事长	中学	现任惠南镇公所文书及保甲	南汇杨永茂
郭振有	29	浙江象山	常务理事		商	大团郭正茂有记
曹斌文	42	南汇	常务理事			周浦三凤斋
傅兆麟	62	南汇	理　事		商	大团傅同裕

续 表

姓 名	年 龄	籍 贯	职 务	学 历	经 历	住址或通讯处
奚方良	30	南汇	理 事	中学	商	周浦张鹤隆
王财林	49	南汇	理 事		商	盐仓王正新
郭振民	36	浙江象山	理事	高小	商	大团郭正茂发记
唐进兴	34	南汇	候补理事		商	三墩唐永顺
王祥林	40	南汇	候补理事		商	南汇王震兴
张志林	29	南汇	常务监事		廿六年前任警察局书记	南汇张同兴
王关兴	20	南汇	监 事		商	南汇王正隆
马文泉	57	南汇	监 事	中学	大团教员	大团马正元
王阿唐	51	南汇	候补监事	初小	商	黄路王荣泰

〔附 2〕

南汇县香商业同业公会章程

（1946 年 8 月 3 日）

第一章　总则

第二条　本会定名为南汇县香商业同业公会。

第二章　任务

第三章　会员

第六条　凡在本会区域内经营香商业者均应为本会会员。

第四章　组织及职权

第十四条　本会设理事七人，候补理事二人，监事三人，候补监事一人，均由会员大会就会员代表中选任之，理事中互选三人为常务监事，互推一人为理事长，监事中互选一人为常务监事。

第十六条　本会理事长之任务如左：

第五章　会议

第六章　经费

第廿九条　会员入会费规定八千元，会员于入会时缴纳之。

第七章　附则

〔附 3〕

南汇县香商业同业公会业规

第一条　本业规经本会会员大会订定之。

第二条　凡在本区域内如同业有新设或添设分号应于七日前用书面正式报告本会登记，经本会许可后方可开始营业。

第三条　凡在本区域内同业如有召盘出租加记添股迁移及变更负责人等应向本会更正或重行登记。

第四条　同业各种价目由本会理事会根据市面加以合法利润议定价目印制价目表分发同业不得紊乱。

第五条　同业因有特殊情形拟减价时，须于七日前将事实用书面报告本会，经本会正式书面许可后方得举行，新设之同业亦如同样办法办理之。

第六条　凡同业如接到价目表后，对于决议之价目私自减售或违反第三、四、五条者，经同业之检举报告本会，由本会理事会视其情节之轻重依法予以相当处罚。

第七条　上项相当之处罚，由理事会决议呈报主管官署核准施行。

第八条　同业雇用之职员或学徒不得私自挖用。

第九条　本业规呈县政府核准后公布施行。

〔附 4〕

南汇县香商业同业公会会员名册

团体公司行号或工厂名称	代表姓名	性别	年龄	籍　贯	资本金额	开设地址
杨永茂	杨颂尧	男	26	南汇	五万元	南汇
王震兴	王祥林	男	40	南汇		南汇
王正隆	王翼明	男	20	南汇	六万元	南汇
张同兴	张纪桃	男	62	南汇	三万元	南汇
王荣泰	王阿堂	男	51	南汇		黄家路
郭正茂发记	郭振民	男	36	浙江象山	拾万元	大团中市
郭正茂有记	郭振有	男	29	浙江象山	八万五千元	大团中市
奚晋昌	奚建章	男	26	南汇	九万元	大团中市
傅同裕	傅兆麟	男	62	南汇	七万元	大团南大街
马正元	马文泉	男	57	南汇	八万元	大团中大街
三凤斋	曹斌文	男	42	南汇	拾万元	周浦
龚万隆	龚心奎	男	48	南汇	五万元	周浦金龙街
吴鼎和	吴应松	男	60	南汇	拾万元	周浦
张鹤隆	奚方良	男	30	南汇	四万元	周浦城隍街
胡合兴	胡徐氏	女	38	南汇	四万元	三墩镇
唐永顺	唐进兴	男	34	南汇	六万元	三墩镇
公正兴	施松林	男	61	南汇		新场镇
赵恒源	赵阿团	男	49	南汇		新场北街
朱信隆	朱瘐石	男	37	南汇		坦直桥西市
邓德馨	邓雪根	男	28	南汇	三万元	祝桥
顾永和	顾进发	男	49	南汇	四万元	祝桥
王正新	王才林	男	49	南汇	五万元	盐仓
瑞昌	邱金生	男	32	南汇	四万元	盐仓
叶隆顺	叶阿大	男	52	南汇	四万元	盐仓

〔附 5〕

南汇县香商业同业公会成立大会会议纪录

日期：民国三十五年七月廿六日

地点：南汇县商会

时间：下午三时

出席：王凤斋　张鹤隆　郭正茂发记　郭正茂有记　唐永顺　王荣泰

王正新　瑞昌　叶隆顺　顾永和　邓德馨　张同兴

王震兴　王正隆　杨永茂　胡合兴

列席：县政府邱虚白　县党部顾昌淦　商整会顾昌淦

公推杨颂尧先生为临时主席

行礼如仪

主席报告 略

县政府邱指导员致词 略

县党部商整会顾指导员致词 略

讨论事项：

一件：请通过本会章程案。

决议：修正后通过。

一件：请通过本会业规案。

决议：修正后通过。

一件：请选举本会理监事案。

决议：当选理事。

郭振民　曹斌文　傅兆麟　奚方良　王财林　杨颂尧　郭振有

候补理事　唐进兴　王祥林

当选监事　张志林　王关兴　马文泉

候补监事　王阿唐

主席 杨颂尧

纪录 王志方

〔附 6〕

南汇县香商业同业公会第一次理监事联席会会议纪录

日期：民国三十五年七月廿六日

地点：南汇县商会

时间：下午五时

出席：郭振民　杨颂尧　郭振有　奚方良　王财林　张志林　王关兴

列席：唐进兴　王祥林　王阿堂　商整会顾昌淦

公推杨颂尧为主席

行礼如仪

主席报告(略)

讨论事项：

一件：请推选本会常务理事三人，互推理事长一人案。

决议：票选杨颂尧、郭振有、曹斌文三人为常务理事并经出席理事。互推杨颂尧为理事长。

一件：请推选常务监事一人案。

决议：经全体出席理监事推定张志林为常务监事。

一件：推定出席商会代表五人案。

决议：推定杨颂尧、郭振有、曹斌文、王财林、顾进发五人为出席代表。

一件：请通过本会每月经常费支出预算案。

决议：修正后通过。

一件：本会每月经常费等级及收费标准如何确定案。

决议：确定每号雇用人数四名者为甲等，三名者为乙等，二名者为丙等，一名者为丁等，每月经常费规定甲六、乙五、丙四、丁三四级，比例依照支出额征收之。

主席：杨颂尧

纪录：王志方

[1194-1-844]

南汇县政府关于转报南汇县香商业同业公会成立经过并附章程名册等致南汇县商会整理委员会指令

(1946年8月11日)

事由：据转报香商业同业公会成立经过并附章程名册等件指令遵照由

南汇县政府指令社字第四四八二号

令商整会

三十五年八月三日呈乙件为转报香商业同业公会成立经过并附章程名册等件，仰祈鉴准立案由。

呈件均悉，经核该会章程尚无不合，应准立案随发立案证书一纸，仰即转给祇领。至该会图记业已付刊并仰转知派员来府具领。

此令。件存。

县长徐

〔中华民国三十五年〕八月十一日

［1194－1－844］

南汇县商会整理委员会关于转据南汇县香商业公会准予出示布告禁止掮货兜售设摊摆卖致南汇县政府呈

(1946年8月16日)

事由：为转据香商业公会呈请出示布告禁止掮货兜售设摊摆卖之商贩，以免扰乱营业由

南汇县商会整理委员会呈总字第一三四号

中华民国三十五年八月十六日

案据香商业同业公会理事长杨颂尧呈称："案据本会第二次理监事联席会议讨论事项一件：各地同业时遭掮货兜售设摊摆卖之商贩扰乱营业，应如何办理案决议：一律不准掮货兜售设摊摆卖，如有发现应严厉处罚。除本会出示公告及呈请县政府布告禁止并函请各镇公所及各镇警察所予以协助等语。除分函外，理合录案备文具报，仰祈鉴核转呈县政府布告禁止，以免扰乱营业，实为公感"等情。据此，合行据情报请鉴核，准予布告禁止俾扶植公会组织力量而增同业福利，实为公便。

谨呈

南汇县长徐

南汇县商整会主任委员潘子平(印)

［1194－1－844］

南汇县香商业公会关于核备启用图记日期拓附印模致南汇县商会整理委员会呈

(1946年8月17日)

事由：为呈报启用图记日期拓附印模三份，仰祈鉴核转呈由

案奉钧会总字第一四〇号训令略开："为转发县颁该会立案证书一纸，仰即祇领并派员迳向县府，具领该会图记为要"等因，附发立案证书一纸。奉此，遵即派员迳向县府具领木质图记一颗，文曰"南汇县香商业同业公会图记"。业于八月十七日启用，理合拓附印模三份，备文具报，仰祈鉴核备查并请转呈县府党部鉴备，实为公便。

谨呈

南汇县商整会
主任委员潘
附印模三份(从略)

南汇县香商业公会理事长杨颂尧
中华民国三十五年八月十七日
[1194-4-400]

南汇县香商业同业公会为客香价目须依双真出售并请通知兼营批发之商号入会致烟纸业同业公会函

(1946年9月22日)

事由:为客香价目须依双真出售并请通知兼营批发之商号加入本会为会员由

查近来香料来源大涨,本业各香售价不得不略形提高,而客香源源而来,成本既轻售价随廉,致影响本业整个经营。当经本会第三次理监事会议决"函请兼营香业之公会通知兼营香业之各会员,其客香售价须依本业双真价格出售,不得私自增减。如有兼营批发者应加入本会为会员,否则依本会章则办理"等语纪录在卷,相应录案函达。念商业经营之困苦,强同业公会之组织,即希查照饬属遵照,以符功令为荷。

此致
南汇县烟纸业同业公会
理事长康

理事长杨颂尧
中华民国三十五年九月廿二日
[1194-4-308]

南汇县香商业同业公会关于取缔摊贩以维大局致各会员的训令

(1947年1月11日)

事由:为取缔摊贩以维大局令仰遵照办理由
南汇县香商业同业公会训令
香总字第三七号
民国三十六年一月十一日
令会员

查本会同业全持节信生意,所入维持开支缴纳国税,惟逢节信恒有奸商乘间以劣货摊卖肩售渔利,迩其性质自与寻常小本谋生者□然不同,若不取缔则同业被害,而濒于崩溃,国税因之而无力缴纳,影响社会国家,势所必至。本会有鉴于斯,兹且年节将届一般投机奸商复思蠢动,当此商业凋零并在国家多事之秋,须赖商民勉荷钜税之时,岂堪投机奸商之再事破坏为除。根据第二次理监事会议严厉取缔之决议案,呈准县商会转请县警察局饬属予以协助取缔暨分令外,合亟令仰该会员遵照,如有奸商摊卖肩售,着即严行取缔,将货物扣交本会请求处置,倘遇强暴之徒凭令呈请当地警察机关就近予以协助,事关大局切勿循情故纵为要。

此令。

理事长杨颂尧(印)
[1194-4-401]

南汇县香商业同业公会关于严禁堆香及取缔逢节投机摊贩派调查员的训令

（1947 年 3 月 29 日）

事由：为派该员为本会严禁堆香及取缔逢节投机摊贩调查员仰切实遵办由

南汇县香商业同业公会训令

香字第五十八号

民国三十六年三月二十九日

令查制销堆香有碍卫生，逢节之投机奸商摊贩肩售则捣乱营业挤同业于崩溃之途，间接影响国家整个税收，为害非浅。经本会先（民廿五年五月四日县府出示严禁）后呈准县府出示禁止有案自应严厉取缔，除分令外，合行令派该员为本会取缔堆香及逢节投机摊贩肩售调查员，嗣后如遇上项违禁事件发生，着即凭令扣交本会依法处置毋得故纵为要！

此令。

理事长 杨颂尧（印）

［1194－4－401］

南汇县香商业同业公会关于第五次理监事联席会议致各会员函

（1947 年 5 月 1 日）

迳启者：本会第五次理监事联席会议业已召开，兹印发会议录函，希查照为何！此致

各会员

附会议纪录、价目单[①]各一份

南汇县香商业同业公会启

五月一日

〔附〕

第五次理监事联席会议纪录

时期：卅六年五月一日下午二时

地点：南汇县商会会议室

出席者：杨颂尧　曹斌文　王祥林　郭振有　王财林　王关兴　张志林　潘镜福

主席：杨颂尧　　纪录：周安民

行礼如仪

报告事项（略）

讨论事项：

一件：拒缴会费违反会章者应如何处置案。

决议：先劝告警告无效时呈请县府依法执行。

一件：迩来百物飞涨本会前议价格势难维持应否加以调整案。

决议：重行厘定。

一件：本会虽营业清淡惟物价飞涨对职工工价应否重行调整案。

决议：即日起增加每工柒千元余，罗四百元，酒资每作五百元。

一件：所扣单头□周永顺号插香壹百九十古应如何处理案。

---

① 价目单略。

决议：虽违反本会议价查非故意违背情有可原姑准发还。

主席 杨颂尧

纪录 周安民

[1194－4－401]

南汇县香商业同业公会第二届第一次会员代表大会纪录

(1947年9月7日)

日期：卅六年九月七日下午一时

地点：县商会

出席者：杨颂尧　王祥林　叶老大　曹斌文　张世琦　顾进发　邱金生　邓雪根　王才林　王关兴　钱秋田　郭振有　吴应松　胡徐氏　郭振民

列席：沈达权县商会

主席：杨颂尧

主席报告：本会成立已年余，公会的建树毫无，本人非常抱歉。本会成立的时候，各会员大都很是踊跃，自杨家镇张江珊等会员欠缴会费后，其他各镇时有效尤，都表示很消极，本人亦感棘手，故自五月份起，经常费暂不征收，会务遂□停顿，因为公会之推展，重在经费，要知巧妇难为无米之炊，各会员既不肯体谅会务，不缴会费，本人亦无这财力常此垫付，遂不得不出此下策，此次召开大会，一则依照章程规定，二则商讨今后如何办理，请各位共谋善策。本人对于经费之责任，今后不能兼顾，各位中如能推出一人来担任的话，当然最好，否则已同商会的职员接洽妥当，一切由其代行管理，不过□们仍旧可以随时查账，致于会务一层，本人自当再尽棉簿，竭力支持，决不推诿的。

曹斌文、郭振有等表示经费负责管理人，恐无人担任，理事长既已妥协，大家当然都同意，不过各镇欠缴会费之会员，请理事长迅谋解决，否则会务仍难推进的。

主席继谓：各位既无人负责管理经费事宜，本人即交商会职员代理，致于欠缴会费各会员，当依照公章，即日呈县办理，请各位仍把会费照常付清，再行试办二月，看成绩如何，再行商讨。现在请讨论会章的修改，会费的收取，会员的整饬等各要案罢！

讨论事项：

一件：本会章程应否加以修改案。

决议：会章第十三条修正如下："本会同业不依法加入本会或不缴纳会费或违反章程及决议案者，得经理监事会之决议予以警告，警告无效时得由本会按其情节之情重呈请县府予以左列之处分：一、五十万元以下之违约金；二、有期间之停业；三、永久停业。"

乙件：各镇欠缴会费之会员应如可办理请公决案。

决议：先行予以最后警告否则开列名单呈请商会转请县府依章严处。

乙件：本次大会经费无着应如何办理请公决案。

决议：每会员征收大会费叁万元，惟本次出席已缴者于经常费收取时扣除，以示赏罚分明而资鼓励。

乙件：五月份起经常费至今未收应如何办理请公决案。

决议：五月起至八月份止共四个月仍依原有等级数字一次并收。

乙件：物价飞涨原料增高同业难以支持原有香价，应否予以调整案。

决议：双真贰万元，一六真乙万八千元，单真乙万六千元，料真乙万四千元，料片乙万贰千元，其余照旧。

乙件：工人工资应否予以调整案。

决议：自阴历八月初一起细香工资每人乙万六千元，余罗酒资各乙千元□香磨上依照细香八折计算。

乙件：□节将届本业香斗售价应如何规定案。

决议：三节五千元，四节七千元，五节乙万元。

主席 杨颂尧

纪录 王志芳

［1192－1－183］

南汇县香商业同业公会关于第七次会议附同纪录致南汇县政府呈

（1948年3月31日）

事由：为呈报第七次会议附同纪录祈核备由

南汇县香商业同业公会呈香字第八四号

中华民国三十七年三月三十一日

查本会第七次理监事联席会议业于三月廿九日举行。出席理监事八人讨论要案五件均经纪录在卷。除分行外，理合将经过情形附同会议纪录一份，备文呈报，仰祈鉴核备查。

谨呈

南汇县长简

附纪录乙份

理事长杨颂尧

〔附〕

南汇县香商业同业公会第七次理监事联席会议纪录

日期：三十七年三月廿九日下午二时

地点：县商会

出席：理监事八人

主席：杨颂尧

报告事项：（一）商会费自三月份起改以职员生活指数计算每权底额规定一元五角，本会应缴四权。（二）关于商号以其牌号签出约期付款之凭票不啻变相地下钱庄不仅有倒闭累民之虞且有刺激物价可能，对于社会安宁殊有关系，经商会议决呈县取缔后已奉令准予布告并饬警局及乡镇公所随时禁止检举，希各位注意。（三）欠缴会费各会员本会当严厉执行。

讨论事项：

乙件：商会转知税捐处函发营业税简化稽征须知本会应否采用，请公决案。

决议：函请县商会统筹办理并洽请减轻比额，以轻商民负担。

乙件：物价飞涨本会原定入会费应有调整必要请公决案。

决议：清明节起入会费以双真为标准，每会员征收双真二十斤照市折合法币。

乙件：本会章程第十三条第一款所定违约金际此物价飞涨之时，与现值不符似应予以修改请公决案。

决议：修改为“五百万元以下之违约金”呈县备案施行并提交下届大会追认。

乙件：本会为求便于推进会务健全组织起见，拟于本会会员中推定干事若干人请公决案。

决议：大团、三墩，马文泉、郭振民为干事。祝桥、盐仓、草头湾、六灶、陈桥，王财林、邓雪根为干事。本城王祥林、张世绮为干事。周浦曹斌文为干事。新场施松林为干事。坦直、三灶，朱瘦若为干事。张江、北蔡、杨家镇，石裕祺为干事。黄路、六灶湾，王阿堂为干事。以上干事十一人专函聘任之并另订“办事须知”呈县备查。

乙件：劈棒括棒磨上工资应如何规定案。

决议：照细香工资八折计算。

主席 杨颂尧

纪录 王志方

［1194－1－844］

南汇县政府关于第七次会议纪录致南汇县香商业同业公会指令

（1948 年 4 月 6 日）

事由：据呈送第七次会议纪录指饬遵照由

南汇县政府指令南一社字第一〇三号

令香商业同业公会

卅七年三月卅一日呈乙件为呈报第七次会议纪录祈核备由。

呈件均悉，核阅该会议纪录讨论事项第二案调整会员入会费以双真香为标准征收二拾斤，折合法币若干仍仰陈明，余准备查！

此令。件存。

县长简

〔中华民国三十七年〕四月六日

［1194－1－844］

南汇县香商业同业公会关于修改章程第十三条第一款违约金录案致南汇县政府呈

（1948 年 3 月 31 日）

事由：为修改章程第十三条第一款违约金录案呈祈核备由

南汇县香商业同业公会呈香字第八五号

中华民国三十七年三月三十一日

查本会第七次理监事联席会议讨论事项乙件"本会章程第十三条第一款所定违约金际此物价飞涨之时已与现值不符，似应予以修改请公决案"决议"修改为'五百万元以下之违约金'呈县备案施行并提交下届大会追认"等语纪录在卷。除提交下届大会追认外，理合录案备文呈报，仰祈鉴核备查，实为公便！

谨呈

南汇县长简

理事长杨颂尧（印）

［1194－1－844］

南汇县香商业同业公会关于核备第八次常会纪录致南汇县政府呈

（1948 年 6 月 29 日）

事由：为呈报第八次常会纪录祈核备由

南汇县香商业同业公会呈香字第九二号

中华民国三十七年六月廿九日

查本会第八次理监事联席会议业于本月二十六日举行，出席理监事十人讨论要案四件均经纪录在卷。除分行外，理合检同纪录乙份，备文呈报，仰祈鉴核备查。

谨呈

县长熊

附纪录乙份

理事长杨颂尧

〔附〕

南汇县香商业同业公会第八次理监事联席会议纪录

日期：三十七年六月二十六日下午二时

地点：县商会

出席：理监十人

列席：商会沈达权

主席：杨颂尧

报告事项：

一、本会原议会员入会费为双真二十斤照市折价征收，兹奉令减半征收希各知照。二、印花税率部分修正兹摘述如下：(1) 发货票按货价贴印花千分之三。(2) 资本账簿、银钱货物收据，按金额贴印花千分之三。(3) 营业簿折每件每年贴印花贰万元。(4) 送金簿、支票簿，每本贴印花乙万元。三、省商会主办之中正商业函授学校已在招收第三期学员，如有志向学者商会可介绍。四、夏季房捐"税捐处函商会"照□季加一倍半征收。五、商会以本县各商号旧式账册不合潮流为培养会计人才正在筹备，于城厢试办商业会计夜校。

会计报告收支状况。

讨论事项：

一件：本会收费自规定以双真照市折收法币以来，近遇不明事理之会员輙欲以双真付与收费员，不肯折合法币致引起不少枝节。又本会经费以粮食纸张等之普遍上涨本业香价势难追随，致原定预算复感不敷支出应如何办理请以决案。

决议：一、如遇冥玩之会员除应即详加解释劝导而无效者，即依违反章程呈县论处。二、加强收费工作(A) 欠缴会费在五月份以前者，其收费标准一律依照五月份之双真每斤十四万元计算之，如收取而不缴者于下次收费时，双真每斤以三十二万元计算，二次不缴者，呈县法办。三、职员待遇自七月份起调整为书记、干事各月支双单二十斤勤工八斤(双单照市折合法币)。

一件：本会成立将届二载依章应予抽签改选理监事请规定日期及大会费用筹集办法案。

决议：大会日期定于七月二十五日上午九时，地点南汇县商会，大会费用于收取七月份经常费时向每会员征收大会费双真二斤(照市折合法币收取)。

一件：本业价目单业已用罄为避免不法者冒订售价扰乱市面划一观瞻计应否再行刊印案。

决议：即行购买纸张翻印之，并定今后各镇会员如自动分发价目单时必须备价向会购买印就之价目单并加盖分发店号之签章，以免不法者冒充而资售价观瞻之划一。

一件：各物普遍上涨本业香价应予调整请公决案。

决议：照原价加五成(另订价目单)自明日起实行，不及通知之各镇先行电话通知之。

主席 杨颂尧

纪录 王志方

［1194－1－844］

南汇县香商业同业公会为定期召开会员大会改选理监事并请派员监督致南汇县政府呈

(1948 年 7 月 12 日)

事由：为定期召开会员大会改选理监事呈祈届时派员监督由

南汇县香商业同业公会呈香字第九五号

中华民国三十七年七月十二日

查本会章程第十八条"本会理监事之任期均为四年，每二年改选半数不得连任，改选以抽签定之"之明文规定，本会以成立将届二载，爰经六月廿六日第八次理监事联席会议议决定期七月二十五日上午九时假县商会召开会员代表大会改选理监事。除分别呈报暨通知各会员外，理合备文呈报，仰祈鉴核，届时派员出席监督，实为公便。

谨呈

南汇县政府

理事长杨颂尧(印)

［1194－1－844］

南汇县香商业同业公会关于核备第三届大会改选经过检附大会纪录等致南汇县政府呈

(1948年8月1日)

事由：呈报第三届大会改选经过检附大会纪录、理监会纪录、修正章程条文暨业规各乙件祈核备由

南汇县香商业同业公会呈字第九六号

中华民国三十七年八月一日

案查本会依章于七月二十五日召开第三届会员代表大会改选理监事、修正章程业规。是日出席会员代表二十四人并蒙钧府派员出席指导并于即席举行第三届第一次理监事联席会议，推选常务理事暨常务监事并互推理事长。会议均顺利进行，所有议决各案均经纪录在卷。除分呈外，理合检附大会纪录理监事会纪录以及修正会章条文暨业规各乙件，备文呈报，仰祈鉴核备查。

谨呈

南汇县政府

附大会纪录、理监会纪录、修正章程条文暨业规各乙件

理事长杨颂尧

〔附1〕

南汇县香商业同业公会第三届第一次会员代表大会纪录

日期：三十七年七月二十五日下午一时

地点：南汇县商会

出席：会员代表二十四人

列席：县府何维清　党部陆祖鹤　商会沈达权

主席：杨颂尧

主席报告(略)

讨论事项：

乙件：本会三月廿九日第七次常会修正章程违约金“为五百万元”依法提请追认案。

决议：通过□程业规应否加以修正。

乙件：本会章程业规应否加以修正请公决巡查。

决议：修正通过。

乙件：常务理事郭振有提请辞职请公决案。

决议：慰留。

乙件：请抽去理监事半数以便改选案。

决议：依法抽签，揭计理事王财林、郭振有、傅兆麟，监事马文泉中签。

乙件：请推定选举工作人员案。

决议：张世绮、郭振有为监票，杨颂泉为唱票，王志方为写票。

开始选举

选举揭见：石裕祺17票　唐进兴13票　施松林10票　当选理事

邱金生 6 票　吴应松 5 票　当选候补理事。

王阿唐 10 票　当选为监事　　赵阿团 2 票　当选为候补监事。

主席：杨颂尧

纪录：王志方

〔附 2〕

南汇县香商业同业公会第三届第一次理监事联席会议纪录

日期：三十七年七月二十五日下午五时

地点：商会

出席：理监事七人

公推杨颂尧为临时主席

报告事项(略)

讨论事项：

一件：请推定常务理事暨理事长案。

决议：公推杨颂尧、曹斌文、郭振民三位为常务理事，并互推杨颂尧为理事长。

一件：请推定常务监事案。

决议：公推张世琦为常务监事。

一件：本会为联络情谊加强会务计，今后理监常会拟采流动制分赴各镇举行请公决案。

决议：通过。

主席：杨颂尧

纪录：王志方

〔附 3〕

大会修正章程条文

第十三条　本会同业不依法加入本会或不缴纳会费或违反章程及决议案者，得经理监事会之决议予以警告，警告无效时得由本会按其情节之轻重，呈请县政府予以左列之处分。

一、十元以下之违约金；二、有期间之停业；三、永久停业。

上项违约金依照上海市职员生活指数计算之。

第十八条　本会理监事之任期均为二年，连选得连任。

第廿九条　会员入会费规定以双真十斤为标准，照市折合法币，会员于入会时缴纳之。

第卅二条　本会经费状况应每季报告会员一次。

〔附 4〕

南汇县香商业同业公会业规

三十五年七月二十六日大会订立

三十六年二月十三日大会修正

第一条　本业规经本会会员大会订定之。

第二条　凡在本区域内如同业有新设或添设分号应于七日前用书面正式报告本会登记，经本会许可后方可开始营业。

第三条　凡在本区域内同业如有召盘出租，加记添股，迁移及变更负责人等应向本会更正或重行登记。

第四条　同业各种价目由本会理事会根据市面加以合法利润议定价目，印制价目表分发同业，不得紊乱。

第五条　同业因有特殊情形拟减价时，须于七日前将事实用书面报告本会，经本会正式书面许可后方得举行，新设之同业亦如同样办法办理之。

第六条　堆香系以木屑等劣质制成，制造工程一人可抵三十人，工作不仅有碍卫生更必增加工人失业，应即禁止不准制售。

第七条　摊贩系奸商，逢节临时投机与寻常小贩藉以谋生者不同，非但扰乱营业，更将陷同业于崩溃，间接影响国家整个税捐，应即查禁。

第八条　插香染脚无关切要，徒增顾客负担，实背新生活要旨，应即取缔。

第九条　凡同业如接到价目表后，对于决议之价目私自减售或违反第二、二、四、五、六、七、八条者，经同业之检举报告本会，由本会理事会视其情节之轻重依法予以相当之处罚。

第十条　上项相当之处罚，由理事会决议呈报主管官署核准施行。

第十一条　同业雇用之职员或学徒不得私自挖用。

第十二条　本业规呈县政府核准后公布施行。

［1194－1－844］

南汇县香商业同业公会关于核备第二次理监事会议录致南汇县政府呈

（1948年9月6日）

事由：呈报第二次理监事会议录祈核备由

南汇县香商业同业公会呈香字第一〇二号

中华民国三十七年九月六日

查本会业于本月三日举行第三届第二次理监事联席会议。出席理监事八人，所有应行事项均经决议纪录在卷，除分知外理合检同纪录乙份，备文呈报，仰祈鉴核备查。

谨呈

县长熊

附纪录乙份

理事长杨颂尧（印）

〔附〕

南汇县香商业同业公会第三届第二次理监事联席会议纪录

日期：卅七年九月三日下午二时

地点：县商会

出席：理监事八人

出席：杨颂尧

报告事项（略）

讨论事项：

乙件：政府改革币制后本会收支应即改订应如何办理请公决案。

决议：照原预算折合金圆计算，九月份起会员月费计甲等贰元八角八分，乙等贰元四角，丙等一元九角二分，丁等一元四角四分，职员薪给计，书记干事各月支十九角五角，勤工七元五角。

乙件：本会章程第十三条违约金及第廿九条入会费似应予以修改请公决案。

决议：第十三条违约金十元仍旧，惟末段“上项违约金依照上海市职员生活指数计算之”文字删除，第廿九条入会费修改为九元六角并提交下届大会追认。

乙件：各会员欠缴会费应如何处置案。

决议：会员欠缴之月费一律依照九月份规定按月征收并限于本月十日以前全部缴清，否则不再警告即行呈请追缴并处违约金十元。

乙件：本会会员数太少（祇四十余家），故日常收入不敷支出，原缴商会费四单位似乎不胜负担，应如何办理请公决案。

决议：函请到商会自九月份起准予减为三单位以轻负担。

乙件：自实施金圆后本会收支账目应即改正请定期更改请公决案。

决议：自九月一日起收支账目以金圆记载并将九月以前收支账目报告各会员。

主席 杨颂尧

纪录 王志方

［1194－1－844］

南汇县香商业同业公会关于核备恢复过去规定经常收支预算入会费及章程所定违约金致南汇县政府呈

（1948年11月26日）

事由：为恢复过去规定经常收支预算入会费及章程所定违约金等报请核备由

南汇县香商业同业公会呈香字第一一一号

中华民国三十七年十一月廿六日

查本会九月三日第三届第二次常会讨论事项第一案：以政府改革币制本会收支均照原预算折合金圆。又第二案：章程第十三条违约金后段删除“依照上海市职员生活指数”字样及入会费修正为九元六角等语均经报请钧府备查在案，惟自政府开放限价后各物普遍上涨，本会原定预算及违约金入会费等均不符规定，自应加以调整及修正，然以本会经费困难无法召开理监会，爰经电知常务理事一致通过于本月份起（一）收支预算恢复过去以双真为标准，折收金圆。（二）违约金恢复第三届大会修正条文依照上海市职员生活指数计算。（3）入会费恢复以双真十斤为标准折收金圆，除分知外，理合备文呈报，仰祈鉴核备查。

谨呈

县长熊

理事长杨颂尧（印）

［1194－1－844］

南汇县香商业同业公会关于不得擅自高抬物价致郭正茂有记号函

（1948年12月4日）

事由：警告不得擅自高抬物价致于未便由

南汇县香商业同业公会香函香字第一一三号

启者，兹据收费员来会声称：“昨于新场收费时发现大团香业具名之价目单一帋定价抬高，致引起同业拒缴会费，并经调查该项价目单系大团郭正茂有记所寄，据请核办”等情，附大团香业价目单一帋。据查本会所定售价该会员如有异议自应来会申叙更正，何得擅自高抬物价，有犯法令，寄发同业阻挠会务，影响前途非浅。据称前情，为特专函警告着即改过，嗣后各再发生上项情事，一经查实，定当依法呈县惩处，希勿自蹈愆尤致于未便为要。

此致

郭正茂有记号

理事长杨

〔中华民国三十七年〕十二月四日拟稿

［1194－4－404］

(二十四) 南汇县腌鲜业同业公会

南汇县腌鲜业同业公会关于第一次筹备会议经过情形致南汇县商会整理委员会呈

（1946 年 5 月 27 日）

事由：为召开第一次筹备会议经过情形祈鉴核查存由

案奉

钧会总字第二八三四号训令略开：

“县府社字〇八二〇号指令准予核委，本会所荐各同业公会筹备人选并随发委令五件到会，遵即转给仰予祗领并行令知本会。兹已决定指由该员为第一次该业筹备会召集人，务须根据章则表册先行准备一切应办手续委于规定之地点、日期、时间，如令召集筹备进行，并于文到后十日内先将准备召集情形备文具报以凭据，请县府届时派员指导并由本会派员监同整理为要此令”等因，并附转发县府委令五份暨各件奉此，遵于五月念六日假钧会召开第一次筹备会议当由钧会及县府党部各予派员莅临监督所有会议情形，除分呈外理合备文录案具报，仰祈鉴核存查，实为公便。

谨呈

南汇县商整会主任委员潘

附会议录一份

南汇县腌鲜业同业公会筹备主任戚墨远（印）呈

中华民国三十五年五月二十七日

〔附〕

南汇县腌鲜业同业公会第一次筹备会议录

日期：三十五年五月念陆日上午十时

地点：假南汇县商整会

出席：南汇戚墨远　沈根林　　大团唐云祥　新场任陞堂

祝桥张锡田　周掌生　马锡楼　桂根福

列席：商整会潘裕章　党部指导陆济沧

行礼如仪

公推主席

公推戚墨远为主席

主席报告

奉令报告筹备经过

讨论事项

一件：推定筹备主任担任会务案。

决议：推选戚墨远为筹备主任。

一件：本会经费如何筹垫案。

决议：暂由本会筹备主任负责垫用。

一件：推定本会会计员案。

决议：聘任沈根林为本会会计员。

一件：雇用本会书记案。

决议：雇戚大悲为本会书记。

一件：择定本会会址案。

决议：附设南汇县商整会。

一件：本会应如何征求会员案。

决议：由各筹备员分别负责分发入会申请书，（南汇一区）由戚墨远、沈根林负责，（二区）由张锡田、周掌生负责，（七区）由任升堂负责，（八区）由唐云祥负责，（五区）暂决由金东生负责。

一件：规定召开成立大会日期地点及召集人案。

决议：择定六月念六日地点南汇召集人由各筹备员巡回召集之。

［1194－4－11］

南汇县腌鲜业同业公会关于召开成立大会日期等致南汇县商会整理委员会呈

（1946年6月11日）

事由：为呈报召开成立大会日期并拟订章程草案仰祈鉴核备查届时派员莅临监督指导由

南汇县腌鲜业同业公会呈南汇县商整会

三十五年六月十一日

为呈报事，窃民奉令组织南汇县腌鲜肉业同业公会遵于五月二十六日召开第一次筹备会议，讨论应行事宜，当经将会议情形分呈存查在先并议决六月二十六日下午一时假贵会召开成立大会并拟订公会章程草案，以凭根据组织，届时乞请贵会及县府党部派员莅临监督指导，理合备文具报，仰祈鉴核备查，实为公便。

谨呈

南汇县商整会主任委员潘

附本会章程草案叁份①

南汇县腌鲜业同业公会筹备主任戚墨远（印）谨呈

［1194－4－11］

南汇县腌鲜业同业公会关于周浦筹备员金东生堪难称职情况并缴送委令致南汇县商会整理委员会呈

（1946年6月21日）

事由：为周浦金筹备员东生堪难称职缴原令前来理合转缴由

南汇县腌鲜肉业公会呈南汇县商整会

三十五年六月二十一日

兹准周浦德隆茂腌鲜庄来函，该号源奉委派之金筹备员东生，实系俗务颇多，生意较诸落后且学识全无，

① 原文缺。

况周镇商会独立地区即将划归上海县管辖堪难称职，兹将委任一件及会员申请书等一并归还等情，理合备文转缴前来，仰祈钧会鉴核，实为公便。

谨呈

南汇县商整会主任委员潘

附委任一件[①]

南汇县腌鲜肉业同业公会筹备主任戚墨远(印)呈

[1194-4-11]

南汇县商整会关于缴还腌鲜业筹备员金东生的委令致南汇县政府呈

(1946年6月25日)

事由：为转呈缴还腌鲜业筹备会周浦金筹备员东生委令由

呈县府

总字第七一号

中华民国卅五年六月廿五日

案据腌鲜明业筹备主任戚墨远呈称："兹准周浦……录全文……"

等情据此，查周浦镇因有镇商会之组织，且该镇近有划归市辖之说，故除绸布理发二业外其他各业公会周浦一地均未能推动，据呈前情合行转缴原令，仰祈鉴核示遵。

谨呈

南汇县长徐

附缴委令乙件[②]

南汇县商整会主任委员潘

[1194-4-11]

南汇县商会整理委员会转报腌鲜商业同业公会成立大会经过情形等致南汇县政府呈

(1946年7月20日)

事由：为转报腌鲜商业同业公会成立大会经过暨第一次理监事联席会议情形检呈理监事履历表会员名册修正会章业规会议纪录等件请鉴赐立案并颁发立案证书暨图记由核备查由

南汇县商会整理委员会呈总字第九九号

中华民国三十五年七月二十日

案据腌鲜商业同业公会理事长戚墨远呈称："本会于六月二十六日召开成立大会，蒙钧会及县政府县党部派员指导监选，会议得顺利进行，当场修正会章(及业规)并选举理监事，当以天晚，遂定期举行理监事联席会议，先后二次均以天雨人数不足流会，至本月十五日三次召集，始得顺利举行，蒙钧会派员监誓指导，推选常务理事、常务监事，并互推墨远为理事长及其他议案案多起，理合检呈理监事履历表、会员名册、修正会章(业规)、会议纪录各三份备文报请鉴备，并转呈党政机关颁发立案证书及图记以昭信守"等情，并附件到会，据此合亟检同该项附件各一份备文报请鉴赐颁发立案证书，并刊发图记，实为公便，鉴核备查公便。

谨呈

南汇县政府县长徐

---

① 原文缺。

② 原文缺。

附呈理监事履历表、会员名册、修正会章、业规、成立大会会议记录、第一次理监事联席会议纪录各一份

南汇县商整会主任委员潘子平(印)

〔附 1〕

人民团体理监事履历表

团体名称：南汇县腌鲜肉业同业公会　　地址：南汇县商会内　　电话：

姓　名	年　龄	籍　贯	职　务	学　历	住址及通讯处
戚墨远	33	南汇	理事长	南汇私立维勤中学肄业	南汇城内东大街源陞福记腌鲜号
张锡田	50	南汇	常务理事	私塾四年	祝桥镇西市街张成泰鲜肉号
任陞堂	46	南汇	同　上	私塾三年	新场洪桥东首任陞记鲜肉号
唐云祥	56	南汇	理事	私塾三年	大团中市公大鲜肉号
沈根林	38	南汇	同　上	高小毕业	南汇东门外源兴粮记鲜肉号
褚关福	57	南汇	同　上	私塾三年	新场包家桥北首义大腌鲜庄
周掌生	57	南汇	同　上	私塾三年	祝桥西市街周顺茂腌鲜号
宋临川	58	南汇	同　上	私塾四年	坦直桥中市宋万兴腌鲜号
方幸根	24	南汇	同　上	初业毕业	大团南湾祥源腌鲜号
马财源	29	南汇	常务监事	高小毕业	大团中市牛桥德大鲜肉号
戚墨馀	22	南汇	监　事	中华职业中学肄业	南汇东大街源陞锦记腌鲜号
黄林生	50	南汇	监　事	私塾贰年	三灶南市黄万丰鲜肉号
陆燕根	33	南汇	候补理事	高小毕业	大团蟠龙桥东塊陆长泰腌鲜号
王永生	43	南汇	候补理事	私塾二年	盐仓镇南市街王永泰腌鲜号
严荣生	23	南汇	候补理事	高小毕业	航头镇东市街同记公鲜肉号
唐梅初	44	南汇	候补监事	私塾四年	北蔡镇中市街唐梅记腌鲜号

〔附 2〕

人民团体会员名册

团体名称：南汇县腌鲜肉业同业公会　　会址：附设南汇县商会　　电话：

团体公司行号工厂名称	代表姓名	性别	年岁	籍贯	学　历	资本金额	开 设 地 址
源陞福记	戚墨远	男	33	南汇	私立维勤中学毕业	五拾万元	南汇城内东大街
源陞锦记	戚墨馀	男	22	南汇	中华职中肄业	念万元	同上
森泰	陆润桃	男	47	南汇	私塾学堂	念万元	南汇城内十字街口
三兴	朱阿义	男	45	南汇	私塾壹年	壹拾五万元	南汇十字街西首
源兴根记	沈根林	男	38	南汇	高小毕业	叁拾万元	南汇东门外
缪长泰森记	缪清明	男	30	南汇	同上	四拾万元	同上
徐馀记	徐小弟	男	38	南汇	私塾三年	念万元	同上
鞠万瑞	鞠德坤	男	24	南汇	高小毕业	念万元	同上
鼎兴	陈坤祥	男	33	南汇	私塾四年	念万元	同上
赵叙鑫	赵丙兴	男	23	南汇	初小毕业	念万元	同上
兴泰	宋伯丹	男	37	南汇	私塾三年	拾万元	南汇南门外
张成泰	张锡田	男	50	南汇	私塾四年	念万元	祝桥镇

续 表

团体公司行号工厂名称	代表姓名	性别	年岁	籍贯	学 历	资本金额	开 设 地 址
协兴	桂根福	男	24	南汇	高小毕业	念万元	同上
马德昌	马雪楼	男	40	南汇	私塾三年	念万元	祝桥镇
周顺茂	周掌生	男	57	南汇	同上	念万元	同上
任陞记	任陞堂	男	46	南汇	同上	拾万元	新场镇
义大	褚关福	男	57	南汇	同上	拾五万元	同上
大盛	宋士良	男	42	南汇	私塾二年	拾万元	同上
宝大	潘祥根	男	41	南汇	私塾一年	拾万元	同上
大昌	周士威	男	51	南汇	私塾二年	拾五万元	同上
周成懋	周嘉生	男	61	南汇	同上	拾万元	同上
协大	唐友根	男	29	南汇	高小毕业	拾万元	同上
唐信火	康顺福	男	40	南汇	私塾三年	拾万元	同上
天祥	康祥法	男	46	南汇	私塾二年	五万元	同上
胡祥大	胡祥生	男	43	南汇	同上	拾万元	同上
瞿顺兴	瞿连海	男	50	南汇	同上	拾万元	同上
同懋	严根生	男	24	南汇	高小毕业	拾万元	新场镇
张松盛才记	张宗藩	男	43	南汇	私塾二年	同上	同上
唐德顺	唐炳祥	男	33	南汇	初小毕业	同上	同上
张松盛宗记	张宗义	男	48	南汇	私塾二年	同上	同上
洽源恒	朱雪楼	男	61	南汇	私塾三年	叁拾万元	航头镇
同记公	严荣生	男	23	南汇	高小毕业	拾万元	同上
同兴	张龙生	男	38	南汇	同上	拾五万元	同上
潘仁记	潘瑞良	男	58	南汇	私塾一年	拾万元	同上
西永丰	徐生堂	男	44	南汇	私塾三年	拾万元	鲁家汇
徐永丰	徐□祥	男	30	南汇	高小毕业	拾五万元	同上
慎兴闻记	闻坤兴	男	24	南汇	同上	念万元	同上
洽记	范金根	男	25	南汇	同上	同上	同上
蒋叙兴	蒋湘桥	男	50	南汇	私塾二年	同上	同上
夏公盛	夏大楼	男	22	南汇	高小毕业	拾万元	杜家行镇
夏协盛	夏雨楼	男	42	南汇	私塾二年	拾万元	同上
翁介顺	翁妙义	男	27	南汇	初小毕业	念万元	同上
朱万兴	朱全根	男	28	南汇	浦东中学肄业	念万元	同上
朱万康	朱根楼	男	41	南汇	私塾二年	拾五万元	同上
刘德泰	刘根荣	男	42	南汇	同上	拾万元	同上
王德泰	王梅生	男	46	南汇	私塾一年	拾万元	同上
协兴	朱银仁	男	21	南汇	高小毕业	拾万元	闸江
义丰	潘德才	男	23	南汇	初小毕业	陆万元	闸江
公记	王顺奎	男	20	南汇	同上	陆万元	三灶镇

续 表

团体公司行号工厂名称	代表姓名	性别	年岁	籍贯	学 历	资本金额	开 设 地 址
黄义丰分庄	黄宝根	男	20	南汇	同上	拾万元	同上
王义兴	王民生	男	57	南汇	私塾二年	五万元	同上
隆茂	沈　麒	男	32	南汇	初小毕业	五万元	同上
黄义丰	黄林生	男	50	南汇	私塾二年	念万元	三灶镇
仁昌	高仁法	男	30	南汇	初小毕业	拾万元	同上
王义兴毛记	王但初	男	27	南汇	同上	五万元	同上
宋义兴	宋临川	男	58	南汇	私塾四年	念万元	坦直桥镇
庄义隆	庄兴佳	男	44	安徽	私塾二年	念万元	同上
汪协大镇记	汪贵正	男	26	安徽	高小毕业	五万元	同上
源盛	陆连江	男	54	南汇	私塾二年	念万元	同上
顺泰	倪秉江	男	22	南汇	高小毕业	拾万元	同上
协大	徐伯兴	男	32	南汇	同上	念万元	同上
公大	唐云祥	男	56	南汇	私塾三年	念万元	大团镇
祥源	方幸根	男	22	南汇	补中毕业	五拾万元	同上
大隆	吴应奎	男	27	南汇	高小毕业	念万元	同上
王义记	王耀良	男	35	奉贤	补小毕业	念万元	同上
隆顺	富炳生	男	38	奉贤	初小毕业	拾五万元	大团镇
协源祥	胡义高	男	39	安徽	同上	念万元	同上
协新	张香楼	男	40	南汇	私塾二年	念万元	同上
沈久大	沈丙千	男	33	奉贤	初小程度	念万元	同上
宏大	徐林香	男	27	南汇	初小毕业	拾五万元	同上
德大	马财元	男	29	南汇	高小毕业	念万元	同上
祥顺	唐志伯	男	40	南汇	私塾二年	念万元	同上
陆长泰	陆燕根	男	33	南汇	高小毕业	念万元	同上
永泰	王吉生	男	29	南汇	同上	念万元	同上
孙祥泰	孙骏伯	男	31	奉贤	高小程度	念万元	同上
朱祥泰	朱云祥	男	48	南汇	私塾二年	拾万元	沈家码头
元丰合记	方德明	男	37	安徽	高小程度	念万元	三墩镇
沈隆兴	沈月清	男	61	南汇	私塾二年	念万元	同上
潘祥记	潘根祥	男	45	南汇	私塾二年	拾五万元	三墩镇
叶义茂	叶心田	男	51	南汇	私塾一年	同上	同上
源泰	朱书卿	男	40	南汇	初小程度	同上	同上
钱昌兴	钱顺汀	男	31	南汇	初小毕业	同上	徐家庙
兴懋	周进生	男	54	南汇	私塾二年	念万元	李家桥
丁祥记	丁锦吴	男	24	南汇	高小毕业	拾五万元	黄家路镇
富祥大	傅根初	男	31	南汇	初小毕业	同上	同上
杨协兴	杨金海	男	64	南汇	私塾一年	同上	同上

续 表

团体公司行号工厂名称	代表姓名	性别	年岁	籍贯	学 历	资本金额	开设地址
傅德大	傅永根	男	33	南汇	高小程度	同上	同上
鼎大	倪仁圃	男	27	南汇	高小毕业	同上	同上
顺大	倪初金	男	49	南汇	私塾一年	同上	同上
缪长泰□记	缪□绅	男	56	南汇	高小毕业	同上	老港镇
缪长泰□记	缪文祥	男	29	南汇	同上	同上	同上
协盛	杨文表	男	31	南汇	高小毕业	拾五万元	老港镇
王森泰	王金楼	男	42	南汇	初小程度	拾万元	盐仓镇
王新泰	王邦达	男	49	南汇	私塾二年	同上	同上
王永泰	王永生	男	43	南汇	私塾三年	同上	同上
方源泰	方良忠	男	27	南汇	高小程度	同上	同上
吴桂昌	吴桂昌	男	25	南汇	不识	同上	同上
姜盛泰	姜金全	男	38	南汇	初小程度	同上	同上海

会员共九八人

〔附 3〕

江苏省南汇县腌鲜肉业同业公会章程

第一章　总则

第二条　本会定名为南汇县腌鲜肉业同业公会。

第二章　任务

第三章　会员

第六条　凡在本会区域内经营腌鲜肉业者均应为本会会员。

第四章　组织及职权

第五章　会议

第六章　经费

第卅条　前条入会费规定叁千元，经常费分甲乙丙三种，甲种叁千五佰元，乙种贰千五佰元，丙种乙千五佰元入会费，会员于入会时缴纳，经常费按月收取之。

第七章　附则

第卅六条　本章程呈准县政府、县党部、县商会备案后施行之。

〔附 4〕

南汇县腌鲜肉业同业公会业规草案

第一条　本业规经本会会员代表大会订定之。

第二条　凡在本区域内如同业有新设或添设分号应于七日前用书面正式报告本会登记，经本会许可并发给入会证书后方可开始营业。

第三条　凡在本区域内同业如有召盘出租加记添股迁移及变更负责人等应事先向本会更正或重行登记。

第四条　同业各种价目依每镇为一单位，由每镇全体会员根据市面加以合法利润议定价目分发同业价目表不得紊乱。

第五条　凡各镇同业如接到所定价目表后，对于决议之价目私自减售或违反第二、二、四条者，经同业之检举报告本会理事会，由本会理事会视其情节之轻重依法予以相当之处罚。

第六条　为谋本会同业整个利益及便利推进会务起见，如有新设同业必须捐助本会基金，等级计分甲乙二种，甲计(念万元)乙计(拾万元)正。

第七条　上项相当之处罚申请理事会决议，呈报主管官署核准施行。

第八条　同业雇用之职员或学徒不得私自挖用，如遇挖用等情，呈报本会理事会予以相当处理。

第九条　本业规呈主管官署核准后公布施行。

〔附5〕

南汇县醃鲜肉业同业公会成立大会会议录

地点：假南汇城内东大街萧宅

日期：三十五年陆月二十六日

时间：下午一时

出席：南汇戚墨远　祝桥张锡田　大团唐云祥　新场任陞堂等各镇共计七拾五名

列席：县政府代表邱虚白先生　县党部代表周宝生先生　县商会代表顾昌淦　潘裕章先生　王志芳先生

大会开始：

行礼如仪

主席报告(略)

县政府代表致训(略)

县党部代表致训(略)

县商会代表致训(略)

讨论事项：

乙件：请通过本会章程案。

决议：修正后通过。

乙件：请通过本会业规案。

决议：修正后通过。

乙件：确定本会会址案。

决议：确定附设南汇县商会。

乙件：确定每月经常费征收等级及数字案。

决议：确定分甲乙丙三等甲等叁千五佰元，乙等贰千□元，丙等乙千□元。

乙件：选举理监事案：

当选理事

张锡田42票　戚墨远41票　任陞堂38票　唐云祥36票　沈根林33票　褚关福29票　周掌生29票　宋临川18票　方幸根15票

以上当选为理事；

陆燕根14票　王永生9票　夏荣生9票

以上当选为候补理事；

戚墨馀15票　黄林生7票　马财元6票

以上当选为监事；

唐梅初当选为候补监事。

主席：戚墨远

纪录：戚墨庭

〔附6〕

南汇县醃鲜肉业同业公会第一次理监事联席会议录

地点：假南汇县商会

日期：七月十五日

时间：下午一时

出席：全体理监事共十贰名
列席：县商会代表顾昌淦
行礼如仪
主席报告　　略
讨论事项：
一件：推定本会常务理事三人案。
决议：推定戚墨远、张锡田、任陞堂三位为本会常务理事。
一件：推定本会理事长案。
决议：互推戚墨远先生为本会理事长。
一件：推定本会常务监事案。
决议：互推马财元先生为本会常务监事。
一件：推定本会出席商会代表案。
决议：公推沈根林、唐云祥、褚关福、周掌生、宋临川五位为本会出席商会代表。
一件：推定本会经常费征收案。
一区由戚墨远、沈根林，二、二区由张锡田、周掌生，六区由倪荣生，七区由任陞堂，八区由唐云祥等七位负责调查各会员应缴纳经常费等级，在五日内造报来会。
一件：确定本会第二次理监事会期案。
决议：择定九月二日为本会第二次理监事会日期。

主席 戚墨远
纪录 戚墨庭
［1194－1－851］

南汇县腌鲜业同业公会关于启用图记日期并送印模致南汇县商会整理委员会呈

（1946年8月5日）

事由：为启用令颁本会图记日期并拓附印模备文呈请钧会存查并祈转呈县府党部仰祈鉴准由
呈为启用令颁本会图记日期并拓附印模备文呈请钧会存查并祈转呈县府党部，事窃于本年七月三十日由县府颁发本会木质图记一颗文曰"南汇县腌鲜业同业公会图记"，业于八月一日开始启用兹拓附印模三份呈请鉴准存查并祈转呈县府党部存查，实为公便。
谨呈
南汇县商整会主任委员潘

南汇县腌鲜业同业公会理事长（印）呈

附拓附印模三份〈下略〉

中华民国三十五年八月五日
［1194－4－11］

南汇县政府关于核示腌鲜业同业公会成立公会经过等致南汇县商会整理委员会指令

（1946年8月10日）

南汇县政府指令发文社字第三九九五号
中华民国三十五年八月十日

事由：据呈报腌鲜业同业公会成立公会经过暨附送章程会员名册职员履历册等件，经核大致尚无不合，应准颁发立案证书仰转给祇领由

令县商会整理委员会

卅五年七月廿日呈一件，为转报腌鲜业同业公会成立大会经过附呈章程、会员名册、职员略历册等件仰祈鉴赐立案由。

呈件均悉，经核该腌鲜业公会所订业规第六条"为谋本会同业整个利益及便利推进会务起见，如有新设同业必须捐助本会基金，甲种贰拾万元，乙种拾万元"，跡近垄断应予删除，其余尚无不合，准予立案随发立案证书壹帋，仰查收转给祇领至该会图记亦经刊刻并仰转饬派员来府具领为要。

此令。附件存。

附发南汇县腌鲜商业同业公会立案证书一纸[①]

县长徐泉

［1194－4－11］

南汇县腌鲜业公会关于公会经费由戚杰君收取的通知

（1947年2月10日）

南汇县腌鲜业公会通知

中华民国三十六年二月十日

迳启者：兹有本会干事戚墨庭因往他就业于上年十二月向本会辞退遗缺，现由戚杰君继任嗣后，关于本会经常费一项均由戚杰君前来收取理应函达通知，即希查照为荷。

此致

先生

理事长戚墨远

［1194－4－11］

南汇县腌鲜业公会关于欠会费会员补缴经常费及调整经常费情况的通知

（1947年3月）

南汇县腌鲜业公会通知

肉字第二四七

民卅六年三月日

迳启者，本会成立已半年余承各商业予以协助推进会务得以相当顺利，而有少数会员抗纳经常费之举，事系违反会章，刻奉县府社会科令知为各同业公会，如有会员违反会章、抗纳经常者，应具文呈报以凭予以相应处理等情，兹特相应函达希各所欠会费之会员于三月份前一并补缴，以维会务。其次尔来物价增加一三倍，本会原订经常费早不敷开支，兼以自三月份起本会应缴商会会费增加百分之五十，再有职员待遇亦须照加以便安心办事际此窘境，如不予调整实有不能维持之感，为特兹将本会经常费重行改订于后！

（一）原订甲等经常费三仟五百元改缴伍千元正；

（二）原订乙等经常费贰千五百元改缴四千元正；

（三）原订丙等经常费壹千五百元改缴叁千元正。

前项所重订之经常费自本年三月份起施行，特此相应函达即希查照并希照章缴纳为荷。

此致

① 原文缺。

南汇县腌鲜肉业同业公会启

[1194－4－11]

南汇县腌鲜业同业公会呈报启用新图记并作废旧图记

(1947年4月29日)

〔事由：南汇县腌鲜业同业公会呈报启用新图记并作废旧图记由〕

四、廿九日

案奉钧府社字第二〇七八号训令略开：

“江苏省社会处苏社一字第九〇三二号指令以腌鲜业公会应于该会业字上加一‘商’字以资区别等因，奉此至该商会图记重行刊发仰即派员来府具领为要此令”等因，业经派员具领到会，即日启用并将前发图记弃角作废并备文具报前来，仰祈鉴核存查，实为公便。

谨呈

[1194－4－11]

南汇县腌鲜商业同业公会为调换图记致会员通知

(1947年5月1日)

事由：为本会调换图记由

南汇县腌鲜商业同业公会通知

卅六、五、一日

兹奉南汇县政府社字第二〇七八号训令内开：“为本会原有图记着即取销，重行颁发”等因，奉此派员具领来会，文曰‘南汇县腌鲜商业同业公会图记’，自五月一日起始用，除呈报分行外，相应函达，即希查照为荷。

此致

会员

理事长

常务理事

[1194－4－11]

南汇县腌鲜商业同业公会请转税捐处减轻屠宰税税率致南汇县商会的公函

(1948年1月7日)

事由：准议函请转呈县府迅饬税捐处减轻屠宰税率利苏商困由

南汇县腌鲜商业同业公会公函

肉字第贰号

民国三十七年一月七日

查本业屠宰税自县府于去年十二月二十七日以财字第五六一号布告各屠商须照最高税率百分之十从价征收每头十九万元，及最近之又须加征每头廿四万元，消息传出后，各镇同业佥以商业萧条之南汇，课此重税实属无力负担，而征收人员急如星火，群情惶□，纷纷来电顿促召开会员大会商讨请减办法，业于本月六日开会决议，一、“检附上海市本年一月一、四两日屠宰税收据影片，请县商会转呈县府，顾念商艰转饬税捐处，猪只重量援上海市成例每只八十斤计算，税率亦照上海市每头五万元课征，即使仰体县府财政困难，至多仍照百分之五，俾轻负担稍苏商困”。二、“屠宰税在税率未奉核减前暂缓缴纳”等语纪录在卷，准查本案确召失当之处，兹将理由暨请求目的条陈如后。

理由：

一、县府布告内载"屠宰税法及江苏省各县市屠宰税征收细则规定从价征收其税率百分之五，省府令转国民政府修正屠宰税从价征收，其税率最高不得超过万分之十"之规定，系仅前定万分之五税率并不废止，且按其最高不得超过百分之十意义实含有"□诫"税收机关过事苛征特加限制之深意，绝无硬性规定须征收百分之十字样，今税捐处诿为国府之命令必欲照最高税率课征实为曲解功令，□近故意苛求，此其不舍理者一。

一、国府不废止百分之五税率而加以最高不得超过百分之十之规定，实留伸缩之余地，使□税机关得体察地方之肥瘠，商业之盛衰，量情课税俾臻平允，今税捐处以瘠地而课重税，此其不合理二。

一、南汇经八年沦陷，商业摧残殆尽，兹□胜利二载惟以地方多，故元气未复，尤其本业物品非重要民食营业更形衰惫，税捐处宜加体察，低税课征扶植商业之繁荣，则税源自旺乃不此之□一味苛求，此其不合理者三。

一、当此通货膨涨，农村与市廛两将倾溃之秋，中人以下早有三月不知肉味之□若仍一味"征苛"将无食肉之人，则吾同业势将先趋崩溃，税从何出此，其不合理者四。

一、国府修正税率并不指出地界，其为全国性而不分省市者明矣今上海市乃全国第一商埠实为金钱世界商业之盛衰相差天壤，且与本县仅一浦之隔肉价又高于本县而其一月一、四两日之屠宰税每头仅五万元不及最低税率之半，则吾南汇自应等而下之方为允当，今税捐处不惜人言罔顾商艰，此其不合理者五。

一、税捐处如果定欲例行逆施亦应先请国府废止最低税率并将"最高不得超过"此字删去然后征收否则不仅使商人之因重税而崩溃摧残邦本且与功令自属矛盾，此其不合理者六。

请求目的

一、猪只重量援照上海市成例以八十斤计算；

一、税率亦照上海市每只五万元课征如有调整亦随之转移；

一、即使仰体县府财政困难至多仍照百分之五课征。

综上所述俱属实情理合检附拍摄之上海市本年一月一、四两日屠宰税收据照片两帧函希

贵会转请"府县"迅饬税捐处按照请求目的课征并在税率未奉核减前转缓征收免滋纠纷为荷

此致

南汇县商会理事长潘

附奉上海市本年一月份屠宰税收据影片两帧[①]

理事长戚墨远

［1194－4－11］

南汇县腌鲜商业同业公会关于召开理监事及各主任联席会议函

（1948年1月13日）

敬启者：兹定于本月十八日上午十时召开理监事及各主任联席会议商讨重要事件届期务准时出席为荷

此致

各理监事 主任

请办要件附后：

一、经费已待用孔亟本月份会费请各主任向同镇同业收齐出席时带来，其数目照十五日市价届时余还缺补。

一、附奉入会志愿书，请所有同镇或附近同业之未入会者，请主任先嘱填就连同入会费及会费一并带来。

一、入会费暂定鲜肉贰斤照市价折收法币。

---

① 原文缺。

一、附奉表格一种请主任将同镇及附近各同业依式填齐带来。

南汇县腌鲜肉业同业公会启

卅七年一月十三日

［1194－4－11］

南汇县腌鲜商业同业公会关于第二次会员大会纪录及办事处主任表致南汇县政府呈

（1948年1月13日）

事由：呈报第二次会员大会纪录及办事处主任表祈准备案由

南汇县腌鲜商业同业公会呈肉字第一号

民国三十七年一月十三日

查本会第二次会员大会业于本月六日请由钧府派员指导如期举行所有应办事项均经决议纪录在卷，准议前由除分别函呈外理合检同会议录暨办事处主任一览表备文呈报，仰祈鉴准备案。

谨呈

南汇县长龚

附呈会议录及办事处主任表各一份

理事长戚墨远

〔附1〕

南汇县腌鲜商业同业公会第二次会员代表大会纪录

日期：卅七年一月六日下午一时　　地点：南汇县商会

出席者：会员□百卅九人

列席：县党部—陆祖鹤　县政府—邱虚白　县商会—潘子平

主席：戚墨远

主席报告：本会因会员之欠缴会费以致会务久已无形停顿，推原其故，大根因本人德薄能鲜难孚众望使然，几欲向大会辞职以谢不敏，奈为经济所限延未召开，但对有关机关早已声明此次为税捐问题，各镇同业纷纷来电请求召开大会讨论请减办法，事关同业福利，在私人立场亦应尽些义务。所以今天邀请各位来开会，然培枝必须固本原远而后流长，故本人的意思，第一先把本身健全起来然后才有好果，兹将管见所及分别先后提请表决并请各位届留一夕，明日续开大会重行选举理事长以让贤路而副众望，再各位如有临时动议请即提会讨论为荷！

讨论事项：

一件：为求本会健全起见人事方面应先整理，拟设书记一人，会计兼收费员一人，勤工一人，由理监事督导重整会务，限期完成，是否有当提请公决案“提议人戚墨远”。

决议：照案通过。

一件：本会经费预算拟定书记月支白粳壹石五斗，会计兼收费员月支壹石五斗，勤工月支六斗，办公费商会费等每月六斗，房金电灯茶什等费每月叁斗，理监会议膳什费每月壹石，合计白粳五石五斗，如有意外之必要开支临时议筹是否有当提议公决“提议人戚墨远”。

决议：照案通过。

一件：收费办法拟分甲乙两等，并改筹物质免受物价波动影响（甲）每月鲜肉壹斤半（乙）每月鲜肉壹斤，按照本会所在地每月十五日市价折收法币，逐月调整，如有本月欠缴者，须照下月调整价格缴纳欠缴，逾两月者，除追缴所欠外并依法议处之“提议人戚墨远”。

决议：照案通过。

一件：本会过去因无办事处之设立，恒有鞭长莫及之感，拟以镇为单位或以旧区为单位，每镇有同业三家以上者设办事处于该镇，区之同业中互推一人为办事处主任佐助本会处理应办事务，是否有当提请公决“提议人戚墨远”。

决议：以镇为单位即席推定主任，其未满同业三家之小镇于主任会议时视距离之远近交通之便利与否议附于已有办事处之市镇“推定之主任另行列表通知之”。

一件：同业抗不入会者应如何处置案。

决议：依法严厉执行。

附注：因经费不敷会计减为八斗，书记减为九斗，勤工减为叁斗，房金减为贰斗。

会址附设县商会内。

一件：按屠宰税率从价征收百分之五至百分之十之规定，政府实寓体察商情之荣枯为伸缩之余地，现税方须照原高税率百分之十课征似欠平允。盖本县受敌伪八年之蹂躏疮痍满目，兹虽胜利二年，惟以地方多故，原气未复尤其本业售品并非主要民食营业更形疲敝，对此最高税率实属无力负担应如何请求减轻案。

决议：检附上海市本年一月一、四两日屠宰税收据拍摄之照片请县商会转呈县府顾念商艰转饬税捐处，猪只重量援照上海市之成例每只八十斤计算税率，亦照上海市每头五万元课征即仰体县府财政困难，至多仍照百分之五俾轻负担稍苏商困。

一件：屠宰税之缴纳在未奉准减轻前应如何办理案。

决议：在税率未奉核减前暂缓缴纳。

一件：本人前□诸位谬推为理事长，自知才不胜任望，不孚众会务之不振，难辞其咎谨向大会辞职，请予另选贤能以副众望而利会务案“提议人戚墨远”。

决议：一致慰留。

主席 戚墨远

纪录 沈达权

〔附 2〕

各镇办事处主任一览表

镇　别	店　号	主任姓名	镇　别	店　号	主任姓名
周　浦	洽　大	陈吟泉	北　蔡	公　记	徐火生
大　团	祥　源	方幸根	横　沔	张万昌	张阿根
新　场	任陞记	任陞堂	六　灶	吴新泰	吴关福
南　汇	源　兴	沈根林	瓦雪村	顾协兴	顾吉卿
盐　仓	王生泰	王金楼	龙王庙		□华根
祝　桥	周顺茂	周掌生	御家桥		王阿六
张　江	元　昌	蔡端方	三　灶	黄万丰	黄麟生
坦　直	裕昌协	潘裕德	沈　庄	源　昌	康根宝
下　沙	蒋洽昌	蒋才星	□家镇	陈顺兴	陈国生
陈　桥	唐合兴	唐叔荣	黄　路	富祥大	富根初
航　头	洽源恒	金庆源	江　镇	王源茂	王炎根
鲁　汇	西永丰	徐生堂	张家桥	姚进隆	姚承远
杜　行	朱万兴	朱泉根	三　墩	叶万茂	叶心田
邓　镇	聚　兴	张关林	六灶湾	沈盛兴	沈金林
施　镇	同　兴	盛春根			

〔1194－1－851〕

南汇县腌鲜商业同业公会关于第六次理监事暨办事处主任联席会议纪录致南汇县政府呈

（1948年2月29日）

事由：呈报第六次理监事暨办事处主任联席会议纪录祈鉴核由

南汇县腌鲜商业同业公会呈肉字第一〇号

中华民国三十七年二月二十九日

查本会第六次理监事暨办事处主任联席会议常会已于本月二十八日循例举行所有应行事项，经决议纪录在卷，除分知外理合检同会议录备文呈报，仰祈鉴核。

谨呈

南汇县长龚

附呈会议录一份

理事长戚墨远

〔附〕

南汇县腌鲜商业同业公会第六次理监事暨主任联席会议纪录

时间：三十七年二月二十八日下午一时

地址：县商会　　出席者二十一人

报告事项

一、出席专员公署十县税捐处长暨十县本业同业公会理事长调整屠宰税联席会议经过情形。

一、专署会议税捐处长提议三月一日起调整为每头廿八万元，各理事长都未承认寻知作为决议，缘于本月廿八日在沪召开十县肉业公会理事长联谊会，讨论结果公衔呈请专署体念商艰暂缓调整。

一、本会接获税捐处通知三月一日起须加征为廿八万元当即函复，在未奉专署明令核示前请仍照原额廿四万元征收。

一、会计报告经费收支情形。

讨论事项：

一、税捐处通知三月一日起屠宰税须调整为每头廿八万元虽已陈请其暂缓调整，仍照廿四万元征收，如税捐处不加采纳强迫征收时应如何办理案。

决议：如政府不恤商艰强迫征收屠商无力负担因兹营业无法维持时停业。

一件：本人过去对外出席如专署之调整屠宰税会议等已有数次，□以才力不逮每遇难题不能应付裕如，尤以时间关系不及征询各会员之意见，未获实惠同业致有少数会员之责备咎何能辞负疚良深，除待下届会员大会辞退请另选贤能以谢不敏外，夫当多事之秋，对外不可无负责之人，敬请推举代表负责一切以谋同业福利案（提案人戚墨远）。

决议：除理事长为当然代表外并推定周浦陈吟泉、大团方幸根、新场任陞堂、北蔡唐思慎四位先生为对外出席代表。

主席 戚墨远

纪录 沈达权

［1194－1－851］

南汇县腌鲜商业同业公会关于增加肉价致南汇县政府呈

（1948年9月1日）

事由：售价不敷成本拟援例增加二成并祈赐准示遵由

案准税捐处税四字第三八号公函:“自八月廿七日起调整屠宰税猪每头征金圆一元六角”(照八月十九日税额加二成)等由,准经电知所属去后。旋据各会员来称本县因各地情形不同,各镇肉价故不一律,如北半县接近沪郊之杨家镇八月十九市价猪肉每斤金圆□,张江北蔡御桥龙王庙等每斤□,而南半县各镇每斤仅□至□之间,而近沪各镇猪只来源大多购自沪地,自经济紧急处分令颁布后沪上难能购到,乃纷向南半县采购,其售价钜收价自亦钜,致南半县各业照十九日原价无法购进然售价为遵守国府法令咸忍痛牺牲,仍照十九日市价出售,实已不敷成本而屠宰税现又增加二成更形不支,若不设法救济营业将□停顿揆□国计民生□俱无益。拟援屠宰税涨价先例,每斤售价亦加二成,稍资弥补等语查系实情,理合备文呈请,仰祈钧县体念商难,准赐援例涨并祈示遵,实为公感。

谨呈

县长熊

理事长戚

〔中华民国三十七年〕九月一日拟稿

[1194-4-42]

南汇县政府关于核准售价增加致腌鲜商业公会理事长戚墨远指令

(1948年9月8日)

事由:据呈请增加售价一节指令遵照由

令腌鲜商业公会理事长戚墨远

呈乙件,为售价不敷成本拟援例增加二成,呈祈赐准示遵由。

呈悉。查本县此次调整屠宰税系依照省令由上海县召集会议决议。按照八一九市价分期调整并非事后增加。该会所称因调整屠税而不敷成本,拟请增加售价一节。当据情转请,省政府核示。在未奉准以前不得私自擅涨致干未便,仰即遵照并饬属遵照为要。

此令。

中华民国三十七年九月八日

县长熊鹏

[1194-4-42]

南汇县腌鲜商业同业公会关于调整售价并请派员指导致南汇县政府呈

(1948年9月13日)

事由:遵工商部令开会调整售价免亏血本,祈派员指导由

南汇县腌鲜商业同业公会呈肉字第三七号

查本业售价不敷成本难以维持。前经呈奉钧府鹏二字第五三五二号指令:“转呈省政府核示”等因,奉查省府核示,□必需时向本业各会员刻已无力牺牲,即将断屠,若不急谋救济即将歇业。如此不仅同业生计断绝,即屠宰税从何起揆□□,计民生无裨益。兹阅九月十二日浦东报刊载工商部通令要点第二点内载“如不尽量供应市销或抬价超过八月十九日依兑换率折合金元价格未经当地主管官署核准调整者以□□论”,又第六点末段“此项办法在县市为县市政府执行”之规则,如果不敷成本,事可调整合,但须经地方主管官署之核准殊为明显,为敢遵照。其规定订于本月十六日下午二时邀请县党部、县参议会、县警察局、县商会、县农会各机关首长假县商会开会商议救济办法,按照成本酌加利润予以调整,除分别函呈外,理合检附蚀本情形书备文呈报,仰祈钧长曲鉴下情准予派员训导,公私两感。

谨呈

县长熊

理事长戚

〔中华民国三十七年〕九月十三日封发

［1194－4－42］

南汇县政府关于调整售价致南汇县腌鲜商业公会指令

（1948年9月23日）

事由：为据请调整售价一案指仰遵照由

南汇县政府指令鹏四字第五九一八号

中华民国三十七年九月廿三日

令腌鲜商业公会理事长戚墨远

本年九月十三日呈一件：为拟遵工商部令调整售价免亏血本，祈准示遵由。

呈件均悉。查此案前，经本府据情转请省政府核示并指复在案所请，仍仰俟奉省令后再行转饬遵照。

此令。件存。

县长熊鹏

［1194－4－42］

南汇县腌鲜商业同业公会第八次理监事暨办事处主任联席会议纪录

（1948年9月28日）

日期：卅七年九月廿八日下午二时　　地点：县商会

出席者二十七人

列席：经济检查队郭队长述真　　第一组陈组长凯

主席：戚墨远　　报告事项（略）

讨论事项：

一件：本县同业售价当兹经济紧急措施时期，自应一律俾政府易于管制，同业可不致误触法网，为请经济检查队郭队长、陈组长莅临，请体念商艰，按照成本酌加合法利润评定售价，关于进本方面希尽量贡献以作参考案。

决议：1. 进价目分为四种（一）天秤每只除小斤者每担毛豕金圆叁十捌元，（二）天秤不除者每担叁十五元，（三）会秤不除者每担叁十贰元，（四）市秤不除者每担叁拾元。

2. 售价不分精肥每市斤五角五分，平头每斤二角八分，板油每斤六角六分，水油每斤五角五分，肚子每只六角八分腰子每付四角，猪肝每斤四角八分，肠每斤二角，生血每作五角五分，心肺每只五角五分，本肉皮每斤壹元六角五分（均以金圆计算），熟血每斤六分（亦金圆满计），以上价格全县一律售价，不得参差分毫，进价不得抬高，如遇猪身劣者得视实际情形酌予减低，惟至多不得超过三元，由经检队通饬各组知照进价并由政府通饬各乡镇保甲长转谕，蓄猪居民不得要挟抬高，以上各点如有违背从严征处。

一件：本会首届理监事任期已满请确定大会日期改选案。

决议：定十月十二日下午十时为大会日期

主席 戚墨远

纪录 沈达权

［1194－1－851］

南汇县腌鲜商业同业公会关于会员大会理监事会议纪录及略历表致南汇县党部呈

（1948年10月24日）

事由：呈报会员大会理监事会议纪录及略历表祈核备

南汇县腌鲜商业同业公会呈肉字第四一号

中华民国三十七年十月廿四日

查本会第二届会员大会已于本月十二日举行所有重要事项及理监事之改选均已办竣，并于同月十七开第二届第二次理监事联席会议，推选戚墨远为理事长纪录在卷，除分别函呈外理合检同会员大会及理监事会议纪录暨理监事略历表备文呈报仰祈鉴核，准予备案，实为公便。

谨呈

南汇县党部

附呈会员大会纪录、理监事会议纪录、理监事略历表各壹份、章程壹份

理事长戚墨远

〔附1〕

南汇县腌鲜肉业同业公会第二届第一次会员代表大会会议纪录

日期：三十七年十月十二日上午十时

地点：县商会

出席者：戚墨远等七十四人

列席者：宋富年县党部　沈达权南汇县商会　徐赓平川沙县肉商公会　顾秋涛川沙县肉商公会

主席戚墨远

报告事项（略）

讨论事项

一件：本届大会费用如何筹用案

决议：每会员收金圆壹元

一件：本业营业以冬季为最旺全年应纳各种税捐赖以□补兹有牟利之徒乘此设肆投机取巧殊妨会员福利应如何办理案

决议：嗣后如有新设者须于未开业七日前报会登记请领证书否则呈请县府勒令停业

一件：本会前订章程或有不便之处应否修正案

决议：修正通过

一件：理监事任期章程原订四年二年抽选半数而抽去者不得当选则能实际负责会务之理监事如被抽去对于会务推行殊有关于且二年中新入会员之被选位置亦□减少数本条已修正为二年本届改选应否照修正条文办理案

决议：照修正办理

一件：请推定选举工作人员案

决议：推金庆源、蒋镇国为监票，任陞堂为唱票，王志芳为写票开始选举

选举结果揭计

方幸根得六十五票　戚墨远得六十票　任陞堂得五十三票

蒋镇国得五十八票　周掌生得四十一票　金庆源得三十六票

陆燕根得三十三票　王金楼得三十一票　蔡端方得三十九票

以上九人当选为理事

黄咸垠得二十八票　沈根林得二十二票　傅关祥得十七票

以上三人当先为候补理事
吴源坤得三十票　江汉臣得二十八票　黄锡坤得二十六票
以上三人当选为监事
胡义高得十五票　当选为候补监事

主席 戚墨远
纪录 王志方

〔附2〕

南汇县醃鲜肉业同业公会第二届第二次理监事会议纪录

日期：三十七年十月十七日下午一时
地点：县商会
出席者：戚墨远等十一人
列席者：何维清县政府　陆祖鹤县党部　沈达权县商会
公推方幸根为临时主席
报告事项(略)
讨论事项
一件：请推常务理事案
决：公推方幸根、戚墨远、蒋镇国为常务理事并互推戚墨远为理事长
一件：请推常务监事案
决：推江汉臣为常务监事
一件：请确定职员薪给案
决：文书、书记兼会计、干事各月支念元，勤工八元
一件：会员证应否制发案
决：制发并推沈根林君办理
一件：本业工友薪给原以米计现应如何折给金圆案
决：照各该地米价折给金圆

主席 方幸根
纪录 王志方

〔附3〕

南汇县醃鲜业同业公会第二届理监事略历表

职　别	姓　名	年　龄	籍　贯	通　讯　处
理事长	戚墨远	35	南汇	惠南镇烜陞肉庄
常务理事	方幸根	24	南汇	大团南湾祥源
常务理事	蒋镇国		南汇	下沙蒋洽昌
理　事	任陞堂	48	南汇	新场镇任陞记
理　事	周掌生	59	南汇	祝桥周顺茂
理　事	陆燕根	35	南汇	大团陆长泰
理　事	金庆源		南汇	航头洽恒源
理　事	王金楼	44	南汇	盐仓王森泰
理　事	蔡端方		南汇	张江蔡元昌
候补理事	黄咸根	41	南汇	江镇黄元茂
候补理事	沈根林	40	南汇	惠南镇源兴肉庄

续 表

职 别	姓 名	年 龄	籍 贯	通 讯 处
候补理事	傅关祥		南汇	北蔡公记肉庄
常务监事	江汉臣	48	南汇	惠南镇永大肉庄
监 事	吴源坤	22	安徽	六灶镇吴信泰
监 事	黄锡坤			召楼黄福茂
候补监事	胡义高	41	安徽	大团中市协源祥

〔附 4〕

南汇县腌鲜业同业公会章程

第一章　总则

第二条　本会定名为南汇县腌鲜业同业公会。

第四条　本会之区域以南汇县之行政区域为范围，会所暂设于南汇城内。

第二章　任务

第五条　本会之任务如左：

七、如遇重要事项须经大会决议而有时间性者得授权理事会决议办理提交下届大会追认。

第三章　会员

第十三条　本会同业不依法加入本会或不缴纳会费或违反章程及决议者应予以警告，警告无效时得由本会呈请县府予以左列之处分：（一）十元以上二十元以下之违约金，（二）有期间停业，（三）永久停业。

第四章　组织及职权

第五章　会议

第六章　经费

第卅条　前条入会费比例于其规定金圆五十元，会员于入会时一次缴纳之。

第卅一条　经常费规定甲等一元，乙等八角，每月征收之。

第七章　附则

［1194-1-1025］

南汇县腌鲜商业同业公会关于肉价未跌原因致浦东报社函

（1948年12月3日）

敬启者顷阅十二月二日

贵报刊载“读者来问为何米价跌，肉价不跌，嘱本会负责人答复等语”新闻，则答复如下：毛豕平均每担白米叁石，再加屠宰税六十四元，杀费念元，总合成本米五百拾五斤，每担毛豕均扯杀见白肉捌拾斤每斤售拾肆元，约值米柒斤，则每担毛豕售合白米伍百陆拾斤，计盈四拾五斤，利润不满九厘二日米，价减售每斤壹元八角肉价，亦每斤减售拾贰元，当此营业清淡各种捐款繁重加之店中必要开支照此利润，同业尚有敷衍为难之感承询特复即希披露为荷。

此致

浦东报社

主笔先生雅鉴

南汇县腌鲜商业同业公会理事长戚墨远（印）

〔中华民国三十七年〕十二月三日

［1194-4-11］

南汇县腌鲜商业同业公会关于出示禁止肉贩摆街兜喊致南汇县政府函

（1948年12月11日）

事由：据情呈请出示禁止肉贩由

南汇县腌鲜商业同业公会呈肉字第四八号

兹据本会召楼镇办事处主任黄雪坤来电称："本镇近来发现肉贩摆街兜喊，不遵守售价，扰乱营业，不浅请设法制止"等情，据查该项肉贩售价既不遵守，甚且兜揽顾客，非但妨害营业间接影响国库收入，若不急加制止，何如安定我肉商营业而增裕库收据，称前情理合备文呈请仰祈鉴核，准予出示公告禁止以利营业而裕库收，实为公感。

谨呈

县长熊

衔名

〔中华民国三十七年〕十二月十一日拟稿

［1194－4－11］

南汇县税捐稽征处关于肉贩摆街兜喊不遵守售价扰乱营业案致腌鲜商业同业公会函

（1948年12月18日）

事由：为函覆肉贩摆街兜喊不遵守售价扰乱营业由

南汇县税捐稽征处公函税四字第七四七号

中华民国三十七年十二月十八日

案奉县长交下贵会肉字第四八号公函一件饬查照法令办理等因，查外来鲜肉倾销县属市场前据周浦张江两分处呈报业经令饬查明该肉贩所持纳税凭证是否相符，分别办理在案，本案情事相同除令饬召楼分处查明依法办理外，相应函达查照。

此致

南汇县腌鲜商业同业公会

处长金燮斋

［1194－4－11］

南汇县腌鲜商业同业公会呈报第二届第三次理监事会纪录

（1949年3月18日）

事由：为呈报第二届第三次理监事会纪录祈核备由

南汇县腌鲜商业同业公会呈肉字第五一号

中华民国三十八年三月十八日

查本会第二届第三次理监事联席会议业于三月十七日举行出席，理监事八人讨论要案三件均经决议纪录在卷，除分行外理合检同纪录一份备文呈报，仰祈鉴核准予备查。

谨呈

县长孙

附纪录一份

理事长戚墨远

〔附〕

南汇县醃鲜商业同业公会第二届第三次理监事联席会议纪录

日期：三十八年三月十七日下午二时

地点：县商会

出席：八人

列席：县商会沈达权

主席：戚墨远

报告事项（略）

会计报告收支状况

讨论事项：

乙件：章程第十三条之违约金及第卅条之入会费因受物价影响已不适用应如何修正案。

决议：按当时违约金（十元至二十元）之数值米六斗至乙石贰斗，兹酌量修正为“五斗以上乙石以下”入会费按当时“五十元”值米二石余兹量修正为“白米乙石五斗”。

乙件：本会收费原定依照十五日肉价折收金圆兹以物价动荡一日数涨影响收支至巨应如何设法改善案

决议：三月份起收费依照当地当日肉价折收金圆，并即日购存实物以免损失。

乙件：客户欠账常有数月未付致周转不灵影响营业不浅应如何办理案。

决议：欠账以一月为限逾月归还时每月加利息百分之三呈准县府后施行。

主席 戚墨远

纪录 王志方

［1194－1－851］

(二十五) 南汇县医师公会

南汇县医师公会关于第三次会员大会改选理监事等致南汇县党部呈

（1948 年 10 月 4 日）

事由：为呈报第三次会员大会改选理监事及交接手续经过情形祈核备由

南汇县医师公会呈医会字第三九号

中华民国三十七年十月四日

查本会于九月三十日在本会会所(附设南汇医院)开第三次会员大会，当蒙政党及卫生院代表何维清、陆祖鹤、蒋书根三先生列席指导，所有决议事项及改选理监事经过情形均各纪录在卷。兹经前任常务理事王道将印信文卷帐目银钱等交接清楚，理应附同会议纪录、职员略历表、会员名册、会章一并呈送，仰祈鉴核备案，实为公便。

谨呈

南汇县党部

附呈会议纪录、职员略历表、会员名册、会章各壹份

常务理事董兆腾

〔附 1〕

南汇县医师公会第三次会员大会纪录

日期：三十七年九月卅日下午三时

地点：南汇医院

出席者：廿二人

列席者：县政府何指导维清　　县党部陆指导祖鹤　　卫生院蒋院长书根

主席：王道

报告事项

主席报告(略)

代表致词(略)

会计报告：三十七年一月四日至九月廿三日止收支总数因经费不足，尚欠文牍贴薪白米二石(夏秋两季)。

讨论事项：

一件：(一) 前应经常费不敷开支，(二) 按季收取不克及时应用应否仍照会章按月收取，(三) 应改为金圆案。

决议：(一) 依规定季费追收会员前欠抵补，(二) 按季收取，(三) 每季金圆五元入会费同。

一件：会员营业状况各异，经常会费应否分等收取案。

决议：均等征收。

一件：经常会费应如何按时收取案。

决议：每镇托会员代收汇转。

一件：本县开业医师拒不入会者应如何办理案。

决议：劝告、警告，警告无效时呈请县府依法执行。

一件：临时会员得到甄训及格批示者应否为正式会员，甄训不及格者是否仍为临时会员案。

决议：甄训准许执业者为正式会员，未奉批示及须受训者仍为临时会员，甄训不及格者应出会。

一件：会员诊例应如何规定案。

决议：（一）门诊最高五角，出诊镇内四元，镇外每距远一里加一元，在限价以内得自由升降。（二）诊断书每件五元，鉴定书十元，是项诊断鉴定书代价全数充作本会福利金。

一件：会员需用药品应如何请求配给案。

决议：由会员请求配给，分配与各会员。

一件：会员兼用中药者应否制止案。

决议：请卫生院呈县核示。

改选理监事

选举结果：理事：董兆鹏　王道　瞿崇俭　左平益　潘甘霖当选

候补理事：王平成当选

监事：袁天放　毛保诚当选

候补监事：濮振东当选

互选董理事兆鹏为常务理事

主席：王道　纪录：沈达权

〔附 2〕

南汇县医师公会职员略历表

职　别	姓　名	性　别	年　龄	籍　贯	出　身	经　历
常务理事	董兆腾	男	40	江苏南汇	东南医学院毕业	上海公立医院医师等职
理　事	王　道	男	55	浙江金华	浙江省立医专毕业	南汇县公立医院医务主任等职
理　事	瞿崇俭	男	47	江苏南汇	上海医学校毕业	南汇县戒毒所医师等职
理　事	左平芜	男	45	湖南衡阳	上海崇德医专	吴江震泽医院院长等职
理　事	潘甘霖	男	51	浙江新昌	上海东南医院毕业	大团医院院长等职
候补理事	王平成	男	47	江苏南汇	上海医学校毕业	新场医院院长等职
监　事	毛保诚	男	32	浙江诸暨	枫桥普济医院毕业	自设诊所
监　事	袁天放	男	49	江苏南通	甄训及格医师	方济医院院长等职
候补监事	濮振东	男	43	江苏南汇	上海浦东医院毕业	宏惠医院院长等职
会　计	李冰畦	男	42	江苏南汇	甄训及格医师	佛仁医院院长等职
文　牍	沈达权	男	43	江苏南汇	浦东中学毕业	南汇县县商会秘书等职

〔附 3〕

南汇县医师公会会员名册

姓　名	性　别	年　龄	籍　贯
王　道	男	55	浙江金华
董兆腾	男	40	江苏南汇
瞿崇俭	男	47	江苏南汇

续 表

姓　名	性　别	年　龄	籍　贯
姚霭园	男	46	江苏南汇
赵书绅	男	40	江苏南汇
蒋国藩	男	44	江苏吴县
潘甘霖	男	51	浙江新昌
左平芜	男	45	湖南衡阳
濮振东	男	43	江苏南汇
徐振德	男	32	江苏南汇
王聲扬	男	31	江苏南汇
王平成	男	47	江苏南汇
袁天放	男	49	江苏南通
毛保诚	男	32	浙江诸暨
吴　鼎	男		江苏南汇
华　鏶	男	33	江苏南汇
胡义园	男	35	江苏南汇
季冰畦	男	42	江苏南汇
潘月贞	女	41	江苏南汇
临时会员			
劳成福	男	35	江苏吴县
曹　菁	男	32	上海市
左鹏飞	男	35	湖南衡阳
周　导	男	37	江苏无锡
王振芳	男	36	江苏南汇
方济川	男	45	浙江鄞县
王光辉	女	41	江苏南汇
陈洁如	女	39	江苏南汇
施文生	男	42	江苏南汇
倪天石	男	41	江苏南汇
马圭如	男	34	江苏南汇
龚仁德	男	31	江苏南汇
周增煜	男	26	江苏南汇
文志新	女	36	河北大兴
黄独夫	男	33	江苏南汇
姜云亭	男	33	江苏高邮

〔附 4〕

南汇县医师公会会章

第一章　总纲

第一条　本会由南汇县医师组织之，定名为南汇县医师公会。

第二条　本会会址暂设于南汇县卫生院内。

第三条　本会之宗旨如左：

甲、共策学术之进步。

乙、勗勉医师之道德。

丙、促进及协助地方行政机关办理公众卫生事宜。

丁、集合群力扶助贫民医药。

戊、保障会员职业之权利，发挥互助精神。

第二章　会员资格

第四条　凡具左列资格之一者得为本会会员。

甲、领有卫生署医师证书而欲在本县执行业务者；

乙、凡与现行医师法第二条所列之资格相符者。

第三章　入会出会

第五条　凡有上列资格之一者，可迳向本会履行入会手续。

甲、填具入会志愿书、履历表；

乙、经常务理事审查合格，而由理事会覆核通过；

丙、缴纳入会费及常年会费。

第六条　凡入会者本会发给会员证书与会员证章。

第七条　本会会员不复在本县执行业务时，须向本会声明出会。

第四章　义务

第八条　本会会员有履行下列之义务：

甲、遵守现行医师法；

乙、遵守本会会章；

丙、出席本会集会；

丁、担任本会经费(详下条)；

戊、接受本会嘱托及答复本会谘询之事项。

第九条　经费分为三种

甲、入会费五万元；

乙、常年会费每月暂定　　元，按月缴纳；

丙、特别捐无定额，必要时征收之；

第五章　权利

第十条　本会会员对于本会有享受下列之权利

甲、有选举及被选举权；

乙、有建议权；

丙、有受本会法律顾问保护法益之权；

丁、有请求本会解决业务纠纷之权；

戊、得有挂佩本会证书证章及享受一切刊物之权。

第六章　惩处

第十一条　会员有左列事项之一者，由监事会弹劾理事会覆准之，得酌量加以警告或定期停止会权或令退会。

甲、现行剥夺公权者；

乙、犯现行医师法而被惩处者；

丙、违反本会宗旨者；

丁、不纳会费一年以上者；

戊、本会集会无故连续三次缺席并不委托代表者。

第七章　组织

第十二条　理事会由理事五人组织之，另设候补理事一人，俟理事有缺额时补充之。

第十三条　监事会由监事二人组织之，另设候补监事一人，俟监事有缺额时补充之。

第十四条　常务理事由举出之理事中互选之。

第十五条　常务理事总理本会一切事宜，但关于重要事务须开全体理事会议决之。

第十六条　监事会监本会一切事务。

第十七条　理监事均由会员中于春季大会选出之，用记名投票法以得票较多者为当选，票数同者以抽签法定之。

第十八条　理监事任期均为一年，连举得连行之，但不得连行三次以上。

第十九条　被举为理监事者不得无故辞职。

第二十条　佐理事务与缮写等得以雇员担任之，酌给津贴。

第八章　集会

第二一条　全体会员大会分常会与临时二种，均以常务理事为主席，由理事会召集之。

甲、常年会大会每春秋二季各举行一次；

乙、临时会员大会于必要时，经会员五分之一提议或理事过半数之议决得召集之。

第二二条　理事会每月一次，遇必要时得由常务理事召集临时会，凡开会时须请监事会推监事一人列席，有发言权无表决权。

第二三条　监事会由监事临时召集之。

第二四条　凡集会均须有会员或理事过半数到会始得成立，其动议之案亦须有到会者过半数赞成始得议决。

第二五条　理监事凡遇开会时，无故连续缺席三次并不委托代表者，得由候补理监事补充之。

第九章　附则

第二六条　本会章由大会通过之日起发生效力，须增订或修改之处得由大会时公决之。

摘附

一、本会会址三十七年一月四日起改附于南汇医院（第一次大会决议）

一、经常会费每季金圆五元，入会费（一次）金圆五元（第三次大会决议）

一、会员资格本会章第四条外"甄训准许执业者为正式会员，未奉批示及须受训者仍为临时会员"（第三次大会决议）

一、医师非加入所在地医师公会不得开业（医师法第九条）

一、医师公会之会员有违反法令或章程之行为者，公会得依理监事会或会员大会之决议，将其事实证据经卫生署核准予以除名，并应分呈社会行政主管官署备查（医师法第三十八条）

（说明）本会章须修改增订之处，因此次会员大会（第三次）不及讨论，爰将比较重要各点摘附如上。

［1194－1－1586］

（二十六）南汇县油麻茶瓷商业同业公会

南汇县商会关于茶瓷业恢复公会致茶瓷业的公函

（1948年1月16日）

事由：据报贵业业已恢复公会转请备案一案函复查照办理具报凭转由

南汇县商会公函南字第七二一号

案查贵业战前因有同业公会之组织，虽经本会函请整理恢复，嗣据复称："公会业已遵嘱恢复，请转呈县政府县党部备案赐颁图记"等情，据经转请县府核示去后，兹奉云一社字第一九九号指令内开："呈悉查该茶瓷业公会事前既未呈报，选举时亦未经派员监督，殊属不合，仰即转饬该公会筹备人即日组织筹备会，呈报名册会章择期召开大会，重行选举为要"等因。奉此，相应函达即希查照办理，具报凭转为荷。

此致

茶瓷业

胡子卿先生

理事长潘

〔中华民国三十七年〕一月十六日封发

［1194－4－38］

南汇县油麻茶瓷商业同业公会关于成立大会情形等致南汇县商会呈

（1948年11月20日）

事由：函复公会业已遵嘱恢复请转呈县政府党部备案赐颁图记由

南汇县油麻茶瓷商业同业公会公函卿字第一号

中华民国三十七年十一月二十日

案准贵会南字第六三四号公函嘱子卿整理前茶瓷商业同业公会积极恢复报会等由。准此，曾分函本会原理监事暨各镇同业领袖组织整理委员会着手整理，经十月二十五日及本月五日先后举行一、二两次整委会议，分头工作整理告一段落，并于本月二十日下午二时在本城民教馆举行第一次会员大会，通过会章，选举理监事，兹将各该会议记录、会员暨理监事名册并章程各三份函复查照并转呈县政府、县党部备案，赐颁图记，无任至级。

此致

南汇县商会

附本会第一、二次整理委员会、第一次大会会议录、会员、理监事名册暨章程各三份

理事长 胡子卿（印）

〔附 1〕

南汇县油麻茶瓷商业同业公会第一次理监事联席会议录

日期：卅七年十一月二十日下午四时

地点：本会

出席：全体理监事十二人

主席：胡子卿

报告(略)

讨论：

一、公推胡子卿、郑烈臣、程正为常务理事，并推胡子卿为理事长。

二、公推胡臻之为常务监事。

三、决定下次会议日期于本月月底，由本会另发通知。

散会。

〔附 2〕

南汇县油麻茶瓷商业同业公会第一次会员大会会议录

日期：卅七年十一月二十日下午二时

地点：南汇东门大街十三号

出席者：胡樑臣等二十三人

主席：胡子卿

报告事项：

主席：

一、整理经过情形。

二、对本会之希望。

讨论事项：

一、本会章程如何订定案。

决议：依照章程草案修正通过。

二、本会会员入会费应如何确定案。

决议：(一)已入会会员每人金圆四十元；
(二)新入会会员每人白米贰斗。

选举事项：

一、理事：胡子卿十四票、张赓庭十四票、郑烈臣十三票、□□十三票、胡樑臣十一票、胡树堂十一票、汪玉润十一票、汪源水十票、□□明八票。

二、候补理事：朱德亮八票、吴文斌七票、周兴纶六票。

三、监事：胡臻之六票、唐金根五票、吴永年三票。

四、候补监事：诸礼耕七票。

散会。

〔附 3〕

南汇县茶瓷油麻商业同业公会整理委员会第二次会议录

日期：卅七年十一月五日上午五时

地点：南汇东门大街十三号

出席者：胡子卿、程正、张祥清、汪玉润、吴源农、汪源水

主席：胡子卿

报告(略)

讨论：

一、今日周浦、大团委员未曾到会，本会原定二十日成立日期应否再定。

决议：（一）函各镇委员征询恢复公会之意见并请填具志愿书于五日内寄会；

（二）续上列两镇来信后分发召开大会通知。

二、大会筹备推何人负责？

决议：推胡子卿先生负责。

散会。

〔附 4〕

南汇县茶瓷油麻商业同业公会整理委员会第一次会议纪录

日期：三十七年十月二十五日上午九时

地点：南汇民教馆

出席者：胡子卿、汪玉润、黄恩铭、郑烈臣、胡櫐臣、张赓庭、曾忠明、胡臻之、程正、王源水、周兴纶

主席：胡子卿

记录：姚志刚

报告事项（略）

讨论事项：

一、请公推本会主任委员案。

决议：公推胡子卿先生为本会主任委员。

二、如何整理本会会籍案。

决议：（1）推定周浦、横沔区郑烈臣，大团、三墩区胡櫐臣，新场区王源水，祝桥、江镇区程正，南汇、黄镇区胡子卿为整理委员；

（2）重印入会志愿书交同业重填入会。

三、入会志愿书如何搜集案。

决议：（1）由各地负责人汇寄民教馆本会办事处；

（2）限十一月五日以前寄到。

四、决定第二次整委会期案。

决议：定于十一月五日为会期。

主席：胡子卿

纪录：姚志刚

〔附 5〕

南汇县油麻茶瓷商业同业公会会员名册

中华民国三十七年十一月二十日制

会员牌号	代表人			地址
	姓名	年龄	籍贯	
胡鼎昌	胡子卿	65	安徽	南汇东门外
厚生祥	汪玉润	40	同上	南汇东门
福昌	胡树棠	26	同上	同上
胜记恒	朱德亮	25	南汇	南汇东门外
张协丰	张祥清	52	同上	南汇东门
悦来昇	吴永平	49	安徽	同上
胡鼎茂	汪源水	54	同上	新场
礼和	诸礼耕	43	南汇	新场中大街 162 号
源泰	吴文斌	56	安徽	新场

续 表

会员牌号	代表人			地 址
	姓 名	年 龄	籍 贯	
胡鼎新	胡恩域	53	同上	同上
胡鼎字	胡椤臣	55	同上	大团中市
合 丰	张赓庭	65	同上	同上
唐义丰	唐金根	42	南汇	大团中市纸坊桥南首
申 泰	曹忠明	42	安徽	大团
胡义昌	胡臻之	46	同上	大团中市
泰 来	黄步清	38	同上	同上
昇大祥	洪金福	52	安徽	大团中市
天 泰	张天舟	30	南汇	大团北市
协 兴	黄志秀	26	安徽	大团南市
祥 源	王金根	31	南汇	三墩马路
同 昌	胡德发	34	安徽	三墩
沈隆兴	沈□文	25	南汇	三墩中市
胡德盛	胡介侯	37	同上	万祥镇中市
义 泰	程 正	27	安徽	祝桥
信 大	陈咸根	30	南汇	祝桥中市
新泰和	胡国椤	35	安徽	祝桥泉济街
永顺新	孟克明	37	南汇	江镇
天 顺	金紫清	42	浙江	同上
孙鸿发	孙镜明	36	南汇	邓镇中市
源顺新	汤 武	24	同上	同上
胡鼎茂	周典纶	50	安徽	新场
振昌德	郑烈臣	52	同上	周浦

〔附6〕

南汇县油麻茶瓷商业同业公会理监事名单

三七、十一、二十
经第一次会员大会暨第一次理监事会通过

职 别	姓 名	性别	年龄	籍贯	代表店号	通 信 处
理事长	胡子卿	男	65	安徽	胡鼎昌	南汇东门外
常务理事	郑烈臣	男	52	同上	振昌德	周浦
同 上	程 正	男	27	同上	义 泰	祝桥
理 事	张赓庭	男	65	同上	和 丰	大团中市
同 上	胡椤臣	男	55	同上	胡鼎字	同上
同 上	胡树棠	男	26	同上	福 昌	南汇东门
同 上	汪玉润	男	40	同上	厚生祥	同上

续 表

职 别	姓 名	性别	年龄	籍贯	代表店号	通 信 处
同 上	汪源水	男	54	同上	胡鼎茂	新场
同 上	曹忠明	男	42	同上	申 泰	大团
候补理事	朱德亮	男	25	南汇	胜记恒	南汇东门外
同 上	吴文斌	男	56	安徽	源 泰	新场
同 上	周典纶	男	50	同上	胡鼎茂	新场
常务监事	胡臻之	男	46	同上	胡义昌	大团中市
监 事	唐金根	男	42	南汇	唐义丰	大团中市纸坊桥南首
同 上	吴永平	男	49	安徽	悦来昇	南汇东门
候补监事	诸礼耕	男	43	南汇	礼 和	新场中大街162号

〔附7〕

南汇县油麻茶瓷商业同业公会章程

卅七年十一月二十日经第一次大会通过

第一章　总则

第二条　本会定名为南汇县油麻茶瓷商业同业公会。

第四条　本会之区域以南汇县之行政区域为范围,会所暂附设于南汇城内民教馆。

第二章　任务

第五条　本会之任务如左:

七、须经大会决议事项而具有时间性者授权理事会办理交下次大会追认。

第三章　会员

第六条　凡在本会区域内专营或兼营油麻茶瓷商业者均应为本会会员。

第十三条　本会同业不依法加入本会或不缴纳会费或违反章程及决议者,限期劝令加入或改过,逾期仍不遵办者应予以警告,自警告之日起十日内仍不接受者得由本会呈请县府予以左列之处分:

一、十元以上五十元以下之违约金;

二、有期间之停业;

三、永久停业。

第四章　组织及职权

第十四条　本会设理事九人,候补理事三人,组织理事会,监事三人,候补监事一人,组织监事会,均由会员大会就会员代表中选任之。理事中互选三人为常务理事,由常务理事互推一人为理事长,监事中互选一人为常务监事。

第十五条　本会得视事务之繁简由理事长设办事员助理会务。

第十七条　本会监事之职权如左:

一、稽核本会经费之收支盈亏。

第十八条　本会理监事之任期均为一年,连选不得连任。

第十九条　理监事因故中途缺席时,由候补理监事递补以补足原任之任期为限。

第五章　会议

第二十五条　本会理监事会每三月开会一次。

第二十六条　理监事会开会时须有理监事过半数之出席,其决议案须有出席过半数会员之同意方可行之。

第六章　经费

第二十八条　会员入会费规定白米二斗(得以米市折算),会员于入会时一次缴纳之。

第七章　附则

第三十四条　本章程呈准县政府备案后施行之，修改时同。

［1194－4－66］

南汇县商会关于茶瓷业公会整理恢复致南汇县政府呈

（1948年12月23日）

事由：据报茶瓷业公会整理恢复一案呈祈示遵由

南汇县商会呈南字第七一二号

查本县战前原有茶瓷业公会之组织胜利后迄未恢复。前经本会函着原理事胡子卿整理恢复去后，兹据报称"经于十月廿五日及十一月五日举行两次整委会议，十一月二十日举行第一次会员大会选举理监事，将会议录、章程、名册等件报请转呈钧府备案，赐颁图记"等情。据查该会之整理及大会之选举理监事与理监事会议推选理事长，当时均未通知本会及转请派员指导暨监选，于手续上似欠完备，据报前情，理合先行备情呈请，仰祈鉴赐核示，俾便饬遵。

谨呈

县长熊

理事长潘

〔中华民国三十七年〕十二月廿三日封发

［1194－4－413］

（二十七）南汇县鱼商业同业公会

南汇县鱼商业同业公会发起人报送会议纪录致南汇县政府呈

（1948年9月15日）

事由：呈报组织鱼商业同业公会发起人会议纪录祈准组织由

南汇县鱼商商业同业公会呈鱼字第壹号

兹本业为同业福利暨协助政府宣行政令起见，拟依法组织南汇县鱼商业同业公会经于九月十四日在县商会召开发起人会议，所有应行事项均已决议纪录在卷，准议前由。理合检同会议录备文呈报，仰祈鉴核，准予组织，实为公便。

谨呈

县长熊

附呈会议纪录[①]一份

发起人金祖培等十三人

〔中华民国三十七年〕九月十五日

［1194－4－31］

南汇县鱼商业同业公会关于筹备会议纪录致南汇县政府呈

（1948年9月20日）

事由：呈报筹备会议纪录暨附件祈核备由

南汇县鱼商业同业公会呈鱼字第贰号

查本业发起组织同业公会前经呈报在案。兹筹备会议已于九月十八日在县商会如期举行，所有应行事项均经决议纪录在卷，准议前由。除分行外，理合检同会议录暨筹备员略历表，备文呈报，仰祈鉴核。

谨呈

县长熊

附呈会议录[②]、筹备员略历表各一份

筹备主任瞿增良

〔中华民国三十七年〕九月二十日封发

---

① 原文缺。

② 原文缺。

〔附〕

南汇县鱼商业同业公会筹备员略历表

姓　名	性　别	通　讯
瞿增良	男	惠南镇德兴昌鱼行
金祖培	男	惠南镇恒裕鱼行
叶振新	男	大团施合泰鱼行
潘关德	男	三墩潘聚兴鱼行
俞海泉	男	新场协顺鱼行
张林祥	男	坦直张万隆鱼行
李章兴	男	瓦屑村久大兴记鱼行
沈进林	男	航头沈合记鱼行
陈侠夫	男	祝桥陈源盛鱼行
钟松舟	男	吴家码头钟记鱼行
沈筱福	男	孙小桥沈德记鱼行
金品山	男	金家荡协泰鱼行
乔桂江	男	三灶码头裕丰鱼行
王加林	男	盐仓森记鱼行

[1194-4-31]

南汇县鱼商业同业公会关于发起人会议及第一次筹备会议纪录致各同业启事

(1948年9月)

启者,本会于于九月十四日发起组织,十八日举行筹备会议,所有应行事项均经讨论决议纪录在卷,除呈报暨分知外,相应检送纪录各一份,及希查照为荷!

此致

各同业

筹备会启

〔中华民国三十七年九月[①]〕

南汇县鱼商业同业公会发起人会议纪录

日期:三十七年九月十四日

地点:假县商会

出席:(南汇)瞿增良　金祖培　(大团)施志尚　(三墩)潘关德　(新场)俞海泉　(坦直)张林祥　(瓦雪村)李章兴　(大团)叶振新　(祝桥)陈根梅　(盐仓)孙老四　(祝桥)陆来生　(航头)沈进林

公推:金祖培先生为临时主席

报告事项(略)

讨论事项:

一件:请定筹备会会址案。

决议:暂假县商会为会址。

---

① 原文无日期,此处根据两次会议召开时间推测,记作"中华民国三十七年九月"。

一件：请推定筹备员案。

决议：公推(惠南镇)金祖培、瞿增良，(大团)叶振新，(三墩)潘关德，(新场)俞海泉，(坦直)张林祥，(瓦屑村)李章兴，(航头)沈进林，(祝桥)陈侠夫，(吴家码头)钟松舟，(孙小桥)沈筱初，(金家荡)金品山，(三灶码头)乔桂江，(盐仓)王加林先生等为筹备员。

一件：筹备期间费用如何筹措案。

决议：由金筹备员祖培设法垫支。

一件：请定筹备会议日期案。

决议：定于九月十八日下午二时。

主席：金祖培　　　　纪录：沈达权

南汇县鱼商业同业公会第一次筹备会议纪录

日期：三十七年九月十八日下午二时

地点：假县商会

出席：全体筹备员及同业卅四人

列席：县政府

公推瞿增良为临时主席

报告事项略

讨论事项：

一件：请定大会会址案。

决议：暂时附设县商会内，交成立大会通过之。

一件：请推筹备主任案。

决议：推瞿增良为主任并推叶振新为副主任。

一件：本会章程应推何人起草案。

决议：公推叶振新、瞿增良担任。

一件：会员应如何征求案。

决议：由各筹备员负责征求。

一件：本会工作人员应即雇用如何办理案。

决议：暂由筹备主任酌量雇用。

一件：请确定成立大会日期案。

决议：定十月十五日上午九时为大会日期。

一件：大会经费应如何筹措案。

决议：仍请金筹备员祖培设法垫支。

一件：推选理监事时，如会员中有特殊事务事实不能出席大会时，应如何补救案。

决议：可托由该镇筹备员代行选举。

主席：瞿增良

纪录：沈达权

[1194-4-31]

南汇县政府关于核示组织南汇县鱼商业同业公会给公会筹备主任瞿增良指令

(1948年9月27日)

事由：据呈报组织鱼商业同业公会指饬知照由

南汇县政府指令

中华民国卅七年九月廿七日
发文鹏一社字第六三五六号
令鱼商业同业公会筹备主任瞿增良
本年九月十五、廿日呈两件，为呈报组织鱼商业同业公会祈准组织由
呈件均悉，准予组织并仰遵照商业同业公会法第十、十一两条分别办理，具报为要！
此令。件存。

县长熊鹏
［1194－4－31］

王东生关于孙小桥镇不按鲜鱼管制价交易情况致南汇县鱼业同业筹备会声明

（1948年9月29日）

〔事由〕：阅浦东报载孙小桥镇不按鲜鱼管制价交易警异声明

按孙小桥鱼行商业于本月有十八日在南汇商会开鱼业同业公会筹备会，但本镇鱼商不知详细未及赴县报告报到后，悉管制价鲫鱼四角柒分，黑鱼贰角叁分，本镇鱼商按照管制价交易，其中有不少之鱼未越电池一步。查报载违反不按管价交易。我镇位于浦左邻唯沪浜，近来上海各鱼贩因管制严励，各鱼贩上等鱼货不能尽量购办，故各奔浦东采办。在本镇受到影响不少，所不按管价交易者即此辈沪上赴乡采购，鱼贩该报不知细情竟加罪予本镇鱼商，仍恐淆惑听闻，特专声明。此至

南汇县鱼业同业筹备会鉴

王东生
孙小桥长源盛鱼行具
三七、九、二十九
［1194－4－31］

南汇县鱼商业同业公会关于定期召开成立大会并请派员指导致南汇县政府、党部呈

（1948年10月4日）

事由：定期召开成立大会呈祈派员指导由

南汇县鱼商业同业公会呈鱼字第三号

查本会第一次筹备会议前经报请备核在案，兹定于本月十五日上午九时在县商会召开成立大会选举理监事，除分别函呈外，理全备文呈报，仰祈鉴赐派员指导，实为公便。

谨呈

县政府、党部

南汇县鱼商业同业公会筹备主任瞿增良
〔中华民国三十七年〕十月四日封发
［1194－4－31］

南汇县政府关于指派指导员出席成立大会致南汇县鱼商业同业公会指令

（1948年10月7日）

事由：据呈报召开成立大会本府指派指导员何维清出席指导仰即遵照由

南汇县政府指令鹏一社字第七一二五号
中华民国卅七年十月七日
令本县鱼商业同业公会筹备主任瞿增良
卅七年十月四日鱼字第三号呈乙件，为定期召开成立大会呈祈派员指导由。
呈悉：本府已指派指导员何维清出席指导，仰即知照！
此令。

县长熊鹏

[1194－4－31]

南汇县鱼商业同业公会关于成立大会经过情形理监事略历表会员名册章程业规致南汇县党部呈

(1948年10月24日)

事由：呈报成立大会经过情形祈准核备
南汇县鱼商业同业公会呈鱼字第四号
中华民国三十七年十月廿四日
事由：呈报成立大会经过情形及附件祈准备案由

查本业筹备竣事成立大会业已于本月十五日举行，所有重要事项及理监事均经决议推选并推瞿增良为理事长纪录在卷，除分别函呈外理合检同会议录会员名册理监事略历表备文呈报，仰祈鉴核，准予备案，实为公便。

谨呈
南汇县党部
附呈会议纪录、理监事略历表、会员名册、章程、业规各一份

理事长瞿增良

〔附1〕

南汇县鱼商业同业公会第一次理监事大会会议纪录

续开理监事联席会议纪录
日期：三十七年十月十五日下午一时
地点：假县商会
出席者：会员六十七人(见签名簿)
列席者：县政府何维清　　县商会沈达权(见签名簿)
主席：瞿增良
报告事项
一、筹备经过情形　　　二、经费收支情形
县府商会指导员训词(略)
讨论事项：
一件：所拟章程及业规是否有当请讨论案。
决：修正通过。
一件：请推定选举工作人员案。
决：推瞿增良、乔桂江为监票，杨长生为唱票，赵金祥为写票。
选举结果揭计：
金祖培得五十九票　瞿增良得四十九票　潘关德得四十票
周掌生得三十七票　吴永祥得三十七票　俞海泉得二十六票

周小炳得二十二票　张林祥得二十票　丁长根得十九票

以上九人当选为理事。

陈立英　叶正新　俞仲贤　王加林　沈进林　各得拾肆票

以上五人同数依法抽签结果

陈立英　叶正新　俞仲贤　三人中签为候补理事

季顺桃得拾四票　陆名鼎得拾票　王吉庆得捌票

以上三人当选为监事。

注：陈友杰亦得捌票抽签落选；

公推瞿增良为临时主席。

报告事项(略)

讨论事项：

一件：请推选常务理事案。

决：公推金祖培、瞿增良、周掌生为常务理事，并公推瞿增良为理事长。

一件：请确定办公人员。

决：定雇文牍一人，书记一人，收费员一人，勤工一人。

一件：请定支出预算案。

决：文书沈达权、书记王志方每月合支三十八元，收费员王顺桃廿五元，勤工陈木金七元五角以上合计金圆七十元〇五角。

文具纸张月支十二元商会六元邮电什支八元理监事会膳食费共十三元，以上共计三十九元实支实销。

一件：会员每月应纳经常费应如何规定案。

决：分甲乙丙叁等，甲、月收叁元，乙、月收贰元，丙、月收八角。

一件：请确定出席县商会代表权数案。

决：认定四权并推瞿增良、俞海泉、王吉庆、潘关德四位为出席代表。

一件：会员证及证章应否制发其经费如何筹用案。

决：制发经费于经常费内支用如有不敷收临时费抵充之。

主席 瞿增良

纪录 沈达权

〔附 2〕

南汇县鱼商业同业公会第一届理监事略历表

职别	姓名	性别	年龄	籍贯	通讯处
理事长	瞿培良	男	29	南汇	惠南镇德兴昌
常务理事	金祖培	男	46	南汇	惠南镇恒裕
常务理事	周掌生	男	53	南汇	大团镇施合泰
理　事	潘关德	男	37	南汇	三墩镇潘聚丰
理　事	吴永祥	男	42	南汇	惠南镇吴永顺
理　事	俞海泉	男	28	南汇	新场镇协顺行
理　事	周小炳	男	42	南汇	新场镇周永泰
理　事	张林祥	男			坦直张万隆
理　事	丁长根	男	47	南汇	六灶丁合兴
候补理事	陈立英	男	28	南汇	竹桥陈长盛
候补理事	叶正新	男	42	南汇	四团品泰盛

续 表

职　别	姓 名	性 别	年 龄	籍 贯	通 讯 处
候补理事	俞仲贤	男	52	南汇	新场镇喻正昌
监　事	季顺桃	男	48	南汇	惠南镇大昌
监　事	陆名鼎	男	22	南汇	万祥镇渔盛
监　事	王吉庆	男	39	南汇	大团镇永泰鱼行
候补监事	陈友杰	男	50	南汇	竹桥陈永顺

〔附 3〕

南汇县鱼商业同业公会会员名册

行号名称	代表姓名	性 别	年 龄	籍 贯	开 设 地 址
恒　裕	金祖培	男	46	南汇	惠南镇
吴永顺	吴永祥	男	42	南汇	惠南镇
德兴昌	瞿增良	男	29	南汇	惠南镇
大　昌	季顺桃	男	48	南汇	惠南镇
兴　隆	□友卿	男	45	南汇	惠南镇
洽　盛	王书炳	男	32	南汇	惠南镇
鸿　润	张伯良	男	25	南汇	惠南镇
裕　润	樊永生	男	55	南汇	惠南镇
瞿德泰	瞿黄秀珍	女	28	南汇	惠南镇
五堃记	王堃祥	男	25	南汇	惠南镇
鑫　记	唐洪真	男	48	南汇	惠南镇
兴　盛	祝叙楼	男	47	南汇	惠南镇
施合泰	周掌生	男	53	南汇	大团镇
吴长泰	陈林根	男	35	南汇	大团镇
永　泰	王吉□	男	39	南汇	大团镇
裕盛泰	盛林生	男	66	南汇	大团镇
顾永泰	顾林章	男	30	南汇	大团镇
合　真	陈儒林	男	40	南汇	大团镇
叶隆茂	叶福生	男	48	南汇	大团镇
永　大	盛福祥	男	32	南汇	大团镇
陈永顺	陈友杰	男	50	南汇	□桥□
陈源茂	陈进才	男	23	南汇	□桥□
陈源盛	陈侠夫	男	26	南汇	□桥□
陈长盛	陈□□	男	28	南汇	竹桥镇
	樊书林	男	69	南汇	盐仓镇
龙　顺	周顺生	男	40	南汇	盐仓镇
衡　源	金水根	男	34	南汇	盐仓镇
周恒盛	周颂南	男	50	南汇	盐仓镇
王万兴	王纪生	男	54	南汇	盐仓镇

续 表

行号名称	代表姓名	性 别	年 龄	籍 贯	开设地址
长 泰	周友发	男	47	南汇	盐仓镇
祝万真	祝文祥	男	42	南汇	盐仓镇
森 记	王加林	男	54	南汇	盐仓镇
荣 顺	沈根林	男	27	南汇	盐仓镇
唐德顺	唐杏泉	男	32	南汇	新场镇
喻正昌	喻仲贤	男	52	南汇	新场镇
顾德顺	顾桃生	男	51	南汇	新场镇
周新顺	周松涛	男	56	南汇	新场镇
朱正元	朱新宝	男	25	南汇	新场镇
协 顺	俞海泉	男	28	南汇	新场镇
周永泰	周小炳	男	42	南汇	新场镇
永 顺	傅上杰	男	38	南汇	杜行镇
	卫和尚	男	59	南汇	杜行镇
鑫 记	卫富根	男	25	南汇	杜行镇
周协盛	周阿和	男	60	南汇	杜行镇
渔 盛	陆民鼎	男	22	南汇	万祥镇
大 成	顾林根	男	30	南汇	万祥镇
祥 大	闵文忠	男	27	南汇	万祥镇
渔 隆	沈克俭	男	27	南汇	万祥镇
闻洽记	闻坤兴	男	26	南汇	鲁汇
毛万隆	毛王氏	女	54	南汇	鲁汇
根 记	郁根记	男	42	南汇	鲁汇
永 记	蒋琴于	男	24	南汇	鲁汇
王大顺	王伯金	男	32	南汇	鲁汇
朱鼎泰	朱财根	男	34	南汇	鲁汇
大 顺	施友根	男	55	南汇	鲁汇
和 记	陈和尚	男	54	南汇	江镇
泰 记	陈福良	男	48	南汇	江镇
公 顺	邱亚夫	男	54	南汇	江镇
生 记	顾丙坤	男	27	南汇	江镇
合 记	乔文福	男	32	南汇	江镇
潘聚丰	潘关德	男	37	南汇	三墩镇
祥 记	储连生	男	51	南汇	三墩镇
长源盛	王东生	男	50	南汇	孙小桥
□ 丰	乔桂江	男	38	南汇	三灶码头
联 记	储玉如	男	41	南汇	六灶镇
丁合真	丁长根	男	47	南汇	六灶镇

续 表

行号名称	代表姓名	性 别	年 龄	籍 贯	开 设 地 址
同 泰	戴阿王	男	36	南汇	六灶镇
品泰盛	叶任民	男	42	南汇	四团
协 兴	陈益三	男	39	南汇	邬家店
永 昌	黄克昌	男	43	南汇	严家桥
钟 记	钟松舟	男	63	南汇	吴埠
陆仁茂	陆德香	男	40	南汇	吴埠
陆鸿泰	陆顺金	男	27	南汇	吴埠
朱祥泰	朱云祥	男	50	南汇	沈家码头
沈合记	沈俊林	男	41	南汇	航头
王永泰	王建中	男	23	南汇	航头
长 发	陈长生	男	35	南汇	陈桥
长□泰	陈阿庚	男	50	南汇	陈桥
同 发	顾正明	男	22	南汇	陈桥
韩协兴	韩世民	男	45	南汇	吴家店
杨松茂	李松根	男	18	南汇	黄家路
杨森昌	杨长生	男	47	南汇	黄家路
张万隆	张林□	男			坦直
协 泰	金品三	男	45	南汇	金家荡

〔附 4〕

南汇县鱼商业同业公会章程

第一章　总则

第二条　本会定名为南汇县鱼商业同业公会。

第四条　本会之区域以南汇县之行政区域为范围,会所附设于南汇县商会。

第二章　任务

第五条　本会之任务如左:

七、须经大会决议事项具有时间性者授权理事会办理交下届大会追认。

第三章　会员

第十三条　本会同业不依法加入本会或不缴纳会费或违反章程及决议者限期劝令加入及改过逾期仍不遵办者应予以警告,经警告仍不遵办者得由本会呈请县政府左列之处分。

一、十元以上五十元以下之违约金。

二、有期间之停业。

三、永久停业。

第四章　组织及职权

第十五条　本会得视事务之繁简设办事员,助理会务由理事长召集之。

第十八条　本会理监事之任期均为贰年,每贰年改选一次,连选得连任。

第十九条　理监事因故中途缺席时由候补理监事递补以补足原任之任期为限。

第五章　会议

第廿三条　本会定期会议每半年开会一次,临时会议于理事会认为必要或经会员代表十分之六以上之请求或监事会函请召集时召集之。

上项定期会议得视实际情形酌量伸缩之。

第廿五条　本会理事会每月开会一次,监事会每二月开会一次。

第六章　经费

第廿九条　□□□□规定五元会员于入会时缴纳之。

第卅条　□□□□□□□□□□□□□□理事会审确后缴纳之。

第卅一条　如遇必需要临时费时,经会员大会通告呈准主管署后征收之。

上项临时费如遇紧急性者得依第五条第七项办理之。

第七章　附则

第卅五条　本章程呈准县政府备案后施行,修改时同。

〔附5〕

南汇县鱼商业同业公会业规

第一条　本业规经本会会员大会订定之。

第二条　凡在本区域内如同业有新设或添设分号应于七日前用书面正式报告本会登记,经本会许可后方可开始营业。

第三条　凡在本区域内同业如有召盘出租加记添股迁移及变更负责人等应向本会更正或重行登记。

第四条　同业各种价目由本会理事会根据市面加以合法利润议定价目印制价目表分发同业不得紊乱。

第五条　渔民不得沿途兜售并取缔肩贩。

第六条　同业不得出外揽购。

第七条　有帖而不设行号之同业除依法着其入会外,并须认定秤购地点,俾遇市上缺货时得统筹供应。

第八条　凡同业如接到价目表后对于决议之价目私自减售或违反第三、四、六、七条者经同业之检举报告本会由本会理事会视其情节之轻重依法议处。

第九条　上项处分由理事会决议呈报主管官署核准施行。

第十条　同业雇用之职员或学徒不得私相挖用。

第十一条　本业规呈请县政府核准后施行之。

［1194－1－1025］

南汇县鱼商业同业公会关于改善收支致各会员公函

（1948年11月20日）

事由：函知改善收支希查照缴纳由

南汇县鱼商业同业公会公函鱼字第五号

查本会前议经费收支因物价波动剧烈已不适用其他公会,都已调整,本会自难例外。兹为节省公帑,计由常务理事会(不留膳食)商确,援照其他公会先例改以米为原则,会员应纳经常费共甲等十五斤,乙等十斤,丙等五斤,按照本会所在地每月二十日市价折收金圆。如逾月底缴纳者须照缴纳时市价计收,支出方面文牍书记两人前议共一石五斗米代价收费。员一石米代价,勤工三斗米代价。兹对文牍书记薪给减支为共米一石贰斗,余照原议。以上以出按照付给时市价折支金圆。他如商会费、办公、邮电什支、理监事月会等需仍实支实销,关于十一月份收费按照南汇廿日□□□米价按级折收金圆,希各会员体念本会艰难务于本月内清缴以维会务而免受物价波动之亏,除分知外,相应函知,即希查照缴纳为荷。

此致

各会员

理事长瞿

〔中华民国三十七年〕十一月廿日拟稿

会员证书会员证证章已在印制下月初即可分发

[1194－4－31]

南汇县鱼商业同业公会关于启用图记拓附印模致南汇县政府、党部呈

(1948 年 11 月 20 日)

事由：为呈报启用图记拓附印模一份祈核备由

南汇县鱼商业同业公会呈鱼字第六号

查本会成立大会经过情形及附件，业经呈报在案嗣奉。

县府鹏一社字第八四三二号指令开："呈件均悉……全叙……报府备查"等因，附立案证书一俉。奉此，本会遵即依照规定刊刻并即日起开始启用。奉令前因，理合拓附印模一份，备文呈报，仰祈鉴核备查。

谨呈

县长熊、县党部

附印模一份①

衔名

〔中华民国三十七年〕十一月廿日拟稿

[1194－4－31]

祝桥会员关于请求公会设法以正行规致南汇县鱼商同业公会呈

(1948 年 11 月 22 日)

(事为呈请公会设法以正行规以利商务由)

兹组织公会为公员切身利害关系，鱼业有以基楚。在理监事专之领导之下得以业务上有相当之保章，实为公望之原则。今祝桥镇陈源茂鱼行主陈梅根其故贪心不足，不顾为害风俗于行规，除自己门首经营鱼鲜外，有另挑担子，译本镇三角街或道周桥等处沿街出售，对于交通亦受妨害，有引起一班鱼贩等以此不受行规，竟在街方同顾客自相交易，实为害群之马，事关同业恐全体受其延害，故由本镇同行公议必须呈请钧会设法转告警局强制执行，足以儆一正面也以慰公望，实为公便。

南汇县鱼商同业公会主任瞿增良钧鉴

祝桥会员同启

〔中华民国三十七年〕十一月二十二日②

[1194－4－31]

南汇县鱼商业同业公会关于停止出摊兜售情事致会员陈源茂的公函

(1948 年 11 月 23 日)

事由：据报贵号有出摊兜售情事。如果事实希即停止见复由

南汇县鱼商业同业公会公函鱼字第七号

兹据祝桥镇其他会员函称："本镇陈源茂鱼行主陈梅根除店中营业外，有另挑担子在本镇三角街或道周桥等处沿街出售，有违业规，请于制止"等语，查此种举动若群相效尤不仅营业量并不增加且彼此倾轧混乱市面，削弱合法利润，实为自愚自杀之举。况不得出摊兜售，早经订明业规，呈准县府在案，自应予以制止，兹准

---

① 原文缺。

② 原文无日期，此处十一月二十二日为南汇县鱼商业同业公会收文日期，收文 10 号。

前由，合亟函达，即希查照。如果所报属实，请即停止以维同业福利而符业规，并希见复为荷！

此致

陈源茂会员

理事长瞿

〔中华民国三十七年〕十一月廿三日封发

［1194－4－31］

南汇县鱼商业同业公会关于免除本业营业税致南汇县税捐处的公函

（1949年2月20日）

事由：准议函请免除本业营业税希查照由

南汇县鱼商业同业公会函鱼字第一四号

查本会第二次理监会议讨论事项一件："查本业……全叙……如何办理案"决议："函请税捐处免征营业税"等语准议前由，兹相应请免除营业税理由申请如下：1. 领牙帖向取佣仍须课征营业税，则其他各业商号都须认领牙帖，此应请免除者一；2. 领认牙帖方准取佣因取佣而须领牙帖是取佣而应尽纳税之义务，仅属牙帖殊为显明，此应请免除者二；3. 国家无迭税故本业在战前从不缴纳营业税，胜利以后未奉修正之明令公布，此应请免除者三；4. 佣金上亦须课征营业税得属迭床架屋且法律上未闻有新规定，此应请免除者四。准议前由，相应报据上述理由，函请贵处准予免除本业之营业税，见复为荷。

此致

税捐处

理事长瞿

〔中华民国三十八年〕二月二十日封发

［1194－4－31］

南汇县税捐稽征处关于未准免除营业税致南汇县鱼商业同业公会的公函

（1949年2月22日）

事由：准函免除营业税一节与法无据碍难照办函复查照由

南汇县税捐稽征处公函汇亨字第三七五号

中华民国卅八年二月廿二日

案准贵会鱼字第一四号公函为请免鱼商业营业税嘱见复等由，准此。查营业税法第一条"记以营利为目的之事业均应依法征收营业税"，又营业牌照税第二条"各种商业均征收营业牌照税"之规定来函，所请免除营业税一节与法无据，碍难照办相应函复查照，并希转知各鱼商照常缴纳为荷！

南汇县鱼商业同业公会

处长刘昨纪

［1194－4－394］

南汇县鱼商业同业公会关于取缔渔民沿途兜售等的通告

（1949年2月20日）

南汇县鱼商业同业公会通告鱼字第一五号

查渔民不得沿途兜售并取缔肩贩，及同业不得出外揽购。早经本会成立时订入业规呈准县政府备查在案，兹闻各镇间有上项情事发生影响会务，殊属非是，爰特通告，希勿再有发生，免滋事端为要。

理事长瞿

〔中华民国三十八年〕二月二十日封发

［1194－4－31］

南汇县鱼商业同业公会关于请求协助取缔肩贩致南汇县警局函

（1949年4月22日）

南汇县鱼商业同业公会稿鱼字第一六号

事由：函请协助取缔肩贩希赐准由

案查本会业规第五条渔民不得沿途兜售并取缔肩贩，第六条同业不得出外揽购之规定，经呈奉县府核准在案。兹查迩来每有上项情事发生，若不严加取缔，不但妨碍会务推行，间接减削政府税收相应函请贵局查照转饬各分局所予以协助取缔为荷。

此致

县警局

理事长瞿

〔中华民国三十八年〕四月廿二日封发

［1194－4－394］

（二十八）南汇县浴室商业同业公会

南汇县浴室商业同业公会筹备会为依法组织同业公会并附会议纪录等致南汇县政府呈

（1948年11月3日）

事由：为依法组织同业公会呈请派员指导由

南汇县浴室商业同业公会筹备会呈浴字第一号

中华民国三十七年十一月三日

查本会曾于十月二十日全集同业于本城华兴池发起组织同业公会。旋于十月二十五日及本月一日先后举行筹备会，共同办理入会手续，并决定本月十五日假县商会举行成立大会，理合检同会议记录、章程草案及会员名册送奉鉴核，届时派员莅席指导。

谨呈

县长熊

附本会会录记录三份、章程草案一份、会员名册一份

南汇县浴室商业同业公会筹备会

主任委员沈景清

〔附1〕

南汇县浴室商业同业公会发起人会议

日期：卅七年十月二十日下午三时

地点：本城华兴池

出席者：沈景清　王紫卿　王老田　王茂芳　杨文彬

主席：沈景清　　　　记录：丁仁

报告事项：

主席：一、过去同业间之情感及业务状况；

二、非常时期如何过渡；

三、组织同业公会之必要。

讨论事项：

一、本县现有浴室业四家应否依照公会法组织业会案。

决：查本业攸关卫生要政事□依照重要商业三家以上组织商业同业公会。

二、如何着手组织案。

决：定十月廿五日召集各同业开第一次筹备会议组织之。

主席：沈景清

记录：丁仁

〔附2〕

南汇县浴室商业同业公会筹备会第一次会议录

日期：卅七年十月廿五日下午一时

地点：华兴池

出席者：杨文彬等五人

主席：沈景清　　　　记录：丁仁

报告(略)

讨论：

一、请公推本会主任委员案。

决：公推沈景清为主任委员。

二、入会手续应如何办理案。

决：填具入会志愿书交主任委员汇集。

三、筹备期间费用如何筹措案。

决：暂由沈景清垫支。

四、定下次会议日期案。

决：十一月一日下午一时。

主席：沈景清

〔附3〕

南汇县浴室业同业公会筹备会二次会议录

日期：卅七年十一月一日下午二时

地点：华兴池

出席者：王紫卿等五人

主席：沈景清　　　　记录：丁仁

报告(略)

讨论：

一、确定成立大会日期案。

决：本月十五日下午一时。

二、大会时会员到会午膳应如何筹备案。

决：由沈景清负责办理。

三、本会未成立前价格应如何议订案。

决：(1) 先行议订价目分发同业遵守呈县府备案；

(2) 议订售价如次：

官房每位六角，客房每位五角(军警减半)；

扦脚每位五角，括脚每位五角；

擦背每位五角，捏脚每位二角。

主席：沈景清

〔附4〕

南汇县浴室业同业公会章程草案

第一章　总则

第二条　本会定名为南汇县浴室商业同业公会。

第四条　本会之区域以南汇县之行政区域为范围会所暂附设于南汇城内。

第二章　任务

第五条　本会之任务如左：

七、须经大会决议事项而具有时间性者授权理事办理交下次大会追认。

第三章　会员

第十三条　本会同业不依法加入本会或不缴纳会费或违反章程及决议者，限期劝令加入或改过，逾期仍不遵办者应予以警告，自警告之日起十日内仍不接受者得由本会呈请县府予以左列之处分：

一、十元以上五十元以下之违约金；

二、有期间之停业；

三、永久停业。

第四章　组织及职权

第十四条　本会设理事一人，监事一人，均由会员大会就会员代表中选任之。

第十五条　本会得由理事设办事一人，助理会务。

第十八条　本会理监事之任期均为二年，每二年改选一次，连选得连任。

第五章　会议

第二十二条　本会定期会议每二月召集一次，临时会议于理事认为必要或经会员代表三分之二以上之请求或监事函请召集时召集之。

第六章　经费

第二十五条　会员入会费规定十元，会员于入会时一次缴纳之。

第七章　附则

〔附5〕

南汇县浴室商业同业公会会员名册

三七年十一月三日

牌号	代表人	资本	开设年月	地址
华兴池	沈景清	金圆五百元	卅五年一月	本城
大德池	王茂芳	金圆乙千元	廿六年二月	周浦
尚洁池	杨文彬	金圆乙千元	廿六年一月	大团
沧浪池	王紫卿	金圆三百元	廿九年三月	新场

［1194－1－863］

(二十九) 南汇县照相商业同业公会

南汇县照相商业同业公会发起人会议主席富炎林为依法组织同业公会致南汇县政府呈

（1948年10月26日）

事由：为依法组织同业公会呈请核准备案由

南汇县照相商业同业公会发起人会议呈照组字第一号

中华民国三十七年十月廿六日

查本县县境以内，现有照相业二十余家，曾于本月廿五日全集南汇东门大新照馆举行同业公会发起人会议，当经推定筹备委员九人，决即日起积极着手筹备，理合检同发起人名单及会议纪录并筹备委员名单备文呈请鉴核，准予依法组织。

谨呈

县长熊

附南汇县照相商业同业公会发起人名单、及会议纪录、并筹备委员名单各一份

南汇县照相商业同业公会发起人会议主席富炎林（印）

〔附1〕

南汇县照相商业同业公会发起人名单

姓　名	代表店号	店内职务	店　址
杨锦荣	光　容	经理	南汇
富炎林	富　华	店主	同上
闻邱丕	大　新	店主	同上
张星荣	宝　明	经理	周浦
王　凯	王　开	店主	新场
徐龙彪	大光明	经理	大团
傅子祥	华　新	店主	周浦
沈炳文	佳　美	店主	三墩
王心我	中　美	店主	大团
徐志新	大光明	店主	周浦

〔附2〕

南汇县照相商业同业公会发起人会议记录

日期：卅七年十月廿五日下午三时

地点：南汇东门大新照相馆

出席者：共十人

主席：富炎林

记录：陆智敏

报告事项：

主席：① 过去同业之情感及业务状况；

② 非常时期如何过渡；

③ 组织同业公会之必要。

讨论事项

一、照相业响无公会组织，业务、情感缺少联络，应否组织公会案。

决：迅即依照商业同业公会法着手组织。

二、如何确定筹备人选案。

决：公推杨锦荣、富炎林、闾邱丕、张星荣、王凯、徐金声、傅子祥、沈炳文、徐志新九人为筹备委员。

主席 富炎林

记录 陆智敏

〔附3〕

南汇县照相商业同业公会筹备委员名单

姓名	代表店号		籍历
	牌号	地址	
杨锦荣	光容	南汇	东海中学毕业农商钱庄职员
富炎林	富华	南汇	曾任金星乔琪等相馆职员
闾邱丕	大新	南汇	曾任国泰绿宝等照相馆职员
张星荣	宝明	周浦	曾任天一金城等馆职员
王凯	王开	新场	曾任竟成松石轩照相馆职员
徐龙彪	大光明	大团	曾任皇后恩派亚照相馆职员
傅子祥	华新	周浦	曾任万氏就是我照相馆职员
沈炳文	佳美	三墩	曾任虹光青青照相馆职员
徐志新	大光明	周浦	曾任中国王开照相馆职员

［1194－1－860］

南汇县政府准予组织照相业同业公会致富炎林等批

（1948年11月4日）

事由：为据呈请发起组织照相业同业公会仰即知照由

南汇县政府批鹏一社字第八七一二号

批具呈人富炎林等

本年十月廿二日呈一件抄来由。

呈件均悉，准予组织。仰即遵照商业同业公会法第二章规定各项分别办理具报，并通知县商会知照为要。

此令。件存。

县长熊

〔中华民国三十七年〕十一月四日

［1194-1-860］

南汇县照相商业同业公会为成立大会情形并报送会员名册等致南汇县政府呈

（1948年11月9日）

事由：为公会成立呈请立案并刊发证书及图记由

南汇县照相商业同业公会呈照业字第一号

中华民国三十七年十一月九日

查本馆早经筹备就绪，已于本月八日在大新照相馆举行成立大会。是日出席会员非常踊跃，当即通过章程，选举理监事，情形良好，理合检同会员名册、理监事名册、章程、大会记录，备文呈奉鉴核，准予立案，并颁给证书及图记，俾便工作。

谨呈

县长熊

附本会会员名册、理监事名册、大会记录、理监事会记录及本会章程一份

南汇县照相商业同业公会常务理事闾邱丕（印）

〔附1〕

南汇县照相商业同业公会会员名册

三十七年十一月八日

会员牌号	代表人	资本额	开设年月	地址
大新	闾邱丕	四百元	卅五年六月	南汇东门大街
光容	杨锦荣	六百元	卅七年五月	南汇南门大街
富华	富炎林	四百元	卅一年四月	同上
宝明	张星荣	五百元	卅五年八月	周浦衣庄街
大光明	徐志新	四百元	卅五年四月	周浦金龙街
华新	傅子祥	四百元	廿六年一月	周浦油车弄
中美	王心我	五百元	廿二年五月	大团东臭弄
大光明	徐龙彪	四百元	卅五年七月	大团大街359号
王凯	王中孚	五百元	廿年八月	新场中大街牌楼北首
泰山	丁其昌	四百元	卅六年一月	新场中大街毛家弄口
佳美	沈炳文	五百元	卅二年九月	三墩镇

〔附2〕

南汇县照相商业同业公会理监事职员名册

卅七年十一月八日会员大会当选

职别	姓名	性别	年龄	籍贯	简历	代表店号
常务理事	闾邱丕	男	35	南汇	曾任国泰绿宝职员	大新
理事	杨锦荣	男	31	同上	曾任农商钱庄职员	光容

续 表

职 别	姓 名	性 别	年 龄	籍 贯	简 历	代表店号
理 事	富炎林	男	47	同上	曾任百乐乔琪职员	富华
候补理事	徐志新	男	26	宁波	曾任大都会职员	(周)大光明
候补理事	王心我	男	45	南汇	曾任万氏职员	中美
监 事	张星荣	男	31	同上	曾任吉光青鸟职员	宝明
候补监事	王中孚	男	51	同上	曾任松石轩职员	王凯
办事员	姚 良	男	17	同上	曾任上海西□小学教员	

〔附 3〕

南汇县照相商业同业公会成立大会纪录

日期：卅七年十一月八日上午十时

地点：南汇东门大新照相馆

出席者：富炎林　王心我　王中孚　张星荣　徐志新　闾邱丕　丁其昌　杨锦荣　沈炳文　徐龙彪　傅子祥

主席：富炎林　　　　　　纪录：姚良

报告事项

主席报告：一、筹备经过；

二、过去同业间之情感及业务状况；

三、筹组公会之必要；

四、以后的希望。

讨论事项：

一件：请订定本会章程案。

决议：依照草章修正通过。

一件：会员入会费如何确定费。

决议：(1) 已入会之会员收三十元；

(2) 未入会之会员以白米二斗计。

选举事项：

一、选举：富炎林七票、闾邱丕六票、杨锦荣六票为理事。

徐志新五票、王心我五票为候补理事。

二、选举：张星荣三票为监事。　　　　王中孚二票为候补监事。

散会

〔附 4〕

南汇县照相商业同业公会第一次理监事联席会议记录

日期：卅七年十一月八日下午一时

地址：大新照相馆

出席者：闾邱丕　富炎林　杨锦荣　王心我　徐志新　张星荣　王中孚

列席者：徐龙彪　沈炳文

主席：富炎林　　记录：姚良

报告(略)

讨论：

一、公推闾邱丕为常务理事。

二、推定周浦徐志新、新场王中孚、大团徐龙彪、三墩沈炳文分别负责劝导各该地区同业入会。

三、议定价目表(附件)。(从略)

四、确定会员每月会费以拍摄派司照四张之代价计。

五、划一同业拍照价格(附价目表)。

六、确定本会定每月二日为会期。

主席 富炎林

〔附5〕

南汇县照相商业同业公会章程

卅七年十一月八日成立大会通过

第一章　总则

第二条　本会定名为南汇县照相商业同业公会。

第四条　本会之区域以南汇县之行政区域为范围,会所暂设于南汇民教馆。

第二章　任务

第五条　本会之任务如左:

七、须经大会决议事项而具有时间性者授权理事会办理交下次大会追认。

第三章　会员

第六条　凡在本会区域内经营照相业者均应为本会会员。

第十三条　本会同业不依法加入本会或不缴纳会费或违反章程及决议者,限期劝令加入及改过。逾期仍不遵办者应予以警告,自警告之日起十日内仍不接受者得由本会呈请县府予以左列之处分。

一、十元以上五十元以下之违约金;

二、有期间之停业;

三、永久停业。

第四章　组织及职权

第十四条　本会设理事三人候补理事二人组织理事会,监事一人候补监事一人,均由会员大会就会员代表中选任之,理事中互推一人为常务理事。

第十五条　本会得视事务之繁简由常务理事设办事员助理会务。

第十六条　本会常务理事之任务如左:

一、处理本会日常会务;

二、对外代表本会;

三、召集理监事会及会员代表大会并执行其决议;

四、接爱或采纳会员之建议。

第十八条　本会理监事之任期均为壹年,连选得连任。

第十九条　理监事因故中途缺席时由候补理事递补,以补足原任之期为限。

第五章　会议

第二十三条　本会定期会议每半年开会一次,临时会议于理事会或监事认为必要或经会员代表三分之二以上之请求时召集之。

第二十五条　本会理监事会每月开会一次,必要时得召开临时会议。

第六章　经费

第二十八条　会员入会费规定白米二斗(以米市得折金圆)会员于入会时一次缴纳之。

第三十条　如因特别事故征收临时费时,须经会员大会通过呈县府核准后征收之。

第七章　附则

[1194-1-860]

(三十) 南汇县针织业同业公会

唐友梅等为发起南汇县组织针织业同业公会并请转县府核许致南汇县商会呈

(1946 年 11 月)

事由：为发起南汇县针织业同业公会仰祈鉴核转呈县府核许俾便依法筹组由

窃商等向营针织业，自抗战胜利以还百废待举，人民团体之组织为殷切。而我针织业同业厂号仍无是项组织，商等为谋同业之福利暨矫正弊害起见，爰经磋商发起组织南汇县针织业同业公会以资连络，理合备文申请，仰祈鉴核转呈县府核许，俾便依法筹备组织成立，实为公便。

谨呈

南汇县商会

韩一飞
倪端
唐友梅
王福昌
范树培
韩一声
王荣成

中华民国三十五年十一月

[1194-4-327]

南汇县政府关于加委唐友梅等为针织业同业公会整理员并发委令致南汇县商会指令

(1946 年 12 月 11 日)

事由：据呈请加委唐友梅等七人为本县针织业同业公会整理员应予照准随发委令仰转给祗领由

南汇县政府指令发文社字第八五八二号

中华民国三十五年十二月十一日

令县商会

卅五年十一月廿九日呈一件，为呈请加委唐友梅等七人为本县针织业同业公会整理员由。

呈悉。准予委派，随发委令七纸，仰即查收转给祗领。

此令。

附发委令七纸[①]

县长徐泉

〔1194-4-327〕

南汇县针织工业同业公会整理会报送第一次会议纪录致南汇县政府呈

(1946年12月26日)

事由：为呈报第一次会议纪录祈备查由

南汇县针织工业同业公会整理会呈整字第七号

案查本会第一次会议业于本月二十二日举行，理合缮具纪录一份备文呈送，仰祈鉴核备查。

谨呈

南汇县县长徐

附呈会议纪录壹份

南汇县针织工业同业公会整理主任唐友梅

中华民国三十五年十二月二十六日

〔附〕

南汇县针织工业同业公会整理会第一次会议纪录

日期：三十五年十二月二十二日下午一时

地点：南汇南门四十九号

出席者：唐友梅　黄锡秋　丁竹青代　周荫安　叶文瑞　倪端　韩一飞　倪端代　徐根楼　胡文田　倪祥卿　胡诒初　陈增林　陈宝泉　陈富林

列席者：县政府指导员邱虚白　县党部陆志明

主席：唐友梅

一、行礼如仪

二、主席报告筹备经过(略)

三、县政府代表致词(略)

四、县党部代表致词(略)

五、讨论事项：

(一)应如何扩大征求会员案。

决议：分区负责征求并规定：

1. 已有整理员地点由整理员负责；

2. 周浦方面请张菊秋先生负责；

3. 三灶方面请周荫安先生负责；

4. 六灶坦直瓦屑方面请胡裕民先生负责；

5. 新场航头方面请范树培先生负责；

6. 祝桥盐仓方面请孟□卿先生负责。

(二)请推员草拟本会章程案。

决议：推定唐友梅、叶文瑞、倪端等三先生依照本会过去会章及上海市同业公会会章暨工业同业公会章程准则负责草拟。

(三)本会整理期间所需各费应如何筹措案。

决议：(一)先由各整理人员暂各垫借十万元以资应用；

---

① 原文缺。

（二）请各会员依照左列标准共同垫借；
（三）上二项垫款均在日后会费扣算。
1. 开工机数超过三打者为甲等应请垫借国币拾贰万元；
2. 开工机数二打不超过三打者为乙等应请垫借国币玖万元；
3. 开工机数超过一打不超过二打者为丙等应请垫借国币陆万元；
4. 开工机数在一打以下者为丁等应请垫借国币叁万元。
（四）请规定本会会址案。
决议：暂仍设置南汇南门四十九号。
（五）如何调查各会员需纱数量以便据理力争配给棉纱案。
决议：由会制发生产调查表分请各已入会会员填报统计，以便力争。
（六）请增雇外勤职员一人案。
决议：雇请朱耕儒为本会外勤职员由主任接洽办理。
（七）请规定召开成立大会案。
决议：规定于三十六年一月二日召开大会会员登记限本月三十日截止。

主席 唐友梅
纪录 王潄芝
［1194－1－846］

南汇县针织工业同业公会报送成立大会纪录并请立案颁发图记证书致南汇县政府呈

（1947年1月11日）

事由：为呈报成立大会纪录请准予立案并请颁发图记及证书等由

南汇县针织工业同业公会呈针字第十一号

查本会业于本月二日假座本城惠南镇中心国民学校召开成立大会，蒙钧府指派邱指导员虚白莅会指导。共到会员六十五人，推友梅为主席，通过会章并选举理监事。同日晚在本会会所接开第一次理事会，互选友梅为理事长，陈宝泉、倪端为常务理事。理合检具成立大会纪录及章程二份、第一次理事会议纪录、会员名册及职员略历册等各二份一并备文呈送，仰祈鉴核，准赐立案并祈早日颁发立案证书及图记，不胜公感。

谨呈

南汇县政府县长徐

附呈成立大会纪录及章程、第一次理事会纪录、会员名册、职员履历册等各二份

南汇县针织工业同业公会理事长唐友梅
中华民国三十六年一月十一日

〔附1〕

南汇县针织工业同业公会第一次会员大会纪录

日期：三十六年元月二日
地点：南汇南门惠南中心国民学校
出席者：陈宝泉等会员代表六十五人
列席者：县政府指导员邱虚白县党部代表蔡以诺
主席：唐友梅　纪录：王潄芝
一、行礼如仪
二、主席致词（略）
三、会务报告由陈整理员宝泉报告会务情形

四、县政府指导员致训词(略)

五、县党部代表致词(略)

六、讨论事项

(一)请通过本会章程草案案。

决议:修正通过(会章附后)。

(二)本会入会费依据会章第三十三条之规定分两级缴纳,其分级标准应如何规定案。

决议:在本月三十一日以前入会者均属甲级每一会员应纳入会费国币肆万元,逾期入会为乙级每一会员应缴纳入会费国币捌万元。

(三)本会每月经常费应如何规定征收案。

决议:由理事会就本年支出预算议定办支征收之。

七、选举理监事

选举结果:

理事:陈宝泉 五十二票 唐友梅 四十七票
倪 端 三十三票 韩一飞 二十八票
丁竹青 二十五票 周荫安 十五票
王兰堂 十四票 胡文田 十三票
胡裕民 十二票

候补理事:叶文瑞 十二票 黄锡秋 九票 张菊秋 七票

监事:盛镇陆 九票 徐根楼 七票 胡绍初 四票

候补监事:冯谷海 四票

八、散会

附本会章程

〔附2〕

南汇县针织业同业公会章程

第一章 总则

第一条 本章程依据工业同业公会法及其施行细则订定之。

第二条 本会定名为南汇县针织工业同业公会。

第三条 本会以谋增进同业之福利及矫正弊害为宗旨。

第四条 本会之区域以南汇县行政区域会为范围。

第五条 本会会所设于南汇城内并得于各重要地点设立分事务所。

第二章 任务

第六条 本会之任务如左:

一、关于会员原料材料之检查取缔并事业上之必要之统制。

二、关于会员制品之公用产销原料材料之共同购入与运输及其他必要之公共设施。

三、关于会员业务之指导研究调查统计。

四、关于会员间业务纠纷之调解。

五、办理合于第三条所揭宗旨之其他事项。

六、陈述意见于主管机关及答复主管机关之咨询事项。

本条第一款之统制须经全体会员三分之二以上之同意并呈请主管官署核后方得实施。

第三章 会员

第七条 凡在本县区域内之针织业均应为本会会员,得派代表出席本会称为会员代表。

第十条 会员代表以工厂之经理人主体人充任之。

第十二条 会员代表丧失国籍或发现前条各款式情事之一时,原推派之会员应撤换之。

第十四条　会员非停业或迁出本县区域者不得退会，退会时须据情报告本会核定之并缴还发给之证件。

第十五条　本县同业不依法加入本会或不缴纳会费或违反章程及决议者得予以劝告，如无效时于以警告，自警告之日起十五日内仍不接受者，由本会按其情节之轻重依工业同业公会法第二十七条规定之程序呈请主管官署予以下列之处分：

（一）五万元以下之违约金；

（二）有期间之停业；

（三）永久停业。

第四章　组织及职权

第十七条　本会得视事务之繁简设办事员若干人助理会务，由理事长任用之。

第十八条　本会理事会之任务如左：

一、召集会员大会并执行其决议；

二、执行法令及本会章程所规定之任务；

三、接受或采纳会员之建议。

第十九条　常务理事之职权如左：

一、执行理事会议决议；

二、处理日常事务；

三、理事长对外代表本会。

第二十条　本会监事会之职权如左：

一、稽核本会财政收支；

二、审核理事会处理之会务。

第二十一条　本会理监事之任期均为四年，每二年改选半数，连选者得连任，改选以抽签定之。

第二十二条　理监事因故中途解职或辞职时，由候补者递补，候补者不足数时由会员大会再行互选递补，均以补足原任之任期为限。

第二十三条　理监事有左列情事之一者应即解任。

一、有第十一条各款式情事之一者；

二、违反法令章程营私舞弊者或其他不正当行为者；

三、因不得已事故经会员大会准其辞职者。

第五章　会议

第二十七条　会员大会开会时由理事组织主席团轮流主席。

第二十九条　本会理事会每二月至少召开一次，监事会三月至少开一次，理事会开会时监事得列席会议。

第六章　经费

第三十三条　会员入会费分甲乙二级于其入会时一次缴纳之，其分级之标准及数目由会员大会决议规定之。

会员每月经常费比例依其规模之大小分为甲乙丙丁四级每月缴纳之，其分级之标准及数目每次由会员大会决议规定之。

第三十四条　如遇必要临时支出时，经理事会或会员大会之决议后得征收临时费。

第三十五条　会员退会时所缴各费概不退还。

第三十六条　本会经费每年须编造预算交会员大会通过，每半年报告一次。

第七章　附则

第三十七条　本章程未规定事项悉依工业同业公会法及其施行细则办理之。

第三十八条　本章程如有未尽事宜经三分之二之会员代表出席，出席会员代表三分之二以上决议并呈准南汇县政府备案修改之。

第三十九条　本章程经会员大会议决呈准南汇县政府备案后施行。

〔附 3〕

南汇县针织业同业公会第一次理事会纪录

日期：三十六年元月二日

地点：南汇南门四十九号

出席者：唐友梅　倪端　陈宝泉　周荫安　王兰堂　胡裕民　胡文田　丁竹青

列席者：县政府指导员邱虚白

主席：唐友梅　　　　纪录：王漱芝

一、请推定常务理事及理事长案。

决议：推定唐友梅、倪端、陈宝泉三位为常务理事并再互推唐友梅为理事长。

二、请推定本会出席南汇县商会代表案。

决议：推定唐友梅、倪端、陈宝泉、周荫安四位担任。

三、请推定各分事务所正副主任案。

决议：本会暂先分设左列各分事务所后视会员之多寡酌设正副主任。

1. 大团分事务所，包括大团三墩万祥等地，推请倪常务理事端为主任，胡国华为副主任。

2. 南汇分事务所，包括城内及附郊以及五灶港等地，推请陈常务理事宝泉为主任，顾银祥为副主任。

3. 黄路分事务所，包括黄家路四墩营房六灶湾老港等地，推请胡理事文田为主任，徐根为副主任。

4. 三灶分事务所，包括三灶黄楼一灶港石门圈朱家店等地，推请周理事荫安为主任，季国佩为副主任。

5. 盐仓分事务所，包括盐仓镇宋家石桥祝桥等地，推请孟伯青为主任。

6. 新场分事务所，包括航头新场等地，推请叶新梅为主任。

7. 坦镇分事务所，包括坦镇及其附近地点，推请胡理事裕民为主任。

8. 周浦分事务所，包括周浦苏桥等地，推请张菊秋为主任。

四、大会决议交下请规定会员每月应缴纳经常费数目案。

决议：分甲乙丙丁四单位由各会员依照各自规模大小分别认定后，权利义务均以此为准，并定自一月份起每单位缴收柒千元。

五、请推定本会经费保管人员案。

决议：推请唐理事长友梅负责保管。

主席 唐友梅

纪录 王漱芝

〔附 4〕

南汇县针织工业同业公会会员名册

三十六年一月

姓　名	籍　贯	性　别	年　龄	入会资格	备　注
唐友梅	南汇	男	46	泰隆袜厂代表	
陈宝泉	南汇	男	42	中兴袜厂代表	
倪　端	南汇	男	41	平生实业社代表	
丁竹青	南汇	男	44	信孚袜厂代表	
胡文田	南汇	男	46	元康织造厂代表	
胡裕民	南汇	男	56	广裕针织厂代表	
周荫安	南汇	男	49	精勤袜厂代表	
王兰堂	南汇	男	52	华纶袜厂代表	
韩一飞	南汇	男	48	大成袜厂代表	

续 表

姓 名	籍 贯	性 别	年 龄	入会资格	备 注
盛镇陆	南汇	男	47	祥和袜厂代表	
徐根楼	南汇	男	50	徐鼎顺针织厂代表	
胡绍初	南汇	男	35	胡新泰袜厂代表	
刘显基	江苏靖江	男	30	永华织造厂代表	
陈富林	江苏泰兴	男	25	信诚袜厂代表	
陈增林	江苏泰兴	男	31	中南袜厂代表	该厂设于南汇城内西门
潘锦荣	江苏奉贤	男	21	锦华袜厂代表	
王永根	南汇	男	29	永源针织厂代表	
金炎鑫	南汇	男	24	鑫建袜厂代表	
胡天有	江苏靖江	男	28	新中国花袜厂代表	
顾银祥	南汇	男	40	顾长兴袜厂代表	
方正恒	南汇	男	46	庆余针织厂代表	
胡鲤初	南汇	男	43	中南袜厂代表	该厂开设于武安乡
胡金官	南汇	男	24	合兴袜厂代表	
陈荣兴	南汇	男	56	森泰袜厂代表	
吴龙生	南汇	男	34	新民袜厂代表	
徐昌胤	南汇	男	35	顺兴袜厂代表	
胡剑秋	南汇	男	38	义兴袜厂代表	
王宝林	浙江杭州	男	48	林记袜厂代表	
王永汀	南汇	男	63	王福昌袜厂代表	
倪明初	南汇	男	45	倪顺兴袜厂代表	
杨秋生	南汇	男	35	杨协兴袜厂代表	
金培基	南汇	男	48	家庭针织袜厂代表	
倪祥卿	南汇	男	60	倪大昌袜厂代表	
沈宝兴	南汇	男	48	大丰袜厂代表	
沈香兰	南汇	男	53	祥丰袜厂代表	
孟伯青	南汇	男	36	裕昌袜厂代表	
顾沧洲	南汇	男	76	永和袜厂代表	
瞿子佳	南汇	男	48	自求袜厂代表	
张际虞	南汇	男	42	来复针织厂代表	
张梅林	南汇	男	36	美麟袜厂代表	
顾立青	南汇	男	40	源兴袜厂代表	
韩一聲	南汇	男	42	大新袜厂代表	
虞施贞凤	江苏无锡	女	34	茂纶针织厂代表	
潘铭寿	南汇	男	46	潘永兴针织厂代表	
季金楼	南汇	男	34	大康袜厂代表	
鲍福根	南汇	男	45	鲍正隆袜厂代表	

续 表

姓 名	籍 贯	性 别	年 龄	入会资格	备 注
程润章	安徽休宁	男	42	裕民袜厂代表	
顾鉴涛	南汇	男	42	勤益震记袜厂代表	
吴忠和	南汇	男	42	中南针织厂代表	
毛鸿屏	南汇	男	48	鸿昌袜厂代表	
唐逸民	山东无棣	男	39	益大袜厂代表	
胡天银	江苏吴县	男	25	志勤袜厂代表	
钟根全	南汇	男	33	华新织造厂代表	
王荣成	江苏丹阳	男	45	荣康袜厂代表	
冯谷海	南汇	男	35	集成针织厂代表	
陆廉夫	南汇	男	47	廉记袜厂代表	
张东昇	南汇	男	32	东兴袜厂代表	
丁根桃	南汇	男	32	同成袜厂代表	
袁鸿宝	南汇	男	46	隆盛袜厂代表	
储顺山	南汇	男	36	顺记袜厂代表	
宋文舟	南汇	男	34	民生袜厂代表	
吴馨山	江苏南通	男	40	镇大馨记袜厂代表	
唐章文	南汇	男	48	义正袜厂代表	
倪 鼎	南汇	男	38	鸿兴针织厂代表	
周长生	南汇	男	32	大沪织造厂代表	
金汉臣	南汇	男	35	纶华袜厂代表	
瞿根祥	南汇	男	30	保安袜厂代表	
胡国平	南汇	男	37	悦来袜厂代表	
方叔常	江苏吴县	男	46	利泰织造厂代表	
李协和	南汇	男	48	协和袜厂代表	
周祥生	南汇	男	33	祥记袜厂代表	
黄振兴	南汇	男	38	余昶袜厂代表	
叶新梅	南汇	女	50	文记袜厂代表	
范树培	南汇	男	47	洪范袜厂代表	
黄锡秋	南汇	男	45	林康织造厂代表	
翁仲生	南汇	男	32	正大针织厂代表	
倪绍章	南汇	男	48	年新袜厂代表	
赵根林	南汇	男	48	德原袜厂代表	
叶俊才	南汇	男	40	久大袜厂代表	
叶文瑞	南汇	男	45	南洋袜厂代表	
张菊秋	江苏江阴	男	35	大华袜厂代表	
彭锦祥	南汇	男	35	青年实业社代表	
吴良臻	南汇	男	40	嘉纶袜厂代表	
季国佩	南汇	男	40	大利袜厂代表	

〔附5〕

南汇县针织工业同业公会职员略历册

三十六年一月第一次大会选出

职　别	姓　名	籍　贯	性　别	年　龄	略　　历
理事长	唐友梅	南汇	男	46	中学毕业战前曾任本会理事长
常务理事	陈宝泉	南汇	男	42	中学毕业从事本业二十余年
	倪　端	南汇	男	41	中学毕业战前曾任本会监事
理　事	丁竹青	南汇	男	44	初中毕业从事本业二十余年
	胡文田	南汇	男	46	初中毕业从事本业十余年
	胡裕民	南汇	男	56	战前曾任本会理事及镇长保卫团长乡议会议长等职
	周荫安	南汇	男	49	中学毕业从事本业十余年曾任镇长
	王兰生	南汇	男	52	高小毕业从事本业二十余年战前曾任本会候补理事
	韩一飞	南汇	男	48	高小毕业战前曾任本会理事
监　事	盛镇陆	南汇	男	47	中学毕业从事本业十余年
	徐根楼	南汇	男	50	小学毕业从事本业十余年
	胡绍初	南汇	男	35	小学毕业从事本业十余年
候补理事	叶文瑞	南汇	男	45	中学毕业从事本业十余年
	黄锡秋	南汇	男	45	中学毕业从事本业十余年
	张菊秋	江阴	男	35	初中毕业从事本业十余年
候补监事	冯谷海	南汇	男	35	初中毕业从事本业十余年

［1194－1－846］

南汇县政府核备成立经过附章程等件并准颁发立案证书致南汇县针织工业同业公会指令

（1947年1月21日）

事由：据呈报该会成立经过检送章程等件经核准予颁发立案证书仰即祗领由

南汇县政府指令社字第九九九二号

令针织工业同业公会

卅六年一月十一日呈乙件，为呈报成立大会纪录等件请准予立案颁发证书图记由。

呈件均悉，经核章程等件尚无不合，准予立案，随发商字第十六号立案证书乙帋，仰即祗领。至该会图记亦经刊刻并仰派员来府具领为要！

此令。附件存。

附发商字第十六号立案证书乙纸①

县长徐

〔中华民国三十六年〕元月廿一日

［1194－1－846］

---

① 原文缺。

南汇县针织工业同业公会报送监事会及理监事及各分事务所主任联席会议纪录致南汇县政府呈

（1947年1月28日）

事由：为呈报监事会及理监事及各分事务所主任联席会议纪录祈核备由

南汇县针织工业同业公会呈南针字第二十一号

中华民国三十六年元月廿八日

查本会于本月十八日上午召开第一次监事会，推定盛镇陆为常务监事，审查通过整理期间各项经费支出。同日下午复召开理监事及各分事务所主任联席会议决，议要案五项，理合缮具纪录各一份一并备文呈报，仰祈鉴核备查。

谨呈

南汇县县长徐

附呈纪录各壹份

南汇县针织工业同业公会理事长唐友梅

〔附1〕

南汇县针织工业同业公会第一次监事会纪录

日期：三十六年元月十八日

地点：南汇城内南门四十九号

出席者：盛镇陆　徐耕楼　胡诏初

主席：盛镇陆　纪录：王漱芝

讨论事项：

一、请推定本会常务监事案。

决议：推盛镇陆为本会常务监事。

二、请审核理事会所送整理期间各项收支帐目案。

决议：审查通过。

主席 盛镇陆

纪录 王漱芝

〔附2〕

南汇县针织工业同业公会理监事及各分事务所负责人联席会议

日期：三十六年元月十八日

地点：南汇南门四十九号本会会所

出席者：倪端　盛镇陆　胡诏初　胡裕民　王兰堂　陈宝泉　胡文田　蔡君正　丁竹青　唐友梅

主席：陈宝泉　　纪录：王漱芝

讨论事项：

一、请规定如何催收入会费以资应用案。

决议：1. 即日起派员催收尽本月终收齐；

2. 如情形特殊困难之会员得分期征收，但在本月终前必须缴纳一部份；

3. 请各分事务所主任负责协助催收。

二、申请配纱应如何进行案。

决议：1. 各会员生产调查表须尽本月终前送会，由各分事务所负责人分别召集区内各会员厂通知填送，逾期未送到者自行放弃权利。

2. 推请唐友梅、陈宝泉、倪端、盛镇陆、胡裕民五位负责进行申请手续，由唐友梅负责召集之，推请各地分事务所主任副主任负责审查各会员所填送之生产调查表。

三、城区分事务所因会员众多，请加推副主任一人案。

决议：加推陈增林为副主任。

四、请制定本会会员证书证章及会员号码章案。

决议：依照底册编定号码，即日制发并酌量收回成本，目前暂由会填拨。

五、本会应否筹组运输产销合作社案。

决议：为适应环境需要应即组织并先呈请备案。

六、请推定人员负责筹组合作社案。

决议：推各常务理事及各分事务所主行为筹备员，由盛镇陆负责召集。

主席 陈宝泉

纪录 王漱芝

[1194-1-846]

南汇县针织工业同业公会奉令派员前来具领图记致南汇县政府呈

（1947年2月5日）

事由：为奉令饬领图记遵即派员前来具领祈核发由

南汇县针织工业同业公会呈南针字第廿七号

中华民国三十六年二月五日

案奉钧府社字第九九九二号指令，以据本会呈报成立经过核准颁发立案证书并饬派员具领图记等因，附发商字第十六号立案证书一纸。奉此，自应遵办，兹派本会职员王蔚持具领据一纸一并呈请鉴核，仰祈赐准将图记发交该员具领。

谨呈

南汇县县长徐

附呈领据一纸（从略）

南汇县针织工业同业公会理事长唐友梅

[1194-1-846]

南汇县针织工业同业公会请求各乡镇公所及警察局所协助调解劳资纠纷致南汇县政府呈

（1947年11月8日）

事由：为呈请准予转行各乡镇公所及警察局所随时协助调解本业劳资纠纷以安社会由

南汇县针织工业同业公会呈南针字第五十二号

中华民国三十六年十一月八日

案查迭据本会各会员厂称次最近时有歹徒利用物价高涨时机，煽动工潮制造纠纷，藉逞扰乱社会秩序之目的，恳请转呈钧府赐予制止等情前来。查本业工资向来比照沪市成例，依据当地物价及市面情况适时调整，故过去劳资间从无纠纷。乃日来时有好事之徒煽动罢工之举。际此动员勘乱时期安定社会秩序实为首要，中央早有明令禁止随意罢工，若工人确为生活所迫亦应循合理合法步骤申请主管当局予以适当调整。据称前情，除分别函知各会员厂应尽量顾及工人之生计外，理合备文呈请，仰祈鉴核赐准转行惠南、大团、三墩、新场、航头、周浦、坦镇、三灶、黄路、盐仓、万祥等地乡镇公所及警察局所对于当地针织业发生劳资纠纷时，务须会同当地本会分事务所负责人员协商解决，明令制止随意罢工，以遏乱源而利治安并祈指示遵行，实为公德两便。

谨呈

南汇县县长龚

南汇县针织工业同业公会理事长唐友梅(印)

[1194-1-846]

南汇县针织工业同业公会报送第二次会员大会纪录等致南汇县政府呈

(1948年1月21日)

事由：呈送二次大会纪录三十六年收支报告及目前全体会员名册等祈核备查

南汇县针织工业同业公会呈南针(三七)字第一一五号

中华民国三十七年一月二十一日

查本会第二次会员大会纪录以及经费收支报告、目前全体会员名册等均已编缮完竣，理合一并备文呈送，仰祈鉴核备查。

谨呈

南汇县县长龚

附呈大会纪录及收支报告①、会员名册等各一份

南汇县针织工业同业公会理事长唐友梅(印)

〔附1〕

南汇县针织工业同业公会第二次会员大会纪录

日期：三十七年元月二日上午九时

地点：南汇南门中山纪念堂

出席者：倪端等会员代表一百零七人

列席者：县政府代表邱虚白

主席：唐友梅　　纪录：徐蕋梅

一、行礼如仪

二、主席报告(略)

三、会务报告

1. 陆志明报告全年工作情形；

2. 盛常务监事报告经费收支情形；

3. 杨介祺报告配纱组请配绵纱情形。

四、县政府代表邱主任致训词(略)

五、讨论提案

1. 请规定今后收费标准案。

决议：(1) 入会费以机数为标准每打征收二十五万元。

(2) 月费照上月增加一倍，于每季开始时三个月一次征收。

2. 改善配纱办法案。

决议：保留。

3. 组织产销合作社案。

决议：交理事会从速计划进行。

4. 各会员厂间应如何团结一致减少倾轧以增同业福利案。

决议：(1) 加强各分事务所职权俾便随时紧急处置各项纠纷；

---

① 收支报告从略。

(2) 重申本会会纪通告各会员厂必须遵守;

(3) 未入会各厂应尽量劝导入会;

(4) 授权理监事会对于违反会章不守纪律之各会员厂可予以紧急处分。

5. 拟订本会业规案。

决议:(1) 各会员可各就所见以书面提供意见,在一周内送交本会汇集整理。

(2) 推请倪端、胡裕民、周荫安、张菊秋、韩一声等五位负责草拟交理监事会通过并呈请县政府备案后公告施行,各会员厂必须遵守不得违背否则议处。

6. 请修正本会会章第十五条第一款"五万元以下之违约金"一段条文案。

决议:应予修正为"五十万元以上三百万元以下之违约金"。

7. 为恢复战前我同业固有之状态必须调整对销售号家之代做工价及厂方应给女工之各项工资,以免得受物价波动而激生怠工影响营业案。

办法:(1) 厘订对外代做工价之底工每打若干及对内女工之织袜缝头每打底工若干暨摇纱每支底工若干,应依上海市每月工人生活指数计算之。

(2) 同业出品种类繁多且各地工资习惯情形略有参差,是以议定底价时应推各地有关负责人员组织小组会议讨论之。

(3) 对外各项代做工价经大会通过发出通知后,凡我同业经须一律遵守不得暗中跌价。如有违背一经查实当报贵公会召开理监事会议处或取消该厂配纱权。

(4) 同业各厂如无销售之方不得藉口私自减价,应报告公会设法协助之或由会员中互相介绍,以杜号方之故意抑低价格破坏营业。

决议:照原办法通过,致于各项底工价格交理事会议定公告实行。

8. 为请严励规定工资通知各会员厂切实执行案。

决议:每月五日前由各区分事务所分别召开各本区会员大会议定工资标准呈报本会后通告本区各会员厂一体遵行,如有违反照章议处。

主席 唐友梅

纪录 徐蕊梅

卅七、元、八日

〔附 2〕

南汇县针织工业同业公会会员名册

三十七年一月

姓　名	籍　贯	性　别	年　龄	入　会　资　格
唐友梅	南汇	男	47	泰隆袜厂代表
丁竹青	南汇	男	46	信孚袜厂代表
黄豫才	南汇	男	37	建农针织厂代表
潘铭寿	南汇	男	46	潘永兴袜厂代表
宋文舟	南汇	男	33	民生袜厂代表
程润章	安徽休宁	男	44	裕民袜厂代表
潘锦荣	奉贤	男	22	锦华袜厂代表
胡天银	吴县	男	34	志勤袜厂代表
胡福楼	南汇	男	49	胡维新针织厂代表
蔡林江	南汇	男	41	长兴林记袜厂代表
唐逸民	山东无棣	男	44	益大袜厂代表

续 表

姓 名	籍 贯	性 别	年 龄	入 会 资 格
蔡君正	南汇	男	32	林康织造厂代表
胡天佑	靖江	男	30	新中国花袜厂代表
吴馨山	南通	男	42	镇大织造厂代表
盛镇陆	南汇	男	50	祥和袜厂代表
金炎鑫	南汇	男	32	鑫记袜厂代表
黄振兴	南汇	男	40	余昶袜厂代表
王丽生	丹阳	男	29	嘉纶袜厂代表
毛鸿屏	南汇	男	49	鸿昌袜厂代表
方正恒	南汇	男	48	庆余针织厂代表
倪绍章	南汇	男	40	年新袜厂代表
顾银祥	南汇	男	44	顾长兴袜厂代表
沈顺昌	南汇	男	27	顺昌袜厂代表
陈宝泉	南汇	男	34	中兴袜厂代表
陈增林	泰兴	男	29	中南袜厂代表
赵根林	南汇	男	50	德康袜厂代表
徐根生	南汇	男	51	源盛袜厂代表
刘显基	靖江	男	38	永华织造厂代表
袁鸿宝	靖江	男	42	隆盛袜厂代表
陈富林	南汇	男	32	信诚袜厂代表
倪 端	南汇	男	44	平生实业社代表
韩一飞	南汇	男	50	大成袜厂代表
张际虞	南汇	男	34	渣华袜厂代表
顾立青	南汇	男	42	源兴袜厂代表
胡国平	南汇	男	35	悦来袜厂代表
方叔常	吴县	男	48	利泰织造厂代表
冯谷海	南汇	男	35	集成针织厂代表
陆廉夫	南汇	男	43	廉记袜厂代表
韩一声	南汇	男	44	大新袜厂代表
翁仲生	南汇	男	34	正大针织厂代表
潘隐书	南汇	男	32	家庭社代表
王兰堂	南汇	男	54	华纶针织厂代表
胡文田	南汇	男	48	元康织造厂代表
徐根楼	南汇	男	46	森泰针织厂代表
徐根楼	南汇	男	46	徐鼎顺针织厂代表
王永汀	南汇	男	59	王福昌袜厂代表
钟根全	南汇	男	36	华新织造厂代表
吴龙生	南汇	男	41	新民袜厂代表
吴锦帆	南汇	男	28	吴同顺袜厂代表

续 表

姓 名	籍 贯	性 别	年 龄	入 会 资 格
倪明初	南汇	男	35	顺兴袜厂代表
杨秋生	南汇	男	47	杨协兴袜厂代表
金培基	南汇	男	43	家庭针织厂代表
沈宝兴	南汇	男	49	大丰针织厂代表
沈香兰	南汇	男	47	祥丰袜厂代表
胡诏初	南汇	男	49	胡新泰袜厂代表
胡银初	南汇	男	48	胡鼎泰袜厂代表
徐昌胤	南汇	男	32	顺兴袜厂代表
胡金官	南汇	男	26	胡合兴袜厂代表
李家发	南汇	男	35	华新袜厂代表
倪　鼎	南汇	男	45	鸿兴袜厂代表
虞史贞凤	南汇	女	37	茂纶针织厂代表
胡剑秋	南汇	男	32	义兴袜厂代表
王宝林	南汇	男	35	林记袜厂代表
王荣成	丹阳	男	47	荣康袜厂代表
范树培	南汇	男	42	洪范袜厂代表
叶新梅	南汇	女	52	文记袜厂代表
周荫安	南汇	男	51	精勤袜厂代表
季国佩	南汇	男	43	大利袜厂代表
周长生	南汇	男	36	大沪袜厂代表
金汉臣	南汇	男	34	纶华袜厂代表
胡裕民	南汇	男	57	广裕袜厂代表
季金楼	南汇	男	36	大康袜厂代表
张菊秋	南汇	男	35	大华针织厂代表
倪玉翘	南汇	男	37	利兴针织厂代表
王全和	南汇	男	35	大新袜厂代表
徐新根	南汇	男	47	中新袜厂代表
陈志杰	南汇	男	27	美纶袜厂代表
薛松年	南汇	男	46	立盛袜厂代表
李瞿秋琴	南汇	女	35	大丰袜厂代表
倪祥卿	南汇	男	62	倪大昌袜厂代表
乔志赓	南汇	男	49	申新第二厂代表
蔡君正	南汇	男	32	纶康织造厂代表
胡鲤初	丹阳	男	36	中南袜厂代表
倪忠明	南汇	男	30	同兴袜厂代表
顾惠轩	南汇	男	33	明华袜厂代表
谈水生	南汇	男	32	生昶袜厂代表
周鉴楼	南汇	男	48	光华袜厂代表

续表

姓 名	籍 贯	性 别	年 龄	入 会 资 格
瞿思谦	南汇	男	40	华新合记袜厂代表
徐文德	南汇	男	43	安达袜厂代表
顾沧洲	南汇	男	75	永和袜厂代表
顾鉴涛	南汇	男	43	勤益震记袜厂代表
瞿子佳	南汇	男	37	自求袜厂代表
倪明初	南汇	男	40	九兴针织厂代表
计友根	南汇	男	33	友利针织厂代表
胡培初	南汇	男	55	恒兴针织厂代表
沈福海	南汇	男	40	民华针织厂代表
胡裕初	南汇	男	52	德兴针织厂代表
王书清	南汇	男	37	兴记袜厂代表
吴天丰	南汇	男	40	鼎丰工艺厂代表
方志仁	南汇	男	33	家庭袜厂代表
马财源	南汇	男	31	利大袜厂代表
章佩钦	丹阳	男	41	恒康钦记袜厂代表
孟伯青	南汇	男	43	裕昌袜厂代表
张聊芳	浙江余姚	男	48	光大袜厂代表
戴志义	南汇	男	36	义丰针织厂代表
林祖望	南汇	男	34	大源棉织厂代表
金荣生	南汇	男	30	荣康袜厂代表
施冠豪	南汇	男	52	东北袜厂代表
吴志澄	南汇	男	43	大新海记袜厂代表
盛士彬	南汇	男	29	勤工袜厂代表
巩化民	湖北	男	37	福泉袜厂代表
潘秀川	上海	男	43	鑫大针织厂代表
王志根	南汇	男	37	美新袜厂代表
高志清	浙江绍兴	男	33	美华织造厂代表
任仲华	同上	男	50	荣记袜厂代表
汪竟贤	安徽歙县	男	45	星星森记厂代表
曹炳恒	安徽绩县	男	33	义成兴袜厂代表
张琴仙	南汇	女	33	琴飞袜厂代表
谢林生	南汇	男	39	振兴袜厂代表
朱开昌	奉贤	男	40	联合袜厂代表
孙耀发	绍兴	男	40	新和袜厂代表
周桂祥	南汇	男	44	周子记袜厂代表
宣清纶	南汇	男	55	惠工清记针织厂代表
倪赞成	南汇	男	41	德建袜厂代表
陈秉均	泰兴	男	41	协兴袜厂代表

续 表

姓 名	籍 贯	性 别	年 龄	入 会 资 格
程仲钧	南汇	男	32	华菲袜厂代表
张文泉	南汇	男	35	顺大针织厂代表
倪福全	南汇	男	38	福新针织厂代表
蒋雪清	南汇	男	53	协新袜厂代表
顾石葺	南汇	男	37	建新针织厂代表
张明祥	南汇	男	35	裕记袜厂代表
王剑光	南汇	男	39	惠丰袜厂代表
刘德福	川沙	男	33	立兴针织厂代表
张坤龙	南汇	男	38	源新针织厂代表
顾麟书	南汇	男	49	顾协新针织厂代表
王维彬	江阴	男	28	德华袜厂代表
何嘉生	浙江新昌	女	28	大福织造厂代表
王庆玉	南汇	男	38	瑞和祥袜厂代表
顾海根	南汇	男	28	顾合新袜厂代表
曹妙生	南汇	男	39	义泰袜厂代表
朱金连	南汇	女	39	葆仁袜厂代表
王永杰	南汇	男	31	荣康二厂代表

［1194－1－846］

南汇县针织工业同业公会报送第十次理监事及分事务所主任联席会议致南汇县政府呈

（1949年1月4日）

事由：为检送会议纪录并通告一份呈请核备由

南汇县针织工业同业公会呈南针（三八）字第一〇〇四号

中华民国三十八年一月四日

查本会第十次理监事及分事务所主任联席会议已于卅七年十二月廿七日举行，所有应行事项均经讨论决议纪录在卷，理合检同会议纪录乙份及南针字第一二五号通告乙份备文呈请鉴核，准赐备案至纫公感。

谨呈

县长孙

南汇县针织工业同业公会理事长唐友梅（印）

〔附〕

卅七年度第十次理监事及分事务所主任联席会议纪录

日期：卅七年十二月廿七日下午一时

地点：本会

出席者：盛镇陆　张菊秋　唐友梅　王庆玉　丁竹青梅代　汪健□　王荣盛　韩一飞　陈宝泉　周荫安

主席：唐友梅　纪录：唐汉鼎

一、行礼如仪

二、主席报告（略）

三、讨论提案：

(一) 定期举行第三届会员大会案。

决议：定卅八年元月九日上午九时召开第三届会员大会并依章举行改选事宜即日着手筹备。

(一) 大会经费如何筹集案。

决议：1. 每会员缴大会费六十元(包括中膳及其他一切费用多还少补)。该费应先缴纳以便统计预算，缴费后领取出席证，凭证出席大会。各会员不得因故不参加，若不缴费而不参加者，即以自愿退会论，以免流会。

2. 各分事务所主任应促令各该区会员出席大会，并予以各种必要之技术上之辅导与准备。

(一) 月费应如何调整案。

决议：本月份依上半月指数照九月份基数十五倍征收之。

(一) 十月份上期配纱如何分发各受配会员案。

决议：该期配纱因有特别费用，每小包尚应补收廿元，限期领取。逾期不来会领取者概作自愿放弃，即行移充本会经费或基金，概不通融。领纱时须先缴清月费、大会费、记纱补收费及办清其他一切应清手续，否则不得领取。

四、散会

主席 唐友梅

纪录 唐汉鼎

[1194－1－846]

南汇县针织工业同业公会报送第二届会员代表大会致南汇县政府呈

(1949 年 1 月 18 日)

〔事由：呈送针织工业同业公会第二届会员代表大会纪录仰祈备案由〕

南汇县针织工业同业公会呈南针(三八)字第一〇一八号

中华民国三十八年一月十八日

查本会第二届会员代表大会业于本月九日上午十时假中山纪念堂举行，计到各机关代表及本会会员等共一四五人，并在钧府代表指导监视之下改选理监事及修改本会章程，理合检同大会纪录乙份，备文呈请鉴核，准赐备案，实为公便。

谨呈

县长孙

南汇县针织工业同业公会理事长唐友梅(印)

〔附〕

南汇县针织工业同业公会第二届会员大会纪录

日期：三十八年一月九日上午十时

地点：南汇县中山纪念堂

出席会员：周桂祥等一四二人

列席者：县政府指导员鲍威　县党部代表陆祖鹤　县商会代表沈达权

主席：唐友梅　纪录：徐蕊梅　唐耀章　唐汉鼎

一、行礼如仪

二、主席致开会词(略)

三、各机关代表致词

县政府鲍指导员致词(略)

县党部陆代表致词(略)

县商会沈代表致词(略)

四、理事会报告(卅七年度大事记)

(一)会员数由107人增至257人;

(一)举办向花纱布管理委员会登记事宜;

(一)厘订工价;

(一)分事务所之扩充及其人事之更动;

(一)换发会员证书及会员证卡;

(一)经济管制物资禁运出境期间申请棉纱搬运许可证;

(一)经济管制物资禁运出境期间申请发还若干会员厂被扣纱线;

(一)十月份上期配纱之周折及交涉经过。

五、监事会报告

(一)卅七年度经费至卅八年一月七日止结存乙千二百三十六元五角。

(一)配纱组卅七年度结欠壹万贰仟五百四十八元乙角二分。

六、配纱组报告

卅七年共申请配购棉纱四〇九件(另详配纱清册)。

七、讨论提案

1.请修正本会章程案。

决议:第四章第十六条应修正为"本会设理事十一人,候补理事三人,监事三人,候补监事一人均由会员大会就会员代表中选任之。理事中互推三人为常务理事,并由常务理事互推一人为理事长,监事中互推一人为常务监事"。

2.请设立大团三墩万祥分会案。

决议:保留。

3.会员唐友梅申请辞职退会案。

决议:辞职部份交理事会办理。

4.常务理事倪端呈请辞职案。

决议:挽留。

5.理事胡文田呈请辞职案。

决议:挽留。

6.新场区分事务所主任叶新梅提请辞职案。

决议:通过,由该区会员之推选聘范树培为新场区分事务所主任。

八、改选理监事。

一、抽签 依本会章程第四章第廿一条规定理监事应改选半数以抽签定之(由县政府鲍指导员威抽签)。

抽签结果:抽出理事四人:

一、胡裕民 二、王兰堂 三、倪端 四、丁竹青

抽出监事一人:

胡诏初

二、选举理监事

选举结果:

理事十一人

唐友梅联任 陈宝泉联任 周荫安联任 韩一飞联任

胡文田联任 丁竹青111票 汪健民61票 张菊秋40票

倪端31票 张际虞27票 王兰堂26票

候补理事三人 冯谷海23票 顾渭轩23票 胡义园26票

监事三人　　　　盛镇陆联任　徐根楼联任　唐逸民 37 票
候补监事一人　　张际龙 15 票
九、散会

主席 唐友梅
纪录：徐蕊梅
唐耀章
唐汉鼎
〔1194－1－846〕

（三十一）南汇县竹商业同业公会

南汇县商会整理委员会转报南汇县竹商业同业公会召开筹备会致南汇县政府呈

（1946年9月1日）

事由：为竹商业同业公会定期召开筹备会祈鉴派员指导由

南汇县商会整理委员会呈南商总字第一〇号

中华民国三十五年九月一日

案据竹商业同业公会筹备员本会指定第一次会议召集人张守仁呈略称："前奉钧会转发委令饬即加紧进行当即祗领转发着手筹备。兹定于九月五日下午一时假座周浦东八灶晋昌竹行召开第一次筹备会议，合请派员指导并转请县政府派员指导"等情，据此理合备文转请鉴赐，届时派员指导，实为公便。

谨呈

南汇县长徐

南汇县商会理事长潘子平

［1194－1－856］

南汇县商会为南汇县竹商同业公会召开大会检送会议纪录致南汇县政府呈

（1946年10月29日）

事由：为竹商同业公会定期召开大会检送会议纪录章程草案祈鉴核派员指导监选由

南汇县商会呈南商总字第七十三号

中华民国三十五年十月廿九日

案据竹商业同业公会筹备主任张守仁十月二十五日呈称：

"本会自奉委后即开始办公筹备一切，兹已就绪。定于十一月十三日上午九时，在周浦中心国民校举行成立大会，合将第一、第二次筹备会议纪录及章程草案各三份备文呈报，祈鉴赐届时派员指导并转请党政机关派员指导监选以利进行"等情，并附件各三份到会，据此合行检附第一、二次筹备会议纪录章程草案各一份报请鉴核并届时派员出席指导监选，实为公便。

谨呈

南汇县长徐

附呈第一、二次筹备会议纪录、章程草案[①]各一份

南汇县商会理事长潘子平(印)

〔附 1〕

南汇县竹商业同业公会第一次筹备会议纪录

时间：九月五日下午二时

地点：周浦周八灶张万丰

出席者：张守仁　刘亦蕖　奚关楼　陈宝堃　张友仁

列席：县党部、商会代表顾昌淦

主席：张守仁　　　　　　纪录：刘亦蕖

行礼如仪

主席报告(略)

县党部、商会代表致词(略)

讨论事项：

乙件：本会筹备期间会址以设何处为宜请讨论案。

决议：暂设周浦东八灶晋昌木行。

乙件：本会会员应如何征求案。

决议：1. 登报公告通知本会；

2. 推定各区负责人分区办理。

乙件：请推定各区办理同业入会负责人案。

决议：推定惠南区陈宝堃、祝桥区周根生、六灶区张守仁、张东区杨宝如、周浦区刘亦蕖、召楼区奚关楼、新场区胡永熙、大团区周伯才。

乙件：请推定章程草案起草人案。

决议：由刘亦蕖、张守仁两位负责起草提交下次会议讨论之。

乙件：入会费应否收取并规定等级案。

决议：于入会时同时征收暂定甲乙丙三等，甲等八千元，乙等伍千元，丙等三千元。

乙件：推定本会筹备主任案。

决议：推定张守仁君为筹备主任。

乙件：本会职员应为何雇用案。

决议：由筹备主任遴选任用之。

乙件：确定第二次筹备会议日期案。

议决：十月五日下午一时。

主席 张守仁

纪录 刘亦蕖

〔附 2〕

南汇县竹商业同业公会第二次筹备会议纪录

时间：十一月十五日下午二时

地点：周浦南八灶仁康竹行

出席者：张守仁　周根生　周伯才　胡永熙　刘亦蕖

列席者：县商会代表顾昌淦

主席：张守仁　　　　　纪录：赵根初

行礼如仪

---

① 章程草案从略。

主席报告(略)

县商会代表致词(略)

讨论事项:

乙件:规定大会日期及地点案。

决议:定十一月三日开成立并商备周浦中心小学为大会会址。

乙件:印刷章程草案及委员名册等应推定负责人案。

决议:由张守仁、赵根初负责。

乙件:本会每月支出经常费应即推定负责人造具预算书,以便提交大会审议案。

决议:推张守仁、刘亦蘘负责编造。

乙件:本会临时聘请赵根初君为本会书记请通过案。

决议:通过。

乙件:本会对于牙税问题前经呈请县商会转呈县政府核示本案,迄未见复。现税收人员屡次催邀应如何处理案。

决议:由本会开成立大会时提出讨论并专呈县府请示,待指令后决定之。

主席 张守仁

纪录 赵根初

[1194-1-856]

南汇县商会转报南汇县竹商业同业公会成立情形致南汇县政府呈

(1946年11月18日)

事由:为呈报竹商业同业公会成立情形检送附件仰祈鉴核颁发立案证书刊发图记由

南汇县商会呈 南商总字第一〇五号

中华民国三十五年十一月十八日

案据竹商业同业公会呈报成立大会、第一次理监事联席会议经过情形,并检送修正章程、会员名单、理监事名单、成立大会纪录、理监事第一次联席会议纪录各三份到会,请予备案并转请党政机关备案,颁发立案证书、刊发图记等情。据此,理合检同附件各一份备文转请鉴核,颁发立案证书、刊发图记以利会务推进,实为公便。

谨呈

南汇县长徐

附呈:修正会章、会员名单、理监事名单、大会纪录、第一次理监事联席会议纪录各一份

南汇县商会理事长潘子平

〔附1〕

南汇县竹商业同业公会章程

第一章 总则

第二条 本会定名为南汇县竹商业同业公会。

第四条 本会之区域以南汇县之行政区域为范围,会所暂设周浦镇。

第二章 任务

第五条 本会之任务如左:

一、关于会员商品之共同采购运输及货运途中阻挠留难之交涉等事项。

第三章 会员

第六条 凡在本会区域内经营竹商业者均应为本会会员。

第十三条 本会同业不依法加入本会或不缴纳会费或违反章程及决议者,限期劝令加入及改过,逾期仍

不遵办者应予以警告，自警告之日起十五日内仍不接受者得由本会呈请县府予以左列之处分。

一、五万元以下之违约金。

第四章　组织及职权

第十六条　本会理事会之任务如左：

一、召集理事会及会员代表大会并执行其决议；

二、接受或采纳会员之建议。

第十七条　本会理事长之任务如左：

一、处理本会日常会务；

二、对外代表本会。

第五章　会议

第六章　经费

第三十条　会员入会费分甲乙丙三等，其等级由理事会审核决定之。

第卅一条　前条入会费规定甲等八千元，乙等五千元，丙等三千元，会员于入会时缴纳之。

〔附 2〕

南汇县竹商业同业公会会员名单

南　汇	杨来生	潘荣生	虞根祥	沈葆仁				
祝　桥	周贵斌 苏林鹤 沈三宫	周根生 朱梅生 汤连祥	朱关涛 黄晋根 计稚根	陆泉生 王亭香 季根生	周老二 范野团 瞿锡根	朱关金 周祥林 潘富坤	朱水根 周祥生	孙海林 邬志堂
六　灶	徐林明	朱连生	范阿大	朱福泉				
张　江	杨宝如	顾双□	周奎荣	郭晋泉				
周　浦	陆治均 乔志清	张友仁 苏森林	张守仁 唐林伯	陆明甫	刘明之	张向春	陈进良	奚关楼
召　楼	汪文通	诸锦春	胡永彬	周保仁	沈应梅			
新　场	胡桂清	周应涛	杨丹成	胡永熙				
大　团	陈文卿	吴福根	庄云祥	盛来根	周伯才	黄荣生	倪金龙	

〔附 3〕

南汇县竹商业同业公会理监事名单

理事会名单			监事会名单		
职　别	姓　名	通　讯　处	职　别	姓　名	通　讯　处
理事长	张守仁	周浦南八灶仁康竹行	常务监事	倪金龙	三墩镇倪盛森竹行
常务理事	刘明之	周浦东八灶晋昌竹行	监　事	张向春	周浦东八灶万盛森竹行
	周根生	江镇北市周永泰竹行		陆明甫	周浦椿樟街永基竹行
理　事	陈文卿	大团中市公兴竹行	候补监事	庄云祥	大团南市公顺竹行
	周伯才	大团北市周祥丰竹行			
	胡永熙	坦直桥镇胡义盛竹行			
	陆治均	周浦南市建业竹木行			
	奚关楼	周浦北市永丰竹行	出席县商会代表		
	杨保儒	张江栅杨永泰竹行	职　别	姓　名	通　讯　处
候补理事	胡桂清	新场北市胡义盛竹行	代表	张守仁	周浦镇南八灶竹业公会

续 表

理事会名单			出席县商会代表		
职　别	姓　名	通　讯　处	职　别	姓　名	通　讯　处
	吴福根	大团中市吴顺兴竹行		刘明之	同上
	乔志清	横沔北市乔协泰竹行		周根生	同上

卅五年拾壹月拾日抄

〔附 4〕

南汇县竹商业同业公会成立大会会议纪录

地点：周浦中心小学校内

时间：十一月三日下午一时

出席者：张守仁等三十四名

列席

县政府代表邱虚白

县党部、商会代表顾昌淦

行礼如仪

主席报告筹备经过情形（略）

县党部、商会代表致词（略）

县政府代表致词（略）

讨论事项：

乙件：章程草案提请修正通过案。

决议：修正通过。

乙件：本业免征牙税前经呈请县政府核示在案迄□□□□□□如何别办理案。

决议：由本会专电县政府迅予批复以便答复税收人员。

乙件：规定本业商品售价制定价目单印发以资统一售价案。

决议：由理监会办理之。

乙件：票选理监事。

票选结果如下：当选理事

张守仁　奚关楼　周伯才　胡永熙　刘明之　陆治均

陈文卿　杨宝如　周根生

当选候补理事

胡桂清　乔志清　吴福根

当选监事

倪金龙　张向春　陆明甫

候补监事

庄云祥

监选员

邱虚白

散会

主席 张守仁

纪录 周云龙

〔附 5〕

南汇县竹商业同业公会第一次理监事会议纪录

地点：周浦东八灶晋昌竹行

时间：十一月十日上午十时

出席者

张守仁等十一名

讨论事项：

（一）通过理事公推张守仁、刘明之、周根生为常务理事，推定张守仁先生为理事长。

（二）通过监事推定倪金龙先生为常务监事。

乙件：定制公会招牌及会员证书理监事证章应推定采办负责人案。

决议：推定常务理事办理。

乙件：呈报县党政机关各项手续应推定负责人即速办理案。

决议：待聘任书记确定后办理之。

乙件：通过同业售价表案。

决议：修正通过。

乙件：未登记之同业应如何处理案。

决议：由理事会去函通知劝导限半月内入会，否则呈请县府执行。

乙件：本会经常费等级及办理提请讨论案。

决议：等级范围修正通过甲等八仟元乙等五仟元丙等三仟元并推定各区征收负责人应先征收十一、二月为限各区负责人例下：

大团区　倪金龙

惠南区　奚根祥

祝桥区　周根生

六灶区　张守仁

周浦区　刘明之

张江区　杨宝如

召楼区　奚关楼

新场区　胡永熙

散会

主席 张守仁

纪录 周云龙

［1194－1－856］

南汇县政府核备竹商业同业公会章程等件并发立案证书致南汇县商会指令

（1946 年 11 月 23 日）

事由：据呈报竹商业同业公会章程等件经核定准发立案证书仰查收转给祗领由

南汇县政府指令社字第八一二四号

令南汇县商会

卅五年十一月十八日呈乙件，呈报竹商业同业公会成立经过检送章程等件仰祈鉴核颁发立案证书由。

呈件均悉。经核该竹商业同业公会章程，尚无不合，准予立案，随发立案证书乙帋，仰查收转给祗领。至该会图记，亦经刊刻并仰转饬派员来府具领为要！

此令。附件存。

附发立案证书乙纸[①]

县长徐

〔中华民国三十五年〕十一月廿三日

[1194-1-856]

南汇县商会转报南汇县竹商业公会图记印模致南汇县党部呈

(1947年1月8日)

事由：为转呈竹商业公会图记印模仰祈鉴核备查由

南汇县商会呈南商总字第一六八号

中华民国三十六年一月八日

案据南汇县竹商业同业公会呈为奉发证书图记，业经领收启用，呈祈鉴核存转等情，附印模三份。据此，理应检同原印模乙份备文呈送，仰祈鉴核备查。

谨呈

南汇县党部书记长顾

附原印模乙份〈下略〉

南汇县商会理事长潘子平

[1192-1-197]

南汇县商会转报南汇县竹商业商号拒绝入会致南汇县政府呈

(1947年3月29日)

事由：据情转呈竹商业商号拒绝加入同业公会呈请核办由

南汇县商会呈南字第二五三号

中华民国三十六年三月二十九日

据竹商业同业公会理事长张守仁呈：略以本城东门外陈宝堃、鲁家汇镇永盛行之毛竹部及万祥镇奚福楼竹行迄未入会，经派员劝导，迭遭拒绝，去函警告，亦无效果，妨碍会务，请根据组织法第十三条呈县核办等情：据此理合据情转呈仰祈鉴核，准予依法处理，实为公便。

谨呈

南汇县长徐

理事长潘子平

[1194-1-856]

南汇县政府关于核示办理南汇县竹商业商号拒绝入会办法致南汇县商会指令

(1947年5月2日)

事由：据呈报竹商号拒绝加入公会请求核办等情准予分别通知随发通知三纸仰即转递由

南汇县政府指令社字第一三三〇三号

令县商会

---

① 原文缺。

卅七年三月廿九日呈乙件，据情转呈竹商业商号拒绝加入同业公会呈请核办由。

呈悉，准予分别通知依法入会，随发是项通知三纸仰即转递为要！

此令。

附发通知三纸。

县长徐

〔中华民国三十六年〕五月二日

〔附〕

南汇县政府关于南汇县竹商业商号依法入会的通知

事由：为通知依法加入会仰即遵照由

南汇县政府通知社字第一三三〇三号

兹据会本年月日呈以该会成立以来，境内同业多已依法加入，惟屡经劝导因循观望拒绝入会实属有违法令，影响团体组织，请求迅予转饬该依法入会以维功令等情前来。查各职业团体公员入会条文内皆列有“均应”二字，是各该从业人员之入会应含有强制性，本府迭奉省令加强职业团体组织均经转饬各团体遵照在案。据呈前情，除指令照准外合行通知仰于文到十日内依法加入会，毋得违延为要！

左通知遵照。

县长徐

［1194－1－856］

（三十二）南汇县铸铁商业同业公会

发起人周渭滨等关于组织南汇县铸铁商业同业公会致南汇县政府呈

（1947年12月9日）

事由：为筹备组织本县铸铁商业同业公会请求准予备案由

窃具呈人等均系经营铸铁商业，兹为同业公共利益及矫正弊害并使政府易以统一管辖起见，拟组织本县铸铁商业同业公会，由具呈人等发起，依法先行组织筹备会。理合先将发起人名单呈送，仰祈鉴核，准予备案，俾便召开筹备会议推选筹备委员进行筹备事宜，实为公便。谨呈

南汇县政府

附呈发起人名单壹份

具呈人　周渭滨（印）　周同泰（印）

姚才林（印）　姚隆兴铁铺（印）

宣永宾（印）　宣茂兴号（印）

陆来法（印）　陆顺兴铁铺（印）

傅福根（印）　傅永兴铁铺（印）

朱生如（印）

谢德福（印）

周全生（印）　周长兴（印）

朱友根（印）　朱永兴（印）

朱仕祥（印）　朱永茂铁铺书柬（印）

周绍荣（印）　周顺兴号（印）

中华民国三十六年十二月九日

〔附〕

南汇县铸铁业商业同业公会发起人名单

姓　名	年　龄	籍　贯	住　址	商号名称
周渭滨	31	南汇	本　城	周同泰号
姚才林	30	南汇	本　城	姚隆兴号
宣永宾	54	南汇	四团仓镇	宣茂兴号
陆来法	34	南汇	祝桥镇	陆顺兴号
傅福根	32	南汇	施　镇	傅永兴号

续 表

姓 名	年 龄	籍 贯	住 址	商号名称
朱生如	32	南汇	沙泥码头	朱复兴号
谢德福	39	南汇	江 镇	谢长兴号
周全生	56	南汇	七 灶	周长兴号
朱友根	35	南汇	大团镇	朱永兴号
朱仕祥	51	南汇	大团镇	朱永茂号
周绍荣	40	南汇	三灶镇	周顺兴号

[1194-1-849]

南汇县政府关于核示组织南汇县铁器业同业公会给周渭滨等的批

(1947年12月15日)

事由：据呈发起组织铁器业同业公会批仰知照由

南汇县政府批(卅六)一社字第一一六六号

具呈人周渭滨等

卅六年十二月九日呈乙件，为筹组本县铸铁商业同业公会请准备案由。

呈件均悉，查该发起人均经加入本县打铁业职业工会，兹据来呈称系经营铁器商业是否设立正式商号具有资方身份应向原加入职工会声明具报，再凭核夺。

此批。附件暂存。

县长龚

〔中华民国三十六年〕十二月十五日

[1194-1-849]

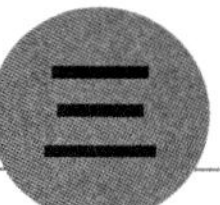

南汇县工商实业

（一）浦东地方建设股份有限公司

浦东地方建设股份有限公司招股启事及招股简则

（1946 年 1 月 20 日）

启事

我浦东，左海右江，沃田数百万亩，河流网布，产物素丰；且濒海富鱼盐之利，此天然资源，取用不竭，经济上之环境，固相当优美。但按诸事实，则民生凋敝，经济衰落，其现象之矛盾如此。无他，交通之梗滞，科学之欠缺，天然资源之不开发，资本经济之不集中，因以造成之也。

同人等认识此点，自亡谫陋，先作前驱。爰发起组织浦东地方建设股份有限公司，以为集中资力之入手。用此资力，以经营地方建设事宜。如交通，农业，渔盐等事，运用科学，利用自然；定程推展，设法改进。使我浦东地方繁荣，民生入康乐之境！

公司为人民营利社团，地方为人群托身场所，固两者相应；然向无明显联系。同人等创设本公司；既谋集中私有资本，以开发地方经济；当然与地方密切联系。故於章程中明定："除提公积金以外纯益百分之二十充地方福利事业基金。"使公私利益均沾，资本与社会融会。窃不自量，敢首为之倡也。

同人等发起组织本公司，经一再集会，商拟章程。并承会中付托，负责筹备。所有资本，除由发起人分认外，留出定额，欢迎我热心赞助及有志企业人士，踊跃投资！股额多寡随便。盖成裘端赖集腋；利益尤贵均沾也。

兹将本公司章程，招股简则，认股书等件。送请察阅，并乞

赐教为幸！

中华民国三十五年一月二十日

筹备主任 王艮仲

副主任 严涵温

筹备委员 姚义璋 陆容庵

何尚时 朱鸿圻

宋静盦 廖味容

孙照明 张文魁

葛叔庄 朱惟禧

蔡熙盛

筹备处 上海赵主教路二八五号

电话 七六〇一一

〔附1〕

浦东地方建设股份有限公司章程草案

（略，同《浦东地方建设股份有限公司申请登记案》之《浦东地方建设股份有限公司章程》）

〔附2〕

招 股 简 则

（一）凡认本公司股份者须填具认股书送交本公司筹备处登记；

（二）本公司股份计分十万股，每股一千元，除由发起人认定六万股外，尚有四万股向外募足之；

（三）本公司定民国三十五年一月二十日至二月底为招股期；

（四）股份总数募足时，当即通知认股人于规定期内缴纳股款，于代收股款处掣取收据，以备将来掉换正式股票；

（五）股款收齐后于一个月内召开创立会；

（六）代收股款处：江苏省农民银行上海分行

（地址：宁波路三十五号及林森中路五三九号）

［1194－1－1119］

浦东地方建设股份有限公司申请设立并向建设厅核准备案致南汇县政府呈

（1946年3月）

事由：呈为设立股份有限公司备具文件，请求转呈江苏省建设厅核准备案事

窃本省浦东地区，拥田数百万亩，物产丰富，左海右江，富渔盐之利，然因科学落后，交通阻滞，以致民生凋敝，资源无由开掘，艮仲等有鉴于此，爰发起组织浦东地方建设股份有限公司，集中资力，经营浦东地方建设事宜，以促进地方繁荣，改善人民生活为目标，业务范围定为：一、经营交通及运输事项；二、倡办新式农业，供应农事器材，及农产物之加工制造运销事项；三、开发天然资源之渔盐事项；四、经营木材之供销事项。资本总额定为国币壹万万元，分为拾万股，每股国币壹千元，股款分两期缴纳，第一期先缴二分之一，由发起人认定六万股，尚有四万股，向外募足之。公司地址暂定浦东南汇县周浦镇。兹遵照公司法施行法第二十三条之规定，合行备文，连同各项附件，一并附呈，至祈督核，请予转呈江苏省建设厅核准备案，实深公感。

谨呈

南汇县县政府

附件：招股章程、营业计划书、发起人姓名住址、经历认股数目书壹份

具呈人：浦东地方建设股份有限公司发起人：

王艮仲　黄炳权

陈陶遗　葛季华

严涵温　江倬云

姚义璋　赵心梅

何尚时　赵耿梅

宋静庵　顾象九

孙照明　潘子平

张文魁　吴国璋

朱鸿圻　杨昌炽

陆容庵　顾秉之

葛叔庄　朱铭松

廖味容　傅菊人
蔡熙盛　顾象之
闵鲁西　孙心宽
筹备处地址：上海赵主教路二百八五号
中华民国卅五年三月

〔附1〕

浦东地方建设股份有限公司招投章程

第一条　本公司依照公司股份有限公司之规定组织之定名为浦东地方建设股份有限公司，依法呈请主管官署登记。

第二条　本公司业务范围定为：

一、经营交通及运输事项；

二、倡办新式农业，供应农事器材及农产物之加工制造运销事项；

三、开发本地天然资源之渔盐事项；

四、经营木材之供销事项。

第三条　本公司暂设筹备处于上海赵主教路二八五号，正式地址俟再决定。

第四条　本公司资本总额定为国币壹万万元，分为拾万股，每股壹千元，分两期缴纳。第一期先缴二分之一，除六万股由发起人认定外，尚有四万股向外公开募集，倘有不足再由发起人募足之。

第五条　本公司股息定为周年壹分，自收到股款之日起算。

第六条　本公司股票概用记名式，股东中有用堂名记号或团体名义为记名者，得从其便，但仍须将其真实姓名住址或代表人姓名住址报明本公司，记入股东名簿。

第七条　本公司股东以有中华民国国籍者为限。

第八条　本公司公告方法，除通函外并登载于当地通行之日报。

第九条　本公司设董事十九人至二十一人，监察人五人至七人，均由股东会选任之。凡属股东不分性别均得当选。

第十条　本公司设总经理一人，主持公司业务。副经理一人至三人，协助总经理分任业务，均由董事会任用或聘任之。

第十一条　本公司决算于每届年终行之，如有盈余，先提公积金十分之一及国家法定捐税，次提股息，再提地方福利事业基金百分之二十，其余以百分比支配。如左：

一、股东红利百分之六十；

二、董事及监察人酬劳百分之十；

三、总副经理及员工酬劳百分之三十。

第十二条　本公司定民国卅五年二月廿八日于至三月五日为招股期。

第十三条　本公司委托江苏省农民银行上海分行代收股款。

第十四条　本公司发起姓名住址如下：

姓名	住址
王艮仲	上海赵主教路二八五号
陈陶遗	上海赵主教路二八五号
严涵温	上海八仙桥协大祥
姚义璋	上海太原路200
何尚时	上海成都路200
宋静盦	上海安亭路八十一弄21号
孙照明	上海八仙桥协大祥
张文魁	上海博物院路131号2楼国华公司

朱鸿圻　上海牛庄路七三一弄四号
陆容庵　上海麦赛而蒂□路麦赛路十七
葛叔庄　上海马浪路212弄62号
廖味容　上海姚主教路二八八弄五号
蔡熙盛　上海南洋路南洋新邨□
闵鲁西　上海八仙桥协大祥
黄炳权　上海复兴路502号
葛季华　上海马浪路二一二弄六十二号
江倬云　上海白尔路永安里十九
赵心梅　上海赵主教路885
赵耿梅　上海宁波路35号
顾象九　上海中正南二路198弄九号
潘子平　上海河南路昌兴里六十号
吴国璋　上海林森路中南新邨五号
杨昌炽　上海赵主教路二八五号
顾秉之　上海赵主教路二八五号
朱铭松　上海江西路一七〇号二五三室
傅菊人　上海赵主教路二八五号
顾象之　上海林森路大德里33号
孙心宽　上海西藏路协大祥

〔附2〕

浦东地方建设股份有限公司第一期营业计划书

江苏省浦东地区拥田数百万亩，物产丰富，左海右江，富渔盐之利，经济环境原甚优良，然按之实际，则民生凋敝，经济落后，盖交通阻滞，技术幼稚之故也。本公司集中资本以现代化的技术与组织作有计划的经济开发经营之业务，已有详细调查，确具把握所冀于地方之繁荣，生活之改善，有相当的贡献耳，兹将第一期营业计划开列如下：

一、资本总额：国币壹万万元，第一期先收二分之一，计国币五千万元。

二、资本分配之计划：

第一期先以交通运输及木材供销两项业务着手，资本分配为交通运输叁千万元，木材供销壹千万元及流动资金壹千万元。

甲、交通运输事项　30 000 000元

　　交通工具购置　20 000 000元

　　房屋修理工场暨设置　10 000 000元

乙、木材供销事项　10 000 000元

　　木材采办　8 000 000元

　　房屋及设备　2 000 000元

丙、流动资金　10 000 000元

第二期股款收集后，再经营农产物之加工制造运销事项及天然资源渔盐之制销事项，资本之分配为前者叁千万元，后者贰千万元。

丁、农产物之加工制造运销事项　30 000 000元

　　工场房屋及土地　15 000 000元

　　机械及设备　15 000 000元

戊、渔盐之制销事项　20 000 000元

盐场房屋及土地　10 000 000 元

制盐捕鱼之工具与设备　10 000 000 元

三、预计每年营业收入(第一期)

甲、交通运输客货票价收入　90 000 000 元

乙、木材销售所得　70 000 000 元

四、预计每年各项开支：

原料物料　120 000 000 元

销售费用　10 000 000 元

管理费用　15 000 000 元

财务费用　5 000 000 元

总　　计　150 000 000 元

五、预计每年盈余　10 000 000 元

〔附 3〕

浦东地方建设股份有限公司发起人姓名经历住址认定股数金额表

姓　名	经　　历	住　　址	认定股数	金　额
王艮仲	中国建设服务社理事长	上海爱棠路 182	9 000	99 000 000 元
陈陶遗	曾任江苏省省长	赵主教路 285	1 000	1 000 000 元
严涵温	律师	上海福照路 232	1 000	1 000 000 元
姚义璋	鼎新染厂经理	上海太原路 200	5 000	5 000 000 元
何尚时	曾任国大代表	上海成都路 200	2 000	2 000 000 元
宋静盦	汇通贸易公司董事	上海安亭路 81/82	1 000	1 000 000 元
孙照明	协大祥经理	上海八仙桥	5 000	5 000 000 元
张文魁	恒义纱厂经理	上海莫利爱路 27	4 000	4 000 000 元
朱鸿圻	大中砖瓦公司经理	上海牛庄路 731/4	2 000	2 000 000 元
陆客庵	江苏小型纱厂联合会理事长	上海麦赛而蒂□路麦赛坊十九	2 000	2 000 000 元
葛叔庄	华兴花厂经理	上海马浪路二一二弄 62	2 000	2 000 000 元
廖味容	奉贤绅士	上海姚主教路 288/5	2 000	2 000 000 元
蔡熙盛	奉贤绅士	上海赵主教路 285 转	2 000	2 000 000 元
闵鲁西	协大祥协理	上海八仙桥	2 000	2 000 000 元
黄炳权	华高电气公司协理	上海复兴路 502	2 000	2 000 000 元
葛季华	华兴花厂	上海马浪路 212/62	2 000	2 000 000 元
江倬云	军事委员会参议	上海白尔路永安里 19	2 000	2 000 000 元
赵心梅	中国建设服务社理事	上海赵主教路 285	1 000	2 000 000 元
赵耿梅	江苏农民银行上海分行协理	上海宁波路 35	1 000	2 000 000 元
顾象之	汇通贸易公司	上海中正南二路一九八弄九	1 000	1 000 000 元
潘子平	祥盛花厂经理	上海河南路昌兴里六十	2 000	2 000 000 元
吴国璋	源盛花厂经理	上海林森路中南新邨 5	2 000	2 000 000 元
杨昌炽	通益公司总经理	上海赵主教路二八五	1 000	1 000 000 元
顾秉之	中国建设服务社	上海赵主教路二八五	1 000	1 000 000 元
朱铭松	华商电气公司	上海江西路 170 二五三室	2 000	2 000 000 元

续 表

姓　名	经　　历	住　　址	认定股数	金　额
傅菊人	上海通益企业公司	上海赵主教路二八五	1 000	1 000 000 元
顾象之	上海震昌当	上海林森路长德里 33	1 000	1 000 000 元
孙心宽	上海协大祥绸布庄	上海西藏路	1 000	1 000 000 元

[1194－1－711]

江苏省建设厅关于设立浦东地方建设股份有限公司准予备案致南汇县政府指令

（1946 年 4 月 2 日）

事由：拟呈该县设立浦东地方建设股份有限公司一案，准予备案由

江苏省建设厅指令建三一八九四号

中华民国三十五年四月二日

令南汇县政府：

呈一件，为据呈设立浦东建设股份有限公司转请鉴核示遵由。呈件均悉。查该公司所呈各件经核，尚无不令，准予备案。至业务范围内（一）（三）两项，应转饬迳呈请有关机关登记给照。呈凭核转，此令。件存。

厅长 董赞尧

[1194－1－711]

浦东地方建设股份有限公司依法申请登记致南汇县政府呈

（1946 年 6 月 10 日）

事由：为设立公司依法声请登记由

窃具呈人等筹资法币壹亿元，组织浦东地方建设股份有限公司，业经呈由钧府，转呈准予备案在案。兹以股份认缴足额，设立公司各项程序，已经完竣，除业务范围内（一）（三）两项，遵令迳呈有关机关登记给照外，特依公司法第三百三十七条乙项规定，应加具之各项文件，一并奉呈，随缴规费印花税费等款，备文呈请钧府，核转建设厅，转呈经济部核准给照，实为德便。

谨呈

南汇县政府

具呈人 浦东地方建设股份有限公司

全体董事 王艮仲

宋静庵

徐今予

赵心梅

顾象九

蔡熙盛

陈麟生

邵景圆

傅菊人

全体监察人 廖味容
杨昌炽
赵耿梅
孙照明
姚义璋
朱鸿圻
严涵温
葛叔庄
何尚时
陆容庵
张文魁
顾秉之
顾象之
江倬云
闵鲁西

附件：
登记事项表三份、公司章程三份
股东名簿三份、营业概算书三份
依公司法第一百三十三条规定呈请备案之批示抄本三份
依公司法第一百四十四条规定之检查人调查报告书三份
创立会决议录三份、登记费伍万元
执照费五百元、印花税费贰百元

中华民国三十五年六月十日

〔附 1〕

浦东地方建设股份有限公司登记事项表

登记事项表
公司名称：浦东地方建设股份有限公司
所营事业：（一）经营交通运输（二）倡办新式农业供应农事器材及农产物之加工运销
（三）开发渔盐事业（四）有关地方经济建设之事项
资本总额及股份总额：法币一亿元，分为十万股
每股金额：法币一千元
每股已缴金额：一次缴足
本店所在地：南汇县周浦镇北大街
公告方法：登载上海通行之日报二种
董事监察人姓名住所：
董　事：王艮仲　住上海赵主教路二八五号
赵耿梅　上海巨鹿路五〇六号、
孙照明　上海西藏南路二五号
姚义璋　上海宁海西路四二号
朱鸿圻　上海牛庄路七三一弄四号
严涵温　上海福熙路二三二号
葛叔庄　上海马当路二一二弄六二号
何尚时　上海威海卫路一五五弄二四号

陆容庵　上海华龙路麦赛坊一九号
张文魁　上海莫利爱路二七号
顾秉之　浦东周浦镇浦建公司
宋静庵　上海永嘉路安康街二一号
徐今予　上海五原路二八五号
赵心梅　上海五原路二八五号
顾象九　上海中正南二路一九八弄九号
蔡熙盛　上海南阳路二一号
陈麟生　上海汉弥登大楼一一五号
邵景圆　上海天平路二一六弄五号
傅菊人　浦东周浦镇浦建公司
监 察 人：廖味容　上海姚主教路二八八弄五号
杨昌炽　上海五原路二八五号
顾象之　上海延庆路一二五弄三三号
江倬云　上海白尔路永安里一九号
闵鲁西　上海八仙桥协大祥

〔附2〕

浦东地方建设股份有限公司章程

第一章　总则

第一条　本公司定名浦东地方建设股份有限公司，简称浦东建设公司。

第二条　本公司以经营浦东地方建设事业促进地方繁荣，充裕人民生活为方针，其业务范围如左：

（一）经营交通及运输事项；

（二）倡办新式农业，供应农事器材及农产物之加工制造运销事项；

（三）开发本地天然资源之渔盐事项；

（四）其他有关地方经济建设事项。

第三条　本公司设于浦东周浦镇，视业务上之需要得在浦东各地设立分公司或办事处。

第四条　本公司之公告除通函外并登载于当地通行之日报。

第二章　股份

第五条　本公司资本总额国币壹万万元，分作十万股，计每股一千元，一次缴足。

第六条　本公司股东以有中华民国国籍者为限。

第七条　本公司股票概用记名式，除盖公司图记外。由董事五人以上署名签章发行之。

第八条　股份用堂记牌号团体名义者之代表人或股东本人，均应於取得股份时，将其姓名住所及印鉴单送交本公司存查，遇有变更随时报告更正。

第九条　股份转让时应由授受双方会同具函连同股票送交本公司申请过户，经本公司核明准许将该股票发交受让人后方为有效。在过户未竣前不生转让之效力。

第十条　股份因继承关系或别种原因而须变更票面户名，应由承受者提出相当证据。经本公司审查确实后予以变更，但认为必要时得令具保或登报公告。

第十一条　股票如有毁灭或遗失者，应即报明本公司并于指定之日报上公告作废。经过一个月无纠葛发生，再行觅保向本公司补领新股票。

第十二条　股份过户或补领股票应纳印花税及手续费，均由申请人负担。

第十三条　股东常会期前一个月内，临时会期前半个月内，均停止股份过户。

第三章　股东会

第十四条　股东常会于每年总结账后三个月内由董事会召集之，股东临时会由董事会或监察人认为必要时或有股份总数二十分之一以上之股东请求时均得召集之。

第十五条　股东表决权每股一权，但一股东之股份超过十股者，其超过数概按九折计，权零数不满一权者不计。

第十六条　股东因事不能出席者，得以书面委托其他股东为代表，但代表者连其本人所有之表决权，合计不得超过全体股东表决权五分之一。

第十七条　股东常会以左列事项为主。

（一）查核董事会造具之表册及监察人之报告；

（二）决议分派股息及红利；

（三）选举董事及监察人；

（四）提议事件。

第十八条　股东会之主席由出席股东中公推一人任之。

第十九条　股东会之决议，除变更章程增减资本等应依公司法之规定外，以有股权总数过半数之出席，并以出席表决权过半数之同意行之。

第二十条　股东如有提议事件，须有五人以上之连署，于距离会期十日前具事由，送交董事会列入议程。

第廿一条　股东会决议事项应作成决议录，由主席签名盖章，连同股东签名簿及委托书一并保存于公司。

第四章　董事及监察人

第廿二条　本公司设董事十九人，监察人五人，均由股东会选任之，凡属股东不分性别均得当选择。

第廿三条　董事组织董事会互选董事长一人，常务董事五人。董事长对外代表公司，对内主持会务，常务董事组织常务董事会，在董事会闭会期间执行职务，对董事会负责。

第廿四条　董事任期三年，监察人任期一年，均得连选连任。

第廿五条　董事会每两个月举行一次常务董事会，每半个月开会一次，其主席以董事长任之。董事长缺席时由出席董事或常务董事中公推一人任之。遇重要事件得召集临时会，其决议以过半数之出席并以出席过半数之同意行之。

第廿六条　董事会之职权如左：

（一）议定公司营业方针；

（二）议订各项规则；

（三）核定各项预算决算；

（四）任免总经理、副经理；

（五）召集股东常会及临时会；

（六）处理各项重要事件。

第廿七条　监察人互推常务监察人二人，执行下列之职务：

（一）审查各项开支预算及决算；

（二）监察业务进行及财产状况；

（三）检查一切账目；

（四）列席董事会陈述意见。

第廿八条　本公司设总经理一人，主持公司业务。副总经理一人至三人，协助总经理。分任业务均由董事会任用或聘任之。

第廿九条　本公司总经理除执行股东会董事会之决议及主持公司全部业务外，对内得列席董事会陈述意见，对外得在业务上代表公司。

第五章　会计

第三十条　本公司於每年年终总结账。由董事会督造左列各项表册，交监察人复核后报告於股东会。

（一）营业报告书；

（二）资产负债表；
（三）捐益计算书；
（四）财产目录；
（五）盈余分配案。

第卅一条　依总结账所得之纯益先提公积金百分之十及国家法定捐税，次提股息，再提地方福利事业基金百分之二十，其余以百分比支配如左：

（一）股东红利百分之六十；
（二）董事及监察人酬劳百分之十；
（三）总副经理及员工酬劳百分之三十。

第卅二条　分派盈余于股东常会议决后行之，股息及红利按照停止过户日之股东名簿分派。

第六章　附则

第卅三条　本章程未尽事宜依公司法办理，如有变更须经股东会议决，呈请主管官署备案。

〔附3〕

浦东地方建设股份有限公司股东名簿

股东户名	姓名或代表人姓名	住　所	股数	股款	已缴股款	缴纳股款年月日	银钱以外出资种类及价格或估价标准
陈陶遗		上海五原路二八五号	肆仟	肆百万	全缴	本年五月一日	无
王艮仲		同上①	壹万	壹仟万	同上	同上	无
杨昌炽		同上	陆仟	陆百万	同上	同上	无
顾象之		同上	陆仟	陆百万	同上	同上	无
顾秉之		浦东周浦镇北大街	陆仟	陆百万	同上	同上	无
赵心梅		上海五原路二八五号	陆仟	陆百万	同上	同上	无
顾象九		同上	陆仟	陆百万	同上	同上	无
宋静庵		同上	陆仟	陆百万	同上	同上	无
赵耿梅		同上	陆仟	陆百万	同上	同上	无
徐今予		上海五原路二八五号	叁仟	叁百万	全缴	本年五月一日	无
顾家本		浦东周浦镇地方建设公司	壹仟	壹百万	同上	同上	无
顾佩之		上海五原路二八五号	陆百叁拾	陆拾叁万	同上	同上	无
宋梦梅		同上	壹百	壹拾万	同上	同上	无
傅　亮		同上	壹百	壹拾万	同上	同上	无
唐祥珪		浦东周浦镇地方建设公司	壹百	壹拾万	同上	同上	无
钟仲梅		上海五原路二八五号	壹百	壹拾万	同上	同上	无
陈克检		浦东周浦镇地方建设公司	壹百	壹拾万	同上	同上	无
张永久		同上	壹百	壹拾万	同上	同上	无
龚鸿章		同上	壹百	壹拾万	同上	同上	无
宋宝文		上海五原路二八五号	壹百	壹拾万	全缴	本年五月一日	无
潘子平		同上	壹百	壹拾万	同上	同上	无
顾保之		同上	壹百	壹拾万	同上	同上	无

① 原文为“同右”，因版式原因调整为“同上”，下同。

续 表

股东户名	姓名或代表人姓名	住　所	股数	股款	已缴股款	缴纳股款年月日	银钱以外出资种类及价格或估价标准
傅菊人		浦东周浦镇地方建设公司	壹百	壹拾万	同上	同上	无
赵海如		同上	壹百	壹拾万	同上	同上	无
陈仲期		上海五原路二八五号	壹百	壹拾万	同上	同上	无
李柏森		同上	壹百	壹拾万	同上	同上	无
宋宝尊		同上	壹百	壹拾万	同上	同上	无
赵　德		浦东周浦镇地方建设公司	壹百	壹拾万	同上	同上	无
张国生		上海五原路二八五号	壹百	壹拾万	全缴	本年五月一日	无
张国良		同上	壹百	壹拾万	同上	同上	无
沈志□		浦东周浦镇地方建设公司	壹百	壹拾万	同上	同上	无
朱子毅		上海五原路二八五号	壹百	壹拾万	同上	同上	无
姚志英		同上	壹百	壹拾万	同上	同上	无
马碧莲		同上	壹百	壹拾万	同上	同上	无
唐思礼		同上	壹百	壹拾万	同上	同上	无
赵心梅		同上	壹百	壹拾万	同上	同上	无
邵景康		上海金神父路花园坊三号	伍百	伍拾万	同上	同上	无
谢锡璋		江苏奉贤钱家桥镇	壹拾	壹万	同上	同上	无
蒋文鹤		江苏奉贤南桥镇东街周宅	壹拾	壹万	全缴	本年五月一日	无
诸玉麐		江苏奉贤庄行镇裕兴南货号	壹拾	壹万	同上	同上	无
何尚志		江苏奉贤邬家桥镇	壹拾	壹万	同上	同上	无
何德宽		上海亚尔培路联贵坊一号	壹拾	壹万	同上	同上	无
何德怀		同上	壹拾	壹万	同上	同上	无
顾家洪		上海顺昌路八四号	参百	参拾万	同上	同上	无
季倜凡		上海中正东路一四五四号浦东同乡会	伍拾	伍万	同上	同上	无
张文魁		上海莫利爱路二七号	壹仟伍百	壹□万	同上	同上	无
顾润芝		上海襄阳路一六六弄一〇号	叁百	参拾万	同上	同上	无
高克继		上海福熙路二三二号洋泾中学	壹百	壹拾万	全缴	本年五月一日	无
秦伯未		上海嵩山路振平里二〇号	壹百	壹拾万	同上	同上	无
徐德辛		同上	壹百	壹拾万	同上	同上	无
费瑞荣		江苏奉贤县齐贤桥	伍	伍仟	同上	同上	无
金云卿		同上	伍	伍仟	同上	同上	无
徐绍霖		同上	伍	伍仟	同上	同上	无
胡镇兴		同上	伍	伍仟	同上	同上	无
蒋品绅		同上	伍	伍仟	同上	同上	无
费金生		同上	伍	伍仟	同上	同上	无
郁福生		同上	伍	伍仟	同上	同上	无
孙耀祖		江苏奉贤县齐贤桥镇	伍	伍仟	全缴	本年五月一日	无

续 表

股东户名	姓名或代表人姓名	住　　所	股数	股款	已缴股款	缴纳股款年月日	银钱以外出资种类及价格或估价标准
林丙照		同上	伍	伍仟	同上	同上	无
金炳荣		同上	伍	伍仟	同上	同上	无
宋益三		周浦县立初级中学	伍拾	伍万	同上	同上	无
宋益世		同上	伍拾	伍万	同上	同上	无
苏宝棠		江苏奉贤县钱家桥镇	伍拾	伍万	同上	同上	无
马秋涛		同上	贰拾	贰万	同上	同上	无
唐吕韬		同上	叁拾	叁万	同上	同上	无
唐克明		同上	叁拾	叁万	同上	同上	无
张耀根		江苏奉贤县钱家桥镇	贰拾	贰万	全缴	本年五月一日	无
钱妙寿		同上	拾伍	壹万伍仟	同上	同上	无
王祥生		同上	拾伍	壹万伍仟	同上	同上	无
马白驹		江苏奉贤县三官堂镇	叁拾	叁万	同上	同上	无
康文若		同上	叁拾	叁万	同上	同上	无
周金涛		江苏奉贤县齐贤桥	伍拾	伍万	同上	同上	无
钱书明		同上	叁拾	叁万	同上	同上	无
钱松年		同上	贰拾	贰万	同上	同上	无
卫友松		上海蒲石路杜美新村一二号	壹百	壹拾万	同上	同上	无
黄　乾		南汇西门外烟霞阁	肆拾	肆万	同上	同上	无
邵　杰		上海天平路二一六弄五号	贰百	贰拾万	全缴	本年五月一日	无
陈慕韩		上海福熙路一三号	叁百	叁拾万	同上	同上	无
邵景圆		上海天平路二一六弄五号	伍百	伍拾万	同上	同上	无
吴夏峰		上海河南路昌兴里六〇号	壹百	壹拾万	同上	同上	无
陈子馨		上海中正东路二六〇号 447 室恒源兴花号	肆百	肆拾万	同上	同上	无
李亨章		上海九江路一五〇号五〇二室	贰百	贰拾万	同上	同上	无
奚孟起		上海中正东路一四五四号五一一号室	贰百	贰拾万	同上	同上	无
孙心宽		上海西藏南路二五号协大祥	叁百	叁拾万	同上	同上	无
严涵温		上海福熙路二三二号	叁百	叁拾万	同上	同上	无
闵鲁西		上海八仙桥协大祥	肆百	肆拾万	全缴	本年五月一日	无
顾敬心		上海四川路二〇号普益地产公司	伍百	伍拾万	同上	同上	无
陆志明		南汇杨家镇仁德堂药号	叁拾	叁万	同上	同上	无
王寅乾		同上	拾	壹万	同上	同上	无
张少明		同上	拾	壹万	同上	同上	无
顾天良		上海亚尔培路步高里口胜利水电行	叁拾	叁万	同上	同上	无
康桂仁		江苏奉贤县齐贤桥	拴	壹万	同上	同上	无
朱伯棠		上海蓬莱路三〇八号蓬莱医院	贰百	贰拾万	同上	同上	无
卫树华		上海蓬莱路一德里七号	肆拾	肆万	同上	同上	无

续 表

股东户名	姓名或代表人姓名	住 所	股数	股款	已缴股款	缴纳股款年月日	银钱以外出资种类及价格或估价标准
朱传经		上海静安寺路延年坊五〇号	壹百	壹拾万	同上	同上	无
朱慎修		上海静安寺路延年坊五〇号	壹百	壹拾万	全缴	本年五月一日	无
徐义杰		上海姚主教路二八六弄五号	拾	壹万	同上	同上	无
徐水平		江苏奉贤南门协盛米庄	拾	壹万	同上	同上	无
张启元		同上	拾	壹万	同上	同上	无
胡欣生		同上	肆拾	肆万	同上	同上	无
杨百育		同上	拾	壹万	同上	同上	无
廖雪江		同上	拾	壹万	同上	同上	无
王梦熙		同上	拾	壹万	同上	同上	无
林柏梓		上海姚主教路二八六弄五号	拾	壹万	同上	同上	无
瞿寿眉		上海姚主教路二八六弄五号	拾	壹万	全缴	本年五月一日	无
顾雍熙		同上	拾	壹万	同上	同上	无
廖唐正燦		江苏奉贤南门协盛米庄	伍拾	伍万	同上	同上	无
宋锦章		上海古拔路协泰新绸布庄	肆拾	肆万	同上	同上	无
张 毅		同上	陆拾	陆万	同上	同上	无
董紫鹤		上海亚尔培路二三七弄二一号	伍拾	伍万	同上	同上	无
廖道湘		上海古拔路古拔新村八号	肆拾	肆万	同上	同上	无
徐保滋		同上	陆拾	陆万	同上	同上	无
马柏生		上海小沙渡路南洋路一〇六号一号	贰百	贰拾万	同上	同上	无
何尚时		上海威海卫路一五五号弄二四号	壹百	壹拾万	同上	同上	无
陆慎先		江苏奉贤县南桥镇	拾	壹万	全缴	本年五月一日	无
陶家麟		同上	拾	壹万	同上	同上	无
夏霭德		江苏奉贤县南四团镇	拾	壹万	同上	同上	无
何望秋		江苏奉贤庄行镇	拾	壹万	同上	同上	无
葛叔庄		上海马当路二一二弄六二号	肆百	肆拾万	同上	同上	无
杜志廉		上海六马路石路口生大皮号	伍百	伍拾万	同上	同上	无
汪 镛		上海外滩七号中国通商银行	壹百	壹拾万	同上	同上	无
倪晋良		上海南昌路霞飞坊三九二号	壹百	壹拾万	同上	同上	无
王间花		上海爱棠路一八二号	肆仟	肆百万	同上	同上	无
顾幼之		上海乍浦路景林庐一四号	壹仟	壹百万	全缴	本年五月一日	无
姚义璋		上海宁海西路四二号	叁仟	叁百万	同上	同上	无
孙照明		上海西藏南路二五号	叁仟	叁百万	同上	同上	无
顾峰青		上海甘世东路翠竹乡一六号	贰百	贰拾万	同上	同上	无
方景星		上海赵主教路二八五号	贰百	贰拾万	同上	同上	无
江倬云		上海白尔路永安里一九号	叁百	叁拾万	同上	同上	无
蔡熙盛		上海南阳路二一号	贰百	贰拾万	同上	同上	无

续 表

股东户名	姓名或代表人姓名	住　所	股数	股款	已缴股款	缴纳股款年月日	银钱以外出资种类及价格或估价标准
叶伯才		江苏奉贤县泰日桥镇	拾	壹万	同上	同上	无
钱雪江		江苏奉贤县齐贤桥	肆拾	肆万	同上	同上	无
赵才伯		江苏奉贤县泰日桥镇	拾	壹万	同上	同上	无
姜正明		江苏奉贤县泰日桥	拾	壹万	全缴	本年五月一日	无
马柏生		同上	拾	壹万	同上	同上	无
陈妙于		同上	拾	壹万	同上	同上	无
泰丰厂	马柏生	同上	拾	壹万	同上	同上	无
启昌洽	马柏生	同上	拾	壹万	同上	同上	无
刘瘦石		同上	拾	壹万	同上	同上	无
程西伯		同上	拾	壹万	同上	同上	无
钱谷人		同上	拾	壹万	同上	同上	无
周秋浦		同上	拾	壹万	同上	同上	无
朱明生		江苏奉贤县泰日桥镇	拾	壹万	全缴	本年五月一日	无
唐叔明		上海高恩路二一〇弄二四号	伍百	伍拾万	同上	同上	无
顾象九		上海中正南二路一九八弄九号	伍百	伍拾万	同上	同上	无
吴国璋		上海白克路人和里一一号	壹仟	壹佰万	同上	同上	无
谢季康		南汇新场镇	拾	壹万	同上	同上	无
张　明		南汇新场中市张尚志堂	拾	壹万	同上	同上	无
顾象之		上海延庆路一二五弄三三号	伍百	伍拾万	同上	同上	无
郑汝铨		上海钜鹿路五〇六号	贰百	贰拾万	同上	同上	无
朱树锦		上海乍浦路景林庐一四号	贰百	贰拾万	同上	同上	无
陈荣冰		上海中正东路一六〇号二〇三室	壹仟	壹百万	同上	同上	无
宋静禽		上海永嘉路安康街二一号	叁百	叁拾万	全缴	本年五月一日	无
倪龙章			贰百	贰拾万	同上	同上	无
孙长武		上海长宁路七七弄三七号	贰百	贰拾万	同上	同上	无
陈麟生		上海汉弥登六楼一一五号	陆百	陆拾万	同上	同上	无
吴士林		浦东南四团镇北市	壹百	壹拾万	同上	同上	无
孙秉衡		上海辣斐德路一二九四弄一二号	叁百	叁拾万	同上	同上	无
廖味容		上海姚主教路二八八弄五号	壹百	壹拾万	同上	同上	无
王又龙		上海拉都路大同新村一号	贰拾	贰万	同上	同上	无
凌惠轩		上海南京西路同福里七号	拾	壹万	同上	同上	无
吴梅祥		上海河南路昌兴里六〇号祥盛申庄	伍百	伍拾万	全缴	本年五月一日	无
吴群祥		同上	伍百	伍拾万	同上	同上	无
章菊如		上海北四川路一一五二号三楼	壹百	壹拾万	同上	同上	无
金学成		上海辣斐德路四五八号	叁百	叁拾万	同上	同上	无
王永年		南汇大团镇北市王义隆北宅	贰百	贰拾万	同上	同上	无

续 表

股东户名	姓名或代表人姓名	住 所	股数	股款	已缴股款	缴纳股款年月日	银钱以外出资种类及价格或估价标准
黄炳权		上海复兴中路五〇二号	伍百	伍拾万	同上	同上	无
陈德钧		南汇新场鼎和奉绸布庄	壹百	壹拾万	同上	同上	无
赵耿梅		上海钜鹿路五〇六号	贰百	贰拾万	同上	同上	无
陈夔麟		江苏奉南高桥镇	壹拾	壹万	同上	同上	无
斐友仁		同上	壹拾	壹万	同上	同上	无
朱鸿圻		上海牛庄路七三一弄四号	伍百	伍拾万	全缴	本年五月一日	无
陶百育		上海南京路慈淑大楼六二六号	伍百	伍拾万	同上	同上	无
朱铭松		上海江西路一七〇号二五三号室	伍百	伍拾万	同上	同上	无
杨昌祚		上海赵主教路二八五号	伍拾	伍万	同上	同上	无
朱诚寿		上海汉口路一三一号启兴公司	伍拾	伍万	同上	同上	无
沈能文		上海宁波路上海银行	伍拾	伍万	同上	同上	无
钟守微		上海吕班路蒲柏坊一号	伍拾	伍万	同上	同上	无
斐振镛		上海中正东路二八四号浦东银行	陆百	陆拾万	同上	同上	无
朱维禧		同上	肆百	肆拾万	同上	同上	无
顾人瑞		上海四川路三三号二〇六室	肆拾	肆万	全缴	本年五月一日	无
陈季生		上海绍兴路东安坊七号	贰拾	贰万	同上	同上	无
贾其舒		上海四川路三三号二〇六室	贰拾	贰万	同上	同上	无
朱秀文		上海林森路五八四弄九号	贰拾	贰万	同上	同上	无
周绍贤		上海合肥路四〇〇号	贰百	贰拾万	同上	同上	无
协兴行	马柏生	江苏奉贤县泰日桥镇	壹拾	壹万	同上	同上	无
苏同丰		同上	贰拾	贰万	同上	同上	无
倪士章		奉贤蒲塘民生花行	伍拾	伍万	同上	同上	无
唐根祥		奉贤县泰日桥镇	壹拾	壹万	同上	同上	无
刘德璜		同上	壹拾	壹万	同上	同上	无
朱鉴干		江苏奉贤县泰日桥镇	壹拾	壹万	全缴	本年五月一日	无
陶维新		同上	壹拾	壹万	同上	同上	无
卫炎生		同上	壹拾	壹万	同上	同上	无
钱振鹏		同上	壹拾	壹万	同上	同上	无
李义兴		同上	壹拾	壹万	同上	同上	无
钟伯康		同上	壹拾	壹万	同上	同上	无
王寿根		同上	壹拾	壹万	同上	同上	无
施益泰		同上	壹拾	壹万	同上	同上	无
源顺兴	马柏生	同上	壹拾	壹万	同上	同上	无
新大昌	马柏生	江苏奉贤镇泰日桥镇	壹拾	壹万	全缴	本年五月一日	无
瑞 丰	马柏生	同上	壹拾	壹万	同上	同上	无
施福顺		同上	壹拾	壹万	同上	同上	无

续 表

股东户名	姓名或代表人姓名	住 所	股数	股款	已缴股款	缴纳股款年月日	银钱以外出资种类及价格或估价标准
德丰盛	马柏生	同上	壹拾	壹万	同上	同上	无
顺昌公	马柏生	同上	壹拾	壹万	同上	同上	无
王梦其		江苏奉贤分水墩水墩农场	贰拾	贰万	同上	同上	无
王玉书		江苏奉贤分水墩镇念慈医院	贰拾	贰万	同上	同上	无
王玉振		江苏奉贤分水墩农村改进社	贰拾	贰万	同上	同上	无
王宝瑜		上海典当街华盛坊八号	肆百	肆拾万	同上	同上	无
葛季华		上海梅白克路祥康里一七号	壹仟	壹百万	同上	同上	无
陆容庵		上海龙华路梦赛坊一九号	贰仟	贰百万	全缴	本年五月一日	无
川沙工业社	陆容庵		陆百	陆拾万	同上	同上	无

〔附 4〕

浦东地方建设股份有限公司营业概算书

本公司所经营之事业以辅助地方经济建设为主旨，先行办理之业务(一)交通运输事项，以畅通农村产物；(二)供运木材，以应农村建筑上之急切需要。至开发本地天然资源之渔盐事业及倡办新式农业等各项，再视环境续行办理。兹将现在业务之概算列下：

(一)资本总额：法币壹亿元整。

(二)资本分配：以十分之六为交通运输，十分之二为木材供运，十分之二为流动资金。

甲、交通运输事项：陆千万元

交通工具购置：四千万元

房屋工场暨设备：二千万元

乙、木材供运事项：贰千万元

木材采办：一千六百万元

房屋及设备：四百万元

丙、流动资金：贰千万元

(三)预计每年营业收入：

甲、交通运输客货票价收入：一亿八千万元

乙、木材销售收入：一亿四千万元

总计：三亿二千万元

(四)预计每年各项支出：

甲、原料物料：二亿四千万元

乙、销售费用：二千万元

丙、管理费用：三千万元

丁、财务费用：一千万元

总计：三亿元

(五)预计每年盈余：二千万元

(盈余以公司定章分配，细数从略)

〔附 5〕

依公司法第一百三十三条规定呈请备案之批示抄本

南汇县政府训令建字第〇六五九号

事由：为该公司呈请立案一案，奉厅令饬知准予备案并仰遵照厅指办理报府凭转由

令浦东地方建设股份有限公司：

案奉江苏省建设厅本年四月二日建三字第一八九四号指令本府呈为据呈设立浦东建设股份有限公司转请鉴核示遵由内开：

“呈件均悉。查该公司所呈各件经核，尚无不合，准予备案。至业务范围内(一)(三)两项应转饬迳呈有关机关登记给照，呈凭核转此令。”等因，奉查，此案前据该公司呈请经转呈鉴核，并指令各在案，兹奉前因，合行令仰遵照办理报府，凭转为要。

此令

县长徐泉

〔附 6〕

浦东地方股份有限公司创立会所选检查人调查报告书

迳报告者，本检查人兹将公司筹备期内全部账目、单据及现存款项等详加检查，兹遵照公司法第一四四条第一项之规定将检查所得各事项报告如下：

(一) 股份总数十万股已经全部认足。

(二) 全部股款业均以现金缴足，并无以外财产抵作股款者。

(三) 发起人并不受有何种报酬，应归公司负担之设立费用并无冒滥。

右致

创立会

检查人 孙心宽

陈麟生

〔附 7〕

浦东地方建设股份有限公司创立会决议录

日　期：中华民国卅五年五月廿七日

地　点：上海赵主教路二八五号本公司筹备处

到会股东人数：九十四人

到会股数：八万二千八百二十八股

南汇县县长徐泉莅会监督

公推王艮仲为临时主席

甲　报告事项

(一) 主席报告到会股东人数及代表股数，均已超过本公司股东总数及股份总数之半以上，可以依法进行会议表决各事。

(二) 发起人代表严涵温报告关于设立公司之一切事项。

乙　决议事项

(一) 通过公司章程

由主席逐条宣读，经会众讨论，全体通过为正式章程。

(二) 选举董事监察人

用双记名选举式并推杨昌炽、潘子平为监票员，陆容庵、高克继为检票员，赵心梅、赵耿梅为记录员。揭晓结果，所有董事监察人当选人及次多数记明如下：

董　事：王艮仲　八二八二八权

赵耿梅　八一九八六权

孙照明　八一六四一权

姚义璋　八一五五一权

朱鸿圻　八一五二八权

严涵温　八一四三〇权
葛叔庄　八一一一八权
何尚时　七九五三六权
陆容庵　七六七八一权
张文魁　七五六四九权
顾秉之　七二一六七权
宋静庵　六九五三五权
徐今予　六八一四二权
赵心梅　六九〇七八权
顾象九　六七七一六权
蔡熙盛　六一一三五权
陈麟生　五六八四一权
邵景圆　五六二三四权
傅菊人　二〇五二九权
次多数：潘子平　一一八八四权
黄炳权　八三八一权
监察人：廖味容　七九九三六权
杨昌炽　七五六三四权
顾象之　七五二八一权
江倬云　七四八〇五权
闵鲁西　七〇二〇五权
次多数：邵景康　一一〇七四权
葛建华　一一七三权

（三）当选董事王艮仲、严涵温等提议，本届董事监察人多由发起人中选出，应请创立会另选检查人，为公司法第一四四条第一项之调查报告，会众一致通过。

当经公选举孙心宽、陈麟生两君任检查人，为前项之调查报告。

（四）检查人孙心宽、陈麟生向会提出调查报告书，当众宣读，众无异议，通过。

临时主席：王艮仲
南汇县长：徐泉
记录：宋宝尊
［1194－1－1497］

江苏省建设厅转发浦东地方建设股份有限公司公司执照致南汇县政府通知

（1947年1月11日）

事由：转发公司执照仰即查收由

江苏省建设厅通知

建三字第一〇二三三号

中华民国三十六年一月十一日

案奉经济部三十五年十二月三十一日，京商三五字第二〇六九〇号训令内开：

查前据呈转浦东地方建设股份有限公司□请设立登记一案，当以该公司原报章程未据附送，经指令该厂查照补呈在案。兹以是项章程补寄到部，经核，尚令前请设立登记应予照准，核发设字第三〇二二号执照一纸,仰即转给具领。此令。等因,附发执照一纸,奉此,合行检发原件一纸,仰即查收。

右通知浦东地方建设股份有限公司

厅长 董赞尧

[Q408-1-1]

浦东地方建设股份有限公司经理人一览表

(1946~1948年)

浦东地方建设公司经理人一览表

(民国三十五年)

一、总管理处

职　　别	姓　　名	到职日期
总经理	王艮仲	35年5月1日
副总经理	顾秉之	35年5月1日

二、交通事业部

职　　别	姓　　名	到职日期
经　理	傅菊人	35年5月1日
副　理	顾家本	35年5月1日
副　理	徐明辉	35年8月1日

三、木业部

职　　别	姓　　名	到职日期
经　理	邵景圆	35年1月

总经理王艮仲,常驻副总经理顾秉之,交通事业部经理傅菊人,副经理徐明辉、顾家本,木业部经理邵景圆。

浦东地方股份有限公司经理人登记表(变更)

(民国三十七年三月)

职　别	姓　名	是否股东	是否董事	就职年月日
总经理	顾秉之	是	是	三七、二、十六

[Q408-1-1]

浦东地方建设股份有限公司为增加资本变更章程并登记致江苏省建设厅呈

(1947年4月20日)

事由:为增加资本变更章程仰祈鉴核转呈登记由

窃本公司原定股本总额国币壹万万元,分作十万股计,每股壹千元,已于三十五年夏间呈准设立登记,领有设字第叁零贰贰号执照在案。近因业务扩充,规模既宏,需款自巨,原有资本不敷运用,爰于上年十二月八日经股东会决议增加资本七万万元,分为七十万股,每股仍作一千元,连同原资本为八万万元,前项新股仅先旧股东分认,其余向外界招募,所有新股股份已招募足额,股款亦全数收足,复于本年四月召集新旧股东大会,修正章程,改选全体董事监察人。理合检具修正章程等件并附缴规费国币三十五万零七百元,登记费国币三十五万元，执照费五百元，印花二百元呈，销原旧执照乙件，开列登记事项，备文呈请，为增资之登记。仰祈鉴核，准予登记，并呈部换给新照，实为德便。

谨呈

江苏省建设厅

附呈文件及规费

一、修正章程二份

二、新旧股东名簿二份

三、关于决议增资之股东会议录二份

四、新股款收足后之股东会决议二份

五、检查人调查报告书二份

六、登记事项表二份

七、缴销原执照乙件

八、规费三十五万零七百元

具呈人 浦东地方建设股份有限公司

全体董事 杜月笙 陆根泉

王艮仲 徐采丞

孙照明 赵棣华

朱鸿圻 张文魁

闽鲁西 赵心梅

黄炳权 杜维垣

骆清华 徐懋棠

宋静庵 童受民

陆容庵 严涵温

丁大富 孙心宽

葛叔庄 唐叔明

陈麟生 何尚时

顾秉之

全体鉴察人 江倬云 顾象之

潘志文 龙復三

廖味容 朱铭松

朱兆圻

中华民国三十六年四月二十日

〔附〕

浦东地方股份有限公司章程修正本[①]

第二章　股份

第五条　本公司资本总额国币八万万元，分作八十万股计，每股一千元。

第三章　股东会

第十七条　股东会之职权如左：

（一）修订公司章程

（二）查核董事会及监察人之报告

（三）选举董事及监察人

① 修正章程仅录章程中作出修改的条款，其余条款参见原公司章程。

（四）决议公司之增资清算解散及其他重要事项

第四章　董事及监察人

第廿二条　本公司设董事二十五人，监察人七人，均由股东会选任之，凡属股东，不分性别，均得当选。

第廿三条　董事任期三年，监察人任期一年，均得连选连任。

第廿四条　董事组织董事会，互选董事长一人，对内主持会务，对外代表公司，并互选常务董事八人，组织常务董事会，在董事会闭会期间，执行职务，对董事会负责。

第廿七条　监察人互推常务监察人三人，执行下列之职务：

〈下略〉

中华民国卅六年四月五日改订

（其余附呈文件从略）

［Q408－1－4］

江苏省建设厅转发经济部核准浦东地方建设股份有限公司增资变更登记并发执照的通知

（1947年7月31日）

事由：转发公司执照仰即查收由

江苏省建设厅通知（卅六）建三字第一七九三九号

中华民国卅六年七月卅一日

查该公司呈请增资变更登记一案，经检同原件呈奉经济部，本年七月十七日，京商三六字第五五六七三号指令内开：

呈件均悉。费币照收，该公司所请增资登记，经核，应予照准，除将旧照注销外，兹填发新字第2188号执照一纸，仰即转给具领，等因，附发执照一纸，奉此，合行检发原件，仰即查收。

右通知浦东地方建设股份有限公司

附发执照一纸〈下略〉

厅长 董赞尧

［Q408－1－4］

浦东地方建设股份有限公司员工消费合作社章程

（1947年12月①）

第一章　总则

第一条　本社定名为有限责任浦东地方建设公司员工消费合作社。

第二条　本社以置办社员生活上需要之物品为目的。

第三条　本社为有限责任组织，各社员以其所认股额为限负其责任。

第四条　本社以本公司及中国建设服务社在浦东所属分支机构为业务区域。

第五条　本社社址设于南汇县周浦镇本公司总管理处内。

第二章　社员

第六条　凡本公司及所属分支机构暨中国建设服务社在浦东机构之员工均得申请加入为本社社员。

第七条　本社社员有左列情事之一者为出社

（1）离职　（2）死亡　（3）自请退社

① 据浦东地方建设股份有限公司员工消费合作社创立会决议时间。

第八条　出社社员得请求退还其已缴股款。

前项股款之退还于年度终了结算后决定之。

第三章　社股

第九条　本社社股金额每股国币壹万元，每社员至少认购壹股，入社后得随时添认社股，但至多不得超过股金额总额百分之二十。

第十条　社员认购社股分两期缴纳，第一次所缴股款不得少于所认股金总额之半数。

前项欠缴之社股金额本社得将其应得股息及盈余拨充之。

第十一条　社员不得以其对于本社或其他社员之债权抵销其已认未缴之□□额，亦不得以其已缴之社股金额抵销其对于本社或其他社员之□□。

第十二条　社员非经本社同意不得出让其所有之社股或以之担保债务。

第十三条　凡受让社股者，应继承让与人之权利义务，受让人为非社员时应适用六条之规定。

第四章　组织

第十四条　本社最高权力机构为社员大会，每年至少开会一次。

第十五条　本社设理事会执行本社一切社务，由社员大会选举理事五人组织之，另选候补理事二人，遇缺递补，并由理事互推一人为主席，按月举行会议。

前项理事之任期为一年，连选得连任。

第十六条　本社设监事会监督理事执行社务，由社员大会选举监事三人组织之，另选候补监事一人，遇缺递补，并由监事互推一人为主席，按月举行会议。

前项监事之任期为一年，连选得连任。

第十七条　本社设评议会督促理监事及其他职员执行职务，由社员大会选举评议员五人组织之，任期一年。

第十八条　本社设社务会，由理监事共同组织之，每三个月开会一次。

第十九条　理监事及评议员，如有违法失职情事，得由全体社员过半数同意解除其职权。

第二十条　本社设经理、副理、文书、司库、会计各一人，由理事会任用之，助理员练习□若干人，由经理视事实需要提请理事会任用之，理事得兼任经理或经□以下职员。

第廿一条　本社因业务之需要得分部经营，各部设主任一人，由经理提请理事□任用之，受经理之督导进行专司之业务。

第廿二条　本社于必要时得设各种委员会，委员会委员由理事会聘任之，各种委员会章程另定之。

第廿三条　理事监事评议员、各种委员会委员，皆属义务职，但有必需公务费用时，由理事会之认可支付之，惟理事兼任经理及经理以下其他职员时得酌支薪给。

第廿四条　本社出席联合社之代表，由理事会提出于社员大会，推选之，其任期为一年，但出席联合社代表被选为理监事时，以联合社规定之任期为任期。

第五章　会议

第廿五条　社员大会分通常社员大会及临时社员大会两种：

通常社员大会于每一业务年度终了后一个月内召集之，临时社员大会因下列情事召集之：（1）理事会监事会评议会于执行职务上认为有必要时。（2）社员全体四分之一以上书面记明提议事面及其理由请求理事会召集时。

前项请求提出后十日内理事会不为召集通知时，社员得呈报主管机关自行召集。

第廿六条　社员大会应有全体社员过半数之出席始得开会，出席社员过半数之同意始得决议。

但解除理事监事职权之决议，须全体社员过半数之同意，解散本社之决议应有全体社员四分之三以上之出席，出席社员三分之二以上之同意。

第廿七条　社员大会以理事主席为主席，理事主席缺席时以监事主席为主席。

监事会召集大会时由监事主席为主席。

评议会召集大会时由评议员推一人为主席。

社员自行召集大会时临时公推一人为主席。

第廿八条　社务会每三月召集一次，由理事主席召集之，其主席由理监事互选之。

社务会应有全体理事监事三分之二出席始得开会，出席理事监事过半数之同意始得决议。

社务会开会时经理及事务员得列席陈述意见。

第廿九条　理事会监事会评议会每月召集一次，理事会监事会由各该会主席召集之，评议会由评议员互推一人召集之，开会时之主席由评议员轮流担任之。

理事会监事会及评议会应各有理监事评议员过半数之出席始得开会，出席理监事评议员过半数之同意始得决议。

第六章　业务

第三十条　本社业务如左：

(1) 粮食布匹服装文具药品等生活必需品之供给。

(2) 其他有关增进社员福利及改善社员生活业务之经营。

第卅一条　本社以现金交易为原则。

第卅二条　本社得接受社员订购货物，惟须预交代价之一部或全部。

第七章　结算

第卅三条　本社以国历一月一日至十二月三十一日为业务年度，理事会应于每年度终了时造成业务报告书、资产负债表、损益计算表、财产目录及盈余分配案，至少于社员大会开会前十日送经监事会审核后，连同监事会查账报告书报告社员大会。

第卅四条　本社年终结算后有盈余时，除弥补累积损失及付股息至多年利一分外，其余应平均分为一百分按照下项规定办理。

(1) 以百分之二十作公积金由社员大会指定机关存储或其他确有把握之方法运用生息，除弥补损失外，不得动用。

(2) 以百分之一〇作公益金，由社务会决议作为本社公益事业之用。

(3) 以百分之一〇作理事及事务员技术员之酬劳金，分配办法由理事会决定之。

(4) 以百分之六〇作为社员分配金，按照社员交易额多寡比例分配。

第八章　解散

第卅五条　本社解散时，清算人由社员大会就社员中选充之。

第卅六条　本社清算后有亏损时，以公积金股金顺次抵补之。如有资产余额时，由清算人拟定分配案提交社员大会决定之。

第九章　附则

第卅七条　本章程未尽事项，悉以合作社法合作社法施行细则及有关法令之规定。

第卅八条　本章程经社员大会通过，呈准主管机关登记后施行。

[1194－1－815]

浦东地方建设、浦东长途汽车公司关于上南县道行驶长途汽车合约转由浦东地方建设有限公司履行一事致南汇县政府呈

(1946年7月29日)

事由：为浦东长途汽车公司归并于浦东地方建设股份有限公司二十五年十一月间与钧府所订之“投资承办建筑南汇县上南段县道行驶长途汽车合约”由浦东地方建设股份有限公司负履行责任敬备文会呈鉴核并乞转呈备案由

案查本县上南段县道由县城经周浦、御桥、北蔡诸市镇，而达上海市之黄浦江滨，实为全县之主要干线，

更为全浦东交通之中心动脉。当时我政府虽建设有心,而库虚乏力,于是有“南汇县招商投资承办建筑县道及行车事宜办法大纲”之拟订并呈准省府施行。

二十五年十一月,浦东长途汽车公司全体发起人推举传琨为代表,与钧府订立“投资承办建筑南汇县上南段县道行驶长途汽车合约”。翌年春开始筹备招募股款,而钧府于同时办理测量设计征筑土基,公司方面垫缴经费修筑桥涵路面正在进行间,而敌寇侵沪被迫中止。

际此胜利后之今日,百端待举,于交通之需要尤殷,自当重谋,依约进行,上以副钧府建设之德意,下以副民众殷切之期望,浦东长途汽车公司之发起人极大多数即浦东地方建设股份有限公司之分子也,两方之组织,固有广狭而谋地方交通之便利则无二,致为集中力量,早竟事功起见,经两方开会议决,以浦东长途汽车公司归并于浦东地方建设股份有限公司今后履行上项建道行车合约之责任,由浦东地方建设股份有限公司负之,所有两方并受缘由,敬备文会呈鉴核,并乞转呈备案,一俟照准,则承担履行合约之浦东地方建设股份有限公司自当即时发轫,俾本县之交通干线早日完成,使民众便利,社会蒙福,实为公便。

谨呈

南汇县政府

附合同议据副本两份

具呈人:浦东长途汽车公司

代表:黄炳权(印)

夏履之(印)

闵鲁西(印)

陈墨权(印)

童受民(印)

严涵温(印)

高克继(印)

浦东地方建设股份有限公司

代表:王艮仲(印)

中华民国三十五年七月二十九日

〔附〕

立归并让受合同议据

浦东长途汽车公司(以下简称甲方)

浦东地方建设公司(以下简称乙方)

兹为甲方前与政府约定承筑之上南县道,受抗战影响中道废止,胜利以还,疮痍未起,民力待苏,忽遽之间未能增集钜资,达成旧业。而乙方志切,利民不避艰巨,愿于最短期间负担修筑重任,积极进行,以达发展交通建设地方之目的,且双方组织容有广狭而彼此意志原属相同缘,本精诚团结,群策群力之旨,议定归并让受条件如左:

一、甲方资本股份国币壹千贰百万元,归并乙方。由乙方按照甲方股东名册,缴股数额,分别发给股票。

一、甲方与南汇县政府及上海市政府签订之筑路行车合约,转让与乙方承受,履行所有约定之专营权利、垫款义务以及缴纳税费、收回证金垫款等等,均由乙方承受负担。

一、本约签字之日,甲方应即将契约文件图表簿据股东名册移交乙方,乙方应即填发股票,并会同政府积极修筑桥梁路面,完成全路通车。

本约缮成一式贰份,双方代表各执一份。

中华民国三十五年七月日

立约人:浦东长途汽车公司

代表:黄炳权

夏履之

严涵温
高克继
童受民
闵鲁西
陈墨权
浦东地方建设股份有限公司
代表：王艮仲
[1194-2-337]

江苏省建设厅核准上南县道行驶长途汽车合约转由浦东地方建设有限公司履行致南汇县政府指令

(1946年9月26日)

事由：为浦东长途汽车公司将上南县道行车专营权转让与浦东地方建设公司承受一案经核，当无不合，应予照准，除令公路局知照外，即会同两公司签约呈核由

江苏省建设厅指令(卅五)建二字第六〇八八号

中华民国卅五年九月廿六日

令南汇县政府

九月二十日建字第五八一八号呈一件为遵令检呈浦东地方建设公司受并浦东长途汽车公司履行投资上南县道行驶汽车，原合约照片等件仰祈鉴核示遵由。

呈暨合约照片均悉。经核属实。查浦东长途汽车公司将前与该县所订上南段县道行车合约之专营权转让与浦东地方建设公司承受履行一节，既经该县查明，呈请核准。核与该合约第十一条之规定，尚无不合，应予照准，着由该县会同该两公司签订合同草约，呈候核夺，除令公路局知照外，仰即遵照办理。

此令。合约照片存。

厅长董赞尧
[1194-2-337]

浦东地方建设股份有限公司为恳请仍照原约保持上南县道专营权三十年致南汇县政府呈

(1946年7月30日)

事由：为接并浦东长途汽车公司一案上南县道建筑之钜损失之重非他各地公路车商可比恳请仍照原约保持行车专营权三十年祈赐准由

窃查本公司接并浦东长途汽车公司一案，前与钧府所订“投资承办建筑南汇县上南段县道行驶长途汽车合约”内第五条载：本县道建筑完成通车之日起，由县政府给予公司行车专营权三十年，但路权仍属县政府。在此专营期限内，如遇意外之特殊障碍，公司停顿营业时，(其障碍非由公司所致)应展延有效期间至扣足三十年为止。复查本县本年六月间，县临时参议会议决案内，有钧府提案一件，以奉省令战前与各车商签订之公路行车合约专营权应一律取消，另订委托契约等语，本应遵办以崇功令，惟本县上南县道建筑工程，公司方面投资钜大，与一般公路行车情形特殊，不得不有所陈述。查各地公路大都经政府建筑完成后招商通车，在车商方面祗须购备车辆即可营业，对公路建筑工程无须投资，而本县上南县道自订约以后，始由公司筹垫钜款，开始测量设计，建筑土基，修筑桥梁涵洞，工程正在进行之间，抗战军兴敌寇侵沪，被迫中止。沦陷八年公司损失之重已可想见，兹本公司以发展交通，建设地方为旨，不避艰巨，决心继续履行原约，估计尚需工程费用七万万元之巨。依照原约第三条丙项规定，此项垫款不取利息，以此相较本公司对上南县道工程

投资之钜，责任之重，自非与各地一般公路车商可比，且胜利以还，疮痍满目，工程既钜，筹款不易，恳请仍照原约保持行车专营权三十年，以示奖励建设，体恤商艰之意，理合缕述下情，备文呈请仰祈鉴赐核准，实为公便。谨呈

南汇县政府

浦东地方建设股份有限公司(印)
总经理王艮仲(印)
中华民国三十五年七月三十日
[1194-2-337]

南汇县政府关于保持上南县道原约一案办理报府凭转致南汇地方建设公司指令

(1946年8月30日)

事由：为该公司恳请仍照上南县道原约保持专营权利案奉令转饬遵照办理报府凭转由

南汇县政府训令建字第五一七四号

令浦东地方建设股份有限公司

案奉江苏省建设厅本年八月廿一日(卅五)建二字第5042号指令本府为据浦东地方建设公司呈为接并浦东长途汽车公司恳请仍照上南县道原约保持专营权三十年一案转请鉴核示遵由内开："呈暨合约均悉。查云云抄至仰即知照。"又奉江苏省公路局同月廿二日路运字第2392号指令本府同前由内开"呈件均悉。查云云抄至呈候核转为要"。

各等因，奉查，此案前据该公司呈请，当经分别转呈鉴核在案，兹奉前因，合行令仰遵照办报府凭转为要。

此令

县长徐
〔中华民国三十五年〕八月卅日
[1194-2-337]

江苏省建设厅为上南县道专营权一案致南汇县政府的指令

(1946年8月21日)

事由：据呈浦东地方建设公司恳请仍照上南县道原约保持专营权三十年一案指令知照由

江苏省建设厅指令(卅五)建二字第五〇四二号

中华民国三十五年八月廿一日

令南汇县政府

七月三十一日建字第四三五三号呈一件，据浦东地方建设公司呈为接并浦东长途汽车公司恳请仍照上南县道原约保持专营权三十年一案，转请鉴核示遵由。

呈暨合约悉。查此案前据该县呈报浦东长途汽车公司将前与该县订立了上南县道行车合约，转让浦东地方建设公司承受履行一案，业经转饬本省公路局核办，并指令在案。据呈前情已电饬公路局并案核办，仰即知照。

此令。件存。

厅长董赞尧
[1194-2-337]

江苏省公路局为上南县道专营权一案缺少案卷致南汇县政府的指令

(1946年8月22日)

事由：为转据浦东长途汽车公司呈请仍照原约保持专营权利一案指饬知照由

江苏省公路局指令路运字第二三九二号

中华民国三十五年八月廿二日

令南汇县政府

三十五年八月十九日呈一件，为授呈接并浦东长途汽车公司一案上南县道建筑之巨损失之重非其他各路车商可比，恳请仍照原约保持行车专营权利卅年，祈鉴核转请由。

呈件均悉。查此案前准建设厅交由本局签注意见，并经厅令饬遵在案。兹据该县曾与浦东长途汽车公司于民国二十五年十一月签订投资合约，承办建筑该路，前来本局，无案可稽，所有该项合约是否呈经建厅核准，抑仅由该县政府签订，仰即申覆并仰将上项合约及指令摄影各三份呈候核转为要。

此令。件皆存。

局长

沈来义

[1194-2-337]

浦东地方建设股份有限公司按令报送上南县道行驶长途汽车合约等文件材料致南汇县政府呈

(1946年9月16日)

事由：为受并浦东长途汽车公司履行投资建筑上南县道行驶长途汽车合约一案遵令检呈原约照片等件祈鉴核转呈由

案奉钧府本年九月三日建字第五一一四号，暨建字第五一七四号训令，以本公司接并浦东长途汽车公司负责履行建筑上南县道行车合约恳请仍照原约保持专营权三十年一案，经呈奉江苏省建设厅，暨江苏省公路局指令，以原订契约省公路局无案可稽，所有该项合约是否经建设厅核准，抑仅有钧府签订，嘱申覆，并将上项合约及指令、摄影各三份呈候核转，各等因，嘱遵照办理各等因。奉此查前，浦东长途汽车公司投资承办建筑上南段县道行驶长途汽车合约系由钧府以草约呈经建设厅核准后始行签订。按原约第十九条规定，正式签字须在建设厅核准之后，可为明证，且原约规定之保证金，前浦东长途汽车公司亦已缴纳，钧府接收足证。原合约已经厅令核准正式成立。又按原合约附则第二项载有“本合约所定路线自姚家堰至董家渡出浦一段系属上海市政府管辖区域，应请县政府呈请建设厅咨行上海市政府，准与公司订约承筑行车”一节，查前浦东长途汽车公司与上海市公用局亦已订有承筑合约，是则建设厅咨行上海市政府当在核准之后，尤为明显。至原指令等件，“前浦东长途汽车公司亦以受战事影响散失无法检”呈奉令前因，理合附同原合约照片三份，暨上海市政府准许浦东长途汽车公司贴费筑路行驶长途汽车合约照片三份，呈请鉴核，仰祈赐为转报，实为公便。

谨呈

南汇县政府

附呈[①]：1. 投资承办建筑南汇县上海段县道行驶长途汽车合约照片三份。

2. 上海市政府准许浦东长途汽车公司贴费筑路行驶长途汽车合约照片三份。

浦东地方建设股份有限公司总经理王艮仲

① 附呈文件缺。

中华民国三十五年九月十六日

［1194－2－337］

浦东地方建设股份有限公司为上南县道周浦南汇间定期通车报请备案并请咨行上海市公用局准予在浦东大道周家渡至东昌路一段行驶长途汽车致南汇县政府呈

（1946年7月31日）

事由：为上南县道周浦南汇间定期通车报请备案并请咨行上海市公用局准予在浦东大道周家渡至东昌路一段由本公司行驶长途汽车由

窃查南汇县上南段县道归由本公司投资承办行驶长途汽车一案，业经会同浦东长途汽车公司检同“归并让受合同议据”呈请鉴核在案，除关于修筑公路工程另行计划报请核办外，兹拟将周浦至南汇一段定于本年八月六日先行通车，配备装有座位之十轮吉普车捌辆，维持交通。又周浦至塘桥一段，在本施工前拟假道上南交通公司火车轨道旁之煤屑路，自周浦至周家渡附近之浦东大道，再迤浦东大道至东昌路，俾上南交通免予阻隔，除已与上南交通公司订立联运合同，并分呈上海市公用局准予在浦东大道上暂予行驶外，理合备文呈报仰祈鉴核，准将周浦南汇间定期行车部份赐予备案，并请咨行上海市公用局准予在浦东大道周家渡至东昌路一段，由本公司行驶长途汽车，藉使上南交通得以贯通，实为公便。

谨呈

南汇县政府

浦东地方建设股份有限公司总经理王艮仲

中华民国三十五年七月三十一日

［1194－2－337］

南汇县政府为浦东地方建设有限公司在浦东大道周家渡至东昌路段行驶长途汽车致上海市公用局公函

（1946年7月31日）

事由：为函请准予浦东地方建设有限公司在浦东大道周家渡至东昌路段行驶长途汽车希查照由

南汇县政府公函建字第四三八一号

中华民国三十五年七月卅一日

案据浦东地方建设股份有限公司总经理王艮仲呈，以本公司兹拟在本县周浦至南汇段，定于本年八月六日限行通车，以维交通，又周浦至塘桥段在公路修筑，未施工前，拟假上南交通公司火车轨道旁之煤屑路，自周浦至周家渡附近之浦东大道再迤至东昌路，俾上南交通免予阻隔，除已与上南交通公司订立联运合同，并分呈上海市公用局请准在浦东大道上暂予行驶外，理合备文呈请鉴核赐准备案，并请咨上海市公用局准本公司在周家渡至东昌路行驶长途汽车，藉利交通等情。据此，除指令准予备案外，相应函请贵局查照赐准该公司在浦东大道周家渡至东昌路段行驶长途汽车，以利上南交通，至纫公谊！

此致

上海市公用局

江苏省南汇县县长 徐泉

［Q5－2－2787］

上海市公用局为浦东地方建设股份有限公司行驶浦东大道周家渡至东昌路长途汽车一案致南汇县政府复函

（1946 年 8 月 24 日）

事由：函复浦东地方建设股份有限公司行驶浦东大道周家渡至东昌路长途汽车一案希查照由

上海市公用局公函市公(三五)车第九九三九号

中华民国三十五年八月廿四日

贵府本年七月卅一日建字第四三八一号公函，以据浦东地方建设股份有限公司呈为拟行驶浦东大道周家渡至东昌路一段长途汽车，以利交通，嘱查照等由。准此，查该公司让受浦东长途汽车公司一案，前据该公司等会呈到局，关于原合约规定移转让受一节有无抵触已函请行政院法律顾问予以解释在案，业已指令该公司等俟让受问题解决后再行核办，相应函复即希查照为荷。

此致

南汇县政府

局长赵□□

［1194－2－337］

浦东地方建设股份有限公司、上南交通股份有限公司为签订联运合同致上海市公用局呈

（1946 年 8 月 1 日）

事由：会呈为签订联运合同自周浦至周家渡附近浦东大道一段由浦建公司加驶长途汽车请鉴核准予备案由

窃查上南交通公司与浦东地方建设公司双方共本维护交通、便利行旅之旨，会商联运办法，由浦建公司在上南公司车营管理下之火车轨道旁煤屑路上行驶长途汽车，自周浦镇起，至周家渡附近浦东大道止，暂以六个月为限，于本年八月一日起实行，兹由双方签订联运合同，除双方各执壹份，共同遵守外，理合检同副本壹份，备文会呈，仰祈鉴核，准予备案，实为公便。

谨呈

上海市公用局

上南交通股份有限公司(印)

总经理 汪锡范(印)

浦东地方建设股份有限公司(印)

总经理 王艮仲(印)

中华民国三十五年八月一日

(联运合同略)

［Q5－2－2787］

浦东地方建设股份有限公司、浦东长途汽车公司关于归并和相关行驶汽车专营权事宜致上海市政府呈

（1946 年 7 月）

事由：为浦东长途汽车公司归并于浦东地方建设股份有限公司，民国二十六年秋间与钧府所订垫款建筑自浦东董家渡至南汇县境姚家堰之公路及行驶汽车之专营契约，由浦东地方建设股份有限公司承担履行，

敬备文会呈鉴核由

案查二十六年份秋间,浦东长途汽车公司全体发起人推举傅琨(鲁西)为代表,与钧府订立垫款建筑自浦东董家渡至南汇境姚家堰之公路及行驶汽车之专营契约(此路直达南汇县城),自签订该约筹备进行间,而敌寇侵沪,被迫中止。

际此胜利后之今日,百端待举,于交通之需要尤殷,自当重谋依约进行,上以副钧府发展交通之至意,下以副社会殷切之期望。顾浦东长途汽车公司之发起人极大多数即浦东地方建设股份有限公司之分子也,两组织之广狭固有不同,而谋地方交通之便利毫无二致。为集中力量早尽事功起见,经两方开会议决,以浦东长途汽车公司归并于浦东地方建设股份有限公司,今后履行上项契约之责任,属于浦东地方建设股份有限公司所有,两方并受缘由,敬备文会呈鉴核,一俟赐予照准,则承担履行契约之浦东地方建设股份有限公司自当即时发轫,俾浦东之交通干线早日完成,使地方繁荣,民众便利,实为公德两便。

谨呈

上海市政府

具呈人 浦东长途汽车公司

代表 黄炳权(印)

夏履之(印)

闵鲁西(印)

陈墨权(印)

童受民(印)

严涵温(印)

高克继(印)

浦东地方建设股份有限公司

代表 王艮仲(印)

中华民国三十五年七月日

(归并让受合同略)

[Q5-2-2787]

南汇县上南段县道行驶长途汽车合约转由浦东地方建设公司承担履行草约

(1946年10月11日)

南汇县政府准许浦东长途汽车公司所订之投资承办建筑南汇县上南段县道行驶长途汽车合约转由浦东地方建设公司承担履行草约

南汇县政府于民国二十五年十一月与浦东长途汽车公司(下简称浦长公司)订立"投资承办建筑南汇县上南段县道行驶长途汽车合约",在履行契约时受抗战影响而停止,胜利以还,疮痍未复,浦长公司一时未能增集巨资达成旧业,爰以全部股份及事业并入浦东地方建设股份有限公司(下简称浦建公司)继续履行前约,南汇县政府为谋交通之发展,特与公司订立合约如左。

一、南汇县政府依据民国二十五年十一月与浦长公司所订之"投资承办建筑南汇县上南段县道行驶长途汽车合约"第十一条之规定,准许将原合约之全部转让由浦建公司承受履行。

二、本约自呈经江苏省建设厅核准后,即作为正约,并於原约上加以签注开始履行。

三、本契约备同式三份,并各附原约副本一份,签约之主体各执一份,另录副本一份由县政府转呈建设厅备案。

中华民国卅五年十月十一日

立约人 南汇县政府

代表人 徐泉

浦东地方建设股份有限公司

代表人 王艮仲

浦东长途汽车公司

代表人 黄炳权

夏传琨

严涵温

闵鲁西

〔附〕

投资承办建筑南汇县上南段县道行驶长途汽车合约

一、本合约系依据江苏省政府核准之南汇招商投资承办建筑县道及行车事宜办法大纲，由浦东长途汽车股份有限公司(以下简称公司)投资承办建筑上南县道行驶长途汽车与南汇县政府(以下简称县政府)双方协议订立，呈请江苏省建设厅核准备案，以便利地方人民鼓励交通事业为宗旨。

二、南汇县上南县道自南汇县城起，向西经新场、航头，折而向北，经下沙、沈庄达周浦，再北至上南交界之姚家堰，直达到上海市所属之塘桥为止，共长约三十五公里，就原定县道线承租通车。

三、本县道之建筑工程由公司及县政府分别负担，规定如左：

甲、测量设计编造预算，由县政府会同公司办理。

乙、征用土地建筑路基，由县政府办理。

丙、修筑桥梁涵洞整理土基铺设路面及其他特殊工程，在县政府监督指导之下，参照江苏省招商投资筑路行车办法大纲第二十二条投资人有优先承包之规定，准由公司依照呈准计划在规定时间内垫款承筑完竣。

以上甲、乙、丙三项所需经费由公司如数垫付(约二十万元，以实用为准，如有不足仍由公司补垫)，不取利息，经建设厅定案，准在南汇县建设费项下按期偿还，其垫付与偿还办法另订之。

丁、关于行车上之各种设备由公司按照规定标准，在县政府监督指导下之自行设置，应俟桥梁涵洞路面工程完竣后六个月内完成之，但有意外之特殊障碍时，得呈准展长其相当时间。

四、所有车站车厂货栈之地，依据土地法，由公司随时出资呈请县政府收用。

五、本县道建筑完成通车之日起，由县政府给予公司行车专营权三十年，但路权仍属县政府。在此专营期限内，如遇意外之特殊障碍，公司停顿营业时(其障碍非由公司所致者)应展延有效期限间至扣足三十年为止。

六、公司于本路应得票款内提百分之三为专营费，于每年六月底及十二月底各结缴一次。惟在专营期内县政府将公司垫款偿还清楚之日起，此项专营费应改提百分之六，结缴时间同。

七、前项专营费之缴纳办法另订之。

八、公司在专营期限内，对于路线内路基路面桥梁涵洞及行道树与行车标号等，应承县政府之指挥监督负养护之责，县政府因公司投资巨大并自负养路责任，故除专营费、牌照费季捐外，准予特免县中其他捐税。

九、专营有效期间，自全路完成通车之日起扣足三十年由县政府偿还公司垫款清讫时止。过此有效期间，所有本县道上固定建筑均归县有，其余车辆及公司自行设置之车站厂屋等准由公司移运或由县府议价收用或由公司向县政府继续承办，届时以适当之手续协议，如仍须招商承办时，县政府应呈准建设厅先尽公司续办。

十、专营期内除公司行驶本路之各项车辆外，其他营业汽车马车等有妨公司营业之车辆，未经声请县政府核准，征得公司同意之前，不得在本道行驶。

十一、本县道自公司承租通车后，应将左列各项于三十日内报告县政府，转让呈建设厅备查。

甲、营业状况　班数　车资　时刻

乙、车站及其他停顿客货上下处所

十二、本合约规定之公司权利，倘有转让或出抵出租于第三者(以本国人为限)，须经县政府转呈建筑厅核准。

十三、公司得于车站及车辆内张贴广告,收取广告费。但有伤风化及有碍卫生之广告不得张贴,并不得于车站范围之外安置张贴广告等物。

十四、凡本合约未能备载之事,除随时商洽外,其较重大者另行呈请办理。

十五、县政府管理县道在本合约有效期内如有变更,由继续主管机关承认本合约之效力。

十六、本合约即为正式之契约,彼此遵守不得违背,缮成同式正本两份,县政府存一份,公司存一份。另录副本一份,由县政府转呈江苏省建设厅备案。

十七、公司股款均以本国人为限,如查出外国股款时县政府立令其停止营业,并取消本合约,无偿收回县有。

十八、本合约奉建设厅核准后,应即行开始测量计划。

十九、本合约如应修改时,仍由县政府与公司协议行之。

二十、本合约自呈厅核准,双方正式签字订约后发生效力。

附则一　本合约签订之日由公司随缴保证壹万元,于本路通车时连同法定利息一并发还。如公司不能按照呈准协定办法缴纳垫款时,应即将合约取消并没收其保证金,另由县政府招商承办。所有已缴之垫款须俟其他继续承办之商人缴到时照数发还。

附则二　本合约所定路线自姚家堰至董家渡出浦一段,系属上海市政府管辖区域,应请县政府呈请建设厅,咨行上海市政府准与公司订约承筑行车。如四个月内不得上海市政府允准,则双方无条件解除本合约,发还保证金。

南汇县县长 张崇基

浦东长途汽车股份有限公司代表 夏传琨

中华民国二十五年十一月

[1194-1-1119]

浦东地方建设公司为修建上南路请准转函上海市工务局予以技术协助致南汇县政府呈

(1946年10月)

事由:为修建上南路请准转函上海市工务局予以技术协助由

浦东地方建设公司呈字第号

中华民国卅五年十月日

"窃查上南路修建工程业经本公司派员与钧府商定合组工程处办法,上海市境内一段亦与上海市工务局商定合作办法。兹以上海市工务局技术人员及应用仪器配备较多,南汇县境内壹段拟请钧府赐准转函上海市工务局,予以技术协助,以利工作。可否之处,理合具文呈请鉴核示遵。"

谨呈

南汇县政府

浦东地方建设公司总经理王艮仲

[1194-2-337]

上海市工务局为修建上南路给予技术协助一案致南汇县政府公函

(1946年10月22日)

事由:为浦东地方建设公司修建上南路关于南汇县境内技术协助一案复请查照由

上海市工务局公函

发文市工道(三五)字第九三七七号

中华民国三五年十月廿二日

案准贵府建字第六五六九号函略开，为浦东地方建设公司修建上南路于本县境段，请赐以技术协助等由，自可照办，相应复请，查照为荷。

此致

南汇县政府

局长 赵祖康

［1194－2－337］

浦东地方建设公司为便利上南县道周塘段工程进行拟请将组织纲要第一条条文修正致南汇县政府呈

（1946年11月16日）

事由：为便利上南县道周塘段工程进行拟请将组织纲要第一条条文修正俾资遵循由

浦东地方建设公司呈总字第三十一号

中华民国三十五年十一月十六日

查本县上南县道周塘段工程处业奉钧府组设在案。本年十一月四日奉颁上南县道周塘段工程处组织纲要，内第五条载："修筑桥梁涵洞，整理土基，铺设路面，由公司依照呈准计划预算在规定时间内垫款承筑……"等语之规定，本公司兹为便利工程进行统一管理，节省工费开支起见，拟将该项组织纲要第一条条文补充为"本工程处由县政府组织之对上南县道周塘段工程负责监督指导之职，并受浦建公司委托办理编造预算、决算、计划、施工及管理工程等事宜"可否之处，理合备文呈请仰祈鉴核指示祇遵。

谨呈

南汇县政府

浦东地方建设公司总经理王艮仲（印）

［1194－2－658］

南汇县政府为准予修正上南县道周塘段工程处组织纲要第一条条文致浦东地方建设公司指令

（1946年12月12日）

事由：为准于修正周塘段工程处组织纲要第一条条文并更改该处名称仰即转知该处一并遵照由

南汇县政府指令建字第八一二九号

令浦东建设公司

本年十一月十六日呈一件：为便利上南县道周塘段工程进行拟请将组织纲要第一条条文修正俾资遵循由。

呈悉：所呈拟将上南县道周塘段工程处组织纲要第一条公文补充为："本工程处由县政府组织之对上南县道周塘段工程负责监督指导之职，并受浦建公司委托办理编造预算、决算、计划、施工及管理工程等事宜"，经核，尚无不合，准予修正。再该工程处名称应改为南汇县上南县道姚周段工程处，以符实际仰即转知该工程处一并遵照为要！

此令。

县长徐

〔中华民国三十五年〕十二月十二日

［1194－2－658］

浦东地方建设公司为上南县道周塘段路基涵洞桥梁工程招标开标暨签订合同情形仰祈鉴核备查致南汇县政府呈

(1946年12月19日)

事由：为呈报上南县道周塘段路基涵洞桥梁工程招标开标暨签订合同情形仰祈鉴核备查由

浦东地方建设公司呈总字第五〇号

中华民国三十五年十二月十九日

窃查上南公路周塘段路基、涵洞及桥梁工程，业于本年十一月廿二日刊登上海新闻报及申报公开招标，并于同月廿五日在本公司大礼堂当众开标，当经邀请钧长暨县参议会张议长、上海市工务局第五处陈处长莅临监标，宣布纪录在案。计第一二两段路基、涵洞所开最低标价为汤秀记营造厂，桥梁最低标价为唐生记营造厂。本公司为适应地方急切需求，并已于本年十二月六日与汤秀记及唐生记分别签订合同，业于十二月九日及十一日先后开工。除该段全路设计图样因时间局促，未及晒制完成，当另呈送外，理合检同(一)登载招标广告报纸两份(二)全部开标纪录表壹份(三)第一二两段路基、涵洞及桥梁最低前三标原标单各壹份(四)第一二两段路基、涵洞、桥梁工程合同副本两份一并备文呈送，仰祈检核备查为祷。

谨呈

南汇县政府

附呈[①]：十一月廿二日新闻报申报各乙份，全部开标纪录乙份，第一二两段路基涵洞及桥梁最低前三标原标单共拾贰份，第一二两段路基涵洞及桥梁工程合同副本共贰份。

浦东地方建设公司总经理王艮仲(印)

[1194-2-658]

浦东地方建设公司为上南县道姚周段工程处工程因受天时影响未能如期完成转请延长一月致南汇县政府呈

(1947年1月13日)

事由：为上南县道姚周段工程处工程因受天时影响未能如期完成转请延长一月仰祈鉴核由

浦东地方建设公司呈总字第七九号

中华民国三十六年一月十三日

案准南汇县上南县道姚周段工程处本年一月六日函开：

"查本处自成立以来，各项工作情形曾于上年十二月卅日以□字第七一号呈报，请南汇县政府察核有案，惟察当时以改线关系，往复测量，曾费时日，致各项工程未及早日动工，兼之自去年十二月开工以来，雨天特多，各项工程恒因雨停工，以致工期顺延，预计本月底完工一节已难实现，大致各项工程完工时期约在下月中旬，且完工后尚有绘制竣工图表及编造总决算等各项工作，故势须延长一月(至二月底)，以便办理结束，除呈报南汇县政府鉴核外，相应函达，即希查照为荷。"等由，查该线目前工程进展以及天时影响确有延长壹月之必要，理合录函转呈，拟请钧府鉴核，准予展长壹月，以便继续进行，毋任感祷。

谨呈

南汇县政府

浦东地方建设公司总经理王艮仲(印)

[1194-1-1088]

---

① 附呈缺。

浦东地方建设公司为核定上南公路塘周段占用民田应否赔补损失致南汇县政府呈

（1947 年 2 月 24 日）

事由：为呈请核定上南公路塘周段占用民田应否赔补损失由

浦东地方建设公司呈总交字第一二〇号

中华民国三十六年二月二十四日

窃查本公司此次修筑上南公路塘周段工事路基部分，所有压废青苗及有碍路线而原自行迁让之坟墓产主方面，纷函请求赔补损失。该段在上海市境内已照市定办法办理，惟在南汇境内者应否发给，因无规定，致难遵循。为此备文呈请，仰祈鉴赐核定，俾资遵照而兑纠纷。

谨呈

南汇县县政府

浦东地方建设公司总经理王艮仲（印）

［1194 - 2 - 658］

南汇县政府关于上南公路塘周段占用民田赔偿原则致浦东地方建设公司指令

（1947 年 2 月 24 日）

事由：为据请核定上南公路塘周段占用民田应否赔补损失指仰遵照由

南汇县政府指令建字第一一六七九号

令浦东地方建设公司

本年二月廿四日呈一件：为呈请核定上南公路塘周段占用民田应否赔补损失由。

呈悉：查该公司修筑上南县道塘周段工程路基部分，所有占用农田损失自应负责赔偿。兹规定赔偿原则四项如后：（一）（二）（三）（四）。除令饬北蔡乡公所遵办外，合行令仰遵照。

此令。

县长徐

〔中华民国三十六年〕二月廿四日

〔附〕指令：已令北蔡乡公所照下列原则办理。

一、浦东地方建设公司上南县道新筑路基部份所有路身压废之青苗，及有不□路线之坟墓已自行迁移者，由仰公所调查列册具报以凭，派员复查核发。

二、凡龙王庙以南之路基已在战前修筑者，不在调查之列，如有援例要求，应由乡公所□收予拒绝。

三、青苗补偿费标准定为：一、围林每亩十万元，稻谷每亩十二万元，小麦及蔬菜每亩陆万元。

四、坟墓迁移费标准定为：一、砖坟每座十万元（每座坟内棺木在一具以上者，每具加给六万元），灰坟每座八万元（每座坟内棺木在一具以上者，每具加给五万元），砖砌浮厝每座六万元（每座坟内棺木再一具以上者，每具加给四万元），浮厝每具四万元，骨甏每具二万五千元。

［1194 - 2 - 658］

南汇县上南县道姚周段工程处为该处道路交付验收事致南汇县政府呈

（1947 年 3 月 3 日）

事由：为呈报本路业于二月廿八日会同浦建公司先行初验完毕俟图表等绘竣后另请钧府派员复验由

南汇县上南县道姚周段工程处呈总字一三捌号

中华民国三十六年三月三日

查本处各项工程业于二月底前陆续完成，并经本处于二月廿八日午后二时会同浦东地方建设公司先行初验完毕，交由浦东地方建设公司接收，并自三月一日起正式通车，同时本处亦将各工段撤销，刻正赶办竣工图表等结束事宜，一俟图表办理大致就绪时另行呈请钧府派员复验，理合备文呈报，仰祈鉴核备查。

谨呈

南汇县政府县长徐

南汇县上南县道要周段工程处兼主任徐天寿(印)

［1194－1－1088］

浦东地方建设公司为上南县道临时工程处垫款决算表等件祈核赐收据致南汇县政府呈

(1947年6月20日)

事由：为检呈上南县道临时工程处垫款决算表等件祈核赐收据由

浦东地方建设公司呈总交字第二二四号

中华民国卅六年六月二十日

案准上南县道临时工程处函送周浦至大团等处整理路基、翻修路面、修理各项桥梁等工程决算书表等件，经核，与本公司垫款数确属相符，理合造具工程费用决算百分比例表，连同原预决算书表及单据等件备文呈送，仰祈鉴核，赐给收据，并请将临时工程处所送决算副本检发壹份，俾资备查，实为公便。

谨呈

南汇县政府

附呈[①]：周浦至大团段整理路基翻修路面工程决算百分比例表二份

周浦至大团段修理各项桥梁工程决算百分比例表二份

整理路基翻修路面工程预算书乙份，决算书乙份，承揽单陆份，估价单陆份，领款收据柒份

修理各项桥梁工程预算书乙份，决算书乙份，决算书乙份，承揽单陆份，估价单陆份，领款收据陆份

浦东地方建设公司总经理王艮仲(印)

［1194－1－1088］

江苏省建设厅转发公路局关于上南县道南汇至大团段路线合约一案致南汇县政府训令

(1947年7月)

事由：为据公路局呈复该县与浦东地方建设公司订立南汇至大团段路线合约一案令仰遵照办理由

江苏省建设厅别文训令(卅六)建二字第一七五四八号

中华民国卅六年七月

令南汇县政府：

“案查前据该县呈送浦东地方建设公司投资扩展上南县道南汇至大团线合约一案，前经令饬公路局核议具复，凭夺去后，嗣据该局呈复署以奉已饬松江总段派员详勘列报详议呈核等情，经以建二字第一五八一〇号令饬知照各在案，兹又据该局七月九日呈称：

‘南汇县与浦东地方建设公司，订立南汇至大团段行车合约饬核议具复等因，当以该线系属省道，为明瞭

① 附呈文件缺。

该路情形，经饬松江工务总段派员详勘列报去后，兹据该段呈复上南县道经杭郁至南汇段与省道重复，由南汇至大团沿海塘各路基尚未行车等情，查由江镇经南汇大团至奉贤一段系属省道，浦东地方建设公司所请展延上列省道行车一节，拟照公管商营运输办法办理，应请令饬南汇县政府转饬该公司，派员来局洽商后，本局即行设站管理，并派道班前往养护。关于该公司与南汇县府所订扩展南大段行车合约，拟予发上奉令前因，理合呈复鉴核示遵’等情，据此合行令仰知照，并转饬浦东地方建设公司遵照办理”为要。

此令。

厅长董赞尧

［1194－1－1088］

浦东地方建设公司为添建黄家路涵洞检具预算书等件敬祈核备致南汇县政府呈

（1947年8月13日）

事由：为添建黄家路涵洞检具预算书等件敬祈核备由

浦东地方建设公司呈总交字第二五六号

中华民国卅六年八月十三日

案准黄家路镇中市洋桥南首居民钟大和等本年七月五日函开：

“窃民等住居南汇黄家路镇中市洋桥南首，即在贵公司行车道之西，自该车道基地增高以来，民等住处与农田以地较公路低洼，一遇下雨，积水盈斥，历时不退，近年更甚。盖公路东即为沟渠，如欲排泄积水，势必在路中开掘水漕，民等以爱护公路为应尽天职，不忍递加损毁。为此先文联名陈述装置瓦洞漕道缘由，环请贵公司在本镇洋桥南小沟处公路下装置瓦洞（照路面阔度），以利排水，盖路面亦可保全良好，不致有损，而民等住处与农田咸受其惠。是否有当，恳祈贵公司俯准所请，迅请派工装置，则民等不胜翘企拜感之至。”等由，准此。经派本公司工务组前往查勘，认为确属需要，拟即在该处加建六英寸水泥涵管一道，以资排泄，理合检具工程预算书、施工图各二份，备文呈送，仰祈鉴赐核准，派员督工，再者刻以时值雨季，农田被水淹没者甚多，该项工程已循地方人士之请，先行开工，合并陈明。谨呈南汇县政府。

附呈[①]添建黄家路涵管工程预算书、施工图各二份。

浦东地方建设公司总经理王艮仲（印）

［1194－1－1088］

南汇县政府为规定上南县道建筑界线致各乡镇公所布告

（1948年2月9日）

事由：为规定上南县道建筑界线令仰知照布告周知由

南汇县政府训令布告（卅七）四建字第五五七号

令惠南、宣桥、新场、古隺、周浦、北蔡乡镇公所

查本县上南县道路基时有被附近农民侵用耕种等情事，长此以往有碍行车安全。兹经本府根据建筑法规定，该道建筑界线以路面中心为准，两旁各六公尺以内不得建筑房屋或种植农作物。除布告并分令、分令外，合行令仰该长知照，并转饬该道附近居民一体遵照，布告周知，仰该道附近居民一体遵照，毋违为要。

令、此布。

县长龚宗儒

〔中华民国三十七年〕二月九日

［1194－2－856］

---

① 附呈原文缺。

浦东地方建设股份公司为需要筑路机械租金收据凭证以便向上海市报销致南汇县政府呈

(1948年2月16日)

事由：为筑路机械租金收据已呈送鉴核祈赐证明俾另向上海市报销由

浦东地方建设公司呈总字第三三九号

中华民国三十七年二月十六日

窃查本公司垫款建筑姚周段路面工程业经于上月二十三日检同竣工图、决算书、工程费用百分比例表等件呈请鉴核验收，并发给垫款收据在案，惟查原决算表所列整理路基类机械整理及滚压路面费用总数为三八七九三二〇五元，其中塘姚段为六七一三三八一元，姚周段为三二〇七九八二四元，除姚周段已向钧府列报外，塘姚段系上海市辖境，应另向上海市政府列报，兹因筑路机械租金收据并未分立，且已随决算书送呈钧府，现上海市境报销已无正式单据，为此呈明原委，仰祈鉴核，赐文证明，实为公便。谨呈

南汇县政府

浦东地方建设股份公司总经理王艮仲

[1194-1-1614]

浦东地方建设公司为上南县道加铺面砂呈送预算书施工图祈鉴核备案令会计审核致南汇县政府呈

(1948年2月21日)

事由：为上南县道加铺面砂呈送预算书施工图祈鉴核备案令会计审核

浦东地方建设公司呈总交字第三四一号

中华民国三十七年二月廿一日

窃查上南县道周南段自卅五年八月由本公接收整修通车以来，仅有碎砖路面，尚无面砂，姚周段路面虽经完成，亦未铺设面砂，兹拟于本年度内，除经常养护工作外，将全线(南汇县境)路面分期加铺石屑煤，以资改进。理合检具第一期工程预算书、施工图，备文呈送，仰祈鉴核，准予备案。

谨呈

南汇县政府

附呈上南县道(南汇县境)加铺面砂第一期工程预算书施工图各二份(略)

浦东地方建设公司总经理王艮仲(印)

[1194-2-1377]

浦东地方建设公司为报送加强旧营港桥工程预算书等图文致南汇县政府呈

(1948年3月17日)

事由：为检呈加强旧营港桥工程预算书表祈鉴核备案由

浦东地方建设公司呈总交字第三四八号

中华民国卅七年三月十七日

案查上南县道周南段旧营港桥(南汇至薛家宅间第二座桥)业经本公司工务组检查，发现该桥基桩、桥梁、桥面均已朽腐，桥台亦呈陷，行车载重危险堪虞，拟予加强以策安全。理合检具加强工程预算书、施工图，备文呈送，仰祈鉴核备案。谨呈

南汇县政府

附呈加强旧营港桥工程预算书施工图各二份(略)

浦东地方建设公司总经理顾秉之(印)

[1194-2-1377]

江苏省建设厅为据公路局呈报上南县道姚周段路面验收情形致南汇县政府指令

(1948年5月)

事由：为据公路局呈报上南县道姚周段路面验收情形令仰知照由

令南汇县政府

查前据该县本年三月二十二日呈为本县上南县道姚周段整理路面业经竣工祈鉴赐派员验收一案，当经令饬公路局派员验收并指复各在案。兹据公路局(卅七)工字第四九九一号呈称：

“案查前奉钧厅(卅七)建自二字第三三七三号训令为饬派员验收上南县道姚周段整理路面工程一案，当经饬由松江工务总段派员迳取竣工图表验收具报去后，兹据该总段报称‘遵已派帮工程司王齐墉前往核实验收据报该段路面工程，除(一)自K2＋200—K8＋200因路基新筑下沉未坚，加以土质不良滚压不实，故经车辆辗压坑槽业生；(二)自K4＋97—K8＋174该段路面铺有煤屑磨耗层，因铺设已久颇多散失，目下已无竣工图表内所列之1.5公分厚度；(三)路拱不高，不及竣工图所列一比二〇之坡度，故路面排水不良。至其余各部与竣工图表尚称符合。现关于以上第一、二两项，已经由负责养护该路之浦建公司正在从速修补加强养护中，至第二项，该公司刻亦在添铺煤屑，并已开始全段加铺石粉以资增强路面。谨将验收该段路面情形连同竣工图表一并报请鉴核备查’等情，附该项工程竣工图表一式二份，据此理合报请鉴核备查”等情，并附件，据此合行令仰知照，并转饬浦东地方建设公司将上述各点赶速修补具报为要！

此令。

中华民国三十七年五月日

厅长董赞尧

[1194-1-1614]

浦东地方建设公司为遵令改善上南县道姚周段路面各点祈鉴核转报致南汇县政府呈

(1948年6月5日)

事由：为遵令改善姚周段路面各点祈鉴核转报由

浦东地方建设公司别文呈总交字第三八四号

中华民国卅七年六月五日

案奉钧府南四字第二三八号通知，为奉建设厅训令为据公路局呈复验收上南县道姚周段路面工程情形转饬遵办具报等因，奉此查该工程应行改善三点业已遵照公路局王工程师指示分别办理完竣，奉令前因理合具文呈复，仰祈鉴核转报，实为公便。

谨呈

南汇县政府

浦东地方建设公司总经理顾秉之

[1194-1-1614]

浦东地方建设公司为上南县道路面面沙全部改铺石屑事致南汇县政府呈

(1948年6月16日)

事由：为上南县道路面面沙全部改铺石屑祈鉴核备案由

浦东地方建设公司呈总交字第三九一号

中华民国卅七年六月十六日

案查本公司垫款铺设上南县道路面面沙，前经检送工程预算书、施工图呈奉钧府(三七)四建字第六〇四号指令，准予备案在案。兹本公司为使路面益臻坚实平整起见，拟将面沙全部改用石屑，铺设二公分厚，除竣工决算书表另行呈报外，理合报请鉴核，准予备案，实为公便。

谨呈

南汇县政府

浦东地方建设公司总经理顾秉之(印)

[1194-2-1377]

浦东地方建设公司为检送陶家宅桥垫款更换桥面工程预算图表致南汇县政府呈

(1948年8月10日)

事由：为检送陶家宅桥垫款更换桥面工程预算图表祈鉴核备案由

浦东地方建设公司呈总交字第四一二号

中华民国卅七年八月十日

窃查上南县道周南段陶家宅桥，经本公司工务组稽查，发现该桥大梁及桥面均已腐烂，行车载重危险堪虞。兹拟垫款更换全部桥面以策安全，除拟即日施工外理合检具工程预算书、施工图，备文呈送，仰祈鉴核，准予备案，并派员指导，实为公便。

谨呈

南汇县政府

附呈陶家宅桥更换桥面工程预算书施工图各二份(略)

浦东地方建设公司总经理顾秉之(印)

[1194-2-1377]

浦东地方建设公司为检送垫款重建王家浜涵管工程预算图表致南汇县政府呈

(1948年8月10日)

事由：为检送垫款重建王家浜涵管工程预算图表祈鉴核备案由

浦东地方建设公司呈总交字第四一三号

中华民国卅七年八月十日

窃查上南县道北蔡北首南王家浜，原有涵管坍塌，自河道近加开濬以来，不足应付流量，河水浸蚀路基，常此以往，有碍交通。兹拟垫款重建十二吋双孔涵管，以策安全。除拟即日施工外，理合检具该项工程预算书、施工图，备文呈送，仰祈鉴核，准予备案，并派员指导，实为公便。

谨呈

南汇县政府

附呈垫款重建王家浜涵管工程预算书施工图各二份〈下略〉

浦东地方建设公司总经理顾秉之(印)

[1194－2－1377]

浦东地方建设公司为报送新建朱家港桥施工图估价单致南汇县政府呈

(1949年1月11日)

事由：呈送新建朱家港桥施工图估价单祈核备由

浦东地方建设公司呈总文字第四五〇号

中华民国卅八年一月十一日

查上南县道下沙镇朱家港桥，前经呈报钧府，由朱鸿圻先生独资捐建在案。兹该项工程拟即日开工，理合检具桥面工程施工图及估价单各二份，备文呈报，仰祈鉴赐核备，并派员指导，实为公便。

谨呈

南汇县政府

附呈新建朱家港桥桥面施工图估价单各二份〈下略〉

浦东地方建设公司总经理顾秉之(印)

[1194－2－1378]

浦东地方建设公司为报送重建沈庄南桥工程预算书施工图的呈

(1949年2月8日)

事由：为检送重建沈庄南桥工程预算书施工图祈鉴赐核备并派员勘察指导由

浦东地方建设公司呈总交字第四五六号

中华民国卅八年二月八日

查上南县道南周段沈庄南桥堍桥台挡土板，发现向外松脱，桥桩已崩断，桥台土基及大梁均告下陷，车辆行驶危险堪虞，除将大梁沉陷部份先予抢修垫平，并竖立险桥慢车标志俾促注意外，按该桥建筑于战前，本公司接办时桥桩早已裂断，曾经加固有案。现损坏状态更见严重，为行车安全起见，殊宜重行建筑。兹拟于本月底即行恢复原有便道，垫款重建新桥以策安全，理合检具该项工程预算书施工图各二份，备文呈送仰祈鉴赐核备，并派员勘察指导，实为公便。

谨呈

南汇县政府

附呈重建沈庄桥工程预算书施工图各二份(略)

浦东地方建设公司总经理顾秉之(印)

[1194－2－1378]

浦东地方建设公司为报送沈庄南桥重建新桥暂缓施工情况致南汇县政府呈

(1949年3月23日)

事由：为呈报沈庄南桥抢修完工重建新桥一节已可暂缓施工祈核备由

浦东地方建设公司呈交字第一〇〇二号

中华民国卅八年三月廿三日

查上南县道南周段沈庄南桥，前以损坏严重，曾拟计划重建并经呈奉钧府核备在案。嗣以建筑费用一时颇难筹措，为安全计，爰经将南堍桥台加打桥桩一排并于靠东桥桩用拉桩一道，此项抢修工程业已完工。关于重建新桥一节已可暂缓施工，理合备文呈报，仰祈鉴核赐准备案，实为公便。

谨呈

南汇县政府

浦东地方建设公司总经理顾秉之（印）

［1194－2－1378］

南汇县政府、浦东地方建设公司会订建筑上南县道垫款及还款办法

（1947年1月）

南汇县政府、浦东地方建设公司会订建筑上南县道垫款及还款办法

卅六年七月廿八日江苏省建设厅（三六）建二字第17832号训令准予备案

（一）本办法根据念伍年拾壹月南汇县政府与前浦东长途汽车公司投资承办建筑上南县道行驶长途汽车合约第三条但书之规定暨叁伍年拾月南汇县政府浦东地方建设公司暨前浦东长途汽车公司三方会订之转让受并合同所规定订定之。

（二）凡合约所定之工程或经双方同意之工程，其工程计划与预算，经南汇县政府核定后，由浦东地方建设公司垫款承做。俟工程完竣，经南汇县政府或工程处验收无误后，由县政府就工程决算表所列费用决算数总额或验收核定总额制给垫款正式印收，并将工程费用决算表检具一份粘附于收据上。

（三）工程费用决算表内之材料工资及管理费用等，凡占工程决算总额外百分之十以上者，列为主要工料费用。其在百分之十以下者，材料工资及管理费用，应连同主要工料费用制成百分比例表，作为还款时之结算标准。（附例式一）

工程费用决算百分比例表例式 桥梁工程（略，不录）

（四）南汇县政府归还浦东地方建设公司工程垫款时，应根据原印收所附工程决算百分比例表所列是之工料费用名称，按照还款时之市价涨落情形比例结算，归还之其主要材料费及工资照市价结算，在不满百分之十之工料费用，照下列规定结算。

甲材料：照主要材料百分平均数计算之；

乙工资：照主要工资百分平均数计算之；

丙工程管理费用：照主要材料及主要工资之百分比平均比例计算之。（附例式二）

归还工程垫款结算标准例式（略，不录）。

（五）如还款时，市场无确定之市价或还款决算标准双方不能解决时，应由双方会同邀集县级民意机构及法定工商团体磋商评议解决之。

（六）本办法如有未尽事宜双方会商修改之。

（七）本办法呈请江苏省建设厅备案修改时同。

中华民国叁拾陆年壹月日

代表人 南汇县政府

县长 徐泉（印）

浦东地方建设公司

代表 王艮仲（印）

南汇县临时参议会

代表 张鉴千（印）

潘子平（印）

［1194－1－1119］

南汇县政府、浦东地方建设公司会订上南县道行车专营费缴纳办法

（1947年1月）

南汇县政府、浦东地方建设公司会订上南县道行车专营费缴纳办法

第一条　本办法依据战前南汇县政府与前浦东长途汽车公司订定之投资承筑上南县道专营合约第六条之规定及三十五年十月南汇县政府与浦东地方建设公司暨前浦东长途汽车公司会订之让受合约之规定订定之。

第二条　公司自在该道上行车营业日起，於每年六月及十二月终了，应将半年内逐月票款收入制成表式，由县政府派员检核。

第三条　票款收入表经政府检核无误后，应即提取其收入百分之三之专营费缴纳县政府。

第四条　前条所提之专营费，俟县政府还清公司垫款之日起，应加增为百分之六。

第五条　于每半年期内物价倘有波动，票价有所增减时，票价增减以前各月之专营费亦应略予增减，其增减数量随票价之增减数与时间之长短而异，例如各月之专营费为 D_1、D_2、D_3、D_4、D_5、D_6，第一第二两月之全程票价为 a，三月以后为 b，则前两月之专营费应增减 $\frac{4(b-a)}{ba}\times D_1+D_2$，如续有增减则依此法，连续计算之。

注：式中得数如为负数，即表示应予减少数；如为正数，即表示应予增加数。

第六条　前项专营费及增减数应于每半年终了后一周内计算清楚，缴纳县政府，随给正式收据。但在公司垫款未还清前以抵还垫款为原则。

第七条　本办法呈请江苏省建设厅备案。

中华民国三十六年一月日

代表人　　　　南汇县政府

县长 徐泉

浦东地方建设股份有限公司

代表 王艮仲

南汇县临时参议会

代表 张鉴千

潘子平

［1194－1－1119］

上海市政府允许浦东地方建设股份有限公司在市区一段路行驶长途汽车之合约

（1947年）

上海市政府（以下简称市府）为允许浦东地方建设股份有限公司（以下简称公司）在本市区一段路线上行驶长途汽车，特订立合约拾伍条，以资信守。

计开

一、市府允许公司在本市区内垫款兴筑自浦东塘桥镇起至本市区与南汇县交界处之道路（依照所附路线图），准在自东昌路经浦东大道连接上开路线至南汇县为界行驶长途汽车，以后如须变更路线，应先呈经公用局转呈市府核准。垫款归还办法另定之。

二、此项特许权自通车之日起扣足三十年，至民国 年 月 日[①]止为有效期期满公司有优先继订契约之权利。在此期内公司不得有将此项权利移转或抵押他方情事。

---

① 原文为空。

三、公司在本市区内之设站地点，应呈经公用局转呈市府核准。

四、公司应绝对遵守本市及全国公路各项交通规则暨其他有关法令。

五、公司如有变更组织计划或厘订各项规章及收费办法等，应事先呈经公用局转呈市府核准。

六、公司如遇举办工程购制车辆机器或处理其他重要工作而与经营公用事业有直接关系者，应照下列手续办理。

（1）备具详细图说，呈候公用局审核，其不合格者应于修改后再行呈请审核。

（2）经公用局审查合格批准后，如系投票应于招标开标时，呈请公用局派员监视。如订合同应先将合同抄呈公用局审核，其不合格者应于修正后再行呈请审核。

（3）工程告竣时，应呈请公用局派员勘验，有不合格者应予修改或重造后，再行呈请勘验。

（4）公用局得随时派员检验其材料，有不合格者应令退换，再请检验。

（5）建筑工程开始之前应向工务局报领执照。

（6）其他公用局令饬应办之事项。

七、公司车辆如有损坏桥梁或其他市有建筑物时须负赔偿之责。

八、如市政府在该段路线上有修理道路桥梁或其他工程必须断绝交通时，得令公司改道或停驶。

九、公司应按其资本总额向财政局缴纳保证金1.5%，于特许期满后领还，不计利息。

十、公司应按其市区内各站每日所收进款毛数内抽提百分之五，为市府给与公司特许权之报酬金，随时由财政局派员往公司检查账目，其报酬金即于次月初送缴财政局，不得拖延。

十一、公司在市区以内行驶路线，不得向其他车辆征收养路费，所有该段道路桥梁之维持保养悉由市府办理。惟公司须按月向财政局缴纳养路费，其费率照工务局规定之办法计算之。

十二、公司应将下列各项按期限或随时呈报公用局。

（1）重要职员之履历；

（2）工程状况；

（3）营业状况；

（4）股东会董事会及其他重要会议之议事录。

十三、市府对于公司有权

（1）饬令撤换技术上或营业上有重要关系之不称职职员；

（2）稽查账目；

（3）派员列席股东会董事会及其他重要会议旁听。

十四、公司如违背本合约，市府得视情节轻重酌予下列处分：

（1）停止其在本市区内指定路线上之行车权，若干时间或永远撤销之；

（2）没收其保证金之一部或全部，没收后应再如额缴足。

十五、本合约如有须修添之事项，得由双方协议修订之。

本合约缮具正本两份，双方各执一份，副本五份，公用、工务、财政、地政、警察五局各执一份。

中华民国三十六年月日

附该公司路线图一份①

上海市政府代表

公用局局长

浦东地方建设股份有限公司

全权代表

［1194-1-1119］

---

① 附件原文缺。

浦东地方建设公司自民国三十六年三月一日起调整上南公路长途客车票价致南汇县政府呈

（1947年3月7日）

事由：为遵照建厅核定价目自三月一日起实行调整呈请鉴核备查由

浦东地方建设公司呈总交字第一四六号

中华民国三十六年三月七日

"窃查本公司垫款兴筑之上南公路姚周段工程已于本年二月底竣工，三月一日起正式通车，业经呈报钧府在案。兹以迩来，百物腾贵，汽油械油及汽车零件涨价尤猛，原定票价不堪维持，迫不得已自三月一日起遵照江苏省政府建设厅所核定每人公里一百八十元之价目重新调整，以维久远。理合检同长途客车票价表、长途客车里程表即班车开行时刻表各两份，备文呈报仰祈鉴核备查。"

谨呈

南汇县政府

附呈[①]长途客车票价表、长途客车里程表、班车开行时刻表各两份

浦东地方建设公司总经理王艮仲（印）

［1194-2-551］

浦东地方建设公司自民国三十六年六月十一日起调整上南公路长途客车票价致南汇县政府呈

（1947年6月10日）

事由：为物价飞涨公司赔亏至巨请准调整票价由

浦东地方建设公司呈总交字第二〇八号

中华民国卅六年六月十日

窃查本公司自三月份调整票价迄今数月，此数月来物价狂涨不已，而燃料、汽车零件、筑路材料等上涨尤巨，且自上月份起，生活指数解冻，员工薪给增加倍徙，公司逐月赔亏，实已不堪负担。缘拟自本月十一日起暂行调整票价，照原订每人公里一百八十元增加百分之五十，以资挹补而维交通。理合造具本公司行驶路线里程表、票价表各二份备文呈请仰祈鉴核赐准，实为公便。谨呈

南汇县政府

附呈[②]浦东地方建设公司行驶上南公路里程表票价表各二份

浦东地方建设公司总经理王艮仲（印）

［1194-2-551］

南汇县政府关于自民国三十六年六月十一日调整上南公路长途客车票价致浦东地方建设公司指令

（1947年6月11日）

事由：据呈物价飞涨赔亏至巨请准调整票价令饬知照由

南汇县政府指令追字第一七〇四九号

① 附呈长途客车票价表、长途客车里程表、班车开行时刻表略。

② 附呈浦东地方建设公司行驶上南公路里程表票价表略。

令浦东地方建设公司

本年六月十日呈乙件,为物价飞涨公司赔亏至巨请准调增票价由。

呈件均悉。查近来物价波动事属实情,所请姑准,先行调整,俟呈厅核示后再行饬遵,仰即知照。

此令(附件存)

县长徐

〔中华民国三十六年〕六月十一日

[1194-2-551]

浦东地方建设公司自民国三十六年六月二十一日起调整汽车票价致南汇县政府呈

(1947年6月21日)

事由:为奉省公路局令重订本公司客票价目表呈请鉴核由

浦东地方建设公司呈总交字第二二七号

中华民国卅六年六月廿一日

案奉江苏省公路局丁运字第六七二二号代电内开:

"查近以物价激涨,营业收支不敷甚巨,迭据各公司呈报请调整运价以资维持前来,经核算成本,拟具客货及养路费调整数额,并拟订装卸等项杂数额,一并定于六月廿一日起实行。呈奉建设厅本月十七日建二字第一六三八三号指令,以提经省务会议通过,准予照办等因,除分行外合行检同客货运暨杂费表、养路费率表各一份,电仰遵照,如期实行,并将调整客票票价表呈核为要。"等因,附客货运价暨杂费表各一份,奉此自应遵办。兹依据附表客运价目,每客座每公里三百五十元之规定,重行厘订本公司客票价目表,连同行驶路线、里程表备文呈请鉴核,准予备案,实为公便。谨呈

南汇县政府

附呈[1]:本公司行驶路线里程表乙份、客票价目表乙份

浦东地方建设公司经理王艮仲(印)

[1194-2-551]

南汇县政府关于自民国三十六年六月二十一日起调整汽车票价致浦东地方建设公司指令

(1947年6月28日)

事由:据呈重订票价一节指令知照由

南汇县政府指令建字第一七七九四号

令浦建公司

本年六月廿二日呈一件(录来由),呈悉,准予备案,仍仰□实施日期报府备查。

此令,件存。

县长徐

〔中华民国三十六年〕六月廿八日

[1194-2-551]

---

① 附呈公司行驶路线里程表乙份、客票价目表乙份略。

浦东地方建设公司自民国三十六年九月十五日起调整汽车票价致南汇县政府呈

（1947年9月13日）

事由：为奉令调整票价检呈里程表票价表祈核备由

浦东地方建设公司呈总交字第一一八〇号

中华民国卅六年九月十三日

案奉江苏省公路局丁运字第一〇一七九号甲佳代电通知，查迩来物价激涨，营业收支不敷甚巨，迭据各公司报请调整运价以资维持前来，经核算运输成本及养路费费率调整数额暨杂费等一并定于本年九月十一日起实行。呈奉建设厅建二字第一九二〇一号指令，以提经省务会议通过，饬即遵办等因，除分行外，合行检同客货运价暨杂费表及征收汽车养路费费率表各一份电仰遵照如期实行具报等因，计江南区客票价目每人公里六百元，行李包裹每五公斤六十元，装卸费每件每二十公斤五百元，养路费费率，营业小汽车（七座以下）每车公里三百五十元，乘人大客车（七座以上）每车公里壹千四百元，货车每吨公里七百元，客货车不论自用或营业，一律照收，不论空车实车一律照规定费率征收，奉此，自应遵办，惟以时间匆促不及如期实行，兹定本月十五日起实行，理合检同本公司行车里程表暨新订客票价目表各二份备文呈送，仰祈鉴核备查。谨呈

南汇县政府

附呈本公司行车里程表暨客票价目表各二份〈下略〉

浦东地方建设公司经理王艮仲（印）

［1194－2－551］

南汇县政府关于自民国三十六年九月十五日起调整汽车票价致浦东地方建设公司指令

（1947年9月16日）

事由：据呈调整票价检呈里程表票价表指饬知照由

南汇县政府指令建字第一八八号

令浦建公司

本年九月十三日呈乙件，为奉令调增票价检呈里程表票价表祈核备由。呈件均悉：准予备查，仰即知照！此令。件存。

县长龚

〔中华民国三十六年〕九月十六日

［1194－2－551］

浦东地方建设公司自民国三十六年十一月一日起调整汽车票价致南汇县政府呈

（1947年11月1日）

事由：为奉令调整票价检呈客票价目表祈核备由

浦东地方建设公司呈总交字第三〇五号

中华民国卅六年十一月一日

案奉江苏省公路局丁运字第一二二六二号代电内开：

"查迩来汽车油料暴涨,现行运价不敷成本,拟具客货运价及养路费率调整数额暨杂费等一并定于本年十一月一日起实行。呈奉建设厅十月廿五日建二字第二〇八五一号指令,以提经第一三八次省府委员会议通过,饬即遵办等因,除分行外,合行检同调整客货运价即杂费表及养路费率表各一份,希即遵照,如期实行,具报为要。"等因,奉此,自应遵办。依据附表江南区客票价每人公里为一千二百元,兹本公司为顾及旅客负担起见,决分两期增加,第一期增加叁百元(照规定增加票价之半数),计每人公里九百元,遵自十一月一日起实行,理合检具客票价目表两份备文呈送,仰祈鉴核备查。谨呈

南汇县政府

附呈本公司客票价目表二份〈下略〉

浦东地方建设公司总经理王艮仲(印)

[1194-2-551]

浦东地方建设公司自民国三十六年十二月一日起调整汽车票价致南汇县政府呈

(1947年11月30日)

事由:为奉省令调整票价检呈里程表票价表祈核备由

浦东地方建设公司呈总交字第三一五号

中华民国卅六年十一月三十日

案查前奉江苏省公路局丁运字第一二二六二号代电略,以汽车客票价呈奉省府会议规定每人公里壹千二百元,自十一月一日起实行,饬遵照如期实行一案,本公司当以顾及旅客负担起见,决分两期增加,自本月一日起先照每人公里九百元调整,业经以总交字第三〇五号呈报钧府备案在案。兹因本月份外汇两次高涨,汽油零件等行车成本随之激升甚巨,业务收支更难平衡,爰拟自十二月一日起遵照规定将票价照每人公里壹千二百元调整,以资维持。理合检具行车里程表暨新订客票价目表备文呈送,仰祈鉴核备查。谨呈

南汇县政府

附呈本公司行车里程表客票价目表各二份〈下略〉

浦东地方建设公司总经理王艮仲(印)

[1194-2-551]

南汇县政府关于自民国三十六年十二月一日起调整汽车票价致浦东地方建设公司指令

(1947年12月9日)

事由:据呈调整票价检呈里程表票价表指仰知照由

南汇县政府指令(卅六)四建字第三八八号

令浦建公司

本年十一月卅日呈乙件(录来由),呈件均悉。准予备查!

此令。(件存)

县长龚

〔中华民国三十六年〕十二月九日

[1194-2-551]

浦东地方建设公司自民国三十七年二月一日起调整汽车票价致南汇县政府呈

(1948年1月29日)

事由：为奉省令调整票价检呈票价表里程表祈核备由

浦东地方建设公司呈总交字第三三四号

中华民国三十七年壹月廿九日

窃查迩来汽车油料暴涨，生活指数激升，现行运价不敷成本，业奉江苏省公路局将客货运价重予调整，计江南区客票价每人公里二千二百元，暨前奉钧令，代征县事业费一成，计每人公里客票价应售二千四百二十元，惟本公司为减轻旅客负担起见，决分两期增加，自二月一日起暂照每人公里二千元调整票价，理合检具里程表暨新订票价表备文呈报仰祈鉴核备案。

谨呈

南汇县政府

附呈本公司行驶里程表客票价目表各二份〈下略〉

浦东地方建设公司总经理王艮仲(印)

[1194-2-551]

浦东地方建设公司自民国三十七年三月十六日起调整汽车票价致南汇县政府呈

(1948年3月13日)

事由：为奉令调整票价检具新价目表仰祈鉴核备查由

浦东地方建设公司呈总交字第三四七号

中华民国卅七年三月十三日

案奉江苏省公路局(三七)运字第二二二六号代电略，以奉准调整客运运价，计每客座每公里三四五〇元，饬自三月十一日起实行等因，奉此自应遵办，惟本公司为顾及旅客负担起见，拟暂行调整为每人公里三千元，并改自三月十六日起实行，理合检具改订后客票价目表备文呈请鉴核备查。谨呈

南汇县政府

附呈本公司改订客票价目表一份〈下略〉

浦东地方建设公司总经理王艮仲(印)

(1194-2-551)

浦东地方建设公司自民国三十七年四月一日起调整汽车票价致南汇县政府呈

(1948年3月31日)

事由：为奉省令调整票价检呈票价表祈鉴核由

浦东地方建设公司呈总交字第三五〇号

中华民国卅七年三月卅一日

案奉江苏省公路局(三七)运字第三〇五七号代电，为奉准调整客运运价，计每人公里四八三〇元，饬自四月一日起实行等因，奉此，自应遵办，惟本公司为顾及旅客负担起见，决分期增加，暂照每人公里四〇〇〇元调整票价，遵自四月一日起实行，除分别函呈外，理合检具本公司新订票价表二份备文呈报，仰祈鉴核核

查，实为公便。谨呈

南汇县政府

附呈本公司新订票价表二份〈下略〉

浦东地方建设公司总经理顾秉之（印）

［1194－2－551］

南汇县政府关于自民国三十七年四月一日起调整汽车票价致浦东地方建设公司指令

（1948年4月3日）

事由：据呈调整票价表准予备查仰即知照由

南汇县政府指令南四字第五〇号

令浦建公司

三十七年三月卅一日呈乙件，为奉省令调整票价检呈票价表祈鉴核由。

呈件均悉，准予备查。

此令。

（件存）

县长简

〔中华民国三十七年〕四月三日

［1194－2－551］

浦东地方建设公司自民国三十七年五月十一日起调整汽车票价致南汇县政府呈

（1948年5月7日）

事由：为奉省令调整票价检送票价表祈鉴核由

浦东地方建设公司呈总交字第三七八号

中华民国卅七年五月七日

案奉江苏省公路局（三七）运第第四四二一号辰东代电，为奉准调整客运运价及养路费费率，自五月一日起实行，各公司得自行参酌，办理报查饬遵等因，奉查，调整客运运价系照原价每人公里四二〇〇元，增加八成，为七五六〇元，本县应代县征收县事业费百分之五，合为每人公里七九三八元。兹本公司为顾及旅客负担起见，决分期增加，暂照每人公里六〇〇〇元调整票价，定自五月十一日起实行，除分别函呈外，理合检具本公司新订票二份，备文呈送仰祈鉴核备查。谨呈

南汇县政府

附呈本公司新订票价表二份〈下略〉

浦东地方建设公司总经理顾秉之（印）

［1194－2－1293］

浦东地方建设公司自民国三十七年六月十六日起调整汽车票价致南汇县政府呈

（1948年6月15日）

事由：为调整票价检送新订票价表祈鉴核由

浦东地方建设公司呈总交字第三九〇号

中华民国卅七年六月十五日

案查前奉江苏省公路局(三七)运字第四四二一号辰东代电,为奉准调整客运价及养路费率,饬自五月一日起实行一案,查客运运价原定每人公里七五六〇元,本公司前为减轻旅客负担起见,暂照每人公里六千元实行,并呈报在案。惟以迩来汽油配件飞涨,生活指数日高,收支无法平衡,不得已自本月十六日起,遵照规定每人公里七五六〇元,暨奉令代征县事业费百分之五,计每人公里七九三八元,调整票价,理合检具本公司新订票价表二份,备文呈送,仰祈鉴核备查,实为公便。

谨呈

南汇县政府

附呈本公司新订票价表二份〈下略〉

浦东地方建设公司总经理顾秉之(印)

[1194-2-1293]

浦东地方建设公司自民国三十七年七月一日起调整汽车票价致南汇县政府呈

(1948年6月29日)

事由:为奉令调整票价检送新订票价表祈鉴核由

浦东地方建设公司呈总交字第三九六号

中华民国卅七年六月廿九日

案奉江苏省公路局(三七)运字第六〇三四号巳皓代电,为奉准调整客运运价,暨养路费费率,饬自六月廿一日起实行等因,查调整客运运价每人公里一一三四〇元,另加奉令代征县事业费百分之五,应为一一九〇七元,本公司兹定于七月一日起,遵照调整票价,除分别呈报并公告外,理合检具新订票价表二份备文呈送,仰祈鉴核准予备查,实为公便。

谨呈

南汇县政府

浦东地方建设公司总经理顾秉之(印)

[1194-2-1293]

浦东地方建设公司自民国三十七年七月十日起调整汽车票价致南汇县政府呈

(1948年7月9日)

事由:为奉令调整汽车票价检送新订票价表祈鉴核由

浦东地方建设公司呈总交字第四〇二号

中华民国卅七年七月九日

案奉江苏省公路局(三七)运字第六三六六号巳赚代电,为奉准调整客运运价及养路费费率,饬自七月一日起实行等因,自应遵办。查调整客运运价,计每人公里二万二千元,惟本公司为减轻旅客负担起见,暂照每人公里壹万陆千元调整票价,自七月十日起实行,除分函并公告外,理合检具新订客票价目表二份,备文呈送,仰祈鉴核备查。

谨呈

南汇县政府

附呈本公司新订票价表二份〈下略〉

浦东地方建设公司总经理顾秉之(印)

[1194-2-1293]

浦东地方建设公司自民国三十七年七月二十日起调整汽车票价致南汇县政府呈

(1948年7月18日)

事由:为奉令调整汽车票价检送票价表祈鉴核由

浦东地方建设公司呈总交字第四〇四号

中华民国卅七年七月十八日

案查前奉江苏省公路局(三七)运字第六三六六号巳赚代电,为奉准调整客运运价及养路费费率饬自七月一日起实行等因,查调整客运运价每人公里二万二千元,本公司前为减轻旅客负担起见,暂照每人公里壹万陆千元实行,并呈报在案。惟查迩来汽油及生活指数倍涨行车成本激增赔亏过钜实感无法维持,不得不自本月二十日起遵照每人公里二万二千元调整票价,除公告并分函外,理合检具新订票价表二份,备文呈送,仰祈鉴核备查。

谨呈

南汇县政府

附呈新订票价表二份〈下略〉

浦东地方建设公司总经理顾秉之(印)

[1194-2-1293]

浦东地方建设公司自民国三十七年八月一日起调整汽车票价致南汇县政府呈

(1948年7月29日)

事由:为奉令调整票价检送新订票价表祈核备由

浦东地方建设公司呈总交字第四〇九号

中华民国卅七年七月廿九日

案奉江苏省公路局(三七)运字第七三五〇号午迴代电,为奉准调整汽车客运运价及养路费费率,饬自七月廿五日起实行等因,奉查,调整客运运价每人公里四万四千元。兹本公司为减轻旅客负担起见,暂照每人公里四万元调整票价,自八月一日起实行,除分函外,理合检具新订票价表二份,备文呈送,仰祈鉴核备查,实为公便。

谨呈

南汇县政府

附呈本公司新订票价表二份〈下略〉

浦东地方建设公司总经理顾秉之(印)

[1194-2-1293]

浦东地方建设公司自民国三十七年八月二十一日起调整汽车票价致南汇县政府呈

(1948年8月20日)

事由:为奉令调整汽车票价检送票价表祈核备由

浦东地方建设公司呈总交字第四一五号

中华民国卅七年八月廿日

案奉江苏省公路局(三七)运字第八二四九号代电,为奉准调整汽车客货运价及养路费费率,饬自八月廿一日起实行等因,自应遵办。查调整客运运价每人公里八万元,本公司为减轻旅客负担起见,暂照每人公六万元调整票价,遵自八月廿一日起实行,除公告外,理合检具新订客票价目表,备文呈报,仰祈鉴核备查。谨呈

南汇县政府

附呈本公司新订客票价目表二份〈下略〉

浦东地方建设有限公司总经理顾秉之(印)

[1194-2-1293]

浦东地方建设公司自民国三十七年十一月三日起调整汽车票价致南汇县政府呈

(1948年10月30日)

事由:为奉省令调整汽车票价检呈票价表祈核备由

浦东地方建设公司呈总交字第四三九号

中华民国卅七年十月三十日

案奉江苏省公路局(三七)运字第一〇二五六号酉俭代电内开:

“奉江苏省建设厅建二字第一〇三二号令,以调整运价及养路费费率一案,提经本年十月廿二日第一九六次省政府委员会议通过,自十一月一日起实行等因,除分行外,合行随电检发客货运价暨杂费表,及征收汽车养路费费率表各乙份,希即遵照办理具报为要。附客货运价暨杂费表及征收汽车养路费费率表各乙份”等因,自应遵办。查调整运价,每人公里金圆六分,兹本公司自十一月三日起遵照规定,客票价格实行调整,除分函外,理合检具本公司新订票价表二份,备文呈送,仰祈鉴核备查,实为公便。谨呈

南汇县政府

附呈本公司新订票价表二份〈下略〉

浦东地方建设公司总经理顾秉之(印)

[1194-2-1294]

浦东地方建设公司自民国三十七年十一月十三日起调整汽车票价致南汇县政府呈

(1948年11月13日)

事由:为奉令调整汽车票价检呈新订票价表祈核备由

浦东地方建设公司呈总交字第四四〇号

中华民国卅七年十一月十三日

案奉江苏省公路局(三七)运字第一〇五三一号戌灰代电,为本省汽车客货运价及养路费率,奉令整饬自十一月十一日起实行等因,自应遵办。查调整客运运价,每人公里金圆叁角,本公司客车票价遵照调整,自十一月十三日起实行。理合检同新订客票价目表二份,备文呈送,仰祈鉴赐核备,实为公便。

谨呈

南汇县政府

附呈客票价目表二份〈下略〉

浦东地方建设公司总经理顾秉之(印)

[1194-2-1294]

浦东地方建设公司自民国三十七年十二月一日起调整汽车票价致南汇县政府呈

（1948年12月1日）

事由：为奉令调整汽车票价检呈新订票价表祈核备由

浦东地方建设公司呈总交字第四四五号

中华民国卅七年十二月一日

案奉江苏省公路局（三七）运字第一〇九三六号戌赚代电，为本省汽车客货运价及养路费率奉令调整，饬自十二月一日起实行等因，自应遵办。查调整客运运价，每人每公里金圆陆角，本公司客车票价遵照调整，自十二月一日起实行。理合检具新订客票价目表二份，备文呈送，仰祈鉴赐核备，实为公便。

谨呈

南汇县政府

附呈客票价目表二份〈下略〉

浦东地方建设公司总经理顾秉之（印）

［1194-2-1294］

浦东地方建设公司自民国三十八年一月十一日起调整汽车票价致南汇县政府呈

（1949年1月11日）

事由：为奉令调整汽车票价检呈新订票价表祈核备由

浦东地方建设公司呈总交字第四四九号

中华民国卅八年一月十一日

案奉江苏省公路局（三八）运字第四十一号子江代电，为本省汽车客货运价及养路费率奉令调整，饬自一月一日起实行等因，自应遵办。查调整客运运价，每人公里金圆壹元伍角，本公司客车票价经自本年一月十一日起遵照调整。理合检具新订客票价目表二份，备文呈送，仰祈鉴赐核备，实为公便。

谨呈

南汇县政府

附呈客票价目表二份〈下略〉

浦东地方建设公司总经理顾秉之（印）

［1194-2-1294］

浦东地方建设公司为维持业务拟以银元为计价基数折收金圆券并自民国三十八年四月起实行按日调整汽车票价致南汇县政府呈

（1949年4月28日）

事由：〔为维持业务拟以银元为计价基数折收金圆券并自本月廿九日起实行按日调整票价事〕

浦东地方建设公司呈交字第一〇一〇号

中华民国卅八年四月廿八日

查近日来，物价剧涨不已，币值日落，所有国营公用事业，如电报电话、邮政、铁路、航空等各业务机构，均已先后依照银元计价。现省府与省公路局以及公路总局第一运输处因战事□□已失联络，致□□省长途汽车客票价格已不能及时调整，□□□□□□□得不援照国营事业依照银元计□□□难关□□□□□省境汽车客运□□□□□□□□四分江西省内每人公里银元□分五厘(□月廿七日□□□□□□□□载)均已于四月一日起实地本省公路战前客运价格为每人公里国币叁分,与目前运价成本核算相差无几,本公司为维持业务计,拟亦以银元为计价基数折收金圆券,并参照目前及战前所定价格酌定为每人公里客运价格最高以不超过银元叁分为限,依照隔日硬币行市计算,并拟自本月廿九日起实行按日调整,理合备文呈报,仰祈鉴核赐准备案,实为公便。

谨呈

南汇县政府

浦东地方建设公司总经理顾秉之(印)

〔1194-2-1294〕

浦东地方建设股份有限公司关于增资的启事

(1948年6月20日)

迳启者:查本公司增资一案,前经本年四月十日股东常会决议在案。兹经本会议定增资办法如后:(一)增资总额叁百玖拾贰亿元,连同原有资本合成资本总额肆百亿元,每股仍为壹千元。(二)尽先由旧股东比例认足,(即旧股每股可认新股四十九股)如有缺额由本会设法增认补足。(三)认缴日期自本年六月廿二日起至七月七日止。(四)收股款处:(1)浦东周浦镇本公司,(2)南汇县银行。除登报公告外相应检奉认股书乙份敬希。

查照认填惠下为荷。此致

贵股东

附认股书乙份

浦东地方建设公司董事会启

卅七年六月二十日

〔**附**〕

迳启者:查本公司此次办理增资规定,旧股每股应认购新股四十九股,此项股款现决由本会全数垫付,无庸另缴现金,惟附奉之认股书,仍希照填寄还为何。此致

贵股东

浦东地方建设公司董事会启

卅七年六月二十日

〔1194-1-1119〕

浦东地方建设公司借用小型汽车暂行办法及暂定收费标准

(1948年7月1日)

借用小型汽车暂行办法

(一)本公司小型汽车之借用依本办法行之。

(二)借用者须先向本公司事务组接洽以送达目的地为原则。

(三)本公司向借用者酌收使用成本费暂定如附表。

(四)借用之必须来回者以钟点计算,每二小时为一单位,不满一单位以一单位计。

(五)本公司联系机构七折优待。

(六)党军政人员八折优待。

(七)本办法呈总经理核准施行。

暂定收费标准

（一）以站点为单位

周浦—下沙	1 500 000
周浦—新场	3 000 000
周浦—南汇	4 500 000
周浦—老鹳嘴	6 000 000
周浦—大团	7 500 000
周浦—奉贤	9 000 000
周浦—北蔡	1 500 000
周浦—东昌路	3 000 000
周浦—上海	6 000 000

附注：1. 不满一站作一站计；

2. 至沪渡费借者自付。

（二）以时间为单位

每单位（二小时）暂定$6 000 000

卅七年七月一日起实行

［1194－2－1293］

南汇县政府委托浦东地方建设公司代管南汇县城乡电话合约

（1946年4月）

南汇县政府委托浦东地方建设公司代管本县城乡电话合约

一、南汇县政府（以下简称县政府）为整理并发展本县电话通讯起见，特将本县城乡电话委托浦东地方建设公司代为管理，浦东地方建设公司（以下简称公司）以事关地方经济建设，属于业务范围之内，同意接办代管，爰协议订立本合约。

二、本县城乡电话现有线路状态及材料机械工具生财等项，另附图表清册，由本县政府移交公司接管，照常营业，不得停顿。

三、本合约订立后，由公司即行整理开放营业，再行扩展干支各线，藉以促进地方繁荣，便利人民通讯。

四、整理电话之材料工程费用及经常维持费用，由公司如数垫付，不取利息。县政府应于三年内，在南汇县建设经费项下，根据偿还时之材料价格及工资价格等折合现款分期偿还之，如逾期未能偿清时，由县政府酌付利息，其偿还办法另行订之。

五、公司受权代管本县城乡电话号以三年为期，自整理完成开放营业之日起计算。在此期限内，如遇意外障碍致电话停止营业时，应展延有效期间，至扣足三年为止。如到期县政府未能清偿公司垫付款时，公司有继续代管之权。

六、公司代管电话应依法受县政府之监督。

七、公司代管电话，关于营业方面重要章则及主持业务重要人员之任用，均应呈报县政府备案。关于电话收费标准，应经县政府核定。核行以后，如须调整或变更应先经县政府之核准。

八、公司关于电话事业之营业状况收支情形，每月公布一次，并报县政府备核，除扣去经□各费外，如有盈余时，其盈余部份归县政府所有，所有盈余款项缴纳办法另订之。

九、凡本合约未备载事项随时洽商办理。

十、县政府管理电讯在本合约有效期内，如有变更，由继续主管机关承认本合约之效力。

十一、本合约同式三份，县政府二份，公司存一份。

十二、本合约如须修改时，仍由县政府与公司双方协议改订。

中华民国三十五年四月

立合约人 南汇县政府
县长 徐泉(印)
浦东地方建设公司
代表 王艮仲(印)
[1194-2-137]

浦东地方建设公司为自行架设周浦至东昌公路专用电话并请转函上海电讯局备查致南汇县政府呈

(1947年3月22日)

事由:为自行架设周浦至东昌公路专用电话呈请备案并请转函上海电讯局备查由

浦东地方建设公司呈总交字第一六一号

中华民国三十六年三月廿二日

窃查本公司专营之上南公路长途客车,南自奉贤县城,北迄上海市东昌路,全长七十公里,各站之电话设备尚付缺如,通讯联络至感不便,为谋旅客之安全及联络之迅速起见,拟将周浦至东昌路一段新开辟公路计自周浦而北,经北蔡、龙王庙至上海市之塘桥,接浦东大道至东昌路市轮渡口本公司车站止,计长十七公里,由本公司拨款自行架设公路电话,专供本公司各站联络之需,绝不营业,并拟即行开始植杆架线。事关架设公路专用电话,自应专案呈报以昭郑重,理合备文呈请,仰祈鉴赐核准备案,并请转函交通部上海电讯局,赐准备查予以便利为祷。

谨呈

南汇县政府

浦东地方建设公司总经理王艮仲(印)
[1194-2-137]

南汇县政府关于自行架设周浦至东昌路专用电话并转函上海市电话局备查致浦东地方建设公司指令

(1947年3月27日)

事由:据呈自行架设浦东至东昌公路专用电话并请转函上海电讯局等情指仰知照由

南汇县政府指令建字第一二八七七号

令浦东地方建设公司:

本年三月廿二日呈一件:为自行架设周浦至东昌公路专用电话呈请备案并请转函上海电讯局备查由,呈悉。准予备案,并已据情转函上海电讯局矣。仰即知照。

此令。

县长徐
〔中华民国三十六年〕三月廿七日
[1194-2-137]

上海电信局为浦东地方建设公司立杆架设长途专线致南汇县政府公函

(1947年4月22日)

事由:为浦东地方建设公司擅自立杆架设长途专线请南汇县政府予以制止由

交通部上海电信局代电发文通字第二九五九号

中华民国三六年四月二二日发

南汇县政府公鉴：接准贵府建字一二八七七号公函略称，以据浦东地方建设公司呈请自周浦至浦东东昌路车站止，计十七公里，公司自备杆线，即行开始架设长途对讲话线，请予备案，并请转上海电信局赐予备案等情。据此，相应转请贵局查照准予备案等由，查浦东地方建设公司专营上南公路长途客车，路线计长七十公里，现自周浦至浦东东昌路车站一段，计长十七公里，擅自立杆架设长途专线，实有干电信法令，即祈贵府迅速饬知该公司停止设线工作，并应将筹设上南公路行车电话之路线距离、话线话机之数量、通话之地点等绘具图说工程计划书各三份迅送本局，以便转呈交通部候核办理，准函前由，相应电复，即祈查照转饬为祷。上海电信局卯养工线一三〇。

[1194－2－137]

浦东地方建设公司为电话杆线被窃请求乡保警所查究并出示保护致南汇县政府呈

(1947年4月24日)

事由：为本公司公路电话杆线被窃呈请转饬该处乡保警所查究并出示保护以维交通安全由

浦东地方建设公司呈总交字第一八五号

中华民国卅六年四月廿四日

窃查本公司新近架设之上南县道各站专用电话线于四月廿三晚在薛家桥南首被人拔去杆木两根，并窃去铜线一段，又将公路旁安全木桩一根窃去。查此项电讯非特有关地方交通，抑且有裨社会安全，除即派工修复外，理合据实具文呈报，仰祈鉴核，赐予出示保护，并请令饬北蔡乡公所转饬所属沿线各保切实保护，一面分令主管警所会同乡公所切实查明研究，以儆效尤而维交通为祷。

谨呈

南汇县政府

浦东地方建设公司总经理王艮仲

[1194－2－137]

江苏省建设厅为依据合约收回浦建公司代管乡镇电话致南汇县政府训令

(1949年4月11日)

事由：为饬依据合约收回浦建公司代管乡镇电话由

苏建一字第〇五四六号

中华民国卅八年四月拾一日发出

令南汇县政府：

据本省□用电信管理所吴信管三字第四号呈称：“窃查南汇县政府委托浦东地方建设公司代管该县城乡电话之三年期限于本月十四日即已届满，值兹□常时期，军政通话甚形重要，极应由该县□用电信所收回自行管理，澈底整顿，加强通信，以免整回通讯exchange从商人之手，致误大计。为此恳请钧座于期满以前令饬南汇县政府积极接收，以利通讯。”等情，据此，合行令仰该县政府依照该县三十五年四月三十日建字第四十二号所呈合约办理具报。

此令

中华民国三十八年四月

厅长 钱振荣

[1194－2－137]

南汇县政府为无法清偿垫款请求将本县城乡电话由浦建公司续管一年致江苏省建设厅呈

（1949年4月18日）

事由：为无法清偿浦建公司代管本县城乡电话垫款经饬该公司续管一年案呈复核备由

南汇县政府呈□一建字第四四五八号

案奉钧厅本年四月十一日苏建一字第五四六号训令，略以本县委托浦建公司代管城乡电话期满，嘱依照本县三十五年四月三十日建字第四十二号所呈合约办理具报等因，奉查，此案前据该公司总经理顾秉之呈以代管城乡电话期满，呈请依照合约第四及第五条之规定，归还垫款、收回自管等情，经以本县财政枯竭，致该公司所有整理路线工程垫款一时无法清偿，令饬该公司依照合约第五条之规定，继续代管一年，来令前因，理合备文呈复，仰祈鉴核备案。谨呈

□□□□□□钱

（全衔）县长孙云达

〔中华民国三十八年〕四月十八日

［1194－2－137］

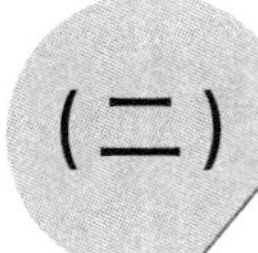

（二）南汇电气股份有限公司

南汇电气股份有限公司为接管汇南电气公司致南汇县政府呈

（1946年1月17日）

事由：呈为呈报接管伪汇南电气公司由

窃本公司自八一三日寇侵沪，国军西撤后，全部资产沦于敌手，旋被伪华中公司占用营业，责由当地用户推举代表组织汇南电气公司与该伪华中公司订立承包契约购电转售。现在抗战胜利，本公司自亦应收回营业权复业整理。兹定于一月十九日起接收该汇南电气公司，用特备文，呈请鉴察，饬属一体保护，以重公用，曷胜公感。谨呈

南汇县县长除

具呈人南汇电气股份有限公司经理童受民（印）

中华民国三十五年一月十七日

[1194-2-815]

南汇县政府为汇南电气公司被接管一事给予保护的饬令

（1946年1月24日）

事由：为据该公司呈请保护，业已令饬保安大队警察局第一区署遵照仰知照由

南汇县政府指令社字第六三号

令南汇电气股份有限公司

呈乙件，为呈报接管伪汇南电气公司请饬属保护由。

呈悉。已令饬保安大队警察局第一区署予以保护，仰即知照。

此令

县长徐

〔中华民国三十五年〕一月廿四日

[1194-2-815]

南汇电气股份有限公司为核订电价收取账款请予备案并请颁发布告制止窃用电气致南汇县政府呈

（1946年1月24日）

事由：呈为核订电价收取账款请予备案并请颁发布告制止窃用电气由

窃敝公司自接收前汇南电气公司恢复营业以来，从事清理用户欠缴电费，以便转偿上年十二月及本年一月份该公司所欠浦东电气公司购电费用。查本城用户上年十一月份电费业已如数付讫，而该公司负责人黄兰是月购电费用尚积欠国币壹佰伍拾万元之谱。至于十二月份电费，因来源价格突增用煤附加费一项，确系上海电力公司发表过迟，循致工业用户蒙受意外支出，难以顾全血本，双方争执未能解决。而该公司对浦东电气公司之负债益复加重，总计达国币捌佰余万元。当兹敝公司接管复业，今后设施正图逐步进行，症结所在，自当速谋解决。爰经商得浦东电气公司之同意，对于上年十二月份附加之煤费，顺延至一月份间始增加，俟将来减免时，亦当延缓一月扣除，用顺舆情而副钧长维护工业之旨意。谨附（上年十二月及本年一月份电价计算表一份）奉请审阅，并恳赐予备案，无论盼祷。

再敝公司营业区域距发电所逾六十公里，电流传径沉长，导线及多重变压器之蚀耗，通常平均在百分之六十左右。就战前本城电价素与市区相差五六成，事属当然。比近川沙电价十二月份及一月份规定每度国币壹佰四十九元，先收壹佰拾弍元，所有未收之数，业由当地用户保证日后分期偿还。但该区自接收整理三月来，电度损失已自十三成减至九成，然据以计算所收入之电费，仍不足维持员工薪资。还观本城两月电度统计总表耗度共拾弍万五仟六百度，与抄见分表度数仅五万九仟七佰度，两地相较，敝公司在本城所收之电价其忍痛程度当蒙洞察。想民营事业八年沦陷，设备破毁，资产被劫，加之窃电横行，恐检查员工力有未逮。政府虽早有功令于前（附建设委员会检查窃电方面公布电气事业人处理窃电规则一份），最近复有上海警备司令部布告并见报纸记载（附三十五年一月十二日剪报一节），俱见政府重视公用事业，敬仰钧长莅任以还，为民除害，誉声载道，敝公司渴望颁赐有效布告，庶冀不肖之徒知所戒忌，不胜悚惶，待命之至。

谨呈

江苏省南汇县县长徐

南汇电气股份有限公司业务主任顾祖绳（印）

附呈[①]上年十二月及本年一月份电价计算表一份

又建设委员会公布电气事业人处理窃电规则一份

又上海警备司令部布告三十五年一月十二日剪报一节

中华民国三十五年一月二十四日

［1194－2－815］

南汇县政府为核定电价收取账款准予备案及发布公告指正窃电的令

（1946年2月14日）

事由：为据呈核订电价收取账款令准备案并颁发布告制止窃电等事仰即知照由

南汇县政府指令社字第一〇七号

令南汇县电气股份有限公司业务主任顾祖绳

三十五年一月廿四日呈一件，呈为核订电价收取账款请予备案，并请颁发布告制止窃用电气由。

呈暨附件均悉，准予备案，并布告制止窃电等事，仰即知照。

此令。附件存。

附发布告乙纸

县长徐

〔中华民国三十五年〕二月十四日

〔附〕

〔南汇县政府制止用户窃电布告〕

南汇县政府布告社字第一〇一号

---

① 附呈三份文件从略。

备注：缮两张，一发南汇电气公司，二发大明电气公司。

事由：查本县境内各电气公司均系民营事业所有，用电各户自应依照各该公司用电规则，照章缴费。近据各该公司呈称，用电各户颇多不遵照规定并有延缴电费，阻挠检查及窃用电力各情，请求饬属协助并出示制止等情前来，据此查所陈各节自属可行，除令饬各该公司所在地之区署及警察机关随时予以协助外，合再布告，仰用电各户以后务须遵章办理，不得再有窃用电力等情，倘有不遵照规定或故意阻挠检查者，决予严惩以利营业。

此布

中华民国三十五年二月日

县长徐

[1194-2-815]

南汇电气股份有限公司等为自四月十六日起电价加收费用致南汇县政府呈

（1946年4月25日）

事由：为售电价格奉令自四月十六日起每度加收煤斤附加费二十六元检呈通告仰祈鉴察由

窃本司等供给南汇各区之电流均取给于上海电力公司，现奉上海市公用局市公（三五）电字第五五九五号通知，转奉经济部核准，自三十五年四月十六日起，上海市各级用电一律加收煤斤附加费每度国币二十六元等因，奉此，本公司等因购电成本提高，输电损耗亦因而增多，惟为减轻用户负担起见，售电价格每度亦一律照加二十六元，即每度共计二百零六元，不再递加损失费用，藉表服务地方之微忱，理合检附报载通告一纸[①]，具文呈报仰祈鉴察备查，实为公便。

谨呈

南汇县县长徐

具呈人　南汇电气公司经理 童受民

大明电气公司经理 赵楚维

浦东电气公司总经理 童世亨

汇北电气公司经理 黄炳权

横沔电气公司经理 孙照明

中华民国三十五年四月二十五日

[1194-2-815]

南汇电气股份有限公司关于不得在电灯表上使用电热的通告

（1946年10月1日）

南汇电气股份有限公司通告 第九号

为用户在电灯表上不得使用电热由

迳启者：查用户在电灯表上使用电热（如电炉、电灶、电焊器、热水器及□□□□之其他烹煮器具等之用电。）者，迭有发现，殊与公司定章不合，应予取□□□□司所装电灯表之容量，仅足供电光之用，如再增加电热负荷，则电表及供□□□□易遭损坏，而肇祸端。故敝公司对于用户擅自在电灯表上使用电热者，一□□□□除电表及供电设备，如遭损坏，应由用户赔偿外，并得随时停止该户之用电，以保安全，特此通告，务希垂詧为荷。

此致

---

① 报载通告从略。

贵用户

南汇电气股份有限公司启

〔中华民国〕三十五年十月一日

［1194－4－69］

南汇、汇北、横沔电气股份有限公司关于合并致南汇县政府呈

（1947年9月19日）

事由：呈为准备合并检具书图仰祈鉴赐层转核准由

窃汇北、横沔两公司，在八年抗战中各项资产损失惨重，胜利复业后，又值物价步涨，营业收支益难平衡，维持残局已感不易。而残存之输电配电及供电设备多年失修，颇呈窳旧，急须整理改换。无奈利率高昂贵，筹资艰难，迄未实现。此次公司等举行股东常会，各股东提议以公用事业之发展有关地方之盛衰，与其各自经营无力改进业务，不如合并于南汇电气公司，俾力量集中维持较易，规模扩大，开支可省，且输电配电设备统盘调度亦较便利，对于用户与股东两有俾益，当经分别决议通过。俟呈准经济部后，实行各在卷。

查南汇公司战前资本拾万元，汇北、横沔俩公司战前资本各贰万伍千元，此次战事损失相差不远。合并后南汇公司资本总额合成拾伍万元，所有汇北、横沔两公司之股票，亦视作南汇公司之股票，暂各加戳注意，以期简捷。汇北、横沔两公司之营业权及一切资产负债，即迁移转于南汇公司宣告解散。南汇公司为充实资力起见，拟另招现款拾肆亿玖千玖百捌拾伍万元，连原有资本拾伍万元，合成拾伍亿元。此项现款增资部份，由三公司旧股东按照原有股数认缴，如有放弃，由南汇公司负责募足。

除备具书图副本，迳呈经济部外，理合检同书图备文呈请仰祈鉴赐层转经济部核准，并将随缴之电气事业执照，暨核准营业区域图注销，另行换发南汇公司电气事业执照及营业区域图，实为德便。

又南汇公司于民国廿六年三月卅一日，经股东常会议决，扩充资本总额为国币拾万元，曾呈奉前实业部核准，变更登记，颁发新字第六三八号执照。六月廿八日又备具书件费银检附原颁电气事业执照一纸，呈请南汇县政府层转前建设委员会换发电气事业执照，七月中奉南汇县政府第六八〇五号批准予分别存转，嗣以战事爆发未蒙颁给新照，上述旧照究竟留存苏建厅抑建委会，无从查知，因而不克检呈，兹将二十六年原呈批各一件分别抄印附呈鉴核。

谨呈

南汇县县长龚

计呈：股东会决议录抄本九份

合并合同副本三份

汇北及横沔公司电气事业执照二张[①]

南汇、汇北、横沔三公司核准营业区域图三张[②]

南汇公司拟扩充之营业区域图四张[③]

廿六年南汇电气公司呈县政府文抄本及南汇县政府批摄影各三份（略）

呈具人 南汇电气股份有限公司

董事长：童季通

董事：童受民

王芹伯

朱鸿圻

---

① 原件缺。

② 原件缺。

③ 原件缺。

黄炳权
孙照明
金慕尧
徐左青
叶鉴修
童传格
顾祖绳
监察人：陈　东
诸葛恂
唐企狄
汇北电气股份有限公司
董事：黄炳权
童季通
童受民
朱鸿圻
闵鲁西
金慕尧
诸葛恂
陈　东
徐左青
监察人：朱铭松
童传格
横沔电气股份有限公司
董事：孙照明
孙德明
孙心宽
童季通
童受民
朱鸿圻
朱铭松
金慕尧
童传格
监察人：黄炳权
陈　东
徐左青
中华民国三十六年九月十九日

〔附 1〕

南汇电气股份有限公司第六届股东常会议事录

中华民国三十六年八月十四日下午三时起，本公司假座浦东张家浜浦东电气公司发电厂举行第六届股东常会。出席股东连代表总计三〇一六股，已逾股份总数四分之三，宣布开会。

一、董事长童季通君主席略谓，本公司复业以来，瞬已十有一月，以资金匮乏，电源短绌，复兴工作至感困难，益以电费过廉，线路耗损重大，以致业务收入应付支出捉襟见肘。幸蒙股东诸君多方协助，全体同人努力从公，始得于勉力维持，业务以外从事收入残破逐渐整理等语。

二、经理童受民君报告三十五年度业务状况及收支帐略，将印发之营业报告书及各项决算表册详加阐述，并谓各项帐目均经监察人覆核无误，签章存证，主席付表决，一致通过。

三、商议与汇北、横沔两电气公司合并办法。

董事王芹伯君起谓，浦东自此次兵燹，各电气公司莫不受损惨重，欲图复兴，需资浩繁，而营业区域僻处乡隅，业务难见起色，如仍由各公司个别经营，则开支浩大，必致维持为难，为地方计，为事业计，以后各公司能逐渐合并，群策群力，使组织单纯，开支节省，线路统一，以提高效率，此项原则谅为股东诸君所赞同。现汇北、横沔两电气公司有意与本公司合并，拟将该两公司之营业权及一切资产负债统归本公司继承经营，所有该两公司战前资本各二万五千元并入本公司战前资本额内，连本公司原有资本十万元，合成十五万元，所有该两公司原发之股票即视作本公司之股票加戳注明，而将该两公司之名义先行取销，本公司另招现款十四亿九千九百八十五万元，连原有资本十五万元合成总额十五亿元，所增现款由三公司旧股东依原有股数比例认缴，如有放弃由本公司负责募足，是否可行，特此提请公决等语。

当经决议，原则通过，授权童董事长季通代表本公司与汇北、横沔两公司签订合并合同。

四、改选董事、监察人。

投票结果计：童季通、童受民、王芹伯、朱鸿圻、黄炳权、孙照明、金慕尧、徐左青、叶鉴修、童傅恪、顾祖绳诸君当选为董事。

陈东、诸葛恂、唐企狄三君当选为监察人。

主席童季通（印）

〔附2〕

汇北电气公司民国三十五年度股东会决议录

日期：中华民国三十六年八月八日上午九时起

地点：南汇北蔡镇闵宅

出席股东连代表总计四七五股，已逾股份总数四分之三，宣布开会。

公推董事兼经理黄炳权君主席

甲、报 告 事 项

一、主席报告三十五年度营业，略谓，本公司自民国三十四年十月接收后，以迄三十五年年终综计十五个月，虽经整理残破，节缩开支，但因区域狭小，农商凋敝，售电不多，毛利所得仅足以抵业务开支，其他维持之费消耗之用，因物价步高，需款浩繁，以致时有捉襟见肘之概，而恢复原有用电区域以裕收入之企图用是益难做到，是故本年营业实乏进展，殊觉愧对股东等语。

监察人严章甫君报告检查帐目情形，主席付表决，各股东均无异议，一致通通。

乙、讨 论 事 项

一、董事会提议，本公司沦陷八年损失惨重，北蔡御桥龙王庙等处之高压低压线路荡然无存，自三十四年十月接收复业以来，因资金缺乏，进展毫无，今后添置设备除旧换新，尤非大量资金不可，爰经董监联席会议详加研讨，佥以公用事业之发展兴否有关地方之盛衰，本公司与其无力扩充改善，不如与南汇、横沔两电气公司商议合并，则对于用户及股东两蒙其利，至合并办法，拟以本公司及横沔公司全部资产连营业权在内，及债权债务移转与南汇电气公司，所有本公司及横沔公司战前资本各二万五千元并入该公司资本额内，即由该公司暂在本公司及横沔两公司原股票上加戳注明，以期简捷合并实行后，本公司及横沔公司名义即行取消，至南汇公司资本总额即由十万元增为十五万元，另收现款十四亿九千九百八十五万元，合成十五亿元，此项现款增资部份由三公司原有股东按原有股份数比例认缴，如有缺额，由南汇公司另行募足。以上提议是否可行，请予公决。

议决：照案通过，授权黄董事炳权代表本公司与南汇公司签订合并草合同。

丙、改选董事监察人

投票结果计：当选董事者为黄炳权、童季通、童受民、朱鸿圻、闵鲁西、金慕尧、诸葛恂、陈东、徐左青等九人。

当选监察人者为朱铭松、童传恪等二人。

主席 黄炳权（印）

〔附 3〕

横沔电气公司民国三十五年度股东会议事录

日期：中华民国三十六年八月十日下午二时起

地点：横沔镇本公司

出席股东连代表总计二一五股，已逾股份总额四分之三，宣布开会。

公推董事孙心宽君主席

报 告 事 项

主席报告业务，略谓三十五年度为本公司接收复业后之第一年，在经济方面资金枯竭，利率高昂，筹措十分困难，以致各项设备有心整理无力举办，营业方面由于停电频繁，电费过低，而物价步涨，开源既受限制，节流又有不能，以致收支两项不易平衡，长此以往若不另辟蹊径，前途颇觉黯淡，希望各股东发表意见，俾资遵循等语。

经理孙德明君报告三十五年度帐目，逐项宣读，并由监察人黄炳权君报告该项帐目业经检查无误，主席付表决，一致通过。

讨 论 事 项

一、董事会提议，依过去一年之经验，本公司业务目前即难有开展之希望，而盱衡大势，电气事业之规模愈小，则前途之生存愈难，在此财力物力两感拮据之时，增置设备扩充营业尤非易事，同时为地方着想，又不可一日无电气之供应，处此两难之际，唯一解决之法即为与其他同业合并经营，俾规模扩大，开支可比例减轻，而调整杆线系统时又可减少区域之限制，本会最近曾与南汇及汇北两电气公司作非正式之接洽，颇蒙替同，爰拟进行合并，所有本公司与汇北公司之营业权及一切债权债务归南汇公司继承，统一经营，本公司及汇北公司战前资本各二万五千元并入该公司资本额内，即由该公司暂在本公司及汇北公司原有股票上加戳注明，以期简捷。合并以后，两公司名义即行取销。南汇公司资本总额按照战前计算增为十五万元，另招现款十四亿九千九百八十五万元，合成资本总额十五亿元，此项现款增资由三公司旧股东按原有股份比例认缴，如有放弃，由该公司负责募足。以上提议是否可行，请予公决。

经出席股东详细讨论后，主席付表决，原则通过，授权孙董事心宽代表本公司与南汇电气公司签订合并草合同。

改选董事监察人

投票结果：当选董事者为孙照明、孙德明、孙心宽、童季通、童受民、朱鸿圻、朱铭松、金慕尧、童傅恪九君。

当选监察人者为黄炳权、陈东、徐左青三君。

主席 孙心宽(印)

〔附 4〕

立 合 同

南汇、汇北、横沔电气股份有限公司(以下简称甲乙丙)，兹因三方在抗战时期受损惨重，复业后限于财力，深感难以发展，爰各经股东会决议，合并经营，商定条款如下：

一、甲乙丙三方应即依照电气事业取缔规则之规定，会呈经济部，请求准予合并，换发执照及营业区域图。俟奉准后，即依左列程序次第实施。

二、乙丙两方即将全部资产，连同营业权及债权债务，均归并于甲方承受，全权继续经营。

三、乙丙两方所有员工由甲方继续留用。

四、乙丙两方战前所发之股票，应即作为甲方增发之股票，加戳注明，连甲方战前原有资本十万元，合成十五万元。届时乙丙两方应即正式宣告解散。

五、二方实行合并后，应即增收现款十四亿九千九百八十五元，合成资本总额十五亿元，所增现款由三方旧股东依原有股数比例认缴。如有放弃，由新董事会负责募足之。

六、增资完成后，应改选董事监察人，并选任经理人。

七、本合同一式七份，三方各执一份。其余四份由三方会呈南汇县政府层转经济部备案。

中华民国三十六年八月二十五日

甲方：南汇电所股份有限公司
董事长：童季通
立合同　　乙方：汇北电气股份有限公司
董事：黄炳权
丙方：横沔电气股份有限公司
董事：孙心宽
［1194－2－136］

江苏省建设厅为转发南汇电气股份有限公司新执照及营业区域图并要求公司依照公司法重新申请登记的令

（1948年1月）

事由：奉经济部令发南汇电气公司执照副本及盖印营业区域图仰存查并转饬依照公司法重新申请变更登记由

（卅七）建一字第〇七八七号

令南汇县政府

案奉经济部三十七年一月七日京电三二字第四四一号训令开：

查关于南汇电气公司与汇北、横沔二公司合并经营，声请注册换照案内，应行补送书图等件，前据呈转到部，所有应补缴之注册费，应经本部批饬该公司补缴，以凭注册给照，各在案。兹据该公司卅六年十二月十六日，呈送应补缴注册费国币一千一百九十九万六千七百元支票请核收准予注册换照等情前求。经核，所缴注册费数额当无不合，应准注册换照。除将该公司等原缴旧执照分别予以注销，并将换发新执照正本一张、盖印之新营业执照区域图一份，连同注册费收据，一并随批迳发该公司收执外，合行检发济字第四十三号执照副本二张、盖印之新营业区域图二份，令仰分则存发，并饬依照公司法规定，重新申请变更登记为要。此令，等因，附发执照副本二张、盖印营业区域图二份。奉此，合行检同执照副本及盖印之营业区域图各一张，合仰该县存查，并转饬该南汇电气公司遵，即依照公司法规定，重新申请变更登记为要。

此令。

附发执照副本及盖印之营业区域图各一张[①]

中华民国三十七年一月
厅长董赞尧
［1194－2－1126］

南汇电气股份有限公司为在新场镇筹建发电机厂屋并予保护致南汇县政府呈

（1947年10月23日）

事由：呈报在新场镇筹建发电机厂屋仰祈鉴赐饬属保护以利进行由

窃本公司为解救电荒，促进生产起见，向行政院善后救济总署申请配得八百瓩柴油发电机一座，拟装置于新场镇，现正筹建厂屋，不日即将开始施工，期于废历年底内装竣发电，用特具文呈报，仰祈鉴察，俯赐饬属于本公司在该镇施工之际，随时予以保护，以利进行，曷胜公感。

谨呈

① 附发执照副本（济字第四十三号）及盖印之营业区域图从略。

南汇县县长龚

具呈人南汇电气股份有限公司经理童受民(印)
中华民国三十六年十月二十三日
[1194-2-136]

南汇县政府关于在新场镇筹建发电机厂屋致南汇电气股份有限公司批复

(1947年11月8日)

事由:为据呈报在新场镇筹建发电机厂屋一案指仰知照由

南汇县政府指批建字第三一八号

具呈人:南汇电气股份有限公司

本年十月廿三日呈乙件,呈报在新场镇筹建发电机厂屋,仰祈鉴赐饬改属保护,以利进行由,呈悉:该公司建筑厂屋应补具申请书及图说等件呈核以凭发给建筑执照,所请饬属保护一节,经已电饬新场警察分局随时保护矣,仰即知照!

此批

县长龚
〔中华民国三十六年〕十一月八日
[1194-2-136]

南汇电气股份有限公司为在新场镇筹建发电机厂屋回复有关厂屋与县道距离并请赐核发建筑执照致南汇县政府呈

(1948年1月24日)

事由:呈复本公司在新场筹建发电厂厂屋与县道路边之距离并祈鉴督迅赐核发建筑执照由

案奉钧府建字第四五八号通知,关于本公司在新场筹建发电厂房屋,呈请核发建筑执照一案,饬补缴执照费壹百伍拾万元,并将厂屋与县道间距离申复等因,奉此,除执照费壹百伍拾万元遵于一月十七日迳先缴讫外,查厂屋与县道路边之距离最近部份为十二英尺,奉令前因,理合具文呈复,仰祈鉴察,迅赐核发建筑执照,以便收执,实深公感。

谨呈

南汇县县长龚

具呈人 南汇电气股份有限公司经理童受民
中华民国三十七年一月二十四日
[1194-2-1126]

南汇县政府核发新场发电厂屋建筑执照致南汇电气公司的批复

(1948年3月18日)

事由:据呈该公司新场建筑发电厂屋祈发给执照等情批仰知照由

南汇县政府批(卅七)四建字第六二六号

具呈人:南汇电气公司

本年一月廿四日呈乙件(录来由)。

呈悉,准予填发建字第四号建造执照乙纸,仰即收执。

此批

附发建字第四号建造执照壹纸[①]

县长龚宗儒

〔中华民国三十七年〕三月十八日

[1194-2-1126]

南汇电气股份有限公司为在新场镇装置发电设备补具工程手续致南汇县政府的呈

（1947年12月24日）

事由：为向行总申请配得一千瓩柴油发电机一套装置新场镇补具工程计划书及规范书呈请转呈核发工作许可证以便进行由

窃本公司鉴于营业区域内电源短绌不敷供给，为谋救济起见，于本年六月间向行政院善后救济总署申请，配得一〇〇〇瓩柴油发电机一座，拟以之装置于本县新场镇。现已运抵该镇基地之上，袛以需要迫切，而此机项机器又系申请核准配售者，不得不迅速决定，所有电气事业取缔规则第十五条规定各项手续不及事先遵办，兹谨补具工程计划书及规范书各三份一并备文呈送，仰祈鉴赐备案，并层转经济部核发工作许可证，以便进行，曷胜公感。

谨呈

南汇县县长龚

附呈工程计划书及规范书各三份〈下略〉

具呈人：南汇电气股份有限公司经理童受民

中华民国卅六年十二月二十四日

[1194-2-1126]

江苏省建设厅为转发南汇电气公司在新场镇装置设备工作许可证的令

（1948年2月）

事由：奉经济部令检发南汇电气公司工作许可证副本令仰存查由

令南汇县政府

案奉经济部三十七年元月廿四日京电三七字第〇二二六号训令开：

案据南汇电气公司三十六年十二月呈略称，本公司行总申请配得一千瓩柴油发电机一套拟装新场镇，现已运到，补具工程计划书及规范书，呈请核发工作许可证等情，所送工程计划书等经核□，尚无不合，准先发给工作许可证，除将正本一纸发给该公司收执，并饬将机器配图内线联络图等补送外，兹慎发扩字第七十四号工作许可证副本二纸，仰即分别存转备查。

此令。

等因，附发扩字第七十四号工作许可证副本二纸。

奉此，合行核发原许可证副本乙纸，令仰该县政府存查。此令。

附发经济部电气事业工作许可证副本乙纸[②]

中华民国三十七年二月日

厅长 董赞尧

[1194-2-1126]

---

① 附发建字第四号建造执照缺。

② 附发经济部电气事业工作许可证副本（扩字第七十四号）从略。

南汇电气股份有限公司章程

（1947年11月10日修正）

南汇电气股份有限公司章程

民国卅六年十一月十日股东临时会修正

第一章　总纲

第一条　本公司在南汇县城乡经营电气事业，定名为南汇电气股份有限公司，设总事务所于南汇新场镇。

第二条　本公司营业年限，依据民营公用事业监督条例定为卅年。期满前经股东会议决续办，得呈请展限。

第三条　本公司凡有公告事宜以通函为之。

第二章　股份

第四条　本公司资本总额定为国币十五亿元，分一千五百万股，每股一百元。

第五条　本公司股票概为记名式，由董事三人以上署名盖章编号填给之。

第六条　本公司纯系华商集资自办，股东不得将股票售让与非本国人。

第七条　本公司股东如欲将股票转让于他人时，应凭原股票、原印鉴，会同见证人及受让人签名盖章，向本公司声请过户。凡未经核准过户者，本公司仍认原股票署名之人为股东。

第八条　股票如有遗失，应即报明本公司，并登告白于本公司所指定之日报。经一个月后，如无纠葛发生，得邀保证人向本公司补领新股票。

第九条　股票遇有质押因而发生纠葛者，本公司惟凭票簿上所载姓名之人是认受质押者，亦惟票载姓名之人是问一切，与本公司无涉。

第十条　股票过户及遗失注销，由本公司另行补给者得酌收投票印刷费及应贴之印花税费。

第三章　股东会

第十一条　本公司定每年三月召集股东常会一次，于一个月前通知各股东，必要时得遵照公司法召集股东临时会，于十五日前通知各股东。

第十二条　股东常会之任务如左：

一、查核董事会所具表册及监察人之报告；

二、决议分派盈余及股利；

三、选举董事监察人；

四、提议事件。

第十一条　股东会之决议应有代表股份总数过半数之出席，以出席股东表决权过半数之同意行之，惟变更章程须有代表股份总数三分之二以上之股东出席，如出席不满定额时，得以出席人过半数之同意为假决议，通知各股东再行召集股东会决定之。

第十四条　股东每一股有一表决权。

第十五条　股东会开会时以董事长为主席。董事长缺席时，由出席董事中公推一人任之。

第四章　董事及监察人

第十六条　本公司设董事七人，监察人二人，均由股东常会就股东中选任之。

第十七条　有股份总数千分之一以上之股东，有被选为董事监察人之资格。

第十八条　董事任期二年，监察人任期一年，连选得连任。

第十九条　董事组织董事会，每两月召集常会一次。必要时得召集临时会，其决议以过半数之董事出席及出席董事过半数之同意行之。

第二十条　董事互推董事长一人，对外代表董事会，并于会议时为主席。董事长缺席时，由出席董事中另推一人代理之。

第廿一条　董事会议时应请监察人列席，征其意见但无表决权。

第五章　经理人

第廿二条　本公司设经理一人，由董事会选任之。

第廿三条　经理受董事会全权委托，综持公司一切事务。

第廿四条　本公司办事人员由经理任免之，但其办事组织章程，应由经理提出董事会议定之。

第六章　会计

第廿五条　本公司于每年十二月底总结帐一次，由董事会造具左列各项表册，监察人查核报告于股东常会。一、营业报告书；二、资产负债表；三、财产目录；四、损益表；五、盈余分派之议案。

第廿六条　总结帐后，如有盈余，除提十分之一为公积金，并依法缴纳所得税外，余由股东会议决分配之。

第廿七条　本公司分派股利，自股款交到之次日起算，其发给日期定于每年开股东常会承认各项簿册后行之。

第七章　附则

第廿八条　本章程如有未尽事宜依据公司法办理。

第廿九条　本章程如有修改，须由股东会依法决议呈准主管官署备案后施行。

［1194－2－136］

南汇电气股份有限公司股东名册

（1947年10月）

中华民国三十六年十月

户　名	股东姓名或代表人姓名	原有股数	认缴新股	共计股数	金　额	通　讯　处
王芹伯	同左	700	299 300	300 000	30 000 000	上海市中正东路四四一弄二二号楼上
朱鸿圻	同左	740	299 260	300 000	30 000 000	上海牛庄路七三一弄四号
朱铭松	同左	240	199 760	200 000	20 000 000	上海江西路汉弥登大楼三五三号
何静之	同左	550	199 450	200 000	20 000 000	上海河南路吉祥里二一四号二楼
金慕尧	同左	360	129 640	130 000	13 000 000	浦东市范里九号
唐企狄	同左	265	59 735	60 000	6 000 000	上海林森中路康福里十号
孙照明	同左	335	299 665	300 000	30 000 000	上海西藏南路二五号协大祥
浦东电气股份有限公司	董世亨 字季通	3 685	5 996 315	6 000 000	600 000 000	浦东电气公司
浦东电气股份有限公司	童受民	3 680	5 996 320	6 000 000	600 000 000	浦东电气公司
徐左青	同左	280	119 720	120 000	12 000 000	上海建国西路建业里东弄六〇号
陈文甫	同左	770	129 230	130 000	13 000 000	上海徐家汇
童传恪	同左	250	59 750	60 000	6 000 000	上海建国西路三六五弄二号
黄炳权	同左	385	299 615	300 000	30 000 000	上海长宁路三七弄一一三号
黄任之	同左	650	199 350	200 000	20 000 000	上海雁汤路八〇号
杨鼎臣	同左	550	199 450	200 000	20 000 000	上海南京西路沧洲别野八八号
单湄叔	同左	650	199 350	200 000	20 000 000	上海思南路六四号
贾幼临	同左	255	59 745	60 000	6 000 000	上海西门梦花街匡君一号
叶鉴修	同左	225	59 775	60 000	6 000 000	太仓南码头

续 表

户　名	股东姓名或代表人姓名	原有股数	认缴新股	共计股数	金　额	通　讯　处
诸錫恂	同左	280	119 720	120 000	12 000 000	上海林森中路霞飞坊六六号
顾祖绳	同左	150	59 850	60 000	6 000 000	浦东钱家巷
	共计	15 000	14 985 000	15 000 000	1 500 000 000	

[1194-2-136]

南汇电气股份有限公司为购售电气合同尚难正式签订致南汇县政府呈

(1946年6月5日)

事由：为呈复购电合同尚难正式签订仰祈鉴察由

案奉钧府建字第一三四五号训令，转奉江苏省政府本年四月二十六日(二五)府建一字第八五九号训令，以准经济部三十五年二月七日渝电字第一五九八号公函，转饬呈送购电合同并查填电厂实况报告表，仰遵照办理等因奉此，查本公司本年一月会同浦东电气公司接收复业后，依照战前成案，仍向该公司购电转给，只以敌伪占营期间一切输电配电设备破坏过巨，当兹物力资力两感匮乏之际，整修倍感棘手，供电尚未正常。浦东公司因受电源限制，对于乡区转给亦无准确规定。因之购售电气合同尚难正式签订。拟俟本公司工程业务渐入正轨当再与浦东电气公司商订正式购电合同呈请核转，除已于上年十二月十五日迳行呈复经济部接管华中水电公司接收委员外，奉令前因，理合具文呈复，仰祈鉴察，实为公便。至电厂实况报告表已于五月十五日呈报合并陈明。谨呈南汇县县长徐。

具呈人　南汇电气股份有限公司经理童受民(印)

中华民国三十五年六月五日

[1194-2-339]

南汇电气股份有限公司为请清偿积欠电费以后并准期给付及切勿私自接电应用致南汇县政府呈

(1947年4月)

事由：为呈请分别函令各机关团体从速清偿积欠电费以后并准期给付及切勿私自接电应用由

窃本县各公务机关团体用电，其电费向有折扣。惟过去类多未能按期付费，以致积欠钜大，且有一部份未经装表擅自接电，至感遗憾。本公司匪特损失不赀且周转，因而异常困难，伏维本公司复业以还，由于费率过低，收支始终不能平衡，此征之其他邻近各县之电价即可证明，以致积亏浩大，逋负深重，今再遭积欠与私用之损失，益感维持之非易，爰拟将各机关欠费积极追收，并对私接各户停止供电以保血本。

钧长维护公用，体恤商艰，素具热忱，理合抄同欠费各机关团体清单一份，并附军事委员会(卅五)办秘二政字第七二七二一号布告印影一帧，具文呈请仰祈鉴赐分别函令各该机关团体，从速清偿积欠电费，以后并准期给付，藉维供电。并乞转知各机关，切弗私自接电应用，致违功令，无任迫切，待命之至。

谨呈

南汇县县长徐

附呈清单一份、影片一纸〈下略〉

具呈人 南汇电气股份有限公司经理童受民(印)

中华民国三十六年四月日

[1194-2-1208]

南汇县政府为各机关团体清偿积欠电费等情的批

(1947年4月29日)

事由：为据请分别函令各机关团体清偿积欠电费等情批仰遵照由

南汇县政府批建字第一四三八九号

具呈人：南汇电气公司经理童受民

本年四月呈一件：为呈请分别函令各机关团体从速清偿积欠电费，以后并准期给付，及切勿私自接电应用由

呈件均悉。仰候分别函令，查各机关对于每月电费之计算标准及如何优待，各机关均未明瞭，仍仰按月列表说明，呈候饬遵照！

此批。件存。

县长徐

〔中华民国三十六年〕四月廿九日

[1194-2-1208]

南汇电气股份有限公司对各机关团体电费优待办法并祈南汇县政府转饬各机关团体一次性缴付所欠电费的呈复

(1947年5月17日)

事由：为遵令呈复对于各机关团体电费优待办法并祈转饬将前欠电费一并缴付由

案奉钧府建字第一四三八九号批本公司呈一件，为呈请分别函令各机关团体从速清偿积欠电费，以后并准期给付，及切勿私自接电应用由内开："呈件均悉。仰候分别函令各机关，对于每月电费之计算标准，及如何优待，各机关均未明瞭，仍仰按月列表说明，呈候饬遵此批"等因，奉此查本公司对于各机关团体电费之优待办法分为四类，兹特胪举如左：

"一、县政府及县长办公室，依照上年六月与前建设科李科长长俊协商结果，会同点见办公室间数，每室免费供给廿五支光电灯壹盏，每盏估计月三度，如超过平均每室三度时，其超度数照价计算电费。

二、县警察局及其他军事机关，遵照经济部核定优待表，灯第一级电价，每度四百七十八元，即按普通电价七折计算。

三、税赋征收机关，遵照经济部核定优待表，灯第二级电价，每度五百四十六元，即按普通电价八折计算。

四、机关职员宿舍或眷属住宅，照章原无优待，惟对其超过用电限度部份统照第一级电价计算，以示优待。"

奉令前因，合行检附四月份各机关应付未付之电费表一份，备文呈报，仰祈转饬，连同前欠一并拨付，以恤商艰，无任公感。

谨呈

南汇县县长徐

附呈表一份[①]

具呈人 南汇电气股份有限公司经理童受民

中华民国卅十六年五月十七日

[1194-2-1208]

---

① 附表从略。

南汇县政府、南汇电气股份有限公司为各机关积欠电费事请予清偿办法的呈、批示、备考

（1947年10～11月）

事由：为钧府及直属各机关电费积欠甚多，呈请指示清偿办法，并嗣后于每月抄表后拟将各该机关用电费编缮清单并于发放经费时代为扣缴由

查钧府及直属各机关之用电费已往蒂欠甚多，前经呈报有案。此项应付电费均已予以优待折扣，故已远在成本以下，兹再拖欠拒付，本公司损失更将不赀。在此营业月有钜亏之际，益感维持之不易。

钧长维护公用事业夙具热忱，用将各该机关所欠用电费缮具清单（九月份止）附呈敬祈

指示清偿办法，俾早结案。嗣后于每月抄表后拟将各该机关之用电费编缮清单送呈，敬请钧府于发放经费时，代为扣缴换收本公司之电费收据，以卹商艰。理合具文呈请，仰祈鉴察施行，实为德便。

谨呈

南汇县县长龚

附呈各机关积欠电费清单一份①

具呈人 南汇电气股份有限公司经理童受民

中华民国三十六年十月廿四日

批示：关于各机关所欠电费应由该公司自行洽收，嗣后各县属机关电费准由本府代扣，并须予每月二十五日前将电费收据呈府凭办，又该公司代收本县建设事业费已积压数月，迄未缴县殊属不合，着即日呈缴，不得持未收电费要挟　十、廿八

备考：本府暨各附属机关所欠电费业已结清，本件拟存　　十一、廿

［1194-2-1209］

南汇电气股份有限公司为上南路架设高压线路并请给予施工保护致南汇县政府呈

（1948年1月23日）

事由：为本公司在上南公路植杆架线一案，业与电话局潘主任洽定数项，复祈鉴准并在本公司植杆架线时俯赐饬属保护由

案奉钧局（三六）四建字第四二六号训令，以据电话局主任潘祥钦呈报，本公司在上南公路新植电杆架设高压线路，与该局通讯杆线距离太近，转饬移植，以免感应等因，奉此，遵经与潘主任研讨结果，为避免感应起见，拟将原有单线电讯线路改作双线，并经洽定：一、自南汇至塘桥间，四〇公里加敷英规一根，十四号铜线一根，计需二五〇〇磅，由本公司供给；二、其他一切工料由电话局自行负担；三、新场至南汇间傍公路南边之电讯线路一段，由电话局自行移植北边。本公司即自塘桥起，经周浦、新场，直至南汇均沿公路右边植杆架线，以期统一。奉令前因，理合具文呈复，仰祈鉴准，并在本公司植杆架线之时俯赐饬属保护，曷胜公感。

谨呈

南汇县县长龚

具呈人 南汇电气股份有限公司经理童受民

中华民国三十七年一月二十三日

［1194-2-1126］

---

① 附呈各机关积欠电费清单从略。

南汇电气股份有限公司为上南公路架设高压线路一案办理情形致南汇县政府呈复

(1948年2月7日)

事由：为本公司在上南公路植杆架线一案呈复办理情形并检附输电线路图仰祈鉴赐分别存转由

案奉钧府四建字第四八〇号通知内开：

“案查前据本县电话局呈，以该公司新竖杆木，架设高压线距离电话线不足七公尺，有碍通讯等情前来，当经本府(卅六)四建字第四二六号令，饬该公司从速改线，以利通讯，并呈报上峰核示，各在案。”

兹奉江苏省建设厅子江建一电开“呈悉，查交通部规定，电话线路建筑规则，电话线与高压电力线路应相隔卅公尺以上，至电厂新设及变更高压线路，应报由县府，转呈省府，或迳呈省府，转报经济部查核。兹据报称，该电气公司新架高压线，距县有话线仅七公尺，势有远离之必要，仰向该公司洽商办理，并具报备查为要等因，奉此，合行通知该公司遵照办理，并将办理情形具报为要”等因。奉此，查一、本公司在上南公路新植杆线，业与电话局商妥避免感应办法，于一月廿三日呈复钧府在案。二、本公司于新场镇新设发电所事，曾于上年十二月廿四日，检具各项文件，呈由钧府层转，并备具文件副本，迳呈经济部请赐核发工作许可证，现奉部批核准颁发扩字第七四号工作许可证收执在案。至三、本公司沿上南公路增设输电线路，其电压不满三万伏，依照电气事业取缔规则第十五条，原无呈报必要，兹特绘具输电线路图一式二份，随呈附送，请赐分别存转，奉令前因，理合具文呈复，仰祈鉴察，实为公便。谨呈

南汇县县长龚

附呈输电线路图二份①

具呈人 南汇电气股份有限公司经理童受民

中华民国卅七年二月柒日

[1194-2-1126]

南汇县政府为上南路架设高压线路一案办理情形致江苏省建设厅代电

(1948年3月17日)

事由：电复关于本县电话线与高压线距离一案办理情形请察核由

南汇县政府代电四建字第六二三号

江苏省建设厅厅长董钧鉴：(卅七)建自一〇二四五号代电，奉悉，当经转知南汇电气公司办理在案。兹据该公司负责人童受民等来县洽商，并提出下列各点请求采纳。一、该公司原有高压线路大半在田间经过，晚间或大雷雨后发生障碍时，修复极感困难，影响大众安全，是故此次增设之线路改在公路旁经过。二、电话线路如改用双线，虽接近高压线，亦无问题。如上海市区浦东大道上，高压线与电话线在两旁对立，通话毫无问题。三、本县该段路线如改装双线即无问题，在改装时该公司亦愿在工程上协助完成。查该公司所提各点，尚具理由，亦经本县电话交换所人员试验，该公司自周浦至东昌路电话(线路即在高压线下)确无感应(气候正常)。奉令前因，理合将办理经过情形电请核备。

南汇县县长龚宗 建叩

〔中华民国三十七年〕三月十七日

[1194-2-1126]

---

① 附呈输电线路图缺。

南汇电气股份有限公司为值战乱期间请通饬所属各机关慎用电流并祈严密保护致南汇县政府呈

（1948年2月6日）

事由：为值战乱期间冬防吃紧呈请通饬所属各机关慎用电流并祈严密保护由

窃查战乱期间，冬防吃紧，时逢春节，各业加忙，晚间电灯极关重要。本公司仍秉以往服务精神，努力维持光明。惟电源有限，无法任意扩充，深恐求过于供，易兹故障，除已登报公告吁请各用户尽力撙节用电，弗使逾越常用电量，以保持正常负荷外，敬祈钧长通饬所属各机关，慎弗使用电炉、电灶或其他容量较大之电具，以免用电逾量，小则开关跳落，电流中断，大则设备毁损，长期黑暗至各处供电线路。并恳赐饬所属各机关，严密保护，以策安全。事关地方公用，理合具文呈请，仰祈鉴核施行，实为德便。

谨呈

南汇县县长龚

具呈人 南汇电气股份有限公司经理童受民（印）

中华民国三十七年二月六日

［1194－2－815］

南汇县政府为值战乱期间通饬所属各机关慎用电流致各机关学校训令

（1948年2月9日）

事由：据南汇电气公司呈请通饬所属各机关及用户慎用电流等情合行布告通知由、令仰遵照由

南汇县政府布告训令（卅七）建字第五四一号

令所属各机关学校

案据南汇电气股份有限公司经理童受民呈称：

“叙原文”等情，据此，查所呈各节尚属实情，除分令布告，并分令外，合行布告各用户一体通知，令仰该长知照，

此布。令。

县长龚

〔中华民国三十七年〕二月九日

［1194－2－815］

南汇县周浦镇商会等各界代表吁请审查电气公司组织营业情况并重订八月份电价致南汇县政府呈

（1948年8月26日）

事由：呈为吁请审查南电公司组织内容业务经济状况，令饬重订八月份新价，以不超过比照沪市为原则，并函令浦东电气公司对直接经营各地应划一收费以照公允事抑祈鉴核由

窃查南汇电气公司在胜利和平后，据闻即已归并于浦东电气公司，至今非惟名称犹存，反加扩大其范围，究竟内容如何，外人疑窦丛生，是否欲假转售名义增加其收费，抑或存心濛混另有企图，令人费解，谨将可疑各点列陈如左：

一、新场建设发电厂全由浦东公司经办，有人证、物证可查。

二、周浦大明公司系由浦东公司派员接收归并，而现在收据用南汇公司名义。

三、横沔地方向由汇北公司经营,现亦改用南汇公司收据。

基上各点,浦东公司与南汇公司似一而二,二而一,所谓南汇公司者,恐系仅存名义而已。为敢环请钧府提交公用事业委员会,澈底审查该南汇电气公司组织内容,及业务经济情形,有否含混以释群疑。至于八月份电费,应饬比照沪市重订新价,合理调整,所有向由浦东公司直接经营各镇,自应与沪市不分轩轾,划一收费,以照公允。如公司方面对我南汇有所蔑视不允考虑,民等惟有将应付电费照该公司沪市新价缴存钧府,以待领取。仰祈鉴核,体念民艰,准如所请,实为德便。

谨呈

南汇县政府

南汇县周浦镇商会(印)

南汇县周浦镇镇民代表温□□(印)

南汇县周浦镇碾米榨油商业同业公会代表康鑫伯(印)

南汇县周浦镇豆腐业代表王桂生(印)

南汇县周浦镇棉粮商业同业公会(印)

南汇县商会鲁汇分事务所李豪南

南汇县鲁汇镇碾米业代表倪国思(印)

南汇县航头镇碾米业电气用户代表唐礼斌

南汇县横沔镇电气用户代表钟心梅

南汇县商会召楼分事务所、南汇县召楼镇碾米榨油业代表卫关泉(印)

南汇县碾米榨油商业同业公会赵明德 陈宝堃

南汇县横沔镇碾米榨油业代表许关元

中华民国卅七年八月廿六日

[1194-2-1210]

南汇电气股份有限公司为重订八月电价并公布以往所收电费保证金一案仰祈鉴赐公饬原具呈人不得阻碍公司收费的呈

(1948年8月31日)

事由:为呈复奉饬重订八月份电价并公布已往所收电费保证金一案仰祈鉴赐公饬原具呈人不得阻碍本公司收费以维公用由

案奉钧府鹏四字第四四九〇号通知,以据鲁汇等镇用户,及周浦镇商会等,呈请转饬重订八月份电价,并公布已往所收电费保证金等,饬遵办具报等因,奉此,兹谨分别呈复如左:

甲、八月份电价,查本公司大部份电源,现仍向浦东电气公司趸购,购进与售出之电价前,曾呈奉前经济部核定为三与五之比,八月三日上海市政府核定浦东电气公司八月份电价,其中,趸售同业为每度四十二万元,另加附加捐一成,合计每度四十六万二千元。如依上述比例,厘订零售电价应为每度七十七万元,惟本公司为减轻用户负担,勉力抑低为六十万元。呈奉江苏省建设厅(卅七)建自一字第八二一二号批,及工商部京电(卅七)字第七三一三号批,核准有案。嗣因上海市各电业遵照市政府劝导,减低电价百分之二十,所有因减价而短收之电费由市政府如数贴补,本公司趸购成本而因减轻百分之二十,爰将八月份南汇零售电价亦比例减低,经分呈钧府、江苏省建设厅及工商部备案在卷。此就本公司订定电价之程序言,并无不合法令者,一也。

查电价之订定,应根据供电之成本,故上海市区之内,各电业电价亦不尽相同。本公司与上海市各电业,无论在环境方面,或成本方面,相去霄壤。今欲强使同一电价,事属难能。况本公司零售电价仅较趸购电价高出三成,以视一般物价,实甚低廉,以此浅浅之三成支应薪工、修理、折旧及一切业务管理等费用,暨线路耗损不敷远甚,毋待赘言,因是积亏钜大,弥缝为难。近数月来,柴油飞涨,如今趸购转馈,改为自行开机发电,则成本更高,亏蚀更将不赀。综上困难情形,本公司经济已濒出穷水尽之境,如再欲强令减低电价,无异杀鸡求卵，非养本培源之道也。此就业务亏损言，八月份电价碍难再事减低者，二也。

乙、保证金，查电业法第六十四条"电业得向用户酌收电费保证金，其金额以该用户一个半月至二个月之应付电费为准。"依此规定，本公司原应逐月增收保证金，以补足用户一个半月至二个月之用电费为度。惟本公司自卅六年二月以来，从未增收，自维减轻用户负担，已竭尽棉薄。至以前所收之电费保证金，早已充作维持供电周转之用，无从列举，且电业法令亦无应公布电费保证金之规定。

除周浦镇商会质询之七点，另纸申复外奉，令前因，理合造具本年一至七月之亏损表一份，备文呈复，仰祈鉴赐，令饬原具呈人不得阻碍。本公司收费以维公用，否则如本公司因收费困难致无力正常供电时，所有一切责任应由该具呈人等负之，合并陈明。谨呈

南汇县县长熊

附表[1]一份及对于周浦镇商会质询七点之解释一件

南汇电气股份有限公司经理童受民(印)

中华民国卅七年八月卅一日

〔附〕

对于周浦镇商会质询七点之解释

一、二林塘系浦东电气公司营业区域，经向查询据云，该公司民八成立之时，原无市县之分，后上海设市，三林塘划归上海县。由于历史关系，故电价亦照市区计算，免多更张等语。至天花庵，原属前大明电气公司营业区域，以距离过远，管理不便，故商请浦东电气公司代为供电。该公司以该处邻近市境杨思桥，故亦照市区电价收费。兹大明电气公司已由本公司收并，该地自八月份起已收回，营业电价与区域内其他各地相同。

二、依原理言，电灯电价应高于电力价。本公司六月份以前即系照此原则办理，惟七月份起，因上海市订定卅度以下之电灯价远较电力价为廉，本公司如仍维持灯高于力之原则，诚恐引起电灯用户之指责，爰采折衷办法，改为灯力等价自信较之汉口、广州等埠之力高于灯差胜一筹。

三、用电较多之户其供电功率较高，且一切业务管理成本亦相形减轻，故规定电力用户月耗一万度以上者，其超过一万度部份以较低电价计算，至为公允。似不能谓一万度以上之电价略低，即昭示一万度以下之电价利益优厚也。

四、保证金应照缴币额计数，不能以折合电度数计算。前经济部早有指令解释。已往物价飞涨，本公司维持周转需款浩繁，原可依据电业法第六十四条按月收足电费保证金，惟因不愿增加用户负担，故迄未实行。再四筹维，爰定自八月份起将用电较多之力户改为每月分二次收费，此项办法在用户仅将应付电费之一部份提前拨缴，实际上并无损失。在本公司则因垫款减少可缓和无法周转之困难，实属一举两得，惟如用户愿依电业法按月补缴电费保证金，以付足一个半月至二个月之用电费为度，则本公司仍可恢复一月收取电费一次之办法也。

五、上海市电灯卅度以下之电价较为低廉，系体恤平民生计而订定者，各电业因减低此项电灯价而短收电费之损失，大部份系转嫁于电力价上。故本公司如亦呈请照此办法核定电价，不特直接加重电力用户之负担，且违背第二点理由所云应"力低于灯"之原则。

六、上海市规定自八月一日起照新价收费，即八月一日起所抄表码适用新价，故如排定在八月一日抄表之户，其七月二日至卅一日所用电度均须按新价付费。本公司排定抄表日期为自每月二十日至三十日，则七月十九日以前用电均照七月份电价计算，以此度彼，仍以本公司用户之负担为轻至为明显。

七、电价之订定，依法应呈钧府层转工商部核准，依照县参议会组织法之规定审议，电价并非县参议会之职权。

南汇电气公司

中华民国卅七年八月卅一日

［1194－2－1210］

---

[1] 附表，即附呈南汇电气公司损益表，从略。

南汇电气股份有限公司为南汇城垣变压器突遭焚请鉴察备查致南汇县政府呈

（1949年1月11日）

事由：为南汇城垣变压器突遭焚毁呈请鉴察备查由

窃查本公司现置于南汇城垣变压器一具，突于本月九日晚焚毁，致城厢全部陷于黑暗。查城厢变压器半年以来已两度遭受毁损，实因当地强用电流者众，且任意接用电炉电灶，致该器超过额定负荷陡遭损毁，使一般善良用户咸蒙黑暗痛苦，深为遗憾。本公司除已指派工程师前往察勘，并将该器设法运回抢修，以期早日恢复供电外，理合具文呈请鉴察备查，实为德便。

谨呈

南汇县县长孙

南汇电气股份有限公司经理童受民

中华民国卅八年一月十一日

［1194－2－1127］

南汇电气股份有限公司为奉饬修复南汇城垣变压器并请转知各机关团队节约用电禁用电热致南汇县政府的呈复

（1949年2月4日）

事由：为呈复奉饬修复南汇城垣变压器，仰祈鉴赐转知各军警政机关团队节约用电，并禁用电热以维公用由

案奉钧府一月廿六日云一字第六二五号指令，本公司一月十一日呈一件，为南汇城垣变压器突遭焚毁，呈请核备由内开：

“呈悉，准予备查。仍仰即日加工修理，俾提早恢复供电为要此令”等因奉此，查本公司前置于南汇城垣变压器一具，因被人私接外线，滥用电流，致该器超过额定负荷，突于一月九日焚毁。值此电工器材缺乏之际，本公司一时无备货可资掉换，亦乏材料可供修理，嗣经四出觅购，多方设法，始购得一具，于一月廿五日赶运南汇装妥恢复供电。综计因此次变压器焚毁，本公司除营业收入大为减少外，更支付钜额之拆装运输费用，损失不赀，经济状况愈益恶化，以后如再因被人滥用而致焚毁时，则不特本公司财力已竭，无法再行购换，即市上同型之变压器现货亦已未由购得，惟有听任全城黑暗，本公司恕不负责。

钧长体恤商艰，力谋维持治安，本公司心所谓危难安缄默用，特具文呈复，仰祈鉴赐转知各军政警机关团队，竭力节约用电，绝对禁用电热及其他耗电较多之电具，以免再蹈覆辙，而维全城公用，实为德便。

谨呈

南汇县县长孙

南汇电气股份有限公司经理童受民

中华民国卅八年二月四日

［1194－2－1127］

大明电气公司为归并经营办法九项致南汇电气公司函

（1948年3月2日）

迳启者，本年二月二十九日，敝公司召开股东会，决议归并与贵公司接管营业，兹将议定归并办法九项照录于后，即请查照见复为荷。此致

南汇电气公司

周浦大明电气股份有限公司启

计开

一、周浦大明电气公司(以下简称大明)所发行之全部股份,共计票面四千万元,应由大明原负责人向各股东收回,让渡与南汇电气公司(以下简称南汇)。

二、南汇应备浦东电气公司股票,票面壹亿伍仟万元,并于二月底支付现金贰亿元,三月底前续付现金贰亿元,交与大明原负责人转发各股东,作为承受大明股份之代价。

三、大明在周浦之事务所房地及傢具存料等,仍为大明原股东所有,自行处理。所有营业区域内装见之输电、配电及给电设备,应由原负责人造册,全部移交与南汇接收管业。

四、大明所收用户保证金,应由原负责人造册,全数转缴南汇收存。大明缴存浦东电气公司之保证金,可由南汇代为收回划抵。

五、南汇、大明两公司应于二月底,会同派员至周浦沈庄各用户处抄録表码,所有应收电费,即由南汇派员代收,除代缴浦东电气公司电费外,如有余款,由南汇付还大明原负责人,如不敷抵,由大明如数补足。

六、除上列各条外,大明所有其他人欠欠人款项,均归原负责人自行清理,与南汇无涉。

七、大明原负责人应将全部印章及电气事业执照、公司登记执照、核准营业区域图及各种用户纪录,与其有关案卷移交与南汇接收。

八、大明原有职工由大明原负责人自行给资遣散。

九、二月一日起由南汇接管大明营业区域内一切业务,此后盈亏即归南汇分别承担,在未呈准合并以前,对外仍用大明电气公司名义。

中华民国三十七年三月二日

[Q576-1-49]

南汇、大明电气公司为归并经营检具股东会决议录等致南汇县政府呈

(1948年5月20日)

事由:为大明电气公司归并与南汇电气公司经营检具股东会决议录等呈请鉴赐层转经济部核准备案由

窃大明电气公司在抗战期间损失惨重,复业后又以资金匮乏,周转困难,整理扩充,两感棘手,公司情形无日不在风雨飘摇之中。各董监佥以与其无力改进,不如归并于南汇电气公司,俾可集中力量经营较易。即经公司等双方数度会商。各表赞同。由南汇电气公司各股东,就原有股份中比例让出票面三亿元之股份,交与大明电气公司,亦按照其各股东原有股份比例分配。所有大明电气公司原发股票四千万元,由原负责人收回,交与南汇电气公司注销。使合并后,南汇电气公司之资本总额仍为十五亿元,并无增减。大明电气公司名义从此取销,其营业权及资产业务均移转于南汇电气公司统一经营。当经会拟合并合同草案七条,并各提股东大会决议通过,于五月十一日正式合并。兹特遵照电业法第二十九条之规定,检具股东会决议录、合并合同、合并计划书各三份,一并备文呈送,仰祈鉴赐,层转经济部核准备案,曷胜公感。除备具副本,并检同大明电气公司电气事业原照,迳呈经济部外,谨呈

南汇县县长简

附呈股东会决议录、合并合同、合并计划书各三份

南汇电气股份有限公司

董事长 童世亨(印)

董事兼经理 童受民(印)

董事 王芹伯(印)

朱鸿圻(印)

黄炳权(印)

孙照明(印)
黄任之(印)
监察人 朱铭松(印)
杨鼎臣(印)
周浦大明电气股份有限公司(印)
董事长兼经理 朱鸿圻(印)
董事 童世亨(印)
童受民(印)
陈文甫(印)
金慕尧(印)
诸葛恂(印)
徐左青(印)
监察人 叶鉴修(印)
童传恪(印)
中华民国卅七年五月廿日

〔附1〕

南汇电气股份有限公司民国三十六年度股东常会议事录

中华民国卅七年三月卅一日下午三时起,本公司在中正东路浦东同乡会六楼举行第七届股东常会。出席股东连代表六一四六〇〇〇〇〇股,已逾股份总数四分之三,即宣告开会。兹将会议情形记录如左:

一、主席致辞:

主席童董事长季通致开会词,略谓一年来物价狂涨,民生益疲,社会经济既枯窘万状,趸购电源复短绌如故,当兹逆潮澎湃之际,本公司工程业务仍有长足之进步,殊堪告慰等语。

二、报告上年度营业状况及收支帐略:

童经理受民起,谓上年度本公司增加资本至国币十五亿元,正在呈请经济部准予变更登记中,向行政院善后救济总署申请配得之八〇〇瓩柴油发电机一座,业于上年十月下旬运抵新场镇新厂基地之上,各处主要线路陆续整修蒇事输电效率亦渐见提高。随将营业报告书所具工程业务经济各章分别摘要解释,继由监察人宣读查核卅六年度账目报告书,主席付表决,一致通过。

三、讨论周浦大明电气公司洽商合并经营案

童经理受民起,谓周浦大明电气公司近以处境艰难无力改进,经董事会议决拟归并于本公司,俾可集中力量经营较易,迭经磋商,大致已臻妥洽,会拟合并合同草案七条,该公司即将召开股东临时会,提付商决,如能通过,本公司应否接受等语。

主席付表决,一致通过,并授权童董事长代表本公司与大明公司订约办理。

四、茶点散会。

主席 童世亨(印)

〔附2〕

周浦大明电气股份有限公司股东临时会议事录

日期:中华民国三十七年四月二十九日下午四时起

地点:本公司事务所

出席:股东连代表总计三八三五〇股,已逾股份总数四分之三,宣布开会

一、报告事项:

主席朱董事长鸿圻起,谓本公司依法改选董监,业经呈奉经济部京电37字第一一五七号批该准竹行街六八号事务所原址因别有应用,现已迁至本镇城隍街五〇号办公。近月来,物价步涨,开支激增,资金短绌,周转困难。而区城内窃用及强用电流之风又无法取缔,售电损失与日俱增长,此以往维持已属不易,扩充益

觉艰难，瞻念前途隐忧曷极，尚希各股东各抒高见，俾资遵循等语。

二、讨论事项：

董事会提议，本公司饱经兵燹，元气大伤，胜利复业后，以资金匮乏周转困难，整理扩充两感棘手，公司情形无日不在风雨飘摇之中。然公用事业之良否，足以影响社会之荧枯，与其无力改进，不如归并与南汇电气公司，俾可集中力量经营较易，曾与南汇公司当局数度接洽，极表赞同，可由该公司各股东就原有股份中比例，让出票面三亿元之股份，收换本公司原有票面四千万元之股份，所有本公司之营业权及资产业务均移转于该公司统一经营，合并以后本公司名义即行取销，经与南汇公司会拟合并合同草案（录后），是否可行尚祈。

公决

经出席股东详细讨论后，主席付表决，一致通过，授权朱董事长鸿昕与南汇电气公司签订归并合同。

主席 朱鸿圻（印）

〔附 3〕

立 合 同

南汇、周浦大明电气股份有限公司（以下简称甲、乙方），兹为扩展业务便利起见，经双方股东会决议，合并经营商定条款如下：

一、乙方即将全部资产连同营业权及债权债务均归并于甲方，分别承担全权继续经营。

二、乙方所有员工由甲方继续留用。

三、甲方应照各股东原有股份比例收回总额叁亿元之股票交与乙方，乙方应即照各股东原有股份将甲方股票比例发给与各股东，同时将原发之股票计共票面四千万元向各股东收回交与甲方注销，合并后，甲方股本总额仍为十五亿元并无增减。

四、合并后应即进行增资，在未完成增资以前，仍由甲方原任之董监及经理人执行公司业务，暂不改选，所有乙方之董监及经理人自合并日起应即解任。

五、定于本年五月十一日正式合并，登报公告。

六、合并后甲乙双方应即依照电业法之规定会呈经济部，请求准予合并，换发执照及营业区域图。

七、本合同一式五份，甲乙双方各执一份，其余三份由双方会呈南汇政府转江苏省建设厅核转经济部备案。

中华民国三十七年五月三日

立合同 甲方 南汇电气股份有限公司

董事长 童世亨（印）

乙方 周浦大明电气股份有限公司

董事长 朱鸿圻（印）

〔附 4〕

南汇电气股份有限公司归并周浦大明电气股份有限公司计划书

一、合并原因 周浦大明电气公司营业区域与南汇电气公司区域壤地相接，抗战八年，大明公司损失惨重，复业后又以资金匮乏维持困难，爰经股东会议决归并于南汇电气公司，俾可集中力量经营较易，而输电配电等统盘调度亦较便利用户股东两者裨益。

二、合并办法 南汇公司资本总额原为十五亿元，大明公司资本总额原为四千万元，而估计两公司之资产价值约成四与一之比，爰经双方股东会通过，所有大明公司股本四千万元折合南汇公司股本三亿元，由南汇公司各股东以五分之一之股份，合计三亿元交与大明公司，亦按照其各股东原有股份比例分配，所有大明原发股票四千万元，由大明公司原负责人收回交与南汇公司注销，是以合并以后。南汇公司资本总额仍为国币十五亿元，并无增减。

三、合并后计划 大明电气公司原有区域内配电设备泰半负荷过量，线路亦久乏保养倾腐颇甚，合并后拟即调整修理，装出电表颇多走率欠准者，拟分批拆回，陆续校验用户用电设备之装置，不合者亦拟检修纠正，并拟积极取缔窃电，以减少损失，推广用户以增加收入。俟合并奉准后，拟即召集股东大会，讨论增加资本以树久远之基。

［1194－2－1126］

经济部为准南汇、大明公司合并经营并请重换执照另绘区图致南汇、大明电气公司的批复

（1948年6月23日）

事由：为准与大明公司合并惟应照章程请重换执照另绘区图由

卅七、六、廿三

具呈人江苏南汇、周浦大明电气公司

三十七年五月廿日第一八三号呈乙件，为大明电气公司归并与南汇电气公司经营，检具股东会决议录等呈请鉴赐核准备案由。

呈件均悉。此案并已据江苏省建设厅呈转到部。查该大明电气公司合并与该南汇电气公司经营，尚属可行，应予照准。至所送该大明公司济字第卅一号电气事业执照，并准注销。惟该南汇公司营业区域既已据充，应即依照电案法第廿五条及第廿七条之规定，另行绘具新营业区域图连同旧有区域图及电气事业执照，声请换发执照，呈县层转来部，以凭分别注销换发。除指令江苏省建设厅饬县知照外，仰即遵照，件存。此批。

中华民国三十七年六月

［Q576－1－52］

南汇电气股份有限公司为遵令绘具新图换发新照致南汇县政府呈

（1948年7月3日）

事由：为收并大明公司一案遵令绘具新营业区域图缴销注册执照，呈请层转换发新照由

案奉经济部，京电三七字第一八六四三号，批本公司及大明电气公司，呈一件，为大明电气公司归并与南汇电气公司经营检具股东会决议录等呈请鉴赐核准备案由，内开：

“呈件均悉。此案并已据江苏省建设厅呈转到部，查该大明电气公司合并与该南汇电气公司经营，尚属可行，应予照准。至所送该大明公司济字第三十一号电气事业执照，并准注销。惟该南汇公司营业区域既已扩充，应即依照电业法第廿五条及第廿七条之规定，另行绘具新营业区域图，连同旧有区域图及电气事业执照，声请换发执照，呈县层转来部，以凭分别注销换发。”

等因奉此，自应遵办。兹特绘具营业区域图六份，连同本公司济字第四三号电气事业注册执照一纸，一并备文呈送，仰祈鉴赐，核转江苏省建设厅，转呈工商部，核发新营业区域图，注销电气事业注册旧照，换发新照。曷胜公感。至大明公司旧营业区域图因已遗失，不克缴呈，合并陈明。

谨呈

南汇县县长熊

附营业区域图六份，济字第四三号电气事业注册执照一纸①

南汇电气股份有限公司经理童受民（印）

中华民国卅七年七月三日

［1194－2－1127］

---

① 附营业区域图及济字第四三号电气事业注册执照缺。

江苏省建设厅为发还原呈南汇电气公司营业区域图仰转饬依照指示各点办理致南汇县政府训令

（1948年8月26日）

事由：发还原呈南汇电气公司营业区域图仰转饬依照指示各点办理由

江苏省建设厅训令

（卅七）建自一字第八五七五号

中华民国卅七年八月廿六日发出

令南汇县政府

查该县前送南汇电气公司扩充营业区域图及电气事业执照一案，经转奉工商部，京电37字第七三六三三号指令开：

“呈件均悉。查南汇电气公司扩充营业区域所送营业区域图，未经由首席声请人（即该公司董事长）署名盖章，应发还添注董事长姓名，并盖印章以符规定。至大明公司旧营业区域图既据呈称遗失，可准免予缴销。但南汇电气公司之旧营业区域图，应由该厅转饬呈部注销。又南汇电气公司新添之1 000瓩发电机装置情形如何，亦应由该厅转饬报部，以凭核发执照。兹将该公司原呈新营业区域图随文附发，仰即遵照办理为要。”

等因，附发原呈新营业区域图六份，奉此合行检发原件，令仰转饬遵照办理为要。

此令

附发原呈营业区域图六份（转发公司）[①]

中华民国卅七年八月

厅长 董赞尧

［1194－2－1127］

南汇电气股份有限公司遵令将原呈营业区域图依照指示各点办理蒇事并请工商部核发新营业区域图致南汇县政府呈

（1948年9月30日）

事由：遵令将原呈营业区域图依照指示各点办理蒇事仰祈层转工商部核发新营业区域图由

案奉钧府鹏四字第五三三二号训令，以层奉工商部京电（三七）字第七三六三三号指令，发还本公司原呈营业区域图，饬照指示各点办理等因，奉此遵即（一）于营业区域图上添注董事长姓名加盖印章，随呈附送。（二）本公司旧营业区域图一并缴销。至（三）本公司新添之1 000瓩发电机，业已遵照电气事业取缔规则第十六条之规定，将施工及试机经过于本年九月九日分呈工商部及江苏省建设厅，分别派员查验核备在案。奉令前因，理合检同添注蒇事之新营业区域图一式六份，盖有部印之旧营业区域图一份，一并备文呈送，鉴赐层转工商部核发新营业区域图，以便收执，曷胜公感。

谨呈

南汇县县长熊

附呈新营业区域图一式六份，旧营业区域图一份[②]

南汇电气股份有限公司经理童受民

中华民国卅七年九月卅日

［1194－2－1127］

---

① 附营业区域图缺。

② 附呈新营业区域图及旧营业区域图缺。

江苏省建设厅为转发南汇电气公司新营业区域图致南汇县给政府训令

（1948年12月7日）

事由：为转发南汇电气公司新营业区域图仰存发由

江苏省建设厅训令

建一字第二四二一号

中华民国卅七年十二月七日发出

令南汇县政府

查南汇电气公司扩充营业，呈送新旧营业区域图一案，经呈奉工商部，指准将旧图注销，并于新图上盖章发还四份，除抽存并分行外，合行检发原图二份，令仰存发为要。

此令

计发南汇电气公司新营业区域图二份（县公司各一份）

中华民国三十七年十二月

厅长 钱振荣

［1194－2－1127］

南汇县政府为转发新营业区域图致南汇电气股份有限公司通知

（1948年12月13日）

事由：为转发该公司新营业区域图壹份仰即收存由

南汇县政府通知鹏秘建字第一〇五二五号

案奉江苏省建设厅建一字第二四二一号训令由开（叙原文）等因附该公司新营业区域图贰份，奉此除抽存一份备查外合行检发原图一份仰即收存为要。右通知南汇电气公司。

附该公司新营业区域图一份

县长熊

〔中华民国三十七年〕十二月十三日

［1194－2－1127］

南汇电气股份有限公司为机油短绌暂停供电致南汇县政府呈

（1949年4月29日）

事由：呈为机油来源竭蹶，存油短绌，自即日起每日上午六时至下午五时止，暂停供电，仰祈鉴督由

窃本公司八百瓩柴油发电机所发电能，系供新场、南汇城厢及六灶、三墩、大团、四团等处应用，迩以机油来源异常竭蹶，原存油量又极短绌，为撙节使用，保持夜间供电起见，拟自即日起在每日上午六时起至下午五时止暂停供给，一俟情势好转再图恢复，理合具文呈报仰祈鉴察，谨呈

南汇县县长孙

南汇电气股份有限公司经理童受民

中华民国卅八年四月二九日

［1194－2－1127］

南汇电气股份有限公司三十五年度营业报告书

(1946年)

南汇电气股份有限公司三十五年度营业报告书

民国三十四年八月,抗战胜利,国土重光。本公司于三十五年一月二十日向伪汇南公司收付资产,继续营业。其经过情形已于本年六月十五日第四届股东常会提出报告。一年来,呈战时破坏之后,值经济动荡之时,整修设备,维持供电,倍感困难。幸赖各方之协助,员工之努力,工程业务渐趋正轨。收支虽失平衡,尚能勉励支持。兹谨逐项撮要报告,尚祈指教为幸。

(一)工程

甲、线路工程　本公司自经兵燹,原有黄家路三灶及北坦直桥三镇支线设备均荡然无遗,惟自航头(大麦湾)以迄三墩之干线因敌伪独用以通电未被拆除,然亦年久失修,毁损颇重,电杆皆摇荡欲坠,线路尤凌乱不堪。复业后,积极整修,工作三月余,始告蒇事。

回溯战前本公司供电设备,原极完整,故障停电绝少发生,颇得社会之赞誉。现以正值破坏之余,一切已非旧观,兹将战前后设备情形列表比较如左:

〈表略〉

前本公司营业区域之南端与浦东电气公司在奉贤县境之线路相距仅十公里。只以当时大团镇尚由耀昶电灯厂经营,因是未能接通。在沦陷期间,奉贤县境线路大半被人盗拆。惟四团新桥二镇幸告无恙。时敌伪欲接通该处电流,乃将本公司原有黄家路灯处杆线拆移于三墩大团间。现经本公司会同浦东电气公司派员履勘,估计价值,由该公司照价偿付与本公司,稍补损失。

乙、用户工程　用户电表多年未校,大半走率欠准,甚至有表件不齐,封印脱落者。用电计数,失其准确。当经设法整理,重封铅印,择尤换装。至四月间,全部蒇事。截至本年底止,总计装出电表八百十三具,总容量计二、六五一安培。较二十六年十月减少四百八十五具,容量减少三、九八二安培。

在敌伪占营时期,因僻远地区鞭长莫及,管理不易,遂使不逞之途窃电成分。业经积极整顿,分头检查,先后查获窃电案十四起,均经照章处理,刁风因以稍戢。兹将本年施于用户之各项工作列表如左:

〈表略〉

(二)业务

甲、交还代管区域　本公司接收以后,浦东电气公司在奉贤县境新桥四团二镇,及耀昶电灯厂在南汇县第八区大团镇之营业,本公司受托代为管理营业以资便捷。至本年七月耀昶在大团之营业权归并与浦东电气公司。八月份起,浦东电气公司派员工着手整理,并在南汇成内设立办事处,就近管理。惟本公司办事员工大部份向由该公司调派,故人事方面一仍其旧,仅将帐册单据划分以清界限。而本公司开支一项藉此减轻,在节流方面不无小补。

乙、营业概况　本公司战前通电营业之区,计一城五镇,用户总数达一千二百九十二家。若无中日战事之发生,则七区之坦直镇,当年已可通电营业。其他尚未供电之乡镇,亦正筹议陆续拓展营业前途,原极光明。讵料二十六年战事猝发,八载沦陷,诸事停顿,今年接收复业,劫后残余,疮痍满目,通电范围仅城厢新场三灶及六灶湾四处。用户亦仅七百十八家,与战前相较减少一半。一载以还,整顿营业,煞费苦心。又值电荒严重,供应艰难不得不推行节电。然值负载过高时,仍不免临时停供,殊背本公司服务之初衷。用户接户设备年久失修,窃用私接一时不易肃清。加以输电线路尚未全部整理换新,致漏耗电流平均达三成左右。惟本公司素抱服务地方之志,愿决当力谋改善,以副用户之期望也。

本年营业限于电量无法扩充,且间或不免临时停电,故购售数量不能尽量增加。十一月来,计向浦东电气公司购入六十一万〇一百十九度,售出四十四万一千四百二十六度,损失电度十六万八千六百九十三度,占购电量百分之二十八。

本公司向浦东电气公司蔓购之电流,亦系由该公司向上海电力公司蔓购而来,故购价颇昂。加以线路漏耗，成本更重。惟为仰体中央抑平物价之苦心，并为减轻用户之负担起见，故本年内虽四次随趸购电价之重订而调整售价，然均不敷成本，折旧股息，更无论矣。惟因电价之低应对于地方小工业之重建，与农村经济之复苏，实有不少之助。此为公司自我牺牲而获致之收获，差勘引以自慰耳。

兹将本年营业情形列表与战前比较如左：

〈表略〉

（三）经济

本公司经战时钜创以后，接收复业，百废待举，各种支出需款浩繁。然资金短少，周转困难。幸赖浦东电气公司濒予垫借，得以勉渡难关，徐图复兴。同时复遵照经济部核定标准征收用户电费保证金，以利运用。本年营业共十一个月，收入方面计各项电费国币壹亿零肆拾叁万伍千余元，占总收入百分之八八・一。杂项营业收入叁拾叁万玖千元，占总收入百分之・三。非营业收入包括浦东电气公司贴偿代管营用等在内，计壹千叁百贰拾万零柒千余元，占总收入百分之一一・六。费用方面：计购电费陆千伍百柒拾玖万捌千余元，占总费用百分之五七・五。复业费伍拾玖万玖千余元，占总费用百分之・五。各项事务费用肆千捌百拾叁万壹千余元，占总费用百分之四二。收支相抵，计亏损伍拾肆万陆千余元。考其原因，实缘电价过低，不能依照成本，随时调整。即以售电收入除去购电费计算之毛利，仅得叁千肆百陆拾叁万柒千余元，只合电费收入百分之三四。较诸战前比例百分之六二，减少百分之二八之钜。加以接收之时，附有复业费之特殊支出。是以收支欲求平衡，殊感困难。幸赖多方撙节，得免钜亏。所有年终结算应编之资产负债表及损益表，业经监察人复核无讹。兹特附录如后，统祈察阅。

（帐略）

〈下略〉

［1194－2－511］

南汇电气股份有限公司民国三十六年营业报告书

（1947 年）

南汇电气股份有限公司民国三十六年度营业报告书

本年度物价狂涨，民生益疲，社会经济既枯窘万状，趸购电源复短细如故。在兹逆潮澎湃之际，本公司困心衡虑奋勉进行，工程营业仍有长足之进步。诸如□建发电所以增强供电能力，整修残破线路以提高输电效能，扩充营业区域以便利输电调度等等。对于地方不能谓无相当之裨益。□此后区域既广，线路又长，服务对象日益众多，目维贫职之重，益懔□渊之诫。兹将工程业务及经济情形摘要报告，尚祈各股东惠赐嘉误，俾资遵循，则幸甚焉。

工程设施

购电　本公司向浦东电气公司购入电流共分南北两路。南路输电线系自该公司张家浜发电所起，循上南路六・六〇〇伏线路至周浦镇，经该处之升高变压器将电压升高为一三二〇〇伏后转输新场，以达南汇县城。再经县城变压所降压至五五〇〇伏分供城厢六灶湾及三墩等镇。北路输电线系自该公司陶家宅配电所起，循六・六〇〇伏线路转输至张家栅配电所后仍以六・六〇〇伏分供张江栅及横沔等镇。

本年购电总量九七九・〇〇七度，因自十月份起汇北及横沔两电气公司于本公司合并，其原有区域内之用电亦并计在内，故较上年增加颇钜。损失电度共二四五・〇三五度，占购电总量百分之二五，较上年减少百分之三〇，此固为积极整理线路之成果，然较战前之比率超过仍钜。揆厥原因，实系地方未靖，强用与私者未易肃清故耳。

筹设新厂　复员以后本公司困于电源短细，供求悬殊，恒感穷于应付，故扩充电源实为当务之急。爰屡向行政院善后救济总署申请配购发电机，结果配得八〇〇瓩柴油发电机一座，乃在本县新场镇上南公路旁，购地七亩五分五厘四毫，为建设厂房、装置该机之用。十月下旬机件运抵该镇，即在基地上铺设底脚兴筑厂屋，并建造油池。截至年底，办公部分房屋大致完成，机器亦已搬上底脚。准以十二月中旬天气严寒，雨雪交加，建造油池工程尚未蒇事。明春拟将总事务所先由城厢迁至新场新屋办公，另在城厢设置城区办事处，就近照料城厢业务。

整理线路　战后各处线路毁损甚重，复业后虽已从事整修，尚未全复旧观。本年继续整理蒇事者，为自南汇县城迤南经六灶湾而至三墩镇之五·五〇〇伏高压线一路，计长四·二四公里。并鉴于由新场沿七灶港至南汇县城之一三·二〇〇伏干线久疏保养，损坏特甚，爰沿上南公路另植新杆一九七株，明春即将敷设新线。本年汇北横沔两电气公司□并于本公司后，所有各该区域内之杆线亦经加以整理。并将变压器及其容量分别修理调整。兹将有关工程事项列表与上年比较如左：

〈表略〉

业务状况

扩充区域　汇北电气公司及横沔电气公司在抗战期中，损失惨重。复业以后，又限于财力，既感维持之不易，益觉发展之艰难。爰各经股东会议决将全部资产连同营业权及债权债务归并于本公司经营，俾力量集中维持较易。经于八月间签订合同，并于九月中旬备具书图，分别会呈至南汇县政府层转，并迳呈经济部请准予合并。十二月上旬，奉准备案。于是张江栅、龙王庙、北蔡、御界桥、横沔、孙小桥、乐安、六灶寺镇，悉为本公司之营业区域矣。本公司为便于管理起见，在张江栅设置办事处，就近处理业务。

调整电价　本年物价仍不绝激涨。购电费及业务开支既随物价之步涨而递增，售电价格遂亦不得不随时呈请调整，藉资适应。惟为减轻用户负担起见，本年电价仍力求低抑。其与浦东电气公司在上海市境售价之比率，一月份为百分之一百，至二月份降为百分之一九二，至六月份□降为百分之一七五，至七月份更降为百分之一六〇。前后降低共达百分之四〇。本公司顾全用户利益，已竭尽绵薄。兹将本年度电价变迁情形列表如左：

〈表略〉

售电状况　本年六月以前，因上海市电荒严重，本公司蠆购电源，倍受限制，对于用户用电，因亦不得不仍循往例，略加限制，以资调节。七月份起，浦东电气公司二、五〇〇瓩新机装竣发电，来源稍裕，限度办法即告废止，□户称便。兹将各项售电分述如下：

电灯　本年底共计一、二四九户，全年售电二七三·〇六三度，占售电总量百分之三七。共收电费一〇一、二八〇、四八四元，占电费总收入百分之二七。

电力　本年底止共计一〇三户，全年售电四四三·五一八度，占售电总量百分之六一。共收电费二九一三、九四三、九七六元，占电费总收入百分之七二。

电热　本年底止计一户，全年售电四八三度，共收电费四、一六三、八八〇元。

路灯　本年底止共订六户，全年售电一三·一四二度，共收电费二七、八一九、五一二元。

□计本年各项售电计七三〇、二〇六度，自用电量三、七六六度，共七三三、九七二度，占购电总量百分之七五，共收电费四、〇四七、二〇七、八五二元，此外破获窃电案一起，补收电费二、〇〇〇、〇〇〇元。兹将本年度与五年度营业情形列表比较如左：

〈表略〉

经济情形

资产　固定资产共计三、〇九八、八三四、一五一元。因装置发电设备建筑厂房及事务所等，较上年计增三、〇九八、四四七、二四五元。其中发电资产约占百分之五七为最钜，业务资产占百分之四一较次。流动资产共计一、四六五、八二〇、四八六元，其中以应收帐款占百分之九〇为最钜，杂项资产共计五九、七五九、四四〇元，其中以存出保证金占百分之八四为最钜。

资本　本年因归并汇北及横沔两电气公司暨装置发电设备等需要，增收资本一、四九九、九〇〇、〇〇〇元。□原有资本一〇〇、〇〇〇元，合成总额一、五〇〇、〇〇〇、〇〇〇元。于十月间收足后，呈请经济部准予增资注册，变更登记。

负债　短期负债，共计二、九四八、一三四、七六四元。其中以应付帐款占百分之四一为最钜，同业借款占百分之二八较次。杂项负债共计一六六、八六三、一二〇元，其中以代收公用事业附加捐列入暂收款项下，占百分之八二为最钜，各项准备占百分之一八。

损益　全年各项收入共计四、二二一、八四〇、一七八元，各项电费收入占百分之九六，杂项营业收入占百分之・二，非营业收入占百分之三・八。全年各项费用共计四、二一一、八一三、〇一二元，购电费占百分之八七，各项业务费用占百分之一三。收支相抵，计盈余一〇、〇二七、一六六元。合资本额百分之六・七。详细数字请参阅后列资产负债表及损益表。

〈下略〉

［1194－2－511］

（三）浦东电气股份有限公司

浦东电气股份有限公司检送书图并请扩充营业区域致南汇县政府呈

（1946年8月13日）

事由：为检送书图呈请扩充营业区域仰祈鉴赐核转由

窃查南汇县之大团镇及其附近一带，在战前原由耀昶和记电灯厂供电营业，本公司输电线路亦经过该镇，惟未与该厂接线通电。八一三事变发生，南汇县区沦陷后，该厂停业撤退，嗣后伪华中水电公司接通本公司原有线路供给该镇各户用电。上年胜利以后，该厂因办事员工星散，一时难以召集，爰托由本公司维持供电，以免全境黑暗。现鉴于独立经营，无论工程业务均无把握，不如让由本公司合并营业，较为经济便利。爰经双方数度洽商，决将该厂在该区域内现尚留存之杆线电表及其他附属设备等固定资产作价玖百万元，由本公司收买归并经营，双方签立合同以资遵守。兹拟将南汇县第八区全区及南汇境内尚未划入其他电气事业人营业区域之第二区西南隅，扩充为本公司营业区域。理合遵照电气事业取缔规则第廿一条之规定，备具书图随文呈送仰祈鉴核，迅赐转呈江苏省建设厅，转请经济部核准，实深公感，除分呈上海市公用局核转外，谨呈

南汇县县长徐

附呈书图三份（计营业区域图、输电线路图配、配电线路图（大团仓镇各一纸）及工程计划书（大团仓镇各一纸）各三份〈下略〉

具呈人 浦东电气股份有限公司总经理童世亨

中华民国三十五年捌月拾叁日

［1194－2－339］

大团耀昶和记电灯厂转让全部资产给浦东电气股份有限公司的合同

（1946年7月18日）

立合同

浦东电气股份有限公司（以下简称甲方）

大团耀昶和记电灯厂（以下简称乙方）

为乙方愿将全部资产并于甲方承受。经双方同意议定条件如左：

第一条　乙方愿将战前原装在南汇县大团镇及其附近一带，现尚留存之电杆电线电度表等及其附属设备（详见清单）全部售让与甲方承受，共计国币九百万元正。

第二条　乙方战前在大团地方经营电气事业所有营业权利，现愿全部放弃让与甲方呈请扩充营业区域继续供电，乙方永不干涉。

第三条 乙方所有欠人债务归乙方自行处理，概与甲方无涉。

第四条 本合同第一条之资产代价于签订本合同日一次付清，将来如有纠葛，统归乙方全权代表与保证人□□负责□楚。

第五条 本合同签订后，乙方应即呈报地方监督机关及中央主管机关备案，甲方应即呈请扩充营业区域以符法定手续。

第六条 本合同于中华民国叁拾伍年柒月拾捌日签订，一式两份，各执一份存查。

附资产清单一份①

浦东电气股份有限公司
总经理：童世亨
耀昶和记电灯厂
全权代表：韩志敏
见证人：周仰吉
葛叔庄
王芹伯
中华民国叁拾伍年柒月拾捌日立
［1194－2－339］

江苏省建设厅为补送浦东电气公司扩充营业区域图三份仰转饬遵照办致南汇县政府训令

（1946年10月23日）

事由：为奉经济部指令补送浦东电气公司扩充营业区域图三份仰转饬遵照办由

江苏省建设厅别文训令（卅五）建一字第六九三一号

中华民国三十五年十月廿三日

令南汇县政府

案查前据该县先后呈送浦东电气公司收买大团镇耀昶和记电灯厂残存设备书图及双方归并合同抄本到厅当经转呈经济部核示并指令在案。兹奉指令内开：

“据送浦东电气公司扩充营业区域与工程计划及耀昶和记电灯厂归并浦东电气公司合同，经核大致尚无不合，准予备案。惟所送扩充营业区域图仅一份，不敷存发，应饬补送三份来部，以便盖印分发，仰即转饬遵照。至耀昶和记电灯厂，查系暂准供电并未给照，毋庸追缴并仰知照。”等因，奉此，合行令仰该县长转饬遵照办理。

此令。

厅长董赞尧
［1194－2－339］

浦东、南汇电气股份有限公司关于供购电合同草案仰祈鉴核层转致南汇县政府呈

（1946年8月22日）

事由：为呈送拟订供电合同草案仰祈鉴核层转由

查公司等自上年复业后仍循战前办法，由浦东电气公司转给电流维持供应，当以地方情形未臻正常，澈

① 附资产清单一份略。

底整顿窒碍尤多，更以经济支细、器材缺乏，不得不因陋就简，勉维业务。是以购电合同未能洽商订立。迭经陈明缘由在案。现在局势粗定，业务渐趋正轨，爰经数度会商，依照电气事业取缔规则第十七条之规定，厘订供购电合同草案十五条，理合检附三份备文呈送，仰祈鉴赐层转经济部核准备案，以便正式签订，无任公感，谨呈

南汇县县长徐

具呈人 浦东电气股份有限公司总经理 童世亨

南汇电气股份有限公司经理 童受民

附呈合同草案三份

中华民国三十五年八月二十二日

〔附〕

浦东电气公司供电、南汇电气公司购电临时合同草案

浦东电气股份有限公司（以下简称甲方，其总事务所在上海市浦东洋泾区）与南汇电气股份有限公司（以下简称乙方，其总事务所在南汇县城内南门街）为供电购电事，双方同意订立合同如下：

一、供电区域　乙方向甲方要求购电，甲方亦同意供电，以备乙方营业区域内转售之用。

二、供电地点　甲方送达及乙方接受电流定在南汇县及新场镇双方同意之适当地点，由甲方装设适当容量之电度表及最高负荷指示器，并配齐表用一切另件。

三、供电方式　甲方供给乙方之电流为交流三相制五十周波，其电压在甲方供电装表为一三、二〇〇伏或为以后□□□□之任意电压。

四、供电时间　□□□□□□□之电流不分昼夜继续供给。

五、供电容量　甲方供给乙方用电，以最高负载二百瓩（拾伍分钟内最大用电量之瓩数）每月七七、二〇〇度为限，但甲方向其他电气公司购电量如遭压减时，则对乙方之供电量亦得比例减低，反之如甲方购电量增加，而乙方需要增加时，乙方亦得要求甲方增加供电量，甲方如有余量，应即设法供给，但如遇任何原因其他电气公司停止供给甲方电流时，则甲方亦得停供乙方所需之电流，不负任何责任。

六、检查　甲方得随时派员进入乙方之装表受电处所执行工作及检视表码，如发现用电量（拾伍分钟内最大用电量之瓩数）或每月用电度数超过本合同第五条之规定数时，乙方应即采取有效方法减轻其负荷或减少其用电，否则甲方遇有必要得暂停供电。

七、电价　甲方供给乙方之电流，其每一度电（瓩时）之价目依照甲方在上海市区内售于工业用户之电价增加百分之贰拾计算。

八、付款　甲方应于每月贰拾叁日派员会同乙方之代表抄录电度表表码，于同月叁拾日前将乙方购电应付电费之账单送达乙方，乙方应于甲方发出账单之翌日起柒日内付款，如乙方以支票付款，其兑现日亦以不超过上述日期为限。倘逾期尚未付款者，甲方得暂停供电，如因停电而使乙方遭受损失，甲方概不负责，俟乙方付清欠款后即行复接。

九、保证　乙方向甲方购电，应缴付甲方电费保证金，其金额依照最近四个月乙方购电度数（瓩时）最多一个月电费之一倍半计算，将来如发现不敷时，乙方应于接到甲方书面通知追加日起柒日内补缴足额，如发现所缴保证金多余满百分之五十时，乙方亦得以书面声请甲方酌量发还一部分。此项保证金不计利息，俟本合同废止后，如乙方并无欠费情事，即由甲方如数归还乙方。

一〇、平均三相负荷，乙方应采用合理有效之方法使甲方供给乙方三相制之电流，每相之负荷平均分配，倘经甲方发现三相负荷相差过巨时，乙方应即设法改善之。

一一、设备　本合同第二条所述乙方装表受电处所之一切设备及自电表接出供给各用户用电之一切输电配电设备，凡与甲方供电设备直接相关者，如乙方需行更改或添设时，应事前通知甲方，并取得同意后方可动工，否则甲方如有认为足以危及供电安全者，得暂停供电，俟乙方修改妥善经甲方认可后即行复接。

一二、停电及故障　甲方遇有修理输电配电之一切设备而需停止电流时，应于事前通知乙方于一定时间内暂停供电，但甲方如因天灾人祸或事先不能预见预防或非甲方权力所能挽救之任何合理原因而致停电

者，甲方不负任何责任，乙方不得向甲方提出任何要求。

一三、电源失常　甲方供给乙方之电源现系购自其他电气公司，倘电压不合标准，或因浦西方面负荷过高拉脱开关，或线路发生故障而致停电时，除由甲方随时洽商供给电源之其他电气公司促其改善外，甲方对乙方不负任何责任。

一四、有效期限　本合同暂定有效期限为一年，自叁拾伍年月日起至叁拾陆年月日止，如一方提出修改或废止，应于期满前二个月以书面通知对方，期满后如未经任何一方提出修改或声明废止，则仍继续有效，但以后如有一方提出修改或废止，亦应以书面通知对方于两个月内实行之。

一五、备案　本合同于民国叁拾伍年捌月日由双方法定代理人拟具草案，会呈地方监督机关核转经济部，俟核准备案后正式签订，壹式两份，各执一份以资遵守。

甲方浦东电气股份有限公司

总经理 童世亨

乙方南汇电气股份有限公司

经理 童受民

［1194－2－339］

浦东、汇北电气股份有限公司关于供购电合同草案仰祈鉴核层转致南汇县政府呈

（1946年8月22日）

事由：为呈送拟订供购电合同草案仰祈鉴核层转由

查公司等自上年复业后仍循战前办法，由浦东电气公司转给电流维持供应，当以地方情形未臻正常，澈底整顿窒碍尤多，更以经济支细，器材缺乏，不得不因陋就简勉维业务，是以供购电合同未能洽商订立，迭经陈明缘由在案，现在局势粗定，业务渐趋正轨，爰经数度会商依照电气事业取缔规则第十七条之规定，厘订购电合同草案十五条，理合检附三份备文呈送，仰祈鉴赐层转经济部核准备案，以便正式签订无任公感。谨呈

南汇县县长徐

具呈人 浦东供电气股份有限公司总经理童世亨（印）

汇北电气股份有限公司经理黄炳权（印）

附呈合同草案三份

中华民国三十五年八月二十二日

〔附〕

浦东电气公司供电、汇北电气公司购电临时合同草案

浦东电气股份有限公司（以下简称甲方，其总事务所在上海市浦东洋泾区）与汇北电气股份有限公司（以下简称乙方，其总事务所在南汇县第四区张家栅镇）为供电购电事，双方同意订立合同如下：

一、供电区域　乙方向甲方要求购电，甲方亦同意供电，以备乙方营业区域内转售之用。

二、供电地点　甲方送达及乙方接受电流定在张江栅镇及唐墓桥镇双方同意之适当地点，由甲方装设适当容量之电度表及最高负荷指示器，并配齐表用一切另件。

三、供电方式　甲方供给乙方之电流为交流三相制五十周波，其电压在甲方供电装表为六、六〇〇伏或为以后双方同意之任意电压。

四、供电时间　甲方输送乙方之电流不分昼夜继续供给。

五、供电容量　甲方供给乙方用电，以最高负载二二五瓩（拾伍分钟内最大用电量之瓩数）每月一〇、〇〇〇度为限，但甲方向其他电气公司购电量如遭压减时，则对乙方之供电量亦得比例减低，反之如甲方购电量增加，而乙方需要增加时，乙方亦得要求甲方增加供电量，甲方如有余量，应即设法供给，但如遇任何原因

其他电气公司停止供给甲方电流时，则甲方亦得停供乙方所需之电流，不负任何责任。

六、检查　甲方得随时派员进入乙方之装表受电处所执行工作及检视表码，如发现用电量（拾伍分钟内最大用电量之瓩数）或每月用电度数超过本合同第五条之规定数时，乙方应即采取有效方法减轻其负荷或减少其用电，否则甲方遇有必要得暂停供电。

七、电价　甲方供给乙方之电流，其每一度电（瓩时）之价目依照甲方在上海市区内售于工业用户之电价增加百分之贰拾计算。

八、付款　甲方应于每月贰拾玖日派员会同乙方之代表抄录电度表表码，于次月柒日前将乙方购电应付电费之账单送达乙方，乙方应于甲方发出账单之翌日起柒日内付款，如乙方以支票付款，其兑现日亦以不超过上述日期为限。倘逾期尚未付款者，甲方得暂停供电，如因停电而使乙方遭受损失，甲方概不负责，俟乙方付清欠款后即行复接。

九、保证　乙方向甲方购电，应缴付甲方电费保证金，其金额依照最近四个月乙方购电度数（瓩时）最多一个月电费之一倍半计算，将来如发现不敷时，乙方应于接到甲方书面通知追加日起柒日内补缴足额，如发现所缴保证金多余满百分之五十时，乙方亦得以书面声请甲方酌量发还一部分。此项保证金不计利息，俟本合同废止后，如乙方并无欠费情事，即由甲方如数归还乙方。

一〇、平均三相负荷，乙方应采用合理有效之方法使甲方供给乙方三相制之电流，每相之负荷平均分配，倘经甲方发现三相负荷相差过巨时，乙方应即设法改善之。

一一、设备　本合同第二条所述乙方装表受电处所之一切设备及自电表接出供给各用户用电之一切输电配电设备，凡与甲方供电设备直接相关者，如乙方需行更改或添设时，应事前通知甲方，并取得同意后方可动工，否则甲方如有认为足以危及供电安全者，得暂停供电，俟乙方修改妥善经甲方认可后即行复接。

一二、停电及故障　甲方遇有修理输电配电之一切设备而需停止电流时，应于事前通知乙方于一定时间内暂停供电，但甲方如因天灾人祸或事先不能预见预防或非甲方权力所能挽救之任何合理原因而致停电者，甲方不负任何责任，乙方不得向甲方提出任何要求。

一三、电源失常　甲方供给乙方之电源现系购自其他电气公司，倘电压不合标准，或因浦西方面负荷过高拉脱开关，或线路发生故障而致停电时，除由甲方随时洽商供给电源之其他电气公司促其改善外，甲方对乙方不负任何责任。

一四、有效期限　本合同暂定有效期限为一年，自叁拾伍年月日起至叁拾陆年月日止，如一方提出修改或废止，应于期满前二个月以书面通知对方，查照期满后如未经任何一方提出修改或声明废止，则仍继续有效，但以后如有一方提出修改或废止，亦应以书面通知对方于两个月内实行之。

一五、备案　本合同于民国叁拾伍年捌月日由双方法定代理人拟具草案，会呈地方监督机关核转经济部，俟核准备案后正式签订，壹式两份，各执一份以资遵守。

甲方浦东电气股份有限公司

总经理 童世亨

乙方汇北电气股份有限公司

经理 黄炳权

［1194－2－339］

浦东、南汇电气股份有限公司供购电合同草案

（1946年8月）

浦东电气公司供电、大明电气公司购电临时合同草案

浦东电气股份有限公司（以下简称甲方，其总事务所在上海市浦东洋泾区）与大明电气股份有限公司（以下简称乙方，其总事务所在南汇县第五区周浦镇）为供电购电事，双方同意订立合同如下：

一、供电区域　乙方向甲方要求购电，甲方亦同意供电，以备乙方营业区域内转售之用。

二、供电地点　甲方送达及乙方接受电流定在周浦镇及沈庄镇双方同意之适当地点，由甲方装设适当容量之电度表及最高负荷指示器，并配齐表用一切另件。

三、供电方式　甲方供给乙方之电流为交流三相制五十周波，其电压在甲方供电装表为五、五〇〇伏或为以后双方同意之任意电压。

四、供电时间　甲方输送乙方之电流不分昼夜继续供给。

五、供电容量　甲方供给乙方用电，以最高负载二〇〇瓩(拾伍分钟内最大用电量之瓩数)每月七〇、〇〇〇度为限，但甲方向其他电气公司购电量如遭压减时，则对乙方之供电量亦得比例减低，反之如甲方购电量增加，而乙方需要增加时，乙方亦得要求甲方增加供电量，甲方如有余量，应即设法供给，但如遇任何原因其他电气公司停止供给甲方电流时，则甲方亦得停供乙方所需之电流，不负任何责任。

六、检查　甲方得随时派员进入乙方之装表受电处所执行工作及检视表码，如发现用电量(拾伍分钟内最大用电量之瓩数)或每月用电度数超过本合同第五条之规定数时，乙方应即采取有效方法减轻其负荷或减少其用电，否则甲方遇有必要得暂停供电。

七、电价　甲方供给乙方之电流，其每一度电(瓩时)之价目依照甲方在上海市区内售于工业用户之电价增加百分之贰拾计算。

八、付款　甲方应于每月贰拾捌日派员会同乙方之代表抄录电度表表码，于次月伍日前将乙方购电应付电费之账单送达乙方，乙方应于甲方发出账单之翌日起柒日内付款，如乙方以支票付款，其兑现日以不超过上述日期为限。倘逾期尚未付款者，甲方得暂停供电，如因停电而使乙方遭受损失，甲方概不负责，俟乙方付清欠款后即行复接。

九、保证　乙方向甲方购电，应缴付甲方电费保证金，其金额依照最近四个月乙方购电度数(瓩时)最多一个月电费之一倍半计算，将来如发现不敷时，乙方应于接到甲方书面通知追加日起柒日内补缴足额，如发现所缴保证金多余满百分之五十时，乙方亦得以书面声请甲方酌量发还一部分。此项保证金不计利息，俟本合同废止后，如乙方并无欠费情事，即由甲方如数归还乙方。

一〇、平均三相负荷，乙方应采用合理有效之方法使甲方供给乙方三相制之电流，每相之负荷平均分配，倘经甲方发现三相负荷相差过巨时，乙方应即设法改善之。

一一、设备　本合同第二条所述乙方装表受电处所之一切设备及自电表接出供给各用户用电之一切输电配电设备，凡与甲方供电设备直接相关者，如乙方需行更改或添设时，应事前通知甲方，并取得同意后方可动工，否则甲方如有认为足以危及供电安全者，得暂停供电，俟乙方修改妥善经甲方认可后即行复接。

一二、停电及故障　甲方遇有修理输电配电之一切设备而需停止电流时，应于事前通知乙方于一定时间内暂停供电，但甲方如因天灾人祸或事先不能预见预防或非甲方权力所能挽救之任何合理原因而致停电者，甲方不负任何责任，乙方不得向甲方提出任何要求。

一三、电源失常　甲方供给乙方之电源现系购自其他电气公司，倘电压不合标准，或因浦西方面负荷过高拉脱开关，或线路发生故障而致停电时，除由甲方随时洽商供给电源之其他电气公司促其改善外，甲方对乙方不负任何责任。

一四、有效期限　本合同暂定有效期限为一年，自叁拾伍年月日起至叁拾陆年月日止，如一方提出修改或废止，应于期满前二个月以书面通知对方，查照期满后如未经任何一方提出修改或声明废止，则仍继续有效，但以后如有一方提出修改或废止，亦应以书面通知对方于两个月内实行之。

一五、备案　本合同于民国叁拾伍年捌月日由双方法定代理人拟具草案，会呈地方监督机关核转经济部，俟核准备案后正式签订，壹式两份，各执一份，以资遵守。

甲方浦东电气股份有限公司

总经理 童世亨

乙方大明电气股份有限公司

经理 赵汉明

[1194-2-339]

浦东电气股份有限公司等四公司为修正供购电合同草案仰祈鉴赐核转备案致南汇县政府呈

(1947年1月4日)

事由:为检呈修正供购电合同草案仰祈鉴赐核转备案由

窃公司等前订供购电合同草案业经呈奉钧府转奉江苏省政府令转准经济部函复准予备案,各在案。兹公司等鉴于情势推移,特再会同商议,将原订第三、第五、第六、第九、第十二、第十四及第十五各条(即修正合同第三、第五、第九、第十二、第十五、第十七及第十八各条)稍加补充修正,并于原订第五条后增入"负荷因数""电力因数"及"供电保障"三条(修正合同第六、第七及第八条)所有原订第六条至第十五条依次递改为第九条至第十八条。理合检同修正供购电合同草案九份备文呈送,仰祈鉴赐呈转核准备案,以便正式签订,俾各遵守,实为德便。

谨呈

南汇县县长徐

附呈修正供购电合同草案九份[①]

浦东电气股份有限公司总经理 童世亨(印)

南汇电气股份有限公司经理 童受民(印)

周浦大明电气股份有限公司经理 赵汉民(印)

汇北电气股份有限公司经理 黄炳权(印)

中华民国三十六年一月四日

[1194-2-339]

江苏省建设厅奉经济部令为浦东电气公司等四公司修正供购合电合同草案请备案一案致南汇县政府训令

(1947年3月)

事由:奉经济部令关于浦东电气公司与南汇汇北大明电气公司修正供购合电合同草案请备案一案令仰知照由

江苏省建设厅训令(卅六)建一字第一三〇三一号

中华民国卅六年三月

案查前据该县本年一月十八日呈送浦东、南汇、大明、汇北等电气公司修正供购电合同草案请鉴转备案一案,据经特呈核示在案,兹奉经济部本年三月七日京电(36)字第三五九一二号指令开:

"呈件均悉。查此案业准上海市政府咨请备案到部,当以所送修正该项合同草案,除第十八条条文应改为本合同双方拟具草案会呈监督机关转经中央主管机关核准后正式签订,一式两份,各执一份,以资遵守外,其余大项尚无不合,应予照准,希查照转饬呈照签订正式合同送部备案,□分呈各级有关地方政府备查等语,函复在卷,据呈□情,仰即知照,件存,此令。"等因,合行令仰知照!

此令。

厅长董赞尧

[1194-2-339]

---

① 附呈修正供购电合同草案略。

浦东、南汇电气股份有限公司关于供购电合同副本仰祈鉴赐存转备案致南汇县政府呈

（1947 年 3 月 9 日）

事由：呈送供购电合同副本仰祈鉴赐存转备案由

案查公司等修正供购电合同草案曾于卅六年一月四日检同该草案分别呈请钧府及上海市公用局鉴赐层转核准备案各在卷。兹奉上海市公用局市公(三六)一七三九四号调令转奉经济部令以所呈供购电合同修正草案及营业区域图经核，除第十八条条文应改为本合同双方拟具草案会呈监督机关转经中央主管机关核准后正式签订，一式二份，各执一份，以资遵守外，其除大致尚无不合，应予照准转饬遵照修正签订具报等因，奉此，谨将合同第十八条条文遵照修正签订一式二份，理合抄同副本三份具文呈报，仰祈鉴赐存转备案。实为德便。除呈复上海市公用局外，谨呈南汇县县长徐。

附呈供购电合同副本三份

具成人 浦东电气股份有限公司总经理 童世亨(印)

南汇电气股份有限公司经理 童受民(印)

中华民国三十六年三月九日

〔附〕

浦东电气公司供电、南汇电气公司购电合同

浦东电气股份有限公司(下称甲方，包括其本身及将来继承人与受让人而言，其总事务所在上海市浦东洋泾区)与南汇电气股份有限公司(下称乙方，包括其本身及将来继承人与受让人而言，其总事务所在南汇县城内南门街)为供电购电事，双方同意订立合同如下：

一、供电区域　乙方向甲方要求购电，甲方亦同意供电，以备乙方营业区域内转售之用。

二、供电地点　甲方送达及乙方接受电流定在南汇县及新场镇双方同意之适当地点，由甲方装设适当容量之电度表及最高负荷指示器，并配齐表用一切另件。

三、供电方式　甲方供给乙方之电流为交流三相制五十周波，其电压在甲方供电装表为一三、二〇〇伏或为以后双方同意并经主管机关核准之任何电压，又主管机关令饬更改时，双方亦应遵办。

四、供电时间　甲方输送乙方之电流不分昼夜继续供给。

五、供电容量　甲方供给乙方用电，以最高负载二百瓩(拾伍分钟内最大用电量之瓩数)每月七七、二〇〇度为限，但甲方原有电量如遭压减时，则对乙方之供电量亦得比例减低，反之如甲方电量增加，而乙方需要增加时，乙方亦得要求甲方增加供电量，甲方如有余量，应即设法供给。

六、负荷因数　乙方用电每月负荷因数不得低于百分之四十五，如低于此数时，每低百分之五，甲方得将售电价格提高百分之二以维成本，惟遇甲方停供电流时，则是月之负荷因数应将停电时间扣除计算。

七、电力因数　乙方应负责维持电力因数(在甲方配电板上测量者)在百分之七十五以上，若低于百分之七十五时，甲方得随时警告乙方切实改良，乙方不得推诿。

八、供电保障　在本合同供电有效期内，乙方承认无论何时决不再向第三者购电与甲方所供电流同时在上述区域内并用，如有此项情事发生，一经甲方查明证实，除将此项电流切断完全改接甲方电流外，乙方并应补偿甲方因此所受之损失，但遇本合同第五条之规定，如甲方供电量不敷乙方应用，或遇本合同第十五条之情事，甲方发生停电时，乙方得于事前征求甲方同意临时另接其他电源以足敷应用为度。

九、检查　甲方得随时派员进入乙方之装表受电处所执行工作及检视表码，如发现用电量(拾伍分钟内最大用电量之瓩数)或每月用电度数超过本合同第五条之规定数，或以后双方协定之电量时，乙方应即采取有效方法减轻其负荷或减少其用电，否则甲方遇有必要得暂停供电。

十、电价　甲方供给乙方之电流，其每一度电(瓩时)之价目依照上海市区内售于工业用户之最低级电价增加百分之贰拾计算。

十一、付款　甲方应于每月贰拾捌日派员会同乙方之代表抄录电度表表码，于次月伍日前将乙方购电应付电费之账单送达乙方，乙方应于甲方发出账单之翌日起柒日内付款，如乙方以支票付款，其兑现日亦以不超过上述日期为限。倘逾期尚未付款者，甲方得暂停供电，如因停电而使乙方遭受损失，甲方概不负责，俟乙方付清欠款后再行复接。

十二、保证　乙方向甲方购电，应缴付甲方电费保证金额，以最近四个月中乙方最高一月之购电度数（瓩时）按照当时电价计费之二倍为标准，将来如发现不敷时，乙方应于接到甲方书面通知追加日起柒日内补缴足额，如发现所缴保证金多余满百分之五十时，乙方亦得以书面声请甲方酌量发还一部分。此项保证金不计利息，俟本合同废止后，如乙方并无欠费情事，即由甲方如数归还乙方。

十三、负荷平均，乙方应采用合理有效之方法使甲方供给乙方三相制之电流，每相之负荷平均分配，倘经甲方发现三相负荷相差过巨时，乙方应即设法改善之。

十四、设备　本合同第二条所述乙方装表受电处所之一切设备及自电表接出供给各用户用电之一切输电配电设备，凡与甲方供电设备直接相关者，如乙方需行更改或添设时，应事前通知甲方，并取得同意后方可动工，否则甲方如有认为足以危及供电安全者，得暂停供电，俟乙方修改妥善经甲方认可后即行复接。

十五、停电及故障　甲方遇有修理发电输电配电之一切设备而需停止电流时，应于事前通知乙方于一定时间内暂停供电，但甲方如因天灾人祸或事先不能预见预防或非甲方权力所能挽救之任何合理原因而致停电者，甲方不负任何责任，乙方不得向甲方提出任何要求。

十六、电源失常　甲方供给乙方之电源购自其他电气公司者，倘电压不合标准，或因浦西方面负荷过高拉脱开关，或线路发生故障而致停电时，除由甲方随时洽商供给电源之其他电气公司促其改善外，甲方对乙方不负任何责任。

十七、有效期限　本合同供电有效期间定为三年，自民国三十六年五月一日起至民国三十九年四月三十日止，如任何一方欲于期满后修改或废止者，应于期满前一年书面通知对方方可实行，如双方未经依照上述期限通知修改或废止，则期满后继续有效三年，至民国四十二年四月三十日止。

十八、备案　本合同由双方拟具草案，会呈监督机关核转，经中央主管机关核准后正式签订，壹式两份，各执壹份以资遵守。

甲方 浦东电气公司
总经理 童世亨
乙方 南汇电气公司
经理 童受民

［1194－2－339］

浦东、汇北电气股份有限公司关于供购电合同副本仰祈鉴赐存转备案致南汇县政府呈

（1947年5月9日）

事由：呈送供购电合同副本仰祈鉴赐存转备案由

案查公司等修正供购电合同草案曾于卅六年一月四日检同该草案分别呈请钧府及上海市公用局鉴赐层转核准备案各在卷。兹奉上海市公用局市公（三六）一七三九四号训令转奉经济部令以所呈供购电合同修正草案及营业区域图经核除第十八条条文应改为本合同双方拟具草案会呈监督机关转经中央主管机关核准后正式签订，一式二份各执一份，以资遵守外，其余大致尚无不合，应于照准转饬遵照修正签订具报等因，奉此，谨将合同第十八条条文遵照修正签订，一式二份，理合抄同副本三份具文呈报，仰祈鉴赐存转备案，实为德便。除呈复上海市公用局外，谨呈南汇县县长徐

附呈供购电合同副本三份

具呈人 浦东电气股份有限公司总经理 童世亨(印)

汇北电气股份有限公司经理 黄炳权(印)

中华民国三十六年五月九日

〔附〕

浦东电气公司供电、汇北电气公司购电合同

浦东电气股份有限公司(下称甲方,包括其本身及将来继承人与受让人而言,其总事务所在上海市浦东洋泾区)与汇北电气股份有限公司(下称乙方,包括其本身及将来继承人与受让人而言,其总事务所在南汇县张江栅)为供电购电事,双方同意订立合同如下:

一、供电区域　乙方向甲方要求购电,甲方亦同意供电,以备乙方营业区域内转售之用。

二、供电地点　甲方送达及乙方接受电流定在张江栅镇及唐墓桥镇双方同意之适当地点,由甲方装设适当容量之电度表及最高负荷指示器,并配齐表用一切另件。

三、供电方式　甲方供给乙方之电流为交流三相制五十周波,其电压在甲方供电装表为六、六〇〇伏或为以后双方同意并经主管机关核准之任何电压,又主管机关令饬更改时,双方亦应遵办。

四、供电时间　甲方输送乙方之电流不分昼夜继续供给。

五、供电容量　甲方供给乙方用电,以最高负载二百瓩(拾伍分钟内最大用电量之瓩数)每月一〇五、〇〇〇度为限,但甲方原有电量如遭压减时,则对乙方之供电量亦得比例减低,反之如甲方电量增加,而乙方需要增加时,乙方亦得要求甲方增加供电量,甲方如有余量,应即设法供给。

六、负荷因数　乙方用电每月负荷因数不得低于百分之四十五,如低于此数时,每低百分之五,甲方得将售电价格提高百分之二以维成本,惟遇甲方停供电流时,则是月之负荷因数应将停电时间扣除计算。

七、电力因数　乙方应负责维持电力因数(在甲方配电板上测量者)在百分之七十五以上,若低于百分之七十五时,甲方得随时警告乙方切实改良,乙方不得推诿。

八、供电保障　在本合同供电有效期内,乙方承认无论何时决不再向第三者购电与甲方所供电流同时在上述区域内并用,如有此项情事发生,一经甲方查明证实,除将此项电流切断完全改接甲方电流外,乙方并应补偿甲方因此所受之损失,但遇本合同第五条之规定,如甲方供电量不敷乙方应用,或遇本合同第十五条之情事,甲方发生停电时,乙方得于事前征求甲方同意临时另接其他电源以足敷应用为度。

九、检查　甲方得随时派员进入乙方之装表受电处所执行工作及检视表码,如发现用电量(拾伍分钟内最大用电量之瓩数)或每月用电度数超过本合同第五条之规定数,或以后双方协定之电量时,乙方应即采取有效方法减轻其负荷或减少其用电,否则甲方遇有必要得暂停供电。

十、电价　甲方供给乙方之电流,其每一度电(瓩时)之价目依照上海市区内售于工业用户之最低级电价增加百分之贰拾计算。

十一、付款　甲方应于每月贰拾捌日派员会同乙方之代表抄录电度表表码,于次月伍日前将乙方购电应付电费之账单送达乙方,乙方应于甲方发出账单之翌日起柒日内付款,如乙方以支票付款,其兑现日亦以不超过上述日期为限。倘逾期尚未付款者,甲方得暂停供电,如因停电而使乙方遭受损失,甲方概不负责,俟乙方付清欠款后再行复接。

十二、保证　乙方向甲方购电,应缴付甲方电费保证金额,以最近四个月中乙方最高一月之购电度数(瓩时)按照当时电价计费之二倍为标准,将来如发现不敷时,乙方应于接到甲方书面通知追加日起柒日内补缴足额,如发现所缴保证金多余满百分之五十时,乙方亦得以书面声请甲方酌量发还一部分。此项保证金不计利息,俟本合同废止后,如乙方并无欠费情事,即由甲方如数归还乙方。

十三、负荷平均,乙方应采用合理有效之方法使甲方供给乙方三相制之电流,每相之负荷平均分配,倘经甲方发现三相负荷相差过巨时,乙方应即设法改善之。

十四、设备　本合同第二条所述乙方装表受电处所之一切设备及自电表接出供给各用户用电之一切输电配电设备,凡与甲方供电设备直接相关者,如乙方需行更改或添设时,应事前通知甲方,并取得同意后方可动工，否则甲方如有认为足以危及供电安全者，得暂停供电，俟乙方修改妥善经甲方认可后即行复接。

十五、停电及故障　甲方遇有修理发电输电配电之一切设备而需停止电流时，应于事前通知乙方于一定时间内暂停供电，但甲方如因天灾人祸或事先不能预见预防或非甲方权力所能挽救之任何合理原因而致停电者，甲方不负任何责任，乙方不得向甲方提出任何要求。

十六、电源失常　甲方供给乙方之电源购自其他电气公司者，倘电压不合标准，或因浦西方面负荷过高拉脱开关，或线路发生故障而致停电时，除由甲方随时洽商供给电源之其他电气公司促其改善外，甲方对乙方不负任何责任。

十七、有效期限　本合同供电有效期间定为三年，自民国三十六年五月一日起至民国三十九年四月三十日止，如任何一方欲于期满后修改或废止者，应于期满前一年书面通知对方方可实行，如双方未经依照上述期限通知修改或废止，则期满后继续有效三年，至民国四十二年四月三十日止。

十八、备案　本合同由双方拟具草案，会呈监督机关核转，经中央主管机关核准后正式签订，壹式两份，各执壹份以资遵守。

甲方 浦东电气公司
总经理 童世亨
乙方 汇北电气公司
经理 黄炳权
[1194-2-339]

浦东、大明电气股份有限公司关于供购电合同副本仰祈鉴赐存转备案致南汇县政府呈

(1947年5月9日)

事由：呈送供购电合同副本仰祈鉴赐存转备案由

案查公司等修正供购电合同草案曾于卅六年一月四日检同该草案分别呈请钧府及上海市公用局鉴赐层转核准备案各在卷。兹奉上海市公用局市公(三六)一七三九四号训令转奉经济部令以所呈供购电合同修正草案及营业区域图经核除第十八条条文应改为本合同双方拟具草案会呈监督机关转经中央主管机关核准后正式签订，一式二份各执一份，以资遵守外，其余大致尚无不合，应于照准转饬遵照修正签订具报等因，奉此，谨将合同第十八条条文遵照修正签订，一式二份，理合抄同副本三份具文呈报，仰祈鉴赐存转备案，实为德便。除呈复上海市公用局外，谨呈南汇县县长徐

附呈供购电合同副本三份

具呈人 浦东电气股份有限公司总经理 童世亨(印)
大明电气股份有限公司经理 赵汉民(印)
中华民国三十六年五月九日

〔附〕

浦东电气公司供电、大明电气公司购电合同

浦东电气股份有限公司(下称甲方，包括其本身及将来继承人与受让人而言，其总事务所在上海市浦东洋泾区)与汇北电气股份有限公司(下称乙方，包括其本身及将来继承人与受让人而言，其总事务所在南汇县周浦镇)为供电购电事，双方同意订立合同如下：

一、供电区域　乙方向甲方要求购电，甲方亦同意供电，以备乙方营业区域内转售之用。

二、供电地点　甲方送达及乙方接受电流定在周浦镇及沈庄镇双方同意之适当地点，由甲方装设适当容量之电度表及最高负荷指示器，并配齐表用一切另件。

三、供电方式　甲方供给乙方之电流为交流三相制五十周波，其电压在甲方供电装表为五、五〇〇伏或

为以后双方同意并经主管机关核准之任何电压，又主管机关令饬更改时，双方亦应遵办。

四、供电时间 甲方输送乙方之电流不分昼夜继续供给。

五、供电容量 甲方供给乙方用电，以最高负载贰百瓩（拾伍分钟内最大用电量之瓩数）每月七〇、〇〇〇度为限，但甲方原有电量如遭压减时，则对乙方之供电量亦得比例减低，反之如甲方电量增加，而乙方需要增加时，乙方亦得要求甲方增加供电量，甲方如有余量，应即设法供给。

六、负荷因数 乙方用电每月负荷因数不得低于百分之四十五，如低于此数时，每低百分之五，甲方得将售电价格提高百分之二以维成本，惟遇甲方停供电流时，则是月之负荷因数应将停电时间扣除计算。

七、电力因数 乙方应负责维持电力因数（在甲方配电板上测量者）在百分之七十五以上，若低于百分之七十五时，甲方得随时警告乙方切实改良，乙方不得推诿。

八、供电保障 在本合同供电有效期内，乙方承认无论何时决不再向第三者购电与甲方所供电流同时在上述区域内并用，如有此项情事发生，一经甲方查明证实，除将此项电流切断完全改接甲方电流外，乙方并应补偿甲方因此所受之损失，但遇本合同第五条之规定，如甲方供电量不敷乙方应用，或遇本合同第十五条之情事，甲方发生停电时，乙方得于事前征求甲方同意临时另接其他电源以足敷应用为度。

九、检查 甲方得随时派员进入乙方之装表受电处所执行工作及检视表码，如发现用电量（拾伍分钟内最大用电量之瓩数）或每月用电度数超过本合同第五条之规定数，或以后双方协定之电量时，乙方应即采取有效方法减轻其负荷或减少其用电，否则甲方遇有必要得暂停供电。

十、电价 甲方供给乙方之电流，其每一度电（瓩时）之价目依照上海市区内售于工业用户之最低级电价增加百分之贰拾计算。

十一、付款 甲方应于每月贰拾捌日派员会同乙方之代表抄录电度表表码，于次月伍日前将乙方购电应付电费之账单送达乙方，乙方应于甲方发出账单之翌日起柒日内付款，如乙方以支票付款，其兑现日亦以不超过上述日期为限。倘逾期尚未付款者，甲方得暂停供电，如因停电而使乙方遭受损失，甲方概不负责，俟乙方付清欠款后再行复接。

十二、保证 乙方向甲方购电，应缴付甲方电费保证金额，以最近四个月中乙方最高一月之购电度数（瓩时）按照当时电价计费之二倍为标准，将来如发现不敷时，乙方应于接到甲方书面通知追加日起柒日内补缴足额，如发现所缴保证金多余满百分之五十时，乙方亦得以书面声请甲方酌量发还一部分。此项保证金不计利息，俟本合同废止后，如乙方并无欠费情事，即由甲方如数归还乙方。

十三、负荷平均，乙方应采用合理有效之方法使甲方供给乙方三相制之电流，每相之负荷平均分配，倘经甲方发现三相负荷相差过巨时，乙方应即设法改善之。

十四、设备 本合同第二条所述乙方装表受电处所之一切设备及自电表接出供给各用户用电之一切输电配电设备，凡与甲方供电设备直接相关者，如乙方需行更改或添设时，应事前通知甲方，并取得同意后方可动工，否则甲方如有认为足以危及供电安全者，得暂停供电，俟乙方修改妥善经甲方认可后即行复接。

十五、停电及故障 甲方遇有修理发电输电配电之一切设备而需停止电流时，应于事前通知乙方于一定时间内暂停供电，但甲方如因天灾人祸或事先不能预见预防或非甲方权力所能挽救之任何合理原因而致停电者，甲方不负任何责任，乙方不得向甲方提出任何要求。

十六、电源失常 甲方供给乙方之电源购自其他电气公司者，倘电压不合标准，或因浦西方面负荷过高拉脱开关，或线路发生故障而致停电时，除由甲方随时洽商供给电源之其他电气公司促其改善外，甲方对乙方不负任何责任。

十七、有效期限 本合同供电有效期间定为三年，自民国三十六年五月一日起至民国三十九年四月卅日止，如任何一方欲于期满后修改或废止者，应于期满前一年书面通知对方方可实行，如双方未经依照上述期限通知修改或废止，则期满后继续有效三年，至民国四十二年四月卅日止。

十八、备案 本合同由双方拟具草案，会呈监督机关核转，经中央主管机关核准后正式签订，壹式两份，各执壹份以资遵守。

甲方 浦东电气公司
总经理 童世亨
乙方 大明电气公司
经理 赵汉民
[1194-2-339]

浦东电气股份有限公司为于半年内装竣二千五百瓩发电机发电并仰祈晓谕民众竭力节电暂忍不便以渡难关致南汇县政府呈

(1946年11月5日)

事由:为呈报现已订购二千五百瓩发电机约于半年内可装竣发电仰祈晓谕民众竭力节电暂忍不便以渡难关由

窃本公司因沦陷期间发电设备被敌伪盗拆,复业以后暂时不得不向上海电力公司蔓购电流以维供电,惟该公司一部分机器被敌破坏甚重,尚待修理,以致电量短细供不应求,故对于蔓售同业电流限制极严,因之电力恐慌日益严重,为安全起见,经同业各公司会商决定分区停电及工厂轮流用电办法,并在每日负荷最高时通告电力户一律停开电动机,俾资调剂。上述办法均经呈准施行,不论浦西浦东市境乡区,同样办理,明知对于民众享用、工业复兴不无影响,但此种恶果尚系敌伪时代所造成,自非短期间内可能改善。

钧长鉴近知远,当蒙体察。本公司服务公用事业自应力谋改善,一载以来勉励筹款,洽询机器,煞费苦心,顾时方战后,外国机器生产锐减,以致折冲方有成议,现已订购二千五百瓩流动发电机器一套,三个月内即可起运来华,大约半年之内当可装竣发电,届时电荒情势自可缓和。理合先行具文呈报,仰祈钧长晓谕民众,目前竭力节电,对于缺电不便暂忍须臾,难关一过转瞬光明,藉慰众望,曷胜公感。

谨呈

南汇县县长徐

具呈人 浦东电气股份有限公司总经理童世亨
中华民国三十五年十一月五日
[1194-2-339]

南汇县政府为浦东电气公司约于半年内装竣发电机发电祈示民众竭力节电的布告

(1946年11月23日)

事由:为据浦东电气公司呈以发电机约于半年内装竣发电祈示民众竭力节电一案,布告周知由

南汇县政府布告建字第七七〇二号

案据浦东电气股份公司总经理童世亨呈以本公司因沦陷期间发电设备被敌伪盗拆,复业以后暂向上海电力公司蔓购电流以维供电,惟公司电量短绌,供不应求,故对于蔓售同业电流限制极严,因之电力恐慌日益严重,本公司服务公用事务,自应力谋改善,现已订购二千五百瓩流动发电机一套,约本年之内当可装竣发电,届时电荒情势自可缓和。理合呈请晓谕民众目前竭力节电以渡难关等情,除指令外合行布告,仰用电各户体谅电源匮乏,务各尽量节省,俟该公司自行发电后可大放光明,以慰众望!

此布。

县长徐
〔中华民国三十五年〕十一月廿三日
[1194-2-339]

浦东电气股份有限公司为美商轮船船锚损坏水底电缆使浦东电源中断无法供给报请鉴察致南汇县政府呈

（1946年12月26日）

事由：呈为美商轮船船锚损坏本公司三三〇〇〇五伏及五五〇〇伏水底电缆致浦东电源中断无法供给报请鉴察由

窃查十二月廿五日五下午二时一刻，美商Stag Hound轮船自南市试炮台起椗北驶时，船锚将本公司埋设于浦江之三三〇〇〇伏水底电缆钩住，致将案旁铁塔上之出线盒拉脱，磁头破裂损坏甚重，而该处五五〇〇伏之水底电缆亦同遭损坏，以致浦东电源中断，电力无法供给，除与该商轮交涉赔偿外，现正赶赴勘修，以期早日恢复，理合具文呈报仰祈鉴察，实为公便。

谨呈

南汇县县长徐

具呈人　浦东电气股份有限公司总经理童世亨（印）

中华民国三十五年十二月廿六日

［1194-2-339］

浦东电气股份有限公司为呈报水底电缆修复照常供电致南汇县政府呈

（1947年1月8日）

事由：为呈报电缆修复照常供电由

窃查本公司三三千伏过江电缆于三十五年十二月二十五日下午被美商Stag Hound号轮船抛锚损坏后，当即日夜赶修，并经具文呈报在案。现该项电缆已于三十六年一月一日正午修复照常供电，理合碑文呈报，仰祈鉴核。

谨呈

南汇县县长徐

具呈人　浦东电气股份有限公司总经理童世亨

中华民国三十六年一月八日

［1194-2-339］

浦东电气股份有限公司等五公司为拟订售电营业暂行章程草案送请鉴赐核转备案致南汇县政府呈

（1947年1月13日）

事由：为拟订售电营业暂行章程草案送请鉴赐核转备案由

窃公司等自前年接收复业后，瞬途一载，承变乱之余环境复杂，处偏远之地澄靖较迟，处理业务不得不随境变通，因时立制。现在局势粗安，一切渐趋稳定，爰经数度会商，参酌战前营业章程条款，考核现状，重行修订售电营业暂行章程草案二十六条，作为营业恢复正常以前之临时准绳，只以（一）复业以来器材尚未充实，电量不敷供应，故对用户用电不得不暂加限制，以资节约，复以设备陈旧，容量有限，遇紧急时不得不酌采临时停电办法以免负荷过载发生危险；（二）当此物价未臻稳定之际，应收各费时须调整，以资适合成本，故对于收费各条仅规定原则或标准，其数字一概从缺，俾便随时改订呈准施行。公司等为适应现实起见，上述两端均在修正章程内分别订明，故称暂行章程，以示与将来一切趋于稳定后重行修订者有别，除呈送经济部请赐备案外，理合检同该项售电营业暂行章程草案三份会衔备文呈送，仰祈鉴赐层转备案，实为德便。

谨呈

南汇县县长

附呈售电营业暂行章程草案三份

浦东电气公司总经理 童世亨(印)

周浦大明电气公司经理 赵汉民(印)

南汇电气公司经理 童受民(印)

汇北电气公司经理 黄炳权(印)

横沔电气公司经理 孙德明(印)

中华民国三十六年一月十三日

〔附〕

股份有限公司售电营业暂行章程草案

第一条　报装　凡在(浦东电气公司章程内应另加“江苏省境之”五字)本公司(即×[①]公司，本章程以下简称公司)营业区域内装置电灯电热或电力之用电设备，而欲公司供电者(本章程以下简称用户)应先向公司取阅章程，填具用电申请书，开列户名地址事业种类及用电设备名称数量等，经公司认可接受后自费招请与公司订约之雷料店或电器承装人(以下简称承装者其店名或姓名，及地址另单附送)遵照各种电器装置法令装置用电设备工竣后，即照公司所备报装单及用电契约所列各节逐一填注明白，亲自签字盖章，并由承装者加盖图章连同保证金送交本公司点收填给收据为凭。

用户向公司签订之用电契约自开始供电之日起为成立至公司停电拆表之日止为撤废，此后如欲用电，应照新户手续办理。

第二条　检验　公司自收到报装单用电契约及保证金之次日起仅七日内派员前往检验，如认为合格，即可装表(包括电度表及无能千伏安时表，以下同)接电，否则即将应行修改之点由公司填给修改通知单，迳交承装者限期照改。届期公司派员前往覆验，如覆验时尚未照改或虽已改装而仍不合格者，则承装者应缴纳规定之覆验费，并再负责改正，以后每次覆验无论已否改正，均须依照规定缴纳覆验费，在未经修改妥善以前，公司概不接电。

公司所派检查员得将导线接头槽板铁管各分保险丝匣及一切用电设备等拆开检验，如属装置合格，当将所拆之处回复原状，否则即责成承装者改正。

上述检验专为检查用户屋内外用电设备之装置是否遵照第一条所述之各项规定办理，用户所装导线及其他用电设备均由用户自行保管，如有疏漏致生不测，与公司无涉。

第三条　改装　用户于用电契约及报装单上所载用电设备之装置如欲有所变更或增减时应照第一条及第二条手续办理，由公司派员检验，其办法与第二条同公司得按照改装情形填装适当容量之电表并加收应增或找还应退保证金之一部份，如用户未通知公司而任意变更装置，擅自接电，经公司查明后，除有窃电或取巧嫌疑者另行依法处理外，得暂停供电，俟用户补具上述手续后再行复接，但因而致公司供电设备受损坏者，应由该用户照价赔偿或担负修理费用。

第四条　线路　接户线为公司供电线路(供电线路之定义见后)至用户电表间永久专供该用户用电之导线，自公司供电线路至用户屋外第一支持物之一段接户线由公司设置，其需用材较多、工程较具者，公司得估计工料价值向用户收取一部份之补助费，或商由用户补助一部份材料，由公司架设。自用户屋外第一支持物至用户电表之一段接户线，由用户自行委托承装者装置。

供电线路为公司可用以供给二个以上用户用电之线路，凡在公司未经设有供电线路之处(供电线路之电压详见后列第廿二、廿三、廿四各条)，如有请求接电而须添设供电线路者，公司得视用电性质及电量盈绌酌定是否承接，如可承接者得向用户酌收补助费，其金额当按植杆时工料价格临时面议。

---

① 原文空白。

公司向用户收取补助费时，均掣给正式收据交用户收执，但所添设之供电线路其所有权仍属诸公司，与缴付助费者无涉。

用户非经公司同意，不得将其用电导线穿出原用电处所或穿过公私道路供给自己或他人应用，否则一经公司查明得将此项导线截断，并通知原用户以后不得再有上述情事，如经第二次发现时，应暂停供电半月至一月，用户屋内外用电设备上之导线或其他材料如发现腐坏漏电等情，经公司查明后即行通知该用户限期改装更换，如逾限不改者，公司得暂停供电，以保安全，俟修改妥善，报由公司检验合格后方可复接。

第五条　电价　公司供电分为电灯、电热、电力三种，用户每月应付电费一律按照公司每月抄见电表度数计算，每一电度(即一瓩时)或每一无能千伏安时之价格由公司呈请主管官署随时核定之。

第六条　供电　公司供电时间以日夜连续二十四小时为原则，如遇燃料缺乏或电量不足时，对于用户得采取相当限制或减少用电量，其办法均临时公布，用户必须遵守实行。上述因限制用电或减少用电量而致用户遭受损失时，公司不负任何责任。

第七条　备用　凡自备发电机或其他原动力之工厂、居户、商店等因自备之电力或原动力不敷应用，要求公司供电补助一部份应用者，公司电量如有多余，亦可供给，但最高及最低用电量及每日使用时间应先行协定，其电价及保证金照公司定章核计。至要求公司供电以备意外紧急需要者，须缴付公司因此添加额外设备之常年基本设备费，其价目及办法临时面议。

第八条　保证　用户应缴存公司电费保证金，其数额以一个半月至二个月之用电量按当时电价计费为原则，如公司方面查见用户所缴之保证金不及其最近四个月中最高一个月用电量按当时电价计费之一倍半至二倍时，则公司应向用户增收保证金。反之，如用户在最近四个月中之最高一个月用电量按当时电价计费，小于其所缴保证金百分之五十时，则用户亦得向公司声请退还一部份保证金。公司得向用户酌收电表保证金，其标准由公司规定之。

保证金不计利息，在用户停止用电后，由公司拆回电表、总保险丝匣及其他一切供电设备，如无损坏及欠费情事，得凭原收据向公司领回。

用户向公司取回保证金时，如原据业已遗失，得向公司声明并登报作废，经一星期后并无纠葛发生，再觅殷实铺保填具请领保证金证书及请发保证金保单，送交公司查核，声请付还以后，原收据发现，不生任何效力，倘因此而致纠葛，由保人负完全责任，与公司无涉。

第九条　电表　公司为用户所装电度表其容量之大小以报装用电设备之电流负荷量之多寡为标准，每户每种用电限装一表，但公司认为应另装无能千伏安时表者得添装之。

电表发生障碍不能表示其确数时，除将该表拆回校验修理另行调装新表外，是月电费即照本月以前最近三个月之每月平均用电量按各该月之电价计算收费，如系新装之户，则以调表后一个月所用电量按日比例推算之。

公司对于其为用户所装之电表除依法定期校验外，如认有必要时，得派员就地或拆回校验之，用户如认为不准确时，可函知公司校验，此项校验每两年得免费一次，如两年内用户请求验表超过一次以上者，从第二次起每次应随缴规定之校验费，如根据标准电表校验所得电表动率之平均差数不超过百分之二者，作为准确论，如逾百分之二时，用户上月份及本月份截至调表日止之电费由公司按所校验之电表与标准电表之相差数予以比列之修正，并将预缴之校验费发还。

第十条　表位　公司装设电表及总保险丝匣以距离接户线进屋处最近而明显之处为惟一适当之位置，自经公司指定地位装设后，用户不得私自移动或于表前堆积物件致碍视线，倘用户声明理由要求移易位置者，由公司查明确有迁易之必要，并另择相当地位后方可照办。用户除须缴纳规定之移表费外，如有用料照价计算。

第十一条　保管　公司装在用户屋内之电表总保险丝匣及其他一切供电设备，用户应负保管之职责，如有击坏碰损遗失以及因用户电负荷电流超过该设备额定负荷电流，以致烧坏各情事，用户均须照价赔偿。

公司装在用户屋内之电表总保险丝匣或其他供电设备上所封铅印，除由公司派员拆开重封者外，用户不得私启或损毁，如公司发现有上述情形时，暂行停电，俟查明责任后再行复接。

第十二条　付款　用户应缴电费须按月付清(由公司于每月抄表后十天内派员至用电处所收取一次)至

期尚不照付者，即由公司函催于规定限期内送交公司，如逾限仍不照付，除停电外，即以预缴保证金拨抵，有余发还，不足追补，停电后交清欠费，声请复接时，须缴付规定之复接费。

用户对于电费有疑问之处，可函致公司查询，如有错误随时更正。

第十三条　迁移　用户迁移住所，须于七日前检附最近一期电费收据函知公司，以便届期停电拆表，其新迁之处所装用电设备之申请及报装手续暨检验办法与第一第二条同。

第十四条　停用　用户如欲停止用电，须于七日前将停止用电日期函知公司，公司应按期停电拆表，结算电费，倘不先期函知者，无论历时多寡，截至拆表时止之电费仍由原用户缴付，用户停止用电或用电量锐减，未经向公司声明减少设备容量，并改订用电契约满三个月时，公司得停电拆表，或令其改订用电契约。

第十五条　过户　用户如因变更户名或因顶租前用户之房屋继续用电而欲过户者，均须于事前三日携带前用户保证金收据向公司声请过户，另订用电契约，并将前用户未付各费结算付清方可继续用电，如有私自顶替并未照章过户者，经公司查明后即函知该用户补办过户手续，如前用户尚有欠付各费情事，应由继续者负责清偿。

第十六条　检查　公司随时得派备有标记或证章之职工出入用户处所执行检查抄表封印校验等事，用户不得讬词拒绝，如有冒充公司职工擅自侵入者，务请用户鸣警拘究。

前项凭证由公司送请地方政府机关登记，并将凭证式样印送各用户存查。

第十七条　惩戒　公司职工于执行职务时对于用户如有不正当行为，务请用户函知公司查明惩戒。

公司收取各费均给有正式收据为凭，如有额外需索讹诈等情，无论其人是否公司职工，务请随时报告公司，以凭查究。

第十八条　障碍　用户用电如遇有间断，或发生障碍，或总保险丝爆断时，应随时报告公司派员查明原因，饬匠修理，如无须耗费材料者，不取费用，其因用户处所内用电局部间断或发生障碍时，应由用户自行委托承装者修理之。

第十九条　停电　公司遇有修理机器变压器线路等须停电以便工作者，均先期函知或登报通告各用户于一定时间内暂停供电，如遇临时发生意外障碍，属于不可抵抗之事变，或因机量及设备容量不敷负荷时，为安全起见，公司亦得随时停止供电，除设法于最短时间内恢复外，均不负其他任何责任。

第二十条　取缔　无论用户或非用户如有舞弊窃电等情事，经查明证实后，除依中央及地方政府机关颁布之法令处理外，并得暂停供电半月至一月。

用户不得在公司供给之电力线路上接用电热或电灯，亦不得在电灯线路上接用电动机（普通电扇及医用器械不超过四分之一马力者不在此例）或电热，如用户有上述行为，经公司查见后，除有窃电情形者另行依法处理外，并得暂停供电一星期。

凡装用三相电度表者之用电，应负责维持三相负荷之平衡。

第廿一条　通信　用户如有接洽询问建议或报告等事欲与公司通信者，信件上必须写明寄与公司，如因寄于个人而致贻误者，公司概不负责。

第廿二条　电灯　凡使用电灯、日光灯、霓虹灯等之一切照明用电为电灯用电。公司供给电灯用电为五十周波二百二十伏之交流电。

第廿三条　电热　凡使用于电炉、电灶、电熨斗、电焊器、热水器、电水箱及其他一切烹煮烘燥及取暖器等之用电为电热用电。

公司供给电热用电为五十周波二百二十伏之交流电。

第廿四条　凡使用与电动机、起重机、升降机、蓄电池、充电等之用电为电力用电。

公司供给电力用电为三相制五十周波三百八十伏之交流电。惟一马力以下之电动机得用五十周波二百二十伏之单相交流电。自五马力以上之电动机，须装置适当之启动设备，如单卷降压启动器或Y△开关等，使其在额定电压下之启动电流不超过其额定全负荷电流之四倍。自十马力以上之电动机，其启动设备之作用须使其在额定电压下之启动电流不超过其额定全负荷电流之二倍半。

用户如装置同期电动机，或购用超过三百八十伏之高压电力者，应先与公司接洽，其办法临时面议。

第廿五条　备案　本暂行章程经公司董事会通过，呈请主管县政府转呈江苏建设厅核转，经济部核准后，登报公告之日起施行。

第廿六条　修正　本暂行章程如有未尽事宜，或有修改必要时，得由本公司随时修正，依法呈请核准后等报公告之日起施行。

[1194－2－339]

浦东电气股份有限公司等五公司自民国三十六月二月调整电价致南汇县政府呈

（1947年2月）

事由：为重行调整电价仰祈鉴赐层转核定由

"窃公司等前因上海电力公司加收燃煤附加费，经重订南汇川沙电价为每度三百八十四元，超过限度者，其超过部份每度五百五十元，于二月八日呈请鉴核在卷。兹因汇率变更，此项燃煤附加费重订为每度九十二元，另加燃油附加费每度一百十三元，共计二百〇五元，因而市区内连基本电费每度共售三百五十五元，公司等购电成本又经提高，输电耗损比例加重，且旬日以来物价激涨，开支倍增，爰拟自二月份起将电价重新调整为每度六百八十三元，超过限度者，其超过部份每度八百三十三元，聊资抵补。除迳呈经济部外，理合造具电价表、成本计算表、收入预算表及支出预算表各三份，备文呈请鉴赐层转核定，实为德便。"谨呈

南汇县县长徐

附呈电价表、成本计算表、收入预算表及支出预算表各三份（计六十份）[①]

浦东电气公司总经理童世亨（印）

大明电气公司经理赵汉民（印）

南汇电气公司经理童受民（印）

汇北电气公司经理黄炳权（印）

横沔电气公司经理孙德明（印）

中华民国三十六年二月日

[1194－2－1208]

江苏省建设厅转发经济部核准浦东电气股份有限公司调整二月电价致南汇县政府训令

（1947年3月20日）

事由：仝发经济部核定浦东电气公司电价表仰知照由

江苏省建设厅训令建一字第一三〇九八号

中华民国卅六年三月二十日

令南汇县政府

兹准川沙县政府本年二月十五日呈送浦东电气公司请加电价各项表件，并据该县同月廿五日呈送浦东、大明、南汇、汇北、横沔等五电气公司请加电价各项表件，均经本厅先后转呈经济部汇案审核在案。除大明等四电气公司请加电价尚未奉核定外，兹奉经济部卅六年三月十四日京电36字第三六一八八号指令略开：呈件均悉。查该公司请加电价当属需要，应准照案核定。除汇报行政院备案并电该公司知照外，兹检发核定表，仰分别存发饬遵等因附发核定浦东电气公司电价表四份，奉此除抽存并令发川沙县政府分别存转外，合行随令检发原表一份，仰即知照，此令。

---

① 附呈电价表、成本计算表、收入预算表及支出预算表从略。

附发经济部核定浦东电气公司电价表一份。

厅长 董赞尧

〔附〕

经济部核定浦东电气公司省区电价表

三十六年三月

（甲）电价

一、普通表灯

第一级 一律每度国币 384 元

第二级 一律每度国币 550 元

二、优待表灯

第一级 一律每度国币 230 元

第二级 一律每度国币 269 元

三、路灯 每盏每月国币 230 元

四、电力

第一级 一律每度国币 384 元

第二级 一律每度国币 550 元

五、工业用电热

第一级 一律每度国币 384 元

第二级 一律每度国币 550 元

（乙）实行日期

本表所列各项电价自三十六年二月份起实行。

—完—

［1194－2－1208］

江苏省建设厅转发经济部核准大明、汇北、南汇、横沔四电气股份有限公司调整二月电价致南汇县政府令

（1947 年 4 月 2 日）

事由：奉经济部令饬发大明、汇北、南汇、横沔四电气公司核定电价表，仰分别存发由

江苏省建设厅训令（卅六）建一字第一三六一七号

中华民国卅六年四月二日

令南汇县政府

案查该县本年二月二十五日建字第一〇九七七号呈送浦东等五电气公司，请自二月份起调整电价表件据经转呈核示在案。兹奉经济部本年三月十九日京电(36)字第三七〇二九号指令开：呈件均悉。查浦东电气公司请加电价案，前据该厅附呈正本加具意见到部，业经核定另令附发核定表饬该厅存发饬遵在案，此次□据并案呈送南汇、汇北、大明、横沔等电气公司请加电价表件等经核各该公司请加电价尚属需要，均准照案核定。除汇报行政院备案并分电各该公司知照外，兹检发核定表，仰分别存发，饬遵，件存，此令等因，附发核定南汇、汇北、大明、横沔四电气公司电价表各三份，奉此查本案前据川沙县政府呈送浦东电气公司请加电表件前来，业经呈奉部令发给核定电价表，并已由厅转发该县及川沙县政府在案。兹复奉前因合再检附该县大明、南汇、汇北、横沔四电气公司核定电价表各二份，令仰该县政府分别存发为要。

此令。

附发大明、汇北、南汇、横沔等四电气公司核定电价表各二份（每种县政府、公司各一份）

厅长 董赞尧

〔附1〕

经济部核定南汇、大明电气公司电价表

三十六年三月

（甲）电价

一、普通表灯

第一级 一律每度国币 384 元

第二级 一律每度国币 550 元

二、优待表灯

第一级 一律每度国币 192 元

第二级 一律每度国币 307 元

三、路灯 一律每度国币 230 元

四、电力

第一级 一律每度国币 384 元

第二级 一律每度国币 550 元

（乙）实行日期

本表所列各项电价自三十六年二月份起实行。

〔附2〕

经济部核定南汇汇北电气公司电价表

中华民国三十六年三月

（甲）电价

一、普通表灯

第一级 一律每度国币 384 元

第二级 一律每度国币 550 元

二、优待表灯 一律每度国币 269 元

三、路灯 一律每度国币 230 元

四、电力

第一级 一律每度国币 384 元

第二级 一律每度国币 550 元

五、工业用电热 一律每度国币 384 元

六、同业趸售 一律每度国币 265 元

（乙）实行日期

本表所列各项电价自三十六年二月份起实行

〔附3〕

经济部核定南汇横沔电气公司电价表

三十六年三月

（甲）电价

一、普通表灯

第一级 一律每度国币 384 元

第二级 一律每度国币 550 元

二、优待表灯 一律每度国币 307 元

三、路灯 一律每度国币 230 元

四、电力

第一级 一律每度国币 384 元

第二级 一律每度国币 550 元

（乙）实行日期

本表所列各项电价自三十六年二月份起实行

〔附 4〕

经济部核定南汇电气公司电价表

三十六年三月

（甲）电价

一、普通表灯

第一级 一律每度国币 384 元

第二级 一律每度国币 550 元

二、优待表灯

第一级 一律每度国币 269 元

第二级 一律每度国币 307 元

三、路灯 一律每度国币 230 元

四、电力

第一级 一律每度国币 384 元

第二级 一律每度国币 550 元

（乙）实行日期

本表所列各项电价自三十六年二月份起实行

［1194－2－1208］

江苏省建设厅转发经济部核准浦东电气股份有限公司等五公司自三十六年二月十五日起实施新电价致南汇县政府训令

（1947 年 4 月 21 日）

事由：令发南汇电气公司检定电价表仰分别存发遵照由

江苏省建设厅训令(卅六)建一字第一四三二五号

中华民国三十六年四月廿一日

令南汇县政府

"案奉经济部三十六年四月十六日京电(三六)字第三九九四六号训令开：

案据浦东电气公司三十六年四月十四日寒代电称：'顷奉京电(三六)字第三九五三九号代电核定，本公司普通灯力热电价第一级为六百四十二元，第二级八百三十三元等因，奉此，伏查本公司与大明、南汇、汇北、横沔等四公司在省境内之零售电价，奉钧部京电(三六)第三九五〇七号批令与趸购电价应成三与五之比，二月十五日□趸购电价原为每度一百八十元，经呈报钧部在案。二月十五日起奉市公用局令加收燃料附加费每度二百零五元，所有基本电费及附加费均□遵照市公用局卅五年十月廿八日令，带征公用事业附加捐一成，故每度趸购电价实为四百二十三元五角，依照钧部核定标准，五公司在省境内售与用户之电价得增至每度七百零五元八角三分，此次呈请调整为每度六百八十三元，非特不敷供电成本，且在钧部核定标准之下，对于用户负担已遵照钧部意旨，尽力设法减低。现在物价高涨，开支日增，公司等在省境售电均未领得政府贴补用，特电陈仰祈俯准本公司与大明等四公司第一级电价仍予维持为每度六百八十三元，俾得稍减亏损勉延残喘，实为德便'等情据此查浦东电气公司等五公司以上海电力公司加收燃煤附件加费售电成本增加，请重行调整电价一案，业经本部按照该厅所□三与五之比例，□予核定附发核定表，于四月十二日以京电(36)字第三九五三九号指令该厅转发饬遵并电知该公司各在案，查原呈请案内并未将沪市府带征公用事业附加捐一成叙明，兹据续呈前来经核，该公司趸售价为每度 423.5 元，则五公司零售价照三与五之比例应为705.83元，兹呈请为683元尚在此比例之下，始予照原呈请数额核定，除批示外合行检发修正核定表，仰即分别存发饬遵为要，此令。”等因，附发修正核定浦东、南汇等五电气公司电价表各三份，奉此除分令川沙县政府外，合行检同南汇、汇北、大明、横沔四电气公司核定电价表各二份，令仰分别存发遵照。

此令

附发南汇、汇北、大明、横沔四电气公司核定电价表各二份（县府、公司各一份）

厅长 董赞尧

〔附1〕

经济部核定南汇大明电气公司电价表

三十六年四月

（甲）电价

一、普通表灯

第一级 一律每度国币683元

第二级 一律每度国币833元

二、优待表灯

第一级 一律每度国币342元

第二级 一律每度国币546元

三、路灯 一律每度国币410元

四、电力

第一级 一律每度国币683元

第二级一律每度国币833元

（乙）实行日期

本表所列各项电价自卅六年二月十五日起实行。

—完—

〔附2〕

经济部核定南汇汇北电气公司电价表

三十六年四月

（甲）电价

一、普通表灯

第一级 一律每度国币683元

第二级 一律每度国币833元

二、优待表灯 一律每度国币478元

三、路灯 一律每度国币410元

四、电力

第一级 一律每度国币683元

第二级 一律每度国币833元

五、工业用电热 一律每度国币683元

六、同业购电 一律每度国币420元

（乙）实行日期

本表所列各项电价自卅六年二月十五日起实行。

—完—

〔附 3〕

经济部核定南汇电气公司电价表

三十六年四月

（甲）电价

一、普通表灯

第一级 一律每度国币 683 元

第二级 一律每度国币 833 元

二、优待表灯

第一级 一律每度国币 478 元

第二级 一律每度国币 546 元

三、路灯 一律每度国币 410 元

四、电力

第一级 一律每度国币 683 元

第二级 一律每度国币 833 元

（乙）实行日期

本表所列各项电价自卅六年二月十五日起实行。

—完—

〔附 4〕

经济部核定南汇横沔电气公司电价表

三十六年四月

（甲）电价

一、普通表灯

第一级 一律每度国币 683 元

第二级 一律每度国币 833 元

二、优待表灯

第一级 一律每度国币 546 元

三、路灯 一律每度国币 410 元

四、电力

第一级 一律每度国币 683 元

第二级 一律每度国币 833 元

（乙）实行日期

本表所列各项电价自卅六年二月十五日起实行。

—完—

［1194－2－1208］

浦东电气股份有限公司等五公司为民国三十六年六月起调整电价致南汇县政府呈

（1947 年 6 月 16 日）

事由：为调整售电价格呈请鉴赐层转备案由

“窃浦东公司奉上海市公用局（三六）电字第一九五八一号训令，自六月份起调整电价，其中趸售同业规定为，每度七百六十八元（另加附加捐一成），公司等购电成本既经增高，线路耗损比例加重，益以近月来物价步涨，开支激增，爰知六月份起，亦不得不调整省境售电价，以资弥补。谨查经济部京电（三六）第三九五〇七号批令，核定公司等购电费与零售电费为三与五之比，依此计算，则公司等在省境之零售电价，原可调整为每度一千四百〇八元，惟为减轻用户负担起见，经尽力设法抑低，拟定为每度一千一百八十元，较核定标准减低二百廿八元，聊示勉力服务地方之微意。

又此次加价之成数，较沪市所加者为低，俾省市电价以后可渐趋接近，为易于明瞭起见，兹特列表比较如下：

沪市增加数	增加百分数	南汇增加数	增加百分数
三一九元	九〇	四九七元	七三
以前上海与南汇电价之差数	差数百分比	调整后上海与南汇电价之差数	差数百分比
三二八元	九二	五〇六元	七五

惟为鼓励用户撙节用电起见，原定限度暂仍维持，其超过限度部份之用电，每度酌增一百五十元，合计一千三百卅元，聊示限制，除分呈经济部及江苏省建设厅，并登报公告外，理合备文呈请鉴赐层转经济部备案"，实为德便。

谨呈

南汇县县长徐

附呈抄批一件

浦东电气公司总经理 童世亨(印)
周浦大明电气公司经理 赵汉民(印)
南汇电气公司经理 童受民(印)
汇北电气公司经理 黄炳权(印)
横沔电气公司经理 孙德明(印)
中华民国三十六年六月十六日

〔附〕

照抄经济部发京电(三六)字第三九五〇七号批一件

民国卅六年四月十二日发
具呈人浦东电气公司等

卅五年十二月不具日函呈一件，为该公司等购电转供请准予，照部定燃料调整办法增减燃料附加费由。

函呈悉。查此案经饬，据江苏省建设厅本年二月廿八日呈复，略以"浦东电气公司已与汇北等电气公司订有供购电合同，供电价标准业经载明，呈奉钧部核定在卷，拟饬仍遵照合同规定办理。至各该购电公司转售电价，经查各该公司购电费占总支出百分之八十左右，薪工营业等费，自亦因物价高低而有增减，似可准予按照比例，增减仍依所拟订之标准，即购电费与零售电费为三与五之比，并饬零售电费应在此范围内尽量削减，以轻用户负担。是否有当，仰祈鉴核示遵"等情前来，经核，该厅呈复各节尚无不合，应予照准，除指令外，仰即知照。此批。

［1194－2－1208］

江苏省建设厅奉经济部令核准浦东电气公司等五公司自民国三十六年六月起调整电价比例致南汇县政府训令

(1947年7月15日)

事由：奉经济部令关于浦东等电气公司请自六月份起将省境零售电价与趸售电价间之比例调整零售价每度一千一百元应予照准仰知照等因令仰知照由

江苏省建设厅训令(卅六)建一字第一七三一〇号

中华民国卅六年七月十五日

令南汇县政府

案奉经济部本年六月廿五日京电三六号第五三二〇一号训令开：

"案据浦东、大明、南汇、汇北、横沔等五电气公司卅六年六月十六日第九二四号呈报，自六月份起将省境零售与趸售电价间之比例调整，零售电价为每度一千一百八十元，请备案等情。据此除以该公司等，拟自六月份起调整省境零售电价，每度为一千一百八十元。经核转本部前定三与五之比例为低，自应予以照准。除合行江苏省建设厅知照外，仰即知照。至□□各项电价，应按照各该公司等现行价额间比例，分别拟具详细电价表，呈候核定等语，批示该公司外，合行令仰知照。此令。"等因，除分令川沙县政府知照外，合行令仰知照。

此令。

厅长 董赞尧

[1194-2-1208]

江苏省建设厅转发经济部核准浦东电气股份有限公司等五公司自三十六年六月起调整电价致南汇县政府令

(1947年7月26日)

事由：奉经济部令发浦东等五电气公司核定电价表仰存查由

江苏省建设厅别文训令(卅六)建一字第一七八〇一号

中华民国三十六年七月廿六日

令南汇县政府

经济部本年七月十四日京电三六字第五五二四六号训令开：

查前据浦东、大明、南汇、汇北、横沔等五电气公司呈请，自六月份起调整省境零售电价，每度一千一百八十元一案，前经本部批示照准，并于本年六月廿五日以京电36字第五三二〇一号训令该厅知照，各在案。兹据该公司等同年七月五日第一〇三三号呈，以遵批拟具各该公司现行价额间比例电价表请核示等情前来，经核，所拟电价表尚无不合，应准补发核定表，除汇报行政院备案，并检同核定表批示各该公司遵照外，合行检发核定表，令仰分别存发为要，此令，等因，附发核定电价表三份。奉此，查本案前奉部令京电36字第五三二〇一号，经已分令该县政府及川沙县政府知照在案，兹奉前因，除再分令外，合行检同核定电价表一份，令仰查存。

此令。

附发部颁核定浦东南汇汇北大明横沔电气公司电价表一份

厅长 董赞尧

经济部核定浦东(省区)、南汇、汇北、大明、横沔电气公司电价表

三十六年七月

(甲)电价

一、普通表灯

第一级 一律每度国币1 180元

第二级 一律每度国币1 330元

二、优待表灯

第一级 一律每度国币590元

第二级 一律每度国币944元

三、路灯 一律每度国币708元

四、电力

第一级 一律每度国币 1 180 元

第二级 一律每度国币 1 330 元

五、工业用电热 一律每度国币 1 180 元

（乙）实行日期

本表所列各项电价自三十六年六月份起实行。

（完）

［1194－2－1209］

浦东电气股份有限公司等五公司为民国三十六年七月起调整电价致南汇县政府呈

（1947 年 7 月 12 日）

事由：为呈报自七月份起调整电价为每度二千元仰祈鉴赐层转备案由

“窃浦东公司奉上海市公用局市公（三六）电字第二〇五六九号训令，自七月份起调整电价，其中趸售同业，规定为每度一千四百〇五元（另加附加捐一成），公司等购电成本既经增高线路耗损比例加重，益以近月来物价继涨，开支续增，爰自七月份起亦不得不调整南汇、川沙零售电价，以资弥补。谨查经济部京电（三六）第三九五〇七号批令，核定公司等购电费与零售电费为三与五之比（批文曾于六月十六日抄呈），依此计算则公司等在南汇之零售电价，可调整为每度二千五百七十五元，惟为减轻用户负担起见，经尽力设法抑低，拟定为每度二千元，较核定标准减少五百七十五元，聊示勉力服务地方之微意。

此次加价不特较上海市区所加成数为低，且省市电价之差数亦愈趋接近，兹为易于明瞭起见，特列表比较如左：

上海市区增加数	增加百分数	南汇增加数	增加百分数
五八一元	八六	八二〇元	七〇
以前南汇与上海市区电价之差数	差数百分比	调整后南汇与上海市区电价之差数	差数百分比
五〇六元	七五	七四五元	五九

又已往为鼓励用户撙节用电起见，曾有最高限度之规定，超过限度部份适用第二级较高电价，兹更为便利用户计，此项限度自七月份起拟予取消，故第二级电价不再订定。

除分呈经济部江苏省建设厅及川沙县政府并登报公告外，理合造具电价表各三份备文呈请鉴赐层转备案。”实为德便。

谨呈

南汇县县长龚

附呈电价表十五份（略）

浦东电气公司总经理童世亨（印）

周浦大明电气公司经理赵汉民（印）

南汇电气公司经理童受民（印）

汇北电气公司经理黄炳权（印）

横沔电气公司经理孙德明（印）

中华民国三十六年七月十二日

［1194－2－1208］

江苏省建设厅转发经济部核准浦东电气股份有限公司等五公司自三十六年七月起调整电价致南汇县政府训令

（1947年8月11日）

事由：奉经济部令转发浦东等五电气公司核定电价表令仰知照由

江苏省建设厅训令（卅六）建一字第一八三〇一号

中华民国卅六年八月十一日

令南汇县政府

案查前据浦东电气公司、大明电气公司、南汇电气公司、汇北电气公司、横沔电气公司等本年七月十二日联呈，为购电成本增高，请调整省境电价，自七月份起拟定为每度二千元，检同表件祈核转备案等情前来，据经转呈经济部核示在案。兹奉卅六年七月三十日京电36字第五七〇二〇号指令开：

呈件均悉，此案同时并据该公司等迳呈到部，经核各该公司所请七月份起调整省境电价数目尚无不合，应准备案。除检同核定表批示该公司等知照外，兹检发核定表，仰即存发。件存，此令。

等因，附发核定浦东等电气公司电价表三份。奉此，除抽存并分发川沙县政府一份外，合行检同原核定表一份，令仰该县政府知照。

此令。

附核定浦东（省区）南汇北大明横沔电气公司电价表一份

厅长 董赞尧

〔附〕

经济部核定浦东（省区）、南汇、汇北、大明、横沔电气公司电价表

三十六年七月

甲、电价

一、普通表灯 一律每度国币2 000元

二、优待表灯

第一级 一律每度国币1 000元

第二级 一律每度国币1 600元

三、路灯 一律每度国币1 200元

四、电力 一律每度国币2 000元

五、工业用电热 一律每度国币2 000元

乙、实行日期

本表所列各项电价自三十六年七月份起实行。

—完—

［1194-2-1209］

浦东电气股份有限公司等五公司为民国三十六年十月起调整电价致南汇县政府呈

（1947年10月21日）

事由：为自十月份起调整川沙南汇电价为每度五千三百六十元呈请鉴赐转呈备案由

窃公司等自七月份起在川沙南汇之售电价为每度二十元。三阅月来，物价步涨，开支激增，以致亏损累累，颇难维持。迩因上海市公用局重订市区电价，其中，趸售市外同业规定为每度四千〇卅五元（另加附加捐一成），南汇、大明、汇北、横沔公司等购电成本因而陡增，至浦东公司自行发电及向上海电力公司购电部份，

亦因燃料及购电成本上涨倍蓰而增加甚多，益以输电配电耗损比例加重，核计目下售电成本每度高达六千五百元以上，故原定电价急须调整，以资弥补。谨按经济部京电（三六）第三九五〇七号批令，核定公司等购电与零售电费为三与五之比，依此标准则公司等在南川两县之零售电价原可订为每度七千四百元，惟为顾全用户负担能力起见，经尽力设法抑低，拟仍照已往省市电价差数之比率，自十月份起，调整川沙、南汇电价为每度五千三百六十元，较核定标准减少二千〇四十元，聊示勉力服务地方之微意。除分呈经济部、江苏省建设厅及川沙县政府并登报公告外，理合造具电价表十五份备文呈请鉴赐层转备案。实为德便。

谨呈

南汇县县长龚

附呈电价表十五份（略）

浦东电气公司总经理童世亨（印）

周浦大明电气公司经理赵汉民（印）

南汇电气公司经理童受民（印）

汇北电气公司经理黄炳权（印）

横沔电气公司经理孙德明（印）

中华民国三十六年十月廿一日

［1194－2－1209］

江苏省建设厅转发经济部核准浦东电气股份有限公司等五公司自三十六年十月起调整电价致南汇县政府训令

（1947年11月18日）

江苏省建设厅指令（卅六）建一字第二一六七九号

中华民国卅六年十一月拾八日

事由：据呈送浦东等电气公司请加电价表件请核转等情，兹奉部令检发核定电价表指令分别存发饬遵由

令南汇县政府

三十六年十一月六日建字第二七三号呈一件，为转呈浦东电气公司等，自十月份起调整电价，每度五千三百六十元，祈鉴转备案由。

“呈件均悉。查本案前据浦东、南汇、汇北、大明、横沔等五电气公司联呈来厅，即经转呈经济部核示在案。兹据来呈，适奉经济部本年十一月七日，京电三六字第六六九九七号指令，本厅卅六年十月廿八日（卅六）建一字第二一〇〇〇号呈一件，呈送浦东电气公司等请加电价表件，请核示由内略开：

‘呈件均悉。查该公司等请加电价尚属需要，应准照案核定。除汇报行政院备案，并代电该公司等知照外，兹检发核定表，仰分别存发饬遵至该厅。原呈所称报载上海电力公司等十月一日起调整电价数目，及上海市公用局重订市区电价中，趸售市外同业规定为每度四千〇卅五元，报纸并未载明，无从查核各节。查本部兹准上海市政府代电附送调整上海各电厂十月份电价表请核复等由，本部当以上海市闸北等电气公司对于市外同业趸购之燃料附加费，按百分之一百廿计算，殊欠合理，揆之电气事业取缔规则第五十五条之规定，亦有未合，七月份实行之趸购电价一四〇五元，较普通电价为高者，因系全国经济委员会临时核准，而本部事后追认系通融办法，不能认为即是合法等语，复请沪市府即予更正，见复在案，应候复到，再行饬知，件存此令。’

等因，附发核定电价表六份，奉此除分令川沙县政府外，合行检同原核定表三份，令仰该县政府分别存发饬遵。”此令，件存。

附发经济部核定浦东（省区）、南汇、大明电气公司电价表二份，县府、南汇、大明公司各一份

中华民国三十六年十一月日

厅长 董赞尧

〔附〕

经济部核定浦东(省区)、南汇、大明电气公司电价表

三十六年十一月

甲、电价

一、普通表灯 一律每度国币 5 360 元

二、优待表灯

第一级 一律每度国币 3 216 元

第二级 一律每度国币 4 288 元

三、路灯 一律每度国币 3 216 元

四、电力 一律每度国币 5 360 元

五、电热 一律每度国币 5 360 元

乙、实行日期

本表所列各项电价自卅六年十月份起实行。

—完—

[1194 - 2 - 1209]

浦东电气股份有限公司等三公司为民国三十六年十一月起调整电价致南汇县政府呈

(1947 年 11 月 22 日)

事由：为自十一月廿二日抄表日起重订南汇川沙电价为每度九千五百六十元呈请鉴赐层转备案由

"窃公司等自十月份起在南汇川沙之售电价调整为每度五千三百六十元，业奉经济部京电(三六)字第六六九九七号虞代电核定在案。兹因上海市公用局重订市区电价，其中趸售市外同业，规定为每度五千九百七十五元(另加公用事业附加捐一成)，规定自十一月廿二日起实行，南汇、大明两公司购电成本因而又增，浦东公司目前大部份电源系购自上海电力公司，此次趸购电价上涨后，成本因而激增，至一部份自发电能亦因燃料及生活费指数陡涨，而成本提高甚多，益以输电配电耗损比例加重，致原定电价急须调整，俾资维持。谨按经济部京电(三六)字第三九五〇七号批令，核定公司等购电与零售电费为三与五之比，依此标准，则公司等在省境之零售电价，原可订为每度一万〇九百五十四元，惟为顾全用户负担能力起见，经力谋抑低，拟仍照已往省市电价差数之比率，自十一月廿二日抄表之日起，重订南汇、川沙电价，为每度九千五百六十元，较核定标准减少一千三百九十四元，聊表勉力服务地方之微意。除分呈经济部、江苏省建设厅及川沙县政府并登报公告外，理合造具电价表九份备文呈请鉴赐层转备案。"实为德便。

谨呈

南汇县县长龚

附呈电价表九份[1]

浦东电气股份有限公司总经理童世亨(印)

南汇电气股份有限公司经理童受民(印)

周浦大明电气股份有限公司经理赵汉民(印)

中华民国三十六年十一月二十二日

[1194 - 2 - 1209]

① 附呈电价表从略。

江苏省建设厅转发经济部核准浦东电气股份有限公司等三公司自三十六年十一月起调整电价致南汇县政府训令

（1947年12月23日）

江苏省建设厅训令

（卅六）建一字第二二八九七号

中华民国卅六年十二月廿三日发出

事由：奉令转发浦东电气公司等电价核定表仰知照由

令南汇县政府

案奉经济部本年十二月八日京电三六字第七〇四〇六号训令内开：

“案据浦东、南汇、大明三电气公司呈，以自上海市区电价调整后购电成本增加，请自十一月廿一日抄表之日起，调整省区电价，附送请加电价应附表件副本请核示等情。查该公司等所请增加电价尚未超过本部以前核定购售电价三与五之比例，惟此案正本尚未据该厅呈转到部，为顾全该公司业务起见，应准先将电价照案予以核定。除汇报行政院备案，并代电该公司知照外，合行检发核定表，令仰分别存发饬遵并将该公司等原送正本转部备查为要。”等因检发核定表四份到厅，查浦东公司电价表正本，前已据川沙县呈厅转部在案，南汇、大明两公司电价表正本，前奉部饬由厅电催该县政府速送，尚未送到。兹奉前因，原表四份不敷分发，南汇、大明两公司应即由浦东公司转行知照，除抽存备查外合行检发原表一份，令仰知照。并将南汇、大明两公司原送正本尅日呈厅核转为要！

此令。

检发核定表一份

中华民国三十六年十二月日

厅长 董赞尧

〔附〕

经济部核定浦东(省区)、南汇、大明电气公司电价表

卅六年十一月

甲、电价

一、普通表灯 一律每度国币9 560元

二、优待表灯

第一级 一律每度国币5 736元

第二级 一律每度国币7 648元

三、路灯 一律每度国币5 736元

四、电力 一律每度国币9 560元

五、电热 一律每度国币9 560元

乙、实行日期

本表所列各项电价自卅六年十一月廿二日抄表起实行。

—完—

［1194－2－1209］

浦东电气股份有限公司等三公司为民国三十七年一月起调整电价致南汇县政府呈

（1948年1月8日）

事由：为呈请准自一月份起重订省境营业区域电价由

窃公司等自十一月份起重订南汇川沙售电价格，呈奉经济部京电（三六）第七〇四〇六号齐代电核定在案。兹因上海市区自一月份起重订电价，其中趸售市外同业规定为每度八千元，另加附加捐一成，合计八千八百元。南汇及大明电气公司购电成本因而激增，浦东电气公司大部份电能系向上海电力公司趸购，一部份自发电能亦因煤价及生活指数激升而成本增高，益以输电配电耗损成本比例加重，致原订电价亟需调整，俾资维持。谨按经济部京电（三六）第三九五〇七号批令，核定公司等购电售电价格为三与五之比，依斯标准，则公司等在省境之零售电价原可调整为每度一万四千六百六十六元，即照上次呈准电价省市相差亦达百分之六十，兹为减轻用户负担，贯彻服务地方之宗旨起见，拟再予抑低，自一月一日起将在南汇、川沙之售电价，按省市一百五十与一百之比予以调整，并参照市区灯力电价分订之规定，将电灯售价调整为每度一万三千二百元，电力售价调整为一万二千元。除分呈经济部、江苏省建设厅及川沙县政府并登报公告外，理合造具电价表九份，备文呈请鉴赐层转备案，实为德便。

谨呈

南汇县县长龚

具呈人　　南汇电气股份有限公司经理童受民（印）

浦东电气股份有限公司总经理童世亨（印）

周浦大明电气股份有限公司经理赵汉民（印）

中华民国三十七年一月八日

［1194－2－1209］

江苏省建设厅转发经济部核准浦东电气股份有限公司等三公司自民国三十七年一月起调整电价致南汇县政府令

（1948年1月28日）

事由：奉经济部令，转发浦东、南汇、大明电气公司核定电价表令仰知照由

（卅七）建自一字第一一三七号

中华民国卅七年一月廿八日发出

令南汇县政府

案奉经济部卅七年一月十六日京电三七字第一三八七号训令开：

"案据南汇电气公司等呈请，准自一月份起重订省境营业区域电价等情到部，经核各该公司所请调整电价当属需要，应准照案核定。除汇报行政院备案，并检发核定表批示该公司等知照外，合行检发核定表，令仰该厅分别存发，饬遵为要。"等因，附发核定表三份，奉此除分令川沙县政府外，合行检同原核定表一份，令仰知照！此令。

附发核定有一份

中华民国三十七年一月日

厅长 董赞尧

〔附〕

经济部核定浦东（省区）、南汇、大明电气公司电价表

三十七年一月

（甲）电价

一、普通表灯 一律每度国币13 200元

二、优待表灯

第一级 一律每度国币7 920元

第二级 一律每度国币10 560元

三、路灯 一律每度国币7 920元

四、电力 一律每度国币 12 000 元

五、电热

工业用 一律每度国币 12 000 元

家庭用 一律每度国币 13 200 元

（乙）实行日期

本表所列各项电价自三十七年一月份起实行。

—完—

［1194－2－1209］

浦东电气股份有限公司等三公司为民国三十七年二月起调整电价致南汇县政府呈

（1948 年 2 月 6 日）

事由：为自二月份起重订川沙南汇电价呈请鉴赐层转备案由

窃公司等自一月份起重订川沙、南汇售电价，呈奉经济部京电（三七）字第〇一三八七号批核定在案。兹因上海市区依照部定自动调整公式重订电价，呈奉主管机关核定自二月份起实施，计电灯每度自一月份之八千八百元，调整为一万一千五百元，计增 30.7%。电力自每度八千元，调整为一万零五百元，计增 31.3%。趸售市外同业规定为每度一万零五百元，另加附加捐一成，合计一万一千五百五十元。南汇及大明电气公司购电成本随之激昂，浦东电气公司供售省境电能亦因上海电力公司提高趸售电价及燃料物料价格暨生活费指数上升而成本增高甚钜，致原订南汇、川沙电价亦亟需调整，俾资维持。谨按经济部核定公司等趸购电价与零售电价为三与五之比，依此标准则公司等在南汇、川沙两县之零售电价原可调整为每度一万九千二百五十元，兹为减轻用户负担起见，勉力抑低，拟自二月份起将电价亦按上海市区增加成数调整为电灯每度一万七千二百元，电力为每度一万五千七百元。除分呈经济部、江苏省建设厅及川沙县政府，并登报公告外，理合造具电价表九份备文呈请鉴赐层转备案，实为德便。

谨呈

南汇县县长龚

附呈电价表九份[①]

具呈人　　浦东电气公司总经理童世亨（印）

南汇电气公司经理童受民（印）

周浦大明电气公司经理赵汉民（印）

中华民国三十七年二月六日

［1194－2－1209］

江苏省建设厅转发经济部核准浦东电气股份有限公司等三公司自民国三十七年二月起调整电价致南汇县政府训令

（1948 年 2 月 25 日）

事由：令发经济部核定浦东、南汇、大明等电气公司电价表仰存发饬遵由

（卅七）建自一字第一九四二号

中华民国卅七年二月廿五日发出

令南汇县政府

---

① 附呈电价表从略。

案奉经济部本年二月十九日京电三七字第四七二七号训令内开：

"案据浦东、南汇、周浦大明电气公司等本年二月六日呈，为自二月份起重订川沙南汇电价，呈请鉴核算备案等情。查该公司等情加电价当属需要，应准照案，核定除批示该公司等知照外，合行检发核定表，令仰存发饬遵为要。"等因，附检发核定表五份到厅，查原表五份不敷分发，大明公司即由南汇公司转行知照，除抽存备查并分令检发外，合行检发原表二份，令仰存发饬遵。此令。

附发经济部核定浦东、南汇、大明等电气公司电价表二份(县与浦东，县与南汇公司各一份)

中华民国三十七年二月日

厅长 董赞尧

〔附〕

经济部核定浦东(省区)、南汇、大明电气公司电价表

三十七年二月

(甲) 电价

用电种类		每度电价(国币元)
普通表灯		17 200
优待表灯	第一级	10 320
	第二级	13 760
路灯		10 320
电力		15 700
电热	工业用	15 700
	家庭用	17 200

(乙) 实行日期

本表所列各项电价自卅七年二月份起实行。

[1194 - 2 - 1209]

浦东电气股份有限公司等三公司为民国三十七年三月起调整电价致南汇县政府呈

(1948 年 3 月 11 日)

事由：为重订三月份电价呈请层转备案由

窃公司等二月份重订南汇、川沙电价，呈奉经济部京电(三七)字第〇四七二七号批核定在案。兹因上海市区依照中央制定电价计算公式重订电价，呈奉主管机关核定，自三月份起电灯调整为每度一万六千五百元，较二月份增百发之四十一，电力调整为每度一万四千五百元，较二月份增百分之卅八，趸售市外同业亦奉核定为每度一万四千五百元，另加附加捐一成，合计一万五千九百五十元，因而南汇及大明电气公司购电成本随之激昂，浦东电气公司供售省境电能亦因上海电力公司提高趸售电价及燃料物料价格暨生活费指数上升而成本增高甚钜，致原订南汇川沙电价亦亟需要调整，俾资维持。谨按经济部核定，公司等趸购电价与零售电价为三与五之比，依此标准，公司等在南汇川沙之零售电价原可调整为，每度二万六千五百八十三元，即照二月份呈准电价省市相差亦达百分之五十，兹为减轻用户负担，勉力抑低，拟自三月份起，将在南汇、川沙之售电价，调整为电灯每度二万三千九百元(与市区相差百分之四五，较二月份上涨百分之三九)，电力每度二万一千元(与市区相差百分之四五，较二月份上涨百分之卅四)，聊资抵补。除分呈经济部、江苏省建设厅及川沙县政府并登报公告外，理合造具电价表九份，备文呈请鉴赐层转备案，实为德便。谨呈

南汇县县长龚

附呈电价表九份

具呈人　　周浦大明电气股份有限公司经理赵汉民(印)

浦东电气股份有限公司总经理童世亨(印)

南汇电气股份有限公司经理童受民(印)

中华民国卅七年三月十一日

[1194－2－1209]

江苏省建设厅转发工商部核准浦东电气股份有限公司等二公司自三十七年七月起调整电价致南汇县政府训令

(1948年7月29日)

事由：奉部令检发核准南汇电气公司七月份电价表仰存发饬遵由

(卅七)建自一字第七五五四号

中华民国卅七年七月廿九日发出

令南汇县政府

案奉工商部三十七年七月十七日京电三七字第七〇六九二号训令开：

案据浦东、南汇等电气公司本年七月六日呈，为重订七月份电价呈请备案等情，查上海市各电气公司七月份电价经本部核准在案，该公司等请准予比照市区电价调整七月份省区电价，尚无不合，应准照案核准，除汇报行政院备案，并批示该公司等外，合行检发核准表，仰即存发饬遵为要。此令等因，附核准表五份，奉此除分令川沙县政府外，合行检同原核准表二份，令仰存发饬遵。此令。

附发工商部核准南汇电气公司(省区)七月份电价表二份(县府、公司各一份)

中华民国三十七年七月日

厅长 董赞尧

〔附〕

工商部核准浦东、南汇电气公司(省区)电价表

卅七年七月

(甲) 电价

<table>
<tr><th colspan="3">用　电　种　类</th><th>每度电价(国币元)</th></tr>
<tr><td rowspan="4">表　灯</td><td colspan="2">普　通</td><td>156 300</td></tr>
<tr><td rowspan="2">优　待</td><td>第一级</td><td>93 780</td></tr>
<tr><td>第二级</td><td>125 040</td></tr>
<tr><td colspan="2">路　灯</td><td>93 780</td></tr>
<tr><td rowspan="2">电　热</td><td colspan="2">工业用</td><td>156 300</td></tr>
<tr><td colspan="2">家庭用</td><td>156 300</td></tr>
<tr><td rowspan="2">电　力</td><td colspan="2">第一级</td><td>156 300</td></tr>
<tr><td colspan="2">第二级</td><td>138 300</td></tr>
</table>

(乙) 实行日期

本表所列电价自三十七年七月份起实行

(完)

[1194－2－1210]

江苏省建设厅转发工商部核准浦东电气股份有限公司等二公司自三十七年八月起调整电价致南汇县政府训令

(1948年8月20日)

事由:据呈送南汇浦东电气公司八月份电价表指饬知照由

(卅七)建自一字第八三三八号

中华民国卅七年八月廿日发出

令南汇县政府

鹏四字第三八三八号呈一件,为浦东及南汇电气公司调整八月份售电价格一案,呈请鉴核赐转,并示遵由。

呈件均悉,查此案顷奉工商部京电三七字第七三一三四号训令,饬知业予核准,兹检发核准表三份,仰即存发!

此令。件存附核准表三份(县府公司各一份)

中华民国卅七年八月日

厅长 董赞尧

〔附〕

工商部核准浦东电气公司(省区)、南汇电气公司电价表

三十七年八月

(甲)电价

用电种类			每度电价(国币元)
表灯	普通		600 000
	优待	第一级	360 000
		第二级	480 000
路灯			360 000
电热			600 000
电力	第一级		600 000
	第二级		530 000

(乙)实行日期

本表所列电价自三十七年八月份起实行

(完)

[1194-2-1210]

浦东电气股份有限公司等二公司为减低南汇川沙民国三十七年八月电价致南汇县政府呈

(1948年8月23日)

事由:为减低南汇川沙售电价呈请鉴赐层转备案由

窃公司等八月份南汇、川沙电价业经呈奉工商部京电(三七)字第七三一三四号批核准在卷。兹因上海市各电业遵照市政府劝导,按受市参议会决议案减低电价百分之廿,所有因减价而短收之电费由政府如数贴补。公司等趸购成本因而减轻百分之廿,爰将八月份南汇、川沙售电价亦比例减低重订如下:(一)电灯每度四十八万元,(二)电力每月用电在一万度以下者,每度四十八万元,超过一万度者,其超过部份每度四十二

万四千元。除迳呈工商部,并分呈江苏省建设厅、川沙县政府暨登报公告外,理合造具改订后之电价表六份,备文呈报,仰祈鉴赐层转备案,实为德便。

谨呈

南汇县县长熊

附呈电价表六份[①]

具呈人　浦东电气股份有限公司总经理童世亨

南汇电气股份有限公司经理童受民

中华民国三十七年八月廿三日

[1194-2-1210]

江苏省建设厅转发工商部核准浦东电气股份有限公司等二公司减低南汇川沙三十七年八月电价致南汇县政府训令

(1948年9月)

事由:奉工商部指令关于浦东南汇两电气公司请减低八月份售电价格一案应毋庸议务仰知照由

令南汇县政府

查浦东、南汇两电气公司呈请将南汇川沙八月份售电价格比照上海市电价减低一案,经呈奉工商部,京电三七字第七五〇三七号指令内开:

"呈件均悉。此案业据浦东、南汇两电气公司迳行会呈到部。查上海市政府准上海市参议会议决,将上海各电业八月份电价核减收费一案,前准上海市政府电请备案到部,本部当以此次上海市各电厂八月份电价,既经贵市政府核定施行,转送本部,缜密核准,但贵市政府未经函准本部,即根据市参议会之建议迳行核减,似与法令规定不合,所有上海市各电厂八月份电价,应请转饬,照本部原核准数额收费等语,于本年九月三日以京电(三七)字第七四六七七号代电,复请上海市府查照办理在案。海市各电厂八月份电价,本部既未准核减,该公司等所请减低一节,应毋庸议。除批示该两公司知照外,仰即分别饬县知照。件存。此令。"

等因,奉此,除分行外合行令仰知照。

此令。

中华民国三十七年九月

厅长董赞尧

[1194-2-1211]

鲁家汇、航头镇、召楼镇、鹤沙镇各商号环请转饬浦东电气股份有限公司调整电费致南汇县政府呈

(1948年8月14日)

事由:为环请转饬浦东电气公司调整召楼下沙航头鲁汇等电费由

窃查本县参议会第五次大会议案总字第十四号,请浦东电气公司划一上海区与南汇区电费案,业经钧府函据南汇及大明电气公司联名覆称,略以该公司等仅向浦东电气公司购电转售,非浦东电气公司直接售电,参会原案所云显有误会等情,于五月二十六日函覆参会在案。查南汇及大明两公司营业区域,仅为周浦、惠南等镇,而召楼、下沙、航头、鲁汇四地不在其中。召楼等四镇用电向由浦东电气公司直接出售,而电费与上海市区之杨思桥相比,以本年四月份核计,竟高出百分之三十二。再查上海县属之三林塘电□业经与市区划

---

① 附呈电价表从略。

一，何以我南汇县境同由浦东电气公司直接售电者，偏俦转售价格特别提高，殊欠公允，为敢联名吁请钧府鉴赐转饬浦东电气公司，迅即调整其直接售电之召楼等镇电费，应与上海市辖之杨思桥、上海县属之三林塘，划一价格，以昭公允，而轻用户负担。至参议会最近第六次大会沈参议等提请责成浦东电气公司改善本县电气事业一案，除划一电费外，其他关于存电保证金之公布，暨罚金之处置办法各节，亦请迅交公用事业委员会切实办理，以利地方，不胜感戴之至。

谨呈

县长熊

鲁家汇(各商号从略)

航头镇(各商号从略)

召楼镇(各商号从略)

鹤沙镇(各商号从略)

中华民国三十七年八月十四日

[1194-2-1210]

周浦镇商会为各会员申请核减电费一案致南汇县政府呈

(1948年8月12日)

事由：为据各会员申请核减电费一案检同函副本呈请鉴核示遵由

南汇县周浦镇商会呈社字第二八六号

中华民国三十七年八月十二日

案据碾米榨油商业同业公会暨会员三阳泰等十二家联名函称，为电费飞涨，危害生产刺激物价，详陈理由七点，吁请转呈要求合理调整等情。据此查，该会员等列举各点均属事实，按诸现时情况，实有调整核减必要，并据报载，上海市参议会决议，电灯收费概照每度十九万元最低价征收，本县自应一律。除分呈外，理合抄附原函副本一份，备文转请鉴核转饬该公司遵照办理，仍祈指复，实为公便。

谨呈

南汇县县长熊

附抄呈原函副本一份

南汇县周浦镇商会理事长陈德铨

〔附〕

〔周浦镇碾米榨油商业同业公会等商号申请核减电费的原函〕

迳启者，南汇电气公司通知，自八月份起按照新订电价收费规定，电灯电力每度均为六拾万元。迩来虽物价波动甚烈，但电费之飞涨尤足惊人，竟超越各地之最高额，开空前未有之纪录，足以危害生产，刺激物价。商民等对此不合理调整无力应付，为大众福利着想，不敢缄默，爰特集议联名作强有力合一之呼吁，兹将理由陈明如下：

(一)同属而非市区相距极近之乡镇(如三林塘、天花庵等)电费价格亦较周浦为低，差额相差甚大，应请划一规定，以示公平。

(二)电灯电力收费相同殊不合理，应请遵照向规例定(电力低于电灯)应不致危害生产□动物价。

(三)据八月七日尤汇北、南汇电气公司公告说明，凡用户每月用电数超过壹万度以上者，其超出部份每度为五十三万元，则与所发通知比较自露矛盾。因通知说明，迩来物价波动亏损，成本过钜。简言之即公司亏损，成本与用电数成正比例，而公告则反是可见用电数在壹万度以内者，其利润之厚不言可知。

(四)南汇电气公司通知，自八月份起每月份分二期收费以维血本，要知电气用户早经缴纳壹个半月之保证电度数(有案可查)，当时虽用法币缴纳，但能相当于当时壹个半月电度数之值，换言之，用户以先付后用与公司血本无碍。若认为分二期收款必须实行，则公司方面理宜先行退还已收之壹个月保证电度数，或于八月份电费内扣除，余找短补，尚余半个月保证电度数作为先付后用电度数之保证。

（五）遵照上海市公用事业新价刊登八月三日各报，浦东电气公司规定电价。

电灯十度以下，每度拾玖万元；十度至卅度，每度念五万六十元；卅度以上，每度五拾万叁十元。电力每度四拾贰万元。按上海市价目尚较浦东电气公司为低。

查本镇用户电度数在十度至卅度占大多数，十度以下次之，卅度以上□次之，电气公司既不遵照上海市区限度收费，亦不以公平均价收费，所订新价竟超出各地收费之最高额，于法于理矣欠公允。

（六）上海市区规定自八月一日起照新价收，而南汇电气公司通知第二款每月廿七日抄表后计算，全月帐款是则上月廿七日至月底，四五日之所用电度无形中已并入下月帐内，以新价收费殊不合理，应请调整。

（七）八月份电费新价是否已经县参议会通过，县府核准。

上例七点均依实直陈，请电气公司逐条答复，况上海市区规定电费新价较本镇为低，市参议会现正在请求予政府重行合一调整中，为特具函联名环请贵会举理力争，转呈县府，要求达到合理之调整。在未得满意答复前，请主管机关谕知从缓收费，以苏民困，无任企祷。

南汇县周浦镇碾米榨油商业同业公会
浦东铁工厂
清香□秋记号
三阳泰米记
永兴斋
香永兴
大□铁工厂
周浦中华厂
源丰兴
茂新纱厂
王万兴
陈万兴
[1194－2－1210]

南汇县参议会据情为改善本县电气事业核减电费一案致南汇县政府函

（1948年8月17日）

事由：据情转函为改善本县电气事业核减电费一案希查照迅即组会处理由

南汇县参议会公函参字第五六九号

中华民国三十七年八月十七日

据鲁汇镇店商立昌协记米厂等七十八家，航头镇店商同昌友记碾米厂等五十家，召楼镇店商协盛花厂等六十一家，鹤沙镇店商陆兴记棉粮行等三十八家联名呈称：

“窃查钧会第六次大会，沈参议等提请县政府责成浦电气公司改善本县电气事业一案，经大会决议，函县政府聘请地方人士组成公用事业委员会处理在案。具呈人等均属浦东电气公司之直接用户，利害相关，对于原提案所拟四项办法，一致拥护到底，为敢环请钧会函催县府，迅即聘请地方人士组织委员会，秉公处理。关于划一电费，公布存电保证金，暨处置罚金办法各节，均应尅日实施，仍恳钧会随时督促责成，以利地方，不胜公感。”等情。

据此，正拟办，间又据周浦镇商会呈称：

“案据碾米榨油商业同业公会暨会员三阳泰等十二家联名函称，为电费飞涨，危害生产，刺激物价，详陈理由七点，吁请转呈要求，合理调整等情。据此查该会员等列举各点均属事实，按诸现时情况，实有调整核减必要。并据报载，上海市参议会决议，电灯收费，概照每度十九万元最低价征收，本县自应一律。除分呈外，理合抄附原函副本一份，备文转请鉴核转饬该公司遵照办理，仍祈指复，实为公便。”等情。

据此，查本案前经本会第六次大会决议，业经专案咨请贵政府组会，详加研讨，分别处理在案，据呈前情相应一并转达，即希查照迅即组会处理为荷。此致

南汇县政府

议长 张□千

［1194－2－1210］

南汇县政府为本县电气事业核减电费一案致南汇县参议会复函

（1948年8月21日）

事由：为本县电气事业核减电费一案函复查照由

南汇县政府公函鹏四字第四四九〇号

迳复者，案准贵会本年八月十七日参字第五六九号公函（略），以为改善本县电气事业核减电费一案，嘱即组会处理等由，准专查公用事业委员会业经于本月十六日组成，即日奉行第一次会议，前闻调整电费一案，经提会讨论，决议要点数项，照倪国思批示抄至，除通知电气公司分别逐条申复，并暂行按照上海市八月份电价收费外，相应复请查照为荷。

此复

南汇县参议会

衔名

〔中华民国三十七年〕八月廿一日

［1194－2－1210］

南汇县政府为参议会周浦镇商会等请予调整电费一案令仰逐条申复并暂行照上海市八月份电价收费致浦东、南汇电气公司的训令

（1948年8月21日）

事由：为参议会周浦镇商会等请予调整电费一案令仰逐条申复并暂行照上海市八月份电价收费由

南汇县政府通知鹏四字第号

令浦东、南汇电气公司

案据鲁汇、航头、召楼、鹤沙四镇米厂花厂商号等二百二十余家于本月十四日联名呈（略），以本县浦东、南汇电气公司电费飞涨，影响生产，刺激物价，请予调整电费等由，复据周浦镇商会呈□前情，并列举理由七点，请予合理调整前来，当经提交本月十六日公用事业委员会议讨论。经决议案两件：（一）南汇、浦东两电气公司（照叙至）请公决案，当经决议，一、请县府参照周浦各业公会暨鲁汇等乡镇联名呈报两电气公司拟定电价不合理各点，转饬电气公司逐一申复，并重拟新价；二、在新价未经拟定呈奉核准前，应请县府令电气公司，比照上海市参议会核定上海市之八月份电价收费。（二）存电保证金屡次征收，增加用户负担之巨，应请县府转令电气公司，由逐次征收数量、存放情况各公布，以便审核。案决议通过等语，纪录在案。除分别函令批示外，合行抄附理由七条，该公司遵照办理，并具报为要。

此令。

右通知浦东、南汇电气公司

县长熊

〔中华民国三十七年〕八月廿一日

［1194－2－1210］

南汇县政府为本县各商号要求调整电费一案致倪国思等人的批复

(1948年8月21日)

事由：据呈请转饬浦东电气公司调整召楼航头等镇电费批饬知照由

南汇县政府批鹏四字第号

批具呈人倪国思等

呈悉。查调整电费一案，业经于本月十六日组成公用事业委员会即日会议，经决议要点数项：一、请县府参照周浦各业公会暨鲁汇等乡镇联名呈报两电气公司拟定电价不合理各点，转饬电气公司逐一申复，并重拟新价；二、在新价未经拟定呈奉核准前，应请县府令电气公司，比照上海市参议会核定上海市之八月份电价收费。三、屡次征收电费保证金之时□数量暨存放情形，应请县府令电气公司即日公布，以便审核等语，纪录在卷。除通知电气公司逐条申复，并暂行按照上海市八月份电费收费外，仰即知照。

此批

县长熊

〔中华民国三十七年〕八月廿一日

[1194-2-1210]

江苏省建设厅转饬工商部关于浦东南汇两电气公司用户请重行调整电价案致南汇县政府训令

(1948年10月4日)

事由：为浦东南汇两电气公司用户请重行调整电价案经呈奉部令应毋庸议令仰饬知由

建一字第〇四〇四号

中华民国卅七年拾月四日发出

令南汇县政府

“查浦东、南汇两电气公司用户请重行调整电价一案，经呈奉工商部京电37字第七六八三九号指令内开：呈件均悉。查本部前据浦东、南汇两电气公司呈请，比照上海市抑减八月份电价前来同时，并据该厅呈同前情，本部当以上海市各电厂八月份电价，本部即未准核减该公司等所请减低一节，应毋庸议等语，批示该公司等知照，并于卅七年九月七日以京电37字第七五零三七号指令该厅饬知，各在案。据呈前情，仰即查案饬知可也，等因，奉此，查该两公司售电价毋庸减低一案，前经本厅以建自字第九三四二号训令，转外在卷，兹奉前因，合行令仰查案饬知可也。”此令。

中华民国卅七年十月日

厅长钱振荣

[1194-2-1210]

浦东、南汇两电气股份有限公司为重订民国三十七年十一月电价致南汇县政府呈

(1948年11月10日)

事由：为重订十一月份电价呈请层转备案由

窃公司等在南汇、川沙售电价自八月份重订后，呈奉工商部京电三七字第七三一三四号批核定以来，已阅三月，兹因上海市区奉准，自十一月份起调整电价，其中趸售市外同业，规定为每度金圆五角六分，另加附加捐一成，合计金圆六角一分六厘(较八月份原核定价增加百分之三百)，南汇电气公司购电成本因而增高，

浦东电气公司在省境售电，亦因上海电力公司提高趸售电价，暨燃料物料价格，及人工费用急剧上升，而成本激增，致公司等原订南汇、川沙电价亟需调整，俾资维持。谨按前经济部核定，公司等趸购与零售电价为三与五之比，依此标准，公司等在南汇、川沙之零售电价，原可调整为每度金圆一元零三分，兹为减轻用户负担，勉力抑低，拟自十一月份起，将南汇、川沙电价调整为：（一）电灯，每度金圆七角八分；（二）电力，每户每月用电在一万度以下者，每度金圆七角八分，超过一万度者，其超过部份每度金圆七角（以上电灯电力售价均较八月份原核定价增加百分之二百九十），聊资抵补。除分呈工商部、江苏省建设厅、川沙县政府，并登报公告外，理合造具电价表六份，备文呈请鉴赐层转备案，实为德便。

谨呈

南汇县县长熊

附呈电价表六份（略）

具呈人　浦东电气股份有限公司总经理童世亨（印）

南汇电气股份有限公司经理童受民（印）

中华民国三十七年十一月十日

［1194－2－1210］

浦东、南汇两电气股份有限公司为改订民国三十七年十一月电价致南汇县政府呈

（1948年11月20日）

事由：为改订十一月份电价呈请鉴赐层转备案由

窃公司等，自十一月一日起调整南汇、川沙售电价格，业奉工商部核准在案，兹以上海市区电价奉准，自十一月二十日起再度调整，其中趸售市外同业，规定为每度金圆二元一角九分，另加附加捐一成，合计金圆二元四角一分（较本月一日原核定电价增加百分之二百九十一），公司等购电成本因亦突增，至自发电能部份，亦因燃料物料价格及人工费用剧升数倍，因而南汇、川沙售电价格亦不得不重行调整，俾资适应。谨按前经济部核定，公司等趸购与零售电价为三与五之比，依此标准，公司等在南汇、川沙之零售电价，原可调整为每度金圆四元零二分，但为减轻用户负担起见，拟勉减为：（一）电灯，每度金圆三元零六分；（二）电力，每户每月用电在一万度以下者，每度金圆三元零六分，超过一万度者，其超过部份，每度金圆二元七角四分（以上电灯电力售价均较原订售价增加百分之二百九十一），聊资抵补此项新电价。拟自十一月二十日抄表之日起实行。除分呈工商部、江苏省建设厅、川沙县政府，并登报公告外，理合造具电价表三分，备文呈请鉴赐层转备案，实为德便。

谨呈

南汇县县长熊

附呈电价表三份（略）

具呈人 浦东电气股份有限公司总经理童世亨（印）

南汇电气股份有限公司经理童受民（印）

中华民国三十七年十一月廿日

［1194－2－1210］

江苏省建设厅转发工商部核定浦东南汇两电气公司自民国三十七年十一月二十日起实行新电价致南汇县政府训令

（1948年12月21日）

事由：为转发工商部核定浦东南汇两电气公司十一月廿日起实行电价表由

建一字第二五四九号

中华民国卅七年十二月拾一日发出

令南汇县政府

奉工商部京电三七字第八三七四三号指令，本厅呈一件，为送浦东、南汇电气公司十一月份电价表由，内开：呈件均悉。查浦东及南汇电气公司呈请调整南汇、川沙售电价格，尚属需要，所拟电价亦在核定比例范围以内，准予照案。核定自十一月廿日起实行。均汇报行政院备案，并批示该公司等知照外，兹检发核定表四份，仰即存发饬遵，件存。此令。等因，附核定表四份，奉此除抽存并分行外，合行检发原表，令仰存发饬遵。此令。

附工商部核定表二份（县公司各乙份）

中华民国三十七年十二月
厅长钱振荣

〔附〕

工商部核准浦东电气公司(省区)、南汇电气公司电价表

三十七年十一月

（甲）电价

用电种类			每度电价（金圆）
电灯	普通		3.06
	优待	第一级	1.84
		第二级	2.45
	路灯		1.84
电力	第一级		3.06
	第二级		2.74
电热			3.06

（乙）实行日期

本表所列电价自三十七年十一月二十日起实行

（完）
[1194－2－1211]

浦东、南汇两电气股份有限公司为自民国三十七年十二月十日起调整电价致南汇县政府呈

（1948年12月10日）

事由：为调整南汇川沙电价自十二月十日起实行由

窃公司等呈请自十一月廿日起改订南汇、川沙售电价格，业奉工商部京电三七字第八三七四三号批核准在案。兹以上海市区奉准自十二月十日起调整电价，其中，趸售市外同业，规定为每度金圆四元五角五分，另加附加捐助一成合计金圆五元零一分（较前增加百分之一百零八），南汇电气公司购电成本因之陡增，浦东电气公司在省境售电亦因上海电力公司提高趸售电价，暨燃料物料及生活费指数上升，而成本激昂，致公司等原订南汇、川沙电价亟需要调整，俾资维持。谨按前经济部核定公司等趸购与零售电价为三与五之比，依此标准，公司等在南汇、川沙之零售电价，原可调整为每度金圆八元三角五分，惟为减轻用户负担，勉力抑低，拟自十二月十日，将南汇川沙电价调整为：（一）电灯，每度金圆六元三角七分；（二）电力，每户每月用电在一万度以下者，每度金圆六元三角七分，超过一万度者，其超过部份，每度金圆五元六角九分（以上均较前增加

百分之一百零八),聊资抵补。除分呈工商部及南汇、川沙两县政府,并登报公告外,理合造具电价表三份,备文呈请鉴赐层转备案,实为德便。

谨呈

南汇县县长熊

附呈电价表三份(略)

具呈人　浦东电气股份有限公司总经理童世亨(印)

南汇电气股份有限公司经理童受民(印)

中华民国三十七年十二月十日

[1194-2-1211]

江苏省建设厅转发工商部核定浦东南汇两电气公司自民国三十七年十二月十日起调整电价致南汇县政府令

(1949年1月10日)

事由:转发核定浦东南汇两电气公司电价表由

建一字第三二五八号

中华民国卅八年一月拾日发出

令南汇县政府

关于浦东、南汇两电气公司调整上年十二月十日起电价一案,经转奉工商部,京电三七字第一二五号指令,准照案核定,检发核定表五份到厅,除抽存并分令外,合行检发原表三份,仰即存发。此令。

附电价表三份(□公司各一份)

中华民国卅八年一月日

厅长钱振荣

〔附〕

工商部核定浦东电气公司(省区)、南汇电气公司电价表

三十七年十二月

(甲)电价

用电种类			每度电价(金圆)
电灯	普通户		6.37
	优待灯	第一级	3.82
		第二级	5.10
	路灯		3.82
电力	第一级		6.37
	第二级		5.69
电热(家庭用)			6.37

(乙)实行日期

本表所列电价自三十七年十二月十日起实行

完

[1194-2-1211]

浦东、南汇两电气股份有限公司为自民国三十八年一月八日起调整电价致南汇县政府呈

(1949年1月11日)

事由：为调整南汇川沙电价自一月八日起实行呈请鉴赐层转备案由

窃公司等自上年十二月十日起改订南汇、川沙售电价格，业经呈工商部京电三八字第〇〇一二五号批核准在案。兹以上海市区奉准自一月八日起调整电价，其中趸售市外同业，规定为每度金圆十元零六角四分，另加附加捐一成，合计每度金圆十一元七角(较前增加百分之一百三十四)，南汇电气公司购电成本因之陡增，浦东电气公司在省境售电，亦因上海电力公司提高趸售电价，暨燃料物料及生活费指数上升，而成本激昂，致公司等原订南汇、川沙电价亟需调整，俾资维持。谨按前经济部核定，公司等趸购与零售电价为三与五之比，依此标准，公司等在南汇、川沙之零售电价，原可调整为每度金圆十九圆五角，惟为减轻用户负担，勉力抑低，拟自一月八日起将南汇、川沙电价调整为：(一) 电灯，每度金圆十四元九角；(二) 电力，每户每月用电在一万度以下者，每度金圆十四元九角，超过一万度者，其超过部份每度金圆十三元三角(以上均较前增加百分之一百三十四)。聊资抵补除，分呈工商部及江苏省建设厅，并登报公告外，理合造具电价表三份，备文呈请鉴赐层转备案，实为德便。谨呈

南汇县县长孙

附呈电价表三份(略)

浦东电气股份有限公司总经理童世亨(印)

南汇电气股份有限公司经理童受民(印)

中华民国卅八年一月十一日

[1194-2-1211]

江苏省建设厅转发工商部核定浦东南汇两电气公司自民国三十八年一月八日起调整电价致南汇县政府训令

(1949年2月28日)

事由：为转发工商部核定浦东及南汇两电气公司一月份电价表仰存发由

苏建一字第〇一〇三号

中华民国卅八年二月廿八日发出

令南汇县政府

奉工商部京电三八号第〇一四一〇号训令内开：

案据浦东及南汇电气公司呈请调整南汇、川沙□一月份电价等情，经核所拟调整数额尚属可行，应准照案核定，除汇报行政院备案并批示外，合行检发核定表，令仰该厅存发饬遵存要等因，附表五份。奉此，除抽存并分行外，合行检同原表三份，令仰存发饬遵存要。

此令。

附件□□

厅长 钱振荣

中华民国三十八年二月

〔附〕

工商部核定浦东电气公司(省境)、南汇电气公司电价表

三十八年一月

(甲)电价

<table>
<tr><th colspan="3">用电种类</th><th>每度电价(金圆)</th></tr>
<tr><td rowspan="4">电灯</td><td colspan="2">普通</td><td>14.90</td></tr>
<tr><td rowspan="2">优待</td><td>第一级</td><td>8.94</td></tr>
<tr><td>第二级</td><td>11.92</td></tr>
<tr><td colspan="2">路灯</td><td>8.94</td></tr>
<tr><td rowspan="2">电力</td><td colspan="2">第一级</td><td>14.90</td></tr>
<tr><td colspan="2">第二级</td><td>13.30</td></tr>
<tr><td colspan="3">电热</td><td>14.90</td></tr>
</table>

(乙)实行日期

本表所列电价自三十八年一月八日起实行。

[1194-2-1211]

浦东、南汇两电气股份有限公司为自民国三十八年二月一日起调整电价致南汇县政府呈

(1949年2月3日)

事由:为调整南汇川沙电价自二月一日起实行呈请鉴赐层转备案由

窃公司等自一月八日起改订南汇、川沙售电价格,业经呈奉工商部京电卅八字第〇一四一〇号批核准在案。兹以上海市区奉准自二月一日起调整电价,其中趸售市外同业,规定为每度金圆二十三元三角,另加代收附加捐一成,合计每度金圆二十五元六角三分(较前增加百分之一百十九),南汇电气公司购电成本因而陡增,浦东电气公司在省境售电,亦因上海电力公司提高趸售电价,暨燃料物料价格及生活费指数上升而成本激昂,致公司等原订南汇、川沙电价亟需调整,俾资维持。谨按前经济部核定公司等趸购与零售电价为三与五之比,依此标准,公司等在南汇、川沙之零售电价原可调整为每度金圆四十二元七角二分,惟为减轻用户负担,勉力抑低,拟自二月一日起将南汇、川沙电价调整为:(一)电灯,每度金圆三十二元六角二分;(二)电力,每户每月用电在一万度以下者,每度金圆三十二元六角二分,超过一万度者,其超过部份每度金圆二十九圆一角二分(以上均较前增加百分之一百十九)。聊资抵补。除分呈工商部及江苏省建设厅,并登报公告外,理合造具电价表三份,备文呈请鉴赐层转备案,实为德便。谨呈

南汇县县长孙

附呈电价表三份(略)

浦东电气股份有限公司总经理童世亨(印)

南汇电气股份有限公司经理童受民(印)

中华民国卅八年二月三日

[1194-2-1211]

浦东、南汇两电气股份有限公司为自民国三十八年二月十二日起调整电价致南汇县政府呈

(1949年2月12日)

事由：为调整南汇川沙电价自二月十二日起实行呈请鉴赐层转备案由

窃公司等自二月一日起改订南汇、川沙售电价格。业经呈请工商部备案,并公告实行在案。兹以上海市区奉准自二月十二日起调整电价,其中趸售市外同业,规定为每度金圆九十六元六角,另加代收附加捐一成,合计每度金圆一百零六元二角六分(较前增加百分之三百十四),南汇电气公司购电成本因而陡增,浦东电气公司在省境售电,亦因上海电力公司提高趸售电价,暨燃料物料价格及人工费用上升而成本激昂,致公司等原订南汇、川沙电价亟需调整,俾资维持。谨按前经济部核定,公司等趸购与零售电价为三与五之比,依次标准,公司等在南汇、川沙之零售电价原可调整为每度金圆一百七十七元一角,惟为减轻用户负担,勉力抑低,拟自二月十二日起将南汇、川沙电价调整为：(一) 电灯,每度金圆一百三十五元二角；(二) 电力,每户每月用电在一万度以下者,每度金圆一百三十五元二角,超过一万度者,其超过部份每度金圆一百二十元零七角(以下均较前增加百分之三百十四)。聊资抵补。除分呈工商部及江苏省建设厅,并登报公告外,理合造具电价表三份,备文呈请鉴赐层转备案,实为德便。谨呈

南汇县县长孙

附呈电价表三份(略)

浦东电气股份有限公司总经理童世亨
南汇电气股份有限公司经理童受民
中华民国卅八年贰月十贰日

[1194-2-1211]

浦东、南汇两电气股份有限公司为自民国三十八年三月一日起电价改订为公用事业计价单位计算致南汇县政府呈

(1949年3月5日)

事由：为南汇川沙电费自三月一日抄表日起改订为公用事业计价单位计算呈请鉴赐层转备案由

窃公司等自二月十二日起改订南汇、川沙售电价格,业经呈请工商部备案,并公告实行在案。迩来金圆贬值,日甚一日,物价波动,瞬息万变,而电价不能随时调整,经常落后,往往新价方经公布,当日即已落在供电成本以下,遂致入不敷出,成为经常现象。更有进者,电业供给用户电能,例须自每月开始供电日起,经卅余日后,方可收得电费,是时燃料、物料价格暨人工费用早已激涨甚钜,因是所收电费远不足以应再生产之需,影响所及,使电业现金枯竭,周转困难,无法维持沪市电业。最近呈准主管机关,核定自三月一日起改以"公用事业计价单位"计算电费,每一单位各合0.625关元,逐日依中央银行牌价折算金圆,由公用局在日报上公布。公司等为维持生存计,亦拟仿行。查上海自三月一日起订定趸售市外同业电价为每度0.308单位,另加附加捐一成,合计每度0.3388单位。南汇电气公司购电转供以后,须照公用事业计价单位折合金圆之牌价缴付电费,浦东电气公司在省境电价亦因上海电力公司改以公用事业计价单位计算趸售电价。致公司等售电价,原以金圆计算者,亟须改订为公用事业计价单位,以资适应。谨按前经济部核定,公司等趸购与零售电价为三与五之比,依此标准,公司等在南汇、川沙零售电价,原可调整为每度公用事业计价单位0.5647,惟为减轻用户负担,勉力抑低,拟自三月一日抄表日起,将南汇、川沙电价仍按过去市区与县区电价1与1.4之比调整为：(一) 电灯,每度0.4312单位；(二) 电力,每户每月用电在一万度以下者,每度0.4312单位,超过一万度者,其超过部份每度0.385单位。上列电价均按付款日之公用事业计价单位牌价折收金圆,除迳呈工商部及江苏省建设厅,并登报公告外,理合造具电价表三份,备文呈请鉴赐层转备案,

实为德便。

谨呈

南汇县县长孙

附呈电价表三份(略)

浦东电气股份有限公司总经理童世亨(印)

南汇电气股份有限公司经理童受民(印)

中华民国卅八年三月五日

[1194-2-1211]

浦东、南汇两电气股份有限公司为自民国三十八年三月五日起电价计算改与上海市职工生活费指数联系致南汇县政府呈

(1949年3月18日)

事由:呈为公用事业计价单位改与上海市职工生活费指数联系条陈计算方法仰祈鉴赐层转备案由

查公司等在南汇、川沙两县境内售电,其电源大部系自上海市区趸购而来。为稳定供电成本起见,拟自三月一日起援照市区新例采用"公用事业计价单位"计算电费。该项"单位"原定与关圆连系,逐日依中央银行关圆牌价折收金圆,曾于三月五日造具依上述"单位"计算之基本电价表呈报在卷。兹以上海市区免除逐日公布牌价之烦,决将"公用事业计价单位"改为与上海市职工生活费指数联系,每月调整二次。公司等在南汇、川沙境内拟亦依照办理,以资适应。特将计算方法条陈如后:

一、公司等三月五日呈拟各种供电之"公用事业计价单位"电价,仍作为各级基本电价维持不变。

二、用户用电照前项基本电价计算所得之单位总数,倍以上海市职工生活费指数即得用户实际之金圆电费。

三、每月自八日至二十三日抄表之用电,以基本电价倍以当月十五日公布之生活费指数收费,自二十四日至下月七日抄表之用电,以基本电价倍以当月底公布之生活费指数收费。

四、每月自八日至十四日及二十四日至月底前一日抄表之用电,在本期生活费指数尚未公布时,得照上期生活费指数,及该期与前期生活费指数比较之环比指数,假定为本期生活费指数,折算金圆先行收费,俟十五日及月底生活费指数发表后,如有差别时,多退少补。

除分呈工商部、江苏省建设厅及川沙县政府,并登报公告外,理合具文呈请鉴赐层转备案,实为德便。

谨呈

南汇县县长孙

附呈基本电价表三份(略)

浦东电气股份有限公司总经理童世亨(印)

南汇电气股份有限公司经理童受民(印)

中华民国三十八年三月十八日

[1194-2-1211]

江苏省建设厅为浦东南汇两电气股份有限公司以职工生活费指数计算电费核属可行致南汇县政府的训令

(1949年3月25日)

事由:为南汇浦东两电厂拟以职工生活费指数计算电费核属可行所拟基本电价尚合转发电价表令知照由

镇建一字第四一六九号

中华民国卅八年三月廿五日发出

令南汇县政府

据南汇、浦东电气公司本年三月十七日会呈节称：

“窃公司等在南汇、川沙售电，来源大部份系向上海市区趸购。为稳定供电成本计，不得不仿照上海市区，以公用事业计价单位与上海市职工生活费指数联系，每月调整二次办法办理，以资适应。特将计算方法条陈如后：一、公司等电价拟仍依向例，照向市区趸购电价（每度0.308单位）酌加四成，拟订以‘公用事业计价单位’为本位之各级基本电价，如左（一）电灯每度0.431 2单位，（二）电力甲、每户每月用电在一万以下者，每度0.431 2单位；乙、超过一万度者，其超过部分每度0.385单位。二、用户用电照前项基本电价计算所得之单位总数，倍以上海市职工生活费指数，即得用户实际应付之金圆电费。三、每月自八日至二十三日抄表之用电以基本电价，倍以本月十五日公布之生活费指数收费，自二十四日至下月七日抄表之用电，以基本电价倍以本月底公布之生活费指数收费。四、每月自八日至十四日及二十四日至月底前一日抄表之用电，在本期生活费指数尚未公布时，得照上期生活费指数及该期与前期生活费指数比较之环比指数假定为本期生活费指数折算金圆，先行收费，俟十五日及月底生活费指数发表后，如有差别时，多退少补。以上零售基本电价与向市区趸购电价比较远，在呈准之五与三之比率以下，聊尽勉力减轻用户负担之棉薄，除分呈工商部及南汇川沙两县政府，并登报公告外，理合造具基本电价表，备文呈请鉴赐转呈备案，实为德便。”

等情，附表二份。据此，查所拟电价计算收费办法核属可行，所拟基本电价大致尚合，除批示试行，并呈部核定，及并分行外，合行抄同原表令仰知照。

此令

附抄发浦东、南汇电气公司原表一件（略）

中华民国三十八年三月日
厅长 钱振荣
[1194-2-1211]

浦东、南汇两电气股份有限公司为自民国三十八年四月起电价计算改与上海市政府逐日公布之计价指数联系致南汇县政府呈

（1949年4月26日）

事由：呈为公用事业计价单位改与上海市政府逐日公布之计价指数联系条陈计费办法仰祈鉴赐层转备案由

“查敝公司等在南汇、川沙两县境内售电之电源，大部系向上海市区趸购而来。前为稳定供电成本起见，业已援照市区成例，采用‘公用事业计价单位’与上海市职工生活费指数联系折算金圆收费。曾于三月十六日呈报在卷。兹以上海市区各电业奉准改订售电计费办法，以原订之电费计价单位，逐日照上海市政府公布之计价指数，折算金圆收费。公司等在南汇、川沙境内之售电因成本变动，亦不得不仿照办理，以资适应。特将上项计费办法条陈如后：

一、自四月廿四日起抄表发出之账单，其开列之电费计价单位数倍乘付款日上海市政府公布之公用事业计价指数折算收费（该项指数除由上海市政府逐日在上海各大日报公布外，敝公司收费处所均有揭示）。

二、凡在四月廿三日以前发出之账单，在规定付费限期内仍照原定计价办法收费，逾期改照新办法办理。

三、公司等今后发出之帐单，均注明依照用电度数核算而得之计价单位总数（电灯电力每度0.431 2单位），用户须按付款日公布之指数折算缴付，如用户愿意预付一个月之电费者，可参照上月用电量向当地或附近等办事处接洽。

四、电费如拖欠逾限除照章暂停供电外，仍须按付款日公布之指数缴付。

五、公司等派往用户处之收费员，均持有当日公司所给计价指数凭单，当场向用户核收电费。

除分呈工商部、江苏省建设厅，及川沙县政府，并登报公告外，理合具文呈请鉴核层转备案，实为德便。

谨呈

南汇县县长孙

浦东电气股份有限公司总经理童世亨(印)

南汇电气股份有限公司经理童受民(印)

中华民国卅八年四月廿六日

[1194-2-1211]

浦东电气股份有限公司接收复业报告

(1945年12月)

浦东电气公司接收复业报告

自本年八月中旬，日本正式宣布无条件投降以后，本公司即与同业水电各公司，商讨接收步骤，佥谓应先登报声明，以表示我同业八年抗战，忍辱负重，不与敌人合作之态度；请市民就能力所及，对于公司财产，加意保护，以便恢复营业。继复与新任上海市公用局赵局长曾钰及经济部电业司张司长家祉，商讨接收整理办法；世亨奉委为浦东电气公司接收委员，遂于九月十六日，会同赵局长等，先行接收华中水电公司上海电气支店；复于十八日，会同陈委员佐钧，接收华中水电公司浦东营业所及浦东电路系材料库等，令各原负责人造具清册，分别交代；至九月三十日，始告完成。十月以后，遂由本公司恢复营业。兹将接收前后经过情形略述如左：

(一)接收前概况　敌人秉其国策方针，合并江南各水电公司，组织所谓华中水电公司，将美商上海电力公司，改称为上海电气支店；就本公司张家浜发电厂原址，设立浦东电路系及浦东材料库；复于东昌路市范里，租借门面楼房七幢，设立浦东营业所。共有职工九十余人，管理窳败，弊端百出，遂致窃电横行，无法取缔。乃创"集团购电"之办法，除洋泾塘桥等较近区域，由该华中浦东营业所直接管理外，其余较远之区，均由当地推举代表，向华中公司订约购电，转售各户；虽曾收效一时，但不久即内外勾通，以多报少，而弊仍如故矣。

(二)接收时情形　本年九月十八日上午，世亨即赴公用局，会同陈委员佐钧，并率本公司主要职员十余人，开始渡浦接收，由营业所而电务科而材料库，依次办理；一面督促伪华中职工，赶造各种簿据现款案卷及器具等清册，以便点收；同时为维持供电不使中断计，即令本公司职员，暂与伪公司职员混合办公，所有抄表收费修灯等日常业务，均照常进行，绝未停止；至九月三十日交接蒇事，即经分别呈报上海市公用局暨经济部特派员办公处。至伪华中职工，积习太深，整饬不易，故除择优酌留数人外，余皆给资遣散，所遗工作，先尽战前本公司原有职工复员接替，不足再另添新人，以资补充。奉令编造各项接收报表工作，至为繁重，均经督率职员，如期赶竣。现距明令发还之期不远，八年沦陷，幸告收复，殊堪庆幸。

(三)接收后措施

(甲)追查遗失财产　本公司张家浜发电厂，原有瑞士皮皮西厂制造六百瓦二千三百伏六十周波三相汽轮发电机一部，英国拔柏葛厂制造热面积一千四百廿六方尺汽压二百五十磅水管式锅炉两部，及其附属设备。自民国十四年十一月开始发电以来，十余年间，运转纯熟，完好如新，绝无故障发生。自经此次兵燹，该项机件，被敌伪拆除无遗；接收以后，经多方查询，始悉于民国三十一年二月二十日，由伪华中水电公司，以日金拾贰萬壹仟元价让与伪华中矿业公司，移装于湖北大冶县保安坊桃冲矿业所内，现已呈准经济部鄂赣区特派员，转函湖北省敌伪强占民产清理委员会，及大冶县政府核办，并嘱派员前往洽办；拟俟交通稍便，即备具证件，派员前往洽请发还。

其他若变压器电度表杆线器具等之遗失者，为数亦多；凡有证据可凭者，均经陆续交涉收回；至于散失各处，无法搜寻者，拟另订办法，奖励自动归还，举发隐藏地点，以期逐渐收回。

本公司沦陷八年，所受之损失，实难数计，现正奉令填报；只以接收以还，时仅三月，始则忙于点收整理，备极丛挫；继则造报告各项表册，又繁复异常；因之各项损失，尚未准确估计，现正详查核算，大约于明年一月上旬，可以蒇事也。

（乙）改善输电配电设备　在敌伪盘踞之八年内，本公司原有线路，或被莠民乘机盗窃，或被敌伪任意拆移，即幸告存在者，又多掉装细线，甚或换用铅丝铁丝，且皆年久失修，窳败特甚；以致电压降落，故障迭生，损失电流，尤难估计。奉令接收后，即着手抢修，北部自陶家宅至高桥江心沙，南路自周家渡至杨思桥三林塘一带，均先加装断连熔丝闸，以策安全；复将倾斜杆木，陆续扶正，不合标准之线路，陆续掉换，俾符规定；惟因限于材料，整理颇感棘手。而乡区治安，迄犹未臻稳定，十二月间陆行区金家桥附近配电线路，连续被窃二次；虽迭经报请警局严缉，然终以匪迹出没无常，尚未能破获归案也。

本公司自发电量，在战前原已不敷供给，大部电流，均向闸北华商两公司趸购转给。自经此次兵燹，发电机被拆，而闸北华商，自身亦无发电能力，故所需电流，全部仰给于上海电力公司，隔江通电，全恃水底电缆为命脉。该项电缆，在战前原分南北两路，南路自南市江边码头及试炮台，通至浦东邱家宅配电所，敷设五千五百伏电缆二道，接通华商电气公司电源。北路自军工路虬江码头，通至浦东陶家宅配电所，敷设六千六百伏电缆二道，以接通闸北电源。在敌伪占营期间，北路被拆一道，尚存一道，亦已破坏不堪，计有接头十余处之多，不能用以通电。现所用以通电者，除原有南路二道外，尚有伪华中水电公司另行敷设之三万三千伏一道，所需电流，自杨树浦上海电力公司发电厂起，经闸北沪西南市，而达试炮台附近，再接通水底电缆，过江通至浦东周家渡，然后分路输送，至张家浜及陆家嘴一带，绕道达五十余公里之长；不特电流损失甚巨，抑且故障易生。十二月初，向上海电力公司借得接头需用之材料，将北路水缆，先行着手修理，至月杪蒇事；一俟闸北公司军工路架空线路修复，即可通电，以轻南路负载。现正设计自上海电力公司杨树浦发电厂，敷设六千六百及三万三千伏水底电缆各一道，作为中路电源，直接通至浦东，以期供电之安全与经济。此项计划，如能实现，对于浦东供电，当大有裨益也。

现时浦东电源，全在南路，既如上述；周家渡一带用电，直接以五千五百伏之电压就近分布；主要电源，则由三万三千伏架空线路，通至张家浜变压所；该所设置三〇〇〇千伏安变压器两具，将电压降低至六千六百伏，分配于各区使用；一面仍将三万三千伏架空线，通至烟厂路纶昌变压所，该所内有七五〇〇千伏安变压器一具，将电压降低为六千六百伏，以分配于远近各地。除上项输电变压器外，全区六千六百伏降低至二百三十伏及四百伏之配电变压器，计共一七三具，总容量为一五〇六二千伏安。伪华中公司占营期内，随便装设，多已过载，且保护设备，多付阙如；现正逐步改善，俾臻安全。

在敌伪占营期内，并无校表设备；战前本公司所有之校表台，均被拆除，破坏无遗。接管复业后，经陆续添设三相单相校表台三具，电度表试走台二具，对于校验工作，目前尚可应付。所有旧存电流表电压表电力表及标准旋转电度表等，皆已多年不用，恐或不甚准确，经陆续送请市公用局及上海电力公司代为校准。总计自接收至年底，共校三相电度表一百八十具，单相电度表五百十四具。此后拟将各用户电度表，陆续掉回校验，预计于三十五年度内，当可全部完成。

（丙）整理业务　本公司营业区域，包括浦江以东一市四县之广，在被占期内，各处杆线，或被破坏，或被盗窃，相隔八载，面目全非。接管复业后，派员实地履勘；则南部奉贤县境，只有四团新桥两镇，北部川沙县境，只有城区及小湾王家港两镇，杆线尚存，可通电流；其他如南汇县境之祝桥江镇杜行闸港一带，上海县境之陈行题桥王家渡等处，奉贤县境之西渡口南桥镇庄行镇青村港，川沙之徐顾曹龚各镇，全部杆线，均已荡然无存。接收伊始，物力财力，两感缺乏，是以供电范围，不得不暂以现有线路设备者为限。然而沿浦厂栈，先后复工，流离居民，陆续返乡，电流供给，骤告满载，用户申请增加用电量及新户申请接电者，尚纷至沓来，倘将来电源充沛，设备修整，足以应付需要时，则营业前途，殊未可限量也。

在伪华中占营时代，对于僻远乡区，以鞭长莫及，委托当地人士承包办理，创行所谓集团供电之办法，将整个浦东，化为十余地区，已如前述。本公司接收以后，即陆续派员前往接管，截至年底止，原系集团管理者，如川沙城区及本市高桥陆行高行各镇，均已接管蒇事，预计再过一二个月，必可全部收回也。

现计自接收至年底，各项售电，共得三百九十五万零八百三十三度，其中汇北及大明两电气公司，向本公司趸购者，计一百八十二万五千八百二十六度，约占百分之四十六左右；总平均每度售价合国币贰拾捌元玖角陆分。各处用户，计四千九百四十四户，但未经收回之各集团所属用户尚不计在内，兹分别列表如左（表略）：

购电方面，计自九月至十二月，向上海电力公司购进电流，共五百八十一万二千二百三十度。此项电流，因经长途输送，故耗损颇巨。更以敌伪时代，管理窳败，窃电横行，故三个月间损失电度，共达一百八十六万一千三百余度，约占购电量百分之三十二有奇。现正设计改善设备，使电流输送改趋捷径，并组织窃电检查队二组，积极检查，务期积年恶习，全部肃清。综计自复业以至年底，查获大小窃电案件七起，追偿电费国币三十四万余元，狡黠之徒，现已渐知敛迹，损失电度亦略为减少矣。

复查未接收前，伪华中公司，对于电力用户，多采用以煤掉电制度，即缴煤一吨，得用电五五〇度；惟电灯用电，每度仅收伪币捌佰元，合法币肆元，虽皆订有限度，超过者均须历级递加，然其所收电费，尚远在成本之下。良以华中水电，原系军管理性质，自有特殊任务，亏折在所不计。本公司承残破之余，苍夷满目，百废待兴，若再逐月亏折，势将难以为继；爰与同业各公司，迭次会呈主管机关，请予调整；几经折冲，至十月上旬始获照准。嗣上海电力公司征收工业用电用油附加费一项，本公司亦如数转加；惟衡诸一般物价，实尚低廉。匝月以来，物价指数，又不绝上腾，各项开支，亦陡增倍屣，前订电价，仍有不克维持之势，不久当再重请调整也。

战前本公司各科办公，原皆集中于张家浜，此次接收后，鉴于伪华中在东昌路所设之营业所，地点适中，交通便利，对于用户就近缴费及接洽业务，颇为适当；爰仍其旧，改设事务所，以营业会计二科及总务用户二科之一部份驻所办公，而工务科及总务科之材料股，用户科之校表股，则仍在张家浜办公。

其他关于资产方面，因复业不过三月，整理尚未就绪，接收物件与损失数量，尚难编制统计，详估价值，供给正确之报告，拟俟办理三十五年度决算表册时，一并补报，期无谬误，幸垂察焉。

中华民国三十四年十二月董事兼总经理童世亨谨述

［1194－2－339］

浦东电气股份有限公司民国二十六年度营业报告附沦陷期内收支报告

（1946年3月）

浦东电气公司民国二十六年度营业报告书

本公司年来积极扩充营业区域以期供电之普及，推广电力以求社会之繁荣，筹设新厂以谋发电之经济。本年四月又将上海市区内售电价格酌量减低。原期事业渐广，成效日宏。讵料八一三战事爆发，区域沦陷，业务停顿，主权不克维护，战事结束无期，损失之大，无从估计。姑就本年营业期间工程业务经济状况摘要报告，藉告段落，幸垂鉴焉。

一　工程设施

发电　本公司原有之六百瓩发电设备，本年仍继续运用，以其所发之电分配于洋泾塘桥两区南部各处应用。沪战爆发，该发电所亦在危险地带，无法工作，遂于八月十四日午刻停止发电。附近地方，屡遭轰炸，发电所幸未波及，故机件仍完好无恙。惟自国军西撤后，即由日军进驻，无法复业，为可惜耳。

本年发电一百六十万三千七百余度，因为时仅七个半月，故较上年减少至七十万零七千八百余度之多。最高负载达六百七十瓩（一月三十日）亦较上年较少十瓩。

购电　本年仍向华商电气公司及闸北水电公司继续购电，同时最高负载达三千二百八十八瓩，（一月六日）较上年减少一百八十二瓩。购电总量仅一千零六万零八百余度，较上年减少四百六十二万六千六百余度。共支购电费二十六万五千六百二十九元零七分。良以沪战爆发后，闸北电源，即告断绝。华商方面，虽能继续接用，然至十一月八日亦告停电。又以战事期内，用户迁避，需电量逐至大减。分别言之，则本年向华商电气公司购电五百一十八万九千三百余度，较上年减少二百五十四万六千三百余度。最高负载达一千五百五十瓩，（三月二十七日）较上年减少一百三十瓩。向闸北水电公司购电四百八十七万一千五百余度，较上年减少二百零八万零三百余度。最高负载达一千九百四十三瓩，（二月十日）较上年减少四十六瓩。

配电　本年输电配电设备，增加甚多，所有自奉贤萧塘镇迤南经南桥镇西展至庄行镇之英规七股十六号线路，为上年所敷设未竣者，本年继续进行，至一月间工竣通电。五月间自川沙闻塘敷设英规七股十八号一路通至沙泥码头。六月间又自青村港迤东敷设英规七股十八号一路经南高桥奉贤城分水墩等镇而至四团镇，凡在高压线路经过及到达之处，遇有用电需要，即装置变压器，敷设低压线路，以资供给。其他已设供电线路之处，新用户陆续增加，亦各为之添设杆线。故虽时仅半年，低压配电线路之增加，已属不少。更以负载日增，必需调整设备，藉增供电效能。乃复掉换胡家木桥以北沿浦东路至吴家厅间之方松电杆，以及吴家厅至庆宁寺间之圆木电杆。七月间复将陈行镇通至杜行镇之原设六千六百伏线路换为一万三千二百伏。并延展至闸港镇，而于庞家宅装置升压变压器一座，由六千六百伏升至一万三千二百伏，与通至南汇及奉贤县境之输电线路接通，形成环状，藉策安全。又将杨思桥经三林塘通至庞家宅间之原设线路，掉换较粗之英规七股十二号线，藉增容量。沪战既起，市区北部，因当攻守要冲，不能通电。而汇北电气公司需要颇殷，乃于枪林弹雨中，特为冒险敷设临时线路，自严家桥通至北蔡镇，以资供给。截至停业时止，综计所植电杆共一万四千四百零二株，架空线路共长五百零六公里，装出输电变压器一千九百二十千伏安，配电变压器九千零九十五千伏安。配电所则仍只邱家宅及陶家宅二处，并无增设。

给电　本年营业时间虽仅七个半月，而新增用户仍有一千一百余家，故给电工作，至为繁忙。总计装表接电共二千一百一十余户，拆表停电共一千零五十余户，移表及重封铅印等杂项工作共一千一百八十余户。各户电表装置已届规定年限者，陆续拆回校验，掉装新表。各户接户线发现陈腐紊乱者，即派匠拆除，重新敷设。截至停业时止，计装出单相电度表共一万四千一百四十五具，三相电度表四百五十一具。

本年发电购电同时最高负载达三千八百五十八瓦，较上年减少四十三瓦。电量综计一千一百六十六万四千余度，较上年减少五百三十三万四千余度。损失电量一百三十六万零三百余度，亦较上年减少二十万零二千三百余度。兹将最近两年关于工程各项列表比较如左。但因战事关系未能补录者缺之。

〈表略〉

购机建厂　筹建新厂工作，本年仍积极进行。一月间将承办机器之制造厂家审查蒇事，呈奉建设委员会核准发给工作许可证。所需英国拔柏葛厂制造每小时蒸发二十五公吨湾管式汽压每平方公分二十八公斤汽温摄氏四百度锅炉二座，决向新通贸易公司承购。遂于三月十二日将合同议妥签订。计总价英金二万三千一百五十镑，包括运费关税码头捐保险费在内。签订时先付总价百分之十。余俟装船运到后，分期陆续付清。所需德国霭益吉厂制造单汽缸冲动式汽压摄氏三百七十五度每分钟三千转，配以同速度之五千瓦（电力因数百分之八十）三相五十週波六千九百伏同期交流机之汽轮二座，决向禅臣洋行承购。至四月六日，亦将合同签订。连同凝汽设备蒸馏设备冷热水管等，共计英金三万零一百镑，包括运费保险费及关税附属费在内。签订时先付总价百分之十。余俟机器运到后分期陆续付清。预计明年春季当可运到交货，故决将新厂办公室门房货栈等先行兴筑。即照设计图样招工投标，由友记营造厂得标承办，计造价国币二万八千七百四十六元六角四分。四月一日起实行开工，约定三个月完工交屋，再行添造厂房。不料八一三事变突起，承办新机之各洋行，遂通知本公司暂停制造，另议办法。函牍往返，迄无要领。新筑之办公室货栈门房等，亦未及前往验收，遽行中缀。前途演变，正未可逆料也。

停电经过　八一三战事发生后，闸北水电公司电源即告断绝。本公司发电所因在危险地带，无法开机。又以北部线路被毁甚多，本市高桥高行陆行洋泾等区，遂皆被迫停电。仅将华商电气公司电源暂供塘桥杨思二区，以及上海奉贤南汇（除第二区外）三县所属各区之用，自来水厂原用闸北电源，故亦曾一度中断。嗣以该厂关系重要，即经派匠冒险工作，接通华商电源，恢复供电。各处线路，虽屡遭毁坏，亦即随时派匠修复，维持通电，未敢稍懈。迨至十一月六日，日军在金山嘴登陆，浦东情事骤变，国军西撤，于是本公司南部区域内电流供给，亦同时断绝矣。

二　营业情形

扩充区域　本公司连年扩充营业区域，已达浦东一市四县之广。嗣因区域以外毗连各乡镇，如南汇县之大团仓镇，奉贤县之胡家桥镇，松江县之张泽叶榭，金山县之泖港松隐等处，鉴于他镇接用本公司电气之便利，纷来要求放线供电。本公司本服务社会之志趣，亦愿将上海市及上海川沙南汇奉贤松江金山六县之在浦东境内者，尽收为营业区域。故拟自南汇祝桥镇延长杆线，南经仓镇，与南汇电气公司之线路相接。复自奉贤四团镇延长杆线，北经大团镇，亦与南汇电气公司之线路相接。庶川南奉三县线路，连络贯通，遇有故障时，电流可互相调济。查大团电灯厂原装四十及二十五马力卧式油机各一座，拖动三十一及二十瓩发电机各一台，灯光黯淡，机器时告损坏，用户啧有烦言。仓镇胡家桥镇亦各以碾米机拖带发电机，容量甚小，频年亏折，均告不支。又如松江县属之叶榭镇，原有茂兴德电灯碾米厂。已于上年十月间与本公司签订归并合同，亟待放线供电，以资交替。张泽镇之森泰协记电灯碾米厂，发电量仅十四·五瓩，营业不振，亦颇归并合作。金山县属之泖港镇(一名余来庙)虽有瑞典电灯碾米厂，备一十三·五瓩之直流发电机，供给泖港镇西北岸各户用电，惟东南岸一带尚付缺如。港南松隐镇原有福泰兴油厂所办之松隐电灯公司，发电量仅二十五瓩，难于维持。以上各小厂，均未依法取得营业权。爰于五月四日备具书图，分呈建设委员会及各地方主管机关，悉请扩充为本公司营业区域。不幸沪战爆发，建设委员会全国电气事业指导委员会即函致本公司，嘱将此事暂缓办理。遂成悬案，无法进行矣。

电灯　本年四月份起，将市区内最高之第一级电灯价目，减为每度国币一角九分，其余各级仍照原价计算。本年五月间，川沙县之华家路镇，奉贤县之庄行镇及南高桥镇，先后通电。六月间，通电至奉城头桥及分水墩等镇。七月间，四团镇亦通电放光，住户商店接用电灯者更为踊跃。其他已设杆线之处，报装电灯者亦甚众。综计本年新接用户二千零三十家，因故停电九百三十三家，实共电灯用户一万四千零二十七家。较上年底净增一千一百家，合百分之八·五。八个月售电一百五十二万七千六百余度，共收电费二十八万六千二百二十而余元，占电费收入总数百分之四六·二。每度平均售价合国币一角八分七厘三毫。

电力　本年电力用户共有三百四十九家。因秋收时期适逢战事发生，致原有轧花碾米等厂，所装电动机，大部停顿。故较上年减少三家。各户所置电动机之总容量为八千八百九十二马力。八个月售电七百十九万六千八百三十余度，较上年同期增加十一万二千三百三十余度，合百分之十五·九，占售电总量百分之七二·三。共收电费二十六万八千五百五十余元。占电费收入总数百分之四三·四。每年平均售价合国币三分七厘三毫。

电热　本年电热营业仍无进步，计共有用户六十八家，较上年仅增六家。用户所装电热器之总容量为三百二十五瓩，售电三万五千六百九十余度，共收电费二千六百三十余元。

路灯　本年六月底止，各处路灯共计三千零四十五盏，总电量一百五十瓩，用电二十三万三千余度，约占售电总量百分之二·三四。共收电费一万一千六百三十余元，每度电价平均四分九厘九毫。

同业售电　本年同业向本公司购电转给者，除原有南汇汇北及周浦大明电气公司三家外，奉贤县南桥镇之立亨电气厂，亦向本公司购电转售。共计供电九十一万一千一百余度，占售电总量百分之九·二。共收电费四万七千四百九十余元，占电费收入总数百分之七·七。

本年各项售电共计九百九十五万五千三百十余度，占发电购电总量百分之八七·五。平均每度售价约合国币六分二厘二毫。本公司配电所事务所及其他各部自用电度共计六万七千六百五十余度，作价二千零二十余元。查获窃电五家，补缴电费五百九十余元。兹将近两年营业情形，列表比较如左。〈表略〉

三　经济状况

增收资本　本公司因筹设新发电厂及添置各项设备，经股东会议决，扩充资本总额为一百五十万元。所增五十万元，除由上年添收二十二万六千四百元外，尚余二十七万三千六百元，经各股东踊跃认缴，截至本年五月底止，即全数收足。乃依法呈请实业部变更登记，换给新字第六一八号注册执照为凭。

资产　本年结账时，适值战事期间。大部资产，均在战区，所遭损失，未能实地调查。故照账载数目，暂行结算。计发电资产，仍与上年相等。输电配电资产，因线路延长，架空杆线及其他设备陆续扩充之数，较上年增加六十一万一千余元。用电资产，因业务增进，电度表及接户设备，均须随时添置，故较上年增加二万八千三百八十余元。业务资产，因改善张家浜两岸木坝，修筑道路及添置器具运输递信等设备，故较上年增加一万七千八百九十余元。其他固定资产项下，因订购新机，圈收基地，及建筑货栈办公室等，所需各项筹备费渐多，故较上年增加十二万五千八百七十余元。综计全部固定资产共值一百八十万三千四百十余元，较上年增加二十三万三千二百六十余元，与电费收入成二·九与一之比，约占资产总额十分之六。至年终结算，除土地及其他固定资产外，仍按原值提存折旧准备百分之五，加入负债之部。一方并入各项费用项下。流动资产以银行钱庄存款应收账款有价证券及存料为巨。综计四十四万一千八百九十余元。杂项资产共计七十六万二千二百七十余元,内重置设备基金六十一万六千五百五十余元,大部定期存入各银行,以备分期缴付新机及新厂建筑费等之用。

负债　本公司实收股本一百五十万元,连历年提存公积九万七千六百十余元,两共一百五十九万七千六百十余元,较上年增加二十九万四千三百十余元。短期负债以存入保证金及同人存款为巨,共计八十八万六千五百十余元,占负债总额十分之三,与上年相较,计增七万三千零四十余元。杂项负债包括折旧呆账准备等项共四十三万六千六百七十余元,较上年增加七万七千九百七十余元。本期盈余连上期派剩盈余共八万六千七百八十余元。兹将近两年结账时之财政状况列表比较如左。〈表略〉

收支损益　本年实际营业八个月,各项电费收入,共计六十一万九千一百七十余元,较上年减少三十万零二千三百七十余元。如与上年同期八个月所收五十六万八千二百四十余元相较,计增五万零九百三十余元,约合百分之九。杂项营业收入,包括出租电具租费及业务手续费等收入,较上年减少四千零九十余元。非营业收入较上年增加九千一百三十余元。综计全年收入六十八万九千八百余元,较上年减少二十九万七千三百三十余元,约合百分之三〇・一。费用方面,发电费一项,系包括购电费及发电所一切开支,较上年减少十三万七千三百十余元,约合百分之三〇・一。供电费用较上年减少一万四千一百十余元,约合百分之九・五。营业费用较上年减少一万八千二百六十余元,约合百分之三十五・六。管理费用因搬移物料及战事特别费等之支出,故较上年仅减少四千二百十余元,约合百分之〇・三。综计全年各项费用及提存折旧准备等,共计六十万零六千零八十余元,占全年收入总数百分之八七・九,较上年减少十七万三千八百九十余元,约百分之二二・三。兹将近两年收支概况列表比较如左。〈表略〉

本年收支相抵,共盈八万三千七百十九元六角九分,占全年收入总数百分之一二・一,较上年减少十二万三千四百四十余元,约合百分之五九・六。然此仅就账载数目约略推算。如就战事发生后之实际情形而论,则损失之大,一时尚难估计,只得俟诸异日矣。

四　结论

溯自本公司成立以来,已达十有八年。所占区域,多为荒僻地段。幸赖股东指导于上,同人辅助于下,是以一切设施,均能顺利推行。股本日增,区域日广,营业亦日有进展。苟无事变发生,则新厂落成后,供电完善,成本减轻,事业前途,宁有限量。历年造送工程业务及经济报告,均蒙建设委员会评为成绩优良,颁给荣誉奖状,未曾或间,在民营电业中忝列首选。惟因本公司年来扩充区域,皆在江苏省境,本市公用局感于执行合约之困难,故曾提出划分本公司市区内外之资产业务为解决困难之办法;虽经据理力争,终以无法避免,允于本年度起实行。并遵将市区内第一级电灯电价自四月一日起先行每度改低一分。复将公司营业章程分订为上海市境与江苏省境两种,呈准实行。惜未及数月,骤遭国难,凡所建议,皆成画饼。良可慨也。兹特将本年度之资产负债损益计算书①及财产目录②补印于后,尚祈

各股东查阅指示,幸甚感甚。

中华民国二十六年十二月三十一日　董事兼总经理童世亨谨述

〔附〕

浦东电气公司沦陷期内收支报告

沪地沦陷以后,本公司财产被占,营业被夺,主权丧失,无事可为。仅就力所能及者,将文卷账册材料钢箱电表马达等类之可以移动者,于飞机轰炸之下,设法迁往浦西旧法租界福履新村二号;自行保管。另有大宗电线计铜丝一六一二〇公斤及三十七根十二号皮线二四〇・六码,则暂行寄存于浦东美商大来栈内,取得栈单为凭。员工仆役,则分别给资遣散,仅留高级职员七八人,组织保管委员会,负责保管。并假爱多亚路二二八号铸丰搪瓷公司发行所为通讯处,以便与董事股东互相连络。各保管员均略给津贴,不足以维生活;则许其兼任铸丰搪瓷公司或其他职务,以渡难关。太平洋战事发生后,本公司寄存于大来栈内之大宗电线,又

① 资产负债损益计算书从略。
② 财产目录从略。

为敌军搜刮以去;福履新村屋内,亦被敌宪兵搜查数次,幸早将重要物件,如文卷账册电表马达等项,移藏铸丰搪瓷公司发行所及栈房之内,未被取去,亦云幸矣。至战前本公司向德国霭益吉厂订购之单汽缸冲动式配以五千启罗华德三相交流发电机之汽轮两座,及向英国拔柏葛厂订购之每小时蒸发二十五公吨湾管式锅炉两座,与其附属设备,均以战事发生,各该洋行要求取消合同,发还定金半数,以资了结;故尚未受多大损失。收回定金半数后,即将此款按股借给于各股东,计共借出二十四万七千八百八十余元;为经领借者,尚有五万二千一百二十余元。大都以地方沦陷,流离奔走,通信不便之故。王家渡新厂所筑办公室及门房货栈等,不幸于上半年七月间,复为匪徒纵火焚毁;今仅剩颓垣残壁,供人凭吊,殊可慨矣。(余详拙著企业回忆录中册)沦陷期内,市面虽流通伪币,本公司账册上之记载,犹以法币为准。本年八月间,胜利来临;至九月十六日,始奉经济部苏浙皖特派员办公处公函,指定世亨为接收委员会委员,会同上海市公用局第二处长陈佐钧君前往接收。八年沦陷,一朝恢复,痛定思痛,弥增感慨。爰特将沦陷期内即自民国二十七年一月至三十四年九月止之收支账略撮要报告如左,幸垂察焉。〈表略〉

中华民国三十五年三月　总经理童世亨谨述

[1194-2-339]

浦东电气股份有限公司民国三十六年度营业报告书

(1947年)

民国三十六年度,本公司业务之进程,已自整修时期,步入建设阶段。举其要点:(一)资本总额,由战前之一百五十万元,扩充至五十亿元;业已呈准登记,完成手续。(二)新建二、五〇〇瓩汽轮发电所已告完成,并另向他方购电补充,因而供电总量,自上年之四、二八八瓩增加为七、五〇〇瓩,电荒情势,稍见缓和。(三)各处主要干线,分别整修建设,初步计划,已告完成。输电效率,渐见提高。综此诸端,虽曰地方需要所促成,亦未始非办事人员艰苦奋斗,有以致之。兹将三十六年度工程营业及经济概况,摘要报告,敬希指正:

一　工程设施

发电　本公司前以解救电荒,于上年十月间向英商安利洋行订购英国茂伟电机厂制造二、五〇〇瓩汽轮发电机一座,汤泼生厂制造每小时蒸发量七、六公吨锅炉两座,曾于上届报告书中择要报告。该项设备,于本年三月上旬运抵上海,即就张家浜原有发电所之余地上,建屋装机,至六月下旬,全部蒇事。七月一日,开始发电。运用以来,成绩颇佳;惟以此项机器,原为寒冷地带所设计,故在夏令气温较高时,发电量不免略减。综计六个月中,共发电六、九八七、五六〇度,最高负载二、六〇〇瓩(十月十一日下午八时四〇分)。逐月平均负载因数为百分之六三.五。

浦东需电殷切,新机发电以后,仍属供不敷求,爰又与鸿丰纺织公司订约,租赁其杨家渡之七〇〇瓩油机发电所,归本公司管理发电,接供公用。截至年终,该项油机已装置完竣,明年一月即可开始发电。

本公司在沦陷时期被敌伪拆往安徽荻港桃冲矿业所之六〇〇瓩旧发电设备,胜利后被资源委员会华中矿物局接管。迭经交涉收回,始于本年十月间奉苏浙皖区处理敌伪产业审议委员会批示,准予具保发还,现已办妥领回手续,明年三四月间,即将派员前往拆运,以便复装供电。

购电　本年向上海电力公司购电,自杨树浦发电厂起,仍分南北两路轮接:一循三三千伏架空线路,经闸北沪西南市,再以水底电缆通至浦东之周家渡。一经闸北军工路以六.六千伏水底电缆通至浦东之陶家宅,上半年购电量仍照上年约定分配率最高负载为四、二八八瓩,合每月二、〇二〇、〇〇〇度。但入夏以后,供电最高负载已达四、七二二瓩(六月二十日上午七时)。七月一日,本公司新机发电以后,购电量即被减至三、八〇〇瓩,合每月一、七八〇、〇〇〇度。综计全年向该公司购电二六、四八四、六七六度,较上年增加一、一六七、五三一度,约增百分之四.六强。现为减少输电损失及故障起见,拟与上海电力公司在上海杨树浦与浦东庆宁寺间浦江中直接通电,几经洽商,已获同意。所需各项器材,已向国外订购,并经商得闸北水电公司同意,租用其杨树浦变压所房屋及其内部设备,以便输电。此项计划,明年秋冬以后,当可逐步实施。

复员以来,陆家嘴英商纶昌纺织漂染印花厂,原由本公司供电八〇〇瓩;本年十一月间,该公司原有发电设备装复发电，自给以外，尚有余量一、二〇〇瓩，允售与本公司转供公用，以补浦东电源之不足。自十一月十日起至年底止，共向购电四五六、四五〇度。

配电　本公司发电之外，兼以购电。电源既多，互相调节配合，工作益见繁重。一年来对于线路之整理添设，以及变压器容量之调整，仍积极进行。六、六〇〇伏高压线路经整理完竣者，计：（一）浦东南路周家弄口至六里桥，长〇.九七三公里。（二）浦东南路周家弄口至南码头，长〇.五八二公里。（三）高行南镇至张家桥，长三.二五八四公里。（四）张家桥至陆行，长二.四八九二公里。（五）东昌路赖义渡路口至东昌路桥，长〇.九〇一九公里。各视其负载情形，掉装适量之铜线及变压器。至六、六〇〇伏高压线路之添设完竣者，计：（一）张家浜至杨思桥恒大纱厂英规十九股十二号铜线一路，长七.四八三四公里。（二）张家浜至杨家渡鸿丰纱厂英规七股十号铜线一路，长一.一九〇三公里。（三）浦东路六号桥至张家楼英规七股十八号铜线一路，长一.七九五三公里。（四）浦东路吴家厅至天章纸厂英规十九根十二号铜线一路，长〇.四三八公里。（五）杨思桥后长街至杨思港口耀华玻璃厂英规七股十六号铜线一路，长一.九九七公里。（六）自南汇县之张江栅至川沙县北门英规七股十二号铜线一路，长八.七二三公里。尚有自塘桥镇起沿塘新公路经北蔡镇而至周浦镇一路，已植杆二八八株，俟明年铜线到达后，即可敷设完竣。

本年因张家浜发电所新机发电，为与浜南配电所之馈电线联络起见，特敷设六、六〇〇伏三心地缆三道，以资沟通。并为控制便利计，就原有电杆上加设专用话线二路：一自张家浜经周浦航头而至新场，计长一五.五三公里。一自张江栅至川沙县城，计长八.七二三八公里。低压配电及路灯线路之经整理添设完竣者，计有六里桥、南码头、小南码头、开平局、贾家角、高行南镇、张家桥、陆行及老白渡等九处。其他已设供电线路之处，因新用户陆续增加，为之添设杆木者，凡五一〇株；掉换或添设变压器者凡九处。截至年底，综计全部电杆七、七二七根，架空线路共长二四五.五〇三公里。装出输电变压器五具，总容量五、九〇〇千伏安，配电变压器九六具，总容量一二、〇九三千伏安。

给电　本年新装用户，市区与省境合计电灯三、二八五户；电力五三户；电热二户。新旧电力户共添电动机一、〇二〇马力。检查用户接户设备，仍分区积极进行，计共整理一、二二四户。用户处原装电表，经拆回校验换装者，达一、五〇〇户。窃电之风，仍未肃清，计共查获二十六起，均经依法处理。

本年发电购电综计三三、九一九、六八六度，较上年增加八、六〇二、五四一度，约合百分之三四弱。最高负载达六、八四二瓩（十一月十三日下午七时），较上年增加二、四四二瓩，合百分之五五.五。全年负载因数为百分之五六.六，较上年略低。损失电量六、二一四、二七〇度，较上年增加一、〇九儿、〇七四度，占发购电总量百分之一八.三强。其比率虽较上年减少百分之一.九，但以上海电力公司之电流，仍须转辗输送；强用窃电之风，尚未根绝；故与战前相较，仍极悬殊。兹将最近两年关于工程各项列表比较如下：

〈表略〉

二　营业情形

推行节电　本年上半年，电荒仍极严重。上年十一月，市政府颁布之限制电灯用电办法，至本年一月十六日虽告废止，惟对电力限制仍严。嗣因冬令日短，用电势将激增，本市电源更感不敷，市政府爰复于十月一日颁布节约用电办法十二条，对于商业及住宅电灯，分别厘定限度，用电逾限者，分级递增收费，由公司汇缴市库。施行结果，尚有相当之成效。

调整电价　本年物价波动特甚，购电发电成本及业务开支，既相因递涨，售电价格，遂亦不得不随时呈请调整，藉资抵补。无如政府统筹全局，未许随时提高，又因公文往返，兼旬累月，即或奉准调整，而至实施之际，又已远落物价之后；是以业务收支，仍难悉臻合理。所幸中央近已制定公用事业价格计算公式，定自明年一月起实行；此后困难，当可稍见解除。至本公司省境内营业区域内，因供电成本较重，经呈准参照市境电价，略加提高，藉资弥补。然为减轻用户负担起见，勉自抑低，常在核定标准之下，且逐步接近，现已相差不多。兹将本年内市省电价调整情形，表列如左：

〈表略〉

售电状况　本年六月以前，凡电灯新用户之申请接电者，仍承上年旧历依登记先后，酌量承接。七月初自行发电以后，遂对战前旧户及战后新户，无分先后，随报随接，以求服务之普及。至电力新用户之申请供电者，则市区以内均须经上海市供电审核委员会核议通过。在二月以前，因电荒严重，故申请案件，通过者甚少，嗣后境况略好，通过者渐多。但至十二月中旬，又因煤源减少，暂停接新户。兹将本年各项售电分述于下：电灯　年底止，共计一〇、三二四户，全年售电三、五六一、二三七度，占售电总量百分之一三，共收电费六、六〇一、〇三三、一三六元，亦占电费总收入百分之一三。电力　年底止，共计四六八户，装见电动机总容量共一四、六四〇马力，全年售电二〇、五六二、六八二度，占售电总量百分之七六，共收电费三九、六六五、四四九、九九一元，亦占电费总收入百分之七六。电热　年底止，共计九户，装见电热器总容量二〇瓩，全年售电二九、九〇八度，共收电费五七、〇一八、一九六元。路灯　市县公用路灯共售电二八二、六三〇度，收入电费三〇四、二〇四、五一五元。

同业售电　汇北电气公司营业区域，于本年十一月间归并与南汇电气公司，故自十一月十六日起浦东同业向本公司购电者，仅有南汇及周浦大明二家。全年供电二、六七九、一一八度，占售电总量百分之十，共收电费五、五二八、一三七、八五〇元，占电费总收入百分之一一。

本年各项售电共计二七、一一五、六七五度，占发电购电总量百分之八〇。发电所配电所及事务所自用电量，共计五八九、七四一度，占发电购电总量百分之一.七强。兹将最近两年营业事项列表比较如左：

〈表略〉

三　经济情形

固定资产　上年底结共计国币一二五、二一九、七九三元。本年依照部颁工矿运输事业重估固定资产调整资本办法之规定，呈准增值二、四五八、五〇〇、〇〇〇元。一年内又新增资产一一、六二〇、一五九、二六四元。故至年底结算，共计一四、二〇三、九七九、〇五七元。兹将各项资产之增加情形，列表如左：

〈表略〉

流动资产　共计二六、四二九、一二二、七八〇元，其中以应收用户帐款占百分之六一为最钜，材料占百分之三四较次。

杂项资产　共计九、六九六、九九九、一七五元，其中以订购器材所预付之款项占百分之七七为最钜，企业投资占百分之一五较次。

资本及公积　本公司战前收足资本一百五十万元，本年五月二十五日经股东会议决增加为五十亿元。除照部颁工矿运输事业重估固定资产价值调整资本办法之规定，将各项固定资产增值国币二十五亿四千八百五十万元，按各股东原有股数比例调整外，另行加收现金二十四亿五千万元。承各股东踊跃认缴，如期收足，于十月十九日召开股东临时会，提出报告，并依法改选董事监察人。旋即呈报经济部，奉准变更登记，换发济字第四四号电气事业执照及新字第二九六四号公司执照。至其他战前账目，现因币值低落而经调整者，悉入公积项下，连前共计四〇七、九三四、二五〇元。

负债　长期负债计一〇、七八五、七〇八、七五九元，短期负债计二四、二〇二、七六三、九六〇元，杂项负债计九、〇〇六、四一四、六四二元，总计四三、九九四、八八七、二六一元。本年扩充设备及平日周转，大部仰给于各项债款，为数虽钜，但以资产相抵，绰有余裕，陆续清债，亦非难事。

损益　本年收入总计五七、二四三、二五一、二二五元，其中应收各项电费占百分之九二.二，杂项营业收入占百分之〇.四，非营业收入占百分之二.二，贴补收入占百分之五.二。各项费用支出及提存折旧呆账等准备，总计五六、四一六、〇七一、九二四元。其中发电及购电费用占百分之五一.五，供电费用占百分之一五.三，营业费用占百分之四.九，管理及财务费用占百分之二八.三。

盈余　去岁结算，显见亏损。本年惩前毖后，一面紧缩开支，一面增加售电，因而营业成绩，略有起色，计净盈九二七、二七九、二〇一元，占收入总数百分之一.六，合资本总额百分之一八.五。

本年币值趋势，每况愈下，资产负债及损益等账面数字与实际价值，相去悬殊；今昔衡量，显无意义。故与三十五年作账面价值之比较，仍从阙略。

四　结论

综观本年业务，因电量增多之故，较之上年，不能谓无显著之进步。对于浦东工商各业，亦非无相当之贡献。顾电业之发展，有赖于社会之安定与繁荣。故展望公司前途，一切扩充计划之实现，胥以外在因素之改善为前提。以后仍当在刻苦中求发展，在稳健中谋进取，以期勉尽厥责，毋负股东诸君之期望。兹将结至三十六年底之资产负债表及财产目录，暨三十六年度之损益表，一并附录于后，尚祈察阅指教，不胜感幸。

[1194-2-511]

浦东电气股份有限公司历届改组起讫日期及经过情形概述①

(1948年4月16日)

本公司于民国八年五月间由现任董事长黄总经理、童世亨君等发起，就张家浜南岸购地建厂装置煤气机发电。嗣复于张家浜北□建设新厂，订购六百瓩汽轮发电机，于十四年十一月装竣发电。十九年一月向华商电气公司订约购电。廿二年二月与闸北水电公司签订馈电合同，均于黄浦江中埋设水底电缆接通电流。

嗣经不绝推广至廿六年战事发生时止，营业区域已包括上海市、上海县、川沙县之浦东全境，以及南汇、奉贤等县之大部份。供电负载高达四千余瓩，输电线路共长五百余公里，用电数户多至一万四千余家。资本总额扩充至一百五十万元。乃于上海县第四季度区王家渡购地七十余亩，筹建一万瓩新发电厂，预计于廿八年前完成发电，不意战事发生，遂致功亏一篑。

廿六年八月，中日战事发生后，本公司维持供电，不遗余力。至十一月初战事西移，乃将全体员工撤退至沪。公司财产尽沦敌手，旋被伪华中水电公司强占经营。八年之间发电设备，拆迁无遗，线路毁损过半，新厂房屋，悉付一炬，损失之钜，难以数计。

卅四年八月战事胜利后，于九月十八日接收复业。因发电设备已被敌伪□拆，浦东方面需电约三八〇〇瓩，当时悉向上海电力公司趸购转给。惟该公司发电设备有一部份在战时亦遭破坏，发电量较战前锐减，于是转售电量，亦严加限制。电源既属有限，售电亦不得不竭力紧缩。惟浦东工厂陆续复工，逃亡民众相率归来，需电激增，以致供求悬殊，发生过渡时期之电荒现象。

卅五年十一月向英国茂伟电机厂订购二五〇〇瓩汽轮发电设备一套，本年五月扩充资本为国币五十亿元。七月新机装竣发电。十一月复向英商纶昌纺织公司购电一二〇〇瓩转供公用。电荒情势，稍形缓和。

浦东区域辽阔，沿浦一带工厂林立，工业用电约占百分之八十，如电源充裕，尽量□□，则营业前途，颇有发展。

附表(一)

职别	姓名	年龄	籍贯	履历
董事	童季通	65	江苏嘉定	前南京电灯厂厂长，江苏省立第一工业学校校长，嘉兴永明电灯公司董事长
	童受民	46	江苏嘉定	历任资源委员会主任秘书，甘肃油矿局财务处长，上海华商电气公司经理
	黄炳权	48	江苏南汇	现任上海市参议员，上海华商电气公司经理，南汇县银行常务董事
	钱新之	63	浙江吴兴	财政部次长代理部务参政员，交通银行董事长
	黄任之	70	江苏川沙	前江苏省教育会副会长，中华职业教育社常务理事，国民参政会参政员
	孙照明	37	江苏南汇	现任协大祥绸布庄经理
	荣鸿元	42	江苏无锡	现任申新纺织公司经理
	杨鼎臣	53	上海	历任新沙逊洋行出口部华经理，怡和洋行食粮部华经理，铸丰搪瓷公司董事
	宋文魁	57	上海	会德丰洋行华经理
	朱鸿圻	57	江苏南汇	上海市砖灰业同业公会理事长，浦东同乡会理事，大中砖瓦公司经理，大昌砖灰行总经理
	何静之	76	上海	泰源永报关行经理，太平保险行经理
	朱铭松		江苏南汇	恒益纱号经理

① 摘自民国三十七年四月十六日《浦东电气股份有限公司呈民国三十六年度电气事业年报》。

续 表

职别	姓名	年龄	籍贯	履历
董事	王芹伯	60	江苏南汇	创办润昌鸿米麦行及惠南航社，曾任沪南慈善会董事
	赵晋卿	65	上海	沪闵交通公司董事长
	金宗城		浙江鄞县	上海银行放款部经理
监察人	单渭叔	63	江苏	前大理院推事，现任法学会上海分会常务理事，农商银行常驻监察人，大丰公司及惠工机械厂监察人
	陆容庵		江苏川沙	国民大会川沙县代表，川沙县银行董事
	刘瑞人		江苏南汇	苏州顺昌百货公司经理

附表(二)

职别		姓名	年龄	籍贯	待遇	履历	兼职情形
总经理		童世亨	65	江苏嘉定	基薪400元	前南京电灯厂厂长，江苏省立第一工业学校校长，嘉兴永明电灯公司董事长	铸丰搪瓷公司总经理
副总经理		童受民	46	江苏嘉定	380元	历任资源委员会主任秘书，甘肃油矿局财务处长，上海华商电气公司经理	
总工程师		陈东	57	上海	340元	历任郑州豫丰纱厂、西门子厂及闸北水电公司等工程师，首部电□发电所主任，重庆大渡口铸造铁厂迁建委员会发电所所长	兼本公司机务科长
各部负责人	总务科长	叶鉴修	43	江苏太仓	200元	曾任北新及世界书局编辑，铸丰搪瓷公司秘书兼技术顾问，大新保险公司秘书，伟成企业公司总务主任等职	
	机务科长	陈东	见			上	总工程师兼任
	电务科长	徐左青	51	江苏江都	280元	曾任宝成纱厂益中公司，中华电气制作所工程师	副总工程师兼任
	用户科长	诸葛恂	46	江苏镇江	280元	曾任上海市公用局技士，两路管理局上海厂厂长，中央电工厂副厂长	协理兼任
	营业科长	金慕尧	46	江苏吴江	280元	曾任资源委员会秘书专员	协理兼任
	材料科长	唐企狄	48	江苏太仓	200元	曾任铸丰搪瓷公司会计科长，本公司会计科长及总务科长	
	会计科长	童传恪	34	江苏嘉定	220元	曾任铸丰搪瓷公司总务科长	

[1194-2-511]

(四) 汇南电气股份有限公司

汇南电气股份有限公司为电费增加胪陈事实暨办理经过情形致南汇县政府呈

（1945年12月16日）

事由：为电费酌予增加胪陈事实暨办理经过情形祈

窃吾汇南电灯路线在抗战期间屡经剪断破坏，几将无法维持，幸赖各地热心人士力持正义，争取特约性质，始后重放光明。数月以来尚无断电情事发生。当兹胜利已临，本公司为维持公用事业起见，继向浦东电气公司直接购电，而用电价格以种种原因反有增无减，虽经一再从事折冲，均无成效可言，万不获已，爰将电费酌予增加以免亏累，而资维持。兹将增费事实暨办理经过，披胪陈词幸垂察焉。

查本年十月份上旬，敝业接奉浦东电气公司加价与逾限解煤通知，当即由公司方面申请南汇区电气联谊会开会力争，卒因功令所关，未获要领，各特约单位遂增加电费每度为法币九十元，经本公司继续声明约无明文解煤字样，故该月本公司扯价为每度法币五十九元。又十一月份又奉通知，因煤斤缺乏，由市政府公用局商准美国军部借用油类为发电燃料，故须附加油费每度法币卅五元，一俟煤斤畅通恢复旧价等语，又因无法交涉，不得不续行增价为每度法币九十元，并带收附加费法币卅五元，以资维持。是本公司对于加费一节，实非出于自动，亦属不得已之苦衷耳。乃用户方面，间有不体察事实，拒缴电费之说，殊属可憾。须知本公司旨在为地方服务，维持公用事业开办，迄今虽遭遇困难无不竭力维持，故电流从无一日间断，此对用户可告慰者一；本线用户耗电数量甚钜，但电费取给较之其他各处向来为低，此对用户可告慰者二；十一月份接奉通知，附加油费总计应需每度法币一百二十元，而因货价逐跌，除代迭函申请减价外，仍步各单位一律售价，此对用户可告慰者三。凡此诸端，本公司对于用户维护之忱自可无媿，惟是现届十二月中而十一月份电费亟应征收转解倘逾限不缴（十二月十五日为缴款期）恐将停止放电，一旦成为事实则其责任谁负可以明见，此应慎重声明者也。本公司处此时会维持困难不得不胪陈事实，备文呈报，仰祈鉴核备案，实为公便。谨呈

南汇县县政府

汇南电气股份有限公司（印）

中华民国三十四年十二月十六日收到[1]

［1194－2－815］

---

① 中华民国三十四年十二月十六日为南汇县政府收文日期，发文日期缺。

汇南电气股份有限公司与欠费商厂电费纠纷调解第一次谈话会会议记录

（1945年12月31日）

本县汇南电气公司与欠费商厂电费纠纷调解谈话会

时间：三十四年十二月卅一日

地址：本府会客室

出席名：

汇德厂 代表：朱祥初

协兴厂 代表：赵才根

季元□ 代表：季鉴奎

永大厂 代表：姚征赓

协鑫厂 代表：陈□堃

永来厂 代表：邢鑫之

盈丰厂 代表：王振邦

汇南公司：孙文杰

社会科科长：李长俊

谈话要点：

本府近据汇南电气公司呈以浦东电气公司迭次通知增价，经一再连络，均无结果。现本城各厂欠费颇钜，势不得不先行停火等情，本人特予今日午后，召集各商厂及电厂来府解决此项问题，希各位将经过情形详细商讨之——李科长。

（1）电厂方面

1. 浦东电气公司迭次通知增价；

2. 电厂黄经理现又前往请求减少；

3. 各商厂欠费较多，本厂不克负担，故于本月十六日剪断欠费各厂电线。

（2）商厂方面

1. 十月份已缴纳（每度法币五十元）；

2. 十一月份电费每度九十元外，附加卅五元，计共□廿五元，与上月相距颇大；

3. 各厂轧米壹石斤仅收米弍斤半，需用电一度，照上开每度要价□廿五元，又支小工等费约一万余元，则收入不敷，商人等不能担负。

（3）调解结果

1. 请孙先生（电厂）回厂先行接火等，待黄先生返厂后，由本府再行商讨召集电厂各股东会议解决之；

2. 股东会议时须报告各项情形，一面请黄经理向浦东电气公司陈述商人困苦情，请其酌减电费，一面股东会议时解决增加电价数额，通知各欠费商厂缴纳。

［1194-2-815］

汇南电气股份有限公司与欠费商厂电费纠纷调解第二次谈话会会议记录

（1946年1月8日）

南汇县电气公司与欠费商厂因电费纠纷调解第二次谈话会

时间：三十五年一月八日下午四时

地址：本府会客室

出席者

永大厂　代表：姚志根

协鑫厂　代表：陈宝堃

盈丰厂　代表：潘禹伯

永丰厂　代表：邢鑫生

协兴厂　代表：□庆园

大华厂　代表：马鸿儒

汇德厂　代表：朱祥初

汇南电气公司：黄　□

社会科科长：李长俊

一、谈话要点：

本府对电费增加及欠费问题已于十二月卅一日召集各讨论一次，当请公司方面先行接火，并请黄先生(公司)回去向公司陈述商人困难情形，请其酌减电费，一面由商厂方面开股东会议商酌后缴付欠费，今天本府希望各商厂欠费应当缴付，以维公司的开支，对于电费增减问题，应请酌量减低以轻商厂负担，但则予问题请公司代表给以于当答复俾便今天全部解决。

一、公司方面

1. 十一月份电费已由本向浦东公司交涉，决无减少；

2. 十二月份电费每度加十四元，此项增加通知于一月二日通行收到，可由本人向公司交涉免予增加；

3. 电费倘再延□缴以公司方面意思在本月十五日决剪断电线。

二、商厂方面

1. 十一月份民费拟于公司交替时付交黄经理；

2. 其十二月份电费须同股东会议商酌再行付缴。

三、调解结果：

1. 十一月份电费于本月十二日以前先缴一部份，但最少不得少至每度五十元；

2. 十二月份电费准在开股东大会后付缴。

[1194－2－815]

汇南电气股份有限公司与欠费商厂电费纠纷调商谈结果

(1946年1月)

查该厂等欠缴电费问题，业经本府于本月日召集双方代表开会，讨论结果：欠缴十一月份电费限于本月十二日以前先缴一部，但缴数不得少至每度五十元，余数俟开股东大会后缴付等情当经通过。兹据公司黄经理函称迄今限期已届，各厂仍未缴付殊属未合，究属何因仰即于本日下午四时来府陈明为荷。此致

永大昌轧 陈宝堃君

潘禹伯君代表 汇德厂

洽盛

季颂君代表

协兴油车场

〔中华民国〕三十五年元月

[1194－2－815]

（五）周浦大明电气股份有限公司

周浦大明电气股份有限公司为电气事业人处理窃电规则及检查凭证式样仰祈鉴核并出示制止窃电致南汇县政府呈

（1946年1月28日）

事由：为检呈电气事业人处理窃电规则及检查凭证式样仰祈鉴核准予饬属随时协助并出示制止由

窃本公司创办于民国八年，自备机械发电，专营辖境第五区电气事业，经奉准前交通部，领有电字第五十六号电气事业执照。嗣后营业日增，自发电力，不敷应用。经于民国二十三年与浦东电气公司订立合同，购电营业，亦经呈准实业部，领有第三四八号执照，并建设委员会，领有民字第二二一号电气事业执照，其有效期限为民国四十八年十二月二十日。廿六年冬，政府后撤，本公司亦相继沦于敌伪之手。乃者天日重光，本公司遂于民国三十四年十一月十六日接收，并呈报经济部备案，恢复营业，从事整理，迄今两月，亏蚀甚钜，考其原因，与窃电大有关系。（例如：十一月份本公司于各用户处抄见表度为二六二八四度，而向浦东电气公司购进表度为四三四四〇度；十二月份抄见为五〇二五九度，购进为八〇三四〇度，一个半月之内，走失电度达四七二三七度之钜，约为百分之四十。）若不加以处理，前途堪虞。为敢检呈电气事业人处理窃电规则一份，并检查凭证式样一纸，送请鉴核备查，准予转饬第五区署及周浦警察分局随时协助，并出示布告制止人民窃电行为，以利营业，实为德便！

谨呈

南汇县长徐

附电气事业人处理窃查规则壹份①

检查凭证式样壹纸②

大明电气股份有限公司经理赵楚惟（印）谨呈

中华民国三十五年一月二十八日

［1194-2-816］

南汇县政府为呈送电气事业人处理窃电规则及请予核准检查凭证式样并出示制止窃电致大明电气公司的指令

（1946年2月14日）

事由：为据呈送电气事业人处理窃电规则及检查凭证式样令准饬属随时协助并出示制止仰即知照由

南汇县政府指令社字第一〇四号

---

① 电气事业人处理窃查规则从略。

② 检查凭证式样从略。

令大明电气股份有限公司经理赵楚惟

三十五年一月廿八日呈一件，为检呈电气事业人处理窃电规则及检查凭证式样，仰祈鉴核准予饬属随时协助并出示制止由。

呈暨附件均悉，准饬第五区署及周浦警察所随时协助，并出示制止。仰即知照。

此令。附件存。

附发布告乙纸[①]

县长徐

〔中华民国三十五年〕二月十四日

［1194－2－816］

江苏省建设厅关于周浦大明电气股份有限公司增资事抄发经济部审查单致南汇县政府训令

（1946年12月）

事由：奉部令抄发大明电气公司审查单仰特发饬照由

江苏省建设厅训令（卅五）建一字第八八四〇号

中华民国三十五年十二月日

令南汇县政府：

案奉经济部本年十月廿六日京电（三五）字第一四六八九号训令开：

"案据南汇周浦大明电气股份有限公司本年九月六日呈称，商公司于民国廿四年一月间成立，资本总额为国币五万元，当经呈奉发电气事业建设委员会核准注册，发给民字第二二一号电气事业执照，并经呈奉发实业部核准登记发给新字第三四八号公司执照收执在案。兹以原收资本不敷运用，经股东会议决增加资本国币叁千玖百玖拾伍万元，共成资本总额为国币肆千万元，兹经召开新旧股东大会修订章程，改选董事、监察人，除遵公司法股份有限公司之规定，呈请经济部商业司换发公司执照外，谨特备具各项文件，呈请鉴核准予变更注册换发新执照等情，附呈请变更注册表件及注册税费到部。查该公司所送注册等尚有应行补正之处，除批示外，合行检发审查单，令仰转发饬办为要。此令。"等因，附发审查单壹纸，奉此合行抄同审查单一份，令仰该县政府遵即特发饬办为要。此令。

附抄发审查单一纸。

厅长董赞尧

〔附〕

经济部审查单

卅五年十月

江苏省南汇县周浦大明电气公司呈请增资变更注册换领执照案

（一）该公司呈请增资变更注册换领执照，应依照电气事业注册规则第三条之规定备具各项书图，并照规则第四条（一）项之规定呈由地方监督机关填往意见书以层转来部，但营业区域图并未变更，应予免送。

（二）所送各件除电气事业执照及注册费等外，其余一律发还。

（三）兹检发电气事业注册空白表式及地方监督机关意见书空白表式各四份以备填注存转。

（四）注册费依照电气事业注册规则第六条第一项之规定每千元缴纳国币拾元，该公司增加资本总额为国币四千万元，除原资本五万元外，应缴纳增资部份注册费国币三九九、五〇〇元/三九、五〇〇元，印花应由该公司依照印花税则之规定办理，自行粘贴，除已付来注册费国币二〇、七〇〇元外，尚应缴国币三七八、八〇〇元/一八、八〇〇元。

---

① 附发布告原文缺。

（五）该公司应俟核准变更注册换照后再行办理公司之登记。

［1194－2－339］

周浦大明电气股份有限公司为增资等请予变更注册换发执照致南汇县政府呈

（1946年12月4日）

事由：为增加资本修正章程改选董事监察遵照电气事业注册规则之规定呈请变更注册换发执照由

谨呈者商公司前于民国二十四年一月成立，资本总额为国币伍万元，当经呈奉前电气事业建设委员会核准注册，给民字第二二一号电气事业执照，并经呈奉前实业部核准登记，发给新字第三四八号公司执照，收执在案。兹以原收资本不敷运用，经股东会议决增加资本国币叁仟玖百玖拾伍万元，共成资本总额国币肆仟万元，并经召开新旧股东大会修订章程，改选董事、监察人，当经备文呈请经济部电业司换发新照。兹奉经济部京电(35)字第一四六八九号批内开：

"呈件均悉。查该公司所请增资换照未经呈由南汇县政府层转来部，其手续程序均有未合。核其所送注册书图等件，亦上有应行补正之处。除检发审查单令江苏省建设厅转发饬办外，兹再附发审查单壹纸，仰即遵照办理。"等因，附审查单一纸，发还附件壹本、注册空白表四份，奉以除原领前电气事业建设委员会民字第二二一字电气事业执照及已付注册等费贰万零柒佰元业由经济部核收存案外，兹遵照电气事业注册规则之规定，备具各项文件，随文附呈敬乞鉴核，并请赐予签注意见转呈江苏省建设厅，再转呈经济部核发新照，实为德便。

谨呈

江苏省南汇县政府

附呈①：

一、电气事业注册规则第三条规定各项书表叁份

一、修正章程叁份

一、股东名簿叁份

一、股东会决议纪录陆份

一、董事监察人名单叁份

一、监察人调查报告书叁份

一、经济部审查单抄本叁份

一、补缴注册费壹万捌仟捌佰元

具呈人周浦大明电气股份有限公司

董事 苏祖修

徐文永

华寿生

张桀雄

赵楚惟

徐志勤

朱雪僧

监察人林葆初

苏祖国

地址 江苏南汇县周浦镇竹行街68号

中华民国三十五年十二月四日

---

① 附呈除修正章程外，略。

〔附〕

周浦大明电气股份有限公司章程

第一章　总　　则

第一条　本公司系依照公司法股份有限公司之规定组织之定名为周浦大明电气股份有限公司，简称大明电气公司。

第二条　本公司专营特许营业区域内电气事业。

第三条　本公司设立于南汇县第五区周浦镇竹行街六八号。

第四条　本公司之公告用直接通信法，必要时得登载上海及当地通行之报纸各一种代之。

第二章　股　　份

第五条　本公司股份总额国币肆仟万元，分为肆万股，每股国币壹仟元，一次缴足。

第六条　本公司股票概用记名式，盖用本公司图章，并由董事三人以上签名盖章。

第七条　股东之住址及通信处有变更时，须凭原印鑑函致本公司改注于股东名簿。

第八条　股东股份移转时，应凭原印鉴，会同证人及受让人签章，向本公司声请过户换给股票。凡未经本公司核准过户者，仍认股东名簿登载之持有人为股东。

第九条　凡非原股东向本公司声请过户，须觅妥保二人证明无讹，并登载上海及当地通行之报纸各一秐，计三期，经过一个月无纠葛时方予过户。

第十条　股票如毁失时，应由原股东开具失单并登载上海及当地通行之报纸各一秐，共三期，经过一个月无纠葛时，经妥保一人之证明方予补给。

第一一条　换给或补给股票者，除应贴印花外，酌收手续费及股票工本费，其金额由董事会酌定之。

第一二条　股东常会前一个月内，股东临时会前十五日内均停止过户。

第三章　股 东 会

第一三条　股东常会于年度决算完结后由董事会召集之。

第一四条　股东临时会由董事会或监察人认为有召开必要时，或持有本公司股份总数二十分之一以上之股东，以书面记明提议事项及其理由请求时，由董事会召集之。

第一五条　股东常会之召集，应于一个月前通知股东临时会之召集，应于十五日前通知。

第一六条　股东会之决议，应有代表股份总数过半数之股东出席，以出席股东表决权过半数之同意行之如可否同数时，由主席决之。如遇变更章程、增资减资、公司解散或合并等重大事件时，适用公司法第二六四条之规定。

第一七条　到会股份不足定额时，即以出席股东表决权过半数之同意为假决议，并将假决议通知各股东，于一个月内再行召集股东会，其决议以出席股东表决权过半数之同意行之。

第一八条　股东表决权一股一权。

第一九条　凡开会时，到会股东须持本公司所发入场证及决议选举等票，凭入场证入场开会。

第二十条　股东会开会时，各股东均应亲自到会。如有事故不能出席时得委托代理人出席，但应出具委托书加盖原印鉴，于开会前交到本公司。

第二一条　股东会开会时，设临时主席一人，由董事会公推董事一人担任之。

第二二条　股东会决议方法采用投票法其平易者兼采起立或举手法。

第二三条　股东会会期至多不得延至三日。

第二四条　股东会决议案件应详载决议录，由主席签名盖章，与出席股东之签名簿、代表出席委托书一并永远保存。

第四章　董事监察人及职员

第二五条　本公司设董事七人，监察人二人。由股东投票互选，得票最多者当选。

第二六条　董事任期三年，监察人任期一年，连选得连任，有缺额时得以同届次多数候补人递补之，但以补足前任任期为限。

第二七条　董事就任后，应将所有股份之股票交由监察人保存于公司中，由公司出给收据，于解任时凭原收据交还股票。

第二八条　董事在任期中将其所有股份全数转让时为当然解任。

第二九条　董事组织董事会，互推董事长一人，常务董事二人，其决议应有三分之二董事出席及出席董事过半数之同意行之。

第三十条　董事会之职权如左：

一、代表公司总揽一切；

二、聘任经协理授以处理事务全权；

三、制定章程规则；

四、审定工程及营业计划；

五、审定预决算；

六、召开股东会并审定提出股东会之提案。

第三一条　董事会开会时，以董事长为主席。董事长缺席时，推常务董事一人为主席。

第三二条　董事会每二个月一次，如有紧要事件得随时召集之。

第三三条　董事会开会时，监察人及经理协理均应列席，但无表决权。

第三四条　董事会决议案件备载决议录，到会董事应一律签名。

第三五条　董事或监察人因事故辞职，须经董事会通过后方能退职。

第三六条　本公司设经理一人，由董事会聘任之。其聘任及解任须有董事半数以上签名赞同方能任免，遇事实上必要时得设协理一人，其任免与经理同。

第三七条　经协理因事故辞职，须经董事会审查举有代替者后方得退职。

第三八条　凡股东不愿被选为董监者，须于常会前预行声明，否则被选后不得推诿。

第三九条　董事监察人均为无给职，由公司酌送车马费。

第五章　会　　计

第四十条　本公司会计年度，每年以一月一日起十二月三十一日止。每月一结，每年总结。总结后，由董事会造具公司法第二二六条各项表册交监察人复核证明，经股东会承认后，编印成册，分送各股东备查。

第四一条　本公司年度决算有盈余时，先提出法定公积金及应缴国税及股息，一分次就余额分作二十成，计股东得十二成，董事及监察人得二成半，经协理得二成半，办事职工得三成（职工部份由经协理根据工作成绩及时期决定之）。

第六章　附　　则

第四二条　本章程如有未尽事宜，悉遵照公司法股份有限公司规定办理。

第四三条　本章程经股东会议决，呈请经济部核准后施行。修改时亦同。

第四四条　本章程经中华民国三十五年七月二十八日第十五届股东会议决订定。

［1194－2－339］

大明电气股份有限公司重行推选董监仰祈备查致南汇县政府呈

（1948年3月）

事由：为原任董监均将股份全数转让，遵照公司法规定重行推选董监等检呈文件仰祈鉴察备案由

窃本公司近以股东之股权异动甚多，原任董事监察人均已将其股份全数转让，依照公司法第一八六条之规定应为当然解任。爰经遵照同法第一九〇条之规定，于本年三月十八日举行股东临时会，重行推选投票，结果朱鸿圻、童世亨、童受民、陈文甫、金慕尧、诸葛恂、徐左青等七人当选为董事，叶鉴修、童传恪等二人当选为监察人，即日举行董事会议，互推朱鸿圻为董事长，并以原任经理赵汉民函请辞职，经董事一致推定朱鸿圻兼任为经理各在案。兹特遵照电气事业取缔规则第六九条之规定，检具股东临时会议事录、董监名单、董事长及经理履历表各一份，连同最近股东名簿一并备文呈送。仰祈鉴察备案，实为公便。除分呈外，

谨呈

南汇县县长简

附呈议事录、名单、履历表各一份，及最近股东名簿一册

周浦大明电气股份有限公司

董事长 朱鸿圻

中华民国三十七年三月日

〔附 1〕

周浦大明电气股份有限公司股东临时会议事录

日期：中华民国卅七年三月十八日下午四时起

地点：本公司事务所

出席股东连代表总计三万八千股，已逾股份总数四分之三，宣布开会。

公推股东童世亨君为主席。

一、主席报告，近查本公司股东之股权异动甚多，原任董事监察人均已将其股份全数转让，依照公司法第一八六条之规定应为当然解任。兹特遵照同法第一九〇条之规定，召集股东临时会补行推选。

二、推选结果

当选董事者为朱鸿圻、童世亨、童受民、陈文甫、金慕尧、诸葛恂、徐左青等七人。

当选监察人者为叶鉴修、童传恪等二人。

三、主席报告公司业务近况（词长免录）

主席　童世亨

纪录　叶鉴修

中华民国卅七年三月十八日下午五时起

第一次董事会议

出席董事：朱鸿圻、童世亨、童受民、陈文甫、金慕尧、诸葛恂、徐左青

出席监察人：叶鉴修、童传恪

一、照章推举董事长案

议决公推朱鸿圻君为董事长。

二、照章推举常务董事案

议决公推童世亨、童受民二君为常务董事。

三、原任经理赵汉民君因事函请辞职，应如何办理案

议决改推朱董事长兼任为经理。

主席　朱鸿圻

纪录　叶鉴修

〔附 2〕

周浦大明电气公司董监名单

董事：朱鸿圻、童世亨、童受民、陈文甫、金慕尧、诸葛恂、徐左青

监察人：叶鉴修、童传恪

周浦大明电气公司董事长及经理履历

董事长兼经理	履　历
朱鸿圻	上海市砖灰商业同业公会理事长 上海市砖瓦工业同业公会理事 浦东同乡会理事 大中砖瓦公司董事兼经理 太昌砖灰行股东兼总经理

〔附 3〕

大明电气股份有限公司股东名簿

中华民国三十七年三月

股东姓名	股　数	金　额	通　　讯
王芹伯	1 700	1 700 000	上海中正东路四〇一弄二二号楼上
朱鸿圻	3 000	3 000 000	上海牛庄路七三一弄四号
朱铭松	2 100	2 100 000	上海江西路江弥登大楼二五三号
何静之	1 800	1 800 000	上海河南路吉祥里二一四号二楼
金慕尧	2 400	2 400 000	浦东东昌路市范里十号
唐企狄	2 200	2 200 000	上海嵩山路康福里三弄十号
孙照明	1 950	1 950 000	上海西藏南路二五号协大祥
童世亨	2 500	2 500 000	上海绍兴路金谷村二四号
童受民	2 500	2 500 000	上海南京西路一五二二弄二八号
徐左青	2 300	2 300 000	上海建国西路建业里东弄六〇号
陈文甫	2 150	2 150 000	浦东东昌路三九六号
童传恪	2 050	2 050 000	上海建国西路三六五弄二号
黄炳权	1 950	1 950 000	上海长宁路三七弄一一三号
黄任之	1 750	1 750 000	上海雁荡路八〇号
杨鼎臣	1 650	1 650 000	上海南京西路沧洲别墅八八号
单湄叔	1 400	1 400 000	上海思南路六四号
贾幼临	1 300	1 300 000	上海西门梦花街匡居一号
叶鉴修	2 000	2 000 000	太仓南码头中仓桥东首
诸葛恂	1 900	1 900 000	上海林森中路霞飞坊六六号
顾祖绳	1 400	1 400 000	浦东杨家渡钱家巷二号
共　计	40 000	40 000 000	

［1194－2－816］

（六）上川交通股份有限公司

南汇县政府关于江镇至大团段道路应即照约履行并需补送原订契约致上川交通公司的令

（1946 年 5 月 5 日）

事由：为令饬查明并检呈承筑铁道契约并照钧履行扩展完成未筑路线仰遵照由

南汇县政府训令建字第四六号

令上川交通公司（即上川火车公司）

查庆宁寺至本县江镇及大团线轻便铁道线，据闻系由该公司订约承办，现在庆宁寺至境内江镇段业已完成通车，江镇至大团段尚未实行建筑，应即照约履行扩展完成以利交通，至原订契约，本府文卷前因战事损失，无案可稽，合行令仰遵照查明办理，并将原订契约送府查核为要。此令。

县长徐

〔中华民国三十五年〕五月五日

［1194－2－581］

上川交通股份有限公司遵令抄送南川线合约并拟办理江镇至南汇县城间汽车接送乘客致南汇县政府呈

（1946 年 5 月）

事由：呈为遵令抄送南川线合约并拟办理江镇至南汇县城间汽车接送乘客以利交通祈鉴核由

本月八日案奉钧府五月五日建字第四六号训令内开：查庆宁寺至本县江镇及大团线轻便铁道线，据闻系由该公司订约承办，现在庆宁寺至境内江镇段业已完成通车，江镇至大团段尚未实行建筑，应即照约履行扩展完成以利交通，至原订契约，本府文卷前因战事损失无案可稽，合行令仰遵照查明办理，并将原订契约送府查核为要此令等因。奉此，查公司前自承租建筑上川、川钦两县道，先后完成通车后，为扩展路线便利交通，又于民国二十三年五月呈准钧府袁前县长订约承租南川县道，自川沙南汇接壤之钦公塘起，沿塘向南达鲍家码头，北折而向西至竹桥，沿霍公塘向南，经南汇县城东门外，达大团镇，向南至奉贤县界接壤止，计长 28.25 公里，全线分为三段。钦塘南川交界起至竹桥为川竹段，竹桥至南汇县城为竹城段，南汇县城至大团镇为南大段。二十四年六月川竹段开工，二十五年四月工竣通车，随即展筑竹城段，乃全段土方甫告完成，桥梁钢轨枕木等材料亦已备齐，正待铺设，而八一三沪战突起，不数月国军西撤，公司业务即被敌伪强迫接收。在沦陷期间，竹桥至江镇一段钢轨枕木桥梁车站等均被拆毁，其他各种材料亦损失殆尽。至上年九月抗战胜利，公司呈准收回复业，惟车辆路轨经八年之摧残，破坏情形至为严重。兹经积极整理，行车状况渐见安全，班次稍稍增加。最近通车仅能至江镇为止。江镇至竹桥、竹桥至南汇县城二段，前日派员视察，结果路基未损，工事尚易，祇以此项钢轨钢桥梁材料，本国缺乏，现货进口商业亦未恢复正常状态，一时难以订购，是以接轨工程尚须稍待。惟公司殷念交通事业关系地方复兴至为重要，因于困难之中筹一兼顾之策，拟在尚未接轨之前，先就现有路基行驶汽车，由南汇县城起至江镇止，衔接火车贯通上海，以利交通，此项汽车现已购就，最近期内当可实行，其详细情形容另文呈报，以副钧长督导之盛意。奉令前因，理合将遵办情形，并抄附原约具文呈报。仰祈鉴核。谨呈

南汇县县长徐

附呈合约抄件一份

上川交通股份有限公司董事长瞿钺

中华民国三十五年五月日

〔附〕

南川县道合约抄本

南汇县政府、上川交通股份有限公司合约

第一条　本合约系依据江苏省政府核准之南汇县招商投资承办建筑县道及行车事宜办法大纲，由上川交通股份有限公司（以下简称公司）投资承办建筑南川县道设轨行车，与南汇县政府（以下简称县政府）双方协议订立，呈请江苏省建设厅备案，以便利地方人民，鼓励交通事业为宗旨。

第二条　南汇县南川县道，自川沙南汇接壤之钦公塘起，沿塘向南达鲍家码头北，折而向西，至祝家桥南市，沿霍公塘向南，经南汇县城东门外，达大团镇，向南至奉贤县界线接壤为止，共长约三十余公里，路面净宽九公尺，公司得就实际需要，以为设轨行车之用，但以宽度二分之一为限。

第三条　本县道之建筑工程由公司及县政府分别负担，规定如左：

甲、测量设计：由县政府与公司会同办理。

乙、建筑土基，收买土地，由县政府办理，在四个月内完成之，所需经费，由公司如数垫付，（约八万元）不取利息，经建设厅定案，准就南汇县建设费项下，按期偿还，其偿还办法另订之。

丙、整理土基，建筑桥梁涵洞，敷设轨道，及其他关于行车上之各种设备由公司按照规定标准，于县政府监督指导之下，自建筑土基完竣后一年内，自行完成之，但有意外之特别障碍时，应展长其相当时间。

第四条　所有车站、车厂、铁轨、岔道、货栈之地，由公司出资收用，随时依据土地法由县政府会同公司办理。

第五条　本县道建筑完成通车之日起，由县政府给予公司行车专营权三十年，但路权仍属县政府，在此专营期内，如遇意外之特别障碍，公司停顿营业时，应展延有效期间至扣足三十年为止。

第六条　公司于本路应得票款内，提百分之三为专营费，于每年年终，结算缴纳，惟在专营期内，县政府将公司垫款偿还清楚之日起，此项专营费，应改提百分之四。

前项专营费之缴纳办法另订之。

第七条　县政府因公司设备特殊工程，投资钜大，并自任行车养路费，负担已属不轻，故除专营费外，准予特免其他捐税。

第八条　专营有效期间有全路完成通车之日起，扣足三十年，由县政府偿还公司垫款清讫时止，所有本县道上固定建筑，均归县有，其余车辆轨路等一切动产，及路外之车站厂屋等，准由公司移运，或由县政府议价收用或由公司向县政府继续承办，届时以适当之手续协议，县政府应先尽公司续办。

第九条　专营期内，除公司行驶本路之各项车辆外，其他营业汽车马车等有妨公司营业之车辆，不得在本道驶行。

第十条　南川县道设轨行驶车辆，除以原有上川路车辆通用外，关于左列各款，由公司于通车后三十日内，报告县政府，转呈建设厅备查。

甲、营业状况　班数　车资　时刻。

乙、车站及其他停顿客货上下处所。

第十一条　本合约规定之公司权利，倘有转让或出抵出租于第三者，（以本国人当限）须经县政府转呈建

设厅核准。

第十二条　公司得于车站及车辆内张贴广告，收取广告费，但有伤风化，及有碍卫生之广告，不得张贴，亦不得于车站范围之外，妥置张贴广告等物。

第十三条　凡本合约未能备载之事，除随时商洽外，其较重大者，另行呈准办理。

第十四条　县政府管理县道，在本合约有效期内，如有变更，由继续主管机关承认本合约之效力。

第十五条　本合约即为正式之契约，彼此遵守，不得违背，缮成同式正本两份，县政府存一份，公司存一份，另录副本一份，由县政府转呈江苏省建设厅备案。

第十六条　本合约如应修改时，仍由县政府与公司双方协议改订。

南汇县政府

县长袁希洛

南汇县县道招商承办委员会

代表夏履之

陈墨权

陈锡祚

上川交通股份有限公司

代表瞿钺

张伯初

陆问梅

顾伯成

中华民国二十三年五月十八日

［1194－2－581］

上川交通股份有限公司请求制止南川汽车公司在南川县道行驶案致南汇县政府呈

（1946年5月20日）

事由：呈为报载王剑光等组织南川汽车在南川县道行驶汽车请予查明制止由

窃公司前奉训令抄送南川县道合约，并饬照约履行扩展以利交通等因。遵于本月十五日将此项合约抄奉，并陈明最近期间，因进口商业尚未恢复正常状态，应需钢轨钢桥等材料暂难订购，接轨工程尚须稍待，所有江镇至南汇县城一段，因原有土基尚无损坏，在轨道未接通前，拟先行驶汽车以利交通。现在交通汽车已在装置，不日即可实行，具文呈复在案，当蒙鉴察。兹阅本月十日，浦东报载邑人王剑光等组织南川汽车公司，行驶大团经南汇四团仓祝桥等处，至江镇与上川火车衔接等语。查南川县道为公司所承租，且南汇县城至江镇一段路基系由公司垫款建筑，现正遵奉钧饬，即将行驶汽车接送乘客，依照合约第九条“除公司行驶本路之各项车辆外，其他营业汽车马车等有妨公司营业之车辆，不得在本道行驶”之规定，王剑光等自无权在本路行驶汽车，惟报载情形是否真确，尚未明晰，为预防纠纷起见，敬特具文呈请鉴核，准予查明制止，俾免妨碍，并乞示遵，至深公感。谨呈

南汇县县长徐

上川交通股份有限公司董事长瞿钺

中华民国三十五年五月二十日

［1194－2－581］

上川交通股份有限公司报送江镇至南汇段接送汽车开始行驶日期并附时间票价表致南汇县政府呈

（1946年6月26日）

事由：为呈报江镇至南汇段接送汽车开始行驶日期并附时间票价表报请鉴核备案由

窃公司承租南川县道在战前已通车至竹桥，竹桥至南汇县城段土方亦已筑就，正拟接轨而战事发生，因之停顿。上月奉钧府训令，扩展完成以利交通等因，当以铁路材料须向外国采办，现在进口商业尚未恢复正常状态，一时难以订购，为便利交通起见，拟在尚未接轨之前先用汽车接送乘客，经具文呈复并由本公司协理顾正言、襄理许星白面陈在案。兹定本年七月一日起开始行驶汽车，自江镇火车站起至南汇县城止，沿公司原有路线往来接送乘客，理合将行车班次时刻及规定票价缮表一并呈报。仰祈鉴核备案。再南川长途汽车公司在该路线上行驶营业汽车，与公司承租合约第九条所定专营权显有抵触，应请转饬停驶，至深公感，并乞指令祇遵。谨呈

南汇县县长徐

计呈接送汽车行驶时刻及票价表乙份〈下略〉

上川交通股份有限公司董事长瞿钺

中华民国三十五年六月二十六日

［1194-2-581］

南汇县政府核准江镇至南汇段接送汽车开始行驶日期及票价致上川交通股份公司的批复

（1946年7月16日）

事由：据呈江镇至南汇段接送汽车开始行驶日期并附时间票价表请核备等情批饬知照由

南汇县政府批建字第三二三三号

具呈人：上川交通股份公司董事长瞿钺

本年六月二十六日呈一件：为呈报江镇至南汇段接送汽车开始行驶日期并附时间票价表报请鉴核备案由。

呈件均悉：姑准暂用汽车行驶以维交通，仰即知照。

此批。件存。

县长徐

〔中华民国三十五年〕七月十六日

［1194-2-581］

上川交通股份有限公司请求制止在南汇车站基地建造房屋致南汇县政府呈

（1946年9月12日）

事由：为拟建南汇车站基地上被建造房屋请谕知劝止由

窃查，公司前于民国二十三年与钧府订约，租用南川县道，其自竹桥至南汇县城一段土方业已填筑，其他工事亦在陆续施工。旋以抗战军兴，一切工事均告停顿。兹查南汇东门外，靠县道东西两面有人正在起建房屋，查该处基地早经划入车站收地范围内，土方亦已填筑，（附南汇车站图）如任其建造，将来公司建筑车站时，对于现时所建民屋势必拆除，为免日后周折起见，拟请钧府鉴核，饬警勘查阻止，以免日后纠纷，实为至感。

谨呈

南汇县县长徐

计附呈南汇车站图壹纸〈下略〉

上川交通股份有限公司董事长瞿钺

中华民国三十五年九月十二日

[1194-2-581]

南汇县政府关于制止在南汇车站基地建造房屋一事致上川交通股份公司的令

(1946年11月17日)

事由:为据呈拟建南汇车站请禁基地建造房屋批饬知照由

南汇县政府批建字第五七四一号

令上川交通股份公司董事长瞿钺

呈一件:为拟建南汇车站请禁基地上建造房屋由。

呈件均悉:该车站基地何时划定,本府无案可考,图中亦未说明,是否已失时效,应有考虑之必要,仰详细声复,再行核夺可也!

此批。件存。

县长徐

〔中华民国三十五年〕十一月十七日

[1194-2-581]

上川交通股份有限公司为商民侵占江镇县道妨碍行车恳祈出示布告限期拆除致南汇县政府呈

(1946年10月8日)

事由:呈为江镇县道上商民搭盖茅棚建造瓦屋妨碍行车恳祈出示布告限期拆除由

窃公司为便利江镇至南汇段乘客起见,行驶接送汽车,衔接班车。近查江镇街面县道上,有商民等占用县道基地,擅自搭盖茅棚及建筑瓦屋,致县道日形狭隘,汽车行驶殊多妨碍,抑且易肇祸端,除已函请江镇镇公所暨警察派出所阻止继续建造外,恳祈钧府出示布告,限期拆除,以重路政而利行车,实为公感。谨呈

南汇县县长徐

上川交通股份有限公司董事长瞿钺

中华民国三十五年十月八日

[1194-2-581]

南汇县政府关于江镇商民侵占县道妨碍通车致上川交通股份有限公司的批复

(1946年10月22日)

事由:为据呈江镇商民侵占县道建造房屋妨碍通行车批饬知照由

南汇县政府批建字第六七三六号

具呈人:上川交通股份有限公司董事长瞿钺

本年十月八日呈一件:呈为江镇县道上商民搭盖茅棚、建造瓦屋、妨碍行车,恳祈出示布告、限期拆除由。

呈悉，已转饬竹桥区署切实查禁矣，仰即知照！

此批。

县长徐

〔中华民国三十五年〕十月廿二日

［1194－2－581］

南汇县政府关于江镇商民侵占县道妨碍通车致祝桥区区署的训令

（1946年10月23日）

事由：为江镇商民占碍县道令仰查禁具报由

南汇县政府训令建字第六七三八号

令祝桥区区长王丽生

案据上川交通股份有限公司董事长瞿钺呈，以江镇街境县道上，近有商民等占用县道基地，擅自建造房屋及搭盖茅棚，致县道日形狭隘，不但有碍汽车通行，且易肇祸，仰祈示禁限期拆除，以维路政等情前来。除批复外，合行令仰该区长切实查勘，倘有占碍县道建造房屋情事仰即查禁并限期拆除，仍将查办情形详实具报为要。

此令。

县长徐

〔中华民国三十五年〕十月廿三日

［1194－2－581］

上川交通股份有限公司关于江镇至南汇县道已饬工修养致南汇县政府代电

（1947年3月13日）

事由：电报江镇至南汇县道已饬工修养祈鉴核备案由

上川交通股份有限公司代电

发工字第四号

南汇县政府钧鉴，窃查江镇至南汇县道，年久失修，坎坷不平，行人固感不便，车行更属危险，公司为便利交通起见，已饬工修养，俾策安全，特电陈报，敬祈鉴核备案。上川交通股份有限公司叩元。

中华民国三十六年三月十三日

［1194－2－581］

上川交通股份有限公司关于修缮南汇县东门外木桥致南汇县政府代电

（1947年4月24日）

事由：为电知饬南汇县东门外木桥乙座拟即修缮由

上川交通股份有限公司代电

发工字第七号

南汇县政府钧鉴，查南汇县东门外木桥乙座，年久失修，行车危险，本公司拟即修缮，以策安全，除电知浦建公司察照外，特此电请鉴核备案。上川交通股份有限公司叩回。

中华民国三十六年四月廿四日

批示：准备案。仍仰将图样、预算、施工日期送府备查。四、廿八。

［1194－2－581］

上川交通股份有限公司呈送南川县道路线图及亩分单致南汇县政府代电

(1947年4月25日)

事由：为呈送南川县道路线图及亩分单祈鉴核由

上川交通股份有限公司代电

发工字第九号

南汇县政府钧鉴，案奉钧府通知饬送南川县道路线图等因，查是项卷宗，钧府以战时散失，无凭稽核，兹特缕陈如次，祈鉴察焉。按南川县道，经本公司于民国二十三年五月间，与钧府签订合约，承筑在案，所有自南川两县交界起，经江镇、邓镇、竹桥、四团仓、南汇县城、六灶湾、三墩，至奉南交界之大团镇为止，共计长二八.二公里，为谋迅速完成及避免经济牵制计，系分三段兴建。其第一段南川交界之畅塘至竹家桥为川竹段，计长二.六公里，第二段竹家桥至南汇县城为竹城段，计长七.七公里，第三段南汇县城至大团镇为城大段，计八.九〇公里。洎二十四年六月川竹段工程肇始，至二十五年三月工竣通车，二十六年四月续筑竹城段，同年八月路基工程甫告完竣，正拟造桥敷轨之际，抗战军兴，工程被迫停止。在抗战期间，江镇至竹桥段所造路轨桥梁房屋等项设备，悉遭拆毁，损失綦钜，现仅通车至江镇为止。再查竹城段路基车站所征民地，因抗战遽发，以致地价问题迄未举办。原征民地图稿亦复散失过半，谨将其中一部份绘成详图，连同县道全图计八纸，及田亩分单计四纸，一并随电送请鉴核，以供查考。至于正确亩分，自应会同钧府按户覆测以保产权，合并陈明。上川交通股份有限公司叩有。

中华民国三十六年四月二十五日

[1194-2-581]

上川交通股份有限公司为告知修筑县道计划并派员洽商祈鉴核致南汇县政府代电

(1947年8月11日)

事由：为电复修筑县道计划并派员洽商祈鉴核由

上川交通股份有限公司代电

发车字第二五号

南汇县政府钧鉴：案奉钧府七月(22)日建字第(56)号通知，以准县参议会咨关于县道南川段应速修筑或收回上川公司行车权一案，饬派员洽商办理等因。查县道南川段铁路依据合约次第进行。原由江镇起筑至竹桥段为止，惟该段铁轨枕木等项在抗战期间悉被敌伪拆毁无遗，损失綦重。兹为恢复地方交通起见，本公司正在切实计划，拟由江镇至大团延长路线。祇以工程浩大，当分三期兴修，第一期由江镇至竹桥段，第二期由竹桥至南汇段，第三期由南汇至大团段。一面修筑路基一面添建车辆，同时并拟购置机车，增加车次，以期恢复战前班次，每一小时上下行各开一班。无如迩来，社会经济动荡靡已，各项计划悉受影响。且铁路器材需费尤钜值，兹入不敷出财政竭蹶之际，仍思积极筹措钜资，按照上项计划逐步兴工。在此项计划未经实施以前，经于上年七月份起，增驶南川段接送汽车以利行旅。并经陆续修竣桥梁九座，尚余三座亦拟续修缮。又卫家水洞工程正在兴修中。至公路路面以拟恢复轻便铁道，故未按照公路设施正式修筑，但添有道班工人，一班每日常川驻守该段，随时负养路之责。本公司苟力所及，无不亟图改善，俾利交通而策安全。夙知参议会诸公赞助民营事业向不后人，地方交通尤关重要，想荷顾全合约保持本公司之行车权而多予爱护也。奉饬前因，除遵即派员洽商并饬工加紧修路外，谨电奉陈至祈督核转复。上川交通股份有限公司叩真。

中华民国三十六年八月十一日

批示：据情函复县参议会。八、廿六

[1194-2-572]

上川交通股份有限公司为车票价格增长一倍致南汇县政府呈

（1946年12月5日）

事由：为呈报增加票价一倍以维持业务报请鉴核由

窃公司近受物价上涨影响，支出激增，行车成本加重，难以维持业务。经呈请上海市公用局照原票价增加一倍，照准在案，理合检同加价后票价表、行车时刻表及里程表各一纸，备文呈报，仰祈鉴核备查，实为公便。

谨呈

南汇县县长 徐

附呈[①]票价表壹纸

行车时刻表壹纸

里程表壹纸

上川交通股份有限公司经理顾伯威

中华民国三十五年十二月五日

［1194－2－551］

上川交通股份有限公司自民国三十六年三月二十五日起调整汽车票价致南汇县政府代电

（1947年2月27日）

事由：为电送江镇南汇间接送汽车新票价表祈核备由

上川交通股份有限公司代电

发车字第三号

南汇县政府钧鉴，窃查迩来金潮澎湃，百物飞腾，所有器材暨汽油等项，以外汇改定，尤见奇昂。公司经办江镇南汇间接送旅客汽车，受兹影响，亏蚀不堪，不得不将票价加以调整，自三月一日起依照原票价增加一倍以资维持，谨将新价目表随电附送，至祈鉴核备案。上川交通股份有限公司叩感。

中华民国三十六年二月二十七日

〔附〕

上川交通股份有限公司通告

车字第壹号

查本公司南川段接送汽车客票票价自三十六年三月二十五日起，依照原价增加一倍，以维业务，兹将新票价附录于后，希各周知！

站　名	票　价
江镇—竹桥	一〇〇〇元
竹桥—南汇	一〇〇〇元
江镇—南汇	二〇〇〇元

经理 顾伯成

中华民国三十六年三月二十三日

［1194－2－643］

① 附呈票价表、行车时刻表、里程表略。

上川交通股份有限公司自民国三十六年六月九日起调整票价致南汇县政府代电

（1947年6月10日）

事由：为奉令于六月九日起按照调整票价增收除通告外电陈新票价表乙份敬祈核备由

上川交通股份有限公司代电

发车字第一七号

南汇县政府钧鉴，窃于六月八日奉上海市公用局市公（三六）车字第一九五七九号训令，以本公司收支状况不能平衡，遵照全国经济委员会物价会议之决议案，拟订该公司本年六月份调整价格，经呈，由市政府转奉全国经济委员会物价委员会核准，自六月九日起照新订价格收费。合行令知，仰即遵照，自行公告实行为要等因，除遵于六月九日起实行并公告周知外，理合检同新订票价表乙份随电附陈，敬祈鉴核备案。上川交通股份有限公司叩灰。

中华民国三十六年六月十日

［1194－2－551］

上川交通股份有限公司自民国三十六年七月八日起调整汽车票价致南汇县政府代电

（1947年7月8日）

事由：为电送江镇南汇间接送汽车新票价表祈核备由

上川交通股份有限公司代电

发车字第九号

南汇县政府钧鉴，案查本公司小型火车票价业于六月九日呈准上海市公用局增加一倍在案。兹以迩来物价上涨何止逾倍，尤以行车物料如汽油等项激增更巨。为适应目前物价趋势及弥补消耗起见，本公司经办江镇南汇间接送旅客汽车票价亦有加以调整之必要。兹自七月八日起，依照原票价增加一倍，以资挹注，谨将新价目表随电附送鉴核备案。上川交通股份有限公司叩齐。

中华民国三十六年七月八日

〔附〕

上川交通股份有限公司通告

车字第叁号

查本公司南川段接送汽车客票票价自三十六年七月八日起，按照原价增加一倍，以维业务。兹将新票价附录于后希各周知。

起讫站名	票价
江镇—竹桥	二〇〇〇元
竹桥—南汇	二〇〇〇元
江镇—南汇	四〇〇〇元

中华民国三十六年七月七日

经理顾伯成

［1194－2－551］

上川交通股份有限公司自民国三十六年七月八日起调整铁路票价致南汇县政府代电

（1947 年 7 月 17 日）

事由：为铁路票价奉令调整检附新表祈核备由

上川交通股份有限公司代电

发车字第二二号

南汇县政府钧鉴，案奉上海市公用局（三六）车字第二〇六二号训令，知本公司贴补奉令自七月份起取销，经核行车成本，呈准自七月八日起，照新订票价收费，饬即自行公告实行等因，奉此，除遵于七月八日公告实行外，理合检同票价表随电呈祈鉴核备案。上川交通股份有限公司叩篥。

中华民国三十六年七月十七日

［1194－2－551］

上川交通股份有限公司自民国三十六年十月二十一日起调整铁路票价致南汇县政府代电

（1947 年 10 月 22 日）

事由：为本公司铁路票价奉令调整检附新票价表祈核备由

上川交通股份有限公司代电

发车字第三五号

南汇县政府钧鉴，案奉上海市公用局十月（二〇）日市公（三六）车字第二四四六四号训令，以本公司调整票价，转奉中央核准，附发票价表，饬自十月二十一日起公告实行等因，奉此，除遵于十月二十一日公告实行外，理合检同调整票价表随电陈请鉴核备查。上川交通股份有限公司叩养。

中华民国三十六年十月二十二日

批示：呈件均悉，姑准备查。嗣后调整票价时仍应先行呈县核备，仰即遵照。此批，件存查。县长龚宗儒。十月卅一日

［1194－2－551］

上川交通股份有限公司自民国三十七年一月十二日起调整票价并实行铁路代征建设事业费致南汇县政府代电

（1948 年 1 月 20 日）

事由：为电陈本公司调整票价检附新订票价表祈核备至铁路代征建设事业费定期实行仍请颁发布告及木戳由

上川交通股份有限公司代电

发（三七）车字第四九号

南汇县政府钧鉴，案奉上海市公用局一月（一三）日市公（三七）车字第二七六〇〇号训令，检发本公司新订票价表，饬自一月十二日其实行等因，奉此，除遵于是日公告实行外，理合检同新订票价表随电陈请核备。至南川段接送旅客汽车，亦以亏蚀过巨，经自一月十二日起同时略事调整所有代征建设事业费，以百元票调换困难，业已附收每票五百元，其铁路代征建设事业费以奉到川沙县府本月十五日（三一七）川奎二字第（八八四）号训令以代征，自治经费亦应随之调整，检发布告及附加价目表饬遵照等因，除定本月十九日遵照实行外，所有代征钧府建设事业费以与代征川沙县自治经费尾数凑成五百元或千元整数，关系双方配合亦定同日

实行，仍请颁发布告暨木戳以符原案。上传交通股份有限公司叩智。

中华民国三十七年元月二十日

核复：呈件均悉。准予备案。□检代征县事业费仰遵区友府四建字第四八八号训令办理。至需用木戳由该公司代刻，凭原始单据在呈缴本月县事业费项下扣回。兹附发布告两张，仰即知照。县长龚宗儒，元卅。

[1194－2－551]

上川交通股份有限公司自民国三十七年二月十二日起调整票价致南汇县政府代电

(1948年2月18日)

事由：为本公司二月份铁路票价奉令调整检附新票价表祈核备由

上川交通股份有限公司代电

发(三七)车字第五八号

南汇县政府钧鉴，案奉上海市公用局二月七日市公(三七)技字第二八六四一七号训令，以本公司二月份调整票价附发票价表，饬自本月12日自行公告实行等因，奉此，除遵于是日公告实行外，理合检同调整票价表随电陈请鉴核备案。再查代收钧府附加事业费减收百分之五一案，业于本月十二日同时公告实行，合并陈明。上川交通股份有限公司叩巧。

中华民国三十七年二月十八日

[1194－2－551]

上川交通股份有限公司关于代征大车附加事业费致南汇县政府代电

(1948年2月21日)

事由：为电陈代征大车附加事业费经于二月十九日按照新票价比照调整检附新价表祈核备由

上川交通股份有限公司代电

发(三七)车字第五九号

南汇县政府钧鉴，按查本公司火车票价经于二月十二日起调整并以巧电陈报在案，至代征钧府县境大车附加事业费，业与川沙县府附加自治费重行配合，尾数亦于二月十九日比照新票价同时实行，理合检同新票价暨调整附加费联合价目表乙纸随电陈请核备。上川交通股份有限公司叩马。

中华民国三十七年二月二十一日

批示：呈件均悉，准予备案。此令。(件存)县长龚宗儒。三月四日。

[1194－2－551]

上川交通股份有限公司自民国三十七年三月十四日其调整铁路票价致南汇县政府代电

(1948年3月30日)

事由：为本公司三月份铁路票价奉令调整检附新票价表祈核备由

上川交通股份有限公司代电

发(三七)车字第六六号

南汇县政府钧鉴，案奉上海市公用局三月十二日市公(三七)车字第(二九七五八)号训令，以本公司三月份调整票价，附发票价表，饬自三月十四日起自行公告实行等因，奉此，除遵于是日公告实行外，理合检同调整票价表，随电陈请鉴核备案，再查代收钧府附加事业费亦于三月十四日同时公告实行，合并陈明。上川交通股份有限公司叩卅。

中华民国三十七年三月三十日

[1194-2-1293]

上川交通股份有限公司关于自民国三十七年四月六日起调整汽车票价的通告

(1948年4月6日)

上川交通股份有限公司通告

(三七)车字第一四〇号

查本公司接送旅客汽车票价,自本年一月十二日调整以后,材料汽油价格日增,成本亏蚀过钜。兹定本月六日起畧事调整,除呈报外,特将新订票价公告周知。

接送汽车票价表〈下略〉

经理 顾伯威

中华民国三十七年四月六日

[1194-2-1293]

上川交通股份有限公司自民国三十七年四月六日起调整汽车票价致南汇县政府代电

(1948年4月11日)

事由:为电陈接送旅客汽车票价自四月六日起畧事调整,附加事业费亦随同调整,检附新表,祈核备由

上川交通股份有限公司代电

发(三七)车字第六八号

南汇县政府钧鉴,查本公司接送旅客汽车票价自本年一月十二日调整以后,材料汽油价格激增,成本亏蚀綦钜。兹定本月六日起畧事调整以资弥补,再附加事业费亦于是日随同调整,谨将新订票价暨附加事业费通告乙纸,随电陈请鉴核备案。上川交通股份有限公司叩真。

中华民国三十七年四月十一日

[1194-2-1293]

上川交通股份有限公司自民国三十七年四月十四日起调整铁路票价致南汇县政府代电

(1948年4月19日)

事由:为本公司四月份铁路票价奉令调整检附新票价表祈核备由

上川交通股份有限公司代电

发(三七)车字第七一号

南汇县政府钧鉴,案奉上海市公用局四月(一三)日市公(三七)技字第(三〇九一〇)号训令,以本公司四月份调整票价附发新订票价表,饬自本月(一四)日起自行公告实行等因,奉此,除遵于是日公告实行外,理合检同调整票价表,随电陈请鉴核备案,再查代收钧府附加事业费业于本月(一〇)日调整公告实行,合并陈明。上川交通股份有限公司叩皓。

中华民国三十七年四月十九日

[1194-2-1293]

上川交通股份有限公司自民国三十七年五月十二日起调整铁路票价致南汇县政府代电

(1948年5月15日)

事由：为本公司五月份铁路票价奉令调整检附新票价表祈核备由

上川交通股份有限公司代电

发(三七)车字第七八号

南汇县政府钧鉴，案奉上海市公用局市公(三七)技字第(三一九九七)号训令，以本公司五月份调整票价附发新订票价表，饬自本月(一二)日起自行公告实行等因，奉此除遵于是日公告实行外，理合检同调整票价表，随电陈请鉴核备案，再查代收钧府附加事业费亦按照新订票价同时调整公告实行合并陈明。上川交通股份有限公司叩删。

附呈新订票价表乙纸〈下略〉

中华民国三十七年五月十五日

[1194－2－1293]

上川交通股份有限公司关于公司历次调整票价办理情形致南汇县政府代电

(1948年6月18日)

事由：为电复本公司历次调整票价办理情形祈鉴察由

上川交通股份有限公司代电

发(三七)会字第八二号

南汇县政府钧鉴，案奉钧府(5)月(19)日南四字第(一七〇)号训令，以公用事业计价应从严审核，奉令转饬知照等因，查本公司历次调整票价，系由全国经济委员会令饬上海市公用局依照公用事业统筹调整价格拟成方案，转饬遵照办理，所有本公司收支账目及成本计算亦以事关全国通案，迭奉上海市公用局饬送汇转全国经济委员会核办，一俟奉到上海市公用局转奉全国经济委员会令知准予调整票价后，立即电请钧府核备，以符手续，谨电奉复至祈鉴察。上川交通股份有限公司叩巧。

中华民国三十七年六月十八日

[1194－2－1293]

上川交通股份有限公司自民国三十七年六月十五日起调整火车票价致南汇县政府代电

(1948年6月21日)

事由：为本公司六月份火车票价奉令调整检附新价表祈核备由

上川交通股份有限公司代电

发(三七)车字第八三号

南汇县政府钧鉴，案奉上海市公用局(6)月(14)日市公(三七)车字第(三三〇七八)号训令，以调整本公司火车票价附发票价表，饬自(6)月(15)日起实行等因，奉此，除遵于是日实行外，理合检同调整票价表随电陈请鉴核备案，再查代收钧府附加事业费，亦按照新订票价同时调整实行合并陈明。上川交通股份有限公司叩马，附呈订票价表乙份。〈下略〉

中华民国三十七年六月二十一日

[1194－2－1293]

上川交通股份有限公司自民国三十七年七月四日起调整汽车票价致南汇县政府代电

（1948年7月3日）

事由：为电陈接送旅客汽车票价自七月四日起酌予调整附加事业费亦随同

上川交通股份有限公司代电

发（三七）车字第八七号

南汇县政府钧鉴，查本公司接送旅客汽车票价以材料汽油价格飞涨，成本激增，亏蚀过钜，定自七月四日起，酌予调整，以资弥补。再附加事业费亦于是日随同调整。谨将新订票价暨附加事业费通告乙纸，随电陈请鉴核备案。上川交通股份有限公司叩虞。附呈通告乙纸。

〔附〕

上川交通股份有限公司通告

车字第壹伍捌号

查本公司接送旅客汽车票价因成本激增亏蚀过钜，定自七月四日起酌予调整，除呈报外，特将新订票价公告周知。

接送汽车票价表〈下略〉

经理 顾伯威

中华民国三十七年七月三日

［1194-2-1293］

上川交通股份有限公司自民国三十七年七月九日起调整火车票价致南汇县政府代电

（1948年7月11日）

事由：为本公司七月份火车票价奉令调整检附新价表祈核备由

上川交通股份有限公司代电

发（三七）车字第九〇号

南汇县政府钧鉴，案奉上海市公用局(7)月(7)日市公（三七）车字第（三三九七〇）号训令，以七月份调整本公司票价附发票价表，饬自(7)月(9)日起实行等因，奉此除遵于是日实行外，理合检同调整票价表随电陈请鉴核备案。再查代收钧府附加事业费亦按照新订票价同时调整实行，合并陈明。上川交通股份有限公司叩真。附呈新订票价表乙份[①]。

中华民国三十七年七月十一日

［1194-2-1293］

上川交通股份有限公司自民国三十七年八月四日、五日起分别调整汽车、火车票价致南汇县政府代电

（1948年8月9日）

事由：为本公司八月份汽车火车票价分别调整检附通告暨新价表祈核备又带征县事业费并已停收由

上川交通股份有限公司代电

---

① 附呈新订票价表缺。

发(三七)车字第九四号

南汇县政府钧鉴,查(8)月(3)日奉到钧府(7)月(29)日鹏字第(三〇三九)号训令,以自本年(8)月份起,停止带征县事业费,饬遵照,又奉上海市公用局(8)月(4)日市公(三七)车字第(三三〇一〇)号训令,以(8)月份调整本公司火车票价,准自(8)月(5)日起实行各等因,除汽车(8)月(4)日,火车(8)月(5)日分别调整外,理合检同新票价通告暨调整票价表各乙纸,随电陈请鉴核备案。再查,代收钧府带征县事业费,汽车于(8)月(4)日,火车于(8)月(5)日分别停收,合并陈明。上川交通股份有限公司叩佳。附呈通告及新价表各乙一份。

中华民国三十七年八月九日

〔附〕

上川交通股份有限公司通告

车字第壹陆贰号

查本公司汽车票价自七月四日调整以来,汽油器材等项成本激增亏蚀綦钜,兹以江苏省公路局奉准调整汽车客运运价,每人公里四万四千元。本公司虽成本不敷,但为接送性质,减轻旅客负担起见,暂照每人公里壹万贰千五百元调整票价,再奉南汇县府训令自八月份起停止带征县事业费等因,遵于八月四日起一并实行,除呈报外特此通告。

接送汽车票价表〈下略〉

经理 顾伯威

中华民国卅七年八月三日

[1194-2-1293]

上川交通股份有限公司自民国三十七年八月十九日起调整火车票价致南汇县政府代电

(1948年8月27日)

事由:为本公司八月份火车票价奉令改定检附新价表祈核备由

上川交通股份有限公司代电

发(三七)车字第九七号

南汇县政府钧鉴,案奉上海市公用局(8)月(19)日市公(三七)技字第(三五五〇一)号训令,以八月份改定本公司票价饬自(8)月(19)日起实行等因,奉此除遵于是日实行外,理合检同新票价表随电陈请鉴核备案。上川交通股份有限公司叩感。呈新订票价表乙份。〈下略〉

中华民国三十七年八月廿七日

[1194-2-1293]

上川交通股份有限公司自民国三十七年十一月四日起调整汽车票价致南汇县政府代电

(1948年11月4日)

事由:为电陈本公司汽车票价检附通告祈核备由

上川交通股份有限公司代电

发(三七)车字第一〇五号

南汇县政府钧鉴,案奉钧府(8)月(26)日鹏四字第(四六〇七)号训令,抄发调整汽车客货运价暨杂费及养路费表客运价计每公里八万元,饬知照等因,遵将本公司江镇、南汇段汽车票价酌按每公里七万五千元计算,折合金圆四角,自(11)月(4)日起调整实行,谨电奉陈至祈鉴核备案。上川交通股份有限公司叩支。附呈通告乙纸。

中华民国三十七年十一月四日

〔附〕

上川交通股份有限公司通告

车字第一七九号

民国卅七年十一月三日

查本公司汽车票价前奉南汇县府八月二十六日鹏四字第四六〇七号训令抄发，调整汽车客货运价暨杂费及养路费表客运价计每公里八万元，饬知照等因，兹特订自十一月四日起酌按每公里七万五千元计算调整实行，希各周知。

经理 顾伯威

中华民国三十七年十一月三日

［1194－2－1294］

上川交通股份有限公司自民国三十七年十一月十日起调整火车票价致南汇县政府代电

（1948年11月12日）

事由：为本公司十一月份火车票价奉令改订检附新价表祈核备由

上川交通股份有限公司代电

发（三七）车字第一〇九号

南汇县政府钧鉴，案奉上海市公用局(11)月(9)日市公（三七）技字第（三七九八〇）号训令，以(11)月份新订票价饬自(11)月(10)日起实行等因，奉此除遵于是日实行外，理合检同新票价表随电陈祈鉴核备案。上川交通股份有限公司叩文。附呈新订票价表乙份。〈下略〉

中华民国三十七年十一月十二日

［1194－2－1293］

上川交通股份有限公司自民国三十七年十一月十七日起调整汽车票价至南汇县政府的电报

（1948年11月16日）

事由：为电陈本公司汽车票价比照浦建公司酌予调整自十一月十七日实行祈核备由

上川交通股份有限公司代电

发（三七）车字第一一二号

南汇县政府钧鉴，案查浦建公司汽车票价业经遵奉江苏省公路局规定，每人公里金圆叁角，自(11)月(13)日起实行在案。本公司汽车票价自亦应遵照调整。兹特酌按每人公里金圆式角五分，自(11)月(17)日起实行，谨电奉陈至祈鉴核备案。上川交通股份有限公司叩铣。附呈新票价表一纸。

中华民国三十七年十一月十六日

〔附〕

上川交通股份有限公司通告

车字第壹捌式号

案查本省汽车客货运价及养路费率业经江苏省公路局规定，每人公里金圆三角，自十一月十一日起实行在案。兹将本公司汽车票价酌按每人公里金圆二角伍分量予调整，自十一月十七日起实行，除呈报外特此通告。

接送汽车票价表〈下略〉

经理 顾伯威

中华民国三十七年十一月十七日

［1194－2－1294］

上川交通股份有限公司自民国三十七年十一月二十一日起调整火车票价致南汇县政府代电

（1948年11月22日）

事由：为本公司十一月份下半月火车票价奉令重订检附新价表祈核备由

上川交通股份有限公司代电

发（三七）车字第一一三号

南汇县政府钧鉴，案奉上海市公用局（11）月（19）日市公（三七）技字第（三八三一二）号训令，以重订（11）月份下半月新票价，饬自（11）月（21）日起实行等因，奉此，除遵于是日实行外，理合检同新票价表随电陈祈，鉴核备案。上川交通股份有限公司叩养。附呈新订票价表乙份。〈下略〉

中华民国三十七年十一月二十二日

［1194－2－1294］

上川交通股份有限公司自民国三十七年十二月四日起调整汽车票价致南汇县政府代电

（1948年12月7日）

事由：为电陈本公司汽车票价比照浦建公司酌予调整自十二月四日实行祈核备由

上川交通股份有限公司代电

发（三七）车字第一一五号

南汇县政府钧鉴，案查浦建公司汽车票价业于（12）月（1）日起增为每公里金圆（6）角，本公司江镇至南汇段汽车票价系自（11）月（17）日起按照每公里（2）角（5）分计算，业于（11）月（17）日铣代电陈请钧府核准在案，兹为顾全本公司成本及旅客担负起见，定自（12）月（4）日起票价酌予调整为每公里（3）角（7）分（5）厘，谨电奉陈至祈鉴核备案，上川交通股份有限公司叩齐。附呈新票价表乙纸。〈下略〉

中华民国三十七年十二月七日

［1194－2－1294］

上川交通股份有限公司自民国三十七年十二月十二日起调整火车票价致南汇县政府代电

（1948年12月13日）

事由：为本公司十二月份火车票价奉令重订检附新价表祈核备由

上川交通股份有限公司代电

发（三七）车字第一一七号

南汇县政府钧鉴，案奉上海市公用局（12）月（11）日市公（三七）车字第（三八九三五）号训令，以新订（12）月份票价，饬自（12）月（12）日起实行等因，奉此，除遵于是日实行外，理合检同新票价表随电陈祈，鉴核备案。上川交通股份有限公司叩元，附呈新订票价表乙份。〈下略〉

中华民国三十七年十二月十三日

［1194－2－1294］

上川交通股份有限公司自民国三十七年十二月二十日起调整汽车票价致南汇县政府代电

（1948年12月23日）

事由：为电陈本公司汽车票价调整检附票价表祈核备由

上川交通股份有限公司代电

发(三七)车字第一二〇号

南汇县政府钧鉴，案奉钧府(12)月(9)日鹏秘建字第(一〇一六九)号训令，抄发调整汽车客货运价暨杂费及养路费表客运价计每公里六角饬知照等因，遵将本公司江镇、南汇段汽车票价酌按每公里五角，自(12)月(20)日起调整实行，谨电奉陈至祈鉴核备案。上川交通股份有限公司叩梗。附呈票价表乙纸。〈下略〉

中华民国三十七年十二月二十三日

［1194－2－1294］

上川交通股份有限公司自民国三十八年一月七日起比照浦建公司调整汽车票价致南汇县政府代电

（1949年1月7日）

事由：为电陈本公司汽车票价比照浦建公司自元月七日起调整实行祈核备由

上川交通股份有限公司代电

发(三八)车字第一二一号

南汇县政府钧鉴，案查浦建公司汽车票价业自上年十二月二十一日起，按每人公里七角八分调整，本公司江镇、南汇段接送汽车票价自应比照调整，为减轻旅客负担起见，酌按每人公里七角八分，自(1)月(7)日起实行。理合检同新票价表随电陈祈鉴核备案。上川交通股份有限公司叩□。附呈调整票价表乙纸。〈下略〉

中华民国三十八年一月七日

［1194－2－1294］

上川交通股份有限公司自民国三十八年一月十一日起调整火车票价致南汇县政府代电

（1949年1月15日）

事由：为本公司本年一月份火车票价奉令重订检附新价表祈核备由

上川交通股份有限公司代电(三八)车第六号

中华民国三十八年一月十五日

南汇县政府钧鉴，案奉上海市公用局本年(1)月(10)日市公(三八)技字第(三九六五八)号训令，以新订本年(1)月份票价饬自(1)月(11)日起实行等因，奉此，除遵于是日实行外，理合检同新票价表随电陈祈鉴核备案，上川交通股份有限公司叩删。附呈新订票价有乙份。(从略)

［1194－2－1294］

上川交通股份有限公司自民国三十八年一月十九日起比照浦建公司调整汽车票价致南汇县政府代电

(1949 年 1 月 19 日)

事由：为电陈本公司汽车票价比照浦建公司自一月十九日调整实行祈核备由

上川交通股份有限公司代电

发(三八)车字第十六号

南汇县政府钧鉴，案查浦建公司汽车票价业自本年一月十五日起按每人公里弍元调整，本公司江镇南汇段接送汽车票价自应比照调整，兹为减轻旅客负担起见，酌按每人公里壹元弍角伍分，自一月十九日实行，谨电奉陈至祈鉴核备案。上川交通股份有限公司叩皓。附呈调整票价表乙纸。〈下略〉

中华民国三十八年一月十九日

［1194－2－1294］

上川交通股份有限公司自民国三十八年一月二十六日起比照浦建公司调整汽车票价致南汇县政府代电

(1949 年 2 月 1 日)

事由：为电陈本公司汽车票价比照浦建公司自一月二十六日调整实行祈核备由

上川交通股份有限公司代电

发(三八)车字第二七号

南汇县政府钧鉴，案查浦建公司汽车票价，业自本年一月二十三日起，按每人公里四元调整，本公司江镇、南汇段接送汽车票价自应比照调整，兹为减轻旅客负担起见，酌按每人公里弍元五角，自一月二十六日实行，谨电奉陈至祈鉴核备案。上川交通股份有限公司叩东。附呈调整票价表乙纸。〈下略〉

中华民国三十八年二月一日

［1194－2－1294］

上川交通股份有限公司自民国三十八年二月一日起调整火车票价致南汇县政府代电

(1949 年 2 月 1 日)

事由：为电陈本公司本年二月份火车票价奉令重订检附新价表祈核备由

上川交通股份有限公司代电

发(三八)车字第二九号

南汇县政府钧鉴，案奉上海市公用局本年(1)月(28)日市公(三八)技字第(四〇一二四)号训令，以新订本年(2)月份票价饬自(2)月(1)日起实行等因奉此除遵于是日实行外，理合检同新票价表随电陈祈鉴核备案。上川交通股份有限公司叩东。附呈新订票价表乙份。〈下略〉

中华民国三十八年二月一日

(1194－2－1294)

上川交通股份有限公司自民国三十八年二月十三日起调整火车票价致南汇县政府代电

（1949年2月14日）

事由：电陈本公司本年二月份火车票价奉令再度调整检附新价表祈核备

上川交通股份有限公司代电

发（三八）车字第四十三号

南汇县政府钧鉴，案奉上海市公用局本年（2）月（12）日市公（三八）技字第（四〇四三〇）号训令，以本年（2）月份再度调整票价，准自（2）月（13）日起实行等因，奉此，除遵于是日实行外，理合检同新票价表随电陈诉鉴核备案。上川交通股份有限公司叩元。附呈新订票价表乙份。〈下略〉

中华民国三十八年二月十四日①

（1194-2-1294）

上川交通股份有限公司自民国三十八年二月十二日起比照浦建公司调整汽车票价致南汇县政府代电

（1949年2月15日）

事由：电陈本公司汽车票价比照浦建公司，自二月十三日调整实行祈核备

上川交通股份有限公司代电

发（三八）车字第四四号

南汇县政府钧鉴，案查浦建公司汽车票价，业自本年二月十二日起按每人公里拾式元调整，本公司江镇、南汇段接送汽车票价自应比照调整。兹为减轻旅客负担起见，酌按每人公里伍元，自二月十二日实行，谨电奉陈至祈鉴核备案。上川交通股份有限公司叩删。附呈调整票价表乙纸。〈下略〉

中华民国三十八年二月十五日

［1194-2-1294］

上川交通股份有限公司自民国三十八年二月二十一日起比照浦建公司调整汽车票价致南汇县政府代电

（1949年2月21日）

事由：电陈本公司汽车票价比照浦建自二月廿一日起调整实行祈核备

上川交通股份有限公司代电

发（三八）车字第五二号

南汇县政府钧鉴，案查浦建公司汽车票价业自本年（2）月（18）日起，按每人公里（30）元调整，本公司江镇南汇段接送汽车票价自应比照调整。兹为减轻旅客负担起见，酌按每人公里（20）元，自（2）月（21）日起实行，谨电奉陈至祈鉴核备案。上川交通股份有限公司叩马。附呈调整票价表乙纸。〈下略〉

中华民国三十八年二月廿一日

［1194-2-1294］

---

① 民国三十八年二月十四日为收文日期，原文缺发文日期。

上川交通股份有限公司自民国三十八年三月三日起调整火车票价致南汇县政府代电

(1949 年 3 月 17 日)

事由：电陈本公司三月份小火车票价自三月三日及十六日起分别调整检附新价表祈核备

上川交通股份有限公司代电

发(三八)车字第七一号

南汇县政府钧鉴，案奉上海市公用局市公(三八)技字第(四〇九七九)号训令，饬知公用事业计价单位办法准□本年(3)月(3)日起试办等因奉此遵于是日起自行公告施行。惟自(3)月(16)日起依照上海市参议会改按生活指数计价，再度调整，理合检同新票价表两份，随电陈祈鉴核备案。上川交通股份有限公司叩筱。附呈新票价表两份。〈下略〉

中华民国三十八年三月十七日

[1194-2-1294]

上川交通股份有限公司自民国三十八年三月二十四日起比照浦建公司调整汽车票价致南汇县政府代电

(1949 年 3 月 25 日)

事由：电陈本公司汽车票价比照浦建公司自三月廿四日起调整实行祈核备

上川交通股份有限公司代电

发(三八)车字第七八号

南汇县政府钧鉴，“案查浦建公司汽车票价业自本年三月廿一日起按每人公里金圆(120)元调整，本公司江镇南汇段接送汽车票价自应比照调整。兹为减轻旅客负担起见，酌按每人公里金圆(62)元(5)角，自三月廿四日起实行，谨电奉陈至祈鉴核备案”。上川交通股份有限公司叩有。附呈新票价表乙纸。〈下略〉

中华民国三十八年三月廿五日

[1194-2-1294]

上川交通股份有限公司自民国三十八年三月二十四日起调整火车票价致南汇县政府代电

(1949 年 3 月 26 日)

事由：电陈本公司火车票价遵照交通事业增加率经于三月廿四日起实行检附新价表祈核备

上川交通股份有限公司代电

发(三八)车字第八一号

南汇县政府钧鉴，案奉上海市公用局(3)月(24)日市公机字第(二五三)号训令，以(1)交通事业增加率不得超过(3)月(16)日价格百分之(75)，(2)各公司根据上开增加率核算实际价格，呈报备案，仰遵办具报等因奉此除遵于是日核实计价实行外，理合检同新票价表随电陈祈鉴核备案。上川交通股份有限公司叩寝。附呈新票价表乙纸。〈下略〉

中华民国三十八年三月廿六日

[1194-2-1294]

上川交通股份有限公司自民国三十八年四月八日起调整火车票价致南汇县政府代电

(1949年4月13日)

事由：电陈本公司火车票价遵照交通事业增加率，经于四月八日起实行检附新价表祈核备

上川交通股份有限公司代电

发(三八)车字第九九号

南汇县政府钧鉴，案奉上海市公用局市公机字第(二五九)号训令，以(1)交通事业增加率不得超过(3)月(24)日价格百分之一九六.四，即照(6966)乘基数折算票价；(2)由各公司在上开增加率范围内核算实际价格，呈报核备仰遵办具报等因奉此除遵于(4)月(8)日核实计价实行外，理合检同新票价表随电陈祈鉴核备案。上川交通股份有限公司叩元。附呈新票价表乙份。〈下略〉

中华民国三十八年四月十三日

[1194-2-1294]

上川交通股份有限公司自民国三十八年四月十七日起调整汽车票价致南汇县政府代电

(1949年4月18日)

事由：电陈本公司汽车票价遵于四月十七日起调整实行祈核备

上川交通股份有限公司代电

发(三八)车字第一一二号

南汇县政府钧鉴，案奉钧府(4)月(14)日云一建字第(四三四九)号通知，以准江苏省公路局本年(4)月(10)日(三八)运字第(一八六六)号代电知，本省公路运价自(4)月(10)日起调整为每人公里(400)元等由仰即知照等因附发客货运价及杂费表乙份，奉此遵将本公司江镇南汇段接送汽车票价，酌按每人公里(395)元，自(4)月(17)起调整实行，谨电奉陈至祈鉴核备案。上川交通股份有限公司巧叩。附呈新票价表乙份。〈下略〉

中华民国三十八年四月十八日

[1194-2-1294]

上川交通股份有限公司自民国三十八年四月十七日及二十五日起调整火车票价致南汇县政府代电

(1949年4月28日)

事由：电陈本公司火车票价遵照增加率暨计价新办法，经于四月十七及廿五日分别实行检附新价表祈核备

上川交通股份有限公司代电

发(三八)车字第一一五号

南汇县政府钧鉴，案奉上海市公用局市公(三八)技字第(四二三三八)号训令饬知公共交通事业计价新办法仰遵照公告实行等因除遵于(4)月(17)及(25)日起分别实行外，谨电奉陈至，祈鉴核备案，上川交通股份有限公司叩佥。附呈新票价表两份。〈下略〉

中华民国三十八年四月廿八日

[1194-2-1294]

上川交通股份有限公司自民国三十八年四月二十五日起调整汽车票价致南汇县政府代电

（1949年5月1日）

事由：电陈本公司汽车票价遵于四月廿五日起调整实行祈核备

上川交通股份有限公司代电

发(三八)车字第一二九号

南汇县政府钧鉴，案奉钧府(4)月(23)日云一建字第(四九二二)号通知，以准江苏省公路局本年(4)月(18)日(38)运字第(二〇七〇)号代电知本省公路运价自(4)月(20)日起调整为每人公里(2 000)元等由仰即知照等因附发客货运价及杂费表乙份，奉此遵将本公司江镇南汇段接送汽车票价酌按每人公里(1 250)元，自(4)月(25)日起调整实行，谨电奉陈至祈鉴核备案。上川交通股份有限公司叩卅。附呈新票价表乙份。〈下略〉

中华民国三十八年五月一日①

［1194－2－1294］

上川交通股份有限公司为南川长途汽车公司侵扰线路运营致至南汇县政府呈

（1947年3月25日）

事由：为呈报南川长途汽车公司侵扰情形祈鉴核迅赐制止由

上川交通股份有限公司呈文车字第七六号

中华民国三十六年三月二十五日

窃查南川长途汽车公司，在公司订约专营线内行驶汽车时有越轨行动，业于本月二十二日经由公司协理刘文麓率同车务主任邓华如、工务主任张道基，谨将经过情形面陈钧长，允予制止在案。兹据江镇站报称，迩来南川长途汽车行驶到站，屡次停在公司停车处，堵塞站口，公司汽车到站不能驶入，与之理论，则声势汹汹，几至动武。正核办间，复据该站报称，南川长途汽车三部，先后驶至，即行横拦站口，公司汽车不得出入，无法行驶，本站员工素抱和平态度，处处退让，幸未冲突，应如何处理，祈核示等情迭经转报前来。查该站所称均属实情，该公司似此得寸进尺，将胡底止。兹为地方安宁秩序计，理合具文呈请鉴核，迅赐制止，以利交通而保路权，实业迫切，待命之至。

谨呈

南汇县县长徐

上川交通股份有限公司董事长瞿钺(印)

［1194－2－581］

上川交通股份有限公司为南川长途汽车公司侵扰线路运营致南汇县政府续呈

（1947年4月7日）

事由：为续报南川长途汽车公司滋扰情形祈核查制止由

上川交通股份有限公司呈文车字第八〇号

中华民国三十六年四月七日

① 中华民国三十八年五月一日为收文日期，原文缺发文日期。

案查关于南川长途汽车公司侵扰情形一案，业于三月廿六日，以车字第七六号呈请钧长迅赐制止，并由公司协理刘文麓以电话申请办理各在案。兹据江镇站报称，三月三十一日南川长途汽车公司汽车两辆，先后驶抵该站，一停公路中间，一停南栅门口，本公司汽车两辆随后驶到未能进口，祇得停在南栅门口，火车抵站以后，该公司汽车以距离稍远，乘客较少，驶至竹桥欲将本公司售票员袁夙祥攒殴，当经该处警士劝解始得开车。不料驶至鸭滩涂，又将本公司汽车多方留难，下车七八人，声称非殴该员不可等语，当嘱该员静候解决，安心服务，应请予以保障，俾策安全等情，复经转报前来，公司为避免冲突起见，暂将该员调任他职，惟交通首重秩序，该公司一再寻衅漫无止境，在公司之权益固受侵害，而地方之安宁，秩序亦将被破毁无遗，自非请予严令制止实无法以策安全，理合备文再行呈请鉴核查照前案，迅赐施行，不胜屏营，待命之至。

谨呈

南汇县县长徐

上川交通股份有限公司董事长瞿钺（印）

［1194－2－581］

南汇县政府关于南川长途汽车公司侵扰线路运营一事致上川交通股份有限公司训令

（1947年5月20日）

事由：据呈报南川汽车公司滋扰情形批仰遵照由

具呈人：上川交通公司

本年三月廿五日暨四月九日呈二件：为呈报南川长途汽车公司滋扰情形祈核查□□由

呈悉，查行驶长途汽车原为旅客便利货物畅流，各汽车公司自当以服务地方为目的，不以专事牟利非法竞争，该公司同仁深明此理，未予冲突殊堪嘉许，惟查此次事故，起因实出于误会，该公司为维持车站秩序，保护行旅安全起见，已于车站四周加装木栏，留有出口便门，连接接送汽车停车场所，自属可行。惟该南川公司以车站向无木栏，汽车可以任意停放选择适当地点兜揽乘客，今遽加木栏旅客均须从便门走出，以致误会。该公司有垄断汽车营业之企图，因此遂有不正当行为表现。兹为便利乘客并双方营业安宁计，特再规定于江镇车站北面木栏上另辟一出口便门，竖立木牌标以其外，暂作为南川公司之停车场所，火车抵站时两门同时开放，任凭旅客于何处出站。除已转饬南川公司知照嗣后，□不得再事寻衅或随便停车，□合照此仰遵照为□□□□令

县长徐

〔中华民国三十六年〕五月廿日

［1194－2－581］

上川交通股份有限公司为南川汽车公司司机攒殴伤人一案致南汇县政府代电

（1947年11月22日）

事由：为电陈南川汽车公司司机攒殴伤人一案祈鉴察查案究办由

上川交通股份有限公司代电

发总字第四三号

南汇县政府钧鉴，案查关于南川汽车公司司机攒殴伤害本公司司机奚锡春一案，业于(10)月(18)日以篠电检附诊断书暨药方，请予究办，责令惩凶道歉并负偿医药费在案。兹以为日已久，迄无后命，司机奚锡春虽经上海公济医院住院治疗，业已出院，幸尚无恙，但事过境迁，诚恐再有同样情事发生，实与地方交通及治安

具有莫大之妨碍,心所谓危,不敢不告,谨电渎陈,至祈鉴察,查案办理。上川交通股份有限公司叩养。

中华民国三十六年十一月二十二日

[1194－2－643]

南汇县政府职员陈允凯关于南川汽车公司司机攒殴伤人一案调查情况致南汇县长的简报

(1947年12月10日)

查本案经调查,双方各执一词,谁是谁非,难以判别,总之最大原因为营业上互相竞争,行车恐先落后,如不予合理解决,嗣后纠纷更多,甚至发生覆车等危险,拟责令两公司对于行车时间、班次、票价,应妥商调整办法,并报府备案,是否有当,理合签□示遵。谨呈县长龚。

职陈允凯签 十二、十

批:如搿由科负责调处。宗□ 十二、十

[1194－2－643]

南汇县政府关于南川汽车公司司机攒殴伤人一案致上川交通股份有限公司指令

(1947年12月17日)

事由:拟呈南川公司司机攒殴伤人一案指仰遵照由

南汇县政府指令(卅六)四建字第四一二号

令上川交通公司

本年十一月廿二日代电乙件(录来由)。

代电悉。业经令饬南川公司告诫司机,嗣后不得再有同样事件发生,否则定予依法严惩,除分令外,合行令仰该公司对于南汇至江镇行车班次、时间、票价等项迅与南川公司互相妥商调整办法,报府备案,并仰遵照□理为要!

此令。

县长龚

〔中华民国三十六年〕十二月十七日

[1194－2－643]

上川交通股份有限公司为呈报增加列车班次检附新订时刻表致南汇县政府代电

(1947年10月15日)

事由:为呈报增加列车班次检附新订时刻表祈鉴核由

上川交通股份有限公司代电

发车字第三二号

南汇县政府钧鉴:窃查本公司原有机车车辆多已破旧,尽在可能范围内业已分别修竣。兹为适应地方交通需要,恢复战前每两小时一班车起见,经于十月五日起增加班次,按照原定每日上下行各三班改为各五班,并与上海市轮渡公司班次衔接,至江镇至南汇接送汽车亦经同日增加班次以利行旅。理合检同新订时刻表随电呈送至祈鉴核。上川交通股份有限公司叩删。

中华民国三十六年十月十五日

[1194－2－572]

上川交通股份有限公司关于增加行车班次并请求禁止其他营业汽车致南汇县政府代电

(1948年1月23日)

事由：为电陈南川公司停驶本公司添购卡车增加班次嗣后应请根据合约禁止营业汽车行驶祈鉴察由

上川交通股份有限公司代电

发(三七)车字第五二号

南汇县政府钧鉴：案奉钧府上年(12)月(19)日(三六)四建字第(四一二)号指令，以南川公司司机攒殴伤人一案，业经合饬告诫。饬本公司对于南汇至江镇行车班次时间票价等项迅即妥商调整办法呈报等因。查该公司以营业清淡，业已停驶。经由本公司添购大卡车乙辆，增加班次，以利行旅。惟前次该公司在本公司专营期内行驶营业汽车，路权攸关，本不容其稍有侵犯，徒以本公司车辆无多，为便利地方人民起见，雅不欲多所争执，且并养路费用亦未征收。讵知该公司得寸进尺，非特不知体谅本公司协助之意，抑且变本加厉一再寻衅，演成攒殴伤人等情事。其是非曲直，想早在洞鉴中。自经此次，本公司加车行驶，行旅称便，嗣后应请钧府根据合约禁止其他营业汽车行驶，以维路权，而免纠纷。谨电奉复至，祈鉴察。上川交通股份有限公司叩迴。

中华民国三十七年元月二十三日

[1194-2-572]

上川交通股份有限公司请求禁止军警旅客乘坐汽车司机台并请颁发布告致南汇县政府的代电

(1948年3月25日)

事由：为电请禁止军警旅客乘坐汽车司机台颁发布告十纸祈鉴核施行由

上川交通股份有限公司代电

发(三七)车字第六四号

南汇县政府钧鉴，查汽车司机台为司机驾驶汽车之所，关系重要，任何军警旅客一概不准乘坐，乃比来时有军警不受劝告，强行占坐，本公司员工穷于应付，无法制止，应请钧府禁止军警旅客乘坐汽车司机台，颁发布告十纸，以便张贴而策安全。谨电奉陈至祈鉴核施行。上川交通股份有限公司叩有。

中华民国三十七年三月廿五日

批：准发布告十张。三、廿九

[1194-2-658]

上川交通股份有限公司关于南川长途汽车公司自愿撤销公司名称并将汽车席棚等项出让一事致南汇县政府代电

(1948年3月28日)

事由：为电陈南川长途汽车公司自愿撤销公司名称并将汽车席棚等项出让祈核备由

上川交通股份有限公司代电

发(三七)车字第六五号

南汇县政府钧鉴，案查关于南川长途汽车公司停驶请予根据协约禁止营业汽车行驶一案，业经陈奉钧府二月九日(三七)四建字第(五一五)号简复通知单饬知，今后亦按照合约规定，切实履行在卷。兹以该公司尊重本公司合约路权，自愿撤销公司名称，并将旧大卡汽车两辆，暨在本公司路基上所建席棚等项设备，悉数出让,以资结束,除另立契约并登报声明外,谨电奉陈至祈鉴核备案。上川交通股份有限公司叩俭。

中华民国三十七年三月廿八日

[1194-2-658]

上川交通股份有限公司为夏令时间加开列车并新订时刻表致南汇县政府代电

(1948年4月27日)

事由:为夏令时间加开南北行列车各乙班检附新订时刻表电请鉴核备案由

上川交通股份有限公司代电

发(三七)车字第七四号

南汇县政府钧鉴,案奉上海市公用局四月(14)日市公(三七)人字第(三〇九八二)号训令,以层奉国府训令,奉行本年夏令时间自五月一日起至九月三十日止,令饬遵照等因,奉此以本公司拟在夏令时间加开南北行列车各乙班,均与上海市轮渡相联系,发售购票,以利行旅,一俟夏令时间终了,再行恢复每日五班。谨将新订时刻表随电陈请鉴核备案。上川交通股份有限公司叩感。

中华民国三十七年四月二十七日

[1194-2-658]

上川交通股份有限公司为夏令时间终了停驶末班车致南汇县政府代电

(1948年9月30日)

事由:为夏令时间终了停驶南北行末班车电请鉴核备案由

上川交通股份有限公司代电

发(三七)车字第一〇一号

南汇县政府钧鉴,案查本年度夏令时间加开南北行列车各乙班,业于本年(4)月(23)日以(三七)车字第(七四)号感电陈请鉴察在案。兹以夏令时间截至本年(9)月(30)日午夜12时,行将终了,本公司每日下午(4)时半由江镇站开,暨(6)时半由庆宁寺站开之南北行末班车,以日光短促,亦定自(10)月(1)日起,暂行停驶,回复每日(5)班原状。谨电奉陈至祈鉴察。上川交通股份有限公司叩卅。

中华民国三十七年九月三十日

[1194-2-658]

上川交通股份有限公司因局势需要更改行车时刻表致川沙县政府代电

(1948年12月18日)

事由:为电陈局势需要更改行车时刻表检附新表祈鉴察由

上川交通股份有限公司代电

发(三七)车字第一一八号

川沙县政府钧鉴,案准吴淞要塞司令部守备总队第二大队(12)月(8)日岳书字第(九三三)号公函以局势紧急且时值冬防,嘱随时于庆宁寺及川沙车站各控制客车乙列,以备不时之需等由,准此除函复外,谨电奉陈,至祈鉴察。上川交通股份有限公司叩巧。附呈十二月二十二日起新订临时行车时刻表乙纸。〈下略〉

中华民国三十七年十二月十八日。

[1194-2-658]

上川交通股份有限公司为农历年关增加行车班次致南汇县政府代电

(1949年1月21日)

事由：为电陈新增开定期加班车南北行各一班检附公告祈鉴察由

上川交通股份有限公司代电

发(三八)车字第廿一号

南汇县政府钧鉴，查农历年关转瞬即届，浦东人士旅居浦西者，例须还乡度岁，而乡人士往沪采购货物者亦日见其多，本公司有鉴于此，特定自一月二十三日起至二月十五日止，每日增开定期加班车南北行各一班，以利行旅。谨电奉陈至祈鉴察。上川交通股份有限公司叩马。附呈公告一份。〈下略〉

中华民国三十八年一月廿一日下午

[1194-2-658]

上川交通股份有限公司自民国三十八年二月十六日起改订行车时刻表致南汇县政府代电

(1949年2月15日)

事由：电陈本公司定自二月十六日起改订行车时刻检附时刻表祈鉴察

上川交通股份有限公司代电

发(三八)车字第四七号

南汇县政府钧鉴，案查本公司自(1)月(23)日起至(2)月(15)日止，每日增开定期加班车南北行各一班，经于(1)月马代电陈报在案。兹定自(2)月(16)日起改订时刻以利行旅。谨电奉陈至祈鉴察。上川交通股份有限公司叩删。附呈时刻表乙纸。〈下略〉

中华民国三十八年二月十五日下午

[1194-2-658]

上川交通股份有限公司因夏令时间改订行车时刻报表并附及车船联络时刻表致南汇县政府代电

(1949年5月1日)

事由：本公司实行夏令时间并改订行车时刻检附车船联络时刻表祈鉴核备案

上川交通股份有限公司代电

发(三八)车字第一二八号

南汇县政府钧鉴，本公司遵照功令按照往年成例，自(5)月(1)日起至(9)月(30)日止，实行夏令时间行车时刻，并定自同日起改订。除公告周知外，理合检同下令时间车船联络时刻表一纸，电请鉴核备案。上川交通股份有限公司叩卅。

中华民国三十八年五月一日收文

[1194-2-658]

（七）浦东长途汽车公司

南汇县政府关于撤销上南县道前订承筑公路契约致浦东长途汽车公司通知

（1946年5月4日）

事由：为通知撤销前订承筑公路契约希查照由

南汇县政府通知建字第五十号

查抗战胜利复员伊始，境内公路自应积极修筑，以利交通。关于上南县道，为本县至上海重要交通路线，修筑更不容缓，本府已一再与浦东地方建设公司协商承筑修筑□。闻该段公路曾于二十六年间，由浦东汽车公司发起人夏履之、闵鲁西等向本府订约承筑，契约内容如何，本府因受抗战影响，文卷损失，现已无案可稽。兹查，抗战胜利迄今时逾半载，原发起人并未设置筹备处所继续实行筹备，不负星散，无人负责，既未依法取得公司法人资格，而于各项应建承筑工程亦未照约履行，前订契约应予撤销。该段县道修筑工程已由本府与浦东地方建设公司协商订约承建。希即查照。

右，通知浦东汽车公司发起人夏履之、闵鲁西等。

县长徐

〔中华民国三十五年〕五月四日

[1194-2-337]

浦东长途汽车公司请求停止在县城至周浦间县道上擅自行驶营业汽车致南汇县政府呈

（1946年6月1日）

事由：为擅自行驶营业汽车侵害专营权利请求准予勒令停止事

窃公司于民国十二五年十一月与钧府订立《投资承办建筑南汇县上南段县道行驶长途汽车合约》正由公司垫款钧府建筑路面桥梁，工未及半之际，抗战军兴，从此停顿。光复以还，公司将自县城至周浦一段已成之路加以修筑，先行行驶客车以维交通。业经呈请鉴核在案。乃有忽而王雪良，忽而顾增祥出面之浦南汽车公司者，未得本公司同意，擅自载客行驶营业汽车，屡加阻止，恃强不理，似此情形实与原合约第九条“专营期内除公司行驶本路之各项车辆外，其他营业汽车、马车等有妨公司营业之车辆，未经声请、县政府核准、征得公司同意前，不得在本道行驶”之规定不符。为敢据情呈请鉴核，准予令饬该浦南汽车公司在未征得公司同意之前，停止在本道行车营业，以免侵害专营权利而重契约。实为德便。

谨呈

南汇县长徐

浦东长途汽车公司总管理处谨呈(印)
地址 周浦镇南八灶
中华民国三十五年六月一日
[1194-2-337]

浦东长途汽车公司请求军警保护公司在已修复的南汇县城至周浦段县道上正常行驶汽车致南汇县政府呈

(1946年5月11日)

事由：为履行契约定期通车请求鉴核准予饬属沿途保护并转呈建设厅备案以利交通事

窃履之为协助地方建设开辟县境交通，于中华民国二十四年组织浦东长途汽车公司，呈经建设厅核准，与钧府订立契约承筑本县县道行驶长途汽车，订约之后即将自县城经新场、航头、鹤沙、沈庄、周浦、御家桥、北蔡、龙王庙，直达上海市区之主要干线，招工兴建，不一年间路基路面铺筑完成，正庇材鸠工架建桥梁，安置涵洞，建造站房之际，抗战军与地方沦陷，八年之中破坏殆尽，除自周浦至龙王庙一段路身毁坏无形，及存放各段之砂石、瓦筒、木材、砖瓦全数消失外，即自县城至浦东一段已经完成之路面桥梁亦损坏至不堪使用。履之鉴于契约之尊严，交通之重要，义务之不容推诿，于胜利光复之初即行召集流亡，竭力进行，兹以自县城至周浦一段路身桥梁修筑就绪，爰置备车辆定于五月贰十日起先行通车，并整修旧海塘南展路线至大团镇，每日准时按班，以兴上南汽车互相衔接，庶地方建设不因抗战而毁弃，县境交通得赖此线以畅通所有，履行契约定期通车情形理合备文呈请鉴核，准予通饬军警沿途保护并转呈建设厅备案，以利交通，至纫公谊。

谨呈

南汇县长徐

浦东长途汽车公司代表夏履之(印)
中华民国三十五年五月十一日
[1194-2-337]

南汇县政府关于浦东长途汽车公司两次要求上南县道专营权和给予行车保护的批复

(1946年6月7日)

事由：为前订合约业经撤销在案该公司已无专营权利仰知照由

南汇县政府批建字第二四一三号

具呈人浦东长途汽车公司

三十五年五月十一日、六月一日呈二件：为履行契约定期通车请求饬属保护，及擅自行驶营业汽车侵害专营权利请求准予勒令停止由。呈悉：查前订契约，业经本府于本年五月十三日以违字第五〇号通知撤销在案，该公司自无专营权利，仰即知照。

此批。

县长徐
〔中华民国三十五年〕六月七日
[1194-2-337]

浦东长途汽车公司请求收回撤销上南县道原约决定并勒令浦南公司停止行驶汽车致南汇县政府呈

(1946年6月15日)

事由：为撤消契约核与原约协定办法不符请予收回成命共策进行并勒令浦南公司停止行驶以维契约而利建设事

窃本年六月六日由协大祥号转奉钧府本年五月十三日建字第五〇号通知一件，略以政府文卷散失，公司人员星散，应将前订“投资承办建筑南汇县道行驶长途汽车合约”予以撤消等由准此，当于六月八日由公司原发起人黄炳权、闵鲁西、严涵温等召集之全体发起人会议席上提出报告共同讨论佥以“日敌侵寇，政府人民同遭浩劫，不特文卷散失，人员星散，即政府负担建筑之路基，公司垫款铺设之路面桥涵，以及政府与公司会同测量之路线，设计之计划，编定之预算等等，大都毁灭无形变迁失效，此种过□，断非公司所应负担。光复以来，在公司虽流亡复集契约宛在，而疮痍未起，喘息未宁，即钧府亦以百废待举，心力未□，对于县道之重建，曾未有测量设计之议、征地筑路之举，盖八年沦陷创钜痛深，民力凋疲达于极点，原约所称‘意外之特殊障碍’迨无复过于此者，依照原约第三条丁项及第五条所定自应展长期限，以待来苏，何忍偏指为公司之重大过失，而遂予以撤消契约之处分，似此不合人情法理，不符协定办法之片面主张，实难承认”等语，为敢备文呈请鉴核准予收回成命，共策进行，并令饬擅自行驶营业汽车之浦南汽车公司即日停止，以维契约而利建设，实为公便。

谨呈

南汇县长徐

浦东长途汽车公司签约代表夏传琨(印)
中华民国三十五年六月十五日
[1194－2－337]

浦东长途汽车公司请求收回撤销上南县道原约决定并附原契约副本致南汇县政府呈

(1946年7月27日)

事由：为陈明事实录呈契约副本续请鉴核准予收回撤销成命以利建设而副积极修筑之至意由

窃本县袁张二前任与同人等鉴于县道交通之重要建筑，经费之无着，先后依据“江苏省招商投资筑路行车办法大纲”拟订“南汇县招商投资承办建筑县道及行车事宜办法大纲”呈奉江苏省政府，核准于民国二十五年二月由同人推定传琨以浦东长途汽车公司名义，与钧府订立“投资承办建筑南汇县上南段县道行驶长途汽车草约”，呈经建设厅再四指示修改，于同年十一月订立正约，十二月奉建厅核准。其时公司固雏型未具曾，未取得法人资格。盖契约之精神，在于公司能否垫款，不以法人资格为要件也。至二十六年春开始筹备招募股款，正当钧府测量设计，征筑土基，公司垫缴经费修筑桥涵路面办理登记之际，日敌侵寇，政府流亡，地方建设破坏殆尽，公司创痛更属深钜。光复以后，公司方收拾疮痍，亟谋恢复，择段通车，先维交通，突奉钧府建字第五十号通知撤销契约，当于六月八日公司发起人会议席上提出讨论，佥以文卷之散失，人员之星散，工程之停顿，契约之不能履行，实因受抗战之影响，似未可归责于公司，而据为撤销契约之理由，且双方职责之负担，权利之赋予，期限之展延，违约之处分以及主管官厅之督导，均经原契约条载分明，何可因案无稽考，凭空虚无，偏面主张。盖发展地方建设，官民原属一体，而取捨授予，仍须依据法律，除由公司原签约代表传琨呈请收回成命，静候兼旬，未蒙批示外，特于七月七日再行召集发起人会议，推定炳权等七人为代表，续行陈明事实，抄录合约副本，呈请鉴核，准予收回撤销合约成命，以尊法治而利建设，并以副钧长积极修筑公路之至意，实为公便。

谨呈

南汇县县长徐

附呈合约副本乙份

浦东长途汽车公司发起人代表
黄炳权
夏传琨
严涵温
闵鲁西
童受民
高克继
陈墨权
中华民国三十五年七月廿七日

〔附〕

契约副本

投资承办建筑南汇县上南段县道行驶长途汽车合约

一、本合约系依据江苏省政府核准之南汇招商投资承办建筑县道及行车事宜办法大纲，由浦东长途汽车股份有限公司（以下简称公司）投资承办建筑上南县道□□□□汽车与南汇县政府（以下简称县政府）双方协议订立呈请江苏省建设厅核准备案以便利地方人民鼓励交□□□为宗旨。

二、南汇县上南县道自南汇县城起，向西经新场、航头折而向北，经下沙、沈庄连周浦，再北至上南交界之姚家堰，直达上海市所属之塘桥为止，共长约三十五公里，就原定县道线承租通车。

三、本县道之建筑工程由公司及县政府分别负担规定如左：

甲、测量设计编造预算由县政府会同公司办理。

乙、征用土地建筑路基由县政府办理。

丙、修筑桥梁涵洞整理土基铺设路面及其他特殊工程，在县政府监督指导下，参照江苏省招商投资筑路行车办法大纲第二十二条投资人有优先承包之规定，准由公司依照呈准计划在规定时间内垫款承筑完竣。以上甲乙丙三项所需经费由公司如数垫付（约二十万元），以实用为准，如有不足仍由公司□□□取利息，经建设厅定案，准在南汇县建设费项下按期偿还，其垫付与偿还办法另行订之。

丁、关于行车上之各种设备由公司按照规定标准，在县政府监督指导下自行设置，应俟桥梁涵洞路面工程完竣后六个月内完成之，但有意外之特殊障碍时，得呈准展长其相当时间。

四、所有车站车厂货栈之地，依据土地法由公司随时出资，呈请县政府收用。

五、本县道建筑完成通车之日起，由县政府给予公司行车专营权三十年，但路权仍属县政府。在此专营期内，如遇意外之特殊障碍，公司停顿营业时，（其障碍非由公司所致者）应展延有效期间至至扣足三十年为止。

六、公司于本路应得款内提百分之三为专营费，于每年六月底及十二月底各级缴一次。惟在专营期内，县政府将公司垫款偿还清楚之日起，此项专营费应改提百分之六，结缴时间同。

前项专营费之缴纳办法另订之。

七、公司在专营期内，对于路基路面桥梁涵洞及行道树与行车标号等，应承县政府指挥监督负养护之责，县政府因公司投资钜大并自负养路责任，故除专营费牌照费季捐外，准予特免县中其他捐税。

八、专营有效期间自全路完成通之日起扣足三十年，由县政府偿还公司垫款清讫时止。过此有效期间所有本县道上固定建筑均归县有，其余车辆及公司自行设置之车站厂屋等，准由公司移运或由县政府议价收用，或由公司向县政府继续承办，届时以适当之手续协议，如仍须招商承办时，县政府应呈准建设厅先尽公司续办。

九、专营期内除公司行驶本路之各项车辆外，其他营业汽车马车等有妨公司营业之车辆，未经声请县政府核准，征得公司同意之前，不得在本道行驶。

十、本县道自公司承租通车后，应将左列各项于三十日内报告县政府，转呈建设厅备查。

甲、营业状况、班数、车资、时刻。

乙、车站及其他停顿客货上下处行。

十一、本合约规定之公司权利，倘有转让或出抵出租于第三者，（以本国人为限）须经县政府转呈建设厅核准。

十二、公司得于车站及车辆内张贴广告，收取广告费，但有伤风化及有碍卫生之广告不得张贴，并不得于车站之范围之外，安置张贴广告等物。

十三、凡本合约未能备载之事，除随时商洽谈外，其较重大者另行呈请办理。

十四、县政府管理县道，在本合约有效期内如有变更，由继续主管机关承认本合约之效力。

十五、本合约即为正式之契约，彼此遵守不得违背，缮成同式正本两份，县政府存一份，公司存一份。另录副本一份，由县政府转呈江苏省建设厅备案。

十六、公司股款均以本国人为限，如查出外国股款时，县政府立令其停止营业并取消本合约，无偿收回县有。

十七、本合约奉建筑厅核准后，应即行开发台测量计划。

十八、本合约如应修改时，仍由县政府与公司协议行之。

十九、本合约自呈厅核准，双方正式签字订约后发生效力。

附则一、本合约签订之日，由公司随缴保证金壹万圆，于本路通车时连同法定利息一并发还。如公司不能按照呈准协定办法缴纳垫款时，应即将合约取消并没收其保证金，另由县政府招商承办，所有已缴之垫款，须俟其他继续承办之商人缴到时照数发还。

附二、本合约所定路线，自姚家堰至董家渡出浦一段，系属上海市政府管辖区域，应请县政府呈请建设厅咨行上海市政府准与公司订约承筑行车，如四个月内不得上海市政府允准，则双方无条件解除本行合约，发还保证金。

南汇县县长张崇基

浦东长途汽车股份有限公司代表夏传琨

[1194－2－337]

南汇县政府关于撤销上南县道原约一案致浦东长途汽车公司批复

（1946年7月27日）

事由：为迭据呈请收回撤销契约成命批饬遵照由

南汇县政府批建字第四二五二号

具呈人：浦东长途汽车公司发起人代表夏传琨、黄炳权等

本年六月十五日、七月廿七日呈两件：为撤销契约核与原约协定办法不符暨陈明事实录呈契约副本续请准予收回成命由。

两呈暨附件均悉：查战前本府与该公司所订合约于胜利复员九月有余，该公司未能遵约兴建，爰经本府依照省方指示公路经营原则，通知该公司发起人撤销原约在案。兹据先后呈请收回成命前来，如该公司果能遵约迅速完成该段县道建筑所请一节即自无不可，仰即推派代表来府面议，实施步骤为要。

此批。附件存。

县长徐

〔中华民国三十五年〕七月廿七日

[1194－2－337]

(八) 南川汽车公司

南川汽车公司为筹组公司行驶汽车致南汇县政府呈

（1946 年 4 月 26 日）

事由：为筹组南川汽车公司行驶汽车仰祈鉴核准予开行由

溯自事变以还，本县即遭沦陷，所有水陆交通工具，被毁无遗，值兹胜利告成，亟待恢复，惟查南汇至川沙间水陆交通工具，尚付阙如，行旅往来，颇感不便，剑光等鉴於交通便利，与复兴市面，禚展商业，均有莫大关系，爰敢集资购办汽车一辆，可容乘客三四十人，定名为南川汽车公司，拟自大团出发，中经南汇、四团仓、竹桥，至江镇为止，连接上川火车，每日往返四次，行驶迅速，取价低廉，事关交通管理，理合将筹组南川汽车公司情形，备文呈报，仰祈鉴核，准予开行，实为德便！

谨呈

南汇县长徐

南川汽车公司经理王剑光

"批示请寄本城西门观音堂对面"

中华民国三十五年四月二十六日

［1194－2－643］

南汇县政府关于筹组南川汽车公司并行驶汽车一事的批复

（1946 年 5 月 4 日）

事由：为据呈筹组南川汽车公司开驶客车批饬知照由

南汇县政府批建字第一二四一号

具呈人南川汽车公司经理王剑光

本年四月廿六日呈一件：为筹组南川汽车公司行驶汽车仰祈鉴核准予开行由。

呈悉：查各项汽车管理规则尚未奉颁到县，姑准暂先营业，以利交通，俟规则奉颁后再行核夺，另令饬遵并仰将营业章程、行车时刻表及票价里程表，（票价应遵照本府通令规定，每华里不得超过二十八元）呈候核定施行。

此批

县长徐

〔中华民国三十五年〕五月四日

［1194－2－643］

南川长途公共汽车公司营业章程

（1946年）

一、本公司行驶车辆以便利行旅交通，复兴市面为宗旨。

二、本公司营业区域暂由大团镇起至江镇为止，遇营业发达时再行扩充其他路线。

三、每车乘客限制四十位。

四、大团站乘客应先向本公司售票处购票后登车，其余各站均在车上购票。

五、乘客携带货物占去一人地位者，应购票一张，多则类推，惟一人至多不得携带五人以上货物。

六、乘客携带物件应各自留心，倘有遗失本公司概不负责。

七、军警制服符号完备者，一律优待，概收半票，手抱孩童免票。

八、乘客须待车停妥后，方得上下，不得争先拥挤，以免发生危险。

九、本公司职员服务热忱谦和，如有失职情事，请乘客记明，随时报告，以便处理。

十、本章程自呈奉县政府核准后施行，如有未尽善处得随时修改之。

中华民国三十五年[①]

［1194－2－643］

南川汽车公司为修理南川公路路面桥梁及费用一事致南汇县政府呈

（1946年5月20日）

事由：为呈报修理南川公路路面桥梁及用去经费情形仰祈鉴核备案由

窃剑光等前以南川公路，自复原以来，尚未恢复战前状态，行旅往来，颇感不便，对于发展商业，振兴市面，均有极大关系。爰即发起南川汽车公司，当将发起宗旨及理由，呈报钧府，准予暂先营业。奉批之后，一面派员赴沪购办优良汽车，一面派员实地察勘路面桥梁，计有盐仓镇以北桥梁四座，一半桥面，完全损坏，须全部调换，一半须加以修建，当即雇工购料，修理完成，计用去人工木料、铁皮、铁钉、运输等费九十七万六千四百元。又全部路面，除大团至本城段外，其余均已损坏，亦经雇工修理完成，共修二百八十三工，（每工包饭三千元）合计国币八十四万九千元。总计共用去国币一百八十二万五千四百元，理合将修理上川公路路面桥梁经过情形，备文呈报，仰祈鉴核，准予备案。

又营业章程及行车时刻表等，俟拟竣后，另文呈核，合并陈明！

谨呈

南汇县长徐

南川汽车公司经理王剑光（印）

中华民国三十五年五月二十日

［1194－2－643］

南汇县政府关于南川汽车公司修理南川公路路面桥梁及费用一事的批复

（1946年6月7日）

事由：据呈修理南川公路桥梁所用经费请备案等情未便照准由

---

① 南川汽车公司上报章程请示日期为“中华民国三十五年六月七日”，营业章程形成时间按此推测。

南汇县政府批建字第一九八三号

具呈人南川汽车公司经理王剑光

呈一件：为呈报修理南川公路路面桥梁及用去经费情形仰祈鉴核备案由。

呈悉：查南川公路系已畅通，所称修理桥梁等情事先又未据呈报，所请备案一节未便照准，此批。

县长徐

〔中华民国三十五年〕六月七日

［1194－2－643］

南川汽车公司为增加汽车票价致南汇县政府呈

（1947年2月14日）

事由：为物价猛涨增加票价仰祈鉴核照准由

窃查近来各种物价，莫不继涨增高，漫无止境，而以五金材料及车胎汽油等涨势更甚，竟有超过六倍至七倍以上，故浦建公司票价，已经一再调整。本公司自开办以来，对于票价，迄未增过一次，处此情况之下，若不调整票价，决难维持。现拟自本月十五日起照原定票价，一律增加一倍，（即南汇至江镇每票售价二千元）理合将物价猛涨，增加票价缘由，备文呈报，仰祈鉴核，准予照加，实为德便！

谨呈

南汇县长徐

南川长途汽车公司经理王剑光（印）

中华民国三十六年二月十四日

［1194－2－643］

南汇县政府为南川汽车公司增加汽车票价一事的批复

（1947年2月14日）

事由：据请物价高涨增加票价批仰知照由

南汇县政府批建字第一一二〇六号

具呈人南川汽车公司

本年二月十四日呈一件：为物价猛涨增加票价仰祈鉴核照准由。

呈悉。所呈当属实情，自应照准。批仰知照。

此批。

县长徐

〔中华民国三十六年〕二月十四日

［1194－2－643］

南川汽车公司为恢复行驶南奉线长途汽车致南汇县政府呈

（1947年10月17日）

事由：为呈请恢复行驶南奉线长途汽车祈核准备案由

南川长途汽车公司呈南总字第〇〇三七号

中华民国三十六年十月十七日

查本公司于上年内鉴于奉南川县际南北线交通之不便，爰曾呈请在江镇至南汇以及南汇至奉贤县属南四团间省道上行驶长途汽车，并奉批示核准行驶，各有案。嗣因车辆不敷调派，因将南汇至南四团一线暂停行驶。兹拟重行恢复，理合具文呈报，仰祈鉴核备案。

谨呈

南汇县县长龚

南川长途汽车公司总经理陆志明(印)

[1194－2－643]

南汇县政府关于南川长途汽车公司恢复行驶南奉线长途汽车的批复

(1947年10月20日)

事由：为据呈恢复行驶南奉线长途汽车批仰知照由

南汇县政府批建字第二六七号

具呈人南川长途汽车公司

本年十月十七日呈乙件：为呈请恢复行驶南奉线长途汽车祈核准备案由。

呈悉：查南汇城至大团段公路，前以路面损坏，经浦东地方建设公司为行车便利，出资修筑在案。该公司所请恢复南奉线路，仰先迳向浦建公司协商办理，再行报请备案！仰即知照。

此批。

县长龚宗儒

〔中华民国三十六年〕十月廿日

[1194－2－643]

（九）其他工商实业

1. 大团镇利民纱厂

大团镇利民纱厂职工消费合作社章程

（1948 年 6 月）

保证责任南汇县大团镇利民纱厂职工消费合作社章程

第一章　总则

第一条　本社定名为保证责任南汇县大团镇利民纱厂职工消费合作社。

第二条　本社以置办日用必需品供应社员之需要为目的。

第三条　本社为保证责任组织，各社员保证额为其所认股额之二十倍并以其所认股额及保证额为限负其责任。

第四条　本社以利民纱厂及祥盛榨油厂职工分布区域为业务区域。

第五条　本社设社址于大团镇利民纱厂内。

第二章　社员

第六条　本社社员以在利民纱厂及祥盛榨油厂工作之职工，年满二十岁或未满二十岁，有行为能力者而无吸食鸦片或其他代用品宣告破产及褫夺公权之情形者为合格。

第七条　凡愿加入本社者应先填具入社志愿书，经社员二人之介绍，或直接以书面请求，经理事会同意并报告社员大会。

第八条　本社社员有左列情形之一者为出社：

一、违反第六条所规定情事之一者。

二、死亡。

三、自请退社。

第九条　本社社员于年度终了时得自请退社，但应于三个月前向理事会提出请求，经理事会核准。

第十条　本社社员有左列情事之一者，得由社务会出席理监事四分之三以上之决议予以除名，以书面通知被除名之人，并报告社员大会。

一、不遵照本社章程及社员大会决议履行其义务者。

二、有妨害本社社务业务之行为者。

三、有犯罪或不名誉之行为者。

第十一条　出社社员对于出社前本社所负之债务自出社决定之日起经过二年始得解除。又本社于该社员出社后六个月内解散时，该社员视为未出社。

第十二条　出社社员得请求退还其已缴股金，但本社得以贷物价付出社社员之退还股金，前项股金之退还于年度终了结算时决定之。

第三章　社股

第十三条　本社社股金额每股国币四十万元，社员每人至少认购一股，入社后得随时添认社股，但至多不得超过股金总额百分之二十。

第十四条　社员认购社股，一次缴纳清楚。

第十五条　社员不得以其对于本社或其他社员之债权抵消其已认未缴之社股金额，亦不得以其已缴之社股金额抵消其对于本社或其他社员之债务。

第十六条　社员非经本社同意，不得出让其所有之社股或以之担保债务。

第十七条　凡受让或继承社股者应继承让与人或被继承之权利义务，受让人或被继承之人为非社员者应适用第二条及第七条之规定。

第四章　组织

第十八条　本社设社员大会、理事会、监事会及社务会。

第十九条　社员大会为本社之最高权力机关，由全体社员组织之。

第廿条　理事会由理事七人候补理事三人组织之，监事会由监事五人候补监事二人组织之，理事、候补理事、监事及候补监事均由社员大会中选举之。理事会、监事会并各设主席一人，由理事、监事分别推选之。前项理事任期为一年，监事任期为一年，均得连选连任。

第廿一条　社务会由理事、监事共同组织之。

第廿二条　本社为促进社务健全得于社员大会推举评议员若干人，组织评议会，督促理监事及其他职员执行职务。

第廿三条　社员大会之职权如左：

一、选举及罢免理监事及评议员。二、审核并接受社业务报告及会计报告。三、通过预算决算及业务计划。四、通过社员之入出社。五、制定或修订各种章则。六、规划社务进行。七、处理理监事、评议员及社员提议事件。

第廿四条　理事会之职权如左：

一、拟订业务计划。二、聘任职员。三、处理社员提出之问题。四、调解社员间纠纷。五、处理社员大会决议交办事项。六、处理其他理事、监事提出之事务。

第廿五条　监事会之职权如左：

一、监查本社财产状况。二、监查本社业务执行状况。三、当本社与理事订立契约，或为诉讼上之行为时，代表本社。

监事为执行前项职务认为必要时，并得召集临时社员大会。

第廿六条　本社设经理、司库、会计、文书各一人，由理事会任用之。助理员、见习生若干人，由经理提请理事会任用之。理事得兼任经理或经理以下各职务。

第廿七条　本社因业务之需要得分部经营，各部设主任一人，由经理提请理事会任用之，受经理之督导进行专司之业务。

第廿八条　本社于必要时得设物价评定委员会，委员会委员由理事会聘任之，委员会章程另定之。

第廿九条　理事、监事评议员各种委员会委员皆数义务职，但有必需公务费用时，由理事会认可支付之，惟理事兼任经理及经理以下其他职员时，得酌支薪给。

第卅条　本社出席联合社之代表由理事会提出，于社员大会推送之，其任期为一年，但出席联合社代表被选为理监事时，以联合社规定之任期为任期。

第五章　会议

第卅一条　社员大会分通常社员大会及临时社员大会两种。通常社员大会于每一业务年度终了后一个月内召集之。临时社员大会因下列情形召集之：

一、理事会、监事会、评议会于执行职务上认为有必要时。

二、社员全体四分之一以上、以书面说明提议事项及其理由，请求理事会召集时。

前款请求提出后十日内，理事会不为召集之通知时，社员得呈报主管机关自行召集。

第卅二条　社员大会应有全体社员过半数之出席始得开会，出席社员过半数之同意使得决议，但解除理监事职权之决议，须由全体社员过半数之决议解散。本社与其他合并之决议，应有全体社员四分之一三以上之出席，出席社员三分之二以上之同意。

第卅三条　社员大会以理事主席为主席。理事主席缺席时以监事主席为主席。

监事会召集大会时，由监事主席为主席。

评议会召集大会时，由评议员互推一人为主席。

社员自行召集大会时，临时公推一人为主席。

第卅四条　社务会每三月召开一次，由理事主席召集之，其主席由理监事互选之。

社务会应有全体理事监事三分之二出席始得开会，出席理监事过半数之同意始得决议。

社务会开会时，经理得列席陈述意见。

第卅五条　理事会、监事会、评议会每月召开一次。理事会、监事会由各该会主席召集之。评议会由评议员互推一人召集之，开会时之主席由评议员轮流担任之。

理事会、监事会及评议员应各有理监事评议员过半数之出席始得开会，出席理监事评议员过半数之同意始得决议。

第六章　业务

第卅六条　本社业务为办理食粮食品衣着杂货文具等之供应，上项物品本社得购进原料自行加工或制造之。

第卅七条　理事会得按照社员之特约购进货物或自行制造。

第卅八条　社员非得理事会承认，不得向社外购买本社经售物品，违反前项规定者得征收相当之违约金，其情节重大者得按照第十条之规定予以除名。

前项违约金征收规程由社员大会另定之。

第卅九条　本社售货价格以不超过一般市价为准，由理事会定之。

第四十条　本社售货以现金交易为主。

第四十一条　凡订购货物者，须预交代价之一部或全部。

前项订购货物到社后，本社通知社员限期来取，过期不取得征收相当之违约金，或由本社转售他人，其损失仍由原订人负责。

第七章　结算

第四十二条　本社以国历一月一日至十二月卅一日为一业务年度，理事会应于年度终了时造成业务报告书、资产负债表、损益计算书、财产目录、盈余分配案，至少于社员大会开会前十日送经监事会审核后，连同监事会查帐报告书报告社员大会。

第四十三条　本社年终结算后有盈余时，除弥补累积损失及付股息至多年利一分外，其余数应平均分为一百份，按照下列规定办理。

一、以百分之二十作公积金，由社员大会指定机关存储或其他确有把握之方法运用生息，公积金除弥补损失外不得动用。

二、以百分之十作公益金，由社务会议决作为发展公益事业之用。

三、以百分之五作理事及事务员之酬劳金，其分配办法由理事会决定之。

四、以百分之六十五作为社员分配金，按照社员向本社交易额多寡分配之。

第八章　解散

第四十四条　本社解散时清算人由社员大会就社员中选充之，前项清算人应按照合作法规定清理本社债权及债务。

第四十五条　本社清算后有亏损时，以公积金股金顺次抵补之，如再不足，由各社员按照第三条之规定负其责任，由清算人拟定分配案提交社员大会决定之。

第九章　附则

第四十六条　本章程未尽事项，悉依合作社法与合作社法施行细则及有关法令之规定。

第四十七条　本章程经社员大会通过呈准主管机关登记后施行。

〔中华民国三十七年六月七日①〕

[1194-1-816]

2. 茂新纱厂

黄竞成为创设茂新纱厂致南汇区县政府呈

（1946年8月9日）

事由：为创设茂新纱厂依法制表声请登记以便营业并请转部发给执照由

窃本厂由股东朱鸿圻、沈彬如、谈瑞祥、俞国声等合伙订立合伙契约，创设茂新纱厂于本县周浦镇，经营棉料纺织事业，公推竞成为经理，并办理登记手续。查商业登记法施行细则第九条载"商业登记之声请书应载明左列各款，由当事人或代理人签名盖章"，又第十条载"商业创设之登记其登记事项如左"各等因，为敢遵照上开条文左列各项，分别制表填明备文，呈请仰祈鉴核，准予登记，先行营业，并转部发给执照，以利实业，至本厂合伙契约当再另文呈送，合并声明。

谨呈

南汇县长徐

附呈②商业创设登记及商业登记声请书壹纸

登记费法币壹万陆仟伍百元正

具呈人 黄竞成

住址 周浦镇网船浜茂新纱厂

中华民国三十五年八月九日

[1194-2-562]

南汇县政府关于茂新纱厂成立登记备案的批复

（1946年8月9日）

事由：为商业声请登记以便营业批饬遵照由

南汇县政府建字第四六八一号

具呈人黄竞成

本年八月九日③呈一件，为创设茂新纺厂依法制表声请登记以便营业并请转部发给执照由。

呈暨附件均悉。姑准先行营业，查合伙商登记，根据商业登记法第九条第一项之规定：合伙人之姓名、住址、出资种类、数额向主管官署声请登记；商业登记法施行细则第五条之规定：商业登记之声请，得委托合伙中一人或代理人为之，但应附具委托书；第十五条第一项之规定：合伙登记须附送合伙契约之正本或抄

---

① 章程未标明时间，中华民国三十七年六月七日为大团镇利民纱厂职工消费合作社成立登记申请书填报时间。

② 附呈缺。

③ 原文写作"五日"，据前文落款日期，此处改作"九日"。

本。以上数点，仰依据规定办理报府核转饬即遵照。

此批。

附存。

县长徐

〔中华民国三十五年〕八月九日

[1194-2-562]

茂新纱厂申请营业执照补充登记致南汇县政府呈

（1946年10月9日）

事由：为补呈证件仰祈转部给照以利实业由

窃商厂前于本年八月九日依照商业登记法施行细则第九、十两条之规定填制表式呈请鉴核准予登记。旋奉钧府建字第四六八一号批示内开：

"呈暨附件均悉：姑准先行营业，查合伙商登记根据商业登记法第九条第一项之规定：合伙人之姓名、住址、出资种类、数额向主管官署声请登记；商业登记法施行细则第五条之规定：商业登记之声明得委托合伙中一人或代理人为之，但应附具委托书；第十五条第一项之规定：合伙登记须附送合伙契约之正本或抄本。以上数点，仰依据规定办理，报府核转，饬即遵照"等因，奉此，谨遵令补具茂新纱厂合伙人姓名、住址及出资数额表壹份，合伙契约抄本壹份，委托书壹份，备文呈请仰祈鉴核转部，发给执照，以利实业，实为德便。

谨呈

南汇县县长徐

计附呈茂新纱厂合伙人姓名、住址及出资数额表，茂新纱厂合伙契约抄本，商业登记代理人委托书各壹份。

具呈人 茂新纱厂经理黄竟成(印)

住址 周浦镇网船浜

中华民国三十五年十月九日

〔附1〕

商业创设之登记

一、商号名称	茂新纱厂
二、营业	棉料纺织
三、资本	法币贰仟万元
四、独资或合伙	合伙
五、所在地	南汇县周浦镇
商业登记之声请书	
一、当事人姓名住址	黄竟成，南汇县杜行镇
二、登记之目的及其事项	声请登记发给执照
三、登记费	法币壹万陆仟伍百元
四、登记机关	南汇县政府
五、年月日	三十六年一月

〔附2〕

商业登记代理人委托书

具委托书茂新纱厂董事会兹委托本厂经理黄竟成为本厂呈请设立登记及商业登记之代理人特具委托书

呈请鉴核。

计开

代理人姓名：黄竟成

年龄：三十七

籍贯：江苏南汇

职业：茂新纱厂经理

住址：南汇县周浦镇网船浜

具委托书 茂新纱厂董事会

董事长 朱鸿圻(印)

(董事会印)

〔附3〕

茂新纱厂合伙契约抄本

第一条　本厂定名为茂新纱厂，设制造厂于南汇县周浦镇，设事务所于上海牛庄路德兴里四号。

第二条　本厂以纺制棉纱为主要业务，视市面之需要得兼营染织布疋业务。

第三条　本厂额定资本国币贰仟万元，分为贰仟股，每股壹万元。依合伙法由全体合伙人以国币认缴足额。

第四条　本厂合伙人出资之多寡及共同议定契约，除载明股东簿，全体合伙人签名盖章留存厂中以资信守外，并填给股票以作凭证，此项股票用记名式，由全体董事署名盖章。

第五条　本厂合伙人之股份非经全体合伙人之同意不得抵押转让于第三人，如转让于他合伙人时应向本厂书面声请过户。

第六条　本厂合伙人每年开常会一次，必要时经董事会决议或合伙人三份之一以上之署名请求，得召集时临时会议，均以董事会为召集人。

第七条　本厂由合伙人互选董事九人，监察二人，组织董事会，为本厂最高执行及监察业务机关，并由董事互推董事长一人，主持一切会务，董事监察如有缺额时由合伙人补选之。

第八条　本厂董事选任黄竟成为本厂经理，谈瑞祥、俞国声为本厂协理，承董事会旨意执行合伙事务。

第九条　本厂经协理及雇佣职员不得藉职务上之便利，移用本厂资金经营个人事业，不得用本厂名义为人作保。

第十条　本厂股息定为年息贰分，于年终结算后发付之。

第十一条　本厂董事会应于每月之终造具月报，年终造具决算，送交监察人审核，其年终决算并须交合伙人全体会议审查通过。

第十二条　本厂损益按照各合伙人出资额之比例为分配之成数。

第十三条　本厂如有盈余，除提去法定公积、法定国税、规定股息外，其纯益金之分配规定如左：

一、股东红利百分之七十；

二、董事监察人报酬百分之十；

三、经协理及全体职员酬报百分之二。

第十四条　本厂股票遇有遗失，须依法声明作废。经法定时间后，如无纠葛发生，方得邀同保人请领新股票。新股票之领取须缴纳手续费及印花税费，如因过户而换给新股票者亦同，其数额随时定之。

第十五条　本契约如有未尽事宜，应由董事会召集全体合伙人议决修正之。

第十六条　本厂合伙人之权利义务除本契约订定者外，其余悉照民法第二编第二章第十八节合伙之规定行之。

中华民国三十五年一月一日立

〔附4〕

茂新纱厂合伙人姓名住址及出资数额表

户　名	股　数	出资额	住　　址
朱鸿圻	壹佰股	国币壹佰万元	上海牛庄路七三一弄四号
朱贵记	壹佰股	国币壹佰万元	上海威海卫路拾号
朱涵铭	玖拾股	国币玖拾万元	同上
朱桓铭	玖拾股	国币玖拾万元	同上
朱建铭	玖拾股	国币玖拾万元	同上
沈彬儒	陆拾股	国币陆拾万元	南汇县新场镇
沈莹光	肆拾股	国币肆拾万元	同上
沈梅记	贰拾股	国币贰拾万元	同上
沈琴记	贰拾股	国币贰拾万元	同上
沈吟记	贰拾股	国币贰拾万元	同上
王冠宇	贰拾股	国币贰拾万元	常熟西面店弄三号
王瑞记	贰拾股	国币贰拾万元	同上
沈玉记	贰拾股	国币贰拾万元	上海善钟路一〇〇弄四号D
朱滋荣堂	壹拾股	国币壹拾万元	南汇县新场镇
黄智伯	壹佰叁拾股	国币壹佰叁拾万元	南汇县杜行镇
黄涵记	壹佰贰拾股	国币壹佰贰拾万元	同上
朱兆圻	陆拾股	国币陆拾万元	上海梅白格路五六五号
朱萼铭	贰拾股	国币贰拾万元	上海林森路一二八五弄三十三号
朱慎铭	贰拾股	国币贰拾万元	上海林森路一二八五弄三三号
朱张贤	贰拾股	国币贰拾万元	同上
胡夙云	壹拾股	国币壹拾万元	南汇县下沙镇
夏序伦	壹拾股	国币壹拾万元	南汇县杜行镇
谈澄镜	肆拾股	国币肆拾万元	南汇县召楼镇
邱顺舟	壹拾股	国币壹拾万元	川沙县城内
沈友生	壹拾股	国币壹拾万元	南汇县航头镇
卫向心	壹拾股	国币壹拾万元	南汇县杜行镇
朱祯发	贰拾股	国币贰拾万元	南汇县御界桥
邢宝珊	贰拾股	国币贰拾万元	南汇县杜行镇
立　丰	捌拾股	国币捌拾万元	上海牛庄路七三一弄四号
王留耕	贰拾股	国币贰拾万元	南汇县周浦镇
协　泰	贰拾股	国币贰拾万元	同上
张韵侃	肆拾股	国币肆拾万元	南汇县杜行镇
俞国声	壹佰肆拾股	国币壹佰肆拾万元	南汇县张江栅
谈瑞祥	贰佰股	国币贰佰万元	南汇县召楼镇
黄竟成	贰佰贰拾股	国币贰佰贰拾万元	南汇县杜行镇
顾允全	壹拾股	国币壹拾万元	南汇城内寅源号
俞炳记	柒拾股	国币柒拾万元	南汇县张江栅

［1194－2－562］

3. 上南汽车公司

上南汽车公司为创设公司并开设大团周浦间交通线路致南汇县政府呈

（1946年4月13日）

事由：为组织汽车公司行驶大团周浦间以利交通请求准予备案由

窃本县交通事业尚未全部复员，行旅往来咸称不便，对于战后建设影响甚钜，即如大团至周浦间虽有舟车行驶，然客货极多，既感不敷载运，且时告间歇，事故频闻，行旅受阻，通畅无期，往来旅客均深扼腕。申请人为发展交通便利行旅，以尽战后建设之天职，爰经集资创设上南汽车公司，购备美国出品吉普卡车，行驶大团、周浦间，搭客运货，取费务在低廉，服务惟求周到，以为便利行旅、建设通交之助，当开始营业之初，理合备文申请钧府准予先行备案，至应具其他手续自当谨候指令，袛遵地方交通建设事业，深有幸焉德便。

谨呈

南汇县政府

上南汽车公司代表人顾增祥正

中华民国卅五年四月十三日

[1194－2－131]

南汇县政府核准行驶大团周浦间路线致上南汽车公司的批复

（1946年4月30日）

事由：为据呈组织上南汽车公司开驶客车批饬知照由

南汇县政府批建字第〇八五二号

具呈人上南汽车公司代表人顾增祥，本年四月十三日呈一件，为组织汽车公司行驶大团周浦间以利交通请求准予备案由，呈悉。查各项汽车管理规则尚未奉令颁发到县，在未奉颁发以前，姑准暂先营业以利交通，候奉颁后再行核办，另令饬遵并仰将营业章程、行车时刻表及票价里程表（票价应遵照本府通令规定，每华里不得超过二十八元）呈候核定施行。

此批

县长徐

〔中华民国三十五年〕四月卅日

[1194－2－131]

上南汽车公司遵令报送公司营业简章等并声明改名浦南长途汽车致南汇县政府呈

（1946年5月12日）

事由：呈为遵令检呈营□□车时刻表及票价路程表各一份并条陈养路□□鉴核等由

本月九日，由邮局递到钧府颁给上南汽车公司顾增祥批示及□□一件，并令限于三日内将营业章程、行车时刻及票价里程表等送呈钧府核准备案等因，具见钧府关怀交通，曷胜感戴。除谨将营业简章、行车时刻、票价路程表各一份附呈鉴核，恳请备案外，惟尚须呈明者属公司，对于养路问题视为极关重要，可□请钧府指令建设科统筹办理，凡行驶该路之车辆一律计票征收养路费若干，以资养路，如荷采纳属公司自愿，不论路程长短，每票尽先缴纳养路费国币壹百伍拾元，以维路政。再属公司原定名称为上南，但与上南交通公司衝突，缘已续呈改名为浦南长途汽车公司,合并声明。

谨呈

南汇县政府

县长徐

具呈人 浦南长途汽车公司

代表人 顾增祥

通讯处 周浦镇平行街□南车行转交

附呈营业简章行车时刻表票价路程表各一份(略)

中华民国三十五年五月十二日

〔附〕

浦南长途汽车公司营业简章

一、本公司所有车辆行驶周□□□□□载客运货便利交通为目的。

二、每车乘客限制肆拾位。

三、周浦站乘客先须在本公司票房购票然后登车,其他各站暂在车上购票。

四、乘客携带货物占去一人地位者,须购一张,多则类推。

五、优待军警概收半票,手抱孩童免票。

六、乘客须待车停妥后,方得上下,不得争先拥挤,以免发生危险。

七、乘客携带物件须各自留心,如有遗失,本公司不负责任。

八、本公司职员务须公忠谦和,如有失职,请乘客随时报告本公司周浦管理处,以便处□。

九、本简章有未尽着处随时修改之。

[1194-4-441]

4. 上南交通股份有限公司

上南长途汽车股份有限公司与上海南汇两县交通事务局订结租借上南县道契约

(1921年9月20日)

第一条 本契约由上南长途汽车股份有限公司(以下即简称公司)与上海南汇两县交通事务局(以下即简称事务局)双方订结。

第二条 公司向事务局租借之路线,自上海县境杨思乡之周家渡沿浦地方为起点,中经杨思桥镇三林塘镇,而至南汇县境之周浦镇为止,其由周浦镇至新场镇南汇县城大团镇泥城之路线,俟前项路线完成后,即由事务局会同公司继续进行一切租借条件即照本契约办理,将来事务局再有展长县道路线时,公司有租借优先权。

第三条 前条所指路线系上南县道,计长路线二十一华里,路面净宽三十尺,由事务局以适宜之工程建筑之俾能通行至少载重四吨之汽车为度。

第四条 前项建筑工程由事务局主持,公司得派员驻局会同办理,以期工程之适当。

第五条 全路收用土地手续概归事务局主办。

第六条 事务局所需全路建筑费商准公司悉数由公司借垫。

建筑费系指开漕填浜造桥筑路及关于路工上一切通行汽车之必要设备而言。

第七条 前项垫款所需费数,俟全路工程完毕会查帐目后确定之。

第八条 前项垫款由事务局随时向公司支取。

第九条 公司所垫筑路款项按年捌厘起息,由事务局按年交付公司。

第十条　公司向事务局租借县道之租费，依全路建筑费之总额捌厘计算，由公司每年交付事务局。

其起租期由公司与事务局协定之。

第十一条　租路期内养路费由公司自理之。

第十二条　租路期内凡行驶该路之各种车辆执照概由事务局发给，其所征收之执照费全数补助公司养路费之用。

第十三条　本租约有效期间自订约日起扣足三十年，由事务局偿还公司垫款时为止。期满后公司仍得与事务局优先协议，享继续租借之优先权。

第十四条　前条所称事务局偿还公司垫款，倘于未满三十年租借其而偿还时，具有效期间亦必扣足三十年。如事务局还清款项后，□公司为营业发达对于公司提出加租之协商时，至多以全路建筑费按月壹分息率为止。

第十五条　租借期内，公司或遇特别障碍停顿营业时，得停付租金并得延期展足三十年。

第十六条　本契约缮就同式四份，公司与事务局各执一份，其余二份由事务局分呈上海南汇两县公署备案。

中华民国十年九月二十日

立契约人列名于后

上海南汇两县交通事务局长 朱祥绂

上南长途汽车股份有限公司代表 穆杼斋

中证 冯莲生

汤联甫

周侣云

证明律师 汤应高

［1194－2－856］

上南交通股份有限公司为上南县道行车路权一事致南汇县政府呈

（1947年10月28日）

事由：为自周浦洗心堂起至汤家木桥一段路基，又司前桥北堍起至车站本桥一段路基，均系公司价买纳粮之地，经浦东建设公司无条件使用，谨特据情呈请核夺示遵由

案查，商公司于民国十年奉令，兴筑自上海市之周家渡起至南汇县之周浦镇司前桥北堍为止之路基全段，为行车之用，又奉令于民国二十年兴筑自周浦洗心堂起至汤家木桥止之路基一段，行驶钢轮车为接送内河轮船乘客之用。当时并经商公司依法呈准，出价收买地基，遵章过户，并逐年完粮在案。在抗战期间，商公司被敌伪方面在周家渡至周浦司前桥北堍之干路上行驶汽车，并将周浦洗心堂起至汤家木桥之钢轨全部搬走，亦改行驶汽车路线，经其破坏达八年之久，已非复本来面目。胜利之后，由上海市公用局接收管理。至民国三十五年九月，商公司奉令成立第十五届董事会。自董事会正式成立之后，对于商公司事业，分别整理。当新董事会第三次举行会议时，讨论浦东建设公司，在本公司价买纳粮之路基上，自周浦洗心堂起至汤家木桥一段，及司前桥北堍起至车站木桥一段路基上，行驶汽车问题，一致主张“函请浦东建设公司向本公司洽议办法，以保路权”等语，纪录在卷。当经录案函请浦东建设公司洽议办理，旋接答称“本上南县道，由本公司行驶长途汽车，系南汇县政府所交办，凡在规定路线内，本公司未便与任何机构签订契约”云云。查商公司之兴筑及经营本路，曾于民国十年九月经上海、南汇两县订有特约，并呈请江苏建设厅转呈交通、实业两部核准在案，抗战之后，因经过长期战争恐钧府一时无原卷可查，但该路经商公司奉令备价收买，逐年完赋约粮，均系事实，窃按该路经徐前县长交浦东建设公司行驶汽车，而并未分令商公司知照，想必亦系无卷可稽之故。闻上项特约，目前上海市公用局接管之上海县移交原卷尚在，可资查询，查商公司与浦东建设公司，均属办理交通事业之机构，双方负责人员，均极友好，本无庸多所争论，维公司之组织，实非少数人所能支配，况考其所以，甲方价买纳粮之地，而由乙方经营使用者，显系出于一时无所查考所致，兹者事实俱在，证件明白，主权谁

属不问可知，谨特检奉该段路基卅五年纳粮收据照片一张，呈请钧长核夺，以明权义，实为公便。

谨呈

南汇县县长龚

附呈卅五年纳粮收据照片乙张〈下略〉

上南交通股份有限公司(印)

董事长 江倬云(印)

中华民国卅六年十月二十八日

[1194-2-856]

南汇县政府关于县道使用条约案卷散失需请将原存据摄影呈府致上南交通股份有限公司指令

(1947年11月28日)

事由：据呈自周浦洗心堂至汤家木桥等路基经浦建公司无条件使用指仰将原存据约摄影呈府以凭核办由

南汇县政府指令二田字第一九九号

令上南交通股份有限公司

呈一件，为自周浦洗心堂至汤家木桥等路基均系公司所买纳粮之地，经浦东建设公司无条件使用，谨特据情呈请核夺示遵由。

呈悉，查该公司前与上海县及本府所订特约，因抗战期间本府案卷散失，无案可稽，仰将原存据摄影呈府，以凭核办，此令。

县长龚

〔中华民国三十六年〕十一月廿八日

[1194-2-856]

5. 华兴汽车公司

华兴汽车公司为组建汽车公司行驶周浦至东昌路路线致南汇县政府呈

(1946年8月17日)

事由：呈为行驶汽车声请准予补行备案由

窃民等鉴于浦东交通之不便宜，乃集资组织华兴汽车公司，购备卡车五辆，自周浦镇起，经百曲、天花庵、三林塘、杨思桥至东昌路止，行驶载客路线全程约计二十五公里，票价定为每客国币壹千五佰圆，每车可容乘客五十名，除与上南交通公司签订行车合约，及分呈上海市公用局、上海县政府备案外，理合备文呈请钧府赐核，仰祈体念服务桑梓之微忱，准予补行备案，实为德便。谨呈

南汇县政府

县长徐

具呈人 华兴汽车公司(印)

代表人 张镛

地址 周浦镇司前桥东

附呈暂订行车时刻表及车辆牌照号码(从略)

中华民国叁拾五年八月拾柒日

[1194-2-579]

南汇县政府准予行驶汽车致华兴汽车公司的批复

（1946年8月22日）

事由：据呈行驶汽车请准补行备案批饬知照由

南汇县政府批建字第四九一七号

具呈人华兴汽车公司，代表人张镛

本年八月十七日呈一件：呈为行驶汽车声请准予补行备案由。

呈件均悉：查各项汽车管理规则尚未奉颁到县，姑准暂行营业，照所呈路线准予行驶以利交通，俟规则奉颁后，再行核夺。另令饬遵仰即知照。

此批。件存。

县长徐

〔中华民国三十五年〕八月廿二

［1194－2－579］

南汇县政府准予华兴汽车公司行驶汽车致周浦警察所训令

（1946年8月22日）

事由：令仰准予华兴汽车公司行驶汽车由

南汇县政府训令建字第四九一七号

令周浦警察所

查周浦华兴汽车公司汽车未经呈请备案，擅自行驶本县境内，业由本府令饬该所禁止行驶在案。兹据该公司声请补具备案手续前来，除批准行驶外，合行令仰该所解除禁令准予该公司汽车行驶仰即遵照。

此令

县长徐

〔中华民国三十五年〕八月廿二

［1194－2－579］

华兴汽车公司为调整汽车票价致南汇县政府呈

（1946年12月31日）

事由：呈为调整票价以维亏损请予备案由

窃华兴汽车公司蒙市公用局核准营业于东昌路至周浦之间，旨在维持地方交通。更蒙均县及地方绅耆等之惠护爱戴，得以顺利进行。敝公司亦不负厚期正在曷事改善中。兹以上南交通公司之养路费于十一月二十五日起加倍征收，原定每客三佰二十伍元加为陆佰伍十元，而敝公司之客票仍维原状。然日来物价狂涨，又以汽车零件及配置为尤甚。敝公司处于若此情况之下，不得已自三十六年元旦起将票价稍予调整，半程改为壹仟贰佰元正，全程改为贰仟元正，藉资弥补，理合备文呈请备案。谨呈

南汇县县长徐

上海市公用局核准华兴汽车公司经理张锡亭（印）谨呈

中华民国三十五年十二月三十一日

［1194－2－579］

南汇县政府关于华兴汽车公司调整汽车票价的批复

（1947年1月14日）

事由：为据呈调整票价批仰遵照由

南汇县政府批建字第九六七四号

具呈人华兴汽车公司经理张锡亭，三十五年十二月卅一日呈一件：为调整票价以维亏损请予备案由。

呈悉。查汽车票价规定业经转饬遵照在案。该公司原售票价尚符规定，所请调整一节碍难照准，仰即知照。

此批。

县长徐

〔中华民国三十六年〕元月十四日

［1194－2－579］

6. 汇北汽车公司

汇北汽车公司为筹组公司及报送通车线路图致南汇县政府呈

（1946年10月16日）

事由：为筹组汇北汽车公司仰祈准予创办备案由

窃市容之盛寥，恒视交通发达与否为转移。溯吾北蔡扼白莲泾之首冲，乃横南贯东之要道，其往返于沪滨之间者，尤称频繁。至述交通工具，水路虽有汽船，陆路仅赖少数之人力车而已，往返需时，价亦昂资，至为欠美，虽地处汇北重镇，欲谋繁荣亦难矣。同人等目击斯弊，爰有汇北汽车公司之创设，俾利交通而整市容。

钧府规划县区交通不遗余力，对于本公司之创设似系合当，为特将本公司通车路由图一并备文呈报，仰祈鉴核准予创办备案，是为公便。

谨呈

南汇县县长徐

附：通车路由图乙纸〈下略〉

汇北汽车公司筹备委员顾松

顾秀金

顾样奎

中华民国三十五年十月十六日

批示：派徐科长前往实地查勘该路宽度与载重量是否适合行驶汽车，具报候核。徐泉十月十八日

［1194－2－610］

南汇县政府职员徐天寿考察汇北汽车行车道路状况致南汇县长的呈及县长批示意见

（1946年10月28日）

报告于本科室

〔中华民国三十五年〕十月廿八日

窃职奉谕查看本县北蔡至上海市一段路面之宽度反荷重力量，遵于本月十六日前往，经查，该段道路最

宽处约为两公尺半，最狭处尚不足两公尺，中间铺以宽约一公尺半、厚约半公寸之碎石路面以行驶人力车及小手车等为主，故其最大荷重不得超过八十公斤(每平方公寸)，对于汇北公司顾松等呈请于该路行驶汽车一节，似觉其宽度与荷重均感不适，奉令前因，理合将查看实情并签具意见呈候钧裁。谨呈

县长徐

职徐天寿(印)

汇北公司所请不准，并查禁其他以汽车行驶该路段。此。徐泉。十、廿八。

[1194-2-610]

南汇县政府关于汇北汽车公司汽车行驶路线的批复

(1946年11月2日)

事由：为据呈筹组汇北汽车公司批饬知照由

南汇县政府批建字第六八七八号

具呈人汇北汽车公司筹备委员顾松

本年十月十六日呈一件：为筹组汇北汽车公司仰祈准予创办备案由。

呈悉。查所定路道经查勘宽度与载重均不适宜行驶汽车，所请碍难照准，仰即知照。

此批

县长徐

〔中华民国三十五年〕十一月二日

[1194-2-610]

7. 汇北交通社

汇北交通社、南汇县政府张江区署立贷款修路合约及概算书

(1946年11月)

汇北交通社贷款修理桥路合约据

立贷款修路委托行车合约。据南汇县政府张江区署(简称甲方)，汇北交通社(简称乙方)，兹双方协定，甲方奉令修筑本区原有公路桥梁，敷设治路涵筒(线路见下列)，此项工程费用委由乙方负责贷付之同时，甲方委托乙方在此项路线行驶公共汽车、乘客运货，以利交通。议定条款如下：

一、路线之规定

甲 自姚家堰起，经卫巷、龙王庙、北蔡镇、张江栅折南，至乐安镇止，朝东至川沙县境。

乙 自海塘浜朝南，经杨家镇达张江栅止，或由上南交界处徐家宅，经卫巷、界沟湾、杨家镇至唐墓桥南川交界处为止。

丙 其他本区境内之公路。

二、整理修筑路面桥梁价值须二千万元，于签约时由乙方预交与甲方工程费用法币五百万元，其余视工程需要时由乙方支付之。

三、委托行车期间自开始通车日起，以二年为限期满，经双方同意，本约得以延长有效时间。

四、本约有效期间，乙方除缴纳贷款外，不另向甲方缴纳行车上之捐税费用，乙方所贷之款于本约终止时，甲方亦不返还于乙方。

五、乙方之行车路线，将来如于南汇县干路计划，或于县政府与浦东建设公司所订之专营合约有抵触时，甲方随时得令乙方变更其行车路线。

六、甲方所属各公路，在本约有效期间，不与第三者订立行驶汽车委托契约。

七、所有行车路线之桥梁路面，乙方应随时保持完好。

八、非营业之私人汽车及人力车辆，在领有本县牌照者，乙方不得征收养路费。

九、委托行车之路面宽度应为十二英尺，桥梁下用砖头上架松木载重一吨，乙方之通车措施、车辆吨位、车站地点、车票价目，须受甲方之监督与核准。

十、本约呈由南汇县政府核准备案始得有效。

十一、视路线局部进展再行增资。

本合约一式二纸，双方各执一纸，另缮副本一纸由甲方呈报县府备案。

附概算书一份。

中华民国三十五年十一月日

南汇县政府张江区署

代表人 钱廷桢（印）

汇北交通社（印）

代表人 严章甫（印）

严众山（印）

吴伯鸿（印）

〔附〕

汇北交通社贷款修理桥路概算书

先修上南交界姚家堰起，卫巷、龙王庙、北蔡镇、张江栅止，计长二十华里，桥梁载重一吨，桥面阔英尺一丈，路面阔英尺一丈二尺，工程费用如左（下）：

一、修理路面填泥工资

姚家堰起卫巷止一华里贰拾工

卫巷起龙王庙止四华里玖拾工

龙王庙起北蔡止四华里玖拾工

北蔡起张江栅止十一华里□万工

计工程六百工（六千元）三百六十万元

瓦筒五百只，连运费计洋贰百万元

二、修理桥梁材料工程

姚家堰起北蔡止，桥梁五座，计木料洋松五百贰拾尺（九百元）计洋肆拾五万壹仟捌佰元。

木料运费拾伍万元

木匠三十工（八千元）贰拾肆万元

钉铁十五斤叁万元

北蔡起张江栅止大小桥梁乙座

木料洋松五千二百十三尺（九千元），计洋肆百七十八万一千七百元。

丈五同椿木四十九根（一万元）计肆拾玖万元

木料运费，计五十万元

木匠一百七十工（八千元），计壹百三十六万元

五寸洋钉八十四斤（一千二百元），计拾万〇九百贰拾元

桥梁砖墩十四个

黄道砖七万（六十万），计四百贰拾万元

运费计贰拾万元

砖墩下椿木一万根（七千元），计七拾万元

运费计拾万元

石灰拾七担(一万五千元),计二十五万伍仟元
泥水匠一百工(八千元),计捌拾万元
共计壹仟玖佰捌拾贰万柒仟柒佰元

汇北交通社
[1194-2-610]

汇北交通社为核发汽车营业牌照致南汇县政府呈

(1947年1月10日)

事由:为呈请转呈建厅核发汽车营业牌照以利行车由
汇北交通社呈
中华民国三十六年元月十日
窃本社鉴于交通事业有关农村经济之盛衰,爰照贷款修路委托行车法曾向张江区署签订合约,经由张江区署将合约副本连人工概算书并呈请备案,已奉钧府指令准予备案,各在案。现在北蔡至张江栅段路线已兴工修筑,桥梁涵筒亦正重行敷筑,约一月后当呈请派员验收,并举行通车典礼。惟营业载客汽车须有省厅营业牌照方准行驶,兹因区署裁撤,奉令停止行文,理合由本社备文呈请仰祈钧长鉴核,准予转呈建设厅颁发汽车营业牌照十六张,以便行驶而利营业,所有请领牌照费用并祈批令遵缴无任迫切待命之至。
谨呈
南汇县长徐

汇北交通社(印)
经理 严章甫(印)
(1194-2-610)

南汇县政府为汇北交通社呈请核发汽车营业牌照的批复

(1947年3月13日)

事由:为据请核发汽车营业牌照批仰遵照由
南汇县政府批建字第一一八七〇号
具呈人汇北交通社
本年一月十日呈一件:为呈请转呈建设厅核发汽车营业牌照以利行车由。
呈悉。仰迳向交通部公路总局上海监理所请领可也。
此批

县长徐
〔中华民国三十六年〕三月十三日
[1194-2-610]

汇北交通社为车辆陈旧暂停营业致南汇县政府呈

(1948年5月1日)

事由:为呈请因车辆陈旧暂停营业由
查本社所有车辆俱陈旧且无法修理改良,今为安全起见,实有暂停行驶之必要,待本社新车运到后,再行服务。仰祈鉴核照准,实为公便。谨呈

南汇县政府

汇北交通社
经理 严章甫(印)
中华民国三十七年五月一日
[1194-2-610]

8. 复兴长途汽车公司

复兴长途汽车公司为成立公司拟在周浦至大团公路开驶客货车致南汇县政府呈

(1946年7月9日)

事由:为拟在周浦至大团公路开驶客货车呈请鉴核备案

具呈人:复兴长途汽车公司

代表人:沈庆云,年四十四岁,江苏南汇人,业商,住南汇西门大街一五四号。

窃查繁荣社会,端赖交通发展,浦东地邻淞沪,素昔号称繁盛之区,公路四通八达,行驶车辆向极充实。旋因抗战军兴,敌伪占据,频施破坏,因之商业萧条,社会冷落,今值胜利复员,各界人士均购备车辆,咸以便利交通为职志,但仍未能恢复旧观。为此,庆云等特组织复兴长途汽车公司,自备客货车三辆,车身坚固,行驶稳速,亦以载客运货便利交通为目的,路线暂自周浦镇起,经沈庄、下沙、新场、南汇至大团为止。每日上午七时自周浦开出,至下午六时返回周浦,往返四次。关于养路等问题亦均遵照钧府明令规定办理。理合检同营业简章一并备文,呈报仰祈钧长鉴核,准予行驶,俾利交通,实为德便。

谨呈

南汇县县长徐

附呈营业简章壹份

复兴长途汽车公司代表人沈庆云(印)呈
中华民国三十五年七月九日

〔附〕

复兴长途汽车公司营业简章

一、本公司所有车辆行驶周浦大团间,专营载客运货等事项。

二、客车乘客每车以肆拾位为限。

三、周浦站乘客须先至本公司售票处购票后登车,其他各站暂在车上购票。

四、乘客携带货物如占去一人之地位者,则以一客票计算,余则类推。

五、优待军警概售半票,手抱孩童概不售票。

六、乘客概须于车停妥后上下,不得争先拥挤。

七、乘客携带物件概须各自留心,如有遗失,本公司不负责任。

八、本公司对大宗货物运输,概照浦东运输公司各项规定办理。

九、乘客设有货运时,请先一日来本公司接洽。

十、本公司职员务须公忠谦和,如有失职舞弊等情,希乘客随时报告本公司管理处处理之。

十一、本简章尽事宜得随时修正。

十二、本简章自呈准主管机关备案后施行。

[1194-2-642]

南汇县政府关于成立复兴长途汽车公司并开驶客货车一事的批复

（1946 年 7 月 16 日）

事由：据呈组织复兴长途汽车公司开驶客货车批饬知照由

南汇县政府批建字第三六三七号

具呈人复兴长途汽车公司代表人沈庆云

本年七月九日呈乙件：为拟在周浦至大团公路开驶客货车，呈请鉴核备案由。

呈件均悉。查各项汽车管理规则尚未奉颁到县，姑准暂先营业以利交通，候规则奉颁后再行另令饬遵，仰即知照。

此批。件存。

县长徐

〔中华民国三十五年〕七月十六日

［1194－2－642］

9. 利民汽车公司

费文良等组建利民汽车公司行驶于东昌路至张江栅致张江区署呈

（1946 年 8 月 18 日）

事由：为东昌路与张江栅交通阻难试行三轮小汽车呈请准予出示保护以维交通而利行旅由

查南汇、北蔡、张江栅等镇，人烟稠密，商店林立，惟以交通阻难，工商各业未能繁荣。爰经会集各该镇地方绅商组织利民汽车公司，置备三轮小汽车，试行于东昌路至张江栅，路线经过塘桥、龙王庙、北蔡各镇，俾资振兴商业而便行旅。除呈请上海市公用局及南汇县政府备案外，理合呈请钧署准予出示保护，以维交通而利商民，实为公便。

谨呈

南汇县张江区署署长钱

声请人 费文良 住上海茂名路七十号

王剑涛 上海金陵中路嵩山路振平里十九号

中华民国三十五年八月十八日

［1194－3－191］

张江区署为保护利民汽车公司行驶小汽车致费文良等批复

（1946 年 8 月 24 日）

事由：为据该商民等呈请出示保护利民汽车公司行驶三轮小汽车应予照准由

中华民国三十五年八月二十四日

批费文良、王剑涛

呈悉。该商民等创办利民汽车公司以利交通至堪嘉许，除令饬北蔡乡公所切实保护外，准予出示布告。

此批

区长钱廷桢

［1194－3－191］

张江区署为切实保护利民汽车公司行驶小汽车致北蔡乡公所指令

（1946年8月24日）

事由：为令知转饬所属切实保护利民汽车公司以兴商业而便行旅由

中华民国三十五年八月二十四日

令北蔡乡公所：

案据商民费文良、王剑涛呈称："查南汇、北蔡、张江栅等镇……实为公便。"等情，据此除出示布告外，合行令仰该所转饬所属，一体遵照。对于利民汽车公司三轮小汽车行经路线加以切实保护，以兴商业而便行旅为要！

此令。

附发布告十张。

区长钱廷桢

［1194－3－191］

张江区署关于利民汽车公司运行东昌路至张江栅开通路线请民众共同维护的布告

（1946年8月）

事由：为布告利民汽车公司三轮小汽车仰就地民众共同维护以利交通由

兹据商民费文良、王剑涛呈称："查南汇、北蔡、张江栅等镇人烟稠密，商店林立，惟以交通阻难，工商各业未能繁荣。爰经会集各该镇地方绅商组织利民汽车公司，置备三轮小汽车，试行于东昌路至张江栅路线，经过塘桥、龙王庙、北蔡各镇，俾资振兴商业而便行旅。除呈请上海市公用局及南汇县政府备案外，理合呈请钧署准予出示保护，以维交通而利商民，实为公便。"等情，据此，合行出示布告，仰就地民众对此交通事业特别加以保护，以利交通为要！

此布。

中华民国三十五年八月

区长钱廷桢

［1194－3－191］

10. 普益实业股份有限公司

普益实业股份有限公司为举行创立会请予派员莅临指导致南汇县政府呈

（1946年6月16日）

事由：为设立普益实业股份有限公司定六月三十日下午一时在周浦镇举行创立会呈请准予备案并恳派员莅临指导由

窃孙馥铨等依照公司法股份有限公司之规定，在浦东周浦镇设立普益实业股份有限公司，设厂碾米轧花榨油及采办运销农产物品，资本总额国币贰仟柒佰万元，分作贰拾柒万股，每股国币壹佰元，全部股款业已缴足完，于六月三十日下午一时在周浦镇西城隍街普益实业股份有限公司筹备处举行创立会，报告筹备经过，订立公司章程及选任董事监察人理合呈请鉴核，准予备案，并恳届时派员莅临指导，实为

德便。谨呈

南汇县县长徐

具呈人普益实业股份有限公司筹备会(印)
筹备主任 孙馥铨(印)
筹备委员 杨永璇(印)
倪沛璿(印)
奚季石(印)
唐树彬(印)
中华民国三十五年六月十六日
[1194－2－653]

南汇县政府关于普益实业股份有限公司举行创立会并派员莅临指导一事的批复

(1946年6月26日)

事由：据呈组设普益实业股份有限公司召开创立会请准备案并恳派员指导等情批饬遵照由

南汇县政府批建字第六三二号

具呈人普益实业公司筹备主任孙馥铨等

本年六月十六日呈一件：为设立普益实业股份有限公司定六月卅日下午一时在周浦镇举行创立会呈请准予备案并恳派员莅临指导由。

呈悉。查筹设公司，应照公司法施行法第二十三条规定检具应报各件手续呈经核准及再行召开创立会，兹姑准所请。今派本府技士鞠文君届时出席指导外，仍仰即将应报各件补呈核备为要！

此批。

县长徐
〔中华民国三十五年〕六月廿六日
[1194－2－653]

11. 北蔡镇钢笔厂

钮永集为在北蔡镇西街设立钢笔厂致南汇县政府呈

(1948年9月28日)

事由：为设立钢笔厂请准予备案由

窃永集向在上海市经营钢笔制造业务，兹以电力不敷改在北蔡镇西街一三〇九号内，配置机器，即日开始制造，所有原料机件业经开始陆续运进厂内，事关县境管辖，理合备文呈请钧长鉴核准予备案，实为德便。

谨呈

南汇县县长熊

具呈人 钮永集
中华民国叁拾柒年玖月贰拾捌日
[1194－2－562]

南汇县政府准予设立钢笔厂致钮永集批复

(1948年10月9日)

事由:据呈设立钢笔厂请予备案一案批复知照由

南汇县政府批鹏四字第六九二一号

批具呈人钮永集

本年九月廿八日呈乙件(录来由)。

呈悉:仰将厂内人员、设备等详情具报,并依照商业登记法来府申请登记,以凭核办为要。

此批。

县长熊

〔中华民国三十七年〕十月九日

[1194-2-562]

12. 公利电料行

公利电料行为创设事致南汇县政府呈

(1946年6月8日)

事由:为创设承装电料店仰祈鉴核准予备案发给执照由

窃民为适应复员后社会环境民众需要起见,集股创设公利电器材料行于本城南门大街。兹拟与浦东电气公司订约承装电灯电力电热一切工程。而该公司章程限于曾经地方政府登记之电料店为合格。惟查电料店登记手续及表格,复员以来未奉建设厅明令公布,以致无所适从,但事已急迫,不容稍缓,为特备文,呈请仰祈鉴核,俯准先予备案,发给承装电料店执照,一俟颁布章程表格,再行补办登记手续,以资提倡而利实业,实为公便!

谨呈

南汇县县长徐

具呈人 公利电器材料行经理邵静智

地址 南汇城内南门大街中市

公利电料行(印)

中华民国三十五年六月八日

[1194-2-562]

南汇县政府关于公利电料行成立备案的批复

(1946年7月4日)

事由:据呈创设承装电料店请准备案发给执照等情批饬知照由

南汇县政府批建字第二五六二号

具呈人:公利电器材料行经理邵静智

本年六月八日呈一件:为创设承装电料店,仰祈鉴核准予备案发给执照由。

呈悉:姑准先行营业,俟登记章程奉颁到县,再行饬补登记手续,核发执照,仰即知照!

此批。

县长徐

〔中华民国三十五年〕七月四日

［1194－2－562］

13. 济明五金电料号

济明五金电料申请补发营业执照致南汇县政府呈

（1946年7月）

事由：为济明五金电料营业执照于沦陷期间遗失申请鉴准补发执照由

窃申请人曾于战前开设济明五金电料号于南汇城北门大街五十七号内，经呈钧府转奉建设厅核准，营业在案，并与浦东电气公司、南汇电气公司订立契约，承接该公司营业区域内一切电气事宜。旋因政府西撤，营业停止。兹以抗战胜利，国土重光，为贯彻服务社会，便利民众起见，业已迁至东门大街九十七号，于七月一日开始复业。除分函浦东电气公司暨南汇电气公司履行以前契约以利复业。惟因济明五金电料号营业执照于沦陷期间遗失，理事备文报请钧长鉴核，赐准补发执照，实甚德感！

谨呈

南汇县县长徐

申请人 济明五金电料号经理陈根堂（印）济明号（印）

中华民国三十五年七月

［1194－2－562］

南汇县政府补发济明五金电料营业执照的批复

（1946年9月14日）

事由：据呈请补发营业执照批饬知照由

南汇县政府批建字第四四八七号

具呈人：济明五金电料号经理陈根堂

本年八月呈一件：为济明五金电料营业执照于沦陷期间遗失申请鉴核准予补发执照由。

呈悉，姑准先行营业，俟该业登记章程奉颁后，再行饬补登记手续，核发执照。仰即知照！

此批。

县长徐

〔中华民国三十五年〕九月十四日

［1194－2－562］

14. 新新官盐号

合股组织新新盐号经营官盐买卖致南汇县政府呈

（1947年12月）

事由：为呈请合股组织新新盐号经营官盐买卖仰祈鉴核备案由

呈为呈请营业事，窃具呈人以浦东地处沪市外围，人烟周密，商家林立，惟对食盐一项向以运输周折，时感恐荒。兹为供应需求起见，爰合股组织新新盐号，择定浦东大团镇为营业所在地，筹集资金贰亿元，拟在南汇、上海间。除呈请上海盐务办事处照章纳税经营官盐买卖外，理合备文呈请，仰祈鉴核备案，实为公便。

谨呈

新新官盐号(印)
具呈人 张振东
通讯处：浦东警局路吴家街一二四弄三五号南汇大团中市镇公所
中华民国三十六年十二月
[1194-2-562]

南汇县政府关于合股组织新新盐号经营官盐买卖的通知

(1948年2月19日)

南汇县政府简复通知单
(卅七)四建字第五四七号
中华民国三十七年二月十九日
事由：为合股组织新新官盐号经营官盐买卖仰祈鉴核备案由
核复要点：仰依法向本府办理商业登记，毋延为要。

[1194-2-562]

15. 上海华东盐号南汇分号

赵匡为设立上海华东盐号南汇分号致南汇县政府呈

(1948年1月30日)

事由：为组设盐号销盐声请登记以维民食而利税收仰祈鉴核示遵由
声请人赵匡，年四十八岁，本县人，住东门大街17号内。

为经营盐业请求核准登记事。缘声请人向为官盐营业，历已年，所拟请设号销盐，集有资本金额壹亿元，在本县东门外吊桥堍一〇八至九号组，设上海华东盐号南汇分号，所有进出食盐悉由各产盐地区采购，再为应市零趸销售，遵章纳税。除呈准财政部上海盐务办事处登记外，理合随文附呈申请书壹纸。仰祈鉴核，赐准登记，俾得设号销盐，以维民食而利税收，实为公德两便。

谨呈
南汇县县政府
附盐商申请书壹纸

具呈人 赵匡
上海华东盐号南汇分号(印)
中华民国三十七年元月三十日

〔附〕

盐商申请登记书

一、牌号：上海华东盐号南汇分号
二、经理人姓名：赵匡，年龄四十八岁，籍贯南汇，住址：城内东门大街
三、开设地点及盐仓所在地：本城东门外大街一〇八至九号兼盐号

四、资本总额：国币壹亿元整
五、专营或兼营：专营
六、零售或趸售：零趸兼营
七、每月销盐额：贰仟担至伍仟担
谨呈
南汇县政府

申请人 赵匡
上海华东盐号南汇分号(印)
中华民国三十七年壹月三十日
[1194-2-562]

南汇县政府准予组设上海华东盐号南汇分号的批复

(1948年3月29日)

事由：为组设盐号准予登记并仰向所属盐务机关呈请备案由
南汇县政府批南四字第一九号
具呈人赵匡
卅七年一月卅日呈一件，为组设盐号销盐声请登记以维民食而利税收仰祈鉴核示遵由。
呈件均悉：准予登记，并仰向所属盐务机关呈请备案为要！
此批。件存。

县长简
〔中华民国三十七年〕三月廿九日
[1194-2-562]

16. 协兴官盐号

孙翰为合股组织协兴官盐号经营官盐买卖致南汇县政府呈

(1948年3月15日)

事由：呈为合股组织协兴官盐号经营官盐买卖，附呈印鉴壹份，仰祈准予商业登记由。

窃孙翰等有志经营官盐买卖，爰经集资法币壹亿元，拟即开设协兴官盐号于本县黄家路镇中市，理合附呈印鉴壹份，先行呈请准予登记，实为商便！

谨呈
南汇县政府
附呈印鉴壹份

协兴官盐号经理 孙翰
中华民国三十七年三月十五日

〔附〕

南汇县商业登记申请书

当事人(或代理人)姓名住址：孙翰　住：黄家路中市
商号名称：协兴官盐号　营业：盐
资本额：壹亿元正

独资或合伙：合伙有限公司

所在地：黄家路中市

谨呈

南汇县政府

申请人 孙翰

创设保证人 唐万丰

住址 黄家路中市

中华民国叁拾柒年叁月拾陆日

[1194-2-562]

南汇县政府准予设立协兴官盐号并仰向所属盐务机关呈请备案的批复

（1948年3月29日）

事由：据呈合股组织协兴官盐号准予登记并仰向所属盐务机关呈请备案由

南汇县政府批南四字第二〇号

具呈人协兴官盐号经理孙翰

卅七年三月十五日呈一件，呈为合股组织协兴官盐号经营官盐买卖，附呈印鉴一份，仰祈准予商业登记由。

呈件均悉：准予登记，并仰向所属盐务机关呈请备案为要！

此批。件存。

县长简

〔中华民国三十七年〕三月廿九日

[1194-2-562]

17. 申南轮船局

申南轮船局关于六灶与上海间开通水上交通行驶快利小轮致南汇县政府的呈

（1946年4月26日）

事由：为便利六灶与上海水上交通行驶快利小轮呈请备案并乞赐予匡扶由

窃自胜利以来，各地交通工具咸感缺乏，即如浦东与上海之间，水上交通亦觉人多船少，不敷调剂，商民有鉴于此，爰与上南等籍同乡集资组织申南轮船局，备有快利小轮一艘，领得交通部上海航政局航行执照，已于本月十日起开航，自南汇县属六灶镇，至上海南市关桥，中经瓦雪村、横沔、孙小桥、陈水管桥、陆家大桥、徽州店、牛角尖、北蔡等埠，每日往返各一次，旨在便利乡人计，并设办公处于上海天潼路八二七号。事关地方交通事业，理合具文，呈请备案，并乞赐于匡扶，实为公德两便。谨呈

南汇县县长徐

呈请人 申南轮船局

经理 张燮魁

通讯处 上海天潼路八二七号

中华民国三十五年四月二十六日

[1194-2-133]

南汇县政府关于六灶与上海间快利小轮致申南轮船局的批复

(1946年5月11日)

事由：据呈为便利六灶与上海水上交通行驶快利小轮祈备案等情批饬遵照由

南汇县政府批建字第一三〇二号

具呈人：申南轮船局经理张爕魁

本年四月二十八日呈一件，为便利六灶与上海水上交通行驶快利小轮呈请备案由

呈悉。查内河轮船之行驶，前奉建设厅令知，应依法请领行驶证，并附发本省颁发内河轮船行驶证办法到府，当经通饬各区署转饬遵照，并布告周知各在案。兹随批抄发前项办法一份，仰即遵照办理，呈府核办，此批。

计抄发江苏省颁发内河轮船行驶证办法一份，附表式三纸。

县长徐

〔中华民国三十五年〕五月十一日

[1194-2-133]

18. 通益轮船公司

通益轮船公司为请颁发轮船行驶证致南汇县政府呈

(1946年5月1日)

事由：为呈请颁发轮船行驶证以利交通仰祈核转准发由

案奉钧府本年四月十九日建字第三十八号布告略开“饬将境内各轮船航船依法申请领证，勿得延误”等因，自应遵办。查呈请人为谋本县交通建设复兴，计业已筹组通益轮船公司，购订通利小轮壹艘，按照颁发内河轮船航船行驶证办法第四条之规定，除呈请交通部发给部照外，兹为便利行旅起见，先行请领行驶证，为特填具事项表及附表各二份，并缴纳证税费壹千另五元。仰祈鉴收，转请颁发行驶证以利交通，实为公便。

谨呈

南汇县政府

附呈事项表及附表各二份，证费壹千元，印花税五元

呈请人 通益轮船公司经理陈继良

批示请暂寄 本城南门陈家弄三号转

中华民国三十五年五月一日

〔附1〕

江苏省内河轮船呈请核发行驶证事项表

公司或轮局名称	通益轮船公司
船　名	通利
部照　发给年月　号数	正在申领中
关照　发给年月　号数	
现行航线起讫及经过地点	自南汇城东门至周浦镇南八灶，经过南门严家桥、陶家桥、新场飞云桥、下沙沈庄
开业年月	民国三十五年五月

续 表

每日开运班次时间	南汇开上午六点半，周浦开十一点半，每日来回班一次
备　考	

呈请人 通益公司经理陈继良 年三十九岁 籍贯江苏南汇 住址南汇东门外协兴油车

〔附 2〕

江苏省内河轮船呈请核发行驶证附表

船　名	通利
规定乘客额数	五十人
船员人数	七人
船行速率	每小时可行约五公里
备　考	

呈请人 通益轮船公司经理陈继良填呈

民国三十五年五月一日

[1194－2－133]

南汇县政府关于通益轮船公司请发轮船行驶证的批复

(1946 年 5 月 11 日)

事由：据呈请发轮船行驶证一案批饬知照由

南汇县政府批建字第一三六四号

具呈人：通益轮船公司经理陈继良

本年五月一日呈一件，呈请发给轮船行驶证以利交通，仰祈核准发由

呈暨附件税费均收悉。候转报江苏省建设厅核示后再行饬遵，仍仰依法补领部照并据部照内所列航线证明经过地点，绘具航行河道图二份，呈报核办，此批。

县长徐

〔中华民国三十五年〕五月十一日

[1194－2－133]

19. 裕大轮船公司

裕大轮船公司为创设一事请予备案致南汇县政府呈

(1946 年 5 月 20 日)

事由：为创设轮船公司理合请求准予备案由

具呈人：韩鸿钧，男，年六十五岁，现任裕大轮船公司总经理

地址：第八区大团镇上塘街中市

为创设轮船公司，理合请求准予备案事。窃吾第八区大团镇历来商务繁盛，户口稠密，惟以地位僻处海隅，交通事业素所落后，战前情形，吾大团与上海之往来在陆地原有上南火车，然而仅达周浦，直接往来则全赖当时之轮船公司，派轮逐日交换行驶，对于商民便利良多。溯自抗战军兴，吾邑沦于敌手，该项轮船竟为敌伪所征用，致被迫停业。在此期中虽有接送至周浦之舟轮，终以须一再转换，加以车站船埠之不能联系，倘或舟行稍缓延误

行车时刻，则须浪费一日之光阴，故一般旅客及携有货物之商民莫不视若畏途也。兹幸敌伪败降，河山光复，举几各种事业全在复员，所惜该战前之公司因被征用之轮船不能捡归而恢复，致大团上海之间仍不能直接通达，于是合镇民商以过去对于航务具呈人尚不无声誉，故群来商请创设轮船公司，以应现在必不可无之需要，具呈人以商请者确属实请，且服务地方公共事业，又为应尽之义务，以致未能推诿，爰即筹集资本着手于公司之建立，原拟购备新型而高速度之新轮以节时间，惟因事实上不能待缓，故一面进行新轮之购置，一面即行租赁汽轮及公司拖船各一艘，实行试航，对旅客及运货佥以无奔波提携及悮点于半途之苦，有直捷爽快及安适稳妥之利，异口同声莫不拥护，以行驶轮船系属公共事业，对于设立公司等情形，理合备文备请钧府备案，为敢将创设轮船公司及已经试航而众咸称便之实情，恳吾钧长鉴核，请求即予俯赐准加备案外，更请依法予以保障，则地方幸甚，民众幸甚。

谨呈

南汇县政府县长徐

第八区大团镇裕大轮船公司总经理韩鸿钧　谨具

附注：一、本公司系承袭战前之申大班路线，故即以裕大公司申大班为名。

一、现在航行之汽轮名捷程，拖船名义昌，均属暂时租用。

一、本公司轮船行驶期逢月之奇日于清晨七时（夏季钟点为八时），由大团驶申，偶日之清晨八时由申驶团，沿途所经为新场、航头、鲁家汇、闸港等埠均停靠片时，以待旅客之上下。

中华民国三十五年五月二十日

[1194－2－133]

南汇县政府关于裕大轮船公司创设一事的批复

（1946年6月7日）

事由：按呈创设轮船公司批饬遵照由

南汇县政府批建字第二二六七号

具呈人：裕大轮船公司经济韩鸿钧

本年五月二十日呈一件：为创设轮船公司理合请求准予备案由呈悉，准予备案。惟内河轮船之行驶前奉建设厅令知应依法请领行驶证，并附发本省颁发内河轮船行驶证办法到府，当经通饬各区署转饬遵照，并布告周知各在案，仰迳向该管区署领取阅项办法依法办理，呈府核办，此批。

县长徐

〔中华民国三十五年〕六月七日

[1194－2－133]

裕大轮船公司为申领内河轮船行驶证致南汇县政府呈

（1946年8月10日）

事由：为呈请核发内河轮船行驶证由

呈为请求核发内河轮船行驶证。窃商公司于本年四月间开始营业，曾经呈请钧府备案，当蒙徐县长批示准于备案，并指示江苏省建设厅一月份所颁布之内河轮船呈请核发行驶证暂行规则十八条，商公司当即依条办理，用特将所规定之各项表格填具二份，每份五纸，呈请钧府审核，并请转呈江苏省建设厅请求核发内河轮船行驶证为恳。特此谨呈南汇县政府，钧核。

具呈人 裕大轮船公司经理韩正雍

附缴行驶证费国币肆千元印花费贰拾元

中华民国三十五年八月十日

[1194－2－133]

南汇县政府为核发内河航运行驶证致裕大轮船公司的批复

（1946年9月12日）

据呈请核发内河轮船行驶证批饬遵照由

南汇县政府批建字第五三九二号

具呈人裕大轮船公司韩振雍

本年八月十日呈一件，为呈请核发内河轮船行驶证由，呈件暨证费均收悉，仰迅即依据省颁请领内河轮船行驶办法第五条之规定，绘具航行河道详图贰份，呈后核转为要。此批，件存。

县长徐

〔中华民国三十五年〕九月十二日

［1194－2－133］

20. 福新记轮船公司

王福生为创设福新记轮船公司并请保护一事致南汇县政府呈

（1946年6月20日）

事由：为行驶轮船便利交通请求准予备案并给示保护由

声请人王福生，年四十岁，住三灶镇，业商，通讯处周浦建华公司。

窃声请人鉴于周浦至三灶间沿河地区人烟稠密，商业繁兴，往来旅客络绎于途，但尚缺乏运输工具，以致每有行不得也。哥哥之慨职是之故，爰发起创设晋福新记轮船公司，购置小型轮船一艘，行驶于周浦、三灶之间，每日上午由三灶起驶，经过坦直桥、傅家宅、沈庄，抵周浦，下午由周浦起驶，仍循原线返三灶，全程约计三十六华里。行驶以来，交通畅达，商旅称便，以后再当逐渐改善，停靠各埠均拟建筑码头，以便起卸。为特呈请钧府鉴核，准予备案，并给示保护，以利交通而兴行旅，不胜感激。盼祷之至。谨呈

南汇县政府县长徐

具呈人王福生（印）谨呈

中华民国三十五年六月二十日

［1194－2－133］

南汇县政府关于创设晋福新记轮船公司致王福生的批复

（1946年6月27日）

事由：据呈创设晋福新记轮船公司批饬遵照由

南汇县政府批建字第二九八六号

具呈人王福生

本年六月二十日呈一件，为行驶轮船便利交通请求准予备案，并给示保护由呈悉，姑准备案。查内河轮船之行驶，前奉建设厅令知，应依法请领行驶证并附发本省颁发内河轮船行驶证办法到府，当经通饬各区署转饬遵照，并布告周知在案，仰迳向管区署取阅该项办法，依法补具手续，呈府核办。

此批。

县长徐

〔中华民国三十五年〕六月廿七日

［1194－2－133］

21. 华利股份有限公司

华利股份有限公司为创设并购买机器脚划船行驶五塊桥周浦间一事致南汇县政府呈

（1946年6月22日）

事由：为适应行旅需要集资组织华利公司购买机器脚划船行驶五塊桥周浦间请赐备案给证并出示保护由

具呈人等鉴于城西乡五塊桥一带交通阻塞贷艰难，爰发起集资组织华利股份有限公司，购买四吨船身机器脚划船一艘，行驶五塊桥、周浦之间。上午六时由五塊桥行，经三灶、蔡家桥、坦直桥、傅家宅、沈庄，至周浦，下午一时自周浦循原线驶回五塊桥，以利行旅而畅货运。理合具文请求鉴赐备案，颁发登记证书，并出示保护，以利商运，实为德感。

谨呈

南汇县长徐

具呈人华利股份有限公司

地址附设三灶东街兴业行内

代表人经理严炳初

通讯处南汇县商会转

中华民国三十五年六月二十二日

［1194－2－133］

南汇县政府为创设公司并购买机器脚划船行驶五塊桥周浦间一事致华利轮船公司的批复

（1946年7月4日）

事由：据呈集资组织华利轮船公司批饬遵照由

南汇县政府批建字第三一〇八号

具呈人：华利轮船公司经理严炳初

本年六月二十二日呈一件，为适应行旅需要集资组织华利公司，购买机器脚划船行驶五塊桥、周浦间，请赐备案给证并出示保护由。呈悉，姑准备案。查内河轮船之行驶，前奉建设厅令知，应依法请领行驶证，并附发本省颁发内河轮船行驶证办法到府，当经通饬各区署转饬遵照，并布告周知在案，仰迳向该管区署取阅该项办法，依法补具手续，呈府核夺。

此批。

县长徐

〔中华民国三十五年〕七月四日

［1194－2－133］

22. 鑫记公司

石伯章为在祝桥周浦间行驶小汽船请求备案致南汇县政府呈

(1946 年 7 月 18 日)

事由：为行驶内河小汽船请求备案仰祈检核照准

窃维交通为便利行旅、沟通文化、畅达货运、振兴商业之重要事务，溯自抗战军兴，交通阻梗，货物积滞，行旅兴嗟，影响社会，为害匪浅。伯章有鉴于此，乃集股组织鑫记公司，恢复祝桥至周浦之航行路线，自办机器脚划小船一艘，该轮可容旅客二十五名，每日上午六时，由祝桥起椗，西经汤店、六灶、傲雪村、黑桥，而达周浦，每日行驶四班，所以便旅客而畅货运也。事关交通要政，理合备文呈报，仰祈鉴核照准，以安行旅而重航权，实为德感。

谨呈

南汇县长徐

南汇六灶镇商民石伯章敬具

中华民国三十五年七月十八日

[1194-2-133]

南汇县政府关于在祝桥周浦间行驶小汽船致石伯章的批复

(1946 年 7 月 24 日)

事由：为行驶内河小汽船集股组织鑫记公司批饬遵照由

南汇县政府批建字第三九九二号

具呈人石伯章

本年七月十八日呈一件：为行驶内河小汽船请求备案，仰祈鉴核照准，呈悉，姑准备案。查内河轮船之行驶，前奉建设厅令知，须依法请领行驶证，并附发江苏省颁发内河轮船行驶证办法到府，当经通饬各区署转饬遵照，并布告周知各在案，仰迳向就近区署索阅是项办法，依法补具手续，呈府核转。

此批。

县长徐

〔中华民国三十五年〕七月廿四日

[1194-2-133]

23. 冠达轮船局

冠达轮船局为盐仓周浦间行驶小汽船登记备案一事致南汇县政府呈

(1946 年 8 月 15 日)

事由：呈为行驶小汽船呈请登记备案仰祈检核由

呈为行驶小汽船，呈请登记备案事。窃维胜利以还，百废待举，而交通尤居首要。查本县从盐仓向西北周浦镇之水运，尚付阙如，旅客既感行路之难，货运更苦辗转之烦。冠卿有鉴及此，乃创设冠达轮船局于盐仓镇，购买小汽船一艘，定名冠达，于本年八月十日起来回航行于盐仓周浦二镇，理合遵照规定呈请登记备案。为特填具“呈请核发行驶证事项表”“呈请核发行驶证附表”“价目表”“里程表”“开行时刻表”及“行驶路线图”

各两份,一并备文呈报,仰祈钧长鉴核,准予备案,以利交通,实为公便。谨呈

建设科长徐,转呈县长徐。

附呈[①]江苏省内河轮船呈请核发行驶证事项表 两份

江苏省内河轮船呈请核发行驶证附表 两份

行驶路线图 两份

开行时刻表 两份

里程表 两份

价目表 两份

南汇县盐仓镇 冠达轮船局经理鞠冠卿(印)呈

中华民国三十五年八月十五日

[1194-2-133]

南汇县政府关于公司创立并在盐仓周浦间行驶小汽船登记备案一事致冠达轮船局批复

(1946年8月17日)

事由:据呈创设冠达轮船局批饬遵照由

南汇县政府批建字第四八六五号

具呈人:冠达轮船局经理鞠冠卿

本年八月十五日呈一件:呈为行驶小汽船呈请登记备案仰祈核准由,呈件均悉,姑准暂先行驶以维交通。惟查所呈行驶路线图未尽详实,仍仰重行绘具航行河道图二份,详细注明行驶河道经过地点,再呈候核,并应缴纳证费乙千元、印花费五元,以便转厅请领行驶证。仰即遵照。

此批

行驶路线图退还,余件存。

县长徐

〔中华民国三十五年〕八月十七日

[1194-2-133]

冠达轮船局为补送行驶路线图致南汇县政府呈

(1946年9月)

事由:呈为补送冠达轮船局行驶路线图仰祈鉴核转报由

案奉钧长建字第四八六五批内开"呈件均悉……"(原文从略)等因,奉此,理合再绘行驶路线图两份,附缴证费一千元,印花费五元,一并备文呈送钧长,仰祈鉴核,转呈建设厅颁发行驶证,以利交通,实为公便。

谨呈

建设科长徐,转呈县长徐。

附呈 行驶路线图两份

缴证费一千元

印花费五元

南汇县盐仓镇冠达轮船局经理鞠冠卿

中华民国三十五年九月

① 附呈缺。

〔附 1〕

江苏省内河轮船呈请核发行驶证事项表

公司或轮船局名称	冠达轮船局
船　名	冠达
部照　发给年月日　号数	正在申请中
关照　发给年月日　号数	
现行航线起讫及经过地点附说明	由盐仓镇西行，经过严家桥，连碧花桥，至周浦
开业年月	三十五年八月
每日开行班次时间	现行每日来回一次，每晨七时由盐仓开出，至十二时从周浦开回
备　考	

呈请人冠达轮船局经理鞠冠卿 年四〇岁 籍贯南汇县竹桥区盐仓镇 住址七保四甲四户

中华民国三十五年八月十四日

〔附 2〕

江苏省内河轮船局请发行驶证附表

船　名	冠达
规定乘客额数	共计四十人
船员人数	共计六人
船行速率	每小时六公里
备　考	

冠达轮船局经理鞠冠卿(印)填呈

中华民国三十五年八月十四日

冠达轮船航行时刻表(35.8.15)(从略)

冠达轮船售票价目表(35.8.15)(从略)

冠达轮船航行各埠里程表(从略)

[1194-2-133]

南汇县政府关于补送行驶路线图致冠达轮船局的批复

(1946年9月14日)

南汇县政府批建字第五五二七号

据呈请领轮船行驶证一案批饬知照由，具呈人盐仓镇冠达轮船局经理鞠冠卿，本年九月二日呈一件，为呈补送行驶路线图，请领轮船行驶证，仰祈鉴核赐转由，呈既附件证税费均收悉。□转呈江苏省建设厅核示后再行饬遵，仍仰依法呈请交通部补发部照。

此批。批件存档。

县长徐

〔中华民国三十五年〕九月十四日

[1194-2-133]

24. 沪川航业股份有限公司

沪川航业股份有限公司为开航川沙上海间并检送客货运价目表等致南汇县政府呈

（1946 年 8 月 4 日）

事由：为呈报本公司定于八月一日开航检附运货价目及客票价目表等件祈赐于备案由

查川邑与上海之间相距仅数十里，而水上交通甚感缺乏，值此抗战胜利，各项地方事业亟须提倡之际，并为顾全谋取商旅往返川沪便利起见，特由本公司筹有小型汽轮二艘，用资往返，兹拟定自八月一日起开航，计经过北蔡、牛角尖、徽州店、陈推官桥、三王庙等码头，按日上午由川沙、上海开往上海、川沙，下午旋原航线开回川沙、上海。除呈准交通部上海航政局，并分呈上海、川沙等县政府备案外，理合检附本公司所订装运货物价目暨客票价目表等件备文一并呈报，仰祈鉴核，赐予备案，实为公便。

谨呈

南汇县政府

计呈送 装运货物价目表一份（略）

客票价目表一份（略）

沪川航业股份有限公司代表人 郑清夫（印）

陆容庵（印）

秦甫耿（印）

曹感伯（印）

陈慎思（印）

中华民国三十五年（八月四日[①]）

［1194－2－133］

南汇县政府关于开航川沙上海间并检送客货运价目表一事致沪川航业股份有限公司批复

（1946 年 9 月 14 日）

事由：据呈该公司定于八月一日开航请予备案批饬遵照由

南汇县政府批建字第四八一九号

沪川航业股份有限公司代表人郑清夫、陆容庵等，本年八月四日呈一件，为呈报本公司定于八月一日开航检附运货及客票价目表等件，祈赐予备案由。

呈件均悉，准予备案。惟查呈送票价数目表内所至六团湾、朱家桥、四团仓、南汇等码头，核与所呈航线不符，是以该六团湾至南汇间，该公司不得擅自行驶，仰即遵照。

此批，件存。

县长徐

〔中华民国三十五年〕九月十四日

［1194－2－133］

① 原文日期缺，此处根据南汇县政府批复批建字第四八一九号“本年八月四日呈一件”。

25. 顾生记

顾根生为贩鲜鱼木船申请行驶许可证致南汇县政府呈

(1946年9月16日)

事由：为填送航船申请登记事项表仰祈鉴核发给行驶许可证书由

窃商新置鲜鱼木船一艘，装置发动机器，专以装贩鲜鱼至沪，回船装运杂货，理合填具申请登记事项表一式两份，呈请鉴核，赐予发给行驶许可证书，以便营业，实为公便。

谨呈

县长徐

计呈送航船申请登记事项表一式两份

具呈人 顾根生

中华民国三十五年九月十六日

〔附〕

南汇县航船申请登记事项表

航商名称 航船种类	顾生记 鲜船(装置发动机航行)
现行航线起讫地点及经过码头	自祝桥起，经六团湾、川沙、陈思关桥、北蔡、白莲泾，至鱼市场讫
船只尺度乘客额数及货物载重数	约乙百念担
客票及运货价目 每日开行班次及时间	四日一班，装载鲜鱼，不售客票
船员姓名 常泊地	曹林祥 祝桥镇
备　考	

呈请人 姓名 顾根生 四〇岁 籍贯 南汇 住址 祝桥镇

保证人 经理姓名 高锡龄(号行戳)永昌祥 年龄 四六岁 籍贯 南汇 住址 祝桥镇

中华民国三十五年九月

[1194-2-133]

南汇县政府关于请发航船行驶证致顾根生的批复

(1946年9月25日)

事由：据呈请发给航船行驶证批饬知照由

南汇县政府批建字第六一〇八号

具呈人顾根生，本年九月十六日呈一件，为填送航船申请登记事项表，仰祈鉴核，发给行驶许可证事由，呈件暨证费均验收。□□查尚无不合，姑准先行发给航船行驶证，俟择定日期后再令饬知，开赴一定地点听候查验。待船舶登记章程案颁布，须饬遵办理登记手续。又据颁发航船行驶证办法第八条之规定，请领行驶证应缴纳证费五万元印花税二元，价款五万九拾八元随令发还，并仰知照。

此批，件存。附发行驶证一纸，法币五百九十八元。

县长徐

〔中华民国三十五年〕九月廿五日

[1194-2-133]

四

南汇县各工商实业调查表

南汇县张江区粮商调查表

（1946 年 4～7 月）

南汇县张江区张江乡镇粮商调查表

三十五年四月日查报

牌号名称	经理姓名	开设地点	营业种类	已否加入同业公会	备注
公记	陈鉴垣	张江栅西市	杂粮	未	零售
姚协泰	姚景福	张江栅西市	杂粮	未	零售
振新厂	吴伯鸿	张江栅西市	榨油厂兼杂粮	未	零售
同泰公	顾雪江	张江栅西市	轧谷厂兼杂粮	未	零售
利民	徐士荣	张江栅西市	杂粮	未	零售
永昌公	陈鉴荣	张江栅西市	杂粮	未	零售
杨金龙		张江栅西市	杂粮	未	零售
余丰	陈兰桥	张江栅西市	杂粮	未	零售
万兴公	杨东泉	张江栅西市	面粉厂兼杂粮	未	零售
杨三泰	杨南墨	张江栅西市	杂货铺兼杂粮	未	零售
翁源盛	翁永清	张江栅西市	杂粮	未	零售
三大	陆锡九	张江栅西市	杂货铺兼售米	未	零售
余丰新	郁福生	张江栅正街	杂货铺兼售米	未	零售
长兴	顾炳生	张江栅正街	杂货铺兼售米	未	零售
昇源	黄福祥	张江栅正街	杂粮	未	
元大	徐叙生	张江栅正街	杂粮	未	
同泰	唐芹生	张江栅正街	杂货铺兼售米	未	零售
正新	唐正新	张江栅北街	杂粮	未	零售
裕昌	陈妙生	张江栅北街	杂货铺兼售米	未	
祥丰协	黄林祥	张江栅北街	杂粮	未	
元亨	龚锡九	张江栅北街	杂粮	未	
源泰	赵福奎	张江栅东街	杂粮	未	零售
鼎和	奚浪舟	张江栅东街	杂货铺兼售米	未	零售
唐隆盛	唐富清	张江栅东街	杂货铺兼售米	未	零售
福昌	陈福昌	张江栅东街	杂粮	未	
万余	陈妙生	张江栅东街	杂货铺兼售米	未	零售
协泰	沈海生	张江栅东街	杂货铺兼售米	未	零售
洽大	杨龙生	张江栅东街	轧谷厂兼杂粮	未	
协丰	奚润德	张江栅东街	面粉厂兼杂粮	未	
瑞昇	孙兆祺	张江栅南街	杂货铺兼售米	未	零售
源昇	张叙生	张江栅南街	轧花厂兼杂粮	未	
森昌协	秦炳初	张江栅南街	杂粮	未	零售

南汇县张江区北蔡乡镇粮商调查表

三十五年七月日查报

牌号名称	经理姓名	开设地点	营业种类	已否加入同业公会	备注
高万利	高文奎	龙王庙北市	杂粮	未	
翟聚源	翟岭梅	龙王庙镇	杂粮	未	
同发新	张友生	龙王庙镇	杂粮	未	
张麟记	张麟根	龙王庙镇	杂粮	未	
公　兴	孙进法	龙王庙镇	杂粮	未	
公　大	黄河泙	龙王庙镇	杂粮	未	
茂　丰	李宏兴	龙王庙镇	杂粮	未	
张万丰	张学桃	龙王庙镇	杂粮	未	
协丰春	秦友根	龙王庙镇	杂粮	未	
翟六记	翟六根	龙王庙镇	杂粮	未	
罗协盛	罗嘉梅	龙王庙镇	杂粮	未	
符正兴	符正兴	龙王庙镇	杂粮	未	
万予新	费文彬	龙王庙镇	杂粮	未	
杨永丰	杨禄基	北蔡镇东市	杂粮	未	
沈永记	陈阿妹	北蔡镇南市	杂粮	未	
桂文记	桂文奎	北蔡南市	杂粮	未	
万丰泰	吴　群	北蔡南市	杂粮	未	
王根记	王林根	北蔡南市	杂粮	未	
顾六记	顾六亭	北蔡南市	杂粮	未	
协　茂	陈平生	北蔡南市	杂粮	未	
叶祥利	叶祥馨	北蔡南市	杂粮	未	
黄协盛	黄宗衡	北蔡南市	杂粮	未	
福泰新	邬福根	北蔡南市	杂粮	未	
永泰昌	刘佩章	北蔡南市	杂粮	未	
永泰号	蒋桂生	北蔡南市	杂粮	未	
万　盛	严众山	北蔡南市西弄	杂粮	未	
协　和	高克继	北蔡中市	杂粮	未	
陈龙记	陈龙根	北蔡中市	杂粮	未	
恒兴	龚宝生	北蔡中市	杂粮	未	
胡祥泰	胡文俊	北蔡中市	杂粮	未	
储瑞兴	何顺伯	北蔡北街	杂粮	未	
永和祥	王秋生	北蔡北街	杂粮	未	
鼎　盛	钮永春	北蔡北街	杂粮	未	
鼎　昌	赵志明	北蔡北街	杂粮	未	

南汇县张江区迴澜乡镇粮商调查表

三十五年七月一日查报

牌号名称	经理姓名	开设地点	营业种类	已否加入同业公会	备注
长兴新记	黄槐堂	乐安镇	花米杂粮	未	
协泰公记	叶荣初	乐安镇	花米杂粮	未	
沈义记	沈祥初	孙小桥	花米杂粮	未	
万　盛	朱朗斋	马家浜	花米杂粮	未	
伟　大	陆麟祥	陆家大桥	杂粮	未	

南汇县张江区立德乡镇粮商调查表

三十五年四月日查报

牌号名称	经理姓名	开设地点	营业种类	已否加入同业公会	备注
徐信昌	徐士元	杨家镇	杂粮	未	
徐荣盛	徐文荣	杨家镇	杂粮	未	
黄永大	黄金生	杨家镇	杂粮	未	
正　大	朱炳根	杨家镇	杂粮	未	
润　大	张祖康	杨家镇	杂粮	未	
德　利	黄银奎	杨家镇	杂粮	未	
张永茂	张伯勳	杨家镇	杂粮	未	
茂　泰	梅国英	杨家镇	杂粮	未	
杨协盛	杨秋涛	杨家镇	杂粮	未	

南汇县张江区御桥乡镇粮商调查表

三十五年六月二十五日查报

牌号名称	经理姓名	开设地点	营业种类	已否加入同业公会	备注
张和昌	张瑞根	御桥镇西街	白米、黄豆、蚕豆、小麦	否	均系家庭经营代售什粮规模极小形似摊贩向周浦零趸运米
长　丰	张章根	御桥镇南街市稍	白米、小麦、黄豆、赤豆	否	同上
顾永泰	顾爱生	御桥镇南街中市	白米、黄豆、小麦、蚕豆、赤豆	否	同上
顾振泰	顾高翔	同上	白米、小麦、赤豆、黄豆、绿豆	否	同上

[1194－3－597]

南汇县各乡轮运商业调查表

(1947年5～9月)

召楼乡轮运商业调查表

民国三十六年五月

轮局名称	裕申轮局	地址	召楼东市
行驶路线	起终点召楼至上海	经过地点	杜行、王家渡
经理人姓名	余四九	住址	召楼东市
轮船只数	壹	何时开始行驶	三十五年十二月

鲁汇乡轮运商业调查表

民国三十六年五月二十一日

轮局名称	新大利轮船公司	地址	上海十六铺
行驶路线	起终点鲁汇上海	经过地点	闸港、杜行、王家渡
经理人姓名	沈同庆	住址	上海小东门方浜路十五号
轮船只数	一艘	何时开始行驶	三十六年一月

张江乡轮运商业调查表

民国三十六年五月

轮局名称	大利公司	地址	上海
行驶路线	起终点川沙—上海 本镇—上海	经过地点	牛角尖、北蔡镇、白莲泾
经理人姓名	许祥生	住址	上海
轮船只数	二只	何时开始行驶	卅五年开驶

六灶乡轮运商业调查表

民国三十六年五月

轮局名称	大兴航运公司	地址	横沔镇
行驶路线	六灶至上海	经过地点	瓦雪村、横沔、北蔡
经理人姓名	钟心梅	住址	横沔镇
轮船只数	一	何时开始行驶	三十六年五月二十日

轮局名称	鑫记	地址	六灶镇
行驶路线	祝桥至周浦	经过地点	汤店、六灶、瓦雪村、黑桥
经理人姓名	申顺奎	住址	六灶镇
轮船只数	一	何时开始行驶	三十五年六月

陈桥乡轮运商业调查表

民国三十六年五月

轮局名称	大兴轮运局	地址	横沔
行驶路线	起终点陈家桥至上海	经过地点	横沔孙小桥陈推官桥陆大桥徽州居牛角尖北蔡北海
经理人姓名	沈金桃	住址	横沔
轮船只数	二	何时开始行驶	三十四年四月

周浦镇轮运商业调查表

民国三十六年五月

轮局名称	胜利	地址	周浦镇南八灶
行驶路线	大团至周浦	经过地点	新场下沙沈庄
经理人姓名	徐龙宝	住址	钥匙桥东首
轮船只数	一	何时开始行驶	三十五年二月

轮局名称	冠达	地址	四团仓
行驶路线	四团至周浦	经过地点	严家桥连桥黑桥

续 表

经理人姓名	鞠桂卿	住址	四团仓
轮船只数	一	何时开始行驶	三十五年七月

轮局名称	川沙班	地址	川沙
行驶路线	川沙至周浦	经过地点	横沔 张胜桥
经理人姓名	宋阿德	住址	川沙
轮船只数	一	何时开始行驶	三十五年十月

轮局名称	六灶班	地址	六灶
行驶路线	六灶至周浦	经过地点	瓦屑 黑桥
经理人姓名	石阿大	住址	六灶
轮船只数	一	何时开始行驶	三十五年十月

轮局名称	三灶班	地址	三灶
行驶路线	三灶至周浦	经过地点	蔡家桥坦真桥桥傅家宅沈庄
经理人姓名	戚水琴	住址	三灶
轮船只数	一	何时开始行驶	三十五年六月

四团乡轮运商业调查表

民国三十六年六月

轮局名称	冠达轮船局	地址	四团仓
行驶路线	起终点四团仓周浦	经过地点	严家桥　猛将堂　连边花桥　瓦雪村　黑桥
经理人姓名	鞠冠卿	住址	四团仓
轮船只数	壹只	何时开始行驶	三十五年八月

宣桥乡轮运商业调查表

民国三十六年六月

轮局名称	三和公司	地址	上海林森中路二五二号
行驶路线	起终点　大团—上海	经过地点	新场航头鲁汇闸港
经理人姓名	倪琴生	住址	上海林森中路二五二号
轮船只数	壹艘	何时开始行驶	民国三五年十二月

轮局名称	胜利轮局	地址	周浦南八灶
行驶路线	起终点　大团—新场	经过地点	孟家桥中心桥
经理人姓名	张月生	住址	周浦南八灶
轮船只数	壹艘	何时开始行驶	民国三六年三月一日

轮局名称	鑫利汽船航社	地址	六灶湾
行驶路线	起终点　六灶湾—周浦	经过地点	李家桥宣家桥新场
经理人姓名	车立法	住址	六灶湾
轮船只数	贰艘	何时开始行驶	民国三六年二月

二团乡轮运商业调查表

民国三十六年七月

轮局名称	鑫利航社	地址	六灶湾
行驶路线	起终点六灶湾至周浦镇	经过地点	新场　沈庄
经理人姓名	车立法	住址	六灶湾
轮船只数	壹只	何时开始行驶	上午六时六灶湾开 下午一时周浦镇开

三灶乡轮运商业调查表

民国三十六年九月

轮局名称	晋福公司		
行驶路线	起五堍桥终周浦镇，经过地点三灶坦直桥沈庄		
经理人姓名	王福生	住址	三灶镇
轮船只数	壹只	何地开始行驶	民国三十四年九月

新场镇轮运商业调查表

民国三十六年九月

轮局名称	利民公司	地址	上海中正路外滩2号
行驶路线	起大团至上海　　经过地点：新场、杭头、鲁汇、闸港		
经理人姓名	陶真悟	住址	上海三牌楼
轮船只数	壹只	何时开始行驶	三十五年拾月

轮局名称	协和公司	地址	南汇大团镇
行驶路线	起大团至上海　　经过地点：新场、杭头、鲁汇、闸港		
经理人姓名	沈富宝	住址	大团镇
轮船只数	壹只	何时开始行驶	三十六年五月

轮局名称	浦建公司	地址	周浦镇
行驶路线	起大团至新场　　经过地点：中心桥、孟家桥		
经理人姓名	傅菊人	住址	周浦浦建公司
轮船只数	壹只	何时开始行驶	三十六年四月

横沔乡轮运商业调查表

民国三十六年九月

轮局名称	大兴航运局	地址	南汇横沔镇
行驶路线	起南汇终上海 经过地点：四团仓、祝桥、大团湾、凌楼、陈家桥、七灶、六灶、瓦雪村、横沔、孙小桥、栗安镇、陆家大桥、徽州店、牛角尖、北蔡等地		
经理人姓名	钟心梅	住址	横沔镇
轮船只数	鸿飞、鸿运、利东、曾心，计四艘	何时开始行驶	民国叁拾叁年捌月起

[1194－2－652]

南汇县航运调查表

(1947 年①)

轮局名称	龙顺	详细地址	大团二灶港	通信处	大团李进昌麦坊
行驶路线	起大团　终上海　　经过地点：新场、航头、鲁汇、闸港				
经理人或船主姓名	沈龙祥	详细住址	大团北市	通信处	大团中市李进昌麦坊
航只种类	航机船	何时开始行驶	上午八时	只数	壹只
曾否呈准	尚未	载重量	拾二吨	每日班次	三日来回一次
行驶情形	装货				
附加县事业费带征情形	未				
提供意见：					
填表人：龙顺　　轮局(船名)经理或代表人姓名：沈龙祥					

轮局名称	生生海协记	详细地址	五团乡竹桥镇	通信处	竹桥十八保□
行驶路线	起竹桥　终上海　　经过地点：大团湾、陈桥、横沔、北□至上海吴松				
经理人或船主姓名	张祥福	详细住址	竹桥十八保生生海	通信处	竹桥镇十九保
航只种类	□汽□船	何时开始行驶	36 年 8 月 10 号	只数	壹只
曾否呈准	上海航运局	载重量	拾一吨	每日班次	来回
行驶情形					
附加县事业费带征情形					
提供意见：					
填表人：生生海协记　　轮局(船名)经理或代表人姓名：张祥福					

轮局名称	新江船务行管理泰利轮船	详细地址	鲁家汇镇	通信处	鲁家汇镇
行驶路线	起鲁汇　终上海　　经过地点：闸港、杜家行、塘湾、王家渡				
经理人或船主姓名	经理宓警蠢 船主刘叙平	详细住址	鲁家汇镇	通信处	鲁家汇镇
航只种类	泰利木壳汽轮	何时开始行驶	民国卅五年九月	只数	壹只
曾否呈准	由前管理者新大利轮局呈请南汇县府未蒙批示	载重量	十三吨	每日班次	来回(晨开下午回)
行驶情形	行驶虽无困难，但在亏本时为维持当地之交通，勉力支持，而在营业起色时，竞争之轮立即发现此种捣乱航运者，政府应予取缔之必要				
附加县事业费带征情形	仍未接奉命令未曾遵行				
提供意见：主管官署对于地方上经常维持交通之航业，应全力维护，以资生存，关于捣乱航运之船只，请求严予取缔。					
填表人：泰利轮船(新江船务行管理)　　轮局(船名)经理或代表人姓名：宓警蠢　沈步洲					

轮局名称	申浦轮局	详细地址	沪南市关桥外马路	通信处	381 号大利公司
行驶路线	起张江栅　终上海　　经过地点：牛角基、北蔡				
经理人或船主姓名	许祥生	详细住址	张江栅西南街	通信处	

① 根据案卷时间。

续 表

航只种类	木壳	何时开始行驶	35 年 6 月	只数	
曾否呈准	航运局申请中	载重量	13 吨	每日班次	来回
行驶情形	每晨由张江栅开，下午由上海回，乘客大都已乘浦建汽车故为数寥寥				
附加县事业费带征情形	此间因行驶小汽车，对于带征事业费甚难实行				
提供意见：本轮对当地商号代办货物及装运货物，旅客甚少，故事业费尚未带征。					
填表人：许祥龙　　轮局(船名)经理或代表人姓名：许祥生					

轮局名称	冠达轮船局	详细地址	四团乡盐仓镇	通信处	
行驶路线	起盐仓南市，终周浦东八灶 经过地点：严家桥、连桥、猛将堂、瓦雪村、黑桥				
经理人或船主姓名	鞠冠卿	详细住址	盐仓南市安华花厂	通信处	
航只种类	木壳	何时开始行驶	35 年 6 月	只数	壹
曾否呈准	申请中	载重量	八吨	每日班次	来回
行驶情形	上午 7 时由盐仓团开往　下午 1 时驶回				
附加县事业费带征情形					
提供意见：照过去情形对营业上可维持生活而已，然前时由他乡镇驶来汽船一艘，驶行同一路线，虽不久自行停驶，因营业上之竞争，时间不守□后再有同样事件认有取缔之必要，免□轮局前途之发展旅客为时间之不正常而辞劳□返也。					
填表人：沈顺奎　　轮局(船名)经理或代表人姓名：冠达轮船局鞠冠卿					

轮局名称	三和航运公司	详细地址	上海茂名南路南昌路口霞飞坊 252 号	通信处	同上
行驶路线	起上海　终大团　　经过地点：新场、航头、鲁汇、闸港				
经理人或船主姓名	经理倪琴生	详细住址	同上	通信处	
航只种类	大安柴油轮	何时开始行驶	三十五年十月	只数	
曾否呈准	交通部航政局行驶证	载重量	十二吨	每日班次	一班
行驶情形	载客　运货				
附加县事业费带征情形	尚未				
提供意见：					
填表人：三和航运公司　　轮局(船名)经理或代表人姓名：倪琴生					

轮局名称	美翔汽船	详细地址	五团竹桥镇	通信处	竹桥十八保张炎根
行驶路线	起竹桥　终上海　　经过地点：六团湾、陈桥、横沔、北蔡				
经理人或船主姓名	张炎根	详细住址	竹桥镇十八保	通信处	竹桥镇十八保
航只种类	铁壳	何时开始行驶	36 年 9 月	只数	壹只
曾否呈准	河北航政局	载重量	拾吨	每日班次	来回
行驶情形					
附加县事业费带征情形	准照县府规定				
提供意见：					
填表人：美翔汽船　　轮局(船名)经理或代表人姓名：张炎根					

轮局名称	洽兴轮船公司	详细地址	南汇北严家桥王永昌	通信处	同上
行驶路线	起严家桥，终上海 经过地点：严家桥、连桥、瓦雪村、横沔、陈世□桥、北蔡、上海				
经理人或船主姓名	沈祥初	详细住址	南汇北严家桥王永昌	通信处	同上
航只种类	木壳汽船	何时开始行驶	36 年 9 月	只数	一只
曾否呈准	申请中	载重量	九吨	每日班次	来回
行驶情形	每日上午七时从严桥开，下午壹时从上海开				
附加县事业费带征情形					
提供意见：					
填表人：沈祥初　　轮局(船名)经理或代表人姓名：洽兴轮船公司沈祥初					

轮局名称	鑫利航社	详细地址	六灶湾三角街	通信处	六灶湾润德染坊
行驶路线	起六灶湾　终周浦　　经过地点：三墩、二团、李家桥、新场、沈庄				
经理人或船主姓名	车阿发	详细住址	六灶湾南街 19 号	通信处	六灶湾润德染坊
航只种类	汽油船	何时开始行驶	上午六时半	只数	壹只
曾否呈准	尚未	载重量	叁拾担	每日班次	来回各一次
行驶情形	搭客运货				
附加县事业费带征情形	尚未				
提供意见：					
填表人：鑫利　　轮局(船名)经理或代表人姓名：车阿发					

轮局名称	晋福新记公司	详细地址	三灶镇南市	通信处	闵桂生茶官
行驶路线	起三灶　终周浦　　经过地点：滩家桥、□家宅、沈庄				
经理人或船主姓名	王福生	详细住址	三灶闵桂生茶馆	通信处	
航只种类	木壳	何时开始行驶	35.5	只数	壹
曾否呈准	备案过	载重量	三吨	每日班次	每日往返
行驶情形					
附加县事业费带征情形	未收				
提供意见：					
填表人：晋福公司　　轮局(船名)经理或代表人姓名：王福生					

轮局名称	□利协记汽船	详细地址	五团乡竹桥镇	通信处	竹桥徐隆盛
行驶路线	起竹桥□终上海　　经过地点：大团桥、陈家桥、横沔、□□至上海				
经理人或船主姓名	张进发	详细住址	竹桥徐隆盛	通信处	竹桥镇徐隆盛
航只种类	□□脚划□	何时开始行驶	36 年 8 月 15 日	只数	壹只
曾否呈准	上海航运局	载重量	八吨	每日班次	来回
行驶情形					
附加县事业费带征情形	未				
提供意见：					
填表人：□利轮船□　　轮局(船名)经理或代表人姓名：张进发					

轮局名称	利民协记轮	详细地址	上海中山东二路二号三楼125室	通信处	
行驶路线	起上海　终大团　　经过地点：闸港、航头、鲁汇、新场				
经理人或船主姓名	陶真悟	详细住址	同上	通信处	
航只种类	柴油轮	何时开始行驶	三五年十月	只数	一只
曾否呈准	航运局	载重量		每日班次	二班
行驶情形	载客，运货				
附加县事业费带征情形	未				
提供意见：应请厘订航运规则，以作航商业务之延展					
填表人：利民协记　轮局（船名）经理或代表人姓名：陶真悟					

轮局名称	胜利轮局	详细地址	周浦惠南航社	通信处	
行驶路线	起周浦　终大团　　经过地点：下沙、新场				
经理人或船主姓名	陶真悟	详细住址	同上	通信处	
航只种类	柴油轮船	何时开始行驶	三十四年十二月	只数	二
曾否呈准	否	载重量		每日班次	三
行驶情形	载客				
附加县事业费带征情形	未				
提供意见：					
填表人：胜利　轮局（船名）经理或代表人姓名：陶真悟					

轮局名称	惠南航社	详细地址	周浦南八灶	通信处	
行驶路线	起周浦　终大团　　经过地点：新场、沈庄、下沙				
经理人或船主姓名	王长伯	详细住址	同上	通信处	
航只种类	柴油轮	何时开始行驶	三十四年十二月	只数	一
曾否呈准		载重量		每日班次	一
行驶情形	载客				
附加县事业费带征情形	未				
提供意见：					
填表人：惠南航社　轮局（船名）经理或代表人姓名：王长伯					

轮局名称	协鑫召申轮船	详细地址	上海南市关乔南首	通信处	老白渡36号公大花行
行驶路线	起召楼　终上海　　经过地点：杜行、吴江、王家渡				
经理人或船主姓名	朱荣熙	详细住址		通信处	召楼赵元昌号
航只种类	行船	何时开始行驶	36年5月	只数	1只
曾否呈准	航运局申请中	载重量	12吨	每日班次	1次（来去）
行驶情形					
附加县事业费带征情形	未				
提供意见：					
填表人：朱宁熙　轮局（船名）经理或代表人姓名：朱荣熙					

轮局名称	裕申	详细地址	沪南市关桥381	通信处	大利公司
行驶路线	起召家楼　终上海　　经过地点：杜行、王家渡				
经理人或船主姓名	余四九	详细住址		通信处	
航只种类	木壳划船	何时开始行驶	35年12月	只数	壹
曾否呈准		载重量	八吨	每日班次	
行驶情形					
附加县事业费带征情形	未收				
提供意见：					
填表人：余四九	轮局(船名)经理或代表人姓名：				

轮局名称	协和航运社	详细地址	大团中市□祝元	通信处	同上
行驶路线	起大团　终上海　　经过地点：新场、杭□、鲁汇、闸江				
经理人或船主姓名	沈富宝	详细住址	大团中市□祝元	通信处	同上
航只种类	货班 木壳	何时开始行驶	三六年七月	只数	单放
曾否呈准	已呈准	载重量	七吨	每日班次	隔日班
行驶情形	载货				
附加县事业费带征情形	未收				
提供意见：					
填表人：杨募熊	轮局(船名)经理或代表人姓名：沈富宝				

轮局名称	浦建公司浦一轮	详细地址	周浦镇	通信处	新场车站大团北市木业部
行驶路线	起大团　终新场　　经过地点：中心桥、孟家桥				
经理人或船主姓名	傅菊人	详细住址	周浦浦建公司	通信处	周浦镇
航只种类	汽船	何时开始行驶	36年4月	只数	壹只
曾否呈准	未	载重量	三十人	每日班次	来往四次
行驶情形	客运(浦建车旅客联运)				
附加县事业费带征情形	未				
提供意见：					
填表人：杨大成	轮局(船名)经理或代表人姓名：傅菊人、杨大成				

轮局名称	大兴航运局	详细地址	本县横沔镇	通信处	
行驶路线	起祝桥、六团湾，终上海 经过地点：六灶、瓦雪村、陈桥、横沔、孙小桥、皋安镇、陆家大桥、徽州店、牛角尖、北蔡、等地至上海				
经理人或船主姓名	钟心梅	详细住址	同上	通信处	
航只种类	鸿运、鸿□、利东	何时开始行驶	民国三十三年九月	只数	壹只
曾否呈准	呈准交通部及上海船政局南汇县建设科	载重量	十吨	每日班次	来回贰次
行驶情形	运客载货				
附加县事业费带征情形	已征缴纳				

续　表

提供意见：		
填表人：大兴航运	轮局(船名)经理或代表人姓名：钟心梅	

轮局名称	凌团记	详细地址		通信处	
行驶路线	起大团　终上海　　经过地点：				
经理人或船主姓名	凌阿团	详细住址	大团	通信处	
航只种类	木壳	何时开始行驶	36.7	只数	
曾否呈准	已呈准	载重量	十吨	每日班次	每日往返
行驶情形					
附加县事业费带征情形	未收				
提供意见：					
填表人：凌阿团	轮局(船名)经理或代表人姓名：				

[1194－2－652]

南汇县各业工厂概况表

(1947年2月12日)

厂　　名	地　址	负责人	员工人数	产　品
中华火柴厂	周浦镇	黄寄洲	282人	安全火柴
大中砖瓦厂	下沙	沈彬儒	285人	青红砖
鼎新染线公司第二厂	乐安镇	华根初	95人	坯布厂布
立丰纱厂	周浦镇	任建爵	132人	棉纱
茂新纱厂	周浦镇	黄竟成	68人	棉纱
嘉庆业工社	召楼	赵新康	53人	棉纱
懋新纱厂	大团镇	黄永厂	168人	棉纱
利民工业社	大团镇	吴群祥	73人	棉纱
大新纱厂	横沔	林曾望	140人	棉纱
同新纱厂	横沔	孙心宽	77人	棉纱
大新花厂	大团镇	黄永熙	30人	花衣
永昌花厂	新场镇	陈荣水	52人	花衣
申久花厂	黄家路	穆家樑	59人	花衣
源丰兴麦粉厂	南八灶	奚志梅	30人	麦粉
协兴大新厂	二区	周裕如	62人	毛巾
恒泰泉毛巾厂	二区	徐柏泉	85人	毛巾
源康祥毛巾厂	新东乡	杨天一	105人	毛巾
华盛厂	陈桥乡	周鸣歧	55人	毛巾
振兴厂	二区	瞿文伯	55人	毛巾
平生实业社	大团	倪　端	43人	袜

续 表

厂　　名	地　址	负责人	员工人数	产　品
大成袜厂	大团	韩一飞	55人	袜
来复袜厂	大团	张际云	54人	袜
华纶袜厂	大团	王兰生	54人	袜

民国三十六年二月十二日[①]

［1194－1－606］

① 据档案正文报送日期。

后 记

《民国时期浦东工商业档案选编·南汇篇》是2010年浦东新区档案馆编撰的《民国时期浦东工商业档案选编》的续篇。原书所称的"浦东"仅指南汇区划入前的浦东新区，而如今南汇已并入浦东十年有余，力求编撰的完整性，才有了本书的出版，弥补之前的空缺，也可为读者提供相对完整的借鉴参考。

南汇商业起源于宋、元、明盐业兴盛时期，清代以后虽盐业败落，但是棉植业和棉纺业兴起，尤其是上海开埠以后，商业更趋兴隆。据《南汇县志》记载，到抗战前夕，全县已有大小商店4 150户，行业约80余种。

本书主要选录了有关民国时期南汇地区的工商业情况，主要的档案资料来源是本馆南汇馆藏，又挖掘了部分上海市档案馆的馆藏资料，收录了相对完整、有价值的档案，编辑成书。

本书的框架基本延续原《民国时期浦东工商业档案选编》。主要内容分为南汇县工商业组织管理（南汇县政府、汪伪上海特别南汇区商会、南汇县商会、南汇县各镇商会、纠纷案件处理）、南汇县各业同业公会组织、南汇县工商实业及南汇县各工商实业调查表四个方面，梳理了原南汇地区工商业发展的部分轨迹。由于现存馆藏民国档案比较零散，不成体系，编者努力挖掘藏于不同案卷中的同一事件，仍然存在各行业、企业内容详略不当，部分事件无处理结果等情况，以致无法全面展现各行业、企业等发展脉络；同时在筛选的过程中发现日伪统治时期，特别是解放前各行业价目更新频繁，本欲删除，但想到这是一个特殊时期出现的恶性通货膨胀，当时的国民政府为了掠夺社会财富，滥发货币，导致物价数十倍的增长，这对研究民国经济十分有价值，最终部分保留了下来。由于编者精力有限，加之时间仓促，很多资料未能全面辑录，甚为遗憾，在断句标点上亦难免有不当之处，对此恳请读者谅解并予以指正。

本书由乔漪、唐丽君具体负责资料整理编排。同时，在前期资料搜集、筛选的过程中，得到了本馆同仁殷毅芳、周向雨的大力支持，也得到了市档案局的支持协助，在此一并表示衷心的感谢。

图书在版编目(CIP)数据

民国时期浦东工商业档案选编. 南汇篇 / 上海市浦东新区档案馆编 .— 上海 ：上海社会科学院出版社，2024

ISBN 978-7-5520-3613-8

Ⅰ.①民… Ⅱ.①上… Ⅲ.①工商企业—经济史—档案资料—汇编—南汇区—民国 Ⅳ.①F279.296

中国版本图书馆 CIP 数据核字(2021)第 134081 号

民国时期浦东工商业档案选编·南汇篇

编　　者：上海市浦东新区档案馆
责任编辑：董汉玲
封面设计：周清华
出版发行：上海社会科学院出版社
　　　　　上海顺昌路 622 号　邮编 200025
　　　　　电话总机 021-63315947　销售热线 021-53063735
　　　　　https://cbs.sass.org.cn　E-mail:sassp@sassp.cn
排　　版：南京展望文化发展有限公司
印　　刷：上海颛辉印刷厂有限公司
开　　本：889 毫米×1194 毫米　1/16
印　　张：53
插　　页：2
字　　数：1710 千
版　　次：2024 年 4 月第 1 版　　2024 年 4 月第 1 次印刷

ISBN 978-7-5520-3613-8/F·668　　定价：258.00 元